ISBN 978-0-260-42421-1
PIBN 10947394

Forgotten Books is a registered trademark of FB &c Ltd.
Copyright © 2018 FB &c Ltd.
FB &c Ltd, Dalton House, 60 Windsor Avenue, London, SW19 2RR.
Company number 08720141. Registered in England and Wales.

For support please visit www.forgottenbooks.com

REVUE DE BRETAGNE

T DE VENDÉE

REVUE
DE BRETAGNE
ET DE VENDÉE

Directeur : **Arthur de la Borderie**
Député d'Ille-et-Vilaine.

Secrétaire de la Rédaction : **Emile Grimaud**

DIX-HUITIÈME ANNÉE

QUATRIÈME SÉRIE. — TOME V
●(TOME XXXV DE LA COLLECTION)

ANNÉE 1874. — PREMIER SEMESTRE.

NANTES
BUREAUX DE RÉDACTION ET D'ABONNEMENT, PLACE DU COMMERCE, 4.

1874.

Nantes. — Imp. Vincent Forest et Émile Grimaud, place du Commerce, 4.

BERRYER

ŒUVRES DE BERRYER. — Première série : *Discours parlementaires;*
I, II et III. (1830-1845) [1].

A

Depuis trois ans, qui de nous ne s'est écrié plus d'une fois :
« Où est Berryer ? » Qui de nous ne s'est demandé quel eût
été le cours des destinées de notre pays si, au mois de février
1871, la majorité monarchique de l'Assemblée nationale était
arrivée à Bordeaux, ayant à sa tête le grand orateur royaliste ! Au
lieu de M. Thiers, de ses intrigues misérables et de son incommensurable égoïsme, supposez Berryer, avec sa magnifique éloquence et son incomparable loyauté, quelle direction différente
auraient prise les événements ! Au lendemain de la Commune, à la
lueur de Paris en flammes, la voix de Berryer n'eût-elle pas suffi
pour restaurer la Royauté dans cette même ville de Versailles, où
elle s'était écroulée au bruit de la voix de Mirabeau ! Et plus récemment, après le rétablissement de l'union dans le sein de la Maison
de France, ne se serait-il pas trouvé dans l'Assemblée une majorité
unie, compacte, puissante, pour redire, après Berryer : *Vive le
Roi !*

[1] Les Œuvres de Berryer se divisent en deux séries : 1° les *Discours parlementaires,* 5 volumes in-8° ; — 2° les *Plaidoiries,* 4 volumes in-8°. Les tomes I, II et
III de la première série sont en vente. Les tomes IV et V paraîtront prochainement.
Le prix de chaque volume est de 7 francs. On peut souscrire d'avance à la première
série, moyennant 30 francs seulement pour les 5 volumes. — Chez Didier et Cⁱᵉ,
libraires-éditeurs, Paris, quai des Grands-Augustins, 35.

Dieu ne l'a pas voulu. — L'ombre d'Hector apparut à Énée dans cette nuit funeste où tombaient les remparts de Troie, ces remparts que seul le bras d'Hector aurait pu défendre. De même, à cette heure sombre où nous sommes, où la parole de Berryer aurait pu être à la fois l'épée et le bouclier de la patrie, c'est son ombre seule qui se dresse devant nous, dans ces volumes récemment publiés :

> Quantùm mutatus ab illo
> Hectore, qui redit exuvias indutus Achilli,
> Vel Danaum Phrygios jaculatus puppibus ignes!

Combien différent de ce Berryer, qui descendait de la tribune couvert des dépouilles de Thiers, ou qui rejetait sur leurs vaisseaux en feu les révolutionnaires tremblants! — Et pourtant, c'est bien lui encore, oui, c'est Berryer. Lisez ces pages froides et décolorées ; elles s'animent peu à peu, et bientôt, ému, entraîné malgré vous, vous les sentirez frémir sous vos doigts ; la tribune se redressera devant vous, et vous reverrez l'orateur tel qu'il était, avec sa belle tête fièrement posée, avec son regard pénétrant, sa voix harmonieuse, son geste si noble et si simple.

L'avouerai-je? j'ai ouvert ce volume avec un sentiment de défiance. Je me disais : A quoi bon ? Il fallait entendre Berryer, il ne faut pas le lire. De cette parole brûlante, il ne reste plus que des cendres, et il ne faut pas remuer les cendres des morts. — Je me trompais. Sans doute, Berryer, comme Mirabeau, comme de Serre, comme tous les vrais orateurs, était puissant surtout par l'action, et l'action oratoire ne se retrouve plus dans les paroles imprimées : la lave se fige, quand l'éruption du volcan a cessé. Cela est vrai ; mais ce qui est vrai aussi, c'est que Berryer avait toutes les qualités de l'orateur, la logique, la netteté, la simplicité, l'élévation et la grandeur : toutes ces qualités sont là, vivantes, dans ces pages arrachées au *Moniteur* et que la postérité recueillera.

II

Le 26 janvier 1830, Berryer, éligible depuis quelques jours seulement, fut nommé député par les électeurs du collége départemental du Puy (Haute-Loire).

La session de 1830 s'ouvrit le 2 mars. Le projet d'adresse en réponse au discours du roi déclarait que le concours des vues politiques de la nation et du gouvernement était nécessaire, et que ce concours n'existait pas. Un amendement, qui maintenait la pensée du projet, mais qui tendait à en adoucir l'expression, fut présenté par M. de Lorgeril. Berryer repoussa et l'amendement et le projet d'adresse, comme portant tous deux atteinte aux droits de la couronne. Les débats de l'adresse avaient lieu, à cette époque, en comité secret. Le discours qu'il prononça, dans la séance du 16 mars 1830, ne fut par suite ni recueilli par la sténographie, ni reproduit par le *Moniteur*. Les journaux qui partageaient son opinion en donnèrent seulement une analyse assez développée, et c'est par cette analyse que s'ouvre le premier volume des *Discours parlementaires*. Lorsque Berryer descendit de la tribune, un des assistants s'écria : « Quel beau talent ! » — « Ne dites pas un talent, dites une puissance ! » reprit M. Royer-Collard, président de la Chambre des députés.

La Chambre des députés ayant été dissoute par ordonnance royale, le 16 mai 1830, Berryer fut réélu le 3 juillet par le collége départemental de la Haute-Loire.

Moins d'un mois après, la monarchie était renversée, et dans la séance du 11 août, appelé à prêter au nouveau roi serment de fidélité, il le motiva en ces termes :

« *La force ne détruit pas le droit : la légitimité du pouvoir est* » *un droit plus précieux pour les peuples que pour les races* » *royales;* mais quand la force domine dans un État, les particu- » liers ne peuvent que se soumettre, et les gens de bien doivent » encore à la société le tribut de leur efforts pour détourner de » plus grands maux.

» Dans cette seule pensée, je crois de mon devoir de rester uni » aux hommes honorables en qui je reconnais des intentions salu- » taires à mon pays, et je me soumets à prêter le serment qui est » exigé de nous. »

Généreuses et fortes paroles en qui se résument les pensées, les sentiments, le rôle de Berryer pendant toute cette période de sa vie

politique qui va de 1830 à 1848. Passer en revue ses principaux discours pendant ces dix-huit années, ce serait écrire l'histoire du règne
de Louis-Philippe, et l'on comprend que nous ne pouvons ici l'entreprendre. Nous devons nous borner à indiquer les grandes lignes
de sa vie et à montrer comment il resta fidèle à cette énergique et
fière déclaration, que les éditeurs de ses *Discours* auraient pu leur
donner pour épigraphe : *la Force ne détruit pas le Droit.*

Et tout d'abord, voyons dans Berryer le royaliste, l'homme inébranlable dans ses convictions, qui, seul en face d'une armée, lutte
sans trève, sans défaillance, et demeure invaincu.

Au mois de septembre 1830, M. Eusèbe Salverte demande à la
Chambre des députés de mettre en accusation les ministres de
Charles X. Berryer combat la proposition et termine son discours
par ces éloquentes paroles :

« J'aurais bien moins encore la pensée de regarder les ministres comme
exempts de tout reproche. Ah! les plaintes trop légitimes qui s'élèvent
contre eux ne sont pas seulement les plaintes de ceux qui demandent
qu'on les condamne! La couronne de l'héritier de tant de rois! le caractère d'un prince loyal et humain, si douleureusement compromis, livré à
de si vives accusations! la longue paix et l'immense prospérité d'un grand
peuple menacé de si désolants désastres! Oui, ils sont coupables! Mais
vous ne pouvez pas vous faire leurs accusateurs, et je ne leur vois plus
de juges sur la terre de France!!...

..... Dédaignant en ce moment les calculs de la politique, ses menaces,
ses passions, ses intérêts si passagers, j'invoque ici, au nom de la justice,
ces lois morales, éternelles, toujours puissantes, toujours vengées tôt ou
tard sur la terre. Excité par le seul sentiment de mon honneur personnel, de l'honneur de la Chambre, de l'honneur de mon pays, je repousse
la proposition d'accusation avec conviction comme avec liberté, sans affection comme sans crainte. »

Le 15 mars 1831, il combat la proposition de M. Baude, relative
au bannissement de Charles X et de sa famille. Le 16 novembre, il
s'élève contre la proposition de M. de Bricqueville, qui demandait le
bannissement à perpétuité, avec certaines aggravations et pénalités
légales, de la branche aînée des Bourbons.

M. Portalis ayant proposé à la Chambre des députés l'abrogation de la loi du 19 janvier 1816, en ce qui concernait la commémoration fériée du 21 janvier 1793, Berryer combattit cette proposition dans la séance du 23 décembre 1831 :

« Quel homme fut plus juste, quel monarque fut plus bienveillant que l'infortuné Louis XVI? Quel prince a fait plus pour la liberté que Louis XVI, qui a péri victime des désordres, des abus de la liberté ? »

Et à ce moment, des murmures s'étant élevés, le grand orateur reprit :

« Messieurs, la question est grave. Au jour du jugement, il fut permis de parler des vertus de Louis XVI; je ne vois pas·que la Convention ait interrompu les défenseurs du roi. »

Telle était l'éloquence de Berryer, de l'homme qui a remporté les plus grands triomphes dont la tribune française ait été le théâtre, et qui a pu dire en toute vérité : « Messieurs, vous savez que je ne fais pas de phrases. » Sa parole s'élevait aux plus hautes cimes naturellement et sans efforts, parce que son éloquence puisait ses inspirations, moins encore dans son intelligence que dans son cœur.

En toute occasion, il réhabilite, il venge la politique de la Restauration, alors attaquée, il faut bien le dire, par l'immense majorité des députés, par M. Thiers principalement, ce qui était tout naturel, et, chose plus triste et plus grave, par M. Guizot. Berryer tient tête à tous ; il montre que jamais le drapeau de la France ne fut tenu d'une main plus habile et plus ferme ; que jamais nos finances ne furent plus prospères, et que si, dans la·politique intérieure, de nombreuses fautes, peut-être inévitables, furent commises, au-dessus de toutes ces fautes,·plane un rare sentiment de loyauté, de désintéressement et d'honneur. Aujourd'hui les débats sont clos, l'histoire a prononcé son arrêt, et, devant son tribunal, la Restauration a glorieusement gagné sa cause. Il restera à Berryer l'honneur de l'avoir défendue avec énergie, avec persévérance, en des temps où cette cause, abandonnée de tous, semblait irrévocablement perdue.

Ici les citations se pressent en foule sous ma plume ; il n'est presque aucun discours de Berryer, de 1830 à 1840, où il n'ait pris en main, avec une hauteur de vues et une chaleur de cœur également-

ment admirables, la défense de la Restauration. Je me bornerai à
rappeler un de ses premiers discours, celui qu'il prononça dans la
séance du 9 décembre 1830, contre le projet de loi sur la restitution à l'Etat du fonds commun de l'indemnité accordée aux émigrés. Après avoir montré le caractère injuste, odieux et impolitique
de la loi proposée, il releva en terminant une phrase de l'exposé
des motifs du ministre des finances, — c'était M. Laffitte, — où il
était dit que « les indemnitaires jouiraient des droits que leur assurait une loi injuste, grâce à l'équité du parti *qui les avait vaincus.* »

« Que dans la chaleur de la discussion, s'écria Berryer, nous nous
traitions de parti qui a succombé et de parti victorieux, je le con-
çois ; mais au nom du chef de l'Etat, de la part du ministère, réduire un parti à jouer le rôle de vaincu ! Sont-ce là les promesses
qu'on nous a faites ? Est-ce que les vérités qui ont été jurées ne seraient que déceptions ? Tous, ne sommes-nous pas en France appelés à jouir de la même liberté d'opinion et de discussion ? Ne
devons-nous pas tous marcher avec une égale fierté au milieu de
nos villes ? A quelle classe destine-t-on cette existence de vaincus ?
Elle serait intolérable, et je sens dans mes veines une âme française qui ne se résigne pas à accepter une vie si humiliante. »

En lisant ces simples paroles, ne vous semble-t-il pas voir Berryer dominant la Chambre de sa tête haute, le front superbe, les
yeux indignés, la voix frémissante, et d'un geste superbe clouant à
son banc le ministre atterré ?

III

Le royaliste fidèle était en même temps le défenseur convaincu
des libertés nationales. Aussi bien, à ses yeux, la cause de la monarchie et celle de la liberté étaient inséparables.

« J'ai toujours pensé, écrivait-il le 2 août 1832, qu'un peuple qui n'est
pas rassemblé d'hier, qui a traversé quatorze siècles, en développant avec
un immense succès ses lois, son administration, ses arts, ses sciences,
son industrie, en faisant sentir aux autres peuples la puissance de ses
armes et la domination de son intelligence, n'en est pas réduit à chercher
sa constitution et à se créer des maximes de gouvernement et de liberté.
C'est dans cette longue vie d'un peuple que se consacrent les principes

immuables de sa constitution. C'est ainsi que la France a établi ses lois fondamentales. Telle est la loi qui règle en France l'ordre de succession au trône, telle est la maxime qu'aucun impôt ne peut être établi sans le consentement au moins médiat de ceux qui doivent le payer. Ainsi encore la liberté du commerce, la liberté de l'enseignement, l'indépendance de la religion et la liberté des cultes, sont des lois fondamentales de la monarchie française. C'est par suite de mon attachement à ces lois que j'ai protesté contre les votes du 7 août 1830, que j'ai combattu la centralisation administrative, le monopole des électeurs, à 300 fr. ou à 200 fr., et le privilége universitaire [1]. »

Dans la discussion du projet de loi sur l'organisation municipale (février 1831), Berryer demanda que « les maires et adjoints fussent nommés par le roi, ou en son nom par le préfet, sur une liste de trois candidats dressée par le conseil municipal ». Il défendit sa proposition dans la séance du 3 février et montra qu'elle n'introduisait pas un principe nouveau dans la législation française.

« Les édits de nos rois, vers la fin du siècle dernier, portaient que les maires ou majeurs seraient nommés sur une présentation de trois candidats faite par les échevins, les notables ou pères. Avant l'époque où Louis XIV rendit les fonctions municipales héréditaires en quelque sorte par la création de finances, le droit de présentation de trois candidats appartenait à un grand nombre de communes du royaume. C'étaient même les communes les moins favorisées par leurs indemnités ou priviléges; dans presque toutes les autres, les nominations étaient faites directement par les habitants.

» Ce droit de nos communes est aussi ancien que la monarchie. On le retrouve dans toutes nos origines. C'est avec étonnement que j'ai entendu dire à un orateur qu'il ne fallait pas rechercher des institutions aux jours de la féodalité et au milieu de luttes sanglantes, où, nous a-t-on dit, *le brigand de la veille* voyait détruire ses établissements par *le brigand du lendemain.*

» En France, le droit des communes de s'administrer elles-mêmes a précédé le régime féodal, et la féodalité fut vaincue par le rétablissement et l'émancipation des communes, œuvre de nos rois; car la liberté fut toujours en France un bienfait de l'autorité royale. »

Quelques jours plus tard, le 27 février 1831, il combattit, dans le cours de la discussion du projet de loi électorale, le système du suffrage direct et restreint et proposa le vote universel à deux degrés.

[1] Lettre de Berryer au directeur de la *Gazette de France.*

vois encore cette belle figure, ces longs cheveux blancs, cette longue
robe noire du Père Amboin, qui s'approche de lui : « Général, les
maîtres qui ont formé Desaix, Casa-Bianca et Muiron, ont l'honneur de
vous présenter leurs élèves. » — « Ils sont en bonnes mains », dit le
vainqueur d'Italie. Et nous, qui savions sa gloire, il nous regardait comme
pour nous encourager à respecter ces religieux qui nous avaient amenés
auprès de lui.

L'ordre du jour proposé par M. Thiers fut adopté. La cause de
la liberté religieuse et de la liberté d'enseignement était perdue, et
cependant, — Berryer avait eu raison de le dire au Père de Ravignan, — un jour encore, et elle sera gagnée.

IV

L'éloquence de Berryer s'était brisée devant le parti pris de
l'immense majorité de l'Assemblée, comme devant un mur de
marbre. Mais il n'en allait pas toujours ainsi, et il arriva plus d'une
fois que cet homme, isolé sur son banc, sans amis politiques dans
la Chambre, sans autres armes que sa parole, renversa les Goliaths
du ministère.

Le 10 mars 1831, il résumait dans un discours énergique les
griefs des honnêtes gens contre le ministère Laffite, — qui avait
laissé piller l'archevêché, — et trois jours après, un nouveau ministère était constitué sous la présidence de M. Casimir Périer.

A la suite de son premier discours contre le projet de loi relatif
au traité conclu en 1831 avec les Etats-Unis (séance du 30 mars
1834), le duc de Broglie, ministre des affaires étrangères, et le général Sébastiani, ministre sans portefeuille, signataire du traité, donnèrent leur démission. Ce fut le signal d'une crise ministérielle qui,
à travers plusieurs combinaisons éphémères, se continua jusqu'au
12 mars 1835.

Le 5 février 1836, dans la discussion de la proposition de
M. Gouin, relative au remboursement des rentes, il battit M. Thiers
et détermina la démission du cabinet.

Au mois de mars 1837, son discours contre le projet de loi sur
la disjonction décide le rejet de la loi et entraîne la chute du premier ministère de M. Molé.

Telle était l'irrésistible puissance de son éloquence que, dans la séance du 25 mars 1840, à la suite d'un discours où il avait combattu la politique de tous les ministères qui s'étaient succédé depuis le 7 août 1830, le *Moniteur* constate ce fait sans exemple dans notre histoire parlementaire : « L'honorable membre descend de la
» tribune au milieu des applaudissements unanimes de l'Assemblée.
» Aussitôt qu'il est de retour à sa place, tous les députés, à quelque
» nuance qu'ils appartiennent, quittent leur banc et viennent
» adresser à l'orateur les plus vives félicitations. — La séance est
» suspendue pendant une demi-heure. »

Sans doute, dans les nombreux discours consacrés par Berryer à l'examen de la politique intérieure du gouvernement de juillet, sa parole frappait sans ménagement et sans pitié. L'histoire sera plus indulgente qu'il ne lui était permis de l'être pour des efforts souvent généreux et parfois habiles ; mais en même temps l'histoire reconnaîtra que l'illustre orateur du parti légitimiste s'était placé sur un terrain inattaquable. Il disait aux ministres : Vos efforts sont louables, vos intentions sont honnêtes, mais vous essaierez vainement de vous soustraire aux conséquences des principes que vous avez posés. Vous avez posé la révolution dans vos prémisses ; il est inévitable que la révolution se retrouve dans la conclusion. — Lors de la discussion du projet d'adresse, le 6 janvier 1834, M. Guizot, alors ministre de l'instruction publique, jeta cette interruption au travers de son discours :

« Avec ce principe, il n'y a pas de gouvernement possible. »

« *M. Berryer.* Eh ! qui vous dit le contraire ?.... (interruption
» prolongée). — Oui, sans doute, il n'y a pas de gouvernement pos-
» sible. Plus que vous, je suis convaincu de la réalité de vos em-
» barras. Je les ai prévus, et c'est pourquoi j'ai protesté contre ce
» que vous faisiez, et contre le principe que vous adoptiez. Mais il
» est adopté, ce principe, adopté malgré moi, adopté pour être la
» loi du pays. Je vis sous la loi que vous m'avez faite, et il serait
» étrange que vous vinssiez me disputer les conséquences les plus
» naturelles, les plus immédiates des lois que vous m'avez im-
» posées. »

En montrant, dans chacun de ses discours, les conséquences funestes du principe révolutionnaire sur lequel reposait le gouvernement de juillet, Berryer était donc dans son droit. Il usait légitime-
ment de ses avantages ; il faisait plus : il donnait à son pays d'utiles
leçons, de grands enseignements ; il n'était pas seulement l'homme
d'un parti, il était vraiment l'homme de la France.

Il l'était surtout, lorsqu'il abordait à la tribune les questions de
politique étrangère. Jamais il n'était mieux inspiré que lorsqu'il in-
voquait ces sentiments de nationalité qui étaient imprimés au fond
de son âme, la plus française qui fut jamais. Ses discours contre
l'alliance anglaise, sur la question espagnole et sur la question
d'Orient, demeureront comme des monuments de patriotisme et
d'éloquence.

Écoutons-le se rendant ce témoignage, au début de son admirable
discours du 16 janvier 1839, qu'il a toujours fait passer avant les
intérêts de parti les intérêts permanents de son pays :

« Je suis décidé, en cette grave matière, sur cette grande question des
rapports de la France avec l'étranger, à m'exprimer avec une entière
franchise ; et ce n'est pas tout que la franchise : il faut une entière indépendance, indépendance à l'égard de ses amis politiques, comme indépendance à l'égard de tous ses adversaires : cette indépendance, je l'aurai. Je
vais parler, vous le reconnaîtrez, en faisant abnégation complète de tout
sentiment et de tout esprit de parti.

En effet, Messieurs, il n'en est pas, dans ma pensée du moins, il n'en
doit jamais être des relations de la France avec l'étranger, comme de
toutes les questions, si profondes, si hautes qu'elles soient, qui peuvent
nous diviser sur nos affaires intérieures. Quelque opinion, quelque système, quelque principe de législation qui triomphent dans le pays, quelque révolution qui se fasse, quelque gouvernement qui s'établisse, de
quelque antipathie que l'on soit animé, on abdique sa nationalité, si on
ne conserve pas le même sentiment sur nos affaires avec l'étranger, la
même jalousie des intérêts de la France, de sa dignité ; si, dans le fond
de son cœur, ami ou ennemi, on n'approuve pas ce qui profite à la dignité,
à l'honneur, à la prépondérance de la France, on n'est pas citoyen, on
n'est pas Français, on s'est abjuré soi-même.

Je sépare donc complétement de toutes nos questions, complétement
du fond de mon cœur et toujours, car j'ai compris que c'était là le devoir

d'un bon citoyen, tout ce qui est relatif à la position de la France à l'égard de l'étranger. En tout temps et sous tous les régimes, je crois que je n'aurais pas eu un autre sentiment, et pour me montrer à vous tel que Dieu m'a fait, si je disais ici toute ma pensée, je rappellerais une époque d'horreur, de crimes, une assemblée vouée, par ses actes intérieurs, à l'exécration des gens de bien, dont le souvenir soulève encore tout cœur d'homme : eh bien ! je la remercie d'avoir sauvé l'intégrité du territoire. »

Lorsqu'il descendit de la tribune, M. Laffite lui adressa ces paroles : « Jusqu'ici, Monsieur Berryer, je vous admirais comme » grand orateur ; je vous admire encore pour votre noble senti- » ment de nationalité ; je n'ai jamais entendu rien de plus na- » tional. »

Dans son discours du 25 mars 1840, il montre la Russie et l'Angleterre se créant en Orient de vastes empires :

« Voyez ce magnifique parallélisme politique et militaire qui s'étend depuis les frontières de la Tartarie jusqu'aux rives de la Méditerranée, entre deux nations qui doivent lutter un jour l'une contre l'autre.

Du fond du monde jusqu'à nos frontières, l'Angleterre établit sa parallèle guerroyante contre la Russie, qui la menace à son tour sur les frontières de ses magnifiques colonies de l'Inde.

Considérez ces grandes expéditions à cinq cents lieues de leurs frontières ; d'un côté, l'expédition de Caboul, de l'autre, la tentative de Kiwa. Voyez ces deux grandes nations marcher à travers le monde, pour dresser leurs lignes de précautions l'une contre l'autre....

.... Et l'on est venu nous dire qu'après tout, la France est une puissance continentale, et qu'elle devait se borner là et renoncer aux possessions lointaines. Y a-t-on bien pensé ? Quoi ! Messieurs, la France ne sera qu'une puissance continentale, en dépit de ces vastes mers qui viennent rouler leurs flots sur ses rivages et solliciter en quelque sorte les entreprises de son génie ! »

« Cette image est fort belle, — ajoute M. de Cormenin, après » avoir cité ce passage, — et Berryer, ainsi que tous les grands » orateurs, affecte surtout le style figuré, dans les divers procédés de » son éloquence [1]. » Rien n'est moins juste que cette appréciation. Berryer, bien loin d'*affecter* le style figuré, ne l'emploie que dans

---

[1] *Livre des orateurs,* par Timon (M. de Cormenin). II, 241.

» traité d'Amérique, en présenter toutes les parties sous un jour
» nouveau, dominer, subjuguer ses adversaires et la Chambre par
» la puissance de son argumentation et l'ascendant de son éloquence.
» Usant des immenses ressources d'une mémoire prodigieuse, on
» l'a vu classer dans un ordre lumineux toutes les questions subsi-
» diaires de politique, d'histoire, de diplomatie, de commerce,
» d'argent, qui se rattachaient à cette grande discussion. — De
» nombreux documents étaient entassés autour de lui sur la tri-
» bune ; il les interrogeait tour à tour, combinait, accumulait les
» textes, rendait les chiffres oratoires et les notes diplomatiques
» éloquentes, mettait en émoi tous les ministres, leur apprenait à
» lire dans les mémoires et les tableaux qu'eux-mêmes avaient
» publiés et confondait leurs interruptions par ses répliques étin-
» celantes d'esprit, écrasantes de logique. »

V

Il faut nous arrêter et résumer l'idée que nous ont laissée de Berryer les trois premiers volumes de ses *Discours.* Ils vont de 1830 à
1845 seulement, mais cette période a été la plus brillante de sa
carrière, celle où son génie s'est développé avec le plus d'éclat.

Je voudrais éviter l'exagération, — elle serait bien mal venue à
propos d'un homme qui était la simplicité même ; — mais je dois
dire que je cherche vainement quelle est celle des qualités de l'orateur qui manquait à Berryer.

Et d'abord, les qualités extérieures : il les avait toutes, la noblesse
du port, la beauté du visage, l'harmonie de la voix. « On devinerait,
» rien qu'à le voir, — écrivait de-lui un bon juge, dans le journal
» *le Droit,* le 20 juin 1838, — on devinerait, rien qu'à le voir, l'un
» de ces hommes forts auxquels a été octroyé par le ciel le magni-
» fique don de l'éloquence. Il porte écrit sur son front large et dé-
» couvert le signe du génie et de l'inspiration oratoire. » — Dans
les *Dialogues sur l'éloquence,* de Fénelon, son interlocuteur lui dit :
« Vous nous avez parlé des yeux ; ont-ils leur éloquence ? » et Fénelon de répondre : « N'en doutez pas, Cicéron et tous les autres
» anciens l'assurent. Rien ne parle tant que le visage, il exprime

» tout ; mais dans le visage, les yeux font le principal effet. » Les yeux de Berryer étaient admirables.

Puisque j'ai commencé à citer Fénelon, je continuerai et mon lecteur ne s'en plaindra pas. « Démosthène mettait l'action au-des-
» sus de tout. Plus l'action et la voix paraissent simples et fami-
» lières dans les endroits où l'on ne fait qu'instruire, que raconter,
» que s'insinuer, plus préparent-elles de surprise et d'émotion pour
» les endroits où elles s'élèveront à un enthousiasme soudain. » —
Tout cela s'applique de point en point à l'action oratoire de Berryer, pleine à la fois de simplicité et de grandeur. Ecoutez encore
Fénelon peignant Démosthène, ou plutôt Berryer lui-même : « Dé-
» mosthène parlait bien autrement contre Philippe.... Il émeut, il
» échauffe et entraîne les cœurs : il est trop vivement touché des
» intérêts de sa patrie pour s'amuser à tous les jeux d'esprit d'Iso-
» crate ; c'est un raisonnement serré et pressant, ce sont des senti-
» ments généreux d'une âme qui ne conçoit rien que de grand ;
» c'est un discours qui croît et se fortifie à chaque parole par des
» raisons nouvelles ; vous ne sauriez le lire sans voir qu'il porte la
» patrie dans le fond de son cœur : c'est la nature qui parle elle-
» même dans ses transports ; l'art est si achevé qu'il n'y paraît
» point ; rien n'égala jamais sa rapidité et sa véhémence. »

Je sais bien qu'on reproche aux discours de Berryer de renfermer des incorrections de langage, des négligences, et parfois des impro-
priétés de termes. Ce reproche est fondé ; je demande seulement à ceux qui le font d'entendre la réponse de Fénelon :

« On trouvera sans doute dans son discours quelque construction
» peu exacte, quelque terme impropre ou censuré par l'Académie,
» quelque chose d'irrégulier, ou, si vous voulez, de faible et mal
» placé, qui lui aura échappé dans la chaleur de l'action. Il faudrait
» avoir l'esprit bien petit pour trouver que ces fautes-là fussent
» grandes ; on en trouvera de cette nature dans les plus excellents
» originaux. Les plus habiles d'entre les anciens les ont méprisées.
» Si nous avions d'aussi grandes vues qu'eux, nous ne serions guère
» occupés de ces minuties. Il n'y a que les gens qui ne sont pas
» propres à discerner les grandes choses qui s'amusent à celles-là. »

Et un peu plus loin :

« Les discours de Démosthène, tels qu'ils sont sur le papier,
» marquent bien plus la sublimité et la véhémence d'un grand
» génie accoutumé à parler fortement des affaires publiques, que
» l'exactitude et la politesse d'un homme qui compose. »

Un grand génie accoutumé à parler fortement des affaires publiques : quelle admirable et juste définition de Berryer !

« Depuis Mirabeau, a dit M. de Cormenin, personne n'a égalé
Berryer. » Cela est vrai. Ce qui ne l'est pas moins, c'est que Berryer
a surpassé Mirabeau. Et ici j'invoquerai l'autorité d'un grand orateur, d'un homme qui a entendu Mirabeau et Berryer, M. Royer-
Collard. Il disait à un de ses neveux, M. Genty de Bussy, dont
Alfred Nettement a recueilli le témoignage : « J'ai entendu Mirabeau
dans sa gloire, j'ai entendu M. de Serre et M. Lainé. Aucun n'égalait M. Berryer dans les qualités principales qui font l'orateur [1]. »

Un mot en finissant sur l'édition des *Discours parlementaires,* qui
nous a fourni l'occasion de cette étude, hélas ! si incomplète.

M. Mercier de Lacombe, membre de l'Assemblée nationale, et
M. de Fallois, membre du barreau de Paris, ont donné leurs soins
à cette édition. Chaque discours est précédé d'un sommaire rapide,
mais toujours exact, qui le replace dans la situation même au milieu
de laquelle il a été prononcé. Je n'y ai relevé qu'une toute petite
inexactitude. A la page 420 du tome I il est parlé de l'ordonnance
royale, *en date du 15 mai 1834,* qui prononça la dissolution de la
Chambre des députés. Cette ordonnance est du 25 mai et non du 15.

Qu'il me soit permis, en vue d'une nouvelle édition, de former
un ou deux petits *desiderata.*

Au tome I, page 97, — dans le discours du 27 février 1831 sur
le projet de loi électorale, — je trouve cette parenthèse :

(M. Berryer donne lecture d'un passage d'un discours de M. de
Corbière, prononcé en 1817.)

Pourquoi n'avoir pas reproduit ce passage ? Je sais bien que le

---

[1] *Berryer au barreau et à la tribune,* par Alfred Nettement, page 47.

Moniteur de 1831 se borne lui-même à la parenthèse ci-dessus,
mais ce n'est pas une raison pour ne pas compléter le discours de
Berryer, dans une édition définitive de ses œuvres. Le passage du
discours de M. de Corbière est cité *in-extenso* par Alfred Nettement, à la page 29 de son *Appel aux Royalistes contre la division
des opinions* (1844).

Tome I, page 320, séance du 9 avril 1833, je lis ce qui suit :

« Après une discussion très-vive dans laquelle *un orateur*, fai-
» sant allusion à la plaidoirie de M. Berryer dans le procès de
» M. de Châteaubriand poursuivi pour son *Mémoire sur la capti-
» vité de Mme la duchesse de Berry*, lui avait reproché d'avoir
» attaqué « avec un talent admirable, mais aussi avec une audace
» tout aussi grande la royauté de Juillet », la parole fut donnée à
» M. Berryer. » — Pourquoi se servir de ce terme vague : *un
orateur?* Pourquoi ne pas dire : *M. le comte Jaubert.* M. le comte
Jaubert a bien trop d'esprit pour s'en fâcher.

Je voudrais enfin, et ici je suis assuré d'être l'interprète de tous
ceux qui liront ces beaux volumes, je voudrais que l'on y trouvât,
au frontispice, le portrait de Berryer : le lecteur qui l'aura ainsi sans
cesse sous les yeux croira le voir et l'entendre encore !

Un dernier vœu : puissent les amis et les éditeurs de Berryer
nous donner prochainement les deux derniers volumes de ses
Discours parlementaires et la seconde série de ses œuvres, les
Plaidoiries ! Puisse M. Mercier de Lacombe ne pas nous faire
attendre trop longtemps la *Vie de Berryer.* — Plus que jamais, à
l'heure où nous sommes, nous avons besoin de puiser des leçons,
des enseignements, des espérances, dans la vie de ce grand orateur,
de ce vrai patriote, de cet homme de bien.

                                                    EDMOND BIRÉ.

L'INDIFFÉRENCE

Quel livre profond, original, et surtout pratique, on ferait sous ce titre : *Les Crimes par omission !* Crimes non pas seulement oubliés, mais inconnus ; crimes inconnus du criminel, quelquefois inconnus des victimes. Crimes qui donnent la mort et qui ne font pas de bruit. Crimes qui comptent pour rien dans notre actuel aveuglement et qui diront leurs noms dans la vallée de Josaphat. — « J'avais faim, et vous ne m'avez pas donné à manger ; j'avais soif, et vous ne m'avez pas donné à boire. J'étais prisonnier, et vous ne m'avez pas visité, etc., etc. »

Comment ne remarque-t-on pas plus souvent sur quels crimes insistent les paroles du dernier jugement ? Ce sont les crimes par omission.

L'homme qui, ayant découvert dans sa vie ces crimes par omission, aurait l'étrange courage et la sublime intelligence de s'en repentir d'une façon digne d'eux, s'élèverait peut-être tout à coup à des hauteurs morales tout à fait extraordinaires.

Les crimes par omission sont l'acte de l'Indifférence.

Les victimes les plus ordinaires de l'Indifférence sont Dieu, le pauvre et l'homme de génie.

C'est pourquoi, dans les paroles du jugement dernier, Dieu parle en pauvre. Il ne parle pas en maître, il parle en mendiant.

Dieu, le pauvre et l'homme de génie parcourent le monde en mendiants ; nulle part ils n'ont droit de cité. Pour eux, la foule est un désert, et il n'y a pas de place dans les hôtelleries. C'est à eux qu'il faut demander le nom de l'Indifférence. C'est à eux qu'il faut demander comment tue l'homicide par omission. Dieu, le malheureux et l'homme de génie connaissent la tournure et le regard de ce passant pressé qui s'appelle l'Indifférence. L'Indifférence est une personne qui n'a pas le temps. Elle a toujours d'*autres* affaires.

La Charité est celle qui a le temps.

Rien ne gêne l'Indifférence comme un homme qui prend au sérieux les actes que l'on fait et ceux que l'on omet de faire.

L'Indifférence, comme ces criminels endurcis, de loin en loin troublés dans leur nuit par un éclair, l'Indifférence ferme les yeux pour ne pas voir ses crimes. Et, comme elle est toujours pressée, sa hâte éternelle protége son aveuglement contre les surprises de sa conscience.

Si on priait une toupie ronflante de s'arrêter par complaisance, dans la crainte de blesser quelqu'un, elle répondrait : « Je n'ai pas le temps ; voyez quel bruit je fais et comme je tourne vite ! »

Dans le conflit des affaires, la chose qu'on oublie le plus, c'est l'importance respective de ces affaires différentes. Les hommes ne daignent pas y réfléchir ; mais leur instinct les pousse à donner leur attention aux choses, en raison inverse de leur importance. L'Indifférence a toujours le temps de s'occuper des petites choses. Un petit scandale qui se passera dans le lieu le plus bas de la société remplira pendant quelque temps ses chroniques et ses annales. De quelle couleur étaient tel jour les cheveux de telle ou telle demoiselle ? L'Indifférence s'appesantit longtemps, lourdement, sur les histoires sans lendemain. Mais qu'un grand acte s'accomplisse le même jour et sollicite une place au soleil, la plus petite, la plus humble, car la grandeur est timide, l'Indifférence n'a plus le temps. Dans sa stupidité impitoyable, elle fait ce qu'elle peut pour assassiner les grandeurs agonisantes. Un instinct secret la pousse à faire froidement la chose la plus cruelle, et, quand elle l'a faite, elle ne s'en aperçoit pas. Car voici un de ses caractères : elle est incorrigible.

LES DÉBRIS DE QUIBERON ·

III

Un historien breton, qui appartient à l'opinion révolutionnaire modérée, a écrit sur les *suites* de Quiberon quelques
phrases qui ont leur prix et qu'il est bon de connaître. Après
avoir parlé des 78 condamnés qui furent fusillés le 13 thermidor (31 août) au-dessus de l'Ermitage, il continue ainsi : —
« *D'autres détachements devaient ainsi se succéder;* car les administrateurs du district d'Auray avaient pris une délibération,
en date du 10, pour que l'on *évacuât* une partie des prisonniers
entassés dans les églises de la ville, où ils mouraient de faim
ou frappés d'une maladie épidémique qui s'y était déclarée.
Blad a, en effet, prescrit par son arrêté, en date du 11, que 3,000
prisonniers seraient immédiatement transférés d'Auray à Vannes,
et ce fut aussi alors que ce représentant, guidé par des vues
d'humanité, prescrivit la *mise en liberté* des jeunes gens pris à
Quiberon, qui seraient âgés de moins de seize ans [1]. »

Ne semble-t-il pas que l'*humanité* des administrateurs du
temps et des représentants du peuple était des plus faciles à
émouvoir ? Les prisonniers sont entassés dans les églises ; ils y
meurent de faim et de maladie ; vite on les *évacue* à l'*Ermitage!*
Des jeunes gens de moins de seize ans se trouvent sous les verrous ; vite on les met en liberté! Mais où donc M. Duchâtellier

[*] Voir la livraison de novembre 1873, pp. 348–377.
[1] *Histoire de la Révolution dans les départements de l'ancienne Bretagne*, par
A. Duchâtellier, t. V, p. 158.

a-t-il pris cette libération soudaine, dont ne parle pas l'histoire! Dans son imagination ; pas ailleurs.

Disons d'abord qu'il ne fut jamais question des jeunes gens de moins de seize ans, par la raison très-simple qu'il n'y en avait pas, ou qu'il y en avait très-peu : Le Lart peut-être, Le Vaillant, Dondel [1]. Les jeunes gens dont il fut question furent ceux qui avaient quitté la France *avant l'âge de seize ans accomplis,* c'est-à-dire qui n'avaient pas, en 1795, plus de vingt ans ou vingt et un ans, suivant l'époque de leur émigration.

Ceci bien établi, nous ajouterons que l'humanité de Blad tarda un peu à se manifester; car nous trouvons, à la date du 10 thermidor (29 juillet), trente et quelques condamnations prononcées et exécutées, à Quiberon, contre des individus de tout âge. Les jeunes gens de vingt et un ans et au dessous y figurent au nombre de dix, près d'un tiers. Je les nomme : *Dussautoir*, *Delecroix* et *Vosseur*, trois ouvriers du Pas-de-Calais, qui n'avaient chacun que vingt ans, l'arrêt l'atteste ; *Fesselier*, un étudiant d'Ille-et-Vilaine, et *Priez*, un ouvrier du département du Nord, qui n'avaient également que vingt ans ; *Cony*, *La Groye* et *Sico*, indiqués, le premier, comme linier, le second, comme étudiant, le troisième, comme domestique, et ayant chacun vingt et un ans ; *Moëton*, un autre domestique, qui est marqué comme n'ayant que dix-sept ans et demi, et *Javel*, un aide-chirurgien de Lyon, qui avait suivi son père, chirurgien lui-même. Le greffier ajoute à son nom : *18 ans !*

Voilà quelle était l'humanité! Les médecins eux-mêmes, qui sont respectés sur tous les champs de bataille, les mineurs qui suivent leur père, sont fusillés comme les autres. Le 11 thermidor (31 juillet), Blad se laissa vaincre, je le sais, par les larmes d'une jeune fille, d'une sœur, et signa un arrêté, qui ordonnait de surseoir au jugement des jeunes gens compris dans la catégorie dont nous avons parlé [2]. Cet arrêté lui fait assurément

[1] Il y en avait bien quelques autres, Armand de Talhouët, par exemple, qui n'avait que quatorze ans; mais officiers et soldats avaient été les premiers à les faire échapper.

[2] Voir aux *Annexes.*

honneur; mais enfin le sursis n'était pas un acquittement et
n'avait nullement pour conséquence une mise en liberté, même
provisoire. On peut s'en convaincre en lisant les arrêts: « Vu
la lettre des représentants du peuple du 11 thermidor, qui ordonne de ne pas mettre en jugement les jeunes gens émigrés
avant l'âge de 16 ans révolus, la commission ordonne que les
dénommés ci-après seront *détenus* jusqu'à ce que les représentants du peuple *aient autrement ordonné*. »

Ainsi parlait l'une des commissions de Quiberon, le 15 thermidor. Les autres ne parlaient pas autrement. — « Conformé-
ment à l'arrêté du représentant du peuple, Blad, du onze de ce
mois, disait une des commissions de Vannes, la commission ne
met point en jugement et *réincarcère*, jusqu'à plus amples informations, les nommés, etc. »

Quelques autorisations de sortie furent ensuite données par
le général Lemoine, nous l'avons dit, mais en très-petit nombre,
et encore sous la caution de personnes connues, le plus souvent
même sous la garde d'un planton. Nous avons cité Louis de
Talhouët et Louis de Vélard; nous pouvons citer encore Paul
Le Vaillant, qui avait été grièvement blessé le 16, et Louis Boguais de la Boissière, que son intelligence, son talent pour le
dessin et sa belle écriture firent employer à l'état-major. Que
devinrent-ils lors de la révocation du sursis par la Convention?
Boguais ne fut pas plus sauvé par les relations qui s'étaient établies entre lui et le général Lemoine, que Le Vaillant par ses quatorze ans et par les coups répétés, qui lui avaient enlevé un père
et un frère [1]. Ce fut dans les fossés du Bondon et du Grador que
l'humanité de la République rendit à ces jeunes gens la liberté [2].

---

[1] Tous les deux tués le 16 juillet.

[2] M. d'Antrechaux ajoute au fait de la mort de Boguais de la Boissière, qu'il ne
nomme pas d'ailleurs et dont il ne savait même pas le nom, des détails qui manquent, je crois, d'authenticité. Suivant lui, Boguais aurait dîné habituellement à la
table du général, qui, le dernier jour, but à sa santé, puis le fit prendre et fusiller
sous ses fenêtres. Ceci est tout au moins inexact. Boguais fut de la grande *journée*
du 8 fructidor, qui fut fusillée au Bondon.

A ce navrant spectacle de mineurs condamnés, sans qu'aucune circonstance atténuante fût admise, aucune défense autorisée, nous pouvons ajouter celui de vieillards que ni leurs cheveux blancs, ni leurs longs services ne purent faire absoudre. Ecoutez cette liste lugubre. Je l'emprunte à une seule audience, celle du 13 thermidor, à Saint-Pierre de Quiberon.

« Par-devant nous, Emmanuel-Joseph Diune, chef de bataillon, Joseph-Philippe Forgeois, capitaine, etc., ont comparu :

» *Thomas* Imbert, âgé de soixante ans..., ci-devant garde du corps et *soldat dans la compagnie des vétérans émigrés ;*

» *François-Marie* Le Roy de Méricourt, âgé de soixante-quatre ans, ancien officier du 41ᵉ régiment, chevalier de Saint-Louis, *soldat dans les vétérans émigrés;*

» *Adrien* Desfontaines, âgé de soixante-quatre ans, *soldat dans les vétérans émigrés ;*

» *Nicolas-Jacques* Ballet de la Chenardière, âgé de cinquante-six ans, ancien mousquetaire et *soldat aux vétérans émigrés;*

» *Théodore-Barthélemy* Duplessis, âgé de cinquante-six ans, ex-capitaine au 52ᵉ et *soldat aux vétérans émigrés ;*

» *Jean-Jacques* Lustrac, âgé de soixante-quinze ans, ci-devant capitaine au régiment d'Agenois *et soldat dans les vétérans émigrés ;*

» *André-Emmanuel* de Salignac-Fénelon, âgé de QUATRE-VINGTS ANS, ci-devant porte-étendard des chevau-légers de la maison du roi, *soldat dans les vétérans émigrés... »*

Je m'arrête ; il y a quinze de ces vieux braves qui, après avoir porté l'épée, s'étaient réduits au fusil du soldat pour donner l'exemple, plus encore que pour porter des coups. Eh bien ! qu'en fera la commission militaire ? que fera-t-elle de ce vénérable héritier du nom de Fênelon, que l'histoire jusqu'ici n'a pas même mentionné, et qui se souvient encore, à quatre-vingts ans, d'avoir été porte-étendard des chevau-légers de la maison du roi? Craindra-t-elle pour la République jusqu'à ces restes d'un passé glorieux ? Apparemment, car l'arrêt est sans pitié, comme sans respect : « Les condamne à la peine de mort et déclare leurs biens acquis à la République [1]. »

Reprenons maintenant le récit *impartial* de M. Duchâtellier. Je dis *impartial,* car M. Duchâtellier a la prétention et, je veux croire, la volonté de l'être; mais, tout en possédant de nombreux documents inédits, il connaît assez peu ceux qui sont entre les mains de tout le monde. C'est un malheur quand on écrit l'histoire.

M. Duchâtellier constate ce que j'ai déjà dit, que, dès le 21 thermidor (8 août), on comptait, *dans la seule ville de Vannes,* CINQ CENTS émigrés ou chouans qui avaient subi la peine de mort; puis il ajoute : « Longtemps fusillés sur la *Garenne,* on les avait successivement dirigés vers l'*Ermitage* et l'*Armor,* parce que l'administration municipale se plaignit de ce que le grand nombre de victimes immolées sur la *Garenne* laissait le sol couvert d'une énorme quantité de sang, que les chiens ne pouvaient épuiser, malgré qu'ils vinssent tous les jours s'en regorger au milieu des cadavres *qui restaient plusieurs heures dépouillés à la vue du peuple,* faute de pouvoir les enlever assez promptement pour les porter jusqu'au cimetière. »

Mais qui donc vraiment les dépouillait? qui donc les laissait dépouiller? Et sait-on quels étaient ces cadavres? Ceux de Mgr de Hercé, évêque de Dol, et des prêtres qui périrent avec lui, ceux du comte de Sombreuil, de M. Petitguyot et de M. de la Landelle; car, bien qu'en dise M. Duchâtellier, il n'y eut qu'une seule fusillade sur la *Garenne,* celle du 10 thermidor. Le récri public fut tel qu'il fallut éloigner de si abominables scènes.

M. Duchâtellier expose ici, comme circonstance atténuante, que toutes les *mesures de célérité* étaient prises et suivies dans ces tristes exécutions, tellement qu'on avait soin de lire aux condamnés leur arrêt en chemin, *afin que leur exécution ne fût*

---

[1] Nous aurions voulu donner quelques détails sur cet *André-Emmanuel* de Salignac-Fénelon, ce vaillant porte-drapeau, dont l'âge n'avait ni glacé le sang ni attiédi le zèle; mais nos recherches ont été vaines. On ne sait plus qu'une chose au pays qu'il habitait (Cellefrouin, dans l'arrondissement de Ruffec), c'est qu'il n'avait ni enfants, ni parents proches.

pas retardée. Il paraît qu'on était moins pressé avec leurs cadavres.

« Des scrupules et de l'hésitation, poursuit-il, ne tardèrent point cependant à se manifester dans les commissions. Dès le 12 thermidor, Lemoine s'en plaignit au Directoire du département. Le lendemain, il déclara formellement que les quatre commissions instituées par lui, se trouvant effrayées de la responsabilité que quelques personnes leur avaient fait envisager, *ne voulaient plus continuer leurs fonctions* et qu'elles se croyaient quittes après le jugement des émigrés. — Les présidents de ces commissions étaient Bodo, Bouillon, Le Vieux et Desquieux. — Lemoine ajouta que les commissions établies à Auray avaient suivi la loi du 30 prairial (qui punissait de mort les émigrés et leurs complices), tandis que les autres étaient indécises si elles appliqueraient cette loi ou celle de brumaire (qui admettait les circonstances atténuantes pour les chouans, comme ayant été entraînés). Le 20 thermidor, en effet, les commissions militaires de Vannes cessèrent de s'assembler, et leurs présidents, s'étant réunis pour délibérer de leurs scrupules, s'adressèrent à l'administration départementale, à l'effet d'avoir son avis sur celle des deux lois qu'il convenait d'appliquer aux chouans pris dans les lignes de Quiberon. »

Cette démarche prouve, une fois de plus, la répugnance avec laquelle, je l'ai déjà dit, l'armée se prêtait aux exécutions qu'on exigeait d'elle [1]. Sans doute, l'administration départementale va se prononcer dans le sens de la modération. C'était elle, il est vrai, qui avait provoqué, par un arrêté du 7 thermidor, l'éta-

---

[1] Ce qui le prouve plus encore, c'est l'assimilation des domestiques aux mineurs, qui les fit presque tous profiter du sursis ; c'est aussi une certaine largeur dans l'interprétation de l'arrêté de Blad. Quelques-unes des commissions militaires ne regardèrent pas l'âge de trop près et accordèrent le sursis à Marc Villebois, notamment, et au jeune comte de Rieux, qui, d'après l'arrêt, avaient 22 ans (le comte de Rieux en avait réellement 27). Pourquoi faut-il ajouter, par contre, que d'autres commissions se montrèrent impitoyables et condamnèrent, par exemple, le 12 thermidor, c'est-à-dire le lendemain de l'arrêté de Blad, le jeune de la Houssaye, blessé mortellement le 16, et qui, de plus, n'avait que 19 ans?

blissement des commissions militaires et réclamé l'exécution de la loi dans toutes ses *rigueurs ;* mais depuis lors tant de sang avait coulé !

L'administration répondit néanmoins, le 25, *qu'elle ne pouvait se permettre de porter des décisions judiciaires, ni de donner un avis dans la question.* M. Duchâtellier ajoute : « Quelques mouvements s'étant manifestés sur les entrefaites parmi les prisonniers détenus aux Ursulines, et le bruit s'étant, d'autre part, répandu que la ville serait prochainement attaquée, Lemoine se décida, le 27 thermidor, à casser les commissions qu'il avait instituées.... *Ainsi se closaient ces scènes de deuil qui se seraient encore prolongées sans la résolution des militaires qu'on avait chargés des vengeances de la loi* [1]. »

Que Lemoine ait cassé les commissions portées à l'indulgence, le fait est parfaitement vrai. Mais n'aurait-il pas profité précisément des bruits répandus pour en créer de nouvelles ?

Nous sommes, remarquez-le bien, au 28 thermidor (15 août). Que se passa-t-il donc après ? Est-il vrai, comme l'affirme l'historien cité, que les exécutions se *ralentirent,* qu'Auray et Vannes ne *furent plus troublés par les fusillades qui se succédaient avec tant d'activité depuis un mois ?* Rappelez-vous l'affreux massacre du jour de la Saint-Louis (8 fructidor), et celui du lendemain, celui du surlendemain ! C'est par fournées qu'on *évacue* ces jeunes gens que l'humanité de Blad avait rendus, disait-on, à la liberté. Le 12, le 13, le 14, le 15, le 16, le 17 fructidor, on continue de tuer. Parmi les victimes de ce dernier jour, j'aperçois un jeune Vendéen, *Louis-François-Henri* de la Bassetière, dont un frère avait déjà été fusillé le 11 thermidor et dont les quatre autres bravaient la mort au même moment en Vendée ou par-delà le Rhin [2]. Le nombre total des fusillés de fructidor ne s'élève pas à moins de 167. Voilà comment les scènes étaient closes !

[1] *Histoire de la Révolution dans les départements de l'ancienne Bretagne,* t. V, pp. 160 et *seq.*
[2] Voir ci-après la *Liste des victimes.*

Pendant les cinq jours complémentaires, encore deux victimes : MM. de Beaumetz et d'Apchier [1]; en vendémiaire, quinze; en brumaire, je n'en trouve que deux ; mais en nivôse, au moment même où le général Lemoine *recueillait en silence* les procès-verbaux des commissions [2], et, dans les deux mois suivants, j'en compte quarante-neuf.

Plus tard, sans doute, lorsque les commissions militaires eurent achevé leur tâche et que les tribunaux ordinaires remirent en pratique la libre défense des accusés, les exécutions cessèrent ou du moins se ralentirent. C'est ainsi qu'un des plus jeunes et des plus braves compagnons du comte de Silz, Potier de Courcy, enfant de quinze ans, qui était tombé entre les mains des républicains, après avoir pris part au combat de Grandchamps et à celui du pont de Saint-Laurent pendant l'expédition de Quiberon, fut acquitté par le tribunal révolutionnaire de Vannes, sur la plaidoirie de Mᵉ Rialan [3]. Mais ce ne fut ni en thermidor, ni en fructidor, ni même en nivôse que l'autorité dirigeante commença à sentir la lassitude du meurtre et un certain besoin d'apaisement. Je remarque même que les exécutions de nivôse portent presque toutes sur des ouvriers et des laboureurs d'Auray, Grandchamp, Sarzeau, Péaule, ce qui semble indiquer que la loi de brumaire, qui admettait des circonstances atténuantes pour les chouans, n'avait pas fini par triompher.

On est singulièrement étonné, en parcourant ces listes, de la quantité d'hommes du peuple de toutes les parties du royaume qui s'y rencontrent. Plusieurs, il est vrai, n'ont quitté la France que pour se soustraire à la réquisition ; mais beaucoup d'autres de ces journaliers et de ces cultivateurs sont tout simplement des âmes fières et libres qui n'ont pu se faire à l'air de la ser-

---

[1] Voir ci-après la *Liste des victimes.*

[2] Duchâtellier. V, p. 163.

[3] *Alexandre-Frédéric-Laure* Potier, baron de Courcy, né à la Martinique en 1780, chevalier de Saint-Louis en 1829, était fils d'*Armand-Jean-Alexandre-Moïse* Potier, baron de Courcy, lieutenant-colonel d'infanterie, chevalier de Saint-Louis, et de *Madeleine* Le Vacher du Boulay.

vitude. Un seul village du département du Nord, Gœulzin, dans
l'arrondissement de Douai, a fourni trois recrues au régiment
de *Béon*, toutes les trois n'ayant rien à craindre de la réquisition, mais ayant tout à craindre de la tyrannie et de l'impiété.
Ces trois braves se nomment Cony, un laboureur; Coupé, un manœuvre; Doco, un charron. A Valiquerville, dans la Seine-Inférieure, j'en vois deux qui partent, *Augustin* Biard et son cousin
Jean-Nicolas Doudement, deux paysans aussi, mais deux paysans
riches, dont les pères faisaient valoir leur petit domaine. Et
pourquoi partent-ils ? Parce que Biard a failli être tué en voulant assister à la messe. Il porte encore sur son bras les traces
des coups de sabre qu'il a reçus [1].

Aux portes de Nantes, à Montaigu, je trouve encore un de ces
émigrés qui n'avaient certes pas à défendre leurs priviléges,
mais qui tenaient à défendre leur foi. C'est le fils d'un boulanger, *François-Joseph* Dagondeau, qui commença par être secrétaire de Mlle de Lézardière, devenue célèbre par sa *Théorie
des Lois françaises*. Le pieux abbé Baudouin dont on poursuit
en ce moment la béatification, et qui l'avait connu au séminaire,
ne parlait de lui qu'avec une haute estime. La Révolution
venue, Dagondeau n'attendit pas le mouvement insurrectionnel
de 1793 ; il partit pour l'étranger, s'enrôla dans la légion de La
Châtre et se distingua partout, à Ypres, à Menin, à Newport. Il
était sergent dans *Hector* à Quiberon. On raconte qu'au moment
de la capitulation, il dit à Sombreuil : — « Mon général, vous
ne connaissez pas comme moi les ennemis que je combats
depuis trois ans ; ils nous promettent la vie sauve, et ils nous
vouent à une mort certaine. Je m'en tiens pour si assuré, que
je m'en irai, si vous le permettez, de rocher en rocher, sans
savoir nager, aimant mieux me confier à la Providence qu'à la
République. » — Et Dagondeau fit comme il avait dit. Culbuté

---

[1] Les deux familles Biard et Doudement existent encore. Biard avait six frères et
sœurs. Doudement en avait douze. Parmi les neveux de ce dernier, je remarque un
curé-doyen de Saint-Jacques à Dieppe et un curé-doyen de Bolbec; parmi ses
sœurs, une religieuse.

par les vagues, il se relève pour sauter sur un rocher plus exposé encore. Là la Providence vint à son aide; il fut recueilli par une chaloupe; mais ses forces épuisées le trahirent et, quelques jours après, débarqué à l'île d'Houat, il y rendit son âme à Dieu.

N'est-il pas à regretter que le nom de cet intrépide défenseur de ce que l'homme a de plus cher au monde, ne figure pas sur le monument de Quiberon? Mais un autre qui s'y trouve avec non moins de droits, c'est assurément celui de Claude Brodier, le valet de chambre du comte de Soulange. *Claude-George Brodier* exerçait le métier de tisserand à Troyes, sa patrie, lorsqu'il entra au service d'un officier, M. de Peyrelongue, qui plus tard l'emmena aux Sables-d'Olonne. Il entra ensuite dans la maison du comte de Soulange, qui devint pour lui comme une seconde famille. Mais, dès que le culte cessa d'être libre, Brodier n'écoute que le cri de sa foi et part pour la Belgique. Nous nous rappelons ce Malherbe, ce domestique du comte de Sainneville, qui exhortait à la mort les prisonniers d'Auray et parvenait à émouvoir les plus rebelles [1]. Brodier n'était ni moins zélé, ni moins pieux, ni moins éloquent. Dès l'année 1792, apprenant que son père allait aux offices des prêtres intrus, il lui adressait des lettres qui, aux points de vue du sentiment comme de l'instruction, mériteraient de prendre place dans l'histoire. Qu'il me suffise de citer ce qu'il écrivait à ses parents pour expliquer son départ de France :

« Je vous jure, mon très-cher père et ma très-chère mère, qu'il ne s'agissait pas seulement de mettre ma vie en sûreté ni de chercher la tranquillité; mais je voulais vivre et mourir dans le sein de notre mère commune, la sainte Église, ce qui n'est plus, pour ainsi dire, possible en France. Aussi, dès que je vis ce malheureux pays livré à toutes les fureurs de l'impiété, et à la veille de manquer de tous les secours spirituels, je pris

---

[1] *François* Malherbe, né à Soulangy, près de Falaise, vers 1758, était cuisinier du comte de Sainneville, chef de division des armées navales; il fut fusillé à Auray le 14 fructidor.

le parti de l'abandonner, persuadé que la divine providence me conduirait à bon port, ce qui est arrivé. Il est vrai que j'ai eu bien des peines, mais je ne dois pas y faire attention.

» J'ai quitté la Preuille (château de M. de Soulange, près de Montaigu) comme un pèlerin, n'emportant que l'habit que j'avais sur moi et que j'ai encore. J'y ai laissé mon petit butin bien en ordre et en assurance. Les nouvelles que je reçois de ce pays me prouvent bien de l'attachement. Malheureusement tous ceux auxquels je suis fort attaché ne pouvaient me suivre, parce que, liés aux embarras de la vie, il faut, comme bien d'autres, qu'ils restent où le sort les a mis. Mais moi qui suis et serai toujours dégagé de toute attache, je n'avais que mon bâton à prendre et Sodome à fuir : je suis parti [1]. »

M. de Soulange ayant émigré à son tour, Brodier quitta aussitôt l'emploi honorable qu'il s'était procuré à Enghien, et alla le rejoindre ; il fut pris avec lui à Quiberon, et fusillé le lendemain de sa mort.

On ne m'en voudra pas, j'espère, de ces détails, fort indifférents, je l'avoue, pour l'histoire générale. Ce n'est point, encore une fois, l'histoire de Quiberon que j'écris ; ce sont des souvenirs que je glane, des noms obscurs que je m'étudie à mettre en lumière, des dévoûments oubliés contre lesquels je ne voudrais pas laisser le temps prescrire. Impuissant à arrêter ce que les anciens appelaient le *Fleuve de l'oubli*, j'y jette au moins quelques pierres qui puissent çà et là en dominer le cours.

Quelque nombreuses qu'aient été les victimes de l'expédition de 1795, il n'est personne néanmoins qui n'ait connu, il y a trente ans, beaucoup de vénérables *débris* de cette expédition. La plupart s'étaient sauvés, le 21 juillet, préférant, comme Dagondeau, se fier à la Providence plutôt qu'à la République. Les blessés, qui n'étaient pas dans le rang, furent embarqués en

---

[1] J'emprunte cette lettre aux papiers de M. Hersart du Buron, qui s'était mis en rapport avec les parents de Brodier et avait obtenu d'eux communication de sa correspondance.

grand nombre; plusieurs se jetèrent même à la nage : Coataudon
de Kerannou [1], entre autres, bien qu'il eût un bras hors de ser- .
vice ; le chevalier de Gourdeau, bien qu'un de ses coude-pieds
eût été brisé par une balle [2] ; M. de Gouzillon, malgré une
blessure aux reins reçue le jour même [3]. « La côte était encombrée, raconte ce dernier, de plus de 3,000 personnes, particulièrement des habitants des environs, hommes, femmes et
enfants, qui s'étaient réfugiés dans la presqu'île. Au milieu de
cette foule, je remarquai M. de Gouvello, capitaine de mon régiment, dont une balle avait traversé la gorge. Il éprouva, comme
moi, mille difficultés pour gagner le rivage. Mais alors le
spectacle le plus déchirant se déroula à nos yeux. De nombreux
groupes de vingt, trente personnes et plus, se tenant accrochées
les unes aux autres, se noyaient ensemble. Je reconnus aussitôt
que, si je me jetais simplement à la mer, j'étais perdu. Rassemblant donc le peu de force qui me restait, car j'avais perdu
beaucoup de sang, je plongeai et gagnai sous l'eau autant
d'espace que put me le permettre mon haleine; puis, lorsque je
relevai la tête, j'eus le bonheur de voir que j'avais dépassé tous
les groupes. Je me dirigeai alors vers les chaloupes anglaises
qui étaient forcées de se tenir à une certaine distance, parce-
qu'elles eussent été coulées si elles se fussent approchées du
bord. J'atteignis, non sans peine, une de ces chaloupes, qui était
déjà encombrée au point qu'on était obligé de repousser avec
les avirons tout ce qui se présentait. J'attendais le même sort
et ne dus mon salut qu'à un officier anglais avec lequel j'avais

[1] *Jean* de Coataudon de Kerannou, officier de marine, était frère du lieutenant
d'*Hector* qui fut fusillé le 8 fructidor. Il a laissé une fille, M⁂ de Kersauson de
Penandreff.

[2] *François-Charles-Philippe-Casimir*, chevalier puis baron de Gourdeau, né à
Luçon, le 18 novembre 1777, de *Pierre-Marie-François-Gilbert*, ancien page et
mousquetaire de la garde du roi, et de *Flore-Bénigne* Mauras d'Hervy. Il servait
dans la compagnie des élèves de la marine. En novembre 1813 il épousa *Armande-
Gabrielle* de Boisy, fille du comte de ce nom, qui avait été fusillé avec d'Elbée. De
ce mariage sont issues deux filles.

[3] *Charles-Julien-Michel* de Gouzillon, né à Gouézec, le 24 octobre 1771, neveu du
vicomte de Bélizal, officier dans *Rohan*, chevalier de Saint-Louis, le 12 mai 1797.

dîné, le 18, chez M. de Lezerec[1]; il me reconnut et me donna lui-même la main pour monter[2]. »

Parmi les infortunés qui furent ainsi repoussés à coup de gaffe, nous pouvons citer l'abbé du Noday, que recueillit alors et sauva un officier d'artillerie, M. de la Bothelière. L'abbé de Poulpiquet, aumônier d'*Hector*, s'était accroché aux bordages d'une chaloupe lorsqu'on le menaça de lui couper le poignet. Heureusement, des paysans bretons se trouvaient dans la barque.— « N'est-ce pas là notre Père Poulpiquet ? » — dit l'un d'eux ; et, sur leurs instantes prières, on finit par l'admettre[3]. Ailleurs, on voyait Charles de Lamoignon apportant son frère blessé, et, après avoir assuré son salut, retournant pour mourir. On voyait un autre blessé, La Roche-Saint-André, se diriger vers un canot, soutenu sur les flots par un de ses soldats[4]. Ailleurs, c'était le duc de Lévis, atteint de deux balles et porté par des chouans. Les chaloupes refusaient d'approcher. — « Nous ne demandons pas place pour nous, criaient ces braves, mais pour notre commandant. » — Et ils entraient dans la mer pour se faire mieux entendre ; ils ne se retiraient qu'après avoir été exaucés[5].

Au milieu de tout ce mouvement, de tout ce désastre, L'Ollivier de Tronjoly, l'un des blessés du 16, demeurait immobile et impassible. Tronjoly passait pour être un des hommes les plus aimables, les plus braves, mais les plus distraits de son temps. Ne comprenant rien à son immobilité, un de ses amis lui crie : — « Tout est perdu, sauvez-vous! — Où est le colonel? dit Tronjoly. — Il est au camp. — Eh bien ! il est plus blessé que moi !

---

[1] *Guillaume-Marie* de Tredern de Lezerec, lieutenant de vaisseau. Voir la *Liste des victimes*.

[2] Lettre à M. Hersart du Buron, en date de Douarnenez, le 18 février 1833.

[3] *Jean-Marie-Dominique* de Poulpiquet de Brescanvel, né au château de Lesmel, le 4 août 1759, évêque de Quimper en 1824.

[4] *Charles-Henri* de la Roche Saint-André, officier de marine, né à Montaigu, le 11 mars 1765, de *Charles* de la Roche et de *Henriette-Marguerite* de Goulard, marié en 1790, à *Constance-Augustine* du Chaffault, petite-fille de l'amiral. Il est mort marechal-de-camp, ne laissant qu'une fille, M de Suyrot.

[5] Voir une lettre du duc de Lévis dans le *Conservateur*, à la date du 6 août 1819.

(c'était M. de Soulange) — et Tronjoly restait pour ne pas se séparer de son chef.

L'abbé Roland de Kerloury avait pu s'embarquer ; mais tout à coup il apprend que son ami Le Vicomte de La Houssaye est retenu à terre par ses blessures. Aussitôt il se fait reconduire au rivage pour lui porter ses consolations et partager son sort. Ce qu'ils devinrent l'un et l'autre, est-il besoin de le dire [1] ?

Le soir venu, et les prisonniers en marche sur Auray, les évasions devinrent de plus en plus rares. Le point d'honneur d'abord, les verrous ensuite, y mirent obstacle. A peine en pourrait-on citer de vingt-cinq à trente. La plus célèbre fut celle de cinq détenus qui se sauvèrent à la fois de la tour du Connétable, à Vannes. C'était vers la fin d'août ; les prisons commençaient à se vider, et les malheureux qui restaient cherchaient partout des caches où ils pussent échapper au fatal appel. Trois d'entre eux, le comte Harscouët de Saint-George et MM. d'Antrechaux et de Chaumareix, se réfugièrent dans les combles, sous des piles de matelas devenus inutiles. Tout alla bien d'abord, et, comme il n'y avait pas de registre d'écrou, on ne pensa pas à eux ; mais lorsque la prison fut complétement évacuée, un sergent parcourut les salles, et, arrivé aux combles, il s'aperçut qu'un des matelas remuait. Dissimuler était désormais impossible. Les trois prisonniers se montrent et font au sergent les offres les plus séduisantes. Celui-ci fut d'assez facile composition ; mais il a, dit-il, un caporal qui le surveille de près, et il ajoute : — « Je vais vous l'envoyer, arrangez-vous avec lui. »

Le caporal ne se fit pas plus insensible que le sergent, si bien que M. de Saint-George écrivit immédiatement un billet

[1] *Joseph-Marie-Magdelin* Rolland de Kerloury, né commune de Plouguiel (Côtes-du-Nord), le 2 janvier 1761, chanoine de Tréguier. Son père portait le nom de *Rolland de Cheffontaine.*

Jean-Baptiste-Marie Le Vicomte de la Houssaye, fils du président de ce nom, né à Rennes, le 26 janvier 1776, sous-lieutenant dans *du Dresnay*, blessé mortellement le 16 juillet, et fusillé le 12 thermidor (31 juillet), malgré le sursis. — Il n'avait que 19 ans.

au crayon par lequel il demandait cent louis à ses parents,
MM. de Lenvos et de Querronic, qui habitaient leur propriété de
Limoges, à la porte de Vannes. Le caporal prit le billet et se
chargea de le faire parvenir.

Pendant cette négociation, une scène du même genre se passait à l'étage inférieur. Quelques soldats avaient découvert, sous
un lit de camp, derrière des matelas roulés, MM. du Bouëxic de
la Driennais et Walzer. M. du Bouëxic avait sur lui vingt louis et
sa montre en or. Il les offrit, et le marché était déjà accepté
lorsque revint le caporal. A la vue de l'or et de la montre aux
mains de ses soldats, il entre dans un accès de fureur et jure,
en blasphémant, qu'il les fera tous fusiller pour s'être laissé
corrompre. Il leur enlève, en même temps, le prix du marché et
les consigne au corps de garde.

Pas un mot de cette scène n'avait échappé aux prisonniers de
l'étage supérieur, qui n'était séparé de l'autre que par un plancher mal joint. Leurs angoisses étaient donc extrêmes, mais le
caporal tarda peu à les rassurer. — « Il faut bien jouer mon
jeu, leur dit-il ; maintenant que mes soldats sont consignés et
que je tiens leur vie entre mes mains, je n'ai plus à craindre
leur surveillance. »

En définitive, le billet fut porté, les cent louis arrivèrent et
les cinq détenus des deux étages, vêtus, les uns en femmes, les
autres en soldats, furent conduits par le caporal lui-même en
maison sûre [1].

Les hôpitaux et les prisons d'Auray et de Vannes étaient tellement encombrés que plusieurs émigrés avaient été dirigés sur
Hennebont. De ce nombre était M. Arnaud de Cornulier, sergent

---

[1] MM. d'Antrechaux et de Chaumareix ont publié, chacun, le récit de cette aventure. Nous avons suivi, pour notre compte, la version inédite et détaillée du comte
de Saint-George. — *Louis-Joseph* Harscouet, comte de Saint-George, né à Plouha
(Côtes-du-Nord), le 30 mars 1755, ancien officier au régiment de Beauvoisis,
sous-lieutenant en *du Dresnay*, était fils de *Mathieu-Marie* et de *Marie-Anne* Le
Veneur de Sieurne. Il avait épousé, le 27 novembre 1790, *Geneviève-Marie-Françoise*
Chrestien de Tréveneuc, dont deux fils.

major en *du Dresnay*, qui avait été blessé au genou à l'attaque des
lignes de Sainte-Barbe [1]. Il eut la bonne fortune de rencontrer
à l'hôpital de cette ville un chirurgien non moins compatissant
que l'était à Auray M. Philippe Kerarmel, et, à Vannes, le *bon
docteur*, dont M. de Noyelle nous a conservé le souvenir. Ce chirurgien [2] mettait tout son art à le guérir le moins vite possible,
et la commission militaire d'Hennebont fut assez humaine pour
ne pas le faire fusiller sur un matelas ou sur un fumier, comme
auraient fait quelques autres. Plus tard, aidé par le domestique
du comte de Sombreuil, qui se trouvait dans la même position
que lui, il put, souffrant encore, s'échapper par une brèche de
l'enclos et fut recueilli par des paysans.

Dans ce même hôpital d'Hennebont, se trouvait un lieutenant
de vaisseau, M. Marreau de la Bonnetière, qui avait été grièvement
blessé le 16 et qui fut près de trois mois à se remettre. Dès qu'il
fut en état de sortir, on le conduisit à Vannes pour y être jugé,
la Commission militaire d'Hennebont ayant été dissoute. Or,
dans les prisons de Vannes régnait ce qu'on appelait la *maladie
des chouans*, c'est-à-dire le typhus, et M. de la Bonnetière en fut
pris immédiatement, ainsi que deux prisonniers de sa cham-
brée, M. Brumault de Beauregard, garde du corps, et le chevalier de Courtin. Lorsqu'on vint les chercher, les deux derniers
n'existaient plus, et M. de la Bonnetière semblait être à l'agonie. On le laissa donc, et peu à peu on l'oublia. Au mois de janvier
cependant, un prêtre, l'abbé Mahé de la Bourdonnaye, étant
parvenu, moyennant finance, à fuir la prison, on devint plus
clairvoyant et plus sévère. Le geôlier fut changé et c'en était fait

---

[1] Deux Cornulier avaient été blessés à l'attaque des lignes de Saint-Barbe :
l'un d'eux, *Jean-Baptiste-Théodore-Benjamin*, avait reçu un coup de baïonnette dans
le côté. Il parvint à se rembarquer le 21, et épousa, à Londres, en 1802, *Anne-Henriette* d'Oillamson. C'est le père de MM. de Cornulier-Lucinière d'aujourd'hui.
L'autre, *Arnaud-Désiré-René-Victor*, de la branche de la Caraterie, avait été atteint
par un coup de feu au genou. C'est celui dont il est question ici et qui, de son mariage avec *Françoise-Gabrielle* des Friches-Doria, laissa un fils unique, *Arnaud-
René-Victor*.

[2] Il se nommait, je crois, Lauly.

du malheureux lieutenant de vaisseau, si la charité empressée
des habitants de Vannes, pour lesquels il était un inconnu, de
M. de Limur, entre autres, et de M. Gallès, n'étaient parvenus à
gagner la femme du nouveau geôlier [1].

J'ai déjà nommé, parmi ceux qui s'évadèrent, MM. d'Espin-
ville, d'Oyron, de Lanjégu, du Bois-Berthelot, de Pressac, de
Villeneuve de la Roche-Barnaud. MM. de Montbron et Le Vicomte de la Villegourio ont eux-mêmes raconté leurs aventures.
Tout le monde sait qu'ils durent leur salut au zèle intrépide
des dames d'Auray. MM. de Fondenis et de la Garde durent le
leur à leur présence d'esprit et à leur sang-froid, M. Berthier de
Grandry à une main inconnue, qui détacha ses liens au moment où on le conduisait à la mort. On cite encore, parmi les
sauvés, MM. de Chamillard, de Préfontaine ; on cite même M. de
la Villéon ; mais il n'est que trop certain que le brave colonel
de ce nom, qui commandait à Quiberon le régiment de *Rohan*,
fut condamné et fusillé le 15 thermidor an III (2 août 1795) [2].

À ces noms, nous tenons à en ajouter un dernier, qui n'a pas
été prononcé et qui doit l'être ; c'est celui du jeune Poulpiquet,
blessé le 16 juillet et emprisonné le 21 à Auray. Comment
s'échappa-t-il de cette ville ? On ne le sait. Il est incontestable
cependant qu'il s'échappa ; mais la mort le reprit vite. Arrêté de
nouveau près de Pont-Aven, il fut fusillé sur la place Saint-
Michel, de Quimperlé, le 12 brumaire an IV (3 novembre 1795) [3].

L'État du général Lemoine parle de 2,848 acquittés ; mais ces

---

[1] *Louis-Marc* Marreau de la Bonnetière, né au château de ce nom, près de Loudun, le 1er septembre 1764, chevalier de Saint-Louis en 1796, marié à *Marie-Hen-
riette* de Thienne, dont il n'a pas eu d'enfant.

[2] *Toussaint-Léonard* de la Villéon de la Villevalio, né le 30 octobre 1766, de *Guillaume* de la Villéon et de *Marie* Goudrel, dame de Beaurepaire. Il avait été major
dans le régiment d'Anjou, écuyer de Madame Victoire, et avait épousé, à Montauban, *Jeanne-Martiale* de Garaisson, dont postérité. Il écrivit à sa femme et à ses
sœurs avant de marcher au supplice.

[3] *Alexandre-Marie* de Poulpiquet, fils de *Charles-Claude*, s^r de Lanvéguen, et de
Josèphe-Marie du Boisguéhenneuc, né le 13 juillet 1775. Il était sergent-major dans
du Dresnay.

acquittés étaient presque tous des prisonniers républicains, incorporés par le gouvernement anglais dans les régiments d'*Hervilly*, *du Dresnay*, *d'Hector*, et dont un grand nombre trahit à
Quiberon, ou des Toulonnais emmenés en Angleterre après la
reprise de Toulon par l'armée française. Et encore les Toulonnais
ne furent-ils pas tous acquittés, témoin ce jeune Salve de Villedieu, élève de la marine, qui n'avait fait que suivre son bâtiment,
pris dans la rade de Toulon par les Anglais, mais qui n'entendait pas répudier les sentiments de sa famille. Les autres acquittés, en petit nombre, ne le furent que parce qu'ils s'étaient
fait passer pour prisonniers des pontons, pour Toulonnais ou
pour étrangers. M. Le Grand, quartier-maître en *du Dresnay*, avait
profité de sa naissance au Mexique pour se dire Espagnol; M. Le
Charron s'était dit Suisse; M. de Trémeau Belge, etc. Mais pour
être acquitté, on n'était pas libéré; les étrangers devaient être
détenus jusqu'à la paix et les Français incorporés dans les
troupes de la République. M. Le Grand, fatigué de sa vie de prison et des dangers que lui faisait courir, à lui réputé Espagnol,
l'arrivée imprévue d'âmes compatissantes, telles qu'une vieille
servante qui s'était mise à sa recherche, ou que Mme de Quélen,
qui cherchait son frère [1] et ne put retenir son émotion à la vue
d'un compatriote de Morlaix, M. Le Grand demanda son incor-
poration dans les troupes républicaines. Un petit camp avait
été formé pour recevoir les nouveaux venus, et la direction de
ce camp avait été confiée à Le Page, ce traître que M. de Noyelle
nous a fait connaître. Grâce à lui, M. Le Grand sortit de prison;
mais il lui fallut ensuite recevoir les politesses de Le Page, dîner avec lui chez la citoyenne Pellegrain, qui fut sur le point de
le reconnaître, et trinquer avec le général Lemoine. L'épreuve
fut rude; mais enfin, le soir venu, il put, au lieu d'aller au
camp, se glisser dans une de ces maisons *chouanes*, dont Le
Page allait, huit jours après, donner la surveillance à M. de

---

[1] *Théodore-Henri-Julien* de Collibeaux, volontaire dans *Loyal-Emigrant*, fusillé le
14 thermidor (2 août), à Auray.

Noyelle. De là à la flotte anglaise, on finissait toujours par trouver le chemin [1].

Tout le monde d'ailleurs ne se tirait pas si heureusement des griffes de la République. M. Desmier de Chenon en sut quelque chose [2]. Il avait pris le nom de *Philippe Destranches* et s'était dit soldat français, fait prisonnier en Allemagne. Séparé par suite des émigrés, il fut employé, pendant trois mois, à des travaux de terrassement et de fortification. Pour se servir de ses bras on ne renonçait pas d'ailleurs à sa tête, et, au bout de ce temps, il fut conduit à Hennebont afin d'y être jugé. Au moment où il entrait dans cette ville, des déserteurs le reconnurent et le dénoncèrent comme émigré. Sa mort devenait ainsi presque certaine. Sans se laisser abattre, Desmier se réfugie derrière l'autel de l'église où il est emprisonné, et, rassemblant la paille humide qui lui sert de lit, roulant dans cette paille son habit de *Béon*, qui peut le trahir, il met le feu au tout et se roule dans la fumée avec sa capote, de manière à se rendre méconnaissable. Bien lui en prit ; car le commandant de place n'attendit pas le jour pour se présenter à la prison. Il fit ranger les détenus sur deux lignes et les examina attentivement. Peine inutile ! Desmier entendit les officiers républicains dire : — Il s'est évadé comme bien d'autres ; n'en parlons pas.

« Échappé à ce danger pressant, raconte M. Desmier [3], je soupirai après un jugement qui me rendît libre ; mais le tribunal

[1] *Louis-Ignace-Casimir-Jean-Joseph* Le Grand, lieutenant au régiment de Quercy, né au Mexique le 27 septembre 1753, décédé à Morlaix, le 17 décembre 1830. Il avait épousé *Elisabeth-Anne-Marie-Aimée* de Penfeunteniou de Cheffontaines, dont postérité.

[2] *Philippe-Paul-Emery-René* Desmier, né à Chenon, en Angoumois, le 20 mai 1775, de *Charles* Desmier et de *Marguerite* de Galard de Béarn, appartenait à une famille qui se trouve avoir donné une aïeule à la reine Victoria, en la personne d'*Éléonore* Desmier d'Olbreuze, retirée en Allemagne pour cause de religion, et qui épousa, en 1664, *Georges-Guillaume*, duc de Brunswick-Zell. Sa fille, *Sophie-Dorothée*, devint, à son tour, le 21 novembre 1682, la femme de *Georges-Louis*, duc de Brunswick-Hanovre, plus tard roi d'Angleterre, sous le nom de Georges Iᵉʳ.

[3] Lettre à M. Hersart du Buron, en date du 19 février 1839.

militaire siégeant à Hennebont ayant été dissous, on me trans-
féra à Vannes, où je fus jugé sous le nom de guerre que j'avais
adopté. N'étant point alors reconnu comme émigré, j'évitai une
condamnation et fus seulement incorporé dans un bataillon
formé des restes du régiment de Béarn, commandé par un
nommé Champneuf, ancien tailleur de ce régiment. Plus tard,
à l'élection des soldats, je fus nommé caporal. Au printemps, ce
bataillon fut envoyé à Saint-Malo et aux environs, et je tins
garnison à Saint-Briac. Ayant entendu parler dans ce bourg
d'un émigré qui commandait les chouans près de là, j'allai le
rejoindre avec douze hommes, presque tous prisonniers comme
moi, et pris part dès lors aux opérations des chouans dans la
division de MM. de la Baronnais. Mais, au bout de six mois, je
tombai au pouvoir des républicains et fus conduit à Dinan, puis
à Saint-Brieuc, en compagnie d'un condamné à quinze ans de
galère, enchaîné avec lui et n'ayant pour tout vêtement qu'un
pantalon et une chemise. Une fois rendu à ma triste destination,
j'eus le bonheur d'être visité dans mon cachot par une dame
charitable qui me procura les moyens d'écrire à ma famille. Mes
parents me recommandèrent à la famille de Saint-Pern, dont
j'étais l'allié et qui eut pour moi toutes les attentions possibles[1].
On obtint, en même temps, des autorités d'Angoulême, une
attestation que je n'étais pas sur la liste des émigrés. Je ne me
trouvais pas, en effet, sur la grande, mais j'étais sur une petite;
on ne s'en aperçut pas. Au lieu d'être néanmoins mis en liberté,
je fus envoyé à l'île de Groix pour y rester jusqu'à la paix. M. le
lieutenant-général de Saint-Pern-Ligouyer obtint seulement
que je pusse aller passer quelques jours à Quimperlé, où il
s'était établi avec sa fille à sa sortie des prisons de Paris, et,
plus tard, je dus à ses démarches mon congé définitif. »

[1] La famille de Saint-Pern avait été elle-même cruellement éprouvée. Plusieurs
de ses membres avaient péri sur l'échafaud, et son plus vénérable représentant, le
lieutenant-général chevalier de Saint-Pern, l'un des braves de Fontenoy, venait de
sortir des prisons de Paris. A la considération qui l'entourait se joignait le respect
dû au malheur.

Nous n'avons pas voulu abréger ce récit [1], parce qu'il peint assez bien, et sous son meilleur jour, la position des plus heureux, de ceux qu'on appelait les *acquittés*. On les enrôlait de force, on leur mettait les armes à la main contre leurs frères, les royalistes de l'Ouest. N'était-ce pas les contraindre à regretter le sort de leurs camarades du *Champs des Martyrs*, disons mieux, des *Champs des Martyrs !* On compte, en effet, sept ou huit de ces lieux funèbres, que rien n'indique à la piété des générations présentes. A nous de les signaler et d'évoquer quelques-uns des noms qu'ils rappellent. Ce sera un dernier hommage et un adieu : *Novissima verba.*

EUGÈNE DE LA GOURNERIE.

(La suite prochainement.)

---

[1] Nous ajouterons, pour les personnes qui aiment les aventures romanesques, que M. Desmier ne tarda pas à être reconnu comme émigré, en Angoumois, et obligé de fuir en Espagne. Il en revint, peu de mois après, au péril de sa vie, et demeura caché jusqu'au consulat. Il voulut revoir alors la Bretagne et la famille qui lui avait été si secourable. Le vieux général de Saint-Pern était mort ; son fils venait de périr à Saint-Jean-d'Acre, et sa fille s'était vouée plus que jamais aux bonnes œuvres. Elle procura le mariage de l'ancien proscrit avec une de ses parentes (*Laurence-Marie* Le Courriault du Quilio), à qui elle légua plus tard l'antique domaine de sa famille, le château de Ligouyer.

—

LE COMBAT DE BOISMÉ

(JOUR DU VENDREDI SAINT 1794)

————

Dès le commencement de la guerre, la Convention avait été cruelle envers la Vendée; mais quand elle vit que ses soldats n'étaient plus assez nombreux pour menacer l'existence de la République, elle se montra féroce et impitoyable.

Au printemps de 1794, elle voulut inaugurer cette guerre d'incendies et de massacres, dont la Vendée conservera longtemps encore les traces et le souvenir. Le général Grignon [1] arrivait dans le pays de Bressuire, avec mission de tout détruire par le fer et par le feu, et ses soldats pouvaient en liberté satisfaire la brutalité de leurs instincts sur les propriétés et les habitants.

Les Vendéens, malgré leurs désastres récents, résolurent de s'opposer à cette invasion sauvage. Marigny, revenu depuis peu de la Bretagne, rassembla à la hâte les hommes qu'il put trou-

---

[1] Je ne suis pas parfaitement sûr du nom du général républicain, comme aussi il ne serait pas impossible que ce fait se fût passé une année plus tard. Je raconte ce qui m'a été dit, mais je sais que sur les noms et les dates les souvenirs des Vendéens ne sont pas toujours un guide sûr.

TOME XXXV (V DE LA 4e SÉRIE.)

ver, et marcha à la rencontre des bleus. Malheureusement il ne put réunir qu'un petit nombre de soldats, et il fallait une bien grande audace, ou la nécessité du désespoir, pour oser se présenter devant l'ennemi dans un pareil état.

Il avait avec lui quatre à cinq cents fantassins, et vingt-cinq à trente cavaliers. Tout l'attirail de bagages consistait en trois mulets qui portaient les cartouches. L'aspect de cette petite troupe faisait pitié : les hommes paraissaient épuisés pour la plupart, et leurs vêtements portaient l'empreinte de la misère. Les cavaliers surtout, par la taille de leurs chevaux et la bizarrerie de leur équipement, semblaient faits pour provoquer la risée des républicains, plutôt que pour soutenir une lutte quelconque.

Mais il y avait là des cœurs héroïques, et, avec de tels hommes, l'honneur est toujours sauf, quand bien même on ne remporte pas la victoire.

Les républicains, de leur côté, ne formaient pas une armée proprement dite : ils pouvaient être de quinze cents à deux mille hommes d'infanterie, et environ quatre cents cavaliers ; tous soldats éprouvés dans les combats précédents et parfaitement équipés. C'était plus qu'il n'en fallait pour traverser un pays déjà dépeuplé et privé d'armes et de munitions.

Le matin du vendredi saint, Marigny se trouvait près du bourg de Boismé. Le temps était froid, un vent sec et violent soufflait du nord-est, et les hommes, mal vêtus, grelottaient sous la bise. L'occurrence du jour et la situation du moment jetaient sur ces visages amaigris une teinte de tristesse involontaire ; mais tous étaient résignés, et l'on n'entendait ni une plainte, ni un murmure.

Comme on savait que les républicains étaient proches, Marigny fit distribuer les cartouches, et le cavalier Thevin fut envoyé en reconnaissance.

Quand il revint, il rencontra son camarade Joseph Bonin, et il lui dit : « — Mon pauvre *Josille*, fais ton acte de contrition et fais-le bien, car ce sera le dernier. Ne dis rien, mais pour moi je t'en avertis, nous sommes perdus! La cavalerie toute seule est capable de nous écraser. Les bleus vont nous attaquer de trois côtés ; il ne reste qu'un chemin de libre et c'est celui qui conduit en pays ennemi. »

Tout en causant avec son ami, Thevin se dirigeait vers le général, auquel il fit part de ce qu'il avait vu.

D'après son rapport, Marigny comprit bien vite le plan des républicains. Il allait être attaqué de deux côtés, et on s'efforcerait de le pousser sur la cavalerie ennemie, qui anéantirait sa petite troupe, ou du moins lui couperait toute ligne de retraite. Ce plan n'avait rien de téméraire, vu la supériorité numérique des républicains. Marigny ne perdit pas de temps et prit vite ses dispositions. La cavalerie était la plus dangereuse ; il fallait s'en débarrasser pour avoir quelque chance de salut.

Un des frères Texier, de Courlay, s'approche de Bonin : — « Il s'agit de faire un coup de tête, lui dit-il ; veux-tu en être avec moi ? — Je suis prêt à tout, répondit Bonin, puisque nous sommes perdus ! — Il me faut cent hommes, mais solides ; combien peux-tu m'en trouver ? — Une vingtaine. — C'est peu, mais je me charge du reste ; va les chercher et sois ici dans un instant ; le temps presse, hâtons-nous. »

Les cent hommes furent bientôt réunis, et toute la cavalerie avec eux. — « En route ! dit Texier, en montrant la direction ; la cavalerie en tête ! »

— « Bonin, ajouta-t-il, nous prendrons chacun cinquante hommes, et, à l'arrivée des bleus, nous allons sauter de chaque côté du chemin. Tu comprends le reste? — Oui. — Veux-tu commander à droite ou à gauche ? — Mourir à droite ou mourir à gauche, cela m'est bien égal ; choisissez vous-même. — C'est entendu [1]. »

---

[1] Bonin m'a souvent raconté le combat de Boismé, et, rendu à cette circonstance, des larmes ne manquaient jamais de rouler dans ses yeux.

Le chemin qu'ils suivaient formait une courbe allongée, mais continue. Lorsqu'ils eurent marché peut-être un quart d'heure, ils aperçurent la cavalerie républicaine, marchant sur deux longues lignes et qui arrivait dans un ordre parfait.

D'un geste, Texier fait placer ses cavaliers en travers du chemin, et avec cinquante hommes il franchit un buisson ; Bonin en fait autant de l'autre côté.

A la vue de cette cavalerie, qui prétendait les arrêter, les républicains ne purent s'empêcher de sourire, et ils avançèrent, avec un mépris mêlé de pitié. Ils mirent peu d'entrain dans leur attaque, se croyant sûrs de passer sur le corps de cette poignée d'hommes. Ils eurent lieu de se repentir de leur présomption. Ces cavaliers en haillons les reçurent dans une attitude impassible, et ils furent solides comme un mur. Les sabres se choquaient avec violence, et les bleus virent bien vite qu'ils avaient affaire à des hommes rompus au métier ; plusieurs parmi eux furent atteints vigoureusement et tombèrent pour ne plus se relever. Le plus grand danger, toutefois, n'était pas devant eux. Les fantassins, embusqués de chaque côté, faisaient un feu de tirailleurs presque à bout portant, et ils eurent bientôt jonché le chemin d'hommes et de chevaux.

A la vue du désordre qui se met dans sa colonne, le commandant républicain (un colonel, m'a-t-on dit,) reconnaît qu'il a eu tort de mépriser l'ennemi, et fait sonner la retraite. Il adresse quelques reproches à ses hommes et les renvoie au feu, en commandant une charge vigoureuse. Les Vendéens ne reculent ni ne s'effraient, ils se battent sans enthousiasme, mais avec la résignation du martyre et la résolution de gens qui veulent mourir en braves. Aucun effort ne peut les entraver.

Les tirailleurs, dont l'œil est exercé, voient déjà une certaine frayeur dans les rangs ennemis ; leur fusillade devient plus vive et plus meurtrière, et les républicains, dont un petit nombre seulement peut combattre, se découragent et reculent en désordre, sans attendre aucun signal.

Le commandant, plein de honte et de colère, adresse à ses cavaliers des reproches et des menaces, et les Vendéens entendent ses jurements, qui retentissent jusqu'à eux. Il les remet en ordre, se place lui-même à la tête et s'élance avec sa colonne pour tenter un nouvel assaut.

Il faut rendre cette justice aux républicains, qu'ils suivirent leur chef sans hésitation et se conduisirent bravement. Mais le lieu était mal choisi; pour réussir, il eût fallu tourner la position, ou attendre le secours de l'infanterie. Aussi cette troisième attaque eut encore moins de succès que les précédentes. Les cadavres d'hommes et de chevaux qui encombraient le chemin, mirent du premier coup un peu de désordre dans la colonne, et la fusillade, toujours meurtrière, ne pouvait pas manquer de l'accroître.

Le commandant, piqué au vif d'un échec aussi imprévu, fit des efforts désespérés pour rompre l'obstacle, mais ce fut inutilement; et, comme il était facile de le reconnaître, les fantassins dirigèrent leurs coups sur lui, de sorte qu'il tomba mort comme tant d'autres.

A cette vue, les républicains perdirent complétement courage; rien ne put les retenir; ils prirent la fuite et se débandèrent.

Les cavaliers vendéens s'élancèrent audacieusement à leur poursuite, pour les empêcher de se rallier.

Marigny n'avait pas été attaqué, comme il s'y attendait; trop faible pour attaquer lui-même, et fatigué d'un repos sans profit, il résolut de soutenir son détachement, et prit à travers champs pour être plus tôt rendu. Il avait du moins cet avantage qu'il n'était pas gêné dans ses mouvements; ses bagages l'embarrassaient peu, et tous les chemins lui étaient bons.

Les républicains, de leur côté, ne sachant que penser de cette fusillade prolongée dans un lieu où ils ne croyaient pas avoir à combattre, s'avancèrent dans la même direction.

Les deux corps, en marchant vers le même but, s'approchèrent sans se voir, et tout d'un coup on aperçut les deux drapeaux qui n'étaient séparés que par un buisson.

Marigny se crut surpris et jugea tout perdu. Malgré son sang-froid bien connu, il se troubla à tel point, qu'au lieu de donner un commandement quelconque, on l'entendit crier : « *Taïaut ! Taïaut !* »

Les républicains furent également surpris et déconcertés, en voyant l'ennemi si près d'eux ; ils n'attaquèrent pas aussitôt, et des deux parts on se borna, au premier moment, à quelques coups de fusils sans importance.

Cette situation bizarre ne tarda pas à se débrouiller. Le combat contre la cavalerie finissait, et les vainqueurs avaient d'autant plus hâte d'annoncer leur succès, qu'il était à peu près inespéré.

Au moment le plus anxieux de la situation, on vit accourir des hommes qui crièrent, du plus loin qu'ils purent se faire entendre, que la cavalerie républicaine était défaite. Cette annonce bruyante fut entendue des deux partis ; mais Marigny était tellement absorbé dans son idée préconçue, qu'il ne parut pas y faire attention.

Cependant quelqu'un, s'approchant de lui, dit assez brusquement : « Général, vous perdez la tête ! Nous sommes vainqueurs ; donnez donc des ordres ! » Cette franche apostrophe fut d'un effet magique : Marigny recouvra sa présence d'esprit aussi vite qu'il l'avait perdue, et il profita immédiatement de l'hésitation de l'ennemi pour prendre une position tout à son avantage.

Il détacha quelques tirailleurs pour entraver les manœuvres des républicains, et il mit en ordre le reste de sa petite troupe, en l'appuyant contre un bois. Cette disposition devait l'empêcher d'être enveloppé par un ennemi supérieur en nombre, et lui fournir une retraite en cas d'échec. Sous ce dernier rapport, sa prévision n'eût guère pu se réaliser, car la fusillade ayant commencé, elle devint fort vive, et le papier des cartouches, emporté par le vent, mit le feu aux feuilles sèches, de sorte que la flamme envahit bientôt tout le bois.

Les Vendéens, quoique moins nombreux, avaient sur les républicains plusieurs avantages : d'abord, ils étaient excellents tireurs pour la plupart, et, en outre, ils étaient accoutumés à s'éparpiller et à se réunir avec une facilité qui était devenue chez eux une sorte d'instinct. Ils offrirent donc peu de prise au feu de l'ennemi, tandis qu'ils visaient tout à leur aise sur les rangs plus serrés des adversaires, et pouvaient y causer de grandes pertes. Enfin, ce jour-là, soit par un calcul de Marigny, soit par un hasard heureux, ils se trouvaient placés de telle sorte, que le vent balayait la fumée sans les incommoder, et pendant l'action ils ne perdaient rien de la sûreté de leur coup-d'œil, alors que les républicains, sans être placés directement sous le vent, le recevaient d'une manière oblique, ce qui les gênait considérablement.

Le combat se prolongea sans incident bien remarquable, et si les républicains n'eussent pas manqué de fermeté pour le soutenir, il est à croire que la victoire leur fût restée ; car les Vendéens n'avaient que des munitions peu abondantes, et comme il n'y avait pas de caissons ennemis à leur portée, il se trouvaient privés d'une ressource dont ils avaient profité si souvent.

Mais les bleus étaient découragés par la défaite de leur cavalerie ; beaucoup d'entre eux portaient dans leurs sacs le fruit de leurs pillages, et ils tenaient assez peu à sacrifier en même temps leur vie et leur butin. Quand ils virent que la victoire serait très-chèrement achetée, s'ils parvenaient à la remporter, ils commencèrent à lâcher pied, et bientôt ce fut une déroute complète.

Les Vendéens, qui presque tous combattaient à jeun, par un motif de religion, étaient épuisés de faim et de fatigue ; ils ne poursuivirent pas l'ennemi bien loin ; mais ils ramassèrent avec soin les armes et les munitions, et ils fouillèrent les sacs des morts et des blessés, dans lesquels ils trouvèrent des sommes assez importantes.

Un fait qui se passa après le combat montre quelles animosités peuvent engendrer les discordes civiles, et quelles représailles provoque une guerre conduite en dehors des règles ordinaires et au mépris de tous les droits.

Un cavalier blessé s'était traîné avec son porte-manteau derrière un tas de fagots, où il se tenait caché. On le somma de se rendre ; il refusa. Sommé de nouveau, il répondit qu'il se rendrait à un cavalier, mais non à des fantassins. Comme il n'y avait là aucun cavalier et qu'on le soupçonnait de pillage, on le tua d'un coup de fusil, et on trouva son porte-manteau rempli d'argent.

La victoire de Boismé ne fut pas seulement glorieuse pour les Vendéens, elle fut encore utile par ses résultats. Elle releva le courage de ceux que des revers successifs avaient abattus, et elle procura au pays un repos dont il avait le plus grand besoin.

L'on n'était déjà plus au temps où la Convention envoyait sur la Vendée des masses armées qui se renouvelaient sans cesse ; les ressources avaient diminué pour les deux partis. Il fallut du temps pour préparer une autre expédition, et, durant plusieurs mois, une portion considérable du pays insurgé ne fut presque pas inquiétée.

L. AUGEREAU,
Curé du Boupère.

LA MOUETTE DES GRÈVES

NOUVELLE BRETONNE *

VI. — Le vœu de Charlotte.

— Tu viens chercher Yvonne, Pierre-Marie, lui dit la jeune
fille, et tu n'as trouvé ses traces nulle part. Moi aussi, je l'ai
vainement cherchée dans tous les endroits qu'elle fréquente
sur cette côte. Je suis bien inquiète ; que peut-elle être devenue, mon Dieu ?

— Il faut espérer, répondit le bon matelot, qu'elle est maintenant revenue à Port-Yvy par un autre chemin. Peut-être
était-elle allée courir du côté de Carnac ou de Plouharnel ;
elle aime tant à voir les *grandes-pierres ! Il fera nuit noire
bientôt, Charlotte ; je vais héler une dernière fois, et puis nous
prendrons ensuite, si tu le veux, la route de Port-Yvy.

— Partons, dit Charlotte, de plus en plus inquiète.

— Si la pauvre Yvonne n'est pas chez sa mère, ajouta le
matelot, je reviendrai, je passerai la nuit à la chercher, s'il le
faut.

Alors, réunissant ses mains, en guise de porte-voix, Pierre-
Marie se mit à héler comme on le fait d'un navire à l'autre en
pleine mer. Sa voix sonore troubla un moment les échos des
grottes voisines, et les nombreux goëlands et cormorans qui

* Voir la livraison de décembre, pp. 456-465.

— Que lui dire, ô mon Dieu, qui puisse lui montrer ce que
je souffre ? qui puisse toucher ce cœur, généreux et cruel à la
fois ?... Non, non, rien ne pourra me faire changer de résolution ; rien ne pourra m'éloigner de toi, Charlotte, à moins que
tu ne me chasses à force de dureté... Et que dis-je ? ta dureté,
ton mépris même, s'ils me bannissaient de ta présence, ne sauraient du moins empêcher toutes mes pensées de revenir
auprès de toi !

Le malheureux jeune homme s'exprimait ainsi, avec un
accent et des gestes en dehors de son caractère. Il poussait de
véhémentes exclamations. Ce n'était plus le matelot timide et
soumis ; il avait fait place, pour un moment, à un homme résolu, passionné ; il y avait de l'émotion dans sa voix, de l'ardeur dans ses supplications, et peut-être même, une vague
jalousie, une secrète colère, dans l'expression de tous ces sentiments, extraordinaires dans une âme si douce d'habitude.
Charlotte, étonnée, éprouvait je ne sais quelle anxiété poi-
gnante, qui n'était pas de la terreur sans doute, mais qui
dépassait la crainte. Elle lui adressa encore des paroles conso-
lantes, fit un nouvel appel à sa piété, à son dévouement, à sa
raison ; lui rappela leur passé si heureux, leur enfance si pure,
si unie. Tout cela, malgré la voix touchante de la jeune fille,
semblait augmenter le trouble et provoquer l'irritation de l'infortuné. Enfin, convaincue que tant qu'il conserverait une
lueur de doute au sujet de l'avenir qu'elle s'était irrévocablement imposé, Charlotte lui dit :

— Tu le veux absolument, mon frère, tu m'obliges à rompre le silence... sois donc fort et résigné, s'il est besoin ; car
je vais t'apprendre ce que j'espérais garder longtemps encore
comme un secret entre Dieu et moi. Puis, lorsque tu m'auras
comprise, tu lui demanderas, à ce Dieu de miséricorde, la
force de remplir ton devoir, et, s'il le faut, l'oubli, l'oubli du
passé...

Ne cherche pas à pénétrer quels sentiments ont pu dicter ma

conduite. Tu pourrais faire d'injustes suppositions ; et j'ai peut-être le droit d'exiger, Pierre, que tu respectes assez celle qui fut ta sœur et sera toujours ton amie, pour ne pas tenter de lire plus avant dans sa conscience qu'elle ne croit devoir le révéler.

Comme tout le village, j'ai vu en toi, pendant bien des années, le fiancé d'Yvonne. N'avons-nous pas grandi avec cette pensée ? Tu chérissais Yvonne d'une tendresse fraternelle, vive et souvent alarmée à cause de sa frêle existence. N'était-ce pas pour elle que tu tremblais le plus ? Car pour moi, que le ciel à mieux douée sous ce rapport, je n'ai jamais fait éprouver la moindre crainte, ni à toi, ni à mes parents.

Pleine de force et de résolution, j'ose le dire, je me demandais souvent si Dieu ne m'avait pas créée pour le servir activement ; s'il ne m'avait pas désignée pour glorifier son saint nom sous d'autres climats. Et quand je voyais appareiller un vaisseau, j'éprouvais chaque fois, comme un sentiment difficile à vaincre, un violent désir de m'élancer sur le pont du navire et de partir avec lui.

Ainsi je me détachais peu à peu, non pas de vous, ô mes amis, mais de la pensée que mon horizon se bornerait à celui de mon village ; et ce rêve, grandissant dans mon âme, un jour que j'avais entendu un prêtre éloquent et saint parler avec un enthousiasme sans pareil de la gloire réservée à ceux qui vont, sur la terre étrangère, porter aux idolâtres, aux affligés, aux sauvages, les consolations de la foi, j'entrai dans la chapelle de Sainte-Anne, et là... devant le divin tabernacle, je fis vœu de me consacrer au Seigneur, pour la vie, dans les missions du Nouveau-Monde !

— O mon Dieu ! s'écria Pierre-Marie, frappé à la fois d'épouvante et de confusion, que de cruauté dans une si sainte fille ! Je l'admire et je me sens tout près de maudire la piété qui me la ravit. Je ne méritais pas le coup qui me frappe !... Ah ! puisque l'amitié de votre frère vous a trouvée insensible ;

puisque vous n'avez pas craint, par tant de rigueur, de le réduire au dernier désespoir, apprenez que je ne saurais survivre à mon malheur, et que du moins, vous imitant dans votre cruel dessein, comme vous je quitterai ces lieux, où je ne trouverais plus de repos; je partirai le même jour que vous, comme mousse sur le même vaisseau; ou, si l'on ne veut pas me recevoir à bord, je m'embarquerai seul dans une chaloupe pour vous suivre, et la tempête, moins perfide que ceux qui prétendaient m'aimer, finira bientôt tous mes tourments!

Pierre-Marie, en prononçant ces funestes paroles, était en proie à une agitation voisine du délire. Charlotte, douloureusement affectée, lui répondit :

— O malheureux! qu'oses-tu dire?... Tu oublies Yvonne, dont le cœur est à toi, et sa mère, qui t'aime plus qu'un fils... Tu voudrais donc punir ces innocentes créatures de la faute que tu me reproches? Tu voudrais les punir de t'avoir trop aimé?

L'infortuné se tordait les bras de douleur ; une sorte d'égarement, navrant à voir, faisait trembler tous ses membres ; il balbutia ces mots :

— Sa mère qui m'aime, dites-vous ? Sa mère !... je ne mérite plus sa confiance... Eh! que ferait-elle d'un fils qui a tout donné, tout perdu, son courage, son espoir, sa vertu, sa raison même peut-être?... Yvonne, l'innocente Yvonne !... Pourrais-je d'ailleurs lui apporter un cœur qui ne m'appartient plus ? Je serais un parjure! Non, non, tout est fini : elle ne me reverra plus jamais !

— Hélas! reprit Charlotte d'une voix suppliante, quel affreux délire t'aveugle à ce point? Pierre, reviens à toi, écoute les conseils d'une sœur, afin que, toute ta vie, tu puisses me donner ce nom, si cher autrefois... Ne m'as-tu pas dit en d'autres temps, en voyant souffrir Yvonne, par exemple, ou lorsque ton père adoptif se montrait injuste à ton égard, ne m'as-tu pas dit souvent que la vie était remplie de sacrifices, d'épreuves amères ; que tu le savais déjà par expérience ; que tu y étais préparé, résigné, comme à la volonté de Dieu?... Eh bien! prouve-moi que tu parlais alors avec sincérité. Prouve-moi que tu veux conserver ta loyauté, et ne pas devenir, en t'abandonnant à d'indignes sentiments, un objet d'éternelle douleur pour tous ceux qui t'ont connu et estimé. Enfin, s'il faut tout te dire, pour t'arrêter sur le penchant de ces maux irréparables, n'oublie pas que ton abandon, ton lâche abandon, entends-tu, serait bientôt la cause de la mort d'Yvonne et de celle de sa mère!

A ces mots, l'excellent jeune homme, chez qui la bonté de son caractère, tourmenté par tant de secousses, reprenait déjà tout son empire, tomba à genoux sur la grève en gémissant. Les dernières paroles de Charlotte, par leur accent terrible comme une prophétie de malheur, avaient dissipé, pour ainsi dire, la secrète jalousie qui l'animait, et abattu tout son ressentiment. Il pleurait à chaudes larmes, en murmurant des prières ou des exclamations entrecoupées, semblables à celles-ci : — Mon Dieu! que devenir?... Pauvre créature! Yvonne! Yvonne!... Sauveur Jésus, ayez pitié de nous!...

A la fin, il se releva un peu plus tranquille; il baigna son front et ses yeux brûlants dans l'eau douce d'une petite fontaine qui coulait entre les rochers, et, saisissant la main de Charlotte, qu'il pressa en signe de reconnaissance, il lui dit :

— Oui, Charlotte, oublions, avec l'aide de Dieu; oublions, ma sœur, mais ne cessons pas de nous aimer, ni de nous dévouer. en son nom!

Ils étaient rendus à Port-Ivy, où ma fille, à son tour inquiète, les avait précédés depuis une demi-heure.

VII. — Le départ imprévu.

Ainsi l'avenir, à mesure qu'il semblait se dessiner, devenait plus triste pour nos familles. Je prévoyais déjà que la source des jours heureux allait se tarir pour nous. Les jours heureux, hélas! ils ne sont que d'une courte saison. Leur chaîne brisée,

ils ne reviennent plus !... Mais les temps amers sont de toute
la vie ; il n'est que la bonté de Dieu qui puisse y faire encore
briller les rayons divins de la paix et de l'espérance !

Je reconnais pourtant que cette situation mieux déterminée
était bien préférable pour tout le monde. En outre le *Taille-
Vent* fut bientôt paré à prendre la mer, et, nos hommes étant
partis, il se fit une embellie relative au milieu de nous. Je ne
puis oublier de marquer ici que Charlotte, dès ce moment,
parut reprendre une humeur plus égale, soit par l'effet d'une
volonté surhumaine, soit réellement par un calme nouveau
que son sacrifice accompli versait dans sa conscience pure et
sans reproche ; toujours est-il que désormais elle devint l'âme
de nos existences, mettant tout en usage pour nous récon-
forter, nous réjouir, nous bercer d'espérances, chimériques
peut-être, mais bien douces encore. Elle avait même obtenu,
avant le départ de Pierre-Marie, qu'il eût, comme autrefois, de
bonnes paroles pour la pauvre Yvonne. La naïve enfant s'y était
laissé prendre, et commençait à vivre d'une vie presque nouvelle.

Plus gaie, mieux portante, moins mélancolique que par le
passé, Yvonne ne se promenait plus seule aussi souvent ; elle
recherchait davantage la compagnie de la petite Louise et de
Charlotte, dont le noble caractère ne se démentit pas un seul
jour, Charlotte, qui poussait la force d'âme et la grandeur
de l'amitié jusqu'à répondre à toutes les questions de ma
pauvre enfant au sujet du jeune matelot absent, ou qui racontait à Yvonne mille traits touchants de la bonté et de la
patience de Pierre-Marie ; patience si fréquemment mise à
l'épreuve par l'humeur difficile du capitaine Kerméran. Sa forte
piété la soutenait dans ce chemin pénible, il est vrai, et pourtant rempli de compensations précieuses. Elle s'exerçait ainsi
au noble état qu'elle avait choisi, et faisait chaque jour, par de
nouveaux sacrifices, l'apprentissage nécessaire aux filles de
Jésus-Christ.

La prière était bien souvent sur nos lèvres, et se mêlait le soir à tous nos entretiens. Nos prières aussi suivaient sur les mers le vaisseau sur lequel naviguaient le père et le fils adoptif. On priait également pour tous les deux. Pour le fils, on n'avait à demander au ciel que sa sainte protection dans les dangers ; mais à l'égard du père, c'était pour son âme endurcie que nos prières s'unissaient avec ferveur, afin de rompre, par la miséricorde divine, les chaînes qui l'éloignaient de la foi.

Ce voyage de Kerméran ne fut pas de longue durée, à cause des coups de vent qui assaillirent le navire sur les côtes d'Espagne et lui firent éprouver de fortes avaries, pour lesquelles un radoub complet était nécessaire. Kerméran ne voulut relâcher à Bayonne que le temps indispensable aux premières réparations, aimant mieux les faire achever dans le port de Lorient, où le *Taille-Vent* avait été construit.

Il revint donc en Bretagne vers la fin d'avril, et, laissant son lougre fatigué sur les chantiers de Lorient, il rentra seul à Port-Ivy. Il avait exigé que Pierre-Marie restât à Lorient afin de surveiller la réparation du bâtiment. Nouvelle épreuve pour ce bon jeune homme, de se voir séparé de nous, quoique de retour au pays ; mais le capitaine avait commandé, et le matelot ne savait qu'obéir. Jacques se montra morose et irascible, à cause de son inactivité et des dépenses que lui occasionnaient tant de réparations imprévues. Enfin, une lettre de Pierre-Marie vint annoncer, un dimanche, au patron, que tout marchait bien au sujet du *Taille-Vent* et qu'il serait achevé à la fin de la semaine.

Cependant, malgré la promesse de Pierre-Marie, le *Taille-Vent* tardait à paraître dans les eaux de Quiberon. Depuis deux jours Kerméran ne vivait plus, ne dormait plus, ne mangeait plus. Il n'y avait que la nuit *noire* qui pût le retenir à la maison, et encore, si un bruit quelconque, un cri, une rafale, un coup de fusil ou de canon venait à retentir du côté de la mer, il se levait en sursaut, sortait au milieu des ténèbres et s'en

allait arpenter les falaises, semblable à un fou, ou à un mono-
mane. Il était inabordable, et tout le monde, même Charlotte,
commençait à en avoir peur. Cette pénible situation dura une
semaine entière; à bout de sa courte patience, Jacques avait
annoncé que le lendemain matin il partirait pour Lorient, lorsque tout à coup un matelot se présenta dans la maison, où le
capitaine venait de rentrer, plus découragé, plus furieux que
jamais de n'avoir rien découvert, rien appris.

Il se faisait déjà tard. Le temps présageait une mauvaise nuit.
Le messager remit au capitaine un paquet contenant deux lettres : l'une de l'écriture de Pierre-Marie s'adressait à Charlotte;
l'autre venait d'un vieux négociant de Lorient, de l'ancienne
compagnie des Indes, enrichi dans le commerce des colonies,
autant que j'ai pu l'apprendre.

A la lecture des premières lignes de la lettre du négociant,
Kerméran devint aussi pâle que la mort. Ses yeux parurent être
sur le point de sortir de sa tête. Il voulut se lever en chancelant
comme un homme ivre, et retomba anéanti sur le banc. Nous
étions tous réunis autour de son foyer; la vue de sa stupeur
glaça nos deux filles d'un grand effroi, et le son de sa voix
courroucée me fit pressentir une catastrophe imprévue.

— Ciel et terre! s'écria-t-il, abandonner le *Taille-Vent!* partir ainsi, déserter son bord! Le lâche, je le maudis! je voudrais
le....

— O mon père, mon père, interrompit Charlotte, ne maudis-
sez personne, afin que Dieu fasse miséricorde au coupable.

— Silence! reprit Kerméran : Pierre-Marie m'a quitté; c'est
un traître, vous dis-je! je l'ai maudit et le maudirai toujours!...
Au surplus, tenez, voyez vous-mêmes.

Charlotte eut assez de calme et de sang-froid pour parcourir
rapidement les papiers que lui avait jetés son père. Elle le supplia de s'apaiser et d'écouter du moins la lecture de la lettre de
Pierre-Marie, où il expliquerait sans doute les motifs de sa
conduite, quelque étrange qu'elle pût paraître au premier
abord.

— Non! s'écria le marin furieux, non, je n'écouterai rien!
c'est inutile: il n'y a pas d'excuse à tant de lâcheté. Je vous
défie d'en trouver... Ah! misérable renégat! Anglais! fourbe
indigne de fouler le pont d'un bon navire! ne te trouve jamais
sur mon sillage, sans quoi!!... Allons, matelot, viens, je pars
avec toi pour Quiberon, et demain j'irai à Lorient: ah! mille
tonnerres! quelle avarie!!

Nous nous jetâmes à ses genoux; nous essayâmes par tous
les moyens de le calmer, de le retenir, afin qu'il passât du moins
la nuit dans sa maison. Il repoussa durement nos prières, ne
répondit pas même à nos adieux, et sortit, peu de temps après,
avec le matelot qui lui avait apporté de si funestes nouvelles.

Nous demeurâmes plus d'une heure consternées, gémissant
au milieu d'un silence mortel.

Enfin la courageuse Charlotte reprit les lettres; puis, d'une
voix ferme et grave, ayant soin d'atténuer ou d'expliquer, autant que possible, tout ce qui lui en offrait la moindre occasion,
elle nous donna une connaissance complète de ce malheureux
évènement.

E. DU LAURENS DE LA BARRE.

(*La suite à la prochaine livraison.*)

NOTICES ET COMPTES RENDUS

LA VENDÉE, par M. Eugène Loudun, nouvelle édition. — In-8°, Paris, Régis-Ruffet, rue Saint-Sulpice, 38.

Il y a aujourd'hui une école historique qui n'admet que les documents officiels ou authentiques, et ne veut absolument tenir aucun compte des traditions populaires d'un pays. Bien plus, ces *enregistreurs* sévères des actes du passé, qui font de l'histoire un véritable squelette, voudraient exiger de l'historien une impassibilité peu compatible, selon nous, avec la nature des hommes d'élite, qui écrivent bien moins avec l'esprit qu'avec le cœur.

Sans doute, il faut bien se garder de tomber dans la déclamation; mais n'allons pas non plus chicaner l'historien qui laisse échapper quelque chose des nobles sentiments dont il est animé; car, après tout, c'est à l'explosion de pareils sentiments que nous devons les phrases indignées où Tacite flagelle de main de maître les Césars d'aventure, qui furent parfois les histrions et toujours les tyrans de Rome dégénérée. En outre, il est bien certain qu'avec ce dédain systématique de la tradition, il y a des histoires qu'il faut renoncer à écrire, et celle de la Vendée militaire est particulièrement du nombre.

Les papiers du Conseil général auquel était confiée l'administration ayant été brûlés à Châtillon, il ne reste plus, en fait de documents contemporains, que la correspondance des généraux républicains. Or, on sait ce que vaut cette correspondance. On sait que ces héros de clubs et de carrefours, Ronsin, Rossignol et *tutti quanti*, avaient pris l'habitude de vaincre chaque semaine cette pauvre Vendée, et de l'écraser définitivement.... dans leurs dépêches; si bien que c'était une stupéfaction étrange au sein de la Convention, quand on venait lui demander des hommes et de l'argent pour extirper ce *chancre rongeur,* suivant l'expression de l'un de ses orateurs les plus fougueux.

On ne saurait donc se fier à de pareils documents, et il faut à chaque pas en revenir aux traditions du pays. Au reste, ces traditions, quand elles sont toutes fraîches, et, pour ainsi dire, encore palpitantes, ne sont-elles pas l'écho fidèle et comme le dernier murmure des grandes actions du temps passé.

Parmi ces traditions, il en est qui s'imposent invinciblement à l'histoire, et pour n'en citer qu'une entre toutes, nous rappellerons celle qui nous montre les masses poussées par un instinct véritablement providentiel vers les chaumières comme vers les vieux manoirs, pour y trouver des chefs, souvent acclamés et portés malgré eux sur le pavois. Ce fait si remarquable, et qui a imprimé au grand mouvement populaire de la Vendée un caractère si particulier, personne n'en doute aujourd'hui, et pourtant, personne alors n'a songé à en dresser procès-verbal.

Il a fallu bien du temps, il est vrai, pour que la Révolution se résignât à convenir de cette vérité; mais comme elle a su se dédommager par ailleurs de cet aveu forcé !

Il y avait, dans l'esprit et la spontanéité de la grande guerre vendéenne, quelque chose qui gênait singulièrement la logique de la Révolution, si toutefois ses logiciens s'embarrassent de quelque chose. Elle avait proclamé bien haut que l'insurrection était le plus saint des devoirs, et voilà que tout à coup elle se trouve en face d'une levée de boucliers dirigée contre elle sans doute, mais qui n'en était pas moins aussi populaire qu'il en fut jamais.

Il y avait, dans cette conclusion inattendue donnée à ses principes, un enseignement dont elle ne tarda pas à redouter les conséquences. Un peuple tout entier versant jusqu'à la dernière goutte de son sang pour la défense de ses convictions politiques et religieuses, c'était un spectacle qui pouvait devenir dangereux; la France pouvait, dans un moment de retour à ses généreux instincts d'autrefois, se prendre d'admiration pour la grandeur antique d'un pareil sacrifice. C'eût été d'un mauvais exemple ; c'était un scandale qu'il fallait faire cesser à tout prix.

Peu scrupuleuse de sa nature, et tenant à cette époque le sceptre de l'opinion publique, la Révolution résolut de calomnier ceux qu'elle avait vaincus avec tant de peine. Elle organisa une vaste conspiration contre le véritable caractère et contre les faits de cette mémorable guerre. Bientôt les Vendéens ne furent plus, d'après elle, que des brigands féroces et hébétés, menés par les nobles et les prêtres, de lâches assassins qui ne se battaient que derrière les buissons, et dont tous les exploits se bornaient à arrêter les diligences et à détrousser les voyageurs, quand ils ne les égorgeaient pas.

Voilà, à peu près, le résumé des renseignements donnés par la Révolution aux générations nouvelles sur les événements de la Vendée ; et la preuve que c'était bien là un mot d'ordre convenu, c'est que ses historiens les plus graves et les plus éminents ont traité cette question avec la même hauteur de vues, le même sentiment des nobles et des grandes choses, et presque dans le même langage que les *gaudissarts* de la Restauration autour de leurs tables d'hôte.

Plus la calomnie était absurde, tranchons le mot, plus elle était bête, et plus elle avait de chances pour faire son chemin dans le demi-monde politique auquel elle s'adressait ; aussi l'effet ne fut-il pas manqué, et le temps n'est pas encore bien loin de nous, où il y avait une espèce de courage à se dire *Vendéen*.

C'est pour cela que nous regardons comme un devoir de rendre compte de toutes les publications qui parlent de la Vendée en termes sympathiques, ou tout au moins dans un langage convenable ; et c'est à ce titre que nous venons aujourd'hui dire un mot aux lecteurs de la *Revue* sur la nouvelle édition du livre de M. Eugène Loudun, intitulé : LA VENDÉE.

Ce livre n'est pas précisément une histoire de la guerre ; car le récit des événements y tient peu de place ; c'est plutôt un ensemble de considérations sur le pays, ses mœurs et ses usages qui ont bien aussi leur intérêt. C'est dire assez que M. Loudun a tenu grand compte des traditions populaires dont nous avons pris la défense au début de cet article. Malheureusement cette œuvre porte avec elle un cachet de jeunesse dont l'auteur n'a pas pris soin d'effacer suffisamment les traces. On désirerait moins d'exubérance dans les descriptions et plus de sobriété dans le style, qui n'est pas toujours exempt de recherche et de prétention. Nous reprocherons à l'auteur ses longues dissertations philosophiques et morales, répandues un peu partout dans son ouvrage, et spécialement le chapitre premier de la deuxième partie, intitulé : *Les principes de la société nouvelle.* Il y a là plus de vingt pages qui nous semblent un véritable hors-d'œuvre, et qu'il fallait retrancher sans pitié dans l'intérêt du livre lui-même. Ce n'est pas que ces pages ne puissent avoir leur mérite, mais elles ne sont pas à leur place : *Non erat his locus.* Tout cela ressemble trop à une spéculation de librairie, à laquelle l'auteur n'a certainement pas songé ; mais, nous le répétons, il n'a pas eu le courage de corriger sévèrement l'enfant de sa jeunesse.

Nous ne chicanerons pas plus longtemps M. Loudun sur ce point; nous avons hâte d'arriver à quelque chose de plus sérieux, et qui nous a été particulièrement sensible, en notre qualité d'habitant du Bas-Poitou.

Non-seulement l'auteur a confondu les deux marais de la Vendée, dont les principes politiques et religieux diffèrent si essentiellement ; mais à la page 370 de son livre, il a écrit cette phrase malheureuse : « Le Bas-Poitou n'est pas la vraie Vendée. » Ainsi, le pays de Charette, le pays qui l'un des premiers se dressa debout à l'ombre du drapeau blanc ; le pays qui, avec si peu de ressources, a tenu en échec pendant tout un hiver les forces dix fois supérieures de la république, acharnée contre lui ; ce pays-là n'est pas la vraie Vendée !... Nous protestons ! Oui ! nous protestons de toutes nos forces contre un pareil dénigrement, et nous dirons franchement à M. Eugène Loudun que se faire ainsi, après tant d'années, l'écho des misérables rivalités d'une autre époque,

cela n'est pas digne d'un écrivain qui veut être sérieux, et qui
montre, sur tous les autres points, les intentions les plus bienveil-
lantes et les plus pures. Nous n'avons point à faire ici l'histoire de
Charette et de ses braves, elle est assez connue ; mais nous ne
pouvions laisser passer, sans la relever vivement, une assertion
aussi injuste et aussi insultante pour nos excellentes populations
du Bas-Poitou.

Après cela, faut-il condamner sans appel le livre de M. Loudun ?
Assurément non ; il est fait dans un très-bon esprit ; la peinture
des mœurs est d'une vérité saisissante, et les descriptions qu'il
nous donne de ce que nous appelons, chez nous, *le haut-pays*, en
rend la physionomie avec une exactitude toute photographique ;
mais avec un coloris et une animation bien différents. C'est déjà
un grand mérite à nos yeux, et, sous le bénéfice des observations
que nous avons présentées plus haut, nous pensons que ce livre
peut être lu avec fruit, parce qu'il donne une idée juste du caractère des habitants du Haut-Poitou, il assigne à la guerre ses véritables causes, et qu'enfin, il venge la Vendée des absurdes calomnies vomies contre elle par les séides et les souteneurs de la
Révolution.

En un mot, si l'homme de goût trouve à blâmer dans l'ouvrage
de M. Loudun, il peut offrir au moraliste et au simple curieux une
lecture instructive et de précieux renseignements.

A. DE BREM.

—

VIE DE M. MESLÉ, CURÉ-DOYEN DE NOTRE-DAME DE RENNES, par
M. C. des Prez de la Ville-Tual. — In-18. Vᵉ Morel, Rennes.

Il n'y a pas encore six mois que le vénérable curé de Notre-
Dame de Rennes rendait son âme à Dieu, emportant avec lui
les regrets de toute une ville que, pendant plus d'un demi-
siècle, il avait édifiée par sa parole et ses exemples.

Dans toute autre circonstance, il serait peut-être téméraire
de rouvrir un tombeau à peine fermé, pour en remuer une

cendre encore tiède et prévenir le jugement tardif mais sévère
de l'impartiale histoire. On le peut toujours quand ce tombeau
renferme les restes d'un saint prêtre. En effet, il ne s'agit
pas ici simplement d'un grand homme, dont les vertus, mêlées
à d'inexplicables faiblesses, redoutent un éclat prématuré, et
dont la mémoire souffrirait trop d'être livrée en pâture aux ap-
pétits dévorants de la jalousie que le temps seul désarme. Non,
il s'agit d'un homme qui, encore enfant, dans les rudes travaux
de la pauvreté ou les loisirs de la fortune, a entendu de ces voix
mystérieuses qui parlent à l'oreille des âmes prédestinées et
décident d'une vie tout entière; dont la jeunesse laborieuse a
été un acheminement continuel vers cet idéal entrevu, et qui,
un jour, s'est couché sur les parvis du temple pour se relever
prêtre de l'Église catholique, ministre de Dieu sur la terre,
nouveau Christ, médecin de l'humanité, père des pauvres, consolateur de toutes les infortunes.

Ce n'est pas à dire qu'il soit inaccessible aux traits de la malignité, ou qu'après sa consécration il ne reste en lui rien d'in-
firme et d'humain. Mais l'envie, si elle attaque sa personne ou
son œuvre, il la désarme à force d'amour et de zèle; il rachète
la faiblesse naturelle par des sacrifices incessants, par l'immo-
lation toujours douloureuse de son cœur.

Tel fut M. Meslé, dont une main pieuse vient d'écrire la vie,
en laissant à la physionomie du saint pasteur ses deux principales qualités, sa simplicité antique et son air d'inépuisable
bonté que personne n'a oublié. Car, s'il est vrai, comme le dit
Bossuet, que dans la simplicité et la modestie il y a quelque
chose de plus vénérable que dans les autres dons, il manquerait
pourtant un rayon essentiel à la couronne du prêtre si son cœur
restait froid devant les misères secrètes de l'âme et les tourments de la faim. *Ignem veni mittere super terram, et quid volo
nisi accendatur*, disait le divin Maître, parlant surtout aux continuateurs de son œuvre ici-bas, dont le cœur doit être le foyer
toujours allumé qui embrasera la terre.

Les malheureux sont là pour attester ce que fut cet ami, ce père, qui, non content de se dépouiller et d'être pauvre comme eux et pour eux, affrontait encore toute sorte de refus et quelquefois le mépris, afin de diminuer leurs misères. Les riches se rappellent quelles saintes ruses savait employer son dévouement pour faire violence à leur générosité et grossir le trésor des aumônes. Son biographe nous donne le fac-simile d'une *carte de visite des pauvres,* qu'il ne manquait pas de joindre à la sienne. En haut de la carte on lisait : Paroisse de Notre-Dame de Rennes, et au-dessous : « Le curé de Notre-Dame vous prie de contribuer, par votre offrande, à procurer du pain, du chauffage, des vêtements et le loyer aux pauvres de la paroisse, pendant l'hiver. »

Les âmes égarées, blessées, inquiètes, souffrant de ce mal invisible que la science humaine ne soupçonne même pas, bien loin de le guérir ; celles qui ont faim, et que ne rassasient ni l'ambition, ni les richesses, ni les vaines jouissances du monde ; ces âmes qui ont le privilège de l'approcher, de goûter le charme de ses entretiens et de se réchauffer à la flamme de son cœur, pourraient surtout nous dire ce que ce cœur contenait d'ardente charité, de zèle inépuisable et de tendre sollicitude pour toutes les douleurs humaines.

On l'entrevoit dans ces quelques pages de sa vie, écrites simplement, sans fracas, sans prétention, mais avec le respect et la piété d'une reconnaissance émue qui vient s'acquitter d'une dette. Ce n'est pas un monument définitif, après lequel on peut se reposer dans la satisfaction intime que tout a été dit : l'auteur lui-même, faisant appel au bienveillant concours de ceux qui ont conu M. Meslé, nous promet une seconde édition plus complète. En tout cas c'est une bonne œuvre, s'il est vrai, comme le croit un aimable philosophe, que Dieu mettra les belles pensées au rang des belles actions.

A. de la Breure.

POÈMES CIVIQUES, par M. Victor de Laprade, de l'Académie française,
deuxième édition. — Paris, Didier. In-18 jésus de 404 p. 3 fr. 50.

Que les honorables éditeurs de M. Victor de Laprade nous permettent de le dire en toute sincérité, il est fâcheux que les *Poèmes
civiques* n'aient pas été, dès le début, mis à la portée de toutes les
bourses. Pourquoi, depuis le milieu de l'année dernière, où ce
beau livre a paru, pourquoi n'était-il possible de se le procurer
que dans le format in-octavo, solennel, j'en conviens, mais ayant
l'inconvénient grave, pour la plupart des amateurs de poésie, de
coûter plus de deux fois plus cher que le modeste et. très-suffisant
in-dix-huit ?

En ce temps où l'impôt ne fait que croître et s'arrondir, mieux
eût valu, sans contredit, pour la renommée de l'auteur, et même
pour le débit de l'ouvrage, que l'une et l'autre édition fussent mises
en vente simultanément. Combien de braves lecteurs, peu favorisés
des biens d'ici-bas, et du reste, tenant beaucoup moins à la
dimension, à la forme du flacon, qu'à la suave essence qu'il renferme, se fussent empressés d'acquérir ce noble livre, qui ne le connaissent pas encore, et cela par la seule faute du format ! Que
ceux-là donc se procurent bien vite la rare jouissance du tête à
tête avec une œuvre des plus vaillantes, des plus fortifiantes qu'ait
produites notre époque affaissée.

Nous n'avons point à louer ce volume : notre livraison de juillet
dernier en contient, sous le titre de : *La satire au XIXᵉ siècle,* une
étude de M. Edmond Biré qui ne nous laisse plus rien à écrire sur ce
sujet. « Les *Poèmes civiques,* a dit notre ami, resteront comme un
des plus beaux livres qui aient honoré notre langue. »

Pour ceux qui ne l'ont pas encore feuilleté, et afin que ce prudent conseil de Joubert : « Evitez d'acheter un livre fermé » soit
ici mis pour eux en pratique, nous reproduisons une courte pièce,
où se peint toute l'âme de notre généreux et fier poète.

EMILE GRIMAUD.

N'espoir ne peur [1]

Tu seras seul...
    — Qu'importe !
       — Ecrasé par le nombre...
— Qu'importe !
      — Et tu mourras sans gloire, et l'oubli sombre
Couvrira, dès ce soir, ton nom et ton cercueil ;
Et les honnêtes gens ne prendront pas le deuil.
— Si j'ai servi leur cause et servi la justice,
Qu'importe que la nuit se lève et m'engloutisse....
Si je fus, tout un jour, au prix de mon bonheur,
Si je fus, chez ce peuple, une voix de l'honneur.
Ma conscience est là, debout, quand tout s'écroule,
Et je méprise en paix ce qu'adore la foule.
Soyons lent à nous rendre au parti le plus fort,
Le nombre et la raison sont rarement d'accord.
J'ai vu dans tous les temps, — et surtout dans le nôtre, —
Dans un camp la justice et la foule dans l'autre.
Je suis, d'instinct, pour l'homme à qui l'on crie à bas :
Toujours la multitude a choisi Barrabas.
Mais, cassant les arrêts de cet ignoble juge
L'histoire et l'avenir nous offrent un refuge.
La populace humaine aura son tour demain
Et viendra se briser contre l'esprit humain.
Qu'Athène ait le vertige et que Socrate meure,
Vingt siècles renieront l'injustice d'une heure ;
L'avenir vengera l'éternelle raison,
Le juste aura son temple où l'on vit sa prison.
Pour assurer son jour à la lente justice,
Il suffit d'un témoin qui ne soit pas complice ;
Il suffit qu'un seul homme ait parlé franchement,
Et tout un siècle impur subit son châtiment.
— Mais pour toi, pour tous ceux dont la mémoire est morte,
Vous êtes, sans retour, des vaincus...
       — Et qu'importe !
N'avons-nous pas un juge autre part qu'ici-bas ?
Sans souci du vainqueur il pèse nos combats,
Tient compte aux oubliés d'un revers méritoire
Et rend une auréole aux damnés de l'histoire.

[1] Devise des Montalembert.

Donc, luttons fortement, de tout notre pouvoir,
Amis ! rien pour la gloire et tout pour le devoir.
N'espoir ne peur ! Il est d'une vertu parfaite
De livrer le combat quand sûre est la défaite,
D'aller son droit chemin, malgré l'onde et le vent :
C'est ainsi que l'on sert un peuple... en le bravant.

———

ŒUVRES MUSICALES RELIGIEUSES DE M. LE Cᵗᵉ FERNAND DE
BOUILLÉ. — Quatre livraisons gr. in-8°. Nantes, chez l'éditeur,
Mˡˡᵉ Schatz, en face la Salette, et chez tous les libraires catholiques
et marchands de musique des principales villes de France. Prix : 4 fr.
la livraison.

Mˡˡᵉ Schatz, professeur de musique, à Nantes, a eu une excellente pensée, en publiant les chants religieux composés par M. le
Cᵗᵉ Fernand de Bouillé, « d'héroïque et pieuse mémoire ; » et à
cette pensée ont aussitôt applaudi NN. SS. de Laval, de Vannes, de
Bordeaux et de Nantes. Ce dernier prélat, dont l'approbation se
lit en tête de l'ouvrage, a remercié l'éditeur dans des termes qui
demandent à être cités : ils constituent la meilleure des recommandations.

Mademoiselle, je vous approuve de rééditer les œuvres religieuses de M. le
Cᵗᵉ Fernand de Bouillé. Ces chants, inspirés par sa foi, ont été si souvent
entendus avec plaisir dans nos églises ; ils m'ont particulièrement tant de
fois charmé dans nos mois de Marie, que je pense qu'on en accueillera la
publication avec bonheur. Tous les souvenirs solennels et glorieux qui se
rattachent au nom de cet homme si généralement aimé dans notre ville, —
nom qui maintenant appartient à l'histoire — semblent ajouter un caractère sacré aux productions de son génie. On acquitte une dette en perpé-
tuant ce qui touche à sa mémoire.

Il vous appartenait plus qu'à tout autre, Mademoiselle, d'éditer — avec
l'agrément de la famille — ces œuvres musicales, que vous avez si souvent exécutées, sous l'inspiration de ce noble maëstro, si zélé pour son
art, surtout lorsqu'il s'agissait d'embellir nos fêtes religieuses...

† Félix, évêque de Nantes.

Les livraisons des *Œuvres musicales* se divisent ainsi : 1° Motets
latins au T.-S. Sacrement ; 2° Motets latins à la T.-S. Vierge ;

3º Cantiques au Très-Saint Sacrement ; 4º Cantiques à la T.-S. Vierge.

La première livraison est ornée d'un portrait de M. le Cᵗᵉ de Bouillé, sous lequel se voient ses armes, avec leur devise, qu'il n'a point fait mentir : *A vero bello Christi.*

——

Nous sommes heureux d'annoncer à nos lecteurs que l'un de nos collaborateurs, le R. P. Dom Plaine, se propose de livrer prochainement au public une *Histoire du bienheureux Charles de Blois, duc de Bretagne.*

Cet ouvrage formera un volume in-8º de 7 ou 800 pages. Composé sur des documents originaux, que l'auteur a recherchés avec le plus grand soin, il est appelé, dans la pensée de l'auteur, à répandre un grand jour sur l'époque la plus importante peut-être et la plus défigurée des annales de notre ancien Duché de Bretagne.

On peut souscrire, chez MM. Oudin, imprimeur-éditeur, à Poitiers ; Morel, rue Nationale, 4, à Rennes ; Palmé, rue de Grenelle-Sᵗ-Germain, 25, à Paris, ou dans nos bureaux. On peut aussi écrire directement à l'auteur, à l'abbaye de Ligugé, près Poitiers. Le prix, pour les 500 premiers souscripteurs, est de 6 fr. Une fois ce chiffre atteint, il sera porté à 7 fr. 50. Le paiement ne sera exigible qu'après réception de l'ouvrage.

— Sous peu de jours, paraîtra le volume renfermant le Rapport de M. A. de la Borderie sur *le Camp de Conlie et l'Armée de Bretagne.* Il sera en vente, à Paris, chez MM. Plon, éditeurs, 8, rue Garancière, et chez tous les libraires de Bretagne et de l'Ouest. Prix : 3 fr.

CHRONIQUE

I

M⁰ᵉ de Léséleuc. — Marie-Thérèse de Bourbon.

Nous avons informé nos lecteurs, dans notre dernière chronique, d'une mort prématurée qui a enlevé à la Bretagne l'un de ses fils les plus dévoués et au diocèse d'Autun l'un de ses plus éminents prélats. Les lettres et les témoignages qui nous arrivent de tous côtés sur la carrière de Mgr de Léséleuc, nous prouvent quelles solides amitiés ce cœur d'élite, animé d'une intelligence peu commune, avait su créer autour de lui, et nous engagent à ne pas tarder à retracer ici quelques traits de la physionomie générale d'une vie toute consacrée au service des âmes et de Dieu. Mais nous n'avons pas la prétention de composer une biographie complète : bien des documents nous manquent encore et nous savons qu'une oraison funèbre de l'évêque d'Autun se prépare en ce moment à Quimper ; ce ne sera donc qu'une esquisse tracée à main levée, en attendant un pinceau plus sûr et plus exercé : nous espérons cependant que les nombreux amis de l'ancien chanoine de Quimper le reconnaîtront dans ce portrait fidèle.

Né le 30 juin 1814, à Saint-Pol-de-Léon, d'une ancienne famille de cet ancien évêché breton, aussi recommandable par la noblesse de son origine que par son attachement à la foi religieuse dans la bonne comme dans la mauvaise fortune, Léopold-René de Léséleuc de Kerouara ne fut point d'abord destiné à l'état ecclésiastique. Après avoir commencé de sérieuses et brillantes études au petit séminaire de Saint-Pol, puis au collége des Jésuites de Sainte-Anne, il vint les achever à Brest, avec deux de ses frères, dont l'un est aujourd'hui médecin dans cette ville ; et dès l'âge de dix-huit ans, il était déjà professeur dans l'institution qui l'avait accueilli après la fermeture du collége des Jésuites ; mais le jeune professeur ne trouvant point sur ce premier théâtre un élément suffisant à l'activité de son esprit et à sa passion pour l'étude, vint bientôt à Paris, et se fit attacher, à Vaugirard, à la célèbre institution de l'abbé Poiloup, qui, plus tard, céda la place aux Pères Jésuites. Pendant plusieurs années, M. de Léséleuc, partageant son temps entre le professorat et l'étude du droit, qu'il poussa jusqu'au doctorat, eut une existence laborieuse, dont la sévérité n'était distraite que par les charmes de la société de cette colonie bretonne qui, réunie dans un même amour de l'étude, a produit les La Villemarqué, les Courcy, les La Landelle, etc.

C'était au moment de la rénovation littéraire et des luttes du romantisme; *la jeune Bretagne*, comme on disait alors, soutenait dignement notre réputation provinciale en face des *jeune France*. Mêlé à ce grand mouvement littéraire, M. de Léséleuc, que plusieurs de ses anciens compagnons nous dépeignent vers cette époque comme un jeune homme de grand avenir, et « le plus charmant garçon du monde », en même temps que doué d'un caractère droit, ferme et chevaleresque, hésitait entre la carrière d'avocat et celle du haut professorat du droit qui l'attirait davantage; mais tout à coup, vers 1840, frappé d'un coup de la grâce, il partit pour Rome, dans le dessein d'étudier la théologie et d'entrer dans les ordres. Il y fit en effet toutes ses études théologiques, et c'est là, dit un biographe, en face des grands spectacles de la capitale du monde chrétien, « qu'il devint un prêtre vraiment supérieur par la forte trempe du caractère, l'énergie des convictions, la fermeté des principes, la solidité de la vertu et l'austère simplicité de la vie ». Il fut ordonné prêtre dans l'église de Saint-Jean-de-Latran.

Je l'ai retrouvé prêtre à Naples en 1845, nous écrit un de ses plus chers amis, dont nous regrettons de ne pouvoir, à cause de ses détails trop intimes, citer toute la lettre, modèle de verve et de franchise toute bretonne. « J'ai visité avec lui Capri et Ischia. Il était plein de zèle, d'ardeur et de sève sacerdotale. Il a tout rêvé, les ordres religieux, les missions, les fondations, etc. Son amour obstiné de la famille et de la Bretagne l'a malheureusement empêché de produire en proportion de son mérite. Il a espéré tout concilier en rentrant dans le diocèse de Quimper, rêvant d'y devenir une espèce d'apôtre comme le Père Maunoir ou Michel Le Nobletz... »

Il revint en effet dans sa chère Bretagne vers 1848, et après un court séjour dans le diocèse de Saint-Brieuc, qu'il quitta comme chanoine honoraire, il fut nommé professeur au grand séminaire de Quimper, et bientôt curé de Plougonven, au canton de Plouigneau, dans l'arrondissement de Morlaix, où, pendant plusieurs années, il vécut en véritable apôtre, évangélisant les paysans et cherchant surtout à extirper de ces régions le malheureux vice de l'ivrognerie, qui s'y trouve si profondément enraciné. Entre temps, il faisait de courtes apparitions à Quimper, et ce fut dans l'un de ces voyages, en 1855, qu'il prononça la belle oraison funèbre de Mgr Graveran, évêque du diocèse, en présence de son compatriote Mgr de Goësbriant, évêque de Burlington, en Amérique. Cette oraison funèbre révélait un orateur de premier ordre, dont l'éloquence partait surtout du cœur : *Pectus est quod disertum facit.* Elle frappa tellement le nouvel évêque, Mᵍʳ Sergent, que le curé de Plougonven fut immédiatement nommé chanoine titulaire de la cathédrale, et, peu après, vicaire général honoraire.

« Là, pendant une période de dix-sept ans, il vécut d'une vie entièrement consacrée à l'étude, à la prédication, à la direction des communautés et des âmes, trouvant, dans ses touchantes affections de famille, dans les nobles et saintes amitiés que ses qualités aimables autant qu'éminentes lui attiraient de toute part, dans l'estime et la confiance d'un clergé dont il était un des modèles et un des guides les plus aimés, la satisfaction de ses désirs, la première et la plus douce récompense humaine de ses vertus... » Plusieurs fois, et à son insu, des amis influents sollicitèrent pour lui, pendant cet intervalle, sa nomination à un évêché, où, jeune, il aurait pu rendre d'éclatants services; mais son opposition connue à la politique impériale fit toujours échouer ces démarches, ainsi que celles qui furent tentées pour le porter à la députation du Corps législatif. Il a fallu M. Jules Simon, pour aller le chercher au fond de son diocèse, à la demande formelle de Rome et du nonce Mgr Chigi, nous écrit l'un de ses amis, qui fait de lui ce portrait : « C'était un cœur très-chaud et très-dévoué, prêt à tous les sacrifices; une âme élevée, un vrai gentilhomme sous la robe d'un vrai prêtre : fier, trop fier peut-être, sans fortune, avec des charges de famille, très-désintéressé : le peu dont il a vécu pendant trente ans, sans se plaindre et sans rien demander, étonnerait les gens. Il était très-bon, très-pieux, très-droit, très-loyal, très-amical, très-instruit, pouvant converser, confesser et presque prêcher en six langues, breton, français, anglais, italien, latin, grec,... entendant l'allemand, docteur en théologie romaine et docteur en droit.... et tout cela, sauf quelques mois d'épiscopat, pour vieillir obscurément chanoine à Quimper, se montrant peu, et disant sa messe dans l'oratoire de sa vieille mère sourde, et pour elle... » — « C'était un caractère droit, ferme, plein d'aménité et d'une bienveillance éclairée, écrit un autre ami; son indulgence était évangélique, son esprit charitable sans bornes. Ses manières étaient remplies de charme, sa parole onctueuse et éloquente. Son courage personnel était fort grand, et c'était bien là un de ces grands évêques qui ont honoré les premiers temps de l'Eglise chrétienne. »

En 1866, il publia une traduction d'un livre italien sur le Nouveau Testament, intitulé : *Les Évangélistes unis.* (Paris, Lecoffre, 2 vol. in-8°), ouvrage composé par Mᵍʳ Mastaï Feretti, évêque de Pesaro et oncle de S. S. Pie IX. M. de Léséleuc tenait le livre du pape lui-même,

et c'est probablement au souvenir de cette traduction qu'il a dû son élévation à l'épiscopat. A la mort de Mʳ Sergent, il avait été élu par le
chapitre provicaire capitulaire du diocèse, et le nouvel évêque, Mʳ
Nouvel, le nomma l'un de ses vicaires généraux avec un autre apôtre,
M. l'abbé de Marhallac'h, qui a quitté son siége de l'Assemblée nationale
pour achever son œuvre d'évangélisation des Glénant. Ces deux belles
âmes étaient bien faites pour s'entendre.

Enfin, par un décret du 1ᵉʳ août 1872, M. de Léséleuc fut nommé
évêque d'Autun, Châlons et Mâcon. Préconisé par le Saint-Père, le 23
décembre suivant, et sacré à Quimper, le 16 février 1873, il prit possession de son siége le 23 du même mois, et fut admirablement accueilli
à Autun, où la renommée de ses éminentes vertus l'avait précédé; et,
pendant les dix mois de son épiscopat, quel bien n'a-t-il pas fait dans
son nouveau diocèse! Hélas! il était trop tard : sa santé altérée était
déjà gravement compromise, et cependant, malgré ses souffrances intimes, « nous l'avons vu, disent ses vicaires capitulaires, se mettre à
l'œuvre et y persévérer jusqu'à la fin, avec un invincible courage. Nous
l'avons vu travaillant nuit et jour à acquérir cette connaissance des lieux,
des affaires, des personnes, absolument nécessaire à un évêque pour
accomplir le bien. Nous l'avons vu s'occupant de tous les détails de
l'administration, avec cette maturité de jugement, cette promptitude de
conception, cette sûreté de doctrine, cette prudence jointe à cette fermeté qui révèlent une intelligence supérieure. Nous l'avons vu parcourir
une partie de son vaste diocèse, dans une première visite pastorale, se
multipliant pour accomplir tous les nombreux devoirs de cette importante fonction; aimant surtout à catéchiser les enfants de la confirma-
tion et le faisant avec la familiarité d'un père et la profondeur de science
d'un docteur. Nous l'avons vu visitant nos établissements de charité,
nos communautés religieuses, laissant partout après lui le parfum de sa
noble parole et de sa condescendante bonté. Nous l'avons vu présider
aux fêtes de famille de nos séminaires avec une ouverture de cœur qui
paraissait sur son visage et montrait assez quelle satisfaction il éprouvait de se trouver avec ces enfants bien-aimés et ces jeunes lévites,
espérance les uns et les autres de la société et du sacerdoce. Nous l'avons
vu animer par sa présence et sa piété profonde les exercices de la
retraite ecclésiastique et réchauffer par sa vibrante parole, dans le
cœur de ses prêtres, la flamme de ce double amour dont il vivait lui-
même, l'amour de Dieu et l'amour de son cher diocèse. »

Est-il besoin d'ajouter que c'est lui qui a organisé ces magnifiques pèlerinages de Paray-le-Monial, qui ont rendu désormais célèbre à jamais
son diocèse, et ont mérité à Mʳ de Léséleuc le beau nom d'*Évêque du*

Sacré-Cœur? Sa mort a été un coup de foudre : une névralgie intense de la tête, sorte d'attaque d'apoplexie, l'a enlevé subitement, le mois dernier, à son diocèse et à ses nombreux amis. Sa mort et les cérémonies de ses obsèques ont été racontées alors par tous les journaux ; nous n'y reviendrons point ; nous nous contenterons de dire que Msr de Léséleuc a laissé dans le diocèse d'Autun la mémoire d'un grand évêque, et il en était un. Msr Paulinier, évêque de Grenoble, qui a prononcé son oraison funèbre à Autun, après avoir signalé la vivacité de sa piété, la profondeur de sa science, l'élévation de son esprit, son zèle pour l'Église, son filial attachement pour le Saint-Père, la résolution et la loyauté toute bretonne de son caractère, l'étendue de son abnégation et de son dévouement aux devoirs de sa charge, a cité de lui cette réponse caractéristique à l'un des prêtres de son entourage, qui l'invitait à prendre quelque distraction : « Cette heure de distraction n'est pas dans mon règlement. »

De tels hommes sont l'honneur de l'Église et de leur pays. Ils consolent les chrétiens de la vue de tant de courages abattus, de tant de caractères énervés. Courage, Bretons ! Il y a encore parmi vous de nobles âmes et des cœurs dévoués !

— Au moment de clore cette chronique, nous apprenons la mort de S. M. la reine douairière d'Espagne, Marie-Thérèse de Bourbon et Bragance, princesse de Beira, veuve de Charles V, décédée à Trieste, le 17 de ce mois, dans sa quatre-vingt-unième année.

Fille aînée du roi de Portugal Jean VI, elle naquit le 26 avril 1793. Le 4 novembre 1811, elle épousa l'Infant Don Pedro, dont elle eut l'Infant Don Sébastien-G.-M. de Bourbon. Veuve en 1812, elle se remaria, le 20 octobre 1838, à Charles V, veuf lui-même de l'Infante Marie-Françoise d'Assise, sœur de la princesse de Beira.

D'une rare beauté, d'un esprit cultivé, d'un caractère énergique, cette princesse, destinée à briller sur le trône, et qui, pendant quelques années, fit le charme de la cour de Madrid, eut une vie abreuvée d'amertumes, attristée par les douleurs d'un exil de près de quarante ans.

Entourée d'une famille nombreuse et dévouée, la mort frappe son mari d'abord, puis, en quelques heures, le comte de Montemolin, sa femme, l'Infant Don Ferdinand, et le vide se fait autour d'elle, créant un pénible isolement pour sa vieillesse.

Quelle majesté, quel regard digne et bienveillant, quelle grandeur et quel air de bonté empreint sur toute la personne de la royale exilée, lorsqu'elle recevait, dans ce salon si modeste, — tranchons le mot, si pauvre, — de son appartement, situé au second étage du n° 1029, rue du Lazzarretto-Vecchio !... Quel profond respect, quelle immense sympathie commande le malheur, aussi noblement, aussi chrétiennement porté !

L'illustre descendante du prince français Henry de Bourgogne, comte de Portugal, en 1095, joignant à la haute antiquité de sa famille souveraine les noms de Bragance et Bourbon, n'avait pour vivre qu'une pension léguée par Madame la duchesse d'Angoulême, cette noble fille de France, sœur de la princesse de Beira par le malheur.

Une seule pensée, dans ses longues heures de souffrances morales, dans ses cruelles et continuelles épreuves, soutenait l'âme de la veuve de Charles V : le désir de revoir sa patrie, l'espoir de mourir sur la terre d'Espagne. Son vœu le plus ardent n'a pas été exaucé.

Espérons que Dieu, dans sa miséricorde infinie, en échange de ce diadème d'Infante et de Reine, bien certainement éclipsé par la brillante auréole de ses vertus, de sa piété, de sa touchante résignation, daignera lui accorder la couronne d'immortalité qu'il réserve aux déshérités de la terre devenus ses élus. A cette pieuse princesse, en effet, s'applique la devise d'Henri III, qui, faisant allusion aux couronnes de Pologne et de France qu'il avait portées ici-bas, les surmontait d'une troisième, avec la légende : *Manet ultima cœlo.*

LOUIS DE KERJEAN.

II

Funérailles de M⁰ Baillès, ancien évêque de Luçon.

Le 4 février 1856, Mgr Baillès, évêque de Luçon, envoyait à Pie IX la démission de son siége, parce qu'il croyait apaiser par ce sacrifice la tourmente suscitée, à son occasion, autour du trône pontifical. Aussitôt, mettant en pratique cette parole que je trouve en ses œuvres : « Rien n'est grand, rien n'est méritoire dans un évêque, comme la disposition à tout sacrifier sans réserve à la paix de l'Église », il partit pour Rome, « non pas afin de plaider en faveur du maintien d'une dignité qui accable la faiblesse humaine », puisque la démission était donnée, mais pour demeurer à la disposition du Souverain Pontife, et vivre dans la Ville Éternelle, « d'une manière digne du peuple dont il avait été le pasteur, et du ministère sacré qu'il avait exercé pendant dix ans ».

A Rome, Mgr Baillès donna toujours le plus haut exemple de piété et de travail ; il était pieux et savant, *pius et doctus,* disait-on de lui.

Il devint consulteur de la sacrée congrégation de l'*Index,* dont il vengea le caractère et la conduite dans un livre savant publié en France. Mais s'il avait voulu passer les jours de son exil à Rome, près du Père commun des fidèles, sa volonté fut toujours que son corps reposât en Vendée, dans le caveau de la cathédrale de Luçon, parmi les fidèles Vendéens qu'il avait aimés comme ses enfants. Ce vœu s'accomplit aujourd'hui ; et le 20 janvier 1874, son corps, ramené de Rome par M⁅ʳ Gallot, cet ami dévoué qui l'avait suivi partout, et ne l'a pas abandonné pendant dix-huit ans, arrivait à Luçon.

Toute la ville, un grand nombre de prêtres, le grand séminaire, le chapitre, les écoles, le collége communal, les élèves de l'institution Richelieu, fondée par les soins et le zèle de Mᵍʳ Baillès, s'étaient avancés jusqu'à la gare. Le cercueil fut placé sur un corbillard, dont les cordons étaient tenus par MM. Gaudineau, maire de Luçon, le comte de Saint-Laurent, Alfred de Chasteigner, et le président de la Société de Saint-Vincent de-Paul ¹, et porté à la cathédrale au son triste des cloches, pendant que le peuple et les musiciens des colléges alternaient les chants de l'Église et les marches funèbres.

Les funérailles ont eu lieu le lendemain 21 janvier, avec toute la pompe prescrite. NN. SS. les évêques de Poitiers, La Rochelle et Nantes, Mᵍʳ de Lespinay, protonotaire apostolique et ancien vicaire-général de Mᵍʳ Baillès, assistaient à la cérémonie. Tous les fidèles qui avaient, la veille, suivi le corps de la gare à la chapelle ardente, la plus grande partie du clergé du diocèse, le préfet de la Vendée, le sous-préfet des Sables, le maire de Luçon, ses adjoints, le juge de paix, le corps des pompiers de Luçon, et une foule nombreuse de fidèles accourus de toutes les paroisses de la Vendée, avaient voulu apporter à notre ancien évêque, mort en exil, ce tribut d'hommages, de vénération et de piété filiale.

Ainsi que le rappelait Mᵍʳ de Luçon dans l'oraison funèbre éloquente qu'il a prononcée après la messe, célébrée par Sa Grandeur, tous ces chrétiens pieux, émus et recueillis qui sont venus faire cortége à leur ancien évêque, cette procession à travers la ville, tout cela ne rappelle-t-il pas les funérailles de saint Jean Chrysostome ? Celui-ci avait été frappé, parce qu'il avait aussi défendu avec énergie, courage et fermeté, les droits de Dieu. Envoyé en exil, il y était mort ; et, lorsque, plus tard, on ramena son corps à Constantinople, où il fut reçu, comme ici, par son successeur, la population entière se précipita au-devant de ses restes vénérés, et ses funérailles furent une sorte de triomphe.

C'était à Mᵍʳ de Luçon, qui avait connu les œuvres entreprises par Mᵍʳ Baillès, et les avait continuées et développées ; qui avait senti tout ce qu'il y a de chaud, de dévoué, de pieux, mais aussi quelquefois d'un peu vif dans le cœur vendéen, qu'il appartenait de prononcer dans ce diocèse l'oraison funèbre du saint prélat, qui avait été véritablement dévoré du zèle de la maison de Dieu.

¹ A ce titre, sous lequel se cache modestement M Alfred Biré, nous ajouterons celui de président du Comité des cercles catholiques en Vendée. (*Note de la Rédaction.*)

En abandonnant son diocèse, Mgr Baillès avait dit : « On se voit déchargé plus volontiers encore de ce fardeau, lorsqu'on s'est appliqués à le
porter, comme le veut l'apôtre, d'une manière *irréprehensible ;* » et voici
que Mgr Collet, pour rendre témoignage à son prédécesseur, énumère les
œuvres qu'un zèle ardent pour le salut des âmes avait poussé Mgr Baillès
à établir dans son diocèse : le Carmel, auquel une solitude avait été préparée à Luçon près de la cathédrale ; l'institution Richelieu, entreprise
dans la ville épiscopale, avec une pieuse témérité, et qui, avec l'aide de
Dieu, et l'habile direction des Pères Eudistes, promet au diocèse des
catholiques, des hommes et des patriotes ; la brillante sonnerie placée,
sur l'initiative du pieux évêque, dans le clocher de la cathédrale ; et ces
nombreuses associations de piété qu'il avait fondées, encouragées, soutenues dans toutes les paroisses, et qui seront la couronne étincelante de
son épiscopat.

Le souvenir de Mgr Baillès était vivant et populaire dans le diocèse ;
aussi est-on venu des points les plus éloignés, pour assister à ses funérailles. On se rappelait ses visites pastorales, souvent faites à pied, dans
lesquelles il montrait tant de sollicitude et d'amour ; sa piété fervente, ses
vertus mâles et austères, ses prières continues, ses mortifications multipliées.

Mgr Collet devait aussi parler de « cette application continuelle de
l'évêque à faire observer ce que les constitutions apostoliques et les saints
canons ont réglé avec tant de détails et d'une manière si salutaire, touchant la vie et la sainteté des mœurs des clercs », car Mgr Baillès avait
toujours eu devant les yeux cette récommandation du concile de Trente ;
il l'a fait avec l'autorité d'un évêque et le cœur d'un père.

Mgr Baillès se souvenait sans cesse de cette parole : « Soyez parfaits
comme votre Père céleste est parfait » ; et il travaillait avec ardeur et
une persévérance infatigable à augmenter ses vertus. Il voulut aussi,
comme saint Charles Borromée, que tous s'appliquassent également à
obtenir cette perfection, en suivant les règles de la discipline ecclésiastique établies dans ce but.

Mgr Collet s'est ému, et son cœur s'épanchait en traçant cet édifiant
portrait de son vénéré prédécesseur, en énumérant les pieux exemples
qu'il a laissés, en montrant les efforts de ce zèle dont il était vraiment
consumé.

C'est avec des larmes et des sanglots dans la voix qu'il a rappelé cette
triste date du 21 janvier ; elle nous réunissait autour du corps d'un saint,
mort persécuté, et c'était aussi l'anniversaire du plus grand crime de la
France, la mort de Louis XVI, qui pèse encore sur nous... Espérons que
le sang du roi-martyr rachètera le peuple qu'il aimait, et sauvera la
patrie française.

M⁣ˢʳ Colet a terminé son oraison funèbre en nous montrant les mêmes cérémonies, les mêmes prières, la même solennité entourant sa propre tombe. Si notre pieux évêque, dans sa grande humilité, s'effrayait des jugements de Dieu sur son fructueux épiscopat, nous tous, qui admirons sa piété, connaissons sa sollicitude pastorale, son amour de la discipline et des règles ecclésiastiques, son zèle et sa charité inépuisables pour les œuvres, nous dirions : Celui qui prononcera l'éloge funèbre du vénéré prélat qui, dans ce jour de deuil, nous parle de sa propre mort, redira les mêmes louanges, parce qu'il aura rencontré les mêmes vertus.

ALFRED BIRÉ.

———

Nous compléterons les précieux détails qu'on vient de lire par quelques renseignements, qui émanent d'une autre source également bien informée.

Le deuil était conduit par M⁣ˢʳ Gallot, par M. Guibert, curé de l'Hermenault, ancien secrétaire de M⁣ˢʳ Baillès, et par M. Edouard Malleville, neveu du prélat défunt, et curé dans le diocèse de La Rochelle.

A la cérémonie du 21, assistaient les chanoines titulaires et honoraires, les archiprêtres, les supérieurs des séminaires, beaucoup de doyens, de curés et les représentants de toutes les congrégations du diocèse. On peut évaluer à près de 400 le nombre des prêtres présents.

Le chant, les faux-bourdons, le *Dies iræ*, ont été très-bien exécutés, sous la direction de M. Bourbon, chanoine.

Les cinq absoutes ont été faites, la première par M⁣ˢʳ Pie, évêque de Poitiers, la deuxième par M⁣ˢʳ de La Rochelle, la troisième par M⁣ˢʳ de Nantes, la quatrième par M⁣ˢʳ de Lespinay, la cinquième par M⁣ˢʳ de Luçon.

Durant ces deux jours, la tenue de la population a été admirable d'ordre et de recueillement.

Sans doute que les circonstances le commandaient par elles-mêmes; néanmoins il faut en faire remonter le plus grand mérite aux soins vigilants et habiles des deux organisateurs de ces cérémonies : M. Simon, chanoine, vicaire-général, et M. Charpentier, chanoine, archiprêtre de Luçon.

— Le dimanche 11 janvier, a eu lieu la séance annuelle de la Société industrielle de Nantes. M. Hippolyte Thibaud-Nicollière, qui la présidait, y a prononcé un remarquable discours sur *le devoir du courage.*

— Un premier Cercle catholique d'Ouvriers a été inauguré à Nantes et béni par M⁣ˢʳ l'évêque, le dimanche 18 janvier.

— Le très-honoré Frère Philippe, supérieur général de l'Institut des Frères des écoles chrétiennes est mort à Paris, le 7 janvier, à l'âge de quatre-vingt-deux ans, après soixante-cinq ans de vie religieuse et trente-six de généralat.

Partout sont célébrés des services pour cette grande et sainte âme. La Bretagne ne reste pas en arrière : à Lorient, le 16, M. l'abbé Schliebusch prononçait son oraison funèbre, et le samedi, 24, notre cathédrale se remplissait d'une foule nombreuse, accourue, à l'appel de M⁣ˢʳ Fournier, pour rendre un public hommage à la mémoire de ce véritable ami de son pays et de l'humanité.

BIBLIOGRAPHIE BRETONNE ET VENDÉENNE

—

ANGÉLIQUE DE ROCHEVILLE. Épisode des guerres de la Vendée ; par Sigismond Grand. In-12, 80 p. — Chambon, imp. Desbizet.

ESSAI SUR LES RAPPORTS DU BEAU ET DE LA POÉSIE AVEC LE VRAI. Thèse présentée à la Faculté des Lettres de Rennes, par l'abbé Jh-Mie Orhand. — Lorient, imp. centrale Eug. Grouhel. In-4o, 72 pp.

ESSAI SUR L'HISTOIRE LITTÉRAIRE DE L'ARMORIQUE. BRETAGNE ; par le docteur Halléguen. In-8o, 56 p. — Châteaulin, imp. et lib. Amelot.

FRATRICIDE (LE), OU GILLES DE BRETAGNE, chronique du XVe siècle ; par le vicomte Walsh. Nouvelle édition, revue et corrigée. 2 vol. in-18 jésus, 616 p. — Paris, lib. A. Rigaud............................ 4 fr.

GÉNÉRAL (LE) DE LAMORICIÈRE, sa vie militaire, politique et religieuse ; par E. Keller, député du Haut-Rhin. Avec 3 cartes, autographe et portrait. 2 vol. in-8o, 896 p. — Paris, imp. et lib. Dumaine ; lib. Poussielgue frères.. 13 fr.

HISTOIRE NATURELLE DU MORBIHAN. ZOOLOGIE. Catalogue raisonné des lépidoptères observés dans le département du Morbihan ; par M. W. J. Griffith, conservateur adjoint du musée d'histoire naturelle de la Société polymathique du Morbihan. In-8o, 62 p. — Vannes, imp. Galles.

LE GALL (LE R. P.), de la compagnie de Jésus, d'après sa correspondance et les témoignages de ses amis. In-8o, 240 p. et portr. — Brest, imp. Lefournier aîné.

MÉMOIRES DE LA SOCIÉTÉ DES ANTIQUAIRES DE L'OUEST. Tomes 34 et 36. Années 1869 et 1872. In-8o, 1078 p. et 2 pl. — Poitiers, imp. Dupré ; Paris, lib. Derache.

ORAISON FUNÈBRE DE M. HILAIRE COLLET, RECTEUR D'AUGAN, prononcée dans l'église d'Augan, le 14 janvier 1873 ; par Mgr Hillion, chanoine d'honneur de Vannes. In-8o, 12 p. — Vannes, imp. Galles.

VIOLONEUX (LE) DE LA SAPINIÈRE, par Mme Colomb. Ouvrage illustré de 85 vignettes, par Adrien Marie. Un beau vol. in-8o. — Paris, Hachette.

Broché.. 5 fr.

Cartonné.. 8

——————

UN PORTRAIT DE MOLIÈRE

EN BRETAGNE

Quel est le plus grand écrivain de mon siècle? demandait un jour
Louis XIV à Boileau. — Sire, c'est Molière. — Je ne le croyais pas,
reprit le monarque, mais vous vous y connaissez mieux que moi.
— Quel rare bon sens, observons-le en passant, dans cette réponse
du grand roi! quelle noble humilité! Comme ils répondent dignement à la haute et courageuse franchise de Despréaux ! Les pièces
de Molière amusaient Louis XIV, qui, jeune alors, heureux et victorieux, n'était pas encore *l'inamusable* qu'il devint depuis ; — elles
amusaient sa cour, — ceux-là, du moins, parmi tous ces grands seigneurs et ces nobles dames qui ne se piquaient point des spirituelles
leçons du grand comique; — mais comment s'imaginer que ce fils de
Jean Poquelin, son tapissier et valet de chambre, devenu lui-même
valet de chambre du monarque, et qui de ses propres mains faisait
le lit royal, au temps de ses plus beaux succès, entre *les Précieuses
ridicules* et *l'École des Femmes*, comment, dis-je, s'imaginer que ce
Molière pût être un si rare écrivain, pût être un grand homme? —
Bien d'autres que le jeune roi, qui, du reste, fut toujours, — c'est
une de ses gloires, — le protecteur de Molière, s'y laissèrent
tromper, et ne surent pas complètement apprécier de son vivant
l'immense valeur de Molière. Ils avaient en lui possédé la Comédie
faite homme, ainsi que l'a appelé Lamartine, et ils n'y avaient vu
qu'un spirituel compositeur de scénarios, poète facile, acteur intel-

ligent et gai, mais, comme génie littéraire, à une considérable distance de Corneille ; — nous pourrions ajouter : et de Racine, mais
Racine n'était pas non plus, il s'en faut, compris de tous. Toutefois
Boileau avait donné le branle ; La Fontaine, le grand Condé, Bussy,
Chapelle, pensaient comme lui, et le *garçon nommé Molière*,
comme le désignait Tallemant des Réaux, a mené depuis un furieux
bruit de par le monde. Son deuxième centenaire arrivait, cette
année même [1], le 17 février, et Molière est plus jeune que jamais
de gloire et d'immortalité. — Aussi tout ce qui le concerne intéresse en quelque sorte avec passion.

On pouvait croire que, depuis la belle histoire de sa vie et de ses
ouvrages, qu'en publia, en 1828, M. Taschereau, le dernier mot, ou
à peu près, avait été dit à son sujet ; — c'est depuis lors, au contraire, que les recherches ont été le plus multipliées. Cette vie ramenait, en effet, de plus en plus l'attention sur le grand poète, mais
devait aussi l'attirer sur toutes les lacunes que sa biographie, ses
œuvres ou sa personne offraient encore et dont plusieurs, malgré
toutes les recherches faites depuis l'œuvre de M. Taschereau, ne
sont point, à l'heure qu'il est, entièrement comblées. C'est ainsi que
l'existence de Molière en province, pendant les douze ans environ,
de 1646 à 1658, qu'il la parcourut avec sa troupe, décorée du nom
fastueux de l'*Illustre Théâtre*, est encore bien incomplètement
connue. Le suivre à Bordeaux, Toulouse, Vienne, Narbonne, Lyon,
Dijon, Montbrison, Montpellier, Avignon, Pézenas, Carcassonne,
Béziers, Rouen, Nantes, Fontenay, etc., n'est point aisé ; le Midi surtout doit renfermer à cet égard encore bien des documents à compulser et bien des découvertes inattendues à faire ; Nantes et Fontenay en fournissaient, il n'y a pas longtemps, à MM. Stéphane de la
Nicollière et Benjamin Fillon ; ses autographes sont à trouver, une
ou deux signatures, quelques lignes peut-être, c'est tout ce qu'il en ·
reste, et cependant tous ses manuscrits après sa mort avaient été
confiés à Charles Varlet, sieur de la Grange, l'un des meilleurs ac-

[1] 1873. L'impression de ce travail a été retardée par des circonstances indépen-
dantes de la volonté de l'auteur.

teurs de la troupe, lequel, il est vrai, avec la coopération d'un sieur
Vinot, ami du poète, publia la première édition complète des œuvres
dramatiques aujourd'hui connues de l'immortel écrivain, mais ne
crut pas, comme moins dignes que les autres de la postérité, devoir y renfermer ni les projets, ni les ébauches de comédies ina-
chevées, ni certaines pièces ou scènes jouées pendant les pérégrinations de la troupe en province, et dont Molière avait, il est vrai,
plus tard, repris les meilleures pour les insérer dans ses grandes
pièces ; — combien on aimerait cependant à les retrouver; la mine
de la vraie gaieté a été si rarement rencontrée depuis! — L'époque,
les circonstances de la naissance de Molière ne sont même pas
encore dépourvues de tout voile ; on le croit né en 1622 et baptisé
à Saint-Eustache, mais il y en a, comme M. Soleirol, qui tiennent
pour la date de 1620. — Combien il y a encore aussi à dire sur
les portraits de ce grand homme, combien à chercher, combien
à découvrir !

Les efforts si louables faits dans le but de diminuer ces regrettables *desiderata,* — et nous ne les énumérons pas tous, — n'ont
pas du moins été stériles; quelques bons volumes, nombre de beaux
articles ont été publiés ; d'heureuses découvertes ont été faites, et
des erreurs aussi ont été rectifiées.

Parmi les meilleurs travaux, nous signalerons les *Recherches sur
Molière et sur sa famille,* par M. *Eudore Soulié,* dont une des parties les plus curieuses consiste dans l'inventaire fait après la mort
du poète, inventaire où l'on retrouve jusqu'à la description de ses
costumes de théâtre; — *Notes sur la vie de Molière,* par A. *Bazin*
(Techener, 1851, in-8°); — de très-intéressants articles du *Magasin
pittoresque,* l'un publié en 1860 *sur la fortune de Molière,* et un
autre publié en 1864, sous ce titre : *Un portrait de Molière;* cet
article est de *M. Régnier,* de la Comédie-Française, et il s'agit justement du portrait, alors gravé pour la première fois, dont nous avons
à entretenir nos lecteurs ; — d'excellents et curieux articles de
M. *Léon Guillard,* publiés en 1869 et 1871 dans l'*Univers illustré;*
— des travaux de MM. Bazin, Jal et Fournier; — un fort bon travail,

accompagné de plusieurs gravures : *Les Portraits de Molière*, par
M. *Henri Lavoise*, publié en 1872 dans l'excellente *Gazette des
Beaux-Arts;* — enfin deux ouvrages parus la même année, en 1858,
à peu de distance l'un de l'autre, l'un, le premier publié : *Galerie
historique des portraits des Comédiens de la troupe de Molière*,
gravés à l'eau-forte par *Frédéric Hillemacher*, avec des détails biographiques succincts relatifs à chacun d'eux ; — l'autre : *Molière et
sa Troupe*, par *H.-A. Soleirol*. — Imprimé par le plus élégant, le
plus distingué de nos imprimeurs, Louis Perrin, de Lyon, l'ouvrage
de M. Hillemacher est un ravissant volume d'amateur ; les eaux-
fortes, dues à sa pointe spirituelle et colorée, sont charmantes, et
les notices sur tous les acteurs qui prêtèrent à Molière le concours de
leur talent sont curieuses, peu connues et pleines d'intérêt. On voit
même figurer dans ce livre, au moins comme mention, tous les
nobles acteurs, à commencer par Sa Majesté Louis XIV elle-même,
qui daignèrent jouer dans quelques-unes des pièces de Molière. —
La charmante La Vallière y figure aussi ; elle jouait dans *le Sicilien*
(1666) une *2e Mauresque de qualité.*

M. Soleirol, lui, qui avait fourni à M. Hillemacher, avec une bonne
foi consciencieuse, une grande partie des dessins qui ont servi à
son ouvrage, s'est surtout attaché à traiter des points les plus difficultueux de la biographie de Molière, et sur les acteurs de sa troupe
son volume développe et complète les biographies de M. Hillemacher. Il est aussi de beaucoup plus considérable en fait de recherches et de renseignements sur les portraits de Molière.
M. Soleirol en possédait, en effet, 164, tant gravés que peints ou
dessinés, et il en a reproduit quatre représentant le poète à différents âges ou dans différents costumes.

A l'époque toutefois où MM. Hillemacher et Soleirol publièrent
leurs livres, un des plus curieux portraits du grand comique appartenait à la Comédie-Française depuis 1838 ou 1839, et formait,
assurément, la partie la plus intéressante d'une toile représentant
*les plus célèbres Farceurs français et italiens depuis soixante
(ans) et plus, peints en 1670 ;* cependant MM. Hillemacher et

Soleirol n'en parlèrent pas. — Pourquoi? — Nous ne savons. Le silence de M. Soleirol surtout nous étonne, car cet honorable écrivain avait la prétention d'être à peu près complet sur les points importants de ce curieux sujet. Fut-ce oubli? fut-ce ignorance du tableau? Peut-être n'était-il pas encore restauré et placé au foyer des *Français*. Cette œuvre si précieuse a longtemps appartenu au cardinal de Luynes, archevêque de Sens, membre de l'Académie française, où il eut Florian pour successeur. Après avoir sans doute passé dans plusieurs mains, elle devint la propriété d'un amateur de Sens, qui, à la demande de M. Régnier, voulut bien la donner aux sociétaires du Théâtre-Français.

Cette toile si précieuse, notre honorable compatriote, M. de la Pilorgerie en possède une répétition du temps; il l'avait envoyée à notre dernière exposition nantaise, où, mal placée, à peine visible, insuffisamment comprise d'ailleurs d'une partie du public, elle ne fut guère appréciée que de quelques amateurs. C'est elle dont nous voulons entretenir les lecteurs de la *Revue*, auxquels M. de la Pilorgerie en a déjà dit quelques mots, il y a un an environ.

Pour faire plus complètement saisir l'intérêt de cette œuvre, d'un genre aussi rare que singulier, expliquons que, malgré le louable orgueil avec lequel M. Soleirol nous parle de ses 164 portraits, la physionomie, la véritable ressemblance de Molière ne nous sont guère connues que par quelques anciennes gravures : les unes, fort petites, à la tête des éditions princeps de ses pièces ou de ses œuvres; les autres, dont la plus estimée a été exécutée en 1685 par un assez bon buriniste, Jean-Baptiste Nolin, élève de N. Poilly, d'après Pierre Mignard.

Le grand peintre que nous venons de nommer était devenu l'ami de Molière depuis que, revenant de Rome, il l'avait rencontré à Avignon, en 1657 ou 1658. Il le peignit pour la première fois en 1666, et Molière possédait ce portrait, qu'on ne trouve point cependant porté dans son inventaire, à sa mort, en 1673. Il est probable que cette formalité fut jugée inutile, ou plutôt que ce portrait fut considéré comme la propriété personnelle de sa veuve, la célèbre Armande Béjart, qui se remaria le 31 mai 1677, à François Guérin, sieur d'Étriché, acteur, quoique se disant officier du roi. De son mariage avec le poète, contracté en 1662, Armande Béjart avait eu trois enfants ; deux, un fils né en 1664, et un autre fils, né en 1672, moururent très-jeunes ; il ne survécut qu'une fille, Esprit-Magdeleine, née le 4 août 1665, et tenant le nom d'Esprit de son parrain, le comte Esprit de Modène, mariée en 1605 à Rachel de Montalent, et décédée, sans postérité, le 23 mai 1723. — Mme de Montalant avait recueilli, dans la succession de sa mère sans doute, celle-ci décédée le 30 novembre 1700, le portrait de son illustre père ; le sieur de Montalant conserva le portrait avec soin, probablement à Argenteuil qu'il habitait, et, la postérité de Molière étant d'ailleurs complètement éteinte, il le légua comme objet précieux à son ami, le sieur de Saint-Gelais, — nous ne savons s'il possédait un autre nom, — en 1734. Qu'est depuis devenu ce portrait ? on l'ignore. — Qu'il soit détruit, cela nous paraît peu certain. Montalant avait eu soin d'écrire dessus le nom de son beau-père ; cette mention et le mérite si facile à reconnaître, même des plus ignorants, d'une œuvre de Mignard, ont dû suffire, il nous semble, à le sauver, en quelques mains qu'il soit tombé. Cependant Molière avait attaqué tant de ridicules et tant d'abus, que des passions étroites, ou des consciences timorées ont pu se croire en droit et presque se faire un devoir de détruire son image ; — les limites en ce genre n'ont pas de bornes. — On a aussi, lisons-nous dans la *Gazette des Beaux-Arts*, perdu toute trace d'un tableau de l'*École des Maris*, que Molière possédait, qui se retrouve dans l'état des biens de sa fille, et qu'on voit reparaître en 1738, dans l'inventaire fait après le décès du gendre du grand poète.

On ignorait aussi absolument, jusqu'à ces dernières années, ce qu'était devenu un second portrait du poète, peint par Mignard vers 1670, portrait que ce grand peintre avait conservé, et qui avait passé à sa fille, cette beauté célèbre, la comtesse de Feuquière, lorsqu'en 1867 la Comédie-Française, pleine d'un zèle intelligent, il faut le reconnaître, pour tout ce qui regarde l'auteur du *Misan-*

thrope, des *Femmes savantes*, et de tant d'autres chefs-d'œuvre où
ses classiques sociétaires trouvent leurs meilleurs succès, acheta
pour 6500 francs, des héritiers de M. Vidal, ancien artiste de l'Opéra,
un portrait de Molière, gravé par M. Gilbert dans la *Gazette des
Beaux-Arts*, et que la Comédie-Française pense pouvoir être ce second portrait exécuté par Mignard. — Molière, dans ce portrait, est
représenté dans le rôle de *César*, qu'il remplissait dans la tragédie
de *Pompée*, donnée par Pierre Corneille en 1644. — C'est une assez
singulière fantaisie qu'eurent là le poète et Mignard, si c'est véritablement là le portrait de 1670, de représenter Molière dans ce rôle.
— Lorsqu'il partit, en 1646, avec l'*Illustre Théâtre* pour aller jouer
en province, Molière occupait, il est vrai, les rôles tragiques, et il
continua pendant plusieurs années ; jusqu'au jour, probablement, où
son génie propre lui fut entièrement révélé. — C'est ainsi qu'en
1653 on a la preuve authentique qu'il jouait, probablement à Lyon,
le rôle de Persée dans *Andromède*, autre tragédie de Corneille. —
Toutefois Molière ne brilla jamais dans les rôles tragiques, où il
portait trop d'agitation, faisait trop de grimaces, et précipitait trop
son débit, ou le coupait par des hoquets perpétuels. Nous ne serions
donc pas étonné que, si le portrait dont il s'agit est bien celui exécuté par Mignard, le but de ce grand peintre en représentant Molière dans le rôle de César ait été surtout de légitimer la couronne
de lauriers sur sa tête.

Molière, en effet, sous cet affublement héroïque, et avec cette
couronne sous sa perruque, quoiqu'elle soit disposée avec tout l'art
possible, ressemble si peu à lui-même, et donne si peu l'idée, sauf
l'expression de la tête, qui est belle, de l'auteur de l'*École des
Femmes*, qu'aucun graveur ne put se décider à reproduire exactement ce portrait. Les uns se bornèrent à lui enlever sa cuirasse et
le reste de ses nobles oripeaux, en lui conservant sa couronne, les
autres enlevèrent même cette couronne ; — aussi ces différences
entre les œuvres des graveurs et le portrait de la Comédie-Française
ne laissent-elles pas que de jeter quelque incertitude sur l'attribu-
tion du tableau à Mignard. Il est cependant difficile que ce tableau

temps après la mort du poète sur des documents incertains, un portrait de pacotille à Versailles, un buste, œuvre de génie, mais de peu de compte comme ressemblance, tels sont les seuls portraits de Molière qu'on pût compter, — et, comme on le voit, dans des mesures assez diverses, — soit en peinture, soit en sculpture, avant la découverte du curieux tableau de la Comédie-Française, dont M. de la Pilorgerie nous offre la seule reproduction qui, peut-être et très-vraisemblablement, en existe. — Ce fut donc une véritable bonne fortune, un coup inattendu du sort, que cette rencontre. Ce portrait est le seul indiscutable contemporain du poète ; il est également le seul qui nous le représente peint en pied.

En peu de mots, il est tel : Dans une sorte de décoration théâtrale, représentant un carrefour ou une place publique, sont disposés presque en ligne droite, sur deux ou trois plans, variés de pose, gardant chacun l'attitude la plus convenable au caractère de son rôle le plus typique, ne prenant part à aucune action générale, et simple galerie, par conséquent, de portraits en pied, les plus célèbres *Farceurs français et italiens depuis soixante (ans) et plus, peints en 1670,* selon que le porte une inscription courante, en lettres d'or, — du moins sur le tableau possédé par la Comédie-Française. — Cette banderole, sept lustres suspendus au cintre, des chandelles fumant au premier plan sur la rampe du théâtre, enfin les noms mis au-dessous de chaque figure sont des détails que nous n'avons point remarqués, — nous n'affirmons pas que quelques-uns n'y soient, — dans le tableau de M. de la Pilorgerie. — Par contre, il renferme ce très-curieux détail, que nous ne trouvons signalé dans aucune des descriptions du tableau des Français, de lettres majuscules peintes en noir sous la plupart des personnages. — Ces lettres correspondaient donc à une inscription séparée, désignative de chacun des *farceurs.* Sous Molière, placé tout à gauche, on a placé la lettre A. C'est bien le grand comique, on ne saurait s'y méprendre. Qu'il soit représenté dans son costume de *Sganarelle* de l'*École des Maris,* comme le croit M. Régnier, se fondant sur l'édition princeps de cette pièce, ou qu'il le soit, ainsi qu'on le

croit plus généralement aujourd'hui, dans son rôle d'*Arnolphe* de
l'*École des Femmes,* c'est toujours lui, puisque les deux rôles lui
appartenaient. On retrouve d'ailleurs dans ce portrait sa physionomie, son aspect, tels que les donnent les portraits gravés les plus
autorisés. On y rencontre enfin la plus rigoureuse conformité avec
la description de la personne de Molière, qu'en adressa, en 1740,
au *Mercure de France,* Angélique Gassaud du Croisy, née en 1658,
mariée au comédien Paul Poisson, fils de Raimond Poisson, qui
figure dans le tableau des Français, près de Molière, et décédée en
1756, à l'âge de 98 ans.

« Molière, dit Mme Poisson, n'était ni trop gras, ni trop maigre ;
il avait la taille plus grande que petite, le port noble, la jambe belle,
l'air sérieux, le nez gros, la bouche grande, les lèvres épaisses, les
sourcils noirs et forts et le teint brun. Il marchait gravement et
donnait à ses sourcils un mouvement qui rendait sa figure extrêmement comique. » — Quant à ses sourcils, cependant, M. A. Soleirol fait observer que, dans leur état naturel, ils étaient châtain
clair, ainsi que la très-légère moustache qui figure dans ses portraits
gravés et dans le tableau de M. de la Pilorgerie. Mais, pour en tirer
cet effet comique que Mme Poisson avait remarqué, Molière devait
nécessairement se les peindre pour la scène. — Il se noircissait
aussi les moustaches, et dans certains rôles même, il les augmentait
comme dans *Sganarelle;* parfois même il s'ajoutait une large barbe,
comme dans le *Tartufe,* où il remplissait le rôle d'*Orgon,* dans le
Médecin malgré lui, dans *Amphitryon,* dans le *Mariage forcé* et
dans le *Festin de Pierre.* — Il est tout simple, du reste, que
Mme Poisson, à peine âgée de 15 à 16 ans quand Molière mourut,
et ne l'ayant probablement guère vu que sur la scène, eût été
frappée de la noirceur de ses sourcils, sans se rendre compte si
c'était ou non leur couleur véritable. — Quant à leur force, il paraît
qu'en effet, vers les dernières années de la vie de Molière, ils s'é-
taient beaucoup épaissis.

A ces traits, on peut ajouter, sans crainte de se tromper beaucoup, bien que le détail en soit emprunté à une infâme pièce sati-

rique, *Élomire* (anagramme du nom de Molière), ou les *Médecins vengés,* due à un misérable nommé Boulanger de Chalussay, et qui fut jouée en 1670, on peut ajouter, dis-je, que Molière avait les épaules larges et se renversait un peu la tête en arrière. — Les vers de Chalussay, auxquels nous empruntons ce détail, sont méchants ; toutefois ils portent évidemment sous la haine un coin juste d'observation et de vérité.

Voici les vers qu'on adresse à Élomire :

> Mais si tu te voyais, quand tu veux contrefaire
> Un amant dédaigné qui s'efforce de plaire;
> Si tu voyais tes yeux hagards et de travers,
> Ta grande bouche ouverte en prononçant un vers
> Et ton col renversé sur tes larges épaules
> Qui devraient à bon droit être l'appui des gaules!
> Car enfin, il est temps de te désabuser,
> Tu ne fus jamais bon que pour faquiniser.

Chaque siècle, c'est triste à dire, a possédé des Chalussay; on peut parfois les citer, mais il les faut ensuite flétrir : c'est ce que nous faisons.

Le Bon de Wismes.

(La suite à la prochaine livraison.)

MYTHOLOGIE ET PHILOLOGIE

Essais sur la Mythologie comparée, les traditions et les coutumes, par
Max Müller, professeur à l'Université d'Oxford, traduit de l'anglais
par M. Georges Perrot, maître de conférences à l'École normale. —
Essais sur l'histoire des religions, par le même auteur, traduit de
l'anglais par M. Georges Harris, agrégé de l'Université, professeur
d'anglais au lycée Condorcet. — Les deux ouvrages, chez Didier, éditeur,
quai des Augustins, 35, Paris. Prix, 4 fr. chacun.

Les deux ouvrages dont je viens d'inscrire les titres en tête de
cette page, comptent certainement parmi les plus remarquables et
les meilleurs, sous tous les rapports, qui aient été publiés jusqu'à
ce jour sur les matières dont ils traitent. On est vraiment heureux
de trouver des travaux si bien informés et d'une exposition si lu-
cide, après en avoir lu tant d'autres, ou insuffisants comme connaissance exacte du sujet, ou si diffus et tellement enveloppés de nuages
que, souvent, ils ne servent qu'à augmenter notre incertitude et
notre embarras, loin de les dissiper.

Mais, avant d'aller plus loin, donnons la parole à l'auteur, afin
qu'il nous explique lui-même comment ont été composés les deux
volumes dont nous voudrions donner une idée aux lecteurs de la
Revue, et la manière dont il entend les devoirs de la critique en
matières si graves. Nous lisons ce qui suit, au début de la préface
du volume qui porte le titre de : *Essais sur l'histoire des religions.*

« Plus de vingt ans se sont écoulés depuis le jour où mon vénéré ami
Bunsen me fit venir dans sa bibliothèque de Carlton-House Terrace, et
m'annonça, les yeux rayonnants, que la publication du *Rig-Véda* était
désormais assurée. Il avait passé beaucoup de temps à voir les directeurs

de la Compagnie des Indes, à leur expliquer l'importance de cet ouvrage et la nécessité de le faire paraître en Angleterre. Enfin ses efforts avaient été couronnés de succès. On avait accordé les fonds nécessaires pour imprimer mon édition du texte et du commentaire des *Hymnes sacrés des Brahmanes*, et Bunsen était le premier à m'annoncer l'heureux résultat de sa diplomatie littéraire. — Maintenant, me dit-il, vous avez une besogne pour la vie, — un beau tronçon d'arbre, qui vous prendra des années pour l'aviver et le polir. Mais faites bien attention, ajouta-t-il, il faudra que de temps à autre vous nous donniez quelques copeaux de votre atelier.

» Je me suis efforcé de suivre le conseil de l'ami que je n'ai plus ; et presque chaque année, j'ai publié divers articles sur les sujets qui avaient occupé mon attention, tout en poursuivant, autant que le permettait le changement survenu dans ma position, mon édition du *Rig-Véda* et la publication d'autres ouvrages sanscrits qui s'y rapportent. La plupart de ces articles ont paru dans différents recueils périodiques anglais. En les écrivant, je me suis toujours attaché à mettre en relief, dans les questions les plus abstruses, les points d'un intérêt réel sur lesquels doit se porter l'attention de la masse des lecteurs; et je me suis constamment proposé de ne jamais laisser un recoin obscurci par les arguties des faux savants, sans essayer d'y faire pénétrer la lumière de la vraie science..... Plusieurs des matières dont il est traité dans ces *Essais,* sont assurément obscures et difficiles ; mais je ne crois pas qu'il y ait, dans toute la sphère des connaissances humaines, un seul sujet qu'on ne puisse exposer d'une manière claire et intelligible, si l'on n'a commencé par s'en rendre soi-même parfaitement maître. Et maintenant, pendant que j'ai sous presse les deux derniers volumes de mon *Rig-Véda,* j'ai pensé que le temps était venu de ramasser quelques brassées de ces copeaux et de ces éclats, rejetant ce qui me paraîtrait de nulle valeur, et donnant une certaine forme au reste, afin de débarrasser mon atelier et de le mettre en ordre, avant d'y entreprendre d'autres travaux. »

Il y aurait bien encore à citer dans cette préface, mais il faut savoir se borner.

On voit, tout d'abord, qu'on a affaire à un vrai savant, qui aime et recherche partout la précision et la lumière, autant que d'autres, les faux savants ceux-là, paraissent les éviter. Il est vrai qu'en agissant de cette dernière façon, et en entourant sa pensée de beaucoup de nuages, on a encore quelque chance, auprès de certaines gens, de passer pour un penseur profond, et pour connaître bien des choses que l'on ignore complètement. Les grands mots et le galimatias ont tant de pouvoir sur l'esprit d'un plus grand nombre de gens qu'on ne se l'imagine généralement !

Le plus important, peut-être, des travaux contenus dans ces deux ouvrages, est celui sur la mythologie comparée, dans le volume qui porte le même titre. J'en dirai quelques mots, en empruntant, le plus souvent, les termes mêmes de l'auteur, car il me semble impossible de dire mieux.

Aujourd'hui, toutes les explications mythologiques doivent reposer sur une solide base étymologique. La philologie comparée, après avoir opéré une réforme complète dans la grammaire et l'étymologie des langues classiques, a jeté des bases nouvelles pour une étude vraiment scientifique de la mythologie classique. L'explication d'aucun mythe ne peut être prise en considération, si elle ne repose sur une analyse exacte des noms des principaux acteurs. *Nomina, numina,* est un axiome d'une vérité rigoureuse.

La science étymologique est devenue de nos jours une science certaine et dont toutes les lois semblent connues. Elle est loin, (plus loin il est vrai par les résultats acquis que par la date) de l'*Académie celtique,* quand, en 1807, le président de cette société savante, Eloi Johanneau, à propos de la légende populaire et mal connue du Chien de Montargis, posait aux associés et aux membres correspondants des questions comme celle-ci :

« Y a-t-il à Montargis quelques vestiges du culte du chien, quelques traditions, quelques fables, quelques monuments, quelques usages, quelques mots qui y aient rapport et qui puissent donner lieu de croire que cette ville, dont le nom semble venir du français *mont,* du celtique *ar* (du) et *ki* (chien), était chez les Celtes ce qu'était la ville de *Cynopolis,* ou du Chien, chez les Egyptiens, ce qu'est encore chez les Gallois la Colline du Chien, nommée *Moel Gylan* [1] ? »

Des questions comme celle-là, et quelques autres que l'on cite, étaient faites pour ridiculiser à tout jamais les étymologistes. Ils s'en sont pourtant relevés, parce que leur cause était réellement bonne, et aucune science n'a rendu d'aussi grands services que l'étymologie à l'histoire des temps primitifs de l'humanité.

[1] *Mémoires de l'Académie celtique,* tome I, page 97.

Une étymologie bien comprise et bien interprétée peut contenir de l'histoire, de la grammaire, de la jurisprudence, de la philosophie, de la morale, et bien d'autres choses encore. Prenons un exemple ou deux.

Voulons-nous savoir quelle était l'idée qui dominait dans l'esprit de ceux par qui a été formé le terme qui désigne la punition, le mot latin *pœna*, ou *punio*, punir ? La racine sanscrite *pû*, qui signifie nettoyer, purifier, nous indique que le dérivé latin fut formé à l'origine, non pour exprimer seulement l'idée de *frapper*, de *torturer*, mais bien celle de *nettoyer*, de *corriger*, de *délivrer de la tache du péché*. En sanscrit, on demande souvent aux dieux d'effacer (*punihi*) les péchés des hommes, et le substantif *pâvana*, quoiqu'il n'en soit jamais venu à signifier punition (cette idée est rendue en sanscrit par le terme qui y convient le mieux : *danda*, bâton), prit plus tard le sens de purification et de pénitence. Or, il est clair que l'enchaînement d'idées qui conduit de la purification à la pénitence, ou de la purification à la punition, révèle un sentiment moral et même religieux dans la conception de la peine (*pœna*), et dans le nom qui lui est donné. Ceci nous montre que, dans l'enfance même de la justice criminelle, la punition était considérée, non pas seulement comme une juste rétribution et une vengeance, mais comme un avertissement destiné à corriger le coupable et à effacer la souillure de sa faute. Nous n'avons pas conscience de ces pensées antiques, quand nous parlons de punition corporelle ou de châtiment. Cependant le mot *châtiment*, lui aussi, était primitivement *castigamentum*, qui vient de *castus*, pur, et *incestum* était l'impureté ou le péché que, suivant la loi romaine, les prêtres avaient à faire expier ou à punir par un *supplicium*, une supplication, un acte d'adoration adressé aux dieux. Le pouvoir de punir appartenait primitivement au père ; c'était une partie de sa *patria potestas*. Peu à peu, il fut transporté au roi ; et si nous voulons savoir quelle fut la conception première de la royauté parmi les nations Aryennes, nous n'avons - encore qu'à analyser étymologiquement quelques-uns des mots qu'elles emploient pour désigner le roi. Ces termes ne nous parlent ni d'une prérogative conférée par la Divinité, ni de la posses-

sion d'une force, d'un courage et d'une sagesse supérieure. *Ganaka,*
un des mots qui, en sanscrit, signifient roi, veut dire primitivement
parent, père, puis roi, montrant ainsi la transition naturelle du père
au roi, de la puissance paternelle à la puissance royale. Ce fut une
remarque importante faite par un des étymologistes les plus péné-
trants, Jacob Grimm, que le mot du vieux Norrain qui signifie roi,
konungr, ou *kôngr,* ne peut pas être dérivé, comme on le croit généralement, du vieux Norrain *kyn* (race), ni de l'Anglo-Saxon
cyning de *cyn* (le *kyn* anglais moderne), famille. *King* est un vieux
mot commun aux trois branches de la race teutonique, un mot qui n'a
pas été frappé à nouveau en Suède, en Angleterre et en Allemagne ;
nous dirons plus, qui n'a même pas été frappé dans un métal purement germanique. Il ne signifia pas, à l'origine, un homme de
bonne famille, un homme de noble naissance ; mais c'est, comme
nous l'avons dit, en réalité, le même mot à la fois, comme forme et
comme sens , que le sanscrit *ganaka,* qui a été créé avant que le
sanscrit ne se fût séparé de la branche germanique, et qui signifiait
primitivement père, puis roi [1].

N'est-ce pas là un cours très-intéressant d'histoire, de droit criminel et de morale, et l'étymologie, ainsi comprise, n'est-elle pas
suffisamment vengée des plaisanteries dont on l'a longtemps poursuivie et du discrédit presque complet où elle était tombée ? Et
encore, la science, ainsi présentée et interprétée, peut-elle paraître
ennuyeuse à qui que ce soit ?

A l'aide de cet instrument merveilleux, qu'il manie avec une
science incomparable et une sûreté parfaite, l'auteur sonde et interprète tous les vieux mythes, ceux de la Grèce principalement, et
nous les présente avec leur véritable signification : mais je ne puis
le suivre bien loin sur ce terrain.

La mythologie, comme le dit fort bien un autre mythologue connu
par d'importants travaux sur la matière, M. Georges Cox, n'est
qu'une simple collection des expressions (toujours le *nomina, numina,* qu'Eugène Burnouf aimait tant à rappeler), dont les hommes

[1] *Essai sur la Mythologie comparée,* pp. 298-99.

se servaient à une certaine époque, pour décrire ce qu'ils voyaient et entendaient, dans les pays où ils vivaient. Ces expressions étaient toutes parfaitement naturelles et merveilleusement belles et vraies. Nous voyons l'aimable Crépuscule expirer peu à peu devant la Nuit qui s'avance ; mais quand ces hommes d'autrefois assistaient à ce spectacle, ils disaient que la belle Eurydice avait été piquée par le serpent des ténèbres, et qu'Orphée avait été la rechercher jusque dans l'empire des morts. Nous voyons la lumière qui s'était évanouie à l'Occident reparaître à l'Orient ; eux, ils disaient qu'à ce moment, Eurydice revenait vers la terre. Comme cette tendre clarté ne s'apercevait que lorsque le soleil lui-même s'était levé, ils disaient qu'Orphée s'était retourné trop vite pour regarder Eurydice, et qu'il avait été ainsi séparé de la femme qu'il aimait si chèrement. De cette manière, non-seulement des légendes, qui semblaient n'avoir point de sens, reprennent une beauté et une signification originales, mais encore quelques-uns des traits les plus révoltants de la mythologie classique disparaissent, et leur véritable portée se découvre. Plus d'une fable ancienne, telle qu'elle nous a été présentée au collége, ou que nous l'avons lue, plus tard, dans les livres, nous paraît ou niaise, ou grossière et choquante, et cela uniquement par l'effet d'une fausse interprétation. On nous dit, par exemple, qu'Œdipe et Persée tuèrent leurs parents ; mais c'est seulement parce qu'on disait autrefois que le Soleil tuait les ténèbres, du sein desquelles il semble s'élancer, car Œdipe et Persée sont incontestablement des mythes solaires. De même, on disait aussi que le Soleil s'unissait le soir à cette douce lumière du crépuscule, de laquelle il naissait le matin ; mais dans l'histoire, telle qu'on la raconta plus tard, on disait qu'Œdipe devint le mari de sa mère Jocaste, et sur cette base on construisit tout un horrible roman. Aucune de ces effrayantes histoires ne fut jamais composée à dessein. Il ne peut guère y avoir de plus grande erreur que de supposer des nations entières saisies tout à coup d'une étrange folie qui les pousse à inventer toute espèce de contes absurdes et méprisables, et de se figurer chaque nation tôt ou tard atteinte de cette même sorte de folie. .

Les grands phénomènes atmosphériques, et plus particulièrement la lutte de la lumière et de la nuit, forment le fond de l'ancienne mythologie qui, de l'Asie centrale, s'est répandue sur toute l'Europe et s'est perpétuée jusqu'à nos jours, chez tous les peuples d'origine aryenne, dans les contes populaires, les récits de vieilles femmes, comme on les appelle communément, et non sans quelque dédain, — qu'il est possible de retrouver encore chez les derniers descendants de ces mêmes peuples. Ces contes du peuple peuvent être considérés comme le patois moderne des mythologies anciennes, ou encore comme le détritus et le résidu des vieilles fables profondément altérées et arrivées à leur dernier terme de décomposition. Aussi M. Max Müller y attache-t-il la plus grande importance, et leur a-t-il consacré au moins trois chapitres. Mais, ici encore, je me vois obligé, à mon grand regret, de glisser légèrement sur ce sujet si intéressant, qui fait, depuis longtemps, l'objet de mes recherches et de mes études de prédilection, pour ce qui regarde la Bretagne, — car, une fois lancé, j'en aurais long à dire.

Plus je recueille de vieilles traditions populaires, dans nos campagnes bretonnes, plus je suis étonné de la richesse de cette source précieuse d'information, restée jusqu'aujourd'hui presque entièrement inexplorée, et plus je me convaincs aussi qu'il est possible d'y retrouver, — un peu modifiées, suivant le génie du peuple breton, mais très-reconnaissables malgré tout et presque intactes quant au fond, au thème primitif, — la plus grande partie des fables vraiment anciennes et populaires qui ont cours chez les autres peuples de l'Europe et même de l'Asie. Il ne faut pour cela qu'un peu de temps, le goût de ces choses et surtout une parfaite connaissance de la langue du pays, tant pour bien comprendre les conteurs que pour s'assurer leur confiance, car ils ne livrent pas les trésors de leur mémoire, ce legs national, au premier venu. Savoir le breton, — c'est là le *Sésame, ouvre toi,* sans lequel vous trouverez toutes les portes closes; j'entends les portes d'ivoire des histoires merveilleuses et des enchantements de toute sorte.

J'ai recueilli dernièrement, de la bouche d'une vieille femme, qui était venue me trouver de plusieurs lieues, parce que je suis

depuis longtemps connu dans le pays pour m'occuper de ces recherches ; j'ai recueilli, dis-je, entre autres histoires, toutes curieuses, la légende de saint Grégoire-le-Grand, telle, pour le fond,
qu'on la trouve dans le *Gesta Romanorum*, mais avec de curieuses
différences de détail. La même vieille femme m'a encore donné une
version fort intéressante du conte qui, dans le recueil des frères
Grimm, porte le titre de : *Les deux Compagnons en tournée*. Personne, je pense, ne sera tenté de croire que ces deux contes sont
arrivés dans le peuple, en Bretagne, par le livre des frères Grimm
et le *Gesta Romanorum*. Une remarque à faire encore, c'est que
grand nombre de légendes du genre de celle de saint Grégoire-le-
Grand, qui se trouvent dans d'anciens manuscrits ou livres du
moyen âge, sont connues chez nous des pauvres gens qui ne savent
ni lire ni écrire, pendant qu'elles sont presque toujours ignorées
des personnes qui ont reçu une certaine instruction.

Je lisais, il y a quelque temps, un petit conte populaire russe,
fort original et portant le titre de : *Le Jugement de Chemeka*. Je le
croyais connu en Russie uniquement, tant il porte une empreinte
toute particulière et un cachet de nationalité très-prononcé, et je
me disais : — Il serait curieux que je trouvasse un jour ce conte en
Basse-Bretagne, ou quelque chose qui lui ressemble ! Et je n'y
comptais guère, bien que je ne regardasse pas la chose comme impossible pourtant, tant j'ai déjà fait de rencontres singulières de ce
genre ! Et voilà que, quelques jours plus tard, une vieille femme de
Plouaret me conta, sous un autre titre et avec d'autres noms, le *Jugement de Chemeka*, à peine légèrement modifié dans quelques détails. Ce n'est pas là, certainement, un effet du hasard ; le hasard
n'est pas si intelligent, et il faut qu'il y ait eu transmission directe
ou par les livres, ou par la tradition orale. Serait-ce un récit rapporté de Russie par quelque soldat de la Grande-Armée, en 1812 ?
C'est possible : je pencherais pourtant à croire qu'il devait être
connu chez nous antérieurement à cette époque.

On ne peut ne pas être étonné des ressemblances de toute
sorte qui existent entre telle ou telle fable, tel ou tel conte — et ils
sont si nombreux ! — recueilli dans nos chaumières bretonnes, et

d'autres fables, d'autres contes recueillis à de très-grandes distances et chez des peuples qui n'ont aucun rapport, aucune communication avec la Bretagne.

Deux systèmes sont en présence pour expliquer ce problème : celui du « fonds commun », qui veut que tous les peuples d'origine aryenne aient emporté de la patrie commune, lors de la séparation des tribus, un certain nombre de fables primitives, patrimoine commun sur lequel ils auraient vécu depuis, tout en le modifiant plus ou moins, suivant les régions et les latitudes où ils s'établirent. Ce système, représenté par les frères Grimm et l'Autrichien M. de Hahn, a longtemps prévalu. Mais un autre semble prendre faveur aujourd'hui ; c'est celui de M. Théodore Benfey, savant orientaliste de Gœttingue. Il consiste à dire, et il le prouve assez souvent, que les ressemblances constatées entre les anciennes fables de toute l'Europe et de l'Asie ont leur raison d'être dans une transmission directe, à l'aide d'anciennes traductions des livres sanscrits en persan, du persan en arabe, puis en grec et en latin, et enfin dans toutes les langues de l'Europe.

Il y a du vrai dans ces deux systèmes ; cependant la part de vérité de ce dernier me semble être la plus considérable.

Mais j'abandonne brusquement ce terrain des contes populaires, car je sens que je me laisse entraîner.

De-même que dans les contes du peuple, dans les anciennes mœurs, coutumes et superstitions, il peut aussi survivre des croyances, des débris de pratiques religieuses ou autres, qui remontent jusqu'aux temps les plus reculés, aux époques antérieures à toute histoire écrite. Aussi un des chapitres les plus intéressants des deux ouvrages de M. Müller porte-t-il le titre de : *Mœurs et Coutumes.* Je vais m'y arrêter encore un peu. Quelques-uns des exemples cités par l'auteur, m'ont remis en mémoire des particularités curieuses que j'ai moi-même observées en Bretagne.

Parmi les coutumes singulières dont parle M. Müller, d'après les révélations véridiques des voyageurs, il en est une bien étonnante, incroyable, et que l'on serait tenté de regarder comme usitée dans un hôpital de fous seulement. Et pourtant on la rencontre chez dif-

pour allumer sa pipe ; il faut s'en saisir avec les mains nues. Enfin, parmi les anciennes maximes pythagoriciennes, on trouve celle-ci : Πυρ μαχαίρᾳ μή σκαλεύειν. « Ne pas remuer le feu avec un couteau. » — Je crois avoir entendu faire la même recommandation dans nos campagnes bretonnes ; je n'en suis pas bien sûr, mais ce que je sais, c'est que nos paysans aiment à prendre des charbons ardents avec la main nue, pour allumer leurs pipes.

Voici quelques autres superstitions relatives au feu et à la lumière, et qui sont très-répandues dans les environs de Lannion et de Tréguier. Elles étaient restées assoupies dans ma mémoire, depuis mon enfance, et la lecture du passage de Müller que je viens de citer les y a soudainement éveillées.

Une recommandation bien connue de nos ménagères et servantes bretonnes, c'est de se bien garder de laisser le feu s'éteindre à leur foyer. Une maison où cela arrive, — ou *arrivait,* car cette superstition a presque complètement disparu, comme tant d'autres, — était regardée comme menacée de quelque malheur. On ne précisait pas, ordinairement, la nature de ce malheur ; pourtant, je crois avoir entendu dire que le maître, ou la maîtresse de la maison, ou quelqu'un des siens, ne devait pas tarder à mourir, en pareil cas. Dans nos vieux contes populaires, j'ai également trouvé cette croyance.

Lorsque, enfant, j'écoutais au foyer du manoir paternel, durant les longues veillées d'hiver, des contes merveilleux remplis de géants, de nains, de magiciens et d'enchantements de toute sorte, s'il arrivait à quelque fumeur, ou aux enfants eux-mêmes, de cracher sur le feu, il se trouvait presque toujours quelqu'un, le plus souvent un vieillard, pour leur dire : « Ne crachez jamais sur le feu ! » Et si on lui en demandait la raison, il ne pouvait en donner aucune, et se contentait ordinairement de répondre : « *N'eo ket mad,* ce n'est pas bien. »

Évidemment, c'était là un débris, un souvenir vague de l'ancien culte du feu, une recommandation que le paysan répétait avec la fidélité d'un écho, bien que la signification en fût perdue pour lui. Et que de superstitions encore existantes ne sont-elles pas dans ce cas ?

Il y avait encore un jeu (et il existe toujours dans la partie bretonne des Côtes-du-Nord), qui peut s'appeler « l'épreuve de la virginité, » et qui s'adressait plus particulièrement aux jeunes filles. Voici en quoi il consistait : on prenait, de la main droite, une chandelle allumée, on l'élevait à la hauteur de la bouche, et était réputée vierge celle qui l'éteignait d'un seul souffle, puis la rallumait d'un autre. Malheureuse était celle qui tentait l'épreuve sans succès, car elle était accueillie par des plaisanteries et des rires moqueurs. Mais, le plus souvent, on laissait ce jeu aux enfants. Jacob Grimm dit avoir trouvé cette même coutume en Autriche.

Le feu, principe de la vie, est aussi le symbole de l'innocence et de la pureté. C'est d'après la même suite d'idées qu'à Rome et au prytanée d'Athènes, des vierges seules pouvaient être commises à la garde du feu sacré. De là l'institution des Vestales.

D'autres coutumes et superstitions relatives au feu existent encore en Bretagne, par exemple, au sujet de la bûche de Noël et des feux de la Saint-Jean ; mais je ne puis m'y arrêter. Un exemple seulement :

Il y a quelques années, je me trouvais à Crozon, le 24 juin. La nuit venue, il y eut un beau *feu de joie*, — comme on dit, — et du lieu où il se trouvait on pouvait en apercevoir six ou sept autres, dans toutes les directions. On chanta, on dansa, on récita des prières, toute la nuit, autour du feu. Je vis venir un paysan avec une brassée de trèfle qu'il passa par les flammes, puis il s'en alla, emportant son trèfle à moitié rôti. Je m'enquis du motif qui le faisait agir ainsi, et on me dit qu'une croyance existait dans le pays d'après laquelle du trèfle, ou d'autres herbes purifiées au feu de la Saint-Jean, guérissaient les bestiaux malades, et prévenaient de maladie ceux qui ne l'étaient pas.

A la page 239 des *Essais sur la Mythologie comparée, les Traditions et les Coutumes*, je lis ce qui suit :

« Avant de pouvoir accepter aucune conclusion sur le caractère védique des dieux grecs, ou sur le sens profond d'une coutume aussi étrange que la divination par le crible et la tonte, il faut qu'on nous renvoie au chapitre et aux vers mêmes des Védas. »

Je ne connais pas le *sens profond* auquel il est fait allusion dans ce passage, et je le regrette, car la divination par le crible, ou le tamis, est aussi pratiquée en Bretagne, ou du moins l'était jusqu'à ces derniers temps. Voici tout ce que j'en sais : si quelqu'un perdait de l'argent, une clef, une vache, un mouton, ou quelque autre chose, la personne à qui il s'en plaignait lui disait : — Allez trouver telle femme, de tel village, et *elle fera tourner le tamis pour vous*. Maintes fois je l'ai entendu dire, dans mon enfance, mais sans y attacher la moindre importance, de sorte que je ne connais pas la manière dont la chose se pratiquait. J'ai aussi un vague souvenir d'avoir entendu quelque chose de semblable au sujet de la tonte des moutons. La lecture de l'ouvrage de M. Müller a réveillé dans ma mémoire ces souvenirs déjà lointains. Je ferai des recherches sur tout cela.

Une autre coutume aussi étrange et aussi absurde que la *couvade*, et que j'ai également trouvée en Basse-Bretagne, c'est le *nirang* des Parsis, sectateurs de Zoroastre. Ceux qui sont curieux de savoir en quoi consiste cette coutume étonnante, n'auront qu'à ouvrir l'ouvrage de M. Max Müller : *Essais sur l'histoire des religions*, à la page 233.

J'aurais voulu pouvoir dire encore quelques mots du très-intéressant chapitre intitulé : *Sur la migration des fables*. On y voit, en quelque sorte, l'odyssée d'une fable pour arriver de l'Inde jusqu'à nous, les aventures, les différentes modifications qu'elle a éprouvées à travers les âges et les pays, jusqu'à ce qu'elle eût reçu sa forme définitive de notre immortel La Fontaine, car nul ne sera tenté d'y toucher après lui. C'est la délicieuse fable de *la Laitière et le pot au lait :*

> Perrette, sur sa tête ayant un pot au lait,
> Bien posé sur un coussinet, etc.

Mais je dois m'arrêter ici.

On a souvent reproché aux savants d'être parfois pédants et presque toujours d'une lecture difficile et obscure pour les gens qui ne font pas métier d'érudition. Il n'est pas rare aussi de les voir sortir de leur sujet, et, pour faire montre de science, se lancer dans des dissertations inutiles, avec grand renfort de notes savantes et polyglottes, sur des matières parfaitement étrangères à leur thèse, — au lieu de concentrer tous leurs efforts à éclairer ce que leur matière a d'obscur et de peu connu, ou de mal connu.

Ce sont là des reproches qu'on n'adressera pas à M. Max Müller. Il va droit au but, par des routes à ciel ouvert, et aborde franchement les difficultés, sans en éviter aucune. Même dans les questions les plus savantes et les plus abstruses, il est si clair, si précis, qu'on le comprend toujours. Et qu'on ne s'imagine pas que cette précision et cette netteté impliquent quelque sécheresse. Bien au contraire, une forme agréable et aisée, pleine de distinction, nombre de fleurs poétiques même, répandues çà et là, font que l'on trouve un charme particulier jusque dans ses expositions et ses dissertations les plus ardues. Ce n'est pas en vain que l'on fréquente si longtemps les grands poètes de l'Inde, cette source de toute lumière et de toute poésie. Il se meut dans les matières et les problèmes les plus difficiles avec l'aisance et la facilité d'un homme parfaitement maître de son sujet, et jamais je n'ai mieux compris qu'en le lisant les deux vers si connus de Boileau :

Ce que l'on conçoit bien s'énonce clairement,
Et les mots pour le dire arrivent aisément.

Il est vrai qu'il a trouvé des interprètes excellents dans ses deux traducteurs, MM. Georges Perrot et Georges Harris, dont le style rapide, correct, élégant, clair, tout français en un mot, ajoute encore quelque chose, s'il est possible, à la clarté et au charme de l'original.

Aucune lecture ne m'avait, depuis longtemps, intéressé autant que celle de ces deux volumes, qui sont de merveilleux instruments de travail pour ceux qui aiment ces études instructives et attrayantes sur les origines de notre civilisation, — et les gens du monde eux-mêmes ne doivent pas craindre de les aborder, certains qu'ils peuvent être d'y trouver à la fois instruction et agrément, — *utile dulci.*

F.-M. LUZEL.

III*

ARMAND DU CAMBOUT

PREMIER DUC DE COISLIN

(1635 - 1702)

I. — La famille du Cambout de Coislin.

La famille du Cambout présente un phénomène unique et remarquable dans les fastes de l'Académie française : par trois de ses membres, les trois ducs de Coislin, elle a occupé sans interruption, pendant un siècle presque entier, de 1652 à 1732, le vingt-quatrième fauteuil de la docte compagnie, et, si l'on compte en tête de cette dynastie le chancelier Séguier, grand-père du premier duc, membre de l'Académie depuis la fondation, en 1634, la centurie se trouvera complète. Cette particularité seule suffirait pour appeler l'étude attentive d'un biographe sur les trois membres privilégiés de la famille du Cambout, si elle n'était encore attirée par l'éclat des brillantes qualités qui méritèrent au premier le titre de duc, et au troisième l'un des premiers évêchés de France.

Près des confins des départements actuels des Côtes-du-Nord et du Morbihan, sur le territoire de Plumieux, commune de l'arrondissement de Loudéac, qui relevait jadis, comme paroisse,

* Voir la livraison de novembre 1873, pp. 391-396.

de l'évêché de Saint-Brieuc, et, comme terre, du comté de Porhoët, on voit encore, au village du Cambout, les restes d'un
vieux manoir qui garde peu de souvenirs de sa grandeur passée [1].
Là, dans un château fort, bâti sur l'un des reliefs de ce pays
accidenté, où l'on retrouve des traces de plusieurs stations de
l'occupation romaine, vivait, au XIIᵉ siècle, le sire Alain du
Cambout, chevalier, preux de vieille race, et l'un des plus féaux
serviteurs des ducs de Bretagne. M. Bizeul remarque, en effet,
qu'Alain, Gilbert, son fils, Gilles, fils de Gilbert, Alain II, fils de
Gilles, et Gilbert II, fils d'Alain II, sont tous qualifiés, dans les
chartes des XIIᵉ et XIIIᵉ siècles, du titre de chevalier, *miles;*
ce qui, à cette époque, indique non-seulement une noblesse de
race, mais encore une illustration toute personnelle ; car on ne
naissait point chevalier, on le devenait par ses hauts faits. Ils
portaient: de gueules à trois fasces échiquetées d'argent et
d'azur.

Jusqu'au XVIᵉ siècle, on rencontre les sires du Cambout à la
cour des ducs de Bretagne ou de Bourgogne et même à celle de
France, en qualité d'échansons ou d'écuyers maîtres d'hôtel:
l'un, suivant Du Guesclin dans ses grandes aventures ; l'autre, se
faisant tuer en portant la bannière de son suzerain, Jean de
Rohan, à la bataille d'Auray ; celui-ci, commandant l'arrière-
ban de l'évêché de Saint-Brieuc ; celui-là, conduit en captivité

---

[1] Voici une note qu'un savant collaborateur de la *Revue*, M. l'abbé Piéderrière,
curé de la Trinité-Porhoët, a bien voulu nous envoyer sur l'état actuel de ce manoir : — « Le château du Cambout, qui, il y a une dizaine d'années, donna son
nom à la nouvelle paroisse de Sainte-Anne du Cambout, distraite de celle de Plumieux, est situé sur une légère éminence, à environ une demi-lieue de la forêt, et
une bonne lieue des forges de la Nouée. L'ancien manoir n'existe plus. Sur ses
ruines on bâtit, au XVIIᵉ siècle, une assez grande maison, dans le style du temps,
et qui est encore solide. Quand on entre par le nord dans la cour, on aperçoit une
vieille construction qui ressemble à un large pan de cloître : il est soutenu à l'intérieur par des piliers en granit, reliés par des arcades à anse de panier ; au-dessus
sont les ruines d'une grande salle. Ce morceau d'architecture est très-ancien : du
côté de l'ouest, on voit des traces de douves, qui, ce semble, ne pouvaient servir
que contre un coup de main. » Le Cambout possédait encore, au moment de la Révolution, haute, moyenne et basse justice. (Voy. Benj. Jollivet. *Les Côtes-du-Nord*,
IV, 392.)

avec Arthur de Richemont, après le désastre d'Azincourt ;
presque tous, pourvus des principales capitaineries de l'évêché
de Saint-Brieuc, comme Châtel-Audren, Montcontour, Cesson ,
Jugon, etc., et s'alliant avec les premières maisons du pays, en
particulier avec les Goyon-Matignon. L'un des derniers accompagnait , comme page, le roi François Ier à la bataille de Pavie.

En 1537, René du Cambout, successivement chevalier de
l'ordre du roi, capitaine de cinquante hommes d'armes de ses
ordonnances, conseiller en ses conseils, commissaire des
guerres, capitaine des gentilshommes des évêchés de Saint-
Brieuc et de Nantes, grand-veneur et grand-maître des eaux ,
bois et forêts de Bretagne, etc., épousa Françoise Baye, dame de
Mérionec et de Coislin ; et c'est ainsi que cette dernière seigneurie, située dans la paroisse de Campbon, au diocèse de Nantes [1],
passant dans la famille du Cambout, lui donna son nom, lorsqu'elle fut érigée plus tard en marquisat, puis en duché-pairie.

Nous ne nous étendrons pas longuement sur l'histoire des
premiers descendants de René, qui habitèrent ordinairement le
château de Coislin, et sur lesquels M. Bizeul donne des détails
fort précis et très-intéressants, dans la *Biographie bretonne*.
Nous dirons cependant que François du Cambout, fils de René
et de la dame de Coislin, s'étant marié, par contrat du 24 avril
1565 , avec Louise du Plessis de Richelieu, dame de Beçay, et
tante du futur cardinal, cet événement, alors sans importance ,
devint la source des faveurs de toute espèce qui bientôt devaient
illustrer toute sa famille ; nous dirons encore que ce même
François, chevalier de Saint-Michel, conseiller du roi en ses conseils, grand-veneur de Bretagne, capitaine-gouverneur du comté
Nantais, de la ville et du château de Nantes, gentilhomme de la
chambre du roi Henri III, etc., acquit, en 1586, la baronnie de
Pontchâteau, voisine de la seigneurie de Coislin, et l'une de
celles qui donnaient la présidence de la noblesse aux Etats de
Bretagne ; enfin, que Charles du Cambout, fils de François,

[1] Aujourd'hui arrondissement de Saint-Nazaire.

d'abord lieutenant du duc de Vendôme, puis conseiller au conseil d'Etat et privé, gouverneur des ville et forteresse de Brest, lieutenant général de la Basse-Bretagne, président à l'assemblée de la noblesse, en qualité d'ancien baron de la province, en 1624, député des Etats, le 31 août 1625, etc., dut à son cousin le cardinal de Richelieu, en 1631, le titre et la charge de lieutenant du roi au gouvernement des évêchés de Saint-Brieuc, de Léon, de Cornouaille et de Tréguier; en 1633, l'ordre du Saint-Esprit, puis, en 1634, l'érection de sa terre de Coislin en marquisat. En même temps, ses deux filles étaient mariées par Richelieu aux ducs d'Epernon et de Puylaurens, et le nouveau marquis de Coislin, ayant acquis, en 1636, la baronnie de la Roche-Bernard, voisine de celle de Pontchâteau, se trouva l'un des plus hauts seigneurs de la province de Bretagne [1].

Dès l'année 1630, il avait été, par une décision des Etats de Bretagne en date du 6 mai, maintenu en toutes les assemblées publiques de la province, aux assises et tenues d'Etat, dans le rang des anciens barons du pays, et, trois ans après, on lui avait accordé séance et voix délibérative au Parlement. Un procès en rivalité de préséance, qui s'éleva entre lui et M. de la Hunauldaie (des Tournemine) aux Etats de 1635, fut même tranché en sa faveur. « M. de Pontchâteau (écrivait au chancelier Séguier le maître des requêtes d'Étampes, envoyé en mission extraordinaire en Bretagne) est à Nantes, avec plus de six vingt gentilshommes et une douzaine de gens de marque. Sa table est de quarante-huit couverts matin et soir; il s'en ira demain à Coislin passer les fêtes. M. de la Hunauldaie lui a voulu mal à propos disputer le premier rang dans la noblesse après M. de la Trémouille, disant que Pontchâteau n'était pas baronnie ancienne, mais bien Pont-l'Abbé ; que, de plus, étant lieutenant du roy et commissaire du roy, il ne peut entrer dans les États; mais Monsieur de la Hunauldaie á perdu [2]. » Cela suffit pour

---

[1] Pour plus de détails, conf. La Chesnaye-des-Bois, Moréri et le P. Anselme.
[2] Voy. *Revue des Sociétés savantes*, octobre 1865.

montrer de quelle façon les seigneurs du Cambout prétendaient qu'on reconnût les longs services de leurs ancêtres [1].

Le marquis de Coislin mourut en 1648, après avoir fait exécuter une partie importante des fortifications de la ville de Brest [2], et vu sa seconde fille, veuve de Puylaurens, épouser François de Lorraine, comte d'Harcourt, et grand-écuyer de France. Son frère Louis, qui s'était établi en Poitou, dans la terre de Beçay, qu'il tenait de Louise du Plessis de Richelieu, devint gouverneur de Brouage et des îles d'Oléron, et fonda la branche des seigneurs de Beçay et de Careil, qui subsiste encore aujourd'hui.

Nous serons moins sobre de détails sur le second marquis de Coislin, César du Cambout, fils de Charles. C'est en effet le père du premier duc de Coislin, dont nous avons l'intention de retracer l'histoire, et la vie du père initie toujours à celle du fils.

Né en 1613, au château de Coislin, Pierre-César avait obtenu, à dix-huit ans, une commission de lieutenant de son père au gouvernement de Brest, lorsque le cardinal de Richelieu, ayant

---

[1] Aussi avons-nous peine à comprendre comment le recueil de généalogies du sieur Guillard, manuscrit du XVII° siècle, imprimé pour la première fois dans le *Cabinet historique*, a pu dire: — « La maison du Cambout, dont est issu le duc de Coislin, n'est ni ancienne ni illustre ; elle doit son élévation au cardinal de Richelieu, dont le bonhomme de Pont–Château, appelé François, bisaïeul du duc de Coislin, avait épousé la tante normande, *Louise du Plessis-Richelieu*. On a vu le bonhomme lieutenant du château d'Angers, sous le chevalier de La Porte ; il avait été, auparavant, domestique du maréchal de Saint-Luc; par ses ménagements, il acheta la baronnie de la Roche-Bernard, qui lui donna séance dans les Etats de Bretagne. C'était un homme de grande probité; il a vécu jusqu'à 85 ans, et mourut en 1635. Son fils, appelé Charles, qui fut le premier marquis de Coislin et chevalier de l'ordre du Saint-Esprit et qui mourut en 1649, était autant aimé à la cour du cardinal de Richelieu, pour son humeur douce et bénigne, que le marquis de Pont-Courbé y était haï pour sa malignité, son mauvais esprit, et les mauvais services qu'il rendait à tout le monde... » (*Cab. hist.*, IV, 188.) L'alliance des du Cambout avec les Richelieu augmenta leur situation, mais leur famille comptait déjà parmi les plus « anciennes et illustres » de Bretagne.

[2] « Charles du Cambout fit construire, pour compléter l'ouvrage que Vauban nomme *grande tenaille*, et M. de Fréminville *bonnet de prêtre*, la portion des travaux extérieurs située entre la porte d'avancée du château, et la machine à mâter, portion à l'angle saillant de laquelle se voient encore trois pierres, martelées en 1791, dont l'une portait les armes des du Cambout. » (Levot, *Hist. de Brest*, I, 117.)

senti sa situation se consolider pour toujours, après le succès de
la fameuse journée des Dupes, résolut de s'attacher plus directement de hauts personnages, dans le ministère, dans la noblesse et dans le parti des mécontents, en les alliant aux
membres de sa famille. Le tout-puissant ministre obtenait ainsi
un double résultat, en dotant richement les siens sans bourse
délier, en même temps qu'il donnait carrière à ses desseins politiques. C'est ainsi qu'à vingt et un ans, le 5 février 1634, le
jeune César, « petit bossu, dit Tallemant, mais qui avoit du
cœur, et estoit de bonne maison », épousa Marie Séguier, fille aînée du garde des sceaux, bientôt chancelier de France ; et, dix
mois plus tard, eurent lieu au Louvre les fiançailles de ses deux
sœurs avec Bernard de Nogaret, duc de la Vallette et d'Epernon,
gouverneur de Guyenne, et Antoine de Laage, plus connu sous
le nom de Puylaurens, favori de Monsieur, et créé à cette occasion duc et pair d'Aiguillon.

Nous devons remarquer que, quinze jours avant son mariage,
le 20 janvier 1634, Pierré-César avait eu un troisième et dernier
frère, nommé Sébastien Joseph, auquel François, le second des
fils du premier marquis de Coislin, destiné d'abord à l'état ecclésiastique, résigna, en 1640, ses trois abbayes de Geneston (ordre
de Saint-Augustin), près Nantes, de la Vieuxville (ordre de Cî-
teaux) près Rennes, et de Saint-Gildas-des-Bois (de la congrégation de Saint-Maur), près Pontchâteau. Sébastien reçut, bien
qu'il n'eût pas encore sept ans, les bulles de ces trois abbayes,
qui produisaient environ quinze mille livres de rentes ; mais il
s'en démit plus tard, par scrupule de conscience, et, connu sous
le nom d'abbé de Pontchâteau, devint l'un des plus fervents
adeptes de Port-Royal, puis l'un des apôtres du jansénisme.
François prit la carrière des armes et le nom de baron de
Pontchâteau ; mais il ne parvint pas à la brillante fortune de
son frère aîné ; il devint cependant maréchal des camps et armées du roi.

Lorsque César du Cambout eut épousé Marie-Madeleine Sé-

guier, toutes les faveurs vinrent coup sur coup s'abattre sur sa
personne : Richelieu et le garde des sceaux n'avaient, du reste ,
qu'à ouvrir les mains pour répandre les libéralités dans la maison de ce jeune couple, dont les deux âges réunis n'atteignaient
pas trente-sept ans. Tout d'abord, et probablement comme
cadeau de mariage, le père de César se démit pour lui de son
gouvernement de la ville et du château de Brest ; puis, vers la fin
de l'année, le garde des sceaux fit agréer son gendre au roi pour
succéder au maréchal de Bassompierre, alors à la Bastille, dans
la charge de colonel général des Suisses et de premier capitaine
du régiment des gardes. Séguier conclut le traité avec le maréchal, moyennant 400,000 francs, payables dans les quinze jours,
et le jeune marquis de Coislin entra en charge le 1er janvier
1635.

Huit mois après, le 1er septembre 1635, Marie Séguier, qui
avait à peine dix-sept ans, mit au monde Armand du Cambout,
futur duc de Coislin, qui eut pour parrain le cardinal de Richelieu, et pour marraine la chancelière. Pierre Séguier venait en
effet d'être nommé chancelier de France, et, pendant ses trente-
sept années de ministère, il devait successivement conduire son
petit-fils jusqu'au faîte des grandeurs. En attendant, il n'oublia
pas son gendre, et l'on peut se convaincre, d'après les lettres
conservées à la Bibliothèque nationale, et que son caissier Bordier lui écrivait sur du papier à tranches dorées, que les dons
en argent n'étaient pas moins nombreux de sa part que les nominations de charges [1]. Celles-ci cependant furent rapides et
nombreuses ; en 1636, le marquis de Coislin reçut du roi le
commandement de la province de Bourgogne , en l'absence du
prince de Condé et du marquis de Tavannes ; en 1638, quoiqu'il
n'eût encore que vingt-cinq ans , Louis XIII le nomma mestre
de camp d'un régiment de cavalerie légère, en récompense de
sa belle conduite au combat de Polincove, et tout porte à
croire qu'il eût poussé fort loin sa fortune militaire, si la mort

---

[1] Voir, en particulier, Bibl. nat. mss. fonds Saint-Germain français, n° 709, 7/28,
une lettre du 19 septembre 1636.

ne l'eût soudainement arrêté en chemin. Ces travaux guerriers
ne l'empêchaient pas de prendre part à toutes les fêtes du
Louvre, et nous le voyons même figurer dans « le ballet de la
Marine dansé devant Leurs Majestés à l'arsenal, le 25 février
1635 », dans celui des deux magiciens, dansé en 1636, etc., etc.;
il y représente successivement un matelot, un ambassadeur persan, un More, une amazone, un démon infernal, un prodigue,
etc., et récite des vers fort galants composés par des poètes au
service de la cour. Mais ces plaisirs et ces fêtes n'arrêtaient point
son ardeur militaire, et comme les Pisani, les Montauzier et les
Rambouillet, il s'élançait plus dispos des ruelles et des tréteaux
dans les tranchées et sur les champs de bataille. Après avoir
bravé la mort au passage du Rhin, à Mayence, puis à la retraite
de Vendre, après l'avoir évitée au siége de Hesdin, et couru les
plus grands dangers à l'affaire du 23 juin 1640 près d'Arras, il
se trouvait, en 1641, au siége de la ville d'Aire, lorsque, le 10
juillet, il fut grièvement blessé dans la tranchée où il commandait en qualité de lieutenant général [1].

Ce siége d'Aire fut l'un des plus acharnés que l'histoire ait enregistrés, et les *Mémoires* de Montglat, en rapportent des épi-
sodes extrêmement curieux; celui-ci, par exemple, qui nous
intéresse tout particulièrement: une mine avait renversé la
pointe d'une demi-lune, défendue jusque-là avec le plus grand
succès par les Espagnols:

« Le régiment de Pontchâteau y fit un logement: mais, comme elle
étoit retranchée par le milieu, les François en tenoient une partie, et les
Espagnols l'autre; et ils étoient si proches les uns des autres, qu'ils se
battoient à coups de pique par dessus les gabions et les tonneaux pleins
de terre; en sorte que les uns prenoient avec la main les piques des
autres, et les tiraient l'un l'autre à qui l'emporteroit; quelquefois on voyoit
une grêle de pierres qu'ils jettoient dans la tranchée, et des grenades
sans nombre que les soldats prenoient avec la main et les rejetoient
avant qu'elles eussent crevé, du côté de ceux qui les envoyoient. Enfin,
jamais gens de guerre n'ont disputé la terre comme ceux-là et n'ont fait

[1] Voy. sur tous ces événements, depuis 1633, la *Gazette de France* du temps, les
Mémoires de Bassompierre et de Montglat, etc., et notre *Histoire du chancelier Séguier*, qui paraîtra le mois prochain. Paris, Didier, 1 vol. in-8°.

tous ses protecteurs naturels disparaître ou s'éloigner successivement, avant de commencer sérieusement son apprentissage
de la vie. A peine avait-il pu retenir les traits de son père, enlevé
si rapidement au début de sa brillante carrière. A la fin de l'année 1642, celui qui avait commencé l'élévation de sa famille, le
grand cardinal disparut à son tour; et, moins de deux ans
après, la jeune veuve du marquis de Coislin, rapidement consolée dans la société brillante et précieuse de la comtesse de
Maure, de la marquise de Sablé et de M⁰ᵉ de Hautefort, épousa
clandestinement, au mois de janvier 1644, le chevalier de Boisdauphin, de la maison de Laval-Montmorency. Tallemant des
Réaux raconte longuement cette aventure dans l'historiette de
M. de Laval, et nous en avons nous-même décrit tous les détails
dans l'*Histoire du chancelier Séguier ;* nous y renvoyons le lecteur et n'en dirons ici que quelques mots. La jeune veuve, qui
habitait rue Barbette, près de la place Royale, où se trouvait
l'hôtel de la marquise de Sablé, voyait souvent chez elle le chevalier de Boisdauphin, son fils, jeune et beau cavalier, dont elle
s'éprit éperdûment. Comme il n'avait aucun bien et que l'on
craignait le mécontement du chancelier, qui destinait à sa fille
le maréchal duc de Schomberg, on s'assura du consentement de
Mazarin et du duc d'Enghien; puis on publia des bans sous des
noms estropiés, et l'évêque d'Aire unit les deux amants, qui se
retirèrent sans bruit chez M⁰ᵉ de Hautefort, âme de toute l'intrigue, parce qu'elle voulait épouser Schomberg; ce qui eut lieu
en effet quelque temps après.

Le chancelier fut très-mécontent de cette aventure, et pendant
fort longtemps ne voulut plus voir sa fille; il ne se réconcilia
même avec son nouveau gendre que lorsqu'il eut acquis des
preuves certaines de son crédit et de sa bravoure. « Il se résol-
voit même, dit Tallemant, à lui ouvrir la grande bourse pour lui
acheter quelque belle charge », lorsque le chevalier fut tué devant Dunkerque, à l'armée de Condé, le 16 octobre 1646, laissant une fille, qui devint la maréchale de Rochefort. Marie
Séguier, comme on le voit, ne portait pas bonheur à ses époux ;

aussi, veuve à vingt-neuf ans pour la seconde fois, elle ne tenta point un troisième essai, et resta près de son père et de ses enfants ; elle ne mourut qu'en 1710, à un âge fort avancé.

Pendant tout ce temps, le chancelier avait pris chez lui ses petits-fils et s'était chargé de leur instruction. Leur grand-père, le premier marquis de Coislin, étant mort, en 1648, à son château de la Bretêche, près de la Roche-Bernard, Séguier devenait par là même leur unique appui, et toute sa sollicitude se répandit désormais sans contrainte sur les fils de César. Marie Séguier, leur mère, était du reste peu faite pour ce rôle. Vive, spirituelle, et même méchante, si l'on en croit Saint-Simon, elle était plus disposée à nouer des intrigues politiques ou galantes, dans les ruelles et les cercles du quartier de la place Royale, qu'à s'occuper d'élever sérieusement ses enfants. Nous avons cité, dans l'*Histoire du chancelier Séguier*, quelques spécimens inédits des lettres qu'elle adressait à son père, et dans lesquelles l'orthographe la plus fantaisiste et la plus indéchiffrable donne une idée de la valeur de ses études littéraires.

M. Weiss dit cependant, en parlant de Pierre du Cambout, le frère cadet d'Armand, qu'il fut « élevé par Magdeleine Séguier, sa mère [1], femme d'un haut mérite, qui ne négligea rien pour lui inspirer les sentiments d'honneur et de religion héréditaires dans sa famille ». Cette dernière ligne peut être exacte, mais nous pensons que le chancelier, bien plus que sa fille, s'occupa, malgré le fardeau de son ministère, de diriger les premiers pas des trois frères.

D'après la règle établie dans les grandes familles d'alors, Armand, l'aîné, dut s'attendre à remplacer ses ancêtres dans tous leurs honneurs et dans toutes leurs charges ; Pierre, le cadet, fut destiné à l'état ecclésiastique, et Charles-César, le troisième, né en 1641, l'année de la mort de son père, fut réservé pour l'ordre de Malte. Des vocations ainsi arrêtées dès le berceau ne

---

[1] Elle s'appelait Marie-Madeleine, et les mémoires du temps l'appellent tantôt Marie, tantôt Madeleine. Sa sœur, duchesse de Sully, se nommait Charlotte : le chancelier Séguier n'eut pour toute postérité que ces deux filles.

produisent souvent que de médiocres résultats : mais ici la **Providence** avait approuvé le choix des parents ; car Armand fut **un bon soldat**, Pierre, un saint prêtre, et Charles-César, un courageux marin.

Le chancelier songea tout d'abord à assurer à ses petits-fils les bénéfices de la situation que leur avait faite leur naissance. Aussi, dès l'année 1643, fit-il nommer le jeune Armand, quoiqu'il eût à peine atteint sa huitième année, mestre de camp par provision du régiment de cavalerie légère qu'avait commandé le second marquis de Coislin ; puis, afin de lui ouvrir pour l'avenir la source de toutes les faveurs, il le plaça parmi les enfants d'honneur du petit roi Louis XIV ; et, lorsqu'en 1648, le vieux marquis de Coislin vint à mourir, Séguier fit passer sur la tête de leur mutuel petit-fils la lieutenance du roi au gouvernement des quatre évêchés de Saint-Brieuc, Léon, Tréguier et Cornouailles. A treize ans, messire Armand du Cambout se trouvait donc déjà un fort important personnage.

En même temps, le chancelier faisait pourvoir le cadet, Pierre, né au mois de novembre 1636, de nombreuses abbayes. Ce n'est pas un des spectacles les moins curieux de cette époque de voir cet enfant nommé, en 1641, à l'âge de cinq ans à peine, abbé de Jumièges, au diocèse de Rouen, permuter, deux ans après, avec le vieil archevêque François de Harlay, et prendre possession, le 2 janvier 1644, de l'importante abbaye de Saint-Victor de Paris. En 1642, il avait été fait prieur de Notre-Dame d'Argenteuil, et, dès l'âge de neuf ans, au commencement de l'année 1646, le jeune abbé, sous le couvert, il est vrai, du chancelier Séguier, réformait ce monastère en y introduisant la règle de la congrégation de Saint-Maur. L'année suivante, il était chanoine de Notre-Dame de Paris, et, lorsque plus tard son oncle l'abbé de Pontchâteau lui résigna l'une de ses abbayes, par un scrupule de conscience, qui ne lui permettait pas de conserver un bénéfice dont il avait été revêtu depuis l'âge de sept ans, résignation méritée « par sa science, ses bonnes mœurs et sa piété »,

Pierre de Coislin dut faire en lui-même de singulières réfléxions [1].

Enfin, le 31 décembre 1646, une enquête s'ouvrait pour la réception dans l'ordre de Malte du second frère d'Armand de Coislin, Charles-César, âgé seulement de cinq ans. On rappela dans cette enquête qu'un Jean du Cambout, déjà reçu parmi les chevaliers de Saint-Jean de Jérusalem, était devenu commandeur d'Artins, près de Vendôme.

Ainsi rassuré sur le sort de ses petits-fils, Pierre Séguier leur fit donner une solide éducation philosophique et littéraire par Jean Ballesdens, l'un de ses secrétaires, élu en 1648 membre de l'Académie française, à la mort de Malleville. On sait que le chancelier aimait fort la société des littérateurs et des savants. D'une érudition solide et immense, jurisconsulte, théologien, orateur et bibliophile, Séguier, dès la fondation de l'Académie, avait été agréé dans le cénacle, et, lorsque Richelieu disparut de la scène du monde, on l'avait choisi, d'une commune voix, comme protecteur de la compagnie. Il méritait cet honneur à tous égards; car, non content de consacrer aux lettres les loisirs de son ministère, non content d'avoir réuni de ses deniers la plus riche bibliothèque particulière qu'on eût encore vue, il faisait profession de Mécène, accueillait volontiers les gens de lettres, les attirait de la province à Paris, les encourageait par des pensions et des faveurs, et les signalait à l'attention du monarque. Plusieurs académiciens furent ses familiers et logèrent dans son hôtel pendant presque toute leur carrière. Marin Cureau de la Chambre, l'abbé Esprit, Ballesdens, Priézac, l'abbé de Cérisy, et bien d'autres encore, lui durent de pouvoir se livrer tranquillement à l'étude, sans attendre au jour le jour le pain du lendemain. Enfin, pendant trente ans, c'est-à-dire jusqu'à la mort du chancelier, les séances de l'Académie se tinrent dans son hôtel.

On comprendra sans peine combien, dans ce milieu tout im-

[1] Voy. *Gallia christiana*, *passim*.

prégné de saveurs littéraires, l'éducation des trois frères atteignit rapidement un niveau élevé. Ballesdens, assurément, n'était
pas un savant ni un écrivain de premier ordre : avocat au Parlement, aumônier honoraire du roi et prieur de Saint-Germain
d'Alluye, il n'élevait pas très-haut ses prétentions littéraires, et
se contentait le plus souvent de traduire, d'annoter ou d'éditer
les ouvrages des autres. On cite, en particulier, parmi ses publications, « les *Fables d'Ésope en français*, pour l'instruction du
roi, avec des *maximes politiques et morales* » ; mais ce livre et
tous ses autres écrits se maintenaient dans une honnête médio-
crité. « C'est un bon homme, disait Chapelain dans son *Mémoire
des gens de lettres ;* il est plus curieux qu'habile, et plus cupide
de gloire que glorieux. » En revanche, il était fort modeste, et
sa « lettre à Messieurs de l'Académie pour les prier de lui préférer Monsieur Corneille » lui fait le plus grand honneur. C'était
un homme doux et tranquille, aimant l'étude, les beaux livres ,
les belles-lettres, un bibliophile doublé d'un travailleur. Le
catalogue, récemment publié, de la bibliothèque Morante et les
lettres qu'on rencontre de sa plume dans la volumineuse correspondance du chancelier Séguier, pourraient en fournir des
preuves irrécusables.

Sous sa direction consciencieuse, le jeune Armand de Coislin,
guidé par les conseils de son grand-père, et stimulé par le contact de la société nombreuse des gens de lettres qui se réunissaient à l'hôtel Séguier, fit des progrès assez rapides pour devenir
bientôt le collègue de son maître. A dix-sept ans, il vit, en effet,
les portes de l'Académie s'ouvrir toutes grandes devant lui.

René Kerviler.

(La suite à la prochaine livraison).

UNE RECTIFICATION

A PROPOS DES ACTES DE LA CANONISATION DE SAINT YVES.

On sait que saint Yves, la gloire de la Bretagne au XIIIe siècle, s'endormit du sommeil des justes le 19 mai 1303 et fut enterré dans la cathédrale de Tréguier, sa patrie. Bientôt il se fit un tel concours de pèlerins autour de sa tombe vénérable, et des miracles si nombreux et si éclatants s'y produisirent, que, moins de vingt ans après la mort du serviteur de Dieu, il fallut songer à lui procurer les honneurs d'une solennelle canonisation.

Le pape Jean XXII nomma à cet effet un tribunal d'enquête (février 1330), qui vint tenir ses séances à Tréguier, sur le théâtre même des prodiges du nouveau thaumaturge. Ce tribunal était composé des évêques d'Angoulême et de Limoges, et de l'abbé de Saint-Martin-de-Troarné (Bayeux). Les commissaires pontificaux entendirent près de trois cents témoins et recueillirent de leurs dépositions les renseignements les plus amples et les plus dignes de foi sur les vertus et les miracles du saint curé breton.

Après une enquête instruite avec un éclat aussi extraordinaire, le succès de la cause semblait assuré. Malheureusement la mort du pape Jean XXII, qui survint sur ces entrefaites, et les guerres qui éclatèrent bientôt entre Philippe VI et Edouard III, mirent obstacle à la réussite d'une œuvre commencée sous de si heureux auspices. La cause du bienheureux Yves resta de la sorte en suspens pendant tout le pontificat de Benoît XII, le successeur immédiat de Jean XXII. Clément VI, qui monta ensuite sur la chaire de saint Pierre (mai

1342), se montrait au commencement disposé à en agir de même, lorsqu'une apparition du saint, les démarches actives de Charles de Blois et quelques autres motifs le déterminèrent à revenir sur cette cause pour mettre un terme à l'attente du peuple breton.

Ce pontife a pris la peine de nous exposer les faits de sa propre bouche, dans un sermon préparatoire à la sentence de canonisation [1]. Il le prononça en présence du Sacré-Collège réuni et de plusieurs archevêques et évêques, du nombre desquels était Olivier Salhadin, évêque de Nantes [2]. Mon intention n'est pas de faire connaître en détail les vingt ou trente motifs que le successeur de Pierre y met en avant comme ayant contribué dans une mesure plus ou moins large à produire sa détermination. Je ne veux appuyer aujourd'hui que sur la part que prit à cette affaire le duc de Bretagne. Ce passage du discours pontifical a donné lieu à une grave erreur, dont les Bollandistes, et après eux tous les autres biographes de notre saint, ont commis la faute de se faire les patrons. Il importe, par conséquent, de la relever et de rétablir les droits de la vérité; mais commençons par laisser la parole au pontife :

« La cause du bienheureux Yves, nous dit-il, restait en suspens
» depuis longues années, lorsque le duc actuel (*qui nunc est*) de
» Bretagne est venu nous trouver pour nous engager à la reprendre.
» Cédant à sa prière, nous avons tenu en sa présence un consistoire
» public. Il nous y a rapporté deux nouveaux miracles accomplis
» par le saint prêtre de Tréguier, en sa faveur et en faveur des ba-
» rons qui faisaient partie de son cortège [3]. »

On le voit, Clément VI s'abstient de désigner par son nom propre le duc de Bretagne dont il parle, mais néanmoins on peut affirmer qu'il ne peut avoir eu en vue personne autre que Charles de Blois. En effet, la cour pontificale, toute dévouée aux intérêts de la France,

---

[1] Le texte de ce sermon, qui se trouve reproduit en partie *apud Acta SS.*, *t. IV maii*, p. 579, n'est conservé dans son intégrité qu'à la Bibliothèque de Sainte-Geneviève de Paris. (M^{ss} latins, n° 250. Opera Clementis VI.)

[2] C'était l'un des évêques les plus distingués de son temps. Il fit lui-même un discours dans cette circonstance.

[3] *Acta SS.*, *t. IV maii*, p. 579.

n'aurait jamais songé à sanctionner par son suffrage les prétentions ambitieuses de l'allié de l'Angleterre [1], en reconnaissant Jean de Montfort comme duc de Bretagne. Elle y songeait encore moins dans l'occasion présente, où il s'agissait d'honorer d'une manière si éclatante le royaume de saint Louis.

En outre, il faut se rappeler qu'à la date du 19 mai 1347, le premier comte de Montfort avait payé le tribut commun à la nature depuis deux ans bientôt, ne laissant qu'un fils qui avait à peine atteint sa huitième ou neuvième année. Oserait-on prétendre que c'est cet enfant qui s'est présenté à Avignon, que c'est en sa considération qu'on a tenu un consistoire public ? Ce serait pousser la crédulité bien loin. D'ailleurs, il est prouvé par les documents publics, que le fils du comte de Montfort n'avait pas quitté à cette date l'Angleterre, où il était élevé sous la tutelle d'Édouard III [2].

Je pourrais poursuivre sur ce thème et continuer à prouver que l'opinion que je combats ici, est manifestement erronée, mais cela serait assez inutile. Il me semble plus à propos de remonter à ce qui a fait son point de départ, afin de faire voir qu'elle procède d'un malentendu assez étrange.

La clef de l'énigme se trouve dans un second passage du même sermon de Clément VI, déjà cité :

Ce pontife venant à l'énumération des neuf raisons de convenance qui l'appelaient, lui en particulier, à décerner au bienheureux Yves les honneurs de la canonisation, commence par dire : il était juste qu'Yves fût canonisé par un pape originaire du Limousin.

Ce qu'il établit ensuite en montrant que le saint prêtre de Tréguier, étant Breton d'origine, avait eu pour premier et principal postulateur de sa cause, un duc de Bretagne nommé Jean, dont le père était Breton, et la mère de la maison vicomtale de Limoges [3].

----

[1] Plusieurs brefs de Clément VI, d'Innocent VI et d'Urbain V, sont adressés à *Charles, duc de Bretagne*, tandis que son rival n'y reçoit d'autre titre que celui de comte de Montfort.

[2] Rymer. Acte du XV nov. 1345, etc. Contin. Nanjianus. Ann. 1347.

[3] « Et forte non casu, sed divinâ dispensatione factum est ut mihi istud negocium servaretur pro rationibus novem. Et ratio videtur prima : Quia *dux Britanniæ Johannes*

La raison est plus ou moins plausible, mais la question actuelle n'est pas là. Je voulais remonter au point de départ de l'opinion erronée, qu'il s'agit de détruire, et je crois y avoir réussi. C'est le texte que je viens de reproduire, qui a donné lieu à tout ce malentendu. Les partisans de cette opinion ont cru que le pontife parlait du même duc dans l'un et l'autre endroit de son discours ; par conséquent, que le duc en question portant le nom de Jean, n'était autre que Jean de Montfort.

En y réfléchissant plus attentivement, ils auraient remarqué sans peine que Jean de Montfort, né, il est vrai, d'un père breton, n'avait point cependant pour mère Marie de Limoges ; par conséquent, Clément VI n'avait pu songer à parler de lui dans la circonstance. Il y a plus, une lecture plus sérieuse eût fait apercevoir deux petites particules, qui semblaient mises tout exprès pour prévenir un malentendu.

En effet, lorsque le pontife parle du prince qui s'est présenté à sa cour, et qui a largement contribué au succès définitif de la cause de la canonisation, il le désigne par ces termes : *dux Britanniæ, qui nunc est,* le duc actuel ; au contraire, lorsqu'il parle de celui dont la mère était originaire du Limousin, il emploie une expression toute différente : *Joannes, dux Britanniæ, qui erat,* le duc qui n'est plus. La confusion, dès lors, semblait impossible [1].

Dom F. Plaine,
Bénédictin de Liguge.

---

ex *parte patris Brito, et ex parte matris Lemovicensis erat.* Brito Yvo Helory per *Papam Lemovicensem* sanctorum catalogo ascribendus erat. » Sermones Clementis VI, inter M** Bibl. S.-Genovef. Paris, N° 250, f. 506.

[1] Le texte des Bollandistes, relativement à ce second passage, est défectueux : *Erat,* le mot important, est remplacé par *Est.* L'erreur s'explique dès lors.

—

CATHERINE DE LUXEMBOURG

DUCHESSE DE BRETAGNE

— 1490 —

Catherine de Luxembourg, fille de Pierre de Luxembourg, comte de Saint-Paul, et de Marguerite des Baux, épousa, en 1445, Arthur de Bretagne, comte de Richemond, seigneur de Parthenay, connétable de France, déjà veuf de Marguerite de Bourgogne et de Jeanne d'Albret.

Ce prince, monté sur le trône ducal, le 22 septembre 1457, au décès de son neveu Pierre II, mourut lui-même le 26 décembre 1458, et reçut la sépulture aux Chartreux de Nantes, qu'il avait, fondés. « Son tombeau se voit devant le grand autel, chargé des armes de Bretagne et de Luxembourg, parce que ce fut *Marie* de Luxembourg, sa troisième femme, qui lui fit dresser ce mausolée. On voit aussi l'image de ce duc au vitrail du même autel, et celle de la duchesse, qui acheva de bâtir l'église et les cellules des moines [1] ».

C'est sur ce tombeau que fut placé, en 1514, le cœur de la reine Anne, jusqu'à la cérémonie de son dépôt dans le caveau funéraire

[1] *Histoire de Bretagne*, par Gaschignard. Nantes, 1773, p. 256. — Marie de Luxembourg, comtesse de Saint-Paul, etc., fille aînée et principale héritière de Pierre II de Luxembourg et de Marguerite de Savoie, était la petite-nièce de la duchesse Catherine. Pierre II était fils du frère de Catherine, Louis de Luxembourg, comte de Saint-Paul, connétable de France, exécuté en place de Grève, comme coupable du crime de lèse-majesté, le 19 décembre 1575. — Marie, veuve de Jacques de Savoie, s'était remariée avec François de Bourbon, comte de Vendôme, de Saint-Paul, de Conversan, de Marle et de Soissons, vicomte de Meaux, dont il est ici question, et qui mourut en 1495, âgé de vingt-cinq ans.

de la chapelle des Carmes. Les cendres d'Arthur III reposent maintenant sous le magnifique chef-d'œuvre de Michel Colomb, et, à l'exception des reliques de la bienheureuse Françoise d'Amboise, ce sont les seuls restes des souverains bretons qui aient échappé au temps et aux révolutions.

La note précédente, écrite, *de visu*, par Gaschignard, nous amène naturellement à parler de Catherine, et non de *Marie*, qui, aussitôt son veuvage, se retira au couvent des Chartreux. Là, habitant deux ou trois modestes chambres, loin du faste et des grandeurs de la cour de Bretagne, elle vécut, dans la retraite et la prière, jusqu'à son décès, que Moréri place en 1476, le P. Anselme en 1489, et que l'abbé Travers-mentionne à l'année 1493, dans les termes suivants : — *La duchesse Catherine de Luxembourg, veuve du duc Arthur III, mourut au mois de mars 1493, dans un appartement de la première cour des Chartreux, où elle s'était retirée. Elle avait vécu quatorze ans avec son mari, et était veuve depuis trente-cinq ans.*

Dans la fameuse *Histoire lapidaire de Nantes*, recueil composé à plaisir, et dont nous avons eu plusieurs occasions déjà de démontrer la sottise, l'ingénieur Fournier, d'après sa méthode habituelle, nous fabrique l'épitaphe suivante, découpée, pour ainsi dire, mot à mot dans le manuscrit de l'historien des évêques de Nantes :

« Cy dedans gist le corps de dame *Catherine de Luxembourg, veuve du duc* de Bretagne, *Arthur troisième* de ce nom, avec lequel *elle avait vécu XIV années*, bienfaitrice de ce monastère, *où elle* a passé *les XXXV ans* de son veuvage. Elle trépassa l'an M IIIJ^c IV^{xx} et XIII, et fut céans ensépulturée suivant sa volonté. »

Ce décalque du texte de Travers, allongé de quelques mots à effet, pour lui donner une fausse tournure XVe siècle, est une preuve manifeste que jamais Fournier n'a vu ni lu un seul mot de l'épitaphe de la duchesse Catherine.

En effet, la veuve d'Arthur III mourut au mois de mars 1489

(1490 N. s.) ; et, si l'abbé Travers est excusable de nous avoir
donné une date erronée, — *errare humanum est*, — il n'en est
certainement pas ainsi de son audacieux plagiaire.

Voici nos preuves :

1° Catherine de Luxembourg avait, comme douaire, l'usufruit de
la seigneurie et forêt de Touffou, estimée 6,000 livres de revenu.
Or, par un mandement, daté de Rennes, le 19 mars 1489, (1490
N. s.), la duchesse Anne fait don à son « tres cher et bien aimé
cousin et *parrain* Odet d'Aydye, comte de Comminges, des revenus
de la châtellenie, avec la garde du château place et forteresse dudit
lieu, pour son logeix et demourance, et en jouir entièrement sa
vie durant; [en raison de ce que] puis naguères nostre tres chère
et tres amée tante la duchesse Katherine, veuve de feu Monseigneur et oncle le duc Artus, que dieu absolle, soit allée de vie a
trespas » [1].

Les Bénédictins placent, à tort, nous ne savons pourquoi, cette
donation en 1492 ; ce qui pouvait cependant donner à réfléchir à
l'abbé Travers ; mais la date du mandement est certaine et démontre qu'en tenant compte du commencement de l'année à Pâques,
qui en 1490 arrivait le 11 avril, le P. Anselme était encore le plus
près de la vérité.

2° Nous lisons, au livre de compte du miseur de la ville de
Nantes, Vincent Durant, du 1er juillet 1490 au 30 juin 1492, folio
35, verso :

« A Hervé Lecoustelier, pour l'acquit qu'il a fait des deniers quelx
estoient deuz à Mgr de Vendosme, selon l'obligacion sur ce faicte.

» Aux fins du compte de Pierre Le Moenne, précédent miseur, fait en
octobre l'an 1490, il rapporta avoir eu des biens de feu la duchesse
Katherine, 18 marcs, 7 onces un gros et demi d'or, à 27 carats, et 6
marcs, 4 gros d'or de 19 carats 1/2 ; pour icelui nombre d'or estre employé en achat de salpestre pour la ville et autres affaires d'icelle. Et
illec se chargea de 1,500 escuz d'or [2], et 4 sols 10 deniers oboles, bonne

[1] Arch. Départ. Registre de la Chancellerie, B 1154, 1489-1490, fol. 101.

[2] Ces 1500 écus d'or ne pouvaient être que des francs à cheval du duc François II, pesant 3 grammes, 4 centigrammes, et valant 10 francs, 95 c., à raison de

monnoye, pour l'appréciement et valeur desdits marcs d'or. Dont a esté
baillé obligacion par pluseurs des manans et habitans de la ville, de restituer
ladite somme. Laquelle obligacion ce miseur rend cy endroit, dabtée le 14ᵉ
jour de mai ledit an 1490, passée par David Missent et Julien Fouenet. Aussi
rend une obligacion passée par Coursson et Jehan Dauray, dabtée le 22ᵉ jour
d'avril l'an 1491, par laquelle Guion de la Ruelle et ce miseur, se obli-
gèrent audit Hervé Lecoustelier, en la somme de 1412 escuz d'or qu'il
devoit et avoit promis, et s'oblige faire l'acquit du reste desdits 1,600
escuz d'or envers le comte de Vendaumays, héritier de ladite duchesse,
y comprins 117 escuz 5 sols un denier monnoye quilz confessoint lui
devoir à cause de pur et loyal prest, qu'estoit à la vérité du faict pour
les intérestz de l'avance que faisoit ledit Lecoustelier du payement de
ladite somme. Aussi rend quictance dudit conte de Vendomays, de la
somme de 1,292 escuz, 29 sols, 11 deniers, restans de ladite somme de
1600 escuz et 4 sols 11 deniers. Aussi rend quictances des parties après
déclerées qu'il a payé en l'acquit dudit conte, savoir : aux seigneurs de
l'église de Nantes 60 livres; aux seigneurs de l'église de N.-D. dudit
lieu 60 livres, aux Chartreux 100 escuz; aux seurs de saincte Clére 50
livres; aux Carmes 40 livres; aux Cordeliers 40 livres; aux Jacobins 40
livres; à mestre Raoul Tual, 30 livres; à mestre Pierre Caignart 30 livres,
et à frère Jehan Patin 10 livres. En vertu de quoi sont passés cy en
droit lesdits 1,600 escuz, qui vallent, au pris de 35 sols chascun escu, la
somme de 2,800 livres tournois.

» Item est plus passé pour les intérêts dudit Lecoustelier, en vertu
d'une expédition estante ou papier de la ville et de la quictance dudit
Lecoustelier, qui contient 2,805 livres, 1 sol 3 deniers dont rabattu 2,264
livres, 10 sols, pour 1,294 escuz pour le principal demeure pour les inte-
retz 538 livres 11 sols 3 deniers tournois.

3° Sachent touz que par nostre court de Nantes en droit ont esté pré-
sens et personnellement establiz davent nous, Guyon de la Ruelle, et
Vincent Durand miseur de Nantes, demorans en ceste ville de Nantes, en
la paroisse de sainct Saournin, d'une part; et Hervé Lecoustelier, marchant, demorant aussi à Nantes en la paroisse de saincte Crouez, d'aul-

---

3 francs 25 le gramme, ou des royaux de Charles VIII pesant 3 g. 5 c., et valant
11 francs, 35. Vendus au poids, ils équivaudraient à 16,425, monnaie de Bretagne,
ou 17,070 francs, monnaie de France.

Les registres de la Mairie, dit M. F. Parenteau, que nous remercions de nous avoir
donné cette évaluation, portent, en 1490, la journée d'un maître-maçon a 4 sous.
Elle est aujourd'hui cotée entre 4 fr. 50 et 5 francs; ainsi les 1,500 écus d'or représentent, au cours du numéraire actuel, 341,400 francs.

tre; se submectans en tant que mestier est, eulx et tout le leur, et par leurs sermens à la jurisdicion signeurie et oboissance de nostre dicte court, quant ad ce que ensuilt, faire tenir et acomplir. Lesqueulx Guion de la Ruelle et Vincent Durant, de leurs francs voulloirs et sans pourforcement, ont cognu cognoessent et confessent davent nous, devoir et estre justement et loyaument tenuz et obligez en leurs propres et prives noms, audit Lecoustelier acceptant, en la somme de quatorze cens doze escuz d'or de Roy. Savoir, en la somme de doze cens quatre vigns quatorze escuz et vigns neuff soulz unze deniers, pour pareille somme que iceluy le Coustelier doit et est tenu et obligé poier pour les dits de la Ruelle et Durant, à leur prière et requeste et par leur commandement, et comme pour leur propre et principal fait, à haut et puissant prince monseigneur le comte de Vendosmais, en l'acquict de messeigneurs les bourgeoys manans et habitans de ceste ville de Nantes, de rest de la somme de saeze cens escuz et quatre soulz unze deniers que lesdits gens de ville devoint et estoint tenuz audit seigneur de Vendosmais, comme héritier à cause de haute et puissante princesse madame Marie de Luxembourg sa compaigne espouse, de feue princesse de bonne recordacion la duchesse Katherine, dont Dieu ait l'ame, pour ouict tasses e leur couvercle, le tout d'or, pesans ensemble deix ouict marcs sept onces ung gros et demy d'or, a vignt ung caraz, et une coppe et une esguière aussi d'or, pesans ensemble seix marcs quatre gros d'or, a dix neuff caraz; qu'estoit en tout vignt quatre marcs sept onces cinq gros et demy d'or, qui avoint este estimez et poiser le tout, à ladite somme de saeze cens escuz d'or et quatre soulz unze deniers. Quelles especes de vexelles d'or estoint du bien de ladite feue duchesse, et avoint esté prins et empruntez par lesdits gens de ville, pour emplorer en certaines leurs affaires, comme est contenu par l'obligacion sur eulx en obtenue. Et le parsus qui se monte 117 escuz 6 sols, 2 deniers, a cause de pur et loyal prest qu'ilz ont cognu avoir eu dudit le Coustelier comtant en leurs mains. Et dont de ce avecques desdits doze cens quatre vigns quatorze escuz, et vignt neuff soulz onze deniers, ilz se tiennent à comtans dudit le Coustelier et l'enquittent, sans james riens luy en quérir ne demander, en renonczant et renonczent a exception de peccune non eue, non receue, non nombrée, non comptée, ne prinse, à gré dire, ne alleguer en empeschant l'enterinance de cesdites presentes. Quelle somme de quatorze cens doze escuz d'or de Roy, es causes predictes, lesdits de la Ruelle et Durant ont promis promectent et s'obligent en biens propres et privés noms, faisans ceste debte leur et commune de leur propre et principal faict, l'un pour l'autre insolidum et chacun d'eulx seul et pour le tout sans bénéfice de division, auquel ilz ont renonczé et renonczent, et par expres a l'authenticque presente hoc ita et de duobus reis stipulandi et promictandi, sur l'obligacion et ypothecque de tous et chacun leurs biens presens et fucturs meubles et heritaiges et de chacun d'eulx, et chacune partie d'iceulx obligée pour le tout au choaix et election dudit le Coustelier, poier, rendre et bailler en ceste ville de Nantes, à celuy le Coustelier, en especes de escuz de Roy, ou autres especes d'or à la valleur, au pris qu'il court au royaulme, dedans le jour et feste de Toussaincts prochaine venante pour tout terme, leur rendre iceluy 'le Coustelier ladite obligacion qui est sur lesdits gens-de la ville, dicelle somme de saeze cens escuz et quatre soulz unze deniers, pour ledit nombre de marcs d'or; avec quictance vallable pertinente dudit seigneur de Vendosmais, d'avoir receu icelle somme de doze cens quatre vigns quatorze escuz et vignt neuff soulz unze deniers, ou d'aultre son procureur, ensemble o son pouvoir de recevoir icelle somme. Et pour maire seurté du poiement et rembourcement de ladite somme ont iceulx de la Ruelle et Durant baillé en nostre presence audit le Coustelier qui a prins et receu d'eulx, ung collier d'or, a menues cordelières, garny de fleurs esmaillées de roge cler, blanc et noir, et percé à jour garnies et meslées de sept dyamans en table, sauff l'un qui est à faces, sept rubiz et sept grosses perles, et oultre y a quarante deux perles de comte branlantes, entre lesquelles a graines noires, pesant iceluy collier, ainsi garny o lesdites pierres, ung marc cinq onces deux gros et demy d'or, comme ilz ont cognu et esté cognoessans davant nous, et a ung estuy de cuir noir fermant o courayes de cuir. Lequel colier ainsi garny et entier, celuy le Coustelier, a promis promect et s'oblige rendre et restituer esdits de la Ruelle et Durant, en luy rendant et restituant ladite somme de quatorze cens doze escuz comme dit est et quant à tenir, fournir, entériner et accomplir..... etc..... Et les chouses, et chacune surdite, ont promis et juré lesdites parties, et chacune pour ce que luy touche, par leur serment, tenir fournir et loyaument accomplir, sans james venir à l'encontre, et de leurs assentemens et à leurs requestes les y avons par le jugement de nostre dite court, jugez et condempnez, jugeons et condempnons.

   » Donné tesmoign le seel estably aux contraz d'icelle, avec le seel de la court de vénérable et discret monseigneur l'official de Nantes, par la court duquel les dites parties, et chacune pour ce que luy touche, se sont obligez, cy mist, comme cy apres ensuilt, et se sont submis à la juridicion et cohercion d'icelle quant a tout le contenu en cestes tenir et accomplir.

   » Ce fut octrié et passé à Nantes, en la maison de Jehan Blanchet, changeur, le vendredi vigut deuxiesme jour d'avril, l'an mil quatre cens quatre vigns unze et escript de Robert Guillaume.

» *Et nos vero officialis Nannetensis*, etc.

» COURSON, passe. *Transcripsi et monui*. JEHAN DAURAY, passe. *Transcripsi et monui* [1]. »

Catherine de Luxembourg occupe peu de place dans l'histoire de Bretagne, qui se borne seulement à citer son nom. Les titres ci-dessus ont donc une certaine valeur, en nous faisant connaître que, par le prêt de son argenterie, elle contribua à la défense de Nantes, assiégé par les Français. Ils nous apprennent, en outre, quel fut le parrain de la reine Anne, que nous croyons n'avoir vu citer nulle part; nous donnent quelques-uns des legs de la duchesse, et nous permettent, enfin, de rectifier d'une manière positive la date de son décès, qui arriva en mars 1490, trente et un an, deux mois et quelques jours après celui d'Arthur III, son époux.

S. DE LA NICOLLIÈRE-TEIJEIRO.

[1] Le registre du miseur et ce dernier titre appartiennent aux archives municipales de la ville de Nantes. Tant qu'au curieux collier, donné par la ville en gage de sa créance, il fut retiré des mains du sieur Le Coustelier, d'après sa quittance du 21 août 1492.

LA MOUETTE DES GRÈVES

NOUVELLE BRETONNE *

Le négociant lorientais mandait au capitaine Kerméran que, depuis cinq ou six mois, il avait reçu une lettre, datée de la Guadeloupe, de son ancien associé, M. R., oncle de Pierre-Marie, que l'on croyait mort aux colonies depuis longtemps ; que ce colon, célibataire, devenu fort riche et se trouvant dans un état de santé inquiétant, voulait avoir près de lui Pierre-Marie, le neveu qu'il avait oublié jusqu'à ce jour, afin de lui laisser toute sa fortune ; que d'ailleurs, en qualité de frère aîné de sa mère, il avait le droit d'exiger cette marque de déférence de la part de son jeune neveu.

Le négociant ajoutait qu'il venait lui-même de découvrir la résidence de Pierre-Marie, lorsque ce dernier s'était heureusement présenté dans ses bureaux, à Lorient ; qu'il avait de suite reconnu le jeune homme, autant par les détails de leur conversation au sujet des affaires du capitaine Kerméran, que par la cicatrice remarquable que Pierre-Marie portait à la lèvre ; qu'il avait aussitôt employé tout son crédit et son influence personnelle dans le port de Lorient, pour obtenir l'embarquement de Pierre-Marie sur un vaisseau de l'État ; que le jeune matelot avait refusé d'abord avec énergie ; que l'appât de la fortune ne l'avait nullement touché. « L'idée du devoir, disait le négociant,

* Voir la livraison de janvier 1874, pp. 56-77.

du devoir qui l'appelle auprès de son oncle malade, a seule pu
le faire fléchir, sans le décider tout à fait. C'est un noble cœur,
un serviteur dévoué ! Il m'en a coûté beaucoup, je l'avoue,
d'employer parfois la rigueur auprès de lui. Il a fallu même, au
dernier moment, l'entraîner, contre son gré, sur une frégate
qui, *par bonheur,* appareillait pour les Antilles. »

Combien d'excuses la bonne Charlotte trouvait dans la situation que l'on avait faite à leur malheureux ami ! que de motifs
de pardon la sainte fille savait découvrir où Kerméran n'avait
vu que sujet de malédiction et de colère !

Pierre-Marie disait à Charlotte, dans les termes les plus touchants, mais empreints, comme toujours, d'une fatale indé-
cision, que sa douleur était affreuse ; qu'il aurait voulu mourir
mille fois plutôt que de quitter des amis si chers ; qu'il espérait
encore que son départ n'aurait pas lieu, car il voulait rester ;
que cependant le devoir, si cruel, hélas ! semblait l'appeler
auprès de son oncle mourant, et lui commander ce grand sacrifice à ses propres affections....

Mais nous remarquâmes dans cette lettre, que Pierre, en
traçant ces mots, paraissait avoir senti renaître ses regrets et
son attachement au pays et à ceux dont il allait s'éloigner. On
eût dit que sa raison en était ébranlée, car il nous disait d'espérer... d'espérer son prochain retour. Il ajoutait que ce retour
s'effectuerait, dès qu'il aurait fermé les yeux de son oncle ;
qu'en ce qui concernait les affaires et la fortune, il ne voulait
pas s'en occuper un seul jour ; et, le désespoir s'emparant de
lui, il appelait la mort par des expressions déchirantes, s'é-
criant : « Tout est fini ; je ne vous reverrai plus ! »

Enfin, comme s'il eût pressenti la fureur du capitaine, il
adjurait Charlotte d'intercéder pour lui, d'obtenir son pardon,
ou du moins d'empêcher que la malédiction de son père adoptif
en le frappant n'étendît sur toute sa vie un voile de deuil et
de malheur.

Nos soupirs et nos larmes accompagnèrent et suivirent cette

triste lecture. Moi, je ne pouvais que pleurer, tant cette nouvelle affliction dépassait mon attente ; tandis que Charlotte,
toujours forte et résignée, puisait dans son admirable piété
assez de courage pour nous prodiguer, je ne dirai pas des consolations, ou des espérances presque impossibles, mais des
exhortations fortifiantes, des paroles pleines de raison et de
douceur qui mettaient du baume sur nos blessures. Pourtant,
en ce qui concernait Yvonne, ce baume consolateur était plus
apparent qu'efficace. Essayant de mettre aussi sa douleur aux
pieds de la croix, elle essuyait ses paupières baignées de larmes,
et nous assurait qu'elle avait foi dans le retour autant que dans
la fidélité de Pierre-Marie. Hélas ! je prévoyais déjà que jamais
elle ne pourrait surmonter une telle secousse ; qu'un doute
affreux allait l'obséder sans trève ; que ses efforts pour l'écarter
seraient impuissants et qu'elle succomberait sous ce douloureux
fardeau.

Je ne puis que vous faire entrevoir ce tableau de nos longues
infortunes. Les jours et les mois se passèrent, sinon dans des
larmes continuelles, du moins au milieu d'inquiétudes et de
regrets qu'aucune nouvelle rassurante ne vint dissiper. Nous
ne pouvions d'ailleurs nous faire illusion sur la santé de ma
fille : elle maigrissait, elle pâlissait, elle dépérissait chaque
jour. Elle fit même une sérieuse maladie, qui la mit à deux
doigts de la mort. Puis elle parut se rétablir et eut une conva-
lescence d'autant plus difficile qu'au retour de la santé, je
devrais dire, à la fin de la maladie, les peines de l'esprit, un
moment atténuées, revinrent aussi vives que par le passé.
Charlotte était à bout de forces pour consoler et fortifier la
pauvre *Mouette* blessée au cœur, parce qu'Yvonne ne voulait
être ni consolée, ni fortifiée.

Combien de fois, moi, sa mère, n'ai-je pas eu la douleur de
distinguer, au milieu de ses prières, qui ressemblaient à des
soupirs, à des sanglots, ces paroles, où se peignait l'angoisse
de son âme : « Jésus ! Marie ! ayez pitié de moi ! Laissez-moi

mourir... je souffre trop !.. » et d'autres tristesses non moins
cruelles à entendre. J'avoue même que j'avais fini par
accepter, comme venant de la main de Dieu, ce dénoûment
des malheurs de ma fille. Je comprenais que sa vie étant brisée
sans ressource, l'abandon, l'oubli ou la mort de Pierre-Marie,
seraient pour elle même chose. Lors même qu'il pût revenir
au pays, j'avais la conviction qu'il reviendrait trop tard désormais.

J'ai tort sans doute de m'appesantir sur de tels détails. Je
devrais les passer sous silence, car je doute qu'ils puissent intéresser une autre personne qu'une mère.

IX. — Intérieur.

Je vous ai dit, je crois, que bien des mois s'écoulèrent sans
nous apporter la moindre consolation, la moindre nouvelle. Il
faut y ajouter environ deux longues années. Pierre-Marie
paraissait nous avoir complètement oubliées ; nous ne reçûmes
aucune lettre de lui. Nous ignorions absolument sa destinée.
On évitait, surtout devant Yvonne, de s'entretenir de quoi que
ce soit qui fût de nature à rappeler le matelot absent.

Cependant, en faisant la prière du soir, à ce moment solennel où l'âme qui s'élève à Dieu est si forte ; en priant pour le
père de Charlotte exposé sur la mer ; en priant pour les
voyageurs, pour les affligés, pour les agonisants, on y joignait
le nom de Pierre-Marie ; mais notre courage n'allait pas au
delà ; et, comme obéissant toutes les trois à une sorte de convention tacite, nous ne parlions ni du départ ni du retour de
celui qui nous avait abandonnées ; nous ne parlions pas non
plus des pays lointains où s'envolaient toutefois nos pensées.

Kerméran entreprenait sans cesse de nouveaux voyages. Il
avait la fièvre à terre, et ne consentait guère plus à se reposer,
pas même en hiver. Il employait cette mauvaise saison en
petits voyages, à Lorient, à Nantes ou à Quimper. Le besoin

bientôt fatiguée de courir, de cueillir les pâles fleurs de la falaise, où l'on ne voit guère que des œillets sauvages et des marguerites étiolées, au milieu du gazon marin. Elle revenait toute rêveuse auprès de nous. En vain Louise essayait encore de l'entraîner, de l'intéresser à telle ou telle chose, à chercher des galets polis, des coquillages, à gravir un rocher, un promontoire, à explorer une grotte profonde; non, l'éclair passé, les ténèbres revenaient bien vite, et la tristesse renaissait aussitôt. Il fallait donc rentrer au logis, où nous attendait le cortége de nos anxiétés.

Ce fut après une promenade semblable à celle que je viens de vous raconter, qu'un soir, en rentrant, Yvonne se laissa tomber auprès du foyer en versant des pleurs. Charlotte s'assit à ses côtés, lui prit les mains, l'embrassa tendrement. Elle repoussa ses caresses.

— Non, non, dit-elle, je ne veux plus aller au bord de la mer. Sa vue me fait trop de mal.... Plus de deux années, et pas une lettre. Oh! c'est affreux!.... mais il est mort sans aucun doute; et c'est moi qui suis injuste en l'accusant d'oubli.

— Yvonne, ma sœur, reprit Charlotte, ne songe plus à cela. N'as-tu point mis tes peines au pied du Calvaire? Et puis l'espérance....

— Ah! l'espérance!... Eh bien ! c'est là ce qui me tue : attendre, espérer malgré moi. Oui, si j'en avais la force, je me ferais mousse, matelot ; je m'embarquerais, j'irais de l'autre côté de l'Océan ; alors, parcourant et les terres et les îles et toutes les mers, je saurais enfin si je dois espérer encore, ou je mourrais à la peine, et cela serait moins cruel que de douter et d'attendre ainsi !

Les sanglots lui coupèrent la parole. Elle était extrêmement agitée: une sueur froide perlait sur ses joues pâles et amaigries. Je voulus joindre mes efforts à ceux de Charlotte pour apaiser ma pauvre enfant ou détourner le cours de ses idées.

— Ne veux-tu pas vivre pour nous, lui dis-je, ô ma chère

fille, pour Charlotte, pour Louise, pour ta mère? Tu sais bien
que je suis navrée de te voir inconsolable. Songe un peu aux
malheurs des autres : à la pauvreté de plusieurs de nos voisins,
à la misère, à l'angoisse de ceux qui manquent de vêtements
pour se couvrir, de bois pour se réchauffer en hiver, de pain
pour se nourrir, eux et leurs petits enfants. Songe à tant de
maux qui abreuvent la vie d'amertume, et tu y trouveras des
consolations ; tu consentiras à vivre pour nous.

— Me consoler, rire et chanter, n'est-ce pas ? répondit-elle,
d'un ton ironique si extraordinaire à cause de sa douceur habituelle, que nous en fûmes cruellement affectées ; me consoler,
oublier !.... tel est votre désir sans doute ? Ah ! c'est trop de
dureté ! vous me dites de vivre, de quitter ce deuil que j'ai
porté trop longtemps à votre gré ?.... Mon Dieu ! mon Dieu !
Vous ne comprenez donc pas que je ne vis que de ma peine ?
que je meurs, si vous me la retirez ?... Non, non, vous n'y par-
viendrez pas : *elle* est là, tout au fond de ma poitrine ; on ne
peut l'en arracher !

La malheureuse enfant semblait alors prise de vertige, de
fièvre, et en vérité elle avait le délire. Nos conseils l'irritaient ;
elle n'écoutait pas nos exhortations ; elle continuait ses
gémissements, ses divagations, ses plaintes. Ce jour-là, la
scène fut plus violente que de coutume, peut-être parce que
nous fîmes plus de tentatives pour l'arrêter.

— Ma pauvre sœur, lui dit Charlotte, en essuyant les yeux
et les joues humides de son amie ; écoute la voix bien-aimée
de ta mère, je t'en conjure. Tout ce que tu dis nous afflige et
ne peut qu'entretenir tes idées dans la même voie, en prolongeant tes chagrins et les nôtres...

— C'est tout mon désir, interrompit-elle ; non pas de prolonger les vôtres, mais les miens. J'en suis bien la maîtresse, je
pense, et vous n'aurez pas la dureté d'exiger que je me console, car je ne veux pas être consolée !... consolée, moi, mon
Dieu ! ah ! ce serait trop d'ingratitude !.... Ne m'a-t-il pas

aimée, lui, toute sa vie ? Pleurant quand je pleurais, riant
quand je riais, alors... souffrant quand je souffrais... et vous
me dites : « Console-toi, oublie-le, puisqu'il est parti et qu'il
t'a délaissée. » Oh ! non, cela n'est pas, vous dis-je : il ne m'a
pas délaissée ; il ne m'a pas oubliée ; je ne l'oublierai pas non
plus. Il m'a aimée jusqu'à la mort, car je sais bien qu'il a cessé
de vivre, et je veux faire comme lui, être aussi fidèle que lui :
je veux mourir comme lui !

Quelle scène ! quels discours déchirants ! Yvonne, à ces
derniers mots, épuisée par le délire qui l'avait soutenue jusqu'alors, tomba évanouie dans nos bras. Heureusement peut-
être cet évanouissement, en mettant un terme de quelques
minutes aux souffrances de ma fille infortunée, fit en même
temps, pour Charlotte et pour moi, une utile diversion à de si
cruels tableaux.

Bientôt, comme au sortir d'un songe pénible, Yvonne,
n'ayant conservé qu'un vague souvenir de ce qu'elle avait dit
au milieu de son délire et du désordre de ses idées, se jeta au
cou de Charlotte, et vint ensuite m'embrasser avec effusion,
me demandant à genoux un pardon que j'étais si heureuse
d'accorder à l'innocente créature.

X. — Naufrage et salut.

Cependant, ainsi que je vous l'ai dit, le capitaine avait fait
voile pour la baie de Douarnenez, vers le milieu de mars, par
un temps peu propre à nous rassurer. Le navire, réparé tout
nouvellement encore, promettait de bien tenir à la mer ; mais
le constructeur avait conseillé au capitaine de donner à la
carène du bâtiment, déjà ancien, un radoub plus complet, de
consolider la quille, de changer le gouvernail et le mât de
misaine, autant que je puis m'en souvenir. Kerméran, par
malheur, ne s'était point laissé persuader que cette partie
importante du radoub fût nécessaire, et prétendait en outre s'y
connaître mieux que ces forbans de calfats, selon son expres-

sion, quand il entrevoyait une grosse somme à payer aux charpentiers de navires.

Le voyage du capitaine devait durer jusqu'au dix ou quinze avril. A cette date, il comptait ramener le *Taille-Vent* au port de Vannes, afin d'y prendre cette fois un chargement considérable de blés pour Marseille. Le temps fut passable à la fin de mars ; mais, dès les premiers jours d'avril, les vents ayant tourné au sud-ouest, la *mer Sauvage* devint affreuse, le ciel, sombre et couvert d'énormes nuées. Les lames, chaque jour de plus en plus hautes, roulaient avec fureur, venant du large, où il était évident qu'une forte tempête allait éclater. Nous mourions d'inquiétude ; et, quoique les connaissances en navigation, le courage et la présence d'esprit de Kerméran nous fussent parfaitement connus, nous ne pouvions entendre sans terreur, le soir, les houles battre sur les grèves, se briser à grand bruit contre la pointe de Bec-en-Aud, s'engouffrer dans les anses et les cavernes, et, poussées par la violence du vent d'ouest jusqu'au sommet de la falaise de ¡Port-Ivy, inonder d'eau et d'écume les toits de nos maisons ébranlées. C'était vraiment terrible pour trois pauvres femmes, isolées, affligées, comme nous, plongées dans l'attente et l'anxiété, redoutant, à toute heure du jour ou de la nuit, ce cri émouvant, si fréquent sur les côtes : « Un navire en perdition !! »

Enfin, pendant un ouragan, qui durait depuis trois jours, presque sans interruption, un soir, vers le coucher du soleil, on entendit ce cri fatal !... Le brouillard de la haute mer s'étant dissipé un moment, on signala une goëlette déjà fort *affalée* du côté des brisants de *la Trute,* dans la plus mauvaise passe, entre la baie du *Monte-Christo* et l'anse de la *Pleg-Vor.* Le ciel s'assombrissant à chaque minute, on vit briller la lumière des pierriers, qui faisaient feu de temps à autre pour demander du secours. Mais le vent hurlait avec tant de bruit dans les grottes de la côte, les vagues roulaient avec un fracas si horrible, que l'on n'avait pu entendre pendant le jour, à cette distance, les coups répétés du canon de détresse.

Si vous n'avez jamais assisté à un pareil spectacle ; si, vous tenant à peine debout sur la falaise, sous la pluie, le vent et l'écume des vagues, vous n'avez pas été témoin de l'agonie d'un navire en perdition, alors que, par des signaux ou par la voix du canon, il demande secours à ceux qui sont à terre; alors que la mer est tellement déchaînée, que les plus intrépides se regardent en tremblant, et n'osent l'affronter; et surtout, si vous n'avez été réellement témoin d'une scène pareille, où des amis, des parents, des sœurs, des mères, sont là sur la grève glacés par l'épouvante, trempés par la pluie, inondés par les flots qui les menacent eux-mêmes et leur crient que tout est fini pour leur ami, leur frère, leur enfant, leur époux ; ah ! si vous n'avez vu cela de vos yeux, vous ne pouvez, Monsieur, vous en faire qu'une idée bien au-dessous de la terrible vérité !

Ce que je viens de vous dire peut seulement vous faire entrevoir combien dut être grande notre angoisse en arrivant sur la falaise de *Pleg-Vor,* quand un pêcheur s'écria imprudemment, d'une voix qui nous glaça de terreur : « C'est le *Taille-Vent,* mille malheurs ! M'est avis qu'il a filé son dernier nœud ! »

Ah ! que ne puis-je vous peindre ici la conduite admirable et vraiment héroïque de Charlotte ! ses encouragements aux matelots, que la peur semblait paralyser ; ses supplications, ses menaces même, vis-à-vis de ceux qui restaient insensibles à ses prières. Elle mettait tout en usage pour les décider à secourir son père ; puis, une embarcation ayant été parée par ses soins et par ses ordres, au moment où, à la vue de la mer en fureur, les marins demeuraient encore indécis, on la vit s'élancer dans la chaloupe, commander la manœuvre, et pousser au large en saisissant la barre du gouvernail... Ah ! si Kerméran eût pu être sauvé par un secours humain, il l'eût été par celui de sa fille. Mais Dieu, qui veille tout d'abord au salut des âmes en danger, en avait décidé autrement !

La chaloupe que Charlotte montait avec trois braves matelots, réussit à la fin à s'approcher du *Taille-Vent :* il venait de s'entr'ouvrir sur un banc de récifs, à un demi-mille du rivage. L'arrière du navire dominait encore les vagues, qui le soulevaient à chaque instant, et achevaient de le démolir sous leurs coups répétés. L'avant avait sombré au moment du choc, par la raison que la quille ne' se trouvant plus être assez solide, le bâtiment s'était rompu par la moitié. Sans cette circonstance, et surtout sans la rupture du gouvernail, arrivée au commencement de la bourrasque, le *Taille-Vent* eût peut-être été sauvé.

Quoi qu'il en soit, le naufrage était consommé : les vagues semblaient avoir balayé le pont du vaisseau.

— Mon père ! mon père ! criait Charlotte en examinant tout ce qui l'entourait, les récifs, les houles, les débris que la mer emportait sans cesse. Sainte Anne, protégez-nous !... Mon père, où êtes-vous ? répondez !...

Mais sa voix, malgré son accent vibrant et désespéré, se perdait au milieu du tumulte de l'ouragan et des battements effroyables des flots contre les brisants.

— Accoste, accoste le *Taille-Vent,* commanda Charlotte.

— Nous allons nous briser, répondit un matelot, ou bien il nous entraînera dans le remous en coulant à fond.

Charlotte, sans l'écouter, gouverna bravement sur la goëlette, et se mit à crier de nouveau : Mon père ! mon père ! Jacques Kerméran, nous voici !

Alors ils aperçurent dans l'ombre un homme, accroupi contre le tronçon du mât de misaine : il se souleva à moitié, étendit les bras, et, roulant sur le pont trop incliné, il vint tomber dans la mer entre la chaloupe et le vaisseau. On eut le bonheur de le retirer promptement, malgré l'obscurité croissante ; mais dans quel état ! évanoui, couvert de sang, gravement blessé à la tête.

Cet homme était le père de Charlotte. Jugez, s'il est possible, de la douleur de la jeune fille, quoique cette douleur ne fût

pas encore sans espoir. Elle avait retrouvé son père ; Dieu le
lui avait rendu , et ne pouvait vouloir que son salut !

Le retour à terre ne s'effectua pas sans de grands dangers.
Tous les marins furent unanimes dans leur reconnaissance
pour sainte Anne, qui les avait visiblement protégés, et pour
Charlotte, dont le sang-froid et l'intrépidité les remplissaient
d'admiration.

L'équipage se sauva de divers côtés, à l'exception du timo-
nier, qu'un coup de mer avait emporté au large, quand la tempête éclatait dans toute sa fureur. Le capitaine (nous l'apprîmes
ensuite) s'était mis au gouvernail, déjà disloqué par les lames ;
et ce fut là que , frappé , renversé par un violent ressaut de la
barre, il reçut une grave blessure au front. Quatre pêcheurs le
transportèrent sur un brancard fait au moyen des débris de
son cher *Taille-Vent*. Nous suivions, la mort dans l'âme, ce
convoi presque funèbre ; et Charlotte, se partageant entre son
père et nous, trouvait encore la force de nous soutenir par
l'exemple de son courage résigné.

Kerméran ne reprit connaissance que grâce aux soins les
plus assidus de sa fille et d'Yvonne. Celle-ci oublia, je vous
assure, ses propres peines pour ne songer, pendant deux jours,
qu'aux peines de sa sœur, qu'elle secondait d'une manière admirable... Deux jours ! oui, cela ne dura que deux jours. Rien
ne put conjurer ·la mort, ni éloigner ce terrible moment : il
était venu pour le père de Charlotte. Le médecin, et (je vous le
dis avec joie) le prêtre firent leur devoir auprès de lui. Le médecin ne put rien pour sauver le corps, mais le pasteur aida
Charlotte à sauver l'âme du mourant. Ah ! si cette âme fut ré-
conciliée à sa dernière heure, ce fut surtout l'ouvrage de cet
ange de vertu. Ne s'était-elle pas offerte elle-même en sacrifice pour la conversion de son père ? N'avait-elle pas préparé
la voie de longue main , par ses pieux avis, sa patience, son
amour filial à toute épreuve ?

Oui, le capitaine Jacques mourut en chrétien, nous deman-

dant pardon, dans son rude langage, avec une touchante sincérité ; pardon des peines qu'il nous avait causées, de ses
emportements, de sa dureté, de son injustice, dont il exagérait
la noirceur ; nous affirmant, pour nous consoler à sa manière,
que la mer ayant démoli son compagnon, son ami, la boussole
de sa vie, son *Taille-Vent,* le vieux capitaine se trouvait content d'appareiller pour le bel Océan du ciel.

Quel miracle de la miséricorde de Dieu !

Charlotte fit plus encore : voyant son père réconcilié, paisible
et sans regrets sur la terre, elle eut soin d'éloigner Yvonne, et
rappela la mémoire du matelot absent, le nom de Pierre-Marie...
Un éclair de ressentiment troubla peut-être l'âme du capitaine, à ce nom autrefois aimé, ensuite maudit ; mais elle
insista avec tant de douceur, toucha des cordes si sensibles,
parla si bien d'indulgence et de repentir, que des larmes coulè-
rent des yeux du mourant, il pardonna, il bénit... Puis, sur la
fin du second jour après son naufrage, il rendit à Dieu une
âme purifiée par le dévouement de cette fille incomparable, (je
ne crains pas de m'exprimer ainsi) dans la sphère où le Créateur l'avait placée ; de cette fille de qui l'on pourrait dire que
tout ce qu'elle touchait était béni !

É. DU LAURENS DE LA BARRE.

(*La suite à la prochaine livraison.*)

NOTICES ET COMPTES RENDUS

LE VIOLONEUX DE LA SAPINIÈRE, par Mme Colomb, ouvrage illustré de 85 vignettes par Adrien Marie. — Paris, Hachette, boulevard Saint-Germain, 79.

Ce livre, publié dans les derniers mois de l'année qui vient de finir, a révélé chez son auteur, inconnu jusque-là dans la république des lettres, un véritable talent d'écrivain. Une partie de la presse littéraire s'en est déjà occupée ; nous serions doublement coupables de n'en rien dire, puisqu'il s'agit d'une œuvre remarquable et qu'elle est sortie d'une plume vendéenne. Mme Colomb, en effet, est fille de M. le docteur Bouchet, dont la Vendée a gardé un si bon souvenir. En quittant la Roche-sur-Yon, elle n'a point oublié le pays qui l'a vu naître ; c'est à ses frais ombrages, aux mœurs champêtres de ses habitants, à leur amour de la famille et du foyer domestique, dont elle a conservé la douce mémoire, qu'elle a demandé l'inspiration qui l'a si bien servie.

La scène se passe dans notre Bocage, à quelques lieues du chef-lieu du département de la Vendée. Tarnaud, *le Violoneux de la Sapinière*, est un ménétrier, qui fait danser les filles et les garçons aux préveils de Chaillé-sous-les-Ormeaux, et à ceux des villages environnants. Il a deux fils ; l'aîné, vigoureusement constitué, et dont sa mère apprécie la force des bras pour le travail des champs ; le plus jeune, nature frêle et délicate qu'elle n'estime guère, parce qu'il est incapable de labourer les terres de la Sapinière. Ce corps si peu robuste est pourtant doué d'une âme généreuse et forte, d'une sensibilité exquise, de dispositions heureuses, qui ne tarderont pas à se traduire par des actes.

Dans le même village, une jeune et pauvre enfant s'ingénie
à trouver des moyens de faire vivre sa mère, pour laquelle elle
ne voudrait pas rester une lourde charge. Elevés ensemble, ils
sont tous deux tourmentés du désir d'apprendre et de se rendre
utiles. L'occasion ne tarde pas à s'en présenter. Après avoir un
peu trop bu, Tarnaud, couché sur la route, a la jambe brisée par
une voiture : violon et ménestrel sont condamnés à un long repos. Pendant que le père se dépite sur son lit de douleur, et que
la mère se désole de ne plus voir l'argent entrer à la maison,
leur fils Ambroise s'empare de l'instrument, s'y exerce à l'insu
de ses parents, et parvient à faire danser en mesure sa petite voisine, qu'il rencontre gardant ses brebis sur les bords de l'Yon.
Si Véronique aime la danse, elle adore les fleurs, et ne manque
jamais de cueillir celles qu'elle rencontre sous ses pas. Un jour,
qu'une affaire l'appelle à Mareuil, une dame de l'endroit remarque l'heureux choix qu'elle en a fait, le bon goût qui pré-
side à leur arrangement, et lui demande, à prix d'argent, le
bouquet dont sa main est ornée. C'est aussi à Mareuil qu'elle
apprend à connaître les lettres de l'alphabet, et qu'une institutrice lui donne les premières leçons dont elle doit si bien
profiter.

Les progrès sont rapides chez les deux enfants ; Ambroise ne
tarde pas à déchiffrer les notes d'une partition musicale et à
surpasser son père ; Véronique devient une fleuriste fort courue
et bien achalandée. Une personne qui, après être restée longtemps en Italie, comme demoiselle de compagnie, a été enrichie
par le don que lui a fait, en mourant, la dame qu'elle suivait,
va leur devenir une Providence. Mlle Léonie Braudy est revenue
au pays ; elle est instruite, bonne musicienne et fort obligeante.
Si elle n'est plus douée des grâces de la jeunesse, si elle ne prise
guère les agréments de la toilette, elle a un cœur d'or, et est toujours prête à rendre service. C'est à son école qu'Ambroise et
Véronique achèveront leur éducation. Le médecin du lieu,
M. Plisson, et sa fille Anne deviennent aussi de leurs meilleurs

amis. Le docteur a perdu la femme qu'il adorait, et toutes ses tendresses se sont reportées sur la jeune et unique enfant qu'elle lui a laissée. Se séparer d'elle serait un sacrifice au-dessus de ses forces ; Mlle Léonide lui épargnera cette grande douleur ; elle sera son institutrice. M. et Mme Arnaudeau, leur fils et leur fille, complètent le tableau. M. Arnaudeau est un homme simple, entièrement dominé par sa femme, qui a quelque prétention à la noblesse et se fait gloire de lui appartenir. Ses deux enfants ont pris, le garçon, les goûts de son père, la fille, les grands airs et les ridicules de sa mère.

Emmanuel est d'abord un assez mauvais écolier. Beaucoup plus fort dans les luttes à coups de poings que dans ses études, ne s'épargnant pas pour protéger Ambroise contre les coups des ivrognes jaloux de son mérite, il finit pourtant par comprendre que le travail est un souverain bien, un devoir auquel nul n'a droit de se soustraire ; et il sort du collége, l'esprit cultivé, avec des manières aussi simples que le jour où il y était entré. La petite Anne dont il apprécie toutes les heureuses qualités et qu'il aime déjà, n'a point été étrangère au changement qui s'est opéré en lui.

Tout autre est sa sœur, Mlle Sylvanie, qui, entrée orgueilleuse dans un pensionnat de Nantes, en sort superbe et méprisante. Elle cause courses, chevaux pur sang, et se pavanerait volontiers sur le turf. Son amie, Mlle Octavie, d'une naissance encore plus illustre que la sienne et dont les allures de grande dame la flattent et la séduisent, est pour elle un modèle de grâces accompli. Toutes deux font peu de cas des petites gens, et rêvent du comte ou du marquis qu'elles doivent épouser un jour.

Tels sont les principaux personnages qui paraissent sur la scène.

Les années passent, et de tristes événements vont assombrir la France. Ambroise et Emmanuel sont déjà des hommes ; au moment où la guerre éclate, ils partent, font bravement leur devoir sur le champ de bataille, et reviennent après la conclusion de la paix. Emmanuel a conquis le grade d'officier, Ambroise porte le ruban rouge à sa boutonnière. Le ménétrier pourrait peut-être devenir un grand artiste : un vieux maître de musique de la Roche, qui l'a pris en grande amitié, lui en a donné l'assurance. L'amour du clocher l'emporte sur l'amour de la gloire : désormais il ne sortira de Chaillé-sous-les-Ormeaux que si la patrie a de nouveau besoin de son bras. Emmanuel fait comme lui, il quitte l'épée pour la charrue, et s'étudie à fertiliser les champs de son père.

Les grands événements auxquels ils ont pris part, ne leur ont point fait oublier les amies d'enfance, Ambroise épouse Véronique, Emmanuel Mlle Anne. Mlle Sylvanie est aussi au comble de ses vœux : elle est comtesse ! Son mari la rend-il parfaitement heureuse ? On pourrait penser que non, si le titre dont elle est fière et le nom qu'elle a l'honneur de porter n'étaient pas une large compensation à ce qui lui manque dans les joies du ménage. Enfin, Mlle Léonide, restée vieille fille, est entourée d'une nombreuse famille. Après avoir doté Véronique, elle a consacré une partie de la fortune qui lui reste à fonder une école, et devient la mère de tous les enfants qui la fréquentent.

C'est dans cette calme retraite qu'il nous faudrait pénétrer, pour bien juger d'un livre où se trouvent des parties délicieuses. Sous ce ciel serein, n'éclatent point l'ouragan et la tempête ; les orages du cœur, les passions violentes, les situations dramatiques, les prétentions à l'originalité fantaisiste qui tournent souvent au ridicule, en sont également absents.

Le Violoneux de la Sapinière se recommande par un genre bien différent. La grâce du style, la délicatesse du langage, la pureté et l'élévation des sentiments, le naturel et la vérité des peintures y jettent un vif éclat. L'Yon, dans ses contours sinueux, n'a pas des ondes plus limpides et plus transparentes. Les joncs y croissent, les nénufars y fleurissent, sans que le courant les emporte jamais, et le bruit des cascades, le murmure des eaux ne frappent point l'oreille de ceux qui viennent contempler ses bords tranquilles. Ces tendres images se retrouvent dans *le Violoneux de la Sapinière*, et, le cœur doucement ému, l'on répète, en le lisant, ces vers du poète de nos études classiques :

> J'aime mieux un ruisseau qui, sur la molle arène,
> Dans un pré plein de fleurs, lentement se promène,
> Qu'un torrent débordé qui, d'un cours orageux,
> Roule plein de graviers sur un terrain fangeux.

Mme Colomb excelle surtout dans l'art de décrire et de peindre. On pourrait craindre qu'elle n'en fît abus, car elle paraît s'y complaire, et la beauté ne doit point se surcharger de perles et de diamants. Bien que la marche du récit s'en trouve peut-être un peu ralentie, nul n'est tenté de s'en plaindre, tant on y trouve de charme et de plaisir.

La description et le portrait échappent à l'analyse ; pour les bien juger, il faut les avoir sous les yeux. Aussi laisserons-nous l'auteur nous conduire dans le petit domaine du paysan vendéen. Il est tel, dans son uniformité, que le Bocage le présente partout :

« C'était une maison de paysan, faite comme toutes les maisons des paysans de la Vendée ; elle n'avait qu'un rez-de chaussée, qui avait deux chambres, séparées par le corridor, et l'on serrait dans le grenier les récoltes du petit domaine. Chaque chambre avait deux grands lits très-élevés, où l'on montait en grimpant sur un bahut en poirier, devenu noir à force d'être vieux, et luisant à force d'être frotté. Comme les deux lits étaient rangés de chaque côté de la grande cheminée, les bahuts servaient de bancs pour s'asseoir, et l'on en était quitte pour se lever quand on y voulait prendre un torchon ou une serviette. Au manteau de la cheminée était attaché un fusil, qui avait dû servir beaucoup du temps de M. de Charette, mais qui s'était bien reposé depuis. Devant la fenêtre il y avait un large évier, garni de cruches à eau, qu'on appelle des *buies* dans le pays. Au sud d'un des lits, un coucou, dans sa gaîne de bois aux couleurs brillantes ; au milieu de la chambre, une grande table longue, où se trouvait généralement le gros pain bis, enveloppé d'un linge pour se conserver plus longtemps ; puis une armoire, un buffet surmonté d'un vaisselier où s'étalaient, inclinées en avant, les assiettes à fleurs ; quelques

chaises et quelques bancs : voilà le mobilier de la maison de Tarnaud.
Au lieu de plafond, des solives enfumées ; au lieu de plancher, la terre
battue ; et pour ornements, quelques vessies de porcs gonflées et accrochées à la poutre qui soutenait le toit, quelques gourdes en train de
sécher sur la cheminée, et un beau bouquet en papier rose, à feuillage
argenté, rapporté de la dernière foire de la ville. L'autre chambre était
pareille à la première, moins la table, l'évier et le buffet. Derrière la maison, s'étendait une cour, avec son poulailler, son toit à porcs et sa mare
où barbotaient des canards ; et après la cour, un jardin potager et deux
ou trois petits champs plantés en blé noir, en seigle et en pommes de
terre. »

Voulez-vous que, cette visite faite, nous passions dans la galerie de tableaux, et que nous nous arrêtions devant une des
figures dont elle est ornée ? Choisissons le portrait de Mᴸˡᵉ Sylvanie, qui contraste si fort avec la naïveté des traits d'Anne et
de Véronique :

« Mˡˡᵉ Sylvanie était retournée au couvent, mais Mˡˡᵉ Sylvanie s'en-
nuyait. Elle approchait de quinze ans ; elle était grande et se trouvait fort
jolie ; elle avait beaucoup minaudé chez le cousin de Nieul-le-Dolent, et
elle avait jugé que la danse, la toilette et la coquetterie étaient décidément plus amusantes que la science, et même que le plaisir d'écraser les
ignorants sous l'avalanche de ses connaissances. Elle était donc rentrée
avec un grand dédain pour toutes ses compagnes, parmi lesquelles elle se
trouvait incomprise ; et elle ne se mêlait à leurs conversations que pour
laisser tomber ces deux mots : « Pauvre innocente ! » prononcés en relevant un peu la lèvre de côté, avec un mouvement de tête souverainement méprisant. »

Peut-on maintenant s'étonner du succès qu'a obtenu un livre
qu'un compte rendu ne peut faire connaître que bien imparfaitement ? Ce succès n'ira qu'en grandissant ; dès aujourd'hui il
assure à Mᵐᵉ Colomb une belle place parmi les écrivains de son
sexe dont s'honore la France.

C. MERLAND.

CHRONIQUE

SOMMAIRE. — Les Lorientais morts pendant la guerre. — Sacre de Mᵍʳ Hillion. — Les élections académiques : M. Caro. — Mandement de carême de Mᵍʳ de Nantes ; les oraisons funèbres, du Frère Philippe, par Mᵍʳ de Saint-Brieuc, et de Mᵍʳ de Léséleuc, par M. l'abbé Le Vicomte de la Houssaye. — Mᵍʳ Mermillod à Nantes. — M. Édouard Bureau, professeur de botanique au Muséum d'histoire naturelle de Paris. — Nos musiciens: *la Branche cassée* de M. Serpette; le concert et le *Stabat mater*, de M. Bourgault-Ducoudray. — Mort de M. l'abbé Roux-Lavergne, de M. le comte Olivier de Sesmaisons et du R. P. du Fort. — M. l'abbé Bougaud.

Au moment où nous mettions sous presse notre dernière livraison, la municipalité lorientaise honorait son administration par une imposante cérémonie, qui avait réuni dans une même pensée fraternelle et patriotique, sans distinction de partis, un grand concours d'assistants de tous rangs et de tout âge. Le 24 janvier, on inaugurait, sous une arcade latérale ménagée près du péristyle de la mairie, un monument simple et sévère, destiné à conserver la mémoire des enfants de Lorient tués pendant la guerre de 1870-1871 : un tableau de marbre noir, encadré dans des palmes de granit, et présentant en lettres d'or les noms des héroïques défenseurs de la patrie. Les grilles de l'hôtel-de-ville, les pilastres et tous les abords avaient été décorés de pavillons, de guirlandes et de faisceaux d'armes, par les mains habiles des ouvriers de la marine, et vers neuf heures, Mgr l'évêque de Vannes, qui avait tenu à honneur de venir en tête du clergé lorientais rendre lui-même cet hommage pieux à ses braves compatriotes, consacrait le monument, au milieu d'un brillant cortége, que suivait une foule émue et recueillie ; puis M. le maire de Lorient et M. le préfet du Morbihan, ayant pris successivement la parole et fait un éloquent appel, au nom des chères victimes, aux sentiments d'apaisement, d'ordre et de confraternité, qui seuls peuvent régénérer la France et lui rendre son ancien prestige, le cortége se rendit processionnellement à l'église paroissiale, où l'office des morts fut solennellement célébré par le vénérable prélat. A l'issue du service, et avant l'absoute, Mgr Bécel prononça, sur les marches de l'autel, une allocution chaleureuse, qui impressionna vivement l'auditoire; et tous ceux qui ont assisté à cette cérémonie touchante en garderont longtemps le souvenir.

Hélas ! pourquoi ces fêtes du cœur sont-elles si rares, et pourquoi toutes nos municipalités bretonnes n'imitent-elles point celle de Lorient ?

Quelques jours après, le 8 février, Mgr Bécel, toujours infatigable lorsqu'il s'agit d'honorer les généreux enfants de son diocèse, réunissait Nosseigneurs les évêques de Nantes et de Quimper, et le R. P. abbé de la trappe de Thymadeuc, dans la nouvelle église de Sainte-Anne, pour le sacre de Mgr Hillion, ancien supérieur du grand séminaire de Vannes, nommé évêque du Cap-Haïtien ; et la basilique élevée par ses mains pieuses à la patronne de la Bretagne, s'est trouvée ainsi comme inaugurée par l'une des cérémonies les plus augustes de la liturgie. M. le préfet du Morbihan et les magistrats de la ville de Ploërmel, qui a vu naître Mgr Hillion, rehaussaient par leur présence cette fête de famille, à laquelle s'étaient joints le nombreux personnel du petit séminaire et les chapelains du pèlerinage. On sait que l'ancienne colonie française de Saint-Domingue a été récemment érigée en province ecclésiastique, comprenant un archevêché et quatre évêchés. L'archevêque est un prélat français, Mgr Guilloux, et Mgr Hillion est, croyons-nous, le premier sacré des évêques d'Haïti.

Comme une bonne fortune ne vient jamais seule, l'arrondissement de Ploërmel, qui envoyait des délégués à Sainte-Anne pour assister au sacre du nouvel évêque, aurait pu en députer à l'Académie française, pour la remercier d'avoir pris une éclatante revanche de l'élection malheureuse de M. Littré, en s'appropriant un autre de ses fils, l'un des plus éminents soutiens de la doctrine spiritualiste. En effet, le 29 janvier, une triple élection académique donnait les fauteuils de MM. Lebrun, Saint-Marc-Girardin et Vitet, à MM. Alexandre Dumas fils, Mézières et Caro. M. Caro est né à Poitiers, où son père fut quelque temps professeur de philosophie ; mais nous avons le droit de le revendiquer pour la Bretagne, et lui-même se déclare hautement Breton de fait et de cœur ; car ses parents sont originaires de Josselin, où M. Caro père est mort récemment, inspecteur d'Académie en retraite.

L'élection de M. Alexandre Dumas fils était assurée d'avance et n'a demandé qu'un tour de scrutin ; mais nous regrettons qu'un de nos compatriotes, M. Paul Féval, dont le nom est si populaire, retirant sa candidature devant ce redoutable adversaire, ne l'ait pas maintenue pour un autre fauteuil. Et pourquoi M. de Pontmartin n'a-t-il plus voulu briguer les palmes académiques ! Ne convenaient-elles pas mieux au brillant auteur des *Causeries du Samedi*, qu'au savant commentateur de Gœthe et de Shakespeare ? Nous sommes Français avant tout. — Mais un peu de bretonisme ne gâte rien ; c'est pourquoi nous déclarons approuver franchement l'élection de M. Caro : elle a été difficile ; battu après trois tours de scrutin pour le fauteuil de M. Saint-Marc-Girardin, M. Caro n'a triomphé qu'après quatre tours pour le fauteuil de M. Vitet, contre MM. Taine et Charles Blanc; mais plus la bataille est rude, plus il y a d'honneur à vaincre, et qui ne connaît le beau livre intitulé : *L'Idée de Dieu et ses nouveaux critiques?* Qui surtout n'a pas lu les pages si patriotiques des *Études morales* et des *Jours d'épreuve?* L'Académie, sans doute, a voulu récompenser les combats soutenus avec tant d'énergie par l'éminent professeur de la Sorbonne, contre l'athéisme et le matérialisme comtemporains, soit lorsqu'il professait avec éclat la philosophie aux lycées d'Angers et de Rennes, soit lorsqu'il défendait au congrès de Louvain les doctrines spiritualistes contre l'école nouvelle, soit lorsqu'il écrivait son livre du *Matérialisme et la Science.* Honneur à elle, et honneur à lui !

Les tournois académiques seraient pour nous une transition toute naturelle pour aborder une foule de sujets littéraires ou philosophiques, qui se pressent sous notre plume, et nous parlerions volontiers du magistral mandement sur la Foi, donné par Mgr l'évêque de Nantes à l'occasion du carême, pages animées d'un souffle apostolique et dictées par une solide éloquence; — de la belle et courte oraison funèbre prononcée par Mgr l'évêque de Saint-Brieuc, dans sa cathédrale, en l'honneur du vénéré Frère Philippe; — de la touchante oraison funèbre de Mgr de Léséleuc, prononcée le 28 janvier dans la cathédrale d'Autun, par notre compatriote, M. l'abbé P. Le Vicomte de la Houssaye [1] ; — des instructions pleines de cœur et d'onction évangélique, faites pendant la première semaine du carême, par Mgr Mermillod, l'illustre évêque chassé de Genève, aux conférences de Saint-Vincent-de-Paul, réunies dans la chapelle de la Retraite de Nantes; mais l'espace nous faisant défaut, nous devons, à notre grand regret, nous contenter d'une rapide et sèche énumération.

— Un décret, en date du 23 janvier, a nommé M. Edouard Bureau professeur de botanique au Muséum d'histoire naturelle de Paris.

L'enseignement de la botanique, depuis la fondation du Jardin du Roi, en 1635, avait toujours été confié à deux professeurs : l'un qui enseignait les principes de cette science, et l'autre plus spécialement chargé de diriger les élèves dans les herborisations et de les guider dans l'étude de la nature *vivante.* Cette seconde chaire, qui prit le nom de *Botanique à la campagne*, fut successivement occupée par Sébastien Vaillant et les

[1] Cette oraison funèbre nous rappelle qu'un autre éloge du vénérable évêque d'Autun, dont nous avons esquissé la biographie dans notre précédente livraison, doit être prononcé bientôt dans l'église cathédrale de Quimper. Nous attendrons de l'avoir reçu, pour rectifier, en un seul article, quelques points de cette biographie, que d'obligeantes communications de parents et d'amis nous ont déjà permis de rétablir dans les termes de la plus stricte authenticité.

trois Jussieu. Elle fut supprimée en 1853, à la mort d'Adrien de Jussieu, et remplacée par une chaire de *Paléontologie*, qui fut donnée à un de nos compatriotes, Alcide d'Orbigny, né à Couëron, près de Nantes.

La suppression de la chaire de Jussieu fut funeste à la science. En effet, la fréquentation de la nature est, pour le botaniste, ce qu'est la clinique pour le médecin. Ce n'est que par la comparaison attentive des plantes vivantes qu'on peut acquérir ce sentiment des affinités qui constitue la qualité essentielle du véritable naturaliste. Cette étude de comparaison et d'induction convient parfaitement à la clarté de l'esprit français. Le génie des Jussieu en a tiré la *Méthode naturelle*, une des plus belles découvertes scientifiques qui soient dues à notre pays. Aussi, à partir du moment où cessa leur enseignement traditionnel, l'étude de la botanique prit, en France, un caractère de plus en plus allemand. On la fit consister, presque exclusivement, dans l'anatomie et la physiologie; on jeta le discrédit sur l'étude des rapports naturels, et, comme conséquence, la science perdit chez nous le caractère d'originalité qui avait fait sa réputation.

Lors de la suppression de la chaire des Jussieu, en 1853, le Muséum réclama, mais sans succès. Vingt-et-un ans s'écoulèrent sans qu'on pût obtenir le rétablissement d'un enseignement qui avait été glorieux pour la science française. Pendant tout cet intervalle, un homme d'État, élève de Jussieu et membre de l'Institut comme botaniste, M. le comte Jaubert, prit en mains la cause de la botanique et ne cessa de réclamer, avec une incroyable persévérance, le rétablissement de la chaire supprimée. Enfin, le décret du 23 janvier vient de la relever en faveur de notre compatriote et ami, dont les titres à cet honneur étaient d'ailleurs incontestables, puisqu'il a été présenté au ministre par l'unanimité des professeurs du Muséum.

M. Edouard Bureau, reçu docteur ès-sciences en 1864, est bien connu dans le monde savant par de nombreuses publications sur les sciences naturelles, et particulièrement sur la botanique. Nous citerons, entre autres, sa *Monographie des Bignoniacées*, 1 vol. in-4°, avec atlas; sa collaboration au *Prodromus systematis naturalis regni vegetabilis*, de de Candolle, et à la *Flora brasiliensis*, immense ouvrage sur la flore du Brésil, travail qui lui a valu le titre de commandeur de l'ordre de la Rose. Il prépare, avec M. Ad. Brongniart, une étude complète sur la végétation de la Nouvelle-Calédonie, au moyen des riches collections expédiées de notre colonie au Muséum d'histoire naturelle. Enfin, dès 1866, M. Bureau a été porté, par la section de botanique, sur la liste officielle des candidats à l'Institut, où sa place est désormais assurée.

Le nouveau cours commencera au mois d'avril; il y aura une leçon et une herborisation par semaine. Nous savons qu'on peut compter sur le zèle de notre ami, non moins que sur sa science, pour maintenir la vieille réputation de la chaire des Jussieu à un rang qui ne soit pas indigne de son passé.

— Allons de la science aux beaux-arts, de la botanique à la musique, pour constater les succès obtenus à Paris, à la fin de janvier, par deux Nantais, grands prix de Rome.

M. Serpette a débuté, sur la scène des Bouffes-Parisiens, par une opérette, *La Branche cassée*, que nous serions en grand'peine d'analyser, n'ayant vu ni cette branche, ni ses feuilles. Le libretto, dit-on, n'aurait guère de chance de réussir au concours des ouvrages pour le prix Monthyon : c'est le genre; triste genre, et il est fâcheux qu'un homme de talent soit condamné à s'y soumettre pour parvenir à se faire connaître; mais, enfin, « la musique du débutant, dit un connaisseur, M. V. Joncières, est pleine de qualités : elle est claire, ce qui est rare par le temps qui court, élégante, spirituelle et souvent originale. L'orchestration est très-soignée et dénote une sûreté de touche peu commune, surtout dans un premier ouvrage ».

M. Serpette doit avoir maintenant l'ambition de faire ses preuves dans l'*opera seria*.

M. Bourgault-Ducoudray n'aspire pas, lui, aux succès que l'on cueille sur les scènes lyriques. Il marche dans une voie tout opposée, voie plus austère, mais dans laquelle, nous n'en doutons pas, il trouvera une renommée d'autant plus solide qu'il lui aura fallu plus d'énergie pour la bâtir.

« M. Danbé, lit-on dans le *Ménestrel* du 25 janvier, a donné, avec le concours de l'excellente Société vocale fondée et dirigée par M. Bourgault-Ducoudray, un concert extrêmement remarquable, et dont le programme indique suffisamment les énormes progrès faits en France, depuis vingt ans, au point de vue musical. La Société Bourgault-Ducoudray apportait, en effet, à ce programme un élément puissant, mais singulièrement sérieux, qui, bien loin de chasser le public, comme cela aurait eu lieu naguère, avait attiré la foule à ce point que plusieurs centaines de personnes n'ont pu trouver de place à la salle Herz.

» Les pièces résistantes du concert étaient : d'une part, la belle composition chorale de Clément Jannequin, musicien français du XVI⁰ siècle, si célèbre sous le nom de *la Bataille de Marignan*, et pourtant si peu connue; de l'autre, une adorable cantate d'église de Jean-Sébastien Bach. *C'est Dieu seul qui gouverne*, avec soli, chœurs, orchestre, piano et orgue; enfin, un fragment superbe du premier opéra de Rameau, *Hippolyte et Aricie*, dont la représentation remonte à 1733, c'est-à-dire à près d'un siècle et demi...

» En résumé, cette soirée peut passer pour une sorte de concert historique, dans lequel des œuvres de divers temps et de divers styles inconnus
à nos oreilles ont produit le plus excellent effet. L'exécution a été, on
peut le dire, parfaite de tous points de la part des chœurs et de l'orchestre, et la Société Bourgault-Ducoudray a prouvé ce que peut une
réunion d'amateurs instruits, intelligents et exercés, dirigés par un homme
de convictions ardentes, par un artiste sincèrement épris de son art et
nourri aux sources les plus généreuses et les plus fortifiantes. »

Ajoutons que M. Bourgault-Ducoudray vient de publier le beau *Stabat
mater* qu'il avait fait exécuter, en 1865, dans la salle du cercle des Beaux-
Arts de Nantes. Avis à toutes les sociétés chorales de Bretagne, qui s'ho-
noreraient et charmeraient leurs auditeurs, en popularisant parmi nous,
pendant ce carême, ces belles pages de notre jeune maestro.

LOUIS DE KERJEAN.

———

— M. Roux-Lavergne, chanoine de la cathédrale de Rennes, ancien
membre de l'Assemblée constituante, ancien professeur d'histoire à la
Faculté des lettres de Rennes, est décédé le 16 février.

La veille du même jour, la ville de Nantes apprenait, avec une douleur
que partagera toute la Bretagne, la mort de M. le comte Olivier de Sesmaisons, ancien représentant, lui aussi, et président du Conseil général
de la Loire-Inférieure.

Notre nouveau préfet, M. Léon Lavedan, et M. de Lareinty, vice-président du Conseil général, lui ont rendu hommage par des discours prononcés sur sa tombe. Nous consacrerons, le mois prochain, une notice
spéciale à ce « digne et grand citoyen », comme l'a si justement appelé
M. Lavedan.

— Le R. P. Henri du Fort, fils de M. du Fort, ancien officier de la garde
royale et qui combattit dans la Vendée en 1832, est mort en Chine, le
31 janvier, à trente-cinq ans. Le P. du Fort avait été zouave pontifical et
avait pris part, en 1860, à l'affaire de Spolète.

— L'auteur des deux beaux livres qui se nomment la *Vie de sainte
Chantal* et la *Vie de sainte Monique,* M. l'abbé Bougaud, vicaire général
d'Orléans, prêche la station de carême à notre cathédrale.

———

Le Secrétaire de la Rédaction, ÉMILE GRIMAUD.

BIBLIOGRAPHIE BRETONNE ET VENDÉENNE

ANNUAIRE DE LA SOCIÉTÉ D'ÉMULATION DE LA VENDÉE. 20e année, 1873. — In-8°, XCII-156 pp. La Roche-sur-Yon, impr. Gasté.

ARCHIVES HISTORIQUES DU POITOU. Tome II. In-8°, 413 p. — Poitiers, imp. Oudin.

ARMÉE DE BRETAGNE, 1870-1871. Dépositions devant les commissions d'enquête de l'Assemblée nationale, avec carte à l'appui. Rapport de la commission d'enquête; par le Cte de Kératry. In-8°, 355 p. et 1 carte. — Paris, imp. Wiesener ; lib. Lacroix et Cie..................... 7 fr.

BURHUDEN EN ITRON-VARIA É LOURDES. In-18, 39 p. — Vannes, imp. et lib. Galles ; é ru en Itron-Varia.

DÉCOUVERTES DE SÉPULTURES DE L'ÉPOQUE DU BRONZE, AU ROCHER, EN PLOUGOUMELEN ; par L. Galles, conservateur adjoint du musée archéologique de Vannes. In-8°, 11 p. — Vannes, imp. Galles.......... » 50

DISCOURS PRONONCÉ PAR Mgr L'ÉVÊQUE DE LUÇON dans son église cathédrale le 21 janvier 1874, à l'occasion des obsèques de Mgr Baillès, ancien évêque de Luçon. — In-8°, 22 pp. Luçon, imp. Bideaux.

ÉTUDE SUR LE SERVICE DE LA VOIRIE DANS LE DÉPARTEMENT DU FINISTÈRE ; par A. Rousseau, conseiller général et député du Finistère, ingénieur des ponts et chaussées. In-8°, 28 p. — Versailles, imp. Cerf et fils.

HISTOIRE DU CHÊNE DANS L'ANTIQUITÉ ET DANS LA NATURE. Ses applications à l'industrie, aux constructions navales, aux sciences et aux arts, etc.; par A. Coutance, professeur d'histoire naturelle à l'Ecole de médecine navale de Brest. In-8°, 558 p. — Brest, imp. Gadreau ; Paris, lib. J.-B. Baillière et fils.

IMITATION JESUS-CHRIST, lequeet a-nez e brezonnec gant reflexionou devot e fin pep-chabist gant ; an autrou Roux, person Korgloff. In-18, 676 p. — Landerneau, imp. et lib. Desmoulins.

MES VOTES A L'ASSEMBLÉE NATIONALE ; par le Cte de Legge, député du Finistère. 2e série. Année 1872. In-8°. 79 p. — Imp. Lefournier aîné.

ORAISON FUNÈBRE DE Mgr DE LÉSÉLEUC, ÉVÊQUE D'AUTUN, prononcée dans l'église cathédrale d'Autun, le 28 janvier 1874, par M. l'abbé P. le Vicomte de la Houssaye, miss. apost., chanoine de Quimper. — In-8°, 44 p. Autun, Dejussieu, imp.

TRADITIONS ORALES DES BRETONS-ARMORICAINS. Légendes chrétiennes, par M. F.-M. Luzel. — In-8°, 24 pp. Saint-Brieuc, Guyon Francisque.

(Extrait des *Mémoires du Congrès scientifique de France*, tenu à Saint-Brieuc en juillet 1872.)

MUSIQUE.

STABAT MATER, pour soli, soprano, alto, tenor et basse, chœurs et grand orgue, avec adjonction de violoncelles, contre-basses, harpes, et trombonnes. Musique de L.-A. Bourgault-Ducoudray. In-4° de 138 pp. — Paris, Félix Mackar, passage des Panoramas, 22.............. Prix net : 5 fr.

PÈLERINAGE AUX CHAMPS DES MARTYRS[*]

Le premier et le plus important de ces champs funèbres est incontestablement la presqu'île même de Quiberon, en y joignant la plaine de Sainte-Barbe. Là, en effet, ont été dispersés les os des braves qui périrent les armes à la main et ceux des victimes de deux ou trois commissions militaires. Le général Lemoine porte à huit cents le nombre de ceux qui périrent dans les combats, et le répertoire du greffe à cent soixante-douze celui des victimes qui furent fusillées à Quiberon, après la lutte.

Tels étaient les souvenirs qui m'obsédaient, lorsqu'arrivant à Carnac j'aperçus, du haut du mont Saint-Michel, cette longue péninsule élevant à peine au-dessus des flots sa grève nue et sablonneuse. Le plus souvent, on n'a d'attention, en ces lieux, que pour les étonnants monolithes qu'ont disposés en allées ou en cavernes une pensée et une force dont le secret est perdu pour nous; mais a-t-on un regard pour ce coteau de Sainte-Barbe, contre lequel vint se briser le dernier effort de notre vieille monarchie ? On vous montrera, à Lenn-Niez, entre Plouharnel et Sainte-Barbe, la chaumière qu'habita Hoche pendant quelques jours, et dans laquelle il payait la trahison qui devait lui livrer l'armée royale; mais le moulin de Kergonan, mais la chaussée du Bégo où le bataillon d'Auray, sous les ordres de Glain, soutint héroïquement, le 7 juillet 1795, la retraite de la population dans la presqu'île, on vous les laissera franchir sans

[*] Voir, livraison de janvier, pp. 28-48, *Les Débris de Quiberon*, que termine le présent article.

même vous les nommer, tant on semble devenu indifférent à
a gloire qu'ils rappellent. Peut-être vous parlera-t-on des
gnes de Sainte-Barbe que Hoche fit construire, du 8 au 16
uillet, pour couper toute communication avec l'intérieur, et
qui, s'appuyant, à l'est, sur le petit golfe de Plouharnel, allaient
rejoindre, en s'infléchissant vers le nord, la falaise de l'ouest;
mais vous montrera-t-on ces régiments de l'exil, *Loyal-Emigrant*, *du Dresnay*, *Hector*, marchant, le 16 juillet, à l'attaque
de ces retranchements avec une intrépidité qui arrachait aux
républicains ce mot devenu célèbre : « A la bonne heure ! on
voit que ce sont des Français ! [1] » Vieille légende ; on n'y pense
plus.

Eh bien ! pensons-y, nous du moins, pour ceux qui ont la
mémoire courte ; et, en traversant cette plaine dont le sable, à
peine recouvert par une herbe rare, ondule comme les flots de
la mer, tâchons de remettre ces vieux *débris* à leur poste de
combat.

En tête sont dispersés en tirailleurs les quatre cents hommes
de *La Châtre* ou *Loyal-Emigrant* [2] : c'est tout ce qui reste de
ce vaillant corps depuis la guerre de Hollande. Ils sont com-
mandés aujourd'hui par un énergique officier, le major d'Haise,
et ils touchent déjà au pied des redoutes dont les projectiles
passent par-dessus leurs têtes. Quelques-uns néanmoins sont
atteints, le chevalier d'Espagne, entre autres, l'un des plus estimés et des plus braves.

Derrière cette avant-garde, marchent, à droite, *du Dresnay* et
Hector [3]; au centre, *d'Hervilly;* à gauche, Puisaye et les chouans.

---

[1] Ce mot nous a été conservé par Rouget de Lisle, qui était en ce moment avec
Hoche.

[2] Régiment formé en 1792 par le duc de La Châtre.

[3] Ces deux régiments avaient pour colonels le marquis du Dresnay, maréchal de
camp, et le comte d'Hector, lieutenant-général des armées navales; mais le gouvernement anglais, qui tenait à donner une autorité supérieure au comte d'Hervilly,
avait retenu les autres colonels en Angleterre. Les régiments de la seconde division,
Béon, *Damas*, *Salm*, *Rohan* et *Périgord*, venaient d'arriver en rade, mais n'étaient
pas encore débarqués. Le comte de Sombreuil, leur général, put seul se joindre aux
combattants.

Du Dresnay est sous les ordres du comte de Talbouët, vieux survivant des guerres d'Allemagne, qui a mis pied à terre, malgré ses soixante-deux ans, afin d'aborder plus facilement les lignes ennemies. Blessé à la main dès le commencement de l'action, il tient son épée de celle qui lui reste, et il la tiendra ferme, jusqu'à ce qu'une seconde blessure le mette hors de combat. Autour de lui tombent le marquis de Kergariou, major du régiment et brigadier des armées navales, les capitaines Le Vaillant, de Boisbaudry, du Dresnay, du Vergier, l'un des héros de la *Surveillante* [1], le lieutenant de Blanchouin, l'un des gardes-du-corps du 6 octobre, les sergents de la Chevière et Faval.

Le régiment d'*Hector* ou *Royal-Marine* n'est pas moins éprouvé. Comme *du Dresnay*, il est contraint, par la direction oblique des redoutes, à une marche de flanc toujours dangereuse, mais ici, sous la mitraille, des plus funestes [2]. Les républicains, prévenus dès la veille par des transfuges, ont, en effet, masqué des batteries qui, croisant tout à coup leurs feux, prennent les assaillants de front et d'écharpe et en font une affreuse boucherie. On avait compté sur une diversion; mais toujours, grâce aux transfuges, cette diversion est devenue impossible. Le comte de Soulange, qui commande le régiment, est frappé au visage par une balle qui, malheureusement pour lui, ne le tue pas. La République lui en réserve d'autres au *Champ des martyrs*. J'ai déjà nommé le vicomte de Belizal; comment oublier maintenant tous ces autres compagnons d'armes et de gloire de Suffren, de Guichen, de La Motte-Piquet, les capitaines de vaisseau de Trecesson, de Caux, de Kerguern, tous les trois mortellement atteints; les majors de vaisseau de Menou, de Viart et Meherenc de Saint-Pierre, les lieutenants

---

[1] Du Vergier était neveu, par sa mère, *Marie-Josèphe* du Couëdic, du célèbre commandant de la *Surveillante*, et il était à son bord comme enseigne. Voir, pour les autres noms, la *Liste des Victimes*.

[2] Cette marche de flanc, ordonnée par d'Hervilly, eût été évitée s'il eût fait faire de sérieuses reconnaissances.

de Kerever, de Charbonneau et Piquet de Melesse [1], le chevalier de La Pérouse, frère du célèbre navigateur. Je ne nomme que les morts; les blessés occuperaient une page [2].

On a cité le capitaine de vaisseau Cillart de la Villeneuve, mis en pièces par un boulet; mais on aurait dû ajouter que le même boulet emporta les deux jambes à Amand de Cillart, son neveu. Un autre boulet brisa également les deux jambes au vieux commandeur de la Laurencie, qui ne dit qu'un mot : « Vive le Roi! et toujours en avant contre la Révolution. » On cite un Kerouartz; mais, si le neveu fut tué, l'oncle fut blessé si grièvement, qu'il mourut en débarquant à Gosport.

Le régiment d'*Hervilly* ou de *Royal-Louis* répondit mal à l'énergie de ses officiers. C'était là surtout que régnait la trahison. Beaucoup de ses soldats, recrutés sur les pontons anglais, gardaient, en effet, des cœurs républicains sous les couleurs royalistes. Le même mal travaillait *du Dresnay* et *Hector* ; mais il s'y manifesta moins vite. Aussi battait-on toujours la charge dans ces deux régiments, qu'on battait déjà la retraite dans *Royal-Louis.* D'Hervilly, qui l'avait ordonnée par la conviction de son impuissance, s'exposait d'ailleurs à tous les coups, et il finit par recevoir un biscaïen en pleine poitrine. Ses deux adjudants, Saint-Crend et Pieussen, sont tués; un de ses capitaines, le comte de Boissieux, maréchal de camp, soutient la retraite avec un indomptable courage.

Cette retraite devenait cependant une déroute. En suivant le chemin qui conduit au fort Penthièvre, nous aimons du moins à entendre la voix de Charles de Corday, du frère de Charlotte la *tyrannicide,* arrêtant tout à coup, ici-même, cette fuite sans frein, par quelques mots énergiques : « Comment! s'écrie-t-il, nous nous laisserons charger par ces b...-là ! » C'étaient quarante chasseurs à cheval. Des quarante, il n'en resta pas un.

[1] De la famille de La Motte-Piquet. Il mourut, quinze jours après, de ses blessures.

[2] Les blessés qui furent ensuite fusillés seront d'ailleurs indiqués dans la *Liste des Victimes.*

La vue de Quiberon, prise de loin et de haut, semble ne présenter qu'une chaussée s'avançant de plusieurs lieues dans la mer. Aux approches du fort Penthièvre, ce n'est réellement qu'une chaussée dont la largeur, auprès du fort, ne dépasse pas soixante mètres. La petite citadelle la barre complètement en cet endroit. Aujourd'hui, une route la contourne à l'est; mais en 1795, la haute mer battait la base même du rocher, si bien que les trois déserteurs qui se firent les guides des républicains dans la funeste et orageuse nuit du 20 au 21 juillet, durent engager leur troupe dans l'eau jusqu'à la ceinture pour pouvoir aborder les palissades, du haut desquelles les appelait la trahison. On leur tendait les mains pour les aider à monter; on leur ouvrait portes et barrières ; telle fut, en définitive, la grande victoire de Hoche.

Peu après avoir dépassé ces lieux de douloureux souvenir, nous rencontrons Kerostin, dont un ordre de Hoche a rendu le nom célèbre. « Le général de brigade Botta, y est-il dit, s'emparera de Kerostin et *fera fusiller tous les individus armés qui voudront sortir des maisons.* » Le même ordre recommande au général Humbert d'*égorger tout ce qui se trouvera au fort Penthièvre.* Il ne fait d'exception que pour les traîtres [1].

Les villages sont nombreux à Quiberon et ils ont tous cet air d'aisance et de propreté qui est habituel aux populations commerçantes et maritimes. Le sol, tout aride qu'il soit, y devient fertile par un travail intelligent et continu. Point de grands propriétaires et, par suite, point de fermiers. Chacun possède son petit domaine qu'entourent, à hauteur d'appui, des murs en pierres sèches. Ces petits domaines sont cultivés, non pas à la charrue — il n'y a peut-être pas une charrue dans la presqu'île — mais à la bêche et le plus ordinairement par les femmes, tandis que leurs maris naviguent. De nombreuses criques et deux ports, tous les deux sur la côte orientale, la moins exposée aux tempêtes, sont ouverts à une foule de barques et de chasse-marées qu'occupent la pêche et le cabotage.

[1] Cet ordre est daté de Vannes, 1er thermidor an III.

Ces deux ports, port d'Orange et port Haliguen, reviennent souvent dans les récits de la fatale expédition de 1795. Ce fut par la petite baie du port d'Orange que les émigrés, déjà débarqués à Carnac, pénétrèrent dans la presqu'île, le 3 juillet. Ce fut du port Haliguen que Tinténiac partit, le 10, avec 3,500 chouans pour se jeter sur les derrières de l'armée républicaine, par Sarzeau et Baud, expédition hardie, énergiquement conduite, mais que diverses circonstances entraînèrent au loin et qui devait nous coûter le Bayard de la Bretagne [1]. La baie du port Haliguen fut occupée, jusqu'au 21 juillet, par la corvette anglaise *Lark* (l'Alouette), dont les boulets, pendant la conférence de Sombreuil et de Hoche, continuaient d'inquiéter l'armée républicaine.

Le lieu de cette conférence est facile à reconnaître par une fontaine recouverte d'un toit, perdu, en quelque sorte, dans le sable, qu'on rencontre à mi-chemin du port Haliguen au Fort neuf. C'est sur la falaise, au-dessus de cette fontaine, qu'étaient les deux généraux. On sait que Hoche demanda à ceux qui allaient bientôt peupler les *champs des martyrs*, de faire cesser le feu de la corvette, et que Gesril se jeta immédiatement à l'eau pour transmettre cette demande, qu'appuyait Sombreuil, au commandant anglais. On ne peut contempler cette baie et ce rivage sans se représenter cette scène. Tandis qu'une foule éperdue fuit et se précipite dans les moindres barques qu'elle fait parfois sombrer, voyez ce jeune officier nageant avec toute l'aisance d'un marin. En quelques instants il touche à la flotte. Sans doute il n'en reviendra pas. Tout le monde à bord le supplie de rester ; il demande un canot, on le lui refuse. Se jetant alors de nouveau à la mer, il revient chercher une prison. Les républicains ont commencé par voler ses vêtements, qu'il avait laissés sur la plage ; ils tirent maintenant sur lui qui revient à eux et l'atteignent au bras. Si Gesril ne mourut pas cette fois, ce ne fut

---

[1] On sait que Tinténiac fut tué, le 18 juillet, dans les avenues du château de Coëtlogon, par un soldat républicain qu'il sommait de se rendre.

pas leur faute. Plus tard, d'ailleurs, ils ne le manqueront pas [1].

Il y a enfin divers lieux à Quiberon, qu'un pèlerin ne saurait oublier ; ce sont les villages où siégèrent les commissions militaires et les plages où souffrirent les victimes. Une des premières commissions qui *fonctionnèrent* dans la presqu'île, s'établit au presbytère de Quiberon. Parmi ceux qu'elle condamna, nous remarquons, le 12 thermidor (30 juillet), un certain nombre de blessés : de Lâge de Volude, Le Gualès de Lanzéon, Le Vicomte de la Houssaye, Jouan de Kervenoaël, tous du régiment *du Dresnay*, et, avec eux, leur pieux aumônier, l'abbé du Largez [2]. Un des blessés d'*Hector*, Louis de Baraudin, l'oncle d'Alfred de Vigny, ne put marcher au supplice : « Il occupait une chambre au-dessus de celle où j'avais été déposé, avec MM. Piquet de Melesse et Tréouret de Pennelé [3], écrivait un ses camarades, le lieutenant de vaisseau de la Bonnetière ; notre porte était fermée, mais nous entendîmes le bruit d'hommes montant et descendant l'escalier avec fracas, et la détonation des armes à feu dans la cour même de la maison. » Prevost de la Voltais, atteint de trois blessures et à qui on avait coupé la jambe, fut fusillé le même jour impitoyablement.

Ceux des condamnés qui pouvaient marcher étaient conduits vers une espèce de pâture nommée le *Sâle*, dans la direction du cimetière actuel. Cette pâture, située à gauche, après la dernière maison, est limitée, du côté du village, par le mur d'un verger. C'est devant ce mur qu'avait lieu l'exécution. Quelquefois on menait les victimes jusqu'à la plage de Port-Maria, au pied d'un monticule que surmontait une croix connue sous le nom de *croix des Bertiniaux*. Il est à regretter que cette croix ait été transportée dans le cimetière. Un poteau la remplace. Les cadavres étaient ensuite enterrés, tant ceux du Sâle que ceux de Port-Maria, sur la pente du monticule. On

---

[1] Voir, sur tous ces faits, l'attestation du capitaine républicain Rottier, dans Crétineau-Joly et Théodore Muret.

[2] Voir pour les détails la *Liste des Victimes*.

[3] Le Bihan de Treouret, de la même famille que les Le Bihan de Pennelé ; il mourut de ses blessures.

raconte dans le pays que ceux du Sâle y étaient portés dans des caisses à savon. Aujourd'hui ces pieux ossements ont été réunis dans le cimetière.

Ne quittons pas, enfin, le bourg de Quiberon sans visiter le presbytère où siégèrent les bourreaux, et l'église où. furent enfermées les victimes. Eglise et presbytère sont toujours les mêmes ; on y apprend à prier et à pardonner [1].

En retournant vers le fort Penthièvre, nous rencontrons l'église et le bourg de Saint-Pierre qu'entoure toute une ceinture de villages : Kerraud, Kerdavid, Kergrois, Keridanvelle et, sur le bord de la mer, port d'Orange. Beaucoup de condamnations sont datées du quartier-général de Saint-Pierre. La commission qui les prononça siégeait à port d'Orange, dans la maison Le Toullec, parfois aussi à Kerdavid, dans la maison Rochonvilé. Elle commença à fonctionner le 9 thermidor, c'est-à-dire le jour même où Mʳ de Hercé et le comte de Sombreuil étaient condamnés à Auray. Parmi ses premières victimes figurent les jeunes gens que nous avons déjà nommés, Priez, Fesselier, Vosseur, Javel, etc., puis une douzaine de domestiques, qu'on ne pouvait confondre cependant avec des soldats : Pâris, Lamy, Poulain, Lallemand, Lairé, Garnier, Sico, Moiton, Boileteau, etc., un garde-du-corps, Varin ; un officier d'artillerie, de Buissy ; un certain nombre de ces paysans émigrés de l'Artois et de la Flandre dont nous avons signalé le religieux dévouement ; un officier poitevin, Charles-Sylvain de Béchillou ; un frère du célèbre abbé de Feletz, sous-lieutenant dans du Dresnay; deux vétérans, Armand de Quincarnon et Bignon du Fresne ; un vieux militaire, qui s'était fait infirmier, Salomon de Chapiteau, mari d'une Couhé de Lusignan, en tout cinquante [2].

Du treize au quinze, elle en condamna trente-six, parmi lesquels ces vieillards que j'ai déjà cités : Lustrac, Imbert,

---

[1] On y reçoit aussi le plus bienveillant accueil, tant du curé, le vénérable abbé Allioux, que de son vicaire, l'abbé Lavenot, membre de la Société française d'Archéologie et connu par ses recherches archéologiques.

[2] Voir, pour les détails, la Liste des Victimes.

Desfontaines, Salignac-Fénelon, et avec eux plusieurs de nos compatriotes de Bretagne : Ballet de La Chenardière, Boussineau, Courson, un jeune Vendéen, Vas de Mello [1], etc., etc.

Le lieu où ces malheureux furent exécutés garde aujourd'hui encore le nom de *Fosse des Martyrs.* C'est, vers la côte de l'ouest, au pied de la falaise de Kergrois, entre Kergrois et Keridanvelle, une dépression de terrain qui forme, en effet, une espèce de fosse, non loin de la grève que vient battre de ses flots ce qu'on appelle dans le pays la *mer Sauvage.*

La troisième commission siégeait au village de Kerraud ou Kerraude. Elle ne fonctionnait pas moins activement que les autres. Ainsi, le 15 thermidor (2 août), elle envoyait trente prisonniers à la mort, presque tous des plus distingués : c'étaient Charles de Lamoignon, fils du garde des sceaux de Louis XVI, Rouault de Gamaches, descendant d'un maréchal de France, Cardon de Vidampierre, petit-fils du gouverneur des princes de Lorraine, Toussaint de la Villéon, colonel en second du régiment de *Rohan,* du Rocher du Quengo, Henri de Goulaine, Guillaume du Haffont, Benoit de Lostende, Gorrin de Ponsay, Treton de Vaujuas, Gabriel du Parc, Bouhier de Maubert, Casimir-Julien-Mathieu Harscouet, Armand Rogon de Carcaradec, etc., etc. Ils furent fusillés sur une plage nommée *Squérace,* derrière le port d'Orange, du côté de Kerraud. C'est de cette fusillade que se sauva Auguste d'Oyron. Un de ses compagnons d'infortune, Edme de Genot, se jeta à la mer, mais il y fut tué d'un coup de feu.

Le 17 thermidor, la commission est plus indulgente : elle ajourne neuf accusés jusqu'à plus ample information et n'en fait fusiller que huit, presque tous chouans. Ce sont Jérôme (du Rongouët), Le Métayer de La Garde, Demolte, Brien, Lesauce, Légo, auxquels sont adjoints deux émigrés, Guergelin et Bailleul de Croissanville.

A Auray et à Vannes, nous retrouvons les mêmes scènes. Lorsque les prisonniers arrivèrent à Auray, dans la nuit du

[1] Voir ci-après la *Liste.*

21 au 22 juillet, nuit sombre et orageuse, qu'éclairaient tristement les lumières des portes d'où chacun cherchait à reconnaître un parent ou un ami, la prison et les églises de la ville furent occupées, encombrées. « Nous fûmes entassés les uns sur les autres, dans l'église Saint-Gildas, raconte M. de Grandry ; je passai cette première et cruelle nuit de ma captivité sur les marches du grand autel, étouffé, pour ainsi dire, sous le poids de mes infortunés camarades, qui s'étaient étendus sur moi. »

Saint-Gildas était la plus grande église d'Auray. Près d'elle, se trouvait Notre-Dame, célèbre par son pèlerinage, célèbre désormais par ses prisonniers, mais que remplacent aujourd'hui un marché et une promenade. Nous avons vu les fripiers étaler leurs loques sur le lieu où nos aïeux vinrent prier Marie et où commença le martyre de nos pères. Les Cordelières, aujourd'hui le *Père Éternel,* dont la cour vit l'assassinat d'Urvoy de Portzamparc ; les Capucins qu'occupe en ce moment la Congrégation des femmes ; l'ancienne Congrégation des femmes, petite chapelle toujours existante rue du Lait ; le Saint-Esprit, transformé désormais en caserne, et deux petits édifices détruits, la Congrégation des hommes dans les dépendances du presbytère actuel, et Saint-Sauveur, au pied du coteau de Saint-Goustan : tels sont, avec la prison et l'hôpital, les lieux qui nous rappellent le plus vivement ces premiers jours de souffrances et d'angoisses. Ajoutons que M. de Sombreuil fut logé, pendant quelques jours, sous la garde d'un chef d'escadron de gendarmerie, à l'auberge du *Pavillon d'en haut,* qui existe toujours.

Le premier arrêt de mort prononcé à Auray, celui du 9 thermidor contre M⁰ʳ de Hercé, le Cⁱᵉ de Sombreuil, etc., est daté de la salle d'audience du tribunal civil, qui devait occuper au-dessus des Halles, si nous ne nous trompons, l'auditoire actuel de la justice de paix et les salons du *Cercle* qui lui est contigu. Ce fut là que comparurent ces nobles victimes ; puis, le soir, ils furent traînés en charrette à Vannes, où l'on fêtait, par des *hymnes*

(style officiel) et par un *solo de violon*, dû à Boyer, l'anniversaire de la fin de la Terreur !!!

Nous avons décrit la prison où furent enfermés les condamnés; il est à regretter qu'elle soit devenue une propriété particulière. Nous avons pu la visiter néanmoins et reconnaître les
lieux tels que l'histoire en a consacré le souvenir. Voilà bien ces
deux tours *qui s'élèvent au-dessus d'une des portes de la ville
donnant vers la Garenne,* suivant le récit officiel, et qu'unit
l'une à l'autre un couloir à ciel ouvert. Voilà bien ces profondes
embrasures dans lesquelles étaient les lits des prisonniers, telles
que nous les dépeint M. de Noyelle; et ce *jardin sur le mur de la
ville,* que M. de Noyelle appelait son *donjon* et d'où il suivait
tristement de l'œil l'abbé Poulain, au moment où on le menait
à la mort, comment ne pas le reconnaître dans cette étroite
terrasse bordée de plate-bandes? « Plusieurs dames, raconte
M. Le Grand, venaient passer l'après-midi avec nous et faisaient
leur ouvrage sur notre terrasse, à l'ombre d'une tonnelle. Il y
en avait quelquefois un assez grand nombre pour que la place
manquât et que nous eussions la crainte de voir fermer la porte
aux étrangers. » De pareils souvenirs font du bien dans ces
tristes lieux. Les âmes compatissantes étaient partout, au dedans et au dehors, prodiguant les consolations ou les secours.
Ne quittons pas la *Porte-Prison* sans jeter un regard sur la
maison qu'occupait, au pied même des tours, l'une de ces
âmes généreuses, M. Chauffier?

La tour *du Connétable* ou de *Clisson* [1], nommée aussi la *tour des
Folles,* en souvenir des malheureuses qu'elle abrita quelque
temps, ne tarda pas, à son tour, à être remplie d'émigrés. Dès
le 29 juillet (11 thermidor), tous les étages en étaient pris.
Cette tour, devenue aujourd'hui le musée de la Société polymathique, a conservé fidèlement ses anciennes distributions et on

---

[1] C'est dans cette tour que fut enfermé Clisson en 1384. Pour se rendre un
compte exact de l'ensemble des anciennes fortifications de Vannes et du château de
l'Hermine, un plan est nécessaire. Nous devons signaler celui que possède le savant
et obligeant M. Lallemand.

peut y suivre les moindres incidents de l'évasion des cinq détenus que nous a racontée M. de Saint-George.

La *tour du Bourreau*, de l'autre côté de la *Porte-Prison*, devint également une geôle. Le vaste enclos des Ursulines, sur le port, et le couvent voisin, qui porte aujourd'hui le nom de *Père Éternel*, furent remplis de chouans, qu'on y parqua comme des troupeaux. Dans l'enclos du *Père Éternel*, se trouvait une ancienne carrière où les malheureux s'entassaient, s'aggloméraient le soir, afin de moins souffrir, après la chaleur des jours d'été, des fraîcheurs de la nuit. J'ai dit qu'une épidémie, désignée par le nom de *mal des chouans*, les fit périr par centaines. Le *Père Éternel* est occupé aujourd'hui par les Sœurs de la Sagesse, qui y élèvent des petites filles pauvres. Cet établissement a été fondé, au commencement du siècle, par la mère et par la sœur d'une des victimes de Quiberon, Mesdames de Lamoignon et Molé. On voit dans une des salles de ces vieux bâtiments, qui ont été témoins de tant de souffrances, les portraits des divers membres de la famille, de Charles de Lamoignon, entre autres, qui fut fusillé le 15 thermidor, et celui de Chrétien de Lamoignon, son frère, l'un des blessés du 16.

Quant à l'enclos des Ursulines, il est devenu la propriété des Pères jésuites, qui y ont fondé un de leurs plus beaux collèges. Quelques parties rappellent encore néanmoins l'ancien couvent. La vieille chapelle n'a pas été démolie, et, sur les trois côtés du cloître, deux sont antérieurs à la Révolution. On ne peut les parcourir sans se reporter, malgré soi, à l'époque où ces lieux si riants devinrent en quelque sorte un ossuaire.

L'église de Saint-Patern, celle du Méné, aujourd'hui de la Retraite, et la chapelle du Collège, sur la place des Lices, furent, elles aussi, momentanément peuplées de détenus. Ce fut à Saint-Patern que fut déposé, le 11 thermidor (29 juillet), le second convoi de prisonniers arrivé d'Auray; ce fut au Méné que fut déposé le troisième (31 juillet).

Deux commissions militaires avaient été établies pour juger sans désemparer. L'une d'elles siégeait dans la vieille salle des États, au-dessus de la Halle, en face de la Cathédrale. Cette salle, autrefois prétoire de la justice, est devenue plus tard un théâtre. On a joué la comédie aux lieux où ont été condamnés nos pères. Aujourd'hui déserte, elle répond assez bien, par sa solitude et son abandon, aux douleurs qu'elle rappelle.

L'autre commission s'était établie à l'hôtel de Gouvello, aujourd'hui hôtel de Limur, sur les douves. Cet hôtel est tel encore aujourd'hui que dans ces jours de deuil. La cour qui le précède, la porte sculptée qui le ferme, le grand vestibule, le large escalier de pierre, les deux vastes salles du premier étage ont une éloquence que nous ne pourrions avoir. Les pierres elles-mêmes crieront, a dit la parole divine : *lapides cla-mabunt.*

Suivons maintenant les victimes jusque sur leur calvaire. Une des beautés de Vannes est sa promenade de la Garenne, promenade ombreuse et étagée, qui permet au regard d'embrasser un vaste et pittoresque horizon. Eh bien ! ce fut pour mourir là qu'on amena d'Auray le vénérable évêque de Dol, l'héroïque comte de Sombreuil, le jeune La Landelle qui était de Vannes même, un ancien chevalier de Saint-Louis, Petitguyot, l'un des plus braves et des plus beaux vieillards de France [1], et, avec eux, douze prêtres.

La Garenne est divisée en plusieurs allées, dont l'une transversale longe le mur des anciennes Hospitalières (aujourd'hui de la Préfecture). Cette allée porte le nom d'*Allée des Soupirs.* Elle était plantée d'ormes ; ce fut là que tombèrent les martyrs. Longtemps, dit-on, on a vu dans le mur les trous des balles. Aujourd'hui, toute trace a disparu ; les vieux ormes ont fait place à de jeunes arbres, et pas une croix, pas un signe n'indique le lieu du supplice.

---

[1] Ancien garde-du-corps du roi Stanislas, Petitguyot, disent ses contemporains, faisait l'admiration de tous ceux qui venaient à Lunéville, par sa belle tenue militaire, et ses rares talents comme homme du monde.

Les corps, après être restés longtemps exposés, sanglants et nus, aux yeux du public, furent transportés pêle-mêle au cimetière de Bois-Moro.

Une des plus insignes reliques qui soient à Vannes de ces pieuses victimes, c'est la croix pastorale de Mᵍʳ de Hercé, évêque de Dol. Elle fut remise par le prélat à Mᵐᵉ de Lenvos, l'une de ces charitables femmes qui, aujourd'hui comme autrefois, s'attachent aux pas des martyrs. Afin de remplir les intentions du donateur, Mᵐᵉ de Lenvos fit remettre cette croix, avant de mourir, à l'évêque de Vannes, avec une attestation de son origine, signée de la main de son beau-frère, M. de Keronic [1]. Les évêques de Vannes ne portent plus, depuis lors, d'autre croix pastorale [2].

Le 13 thermidor (31 juillet), nouvelles et nombreuses condamnations; mais, cette fois, on épargne la vue du supplice aux habitants indignés. Ce sera vers l'Ermitage, à droite du canal, que sera dirigé le convoi funèbre. Sur toute la plage qui s'étend de l'ancienne communauté de Lassentière au promontoire connu aujourd'hui sous le nom de *Pointe des Émigrés,* on pourrait multiplier les croix noires. C'est, en effet, par quarante, c'est par soixante et plus que se font les exécutions. Parmi les premiers qui tombent en ces lieux, au-dessus de l'Ermitage, je remarque ce capitaine de *Damas,* qui récitait, en prison, les prières des agonisants avec l'aide de sa femme, Charles-Joseph de Villavicienso, et avec lui, Saint-Sauveur, Saint-Luc, La Rochefoucauld, Kerolain, Le Lart, Fouchier de Pontmoreau, Le Maître d'Annoville, Cabon de Kerandraon, Le Baillif de Portsaluden, trois frères renommés pour leur bravoure, Louis, Auguste et Victor de Jallais, enfin le jeune et

---

[1] MM. Charpentier de Lenvos et de Keronic étaient deux anciens conseillers au Parlement de Bretagne, qui habitaient, aux portes de Vannes, leur terre de Limoges, sur la route de Séné.

[2] Je dois la connaissance de ce don à Mᵍʳ Bécel, actuellement évêque de Vannes, qui a bien voulu me montrer cette pieuse relique.

infortuné Penvern, dont nous avons raconté la fin dans les eaux du canal [1].

Le lendemain, 14 thermidor, autre hécatombe. Les victimes furent cette fois conduites de l'autre côté du canal, sur les terres de l'Armor. Je citerai, dans le nombre, MM. de Baudran, de Boisendes, Bauquet de Granval, de Chevreux, de la Chapelle, Colardin, Hue de Lerondel, de la Roche-Aymon, Faulte de Vanteaux, d'Aiguillon, Gigault de Bellefonds, du Trévou, de Trédern-Lezerec, de Roquefeuil, Gabriel du Quengo, de Tronjoly et de Langle. De Langle était *seigneur de l'Armor*, qui faisait partie de la succession de son père [2]. Ses fermiers le reconnurent et ne purent retenir leurs larmes. *Adieu, mes amis, adieu*, leur dit le condamné, et suivant son chemin d'un pas ferme, il passa devant le vieux manoir de sa famille, tourna à droite dans un pré qui en dépend, et y subit la mort des félons, sans jamais cesser d'être, comme les siens, sans peur et sans reproche [3].

« De Langle a conservé jusqu'à sa mort son air serein », écrivait, peu de jours après, sa cousine Julie de Talhouët. Le baron de Roquefeuil écrivait, de son côté, à celle qui allait être sa veuve [3] : « Je passe de cette vie dans l'autre avec la même sérénité qu'un voyageur se transporte d'une ville à l'autre. Plus de trois cents personnes qui sont ici dans la même position ont la même sécurité. Nous nous reposons tous sur l'im-

---

[1] Voir la *Liste des Victimes*.

[2] *Louis-Vincent-Marie* de Langle était fils de *Claude-Louis*, vicomte de Langle, seigneur de Talen, près de Pontivy, et de l'Armor, capitaine des vaisseaux du roi, chevalier de Saint-Louis, et de *Catherine-Ursule-Thomase-Claire* de Talhouët-Grationnaye. L'un de ses frères périt au combat d'Auray en 1815. L'Armor appartient aujourd'hui à son neveu, M. de Keridec, le très-honorable député du Morbihan.

[3] *Charles-François-Balthazar*, baron de Roquefeuil, capitaine de vaisseau, né au château de Livers, commune de Salles (Tarn), le 29 septembre 1752, fut attiré en Bretagne par son parent, le célèbre vice-amiral de Roquefeuil. Il avait épousé, en 1786, au château de Bois-Garin, près de Carhaix, l'une de ses parentes, *Marie-Jeanne* de Roquefeuil, née dans le Rouergue, le 6 avril 1769, mais élevée en Bretagne par la comtesse de Roquefeuil, femme du vice-amiral. Pour les autres détails, voir la *Liste des Victimes*.

mense bonté de la Providence divine. A elle seule je me confie
pour me faire miséricorde. »

Le 15 thermidor, nous apercevons dans les rangs des victimes
le comte Joseph de Broglie, le comte de Kergariou-Locmaria ,
le comte de Boiséon, l'héroïque paysan Biard, Fortuné de Cheffontaines, les deux Coëtlosquet, Couhé de Lusignan, d'Orvillier,
Derval, Grellier de Concise, Froger de l'Eguille, Cramezel de
Kerhué, Le Ny de Coëtudavel, Louis de la Clocheterie, Bidé de
Maurville, Méherenc de Saint-Pierre, Prigent de Quérébars, Le
Vicomte de la Villevolette, etc., etc. Malheureusement, nous ne
pouvons préciser le lieu de leur supplice; peut-être l'Ermitage,
peut-être Nazareth. Il en est ainsi pour tous ceux qui furent fusillés du 15 thermidor au 8 fructidor, à ce jour de la Saint-Louis
où s'accomplit l'affreux massacre du Bondon.

Lorsqu'on suit le chemin du Bondon, on trouve à peu de distance, sur la gauche, entre ce chemin et une voie de traverse
qui de la route de Sainte-Anne se rend au Bondon par la ferme
du Parc, une prairie humide, au bas de laquelle se trouve une
fontaine; c'est là que périrent Botherel, Kermoisan, Lantivy
Clinchamp, Champsavoy, du Laurens de La Barre, Vauquelin,
Lanjamet, Jouanguy, Jehanno, Goyon de Beaufort, Rossel,
Vélard, etc., etc., presque tous à la fleur de l'âge, innocentes
victimes des crimes de leur patrie.

Suivant la femme Robert, concierge des tours de la *Porte-
Prison*, MM. de Charbonneau, de Bonafous et Louis de Talhouët, condamnés les 9 et 10 fructidor (26 et 27 août) furent
fusillés au Grador. Il nous a été impossible de retrouver à
Vannes la moindre tradition qui pût nous mettre sur la voie du
lieu précis de leur martyre. On suppose que les trois prisonniers furent fusillés dans les prés qui s'étendent de la Garenne au Grador.

Un dernier lieu nous est indiqué par M. Nettement, et ce lieu
lui aurait été signalé par Mgr de la Motte-Broons, évêque de
Vannes ; ce serait l'*étroit triangle que forme le portail du grand-
séminaire* (alors au Méné), *avec la grande voûte de la rue du*

Méné, vis-à-vis de laquelle *il se trouve en fausse équerre*. Le comte de Saint-George raconte, en effet, qu'étant emprisonné au Méné, douze de ses camarades furent appelés, le 1er août, devant la commission militaire, et que, quelques heures après, une violente détonation, comme serait un feu de peloton, se fit entendre presque à la porte. Un sentiment pénible se peignit naturellement sur les visages. « N'ayez pas peur, dit alors un officier avec un mauvais sourire, c'est le major de place qui fait sauter des *mines*. »

Des détails aussi précis doivent être vrais, mais nous n'en avons pas trouvé de souvenir sur les lieux. Nulle part d'ailleurs plus qu'à Vannes, on ne peut dire comme à Jérusalem : « Ils ont dispersé autour de la ville les corps des saints, et personne ne s'est trouvé pour leur donner la sépulture [1]. » Mais lorsque la liberté revint avec le droit, les ossements épars furent recueillis et solennellement transportés dans la chapelle Saint-Louis de l'église cathédrale. C'est là qu'ils reposent.

Malheureusement, on n'a conservé, par aucun indice, le souvenir de la dispersion; on n'a inscrit nulle part, comme au *Champ des martyrs* d'Auray : *Hic ceciderunt* [2]. De là la croyance, chaque jour plus générale, que c'est à Auray qu'il faut chercher les restes de la plupart des victimes. La vérité est que le nombre des morts tués à Quiberon, soit les armes à la main, soit par arrêt des commissions militaires, atteint à peu près le chiffre de mille [3]; que celui des victimes de Vannes, soit fusillées, soit mortes d'épidémie, doit s'élever également à un millier, tandis que le *Champ des martyrs* de la rivière d'Auray n'a pas vu tomber, suivant le répertoire du greffe, plus de 204 victimes [4].

[1] *Macc.* L. I. C. VII. V. XVII. — Cité par Mgr de Bausset, évêque de Vannes, dans la cérémonie de la translation.

[2] « C'est ici qu'ils tombèrent. »

[3] 800 morts en combattant, suivant le général Lemoine, et près de 200 fusillés, suivant le répertoire du greffe.

[4] Que ce chiffre soit rigoureusement exact, je ne le prétends pas; les arrêts de mort de plusieurs victimes ne se retrouvent point sur les registres, mais il doit être approximativement vrai.

Deux commissions avaient été établies à Auray ; l'une, je l'ai dit, au-dessus des Halles, l'autre dans la petite chapelle de la Congrégation des femmes, rue du Lait. Les condamnés, avant d'aller au supplice, étaient réunis dans la chapelle de la Congrégation des hommes, qui malheureusement n'existe plus. De là on les conduisait à deux ou trois kilomètres, dans une prairie basse, en face de Kerzo [1]. Cette prairie, à laquelle son temple grec aux quatre colonnes monolithes, ses plantations de sapins et la croix de granit qui l'annonce, donnent aujourd'hui un aspect à la fois solennel et sévère, était alors un simple marécage au fond d'une riante vallée. Les premiers qui en firent une terre sainte durent être les condamnés du 11 thermidor (29 juillet) : Solanet, de Baupte, Pic de la Mirandole, Robert de Boisfossé, Jean de la Haye, Louis de Vasconcelles, Pierre-François de Roquefeuil, Morisson de la Bassetière, de Compreignac, de Robecq, etc., etc. Le 13 (31 juillet), nous remarquons Louis-François d'Haize, l'énergique major de *Loyal-Emigrant;* le vieux comte de Soulange ; le commandant du régiment de *Béon,* d'Anceau ; le vaillant Charles de Corday, le marquis de Goulaine, le comte de Sainneville, cordon rouge, etc., etc. Le 14, Bréart de Boisanger et dix autres. Le 15, Le Merdy de Quillien, l'héroïque valet de chambre Claude Brodier, Paul de Lantivy, Payen de Chavoy et quinze autres. Puis, en fructidor, les jeunes gens du sursis : de Rieux, du Bouëliez, Vassal de Bellegarde, Billouard de Kerlerec, Berthou de la Violaye, et les deux La Seinie, et les deux Viart, et Le Prince, et Cazaux, et Salve de Villedieu. La plume tombe des mains de honte et de fatigue.

On sait que les ossements de ces victimes ont été transportés sur le coteau, dans l'ancienne chartreuse de Saint-Michel du Champ, édifiée sur le champ de bataille où Jean de Monfort conquit définitivement la couronne ducale de Bretagne (29 septembre 1364). Ainsi les preux du XVIII° siècle dorment leur sommeil à côté des preux du XIV°. Le monument qui

---

[1] Kerzo appartient aujourd'hui à M. Humphry, par succession de la famille Martin, qui en avait hérité elle-même des Lauzer.

leur a été consacré occupe, et l'on pourrait dire, remplit une chapelle construite sur le flanc gauche de la chartreuse et qui communiquait autrefois avec l'église du couvent par une arcade. Cette arcade a été supprimée depuis quelque temps, pour faire place à un autel. Le monument, œuvre de M. Caristie, se compose d'un haut stylobate de marbre blanc, supportant un cénotaphe de même marbre et reposant sur un triple gradin de marbre noir. Des bas-reliefs et des bustes ornent le dé du mausolée. Les bas-reliefs représentent, sur le tympan qui fait face à l'entrée de la chapelle, *la Religion déposant une couronne sur un tombeau ; sur le côté droit, le débarquement de l'expédition ; sur le côté gauche, Gesril du Papeu se jetant à la mer, malgré les Anglais, pour revenir se constituer prisonnier.* Au-dessus est écrit : *In Deo speravi, non timebo.* Les autres inscriptions du monument ne sont pas moins heureuses : *Pro Deo, pro rege nefarie trucidati. — Pretiosa in conspectu Domini mors sanctorum ejus. — Pro animabus et legibus nostris. — Accipietis gloriam magnam et nomen œternum.*

Les portraits sculptés sont, dans le tympan qui fait face à l'autel, la figure en relief de Mᵍʳ de Hercé, et au-dessous de lui, dans des niches richement ornées, les bustes en ronde bosse de deux victimes du combat de Sainte-Barbe : le comte de Talhouët, resté sur le champ de bataille, et le comte d'Hervilly, mort quatre mois après de ses blessures ; sur la face opposée, c'est-à-dire au-dessus de la porte de bronze qui donne entrée au caveau funèbre, ce sont les bustes du comte de Soulange, blessé le 16 juillet, et l'une des victimes du Champ des Martyrs, et de l'illustre comte de Sombreuil, l'une des victimes de la Garenne.

Charles de Sombreuil, fils du marquis de Sombreuil, qui montra tant de fermeté dans les mauvais jours, comme gouverneur des Invalides, était un des officiers les plus brillants de notre ancienne armée. Il avait perdu dans la Révolution son père et son frère, décapités le 17 juin 1794, comme ayant pris part à un complot contre la vie de Collot-d'Herbois. Les deux

Sombreuil avaient été conduits à l'échafaud vêtus de chemises rouges. De toute sa famille il ne restait plus que lui et une sœur, qui avait sauvé une fois la vie à son père en buvant un verre d'eau maculé de sang que lui présentaient les assassins, mais qui n'avait pu la sauver une seconde. Lui-même allait se marier lorsqu'il reçut l'ordre de partir pour Quiberon avec une division de réserve. Il n'avait que vingt-cinq ans, et joignait à la beauté des formes, qui prévient toujours, un courage et une loyauté à toute épreuve [1].

Le comte de Soulange était chef d'escadre. Estimé pour ses talents, il ne l'était pas moins pour ses vertus [2].

Le comte d'Hervilly était cité, comme colonel, pour sa fermeté et son entente des manœuvres. Sa conduite à Rennes et à Nantes, à la tête du régiment de Rohan, et son dévouement au 10 août, avaient en outre accru la haute opinion qu'on avait de lui ; mais, homme de routine, il était incapable de l'initiative qu'exigeait une guerre toute nouvelle, guerre d'audace, de surprises, d'embuscades, où les régiments ne doivent servir que de centre et d'appui à des paysans armés [3].

[1] *Charles-Eugène-Gabriel* Vireaux de Sombreuil, né au château de Leychoisier, commune de Bonnac (Haute-Vienne), en 1770, était le troisième enfant de *François-Charles,* lieutenant-général, gouverneur des Invalides, et de *Marie-Madeleine* Desflottes de Leychoisier. Avant la Révolution, il était capitaine aux hussards d'Esterhazy. Sa sœur, *Maurille-Marie-Françoise,* comtesse de Villelume, obtint, sous la Restauration, pour son fils, l'autorisation d'ajouter le nom de Sombreuil au sien.

[2] *Claude-René* Pâris de Soulange, chef d'escadre, chevalier de Saint-Louis, né à Saint-Hilaire de Loulay (Vendée) le 18 août 1736, était fils de *Claude,* seigneur de la Preuille, et de *Françoise* de Gatinaire. De son mariage avec *Françoise-Émilie* de Kerouartz, il eut deux filles, dont une seule a laissé postérité. Elle se nommait *Claudine-Françoise-Félicité.* Mariée en premières noces à *Jacques-Nicolas* Le Forestier, comte de Boiséon, qui périt à Quiberon avec son beau-père et dont elle n'avait pas d'enfant, elle épousa, en secondes noces, *Dominique-François-Alexis* Fourier, comte de Nacquart, dont elle a eu un fils. Le comte de Soulange était beau-frère, par sa femme, du comte d'Hector.

[3] *Louis-Charles,* comte d'Hervilly, né à Paris en 1755, descendait d'*Arthur* Le Cat, seigneur de Beaumont-en-Beyne, qui avait épousé, en 1501, l'héritière d'Hervilly. Colonel du régiment de Rohan au retour de la guerre d'Amérique, colonel de la cavalerie dans la garde constitutionnelle de Louis XVI en 1791, il fut promu maréchal de camp en 1792. Sa femme était une nièce du marquis de Balleroy. Nous ne savons s'il a laissé des enfants.

Le comte de Talhouët-Grationnaye [1] était un vieil officier du régiment du Roi, qui vivait retiré, depuis 1776, avec le brevet de colonel, dans son château du Leslé, près de Pontscorff, qu'il venait de reconstruire avec dépense. Emigré à la fin de 1791, il fut nommé, d'une voix unanime, commandant d'une compagnie de gentilshommes bretons, qui se distingua au combat de Quiévrain, puis commandant de quatre compagnies d'infanterie et de deux de cavalerie de la Coalition bretonne. A Quiberon, il commandait le régiment *Du Dresnay*, en l'absence du colonel titulaire ; nous avons parlé de ses blessures au combat du 16 juillet. Deux jours après, le général Humbert disait à nos avant-postes : — « Nous avons trouvé M. le comte de Talhouët blessé sur le champ de bataille. Nous en avons eu le plus grand soin ainsi que de tous les autres blessés et prisonniers ; il a été généralement regretté dans notre armée. » — Le comte de Vauban, qui rapporte ces paroles, ajoute : — « Nous ne savions pas encore que ces vils ennemis avaient fusillé et massacré de sang-froid tous ceux de nos officiers qu'ils avaient pris ou qu'ils avaient trouvés blessés sur le champ de bataille, à commencer par M. le comte de Talhouët [2]. »

Disons, enfin, que le stylobate, dont un des côtés est occupé par la porte du caveau, est couvert, sur les trois autres, des noms des victimes, encadrés dans des guirlandes de cyprès.

En parcourant cette liste funèbre, que de pensées se présentent à l'esprit ! On est frappé d'abord de la répétition fréquente des mêmes noms ; le père marche avec ses fils ; les frères combattent à côté de leurs frères. Voyez : quatre Le Vicomte, quatre Jallays, quatre La Chevière, trois Chasteigner, trois Car-

---

[1] *René-Claude-Jérôme*, comte de Talhouët-Grationnaye, né à Quimperlé le 2 février 1733, du mariage de *Vincent-Marie*, capitaine de cavalerie, chevalier de Saint-Louis, et d'*Ursule-Catherine-Reine* de Gouicquet de Bocozel, était neveu du chevalier de La Grationnaye, qui avait laissé une haute réputation dans le régiment du Roi. (Voir *Histoire du Régiment royal*, par M. de Roussel). Chevalier de Saint-Louis en 1770, colonel d'infanterie en 1776, il avait, de son mariage avec *Anne-Henriette* Symon-de la Carterie, six enfants, dont trois seulement, un fils et deux filles, ont laissé postérité.

[2] *Mémoires pour servir à l'histoire de la guerre de la Vendée*, p. 122.

caradec, deux d'Ambois, deux La Bassetière, deux Charbonneau,
deux du Bouelliez, deux Goulaine, deux du Largez, trois Froger,
trois de Gimel, deux Courson, deux Kergariou, deux Lantivy,
deux Guerry de Beauregard, deux La Seinie, deux Coëtlosquet,
deux Savatte de Genouillé, deux Pélissier, deux de Paty, deux
Méhérenc de Saint-Pierre, deux Rocher du Quengo, deux Roquefeuil, deux Talhouët, trois de Viart, etc., etc.

Nous nous rappelons ces deux Cillart de La Villeneuve, l'oncle
et le neveu, qui furent emportés par le même boulet, dans la
journée du 16. Un troisième fut exécuté quelques jours après
(3 août). Les jeunes Cillart avaient été jusqu'à vingt-deux frères
et sœurs. La mort, qui frappe toujours par coups intermittents,
les avait réduits au nombre de quatorze; mais c'était trop
encore, et la Révolution y mit bon ordre. Et elle n'épargna pas
davantage les de Hercé, qui avaient été dix-neuf. Elle fut plus
rude encore pour les Le Gualès de Lanzéon, qui avaient été vingt.
Quatre périrent en combattant pour Dieu et pour le roi, sur
divers champs de bataille; et de cette branche aux nombreux
rameaux, il ne reste aujourd'hui que la postérité de deux sœurs
pour représenter tant de dévouement et de sacrifices [1].

Oublierons-nous maintenant les Jallays? Ils étaient quatorze,
dont neuf frères, l'un prêtre, les huit autres cités partout, à
l'armée de Condé, dans la Vendée, à Quiberon, pour leur audacieuse bravoure. Quatre furent fusillés à Vannes, un cinquième
parvint à gagner la Vendée et y périt. Et aujourd'hui, il n'y a
plus de cette héroïque famille, même par les femmes, un seul
descendant pour hériter de sa gloire.

Comptez d'ailleurs, si vous le pouvez, les familles éteintes.
Quelques-unes ont disparu à Quiberon même; d'autres ont
disparu depuis, mais vivraient encore si elles n'avaient perdu, à
Quiberon, une partie de leur séve : Rieux, Vireaux de Som-

[1] Ces deux sœurs étaient : 1° *Victurnienne-Alexandrine-Eléonore-Marie* Le Gualès,
épouse de *Pierre-René-Zacharie* de Trogoff de Coatalio, dont un fils et une fille, et
2° *Félicité-Marie*, mariée à *Alexandre* Potier de Courcy, capitaine de vaisseau, dont
cinq enfants, deux filles et trois fils : *Pol, Alfred* et *Henri*, qui, tous les trois, par
leurs études et leurs écrits, font honneur à la Bretagne.

breuil [1], Pâris de Soulange, Rouault de Gamaches, Derval, Gesril du Papeu, Gouicquet de Bocozel, Le Ny de Coëtudavel, Langan du Boisfévrier [2], de Chenu, de Baraudin, de la Chevière, du Trévou, du Drézit, L'Ollivier de Tronjoly, Lamoignon [3], du Perenno de Penvern, Brumauld de Beauregard, du Largez, Robecq, de La Villeloays, Pinel de La Villerobert, Blanchoin de Villecourte, Cothereau de Grandchamp, du Haffond [4], Prigent de Quérébars, Pallet d'Antraize, d'Anceau, Billouard de Kerlerec, Aubin de Botcouard, de Passac [5], Baudot de Sainneville, Maucouvenant de Sainte-Suzanne, Le Normand de Garat, de Souyn, de Royrand, Collart de Ville, Vas de Mello, etc., etc.

Je m'arrête, la liste est par trop longue ; il m'est impossible, d'ailleurs, de passer le nom de Mello, sans lui consacrer un pieux souvenir. La famille qui le portait se composait, au commencement de 1793, de onze personnes. Elle habitait en Bas-Poitou, dans la commune du Poiré-sur-la-Roche, le petit fief de la Métérie, dont son chef avait pris le nom. M. de La Métérie mourut vers cette époque [6]; il laissait une veuve dont le nom allait devenir illustre — elle se nommait Charette — et six enfants, deux fils et quatre filles. Il avait, en outre, deux frères et une sœur, qui demeuraient ensemble à la Chaize-le-Vicomte. L'un des frères était un ancien officier de dragons, chevalier de Saint-Louis.

Les deux fils étaient émigrés. Le reste de la famille suivit l'armée vendéenne par-delà la Loire, et, dans la déroute du

---

[1] Le nom a été relevé par Villelume.

[2] Le nom de *Langan* a été relevé par Treton de Vaujuas.

[3] Nom relevé par Ségur.

[4] Les du Haffond ne sont plus aujourd'hui représentés que par la comtesse Henri Le Gouvello de La Porte et par Mme de Rosencoat. Ils étaient sept au moment de la Révolution et n'étaient plus que deux après.

[5] Deux frères, l'un tué à Newport, l'autre à Quiberon.

[6] *André-Alexandre* Vas de Mello ; sa femme se nommait *Marie-Marguerite* Charette de la Verrière. J'écris *Métérie* et non *Métairie*, parce que c'est ainsi que le mot est écrit sur tous les actes et par tous ceux qui les signent. Les Vas de Mello étaient une famille portugaise, établie à Nantes à la fin du XVIe siècle, et au Poiré-sur-la-Roche vers le milieu du XVIIe.

Mans, disparurent à la fois Mme de La Métérie et ses deux beaux-frères. Les quatre jeunes filles furent prises près de Nozay, avec Jeanne Roy, leur fidèle *bonne,* suivant le mot du pays, et conduites à Nantes, où l'on fit grand bruit de la capture de quatre cousines de Charette. La plus âgée avait vingt-huit ans; la plus jeune n'en avait que dix-sept. Qui n'a ouï parler de leur beauté et de leur piété? Qui ne sait le drame affreux de leur mort?

Mlle de Mello, leur vieille tante, les suivit de près; elle mourut de chagrin et, dit-on, de misère. Quant aux deux fils, l'aîné, Alexandre, ancien garde-du-corps, de la compagnie écossaise, fut tué, en Hollande, le 26 avril 1794; le second, Césaire, fut fusillé à Quiberon, l'année suivante. Toute une famille fauchée par la Révolution!

Les anciens se sentaient émus à la seule pensée des ruines que le temps amoncelle et qui finissent elles-mêmes par disparaître; *Etiam periere ruinæ!* disait le poète avec tristesse. Mais ici ce ne sont plus des ruines qui périssent, c'est-à-dire quelque chose d'à demi-mort, c'est ce qu'il y a de plus vivace dans l'humanité, la famille, la race, qui semble faite pour traverser les siècles. *Etiam periere gentes!*

EUGÈNE DE LA GOURNERIE.

UN PORTRAIT DE MOLIÈRE

EN BRETAGNE *

Quelle fut l'origine de la singulière composition que nous offrent le Théâtre Français et M. de la Pilorgerie ? Quel mobile dirigea le pinceau du peintre inconnu auquel nous la devons ? Trois suppositions sont possibles. — En général, on a voulu y voir Molière montrant du doigt, comme pour les railler, les *farceurs* qui l'avaient précédé. — Cette pensée, quant à nous, en l'absence d'une preuve certaine qui manque et manquera toujours, nous ne saurions absolument l'admettre. Qui en 1670 aurait pu commander un tableau à la fois si glorieux et si impertinent, si telle en eût été la donnée ? Molière seul, il nous semble. Or, est-ce au moment où Molière, déjà malade et presque condamné, comblé d'ennuis dans son ménage par la coquette actrice qu'il avait eu la faiblesse et le malheur d'épouser, jouant presque tous les soirs, dirigeant les répétitions, surveillant les intérêts financiers de sa troupe, se hâtait, comme prévoyant sa mort, de composer ses derniers chefs-d'œuvre : *le Bourgeois gentilhomme*, *les Femmes savantes*, etc., qu'il aurait pu avoir une pareille pensée ? — Molière, d'ailleurs, si une fois dans sa vie, dans l'*Impromptu de Versailles*, il se crut, et avec raison, en droit de se venger, en raillant leur déclamation fausse et chantante, des Comédiens de l'Hôtel de Bourgogne, qui avaient joué *le Portrait du peintre*, ou la *Contre-critique de l'École des Femmes*, par Boursault, Molière avait connu, apprécié, estimé une partie des personnages représentés dans le tableau dont il s'agit ; quelle ingra-

* Voir la livraison de janvier, pp. 89-100.

titude eût-ce été à lui de les railler ! Plusieurs d'ailleurs vivaient
encore; c'est ainsi que le plus illustre des Scaramouche, — nous
le saluerons de nouveau, — Tiberio Fiurelli venait sans cesse à
la cour s'entretenir avec Sa Majesté Louis XIV, qui aimait son
esprit. Molière avait reçu des leçons de ce *grand homme ;* et l'on
voudrait qu'il se fût fait représenter comme le tournant en dérision !
— Il me semble qu'on a bien peu réfléchi, bien peu étudié, en
soutenant une pareille opinion. Molière d'ailleurs appréciait beaucoup le genre des pièces italiennes, auxquelles il avait commencé
par beaucoup emprunter; l'entrain, la gaieté de leurs acteurs
l'enchantaient. Il appréciait aussi en fin connaisseur l'esprit français, gaulois, primesautier, plein de sel et d'allure, des farceurs,
bouffons ou de tout autre nom qu'on voudra leur donner qui presque seuls occupaient les scènes comiques lorsqu'il débuta. Il les
préférait beaucoup aux emphatiques acteurs qu'il avait raillés dans
l'*Impromptu de Versailles*. Et qui oserait affirmer que le sac *où
Scapin s'enveloppe*, M. de *Pourceaugnac*, et la cérémonie du
Malade imaginaire, — nous pourrions allonger la liste, — ne
tiennent de bien près à la farce et à l'école des anciens bouffons,
des anciens paradistes.

D'ailleurs, au-dessous de la personne de Molière se voit aussi,
nous l'avons dit, dans le tableau de M. de la Pilorgerie, une lettre
désignative; donc il ne figure là que comme un célèbre *farceur,*
un comédien peut-être, mais à même titre, sauf une nuance supérieure, qu'on a peut-être voulu marquer en lui faisant l'honneur
de la première lettre de l'alphabet, que les autres personnages du
tableau; il ne s'en sépare pas, il y compte, il y fait nombre ; s'il
est à un des bouts du tableau, c'est qu'à la date de cette peinture,
en 1670, il était le dernier venu dans l'illustre troupe des farceurs,
des bouffons, des comiques, en un mot, des fils de la gaieté.

Son geste, où l'on a voulu voir une impertinente désignation de
sa part des bouffons italiens et français dont il se séparait par la
force de son mérite, mais sans nul orgueil de sa part, dans ses
comédies de haut style, son geste n'est que celui de dix scènes

dans son rôle d'Arnolphe. On sait que cet honnête mais sot
Arnolphe, voulant s'assurer une femme fidèle à tous ses devoirs,
s'y est pris de bonne heure. Une brave paysanne, « de pauvreté
pressée, » a consenti à lui laisser un de ses enfants, une jeune
fillette, pour qu'il la fît élever à son goût. L'éducation que lui a fait
donner Arnolphe a consisté à la rendre idiote, il l'a bien recom-
mandée à ses maîtresses institutrices, et « le succès a suivi son
attente. » Depuis, il l'a soumise à la garde d'un paysan, Alain,
son valet, et d'une paysanne, Georgette, sa servante, et il s'apprête
à épouser la belle ; — elle est, on le sait, célèbre sous le nom
d'Agnès. — Dès la première scène, une des meilleures de la
pièce, nous voyons Arnolphe exposer son singulier système au
sage Chrisalde, qui s'efforce, mais en vain, de lui en démontrer
l'absurdité :

> .... Chacun a sa méthode,
> En femme, comme en tout, je veux suivre ma mode,

répond Arnolphe. — Ne croit-on pas, en présence du tableau de
M. de la Pilorgerie, entendre Arnolphe s'exprimer ainsi ? — Son
système, on le sait, on le devine d'ailleurs dès cette première
scène, ne lui réussit pas, ne pouvait lui réussir ; il a compté sans
Horace, l'aimable et jeune Horace, qui, sans effort, sans y avoir
employé les longs et difficiles soins du pauvre Arnolphe, mais par
cette seule et invincible puissance de la jeunesse et de la grâce,
s'est fait aimer, en tout bien, tout honneur, du reste, et avec aide
finale du notaire.

Au lieu de voir Molière raillant les farceurs et bouffons français
et italiens, on pourrait au moins voir aussi bien et même plutôt
une pensée satirique contre lui dans « cette étrange promiscuité »,
selon l'heureuse expression de M. Jules Claretie, qui place ici un
tel homme à côté de farceurs plus ou moins illustres. Mais si de
bas écrivains ont pu écrire contre *Élomire*, ils n'ont pu évidemment songer à faire faire une œuvre de peinture aussi importante,
dont aucun peintre probablement n'aurait voulu endosser la honte
de se charger et dont l'emploi d'ailleurs est difficile à pénétrer.

Reste l'hypothèse pour nous la plus raisonnable : cette œuvre fut faite sérieusement, sans arrière-pensée, sans intention de critique ni de blâme. Dans cette donnée, cette composition peut avoir été commandée à quelque peintre, sinon très-habile, du moins de mé-'tier et d'expérience, pour servir d'affiche à quelqu'un des nombreux théâtres de la capitale, ou des foires alors si célèbres de Saint-Germain ou de Saint-Laurent, qui duraient très-longtemps et atti-raient considérablement de monde.

On peut aussi penser que cette œuvre fut exécutée sur la com-mande d'un amateur, d'un curieux, comme on disait alors, pour l'ornement de son hôtel. Enfin, il se peut encore qu'un artiste, riche en documents, dont plusieurs sont aujourd'hui presque introuvables, mais alors plus aisés à rencontrer, sur tous ces bouf-fons et ces farceurs au langage de *haute graisse*, comme dit Rabe-lais, ait eu la fantaisie d'en composer ce tableau, qui aura plu et dont il lui fut demandé des copies ; — *Adhuc sub judice lis est*, — l'opinion est encore libre à ce sujet.

Molière est évidemment le grand *attrait* de cette toile : il est le Jupiter de cet olympe de bouffons, de farceurs et de comédiens. Trouve-t-on l'expression ambitieuse ? Mettons qu'il en est le Momus. Toutefois les autres personnages qui remplissent cette œuvre, les demi-dieux ne sont pas sans mériter l'attention. Esquis-sons la physionomie de quelques-uns ; elle pourra intéresser nos lecteurs. Mais auparavant quelques mots.

Plus que tous les autres peuples, les Italiens ont eu cette chance de donner à la scène des types éternels, en assez grand nombre pour constituer la comédie presque entière de l'espèce humaine, types peu relevés sans doute, types avant tout plaisants et bouffons, types qui ont trop souvent abordé le théâtre de la foire, qui sont même descendus jusqu'aux tréteaux et à Guignol, mais enfin d'invention si nette et si franche, de si robuste constitution, si faciles à comprendre des petits comme des grands, et si nécessaires aux nombreux esprits mélancoliques et hypocondriaques, qu'ils ont traversé déjà plusieurs siècles au moins, et ne semblent pas encore près de disparaître. C'est qu'en effet il y a dans *Monsieur Poli-chinel*, le Napolitain, le vif *Arlequin*, de Bergame, *le Docteur Gratiano Baloardo*, de la faculté de Bologne la Savante, l'illustre *Pantalon* de Venise, ce type si réussi de la ganache sérieuse, le vieux *Cassandre*, moins honnête et souvent dupe et victime de ses velléités vicieuses, la faible, fausse et précieuse Isabelle et cepen-dant si charmante, Colombine, la gracieuse amie d'Arlequin, il y a, dis-je, dans tous ces personnages, à côté de leur accent de terroir et des traits de caractère propres à leur race, un côté d'observa-tion profonde qui les rend des types éternels et universels. Ajou-tons à l'honneur de l'intelligence des peuples transalpins qu'ils ont su sans nulle jalousie, sans nul sot amour-propre national, ajouter à leur troupe de fantoches, en les faisant leurs, quelques types tels que Scaramouche, le Capitan, le Matamore, fripons, pour-fendeurs et fanfarons amoureux, dont l'origine semble à plusieurs espagnole.

Ces types, ces rôles, ces caractères, les plus fameux acteurs des troupes italiennes s'y sont longtemps presque exclusivement incar-nés. En admettant qu'ils eussent un génie personnel et créateur, ils y ont renoncé, sauf à modifier les nuances de leurs person-nages, ils se sont bornés à la gloire de se distinguer; *Trivelin* dans le rôle du primitif Arlequin, les deux *Dominique* et *Carlin* dans celui d'Arlequin transformé, *Fiurelli* dans celui de Scara-mouche, *Costantino Lolli* et *Bonaventure Benozzi* dans celui du Docteur, la célèbre *Sylvia*, sœur de Benozzi, dans ceux des Isabelle et des Colombine, *Antonio Veronèse* dans ceux des Pantalons, etc.

Il n'est pas impossible que cet incontestable privilége qu'ont eu les Italiens leur soit venu comme un héritage naturel et direct des habitudes scéniques de l'ancienne Rome. Lorsque cette grande ville eut trouvé Plaute, Cæcilius et Térence, on put croire qu'elle se plairait désormais à poursuivre dans cette voie de la bonne comédie; il n'en fut rien, il ne parut plus de Plaute, de Cæcilius ni de Térence, l'intérêt des pièces de ces grands compositeurs s'usa lui-même, et quand vint Auguste, deux admirables pantomimes s'étant rencontrés, l'un *Pylade* pour le tragique, l'autre *Bathylle*, son élève, et bientôt son rival, pour le comique, les Romains s'éprirent de passion pour ces divertissements de théâtre, et nul dès lors n'attira autant les habitants de la ville des Césars. Les empereurs les encouragèrent dans le double but de couper court à la satire écrite et jouée de leurs vices souvent monstrueux, et de servir à l'unité romaine en permettant à tous les peuples vaincus et parlant divers langages, de prendre part aux mêmes plaisirs ; nous ne faisons qu'indiquer. — Les empereurs d'ailleurs se plaisaient beaucoup à ces spectacles en eux-mêmes, il en était également des sénateurs et des sages ; ils rivalisaient sous ce rapport avec la populace ; il faut que l'attrait en fût grand. — Jusque vers la dernière partie du IIIe siècle de l'empire, environ, un acteur seul, sauf d'assez rares exceptions, jouait tous les rôles d'une pièce, puis, peu à peu, plusieurs acteurs parurent dans un même sujet et ne jouant chacun qu'un rôle. — Les pantomimes, comme leur nom l'indique, ne prononçaient point de paroles ; des poses, des danses, des gestes, quelque chose d'analogue à nos acteurs de ballets, c'était là leur jeu, qu'ils poussaient à la dernière perfection. Mais l'intelligence du public n'aurait peut-être pas suffi cependant tout à fait pour comprendre les scènes représentées ; tantôt donc un coryphée, tantôt un chœur, les expliquaient à certains intervalles, soit par des chants, soit par des récitatifs rhythmés ; un orchestre instrumental accompagnait en outre tout le temps le jeu des acteurs. — On exigeait des joueurs de pantomimes qu'ils fussent très-beaux hommes. Ils ne se couvraient point la figure de ces énormes masques à bouches béantes qui avaient recouvert les acteurs dans les anciennes pièces parlées ; les joueurs de pantomimes ne portaient que des masques élégants et légers, et en changeaient au fur et à mesure du personnage qu'ils représentaient. Ils jouaient également dans les pièces les rôles de femmes ; on sait que chez les anciens elles ne se montrèrent que fort exceptionnellement en public sur le théâtre.

Ces notions données, il n'y a aucune témérité à vouloir trouver dans les pantomimes plus aisées d'ailleurs à un peuple naturellement très-vif et plus gesticulateur que tout autre, une des origines probables des types d'acteurs et de bouffons italiens parvenus jusqu'à nos jours. Il y faut joindre toutefois avec les auteurs les mieux fondés, et notamment avec M. Charles Magnin, de l'Institut (*Les origines du théâtre antique et du théâtre moderne*), cette autre source, les *Atellanes*, pièces très-gaies, empruntées aux Étrusques par les Romains, dont les caractères étaient surtout empruntés aux paysans et aux bourgeois de la Campanie, et dans lesquelles étaient employés des personnages de convention, des types grotesques, immuables, qu'on plaçait dans toutes sortes d'états et qu'on faisait passer par toutes sortes de situations. On trouve entre autres dans les Atellanes *Maccus*, dont on possède des statuettes, devenu le *Pulcinella* de Naples, *Pappus, Monsieur Pantalon, Casnar*, qui vit toujours dans *Cassandre*, etc.

Si maintenant le passage nous échappe jusqu'à des temps plus modernes, où ils nous apparaissent comme des nouveautés, pour retrouver les types créés dans les Atellanes ou par les pantomimes, il le faut attribuer à l'obscurité qui depuis l'envahissement de l'empire romain par les barbares, couvre presque tous les faits et presque toutes les origines des mœurs et des usages des modernes pendant près de mille ans. — Mais c'est assez ici sur ce sujet; il suffit d'en ouvrir le point de vue à nos lecteurs sagaces.

En France, nous n'avons guère créé de types analogues, c'est-à-dire de ces types qui se perpétuent à travers les âges, si ce n'est Gilles et son cousin *Pierrot*. Il y en a qui y ajoutent *Paillasse*, mais il est vraiment de bien bas lieu, n'en soyons pas trop fiers, et d'ailleurs ce sont les Italiens qui nous en ont au moins donné le nom et l'idée première. Dès 1570, nous trouvons *Pagliaccio* dans la troupe de Ganassa, une des premières qui soient venues en France; mais ce personnage disparut assez vite; nous en avons comme refait une création. — On pourrait peut-être encore y joindre *Janot*, mais il est bien dégénéré, il ne fréquente plus guère que Paillasse et court les foires; ses beaux jours furent la fin du XVIII⁰ siècle et le commencement du nôtre, où il brilla sous les traits de l'acteur

Volange. — *Jocrisse* et *Cadet-Roussel* sont dans le même cas ; désormais ils sont aussi de la compagnie de Paillasse ; mais Jocrisse, l'homme à guignons, Cadet-Roussel, le bon enfant, comptaient il y a cinquante ans parmi les grands succès de Brunet.

Pierrot qui a laissé souche, dont Janin, Gautier, d'autres illustres se sont occupés, et qui sous les traits de Debureau et de Paul Legrand s'est fait encore si applaudir de nos jours, le bon, l'aimable, l'honnête et gai Pierrot est peut-être la création dont nous pouvons être le plus fiers. Toutefois, encore ici, pour être juste, il faut dire que, comme pour Paillasse, son origine première est d'au delà des monts. Il est le *Pedrolino* des premières troupes italiennes qui vinrent en France. On l'avait laissé mourir ; Molière le reprit un moment dans le *Festin de Pierre*, et les Italiens, à leur tour, le ressuscitèrent. Mais c'est chez nous qu'il fit dès lors vie plus durable, et se perfectionna à tel point qu'au lieu d'être un simple comparse, un valet de second ordre, il est devenu d'habitude le héros principal des pièces dans lesquelles il figure. Chez les Italiens, lorsqu'il reparut sur la scène, — c'était en 1673, — demandé peut-être par *Colombine*, héritière de *Fracischina*, l'ancienne amie de *Pedrolino*, et qui, elle, Colombine, pas plus que Fracischina, ne pouvait s'accommoder de l'amour d'Arlequin ; ce fut un nommé Giuseppe Giratone qui remit ce rôle à la scène.

Si dans la bouffonnerie théâtrale nous avons créé peu de types qui soient restés, nous eûmes du moins l'avantage, plus probablement qu'aucune autre nation, de produire des farceurs, des bouffons, des plaisants, pleins d'esprit, d'entrain, de gaieté et d'originalité, chacun *sui generis*, chacun créateur de sa manière, fils de ses œuvres, sauf à subir l'influence de quelques bons modèles pour y puiser une plus grande perfection, mourant pour la plupart intestats, ne léguant guère d'écus à leur famille, mais leur laissant du moins ainsi qu'à la reconnaissante postérité le souvenir de leur gloire et l'honneur d'un grand nom. Nous vous en attestons, ô mânes de Turlupin, de Gaultier-Garguille, de Gros-Guillaume, de Guillot Gorju. Jodelet, pourrais-je vous oublier ? Tabarin, ne dois-je pas vous nommer ?

Bruscambille, je vous dois aussi le salut. — Ce sont tous là vieux héros de la farce, de la farce récréative, facétieuse, enfarinée ; la plupart se rencontrent dans le tableau de M. de la Pilorgerie, où Raymond Poisson, Jodelet, Scaramouche, Trivelin, le Matamore, Pantalon, Turlupin, Gaultier-Garguille, Gros-Guillaume, Gorju, sont signalés entre autres comme figurant. J'ai promis quelques-unes de leurs silhouettes, elles termineront à peu près cet article.

Raymond Poisson, Parisien, est le créateur du rôle de Crispin, l'intelligent et peu scrupuleux valet. Doué d'un esprit agréable et plein de saillies, acteur de bon goût et presque demeuré classique, Poisson plaisait à Louis XIV et à toute la cour. Il joua d'abord dans la troupe de l'hôtel de Bourgogne et passa plus tard avec ses camarades dans celle de la rue Guénégaud, déjà composée de la troupe de Molière et de celle longtemps célèbre du Marais. C'était en 1686 et par suite de la volonté royale que cette réunion eut lieu et fondit ensemble les trois grandes troupes de Paris ; nous ne parlons que des troupes françaises. — Il y en a qui ont appelé cette volonté une fantaisie ; — en tous cas fantaisie intelligente, car c'est de cette réunion que date réellement la Comédie-Française. — Poisson était grand de taille et de belle figure. On sait qu'un des traits principaux du costume à la fois simple, sévère et léger de Crispin consiste dans ses hautes bottines. Les uns ont prétendu que Poisson avait adopté ce costume parce que, manquant de gras de jambe, il voulait dissimuler ce défaut ; d'autres veulent que la moitié de Paris étant à peine pavée lorsque Poisson débuta, il eût de là pris cette habitude pour arriver dans des conditions plus confortables à son théâtre ; — certes voilà une importante question. Le fait est que depuis Poisson tous les Crispin portent des bottines. Depuis lui aussi ils bredouillent, parce que, dit-on, Poisson parlait bref. — Retiré du théâtre en 1685, Raymond Poisson mourut en 1690; mais, heureusement pour le bonheur du monde, il ne mourut pas tout entier, son fils Paul Poisson « hérita, dit Piganiol de La Force, dans sa *Description de Paris*, du beau naturel de son père, de son bredouillement et de ses bottines », et ne fut pas moins célèbre que son

père. Il mourut à Saint-Germain en 1735, âgé de 77 ans ; depuis
plusieurs années il s'était tourné vers Dieu. C'est sa femme qui nous
a laissé le curieux portrait de Molière que nous avons cité. — Philippe et François Poisson, fils de Paul, furent aussi, le second surtout, d'excellents acteurs.

Julien Geoffrin, dit *Jodelet* comme nom de théâtre, était né vers
1610. Du théâtre du Marais, il passa en 1634 à celui de l'Hôtel de
Bourgogne, où il joua au moins jusqu'en 1656. Un an environ avant
sa mort, en 1659, il entra dans la troupe de Molière, et décéda le
vendredi saint 26 mars 1660 ; il fut enterré à Saint-Germain-
l'Auxerrois. Il était marié, et son fils, prêtre, fut un prédicateur
célèbre sous le nom de dom Jérôme. — On possède de Jodelet plusieurs bons portraits gravés, un entre autres par Michel Lasne. Sa
figure était si comique que sa vue seule et son entrée en scène
excitaient une hilarité qu'augmentait bientôt la surprise que Jodelet
feignait d'avoir de faire éprouver ce sentiment. Son triomphe était
les rôles de valet. Beaucoup d'auteurs composèrent spécialement
pour lui, notamment Scarron. M. Soleirol, surtout, donne au sujet
de Jodelet des détails assez complets, et M. Hillemacher raconte
aussi de lui quelques piquantes anecdotes. — Tous les auteurs sont
d'accord que Jodelet nasillait parfaitement, plus peut-être qu'il
n'aurait voulu, mais enfin il tirait parti en homme d'esprit de ce
défaut dont il avait presque fait une qualité comique. Plusieurs passages des pièces du temps, lisons-nous dans le curieux ouvrage de
J.-B. Gouriet, *Personnages célèbres dans les rues de Paris*, honorèrent en lui ce don de la nature. Citons seulement les vers du
grand Corneille :

> Ah ! c'est là que mes sens demeurent étonnés !
> Le ton de voix est rare, aussi bien que le nez ;

et son épitaphe :

> Ici gît qui de Jodelet
> Joua cinquante ans le valet,
> Et qui fut de même farine
> Que Gros-Guillaume et Jean-Farine,
> Hormis qu'il parlait mieux du nez
> Que lesdits deux enfarinés.

LE B^{on} DE WISMES.

(La fin à la prochaine livraison.)

LA MOUETTE DES GRÈVES

NOUVELLE BRETONNE *

XI. — Dernière promenade.

Hélas ! Monsieur, vous qui m'écoutez avec un intérêt si patient,
n'êtes-vous point fatigué des tristesses continuelles de ce récit?
Et pourtant je n'en ai pas fini avec le deuil ; tout est noir autour
de moi, dans mon cœur, comme dans mes yeux. Mais, je vous
l'ai dit, j'ai accepté tous mes malheurs, et Dieu, qui m'entend,
sait que mon âme est paisible et soumise à sa sainte volonté.

Vous me permettrez de passer un peu plus rapidement sur
cette époque, la plus cruelle de ma vie. Je ne reviendrai pas sur
la situation désormais incurable de ma pauvre Yvonne. De
nouvelles explications, des détails plus précis de ces luttes pénibles que nous soutenions contre l'accroissement de sa mélan-
colie, ne feraient que vous attrister davantage, sans vous rien
apprendre d'intéressant ni de bien utile à mon récit.

Trois mois après la mort du capitaine, Yvonne retomba malade, ou plutôt la maladie de langueur causée par le chagrin
qu'elle ne pouvait vaincre, (maladie qui ne l'avait jamais quittée) prit alors une intensité nouvelle. Yvonne ne s'alita point.
Elle se traînait encore, aux bras de Louise et de Charlotte, sur
les falaises, dans les champs déserts, quand le soleil de juillet
venait réchauffer son petit corps grêle et glacé. Elle ne pleurait plus guère : elle se sentait mourir et souriait plus souvent,
comme si elle eût été heureuse d'entrevoir le terme de ses
jours.

Ma fille ne mourut pas ainsi que l'on meurt d'ordinaire à
vingt-deux ans. Elle s'éteignit tout doucement, comme un sou-

* Voir la livraison de février, pp. 142-155.

— Et Louise, qui nous est si attachée maintenant, tu l'oublies,
Charlotte, oh ! tu es injuste pour elle !

— Il est vrai, ma bonne mère... oui, j'en conviens, j'ai fait
le vœu que vous me rappelez, et je le remplirai, si Dieu m'en
accorde la grâce ; mais souffrez que je demeure auprès de vous;
que je partage vos peines ; que je vous aide à porter le poids
du jour : il sera moins lourd à deux.

Excellente créature ! que répondre à de telles raisons ? Je
me voyais donc réduite au silence par cette obstination pieuse
et filiale.

Charlotte ne se démentit jamais ; jamais je n'ai surpris chez
elle une hésitation, une erreur dans le chemin du devoir. Elle
voulait se dévouer complétement et sans cesse. J'étais heureuse
de sa présence, et pourtant, je vous l'ai dit, j'étais résolue sans
retour à ne pas accepter une convention ou un atermoiement
qui inquiétait ma conscience. Oui, ce vœu de Charlotte troublait
mon sommeil, et je me reprochais amèrement de retenir ainsi,
inutile près de moi, une fille que Jésus-Christ avait prédestinée
sans aucun doute ; de priver de son secours tant de malheureux
qui en avaient plus besoin que moi. Et de quel droit osais-je
changer ce que Dieu me semblait avoir décidé ? Si Charlotte
enfin, minée par cette existence décolorée, presque inutile,
venait à succomber à la peine, avant moi, sans avoir pu remplir sa mission, ni son vœu, quel serait, me disais-je, le poids
de ma responsabilité !

Cela m'épouvantait.

Émue de ces pensées, exagérées peut-être, selon le monde,
je ne perdais jamais l'occasion de pousser au départ la fille de
Kerméran. Je me montrais forte, consolée, gaie parfois, puis
très-satisfaite des soins et de l'amitié éprouvée de Louise.
J'allais jusqu'à brusquer Charlotte, jusqu'à lui dire presque
des duretés : par exemple, que Louise me suffisait amplement :
que je ne concevais pas les existences inoccupées ; que je ne
pouvais l'approuver de choisir ainsi son temps et son heure ; de
temporiser par tiédeur... et d'autres choses dont le souvenir me
fait mal.

Je parvins à persuader et à gagner à ma cause le recteur, prêtre vénérable sous tous les rapports. Si ma conduite en tout cela ne paraît pas irréprochable, que Dieu me pardonne, car j'ai cru obéir à ses saintes inspirations. Enfin, tourmentée de toutes parts, assaillie tous les jours par mille raisons nouvelles, Charlotte céda, au bout d'une année de lutte, et partit pour le noviciat des Filles de la Charité à Paris.

Il ne me reste que bien peu de choses à vous dire. Je ne sais presque plus rien. Quelques lettres de la novice, puis de la religieuse, trop rares à mon gré, viennent de temps à autre apporter un rayon de bonheur dans cette maison que m'a léguée Charlotte. Voici ces précieuses lettres, que Louise, ma compagne fidèle, me relit bien souvent. C'est la vie de la vieille aveugle.

Tenez, Monsieur, voyez vous-même. Lisez d'abord cette lettre de Pierre-Marie, cette lettre, qu'un matelot, revenant des Antilles, m'apporta peu après le départ de Charlotte. Ah! que ce papier, taché par l'eau de mer et le goudron, lui aurait causé de joie! Combien il aurait diminué l'amertume de notre séparation! Et Yvonne, mon enfant, si elle avait eu le bonheur... Mais je ne dois pas m'arrêter à cette douloureuse pensée. Dieu l'a voulu! Dieu l'a voulu!... Quant le matelot me remit la lettre de Pierre-Marie, elle avait déjà plus de sept mois de date. Lisez, lisez tout haut, et vous ferez luire encore ici un dernier éclair de consolation! »

Je pris un paquet de divers papiers des mains de la bonne femme. Ses enveloppes étaient usées, déchirées, et le texte souvent difficile à déchiffrer. Alors, assis sur un rocher, auprès de l'aveugle, en face de la mer qui étincelait au soleil, je lus les lettres de Charlotte et de Pierre-Marie. En voici seulement quelques extraits, nécessaires au dénoûment de cette histoire.

XII. — Pierre-Marie à la veuve Roze.

La Guadeloupe, 3 mai 183..

« Je suis bien triste de ne recevoir aucune nouvelle de vous tous, mes bons amis. Voici la troisième lettre que je puis vous

cernant un jeune marin, venu de France, il y a quelques années : elles ont rapport à mon frère, Pierre-Marie... Il doit être,
il était du moins récemment dans cette île. Je le découvrirai,
si telle est la volonté de Dieu, car je porterai bientôt des
secours aux malades, dans les habitations des pauvres.

» J'ai su aussi que Pierre-Marie avait perdu son oncle, autrefois riche colon de la Guadeloupe, et que leur fortune avait
été anéantie... Il est malheureux : eh bien ! j'irai le trouver, je
le consolerai. Puis, je l'espère, je le déciderai à retourner auprès de vous, ma mère, dès qu'il aura rempli envers la mémoire
de son oncle tous les devoirs d'un bon fils, et terminé des
affaires très-mauvaises et très-embrouillées, m'a-t-on dit.

» Ah ! quelle douleur pour lui de ne pas retrouver Yvonne !...
Pour moi, si je souffre loin de vous, ma bonne mère, ce n'est
qu'à cause de notre séparation. Je trouve dans cette existence
que la charité remplit, des douceurs, des récompenses, des
compensations que Dieu seul peut répandre ici-bas.

» Voici comment sont employées la plupart de mes journées. »

Charlotte entrait ici dans le détail des occupations habituelles de la communauté et de l'hôpital auxquels elle était
attachée. La vieille aveugle revivait, en écoutant cette lecture
pour la centième fois, et croyait assister à tout ce que la jeune
religieuse lui racontait.

Le paquet contenait une ou deux autres lettres de Pierre-Marie, écrites dans le seul but, autant qu'il m'en souvient, de
faire connaître les nouveaux obstacles qui s'opposaient à son
départ. Je n'en ai point gardé copie. La lettre suivante de
Charlotte suffira pour amener la conclusion de notre récit.

XIII. — Sœur Saint-Louis à la même.

Hôpital de la Pointe-à-Pitre. (*Trois mois après.*)

« O ma bonne mère! que vais-je vous dire aujourd'hui ?
Puisse notre Sauveur raffermir ma main qui tremble et mon
cœur qui frémit !

» Pierre-Marie, mon frère, est ici, dans ce saint asile, sous le même toit que moi !... Hier au soir, des nègres l'ont transporté à l'hôpital, dans un palanquin... Hélas ! dans quel état ! mourant, sans connaissance, presque à l'agonie.

» J'ai appris qu'il avait encore éprouvé bien d'autres malheurs, qui l'ont retenu aux Antilles et aux États-Unis : naufrage, procès, blessures, captivité, rien ne lui a été épargné. Dieu sans doute a voulu en faire un martyr qui dans le ciel, un jour, touchera sa miséricorde pour un grand nombre, pour mon père, pour Yvonne (s'il en est besoin) et pour moi !

» Il vient d'être placé dans *ma salle*. Ah ! malgré l'absence et les ravages de tant de chagrins, je l'ai reconnu aussitôt. En approchant du lit de mon frère en Jésus-Christ, j'étais troublée comme par un pressentiment. Mais n'allez pas croire que ce fût une émotion terrestre, si je puis dire, qui fit battre mon cœur ; non, non, ma mère, elle ne venait que du ciel !

» C'est la bonté de Dieu qui l'a conduit pour le confier aux soins de sa sœur. Je dois le surveiller, le garder : je le veillerai nuit et jour. Pourrons-nous le sauver ?.... Dieu seul le sait. Que sa sainte volonté s'accomplisse !

».Ce matin, Pierre a ouvert les yeux et essayé de regarder autour de lui. Heureusement il n'a pu me reconnaître sous mon costume ; puis je me suis retirée un peu ; et d'ailleurs ses yeux sont si incertains, si voilés... Aurai-je maintenant la force de vous retracer ces tableaux de douleur ?

» Le cher malade était assez calme ; mais il paraissait absorbé par de pénibles pensées.... les pensées qui troublent sans doute l'infortuné, mourant loin de tous ceux qu'il aime... Alors je lui ai offert un breuvage calmant ordonné par le médecin. Pierre était si faible, qu'il n'a pu se soulever sur sa couche, et j'ai été obligée de le soutenir, de lui appuyer aux lèvres la tasse, où il ne buvait qu'avec peine.

» Je tremblais un peu ; mais je faisais tous mes efforts pour vaincre mon agitation, et surtout pour ne pas être reconnue de mon frère ; car cette émotion serait au-dessus de ses forces.....

C'est à peine si le pauvre ami a entr'ouvert ses paupières, tant il est affaissé; en sorte qu'il ne s'est pas aperçu de ma présence.

» Je l'ai laissé un peu plus tranquille, un peu mieux, ce me semble. Je me suis retirée quelques moments à l'écart. Mon Dieu! mon Dieu! qu'en arrivera-t-il, cette nuit, demain? »

(Deuxième date de la même lettre : *jour suivant.*)

« O ma mère! je suis de plus en plus navrée!.... Pierre-Marie est au plus mal. Le docteur a presque prononcé son arrêt suprême. Mon malheureux frère est atteint d'un terrible accès, le dernier accès de la fièvre des colonies. Nous allons le perdre, à moins d'un miracle.

» Soyez forte, ma mère, contre ce nouveau coup, forte autant que vous l'avez été dans des épreuves non moins grandes. J'aurais dû peut-être vous cacher ce malheur, mais je connais votre courage : Louise vous consolera; je ne le lui recommande pas : elle a tant d'attachement pour vous!

» Et puis comment vous tenir dans une mortelle incertitude? N'est-elle pas plus pénible que la connaissance même du malheur redouté?

» Ah! Seigneur, pour moi aussi quelle épreuve! Retrouver mon frère, l'ami de mon enfance, et le perdre en même temps; le perdre, sans qu'il puisse me voir, me dire un mot d'adieu ; sans que j'ose lui parler, le consoler, lui dire : Pierre-Marie, tu n'es pas abandonné; c'est Charlotte, c'est moi qui suis à ton chevet, et qui recevrai du moins le dernier signe de ta vie........ Yvonne, Yvonne, ton autre sœur bien-aimée t'attend dans le ciel !

» Non, je ne puis lui donner ces consolations suprêmes.... Il ne m'entendrait même plus!

» Il se fait tard, la nuit est venue; tout est silencieux dans le cloître. Je continue ma lettre en veillant les malades, à la lueur d'une petite lampe, à quelques pas du lit où souffre Pierre-Marie..... Seigneur Jésus, faites-lui miséricorde; ayez pitié de lui, ayez pitié de nous! Voilà qu'il se présente devant vous ; je vous recommande sa dernière heure. Déjà ses mains rigides

nous annoncent que l'instant suprême va venir ; que sa course
ici-bas s'achève : ô Jésus ! prenez pitié de lui ! »

(Troisième date de la même lettre: *le matin du jour suivant.*)

« Il est mort sous mes yeux, comme un ange, comme un
saint... Notre Dieu, par un de ces miracles d'amour qu'il prodigue aux pieux agonisants, lui a rendu le sentiment de l'existence, une heure à peine avant de la lui reprendre.

» Dès que le saint viatique lui a été administré, Pierre-
Marie, tournant les yeux vers moi, m'a reconnue sans trouble,
m'a nommée, m'a bénie. Puis il a prononcé tous les noms qu'il
aimait... Et, comme il disait celui d'Yvonne avec une tendresse
indicible, moi je lui ai montré le ciel ! Oh ! il a tout compris, et
m'a semblé heureux à l'idée de la revoir bientôt...

» Il vous a nommée aussi, ma bonne mère. Il m'a conjuré,
d'une voix éteinte, de vous demander son pardon, votre bénédiction. Ah ! je lui ai donné pour vous une bénédiction maternelle... Alors, il m'a répondu par une faible étreinte (car il essayait encore de presser ma main qui lui présentait le crucifix) ;
et, peu de temps après, en récitant les litanies de la mort, j'ai
reçu le dernier soupir de mon frère infortuné !... »

ÉPILOGUE.

Après avoir lu ces lettres, je les rendis à l'aveugle, en balbutiant quelques paroles de consolation.

Avant de quitter Port-Ivy, et comme je devais partir le lendemain, j'eus le courage, après avoir bien hésité, je l'avoue,
de demander à la veuve Roze ce que Charlotte était devenue.
Je craignais d'apprendre un malheur, une mort de plus : je me
trompais.

La sœur Saint-Louis existait encore à cette époque : elle
était revenue en France depuis peu d'années. La veuve ne
l'avait revue qu'une seule fois, à son passage à Vannes. Elle ne
me désigna point (et je n'osai l'interroger là-dessus) le lieu, le
couvent, la ville où la noble religieuse achevait saintement le
sacrifice de sa vie, au milieu de la prière et de la charité.

Il y a quelques années, je retournai en excursion', presque en pèlerinage (à cause de ces souvenirs que je désirais mettre en ordre et achever); je revis la maison du capitaine et la petite cour, ombragée de son vieux figuier, où la veuve venait jadis s'asseoir au soleil, pour respirer le vent de la mer. Un pêcheur s'y trouvait encore, occupé à réparer ses filets accrochés aux angles des murs. J'appris que c'était le mari de Louise, la fidèle compagne d'Yvonne, le bâton de vieillesse de sa mère; mais l'aveugle n'était plus là, et son absence jeta tout à coup un voile de deuil sur les souvenirs qui se présentèrent à mon esprit.

Je ne demandai rien au pêcheur, qui me regarda un instant avec indifférence, sans interrompre son travail, et je m'éloignai sans oser lui parler, ni attendre le retour de sa femme.

J'allai ensuite parcourir les falaises, les grèves, les anses, les grottes, les baies, et particulièrement celles de la *Pleg-Vor* et du *Monte-Christo*. Tout m'y parlait de Charlotte; tout m'y montrait la *Mouette des grèves* passant comme un oiseau sur l'aile du vent.

Je revins vers le village de Port-Yvy, la chapelle de Sainte-Anne était ouverte : j'y méditai quelque temps, au milieu du silence, au murmure lointain et mélancolique des flots sur le rivage.

Enfin, je me rendis au cimetière... Je savais bien que ce lieu funèbre se chargerait de me répondre... Auprès de la tombe de Kerméran, que recouvrait une ardoise déjà brisée, on voyait qu'une fosse avait été ouverte depuis peu. Une simple croix noire, *larmée* de blanc, était plantée au sommet, dans la terre.

Sur cette pauvre croix, que le vent faisait trembler, on lisait deux noms : celui d'Yvonne Roze, et au-dessous, celui de sa mère, récemment décédée.

E. DU LAURENS DE LA BARRE.

—

III *

ARMAND DU CAMBOUT

PREMIER DUC DE COISLIN

(1635 - 1702)

III

Armand de Coislin à l'Académie. — Son mariage.

Ce phénomène unique d'un académicien de dix-sept ans mérite que nous consacrions quelques instants à son examen. On
le remarqua peu à cette époque, parce que l'attention publique
était alors tenue en éveil quotidien par les intrigues et les com-
motions sans cesse répétées de la Fronde. Au mois de septembre
1651, la régente, ayant eu la main forcée par le parti puissant
qui poursuivait tous les amis de Mazarin, avait donné les sceaux
à Molé, premier président du Parlement, et Séguier resta dans
l'ombre et la retraite, jusqu'au moment où le cardinal, brusquement sorti de son exil volontaire, eût forcé les princes à se soumettre après le second blocus de Paris. Pendant son éloignement, Séguier se renferma pieusement dans le silence de sa
bibliothèque et s'occupa tout spécialement des études de ses
petits-fils.

« Or, dit Pellisson dans son élégante *Histoire de l'Académie,* comme
j'écrivois cette relation, M. de l'Estoile étant venu à mourir, M. le chancelier fit demander la place vacante pour M. le marquis de Coislin, son
petit-fils, ne croyant pas pouvoir mieux cultiver l'inclination et les lumières
que ce jeune seigneur témoigne pour toutes les belles connoissances. Il fit
dire pourtant à la compagnie, avec beaucoup de civilité, qu'il demandoit
cela comme *une grâce ;* qu'il n'entendoit point aussi que cette réception

---

* Voir la livraison de février, pp. 116-130.

tirât en conséquence ni qu'elle fût faite d'autre sorte que les précédentes. Et, en effet, la compagnie ayant agréablement reçu cette proposition, l'élection fut faite huit jours après par billets, qui se trouvèrent tous favorables, et il fut ordonné que l'Académie iroit en corps remercier M. le chancelier de l'honneur qu'il lui avoit fait : ce qui fut exécuté sur l'heure même et reçu par lui avec une civilité extrême. »

De cette anecdote, souvent citée, on a conclu que Pierre Séguier abusait singulièrement de son titre de protecteur pour imposer à l'Académie ses créatures et y introduire de grands seigneurs. Il ne faudrait pas, cependant, d'un fait particulier conclure au général; et d'abord, Pellisson nous dit formellement que le chancelier demanda l'admission du marquis de Coislin comme *une grâce,* et sous les formes ordinaires. Or, les académiciens, qui ne pouvaient prévoir encore que le roi les prendrait lui-même sous sa protection vingt ans plus tard, n'eurent pas besoin d'une longue réflexion pour voir dans cette affaire une sorte de question vitale : le jeune marquis était appelé par sa naissance et ses talents aux premiers honneurs du royaume; il était petit-neveu du cardinal de Richelieu, leur fondateur, petit-fils de Séguier, leur Mécène et second protecteur. Admettre parmi eux Armand de Coislin, n'était-ce pas se réserver une puissante influence, capable de succéder à celle du chancelier ? Il est certain qu'à cette époque une société littéraire non patronée par l'un des plus éminents personnages de l'État, n'eût pas eu son existence assurée contre les chances de l'avenir. Livrée à elle-même, elle se serait bientôt éteinte et n'aurait pas trouvé dans ses propres forces le nerf suffisant pour résister aux assauts répétés de sociétés jalouses et rivales. Que serait devenue l'Académie en 1643, Mazarin ne l'ayant pas comprise dans la succession de son prédécesseur, si le chancelier ne s'était pas trouvé là pour sauver du naufrage le vaisseau fragile lancé par Richelieu [1] ? L'Académie ne fit donc pas seulement en 1652 un acte de déférence au désir de son protecteur, elle fit encore un acte politique. Séguier du reste, pendant les trente ans de son protectorat, n'imposa jamais une candidature aca-

[1] Voir notre *Histoire du chancelier Séguier*

démique. On a remarqué que presque tous ses familiers ou ses
domestiques furent élus membres de la compagnie : les deux de
La Chambre, Esprit, Ballesdens, Priézac, etc., parvinrent aux
honneurs de l'élection. Cela est vrai, mais la proposition vint
presque toujours des académiciens, et nous avons dit plus haut
que Ballesdens refusa de passer avant le grand Corneille. Quant
à la jeunesse du récipiendaire, nous avons fait remarquer dans
notre *Histoire du chancelier Séguier* que l'Académie prit naissance dans une assemblée de jeunes gens. Conrart n'avait guère
que trente ans en 1635, et, parmi ses compagnons, Philippe
Habert et Godeau, âgés de vingt-neuf ans, et Bourzeis de vingt-
huit, étaient de beaucoup les aînés de l'abbé de Cérisy, qui n'en
avait pas encore vingt.

Quoi qu'il en soit, le jeune marquis de Coislin fit son entrée
solennelle au milieu du docte cénacle, le 1ᵉʳ juin 1652, et récita
ce compliment :

« MESSIEURS, il faudrait que j'eusse été longtemps parmi vous, pour
vous faire un digne remerciement et pour trouver des paroles proportionnées à ma reconnaissance et à la faveur que vous m'avez faite. Je n'en
ay point qui soient suffisants, mais vous sçavez qu'il est des obligations
comme des douleurs : les *petites parlent et les grandes sont muettes.*
J'avoue, Messieurs, que la grâce dont vous m'avez prévenu surpasse mes
forces ; mais je suis persuadé que, comme votre bonté m'a servi de mérite
pour l'obtenir, elle seule aussi se servira de langue pour s'en remercier
elle-même. Cependant je n'oubliray rien pour faire qu'au défaut de mes
paroles, mes actions vous soient autant de remercîments. C'est en cela
que je suivray l'exemple de ceux qui par une juste reconnoissance cou-
ronnoient les fontaines dans lesquelles ils avoient puisé. »

N'est-il pas agréablement tourné, ce petit discours modeste
et délicat ? et ne voyez-vous pas d'ici le grave Ballesdens s'épa-
nouir d'aise entre Conrart et Chapelain, en leur demandant :
Que dites-vous de mon élève ?

Quelques critiques, jaloux ou mauvais plaisants, ont accusé
Coislin d'avoir traité l'Académie fort cavalièrement à partir du
jour mémorable de sa réception ; ils n'hésitent pas à déclarer
que cette séance est la seule à laquelle il ait jamais assisté pen-

dant les cinquante années de sa longue carrière académique.
Nous citerons bientôt, et à son ordre de date, une lettre de
Ballesdens au chancelier, à l'aide de laquelle on pourra réduire
cette accusation à sa juste valeur. Armand du Cambout aimait les
séances de l'Académie, et, qui plus est, il savait s'y faire écouter
avec plaisir; il n'est pas impossible que, vers l'année 1680, à
l'époque des intrigues et des cabales occasionnées par le fameux
procès de Furetière, il se soit éloigné pour quelque temps des
disputes peu dignes de la « gent jettonnière »; mais nous aurons
occasion de donner des preuves nombreuses de son attachement
à la compagnie. « Il considérait fort les gens de lettres, dit l'abbé
d'Olivet, et se dérobait avec joie à ses autres occupations pour
pouvoir se trouver avec eux. »

Ce serait peut-être ici le lieu d'exposer quelques considérations au sujet des académiciens grands seigneurs. D'Alembert
remarque avec raison, dans la préface de ses *Eloges*, qu'on tom-
berait dans un préjugé également offensant pour tous les
membres de la Compagnie si l'on pouvait croire:

« Non-seulement qu'il y ait, mais qu'il puisse y avoir deux classes
d'académiciens distinctes et séparées : celle des gens de lettres et celle
des grands seigneurs. Ces derniers surtout, ajoute le célèbre secrétaire
perpétuel, se tiendroient fort blessés de cette distinction prétendue; ils
regarderoient comme une espèce de ridicule dans l'Académie françoise la
qualité d'*honoraires*, qui, dans les autres Académies, peut avoir un sens
raisonnable. En effet, qu'est-ce qu'un honoraire dans une académie ?
C'est un simple amateur, qui ne se pique pas d'avoir approfondi l'objet
dont cette académie s'occupe. On conçoit donc que, dans l'Académie des
sciences, par exemple, et dans celle des belles-lettres, il peut y avoir des
honoraires, c'est-à-dire de simples amateurs de la géométrie, de la physique ou des matières d'érudition, qui ne se piquent d'ailleurs d'être ni
géomètres, ni physiciens, ni érudits, et qui ne doivent pas même se piquer
de l'être, parce que les places importantes qu'ils remplissent, les objets
intéressants dont ils sont occupés, ne leur permettent pas de donner à
l'étude de ces sciences profondes le temps et l'application qu'elle exige.
Mais, dans une académie dont l'objet est le bon goût, qui ne s'apprend
point, et la pureté du langage, qu'il seroit honteux à un courtisan d'ignorer, que signifiroit une classe de simples honoraires, c'est-à-dire de
simples amateurs de la langue et du bon goût, qui ne se piqueroient,
d'ailleurs, ni d'avoir de goût, ni de bien parler leur langue ? Dans les

autres académies, les honoraires peuvent n'être pas indispensables, mais peuvent au moins n'être pas déplacés. Dans l'Académie françoise, ils ne pourroient jouer qu'un rôle très-embarrassant pour leur amour-propre. Si l'on eût proposé à Scipion et à César, à ces hommes qui joignoient les talents de l'esprit au génie de la guerre, d'être *honoraires* dans une académie de la langue latine dont *Térence* et *Cicéron* eussent été *membres*, Scipion et César auroient cru qu'on se moquoit d'eux... »

Cette dissertation suppose qu'il doit y avoir nécessairement des grands seigneurs dans une académie, et, ce point étant admis, on conçoit, en effet, que le titre d'honoraire était peu de mise dans l'Académie française. Mais leur présence est-elle réellement nécessaire ? Nous croyons qu'elle était au moins utile, à une époque où presque tous les gens de lettres se trouvaient à la remorque de quelque puissant du jour. Cela relevait le corps et lui donnait du relief : aussi voyons-nous Richelieu introduire dès l'origine des grands seigneurs dans la compagnie.

Cela posé, revenons aux Coislin ; mais, au moment d'entrer dans le détail de la vie active d'Armand du Cambout, il n'est pas inutile de jeter un coup d'œil sur la situation actuelle de sa famille.

Ses deux oncles étaient alors, de tous ses parents, les moins favorisés par la fortune. Pendant que leurs sœurs, la duchesse d'Epernon et la duchesse d'Harcourt, recevaient les hommages de tout ce qu'il y avait de plus éminent à la cour, l'abbé de Pontchâteau, un moment saisi par l'ambition des grandeurs, venait de voir toutes ses espérances s'évanouir par la mort de son oncle, le cardinal de Lyon, frère du cardinal de Richelieu, qui l'avait attiré près de lui et le désignait déjà comme son successeur (24 mars 1653). De son côté, François du Cambout, baron de Pontchâteau, avait mené une vie aventureuse, depuis le jour où il avait été blessé à l'épaule au siége d'Aire. C'est lui qui, réduit à s'engager comme capitaine de cavalerie au service du roi de Portugal, écrivait de Lisbonne au chancelier Séguier cette lettre désespérée, que nous avons tout lieu de croire inédite :

« Monseigneur, — je me suis desjà donné l'honneur de vous escrire que je n'estois plus au service du roy de Portugal, ne pouvant pas y demeurer en qualité de simple capitaine de cavalerie. C'est pourquoy, Monseigneur, je supplie Vostre Excellence d'avoir pitié de moy et de m'ordonner ce qu'il vous plaît que je face. Je remercie Vostre Excellence du bien qu'elle me fait des *quarante escus* par mois. Je la prie de considérer que c'est bien peu de choses, néantmoins je remets le tout à vostre bonté, et vous prie de me croire, Monseigneur, de Vostre Excellence, vostre très humble et très obéissant et obligé serviteur,

» François du Cambout Pontchateau [1].

» De Lisbonne, ce 18 octobre 1649. »

Il paraît que les plaintes du pauvre baron touchèrent le cœur de Séguier, car François du Cambout mourut en 1659 au château de Coislin, maréchal des camps et armées du roi. Quant à l'abbé, il se lia d'abord avec Port-Royal, et pendant plusieurs voyages en Bretagne ou à Rome, mena jusqu'en 1662 une vie très-irrégulière et assez dissipée, un jour visitant et réformant ses abbayes, le lendemain prenant l'habit laïque à Genève, une autre fois voulant épouser l'une des femmes de sa sœur, la duchesse d'Épernon... Nous le retrouverons en 1663, au moment de sa conversion, et nous le suivrons quelque temps dans le désert de Port-Royal, conseillant ou plaignant ses neveux.

Les deux frères du marquis de Coislin commençaient aussi leur chemin dans le monde. Pierre, l'abbé de Coislin, déjà chargé de bénéfices, prêta serment le 4 août 1653, quoiqu'il eût à peine dix-sept ans, de la charge de premier aumônier du roi, en survivance de l'évêque de Meaux, Dominique Séguier, frère du chancelier son grand-père, et peu de temps après il recevait les bulles de l'abbaye de Saint-Jean d'Amiens [2]. C'était déjà un abbé d'avenir; il était installé au cloître Notre-Dame et n'avait plus qu'à se laisser conduire doucement par la fortune pour arriver aux premiers honneurs de l'Église. Il faut du reste lui rendre cette justice, que bien loin d'imiter beaucoup d'abbés de cour, déjà trop nombreux à cette époque, il prit modèle sur la première jeunesse de l'abbé de Pontchâteau, son oncle, de quatre ans seulement plus âgé que lui, et mena toujours la con-

---

[1] *Bibl. nat.* fonds Saint-Germain fr., n° 709, XV, 50.
[2] V. *Gallia christiana*, VII, 692, et X, 1362.

duite la plus édifiante et la plus exemplaire. Le chevalier de
Coislin, dernier frère du marquis et de l'abbé, n'avait encore que
douze ans vers 1653. Il portait la croix de Malte et l'on ne s'occupait pas beaucoup de sa petite personne.

Le 29 mars 1654, Armand de Coislin épousa Madeleine de
Halegouët, dame de la Roche-Rousse et de Kergrec'h, fille
unique de Philippe de Halegouët, conseiller du roi en ses conseils, maître des requêtes ordinaires de son hôtel, etc., et de
Louise de Bistrade. Fils et petit-fils de conseillers au parlement
de Bretagne, Philippe de Halegouët était le dernier rejeton de
la seconde branche d'une ancienne famille de l'évêché de Léon [1],
qui comptait un écuyer du duc d'Anjou, un ambassadeur d'Angleterre, un évêque de Tréguier, etc., et qui avait figuré aux
réformes de 1427, de 1447, de 1543 [2]. Armand de Coislin entrait
donc dans une famille qui devait fournir de nombreux quartiers
à ses enfants ; mais ce qui vaut encore mieux, il épousait une
femme douce et bonne, dont Saint-Simon fait l'oraison funèbre
en trois mots significatifs : « C'était, dit-il, une riche héritière
de Bretagne, femme de mérite et de vertu. » Ces dernières qualités sont préférables aux plus fameux blasons.

Voici comment Loret, dans sa fameuse *Gazette rimée*, raconte
ce mariage, qui, par la position du jeune marquis à la cour, fut
considéré comme l'événement considérable de la semaine :

> Dimanche dernier, ce me semble,
> Furent apariez ensemble,
> Par un céleste et saint décret,
> Mademoiselle de Cargret [3],
> Agréable fleur printanière
> Et tout à fait riche héritière,
> Et le sieur marquis de Coâlin,
> D'un généreux père orfelin,
> Mais dont la mère vit encore ;

[1] Portant d'azur au lion morné d'or, avec la devise KER GUEN HAG HALEGUEC
(blanc, comme du saule).

[2] La réformation de 1668 confirma les de Halegoët d'ancienne extraction avec
preuve de douze générations.

[3] Kergrec'h.

Dame qu'en tous lieux on honore
Pour certain air doux et charmant
Qu'en elle on void à tout momant,
Fille de cet illustre père
Que toute la France révère,
A qui tout honneur apartient
Par le glorieux rang qu'il tient,
Par sa dignité vénérable,
Par sa prudence incomparable,
Bref, par son sçavoir singulier,
Sçavoir Monsieur le chancelier.
La nopce fut riante et belle,
Et cette action solennelle
Bien de la joye, à ce qu'on dit,
Aux cœurs des parents répandit.
Ledit marquis est en fleur d'âge,
Charmant, spirituel et sage,
Estant déjà mesme compris
Au nombre de ces beaux esprits
. Qui composent l'Académie,
De toute ignorance ennemie,
Doctes, polis, intelligens,
Et qui sont très-honnestes gens.
Pour la chère et nouvelle épouze,
L'aurore en fut, dit-on, jalouze,
Voyant plus d'or sur ses habits,
Perles, diamans et rubis,
Qu'au matin elle n'en étale,
Vers la contrée orientale ;
Outre sa grâce et ses attraits
Et ce teint délicat et frais,
Dont les filles et les mignonnes,
Et, bref, toutes jeunes personnes
Qu'on élève soigneusement
Ne manquent que fort rarement [1].

Nous ne donnons pas ce morceau pour un exemple de bonne versification ; mais il est original dans sa naïveté, et il montre en quelle haute estime on avait à la ville et à la cour le nom des Coislin.

[1] Loret, *Muze historique* du samedy 2 may 1654.

IV

Le sacre du roi et les campagnes de Flandre.

Deux mois après son mariage, le marquis de Coislin partit avec toute la cour pour Reims, où devait avoir lieu le sacre de Louis XIV. Il était appelé, en sa qualité d'ancien enfant d'honneur du roi, à jouer un rôle important dans cette cérémonie, dont nous trouvons un récit curieux dans les *Mémoires* de Montglat.

« Quand tout fut préparé, dit le chroniqueur, le roi partit de Paris le 30 de mai et fut coucher à Meaux, le 1er de juin à la Ferté-Milon, le 2 à Fismes et le 3 à Reims. Le 7, il fut sacré et couronné par l'évêque de Soissons [1] avec la sainte ampoule gardée à Saint-Remy, laquelle fut transportée à Notre-Dame : et les quatre seigneurs qui servirent d'otages furent les marquis de *Mancini*, de *Richelieu*, de *Coislin* et de *Biron*..... Monsieur, frère du roi, représenta le duc de Bourgogne; le duc de Vendôme, celui de Normandie; le duc d'Elbeuf, celui de Guienne; le duc de Candale, le comte de Flandres; le duc de Roannès, le comte de Champagne, et le duc de Bourneville, celui de Toulouse. Le cardinal Grimaldi fit la charge de grand aumônier; le maréchal d'Estrées, celle de connétable; le maréchal de Villeroy, celle de grand-maître; le duc de Joyeuse, la sienne de grand chambellan, et le comte de Vivonne, la sienne de premier gentilhomme de la chambre..., etc..., etc... Le 9, le roi toucha pour la première fois les malades des écrouelles, et le 18, il partit de Reims pour s'approcher de son armée [2]. »

On voit par ce fragment du récit du chroniqueur en quelle brillante compagnie se trouve jeté le nom des Coislin. Le jeune marquis allait bientôt se rendre digne de cet honneur. Il suivit le roi pendant cinq années consécutives dans ces fameuses campagnes de Flandre, où l'on vit Turenne tenir tête à Condé, à l'archiduc, à don Juan d'Autriche et à tous les efforts de l'armée espagnole. C'est à l'école de ces illustres capitaines qu'il fit son apprentissage de la guerre, et nous allons le voir payer bravement de sa personne en plusieurs occasions.

Après avoir, en 1654, pendant les deux mois qui suivirent le sacre du roi, assisté au siége et à la prise de Stenay, puis aidé

---

[1] Le duc de Nemours, archevêque de Reims, n'étant pas prêtre, ce fut son premier suffragant qui sacra le roi.

[2] *Mémoires* de Montglat. Collect. Michaud, XXIX, 298.

l'armée de Turenne à forcer les lignes qui bloquaient Arras, il se distingua tout particulièrement dans la campagne de 1655, en combattant devant Landrecies, Condé et Valenciennes, comme capitaine de chevau-légers du régiment du roi, sous les ordres du fameux Bussy-Rabutin, mestre de camp général de la cavalerie, poète, et plus tard académicien.

« Le maréchal de Turenne, dit Monglat, étant entré dans les Flandres par le côté de Guise, investit Landrecies le 18 juin, où le maréchal de la Ferté se trouva le jour même avec son armée, qui venait de Lorraine. En huit jours, les lignes furent achevées et le 26 la tranchée fut ouverte. » Le 27, le lieutenant-général comte de Lislebonne, y ayant pris position avec le bataillon des gardes suisses et deux escadrons du régiment du roi, Armand de Coislin se trouva dans l'un de ces escadrons, et dès le lendemain, fit preuve d'une bravoure remarquable. Les ennemis tentèrent, en effet, une sortie, cavalerie et infanterie, vers deux heures de l'après-midi ; mais, raconte Bussy-Rabutin,

« Le comte de Lislebonne alla à eux si vigoureusement, qu'il les obligea de se retirer en diligence et avec perte. Verdelin, commandant à cette garde le premier escadron du roi, y fit fort-bien son devoir ; Gédan, capitaine de ce régiment, y eut le bras cassé et la cuisse percée ; les marquis d'Humières et de *Coislin*, Marcillac et Vivonne s'y trouvèrent comme volontaires et *s'y signalèrent ;* ce dernier eut son chapeau percé d'un coup de mousquet... »

La *Gazette de France* du 10 juillet 1655 nous apprend, de plus, que le marquis de Coislin fut blessé dans cette affaire ; il paraît toutefois que cette blessure fut légère, car nous ne tardons pas à revoir le jeune capitaine aux prises avec l'ennemi. Mais nous n'avons pas l'intention de décrire ici tout le siége de Landrecies, dont on trouvera les détails jour par jour dans les *Mémoires* de Montglat et dans ceux de Bussy. La place se rendit le 14 juillet, et l'armée royale, poursuivant le cours de ses succès, vint le 15 août investir Condé. Le 16, on ouvrait la tranchée, et le marquis de Coislin, avec son ami le comte de Vivonne, capitaine comme lui au régiment du roi, se fit remarquer par sa brillante conduite pour conjurer la défaite malheureuse et imprévue d'un corps de cavalerie royale commandé par Bussy, qui raconte son désastre d'une façon fort intéressante :

« J'allai, ce même jour, dit-il, au fourrage du côté de Valenciennes, et comme j'y fus battu, je serai bien aise d'en dire au vrai la manière, afin que ceux qui verront ceci puissent bien juger de cette action. J'avois sept escadrons, deux du mestre de camp général, quatre du roi [1] et un du grand maître. Après avoir passé le pont que nous avions sur l'Escaut, et de longs marais que la rivière fait en cet endroit, j'arrivai à un village qui est à l'entrée d'une plaine de deux lieues, laquelle aboutit à Valenciennes. J'envoyai tous les fourrageurs sur la gauche de ce village, tous ceux qui se trouvent le long de la rivière de Haine, tirant sur Quiévrain ; et pour les couvrir, je m'avançai à une petite lieue dans la plaine, sur une hauteur d'où je voyois tout ce qui pouvoit sortir de Valenciennes....

» ... Après avoir été là cinq ou six heures, jugeant que les fourrageurs avoient fait leur trousse, je fis monter à cheval pour m'en revenir. Dans ce temps-là je vis paraître quatorze escadrons des ennemis, à des fourches qui sont sur une éminence à cinq cents pas de Valenciennes.... J'envoyai aussitôt dire à Camp-Ferrant, qui commandoit le régiment du roi, de m'envoyer trois officiers de ses escadrons pour se tenir auprès de moi [2], afin que je lui pusse envoyer mes ordres par eux ; et cependant de se retirer au pas pendant que j'allois soutenir la première charge des ennemis avec mon régiment. Véritablement lorsqu'il me vit aux mains, il emmena ses escadrons au grand trot, au galop, et un moment après à la débandade. Les deux miens, rompus, suivirent avec raison un si méchant exemple. N'ayant donc plus de ressource qu'en mes deux escadrons de réserve, j'allai à eux, et les ennemis, qui ne les voyoient pas, à cause qu'ils étoient dans un petit fond, se trouvant surpris, firent halte pour se rallier et les venir charger. La Roche et Mézières, qui les commandoient, firent fort bien leur devoir ; mais ils furent rompus, et cela donna au moins le loisir au reste de gagner un village, où je trouvai quatre escadrons avec lesquels je fis ferme au défilé. Cependant toutes les troupes des ennemis s'étant avancées à cinq cents pas de moi, n'osèrent m'enfoncer, et l'on ouït quelqu'un d'eux qui crioit qu'on n'avançât point, et qu'il y avoit de l'infanterie dans le village.

» Ce ne fut plus un combat, ce fut une déroute. Il n'y eut que trois cavaliers de tués, mais il y en eut cent de pris et quinze officiers, parmi lesquels se trouva des Menus, mon lieutenant de mestre de camp, frère de Courtin, et Toulangeau, mon beau-frère. Le dernier revint le même jour sans avoir été connu en payant la rançon d'un cornette. Marcillac, volontaire, qui depuis fut duc de La Rochefoucauld, y eut un coup de mousque-

[1] Coislin en faisait partie.
[2] Coislin fut l'un d'eux.

ton au travers de la cuisse, dans la première escarmouche que j'avois fait faire par des gens détachés. *Coislin*, capitaine au régiment du roi, et Vivonne, premier gentilhomme de la chambre de Sa Majesté, capitaine au même régiment, furent toujours auprès de moi à essayer de rallier quelqu'un et tous trois y firent fort bien. Mon régiment y perdit trois étendards, et le régiment du roi un.... [1] »

Montglat, qui raconte aussi cette affaire, ajoute un détail piquant :

« Les étendards perdus, dit-il, étoient tout neufs, de satin bleu, semés de fleurs de lis en broderie d'or, lesquels furent portés à don Francisco Pardo, qui commandoit ce parti. Dès que le prince de Condé [2] sut qu'on voyoit partout dans le camp des Espagnols ces beaux étendards pleins de ces fleurs de lis, il se souvint qu'il étoit prince du sang de France et envoya prier tous ceux qui en avoient de les lui apporter : ce qui fut fait aussitôt et il les renvoya à Montpezat, lieutenant général et mestre de camp du roi, et lui écrivit qu'il n'avoit pu souffrir les fleurs de lis servir de trophée dans les mains des Espagnols, et qu'il les avoit retirées pour les lui envoyer. Il le prioit en même temps de le dire à Sa Majesté et de les lui présenter de sa part. Montpezat montra la lettre au roi, qui ne les voulut pas reprendre, et lui commanda de les renvoyer au prince et lui mander que c'étoit une chose si rare de voir les Espagnols battre les François, qu'il ne falloit pas, pour le peu que cela arrivoit, leur envier le plaisir d'en garder les marques... [3] »

La place de Condé capitula le 18 août, celle de Saint-Guislain le 25, et le roi revint à Paris par Noyon, Compiègne et Chantilly, pendant que l'armée de Flandres allait prendre ses quartiers d'hiver.

Au retour, Coislin trouva ce sonnet du jeune Beauchâteau, le petit prodige :

A M. LE MARQUIS DE COISLIN.

Va cueillir des lauriers où ton généreux père
A payé de son sang la gloire de son Roi ;
Fais voir aux ennemis qu'une perte si chère
Demandoit un vengeur aussi vaillant que toi.

Ta première campagne a donné de l'effroi ;
Les plus braves n'osoient soutenir ta présence ;

---

[1] *Mémoires* de Bussy-Rabutin (Édit. Charpentier).

[2] On sait que Condé, depuis la fin de la Fronde, était passé aux Espagnols.

[3] *Mémoires* de Montglat. (Collection Michaud.)

Il faut qu'une seconde, en leur donnant la loi,
Fasse éclater nos lis autant que ta vengeance.

Mais songe, en t'exposant dedans le champ de Mars,
Avecque tant·d'ardeur, à de si grands hasards,
A ne plus prodiguer une si belle vie.

En revenant vainqueur, fais-nous voir dans ces lieux,
Que ton bras invincible et toujours glorieux,
Sait l'art de se venger en servant sa patrie.

La campagne de 1656 fut loin d'être aussi heureuse. Le maréchal de La Ferté fut défait et pris sous les murs de Valenciennes;
en sorte que Turenne, qui investissait avec lui la place, fut
obligé de lever le siége, et dut se contenter de faire capituler La
Capelle. Coislin, nommé conseiller d'État au commencement de
l'année, n'eut pas à se signaler comme pendant la campagne
précédente, et le roi rentra dans Paris le 9 octobre, sans que la
fortune eût secondé ses armes, et changé sensiblement la situation dans les Pays-Bas. Puis vint, en 1657, la prise de Montmédy,
suivie de celle de Saint-Venant et de Mardick; mais l'armée
française regagna encore ses quartiers d'hiver sans avoir remporté sur les Espagnols d'avantage bien marqué. L'année 1658 devait voir frapper le grand coup qui termina cette lutte mémorable.

On connaît assez les péripéties de la brillante campagne de
1658, pour qu'il ne soit pas nécessaire de les rappeler longuement ici : le siége de Dunkerque sous les yeux du roi, la bataille
des Dunes le 14 juin, la prise de Dunkerque le 25, celles de
Bergues et de Furnes dans les premiers jours de juillet, la maladie du roi à Calais, le siége et la prise de Gravelines au mois
d'août, ceux d'Ypres et d'Oudenarde en septembre, etc., etc.
Dans l'une de ces affaires, peut-être à la bataille des Dunes, dans
laquelle le corps de Bussy-Rabutin soutint énergiquement une
lutte acharnée, mais plus probablement pendant les nombreuses
sorties qui signalèrent le siége de Gravelines, le marquis de
Coislin fut fait prisonnier par les Espagnols et passa sa captivité
dans cette dernière place.

« Le 25 août, dit en effet Montglat, qui raconte le siége en grand détail, Retorfort fit combler les fossés par les Ecossois avec des fascines, et

le 26, les mineurs furent attachés aux bastions et à la courtine ; et aussitôt le maréchal de La Ferté envoya un trompette pour porter des lettres au marquis de Coislin, qui étoit prisonnier dans Gravelines, et par même moyen, ce trompette eut ordre d'avertir les Espagnols qu'il y avoit trois mines prêtes à jouer sous leurs remparts. Sur cette nouvelle, le gouverneur demanda trève et fit sortir un officier, qui disputa longtemps contre le maréchal de la Ferté ; mais enfin, se voyant sans espérance de secours, il sortit avec la même composition que les François eurent six ans devant, suivant laquelle il fut conduit, le 30 août, à Newport, avec deux pièces de canon, et le marquis de Coislin fut délivré... »

Il paraît qu'Armand de Coislin ne revint pas immédiatement à Paris et n'accompagna point la cour dans le voyage qu'elle fit à Lyon, vers la fin de l'automne 1658, pour l'entrevue de Louis XIV avec la princesse de Savoie, qu'Anne d'Autriche voulait alors faire épouser à son fils. On lit en effet ce passage dans une lettre qu'écrivait Ballesdens, le 6 décembre, au chancelier Séguier, qui avait suivi le roi :

« ..... M. le marquis de Coislin arriva lundy sur les trois heures ; l'absence de Madame, qui étoit lors en visite, l'obligea de venir prendre sa place à l'Académie, où il sait qu'on a fait tant de vœux pour sa santé. Il la remplit si dignement cette après-disnée, que je puis dire que le meilleur historien ne sçauroit faire une si excellente relation de la campagne qu'il fit. Cela me porta à lui dire en secret que j'irois vous écrire tout ce que j'avois ouy, et qu'on ne changeroit pas un seul mot dans cette histoire épistolaire. Cependant, comme je sçay qu'il ne parle pas seulement, mais qu'il agit et qu'il exécute comme il parle, je luy applique ces deux vers d'avance et par quelque haute prophétie de sa haute valeur :

Irruet intrepidus flammis, hiberna secabit
Æquora, et armatas acies superabit inermis.

Le mardi suivant, il fut en Sorbonne, où il assista au service qui s'y fit pour feu M. le cardinal de Richelieu... [1] »

A la même époque, la petite Académie qui se tenait chez Ménage, et dans laquelle « les petits Linières et les petits Boileaux » (suivant l'expression du pittoresque Tallemant des Réaux) s'exerçaient à la satire, criblait de ses coups envenimés le malheureux Chapelain, qui s'était enfin résolu à publier la *Pucelle*. Les épigrammes contre Chapelain ayant mis en goût la verve des amis de Ménage, connu déjà par sa *Requête des dic-*

---

[1] *Bibl. nat., mss.,* fonds Saint-Germain, fr., n° 709, XXII, 13.

lionnaires, « ou en fit ensuite, dit Tallemant, contre Conrart, Pellisson, Mlle de Scudéry, et enfin contre les principaux de l'Académie, jusqu'au marquis de Coislin; mesme on disoit que celui-là devoit payer pour tous les autres... » [1]. Cela prouve au moins que le jeune marquis était compté pour quelque chose au milieu des académiciens.

Pendant ce temps, son frère Pierre, l'abbé, qui, âgé seulement de vingt et un ans, exerçait déjà certaines prérogatives de ses fonctions en survivance de premier aumônier du roi, avait accompagné Louis XIV à Lyon, et Mademoiselle raconte, dans ses *Mémoires*, une anecdote assez curieuse à propos de sa charge. Il y avait à Lyon un chapitre de chanoines, comtes de Saint-Jean, qui jouissaient de priviléges tout particuliers. Or,

« Le jour de Noël, Sa Majesté alla le matin à la grand'messe, que l'on n'entendit pas fort dévotement, parce que l'on s'amusa toujours à parler de la qualité de ces comtes et de leurs preuves. On remarqua qu'ils disoient l'office par cœur... Après l'évangile, le sous-diacre alla pour le présenter au roi. L'abbé de Coislin le voulut prendre comme premier aumônier; le comte sous-diacre ne voulut pas le lui donner. Le roi prit avis de ce qu'il avoit à faire de ce différend. Pendant cela, le doyen vint parler au roi pour représenter l'intérêt du chapitre. L'abbé de Coislin défendoit le sien avec beaucoup de courage. Il se trouva un vieux gentilhomme, nommé La Rouvière, qui vit la peine où on étoit; cela causa de la rumeur. Il s'approcha et dit qu'il avoit vu une pareille dispute, lorsque le roi, mon grand-père (Henri IV), alla à Lyon au-devant de la reine, ma grand'mère, pour son mariage, et que l'affaire avoit été réglée en faveur des comtes. Le roi sur cela dit à l'abbé de Coislin qu'il n'y avoit pas lieu de disputer, et le comte fit baiser l'évangile au roi et à la reine... [2] »

L'étiquette amenait souvent de ces bizarres questions de préséance à l'ancienne cour. On sait que, pendant ce voyage, des négociations avec la cour d'Espagne firent rompre le projet de mariage de Louis XIV avec la princesse de Savoie, et que la promesse de sa main à l'infante fut le gage de la paix des Pyrénées, qui termina la guerre.

Nous approchons de l'époque la plus brillante de la carrière d'Armand de Coislin.　　　　　　　　　　RENÉ KERVILER.

　　　(La suite à la prochaine livraison.)

[1] Tallemant. *Historiettes*, IV, 213.
[2] *Mémoires* de Mademoiselle. Collect. Michaud, XXIV, 320.

NOTICES ET COMPTES RENDUS

M. LE MARQUIS DE LESCOET.

Le 16 février 1871, au milieu de nos poignantes angoisses, s'éteignait subitement dans son château de Lesquiffiou, près Morlaix, un de ces hommes qui laissent derrière eux d'amers et unanimes regrets. Sa mort, survenue entre deux effroyables tempêtes, fut d'abord peu remarquée; mais quand le ciel devint plus calme, on s'aperçut bien vite quelle perte venaient de faire sa famille, ses amis, ses concitoyens et les pauvres. Car aux qualités d'une remarquable intelligence, à la noblesse d'un grand caractère, M. de Lescoët joignait encore une rare générosité, dont témoignent ses œuvres et son pays.

Nous sommes heureux de reproduire, sur cet érudit, cet ami des lettres et cet agriculteur distingué, quelques passages d'une notice biographique près de paraître. C'est un hommage que la *Revue* lui doit, tant à cause de ses mérites incontestables que de la sympathie dont M. de Lescoët n'a cessé de l'honorer.

M. de Lescoët naquit à Saint-Pol-de-Léon, le 2 mai 1820, d'une des plus anciennes familles de Bretagne. Unique héritier d'une grande fortune et d'un nom plus grand encore, il devait soutenir l'un avec éclat et ne se servir de l'autre que pour ajouter à son patrimoine de noblesse de nouveaux et plus glorieux titres. Son enfance se passa tout entière au château de Lesquiffiou, dans le recueillement et la paix qu'inspire le spectacle habituel d'une forte nature. Assis entre un père et une mère, qui, bercés au bruit des tempêtes, portaient sur leurs fronts austères la trace de toutes les agitations passées, son âme n'eut devant elle que les exemples d'une vie sérieuse, bien remplie et utile; elle se forma sur ce modèle. — Quand il quitta le foyer paternel, ce fut pour aller commencer à Rennes une vie bien différente de la vie de famille et entreprendre de longues et laborieuses études. Heureusement, des maîtres

sages et pieux surent lui rendre cette tâche facile et adoucir ce
qu'avait de trop pénible une brusque transition. Sous l'habile
direction des Pères Eudistes, il apprit non seulement à aimer le
travail, mais encore à chercher, dans les joies qu'il procure, une
des jouissances de son âge les plus pures et les plus élevées....

Marié, en 1848, à une femme issue d'une noble et ancienne
famille, son premier soin fut d'aller s'enfermer avec elle dans son
château de Lesquiffiou, dont il aimait la tranquille solitude. Il
avait soif de silence et de paix, et voulait, pour un moment du
moins, échapper aux préoccupations de l'heure actuelle, qui s'imposaient fatalement à tous les esprits sérieux. Le pays traversait
alors une de ces crises politiques et sociales dont nous connaissons
les douloureuses incertitudes. L'agitation était grande, au sein des
villes surtout. M. de Lescoët comprit que le moyen de s'y soustraire était de fuir dans sa retraite, où l'appelaient d'ailleurs ses
goûts de l'étude et ses plus doux souvenirs d'enfance....

Mais la vie de famille, si elle répondait à un besoin puissant du
cœur, ne pouvait seule suffire à toute son activité.. Ce n'était pas
d'ailleurs l'oisiveté, ni un repos sans gloire, qu'il était venu chercher dans la vieille demeure de ses pères; c'était, au contraire, la
liberté et l'occasion de mettre au service de son pays son temps,
ses connaissances et sa fortune. Comme ses goûts l'inclinaient vers
l'agriculture, il fit de l'agriculture. Elle était fort en retard alors
dans le pays qu'il habitait, et personne n'était plus à même de
tenter et de réaliser les réformes nécessaires.... Ses efforts et ses
sacrifices furent couronnés d'un plein succès. Au bout de quelques
années, de vastes marais se transformèrent en terres fertiles; les
champs cultivés rendirent dix fois plus; le paysan, enhardi par
l'heureux résultat d'expériences qui ne lui avaient rien coûté, se
décida à quitter la routine pour entrer dans la voie du progrès;
son outillage se perfectionna, son travail devint plus fécond, sa
rémunération plus élevée; en même temps le bien-être pénétra
dans sa chaumière.

De tels services, sans parler de son nom et de sa position, devaient le signaler à l'attention de ses concitoyens. En 1861, il fut
envoyé au Conseil général du Finistère. Depuis longtemps il avait
là sa place toute marquée, et peu d'hommes y apportèrent plus de
connaissances spéciales, autant d'expérience, de zèle et de désin

téressement. On se rappelle encore quelle part active il prit à tous les travaux, comment il aborda toutes les questions, fut de toutes les commissions, et se fit remarquer par la justesse de ses observations et une rare clarté dans l'exposition de ses idées. Les rapports dont il fut chargé, et que l'on conserve aux archives du Conseil général, témoignent de la netteté de son esprit et de sa facilité d'élocution. — C'est que ce n'était pas seulement un riche propriétaire, un agriculteur distingué, un grand seigneur, faisant à l'intérêt public des largesses presque royales : c'était un érudit, un ami des lettres, un disciple de la pensée et de l'étude.

C'est dans le commerce avec les anciens, dont la plupart des chefs-d'œuvre lui étaient familiers, qu'il cherchait un délassement et un repos à ses préoccupations incessantes. Nourri de leur moelle pendant des études exceptionnellement fortes, il en goûtait mieux chaque jour le charme, à mesure que son esprit en comprenait mieux la pureté et l'éclat. Homère et Platon, Virgile, Cicéron, Tacite, n'étaient pas pour lui de glorieux morts dont il fallait se résigner durant quelques années à remuer la cendre, sauf à ne retenir de leurs œuvres que le nom : c'étaient des vivants, doués d'une jeunesse immortelle, gardant de leur époque et de leur race éteinte le génie, le caractère, parlant depuis des siècles à toutes les intelligences cultivées, dans une langue si simple, si belle et si sereine qu'il n'est pas d'esprit vraiment supérieur, qui n'ait été formé, développé par elle, et qu'elle n'ait en quelque sorte frappé de son sceau. Il en résulta pour lui une grande droiture dans le jugement, qui, jointe à la fermeté naturelle de sa volonté et à la modération de son caractère, créa de bonne heure cet heureux équilibre des facultés, dans lequel réside l'harmonie, la perfection, et qui est par excellence le don du génie ancien. — On se tromperait néanmoins si l'on croyait que l'antiquité fût une sorte de tombeau dans lequel il s'ensevelit volontairement pour échapper aux graves questions de son temps, aux luttes qu'elles suscitent, et leur refuser la part de courage qu'elles réclament de chacun. Ces redoutables questions, que notre âge à son déclin semble de plus en plus incapable de résoudre, furent, au contraire, la préoccupation de sa vie entière. Il les étudia sous toutes leurs faces, avec la largeur et l'impartialité d'un esprit qui aime son pays et veut à tout prix le sauver des périls de l'avenir. Fils du passé, par sa foi religieuse, politique et sociale, il ne renia aucune des vieilles traditions de ses ancêtres, pas plus qu'il ne repoussa de parti pris les glorieuses conquêtes de notre siècle. Jamais la lumière de la raison et l'honneur de la liberté, comme parle Bossuet, ne lui furent à charge. Il lui fallut pourtant lutter contre des préjugés bien respectables, s'exposer à de pénibles reproches, contrister parfois de vieilles amitiés ; mais personne n'avait le courage de lui en garder rancune, ni même de l'en blâmer, tant ses procédés étaient empreints de modération et de droiture.

On regrettera avec nous que ce disciple de l'antiquité, ce penseur, cet érudit, n'ait rien écrit ou presque rien. Il ne nous reste, en effet, que quelques rapports au Conseil général, un discours prononcé dans une réunion publique, deux opuscules, l'un sur la *Translation du cœur de M. de Parcevaux*, l'autre sur la vie du *Comte du Plessis de Grénédan,* et une traduction des trois premiers livres du *De consolatione philosophiæ,* de . Boëce... — La notice biographique sur le comte du Plessis est le tribut d'une sincère admiration à l'héroïsme d'un ami, en même temps qu'un éloquent hommage à la cause pour laquelle mourut cet ami. L'introduction pourrait s'appeler un acte de foi. L'auteur ne se contente pas d'exalter, comme ils le méritent, cette poignée de braves, ils les venge de l'outrage odieux tombé du haut de la tribune française ; puis, s'armant de la plus noble indignation contre ces honteuses glorifications de la force et du succès, il stigmatise les lâches compromis du siècle actuel, flagelle les spoliateurs de l'Eglise, et réclame pour ses enfants le droit de mourir à son service sans être insultés... — La traduction de Boëce, interrompue par la mort, s'arrête vers la fin du troisième livre et n'a pu être retouchée. Cependant, telle quelle, son élégance et sa fidélité lui permettraient incontestablement de soutenir le parallèle avec la seule traduction qui existe, digne de ce nom. M. de Lescoët ne s'est laissé décourager ni par l'aridité du sujet, ni par les obscurités d'un style qui, bien que supérieur à toutes les productions de cette époque, n'en subit pas moins les atteintes d'une décadence irrémédiable. Il n'a vu qu'une chose, rendre service aux lettres, en retirant d'un oubli immérité le philosophe dont le nom a fait école pendant plusieurs siècles, l'écrivain qu'on a pu comparer aux plus grands génies de Rome,

« et qui eût arrêté l'Empire sur le penchant de sa ruine, si un seul homme pouvait ressusciter une nation entière ». Nous espérons que ce travail consciencieux sera continué et publié un jour par les soins de la famille. Il serait cruel d'en priver les lettres et de refuser cet hommage posthume à la mémoire d'un homme qui les aima avec un rare désintéressement, et n'épargna pour les servir ni temps, ni peines, ni recherches, ni sacrifices....

A. DE LA BREURE.

M. LE COMTE OLIVIER DE SESMAISONS.

Des voix éloquentes ont dignement célébré cette pieuse mémoire. Nous ne venons aujourd'hui qu'essayer une simple notice ; l'éloge ressortira naturellement des faits.

Rogatien-Louis-Olivier, comte de Sesmaisons, ancien représentant de la Loire-Inférieure et président de son conseil général, naquit le 24 février 1807, du mariage du comte Rogatien, auquel nous consacrions, dans cette *Revue,* il y a moins de dix ans, un respectueux souvenir, et de Mlle Alphonsine de Lancosme. Tout ce qui peut aider ici-bas, haute position, esprit, habitude du monde et habitude aussi de la vie de famille, qui sera toujours la meilleure école, il le trouva autour de lui dès son berceau. Ses premières études se firent à Saint-Acheul, aux plus beaux jours de cette institution devenue si promptement célèbre et qui excitait l'envie, disons mieux, la haine du libéralisme inquiet et tyrannique de l'époque. Ses succès y furent marqués ; ils ne le furent pas moins au collége royal de Nantes, où il vint se préparer à l'Ecole militaire. Le collége de Nantes jetait alors un vif éclat. La Moricière y remportait le prix d'honneur et entrait, le troisième, à l'École polytechnique. Olivier de Sesmaisons n'y passait qu'un an et était reçu des premiers à Saint-Cyr.

Une fois là, loin de se ralentir, comme il arrive souvent, il marche d'un pas plus ferme encore et sort le second d'une promotion à laquelle appartiennent les généraux de Laveaucoupet, Desmarest, de Tourville, etc. Il ne lui restait plus qu'un pas à faire, et il le fit à l'école d'état-major, dont il sortit le premier, en 1828.

Placé d'abord au 5e hussards comme lieutenant stagiaire, il l'était au 20e de ligne lorsqu'eut lieu l'expédition d'Alger. Le 20e fut désigné pour partir. L'entreprise était hasardeuse, car elle n'avait pas réussi à Charles-Quint; mais jamais cause ne fut plus belle : double motif pour enflammer de jeunes courages. Ce n'était pas seulement une conquête qu'ils rêvaient, c'était le retour de la civilisation sur cette terre d'Afrique, cette brillante patrie de saint Augustin, dont les Musulmans avaient fait un pays *barbaresque*. Pour ceux d'ailleurs, comme M. de Sesmaisons, qui avaient plus d'une raison de se rappeler les croisades, partir pour faire la guerre au croissant n'était-ce pas marcher sur les traces de ses pères ?

Le 20e de ligne fut incorporé dans la brigade Clouet, de la division Berthezène. Deux officiers d'état-major y faisaient, en même temps, leur stage, Olivier de Sesmaisons et Patrice de Mac-Mahon, qui était de ses *recrues*. Disons que les qualités sévères et sérieuses de ce dernier s'accordaient admirablement avec celles de son *ancien*. Le général Clouet s'attacha M. de Sesmaisons comme officier d'ordonnance, et ce fut en cette qualité qu'il prit une part active et distinguée au combat de Staoueli. Chose rare avec les Arabes, on s'y battit surtout à la baïonnette, et ce fut le sabre à la main que les officiers du 20e de ligne défendirent leur drapeau, un instant compromis.

Ce combat décida du sort d'Alger ; le siége du fort de l'Empereur ne fut plus qu'une opération, en quelque sorte, mathématique, et la France, si puissante sous ses anciens rois, fut en possession, avec le dernier d'entre eux, de sa dernière conquête.

On était encore dans toute la joie du triomphe, lorsque arriva à Alger la nouvelle de la révolution de juillet, que le vaisseau-amiral salua de vingt et un coups de canon. Ce signal décida du sort d'un grand nombre d'officiers. En voyant leur drapeau déchiré, et leur roi dans l'exil, ils crurent que le malheur ne les déliait pas de la foi jurée, et ils sacrifièrent tristement leurs droits acquis, leurs espérances et leur avenir.

Parmi ceux à qui ce sacrifice fut le plus pénible, nous n'hésitons pas à nommer M. de Sesmaisons, car longtemps après il le disait encore. Retiré alors au sein de sa famille, devenu propriétaire campagnard, il se créa du moins immédiatement une nouvelle carrière. Horticulteur émérite, agronome distingué, il s'étudia à éveiller autour de lui l'esprit d'initiative, et ne perdit aucune occasion d'entrer en lutte avec la routine et les préjugés. Dès 1843, nous le voyons à la tête du comice agricole de la Loire-Inférieure, dont il n'a pas cessé d'être membre pendant trente ans, le présidant souvent, s'associant à ses travaux toujours. Il était, en même temps, l'un des plus zélés promoteurs des congrès de l'*Association bretonne*, dont il présida habituellement la classe d'agriculture. Ses allocutions dans les comices, toujours neuves par les vues, par les conseils, l'étaient plus encore par une familiarité spirituelle, qui pénétrait d'autant plus facilement l'esprit de nos laboureurs qu'elle répondait mieux à leur fine bonhomie. Nous regrettons de ne pouvoir préciser par des chiffres le mouvement que l'institution des comices a imprimé à l'agriculture ; mais tout le monde sait que les immenses progrès accomplis depuis un quart de siècle, lui sont dus en grande partie.

En 1846, M. de Sesmaisons fut élu membre du conseil général par la ville de Nantes, dont les Sesmaisons ont toujours tenu à se dire *citoyens*. Dans les chartes les plus anciennes, aux titres d'*écuyer*, de *chevalier*, de *grand bailli*, etc., vous voyez joint à leur nom celui de *civis-nannetensis*, et ils lui sont restés fidèles.

Notre vieux Comté Nantais, de son côté, ne s'est pas montré ingrat. En 1848, il envoyait M. de Sesmaisons à la Constituante par 96 000 voix ; en 1849, à la Législative par 114 000. M. de Sesmaisons fit partie, dans ces deux assemblées, de cette majorité d'honnêtes gens qui commença par résister énergiquement à l'anarchie, au 15 mai, aux journées de juin, puis fit le bien qu'elle put, dans une position et dans un temps où le bien est toujours difficile, souvent impossible. N'eût-elle fait que briser le monopole de l'enseignement, qu'elle aurait droit à notre plus vive reconnaissance. N'oublions pas que, grâce à elle, deux cents écoles religieuses se sont ouvertes depuis, et donnent annuellement l'instruction à plus de 40 000 élèves.

Inutile, d'ailleurs, de rappeler quelle fut la fin pour les représentants : une cellule à Mazas. La carrière de M. de Sesmaisons était donc brisée une seconde fois. Il revint sans amertume, sinon sans tristesse, à ses livres, à ses champs, à son comice agricole. Quoiqu'il fût au nombre des vaincus, la ville de Nantes le choisissait, en 1856, pour présider le jury de son exposition, et lui décernait, comme prix de ses soins intelligents, une médaille d'or. Plus tard, en 1865, elle l'appelait à son conseil municipal. M. de Sesmaisons était loin, assurément, d'avoir les opinions du jour ; il ne dut même son élection au conseil municipal qu'à ceux qui leur étaient hostiles ; mais, en dehors des luttes de la politique, il se distinguait par une courtoisie et une bienveillance qui, ainsi qu'on l'a si bien dit sur sa tombe, vous élèvent au-dessus des partis.

Son digne père avait présidé, pendant vingt-cinq ans, l'association de la *Providence,* qui a introduit parmi nous, depuis cinquante ans, l'instruction gratuite. Ce soin des pauvres devint un héritage de famille. Le père mort, le fils fut élu d'une voix unanime pour le remplacer, et si Dieu ne lui a pas accordé la longue vie de son père, il lui a donné du moins assez de force et de courage pour ne pas laisser péricliter cette admirable institution au milieu des circonstances les plus difficiles.

Un dernier titre lui était réservé, celui de président du conseil général ; mais la mort était proche, mort lente, douloureuse et prématurée (14 février 1874). C'est tout ce que nous avons à dire. Qui ne sent, en effet, ce que pouvait être la fin d'un chrétien aussi ferme ?

Nous n'avons parlé que de la vie publique de M. de Sesmaisons. Il ne nous appartient point de dire ce qu'il fut au milieu de sa famille, dans cette belle et paisible retraite de la Desnerie, où s'est écoulée la meilleure partie de ses jours. Mais on comprend facilement ce que peut être un père, lorsqu'il se fait le guide assidu de ses enfants, qu'il est le premier à les initier à toutes les sciences et qu'il accepte, dans sa plénitude, la mission de former leur esprit, tandis qu'à côté de lui une pieuse mère forme leur cœur ! C'est pour ceux-là que l'Écriture a dit : *Filii, merces.*

EUGÈNE DE LA GOURNERIE.

M. GLAIS-BIZOIN AU CAMP DE CONLIE[*]

SOMMAIRE. — I. Le gouvernement de Tours déménage, M. Crémieux part, M. Glais-Bizoin ne part pas. — II. Sang breton et sang génois; préoccupations de M. Ranc; nomination de M. de Marivault. — III. M. Glais-Bizoin va à Conlie; motifs de ce voyage d'après M. Glais-Bizoin et d'après M. de Kératry. — IV. Entrée triomphale de M. Bizoin au camp; vingt et un coups de canon! — V. Alarmes du gouvernement au sujet de M. Glais-Bizoin; invention pour le ramener au bercail. — VI. Exploits de M. Glais-Bizoin : la revue dans le brouillard. — VII. Éloquence militaire de M. Glais-Bizoin, adieu de M. de Kératry, installation de M. de Marivault. — VIII. Diplomatie de M. Glais-Bizoin. — IX. Détresse financière du camp de Conlie. — X. Tout le monde va à Rennes; dépêche nocturne de M. Bizoin. — XI. Actes souverains de M. Glais-Bizoin : rétablissement de M. de Kératry, ouverture d'un crédit de 5 millions. — XII. Depart de M. Bizoin pour Bordeaux, retour de l'enfant prodigue, joie de M. Crémieux. — XIII. *Gambetta pas répondu, bon signe.* — XIV. La morale de l'histoire.

I.

Le 9 décembre 1871, le gouvernement de Tours était en déménagement. Le décret qui ordonnait sa translation à Bordeaux venait d'être signé la veille, et dès ce jour (8 décembre), pendant que M. Gambetta se rendait à Bourges en passant par Josnes, l'amiral Fourichon était parti pour la nouvelle capitale. Le lendemain matin (9 décembre), le président de la Délégation, M. Crémieux, accompagné de sa famille et du corps diplomatique, s'embarquait pour la même destination par un train spécial.

[*] Le rapport de M. de la Borderie sur le camp de Conlie va paraitre dans deux jours à la librairie Plon, à Paris, en un vol. in-18 anglais, avec un appendice contenant un choix des pièces justificatives de l'édition officielle et en outre plusieurs morceaux inédits, plusieurs renseignements nouveaux très-intéressants, réunis par l'éditeur pour achever de faire la lumière sur cet épisode de notre histoire, qui touche si intimement à l'honneur de la Bretagne. M. Plon veut bien nous communiquer l'un de ces morceaux nouveaux, dont il a enrichi son édition; nous sommes heureux d'en donner la primeur aux lecteurs de la *Revue*.

Quant au quatrième membre de la Délégation, M. Glais-Bizoin, il se rendit à la gare avec M. Crémieux, fit mine de partir aussi pour Bordeaux, mais resta à Tours. L'après-midi, il prenait le train du Mans, et le soir, il débarquait à Conlie, en compagnie de M. de Kératry, démissionnaire depuis le 27 novembre, et du général Le Bouëdec, qui avait encore par intérim le commandement du camp.

Ce voyage de M. Glais-Bizoin et de M. de Kératry à Conlie a beaucoup préoccupé l'opinion publique, qui crut alors, à tort ou à raison, y voir comme une tentative de pronunciamento ou de sécession à l'égard du Gouvernement de Bordeaux. Aujourd'hui même il y a là un point obscur, une sorte de petit mystère historique. M. Glais-Bizoin se mettant à conspirer contre le gouvernement dont il est membre, c'est bizarre sans doute, impossible nullement : on a vu en ce temps-là plus étonnant.

A raison de son caractère purement anecdotique, cet épisode n'a pu prendre place dans le rapport officiel de M. de la Borderie sur le camp de Conlie; mais on trouve dans les *Annexes* de curieux documents qui s'y rapportent, et avec les renseignements que nous avons pu recueillir d'autre part, nous essayerons, sinon de résoudre complétement le problème, au moins de faire pénétrer dans ce coin inexploré de l'histoire de Conlie un peu de lumière.

II.

Il faut reprendre les choses d'un peu plus haut.

Le lendemain de sa démission, M. de Kératry avait écrit à M. Gambetta une lettre datée d'Angers le 28 novembre, dans laquelle il exhalait tout son mécontentement. Il y accusait de trahison « les hautes administrations de la guerre et de la marine », il annonçait l'intention de les faire traduire en conseil de guerre sitôt que les événements le permettraient; s'il n'embrassait pas le ministre lui-même dans ces accusations de trahison, il lui reprochait une « insigne faiblesse » et un prodigieux aveuglement. Cette lettre, publiée à grand bruit dans les journaux, consomma la scission entre ces deux hommes : le fossé qui les séparait devint un abîme.

A ce moment se trouvait à Tours M. de Marivault, « capitaine de vaisseau fort distingué, d'une intelligence hors ligne »[1], qui, n'ayant plus de commandement en mer, sollicitait du service dans l'armée de terre. Il s'était d'abord adressé à M. de Kératry, maintenant il s'adressait au ministre de la Guerre. Le 27 novembre, il avait demandé le commandement du camp qui devait être formé près de Nevers, suivant le décret du 25 novembre sur les camps régionaux. Le 1er décembre, ayant appris la démission de M. de Kératry, il songea au camp de Conlie et écrivit au ministre: « Monsieur le ministre, un incident *regrettable en lui-même* me donne à

[1] *Annexes* du rapport officiel sur Conlie, p. 68.

penser aujourd'hui que je puis être spécialement utile en vous demandant le commandement du camp de Bretagne. » Et il exposait ensuite les motifs de sa demande. M. Glais-Bizoin prétend que M. de Marivault « l'obséda pendant huit jours pour qu'il lui fît donner le commandement de Conlie » [1]. C'est une erreur; car M. de Marivault, sitôt sa demande faite, fut pris au mot. Le ministre écrivit de suite en marge de sa lettre :

« Je ne vois que de bonnes raisons invoquées par M. le capitaine Marivault, et je désire qu'il lui soit donné promptement une solution favorable.

> LÉON GAMBETTA. »

En même temps M. Spuller transmettait de sa part au délégué à la Guerre, M. de Freycinet, l'ordre qui suit :

« Monsieur le délégué, j'ai l'honneur de vous envoyer cette lettre de M. le capitaine de Marivault; *M. le ministre de l'Intérieur et de la Guerre vous prie de donner immédiatement suite à la demande de M. de Marivault* [2]. »

Le même jour, M. de Marivault fut promu au grade de général de division au titre auxiliaire, et s'il ne fut pas nommé le lendemain commandant supérieur du camp de Conlie, ce retard n'eut d'autre motif que les préoccupations extrêmes causées au ministère par la marche en avant de l'armée de la Loire.

A ce moment on annonçait l'arrivée à Tours de M. de Kératry. La police de M. Gambetta s'en préoccupait. Nous avons vu, copiée en fac-simile, une note autographe du directeur de la Sûreté générale, écrite sur papier à tête avec ces mots : *Ministère de l'intérieur — Cabinet du ministre,* et portant ceci :

« Il faudrait surveiller ce soir l'hôtel de Bordeaux et particulièrement MM. Guyot-Montpayroux, Cochery, Wilson et Lefebure, députés. Me prévenir sans délai de l'arrivée du général Kératry et de son aide de camp. Urgent.

> A. R. [3] »

M. de Kératry était à Tours, en effet, quand on y apprit la défaite de l'Armée de la Loire et la reprise d'Orléans par les Prussiens (4 et 5 décembre). Sous le coup de ces tristes nouvelles, il écrivit à M. Gambetta la lettre suivante, qui fut remise par M. Carré-Kerisouët :

« Tours, 7 décembre 1870.

« Monsieur le Ministre,

» Je me dois à mon pays, et aussi à la Bretagne, qui vient de donner tant de preuves de patriotisme ici, comme à Orléans et à Paris. Lorsque

---

[1] Voir Glais-Bizoin, *Dictature de cinq mois*, p. 135.

[2] Voir *Annexes* du rapport officiel sur le camp de Conlié, p. 273.

[3] C'est-à-dire *Arthur Ranc.* Au lieu de *Lefebure* on peut lire aussi *Lefebvre*; ce serait M. Lefebvre-Pontalis (Antonin), entré en 1869 au Corps législatif.

vous comptiez déjà sur le succès, vous avez brisé mon commandement. Le désastre d'Orléans m'a fait sortir de la vie privée où j'étais rentré. Aujourd'hui que la situation est difficile, je mets de côté les questions personnelles : je vous redemande mon commandement en chef, intact comme au premier jour de votre signature, avec les troupes que vous m'aviez accordées et avec la liberté de rappeler tous les officiers qui m'avaient suivi dans la retraite.

» Je ferai rentrer dans le camp de Conlie toutes mes troupes, qui ont besoin d'une nouvelle cohésion, et ma mission sera de ne point laisser passer les Prussiens entre Nantes et le camp de Conlie, quitte à reprendre l'offensive dès que les circonstances le permettront.

» Vous m'avez loué comme tous mes officiers, parce que vous n'avez pas une seule faute à me reprocher. Je vous demande donc un acte de justice et une mesure utile à ma patrie, à l'heure si grave où nous sommes aujourd'hui.

» Agréez, etc.

» Cte DE KÉRATRY. »

Cette lettre honore son auteur; elle prouve qu'en face du péril suprême de la patrie, il était prêt non-seulement à oublier les ennuis, les déceptions, les injustices dont on l'avait abreuvé, mais même à les affronter de nouveau.

Elle suppose aussi nécessairement que M. Gambetta, pareillement ému du même péril, pouvait, de son côté, oublier et ses anciennes préventions contre l'armée de Bretagne et son ressentiment tout frais contre la lettre de Kératry du 28 novembre.

Mais le sang génois [1] n'est pas le sang breton: pour toute réponse à la lettre du 7 décembre, M. Gambetta signa, ce jour même, le décret nommant au commandement supérieur du camp de Conlie M. de Marivault.

Deux jours après (9 décembre), ce décret était au *Moniteur*, et M. de Marivault partait le matin pour Conlie avec M. Carré-Kerisouët.

L'après-midi, M. Glais-Bizoin, comme nous l'avons dit plus haut, prenait la même route et commençait, avec MM. de Kératry et Le Bouëdec, ce voyage qui a tant intrigué la curiosité publique.

III.

M. Glais-Bizoin ayant publié sur son *triumvirat* un livre qui semble sincère, qui est en tout cas fort pittoresque, et où il ne se gêne pas pour peindre en déshabillé la Délégation de Tours et de Bordeaux, nous pensions naturellement y trouver le mot de cette charade, où l'auteur figurait au premier rang. Nous eûmes d'abord grande espérance en lisant ce

---

[1] Tout le monde sait que le grand-père de M. Gambetta était Génois.

petit récit du départ de M. Crémieux et de sa famille pour Bordeaux le 9 décembre :

« Je les accompagnai jusqu'à la gare, dit M. Glais-Bizoin, et me donnai le plaisir de les mettre en voiture avec la résolution de ne pas les rejoindre avant d'avoir visité le camp de Conlie, *où je craignais que le général de Marivault, nommé à la place de Kératry, ne trouvât de la résistance.* Crémieux, qui me croyait dans le train, éprouva un vrai désappointement lorsqu'il ne rencontra à Bordeaux que l'amiral Fourichon. Comme Gambetta était parti à la même époque pour Bourges et Nevers, Crémieux et l'amiral ne pouvaient prendre aucune décision [1]. »

C'était certainement un joli tour d'obliger M. Crémieux à mettre sa dictature en grève, faute d'un coopérateur parti pour faire l'école buissonnière. Cette petite farce semble si bonne à M. Bizoin qu'à ce souvenir il rit encore dans sa barbe. Il est dans son droit, le trait est plaisant. Mais quand il donne pour motif à son voyage de Conlie le désir de fortifier l'autorité de M. de Marivault contre les résistances qu'elle aurait pu rencontrer, M. Glais-Bizoin nous permettra d'exprimer quelque doute.

Comment! il craignait de voir les regrets inspirés par le départ de M. de Kératry tourner à la résistance vis-à-vis de son successeur; il allait de Tours à Conlie pour empêcher ou réduire cette résistance; — et pour coopérateur dans cette mission il prenait l'homme même objet de ces regrets, cause involontaire mais immédiate de la mutinerie éventuelle que l'on prétendait combattre! M. Bizoin serait ainsi allé exciter d'une main l'incendie qu'il voulait éteindre de l'autre.

Évidemment il se calomnie; il n'a pu, quoi qu'il en dise, être si léger; cette explication de son voyage, la seule qu'il présente, est absolument invraisemblable.

M. de Kératry, dans sa seconde déposition devant la Commission d'enquête de l'Assemblée nationale, est plus sérieux. Il rapporte qu'après sa démission, rien ne le retenant plus en province, il avait résolu d'essayer de percer les lignes prussiennes pour rejoindre dans Paris sa femme et son enfant; déjà il s'était muni, à la Sûreté générale, d'un laisser-passer pour traverser sans obstacles les lignes françaises; il allait partir quand, tout à coup, il lui tomba sous la main un journal (par qui informé?) qui faisait connaître son projet et en empêchait ainsi l'exécution: car le publier dans un journal, c'était le dire aux Prussiens.

« Je déjeunais ce matin-là à Tours avec M. Glais-Bizoin (dit M. de Kératry), lorsque le général Le Bouëdec, qui m'avait succédé au camp de Conlie, comme le général Gougeard m'avait succédé à la division de marche,

---

[1] *Dictature de cinq mois, mémoires pour servir à l'histoire du Gouvernement de la défense nationale et de la délégation de Tours et de Bordeaux,* par Al. Glais-Bizoin, Paris, Dentu, 1873, in-18 anglais, p. 131-132.

vint m'avertir que l'armée de Bretagne s'était vu, par ordre supérieur,
couper toutes ressources financières. Les vivres mêmes allaient manquer,
car personne ne voulait plus rien payer. Il me pria d'engager M. Glais-
Bizoin à intervenir de sa personne (M. Gambetta était absent comme M.
Crémieux) auprès du payeur-général de Rennes pour l'ouverture d'un
crédit, et à venir juger par lui-même de ce qui se passait au camp. Ce fut
là l'origine du voyage de M. Glais-Bizoin. Je ne pouvais plus essayer de
franchir les lignes ennemies après l'indiscrétion commise; M. Glais-Bizoin,
le général Le Bouëdec et moi, nous partîmes tous trois ensemble [1]. »

Il est certain que le camp de Conlie à qui l'on venait de couper tout
crédit, était dans une situation très-critique; il est vrai aussi, comme nous
le verrons, que M. Glais-Bizoin fit des efforts pour améliorer cette situation; enfin, il est assez naturel qu'allant à Conlie dans ce but, il ait fait
route avec M. de Kératry qui retournait en Bretagne et pouvait le renseigner mieux que personne. Le motif indiqué par M. de Kératry est donc
très-plausible. Était-ce le seul? Cela est moins certain; M. de Kératry
toutefois n'en indique pas d'autre et ne fait aucune allusion à celui qu'al-
lègue sans vraisemblance M. Glais-Bizoin.

IV.

Quoi qu'il en soit, ce dernier fit au camp de Conlie une pompeuse entrée; la redoute de Tennie, par la bouche de ses canons marins, le salua
comme un prince. Dans son livre il note le fait en passant, sans s'y arrêter,
comme une chose toute simple: « Un train spécial nous amena au camp à la
tombée de la nuit; vingt et un coups de canon annoncèrent notre arrivée. »
Si l'on en croit les témoins, cela fit un peu plus d'effet. Voici le récit d'un
chef de bataillon des mobilisés d'Ille-et-Vilaine, le commandant de la G...:

« Le 9 décembre 1870, le coup de canon qui se tirait chaque soir pour
ordonner l'extinction des feux, fut suivi de vingt et un autres. Grand émoi
dans le camp, tout le monde sort de ses tentes : — C'est une victoire sur
la Loire! crient les uns. — C'est Trochu qui est sorti! clament les autres.
— Tous nous courons vers le quartier-général aux cris redoublés de :
Vive la France! Quand j'y arrivai, il y avait là devant la porte environ
quinze cents personnes, pour la plupart officiers, tous criant à plein
gosier: A Paris! — C..., Ch... et moi pénétrons dans l'intérieur, où on
nous apprend que nous n'avons point gagné de bataille sur la Loire, que
Trochu n'est point sorti..., mais que Glais-Bizoin est entré!!! Nous
répétons au dehors cette grrrande nouvelle. Tableau. Je regrette que
l'illustre triumvir ne soit pas sorti alors de la baraque, où il soupait avec
l'état-major, et ne se soit pas montré à la foule. Il y avait là beaucoup de

___
[1] *Annexes* du rapport officiel, p. 124.

ses anciens électeurs des Côtes-du-Nord; à juger par l'exaspération de
ceux qui m'entouraient, leur ex-député eût reçu d'eux les preuves *touchantes* de la satisfaction qu'éprouvaient les mobilisés bretons à le voir arriver au camp avec un pareil fracas.

L'erreur causée par cette canonnade fut telle que, deux jours après, un
journal de Saint-Brieuc (l'*Indépendance bretonne*) disait :

« Une lettre datée de Conlie le 10 décembre, et arrivée ce matin dans
notre ville, contient les lignes suivantes que nous transcrivons fidèlement:
« Bonne nouvelle apportée hier soir, à dix heures, par MM. de Kératry et
Glais-Bizoin ! Un tiers de l'armée de la Loire a défait celle du prince
Frédéric-Charles : vingt et un coups de canon ont été tirés au camp à dix
heures et demie ! [1] »

Quand on vit que cette canonnade s'était faite pour célébrer, non le
triomphe de nos armes, mais celui de M. Glais-Bizoin, le sentiment de dé-
ception, d'irritation du premier instant, fit bien vite place à un autre :
« Aussitôt qu'on sut que c'était seulement l'arrivée de M. Glais-Bizoin,
on rit beaucoup, dit M. de Vauguion [2]; c'est la seule émotion que j'aie vue
dans le camp. »

Qui avait ordonné de tirer cette salve? D'après M. de Vauguion, ç'aurait été M. de Kératry. Mais M. de Kératry, dont tout le monde connaissait
la démission, ne pouvait plus donner d'ordres; il avait avec lui M. Le
Bouëdec, qui n'avait point résigné le commandement du camp, M. Glais-
Bizoin, membre du Gouvernement ; si M. de Kératry donna un ordre, cet
ordre ne put avoir force que par l'autorisation de ses deux compagnons
de route, qui doivent demeurer chargés de cette canonnade. Si nous
sommes bien informés, le colonel Jullien, commandant l'artillerie de l'armée de Bretagne, n'exécuta point cet ordre sans observations; il fit
remarquer qu'une salve tirée après le coucher du soleil était chose contraire aux règlements. On passa outre.

V.

Le voyage de M. Glais-Bizoin fit bruit ailleurs qu'à Conlie; cette esca-
pade mit en rumeur tout le Gouvernement. Le général Marivault, arrivé
à Conlie avec M. Carré-Kerisouët dans l'après-midi du 9 décembre, expé-
dia de là à Bordeaux au délégué à la Guerre, M. de Freycinet, le télégramme suivant : « Le général Le Bouëdec télégraphie de Tours qu'il va

[1] Il y a erreur dans cette lettre, sur l'heure comme sur la cause de cette salve;
l'excellent *Historique de la 2ᵉ légion d'Ille-et-Vilaine*, du colonel de Coniac, porte :
« Le 9 décembre, *à huit heures du soir*, nous fûmes fort surpris d'entendre tirer au
camp une salve de 21 coups de canon. » (*Annexes* du rapport officiel, p. 137.)

[2] Déposition devant la Commission de l'Assemblée nationale, aux *Annexes* du rapport, p. 69.

arriver au camp avec Glais-Bizoin et Kératry. J'ignore l'objet de cette
visite. »

Le lendemain, 10, M. de Freycinet envoya copie de cette dépêche à
M. Gambetta, alors à Josnes (Loir-et-Cher), en y joignant ce commentaire : « J'ignore également le motif de cette visite, mais j'espère bien
qu'elle n'aura pas pour effet d'entraver l'exécution de l'ordre que j'ai
donné d'après vos instructions, à savoir, de confier le commandement du
camp à M. de Marivault, et le commandement des troupes actives à M.
Le Bouëdec en remplacement de Gougeard. — Il serait bon que tout le
monde ne s'occupât pas des affaires de la Guerre. »

De son côté, M. Ranc, directeur de la Sûreté générale, télégraphiait de
Tours, le 10, à M. Leven, chef du cabinet de M. Crémieux : « Glais-Bizoin est parti pour le Mans avec Kératry ; il serait urgent de lui envoyer
l'ordre de se rendre à Bordeaux sans retard. »

Et de Josnes M. Gambetta — toujours le 10 et toujours par télégraphe
— expédiait à son délégué cette réponse curieuse :

« *Ministre Guerre à Freycinet, Bordeaux.*

« Veuillez faire savoir au Gouvernement que, M. Glais-Bizoin étant
parti pour le Mans avec Kératry, il conviendrait de le faire revenir d'urgence à Bordeaux *sous prétexte de nouvelles importantes arrivées de Paris qui exigent une délibération en conseil immédiate.*

» LÉON GAMBETTA. »

VI.

Pendant cet échange de dépêches, M. Glais-Bizoin poursuivait le cours
de son expédition.

Le 10 décembre, de huit à onze heures du matin, il passait en revue
tous les bataillons du camp, rangés sur le front de bandière. Il affirme
dans son livre avoir passé cette revue seul, « sans être accompagné des
généraux Kératry et Le Bouëdec » ; il se trompe. S'il eût été seul, il se fût
inévitablement perdu, abîmé dans les bourbiers de Conlie, d'autant qu'il
faisait ce jour-là un épais brouillard. Nombre de témoins [1] affirment que
M. Glais-Bizoin avait avec lui M. Le Bouëdec. Ces deux messieurs étaient
seuls ; pas d'escorte, pas un seul cavalier ni une ordonnance. Comme les
morts de la ballade, ils allaient vite ; sur le front des bataillons ils passaient enveloppés de brume, pareils aux héros d'Ossian ; parfois, le brouillard devenant plus intense ou leur pas plus rapide, l'œil ne parvenait

[1] Entre autres le colonel de Coniac, dans son *Historique de la 2e légion d'Ille-et-
Vilaine :* « Le 10 au matin, M. Glais-Bizoin, *accompagné du général Le Bouëdec*,
passa en revue les 50,000 hommes environ dont se composait le camp de Conlie. »
(*Annexes* du rapport officiel, p. 137.)

même pas à les saisir au passage ; ce malheur advint, entre autres, au
commandant de la G... (déjà cité), qui raconte ainsi son infortune :

« Le 10 décembre à huit heures du matin, nous étions rangés sur le
front de bandière ; M. Glais-Bizoin devait nous passer en revue. Il faisait
un froid atroce et un brouillard tel qu'on ne voyait pas devant soi à dix
pas. Nous restâmes ainsi trois heures, immobiles, à demi-gelés. A onze
heures, un officier nous donna l'ordre de rompre les rangs. On m'affirma
que M. Glais-Bizoin avait passé la revue et qu'il était même venu à mon
bataillon ; je ne m'en étais pas douté. C..., mon colonel, plus heureux
que moi, avait, je crois, aperçu le grand homme. Dans un ordre du jour,
il nous félicita sur notre belle tenue (!) et donna double ration d'eau-de-
vie. »

Dans cette revue fantastique et cette brume ossianesque, les choses
prirent d'étranges figures aux yeux de M. Glais-Bizoin. Les pauvres
mobilisés lui parurent des troupes superbes : « Sur ce sol glacé et couvert de neige, toute cette brillante jeunesse se montrait dans la meilleure
tenue... Il ne leur manquait que des armes [1]. » Peu de chose, on le voit.

Par un phénomène inverse, la redoute de Tennie, dont l'armement était
presque achevé, lui fit l'effet d'un méchant fortin avec un mauvais canon :
« Un fort (dit-il), que je trouvai armé d'un gros canon de marine, *pièce
inutile et incapable de résister aux obus prussiens*, qui eussent bientôt
jeté le désordre dans le camp, dépourvu d'enceinte fortifiée [2]. » Or, la redoute avait pour sa défense plus de trente canons marins, dont vingt de
16 centimètres, rayés, se chargeant par la culasse, portant à plus de
6 000 mètres !

VII.

La revue finie, les officiers supérieurs se réunirent au quartier-général ;
M. Glais-Bizoin, placé au milieu du cercle, leur adressa une petite harangue
qui, plus ou moins retouchée, parut quelques jours après dans tous les
journaux de Bretagne sous cette forme-ci :

« *Ordre aux officiers, sous-officiers et soldats
du camp de Conlie.*

» Au moment où le ministre de la Guerre se rendait à l'armée de la
Loire, j'ai tenu à venir au milieu de vous, mes chers compatriotes, réunis
au camp de Conlie. Je suis heureux et fier, après la revue de toutes les
troupes passée ce matin en ma présence par vos chefs, d'attester hautement que la Bretagne, si brave sous Paris comme devant Orléans, continue
de donner à la France, comme elle en a pris l'initiative, un noble exemple

---

[1] Glais-Bizoin, *Dictature de cinq mois*, p. 187-188.
[2] Id. *Ibid.*, p. 134.

de patriotisme, par la formation et le développement du camp de Conlie. Je veux apprendre à la France que 48 000 citoyens-soldats, accourus tout équipés en moins de cinq semaines à l'appel de la patrie, sont là tout prêts à affronter le choc de l'ennemi, tandis que 12 000 autres de leurs frères sont déjà sortis du camp pour marcher au feu.

» Je manquerais à la vérité et à la justice, si je ne rappelais à mon pays que cette initiative est due à mon ancien collègue et ami le général de Kératry, et son exécution au triple dévouement du général en chef et des généraux Carré-Kerisouet et Le Bouëdec, secondés par un état-major non moins méritant. C'est une dette de reconnaissance que je me permets d'acquitter, comme membre de la délégation du Gouvernement de la défense nationale.

» Un autre chef, brave officier, a été placé à la tête de ce camp si admirablement établi, et que je viens de trouver rempli de jeunes soldats admirablement préparés à soutenir la lutte suprême engagée pour défendre le sol de la patrie. Vous lui ferez l'accueil dû autant à son mérite qu'à son passé militaire.

» Soldats, votre bonne tenue et votre résolution m'attestent que vous serez fidèles à la vieille devise de nos pères : *La mort plutôt que le déshonneur !* L'unité nationale, legs précieux de nos pères, vous le conserverez, chers et braves compatriotes, vous le conserverez et le transmettrez intact à vos descendants. Je vous quitte donc comme vous m'avez reçu, au cri de : Vive la France ! Vive la patrie ! cri qui signifie dans ce moment : Vive la République et la délivrance de l'étranger.

» GLAIS-BIZOIN,
» *Membre du Gouvernement de la défense nationale.*

» Camp de Conlie, 10 décembre 1870. »

M. Glais-Bizoin payait, avec ses éloges hyperboliques à ses « chers compatriotes, » la poudre brûlée en son honneur. Pour peindre, le 10 décembre, les mobilisés de Conlie comme « *tout prêts à affronter le choc de l'ennemi* », il fallait une forte dose d'illusion ou d'audace. Mais la note dominante de ce morceau, le thème qui fut de vive voix très-amplifié, c'est le panégyrique de MM. Le Bouëdec et de Kératry.

A la fin de cette allocution un incident surgit, que M. Ardin d'Elteil, témoin oculaire, colonel des mobilisés de Redon, raconte ainsi :

« Après un semblant de revue, où les hommes avaient pour la plupart leurs bâtons de tente en guise de fusils, M. Glais-Bizoin réunit les officiers en cercle et prit la parole ; il nous donna un aperçu de la position du pays, des espérances que conservait le Gouvernement de la défense nationale, et comme d'un groupe d'officiers étaient parties ces paroles : *Donnez-nous des armes !* il nous dit positivement : « Le *Saint-Laurent* est

arrivé à Brest avec 45,000 remingtons ; je vais donner des ordres pour que
ces armes vous soient immédiatement livrées, et votre nouveau général
en chef va envoyer un des officiers de son état-major pour en prendre
livraison [1]. »

Le *Saint-Laurent* passait ainsi à l'état de vaisseau-fantôme, dont on
évoquait l'image dès que les Bretons criaient pour avoir des armes.

Après M. Glais-Bizoin, M. de Kératry prit la parole avec la chaleur et
l'énergie qui lui sont habituelles, il fit ses adieux à l'armée de Bretagne ;
bien des sympathies lui répondirent. Pendant qu'il en recueillait le témoignage, M. Le Bouëdec, s'avançant à son tour au milieu du cercle, se disposait à parler. Avant qu'il ouvrît la bouche, le général Marivault, qui
s'était jusque-là tenu à l'écart, fendit la foule, se plaça en face de M. Le
Bouëdec, et lui tendant un papier : « Général, dit-il, vous commandez ici ;
veuillez donner connaissance aux troupes de ce décret du Gouvernement
qui m'appelle au commandement supérieur du camp de Conlie. »

M. Le Bouëdec regarda le papier un instant, le déplia, le lut à haute voix
et sortit. M. de Marivault dit quelques mots pour constater sa prise de
possession et congédia l'assemblée.

VIII.

Après le déjeuner, M. Glais-Bizoin eut avec M. de Marivault une conversation qui peut se résumer ainsi :

— Croyez-vous, général, dit le triumvir, qu'il vous soit possible de
mener bientôt ces mobilisés au feu ?

— Il n'y a pas à y songer maintenant, répondit le général. Auparavant
il faut leur donner des armes, le camp n'en a pas ; une instruction militaire
sérieuse : cette boue la rend impossible. Il faut donc d'abord les tirer
d'ici, puis les armer, enfin les instruire : jusque-là, ni moi, ni autre ne peut
songer à les mener à l'ennemi.

— Ainsi, général, vous trouvez cette tâche bien lourde, vous aimeriez
mieux sans doute un autre commandement. Dites-moi ce qui vous conviendrait, je ferai mon possible pour vous l'obtenir.

— Ce n'est point pour mon agrément que j'ai demandé le commandement de ce camp, et en le faisant j'ai nettement exposé au ministre les
raisons pour lesquelles je crois pouvoir y être plus utile que dans tout
autre.

— Mais si l'on vous envoyait ailleurs, vous ne tiendriez pas beaucoup
à rester ici ?

— Je ne désire point de changement. Si le ministre me donne un autre
commandement, je suis soldat, j'irai où l'on m'enverra.

[1] Voir *Annexes* du rapport officiel, p. 158.

D'après le récit qu'en a fait M. de Marivault, telle fut en substance cette conversation. Nous verrons dans quelques instants la version de M. Glais-Bizoin.

IX.

M. Bizoin, jusque-là, avait un peu négligé l'objet principal de son voyage, qui était (suivant M. de Kératry) de chercher un remède à la détresse financière où le Gouvernement laissait le camp de Conlie. M. Carré-Kerisouët le lui rappela; il venait d'expédier à Bordeaux, à M. Freycinet, le télégramme suivant:

« Conlie, 10 décembre 1870, 2 h. 5 soir.

» *Carré-Kerisouët à délégué Guerre, Bordeaux.*

» Vous m'avez dit que l'intendance envoyée au camp de Conlie réglerait les marchés passés par l'armée de Bretagne et prendrait livraison de tout ce qui existe comme approvisionnement. L'intendance fait vivre l'armée avec les ressources que nous lui avons livrées, mais elle n'a aucun moyen de payer les marchés qui sont expirés. Cette situation est fort grave, et les 46 000 hommes qui sont au camp vont manquer de tout. Je vous supplie de régulariser cette situation en ouvrant à l'intendance un crédit suffisant pour liquider le passé, assurer le présent et préparer l'avenir.

» Général CARRÉ-KERISOUET. »

Une demi-heure après, un instant avant de monter dans le train qui allait l'emporter à Rennes, M. Glais-Bizoin lança, de son côté, cette dépêche:

« Conlie, 10 décembre 1870, 2 h. 45 soir.

» *Membre du Gouvernement de la défense nationale
à délégué de la guerre, Bordeaux.*

» L'effectif de l'armée réunie à Conlie est de 46 000 hommes. Indépendamment de la dépense journalière, il y a des échéances pour travaux et marchés en cours d'exécution. L'intendant n'a aucun moyen de pourvoir à ces nécessités. Il y a péril en la demeure, et il est absolument indispensable d'ouvrir immédiatement à Rennes, et non ailleurs, un crédit d'un million dont je vous porterai des explications.

» GLAIS-BIZOIN. »

Après quoi il monta en wagon en compagnie de MM. Le Bouëdec et de Kératry, et même de M. de Marivault, qui allait s'aboucher avec le Comité de défense du département d'Ille-et-Vilaine.

X.

Tout ce monde arriva à Rennes assez tard. M. Glais-Bizoin y fut rejoint par une dépêche de M. Crémieux le pressant de gagner Bordeaux. Aussitôt après souper, il courut au télégraphe et répondit:

« Rennes, 10 décembre, 11 h. 40 soir.
» *A ministre de la Justice, Bordeaux.*
» Je pars demain à midi, et serai probablement arrivé à minuit.
» GLAIS-BIZOIN. »

Puis il se mit à écrire un long et important programme adressé à M. Gambetta par Tours, mais qui fut dirigé sur M. de Freycinet à Bordeaux. Commencée le 10 décembre quelques minutes avant minuit, cette dépêche ne fut expédiée de Rennes que le 11, entre une et deux heures du matin; la voici :

« Rennes, 10 décembre 1870.
(Transmise par Nantes, à 2 h. du matin, 11 décembre.)
» *A ministre Guerre, Tours.*

» J'arrive du camp de Conlie; y ai trouvé 48 000 hommes et 1 400 officiers qu'on m'affirme prêts à partir le 24, s'ils avaient des armes. Tous bonne tenue. Je craignais des dissensions: Kératry et Le Bouëdec m'ont accompagné et ont assisté à l'installation de Marivault selon vos ordres. Conduite de Kératry et Bouëdec très-loyale et très-approuvée par Marivault et corps des officiers. *Après explications amicales, Marivault a reconnu le camp trop considérable pour lui s'il devait marcher en avant à sa tête. Je crains que cette vaste administration ne soit au-dessus de sa capacité, obligé d'apprendre, sans perdre temps, hommes et choses. Mieux serait donc de lui donner un camp moins nombreux d'abord et moins avancé, qu'il connaîtrait en le formant. Kératry et Bouëdec reprendraient leur première position, au grand bénéfice de la défense nationale.* Si vous acceptiez ma proposition, l'un et l'autre s'engageraient à partir à votre ordre, le 24, à la tête de ces 46 000 hommes, peut-être plus de 50 000 alors. Plus de ressentiments, harmonie, union dans la défense entre les plus vaillants et résolus. Voilà ce que je veux et vous voulez vous-même. Télégraphiez donc que c'est chose faite. Il y va du salut de ce magnifique camp, et ce serait renoncer à utiliser, en temps, une armée à votre disposition. Je parle comme un témoin qui a tout vu et vérifié bataillons de ses propres yeux.

» Le camp que Jeannerod n'a pas accepté, conviendrait mieux à Marivault [1].

» GLAIS-BIZOIN. »

Ce nocturne télégramme révèle tout le plan de M. Glais-Bizoin, contenu dans ces deux points: obtenir la renonciation de M. de Marivault à son commandement et, par suite, la réintégration de M. de Kératry. La pre-

---

[1] Ce camp, que M. Jeannerod accepta, était celui d'Helfant, près de Saint-Omer, où le Gouvernement de la défense dépensa plus de 90 000 francs, et où il n'entra pas, de toute la guerre, un seul mobilisé.

mière partie de ce plan n'avait pas complétement réussi ; M. de Marivault ne s'était pas prêté à cette combinaison. Mais le triumvir, interprétant trop librement ses paroles, en déduisait la nécessité de l'envoyer ailleurs et de rétablir à Conlie M. de Kératry.

XI.

M. Glais-Bizoin était si persuadé de l'efficacité de son éloquence et de son argumentation sur l'esprit de M. Gambetta que, le lendemain matin, sans attendre sa réponse, il libellait et signait les ordres suivants [1] :

« Rennes, le   décembre 1870 [2].

ORDRE.

« Par ordre de M. le ministre de la Guerre, eu date du   décembre 1870, M. le général de division de Kératry reprendra immédiatement le commandement en chef de l'armée de Bretagne, en vertu de son premier décret, et préparera ses troupes de façon à marcher à l'ennemi le 21 décembre. Il est autorisé à réclamer des armes et des munitions, ainsi que les équipements nécessaires aux 45 000 hommes qu'il portera en avant.

» M. le général Le Bouëdec reprendra son commandement, tel qu'il existe au camp de Conlie, en qualité de général de brigade, au titre de brevet de l'armée auxiliaire.

» GLAIS-BIZOIN,
» *Membre du Gouvernement de la défense nationale.* »

« Rennes, 11 décembre 1870.

« Ordre est donné à M. le directeur de l'artillerie de Rennes de délivrer immédiatement au général commandant le camp de Conlie, les douze cents remingtons espagnols avec cartouches, les batteries de 12 et de 4, matériel, approvisionnement et équipement, qui existent dans les arsenaux de sa direction, ainsi que les chassepots et cartouches afférentes qui sont disponibles.

» GLAIS-BIZOIN,
» *Membre du Gouvernement de la défense nationale.* »

« Rennes, 11 décembre 1870.

« Ordre est donné à M. le trésorier-payeur général du département d'Ille-et-Vilaine de mettre à la disposition du camp de Conlie une somme de *cinq millions.* — Ce crédit est ouvert à partir de ce jour, et les payements seront faits sur les signatures du général commandant le camp et de l'intendant du camp.

» GLAIS-BIZOIN,
» *Membre du Gouvernement de la défense nationale.* »

[1] Les deux premiers ordres ont été communiqués à la Commission de l'Assemblée nationale, par M. de Kératry, le dernier par M. de Vauguion.

[2] Ici et dans le texte de cet *ordre*, le chiffre du quantième est laissé en blanc.

M. Glais-Bizoin venait à peine de décréter ce crédit de cinq millions, qu'il reçut du délégué à la Guerre le télégramme suivant, en réponse à la dépêche datée de Conlie, 10 décembre 2 h. 45, où il se bornait à demander un crédit d'un million :

« Bordeaux, 11 décembre 10 h. 40 du matin.

» *Guerre à Glais-Bizoin. — Urgence.*

» M. Gambetta m'a dit d'ajourner l'ouverture d'un crédit d'un million pour le camp de Conlie. J'ai donc le regret de ne pouvoir déférer immédiatement à la demande contenue dans votre dépêche.

» C. DE FREYCINET. »

Cette réponse ne refroidit pas M. Glais-Bizoin : de Bordeaux on lui refusait un million; qu'importe? il venait d'en donner cinq, il maintenait son ordre. N'était-il pas aussi dictateur que M. Gambetta? D'ailleurs il s'en allait à Bordeaux lever tout obstacle.

XII.

Il partit de Rennes le 11, entre midi et une heure; quelques heures après il était à Nantes, où un journal signale ainsi son passage : « Hier (11 décembre 1870), à 5 h. 10 du soir, un train spécial a amené à Nantes M. Glais-Bizoin, membre du Gouvernement de la défense nationale. Ce train est resté en gare un quart d'heure environ, et est reparti pour Tours [1]. M. Glais-Bizoin était accompagné de deux officiers supérieurs de la marine et d'un officier de l'état-major général. »

Vers l'heure où il passait à Nantes dans un appareil si militaire, un télégramme arrivait à Rennes à son adresse, dans lequel le délégué à la Guerre, M. de Freycinet, répondait ou plutôt ne répondait pas à la grande dépêche de nuit demandant le rétablissement de M. de Kératry :

« Bordeaux, 11 décembre, 4 h. 20 soir.

» *Guerre à Glais-Bizoin, Rennes. — Urgence.*

» Aussitôt que Gambetta sera de retour, je lui soumettrai la proposition que vous lui faites par la dépêche de ce jour, 1 heure (matin). Je ne puis en son absence trancher une question de cette importance.

» C. DE FREYCINET. »

Le lendemain, 12 décembre, à quatre heures après midi, M. Glais-Bizoin fit son entrée à Bordeaux : M. Crémieux accueillit cet enfant prodigue avec une joie triomphante dont il se hâta de faire part, le soir même, à M. Gambetta, dans le curieux télégramme qui suit :

[1] Il fallait passer par Tours pour aller à Bordeaux. Cet extrait est tiré du *Phare de la Loire*, publié à Nantes le 12 décembre, mais daté du 13.

« Bordeaux, 12 décembre, 8 h. 15 soir.

» *Justice à Gambetta, ministre, Bourges.*

« J'ai eu aujourd'hui une belle fête républicaine et j'ai vivement regretté votre absence. J'ai passé en revue, aux cris mille fois répétés de vive la République, trois bataillons parfaitement équipés de la garde nationale mobilisée, qui partent demain. En leur remettant le drapeau qui leur était donné par la ville, je les ai harangués. J'ai ensuite passé devant le front des troupes, qui m'ont parfaitement accueilli. Puis a eu lieu le défilé, toujours aux mêmes cris de vive la République. En rentrant, j'ai reçu la visite du Conseil municipal, qui a été fort bien. *En somme, voilà une bonne journée, d'autant que Glais-Bizoin vient d'arriver.*

XIII.

En arrivant à Bordeaux, M Glais-Bizoin y trouva cette dépêche qui l'attendait :

« Vitré, 12 décembre, 1 h. 42 soir.

» *A M. Glais-Bizoin, membre du Gouvernement, Bordeaux.*

» Je n'ai encore rien reçu de ce que vous attendiez. Renseignez-moi. A quatre heures, je serai à Rennes.

» KÉRATRY. »

M. Bizoin répondit :

« Bordeaux, 12 décembre, 6 h. soir.

» Arrivé à Bordeaux aujourd'hui à 4 h. soir. Viens de remettre réclamation [1] à Commission finances. Aurez réponse demain. Mot de Gambetta.

» GLAIS-BIZOIN. »

De Rennes, le même soir, M. de Kératry répliqua :

« *A M. Glais-Bizoin, membre du Gouvernement, Bordeaux.*
— *Extrême urgence.*

» Rennes, 12 décembre, 10 h. soir.

» Reçu votre dépêche; mais il faut que Gambetta prenne une mesure immédiate dans un sens ou dans l'autre. Car le nouveau général a déjà donné ordre d'arrêter tous travaux du camp qu'on désarme. On va disséminer en arrière toutes les troupes qui ont coûté tant de sacrifices au pays. Je proteste de toute mon énergie contre cette mesure désastreuse pour la Bretagne et la défense nationale, et cette protestation sera ma dernière, vous devez le comprendre. Pas une minute à perdre pour arrêter cette dissolution de l'armée, qui stupéfie ici.

» KÉRATRY. »

[1] La réclamation relative aux cinq millions alloués au camp de Conlie par l'ordre de M. Glais-Bizoin.

M. de Kératry pouvait se croire plus apte que personne à tirer parti de l'armée de Bretagne au profit de la défense nationale, dès lors il avait raison d'en désirer reprendre le commandement; il avait tort de blâmer, surtout avec cette amertume, les projets d'évacuation de Conlie et de cantonnement des mobilisés; il eût dû se rappeler que, le 22 novembre, ses plus zélés collaborateurs tenaient déjà cette mesure pour nécessaire.

Sur cette sommation, M. Glais-Bizoin renouvela ses instances auprès de M. Gambetta, mais sans aucun résultat, comme le prouve ce télégramme :

« Bordeaux, 13 décembre 1870.

» *A général de Kératry, Rennes.*

» Gambetta pas répondu : bon signe, j'espère. Pas de retour de Bourges. Un peu de patience.

» GLAIS-BIZOIN. »

Cet espoir était trompeur. M. Gambetta n'était pas muet pour tout le monde; quand M. Bizoin lui écrivait, c'est à M. de Freycinet qu'il répondait, voici en quels termes :

« Bourges, 13 decembre, 10 h. 30 matin.

« *Gambetta à Freycinet, Bordeaux. — Extrême urgence.*

» En ce qui touche le camp de Conlie et les réclamations de Kératry, *maintenez fermement Marivault à la tête*... et réorganisez-moi tout cela sur un fort pied.

» LÉON GAMBETTA. »

M. de Freycinet ne réorganisa rien, mais il télégraphia aussitôt au général Marivault (13 décembre, 2 h. 45 soir) : « Ne perdez pas de vue que, nonobstant tout ce qui peut vous revenir de droite ou de gauche, vous commandez seul à Conlie. Ne vous laissez donc distraire par aucune préoccupation. »

Le même jour, M. Glais-Bizoin recevait, de son côté, le télégramme suivant :

« Rennes, 13 décembre 1870.

» *Trésorier-général à Glais-Bizoin, Bordeaux.*

» Le trésorier-général a l'honneur d'informer M. Glais-Bizoin, membre du Gouvernement de la défense nationale à Bordeaux, qu'il n'a reçu aucun avis de l'ouverture par la Banque de France, sur la succursale de Rennes, du crédit de cinq millions destinés au camp de Conlie.

» DE GRÉTRY. »

Ces deux dépêches constataient l'échec définitif des desseins poursuivis par M. Glais-Bizoin dans sa visite à Conlie.

XIV.

Inutile, après tout ce qu'on vient de lire, d'insister beaucoup pour démontrer que le soulagement de la détresse financière du camp de Conlie n'avait pas été le seul but du voyage de M. Glais-Bizoin. L'autre but, et peut-être le premier, c'était de faire rétablir le commandement de M. de Kératry.

Que M. Glais-Bizoin ait songé — comme on l'a dit — à atteindre ce but par un pronunciamento et une sorte de sédition militaire, nous n'en croyons pas un mot. Certaines paroles imprudentes, lâchées par des subalternes échauffés, plus nuisibles qu'utiles, ont pu causer cette rumeur; mais rien ne permet d'attribuer ce dessein à M. Glais-Bizoin ou à M. de Kératry, ni même d'y reconnaître plus qu'un bruit sans fondement.

Le désir, l'espoir probable de M. Glais-Bizoin, c'était de voir éclater autour de M. de Kératry une manifestation sympathique propre à servir d'appui efficace à ses revendications en faveur de ce chef, capable même de décider M. de Marivault à les seconder. Cet espoir se réalisa imparfaitement. La malheureuse salve d'arrivée, le zèle inopportun de certains amis peu populaires dans l'armée de Bretagne, le spectacle légèrement ridicule d'une revue militaire passée par un *civil* aussi... civil que l'était M. Glais-Bizoin, tout cela jeta un froid. Les sympathies très-réelles, très-générales pour M. de Kératry se firent jour, mais avec calme; elles n'éclatèrent pas avec cet entrain et cette chaleur expansive, indispensables pour enlever le succès.

Restait la ressource d'amener M. de Marivault à résigner de lui-même son commandement, en lui offrant une compensation. Ce moyen ne réussit pas. M. de Marivault se refusa à demander un changement Toutefois, M. Glais-Bizoin tira parti de ses paroles pour le représenter au ministre de la Guerre comme accablé, à Conlie, sous une tâche trop lourde, et disposé à recevoir une autre mission : la conclusion naturelle, développée avec chaleur dans le télégramme nocturne du 10 au 11 décembre, c'est qu'il fallait rétablir M. de Kératry. D'ailleurs M. Glais-Bizoin songeait si peu à une sécession quelconque à l'égard du Gouvernement de Bordeaux, qu'il libellait l'ordre de ce rétablissement au nom du ministre de la Guerre. Mais, du côté du ministre, il trouva un mur. Gambetta le renvoya à Freycinet, Freycinet à Gambetta, lequel ne répondit *mot* à Glais-Bizoin, mais intima l'ordre à Freycinet de prendre toutes les mesures pour empêcher le rétablissement de Kératry.

Ainsi finit cette histoire.

Néanmoins, la confiance inspirée aux Bretons par M. de Kératry était telle qu'il y eut encore, en décembre, une autre tentative pour faire replacer ce chef à la tête des forces chargées de défendre la Bretagne. Mais ce dernier effort ne se rattache plus au voyage de M. Glais-Bizoin à Conlie.

***

BIBLIOGRAPHIE BRETONNE ET VENDÉENNE

ALMANACH ADMINISTRATIF ET COMMERCIAL DE NANTES ET DU DÉPARTEMENT DE LA LOIRE-INFÉRIEURE POUR L'ANNÉE 1874. In-18, 264 p. — Nantes, imp. Vincent Forest et Emile Grimaud.

ALMANACH ANNUAIRE COMMERCIAL DE LA VENDÉE POUR L'ANNÉE 1874. 1re année. In-12, 96 p. — Luçon, imp. et lib. Gandriau........... » 15

ALMANACH DES ADRESSES DE RENNES, annuaire d'Ille-et-Vilaine et des tribunaux du ressort de la Cour d'appel de Rennes. 26e année, 1874. In-12, 360 p. — Rennes, imp. Oberthur et fils............. 1 fr. 50

ANNUAIRE ADMINISTRATIF, INDUSTRIEL ET COMMERCIAL DU DÉPARTEMENT D'ILLE-ET-VILAINE, de la Cour d'appel de Rennes et des tribunaux du ressort. Almanach des adresses de Rennes. In-16, 360 p. — Rennes, imp. et lib. Leroy fils.................................... 1 fr. 50

ANNUAIRE DE L'ARRONDISSEMENT ET DES BAINS DE MER DE SAINT-MALO, almanach des adresses et guide. Année 1874. In-16, 391 p. — Saint-Malo, impr. Renault......................... .... 1 fr. 25

CATALOGUE DES TABLEAUX EXPOSES DANS LES GALERIES DU MUSÉE DE LA VILLE DE QUIMPER, dit musée de Silgury, dressé par MM. Gauguet et H. Hombron. In-18, 249 p. — Brest, imp. Lefournier aîné...... 1 fr. 25

ETUDE SUR LES MONUMENTS DE LA LANDE DU ROCHER; par Fernand Platel de Ganges. de la Société polymathique du Morbihan. In-8o, 8 p. — Vannes, imp. Galles.

NOTICE MÉDICALE SUR LES BAINS DE MER DU CROISIC, et sur l'effet thérapeutique des eaux mères, de l'hydrothérapie marine et des bains de sable administrés à l'établissement du Croisic; par le docteur Trousseau. Nouvelle édition. In 8o, 46 p. — Nantes, imp. Grinsard; Paris, lib. Labé.

PUITS FUNÉRAIRES GALLO-ROMAINS DU BERNARD (VENDÉE); par MM. Ferdinand Baudry, correspondant du ministère de l'instruction publique, et Léon Ballereau, inspecteur de la société française d'Archéologie. In-8o 336 p. avec vignettes et 2 plans. — La Roche-sur-Yon, imp. Gasté; Paris, lib. Dumoulin.

QUELQUES PLANTES AMÉRICAINES employées contre les morsures des serpents venimeux; par le docteur Viaud-Grand-Marais, professeur à l'Ecole de médecine de Nantes. In-8o, 16 p. — Nantes, imp. Vve Mellinet. (Extrait du Journal de Médecine de l'Ouest).

QUESTION (LA) DU MOMENT; par H. de Longeaux. Gr. in-8o, p.15 — Redon, imp. Chauvin.

RECHERCHES SUR LES POÉSIES DE Mlle DE ROHAN-SOUBISE; par Paul Marchegay. In-8o, 42 p. — La Roche-sur Yon, imp. Gasté. (Extrait de l'Annuaire de la Société d'émulation de la Vendée).

SOUVENIRS DE BRETAGNE. LA ROCHE AUX FÉES; par M. V. de Baumefort, membre de sociétés savantes. In-8o, 16 p. — Avignon, imp. Séguin aîné.

UNION DES ASSOCIATIONS OUVRIÈRES CATHOLIQUES. CONGRÈS DE NANTES. Compte rendu de la sixième assemblée générale des directeurs d'œuvres (25-29 août 1873); par Henry Jouin, membre du bureau central. In-8o, 448 p. — Paris, imp. et lib. Plon.

L'INSTRUCTION PRIMAIRE

DANS LE COMTÉ NANTAIS

AVANT 1789

Mon intention première était de dresser une statistique complète des écoles primaires établies autrefois dans le comté nantais; mais, arrêté dans mon entreprise par la rareté des documents, j'ai dû me résoudre bientôt à un plan plus modeste. Le travail que je soumets à mes indulgents lecteurs n'est qu'un simple aperçu destiné à leur donner une idée générale de ce qu'était l'instruction primaire avant 1789. Tous les renseignements que j'apporte ici sont puisés aux sources les plus authentiques et dans les titres les plus véridiques ; les uns sont empruntés aux registres des visites pastorales, faites aux deux derniers siècles, par les délégués de l'évêché, ou aux archives des fabriques, les autres aux archives des hôpitaux et aux liasses des domaines confisqués par la Nation en 1790. Malgré les recherches les plus persévérantes, j'ai dû passer sans mot dire sur bien des communes autrefois pourvues d'écoles, mais j'essaierai de suppléer aux lacunes par quelques réflexions qui m'ont été suggérées par la lecture des pièces contemporaines des faits cités.

Il m'est resté de ce travail de compilation une conviction dans l'esprit : c'est que les populations du comté nantais ne manquaient pas d'écoles sous l'ancien régime ; ceux qui avaient le désir d'apprendre les notions élémentaires trouvaient, comme aujourd'hui, des maîtres, souvent très-rapprochés d'eux, particulièrement au XVIIe

et au XVIII° siècle. Ce qui faisait défaut autrefois, comme aujour-
d'hui, c'est le zèle des parents et des écoliers, qui ne montraient pas
assez d'empressement à tirer profit des écoles placées à leur proximité. La négligence des uns et des autres est constatée plus d'une
fois dans les procès-verbaux des visites pastorales que faisaient les
évêques de Nantes ou leurs délégués. Ce qui nuisait aussi au développement de l'instruction dans l'Ouest, ce qui lui fait obstacle encore maintenant, ce n'est pas tant l'indifférence que la dispersion
de la population dans des villages et des fermes souvent très-éloi-
gnées du clocher et de la maison d'école. Les populations rurales
ainsi disséminées seront toujours moins instruites que dans les
pays où les habitations sont agglomérées.

Quoi qu'il en soit, il est hors de doute qu'il existait autrefois
dans chaque commune un certain nombre d'habitants familiarisés
avec l'écriture, la lecture et le calcul ; c'est un fait qu'atteste la nature des institutions qui régissaient nos pères. Ces notions élémentaires s'imposaient comme une nécessité à un certain noyau de
population, à ceux que j'appellerai les notables, car le mauvais état
des chemins leur enlevait la facilité de recourir, comme aujour-
d'hui, aux écrivains publics. Les innombrables seigneuries qui se
partageaient le territoire du comté nantais exigeaient, pour le re-
couvrement des impôts, la rédaction des actes et le jugement des
causes sommaires, toute une armée de notaires, de feudistes, de
collecteurs, de procureurs fiscaux, dont les fonctions étaient toujours
remplies par des gens du pays. Il fallait bien que les frairies ou sections de paroisse eussent leurs scribes, puisqu'elles étaient assu-
jetties solidairement à des rentes féodales dont elles faisaient elles-
mêmes la répartition et la recette. Les rôles des impôts provinciaux
et royaux ne se faisaient pas comme aujourd'hui, à la ville, loin des
paroisses, mais par les contribuables eux-mêmes ; on peut donc dire
avec raison, que l'instruction primaire s'imposait comme une obligation impérieuse aux principaux habitants des paroisses.

Les intérêts communaux, civils et religieux, qui n'étaient ni
moins nombreux, ni moins exposés aux contestations qu'aujour-
d'hui, se débattaient en conseil de fabrique, et le résultat des déli-

bérations se consignait toujours sur un registre. Le curé n'avait pas besoin de tenir lui-même la plume, car le nombre des signatures qui se trouvent sur toutes les pages, à la suite de chaque réunion, prouve que l'assemblée paroissiale avait plus d'un membre capable de faire l'office de greffier. On voit encore aujourd'hui, dans bon nombre d'archives communales, des registres de fabrique antérieurs à 1790, semblables à ceux dont je parle, et leur physionomie vaut souvent mieux que celle de nos registres modernes. Si quelqu'un m'accusait de voir le passé avec des yeux d'optimiste, je lui conseillerais de compulser les registres de baptême, de mariage et de sépulture, ainsi que les cahiers de doléances [1] rédigés dans chaque assemblée paroissiale en 1789; il pourrait se convaincre, par les signatures apposées sur ces documents, que je n'exagère rien en disant que l'instruction primaire n'était guère moins répandue autrefois, dans la Bretagne, que de nos jours. Je sais bien que mon opinion n'est pas la plus répandue, cependant je la crois raisonnable, et je vais essayer d'en donner de nouvelles preuves.

L'habitude constante du clergé, habitude dont on trouve la trace à toutes les époques, a été de former autour de chaque presbytère une maîtrise d'enfants choisis parmi les meilleurs de la paroisse, soit afin de se préparer les clercs nécessaires à la célébration des offices religieux, soit pour alimenter la pépinière des séminaires. Si l'on admet, comme je l'espère, que tous ces élèves n'embrassaient pas l'état ecclésiastique, on voudra bien reconnaître alors que les curés devenaient les instituteurs volontaires ou non de de leurs paroissiens et vulgarisaient la lecture et l'écriture. Dans la commune de Saint-Philbert de Grand-Lieu, l'un des points du département où, d'après la statistique scolaire, l'instruction est aujourd'hui le moins répandue, il existait autrefois une foule de personnes instruites. L'instituteur en était même gêné dans l'exercice de ses fonctions, car il vint déclarer, en 1689, devant le délégué de l'évêché [2], qu'il avait peu d'écoliers et qu'il ne pouvait en faire de bons, « attendu le nombre de gens qui se mesloient de tenir école ».

[1] Archives départementales, série C.
[2] Registre des visites pastorales. (Série G. arch. du départ.)

En 1761, les jeunes filles de la même paroisse s'enseignaient mutuellement dans les villages, suivant la relation du recteur.

Il était d'autant plus facile au clergé de se livrer à l'enseignement que le curé de chaque endroit comptait de nombreux collaborateurs. On voit dans les registres des visites pastorales du XVIe siècle que les moindres paroisses, desservies aujourd'hui par deux prêtres, possédaient à cette époque huit, dix, douze ecclésiastiques vicaires ou bénéficiers; il n'est donc pas supposable que la mission traditionnelle du clergé catholique soit tombée en désuétude entre les mains de tant de gardiens. Il ne faut pas oublier non plus que, partout où il existait un couvent d'Ursulines, comme à Châteaubriant, à Nantes, à Guérande, à Ancenis, on était sûr de trouver une école de filles. Les sœurs de cet ordre accueillaient les enfants des pauvres comme ceux des familles riches.

En dehors de la maîtrise, il existait encore, dans beaucoup de paroisses, des écoles de charité fondées par des bienfaiteurs, qui, en créant une chapellenie, imposaient au desservant le devoir d'employer ses loisirs à enseigner le catéchisme, avec la lecture et l'écriture aux enfants de bonne volonté. Ces bons chrétiens croyaient faire une œuvre agréable à Dieu en fournissant à leurs semblables les moyens de s'instruire, et les motifs qu'ils invoquent dans leurs testaments seraient dignes d'être publiés, si la place ne me faisait défaut. Bernardin Bretet et son épouse, fondateurs des écoles de Bouaye en 1691, disent [1] dans les considérants de leur acte de donation « qu'on ne peut mieux procurer la gloire de Dieu, qu'en tirant ses créatures de l'ignorance des mystères de la foi et des bonnes mœurs ».

Dans certaines paroisses, la maîtresse chargée de l'école des filles devait, pour se conformer aux intentions d'un bienfaiteur, remplir le rôle de sœur de charité et distribuer des secours aux malheureux. La paroisse de Saint-Donatien, près Nantes, avait une maison nommée Saint-Charles, qui était tout à la fois une école de jeunes filles, un orphelinat et un bureau de bienfaisance. Mlle Bras de la

[1] Archives communales de Bouaye. Titres de la fabrique.

Bourdonnaie [1], qui l'avait fondée avec l'autorisation de l'évêque et du maréchel d'Estrées, en 1704, avait assuré son existence par une dotation importante, à laquelle vinrent s'adjoindre des dons nombreux. Après avoir débuté modestement, cette institution s'accrut successivement, en 1729, du lieu de Blouinville, puis, en 1775, de la tenue du Puits-Percé. Elle avait si bien prospéré dans le cours du XVIIIe siècle que, malgré ses agrandissements, elle possédait, en 1790, 2 494 livres de revenu et nourrissait 46 pensionnaires, dont 15 sœurs. Les jeunes filles apprenaient à lire, à écrire et à travailler à l'aiguille ; quelques protestantes converties vinrent y apprendre la doctrine chrétienne, en 1704. Les distributions de secours [2] en remèdes et en aumônes s'élevaient, dans certaines années, jusqu'à 2 000 livres, et, par-dessus tous ces bienfaits, les sœurs s'employaient encore souvent à panser les blessures et à soigner les malades. Les institutrices de la Boissière, de Châteaubriant, de Derval et de Savenay ne déployaient pas moins de dévouement.

Les fondations faites par des particuliers en vue du développement de l'instruction primaire sont d'autant plus rares qu'on remonte davantage dans le moyen âge, je me garderai donc bien d'omettre l'acte de générosité dont les écoliers de Nantes furent l'objet au XVe siècle. En 1471, un riche bourgeois du nom obscur de Guillemin Delaunay [3], donna deux maisons, sises rue Saint-Léonard, près du mur de ville, afin qu'une école gratuite fût ouverte dans ce quartier. Le texte du titre dit formellement que cette donation était faite « pour iceux escolliers estre receuz à y estudier sans en payer quelconque devoir ». Marie Turmel, son épouse, en ratifiant l'acte en 1475, y ajouta une somme de 66 livres pour la réparation des bâtiments, plus 16 livres pour amortir une rente dont ils étaient grevés.

Les actes de même nature deviennent moins rares, et les petites écoles de charité se multiplient quand on arrive à la fin du XVIIe siècle et particulièrement à l'épiscopat de Mgr Gilles de Beauveau.

[1] Son intention était d'y former des institutrices pour les campagnes.
[2] Archives du dép'., série D.
[3] Arch. municipales de Nantes, série G.

Ce prélat fit, en 1685, un mandement spécial pour inviter tous les vicaires à s'occuper des petites écoles, et, depuis cette époque, les archidiacres n'ont pas cessé, dans leurs tournées, de prendre note des faits relatifs à l'instruction primaire. Dans le brevet que remettait chaque recteur au délégué de l'évêché, un article spécial devait faire mention des petites écoles, en indiquant dans quelle situation elles se trouvaient, et là où la froideur était trop grande, les enfants et les parents étaient admonestés du haut de la chaire. Cette coutume s'est perpétuée jusqu'en 1790.

Ceux qui accusent le clergé d'avoir accaparé l'enseignement pour mieux entretenir le pays dans l'ignorance ne savent pas avec quelle sollicitude il s'est au contraire employé à multiplier les foyers d'instruction et à contrôler le mérite et la moralité des maîtres. Je dirai en passant, qu'on n'a pas été moins injuste quand on a accusé la noblesse de rester indifférente au progrès des lumières, car, sans sortir du cercle où je suis, il m'est facile de montrer que le comté nantais lui doit ses premiers établissements d'instruction supérieure. L'université de Nantes n'a été fondée que sur les instances des ducs François Ier et François II [1], de même que les collèges d'Ancenis et de Châteaubriant doivent leur création à la générosité des barons de ce nom.

Non contents d'exhorter les vicaires à répandre autour d'eux la connaissance des notions élémentaires, les évêques de Nantes ont consenti, dans des occasions fréquentes, à l'extinction [2] de bénéfices ecclésiastiques dont les revenus étaient affectés à l'entretien d'un maître clerc ou laïque, comme ils firent dans d'autres circonstances à l'égard des hôpitaux, dont ils favorisaient la création. On verra, dans ma nomenclature, plus d'un exemple de ce fait, que je signale ici avec intention, pour montrer que bien avant la Révolution française, le clergé se dépouillait volontiers des bénéfices sans desservants au profit des ignorants et des pauvres. Il faut convenir, sans doute, que la conversion des bénéfices en dotations séculières aurait pu se faire sur une plus grande échelle, et que bien des écoles au-

[1] Voir Trésor des chartes des ducs (Arch. dép[les]) et *Histoire de Nantes* de Travers, tome II.
[2] C'est ce qu'on appelait une réunion de bénéfice.

raient pu se fonder avec le superflu du clergé ; mais il n'en est pas moins précieux de constater que les évêques ont prêté leur concours spontanément à cette utile mesure. Les écoles de Machecoul, de Guenrouët, de Blain, de Couëron, de Saffré et de Savenay n'ont pas été dotées autrement. Le titulaire qui possédait le prieuré de Sainte-Croix au XVIe siècle était si bien disposé à favoriser la multiplication des écoles, qu'il consentit à se démettre de l'immeuble de son bénéfice, en 1520, pour la création d'un collège d'instruction primaire, et si la cour de Rome n'eût refusé d'approuver cette sécularisation, l'école de Sainte-Croix serait devenue la plus fameuse. Le régent qui la gouverna de 1521 à 1526, ayant eu besoin d'emprunter 400 livres à la ville, dit, dans sa requête, qu'il n'avait pas moins de 300 élèves « tant pensionnaires que caméristes » [1] sous sa férule. Quand un quartier manquait de local pour recevoir les enfants, on n'hésitait pas à leur offrir un asile dans une église. On voit, dans le procès-verbal de visite de la paroisse Saint-Denis de Nantes, que la chapelle de Saint-Gildas était transformée en école en 1638. Il en était de même à Cambon, au XVIIIe siècle.

Il ressort également des documents originaux, que loin d'user de son autorité omnipotente pour écarter les instituteurs non revêtus du caractère clérical, le clergé a toujours accueilli les maîtres laïques qui remplissaient les conditions d'usage. Les prêtres enseignaient plus volontiers le latin que l'écriture et que la lecture ; aussi ne faisaient-ils jamais difficulté de céder le rôle d'instituteur primaire aux laïques, toutes les fois qu'ils trouvaient des hommes capables autour d'eux. Autrement on ne pourrait s'expliquer comment tant de séculiers seraient parvenus à la tête des petites écoles de charité, à une époque où les clercs, les diacres et les prêtres étaient si nombreux. On a la preuve que dès 1410, le chantre du prieuré de la Madeleine, sur les ponts de Nantes, enseignait la musique et la grammaire ; qu'à Château-Thébaud l'école [2] était confiée, vers 1542, à un laïque du nom de Michel Sailland [3] ; que le maître Jean Guillier instruisait, en 1623, les enfants de Cambon, avec l'as-

---

[1] Archives municipales de Nantes. Série G G.
[2] Archives du château de la Bourdinière. Note communiquée par M. Marionneau.
[3] Achives départementales. Série D.

sentiment du chapitre de la cathédrale ; qu'à Saint-Philbert de Grandlieu, le prêtre régent de l'école se faisait [1] remplacer par un instituteur séculier en 1686, et qu'au siècle dernier, l'abbé de Buzay déléguait un laïque pour tenir l'école de Rouans [2].

Les instituteurs congréganistes étaient fort peu répandus dans le diocèse de Nantes, sous l'ancien régime, car je n'ai pu trouver nulle part la trace de leur enseignement en dehors de Nantes. Tout ce qu'on sait d'eux, c'est qu'ils furent appelés par la paroisse du Pellerin, et qu'ils refusèrent l'offre à eux faite, parce que la fondation était insuffisante. A la demande de l'évêque Louis Turpin de Crissé, la maison de Saint-Yon, de Rouen, envoya, en 1738, 6 frères des écoles chrétiennes, qui s'établirent dans les Fossés-Mercœur, sur un terrain domanial de 45 cordes, dont l'évêché paya les frais d'afféagement. La municipalité [3] laissa aux âmes généreuses le soin de contribuer à la construction des bâtiments, que les frères avaient prise à leur charge ; mais elle tint à leur donner une preuve de sympathie en leur accordant une somme annuelle de 300 livres. Au bout de deux ans, en 1739, ses sentiments à leur égard étaient tellement changés, qu'elle allait leur retirer cette légère subvention, si l'intendant de la province n'était intervenu pour l'obliger à soutenir cette utile institution.

Le contrôle supérieur de l'enseignement et des professeurs appartenait, dans le diocèse de Nantes comme dans les autres, à l'évêque, qui, à l'égard des petites écoles, partageait les soins de la surveillance avec le préchantre de la cathédrale et le Chapitre. Ses décisions n'étaient cependant pas définitives, car il était toujours permis d'en appeler au Parlement de Rennes, juge suprême de tous les différends. Quiconque, maître ou maîtresse, voulait enseigner, même à lire et à écrire, devait se présenter à l'évêché pour y faire ses preuves de capacité et retirer sa licence. L'autorité épiscopale se réservait également le droit de censurer et de révoquer ceux dont la conduite était répréhensible, à l'exception toutefois des

[1] Livre des visites pastorales du diocèse de Nantes.
[2] Livre des visites pastorales.
[3] Archives municipales de Nantes. Série GG.

maîtres établis dans les paroisses où le chapitre exerçait une juridiction exclusive, comme à Vallet et à Cambon. J'ai cité dans mon tableau plusieurs lieux où les habitants avaient le droit de présenter à l'évêché leur maître d'école.

Suivant le livre des constitutions diocésaines, il était interdit aux maîtres d'enseigner à des filles ayant plus de sept ans, et pareille restriction était établie pour les maîtresses, qui recevraient des garçons dans leur école. Quand la nécessité forçait un maître de tenir école des deux sexes, il devait éviter de les réunir dans le même local et aux mêmes heures. Il n'est personne qui n'applaudisse à la sagesse de ces prescriptions. La moralité des enfants n'était pas moins surveillée que leur instruction, et sur ce point les instituteurs de la jeunesse recevaient de l'évêché les instructions les plus scrupuleuses. Pour montrer comment le clergé comprenait autrefois la mission du maître d'école, je terminerai ce travail par la citation du règlement qui fut rédigé au chapitre de Saint-Pierre de Nantes, pour le collège de Vallet, au XVIIe siècle.

COLLÈGE DE VALLET

Règlement pour le principal fait vers 1650.

Il recevra avec une même affection, les pauvres et les riches, et il aura un même soin de leur instruction.

Au commencement et à la fin de l'école, il fera la prière en commun, devant un crucifix.

Les mercredy et samedy de chaque semaine, il fera aux enfants l'instruction de la doctrine chrétienne, qui consiste à leur apprendre distinctement et dévotement le *Pater*, l'*Ave*, le *Credo,* le *Confiteor*, le *Benedicite* et les grâces en latin *et* en françois, les commandements de Dieu et de l'Eglise, l'abrégé des Mystères de notre religion, l'exercice du chrétien pendant la journée, le catéchisme du diocèse, et quand il n'aura pu faire les instructions dans ces jours, il les fera dans d'autres de la même semaine.

Il prendra garde que les enfants ne se servent de livres mauvais, soit pour la religion, soit pour les mœurs. S'il en doute, il nous consultera ou M. le recteur.

Il assignera aux écoliers leurs places dans le collége et fera en sorte qu'ils ne les changent pas; qu'ils soient modestes et paisibles, qu'ils étudient leurs leçons sans bruit. Il tâchera surtout de leur donner de l'horreur du péché, leur inspirer la crainte de Dieu et l'honneur qu'ils doivent à leurs parents.

Il leur fera réciter posément leurs leçons. S'ils commettent quelque faute, il s'empeschera de rire ou de se mettre en colère, mais il les reprendra avec douceur, sans leur dire des injures.

Il les châtiera sans emportement et en les châtiant, il ne les découvrira point d'une manière qui soit contre la pudeur et l'honnesteté.

Il ne fera jamais paroistre aucune inclination ou aversion particulière d'aucun de ses écoliers, mais il aura un soin égal de tous; ne leur souffrant aucun mauvais accent pour la lecture, et instruisant beaucoup ceux qui apprennent le latin de la quantité.

Le Dimanche et les festes, il assemblera le matin et le soir, les écoliers dans l'école, et ensuite, il les mènera deux à deux à la paroisse, pour assister le matin, au prône et à la grand' messe, et le soir, aux vespres et à la doctrine chrétienne. Il les rangera dans l'église, au lieu qui leur sera destiné et il se mettra derrière eux, pour veiller sur leurs actions.

Il les conduira deux à deux à la procession, etc.

Il leur apprendra à servir dévotement la messe, etc.

Il leur recommandera de s'habiller modestement, surtout l'esté; de s'abstenir de la danse, des jeux de hazard et de toute conversation familière avec leurs compagnons qui seront débauchés et avec des filles, qu'il ne souffrira jamais venir au collège, sous prétexte d'estre instruites par d'autres filles ou femmes, quoyque les proches parentes, car il n'en peut avoir d'autres.

Il empeschera ses écoliers autant qu'il luy sera possible de coucher avec leurs pères et méres, ny avec leurs frères et sœurs; de se battre, de jurer et de se baigner à la veue du monde.

Il s'informera exactement de leurs actions hors l'école, et s'il apprend qu'ils ayent donné quelque sujet de plaintes à leurs parents ou à d'autres ou qu'ils soient enclins à quelque vice, comme jurement, paroles injurieuses ou déshonnêtes, mensonges, larcins, etc., il leur en fera avec un esprit de charité, la correction et le châtiment convenable.

Il les portera à se confesser les principales festes de l'année ou pour le moins à Pasques, Pentecoste, Noël, la Toussaints, l'Assomption et la feste du patron de la paroisse. Il leur apprendra la préparation qu'ils doivent apporter et veillera à ce qu'ils se confessent véritablement.

Arch. départ., série D.

LÉON MAITRE.

(La fin à la prochaine livraison.)

L'ABBÉ JEAN-MARIE DE LA MENNAIS[*]

Sa naissance et sa première jeunesse.

Le nom de La Mennais est un des plus célèbres et des plus populaires de la France moderne. Il doit sa célébrité au talent supérieur
et, il faut bien le dire aussi, à l'éclatante apostasie de l'éminent
auteur de l'*Essai sur l'indifférence* et des *Paroles d'un croyant*; il
doit sa popularité vraie et durable aux vertus et aux œuvres du
fondateur des *Frères de l'Instruction chrétienne*, Jean-Marie Robert
de La Mennais, dont nous entreprenons d'écrire la vie.

Ce nom de La Mennais lui-même est celui d'un petit domaine,
situé en la paroisse de Trigavou, tout proche de Dinan. Suivant
l'usage général des bourgeois du XVIIIe siècle, le grand-père des
deux abbés de La Mennais ajouta le nom de cette terre, dont il était
propriétaire, à son nom patronymique de Robert, et s'appela, sur
les registres de baptême et de mariage de la ville de Saint-Servan :
noble homme Louis-François Robert, sieur de La Mennais. Il était
né en 1718 et fut, je crois, le premier à porter le nom que ses
deux petit-fils devaient illustrer ; car son père s'appelait François
Robert, sieur des Saudrais.

Louis-François eut de sa première femme, Marie-Thérèse Padet,
deux fils : Pierre-Louis Robert, sieur de La Mennais, et Denis-
François Robert, sieur des Saudrais. Tous deux épousèrent, le
même jour (5 septembre 1775), les deux sœurs, filles de M. Pierre
Lorin, conseiller du roi, sénéchal de la juridiction civile et crimi-

---

[*] *Notre collaborateur, M. S. Ropartz, a écrit, en s'aidant d'un grand nombre de
documents inédits, une vie du saint fondateur des Frères de Ploërmel. Elle est sous
presse en ce moment et il veut bien nous autoriser à en publier quelques chapitres,
qui, nous n'en doutons pas, feront vivement désirer l'apparition d'un livre destiné
à honorer tout à la fois le héros, la Bretagne et le biographe. (*Note de la Rédaction*)

nelle de Saint-Malo et premier magistrat de la ville. Tous deux
avaient quitté Saint-Servan pour venir habiter Saint-Malo et y
avaient fondé chacun une très-importante maison de commerce.
C'étaient des hommes d'intelligence et de cœur, qui virent, dans
l'agrandissement de leur fortune, une plus forte part de devoirs
sociaux et qui surent les remplir. Pierre-Louis notamment se dévoua
de telle sorte au bien public, que les États de Bretagne sollicitèrent
pour lui des lettres de noblesse. Louis XVI les accorda, à la date de
mai 1788, c'est-à-dire à la veille du jour où ces lettres allaient
devenir un titre de proscription; mais les considérants relevés par
le roi sont si honorables pour le père de l'abbé de La Mennais, que
cette pièce doit nécessairement trouver place en tête de la biographie
de son fils. Qui sait, d'ailleurs, si la charité paternelle n'a pas été
le premier germe de la charité et du dévouement héroïque dont
toute la vie du fondateur des Frères n'a été qu'un long et multiple
exemple ?

« LOUIS, par la grâce de Dieu, roi de France et de Navarre, à tous
présents et à venir, SALUT.
» Nous avons toujours, à l'exemple des rois nos prédécesseurs, regardé
la prérogative de la noblesse comme la marque la plus précieuse de
notre estime et la plus digne récompense que nous puissions accorder à
ceux de nos sujets qui se rendent recommandables par des vues utiles,
un zèle pur, actif, et toujours dirigé vers le bien public. De ce nombre
est notre cher et bien-aimé le sieur Pierre-Louis Robert de La Mennais,
négociant à Saint-Malo. Nous sommes informé qu'à l'exemple de son père
et de ses aïeux, il s'est livré au commerce d'une manière d'autant plus
utile, que par les correspondances qu'il entretient dans tout le nord de
l'Europe, il fournit au port de Saint-Malo une partie des matières nécessaires pour la construction et l'armement des navires. Depuis la paix
dernière, il a fait passer en Espagne et dans les colonies françaises pour
plus de dix millions de toile des manufactures de Bretagne, et il continue
sans cesse et avec la même activité ses armements. En 1779, ayant reçu
ordre du gouvernement de faire passer avec la plus grande diligence tous
les effets d'artillerie et des hôpitaux qui avaient été assemblés à Saint-
Malo pour l'armée commandée par M. le comte de Rochambault, il
remplit cette commission avec une telle activité que, dans huit jours,
huit cents voitures furent expédiées et les effets rendus à leur destination.
Pour récompenser le sieur de La Mennais de la peine et des soins qu'il

s'était donnés à cette occasion, et de l'économie et du bon ordre qu'il avait établis, il lui fut offert une gratification ; mais il la refusa généreusement et demanda qu'elle fût distribuée aux habitants des campagnes, qui avaient fourni les voitures et perdu beaucoup de chevaux. Lors de la disette qui affligea notre province de Bretagne, en 1782, le territoire de Saint-Malo et celui de Dinan se trouvèrent tellement dépourvus, que le prix du boisseau de froment fut porté jusqu'à douze livres. Le sieur de La Mennais, qui avait prévu ce malheur, fit venir de chez l'étranger quinze mille boisseaux de grains et les fit vendre au marché à raison de huit livres le boisseau, au lieu de dix qu'on lui offrait. En 1786, il donna des preuves d'un patriotisme plus rare encore. La mauvaise récolte de l'année précédente ayant occasionné une nouvelle disette, il fit venir d'abord d'Angleterre et de Hollande une quantité considérable de fourrages, qu'il fit vendre moins cher qu'il ne lui avaient coûté; ensuite il procura à notre commissaire départi du lin et du chanvre en assez grande quantité pour en répandre dans la province entière au-dessous du prix marchand. Enfin il tira également de l'étranger pour trois millions de grains et de farines, à l'aide desquels il fut pourvu pendant huit mois à la subsistance des habitants de Saint-Malo et des environs à dix lieues à la ronde, toujours à un prix très-inférieur au prix courant; mais ce qui rend surtout le sieur de La Mennais recommandable à nos yeux, c'est sa modestie au-dessus de tout éloge. Ceux de ses compatriotes qui ont participé aux secours qu'il s'est empressé de leur faire distribuer ignoreraient encore qu'ils en sont redevables à ce généreux citoyen, si le sieur de Bertrand, notre commissaire départi dans notre province de Bretagne, n'eût pas cru devoir proclamer cet acte sublime de patriotisme, dont il avait été à la fois et le confident et l'admirateur. D'après le compte qui nous a été rendu de services aussi signalés, nous avons cru qu'il était de notre justice d'en récompenser le sieur de La Mennais par un témoignage public et éclatant de notre satisfaction. En conséquence, nous nous sommes déterminé à l'élever de notre propre mouvement aux honneurs de la noblesse. Indépendamment de ce qu'il a dignement mérité cette distinction, nous sommes instruit que sa famille est ancienne et a contracté des alliances honorables; ce sera d'ailleurs un motif d'émulation et d'encouragement pour ceux qui chercheront à suivre son exemple. A CES CAUSES, nous avons de notre grâce spéciale, pleine puissance et autorité royale, anobli, et par ces présentes, signées de notre main, anoblissons ledit sieur Pierre-Louis Robert de La Mennais, et des titres de noble et d'écuyer l'avons décoré et décorons, voulons et nous plaît qu'il soit censé et réputé noble tant en jugement que dehors, ensemble et ses enfants, postérité et descendants mâles et femelles nés et à naître, en légitime mariage; que comme tel il puisse prendre en tous lieux et en tous actes la qualité d'écuyer, parvenir à tous degrés de chevalerie et autres dignités, titres et qualités réservés à notre noblesse; qu'il soit inscrit au catalogue des nobles et qu'il jouisse et use de tous les droits, priviléges, prérogatives, prééminences, franchises, libertés, exemptions et immunités dont jouissent et ont accoutumé de jouir les anciens nobles de notre royaume, etc., etc. Donné à Versailles, au mois de mai, l'an de grâce mil'sept cent quatre-vingt-huit, et de notre règne le quinzième.

» Signé : LOUIS. »

Les armoiries concédées au nouvel anobli étaient bien la traduction héraldique de ce diplôme ; il devait porter : de sinople au chevron d'or, accompagné en chef de deux épis du même, et en pointe d'une ancre d'argent.

C'est dans ce milieu de fortune et de considération toujours grandissantes, dans un vaste et bel hôtel de la rue Saint-Vincent, que naquit, le 8 septembre 1780, Jean-Marie Robert de La Mennais. Félicité, ou *Féli*, comme on l'appela toujours, était de deux ans plus jeune, et naquit le 27 juin 1782 [1]. A deux pas de cette maison venait aussi de naître Châteaubriand. Quelques murs séparent à peine le berceau des deux premiers prosateurs du XIXᵉ siècle.

L'enfance de l'abbé de La Mennais, enfance chétive comme celle de son frère, s'écoula paisiblement dans l'hôtel de la rue Saint-Vincent et dans une maison de campagne que Pierre Lorin, son grand-père maternel, avait fait construire sur la lisière de la forêt de Coetquen, et dont, à cause du long séjour qu'y ont fait les deux frères, le nom est aujourd'hui célèbre : *La Chesnaye*. C'était là que se réunissaient volontiers M. et Mᵐᵉ de La Mennais et M. et Mᵐᵉ des Saudrais. Le double lien qui unissait ces quatre personnes était cimenté par une grande conformité d'humeur et une profonde amitié. M. des Saudrais était un lettré ; il avait le goût des livres, et écrivait même à ses heures des traductions d'Horace et de Job, ou des traités de polémique philosophique et religieuse. C'est M. des Saudrais qui inocula à ses deux neveux la passion des livres

---

[1] Jean-Marie était le troisième enfant né du mariage de Pierre-Louis avec Mˡˡᵉ Lorin; il eut pour aînés Louis-Marie et Pierre Jean, morts en bas âge, et pour puîné Gratien-Claude.

et des études littéraires; passion que Jean poussa certainement
aussi loin que Féli, et dont le détournèrent seulement les grandes
œuvres d'éducation auxquelles il voua sa vie. M. de La Mennais et
M. des Saudrais étaient d'ailleurs des hommes sincèrement et profondément chrétiens; ils en donnèrent des preuves non équivoques,
quand éclata la persécution révolutionnaire; et dans les années qui
nous occupent, cette profession éclatante de la foi antique leur
valait l'intimité du haut clergé de Saint-Malo, et notamment des
deux derniers évêques de ce siége, Mgr des Laurents, qui voulut
conférer lui-même le sacrement de baptême aux enfants de M. de
La Mennais, et Mgr Cortois de Pressigny, dont nous aurons plusieurs
fois à parler dans ce livre, et qui conféra à l'abbé Jean la confir-
mation et les premiers ordres. Néanmoins, le mouvement et le
souci des affaires faisaient chez M. de La Mennais, le père, que la
religion n'atteignait point encore la piété: il fallut l'épreuve pour
lui donner le dernier trait, et Mgr de Pressigny écrivait à ce propos,
au lendemain de la ruine complète du riche armateur, suite fatale
des événements politiques: « Dieu seul peut donner les consolations qui sont nécessaires dans de pareilles circonstances: vous
êtes heureusement disposé à les recevoir; et je crois avoir ouï dire
que monsieur votre père, depuis quelques années, s'occupait de la
religion plus que dans les temps dans lesquels je l'ai connu [1]. »

Du reste, rien ne peut faire un meilleur éloge et de M. de La
Mennais le père et de l'oncle des Saudrais, que l'attendrissement
avec lequel en parlait Féli, à l'apogée de sa gloire: « Je viens, écrivait-il le 28 janvier 1828, d'éprouver encore une vive affliction.
Nous avons perdu mon pauvre père; il avait quatre-vingt-six ans,
et sa vie n'était plus qu'une lente agonie, supportée avec toute la patience de la foi et toute la vigueur d'âme d'un chrétien. Je le recommande à vos prières, quoique je le croie maintenant plus heureux que nous. Cette perte, après tant d'autres, pèse tristement sur
mon cœur. Mais le jour de la réunion viendra. Dans le royaume de

---

[1] Lettre inédite à Jean-Marie, du 3 octobre 1813.

Jésus-Christ, les pleurs n'ent qu'un temps et la joie seule est éternelle [1]. »

Et le 15 juin 1829 : — « Encore une nouvelle douleur. Je viens de perdre mon pauvre oncle, qui avait été pour moi un second père. Les deux frères avaient, le même jour, épousé les deux sœurs. Ils sont réunis maintenant, et nous restons seuls ! Tout s'en va, tout passe, tout meurt : *Beati qui in Domino moriuntur !* Je n'ai jamais compris, mais aujourd'hui je comprends moins que jamais, comment les hommes peuvent s'attacher à cette vie misérable où nous n'avons rien autre chose à faire, dit Tertullien, que d'en sortir au plus vite. Cependant il faut la porter, la porter aussi longtemps que le voudra Celui de qui nous la tenons [2]. »

Les deux femmes, Mme de La Mennais (Gratienne-Jeanne Lorin) et Mme des Saudrais (Félicité-Simonne-Jeanne Lorin), étaient deux saintes. Le portrait de Mme de La Mennais ornait la bibliothèque de Ploërmel. C'était une belle tête, pleine à la fois de fermeté et de douceur [3].

La mort prématurée de cette mère chérie fut la première des épreuves par lesquelles eut à passer le futur fondateur d'un ordre religieux, le futur homme d'action et de lutte. Mme de La Mennais mourut en 1789. Puis vinrent les événements politiques, se succédant avec la fureur des grands flots battus par un violent orage. M. de La Mennais vit tout d'abord sa situation commerciale compromise. M. des Saudrais, moins engagé que son frère dans les grandes spéculations, se dévoua à l'éducation littéraire de ses neveux ; et Mme des Saudrais, qui n'avait point d'enfants, remplaça leur mère pour l'éducation du cœur. Une vieille bonne, Mlle Villemain, un de ces types de dévouement modestement héroïque que l'on trouvait jadis dans presque toutes les anciennes familles bretonnes, s'attacha avec une nouvelle affection aux orphelins.

Pour les âmes trempées fortement, le malheur remplace les années ; et, à vrai dire, Jean de La Mennais n'eut pas d'enfance.

---

[1] *Correspondance,* publiée par Forgues, 348.

[2] *Correspondance,* t. II, p. 56.

[3] Les Frères ont récemment restitué ce souvenir de famille à la Chesnaye, où il est aujourd'hui.

« Parmi les marques de l'adoption divine, dit l'éloquent et sympathique panégyriste de M. de La Mennais, parmi les marques de l'adoption divine qu'il nous est donné de lire au front de tout enfant chrétien, quand sa vie, commencée par le baptême, s'est épanouie doucement dans la prière de chaque jour, je ne sais s'il est possible d'en rencontrer de plus émouvantes que celle-ci :

» A certaines heures d'une solennité mystérieuse, il se fait pour ces yeux à peine ouverts aux choses de ce monde, une lumière qui n'a rien de commun avec celle de l'expérience. On dirait que, pour un instant, le Père qui est dans les cieux leur permet de lire dans sa pensée ; qu'il supprime pour eux la distinction du présent et de l'avenir, et qu'à cause de ce qu'ils sont encore, il leur est donné d'affirmer ce qu'ils seront un jour. Les voies les plus étroites des conseils évangéliques ; les carrières les plus ardues, dont la souffrance et le renoncement sont les premières lois ; les travaux les plus impossibles à la nature, que les fermes croyants eux-mêmes ne peuvent accomplir que la croix sur les épaules et en résistant jusqu'au sang : voilà ce que des enfants de dix ans nous montrent d'un geste assuré dans le chemin qui s'ouvre devant eux ; et quelle mère chrétienne a jamais entendu sans frissonner ces paroles prophétiques, et ne les a pas gardées dans son cœur comme le glaive du sacrifice, surtout si l'innocent prophète avait, ce jour-là, reçu, en pleurant de foi, le corps et le sang de Jésus-Christ ?

» Souvent encore, la seule vue d'un enfant de l'Église attire soudainement le regard d'un autre Siméon, blanchi dans les travaux d'un laborieux apostolat. On le voit poser avec attendrissement les deux mains sur cette jeune tête, contempler respectueusement ce visage sur lequel il vient de découvrir la trace du doigt de Dieu ; et puis, d'une voix où le souffle de l'Esprit-Saint devient sensible, quelque saint François de Hiéronymo annonce au siècle qui suivra quelque saint Alphonse de Liguori.

» Que se passa-t-il entre l'enfant et le vieillard, ou plutôt entre l'esprit qui anime l'Église et l'âme de chacun d'eux, quand le dernier évêque de Saint-Malo vit s'agenouiller à ses pieds le plus mâle héritier de la vieille foi bretonne, pour recevoir en un même jour, et sensiblement avant l'âge accoutumé, le pain qui nourrit la vie, et le sacrement qui donne la trempe chrétienne au courage ? Jean-Marie de La Mennais n'avait guère que neuf ans ; mais en ce temps-là il fallait se hâter. L'évêque sentait trembler sous ses pas le sol que sa chaire épiscopale consacrait depuis tant de siècles. Il voyait la tempête qui depuis cent ans au moins amoncelait ses nuages à tous les points de l'horizon français, près de faire éclater la plus terrible de ses foudres.

» Tant que 1789, cette année qui prétendait dès lors à l'honneur de remplacer l'ère de salut, n'avait produit que des affirmations politiques ou promis que des réformes dans l'État, l'inquiétude avait pu trouver sa place dans les plus fermes esprits, mais les cœurs droits avaient pu aussi conserver une légitime espérance. Ce n'était ni l'Église catholique, ni la Bretagne, qui pouvaient s'alarmer au seul mot de liberté, pourvu que, dans la nouvelle devise, ce grand nom fût interprété par la loyauté et par la foi.

» Mais 1790 était commencé; et bientôt la Révolution, revêtant un caractère, désormais visible à tous les yeux, d'hostilité contre l'Église, et contre Dieu, dont l'Église est le royaume, allait marquer au front de la France frémissante un nom qui appelle la malédiction et la vengeance de Dieu, le nom de SCHISMATIQUE. La première nation chrétienne de l'Europe, déchirant du même coup l'acte du baptême de Clovis, et l'acte du couronnement de Charlemagne, et le *Credo* dix-huit fois séculaire de la civilisation, allait essayer, à ses risques et périls, de rester un grand peuple sans l'Église, et bientôt sans Jésus-Christ, et dans trois ans, sans Dieu.

» Eh bien! mes frères, j'ose affirmer, parce que nous savons, nous autres, ce que c'est qu'un cœur d'évêque, que M. de Pressigny, quand il imposa les mains à Jean-Marie de La Mennais, appelant sur lui, comme un homme qui a reçu le pouvoir de l'appeler, l'Esprit de sagesse, l'Esprit de conseil, l'Esprit de force et de courage, son œil voilé de larmes s'efforça de pénétrer, par le même regard, l'avenir de ce jeune chrétien, et l'avenir du pays dont il recevait en ce moment le plus noble héritage. Il pria, ce pontife si près de l'exil, pour la génération qu'il avait enfantée à la vérité, et pour les générations qui allaient naître au milieu des combats de l'enfer contre la vérité. L'ange de son Église lui demandat-il alors: Penses-tu que cet enfant suffise à relever tant de ruines? *Quis putas iste puer erit?* Lui fut-il donné de voir, à l'extrémité de son diocèse, des points lumineux marquer, trente ans d'avance, les étapes de la reconquête? Je ne sais, mes chers frères; mais je sais que Ploërmel et Malestroit étaient des paroisses de cet évêché de Saint-Malo, la patrie de Jean, et le bercail de M. de Pressigny. Vous paraît-il bien sûr que ni les frères de Ploërmel ni les prêtres éminents qui sortirent de Malestroit, n'ont rien recueilli de cette prière suprême? [1] »

M. de La Mennais racontait souvent cette scène à ses amis. Il donna dès ce jour-là la mesure de sa foi ardente, de sa vive intelligence, de son énergique volonté. Sous l'imposition des mains du pontife confesseur, cet enfant de dix ou onze ans eut à la fois

[1] *Oraison funèbre*, par l'abbé de Léséleuc. 1861, p. 6 et seq.

l'intuition des prochaines persécution de l'Église et le dévouement, dévouement sans réserve, de se consacrer par le sacerdoce à cette Église persécutée. Msʳ de Pressigny devait gagner les îles anglaises, durant la nuit, sur un bateau que M. de La Mennais mettait à ses ordres. On était réuni dans le salon paternel pour les adieux suprêmes ; on cherchait Jean, qui s'était éclipsé. Tout à coup, on le voit apparaître, un bâton à la main et un petit paquet sous le bras ; on l'interroge : — « Monseigneur, répond l'enfant, vous êtes mon évêque ; je veux être prêtre, et je vous suis. » Le petit paquet contenait simplement un livre d'office et une grammaire latine. L'évêque, attendri jusqu'aux larmes, remercia Dieu, qui assurait à l'Église de Saint-Malo de si merveilleuses espérances.

M. des Saudrais était un lettré, nous l'avons dit, et fort propre à donner à ses neveux le goût des lettres ; mais on comprend que des études ainsi dirigées devaient être plus ou moins irrégulières ; puis, les écoliers marchaient à pas de géant. Jean, intelligence méthodique, à la fois ouverte et réfléchie ; volonté de fer, qui voyait en toutes choses le devoir, et dans le travail littéraire la préparation nécessaire de sa vocation sacerdotale, courait droit au but et ne perdait pas une heure. Féli, au contraire, impatient de toute discipline, allait par soubresauts. L'oncle des Saudrais l'enfermait, dit-on, dans sa bibliothèque, où se trouvaient pêle-mêle des livres de toute sorte, et notamment les productions impies du XVIIIᵉ siècle. La tradition raconte que l'indocile écolier prit trop de goût pour cette prison fatale et s'y faisait condamner sans cesse.

Ce qu'il y a de certain, c'est que Féli fut le premier écolier de Jean, qui inaugura ainsi cette vocation si particulière et si constante pour la pédagogie, à laquelle fut vouée sa vie entière. Quand Féli s'était trop laissé attarder, il avait recours à Jean, et Jean se faisait avec joie le répétiteur de son frère. Cinquante ans plus tard, l'abbé Jean racontait ce détail à celui qui écrit ces lignes. Je ne sais plus quel livre de Féli, négation de plus en plus absolue et de la foi de sa jeunesse et du caractère sacré dont il était revêtu, venait de renouveler au cœur de son frère la blessure incurable qui y saignait depuis 1833. Quand j'entrai dans sa chambre,

le saint vieillard était prosterné la face contre terre et fondait en
larmes ; puis, se remettant peu à peu, il revit tout ce passé que les
douleurs du présent lui rendaient plus cher encore ; il me parlait
avec enthousiasme de l'intelligence prodigieuse, du génie extraordinaire que Dieu avait donnés à son frère et des premières marques
qui s'en étaient produites ; c'est ainsi qu'il arriva à ces années
lointaines, que je raconte à mon tour, et à ces étranges études littéraires, suivies au milieu de troubles sans noms et sans précédents,
alors que le proconsul Carpentier régnait à Saint-Malo, comme
Carrier régnait à Nantes.

Or, ce fut à cette heure même, en cette année 1793, que la Providence envoya à Jean et à Féli un homme qui devait être à la fois
le précepteur, le modèle et l'ami de leur adolescence. C'était un
jeune prêtre proscrit ; il venait de Noyon, où il était né et où il
s'était voué à l'enseignement ecclésiastique. Il s'était dirigé vers
Saint-Malo, sur le témoignage que d'autres confesseurs avaient déjà
donné en Picardie de l'hospitalité dévouée des Malouins, et parce
qu'il espérait y trouver des moyens plus faciles de passer à l'étranger. Il avait vingt-sept ans et se nommait l'abbé Vielle, nom vénérable entre tous, naturalisé Breton par toute une vie de bonnes
œuvres, et que le diocèse de Saint-Brieuc, en particulier, n'est pas
près d'oublier. L'abbé Vielle, trouvant à Saint-Malo quelques facilités
d'exercer le saint ministère, à cause de sa qualité d'étranger et de
son extrême jeunesse, ajourna son dessein de quitter la France, et,
par le fait, il ne la quitta pas.

Un jour, Jean de La Mennais le rencontra sur le Sillon, vêtu en
matelot. Il l'aborda résolûment et lui demanda qui il était et quels
étaient ses desseins. Le proscrit fit à l'enfant une réponse évasive ;
mais celui-ci, fixant sur son interlocuteur cet œil dont la vivacité
extraordinaire survécut à l'âge : — « Vous êtes prêtre, dit-il ; ne
me trompez pas : on a besoin de vous chez mon père ; venez-y. »
Et le prêtre y alla ; et ainsi commença cette liaison qui ne fut brisée
que par la mort.

C'était une merveille de zèle et de prudence que la vie de
M. Vielle, dans ces temps atroces. Presque toujours déguisé en

portefaix ou en matelot, il arrivait chaque jour, ou plutôt chaque nuit, au chevet des mourants, que lui indiquaient une troupe de femmes pieuses, et jamais il ne fut trahi. Il est vrai qu'il essuya de nombreuses alertes et fut constamment en péril. Il ne fut arrêté qu'une seule fois et ne passa qu'une seule nuit en prison ; c'était le vestibule inévitable de l'échafaud, et il s'y attendait ; mais, durant cette nuit, d'actives et énergiques influences avaient agi, et le lendemain matin, sans qu'il ait jamais pu savoir comment, il était rendu à la liberté et à ses œuvres de miséricorde.

Telle fut la précoce initiation de Jean aux travaux du sacerdoce ; non-seulement il était témoin, mais il prenait aussi sa part personnelle dans ces scènes, renouvelées des catacombes, qui s'accomplissaient chaque jour. « Parfois, raconte M. Blaize, neveu de M. de La Mennais, et qui avait recueilli ces traditions encore toutes vivantes au foyer domestique, un prêtre non assermenté, le vénérable abbé Vielle, se glissait, à la faveur d'un déguisement, dans la maison paternelle. A minuit, la famille se réunissait dans une mansarde. La chère Villemain, si dévouée à ses maîtres, veillait au dehors : deux bougies brûlaient sur une table transformée en autel. M. Vielle, assisté de mon oncle Jean, alors âgé de treize ans, disait la messe. Tous priaient avec ferveur. Le bon prêtre bénissait les vieillards et les enfants et se retirait avant le jour [1]. »

Ainsi s'écoulèrent les longues années de la Terreur.

S. ROPARTZ.

[1] *Essai biographique sur M. Féli de La Mennais*, p. 18.

ÉPITRE

AUX DOCTEURS D'OUTRE-RHIN

Oui, nous avons bien des travers
Qui nous valent notre infortune :
Le pire, après tous nos revers,
C'est de ne pas garder rancune.

Pour venger deux invasions,
Des milliers d'insolentes rimes....
Cinquante ans d'admirations,
Bons Allemands, voilà nos crimes !

Avons-nous assez radoté
Des beaux esprits de Germanie ?
Profondeur et naïveté,
Que de vertus, que de génie !

Seuls vous saviez aimer, penser,
Peuple poète et philosophe !
Seul chanter, musiquer, valser
En culottes de grosse étoffe.

C'était à qui louerait le mieux
Votre savoir, vos mœurs tranquilles;
Et l'eau nous en venait aux yeux....
Je fus un de ces imbéciles !

Je m'étais mis l'âme à l'envers
Pour Charlotte et pour Marguerite.
Je vous dois mes plus mauvais vers....
C'est peut-être ce qui m'irrite.

Mettons que j'avais mal compris,
Que j'ai mal pincé cette corde :
Du moins, ni moi, ni mes écrits,
Nous n'avions prêché la discorde.

Je suivais — quoique, au fond, chauvin —
La grande mode humanitaire :
J'ai chanté le progrès divin
Et la paix régnant sur la terre.

Pendant quinze ans, j'ai chevauché
Un Pégase philosophique;
— Me l'a-t-on assez reproché ! —
Je fus mystique, évangélique.

Aujourd'hui, vers d'autres excès
J'incline, en devenant mon maître :
Mon cœur était très-bon français,
Mon esprit voudrait un peu l'être.

J'ai déserté l'ombre et les bois
Et j'ai pris quelque sens pratique :
On peut, chers maîtres d'autrefois,
Vous appliquer votre critique.

Sans être, autant que vous, docteurs
En esthétique, en exégèse,
Sans rire encor de vos auteurs,
Nous en parlons plus à notre aise.

Grâce à vos savants d'outre-Rhin ;
On se sent l'esprit moins frivole :
Du tort d'admirer le voisin
On se guérit à leur école.

Je tiens d'eux, — ravi de ce don, —
Le pourquoi de beaucoup de choses :
Pourquoi vous plantez le chardon
Dans vos squares au lieu de roses ;

Pourquoi l'on donne votre nom
A toute mauvaise querelle ;
Pourquoi le baragouin teuton
N'est pas la langue universelle.

Donc, vous voulez raser Paris
Et nous massacrer par centaines... !
Quand tous nos écus seront pris,
Berlin sera-t-il une Athènes ?

Jadis un peuple de soudards,
Rusés, sans esprit, sans entrailles,
De la cité mère des arts
Renversa les nobles murailles.

Ils se disaient très-vertueux,
Exécraient la race voisine :
— Elle était plus aimable qu'eux
Et faisait meilleure cuisine. —

Émus du même sentiment,
Les Thébains saisirent leur pique.
— La Béotie, assurément,
Avait droit de haïr l'Attique. —

Athènes, la sainte cité,
Succomba dans cette querelle :
C'est la fin de la liberté ;
La Grèce périt avec elle.

Mais de Sparte il ne reste rien
Que le nom d'une vieille chose ;
Et tout le passé dorien
Gît sous un pied de laurier-rose.

Athènes vit et règne encor,
Athènes la beauté féconde !
Après ses dieux d'ivoire et d'or,
Son esprit gouverne le monde.

Ses fils n'étaient pas tous parfaits :
Légers, railleurs, ce que nous sommes,
Grands parleurs, vantant leurs hauts faits...
Après tout, ils étaient des hommes.

On croit pour les avoir battus
Que leur héritage est à prendre...
Vous avez de grosses vertus
Qui vous empêchent d'y prétendre.

Vous pouvez saisir tout notre or,
Nos bijoux et nos meubles rares ;
Vous restez, avec ce trésor,
Ce que Dieu vous fit : les Barbares.

Quand nous serons un monde ancien,
— Car vous vieillirez, je suppose, —
De vous il ne restera rien...
Je voulais dire pas grand'chose.

Les peuples n'iront pas chez vous,
— Nous devinssent-ils infidèles, —
Copiant vos mœurs et vos goûts,
Prendre vos œuvres pour modèles.

Vos lourds savants font et défont,
Et l'on n'en sait pas davantage.
Vous avez l'esprit très-profond :
Le nôtre est léger... il surnage.

Notre prose, et même nos vers,
Notre parler, railleur ou tendre,
Vivront après que l'univers
Aura cessé de vous comprendre.

Enfin le génie allemand,
S'étant flatté de nous détruire,
Finira dans un bâillement...
Et nous serons là pour en rire.

VICTOR DE LAPRADE.

POURQUOI PAS?

PROVERBE

Personnages.

—

Mᵐᵉ DE BOISRENAULT.   M. DE VALBRUN.
BLANCHE sa fille.   ALBERT son fils.

La scène se passe sur la terrasse du château de Boisrenault, derniers jours de
septembre.

SCÈNE PREMIÈRE.

Mᵐᵉ DE BOISRENAULT *seule, assise sur un banc et lisant. Elle referme
le livre et le dépose sur le banc.*

On ne sait vraiment que donner à lire aux jeunes filles. Ces romans modernes sont odieux. Toujours des thèses paradoxales, de
la morale à rebours et du mélodrame. Blanche n'est plus une enfant; je ne puis pourtant pas lui mettre sous les yeux de telles
théories ni des situations aussi risquées. Dans quel monde inter-
lope, dans quelle bohême vivent donc ces auteurs? Il ne s'en trouvera pas un pour comprendre une jeune fille sérieuse et naïve à la
fois, austère et enjouée, loyale, intelligente, dévouée... comme Blanche?... Elle a pourtant aussi son paradoxe. Elle refuse absolument
de se marier. Elle est belle, riche, recherchée. Je me lasse de lui
proposer les meilleurs partis. Mon égoïsme maternel n'aurait pas à

s'en plaindre; elle est pour moi d'une société si précieuse et si douce! Toutes nos impressions sont partagées, nous faisons de la musique ensemble, nous sommes deux amies bien tendres, et je ne serais pas pressée d'avoir un gendre. Mais voici qu'elle approche de vingt-cinq ans. L'automne, qui commence à jaunir ces arbres, est pour moi-même un avertissement. Si c'était un sacrifice de piété fi-liale! Je serais coupable de l'accepter.

Il me semble qu'une voiture vient de s'arrêter à la grille. On sonne. Que peut être cette visite?

SCÈNE DEUXIÈME.

Mme DE BOISRENAULT, M. DE VALBRUN.

M. DE VALBRUN. — Daignez m'excuser, Madame, si j'ai tant tardé à rendre mes hommages à mon aimable voisine.

Mme DE BOISRENAULT. — En effet, une première visite à la fin de septembre, après plusieurs années d'oubli, ne témoigne pas d'un empressement excessif. Poursuivez-vous un sanglier jusque dans mon parc? Épargnez les massifs, je vous prie.

M. DE VALBRUN. En voiture et avec cette toilette? Non, Madame, je viens trop tard sans doute, mais exprès pour vous.

M me DE BOISRENAULT. — Est-ce bien certain? Asseyez-vous là, donnez-moi la main, et sans rancune. Je ne sais rien de plus mala-droit, en amitié comme en amour, que les reproches. Je me sou-viens d'un autre vieil ami, qui m'avait trop négligée, comme vous, Monsieur, et que je reçus mal. J'étais ce jour-là d'une humeur de dogue. « Il paraît que j'arrive encore trop tôt », se borna-t-il à me dire; et il me tourna le dos. J'eus l'humiliation d'être obligée de courir après lui. Il n'avait pas tort, et j'ai retenu la leçon.

M. DE VALBRUN. — Veuillez croire qu'avec moi vous n'auriez pas à redouter cette irrévérence.

Mme DE BOISRENAULT. — J'en conclus qu'un secret dessein vous amène. On ne renonce pas sans cause à une telle sauvagerie. Avez-vous du foin à m'acheter? Je le tiens très-cher.

M. DE VALBRUN. — Sur mon honneur, Madame... Pardon, je

crains de me parjurer , car il n'est pas possible que j'aie une arrière-pensée.

Mme DE BOISRENAULT. — L'exprimerez-vous , ou faudra-t-il la
deviner ?

M. DE VALBRUN. — Je n'avais pas à cet égard de parti arrêté.

Mme DE BOISRENAULT. — C'est donc bien grave ? Mais , à propos,
monsieur mon voisin , mon beau danseur du temps jadis, depuis
combien d'années au juste ne nous sommes-nous pas vus? C'est
presque une étude archéologique à faire. Convenez que vous m'avez
trouvée fort vieillie.

M. DE VALBRUN. — Au fait, c'est un calcul assez effrayant. Vous
avez passé deux ou trois ans sans venir en Bourgogne... L'été dernier j'étais aux eaux... Je n'ose pas supputer cette chronologie. Et
puis, Madame , quel est le bénédictin qui , devant vous, pourrait se
ressouvenir de l'art de vérifier les dates ?

Mme DE BOISRENAULT. — Pas trop mal. C'est cela que vous aviez
à me dire ?

M. DE VALBRUN. — Peut-être.

Mme DE BOISRENAULT. — Mon beau voisin, avez-vous jamais fait
des vers ?

M. DE VALBRUN. — J'en ai commis dans ma jeunesse, et quelques-uns à votre adresse, si j'ai meilleure mémoire que vous.

Mme DE BOISRENAULT. — Faisiez-vous votre premier vers le premier, ou le second ?

M. DE VALBRUN. — Je ne comprends pas.

Mme DE BOISRENAULT. — Je vais m'expliquer. Je divise les poètes en deux classes: ceux qui font leur premier vers le premier,
d'élan, d'inspiration, — ce sont les vrais poètes, — et ceux qui le
rajustent tant bien que mal comme un bout rimé au second vers ,
où est leur pensée, s'ils en ont une. Ce sont les versificateurs.

M. DE VALBRUN. — Je comprends de moins en moins où vous
voulez en venir.

Mme DE BOISRENAULT. — Attendez. Je divise de même les négo-
ciateurs en deux classes. Ceux qui commencent par ce qu'ils ont à

geante. Quel noble emploi de sa jeunesse et de sa fortune ! Quel contraste avec ses contemporains ! Il a bien fait de fuir les clubs, les
coulisses et le bois de Boulogne. Mais il pourrait désormais continuer ses travaux en France. Sur votre honneur, n'avez-vous ici aucune mission ?

M. DE VALBRUN. — Je vous le jure, Madame. Ce matin même,
Albert repoussait péremptoirement mes conseils et se disait résolu
à ne jamais se marier.

Mᵐᵉ DE BOISRENAULT. — Alors, que venez-vous faire ici ?

M. DE VALBRUN. — Je vous l'ai dit, étudier le terrain.

Mᵐᵉ DE BOISRENAULT. — Une idée bizarre ! Ne serait-il point
piquant de demander une jeune fille qui ne veut pas se marier, pour
un jeune homme qui a pris la même résolution ? De présenter cela
comme une preuve de conformité d'humeur et de sympathie ? Vous
aviez de l'esprit autrefois, mon cher voisin ; tirez-vous de là. Blanche, rapproche-toi donc ; ce n'est pas mon homme d'affaires, c'est
notre mauvais voisin, M. de Valbrun, qui s'apprivoise et veut t'appri-
voiser.

SCÈNE TROISIÈME.

LES PRÉCÉDENTS, BLANCHE.

M. de Valbrun salue respectueusement, puis regarde Mᵐᵉ de Boisrenault.

Mᵐᵉ DE BOISRENAULT. — Allons, Monsieur, un peu de courage.
Ma fille vous fait-elle peur ?

M. DE VALBRUN. — Votre mère, Mademoiselle, a le plus étrange
caprice. Pour se venger sans doute de ma longue sauvagerie, elle
m'inflige une punition, comme si nous avions joué aux gages. J'obéis
en courtois chevalier. Elle exige que sans plus de préambule... (vivement) je vous demande en mariage.

BLANCHE. — Pour vous, Monsieur ?

M. DE VALBRUN. (se redressant). — Pourquoi pas ?

BLANCHE. — Il est assez difficile de faire à cette question une
réponse obligeante. J'essaierai cependant. Croyez, Monsieur,

que je suis on ne peut plus flattée de l'honneur que vous voulez bien...

M. DE VALBRUN. — Bon. C'est ce que dans ma province on appelle malicieusement un *trop d'honneur*. Le prétendant s'en retourne poliment éconduit, avec ce compliment dans sa poche.

BLANCHE. — Vous avez interrompu ma période, Monsieur, ce qui m'a permis de reprendre un peu mes sens troublés. Croyez donc que je suis on ne peut plus flattée , *et cætera ;* mais...

M. DE VALBRUN. — Voici le *mais*.

BLANCHE. — J'ai le très-mauvais goût d'être décidée à coiffer sainte Catherine, et il faut que cette résolution soit bien inébranlable pour qu'un homme de votre mérite, Monsieur, ne puisse pas la changer.

M. DE VALBRUN. — Bien trouvé, Mademoiselle. Puisque ce refus, je m'en tiens assuré sur votre parole, n'a rien qui soit désobligeant pour moi, est-il indiscret de vous demander les motifs d'une aussi funeste résolution ?

BLANCHE. — Je vous permets de les demander, à condition que vous me permettiez de ne pas les dire.

M. DE VALBRUN. — Vous en avez donc que vous cachez ?

BLANCHE. — Prenez garde de devenir indiscret.

M. DE VALBRUN. — Et maintenant, si, renonçant à toute prétention personnelle, j'avais l'héroïsme de me transformer en messager, serais-je certain de vous trouver aussi impitoyable ?

BLANCHE. — Veuillez remarquer, Monsieur, qu'en commençant par vous présenter vous-même, vous m'avez rendu impossible de vous faire, sans impertinence, une autre réponse.

M. DE VALBRUN. — Je suis encore battu, et presque content de vous entendre ; mais Madame votre mère n'est pas généreuse de m'abandonner ainsi après m'avoir engagé, et de ne point me venir en aide. Nous ne serions pas trop de deux. Hélas ! Mademoiselle, je ne connaîtrais qu'un seul homme qui ne me parût pas indigne de vous, et précisément, voyez la singulière coïncidence, il professe comme vous le plus farouche éloignement pour le mariage.

BLANCHE. — C'est là le prince charmant dont vous seriez l'ambassadeur? Convenez que l'ambassade est galante; si j'acceptais, vous refuseriez. Avec moi vous ne risquez rien, mais vous seriez fort déconcerté si je faisais seulement mine de vous écouter.

M. DE VALBRUN. — Qui sait? Restons dans les hypothèses, Mademoiselle; je ne courrai plus le danger de vous manquer de respect. Que penseriez-vous d'un jeune homme... imaginaire, c'est bien entendu, assez doué pour que je l'eusse jugé digne de vous, qui s'entêterait à vieillir garçon?

BLANCHE. — Supprimons les compliments, je vous prie. Je vais supposer votre jeune homme doué de toutes les perfections; c'est ce que vous voulez dire, n'est-il pas vrai? Et c'est plus simple. Eh bien, je penserais qu'il aurait tort de se refuser à rendre une femme heureuse. N'a pas cette joie qui veut, et il me semble que ce doit être la plus grande joie d'un homme de cœur. Vous souvenez-vous, ma mère, de cette marquise de notre faubourg, qui racontait à la fin de l'hiver dernier qu'il y avait eu dans la saison plus de mariages d'hommes que de femmes? On s'est beaucoup amusé de sa naïveté. Je voudrais sincèrement qu'elle eût raison. J'approuve tous les hommes qui se marient; pas toutes les femmes.

Mme DE BOISRENAULT. — Ma chère enfant, comprends que les hommes peuvent renverser ta proposition et se plaindre aussi que tu ne veuilles pas faire le bonheur de l'un d'eux.

BLANCHE (*sérieuse*). — Oh! ma mère! Est-ce que, dans le sens profond où je l'entendrais, nous faisons jamais le bonheur d'un homme? Si cet espoir était permis, si ce n'était pas une chimère, peut-être... (*Redevenant enjouée.*) Mais je préfère continuer le badinage. Voyons, Monsieur, je m'intéresse à votre paladin fantastique, au nom de qui vous me déclarez gracieusement que, si je faisais un pas vers lui, il reculerait de deux. Quel âge lui donnerez-vous?

M. DE VALBRUN. — Vingt-huit à trente ans.

BLANCHE. — Est-il beau? Je vous préviens que je n'y tiens pas.

M. DE VALBRUN. — Alors, passons.

BLANCHE. — Mais encore?

M. DE VALBRUN. — Je vous ai dit qu'il serait digne de vous.

BLANCHE. — Quelle réputation ?

M. DE VALBRUN. — Comme Bayard , sans peur et sans reproche.

BLANCHE — Oh ! quelque héros du bois de Boulogne ?

M. DE VALBRUN. — Jamais.

BLANCHE. — Quelque chevalier du baccarat ?

M. DE VALBRUN. — Jamais.

BLANCHE. — De l'esprit ?

M. DE VALBRUN. — Comme vous.

BLANCHE (*saluant*). — L'ambassadeur est trop galant. Il me reste
à m'informer sentimentalement s'il est riche ?

M. DE VALBRUN. — Comme... Disons , si vous voulez, comme
moi.

BLANCHE. — Et ses motifs ? Vous concevez que j'aurais besoin de
connaître ses motifs.

M. DE VALBRUN. — Mademoiselle, je crains que, comme vous, il
ne prenne la permission de les cacher ; mais il vous les dirait peut-
être, et, si vous en étiez bien curieuse , je pourrais vous procurer
une occasion de les lui demander.

BLANCHE. — Pourquoi pas ?

M. DE VALBRUN. — Vous m'autoriseriez donc à vous le présenter ?

BLANCHE. — A ses risques et périls.

M. DE VALBRUN (*se levant*). Je cours le chercher.

BLANCHE. — Il existe donc ?

M. DE VALBRUN. — Je l'ai laissé dans ma voiture.

BLANCHE. — Mais c'est un guet-apens, Monsieur !

M. DE VALBRUN (*s'éloignant en riant*). — Il est trop tard, Mademoiselle, j'ai votre permission.

SCÈNE QUATRIÈME.

Mᵐᵉ DE BOISRENAULT , BLANCHE.

BLANCHE (*très-émue*). — Ma mère, ceci tourne à l'inconséquence.
Vous riez ? Vous étiez donc du complot ?

Mme DE BOISRENAULT. — Beaucoup moins que tu ne penses. J'ignorais absolument que ce jeune homme fût là.

BLANCHE. — De grâce, qui est-il ?

Mme DE BOISRENAULT. — On ne me l'a pas dit plus qu'à toi.

BLANCHE. — Ma mère, vous savez quelque chose !

Mme DE BOISRENAULT. — A moins que ce ne soit le fils de notre voisin, Albert de Valbrun.

BLANCHE. — Ce n'est pas possible, ma mère : il est au fond de l'Asie depuis près de cinq ans.

Mme DE BOISRENAULT. — Il serait revenu, voilà tout. On voyage si vite aujourd'hui ! Mais tu es bien émue. Tu as donc connu Albert de Valbrun ?

BLANCHE. — Hélas ! beaucoup trop.

Mme DE BOISRENAULT. — Tu ne m'as jamais parlé de lui.

BLANCHE. — Pardonnez-moi, ma mère, c'était mon secret.

SCÈNE CINQUIÈME.

LES PRÉCÉDENTS, M. DE VALBRUN, ALBERT.

Mme DE BOISRENAULT (allant gracieúsement au-devant d'Albert, qui fait un salut profond).

Vous avez donc cru notre hutte bien inhospitalière, Monsieur ? Je ne vous excuserais d'être resté à ma porte que si vous n'aviez pas pu descendre de votre éléphant. Rassurez-vous, nous ne sommes pas des anthropophages.

ALBERT. — J'avais l'appréhension, je l'avoue, Madame, de ne pas trouver ici un accueil aussi... bienveillant. D'ailleurs, je passe si peu de jours en Bourgogne, si peu de mois probablement en France, que je ne comptais faire aucune visite. Mon père m'a entraîné dans une promenade en voiture sans me dire où il allait. Arrivé à votre seuil... je n'avais pas osé le franchir.

Mme DE BOISRENAULT. — Pour un voyageur déjà célèbre, je vous aurais supposé plus intrépide.

ALBERT. — Je ne puis pas l'être, Madame,... en présence de Mademoiselle Blanche.

Mme DE BOISRENAULT. — Permettez-moi de vous demander ce que vous faisiez là dans ce carrosse. Dormiez-vous, ou comptiez-vous les barreaux de la grille? Ou rêviez-vous aux princesses cuivrées de l'Orient? Vous leur trouvez plus de charmes qu'aux Françaises, puisque vous parlez déjà de les rejoindre. Êtes-vous aussi timide auprès d'elles?

ALBERT. — Épargnez-moi, Madame. Je rêvais en effet... à une jeune fille que j'avais vue enfant... que j'avais ensuite rencontrée resplendissante..... non pas dans les régions où le soleil se lève..... dont l'image ne m'avait pas quitté pendant cinq ans d'absence..... et que pourtant je voulais me promettre encore de ne plus revoir.

M. DE VALBRUN (*se croisant les bras devant Albert*). — Ah! ça, mon garçon, regarde-moi en face ; moi, du moins, je ne suis pas bien terrible. Quel sot rôle me fais-tu jouer ici ?

ALBERT. — Mon père, vous m'y avez amené malgré moi, et par surprise.

M. DE VALBRUN. — Tu connaissais donc Mademoiselle Blanche ?

ALBERT. — Hélas ! beaucoup trop !

M. DE VALBRUN. — Tu ne m'as jamais parlé d'elle.

ALBERT. — Pardonnez-moi, mon père, c'était mon secret.

Mme DE BOISRENAULT. — Exactement comme Blanche.

M. DE VALBRUN. — Par ma foi ! c'est le moment de s'expliquer.

ALBERT. — Je vous en supplie, mon père, pas devant témoins.

(*Silence. Jeu muet de Blanche et d'Albert, qui lèvent peu à peu les yeux l'un vers l'autre.*)

Mme DE BOISRENAULT. — Mes chers enfants, je me trompe fort, ou il vous en faudra bientôt, des témoins; mais ce n'est pas le jour. Nous vous gênons. Expliquez-vous seule à seul; faites un tour de parc; allez vous promener, vous dis-je. Ne vous attardez pas trop. Quand vous entendrez la cloche du dîner, vous aurez encore un quart d'heure... pour vous expliquer. Car nous dînons ensemble, mon cher voisin, je vais commander de dételer votre voiture. (*Blanche et Albert se sont rapprochés, mais restent ensuite immobiles.*)

Allons, Blanche, un petit effort, et prends le bras d'Albert. On s'explique plus clairement ainsi.

BLANCHE (*saisissant vivement le bras d'Albert*). — Pourquoi pas? (*Ils s'éloignent et disparaissent dans une allée.*)

SCÈNE SIXIÈME.

Mᵐᵉ DE BOISRENAULT, M. DE VALBRUN.

(*Ils s'assoient, après avoir regardé s'éloigner les jeunes gens.*)

M. DE VALBRUN. — Ma belle voisine, les pères sont bien myopes!

Mᵐᵉ DE BOISRENAULT. — Et les mères bien aveugles, mon beau voisin! Quand je vous disais qu'on nous cache tout!

M. DE VALBRUN. — Vous n'en saviez pas plus long que moi?

Mᵐᵉ DE BOISRENAULT. — Encore moins. Mais n'avais-je pas raison de prétendre que leur obstination à tous les deux était conformité d'humeur?

M. DE VALBRUN. — Vous ne croyiez pas si bien deviner. Nous avons fait de la prose, ou plutôt de la belle et bonne poésie, sans le savoir. Quel peut être ce double secret? Je cherche... Il y a cinq ans... oui, Albert a été mélancolique... en revenant des bains de mer... Mademoiselle Blanche serait-elle allée à Deauville? ´

Mᵐᵉ DE BOISRENAULT. — En effet, je l'avais confiée à ma sœur... Je ne l'ai quittée que cette seule fois en ma vie... Ce doit être là... — Mais à quoi bon chercher? Ils nous raconteront cela au dessert, en riant, après un verre de champagne. Quelque enfantillage, une contredanse embrouillée, un mot mal compris, la moindre des bagatelles. Les jeunes gens n'ont pas le sens commun. Et Albert se sera expatrié cinq ans pour cette bagatelle, et lui devra l'honneur de sa vie! Et le bonheur de nos enfants aura tenu à mon inspiration baroque de tout à l'heure. Et je devais passer la journée à la ville; les ordres étaient donnés; j'ai eu pitié d'un cocher enrhumé, je suis restée au logis. Vous ne m'auriez pas trouvée, Albert repartait, tout était perdu. Mystère de nos destinées!

M. DE VALBRUN. — Nous avons à causer maintenant de choses sérieuses. Ces enfants seront mariés dans un mois, c'est évident. J'adopte vos principes, j'abandonne à mon fils la terre de Valbrun; il

faut qu'il soit maître chez lui. Et nous, ma belle voisine, qu'allons-
nous devenir ?

Mme DE BOISRENAULT. — Si je m'ennuie trop à Boisrenault, j'aurai la ressource du couvent.

M. DE VALBRUN. — Et la vocation ?

Mme DE BOISRENAULT. — Je ne l'entends pas tout à fait ainsi.

M. DE VALBRUN. — Et moi, irai-je à la Trappe ?

Mme DE BOISRENAULT. Vous irez à votre cercle.

M. DE VALBRUN. — Ce n'est pas beaucoup plus gai. (*Une pause.*)
Ma belle voisine, le château de Boisrenault est grand ; il va être
bien vide sans Blanche ; vous auriez peur des hiboux. Ne pourriez
vous pas y trouver une toute petite chambre pour moi ? Nous aurions l'œil sur nos enfants ; nous les verrions souvent, ici ou là,
point gênés, point gênants ; ils nous verraient eux-mêmes avec plaisir ; ce serait charmant. L'automne de la vie a encore plus d'un beau
jour.

Mme DE BOISRENAULT. — Y songez-vous, mon cher voisin ? Et les
convenances ?

M. DE VALBRUN. — Vous me flattez, ma belle voisine. Il y aurait
un moyen facile de les concilier avec ce projet qui m'enchante, et
de me le rendre plus enchanteur.

Mme DE BOISRENAULT. — C'est cela que vous aviez à me dire ?

M. DE VALBRUN. — Je suis maintenant tenté de le croire.

Mme DE BOISRENAULT. — Tenté seulement ? Ce n'est donc pas
votre premier vers ?

M. DE VALBRUN. — Non, Madame, c'est le second..... Mais la
rime est belle..... et c'est celui que vous m'avez inspiré.

Mme DE BOISRENAULT. — Et s'il vous plaît, monsieur le beau rimeur, quel est votre moyen..... facile ?

M. DE VALBRUN. — Madame..... daignez me tendre la main.

Mme DE BOISRENAULT (après un moment d'hésitation). — Pourquoi
pas ?

(Elle tend sa main, que baise M. de Valbrun.)

ALFRED DE COURCY.

—

III*

ARMAND DU CAMBOUT

PREMIER DUC DE COISLIN

(1635 - 1702)

V. — Les États de Bretagne à Saint-Brieuc en 1659.

En 1659, pour se remettre de ses fatigues de cinq campagnes successives, le marquis de Coislin vint à Saint-Brieuc présider la noblesse aux États de Bretagne, et l'un de ses discours (tout porte à croire que ce fut celui qu'il prononça contre les duels) a mérité les éloges de Chapelain. Le célèbre critique dit en effet dans son *Mémoire sur les gens de lettres,* composé trois ans plus tard pour le ministre Colbert : « Le marquis de Coislin parle fort bien et fort juste. Mais on n'a rien entendu de lui, en matière d'éloquence, qu'une harangue courte et bonne, qu'il fit aux États de Bretagne, quand son tour vint d'y présider. Du reste, il se pique plus de guerre que d'écriture... »

Nous ne nous étendrons pas longuement sur l'organisation et les attributions des États de Bretagne : ceux qui veulent s'éclairer complétement à ce sujet peuvent consulter la savante *Histoire des États* par M. de Carné, la notice claire et succincte placée par M. Lamarre dans la préface de son *Inventaire des archives du*

* Voir la livraison de mars, pp. 215-229.

département des Côtes-du-Nord, et plusieurs autres publications spéciales. Nous croyons cependant qu'il ne sera pas inutile de donner quelques détails inédits sur la session de 1659 et sur le cérémonial des États : nous choisirons dans les procès-verbaux manuscrits de la session ce que nous trouverons de plus curieux et ce qui intéresse plus spécialement le marquis de Coislin, président de la noblesse [1].

[1] Les procès-verbaux conservés aux archives du département des Côtes-du-Nord nous offrent d'abord le spectacle complet d'une séance d'ouverture :

« Assize des Estats généraulx et ordinaires du païs et duché de Bretagne, faicte par autorité du Roy en sa ville de Saint-Brieuc suivant les lettres patentes de Sa Majesté, du vingtiesme jour de may en présent mil six cent cinquante-neuf, en l'une des salles du palais épiscopal dudit Saint-Brieuc, le vingtiesme jour de juin en suivant au dict an 1659, par continuation de l'assignation du quinzième dudict mois de juin où se sont trouvez des trois ordres les cy-après nommés :

» Sçavoir, de l'Église : Révérend Père en Dieu, Messire Denis de la Barde, évêque de Saint-Brieuc (président). — Abbez : Messire de Cornullier, abbé de Blanche-Couronne, etc. — Chapitres, etc.

» De la noblesse : Monseigneur le marquis de Coaslin, baron de Pontchâteau et de la Roche-Bernard (président) ; et Messieurs : le comte de Quintin, etc... (Suivent cent sept noms, parmi lesquels, au milieu des plus illustres de la Bretagne, nous remarquons trois membres de la famille du Cambout, les deux premiers de la branche cadette, et le dernier, le chevalier de Coislin, jeune frère du marquis président.)

» Députez des communautez : Messire Eustache de Lys, conseiller du Roy, président au présidial de Rennes et président de l'ordre du Tiers. — Rennes : nobles gens, etc...

» Et à un bureau plus bas, sont les officiers des États, sçavoir : Jean Foucher, escuier, sieur de Querhillac, procureur général, syndicq, etc...

» Et, environ les onze heures, sont entrez à la dicte assemblée, sçavoir : Mondict seigneur le mareschal de la Meilleraye, qui a pris place en une chaire eslevée sur une plate-forme de trois marches couvertes d'un tapis de velours mi party violet et blancq, semé de fleurs de lys et d'hermines, doublez en daiz de mesme, ayant l'aspecq vers le bas de la salle. Et au costé senestre de mondict seigneur le maréchal, joignant la plate-forme, estoit assis en une chaire M. le marquis de Coëtlogon, conseiller du roy en son conseil d'Estat, gouverneur de la ville de Rennes, et son lieutenant au gouvernement des éveschés dudict Rennes, Dol, Saint-Malo et Vannes, ayant l'aspecq vers Messieurs de l'Église et du Tiers. Et au costé droict de mondict seigneur de la Meilleraye, estoit le président de Bréquigny mis dans une chaize hors le daiz, ayant l'aspecq vers messieurs de la noblesse.

» De l'ordonnance desquels a été faict la lecture de la commission générale pour la convoquation de la présente assemblée, et celles de Monseigneur le marquis de La Meilleraye, de M. le marquis de Coëtlogon, de M. le procureur général du Parlement et celle de M. le procureur de la Chambre des comptes de ce pays, etc., etc.

                                        (Archives de Saint-Brieuc.)

Nous voyons, par exemple, dans la séance d'ouverture, qu'après la lecture des commissions,

« Mondict seigneur le mareschal de La Meilleraye a pris la parolle, et par plusieurs raisons qu'il a alléguées a convié l'assemblée de secourir Sa Magesté dans l'urgente nécessité de ses affaires, y estant mesme obligez en considération de l'affection qu'il témoigne à son royaume, préférant la paix, qui est le bien et le salut de son peuple, aux victoires qui lui sont assurées, ayant réduit ses ennemis à ne pouvoir résister à l'effort de ses armes.

» Ensuite, M. le président de Bréquigny a recommandé l'union dans la province, qui est la fermeté et sûreté de l'Estat, et prié messieurs des Estats de donner contentement au roy sur les demandes qui leur seront faites de la part de Sa Magesté.

» Après quoi monsieur le procureur général sindycq a remontré à mesdicts sieurs les commissaires l'affection de la province pour le service du roy, son impuissance de satisfaire à ce que Sa Magesté désiroit, à cause des grandes dettes dont elle est obérée. et plusieurs autres raisons qu'il a alléguées. Ensuite de ce, mesdicts seigneurs les commissaires se sont retirés... »

On ne savait pas encore quelle serait la somme demandée par Sa Majesté. Le lundi 23 juin , le conseiller d'État Boucherat, commissaire royal, vint en séance présenter ses pouvoirs . prononcer un discours contre les duels, en réclamant l'exécution des édits sévères des États, puis faire « demande à la province, de la part du roy, de la somme de *trois millions deux cents mille livres* » de don gratuit.

Cette demande stupéfia l'assemblée ; le don gratuit ne s'était pas encore élevé au delà de 1,500,000 livres, et si en 1657 on avait accordé deux millions, le quart de cette somme avait été la rançon de quatre conseillers au parlement de Rennes, arrêtés par le maréchal malgré la réclamation des États ; la demande royale dépassait de beaucoup toutes les prévisions, et le procès-verbal constate qu'immédiatement après la harangue de Boucherat, « M. le procureur syndicq a remontré l'impuissance de la province, entièrement épuisée par les grandes sommes qu'elle a ci-devant accordées au roy, et la difficulté du trafficq de cette province ; après lequel discours, se sont mesdicts sieurs commissaires retirez » [1].

[1] *Procès-verbaux* des États. — Archives de Saint-Brieuc, séance du 23 juin.

C'est un spectacle fort intéressant et fort curieux, de suivre dans les *Procès-verbaux* des États les détails de toutes les péripéties de la lutte engagée entre les commissaires et l'assemblée pour arriver à une transaction au sujet de la somme à accorder. Les États défendent pied à pied les intérêts de leurs commettants, et l'on pourrait à peine croire le récit d'une pareille insistance, si deux fois par jour les résultats n'en étaient fidèlement consignés. C'est là évidemment l'affaire capitale de la session. Toutes les autres questions soumises aux délibérations passent rapidement, presque sans discussion, et l'on adopte toujours les conclusions de messieurs les gens des États. Un jour, M. l'alloué de Nantes « remontre les obligations que l'on doit à M. le marquis de Coaslin, touchant l'expédition des lettres pour la levée des fouages, » et messieurs des États remercient unanimement le marquis, en le priant « de continuer ses soins envers le chancelier pour la conservation des droicts de la province... » Une autre fois, on juge un conflit de préséance entre les La Trémouille et les Rohan, ou bien on entend les requêtes des habitants de Rennes pour rendre leur rivière navigable, et les réclamations de ceux de Dol contre la démolition du parc de Cancale; on accorde le consentement général pour la levée des deniers d'octroi; on examine les comptes de l'Ordinaire, et les contraventions au contrat royal depuis la dernière session ; on vote la réparation des fontaines de Tréguier, ou l'achat « d'un crucifix pour mettre au haut de la salle, sous le dais et sur le dossier; » on confirme les droits de ceux qui abattent les papegaux, à débiter et à faire débiter le nombre de tonneaux qu'ils auront gagnés [1], etc., etc. Mais toutes ces préoccupations ne sont que secondaires : le grand souci est la somme définitive du don gratuit. Qu'on en juge par quelques chiffres saisissants :

Le 30 juin, on décide qu'on enverra au maréchal de La Meilleraye une députation pour offrir au roy un *million de livres* à condition d'obtenir « la révoquation tant de l'arrêt concernant les

[1] *Procès-verbaux, passim.*

feux de fouages, que de celuy qui attribue de nouveaux droicts
à messieurs du Parlement et Chambre des comptes, et de la
taxe imposée sur les étrangers dans la province ». Les commissaires font la sourde oreille. Le 1ᵉʳ juillet, nouvelle députation
dans les mêmes termes. Le 5, on offre 1 200 000 livres, toujours à
la charge de révocation des Édits ; le 3, à huit heures du matin,
même offre sans succès! à deux heures de relevée on vote d'offrir
1 400 000 livres, et le 4, la députation consternée vient dire à l'assemblée que le maréchal consent seulement à relâcher 600 000
livres sur les 3 200 000 d'abord demandés. On était encore
fort loin du compte. Le 5, la députation est chargée de nouveau d'offrir 1 400 000 livres ; mais les commissaires ne
cèdent pas. Le 7, on en offre 1 500 000 ; même attitude de bronze.
Le 8, à 3 heures de relevée, après une nouvelle députation infructueuse de la matinée on offre 1 600 000 livres. Le 9, à huit
heures, 1 700 000 ; le 9, à 10 heures, 1 800 000 et toujours à condition de révocation des édits.

Désespérée, la compagnie envoya, le 11 juillet, les présidents
des trois ordres avec les députés pour maintenir son offre de
1 800 000 livres. Alors le maréchal se décida à frapper un grand
coup ! L'intimidation avait réussi aux états de Nantes en 1657;
le 12 juillet il vint lui-même en séance pour parler en maitre :

« Monseigneur le mareschal et Messieurs les commissaires du roy sont
entrés en l'assemblée environ les dix heures du matin, qui ont pris leurs
places ordinaires. Ensuite de quoy, mon dict seigneur le mareschal a
remontré avoir receu nouvelles ordres du roy, et qu'elles étoient telles
qu'il falloit accorder à Sa Majesté 2 400 000 livres et 200 000 livres d'avance.
Toutes fois, pour faciliter l'affaire, que si on souhaitoit donner par advance
300 000 livres et 2 000 000 au roy, qu'on avoit qu'à y délibérer, et qu'à
faute, dans lundy prochain pour tout délai, d'accorder les 2 300 000 livres,
qu'il déclaroit à l'assemblée que mardy en suivant il feroit convoquer la
tenue des dits États en sa ville de Nantes. Ce fait, mon dict seigneur le
mareschal et messieurs les commissaires du roy se sont retirez. »

L'argument paraissait sans réplique ; cependant les États ne
voulurent pas céder du premier coup ; on délibéra séance
tenante, et la députation alla de suite offrir 2 millions payables
par avance ; elle revint sans succès, et l'on vota, sans désempa-

rer, de proposer, en considération de la paix et du mariage du roy, 2 300 000 livres payables sans avances, ce qui fut accepté.

Ainsi se termina cette lutte mémorable, et le 15 juillet, les commissaires vinrent en séance ratifier le contrat. Puis, en signe de réconciliation entre les États et le ministère, on pria la reine-mère d'accepter cent mille livres comme gouverneur de la province, et cinquante mille comme bienfaitrice et protectrice [1]. Les États n'avaient pas toujours été aussi soumis; mais le prestige de l'autorité royale, remarque M. de Carné, était déjà si grand, que leur indépendance s'en trouvait visiblement entravée [2]. Ils gagnèrent cependant près d'un million, à la faveur de leur énergique résistance.

Cette séance du 15 juillet 1659 fut très-remarquée, à cause de l'unanime protestation rédigée contre les duels; lorsque le conseiller d'État Boucherat eut terminé sa harangue au sujet de l'ancienne ordonnance de Vitré, Armand du Cambout prononça un petit discours qui entraîna toute la noblesse et que le procès-verbal mentionne malheureusement sans l'avoir conservé. Boucherat, profitant de l'émotion favorable causée par cette allocution, fit aussitôt circuler et signer la pièce suivante :

« Nous soussignez, promettons solennellement à Dieu et à son Église, déclarons et protestons de refuser toutes sortes d'appels et de ne nous battre jamais en duel pour quelque chose que ce puisse être, mesme sous apparence de rencontre; que nous n'accepterons, ny ne porterons jamais aucune parole à cet effet, et que nous rendons toute sorte de témoignage de la détestation que nous avons du duel, comme d'une chose tout à fait contraire à la raison, au bien et aux lois de l'Estat, et incompatible avec le salut et la religion chrétienne, sans pourtant renoncer aux droits de repousser par toutes voies légitimes les injures qui nous seroient faites, autant que notre profession et offense nous y oblige, autant aussi toujours pressez de notre part d'esclairer de bonne foi ceux qui croiroient avoir lieu de ressentiment contre nous et de n'en donner suject à personne.

» Fait en la dite assemblée en la salle des Estats, le quinziesme jour de juillet mil six cents cinquante neuf. Signé: Armand du Cambout, président de la noblesse et lieutenant pour le roy dans la province [3]. »

Tous les députés de la noblesse signèrent aussitôt d'enthousiasme la feuille qu'on leur présenta, et jurèrent d'observer reli-

---

[1] *Procès-verbaux.* Séance du 15 juillet.

[2] De Carné. *Les États de Bretagne,* I, 331.

[3] *Procès-verbaux* des États de 1659. Séance du 15 juillet.

gieusement les ordonnances royales, à la grande satisfaction du
clergé, qui concerta séance tenante sa manifestation personnelle.

Enfin, après avoir voté, le 18 juillet, le bail général des devoirs
et la répartition de la ferme par évêché [1], on accepta, le 19, un
cahier des plaintes et remontrances à adresser au roi; on nomma
les députés qui porteraient les remontrances à la cour et l'on se
sépara. Le marquis de Coislin fut compris pour 6 000 livres, dans
la longue liste des gratifications accordées par les États à ceux
qui avaient rendu de signalés services à l'assemblée; mais ce
qui dut lui être sensible, ce fut la décision élogieuse et toute
personnelle, par laquelle on le désigna séparément pour accompagner la députation en cour et lui prêter l'appui de son
influence auprès du souverain. Voici ce document :

« Les gens des trois États du païs et duché de Bretagne, convoquez et
assemblez par authorité du roy en la ville de Saint-Brieuc; se représentant les grandes et importantes affaires qu'ils ont, et autres, qui dans la
conjoncture des temps peuvent, entre cy et la prochaine tenue des États,
naistre à la cour; ils ont jugé qu'il leur seroit advantageux et nécessaire
que messieurs leurs députez y fussent assistez et favorisez du crédit,
authorité et zèle de quelque personne puissante, pour soustenir et appuier
leurs affaires. Ce qui leur a donné subject de jetter les yeux sur Monsieur
le marquis de Coaslin, président en l'ordre de la noblesse, lequel ils recog-
gnoissent posséder toutes ces qualitez, comme il l'a fait paroistre pendant
le cours de la présente assemblée; et considérant qu'estant des plus inté-
ressez en la conservation des droicts et libertez du païs, et petit-fils de
Monseigneur le chancellier, il emploiera volontiers son crédit et pouvoir
pour le bien et soulagement de la province ; les dits sieurs des États l'ont
...... prié d'avoir agréable que, par une députation extraordinaire, ils le
nommassent comme ils font dès à présent, pour *premier et principal
député*, pour l'ordre de la noblesse, pour aller en cour de leur part, et y
emploier son crédit et support auprès du roy, de Monseigneur le chancellier, et messieurs les autres ministres, pour obtenir toutes les expéditions
les plus favorables et avantageuses qu'il sera possible; et pour ce subject,
qu'il luy plaise demeurer en cour pendant tout le séjour qu'y feront messieurs leurs autres députez, lesquels conféreront ensemble sur tout ce
qu'il y aura à faire au subject de leur députation. Espérant qu'il aura
agréable de leur octroyer cette faveur, ce qu'il a promis faire, et de s'y
employer avec tout le zèle et l'affection qu'il doibt à son païs, et que messieurs des États doivent attendre de luy.

» Faict en la dite assemblée, le dix-neufviesme jour de juillet mil six

[1] Évêché de Rennes, 480 000 livres; évêchés de Saint-Malo et Dol, 427 000; de
Léon et Tréguier, 790 000; de Vannes et Cornouaille, 972 000; de Nantes, 482 500;
de Saint-Brieuc, 228 750. — Total : 3 380 250 livres.

cents cinquante-neuf, signé de La Barde, év. de Saint-Brieuc, Vincent du Parc Locmaria, Eustache de Lys [1]. »

Les frais « de voyages, de journées et de vaquation » pour cette députation extraordinaire furent taxés dans la session des États de 1661, à la somme de 24 000 livres; attendu, dit la délibération, la qualité de baron de Pontchâteau et de la Roche-Bernard, que possède M. le marquis de Coislin [2].

VI. — Le voyage de la cour dans le Midi en 1659 et 1660.

Dès que l'assemblée des États fut terminée, Armand de Coislin se hâta de rejoindre, à Bordeaux, la cour qui passa dans cette ville une partie du mois d'août et tout le mois de septembre, pendant que les conférences avaient lieu entre le cardinal et don Luis de Haro à Saint Jean de Luz, pour la conclusion de la paix et les arrangements nécessaires au mariage du roi: mais comme la saison s'avançait et que la cérémonie ne pouvait plus avoir lieu qu'au printemps, Louis XIV entreprit de visiter toutes les provinces du Midi qu'il ne connaissait pas encore. Le cardinal espérait aussi que la présence du roi dans le Languedoc, « feroit que les États qui devoient se tenir à Toulouse, lui feroient un présent plus grand que s'il étoit absent. Dans cette pensée, après avoir demeuré six semaines à Bordeaux, leurs majestés en partirent le 6 d'octobre et mirent sur l'eau pour aller coucher à Cadillac, où le duc d'Épernon les reçut avec grande magnificence; puis par Bazas, Nérac, Lectoure, Monvoisin et l'isle Jourdain, ils arrivèrent le 14 à Toulouse, où ils ne voulurent point d'entrée, et se contentèrent de recevoir les respects des capitouls et de tous les corps, chacun en particulier [3]. »

Mais nous n'avons pas l'intention de décrire, jour par jour, ce brillant voyage; on en trouve le détail complet dans les *Mémoires* de Montglat et dans ceux de Mademoiselle: nous y renvoyons le lecteur; il y verra toute la cour traverser, au mois de

---

[1] *Procès-verbaux*. Séance du 19 juillet 1659.
[2] *Procès-verbaux* des États de 1661. Séance du 23 août.
[3] *Mém.* de Montglat. Collection Michaud, XXIX, 343.

janvier, Carcassonne, Béziers, Montpellier, le Pont du Gard,
Nîmes, Arles, et passer quinze jours à Aix, où Condé vint faire
devant Louis XIV humble soumission de ses fautes ; puis, elle
visita, en février, la Sainte-Baume, Toulon, où l'on apprit la
mort de Gaston d'Orléans, frère de Louis XIII, la côte d'Hyères
« toute couverte d'orangers », et Brignoles, d'où l'on revint à
Aix ; en mars, ce fut le tour de Marseille et d'Avignon ; puis, en
avril, on reprit le chemin de Bayonne, où l'on arriva le 1er mai,
après s'être arrêté de nouveau à Montpellier, à Narbonne, à
Toulouse et à Mont-de-Marsan. Le mariage du roi n'eut lieu à
Saint-Jean de Luz que le 7 juin.

Pendant tout ce temps de fêtes et de réjouissances universelles, le marquis de Coislin et son frère l'abbé, premier aumônier du roi en titre depuis la mort de l'évêque de Meaux, le 16
mai 1658, adressaient régulièrement à leur grand-père, le chancelier Séguier, resté à Paris avec une partie du ministère, des
courriers et des lettres détaillées pour le tenir au courant de ce
qui se passait à la cour : presque toutes sont conservées dans le
volumineux *Recueil manuscrit* de la correspondance de Séguier
à la Bibliothèque nationale, et l'on composerait, en les rassemblant, une sorte de journal assez curieux du voyage du Midi,
complétant les relations connues. En voici quelques-unes que
nous prenons au hasard dans la collection [1], car elles offrent
toutes le même intérêt : il n'y faut pas chercher d'efforts de
style, ni de narration fleurie ; ce sont des notes en forme de
mémorandum ; on y remarquera surtout l'importance qu'on
attachait alors à toutes les questions de préséance.

I. Du marquis de Coislin. — « *Monseigneur le chancelier à Paris.* —
De Tollose, ce 19 octobre 1659. — Monseigneur, — la cour arriva icy
mardy après avoir esté neuf jours sur les chemins. Monsieur le procureur
général qui y estoit arrivé le samedy de devent en partit le landemain
pour aller trouver Monsieur le Cardinal qui ne sera pas icy encore sy
tost que l'on croit.... L'on parle tousjours du voyage de Provence. L'on ne
peut pourtant rien dire d'assuré qu'à l'arrivée de Monsieur le Cardinal.
Il y a eu icy grande dispute entre Messieurs des Estas et Messieurs du

---

[1] Nous en avons publié une vingtaine dans notre *Histoire du chancelier Séguier*.

Parlement à qui seront présentés les premiers. Il a esté jugé que ce seroient les Estas comme représentant la province entière. Les trésoriers de France n'ont point sallué le Roy parce qu'ils n'ont point voullu parler à gennou. Je ne vous mende rien des affères des Estas, parce que Mʳ l'évesque de Montpellier vous escrira tout ce qui si passera. Je vous supliroy, Monseigneur, de vous resouvenir tousjours un peu de moy et de me croire vostre très humble et très obéissant fils et serviteur. — COISLIN ¹. »

II. De l'abbé de Coislin. — « *Monseigneur le chancelier à Paris.* — De Toulon ce x février 1660. — Monseigneur, — le roy arriva icy samedy dernier, après avoir esté à la Sainte-Beaume, passant tousjours dans des rochers, et mesmes la reyne estoit contrainte de se faire porter en chaise ; le roy a trouvé Toulon sy beau, qu'il y demeurera encore dix ou douze jours. Son Éminence donna hier à colation à Leurs Majestés dans une bastide qui est sur le bord de la mer, et Elles y furent dans la galère de Son Éminence. Le roy va remettre les vaisseaux et les galères en estat ; mais l'on ne sçayt pas encore pour quel dessein. On croit que l'affaire de Marseille pourra s'accommoder. Le capitaine des gardes a receu ordre de faire raccommoder les chemins pour aller d'icy à Marseille... Il se fist hier à Hieres un combat entre quelques mousqueterres. Voilà tout ce que je sçay ; je vous prie de vouloir avoir tousjours de l'amitié pour moy, et de me croire avec respect, — Monseigneur, — vostre très humble et très obéissant serviteur et fils. — L'abbé de COISLIN ². »

III. Du marquis de Coislin. — « De Baionne ce 4 mai 1660. — Monseigneur, — aussitost que j'ay esté arrivé, je n'ay point voullu manquer de me donner l'honneur de vous escrire, et vous dire que j'ay esté tout à fait bien receu.... L'on dit à cette heure que le mariage se fera à Victoria. La cour ne partira d'icy que vendredy. Monsieur le cardinal se porte un peu mieux de la goutte. Il demeurera quelque temps à Sᵗ Jan de Luz après le départ du roy pour conférer avec don Louis d'Aros. Je n'ay point trouvé icy mes frères. Mon frère l'abbé estoit demeuré un jour pour attendre le chevalier qui estoit malade. Mais par après, il a esté obligé d'y demeurer à cause d'une ébulition de sang qui luy est survenue. Il n'a pas pourtant lessé de partir, mais trop tost, la fièvre lui ayant pris à Po. Monsieur de La Chambre ³ escri qu'il espère que se ne sera rien. J'ay envoyé à ce matin un gentilhomme pour en savoir des nouvelles. Selon ce qu'il m'apportera, j'iray moy-mesme ; je ne manqueray pas de vous mender par le

¹ Bibl. nat. fonds Saint-Germain, fr. 709, XXIX, 116. — Dans une lettre suivante il y a, sur le don gratuit demandé aux États de Languedoc, des détails qui rappellent beaucoup les résistances des États de Bretagne sur le même sujet. — On remarquera que l'orthographe du marquis de Coislin est un peu fantaisiste pour un académicien.

² Bibl. nat. fonds Saint-Germain, fr. 709, XXXI, 24.

³ François de La Chambre, médecin des Coislin, et fils de Marin Cureau de La Chambre, médecin du chancelier, membre de l'Académie française et de l'Académie des sciences, etc.

premier ordinaire ce qu'aura apporté le courier d'Espagne; cependant faictes-moy la grâce de me croire...., etc. — Coislin [1]. »

IV. Du marquis de Coislin. — « De St Jan de Luz ce 7 juin 1660. — Le mariage du roy [2] se fict hier à Fontarabie. Beaucoup de personnes de la ville d'icy y allèrent. Madamoiselle y alla aussy. Elle en reveint fort satisfaite. La reyne l'a fort bien traitée, quoy qu'elle ne voullut pas estre cognue [3]. La reyne-mère a receu aujourd'huy le roy son père, et la reyne sa belle-fille qui s'est mise à genou devant elle pour luy demander sa main à baiser; elle n'a pas voullu la luy donner, et l'a retenue et embrassée. Le roy y a été incognito et a veu le roy d'Espannieu et la reyne sa femme par derrière une porte. Monsieur de Coigny a apporté aujourd'huy le présant de la part du roy qui est tout affaict beau. Dimanche il se fera encores une conférence où les deux roys jureront la paix. Son Éminence passera du costé du roy catholique pour la luy voir jurer, et don Louis passera du costé de France pour la mesme chose. Leundy, il s'en fera encore une où la reyne sera donnée, et leurs Majestés se diront adieu. Le mariage se fera mardy. La cour partira jeudy ou vendredy. Le comte de Guiche [4] a esté malade d'un érésipèle, mais présentement ce n'est rien. » — Sans signature [5].

V. Du marquis de Coislin. — « De St Jan de Lus ce 11 juein 1660. — Je ne me donnay pas l'honneur de vous mender les nouvelles par le dernier ordinaire, parce que Monsieur de La Chambre s'estoit chargé de vous les fère sçavoir. — Le mariage se fit jeudy. Monsieur de Baionne fit l'office. Le demeslé qui estoit entre Messieurs les évesques de Perigueux et de Langres, qui prétendoient tous deux de porter le poesle du costé gauche, fut terminé le matin en faveur du dernier. *Mon frère se teint du costé droict.* Il y a eu aussy quelque difficulté pour les queues des princesses, Madame la Palatine prestendant que l'on la luy devoit porter, à quoi Monsieur le preince de Conty et les preincesses du sang se sont opposés, disant que cet honneur n'estoit deu qu'à eux. Le roy l'obligea à se retirer, ce qui l'a fort picquée. Messieurs les évesques se sont trouvés aussy fort offensés de ce que l'on ne leur a point voullu donner de place à la cérémonie, les officiers de la couronne s'y estant opposés [6].... etc... »

VI. De l'abbé de Coislin. — « De Saint Jan de Lus ce 12 juin 1660. — Monseigneur, — jusqu'à cet heure, je n'avois pas voulu vous mender le trouble que messieurs Joule et Vertamon [7] m'ont voulu faire dans la fonction de ma charge. Je vous diray, Monseigneur, que pendant tout le voiage j'ay travaillé, ou messieurs les aumosniers, quand je n'ay pas voulu le faire, sans que nous ayons esté troublé par aucun de tous messieurs des mestres des requestes qui se sont rencontrés dedans les villes où le roy a passé. Nous l'eussions tousjours faict sans ces deux messieurs là qui se sont advisés, trois semaines après que le roy a esté icy, de vouloir euxmesmes donner les grâces, au préjudice de Messieurs les aumosniers qui

---

[1] Bibl. nat. fonds Saint-Germain, fr. 709, XXXI, 101. — [2] Par procuration.

[3] Elle était en deuil de son père.

[4] Son cousin par alliance. Il avait épousé Mlle de Sully, petite-fille de Séguier.

[5] *Loc. cit.*, XXXI, 125. — [6] *Ibid.*, XXXI, 135.

[7] Maîtres des requestes qui « faisoient rage contre l'abbé », prétendant lui contester ses priviléges au sujet des lettres de grâces et de rémission, en qualité de pre' mier aumônier.

ont travaillé icy et non pas moy: ils pourroient peut-estre faire opposition au sceau, mais je vous prie de n'y avoir point égard et de vouloir sceller celles que vous trouverez rémissibles qui auront esté données par moy ou par messieurs les aumosniers. Leurs Majestés et son Éminence n'ont point eu d'égard au bruit qu'ils ont voulu faire, n'ayant point voulu juger la chose, et m'ayant laissé dans la possession dans laquelle j'ay toujours esté, moy et mes prédécesseurs [1].... etc.... »

VII. Du marquis de Coislin. — « De Bordeaux ce 29 juillet 1660. — La cour arriva hyer icy. Elle n'y doict séjourner que deux ou trois jours. Le roy s'en ira à Brouage et Olléron, et rencontrera les rennes à Potiers. Le Parlement de cette ville a eu ordre de saluer les rennes en robe rouge, ce qui les a un peu mortifiés. Le tremblement de terre qui a esté en tout ce pays a faict bien s'entreborder des gens. Il est arrivé le mesme jour que M. d'Espernon a faict icy son entrée. Le hault du cloché de St Michel est tombé. Monsieur le cardinal est logé chez M. du Rure qui ne se sent pas de joie. » (Sans signature) [2].

L'entrée solennelle du roi dans sa bonne ville de Paris eut lieu le 26 août suivant, et toute la noblesse de la cour fit partie de ce cortége magnifique, « superbement couverte et entourée de quantité de livrées [3] ; » puis il y eut des fêtes, des ballets et des divertissements pendant tout l'hiver.

VII. — Les États de Bretagne à Nantes en 1661.

Cependant de graves événements se préparaient pour l'année 1661. Mazarin, voyant son œuvre achevée et ses rêves accomplis, sentit ses forces défaillir, quand les mille et un ressorts des intrigues diplomatiques ne furent plus là pour les surexciter : au mois de mars 1661, il descendit dans la tombe, et le jeune roi résolut désormais de régner seul et sans maître. Son premier soin fut de s'assurer de la personne de Fouquet, dont le faste effréné annonçait assez clairement les dilapidations sans limite, et dont les fortifications sur les côtes de Bretagne, faisaient craindre la réalisation de sa devise ambitieuse : *Quò non ascendam ?*

On connaît le voyage de Nantes, l'arrestation de Fouquet par d'Artagnan le 5 septembre, et l'histoire de son procès : ce qu'on connaît moins, c'est le détail des prétentions du roi devant les états de Bretagne, dont la session avait lieu en ce moment dans la ville de Nantes. Le marquis de Coislin n'y présidait pas cette année

[1] *Loc. cit.*, XXXI, 128. — [2] *Ibid.*, XXXI, 122. — [3] *Mém.* de Monglat. Collect. Michaud, XXIX, p. 348.

la noblesse, car les grands barons de la province avaient à tour
de rôle ce privilége; et ce fut en 1661, le prince de Tarente,
fils du duc de la Trémouille et baron de Vitré, qui eut les
honneurs de la présidence; mais nous avons dit qu'un arrêt de
1630, rendu en faveur de Charles du Cambout, grand-père
d'Armand, avait accordé aux barons de Pontchâteau droit de
séance à toutes les assemblées. En qualité de lieutenant du roi
pour la Basse-Bretagne, Coislin eut même une commission spéciale qui lui donnait, outre ses attributions de membre
personnel de l'Assemblée, les mêmes droits que ceux des
commissaires royaux. « Nous vous dépêchons et commettons,
disait Louis XIV, pour vacquer, entendre et vous employer
aux délibérations des choses qui seront proposées tant de notre
part que de celle de nos très-chers et bons amis les gens des
tiers Estats de nostre dict pays, tout ainsi que si vous estiez
expressément compris et dénommé en la commission généralle [1]. »

L'assemblée des États de Nantes fut ouverte le 18 août 1661
et dès le 19, le marquis de Coislin fut élu, pour faire partie de
cette députation courageuse et constante qui devait, comme en
1659, aller trouver deux fois par jour le maréchal et les
commissaires afin de les attendrir au sujet du don gratuit.
Cette fois, en raison du voyage du roi dans sa bonne ville de
Nantes, le ministère n'avait pas demandé moins de 4 millions :

« Le 20 août, l'assemblée pria Messieurs les mesmes députez de retourner vers Monseigneur le mareschal et Messieurs les commissaires du
roy, leur faire offre de la somme de deux millions de livres, à la charge
de la révocation des édits de cinquante sols par tonneau sur les vaisseaux
et bastimens estrangers entrans et sortans de cette province, la révoquation de la pesche privative des morües que prétend Gargot, la
révoquation des debvoirs extraordinaires qu'on lève sur la rivière de
Loire, etc... [2] »

Ce n'était décidément pas une sinécure que cette mission : du
20 au 23 août, Coislin retourna cinq fois avec ses co-députés
chez le maréchal pour offrir les deux millions, « aux mêmes
conditions que cy-devant ». Le 24 seulement, comme Louis XIV

[1] *Procès-verbaux* des Etats de 1661. Séance du 18 août.
[2] *Ibid.* Séance du 20 août.

annonçait son arrivée prochaine, la compagnie proposa en
outre aux commissaires, « en considération du voyage de Sa Majesté en cette province, et de l'honneur qu'elle en recevra en
cette assemblée, la somme de 400 000 livres, à la charge qu'ils
accorderont toutes les conditions qui ont esté proposées et autres qui le seront cy-après [1] ». Du reste, ajouta l'évêque de
Saint-Brieuc, qui portait la parole au nom de la députation, Sa
Majesté jugera bientôt de la misère du peuple, et fixera elle-
même en connaissance de cause le chiffre auquel ses fidèles
États s'empresseront de souscrire, comptant sur sa justice comme
sur sa bonté. C'était une manière adroite de forcer le roi à réduire sa demande.

Cependant Louis XIV approchait, et le 30 août, on décida
qu'on irait en corps saluer Sa Majesté, le lendemain de son arrivée. Le cérémonial observé en cette rencontre présente des particularités assez intéressantes pour que nous détachions une
page des registres :

« Le 1er septembre à deux heures après-midi, M. de Boucherat est
entré en l'assemblée, qui a déclaré y estre venu par commandement du
roy pour lui apporter les ordres que sa Majesté vouloit estre observées en
la marche par les trois ordres qui la composent lorsqu'ils iroient saluer
sa Majesté, qui estoient telles sçavoir : que là où les rues seroient assez
spacieuses, les ordres de l'Église et de la noblesse marcheroient de front,
l'Église à la droite et la noblesse à là gauche, et où l'angustie des lieux
ne le pourroit permettre, les dicts ordres defilleroient l'un après l'autre,
en sorte que tout l'ordre de l'Église précéderoit celuy de la noblesse ; ce
qu'elle vouloit estre observé de point en point, et ne préjudicier en aucune chose aux droicts prétendus par les dicts ordres, afin d'éviter aux
difficultez et contestations qui pourroient survenir en pareille marche ;
après lesquels, marcheroit l'ordre du tiers, qui seroit immédiatement
suivy des officiers des Estats, chacun en habit de cour ; et le tout précédé du hérault avecq sa cotte d'armes, et son baston à la main.

» Mon dict sieur de Boucherat s'estant retiré, Messieurs des Estats
sont allés en corps saluer sa Majesté, par la porte de la Motte Saint-
Pierre, avecq l'ordre cy-devant prescrit, et estant entrez dans la cour du
chasteau et en icelle trouvé sa dicte Majesté assize dans une chaize, les
dits sieurs des Estats se seroient présentez, sçavoir : Messieurs de l'Église
à main droite et Messieurs de la noblesse à main gauche, estant debout et
descouverts, et derrière les dicts deux ordres, Messieurs du Tiers ayant
un genoil en terre ; à costé du dict ordre et derrière celuy de la noblesse
estoient les officiers des dicts Estats et descouverts.

» Après que l'on a imposé silence, Monseigneur de Saint-Brieuc a ha-
rangué sa dicte Majesté, au nom de l'Assemblée, et après l'avoir asseuré

[1] *Procès-verbaux* des Etats de 1661. Séance du 27 août.

de ses respects luy a tesmoigné la joie généralle de toute la province et ses justes ressentiments du bonheur de sa visite.

» Auquel le roy a répliqué la satisfaction qu'il avoit de voir ses subjects dans une prompte soubmission à ses volontez, et asseuré la compagnie qu'il s'en souviendroit aux occasions.

» Le roy ayant cessé de parler, touts et chacun desdits sieurs des Estats sont allez faire la révérence à sa Majesté et s'en sont retournez par la mesme porte du dict chasteau... ¹ »

Le lendemain à huit heures du matin, le marquis de Coislin qui, l'avant-veille, avait présidé l'ordre de la noblesse, à cause du jugement d'une contestation entre les la Trimouille et les Rohan, fut chargé d'accompagner la députation qui devait aller « saluer Monseigneur, le prince et Monseigneur le duc d'Anguien son filz, leur témoigner les respects que cette assemblée a pour eux, et prier mon dict seigneur le prince d'honorer cette assemblée de sa présence et d'y vouloir prendre place ». Coislin passait à l'état de député perpétuel. Cette mission ne tarda pas cependant à se terminer par l'accord qui se fit brusquement entre les commissaires et l'assemblée. Le roi réduisit d'un million ses demandes, et les Etats, touchés de cette générosité, acceptèrent un peu inconsidérément les nouvelles propositions, sans s'apercevoir qu'ils élevaient tout d'un coup les leurs de 600 000 livres ². Coislin fit partie de la commission nommée pour dresser les articles du contract royal et quelques jours après, de la députation qui soumit ce contrat à l'approbation du roi. « Sa Majesté a répondu qu'il faudroit qu'elle eust bien changé si elle ne se ressouvenoit de la promptitude avecq laquelle la province luy avoit accordé le don gratuit et qu'elle lui conservera ses priviléges et fera toute la grâce possible ³. »

¹ *Procès-verbaux* des Etats de 1661. Séance du 1ᵉʳ septembre.

² « Le roy arriva icy jeudy soir, sur les deux heures, écrivait Coislin au chancelier le 3 septembre, l'on ne luy fist aucune cérémonie à son entrée. Les Estas le saluèrent l'apprès-dinée, la parole estant portée par M. de Saint-Brieuc, Sa Majesté les receut fort favorablement et leur dit qu'elle n'estoit point venuue pour faire de nouvelles impositions, mais qu'elle soytoist seulement que ses Estas lui donnassent trois millions, ce qui luy fust accordé le lendemain de la meullieure grâce du monde L'on parle icy fort du retour du roy, etc. — Coislin. » (*Bibl. nat.* fonds Saint-Germain fr., n° 709, XXXII, 25.)

³ Séance du 6 septembre.

On sait que le 5 septembre eut lieu l'arrestation de Fouquet ; il n'en est pas fait mention dans les procès-verbaux de la session : on n'y rencontre même aucune allusion à cet événement capital, et Coislin se contentait d'écrire au chancelier :

« De Nantes, ce 5 septembre 1661. — Le roy a faict ce matin arrester Monsieur le surintendant, et l'envoye au château d'Angers. Il s'est servi de monsieur d'Artanian. Madame sa femme a ordre d'aller à Limoge. L'on a envoyé huict compagnies de gardes françoises à Bellile et trois Suisses et un ordre au gouverneur de Concarneau de remettre la place. Pellisson a esté aussy arresté. Messieurs l'esvesque d'Avranche, de Tilleux et de Gourville, ordre de ne point sortir de cette ville. Le roy ne partira point d'icy qu'il n'ayt receu de nouvelles de Bellile. Il dict qu'il ne veult point avoir de surintendant, et qu'il le veult estre luy-mesme. Il n'y a point icy d'aultre nouvelle. Je ne manqueray pas de me donner l'honneur de vous mander ce qui se sçaura. » — (Sans signature) [1].

Le marquis de Coislin ne suivit pas la cour dans son rapide retour vers la capitale. Il resta à Nantes jusqu'à la clôture des Etats, qui n'eut lieu que le 22 septembre, sans qu'aucun fait saillant sòit à remarquer dans les registres pendant toute la seconde partie de la session. On juge des requêtes diverses, soit des particuliers, soit des communautés ; on dresse le bail du grand et du petit devoir, on prépare les cahiers des remontrances, on a pure les comptes de l'ordinaire, on nomme des députés en cour... enfin, après avoir arrêté, le 20 septembre, le rôle des gratifications, les députés des trois estats « désemparent. » Comme en 1659, Coislin fut compris pour 6 000 livres, dans la liste des gratifications [2] ; ce qui, joint à la somme votée en sa faveur, pour ses frais de députation en cour, après la session précédente, augmentait de 30 000 livres le revenu, pour l'année 1661, des baronnies de Pontchâteau et de la Roche-Bernard.

René Kerviler.

(La suite à la prochaine livraison.)

[1] *Bibl. nat.* fonds Saint-Germain, fr. 709, XXXII. 24.

[2] Les principales étaient :

150 000 livres pour la reine-mère, gouverneur de Bretagne ; — 50 000 livres pour le maréchal lieutenant général de la province ; — 25 000 livres pour le duc de Mazarini, son fils ; — 6 000 livres pour chacun des lieutenants du roi Coislin et Coëtlogon ; — 10 000 livres pour M. de Brienne, secrétaire d'Etat ; — 10 000 livres pour le grand prévost ; — 12 000 livres pour l'évêque de Saint-Brieuc, président du clergé ; — 30 000 livres pour le prince de Tarente, président de la noblesse ; — 000 livres pour le sénéchal de Nantes, président du tiers.

UN PORTRAIT DE MOLIÈRE

EN BRETAGNE *

Quel est au juste le caractère de *Scaramouche ?* Il est, comme plusieurs autres, qui n'ont pas fait en France la longue vie de Polichinelle et d'Arlequin, et que nous ne connaissons guère que de vieille réputation, assez malaisé à bien définir. — Selon le grave M. Bouillet, Scaramouche, dont le costume de théâtre diffère peu des Pasquin, des Crispin et des Scapin, est un mélange de fanfaronnade et de poltronnerie, et vient d'Espagne. Selon d'autres, selon surtout Angelo Costantini, son plus célèbre mais fort inventeur historien, c'est un frippon fieffé et il est Napolitain. Il réunit, croyons-nous, ces divers traits et ces diverses origines en sa personne. Créé en Espagne, ce type fut de bonne heure adopté à Naples et bientôt dans toute l'Italie. Quant à sa lâcheté fanfaronne, elle ne saurait faire un doute. Callot, qui connut et dessina sur nature ce type à Florence, nous a, dans ses *Balli* (danses), sur une même planche (Catal. n° 642), représenté Scaramouche et le capitaine Fracasse se tournant le dos, flamberge au vent, prêts à combattre un adversaire qui n'existe pas.

Le plus célèbre des Scaramouche, celui qui le premier créa sérieusement ce caractère sur la scène, fut *Tiberio Fiurelli,* né à Naples en 1608, et qui vint pour la première fois en France en 1639. On raconte de lui une jolie anecdote, elle intéressera nos lecteurs. A travers leur grandeur et leur majesté, nos anciens rois vivaient plus familièrement que les princes d'aujourd'hui avec les artistes, les

* Voir la livraison de mars, pp. 193-202.

écrivains, les comédiens, enfin avec tous les gens d'esprit et de talent. Cela tenait sans doute à ce qu'il ne venait point en idée à ceux-ci de traiter avec eux de puissance à puissance et sur un pied d'égalité qui a depuis souvent forcé de mettre des barrières *aux portes du Louvre.* — Or, Scaramouche était en ce temps familier de la cour ; cela paraissait tout naturel à cette époque. Un jour, en 1640, qu'il se trouvait chez la reine Anne d'Autriche, dans l'appartement de M. le Dauphin, depuis Louis XIV, celui-ci se mit, comme un simple enfant des mortels, à pousser des cris qu'on ne pouvait apaiser : « Si Votre Majesté veut me permettre de prendre le petit prince, dit humblement Scaramouche à la reine, je me flatte de pouvoir le calmer. » La permission lui fut octroyée, même avec reconnaissance, et Fiurelli, prenant alors le prince dans ses bras, se mit à lui faire des mines si plaisantes, que celui qui plus tard devait devenir l'arbitre de l'Europe et s'appeler le Roi-Soleil eut bientôt séché ses larmes pour se livrer à un accès de joie immodérée. On remercia Scaramouche, et depuis lors il reçut l'ordre de se rendre tous les soirs dans l'appartement du jeune prince pour l'amuser. Bien des années après, Louis XIV prenait plaisir à rappeler ces souvenirs d'enfance à Scaramouche, et riait beaucoup des grimaces que faisait le comédien en les racontant à son tour. — Nous avons emprunté ce récit à la Chenaye-des-Bois dans son *Dictionnaire des mœurs des Français.* Il le raconte d'une façon un peu plus gauloise que nous n'avons cru devoir le faire pour notre public.

Fiurelli demeura au théâtre jusqu'à l'âge de 83 ans, et mourut quatre ans après, en 1696. Il laissait à son fils unique qui s'était fait prêtre environ 100,000 écus, dus évidemment à la munificence royale et des grands. Cette richesse est un fait exceptionnel chez les gens de sa profession. Son corps fut inhumé à Saint-Eustache. — Le rôle de Scaramouche fut depuis continué sur le théâtre de la foire par Ranzini, Napolitain (1716-31), Bonaventure Benozzi, qui plus tard joua le rôle du Docteur (1731-39), et Gandini (1745-1780). Ce dernier, dit Bouillet, fit presque oublier Fiurelli, et fut en France le dernier des Scaramouche.

Loret, dans sa *Muse historique,* en annonçant à madame la duchesse de Longueville la mort de Fiurelli, avait versé *des pleurs*, il le dit, sur

> Le prince des facétieux
> Et le facétieux des princes.

Domenico Biancolelli, né à Bologne en 1640, et engagé dans la troupe italienne de France en 1662 comme second *zanni*, à côté de Domenico Locatelli, premier zanni dans le rôle de *Trivelin*, est le premier qui ait donné à son rôle d'*Arlequin* une grande célébrité. Ménage prétend que ce personnage, de pure race italienne cependant, fut baptisé en France, et que ce nom d'Arlequin fut donné pour la première fois à un fameux comédien italien qui vint à Paris sous Henri III et hantait souvent en la maison de Messieurs de Harlay, d'où vint que ses compagnons l'appelèrent *Harlequino*, c'est-à-dire *Petit Harlay*. — L'H de ce nom serait tombée d'elle-même chez les Italiens, qui, sauf pour traduire quelques noms étrangers, n'emploient pas la lettre H. — C'est là question d'origine et d'érudition à renvoyer ailleurs.

Quoi qu'il en soit, il est certain qu'en 1600, un nommé Simone, de Bologne, venu avec la troupe des *Gelosi* (jaloux de plaire), semble à peu près le premier zanni du nom d'Arlequin qui nous soit venu d'Italie, et son portrait nous a même été conservé à la tête d'un ouvrage qu'il dédia au roi Henri IV. — Mais revenons à Domenico Biancolelli : il donna au type d'Arlequin un cachet d'esprit, de malice et de légèreté qui contrastait avec celui de *Trivelin*, dont le caractère, assez peu aisé à définir, est en général celui d'un valet assez niais et balourd, un peu moins coquin qu'Arlequin, sans que son honnêteté soit cependant en excès. Locatelli, venu, lui, en France, dès 1645, avec sa sœur peut-être, et en tous cas sa parente, Louise-Gabrielle Locatelli, « une vraie lumière de l'harmonie », disaient les réclames du temps, mourut en 1671. Biancolelli devint alors premier zanni, et sa réputation s'accrut de plus en plus; il mourut encore jeune, le 2 août 1688, et fut enterré à Saint-Eustache, derrière le chœur, vis-à-vis la chapelle de la Vierge. Il laissait une fort belle fortune.

Son fils, Pierre-François Biancolelli, plus connu sous le nom de

Dominique, né en 1681, n'est pas moins célèbre que lui, et, en outre de son talent d'acteur, est demeuré connu comme auteur d'une quantité de pièces fort gaies, qui firent les délices de ses contemporains.

Nous ne savons si Domenico Locatelli (*Trivelin*) laissa de la descendance, mais son rôle de Trivelin fut joué au XVIIIe siècle avec un énorme succès par Tommaso — Antonio Vicentini ; — un de ses rôles les meilleurs était celui de valet de don Juan, dans le *Festin de Pierre*, tel que les bouffons italiens improvisaient ce sujet, ce qui n'était pas tout à fait la manière de Mozart.

Domenico Biancolelli et Domenico Locatelli sont évidemment, d'après les dates que nous venons de donner, les deux personnages mêmes figurés, l'un sous le nom d'*Arlequin*, l'autre sous le nom de *Trivelin*, dans le tableau de la Comédie-Française, comme dans celui de M. de la Pilorgerie.

Je regrette de ne pouvoir également donner le nom du *Capitan Matamore*, du curieux tableau dont nous nous occupons. En 1645, l'acteur qui jouait ce rôle, dont le caractère s'indique par son nom même devenu proverbial, prenait le nom du *Capitan Spezzafer* (Tranchefer), et nous retrouvons encore le nom de *Spezzafer*, porté par le capitan de la troupe, en 1682 ; — mais il est probable que c'était un nouvel acteur. En tous cas, nous ignorons le nom réel de ces deux capitans Spezzafer. On peut seulement conclure que ce nom de guerre était celui porté par le capitan du tableau de M. de la Pilorgerie. — M. Louis Moland, dans son intéressante histoire de *Molière et la Comédie italienne* (1867), à laquelle nous avons emprunté quelques détails, nous donne les noms de quelques anciens capitans ; ils pourraient porter la terreur dans l'âme de nos lecteurs, s'il ne fallait pour cela que des syllabes retentissantes. Nous y notons, entre autres, *il capitano Spavento della Valle inferna* (le capitaine l'Épouvante de la Vallée infernale), — *il capitano Cocodrillo,* — *il capitano Rodomonte,* — *il capitano Bellorofonte,* — *il capitano Rinoceronte,* — *il capitano Basilisco,* — *il signor Scara-Bombardon,* — *il signor Escobombardon della Papirotonda!* — Après celui-là, il faut tirer l'échelle. — Les noms réels de quelques-uns de ces terribles capitans nous ont été conservés, mais tous sont antérieurs ou postérieurs au tableau de la Comédie-Française.

Pantalon est, on le sait, un nom de genre et un nom d'espèce, un nom général et un nom particulier. — Les pantalons pris dans leur sens le plus général sont des bouffons ou masques qui portent des habits fort serrés des pieds à la tête, et par dessus une sorte de grande robe flottante et ouverte. Ils font des danses et des postures aussi irrégulières qu'extravagantes. Leur patrie est Venise, leur patron saint Pantaléon, prétend Ménage, cet audacieux étymologiste. — Comme personnage particulier, Pantalon est, — je prends son caractère peint par Gouriet, — « un homme à guignons, seigneur vénitien, plein d'honneur, très-délicat sur sa parole, bon époux, bon père, bon maître, mais voulant que chacun autour de lui s'acquitte ponctuellement de ses devoirs. » — C'est un Arnolphe dans son genre. — Hélas ! à quoi sert donc la vertu en ce monde ! Pantalon qu'on peut très-aisément considérer comme proche cousin de M. Cassandre, se voit trahi par ses amis, volé par ses débiteurs, malheureux en ménage, dupé par ses enfants, joué par ses domestiques.

Le *Pantalon* du tableau en question ne peut être que le Pantalon *Turi*, natif de Modène, venu en France en 1653, et qui y demeura, sauf une absence qu'il fit, avec toute la troupe, de 1659 à 1662, jusqu'en 1670, époque où il dut se sauver, poursuivi qu'il allait être pour avoir tiré un coup de pistolet sur Andrea Zanotti, son camarade, qui jouait les seconds amoureux, sous le nom d'*Ottavio*. Ce Turi était d'un caractère très-querelleur, et Loret, dans sa *Muse historique*, nous rapporte, sous la date du 14 février 1654, une autre aventure, peu à son honneur, qui se passa sur le Pont-Neuf et dans laquelle il avait, cette fois, joué du couteau sur un autre de ses camarades, Costantino Lolli, jouant le rôle du docteur Baloardo. — Le remords paraît avoir pris Turi sur ses vieux jours, et il se fit prêtre en Italie.

En 1731, le rôle de *Pantalon* était tenu avec succès par un nommé *Alborghetti*, qui fut enterré à Saint-Eustache, et dont la veuve fit un mariage de raison, en épousant peu après le *Docteur* de la troupe, âgé de plus de quatre-vingts ans. — En 1744, *Carlo Antonio Veronese* vint de Venise jouer ce même rôle de Pantalon à Paris. C'était, outre son talent d'acteur, un facile compositeur de pièces très-comiques. Sa fille Jacoma-Antonia Veronese, née à Venise en 1735, morte à Paris en 1768, fut une des plus célèbres danseuses et comédiennes de son temps sous le nom de *Camille.* Sa sœur Coraline ne fut guère moins célèbre. — Leur jeu était simple, spirituel, intelligent, expressif.

Aucun *Mézetin* (ou *Mezzetin)* ne figure dans le tableau dont nous nous occupons ; il est probable que ce rôle n'était pas tenu au moment de sa confection. Ce type du Mézetin, assez oublié du reste, et qui nous semble correspondre à une sorte de ménestrel de campagne amoureux et badin, ce typé est ancien. Callot, dans ses *Balli,* nous montre vers 1616 à Florence un Mézetin, — il écrit *Metzetin,* — dansant avec la *signorella* Riciulina, en s'accompagnant de la mandoline. — On ne saurait donc admettre avec Gouriet, qui, du reste, se trompe plus d'une fois, que ce rôle ait été imaginé, ni même importé en France par *Angelo Costantini* de Vérone, lequel fut admis dans la troupe italienne en 1683. La gravure de Callot, nous montre que le caractère du Mézetin avait quelque chose de gracieux, et Watteau qui se plut souvent à peindre la troupe italienne, dans ses fantaisistes paysages, paraît avoir apprécié particulièrement ce personnage et le reproduit isolément. — Gouriet nous le montre aussi courtisant dans les pièces les Violette et les Marinette, mais parfois malheureux dans ses entreprises, et recevant plus d'une volée de coups de bâton.

Auteur, nous l'avons dit, d'une amusante *Vie de Fiurelli Scaramouche,* où l'on distingue malaisément l'imagination de la vérité, Costantini est un des rares Mézetin dont le nom nous soit connu. Il joua à Paris jusqu'en 1697, époque où s'étant permis, dit-on, des allusions satiriques contre Mme de Maintenon dans une pièce intitulée : *la Fausse Prude,* il fut cause du renvoi de France de toute la troupe italienne, qui ne revint à Paris que sous la Régence, en 1716. — On raconte que Costantini, s'étant alors retiré chez Auguste Ier, roi de Pologne, et ayant abusé de sa faveur en le peignant aussi en caricature de sa parole mordante, fut emprisonné au château de Konigstein, où il demeura plus de vingt ans, et dont il ne sortit que presque sexagénaire.

Nous pouvons encore citer, comme un remarquable Mézetin, Pierre Le Noir *de la Thorillière*, fils d'un excellent acteur de la troupe de Molière et qui lui-même y avait débuté. Bien qu'il eût épousé Catherine Biancolelli, fille de Dominique, le premier des deux célèbres Arlequins de ce nom, laquelle jouait admirablement dans la troupe italienne sous le nom de Colombine, La Thorillière, s'il y joua aussi, n'y demeura pas en tous cas longtemps. Engagé dès 1671 dans la troupe de l'Hôtel de Bourgogne, devenue après sa fusion avec les troupes de Molière et du Marais, ainsi que nous l'avons vu, troupe du Théâtre-Français et pour ainsi dire troupe royale, c'est à ce théâtre que nous le trouvons en 1710 jouant le rôle de Mézetin dans *la Comédie des Comédiens*, de Dancourt, son beau-frère, mari de sa sœur. La Thorillière, un des plus parfaits acteurs qui aient paru sur la scène, chantait bien et dansait avec grâce, qualités précieuses pour les Mézetin.

Il nous reste encore à présenter à nos lecteurs Turlupin, Gaultier-Garguille, Gros-Guillaume et Guillot-Gorju. Ce sont des types assez curieux, il les faut bien définir, leur rôle a été grand dans les amusements de nos pères. Nous n'en tracerons cependant que la silhouette, mais la silhouette des hommes célèbres demande à être sévèrement étudiée.

Turlupin, Gaultier-Garguille, Gros-Guillaume et Guillot-Gorju sont les plus célèbres farceurs de théâtre que la France ait produits. — Si célèbres! et cependant, chers lecteurs, convenez-en en toute modestie, il n'y aura pas pour vous humiliation, c'est pour la première fois que plus d'un d'entre vous va faire leur connaissance. — Ce que c'est trop souvent que la gloire de ce monde! Quelle vanité!

Tabarin, que l'ont joint quelquefois à ces illustres, et dont Abraham Bosse nous a conservé un rare et curieux portrait, Tabarin ne joua guère, je crois, qu'en plein vent, sur ses tréteaux, accompagné d'un Gilles. Son nom ne nous est pas signalé comme figurant sur le tableau de la Comédie-Française, nous n'en parlerons pas.

Le vrai nom de *Turlupin* était Henry le Grand. Vraiment, il faut
le reconnaître, le contraste est considérable entre ces deux noms ;
heureusement que Belleville, le nom de guerre de le Grand, adou-
cissait la transition. Beaucoup d'acteurs, en ce temps, ceux-là surtout
qui jouaient le bouffe, portaient ainsi trois noms : leur nom réel ou
de famille, qu'ils ne conservaient guère que pour les actes, leur nom
de théâtre, et un nom qu'ils substituaient dans le commerce du
monde à leur nom de famille. — « Quoiqu'il fût roux, dit un de ses
historiens, Belleville ne laissait pas d'être assez bel homme, bien
fait et de bonne mine. Son habit de théâtre était pareil à celui de
Briguelle, comédien italien, alors fort couru, qui jouait sur le théâtre
du Petit-Bourbon (détruit en 1660 pour élever la colonnade du
Louvre). Ces deux hommes se ressemblaient en toutes choses et
tous deux faisaient le *Zani* (ou Scapin), qui est le facétieux de la
bande. Tous deux portaient un masque. Jamais homme, dit-on, n'a
composé, joué, ni mieux conduit la farce que Turlupin, dont les
rencontres étaient pleines d'esprit, de feu et de jugement. Il ne lui
manquait qu'un peu de naïveté. » Il était monté sur le théâtre de
l'Hôtel de Bourgogne presque dès qu'il avait commencé à parler ;
il y joua plus de 55 ans, et ne le quitta qu'à sa mort. Il avait eu
deux femmes, dont la seconde lui survécut et se remaria à Dorge-
mont, le meilleur comédien de la troupe du Marais. — Sauval, en
ses *Recherches des antiquités de la ville de Paris* (1724), auxquelles
la plupart des auteurs venus depuis ont puisé presque tout ce qui
concerne notre ancien théâtre, dit que Turlupin fut enterré dans
l'église de Saint-Sauveur (quartier Saint-Denis), ainsi que Garguille,
Gros-Guillaume et Gorju. Toutefois, Piganiol de la Force ayant fait
visiter, pour s'en assurer, les registres mortuaires de l'église Saint-
Sauveur, on n'y trouva rien sur « cet inimitable acteur ». Piganiol
ajoute, du reste, qu'avant 1660, les registres de paroisse étaient
fort mal tenus.

Piganiol fut plus heureux pour ce qui concerne Hugues Gueru,
dit Flechelles comme nom de guerre, et *Gaultier-Garguille* comme
nom de théâtre. Son convoi, sous le nom de M. Flechel, comédien,
est marqué du 10 décembre 1633. — Cet illustre était Normand,

mais de préférence contrefaisait le Gascon. Il avait le corps maigre, les jambes longues, droites et menues, un gros visage où Bacchus avait de bonne heure marqué sa trace ; aussi ne jouait-il jamais sans masque et sans une longue barbé pointue, comme dans les derniers temps le Pantalon de la Comédie Italienne. Ajoutez, comme costume, une calotte plate, noire et fourrée, point de cravate ni de col de chemise, une camisole noire descendant bas, garnie de manches rouges, des hauts-de-chausses noirs, de frise noire, venant se joindre aux bas dessous les genoux, des escarpins noirs, enfin une ceinture, de laquelle pendait une gibecière, et dans laquelle était passé un gros poignard de bois. — Tout en lui, marche, action, parole, accent, faisait rire ; ses jambes même et sa taille étaient si plaisamment fagottées qu'elles semblaient avoir été taillées à coups de serpe ; — avec cela, plein de naturel et plus naïf que Turlupin. — On aurait peine à croire qu'avec ce beau physique, il pût à l'occasion représenter les rois ou les personnages graves et majestueux. Ses biographes cependant nous l'assurent, et qu'affublé alors d'un noble masque et d'une ample robe de chambre, il faisait assez belle figure.

La farce toutefois était son triomphe, et surtout la chanson ; il se surpassait alors lui-même. Outre ses gestes, d'une excentricité achevée, il entonnait d'une manière et d'un accent si burlesques que tout le monde accourait pour entendre, à l'Hôtel de Bourgogne, la chanson de Gaultier-Garguille. — Beaucoup de ses compositions en ce genre nous ont été conservées ; quelques-unes ont de la grâce, comme celle que cite Gouriet et qui commence par

> Que je me plais soubs votre loy !
> Cloris, sitost que je vous voy.....

Mais la plupart sont en général très-assaisonnées de gros sel. — La bonne compagnie, les nobles dames elles-mêmes, dont le goût était à cette époque moins délicat qu'aujourd'hui, les admiraient cependant, ainsi que le prouve cette jolie stance qui fut faite en l'honneur de Gaultier-Garguille :

> Gaultier aura l'honneur que les plus belles dames
> Emprunteront ses vers pour descrire leurs flames,

> Et le Dieu des neuf Sœurs
> Apprendra ses chansons pour donner des oracles ;
> Car leurs charmes et leurs douceurs
> N'ont que trop de pouvoir pour faire des miracles.

On dit qu'à la ville, Garguille, alors *Monsieur Flechelles*, n'avait plus l'air que d'un bon bourgeois, homme de sens et d'entretien agréable. Il était âgé d'environ 60 ans, lorsqu'il mourut en 1633. Il laissait quelques économies à sa veuve, fille du grand Tabarin. Elle se retira en Normandie, et y épousa, dit-on, un gentilhomme. — Si elle y forma souche, sa descendance ne s'est pas vantée de cette aïeule.

Gros-Guillaume se nommait Robert Guérin ; son premier surnom, alors qu'il débuta comme farceur à l'Hôtel de Bourgogne, avait été *la Fleur ;* il l'avait pris en souvenir de son premier état, qui était celui de boulanger. — Son nom de Gros-Guillaume indique déjà qu'il formait un parfait contraste avec le grand, maigre et efflanqué Gaultier-Garguille. Il était, en effet, si gros, si gras, si replet, qu'on prétendait qu'il marchait longtemps après son ventre. Son costume était remarquable : culotte rayée, de gros souliers gris, noués d'une touffe de laine, un sac plein de laine, retenu et lié autour de son corps par plusieurs ceintures, ce qui le faisait ressembler à une barrique ; pour coiffure, une barrette ronde ayant une mentonnière de peau de mouton. Il ne portait point de masque, mais se couvrait le visage de farine, et l'on cite son habileté malséante à la faire voler en parlant sur les gens dont il voulait se débarrasser. — On voit que, par son physique seul et son costume, Gros-Guillaume disposait son public à l'hilarité. — A jeun, son mérite était médiocre ; il n'était même pas très-aimable compagnon et ne fréquentait guère que la basse classe. Mais quand il avait *grenouillé*, comme dit Sauval, dans quelque cabaret borgne, avec son compère le savetier, sa belle humeur s'animait, les mots, les saillies lui arrivaient à la douzaine, et il complétait, avec Turlupin et Garguille, le plus admirable trio d'éminents farceurs qui se verra jamais. — On cite, à sa louange, que, souffrant cruellement de la pierre, il se faisait effort, dans l'intérêt de ses camarades, pour jouer en public, et il trouvait encore le moyen de faire rire ce public de ses larmes ; on les croyait dans son rôle. — Sa cruelle maladie ne l'empêcha pas de prolonger ses jours jusqu'à quatre-vingts ans. — Il ne laissait à sa fille que sa gloire ; c'était beaucoup, ce n'était point assez pour vivre ; aussi se fit-elle comédienne. On dit qu'elle fit enterrer son père à Saint-Sauveur, sa paroisse ; mais, comme pour Turlupin, Piganiol de la Force consulta en vain à ce sujet les registres de la paroisse. Il ne put rien trouver nulle part ailleurs non plus sur la date exacte de la mort de Gros-Guillaume, qu'on peut, sans se tromper beaucoup, fixer, comme celle de ses camarades, aux environs de 1635.

On prétend que la cause de sa mort fut telle : Gros-Guillaume aimait à contrefaire les gens ; un jour, il voulut imiter le tic habituel et fort plaisant d'un magistrat qui venait à l'Hôtel de Bourgogne se délasser de ses graves fonctions ; le public comprit l'allusion et rit ; malheureusement pour notre farceur incivil, le magistrat la comprit aussi et fit emprisonner le pauvre Gros-Guillaume. — A 80 ans, après une vie d'honneur et de probité, c'était dur, et Gros-Guillaume, en entrant dans le cachot, fut saisi d'un tel saisissement qu'il en mourut. — On assure que Turlupin et Garguille ne purent survivre à leur camarade, et que la même semaine les vit finir leurs jours tous les trois. — On voit que pour être farceur on n'en a pas moins le cœur sensible. — Le fait, toutefois, nous paraît ici trop beau pour le croire, jusqu'à preuve plus certaine.

Sur les trois amis, on raconte aussi que les comédiens dits sérieux, les déclameurs d'alexandrins, jaloux du succès de nos farceurs, qui faisaient délaisser leurs pièces, s'en plaignirent au cardinal de Richelieu. Séduite par le récit que, pour mieux appuyer leur demande, les comédiens avaient fait du talent de leurs rivaux, l'éminence cardinalissime les fit venir et désira leur voir donner, avant de se prononcer, une représentation dans son alcôve. Ce fut le plus beau triomphe de leur vie. « Son éminence, dit Gouriet, rit aux larmes de leurs lazzis, et surtout en voyant Gros-Guillaume, habillé en femme, essayer tous les moyens les plus touchants pour apaiser la colère de son mari Turlupin, qui, toujours le sabre à la main, voulait lui couper la tête; scène qui dura une heure entière. » — Par parenthèse, n'est-ce pas là un joli et piquant sujet de tableau? Ajoutez à la scène Conrart, Chapelain, Bois-Robert, le père Joseph, les familiers du cardinal, et quelques nobles dames, telles que sa mère, la duchesse d'Aiguillon, quoi de mieux pour produire une œuvre à succès, une œuvre qui, sans être une leçon, un exemple, il est vrai, ce qui est la plus haute, la première et la plus vraie mission de l'art, plaise du moins, distraie, et porte même avec elle une agréable instruction. — Comme pendant : *Scaramouche*, chez la reine Anne d'Autriche, excitant les rires joyeux de l'enfant qui fut Louis XIV. — Veut-on un troisième sujet? Pendant que nous y sommes, nous l'indiquons : *Nicolet*, appelé à l'honneur de donner devant Louis XV, à Choisy, une représentation avec ses jongleurs, ses animaux savants, ses danseurs de corde, en un mot l'élite de sa troupe, et obtenant en récompense du roi, enthousiasmé, la permission d'intituler son modeste, mais populaire théâtre de la barrière du Temple : *le Spectacle des grands danseurs du roi.* — Il faut nécessairement un second pendant, il est tout trouvé; nous l'empruntons, ainsi que le sujet précédent, au charmant ouvrage de M. Hillemacher, sur *la Troupe de Nicolet;* ce pendant, c'est le comte d'Artois, depuis Charles X, s'amusant, par passe-temps et fantaisie de jeunesse, à prendre des leçons de danse de corde au Petit-Trianon, de Pol, dit *le Petit Diable*, et de son camarade Placide ; au milieu de la leçon, arrivée de la belle reine Marie-Antoinette. — Quatre tableaux à succès, et dont les gravures se vendraient par milliers.

Mais revenons à nos bouffons du XVIIᵉ siècle. — Inutile, n'est-ce pas, d'ajouter que Richelieu accorda en leur personne un plein triomphe au mérite, au bon droit, et que leurs jaloux adversaires en furent pour leur courte honte.

Guillot-Gorju est le dernier des héros légendaires de la grande farce et de la haute parade qui nous occupera. — Gouriet se borne à son sujet, contre son habitude volontiers expansive, à ces simples mots : « Guillot-Gorju, fut le successeur de Gaultier-Garguille,

que dirais-je de plus ? » Nos lecteurs voudront en savoir un peu
davantage.

Bertrand Hardouin de Saint-Jacques, dit Guillot-Gorju, le seul
bouffon très-célèbre que l'on cite à l'Hôtel de Bourgogne, après la
disparition des trois illustres et gais compagnons dont nous venons
de parler, était d'une famille ancienne, dont plusieurs membres
avaient appartenu à la médecine, et lui-même avait d'abord étudié
pour suivre cette honorable profession. On dit aussi qu'il se fit
recevoir apothicaire par la célèbre faculté de Montpellier ; — mais
les dieux en avaient ordonné autrement ; Guillot-Gorju prit en
dégoût la carrière d'Hippocrate, et une vocation irrésistible le porta
vers les planches de l'Hôtel de Bourgogne, où son succès se manifesta presque instantanément et se soutint toujours très-vif, pendant
les huit ans qu'il y demeura. Utilisant ses études premières, il avait
apporté au théâtre ou au moins il y avait perfectionné le type du
médecin ridicule. Doué d'une grande volubilité et d'une mémoire
prodigieuse, il débitait avec tant de rapidité et d'une voix si empha-
tiquement burlesque le nom de toutes les maladies, avec ceux de
tous les simples, de toutes les drogues, qui pouvaient les guérir,
s'ils n'envoyaient les malades dans l'autre monde, qu'on ne pouvait
s'empêcher de rire aux éclats. — Guillot-Gorju était grand, noir,
fort laid, avait les yeux enfoncés, le nez large et relevé, une vraie
figure de singe ; — selon La Chenaye-des-Bois, elle le dispensait
de porter un masque ; — selon Piganiol, il s'en couvrait cependant
d'un, quand il jouait ; le tableau de M. de la Pilorgerie peut servir
à résoudre la question ; tout est important, rien n'est à négliger dans
l'histoire des grands hommes. Et cependant ce détail, nous l'avons
négligé, et ce n'est pas le seul, dans l'examen, il est vrai, forcément
rapide, que nous fîmes de ce tableau. Provisoirement donc, le doute
demeurera dans votre esprit, chers lecteurs, et dans le mien. Par
bonheur, la solution n'en demeurera pas toujours impossible.

A un certain moment de sa vie, la velléité prit à Guillot-Gorju
d'exercer pour de bon l'état qu'il n'avait guère jusqu'alors pratiqué
qu'en bouffon ; il quitta le théâtre, et alla médiciner à Melun ; mais

bientôt l'ennui le prit, son public théâtral lui manquait, il tomba malade, revint à Paris pour se soigner, se logea dans la rue Montorgueil, près de son cher et ancien théâtre, et mourut peu après, en 1648, âgé de près de cinquante ans. Sauval assure qu'il fut aussi enterré à Saint-Sauveur; mais Piganiol n'en trouva plus nulle mention dans les registres de cette paroisse.

Appelé à l'honneur de succéder à Garguille, Guillot-Gorju avait dû regarder comme un devoir de continuer sa verve chansonnière; ses biographes cependant n'en parlent pas; mais un presque introuvable recueil, réimprimé vers 1789, dans la *collection*, elle-même très-rare, dite de *Caron*, et intitulé *les Chansons folastres des Comédiens*, recueillies par un d'eux, et mises au jour, en faveur des . Enfants de la bande joyeuse.... A Paris, chez Guillot-Gorju, aux Halles, près le pont Alais, à l'enseigne des Trois-Amys, nous prouve que Gorju appréciait les œuvres de ses camarades et avait voulu les mettre en valeur. Il est probable que quelques produits de sa propre muse figuraient dans ce recueil de *Chansons folastres*. — On a dit qu'il avait laissé en manuscrit les farces comiques que sans doute il improvisait, et que Molière, les ayant achetées à sa veuve, s'en serait inspiré pour ses premières comédies. Il est possible que Gorju eût recueilli plusieurs de ses meilleures rencontres, mais que Molière ait plagié Guillot-Gorju, c'est ce qu'on ne se donne plus la peine de réfuter.

Le B^{on} DE WISMES.

(*La fin à la prochaine livraison.*)

NOTICES ET COMPTES RENDUS

HISTOIRE DE LA FONDATION DE LORIENT, étude archéologique, par
M. F. Jégou, membre de la Société polymathique du Morbihan. —
Lorient, Lesnard, 1870, in-8º, 6 fr.

Nous avons signalé, il y a quelque temps, dans notre *Bulletin
bibliographique,* une excellente tentative d'histoire locale, sur laquelle nous croyons devoir, aujourd'hui que le calme relatif des
esprits permet de jeter un regard en arrière, appeler tout spécialement l'attention des lecteurs bretons. Lorsque M. Jégou, aujourd'hui
juge de paix de l'un des cantons de Lorient, présenta au concours
provincial académique de 1870 sa savante monographie sur la fondation de la cité lorientaise, il l'avait déjà modestement appelée
étude archéologique. « Toute histoire, dont l'archéologie n'a pas
découvert et nettement établi toutes les bases, dit-il en effet dans sa
préface, ne saurait avoir des fondements solides, ni satisfaire entièrement une louable et utile curiosité. » Le concours de l'année 1870
ayant pour objectif spécial l'archéologie, M. Jégou pouvait donc
espérer de prendre rang parmi les lauréats, car il s'était surtout imposé la tâche de faire connaître ce qu'il appelle assez heureusement
la phase antéhistorique des annales de Lorient, période très-peu
connue jusqu'à lui, et qu'il n'a pu restituer qu'à l'aide des recherches
les plus laborieuses et les plus infatigables, aussi bien dans les débris des archives locales que dans les précieux dépôts du ministère
de la marine [1]. Mais la commission composant le jury d'examen,

---

[1] « Pour détruire des erreurs, dissiper des obscurités, combler des lacunes, en un
mot pour asseoir l'histoire de notre florissante cité bretonne sur des bases vraies,
solides et complètes, dit M. Jégou dans son introduction, je me suis livré, pendant
plus de dix ans, aux travaux de l'archéologue, allant à la découverte, marchant pas à
pas, avec prudence, fouillant, compulsant, triant, examinant les vieux parchemins,
les vieux documents : papiers d'anciens notaires, archives des paroisses, des anciennes juridictions, des communautés de ville, dépôts publics, titres de famille,
etc.; je n'ai rien négligé, dans ma légitime ambition d'éclaircir enfin complétement
aux regards de mes compatriotes Lorientais et Bretons, une origine qui les intéresse,
un passé dont la connaissance est si utile pour l'avenir... »

après s'être pénétrée du véritable esprit de cet ouvrage consciencieux, et surtout après en avoir apprécié la valeur au point de vue des annales bretonnes, déclara, dans son rapport, contre le sentiment de M. Jégou, que c'était là « une œuvre essentiellement historique et d'un mérite très-remarquable », et la réserva, en conséquence, pour le concours historique de 1872, lui prédisant le plus heureux succès près de ses nouveaux juges. Hélas! les malheureux événements de la guerre ont bouleversé l'économie de nos plus heureuses institutions provinciales : le concours de 1872 n'a pas eu lieu, et le livre de M. Jégou se présente aux lecteurs bretons, sinon couronné effectivement, au moins revêtu de l'approbation et des brillants éloges des hommes les plus compétents et les plus autorisés pour juger ce genre de travaux.

L'*Histoire de la fondation de Lorient*, appuyée sur des documents authentiques, est une œuvre originale et complétement neuve, qui détruit un grand nombre d'erreurs accréditées et présente, sous son véritable jour, l'origine et les transformations, au milieu d'une foule d'obstacles et de vicissitudes, de ce vaste établissement national. Les historiens modernes en avaient jusqu'ici rapporté tout l'honneur à la Compagnie des Indes Orientales; elle seule, disait-on, avait fondé Lorient. M. Jégou, à l'aide d'arguments irréfutables, démontre qu'il serait plus juste de partager cette gloire entre la célèbre compagnie, Colbert et son fils Seignelay. « Est-il même impossible, ajoute-t-il, d'admettre que cette compagnie, qui fut bientôt complétement à la discrétion de ces deux ministres de la marine, n'a été en leurs mains que l'instrument qui leur a servi à faire cette grande œuvre ? Nous ne le pensons pas. Quoi qu'il en soit, par une sorte d'ingratitude dont l'histoire offre plus d'un exemple, c'est à peine si le nom de Colbert est aujourd'hui rappelé au souvenir des Lorientais, par une modeste rue, tandis que la *Compagnie de l'Orient* voit son nom éternisé dans celui de l'arsenal maritime et de la ville de L'ORIENT, issus tous deux de cet humble chantier du Faouëdic. »

Qu'on relise tous ces chapitres intéressants, dont plusieurs sont des monographies achevées : — le choix d'un port, — le havre de

Blavet, — le Faouëdic Lisivy, — la châtellenie de Tréfaven, — la baie de Roshellec, — le Lieu d'Orient, etc., et l'on reconnaîtra chez le laborieux annaliste toutes les qualités qui distinguent l'historien aux vues larges et sûres ; car cette histoire de Lorient touche à toute notre histoire bretonne et même par bien des points à l'histoire générale. C'est ainsi qu'à propos de la châtellenie de Tréfaven, M. Jégou nous déroule le tableau de la constitution féodale ancienne et la situation, en 1666, de toute la partie de l'évêché de Vannes connue sous le nom de *Kemmenet-Héboë*, qui fit partie plus tard des immenses domaines des princes de Rohan Guémené ; c'est ainsi, encore, qu'après avoir retracé les grandes luttes du XIVe siècle et de la Ligue, dans ce pays si accidenté de la sénéchaussée d'Hennebont, il rencontre, au moment même de l'établissement de la Compagnie des Indes, cette révolte si cruellement réprimée du *papier timbré*, qui mit à feu et à sang toute la Bretagne. M. de Carné, qui a esquissé l'histoire de cette révolte dans son beau livre des *États de Bretagne*, regrettait le petit nombre de documents conservés jusqu'à nous pour retrouver toutes les traces de cette insurrection formidable. M. Jégou nous en apporte un chapitre nouveau et plein de faits curieux et saisissants.

Au milieu de ces grandes scènes apparaissent les figures de laborieux pionniers et de généreux citoyens : Jean de Jégado, seigneur de Kerollain, Denis Langlois, Claude Céberet, Quiqueran de Beaujeu et tant d'autres, que l'auteur a quelquefois détachées de l'ensemble et dépeintes avec un pinceau sobre et vigoureux... C'est là une lecture salutaire et fortifiante : par le temps de caractères abaissés ou de courages abattus, qui malheureusement est le nôtre, il est bon de jeter le regard en arrière et de reprendre cœur en contemplant la magnifique entreprise que nos pères ont su mener à bien, près de nous, il y a seulement cent années. La presse bretonne a déjà fait un excellent accueil au livre de M. Jégou ; nous ne voulons pas être les derniers à recommander vivement un pareil travail, fruit de patientes recherches, vivifié par l'amour du sol breton et de nos gloires nationales.

Louis de Kerjean.

Mme LA COMTESSE DE MORNAC.

Une des familles les plus justement honorées de la Vendée vient d'être frappée dans ses affections les plus chères. Mme la comtesse douairière de Mornac est décédée à la Roche-sur-Yon, le 7 de ce mois, à l'âge de quatre-vingts ans.

Née à Saintes, le 3 novembre 1793, elle était fille de M. de Barbeyrac de Saint-Maurice, officier de la marine royale. Elle épousa, en 1813, son cousin germain, M. Léon-François Boscal de Réals, comte de Mornac, dont le père, au retour de l'émigration, s'était fixé en Vendée, où se trouvait la plus grande partie de ses intérêts.

Après la mort de son père, en 1827, le comte de Mornac qui, deux ans auparavant, avait quitté l'armée, où il avait le grade de colonel, vint avec sa famille s'établir à la Roche-sur-Yon (alors Bourbon-Vendée), afin de pourvoir à l'éducation de ses enfants; c'est donc près d'un demi-siècle que Mme de Mornac édifia cette ville par le spectacle de sa foi et de ses vertus. Nous savons tous quelle fut sa compatissante charité, dont les enfants de la salle d'Asile, les pauvres du bureau de bienfaisance et tant d'autres œuvres recueillirent les bienfaits, et personne de nous n'oubliera cette aménité, cette grâce parfaite avec lesquelles, jusqu'aux derniers jours de sa vie, elle accueillait tous ceux qui l'approchaient.

Le nom de Mornac est, parmi nous, synonyme d'honneur. Lorsque des revers de fortune vinrent frapper cette famille respectée, on sait avec quelle abnégation, avec quel scrupule elle en accepta les conséquences; Mme de Mornac eut sa large part dans ce sacrifice; aussi partagea-t-elle également la vénération dont la mémoire du comte de Mornac est restée entourée en Vendée.

Avons-nous besoin de le dire, c'est à la source même de tous les héroïsmes et de tous les dévouements que Mme de Mornac puisait l'inspiration de ses hautes vertus; la foi qui fut sa force pendant sa longue carrière, lui montra la mort comme l'heure du repos, de la récompense, et c'est avec la confiance chrétienne qu'elle s'est endormie dans le Seigneur, laissant à ses enfants, formant autour de sa couche funèbre comme une glorieuse couronne, l'exemple d'une vie héroïque et d'une sainte mort.

(Publicateur de la Vendée.)

———

La librairie Didier publiera, sous peu de jours, un important ouvrage historique, dû à la plume de notre collaborateur, M. René Kerviler, sous ce titre : PIERRE SÉGUIER, *chancelier de France, second protecteur de l'Académie française* (1588-1672). — 1 vol. in-8°. Prix 7 fr. 50.

CHRONIQUE

Allocution de Mˢʳ l'évêque de Saint-Brieuc, prononcée sur le
plateau d'Auvours le 14 avril 1874.

Messieurs *,

Quelqu'un a prononcé naguère un mot fier et touchant : GLORIA VICTIS!
Gloire aux vaincus! Si j'en cherchais un qui pût servir de texte à cette
simple allocution, je ne sais si j'en trouverais un autre qui convînt mieux
à la cérémonie douloureuse qui nous réunit ici, autour de ce monument
funèbre, digne de perpétuer le souvenir du combat d'Auvours.

Oui, gloire à ces héroïques jeunes gens qui ont écrit avec leur sang une
page qui console, au milieu de tant d'autres qui attristent! La Patrie
meurtrie, expirante, à une heure suprême, les appela à son aide ; ils savaient que la mort les attendait au sommet de ce plateau ; ils voyaient
s'enfuir à droite et à gauche, chassés de cette position décisive par le
canon prussien, nos bataillons découragés. N'importe! à la voix de leur
chef, ils se mirent en marche, ils gravirent ces pentes alors couvertes de
neige, tombant dans les ravins voilés aux regards et se relevant avec cette
gaieté française qui sait aller mourir, le sourire sur les lèvres. Enfin, arrivés en face des masses allemandes, se ramassant et se divisant, ils se
précipitent sur elles par toutes les issues que permet la configuration du
sol. L'ennemi, déjà solidement établi, fier d'occuper une position avancée
qui va lui permettre de foudroyer nos régiments débandés, s'étonne de
tant d'ardeur, et fait pleuvoir sur eux la mitraille et la mort. Eux, sans
s'arrêter, sans répondre à ce feu terrible qui les décime, silencieux,
l'abordent avec intrépidité, le fusillent à bout portant, le chargent à la
baïonnette, se prennent avec lui corps à corps. La lutte se prolonge et se
multiplie sur tous les points occupés, avec le même caractère d'impétuo-

* M. le général Déligny, commandant le 6ᵉ corps, M. le préfet de la Sarthe,
MM. les généraux Robinot-Marcy, Benoît, de Rouillé, le général baron de Charette, le
colonel Jéhenne, MM. les députés Caillaux, Vétillard, le général Gougeard, M. de
la Borde, maire d'Yvré-l'Évêque, etc., etc.

sité ardente et soutenue d'un côté, de résistance opiniâtre de l'autre. La victoire cette fois ne pouvait tromper nos efforts. L'enthousiasme du patriotisme, quand il s'unit à la foi religieuse, est la force invincible à laquelle tout doit céder. Les pentes d'Auvours se couvrent de bataillons prussiens, fuyant à leur tour devant nous. Le plateau était emporté; la retraite de nos divisions, qui eût pu être un affreux désastre, se continuait avec des pertes moins sensibles; et si les deux ailes déjà mutilées de cette armée avaient imité la vaillance de nos combattants, qui sait si l'ennemi n'eût pu trouver là l'obstacle qui eût enfin brisé la chaîne de ses succès, et rendu la confiance à nos soldats démoralisés?

J'ai parlé tout à l'heure de la puissance du patriotisme, quand il s'inspire au foyer de la foi religieuse, et j'en avais le droit. Car ceux qui composaient cette troupe d'élite, étaient presque tous des chrétiens véritables. Leur tête s'était inclinée sous l'absolution du prêtre. Au milieu d'eux, et non des derniers, marchait en les exhortant, le jeune aumônier, M. l'abbé Fouqueray, qui voyant tomber le capitaine de Bellevue se penche sur lui pour l'absoudre et reçoit une balle qui l'étend à son tour sur le champ de bataille : belle mort de prêtre, martyr du devoir et de la charité!

En avant les zouaves, *pour Dieu et la Patrie !* s'était écrié le général Gougeard; LE SALUT DE L'ARMÉE LE COMMANDE! C'étaient en effet nos zouaves, nos zouaves pontificaux, connus alors sous le nom de *volontaires de l'Ouest,* que le regard du général avait cherchés avant tous les autres. C'étaient eux qu'il avait appelés à haute voix, au milieu de la déroute universelle.

Ah! vous me permettrez de les saluer ici, sur un des théâtres de leur gloire, ces soldats de la Patrie et de Dieu, ce noble corps qui a toujours été au premier rang, quand il a fallu combattre et mourir pour la France, après avoir défendu jusqu'à l'heure dernière la cause sacrée de la Royauté pontificale, garantie de l'indépendance spirituelle du chef de l'Église! Ils ont montré une fois de plus cette vérité proclamée un jour par le plus ardent ennemi de nos croyances, à savoir qu'*une armée composée de vrais chrétiens, d'hommes qui pensent que l'action la plus agréable à Dieu est de mourir pour son pays, est invincible.* Ils l'ont montré à Cercotte, à Châteaudun, à Loigny, à Orléans; ils l'ont montré sur ce champ de bataille de Patay, où tous les héroïsmes se sont déployés. Les plus braves ont été aussi les plus chrétiens. Ils ont maintenu debout et inviolable leur étendard où le sang qui découle du Cœur divin semble crier à ses défenseurs: Soyez prêts à verser le vôtre pour toute noble cause! Dieu, l'Église, la Patrie, le droit, la justice, la vérité ont-ils besoin de votre vie? Levez-vous et sachez mourir!

Voilà ceux qui les premiers s'étaient présentés à la pensée du général Gougeard, puisqu'il s'agissait d'affronter un péril mortel. Ils ont été fidèles à cet appel qui leur donnait le poste d'honneur ; car là sont tombés non-seulement le capitaine de Bellevue et l'abbé Fouqueray, dont j'ai déjà prononcé les noms, mais les capitaines du Bourg et Belon, MM. Bernard du Port, de Vaubernier, de Féligonde, de Geoffre, Pelletier, les deux frères Focquedey, de Laugerie, Chevet, Lemarié et cent autres dont les noms échappent à ma mémoire, mais méritent d'être à jamais gravés dans la reconnaissancee du pays, comme ils le sont, j'en suis sûr, dans le Livre de vie et dans le cœur de Dieu.

Ce que je ne puis oublier, ce que je vous demande la permission de rappeler, c'est que parmi les combattants se trouvaient une trentaine d'élèves de notre grand Séminaire de Saint-Brieuc, enrôlés parmi les zouaves, tandis que cinquante autres servaient les varioleux et les malades au camp de Conlie, en qualité d'infirmiers. Tous ont fait leur devoir; trois ont été blessés ici, et l'un d'eux, Le Bricon, mortellement. Chers enfants, c'est avec une sorte de fierté peut-être légitime que je leur paie mon tribut d'éloges. La plupart aujourd'hui sont dans les Ordres sacrés, et fourniront à l'Eglise d'autres soldats dont la vie sera un long dévouement à Dieu et à leurs frères !

Comment pourrais-je taire aussi que deux compagnies des mobiles des Côtes-du-Nord ont partagé la gloire commune, et perdu presque tous leurs cadres dans cette terrible journée? Les deux capitaines y ont reçu la mort ; l'un, Grouazel, simple et loyale nature, qui a dû au dernier moment songer, après Dieu, à sa veuve et à ses pauvres orphelins. L'autre, Augustin du Clésieux, un des noms les plus honorés de notre Bretagne, à la fleur de la jeunesse, promis à tous les succès, parce qu'il pouvait justifier toutes les espérances. Sa mort, après quelques jours de souffrances, a été admirable de foi et de résignation. Mais quelle douleur elle a laissée après elle ! Le chagrin de la perte d'un fils unique vient de conduire son père au tombeau, et sa mère, comme Rachel, ne veut pas être consolée, parce que celui qui était son cœur, sa vie, n'est plus : *noluit consolari quia non sunt.*

Là encore a succombé Charles de la Noüe, également fils unique, doué des plus attrayantes qualités d'esprit et de cœur. Aujourd'hui son vieux père, type du chevalier chrétien, sa mère si tendre, le cherchent en vain dans le château solitaire que la mer bat d'un éternel gémissement et dont il était la douce joie...

Mais pourquoi, au lieu de les pleurer, ne les envierions-nous pas? Ils se sont immolés pour la défense de la Patrie, cette autre mère, dont l'amour, a dit un sage de l'antiquité, renferme tous les autres amours, et pour laquelle aucun homme de bien ne peut hésiter à mourir. *Omnes omnium charitates patria una complectitur, pro qua quis bonus dubitet mortem oppetere? (Cic.)*

Avec les zouaves, avec les deux compagnies des Côtes-du-Nord, combattaient encore les mobilisés de Rennes, *troupe solide et qui inspirait toute confiance* [1] ; les mobilisés de Nantes, qui venaient de perdre à Champagné leur colonel Bell et leur commandant de Trégomain ; et un détachement du 10e chasseurs, qui resta inébranlable sous le feu ennemi, maintenu par l'exemple de ses dignes chefs.

Que ne pouvons-nous citer et louer, comme ils le méritent, tous les dévouements !

Voilà au moins quelque chose de ce qui s'est passé ici. J'ai affaibli plutôt qu'exagéré les faits. Le commandant en chef de la deuxième armée de la Loire, général Chanzy, a rendu hommage à ce beau fait d'armes. C'est lui qui a écrit les paroles suivantes dont les nôtres ne sont que le commentaire : « Il fallait reprendre Auvours, coûte que coûte. Le général » Gougeard, se mettant lui-même à la tête d'une colonne d'attaque d'en- » viron 2,000 hommes, composée du 1er bataillon des volontaires de » l'Ouest, des mobiles des Côtes-du-Nord, et de quelques débris ralliés, » du 17e corps, aborda résolûment la position, et la reprit après une » action des plus brillantes et des plus vigoureusement conduites. Les » volontaires de l'Ouest s'étaient montrés héroïques. Ils avaient soutenu » sans hésitation la terrible fusillade qui les accueillit et s'étaient battus » corps à corps. Mais leurs pertes étaient considérables. Les autres trou- » pes les avaient imités. Le général Gougeard avait eu son cheval percé » de six balles. Le général en chef le nomma sur le champ de bataille » commandeur de la Légion d'honneur. » (*La deuxième armée de la Loire,* p. 315.)

Mais ce monument, élevé à leur mémoire par le patriotisme chrétien, sur l'initiative de deux évêques qui n'ont fait appel qu'à la générosité de la foi, racontera longtemps cette page glorieuse. La France arrêtera une pensée attendrie sur ce coin de terre où quelques-uns de ses enfants se sont montrés digne d'elle. Le voyageur, emporté sur la voie ferrée, cherchera du regard ce plateau désormais sacré, et s'inclinant avec respect, il se dira : Honneur et paix à ceux qui reposent à l'ombre de cette croix ! Ils ont éclairé d'un dernier rayon de lumière les sombres revers de la Patrie. Dieu veuille nous préparer une génération qui leur ressemble par la foi et le courage ! L'avenir réparerait vite les malheurs du passé.

Quant à nous, Messieurs, la leçon que nous trouvons écrite ici est tout entière dans ces deux mots : les soldats d'Auvours ont accompli un grand devoir, et laissé un grand exemple.

Ils ont accompli un grand devoir, parce que nous devons aimer notre Patrie jusqu'à mourir pour elle. Il n'y a aucun sacrifice, sauf celui de la

[1] Rapport du général Gougeard.

conscience, aucune douleur, aucun danger que nous puissions décliner qnand elle nous appelle : *nullus est casus pro Patria non ferendus.* Elle est notre mère, notre mère adorée, notre mère d'autant plus aimée, honorée, obéie, servie, qu'elle est plus souffrante et plus humiliée. Aimons-la donc, honorons-la, servons-la à force de lumières et de vertus; car, pourquoi fermer les yeux sur l'évidence? les doctrines qui détruisent la foi dans les âmes y détruisent le vrai courage, et celui qui ne regarde plus le ciel, qui ne croit pas au lendemain de la vie présente, ni aux immortelles destinées de l'homme, celui-là ne sera jamais ni un citoyen utile, ni un soldat capable de mourir pour son pays.

C'est l'exemple que nous ont laissé ceux qui ont ensanglanté cette terre que nous foulons, et dont ce beau monument glorifie le souvenir. Ils ont cru, et ils se sont dévoués; ils ont prié, et, à la voix de leur chef, ils se sont précipités sur les ennemis pour protéger la retraite, et sauver, au péril de leur vie, un grand nombre d'autres vies.

Vous pourriez en rendre témoignage, vous, Messieurs, si nombreux ici, qui avez pris part à cette affaire, qui avez payé de votre personne et peut-être de votre sang! C'est votre éloge que je viens de faire; c'est à votre vaillance qu'est élevé ce monument. Mais, j'en suis sûr, la pensée la plus douce à votre âme, ce n'est pas de recevoir ici un vain honneur, ce n'est pas d'avoir chèrement conquis le droit à notre admiration et à notre gratitude; c'est quelque chose de plus élevé et de plus digne de vous, c'est le sentiment du devoir rempli; c'est la pensée d'avoir été dignes de la Religion et de la France; c'est surtout que vous sentez palpiter encore dans votre cœur l'amour ardent pour l'une ou pour l'autre, en sorte que si demain l'une ou l'autre avaient encore besoin de vous, pas un n'hésiterait à se lever et à dire : Me voilà!

Et nous maintenant, en bénissant la tombe glorieuse de nos braves soldats d'Auvours, nous demanderons à Dieu de bénir ceux qui ont survécu, pour honorer encore et servir le pays !

Le Monument La Moricière.

Le comité du monument La Moricière s'est réuni dernièrement rue d'Assas, 68, dans l'atelier de l'éminent artiste chargé de l'exécution de ce travail, M. Paul Dubois.

Etaient présents : MM. le général Changarnier, président, vicomte de Rainneville, secrétaire, vicomte Henri de la Borde, membre de l'Institut, conservateur des estampes à la bibliothèque nationale, comte Benoist-d'Azy, amiral de Montaignac, général de Charette, comte de Carné, de l'Académie française, Keller, comte de Mérode, vicomte de Cumont et Audren de Kerdrel.

Il s'agissait pour le comité de se rendre compte de l'état d'avancement du monument, commencé depuis plusieurs années déjà, puis interrompu à diverses reprises par les douloureuses épreuves qu'a traversées le pays.

Après avoir examiné la partie sculpturale de l'œuvre, la seule qui ait été soumise à son appréciation, le comité croit pouvoir annoncer aux souscripteurs que le jour n'est pas éloigné où leur pieuse et patriotique pensée recevra enfin sa réalisation.

Le cénotaphe, dont la partie architectonique est confiée à M. Bonet, architecte d'un grand talent, comprendra, sans parler des bas-reliefs, cinq statues principales un peu plus grandes que nature.

Sur la pierre tumulaire, le général est couché, enveloppé dans un linceul; le voile funèbre ne laisse apercevoir que la mâle figure du héros. De ses deux mains, croisées sur la poitrine, il serre le crucifix, désormais légendaire, dont il se fit une arme pour soutenir les suprêmes assauts de la mort. Cette statue, en marbre blanc, n'attend plus que les dernières retouches du ciseau.

Aux quatre coins du mausolée, le statuaire a représenté la Foi, la Charité, le Courage militaire et la Méditation.

La Foi, sous les traits d'une femme à demi-agenouillée, les regards et les mains levés vers le ciel, dans une attitude extatique, est une des conceptions les plus suaves que l'art puisse réaliser.

Sans sortir du type consacré, la Charité atteste chez M. Dubois, avec l'habileté de la main, une grande élévation de sentiment.

Le Courage militaire est représenté sous la forme d'un guerrier antique;

La Méditation, sous celle d'un homme, jeune encore, le front incliné vers des tablettes, confidentes de sa pensée.

De ces quatre statues, les deux premières sont complétement terminées et doivent, dans un délai prochain, être coulées en bronze, comme les deux dernières, encore à l'état d'ébauche, le seront également.

Le Comité a été unanime dans l'approbation qu'il donne à l'ensemble harmonieux et vraiment remarquable d'une conception qui fait le plus grand honneur au talent de M. Paul Dubois. M. le vicomte de la Borde, dont tout le monde connaît la compétence en matière d'art, a particulièrement et très-vivement félicité l'éminent statuaire.

N'oublions pas d'ajouter que M. le comte de Carné, si naturellement désigné pour la rédaction latine de l'inscription tumulaire, a su résumer tout à la fois, sous la forme la plus heureuse, et l'inspiration de l'artiste et les principaux traits de la glorieuse vie du général La Moricière.

Ainsi, l'exécution du monument touche à son terme, et le capital de la souscription, qui atteint cent cinquante mille francs, doit suffire, d'après les calculs les plus exacts, à son complet achèvement.

BIBLIOGRAPHIE BRETONNE ET VENDÉENNE

APPAREIL POUR LE TRAITEMENT COMPLET DES MINERAIS DE FER, à l'aide de tout combustible cru quelconque, houille menue, fraisil, bois, tourbe, etc... par Paul Poirier, ingénieur civil des mines. In-8º, 8 p. et planche. — Nantes, imp. Vᵉ Mellinet.

CAMP (le) DE CONLIE ET L'ARMÉE DE BRETAGNE. Rapport fait à l'Assemblée nationale, par Arthur de la Borderie, député d'Ille-et-Vilaine. Edition revue par l'auteur, accompagnée de Pièces justificatives et de Documents nouveaux. — Paris, E. Plon et Cⁱᵉ, édit, rue Garancière, 10; Nantes, Vincent Forest et Emile Grimaud, édit., place du Commerce, 4. — In-18 jésus, VIII-360 p.............. 3 fr., et par la poste 3 fr. 50

CHAPELET DE N.-D. DE LOURDES, ou Cantique-récit de l'apparition en six dizaines de strophes; par l'abbé J. Gaignet, directeur au grand séminaire de Luçon. — Luçon, imp. F. Bideaux, broch. in-12, 12 p.

CE QUI EST ENCORE POSSIBLE A L'INDUSTRIE SALICOLE DE L'OUEST; par J. M. Muterse. In-32, 16 p. — Saint-Nazaire, imp. Fronteau; Guérande, au bureau de la coopération industrielle..................... » 25

CENT (LES) PETITES TOILES CHAMPÊTRES, par Numa d'Angély. — In-18 jésus, 117 p. Paris, A. Lemerre, passage Choiseul......... ... 3 »

DISCOURS D'OUVERTURE DU CONGRÈS SCIENTIFIQUE DE FRANCE (38ᵉ section tenue à Saint-Brieuc du 1ᵉʳ au 10 juillet 1872), ET DU SENTIMENT POÉTIQUE EN BRETAGNE (mémoire), par le R. P. Lécuyer, vic. gén. du Tiers-ordre enseignant de Saint-Dominique. — Saint-Brieuc, imp. Guyon. Gr. in-8º, 32 p.

DOCTEUR (LE) GUÉPIN. Sa vie, ses œuvres, son caractère; par O. Monprofit, rédacteur du Panthéon républicain. Opuscule orné d'un portrait de l'illustre défunt. In-18, 85 p. — Nantes, imp. Plédran et Cⁱᵉ; Paris, lib. Sagnier...................................... » 25

ETRENNES MORBIHANNAISES POUR L'ANNÉE 1874, contenant le calendrier suivant le rit romain. — In-8º, 60 p. — Vannes, imp. de Lamarzelle; lib. Lafolye.

FÊTE (LA) DE MADELEINE, poème, par Ch. Robinot-Bertrand. — In-18 Jésus, 75 p. Paris, A. Lemerre, passage Choiseul.............. 2 »

GWERZIOU BREIZ-IZEL. — CHANTS POPULAIRES DE LA BASSE-BRETAGNE, recueillis et traduits par F.-M. Luzel. Tome II. — In-8º, VIII-534 p. — Lorient, imp. Corfmat fils.............................. 8 »

MARQUIS (LE) DE LESCOET. Notice biographique, par le R. P. M.-A Libercier, du Tiers-ordre enseignant de Saint-Dominique. — In-8º, 46 p. Saint-Brieuc, imp. L. Prud'homme.

NOTICE BIOGRAPHIQUE SUR M. LE DOCTEUR AUSSANT, DIRECTEUR HONORAIRE DE L'ECOLE DE MÉDECINE DE RENNES; par M. André, conseiller à la Cour d'appel de Rennes. In-8º, 29 p. — Rennes, imp. Catel et Cⁱᵉ.

ORGANISATION CHRÉTIENNE DE L'USINE; par un industriel. Congrès de Nantes, août 1873. IIᵉ question. In-8º, 40 p. — Paris, imp. Plon et Cⁱᵉ; Bureau central de l'Union.............................. » 50

LE CAMP DES OUILLERIES

La République avait vu ses armées les plus nombreuses disparaître dans la Vendée; ses généraux populaires avaient échoué, et les tacticiens sérieux n'avaient obtenu que des succès incomplets. Malgré le sang répandu sur les champs de bataille et tous les massacres odieux, la Vendée résistait toujours.

La Convention exaspérée ne renonça à aucun de ses procédés barbares, mais elle adopta un système mieux approprié au but qu'elle voulait atteindre. Il consistait à établir un certain nombre de camps retranchés, qui procuraient aux troupes républicaines une base d'opérations et un lieu de refuge en cas d'échec. Les Vendéens, ne possédant ni arsenaux, ni parcs d'artillerie organisés, se trouvaient faibles en présence de ces retranchements, quelque médiocre que fût leur importance, et ces corps d'observation, les gênaient extrêmement pour préparer leurs expéditions.

L'un de ces camps était situé à quelque distance de Châtillon, près d'une grande lande qu'on appelait le fief des Ouilleries, et c'est sous ce nom qu'il était connu. Il se trouvait placé entre le pays de Bressuire et l'Anjou, et empêchait ainsi ces deux parties de la Vendée de se secourir l'une l'autre.

Les Vendéens souffraient beaucoup de son voisinage ; Stofflet, en particulier, eût bien voulu s'en débarrasser. Mais il n'osait l'attaquer de vive force, faute de moyens suffisants, et une surprise paraissait impossible, parce que le camp était établi sur une éminence et dans un terrain tout à fait découvert. Il se voyait donc réduit à guerroyer un peu au hasard, et le succès ne répondait pas toujours à son activité.

Il venait de livrer quatre ou cinq combats très-rapprochés, et, dans tous, ses soldats *avaient eu la déroute.* C'était l'expression reçue pour exprimer une défaite.

Stofflet voyait le découragement gagner autour de lui, et il était un peu découragé lui-même ; c'est pourquoi il voulut prendre conseil, avant de s'exposer à de nouveaux échecs.

Il convoqua une assemblée nombreuse, dans laquelle non-seulement les chefs, mais les soldats eux-mêmes étaient appelés à donner leur avis. La réunion eut lieu dans ce qu'on appelait les bois de Boissière et qui faisaient partie de la forêt de Vezins.

Lorsque l'assemblée fut au complet, Stofflet prit la parole et s'exprima à peu près en ces termes : — « Mes amis, nous n'avons pas été heureux ; d'autres à notre place pourraient songer à déposer les armes, mais personne parmi vous ne me fera l'injure de me prêter un pareil dessein, et je n'aurai jamais la honte de vous le proposer. Mais il s'agit de savoir comment nous pourrons continuer la guerre, et c'est sur ce point que je demande votre avis. — Devons-nous continuer à livrer des combats, comme par le passé, ou vaut-il mieux faire la guerre en partisans ? Avec la guerre de partisans, nous perdrons moins de monde et nous ferons plus de mal aux ennemis ; mais, aussi, nous n'aurons plus de pays conquis, les femmes, les enfants, les blessés seront à la merci des républicains, et vous savez ce qu'ils en font. Je n'ose me décider tout seul ; dites ce que vous voulez : vous me trouverez toujours avec vous, prêt à vous conduire et à donner ma vie pour la cause que nous défendons ensemble. »

Quand Stofflet eut cessé de parler, il n'y eut qu'une voix dans l'assemblée pour repousser la guerre de partisans : « Nous mourrons, s'il le faut, répondirent ces braves gens, mais nous ne consentirons jamais à abandonner les femmes et les enfants à la brutalité d'un ennemi sans honneur et sans pitié. »

— « Eh bien ! reprit Stofflet, si vous voulez continuer à livrer des batailles, il faut vous relever par un coup d'éclat ; sans cela, nous sommes perdus ! Je propose d'attaquer le fort des Ouilleries. »

Ce projet plus que hardi fut adopté à l'unanimité, et tous les hommes présents s'engagèrent à rassembler le plus de monde possible, afin d'augmenter les chances de succès.

Il y avait, ce semble, une grave imprudence à décider ainsi une entreprise importante et que l'on avait tout intérêt à tenir secrète. Mais, sous ce rapport, on pouvait se confier aux Vendéens, leur discrétion était connue. Les soldats étaient flattés de connaître les secrets de la guerre ; c'était même une sorte de droit à leurs yeux, mais ils les gardaient rigoureusement et ils eussent considéré comme une trahison de les communiquer à quiconque pouvait en abuser. Les femmes, les enfants et tous ceux qui ne prenaient pas une part directe à la guerre, n'en savaient jamais un seul mot.

Le jour et le lieu du *rassemblement* furent convenus, et Stofflet promit d'avoir des renseignements exacts sur le camp des Ouilleries. Une femme, qui avait à peu près ses entrées libres chez les républicains, devait lui servir d'espion. Ce n'était pas en vain qu'il avait compté sur son concours ; car elle eut l'adresse de tout voir sans éveiller aucun soupçon, et on sut par elle tout ce que l'on avait intérêt de connaître [1].

Le camp des Ouilleries avait une artillerie assez importante. Il renfermait les débris de la plupart des corps qui avaient combattu dans la Vendée. On trouvait là des Mayençais, des chasseurs de Cassel, des hussards de la Mort, des artilleurs et des fantassins de toute catégorie.

Tous ces hommes combattaient à pied, au moins pour le moment, et formaient un assemblage un peu bizarre, dans lequel on voyait les uniformes les plus disparates figurer dans les mêmes rangs. En revanche, tout ces soldats avaient fait leurs preuves et se battaient

[1] Cette femme, qui fut institutrice après la guerre, passait pour être honnête. On n'a pu me dire quel était le motif de ses rapports avec les Bleus.

bravement. Leur nombre ne m'est pas connu; on m'a parlé de deux mille hommes; mais cette évaluation n'offre guère de garantie.

De plus, les vieilles troupes venaient de recevoir un renfort de deux bataillons de Parisiens. Les nouveaux venus étaient bien habillés et manœuvraient avec aisance. Ils avaient la tête encore remplie des beaux discours qu'on débitait dans les clubs et de toutes les idées à la mode qu'on recueillait sur les rues de la capitale. Aussi leur loquacité contrastait avec le mutisme des autres soldats, qui, malgré leur énergie sauvage, ne pouvaient déguiser une sorte de lassitude et de dégoût.

Les Parisiens étaient arrivés par Saumur, et, sur leur chemin, ils n'avaient pas rencontré un seul homme armé. Ils s'imaginaient que leur approche seule avait suffi pour effrayer les Vendéens et qu'ils n'auraient qu'à se montrer pour les mettre en fuite. C'est pourquoi ils plaisantaient agréablement leurs vieux compagnons d'armes et se moquaient de leur circonspection.

— Où sont donc vos *brigands?* disaient-ils. Il n'en paraît aucun. Nous avons traversé la Vendée, et nous n'en avons pas vu la moitié d'un. Ils sont apparemment comme les loups, qui ne sortent que la nuit, et ne sont redoutables que pour les moutons. — Pour moi, disait l'un, si nous avons la chance d'en rencontrer, je me charge d'en manger deux à mon déjeuner.— J'en prends trois pour ma part, ajoutait un autre. Les plus hardis allaient jusqu'à la demi-douzaine.

— Patientez un peu, répondaient les vieux troupiers, si vous aimez les *brigands,* vous en aurez à votre aise. Et, puisque votre appétit est si bon, on vous laissera le plat tout entier. Pour nous, nous en avons assez; nous ne sommes pas jaloux du reste.

Tous ces propos furent recueillis et rapportés fidèlement. Les Vendéens se les communiquèrent en arrivant pour l'expédition, et ils jetèrent un peu de gaieté parmi ces hommes qui trouvaient si rarement l'occasion de se réjouir.

Au jour convenu pour le *rassemblement,* les Vendéens arrivèrent au nombre de quinze cents environ. Tous étaient bien armés, mais le nombre des cartouches se trouva fort insuffisant. Pour l'artillerie, il n'en était plus question dans les combats de la Vendée.

Stofflet avait son plan arrêté ; mais il est probable qu'il ne le fit pas entièrement connaître comme nous le verrons plus loin. Il conduisit ses soldats au fief des Ouilleries, de manière à les faire entrer sur la lande par différents chemins et à déguiser, jusqu'au dernier moment, la véritable force de sa petite armée. Il disposa tout son monde sur une seule ligne, à la lisière de la lande, et en espaçant les hommes le plus possible. Puis ils devaient se rapprocher du camp dans le même ordre, mais en se serrant peu à peu, et formant sur les extrémités une courbure du côté de l'ennemi, de manière à présenter un arc de cercle. Surtout, ils avaient défense de tirer un seul coup de fusil avant le signal.

Cette disposition avait l'avantage de rendre le premier feu de l'ennemi peu dangereux ; mais, pour une armée régulière, elle eût offert les plus graves inconvénients. Une ligne simple, de plus d'un kilomètre de longueur, pouvait être coupée très-facilement, et la cohésion nécessaire dans un combat eût été détruite. Mais les Vendéens, surtout à cette époque, n'étaient pas comme des soldats réguliers, qui doivent garder la hiérarchie du commandement, et qui sont à peu près inutiles, une fois au dehors de leur place règlementaire. Pour eux il n'y avait pas d'ordre rigoureux, et chaque homme conservait toujours sa valeur, quelque part qu'il fût placé. Ils savaient s'aligner, se disperser en tirailleurs, se rejoindre, se disloquer encore, et cependant se battre toujours.

S'ils étaient séparés de leur chef immédiat, ils se plaçaient aussitôt sous un autre, sans trouble et sans confusion. C'étaient des soldats à toutes fins, également aptes au décousu des partisans et à l'ordre symétrique des véritables bataillons, et ils passaient instantanément d'une situation à l'autre, comme s'il se fût agi d'une manœuvre longtemps étudiée.

Aussi, le commandant républicain ne parut pas voir, dans les premiers mouvements de Stofflet, l'occasion d'un succès facile ; car il se contenta de tout observer de son camp, et laissa agir les

Parisiens, auxquels il n'était pas fâché peut-être de voir donner une leçon.

Pour ceux-ci, ils avaient un désir sérieux de faire connaissance avec *les brigands;* ils sortirent avec de l'artillerie et se rangèrent en avant du camp. Quand ils virent cette longue traînée d'hommes s'avancer en silence et l'arme au bras, ils furent un peu surpris, et ils se mirent à les canonner avec une sorte de fureur. Mais les Vendéens ne parurent pas même y faire attention ; et, au fait, les boulets leur passaient par-dessus la tête ; ils n'avaient pas grand mérite à mépriser ce bruit inutile.

Cependant cette ligne étrange s'avançait toujours en se resserrant, et déjà elle était à portée de fusil. Alors les Parisiens, tout en continuant la canonnade, commencèrent des feux de pelotons, dont ils espéraient sans doute un meilleur effet. Malgré la perte de quelques hommes, les Vendéens continuèrent leur marche en avant, avec la même impassibilité.

Le commandant républicain avait compris que l'affaire serait sérieuse, et il jugea qu'il était temps d'agir avec toutes ses forces. Ses soldats étaient rangés dans le camp; il les fit sortir, et aussitôt ils ouvrirent le feu sur les assaillants.

Stofflet était arrivé à demi-portée de fusil et ses soldats n'avaient pas encore brûlé une amorce. Il fait faire halte et commande le tir à volonté. A l'instant un feu de tirailleurs éclate sur toute la ligne. Les coups n'étaient pas très-précipités, mais chaque soldat ajustait avec soin, et la fusillade devint très meurtrière pour les républicains.

Les Vendéens eux-mêmes perdaient du monde, et cependant l'animosité était si grande des deux côtés, qu'on ne paraissait pas s'occuper des morts : le combat se fût prolongé ainsi bien plus longtemps, si les soldats de Stofflet n'eussent pas manqué de munitions. Mais, malgré toute leur envie de les ménager, elles s'épuisaient rapidement, et bientôt il fallut renoncer à la lutte, ou attaquer à l'arme blanche.

Stofflet fait rapidement replier par derrière les deux extrémités de sa ligne, et, dès que la jonction s'est opérée au milieu, il lance ses hommes à la baïonnette. Le choc est si violent, que les Bleus, malgré la supériorité de leur nombre, sont repoussés assez loin vers leur camp. Mais ils reprennent l'avantage et rejettent l'ennemi en arrière. Les Vendéens reculent sans se rompre et par un nouvel effort ils font plier une seconde fois les républicains.

Ce n'était pas la fin : car pendant longtemps on vit ces deux rangées d'hommes, acharnées l'une contre l'autre, avancer et reculer tour à tour. Il y eut un mouvement de va et vient, qui se reproduisit jusqu'à cinq ou six fois. Seulement les Vendéens remarquèrent qu'ils ne reculaient jamais autant que leurs adversaires et qu'ils gagnaient toujours un peu de terrain.

Les républicains, tout étourdis d'une ténacité si audacieuse, avaient négligé de mettre leurs caissons en lieu sûr, de sorte que les Vendéens finirent par arriver jusqu'à eux. Quelques hommes se détachèrent et sautèrent sur les paquets de cartouches, qu'ils enlevèrent en un clin d'œil. Ils passèrent derrière les rangs, et, pendant que leurs camarades avaient le fusil au poing et la baïonnette en avant, ils glissaient des cartouches dans les gibecières ou dans les poches.

Cette ressource eût été inutile pour des soldats ordinaires, mais ces paysans, accoutumés au péril et qui conservaient leur sang-froid au milieu de cette mêlée sanglante, surent en tirer profit. Les hommes du second rang reculent tour à tour d'un pas en arrière, chargent leurs armes et tirent sur les républicains par-dessus les épaules de leurs camarades.

Mais toutes ces évolutions ne décident rien : les hommes tombent de part et d'autre, et le combat est toujours incertain. La lassitude gagnait les Vendéens, et ils comprenaient que les républicains, ayant une retraite dans leur camp, il serait difficile de les y forcer. Leur inquiétude était grande et le découragement n'était pas loin.

Tout à coup, des cris de « Vive le roi! » retentirent vigoureusement au delà du camp et dominèrent le bruit du combat.

C'étaient les frères Texier avec leurs *Courlitais* [1], qui annonçaient leur arrivée. Était-ce un projet arrêté avec Stofflet ? on n'a pu me le dire ; mais ce secours, imprévu ou non, changea subitement l'aspect du combat. Un frémissement de joie courut dans les rangs vendéens, et les vieilles troupes républicaines se débandèrent sans attendre une minute et se sauvèrent dans toutes les directions.

Les Parisiens ne les suivirent pas ; soit qu'ils craignissent de fuir dans un pays inconnu, soit qu'ils voulussent combattre jusqu'au bout ; ils rentrèrent dans le camp et se formèrent en carré.

La victoire était décidée : les Parisiens ne pouvaient opposer qu'une résistance inutile. Mais ils eurent la fierté de ne pas demander quartier à des *brigands*, et ceux-ci n'eurent pas la générosité de leur faire grâce.

Les Vendéens, il est vrai, étaient dans l'impossibilité de garder des prisonniers, et ils n'avaient pas une grande tendresse pour tous les républicains, et surtout pour ces Parisiens dont ils se rappelaient les quolibets et qu'ils considéraient comme des meurtriers du roi.

Quand ils les virent se maintenir dans une attitude belliqueuse, il les entourèrent et les fusillèrent jusqu'au dernier.

Lorsque tout fut fini, on reconnaissait encore aux lignes de cadavres la forme du carré, et les vainqueurs ne purent s'empêcher d'admirer le courage de ces hommes vis-à-vis desquels ils s'étaient montrés impitoyables.

L'ABBÉ AUGEREAU,
Curé du Boupère.

---

[1] On désignait sous le nom de *Courlitais*, dans la Vendée, les hommes de Courlay et des paroisses voisines, que les trois frères Texier commandaient indistinctement. Ils étaient durs soldats, mais rudes de caractère et d'une humeur un peu querelleuse.

L'ABBÉ JEAN-MARIE DE LA MENNAIS [*]

Saint-Brieuc (1813-1815).

Lorsque la fermeture du petit séminaire de Saint-Malo, [dont, avec M. Vielle, il était un des fondateurs et professeurs], fut devenue une nécessité fatale, l'abbé de La Mennais, préparé par des études assidues, entraîné par un goût personnel, appuyé sur son frère, qui prouvait dès lors, au milieu des défaillances d'une santé chétive, une vocation vraiment exceptionnelle pour la vie littéraire, songea à s'adonner lui-même aux lettres chrétiennes. Une lettre de M⁒ʳ de Pressigny, datée du 10 juillet 1812, nous révèle ce dessein : « Les livres, Monsieur, que j'avais fait déposer au petit séminaire de Saint-Malo, ne peuvent pas être en meilleures mains que les vôtres. Je consens avec grand plaisir que vous les gardiez, et je vous prie même de les accepter pour en disposer comme vous voudrez. Le projet que vous formez de vous appliquer à l'étude de l'histoire ecclésiastique est très-sage. »

Cette lettre se terminait par ce paragraphe, qui résume bien la situation de l'époque : « Vous désireriez sans doute que je vous donnasse des nouvelles du séjour du Pape à Fontainebleau et de sa santé. Je ne vous en donnerai aucune, parce que les différents rapports sont très-opposés. Il faut, sur cet objet, comme sur tout autre, ne donner que très-peu de confiance à tout ce qu'on entend dire. La plus grand partie des hommes, surtout ceux de notre nation, sont pressés de parler, et par cette raison, se trompent sou-

[*] Voir la livraison d'avril, pp. 267-277.

vent. Il faut vivre à la journée et attendre de la Providence le lendemain [1]. »

Le lendemain fut un coup de foudre pour M. de La Mennais.

Le despotisme impérial qui avait fermé l'école de Saint-Malo, eut pour autre résultat fatal de fermer inopinément le grand comptoir commercial que M. de La Mennais père avait depuis tant d'années fondé dans cette même ville. Les guerres européennes avaient barré, pour nos négociants, les mers de l'Europe ; les ruines individuelles précédèrent la ruine de l'empire lui-même. Au milieu de l'année 1813, M. de La Mennais père dénonça la cessation de ses paiements. L'abbé Jean, montrant dès lors les qualités pratiques et l'énergie souveraine dont il devait plus tard donner tant de preuves, prit en mains propres les épaves de ce grand naufrage. Au prix de plus d'un sacrifice personnel et des sacrifices des autres membres de sa famille, il ménagea à son père un concordat honorable. Mᵍʳ de Pressigny écrivait, à la date du 3 octobre 1813 :

« L'événement que vous m'apprenez, Monsieur, est un de ceux qui pouvaient m'affliger davantage. L'amitié que vos parents m'ont toujours témoignée ; l'intérêt qu'elle m'avait inspiré, et l'amitié que j'ai pour vous et pour Monsieur votre frère me rendent extrêmement sensible au malheur que vous éprouvez tous. Dieu seul peut donner les consolations qui sont nécessaires dans de pareilles circonstances ; vous êtes heureusement disposé à les recevoir et je crois avoir ouï dire que Monsieur votre père, depuis quelques années, s'occupait de la religion plus que dans les temps dans lesquels je l'ai connu. Dites-lui bien, je vous en prie, ainsi qu'à Monsieur votre oncle, combien je prends de part à cet événement et croyez que mon tendre attachement pour vous est et sera toujours le même [2]. »

Mais le séjour à Saint-Malo était devenu pénible pour l'abbé de La Mennais, et obéissant, à son insu sans doute, à la vocation providentielle, il songea à se retirer à Saint-Brieuc, dont l'évêque avait eu avec lui des rapports pleins d'affection, depuis que M. Vielle,

---

[1] Lettre inédite.
[2] Lettre inédite.

chassé de son collége de Saint-Malo, était allé prendre la direction
du grand séminaire de Saint-Brieuc. Mgr Caffarelli lui avait écrit, à
la date du 22 octobre 1812 : « Monsieur, je sens toute l'étendue du
sacrifice que vous venez de faire. M. Renault m'a raconté combien il
en a coûté à votre cœur, et avec quel courage vous l'avez fait. J'en
suis également pénétré d'admiration et de reconnaissance. Après
Dieu, c'est à vous, Monsieur, que je dois le bonheur d'avoir
M. Vielle pour supérieur de mon séminaire. Comment pourrais-je
reconnaître un aussi grand service ? La religion , la gloire de Dieu,
vous ont seules déterminé. Vous leur avez sacrifié les sentiments
les plus louables. Que ne puis-je ajouter à la récompense que vous
attendez d'une détermination aussi généreuse ! Mon cœur vous est
entièrement dévoué, Monsieur, et aux sentiments d'estime que je
portais à votre zèle et à vos connaissances viennent se joindre ceux
de la reconnaissance la plus entière et de la confiance la plus
extrême [1]. »

Un an plus tard, l'abbé de La Mennais recevait de Mgr Caffarelli
cette lettre, encore plus affectueuse et plus bienveillante : « La confiance que vous avez en moi, Monsieur, et l'abandon avec lequel
vous vous remettez entre mes mains m'imposent des devoirs que je
tâcherai de remplir du mieux qu'il me sera possible. Pour y parvenir je ne négligerai ni soins, ni efforts. Nous vivrons comme deux
frères, nous aidant et nous encourageant à porter le fardeau de
l'épiscopat, que vous voulez bien partager avec moi. Vous me le
rendrez moins pesant. Cet espoir me soutient, m'encourage et je ne
fais plus de vœux que pour votre prompte arrivée dans ce pays. Je
tâcherai de vous le rendre le moins désagréable possible et de
vous consoler des peines qui vous affligent. C'est dans ces sentiments, Monsieur, que je vous embrasse avec le plus tendre attachement [2]. »

L'évêque qui écrivait ces lignes si cordiales occupait le siége de
Saint-Brieuc depuis 1802. Mgr Jean-Baptiste-Marie Caffarelli était

[1] Lettre inédite.
[2] Lettre inédite du 19 octobre 1813.

né dans le diocèse de Toulouse, en 1763, d'une famille noble, peu fortunée et fort nombreuse ; il embrassa l'état ecclésiastique, et était vicaire de sa paroisse natale au moment où la Révolution éclata. Il refusa le serment et s'exila en Espagne. L'aîné de ses frères, officier d'une rare distinction, mourut en Égypte, regretté amèrement de Bonaparte, dont il était le confident et l'ami. Ce fut l'origine de la fortune de ses frères survivants, qui furent appelés aux plus hautes fonctions de l'administration et de l'armée par Bonaparte, devenu premier consul, tandis que l'abbé Jean-Baptiste était lui-même nommé, après le Concordat, au siège épiscopal de Saint-Brieuc, et mis à la tête d'un immense diocèse, agrandi d'un nombre considérable de paroisses tant des diocèses de Tréguier, de Dol et de Saint-Malo, supprimés, que de l'ancien évêché de Quimper, rétréci sur ce point. C'était une lourde tâche, à laquelle Mgr Caffarelli ne fut pas inférieur. Déjà il avait relevé bien des ruines, racheté et rétabli son grand séminaire, à la tête duquel nous avons dit qu'il venait d'appeler M. Vielle ; il avait surtout énergiquement manifesté son attachement à la foi catholique durant le concile de 1811. L'abbé Le Sage, chanoine de Saint-Brieuc, ancien moine de l'abbaye de Beauport, qui a laissé des mémoires manuscrits où la bienveillance n'est pas toujours prodiguée, et qui nous serviront plus d'une fois dans ce chapitre [1], s'exprime en ces termes sur la conduite de l'évêque de Saint-Brieuc en 1811 :

« Nous le vîmes avant son départ et fûmes charmé de ses principes et de ses dispositions. M. Courcoux, curé de la cathédrale, l'accompagna. C'était un homme instruit, de tête et de courage. L'évêque de Saint-Brieuc en déploya autant qu'aucun autre, vota toujours avec le bon parti, qui faisait la presque totalité. Il courut risque de se voir emprisonné à Vincennes ; mais il revint à son diocèse, où son clergé s'honora de sa constance et de la disgrâce qu'elle lui avait attirée. Il fut quinze ou dix-huit mois sans obtenir l'exemption de ses séminaristes conscrits, ni la permission d'ordon-

[1] Nous devons la communication de ces curieux mémoires à l'amitié de M. Hillion, juge de paix de Bourbriac.

ner des sous-diacres. Ses prêtres, sans exception, vinrent le consoler ou plutôt le féliciter, et pour peu qu'il en eût montré le désir, cet événement aurait été l'époque d'un rapprochement cordial et sincère entre le premier pasteur et son clergé. »

C'est auprès de ce prélat que M. de La Mennais, après avoir laborieusement et douloureusement réglé la situation de son père, qui quittait aussi Saint-Malo pour aller demeurer à Rennes, vint chercher un asile si cordialement et si affectueusement offert. Il ne fut pas déçu. Nous trouvons, dans les lettres tout intimes à M. Querret, l'impression de son séjour chez l'évêque de Saint-Brieuc. Il écrivait le 21 mars 1814 :

« Saint-Brieuc, le 21 mars 1814.

» Mon cher ami,

» Avant de vous quitter, je vous ai promis de vous écrire, mais vous ne m'avez point promis de me répondre, et ma première lettre a pour principal objet de m'en assurer, car, enfin, une correspondance n'est point un monologue, et vous êtes d'ailleurs excellent pour le dialogue. N'allez point vous imaginer que je consente jamais à regarder vos occupations comme une cause de silence : ne pourrais-je pas vous offrir la même excuse? et, de bonne foi, quand on le veut, ne trouve-t-on pas toujours le temps de tailler la plume avec laquelle on doit écrire à ses amis, et de la mettre entre ses doigts? Ainsi, monsieur l'instituteur, point de paresse : vous la condamnez souvent, prenez garde d'en donner l'exemple.

» Jusqu'ici tout me plaît ici; mais je n'oublie point que les commencements sont toujours beaux et qu'il faut attendre pour juger. Sancho Pança, qui aimait tant les proverbes, m'aurait sans doute rappelé ces deux-là, si je lui avais parlé des agréments que je trouve dans une ville où j'arrivai hier. Je suis sûr cependant que je ne cesserais point de m'y plaire si tous mes amis étaient auprès de moi; mais je sens douloureusement leur absence et rien ne pourra remplir le vide qu'ils laissent dans mon cœur. Oh! que la vie est triste! On se connaît, on s'aime, on est uni par le fond de l'âme, et le lendemain on se quitte, on est jeté à vingt lieues l'un de l'autre. Ainsi va ce monde, les joies solides sont réservées pour l'autre.

» Mille choses pleines d'amitié au cher Langret, à Roger, à Lecor et Bourdelais. S'ils ne m'écrivaient point, je leur donnerais des *pensums* assurément, et j'apprendrais tout exprès l'orthographe de ce mot si aimable et si doux, que je viens d'écrire sans savoir si je me servais des lettres qui lui sont propres.

» Adieu, mon bon ami, vous savez combien je vous suis attaché; et cela est fort heureux, car il me serait impossible de vous exprimer les sentiments que je vous ai voués et avec lesquels je suis tout à vous pour la vie,

                                              » J.-M. M. »

C'est alors même que s'écroulait la colossale et monstrueuse puissance de Napoléon. Dans la nuit du 12 au 13 avril, on apprenait l'entrée des alliés à Paris et la restauration des Bourbons. Le régime tombé était odieux, à tous les points de vue, aux deux frères de La Mennais. Ils profitèrent de l'horizon nouveau qui semblait s'ouvrir devant eux, pour imprimer le livre auquel ils consacraient leurs travaux depuis plusieurs années. L'abbé Jean le faisait savoir à M. Bruté dans sa lettre du 27 avril 1814 :

«Mon cher ami, nous allons faire paraître l'ouvrage dont nous vous avons parlé plusieurs fois dans nos lettres en termes ambigus. Rien de moins ambigu cependant quant à la doctrine. Les droits du Saint-Siége y sont établis avec une franchise que quelques-uns trouveront peut-être excessive. Mais nous avons cru que la vérité était assez vieille pour lui ôter ses langes, tant pis pour ceux qui voudraient encore la faire marcher avec des lisières et entourer sa tête de bourrelets. Les gallicans crieront, mais on criera plus haut qu'eux. Notre livre a pour titre : *Tradition de l'Église sur l'institution des évêques;* il formera trois volumes in-8° de 5 à 600 pages [1]. »

La préface du nouveau livré en exposait l'histoire et le but.

« Cet ouvrage, dont nous commençâmes il y a dix ans à recueillir les matériaux, n'a été terminé que sur la fin de 1813, peu de

[1] *Lettres,* p. 84.

mois avant l'heureuse révolution qui nous permet de le publier
librement. Certes, lorsque dans l'affliction profonde qui navrait
tous les cœurs chrétiens, nous défendions les droits du Souverain-
Pontife chargé de fers, nous étions loin de penser que bientôt se
vérifierait pour nous la parole du roi prophète : *Euntes, ibant et
flebant, mittentes semina sua ; venientes autem venient cum exul-
tatione, portantes manipulos suos. (Ps. CV.)* On s'apercevra aisément que nous avons écrit pendant les *jours mauvais*, et plusieurs
de nos réflexions, grâce à Dieu, ne sont plus analogues aux circonstances. Nous avons cru néanmoins devoir les laisser subsister,
comme une réparation du silence que la postérité, mal instruite, re-
procherait peut-être au clergé français, et comme une leçon pour
les despotes futurs qui s'imagineraient pouvoir étouffer la vérité
avec des décrets, des espions et des cachots. Une autre considération nous a déterminés encore à ne rien changer à notre travail : il
nous a semblé que la peinture de l'état d'où nous sortons était propre à faire chérir davantage celui que le Ciel, dans sa clémence, y
a fait succéder. Le souvenir d'une douleur qui n'est plus ajoute je
ne sais quoi de plus vif et de plus doux au sentiment de la félicité
présente [1]. »

Le livre très-érudit et très-concluant, œuvre commune des deux
frères, dont Jean avait eu la pensée et fourni les textes ; que Féli
avait rédigé sur les notes fraternelles ; qui, par le fait et dans la
pensée commune, appartenait surtout à Jean, et reste son patrimoine littéraire, posait très-nettement les principes qui prévalent,
grâce à Dieu, désormais dans le clergé français. C'était le premier
pas pour le retour à ce que l'on est convenu d'appeler l'*ultramonta-
nisme*, et son plus grand mérite, celui qui doit rester surtout à
l'avoir de Jean, c'est cette initiative. Le clergé tout entier, l'épiscopat, les Sulpiciens, comme les hommes politiques qui avaient fait
l'empire, et ceux qui compromirent la Restauration par leurs pratiques centralisatrices, étaient profondément gallicans. Les auteurs

[1] *Tradition de l'Église sur l'institution des évêques.* Trois volumes in-8°. Liége, et
à Paris, à la Société typographique. place Saint-Sulpice, n° 6. 1814.

de la *Tradition* s'attendaient à une contradiction ardente ; je dirais plus, ils la souhaitaient. Jean lui-même écrivait à M. Querret, le 15 juillet 1814 :

« Féli vous a-t-il parlé des alarmes qu'il a eues à l'occasion du projet de loi sur la presse ? Elles me paraissent très-exagérées, et l'ordonnance du roi ne me semble pas du tout napoléonienne. La censure est supprimée pour tous les ouvrages de trente feuilles d'impression, et on ne peut pas demander davantage. Je trouve très-sage que le roi puisse surveiller et arrêter, au moins pendant trois ans, les pamphlets, les affiches, etc., qui seraient propres à troubler la tranquillité publique. « Mais, dit Féli, M. Tabaraud dira que notre » livre est un libelle diffamatoire, et sous ce prétexte, on sai- » sira l'édition et on nous traduira devant les tribunaux. » C'est aller vite en conséquences. Mais quand cela serait ? Il n'y a nuls moyens d'éviter cette saisie, et il serait si drôle de voir la police correctionnelle déclarer que M. Tabaraud n'est pas un hérétique et garantir l'exactitude de ses citations, qu'en vérité, je ne serais pas fâché de voir cette comédie. Elle pourrait être extrêmement gaie, et je jouerais volontiers un rôle dans cette petite pièce.

» On m'assure que notre livre sera imprimé au premier août, et peut-être avant. J'ai bonne envie de le relire, et encore davantage d'entendre ce qu'on dira contre. Je regretterais infiniment qu'il n'y eût pas de tapage et qu'on ne nous mît pas dans le cas de nous défendre. Je rassemble, en ce moment, des armes dont je serais fâché de ne pas faire usage un jour. Vive la guerre ! quand elle se borne à faire repandre de l'encre sur du papier [1]. »

A ce moment, M. de La Mennais était tout entier à la vocation littéraire. Féli l'y poussait de telle sorte que l'on ne semblait plus ménager que les convenances vis-à-vis de Mgr Caffarelli. Jean écrivait à M. Bruté : « Féli partira incessamment pour faire imprimer à Paris notre livre. Ce qu'il deviendra ensuite, il n'en sait rien lui-même. Nous méditons deux ouvrages de genres assez différents,

----

[1] Lettre inédite.

mais qui seraient tous deux utiles. Si Féli reste à Paris, et si j'y vais
moi-même, peut-être entreprendrons-nous un journal, dans le cas
où la presse serait absolument libre et où il puisse résulter de ce
travail un véritable bien [1]. »

Les lettres de Féli étaient des plus pressantes. Le 30 avril 1814,
étant à Paris, il disait : « Je sens mieux que personne la force des
liens qui t'attachent à l'évêque de Saint-Brieuc, et quoi qu'il pût m'en
coûter, je ne te conseillerais jamais une démarche qui pût blesser
la délicatesse. Mais ne s'agit-il pas ici de choisir entre deux engagements très-réels l'un et l'autre ? Quand tu es allé t'établir à Saint-
Brieuc, n'espérions-nous pas nous y réunir ? Qui t'a empêché de te
lier à ce diocèse, si ce n'est la liberté que tu voulais te réserver de
le quitter, en cas que les événements m'appelassent ailleurs ? Au
fond ne nous devons-nous pas plus mutuellement, que nous ne nous
devons à qui que ce soit ? Pourquoi donc sacrifierions-nous cette
sorte de devoir réciproque et tout ensemble notre bonheur à des
considérations étrangères? Il y a partout du bien à faire, et ici plus
que nulle part. C'est ce que Tesseyre ne cesse de me répéter. Quant
aux moyens d'exister, 500 abonnés seulement nous rendraient de 6 à
7 000 fr. J'ajoute un motif d'un grand poids : j'ai besoin de quelqu'un
qui me dirige, qui me soutienne, qui me relève ; de quelqu'un qui
me connaisse et à qui je puisse dire absolument tout. A cela peut-
être est attaché mon salut. Pèse cette dernière considération [2]. »

Les deux frères se trouvèrent réunis à Paris dans le mois d'août
1814. La lettre de Féli du 12 août 1814 apprend encore les projets
communs mais non arrêtés des deux frères :

« A samedi donc, mon petit frère. Je vais bien compter d'ici là
les heures et les minutes, et prier le bon Dieu pour qu'il nous
éclaire l'un et l'autre. Mon projet me plaît extrêmement. Passer nos
jours ensemble, mettre en commun nos travaux, nos études, nos
plaisirs, nos peines, toute notre destinée ; tu me connais, juge avec
quelle vivacité mon cœur se précipite dans ces douces espérances.

[1] *Lettres à M. Bruté*, p. 88.
[2] *Lettres* publiées par M. Blaize, tome I, page 136.

Il me tarde bien de savoir ce que tu m'en diras ; car, dans ta lettre tu ne me laisses même rien préjuger. Tu as déjà toute la discrétion d'un juge ; comment donc pourrais-je me défier de ta sagesse? Non, je te promets de nouveau de faire tout ce que tu voudras. Je ne t'ai rien caché, rien déguisé, je t'ai ouvert mon âme tout entière : que l'amitié prononce maintenant du haut de son tribunal. Je ne t'en dirai pas davantage aujourd'hui, précisément parce que j'aurais trop à dire. *Vale et me ama* [1].»

Le voyage de Jean à Paris mit fin à ses projets de journalisme, de vie littéraire et d'un établissement commun dans la capitale. Féli, au mois d'octobre, abandonnant l'idée de Paris, songeait à s'établir avec une imprimerie à la Chesnaye. Le véritable devoir de Jean le retenait à Saint-Brieuc. La maladie mortelle de Mgr Caffarelli, la nomination de M. l'abbé de La Mennais au poste de vicaire capitulaire, les Cent-Jours, tous les événements qui se succédèrent si brusquement, concoururent à maintenir le futur fondateur des Frères dans le milieu où pouvait seulement se développer sa vocation véritable ; et si, songeant à la triste fin de Féli, on ne peut assez regretter la collaboration fraternelle, qui eût sans doute maintenu le grand écrivain dans sa ligne primitive, en songeant au bien que les œuvres de Jean devaient assurer pour l'avenir, on ne peut que reconnaître et bénir la main de la Providence.

S. ROPARTZ.

[1] *Lettres* publiées par M. Blaize, tome I, page 168.

LE CHANCELIER SÉGUIER

Nous avons annoncé, dans notre dernier numéro, la publication prochaine d'un important ouvrage historique, dû à la plume de l'un de nos
collaborateurs, M. René Kerviler. Cet ouvrage vient, en effet, de paraître
à la librairie académique Didier [1], et nous ne saurions mieux rendre
compte à nos lecteurs de l'esprit, du but et de la portée de ce livre, fruit
de plusieurs années de patientes et laborieuses recherches, qu'en repro-
duisant ici sa préface, dans laquelle l'auteur a précisé fort nettement les
traits caractéristiques de son œuvre.

Cet essai sur le chancelier Séguier, suivi de notices biographiques et
littéraires sur le groupe académique de ses familiers et commensaux,

[1] *Le chancelier Pierre Séguier, second protecteur de l'Académie française.* Etudes
sur sa vie privée, politique et littéraire, et sur le groupe académique de ses familiers
et commensaux, par René KERVILER, ancien élève de l'Ecole polytechnique. — Paris,
Didier; un fort vol. in-8°, avec blasons et autographe, xvi-654 pp. : 7 fr. 50.

forme le premier chapitre d'une série d'études que M. Kerviler se
propose de consacrer aux quarante fondateurs de l'Académie française:
cycle de travaux auquel se rattache la Galerie des académiciens bretons,
que nous publions depuis l'année dernière. Laissons donc la parole à notre
ami et collaborateur, à qui nous souhaitons le plus heureux succès dans
la tâche laborieuse qu'il a entreprise.

———————

Séduit par le charme des belles études de M. Victor Cousin sur
la société française au XVIIe siècle, l'auteur de cet essai entreprit, il
y a bientôt dix ans, un voyage de découvertes au milieu du vaste
domaine jadis cultivé par les quarante fondateurs de l'Académie
française ; et dès l'abord, un nom célèbre, dont les fastes de la magistrature s'honorent incessamment depuis plus de trois siècles,
vint frapper son attention et solliciter ses recherches : c'était celui
de Pierre Séguier, chancelier de France pendant trente-sept ans et
successeur de Richelieu dans le protectorat de l'illustre compagnie,
ministre et Mécène, dont Louis XIV lui-même voulut recueillir les
dépouilles, en tenant le sceau pendant plusieurs mois après sa mort,
et en devenant protecteur en titre de l'Académie.

Une si haute personnalité semblait avoir dû tenter la plume d'un
biographe ou d'un érudit : par ce temps d'exhumations historiques
et littéraires, que de figures oubliées n'a-t-on point fait sortir
de la tombe, la plupart revendiquant avec justice leur place au soleil de la postérité, et reprenant dans la mémoire des générations
actuelles, le rang que des contemporains ingrats leur avaient
refusé ! A la grande surprise de l'explorateur, ses recherches à
l'égard de Séguier ne furent point couronnées de succès. Le chancelier mourut, il y a déjà deux siècles, le 22 février 1672 : une foule
d'orateurs prononcèrent aussitôt son oraison funèbre, suivis à cent
ans de distance par le futur conventionnel Barrère, dont un éloge
ampoulé remporta, en 1786, le prix d'éloquence à l'académie de
Montauban ; mais en dehors de ces panégyriques, aucune étude
impartiale ou complète n'a jamais été tentée : car on ne peut appeler de ce nom les sèches et courtes notices de tous les recueils de
Biographies universelles. En sorte que cet homme intègre, qui, mi-

nistre de la justice pendant près de quarante ans (de 1633 à 1672), posséda la confiance de Louis XIII, de Richelieu, de Mazarin, d'Anne d'Autriche et de Louis XIV ; ce magistrat éminent, qui a laissé son nom attaché à la réforme des codes civil et criminel ; ce savant et cet érudit, qui sut composer et ouvrir libéralement aux travailleurs la plus belle et la plus nombreuse bibliothèque qu'aucun particulier eût encore possédée ; ce Mécène intelligent, qui rechercha tous les hommes de talent à Paris et dans les provinces pour les combler de grâces et de faveurs, logeant les uns dans son hôtel, distribuant aux autres brevets, abbayes ou pensions ; ce protecteur des lettres, des sciences et des arts, qui donna, pendant trente ans, asile à l'Académie dans ses salons, seuls lieux de ses séances ordinaires ; cet homme enfin, que les cent voix de la Renommée ont célébré à l'envi de son vivant, attend encore un biographe.

L'auteur de ce livre a voulu réparer une pareille injustice, et s'est imaginé, en étudiant la longue carrière du confident des pensées de Richelieu et de Mazarin, aller au-devant des vœux de l'Académie, qui, jugeant sans doute que les quelques lignes consacrées régulièrement à Séguier pendant près de cent ans par tous les récipiendaires suffisaient à son souvenir, n'a pas encore mis au concours l'éloge de son second protecteur.

Les mémoires du temps lui ont fourni d'amples renseignements sur la carrière politique du chancelier, et le volumineux recueil manuscrit, conservé à la Bibliothèque nationale [1], de la correspondance reçue par Séguier pendant presque tout le cours de son ministère, lui ont livré une foule de détails intimes et peu connus sur sa vie littéraire et privée [2].

Quant à la composition même de cette étude, qui n'a la prétention d'emprunter ni les grandes allures de l'histoire, ni le style ou l'esprit d'un froid panégyrique, l'auteur, en demandant indulgence

[1] Fonds Saint-Germain français, n° 709, 46 vol. in-fol.

[2] Les portefeuilles de Duchesne, t. LVII, ont fourni, d'autre part, des lettres inédites de Pierre Séguier à Isaac Habert, évêque de Vabres, et à Blaize, son bibliothécaire. Enfin, un grand nombre des recueils publiés dans la collection des Documents inédits sur l'histoire de France, contiennent des pièces émanées du chancelier.

pour ce premier fruit de ses labeurs, croit devoir, dès le début, répondre à deux objections que lui ont déjà faites des personnes dans
la critique desquelles il a toute confiance, et qui, sans doute, s'éveil-
leront dans l'esprit de plus d'un lecteur : la première concerne la
forme, et la seconde se rapporte au fond même de cet essai
impartial.

Pourquoi, dira-t-on, donner tant de place aux citations des mémoires contemporains, ou aux lettres des divers correspondants de
Séguier ? L'auteur a pensé que la couleur locale est l'un des premiers mérites d'une histoire impartiale, et qu'on n'apprend à bien
connaître et à bien juger les grands personnages et ceux qui les entourent, qu'en les écoutant parler eux-mêmes et qu'en se rendant
un compte exact des reproches ou des éloges qui leur furent adressés par leurs contemporains. Cette méthode n'est point nouvelle et
M. Chéruel l'a fort judicieusement exposée dans la préface de son
livre sur Nicolas Fouquet.

Au reste, l'étude sérieuse des situations relatives aux lieux et aux
temps est surtout nécessaire dans les sciences historiques, qui
n'admettent rien d'absolu dans le sens général. « L'essence de l'histoire, a dit M. Littré dans l'introduction de son ouvrage sur les progrès de la langue française, est beaucoup moins dans les événements
qui se passent, que dans les mutations qui s'enchaînent... Mais à
côté du changement qui désorganise et qui, s'il agissait seul, ne
laisserait que des débris sans rapport et sans cohésion, est un autre
changement qui organise et qui, s'emparant de ses débris, leur
inspire un souffle de vie [1]. » Cette théorie du progrès continu dans
les institutions des peuples est sujette à discussion quant à la nature de cet organisme vivificateur, qui, nous le pensons avec l'école
spiritualiste, est toujours dirigée par l'action latente et réparatrice
de la Providence éternelle; mais elle nous paraît incontestable dans
son principe essentiel, et elle oblige, abstraction faite des grandes
lois de la morale chrétienne, à juger les personnages historiques en
se plaçant au niveau général des idées et des mœurs de leur époque:
ce qui permettra de répondre à l'objection concernant le fond de cette

[1] Littré. Introduction à l'*Histoire de la langue française.*

étude. On s'imagine bien d'avance que Séguier, ministre sous Richelieu, Mazarin et Louis XIV, fut partisan du régime autoritaire, et l'on a paru craindre que son histoire ne semblât une réhabilitation de ce régime. Or, que dirait la critique, si nous vivions au XXᵉ siècle, à l'érudit qui composerait un livre en l'honneur de tel ministre ou premier magistrat du second empire, qui occupa vis-à-vis de Napoléon III ou du président de son conseil, pendant la première moitié de ce règne dictatorial, la même situation que Séguier vis-à-vis de Richelieu ?

Qu'on n'ait point cette crainte. L'auteur avouera franchement que s'il professe en politique, et pour ce qui nous concerne aujourd'hui, les doctrines de l'école parlementaire et constitutionnelle, il eût été très-probablement, au début du XVIIᵉ siècle, du parti absolu des unitaires. On aurait grand tort, selon lui, de juger Richelieu ou Mazarin comme on a le droit de juger les personnages politiques de notre époque, qui profitent de toute l'expérience et de tous les progrès acquis depuis deux cents ans. La situation de la France n'était point alors la même qu'aujourd'hui ; et l'origine du pouvoir non contesté échu à Louis XIII par sa descendance de saint Louis et d'Henri IV, ne peut guère s'assimiler avec celle du pouvoir violent issu du coup d'État de décembre. La France n'avait encore, en 1620, ni son unité accomplie ni son indépendance assurée : la révolte permanente de la noblesse et du parti huguenot, trop souvent unis à l'étranger, grondait sur tout le territoire; la monarchie, selon l'énergique expression de M. de Carné, était mise au pillage par une aristocratie sans pudeur [1]; et ceux qui se posaient en régulateurs du pouvoir royal n'étaient que des ambitieux égoïstes, qui montrèrent assez, pendant les deux Frondes, ce qu'on pouvait attendre de leur amour pour le bien public.

Nous savons fort bien qu'on pourrait appliquer à plus d'une période difficile de l'histoire contemporaine le jugement sévère que nous venons de porter sur certains partis insatiables et intempérants; mais l'éducation publique n'est plus la même qu'autrefois; et, pour ce qui regarde les débuts administratifs de Séguier, qu'on

[1] Le comte de Carné. *Les États de Bretagne,* I, 266.

veuille se rappeler, si des vers légers sont de mise en pareille occurrence, cette conclusion très-logique de l'un des plus jolis contes
de Charles Brifaut :

> Aucuns vont s'écrier : Et la charte ? la charte ?
> Insinuer ainsi qu'il faudrait s'en passer !
> Lui manquer de respect !.............·
> Autant que vous, messieurs, jé sais ce qu'elle vaut,
> Du respect qu'on lui doit jamais je ne m'écarte;
> Mais qui la connaissait du temps du roi Pétaud ? [1]

L'histoire de Séguier a été divisée en deux livres, le premier comprenant toute la période du règne de Louis XIII, ou plutôt de celui
de Richelieu ; le second embrassant tout le ministère de Mazarin
et les onze années de gouvernement personnel de Louis XIV qui suivirent la mort de ce ministre jusqu'à celle de Séguier.

Un troisième livre contient une série d'études biographiques et
littéraires sur tous les membres de l'Académie française qui furent
les commensaux de Séguier et logèrent dans son hôtel, témoignant
devant la postérité de la munificence éclairée de leur protecteur et
Mécène : les deux Cureau de La Chambre, l'un, médecin et physio-
logiste éminent, créateur de la langue scientifique française, l'autre,
orateur plein de cœur et d'onction ; Germain Habert, abbé de Cérisy, poète et historien; Jacques Esprit, rival de La Rochefoucauld:
Paul de Chaumont, évêque d'Acqs ; Daniel de Priézac, jurisconsulte
et politique ; Jean Ballesdens., traducteur et bibliophile,.... suivis
des trois ducs de Coislin, petits-fils et arrière-petits fils de Séguier.

L'appendice renferme un grand nombre de lettres inédites, parmi
lesquelles on remarquera surtout le journal adressé par Ballesdens
au chancelier pendant l'été de l'année 1661.

Si ce modeste essai trouve grâce devant la critique, de nouvelles
études le suivront bientôt sur la cour académique du Palais Cardinal, groupe de littérateurs formant ce qu'on pourrait appeler fort
exactement l'Académie spéciale de Richelieu.

RENÉ KERVILER.

Nantes, 15 avril 1874.

[1] Ch. Brifaut. *La Lanterne magique.* Œuvres. VI, 129.

UN COUP DE CANON

Par une de ces belles et fraîches matinées d'octobre dont le soleil tempère la crudité et qui rendent la marche légère, je suivais l'admirable côte de Gourmalon, qui, de Pornic à la Bernerie, se tourmente en criques et en promontoires pour venir expirer dans les dunes de Bourgneuf.

Tandis qu'à ma droite le laboureur confiait aux sillons fumants l'espoir de sa récolte prochaine, à ma gauche d'autres ouvriers travaillaient aussi la terre, mais c'était pour y semer une ville.

En jetant les yeux autour de moi sur le sol, je découvrais le linéament des rues, des squares et des boulevards de la cité qui va naître tout d'une pièce.

Arrive le chemin de fer, et au coup de sifflet du mécanicien, — j'allais dire du machiniste, — surgiront, comme d'un troisième dessous, les églises, les marchés, les théâtres et les fontaines.

En attendant ce changement à vue, j'acceptai la compagnie d'un petit sentier, luttant avec la falaise de fantaisie et de caprice, et qui, à coup sûr, regimbera, si on lui parle d'alignement municipal. Il était protégé contre le vent du nord par une épaisse bordure de fusains, où abeilles et grillons se trouvaient heureux de vivre à la bonne chaleur du midi et le chantaient en chœur.

Au bout d'une centaine de pas, à un brusque détour, je m'aperçus que la haie n'était point seulement hospitalière aux frileuses bestioles : un pauvre homme, cassé par l'âge, avait profité d'un recoin à *oreillettes* comme la *niche* de Mme de Maintenon dans l'entresol de Versailles, et là, tout en face de la mer, qui lui renvoyait les bienfaisants rayons du soleil, il épanouissait ses mains tremblottantes, comme devant une claire flambée de sarments et de genêts. La place était bonne, la physionomie du vieillard engageante, comme l'est toujours la sérénité éclairant le déclin de la vie; je m'arrêtai : ma course avait trouvé un but. Quelques cigarettes m'eurent bien vite servi de préambule, et, pour causer plus à mon aise, je m'installai à côté du brave homme, sur le talus qui regardait la baie.

Le décor devenait splendide. Un sillage, ardent comme une fournaise, unissait l'île de Noirmoutiers à la terre ferme et incendiait tout à coup les voiles rouges des pêcheurs qui venaient à le traverser, taudis qu'à l'horizon la brume estompait encore le clocher de Beauvoir. Tout près de nous, dans les rochers, la chèvre du bonhomme essayait, en se dressant, d'atteindre au-dessus de sa tête quelques ronces qui pendaient sur l'abîme. Le vieillard, craintif pour l'animal, avait beau l'appeler de sa voix la plus persuasive; rien n'y faisait : la bique affriandée continuait ses périlleux efforts, se contentant de tourner de temps à autre vers son maître des yeux brillant, à travers les broussailles, comme des vers luisants dans l'herbe. On aurait pu, je crois, démêler le *non serviam* dans son bêlement ironique et son regard récalcitrant.

— « Ah! Monsieur! reprit mon voisin de stalle, c'est malin ces bêtes-là ! »... — Et il me disait cela de l'accent d'un père qui trouve à son enfant mauvaise tête, mais bon cœur. — « Oui, c'est malin, mais ça me donne tout de même deux bonnes écuellées de lait par jour !... Et puis, voyez-vous, ça me rappelle l'Espagne, le pays qui était au bout de ma première feuille de route... il y a une soixantaine d'années. »

— « Vous avez donc fait la guerre d'Espagne ? »

— « Oui, Monsieur; mais l'empereur, craignant, c'est à croire, que le soleil de ce pays-là ne finît par me gâter le teint, ne tarda pas à m'envoyer en Saxe. J'y étais en 1813, lorsque les Russes, les Autrichiens et les Prussiens firent mine de vouloir nous déloger de Dresde, où l'empereur était venu dire au roi de se tenir tranquille et de prendre tous ses repas comme à l'ordinaire, sans avoir peur...

» Tenez, Monsieur, ajouta le vieux soldat, semblant suivre dans la fumée qui s'échappait de ses lèvres les fantômes de sa vie passée répondant à son évocation ; tenez, Monsieur, c'était au mois d'août, et malgré cela, on se battait depuis la veille sous des averses à faire fondre la pierre de nos fusils. Je vois encore l'empereur arrivant au galop sur le front de nos pièces. A dix pas derrière lui, sortaient du brouillard pluvieux des pointes de lances, des plumets, et un tapage de fourreaux de sabre sur les étriers... le grand état-major, quoi!...

» Profitant d'une éclaircie, l'empereur s'arrête, regarde dans la direction des alliés, où caracolait aux avant-postes russes un général en grande tenue. Il l'examine avec sa lorgnette de campagne, puis, sur un signe, son mameluck, tout chamarré de rouge et d'or — et de crotte aussi, sauf votre respect, — d'un coup d'éperon est à côté de lui, présentant une autre lunette, d'une plus grande portée, à ce qu'il paraît. L'empereur s'en saisit avidement, ses doigts semblent la mordre, il y colle ses yeux, reste un instant immobile, et se tournant vers nous : — « Commandant, votre meilleur pointeur? » — « Le voilà, sire. » — « Ton nom? » — « Daniel Lebrun. » — « Ecoute, dit-il, en lui pinçant l'oreille, cent écus pour toi, si tu parviens à déquiller ce beau monsieur que tu vois là-bas sur un alezan... Je te le donne en trois... » — « Suffit, mon empereur... »

» Lebrun était un de nos vieux camarades à trente-six chevrons, toujours méthodique et paisible devant les batteries qui le taquinaient. Il dispose aussitôt sa pièce, et pointe, on peut dire au jugé... à peine le mot : feu ! a-t-il retenti, qu'une trouée se montre dans le cortège du brillant cavalier, mais celui-ci, malgré le remue-ménage, continuait sa promenade, s'arrêtant çà et là comme pour donner des ordres. — « Mon garçon, dit l'empereur, qui se tenait auprès de nous, pas mal pour tâter le terrain ; il te reste encore deux chances ; allons ! »

» Lebrun se remet à la besogne, malgré les biscaïens qui commençaient à pleuvoir autour de lui. — Un second coup laboure la terre sous le nez du cheval alezan. Nous voyons le diable de général aller et venir, faire des voltes et des zig-zags ; il paraissait

nous narguer plus que jamais. L'empereur s'agitait lui aussi. —
« Eh bien, mon vieux! est-ce que les cent écus seront pour un
autre ? Tiens, j'y ajoute la croix.... Tu n'as plus de bonnes raisons
maintenant pour tirer à côté... Prends ton temps. » — Et moi,
j'entendais Lebrun qui grommelait : « La croix! la croix !... Satané
général, va !... Pas pouvoir se tenir en repos !... Avec ça que c'est
commode d'avoir une pièce de douze pour chasser la bécassine !... »
— Mais, tout en grommelant et maugréant, il préparait son affaire,
avec le même calme que s'il eût manœuvré un télescope à pivot pour
regarder la lune. — Le troisième coup part enfin. L'empereur, qui
n'avait point abandonné sa lunette, pousse une exclamation : —
« Bien touché, mon brave !... Ma croix, mes cent écus... Tu me
dévalises tout net ! » Et Lebrun, la tête inclinée, contemple à travers deux grosses larmes la glorieuse étoile que l'empereur applique
lui-même sur sa poitrine frémissante.

» Lorsque le nuage de poudre fut dissipé, nous ne vîmes plus
devant nous ni le général, ni l'alezan, ni l'escorte de tout à l'heure.

» Le soir, au bivac, on racontait qu'un officier de tirailleurs était
accouru tout effaré au quartier impérial, demandant à faire à l'empereur une communication urgente : — « Sire, lui avait-il dit, des
prisonniers annoncent que, dans le dernier engagement, le général
Moreau a eu les deux jambes emportées par un boulet... Il est mourant. » — « Vous pouvez ajouter, reprit l'empereur, qu'il le doit
au canonnier Daniel Lebrun, du 16e d'artillerie de la garde. »

TH. DE CORNULIER-LUCINIÈRE.

IDYLLE

Il cheminait tout seul, récitant son bréviaire,
Le long d'un vert sentier, où, parmi les buissons,
L'accompagnant en chœur de leur voix printanière,
Merles, chardonnerets, fauvettes et pinsons,
Modulaient à l'envi leurs joyeuses chansons.
Comme pour embaumer sa pieuse prière
Et prêter à la scène un autre enchantement,
Les blancs acacias qu'agitaient follement
Les zéphyrs amoureux et les brises aimées
Secouaient sur son front leurs grappes parfumées.
A l'entour, tout avait un aspect calme et doux...
Dans un vallon voisin, de grands bœufs blancs et roux,
A la pose à la fois nonchalante et superbe,
Repus pour le moment, dormaient les flancs dans l'herbe.
Plus près, escaladant de leur pied hasardeux
Les parois d'un rocher, quelques chèvres grimpantes,
Qu'attirait le cytise éclosant sur ces pentes,
Faisaient, au bout du fil ceignant leur cou nerveux,
A chaque mouvement de leur tête mutine,
Allègrement tinter la clochette argentine.
Enfin, à l'autre bout de l'agreste sentier,

Dans un lit tapissé de vertes pimprenelles,
Qu'ombrageaient des rameaux d'aulne et de coudrier,
Deux sources mélangeaient leurs ondes fraternelles,
Qu'un barrage fortuit de mousse et de gravier
Transformait par endroits en minces cascatelles :
La svelte libellule y mirait au flot clair
Son élégant corsage et ses ailes nacrées
Où de furtifs rayons glissant comme un éclair,
Allumaient en passant des lueurs empourprées.

Parfois, en achevant quelque longue oraison,
Le prêtre suspendait sa marche et sa lecture,
Et s'asseyant au bord d'un tertre de gazon,
Il laissait vaguement errer à l'aventure,
Sur cette harmonieuse et riante nature,
Ses regards attendris, dans l'extase noyés...

Par degrés cependant s'allongeait à ses pieds
L'ombre qui descendait des collines prochaines ;
Le soleil, désertant les vallons et les plaines
Que de pâles reflets seuls éclairaient encor,
Déjà ne frappait plus que le faîte des chênes
Et la crête d'un mont, où ses longs rayons d'or
Faisaient étinceler au loin, par intervalles,
D'un antique manoir les vitres féodales.
Ces dernières lueurs s'éteignant à leur tour
Disparurent bientôt sous l'ombre envahissante,
Et du saint *Angelus* la voix retentissante,
Comme un hymne de foi, d'espérance et d'amour,
Vint annoncer trop tôt la fin de ce beau jour.

Dès les premiers accents de cette voix connue,
A cet appel sacré qui venait de la nue,
Notre pieux songeur soudain s'étant levé,
Récita par trois fois l'archangélique *Ave,*

Puis, le cœur parfumé de la sainte prière,
Son rosaire à la main, sous le bras son bréviaire,
A l'heure où les oiseaux revolent vers leurs nids,
Il reprit, en roulant du doigt les grains bénits,
Le chemin du village et de son presbytère.

Il allait retrouver, l'attendant au logis,
Ses livres, amis sûrs, charme de sa veillée,
Doux causeurs, qui tenant son âme émerveillée,
Dans un langage austère ou plein d'un saint émoi,
Lui parleraient science, art, poésie et foi,
Jusqu'à l'heure où, courbant sa tête ensommeillée
Et jetant quelque trouble en son œil obscurci,
Le bienfaisant minuit, d'une main familière,
Viendrait clore à la fois le livre et sa paupière.

Ah ! que la vie est douce, à la passer ainsi,
Partagée en trois soins l'absorbant tout entière,
La contemplation, l'étude et la prière !...

                                        N. MILLE.

LA STATUE DE JEANNE D'ARC

A PARIS

Ce vulgaire visage, au galbe dur et triste,
Ce corps grêle, perdu sur un trop lourd cheval,
Jeanne, ce n'est point toi... Qu'on cherche un autre artiste ;
Qu'un bronze vrai succède à ce bronze banal.

Mais non, ne cherchez pas, puisque cette œuvre existe :
Une Fille de France, éprise d'idéal,
Et dont la douce gloire aux flots du temps résiste,
A trouvé ton image en son cœur virginal.

Au lieu de la guerrière agitant l'oriflamme,
Sous l'armure d'acier elle a montré la femme,
Du haut de son cheval regardant un blessé.

L'héroïne gémit, les yeux baignés de larmes :
— « Onques n'ai vu couler le sang d'un homme d'armes,
» Que jusqu'en mes cheveux un frisson n'ait passé ! * »

Émile Grimaud,

Paris, 16 mai 1874.

* Ce projet, peu connu, de la princesse Marie, dont la *Jeanne d'Arc* du musée
de Versailles est populaire, figure actuellement à l'exposition du Corps législatif,
en faveur des Alsaciens-Lorrains.

L'INSTRUCTION PRIMAIRE

DANS LE COMTÉ NANTAIS

AVANT 1789 *

NOMENCLATURE DES BIENFAITEURS DES PETITES ÉCOLES

Ancenis. — Les Ursulines de Nantes établirent à Ancenis un couvent de leur ordre, avec le concours des habitants, et s'engagèrent à instruire gratuitement toutes les pauvres filles qui se présenteraient. Leurs classes furent ouvertes le 25 novembre 1642. Elles ne s'établirent à la Davraie qu'en 1743. (*Dictionnaire de Bretagne*).

Anetz. — En 1600, Arthur Mabit fonda un bénéfice, dont le desservant devait tenir école pour la jeunesse. La dotation se composait d'un capital de 400 livres, de quelques prés et de vignes. (Archives de la fabrique).

Auverné (le Grand). — D'après un brevet, cette paroisse était dépourvue d'écoles en 1755.

Belligné. — En 1683, un sous-diacre de la paroisse tenait l'école sans être pourvu d'aucun bénéfice. (Reg. des visites).

Blain. — Par décret épiscopal, enregistré au Parlement et confirmé par lettres patentes, quatre bénéfices ecclésiastiques furent convertis, en 1772, en dotation séculière, pour l'entretien de l'école qui était ouverte, dès 1768, à la requête du bureau de charité. Un laïque enseignait, au XVIIe siècle. (Archives de l'hospice de Blain.)

---

* Voir la livraison d'avril, pp. 257-266.

faisait l'école aux garçons, vers 1787, avec le titre de maître de pension. Il avait succédé à M. Laurent, aussi officier retraité. Les Ursulines, appelées par les chanoines de la collégiale de Saint-Aubin, avaient fondé, dès 1646, une école de filles, qui prospérait encore en 1789. Elles avaient à cette époque, selon la tradition, au moins une centaine de filles pauvres et une quinzaine de pensionnaires appartenant à la bourgeoisie et à la noblesse du pays. (Reg. paroissiaux ; notes de M. l'abbé Gallard).

Héric. — Aucune école en 1755. (Brevet de la cure).

Joué-sur-Erdre. — En 1683, la paroisse était pourvue d'une école pour les garçons. (Reg. des visites).

Ligné. — Vers 1680, un laïque et une veuve instruisaient les enfants de la paroisse. (Reg. des visites).

Limouzinière (la). — Aucune école en 1686. (Reg. des visites).

Machecoul. — Deux bénéfices ecclésiastiques furent réunis au collège pour la dotation du principal, en 1730 ; mais 120 livres étaient réservées pour les frais du logement du maître des petites écoles. En 1686, quatre maîtres, quatre maîtresses et un vicaire enseignaient dans les paroisses de Machecoul. (Reg. des visites).

Marne (la). — En 1686, le vicaire de la paroisse était disposé à instruire la jeunesse, mais aucun enfant ne se présentait. (Reg. des visites).

Maumusson. — Le vicaire s'offrait, en 1686, pour faire l'école ; mais personne ne se présentait. (Reg. des visites).

Mezanger. — Un laïc, une dame de La Tour et la sœur Morlière, enseignaient aux enfants en 1683. (Reg. des visites).

Missillac. — René Espert, recteur de la paroisse, donna 1 948 livres en divers constituts, plus un pré valant 25 livres de revenu, le 23 décembre 1692. En 1787, l'école étant déserte, la fabrique en percevait les revenus. (Brevet de 1787).

Mouzeil. — Un laïc enseignait en 1683. (Reg. des visites).

Nantes. — En 1471, Guillemin Delaunay donna deux maisons rue Saint-Léonard. Vers 1704, Mlle de Bras de La Bourdonnaie ouvrit la maison Saint-Charles, qu'elle dota de 12 000 livres. En 1737, l'évêque Turpin de Crissé établit les frères de Saint-Yon dans les Fossés-Mercœur. Un cordonnier enseignait à lire aux enfants de Saint-Donatien, en 1686. Les filles de Nantes étaient instruites, dès 1630, par les Ursulines. Une dame tenait école de filles en Biesse, en 1789. (Arch. dép.; arch. municip.)

Nozay. — En 1783, Louis de Martre, recteur de Nozay, dota les écoles de Nozay de 400 livres de revenu, sur lesquelles la maîtresse des filles touchait 60 livres seulement. (Arch. dép., série X).

Paimbœuf. — La jeunesse était instruite, en 1781, par quatre maîtres et deux maîtresses. (Brevet du recteur).

Pallet (le). — Aucune école en 1780. (Brevet).

Pannecé. — Un laïc et les sœurs du Tiers-Ordre instruisaient les enfants en 1683. (Reg. des visites).

Paulx. — En 1686, un séculier enseignait à lire et à écrire. Il prenait 5 sous par mois à ses élèves. (Reg. des visites).

Pellerin (le). — Pierre Bonfils, prêtre de l'Oratoire, légua une rente de 300 livres, en 1726, pour les pauvres écoliers du Pellerin. Les frères ignorantins ayant refusé de les instruire, un maître les remplaça. De 1775 à 1790, il y eut dans cette paroisse deux instituteurs laïcs, deux maîtresses et un maître de latin. (Brevet et série L).

Petit-Mars. — En 1683, le vicaire était disposé à enseigner, mais aucun enfant ne se présentait. (Reg. des visites).

Pierric. — En 1783, aucune école. (Brevet du recteur).

Plaine (la). — Il y avait une école pour les garçons en 1781. (Brevet du recteur).

Plessé. — Aucune école en 1783. (Reg. des visites).

Pontchâteau. — M. de Coislin, évêque de Metz, donna un constitut de 4 000 livres, vers 1750, pour les écoles des deux sexes, mais spécialement pour les filles. Les enfants étaient instruits par des laïques au XVIIIe siècle. (Arch. de la fabrique).

Pont-Saint-Martin. — En 1686, les garçons étaient instruits par le vicaire. (Reg. des visites).

Port-Saint-Père. — Les paroissiens donnèrent, au XVIIe siècle, une petite maison avec jardin, pour loger le maître d'école, à la condition que les écoliers chanteraient l'antienne de la Vierge à l'église. Les pauvres étaient reçus gratuitement en 1686. En 1761, l'école était fermée, faute de ressources. (Reg. des visites).

Pouillé. — En 1683, un prêtre était disposé à enseigner, mais aucun enfant ne se présentait. (Reg. des visites).

Pouliguen (le) — Jacques Breny, prêtre, fut chapelain et maître d'école de 1782 à 1785. (Reg. par. de Batz).

Remaudière (la). — Une maîtresse enseignait en 1780. (Brevet du recteur).

Rezé. — Mⁱ Fruneau de La Simonnière donna une rente de 150 livres, pour la fondation d'une école de filles. En 1781, il y avait école de garçons à Pont-Rousseau et à Trentemoult ; école de filles à Rezé et à Trentemoult. Toutes ces écoles étaient tenues par des laïques. (Brevet du recteur).

Rouans. — L'évêque de Chartres, abbé de Buzay, payait 200 livres à un maître qui enseigna au village de Launay, de 1773 à 1785. (Brevet du recteur; arch. dép., séries G et L).

Saffré. — En 1740, l'évêque de Nantes constitua un revenu pour l'entretien des écoles de Saffré, en réunissant à la fabrique le bénéfice de Sainte-Marguerite, qui rapportait 350 livres. Ce n'est qu'en 1752, cependant, qu'un prêtre commença à faire l'école aux garçons. Les filles n'avaient pas de maîtresse en 1755. (Brevet du recteur).

Saint-Aignan. — Les écoles de Saint-Aignan furent l'objet de deux fondations : l'une, antérieure à 1680, leur apportait 150 livres de rentes, l'autre postérieure, leur avait procuré une maison avec jardin, plus 2 journaux 178 cordes de terre en culture. Deux maîtres laïques instruisaient la jeunesse, en 1686. Sébastien Lancié, patroné par le curé, fut nommé maître des petites écoles, en avril 1768, par l'assemblée générale des habitants, et confirmé trois fois dans sa charge par l'évêché. Pour se dérober aux obsessions du curé, qui voulait régenter l'école et s'épargner aussi les frais de réparation qu'exigeaient les immeubles dont il jouissait, il se retira, en 1784, à Saint-Sébastien. La dotation de l'école lui rapportait 400 livres environ chaque année. (Livre des visites, série L. Arch. dép.).

Saint-Colombin. — En 1685, le vicaire et une fille enseignaient. (Reg. des visites).

Saint-Géréon. — Les Ursulines de la Davraie recevaient les filles depuis 1743.

Saint-Jean-de-Boiseau. — Les enfants étaient instruits en 1790. Un ancien titre atteste que les écoles de cette paroisse avaient été dotées. (Arch. dép., séries Q et D).

Saint-Leger. — Ecoles de filles, fondée en 1691. (Voir Bouaye).

Saint-Lumine de Clisson. — Aucune école en 1680. (Reg. des visites).

Saint-Lumine de Coutais. — Un laïque instruisait les garçons en 1680. (Reg. des visites).

Saint-Mars du Désert. — Le vicaire tenait l'école en 1683. (Reg. des visites).

Saint-Mars de Coutais. — En 1686, deux instituteurs laïques instruisaient la jeunesse. (Reg. des visites).

Saint-Même. — Le vicaire tenait l'école en 1689. (Reg. des visites).

Saint-Nazaire. — François Bertrand et Marguerite Verdon, par acte du 8 mai 1627, fondèrent plusieurs petites écoles, dont ils donnèrent la direction à quatre régents, qui étaient à la nomination du recteur et du général des habitants. En 1784, les maîtres d'écoles étaient Pierrot et Durand. Ce dernier enseignait seul en 1787, et les filles n'avaient qu'une maîtresse, nommée *la Pomelin*. Jacques Breny, prêtre d'Escoublac, exerçait, en 1782, la double charge de chapelain et de maître d'école dans la frairie de Saint-Sébastien. (Brevet et reg. paroissiaux).

Saint-Père-en-Retz. — Le vicaire est désigné, en 1561, comme maître des petites écoles. Vers 1710, M. l'abbé Pondavy, recteur de Sainte-Opportune, a pris soin de consigner dans les registres de sa paroisse qu'il réunissait le plus d'enfants qu'il pouvait autour de lui pour leur faire la classe. Il leur apprenait à lire, à écrire, et les appliquait surtout à la traduction du latin. Ses notes engagent ses successeurs à l'imiter. Il donnait parfois à manger à ses écoliers, attention, dit-il, qui touche beaucoup les parents. Vers 1785, les enfants avaient pour maître d'école un sieur Debucan, originaire de Paris. (Série G. Procès-verbaux de visites de 1561. Reg. paroissiaux du XVIIIe siècle).

Saint-Philbert. — Le régent était prêtre, en 1686; mais il se faisait remplacer par un laïque. Diverses personnes instruisaient les filles en 1761. Le sacristain était maître d'école en 1775. Les habitants fournissaient le logement à l'instituteur, qui, pour sa rétribution, touchait 200 livres en 1761. (Brevet du recteur).

Saint-Viaud. — En 1682, il y avait des écoles. (Reg. des visites).

Sautron. — En 1779, un instituteur laïc instruisait les enfants et leur donnait le bon exemple, dit le texte. Il avait des pensionnaires et des externes. (Brevet du recteur).

Savenay. — On voit dans le titre de fondation de l'hôpital, que dès 1480, il y avait une école à Savenay, pour les garçons. Julien Pageot, chanoine de Nantes, recteur de Savenay, dota, en 1601, l'école des garçons de quelques morceaux de pré auxquels l'évêque ajouta les revenus de trois bénéfices. En 1699, René de Lopriac, chevalier seigneur de Coëtmadeuc, dota l'école des filles d'une rente de 150 livres. Les sœurs hospitalières de Saint-Armel enseignaient, en 1783, en soignant les malades. A la même date, les garçons étaient instruits par un clerc minoré. Le brevet indique que plusieurs personnes faisaient alors l'école sans autorisation. (Arch. dép., série H. Brevets des recteurs).

Sucé. — Aucune école en 1780. (Brevet du recteur).

Touches (les). — Le vicaire enseignait en 1680. Il avertit les paroissiens qu'il prendrait cinq sous par mois, pour enseigner à lire, et dix sous
pour montrer à écrire. Aucun maître en 1777. (Brevets de visites).

Touvois. — Aucune école en 1686. (Reg. des visites).

Trans. — Aucune école en 1683. (Ibid.)

Treffieuc. — Aucune école en 1783. (Brevet du recteur).

Treillières. — Aucune école en 1783. (Brevet du recteur).

Vallet. — René Le Peigné, sieur de Saint-Louis, recteur de Vallet,
fonda un collége d'instruction primaire, sur un terrain communal. Par
acte du 17 janvier 1626, il donna une rente de 160 livres, quelques
héritages, et fit bâtir une maison. Le principal était tenu d'instruire les
vrais pauvres, sans en recevoir de salaire. Il était à la nomination du
chapitre. (Arch. dép., série D).

Vertou. — En 1680, un maître d'école enseignait aux enfants des
deux sexes. En 1776, les écoles étaient tenues par des laïques. (Brevets
de visites).

Vieillevigne. — Il y avait, en 1789, une dotation qu'on nommait le
bénéfice de l'école. En 1740, les écoles étaient bien tenues et ouvertes aux
deux sexes. (Arch. dép., séries Q. et G).

Vue. — Aucune école, en 1781. (Brevet du recteur).

Vritz. — Un document de 1746 dit qu'un chacun se faisait un plaisir d'enseigner aux enfants dans les villages, mais qu'il n'y avait pas
d'école publique. En 1755, même situation. (Brevet du recteur).

LÉON MAITRE.

JULES LÉQUIER

M. Jules Léquier naquit le 30 janvier 1814 et mourut le 22 février 1862. Il naquit à Quintin (Côtes-du-Nord). Il est mort inconnu. Pour ceux qui ont eu l'honneur de son intimité, cette obscurité paraîtrait étonnante, si les choses absurdes pouvaient étonner. Il est mort inconnu. Il y en a d'autres qui vivent célèbres, et dont la célébrité demanderait quelques explications.

Jules Léquier passa par l'École polytechnique. Profond mathématicien, il porta dans la métaphysique un génie nourri d'algèbre. Qui sait si la rigueur inflexible, la rigueur mathématique dont il avait contracté et dont il emporta partout l'habitude ne fût pas pour quelque chose dans le malheur de sa vie et le malheur de sa mort ?

La pensée de Léquier était profonde, rigoureuse, scrutatrice, ingénieuse, subtile et vigoureuse. La subtilité et la grandeur qui s'excluent presque toujours s'unissaient en lui. Il analysait profondément, il synthétisait largement. Il écrivait avec une précision rare ; son style avait parfois l'air d'une formule d'algèbre qui portait au fond d'elle la magnificence cachée, et de temps à autre la magnificence faisait explosion.

Dans la conversation vulgaire sa parole était lourde, embarrassée, affectée, fatigante. Il avait l'air d'un lion qui aurait essayé de jouer avec la grâce d'un petit chat. Une politesse exagérée ou un oubli complet des assistants gênait ses rapports sociaux et causait en sa présence une sorte de malaise. Chose

bizarre ! cet homme ne devenait simple qu'en face des choses
énormes qui occupaient sa pensée. Dans les rapports quotidiens
de la vie, il était embarrassé et embarrassant. La chose la plus
facile était compliquée pour lui.

S'il se mêlait à une société quelconque , il y portait les raffi-
nements de sa pensée, et personne ne le comprenait. Ou bien
il s'isolait complétement, et, se parlant à lui-même, répétait de
temps en temps le même mot, par exemple : « Nul ne sait s'il
est digne d'amour ou de haine. »

Mais dans le tête-à-tête, quand sa parole rejoignait les hauteurs de sa pensée, il s'élevait à une éloquence à peu près sans
égale. Pour la caractériser, les points de comparaison manquent.
C'était du fer et du feu. C'était nerveux , fort ; c'était splendide
et entraînant.

Une chose lui manqua, l'acceptation du grand mystère. Comme
un navire sur un rocher, son génie, qui tenait la haute mer, se
brisa sur le mystère de la prédestination. Il voulut sonder l'in-
sondable, il périt dans la tentative.

Encore plus grand , il eût compris que le mystère enveloppe
le monde de la pensée, comme l'Océan enveloppe la terre. Il se
fût reposé dans l'ombre, au lieu de se briser contre elle.

Léquier ne vit pas qu'il y a, au delà et au-dessus de l'horizon
visuel, un lieu terrible où le voisinage de Dieu aveugle l'homme.
Dans ce lieu terrible, le seul acte de souveraineté que puisse
faire le regard humain est une abdication. Léquier refusa d'ab-
diquer. Ce fut la borne de son génie.

Il ne vit pas que l'œil qui se ferme rend hommage à la lumière
trop haute et trop éblouissante. Cette lumière, à cause de son
intensité, est , relativement à nous, la nuit noire ; mais c'est la
gloire du regard humain de l'accepter avec transport et de s'y
plonger en triomphe.

La foi a des hauteurs plus hautes que les autres montagnes;
Léquier devait faire son nid dans un lieu désert et sacré.

En haut, c'est la foi qui nous protége contre les impuissances
de l'esprit. En bas, c'est le bon sens.

Le bon sens est une qualité inférieure par elle-même, pitoyable, si elle est seule, mais rigoureusement et absolument nécessaire. Le bon sens tient lieu de plusieurs choses. Mais aucune chose, fût-ce la plus haute, ne tient lieu de lui. Le bon sens ne peut pas se faire remplacer.

L'idée du libre arbitre prit, posséda, dévora la vie de Léquier. Comme toute erreur est fondée sur une vérité dont on abuse, il abusa de la notion *liberté,* et se jeta dans les précipices qui bordent la route.

Le bon sens ressemble un peu à l'équilibre. Il tend à pondérer les choses. L'équilibre fut toujours étranger à Léquier. Quand il s'emparait d'une vérité, ce n'était point pour la contempler, avec les autres vérités, dans l'harmonie de la synthèse, c'était pour lui donner une prépondérance totale, et lui offrir en sacrifice les autres vérités.

Il penchait toujours, il versait à chaque instant, et la condensation énorme de sa pensée ardente et puissante avait l'apparence et même la réalité d'un gouffre ouvert. Son effort intellectuel dépassait ses forces humaines : il travaillait jour et nuit. Il fouillait jour et nuit, à peu près sans nourriture et sans sommeil, la même pensée : *le libre arbitre.* Il creusait avec fureur.

Le bon sens fit complétement défaut à l'homme étonnant dont je parle ; et, comme il n'habitait pas non plus dans les ténèbres sacrées où saint Denis puisa la lumière suréminente, il resta sans défense contre les tâtonnements, les lacunes et les misères du génie. Ce penseur profond se promenait sans garde-fou sur le bord des précipices. Il avait cette faiblesse qui consiste à aimer le danger.

Un jour, sur le magnifique rivage de Plérin, sur le bord de cette grande mer qu'il a toujours tant aimée, Léquier tomba à genoux et fit une prière épouvantable. Il dit à Dieu que, pour pénétrer le mystère de la prédestination, il acceptait toutes les épreuves possibles, toutes, excepté la folie.

Prière fatale et enseignement terrible ! Enseignement qu'il faut méditer. Quand l'homme est grand, c'est alors qu'il a besoin de se faire petit ! Tous les hommes ont besoin de secours. Mais le grand homme en a un besoin spécial : il faut qu'il se tienne vis-à-vis de l'Église, non pas seulement comme un homme vis-à-vis d'une institution, mais comme un enfant vis-à-vis de sa mère.

Quelque temps après, il arriva une chose que j'ose à peine écrire : la raison de Léquier, cette raison à laquelle il avait tout sacrifié, cette raison sombra. Ce fut une catastrophe épouvantable, et non pas étonnante.

La folie, ce malheur particulier, spécial, ce malheur qu'il avait craint par-dessus tout et qu'il avait seul *excepté*, quand il avait bravé tous les autres, dans la témérité de sa prière, ce malheur était justement celui qui tombait sur sa tête.

La folie, cette avant-courrière spécialement redoutée de lui, était justement l'avant-courrière qu'avait choisie la mort. Et la mort approchait.

Au bout de peu de jours, j'appris que le corps de Léquier venait d'être retiré de l'Océan. Je fus atterré, je ne fus pas surpris. J'appris la nouvelle avec horreur, et sans étonnement. Mais l'absence d'étonnement ne diminuait pas l'horreur. La seconde catastrophe, conséquence de la première, devait vraisemblablement la suivre de très-près. Mais les choses, pour être logiques, n'en étaient pas moins épouvantables. Et la prévision que j'en avais faite ne servait pas à me consoler. Le penseur profond était mort.

Il avait disparu, sans avoir fait sa place sur la terre, sans avoir joué de rôle sur la scène du monde. Son génie, qui devait être le patrimoine de tous, était resté le secret de quelques-uns. Ce génie n'avait éclairé ni les autres ni lui-même de la lumière qu'il devait produire et donner.

Jules Léquier était mort, il n'était pas *défunt*, dans la signification étymologique du mot. Il ne s'était pas *acquitté* de la sublime fonction des hommes de génie. Il n'avait pas fait son œuvre, il n'était pas *defunctus*.

J'avais toujours vu la folie et la mort tourner autour de lui, se rapprochant de plus en plus. Physiquement comme moralement, Léquier jouait avec les abîmes. Il avait la passion de l'imprudence. Il aimait les sables mouvants.

Breton comme lui, je contemplais, à ses côtés, en novembre 1861, le magnifique rivage de Plérin. Il me racontait comme des exploits ses jeux terribles avec l'Océan, et les inutiles dangers qu'il bravait sans profit.

Je le suppliai de renoncer à ces choses, et même de s'en repentir. C'était plus qu'une aberration, c'était une faute, et cette faute venait du même lieu que toutes les autres. Sa témérité, qu'il prenait pour sa grandeur, était justement sa petitesse.

Trois mois après, son cadavre était retiré de la mer, tout près de l'endroit où nous parlions, et de l'endroit dont nous parlions.

Pauvre grand esprit, vaste et tourmenté, comme l'Océan qui fut son linceul ; pauvre grand cœur, si plein de toutes les générosités et de tous les courages ! J'ai su depuis comme il aimait les pauvres et comme les pauvres l'aimaient. Qu'il éprouve à présent la puissance de ce double amour ! Qu'il contemple face à face dans les abîmes de la Miséricorde la chose qu'il n'a pas trouvée dans les subtilités de son intelligence ! Que le mystère immense, contre lequel il s'est inutilement cabré, se venge de lui en l'accablant sous une joie éternelle ! Repose en paix, cher et grand ami. Vois la lumière que tu as tant aimée ! Regarde comme elle est pure ! Elle est aussi calme qu'immense. Qu'un Océan nouveau pour toi, plus grand que ton océan des Côtes-du-Nord, s'ouvre à tes regards affamés de grandeur ! Que celui-là te sauve, au lieu de t'engloutir ! Repose en paix, mon ami, Rassasie-toi d'immensité !

ERNEST HELLO.

rectement à nostre très-cher et ami cousin Armand du Cambout, marquis
de Coislin, nostre lieutenant en la Basse-Bretagne, son petit-fils, et ériger
sous ce titre le marquisat de Coislin: ce que nous lui avons très-
volontiers accordé, ayant d'ailleurs considéré que le dit sieur de Coislin
est neveu du feu sieur cardinal duc de Richelieu, qui a rendu à cet Estat
de très-grands, de très-longs et très-recommandables services, et qu'il
est sorti d'une des plus anciennes maisons de notre province de Bretagne, alliée à plusieurs princes et illustres familles de nostre royaume; que
dès sa plus tendre jeunesse, il nous a fait paroistre son zèle et sa valeur,
et, pendant que la guerre a duré, nous a donné des preuves illustres de
son courage; et imitant le feu sieur marquis de Coislin, son père, colonel
général des Suisses et Grisons, lequel, après s'estre signalé en plusieurs
rencontres de guerre sous le feu roy, nostre très-honoré seigneur et père,
et principalement dans le passage du Rhin à Mayence, retraite de Vendre,
prise de Hesdin et d'Arras, et fini glorieusement sa vie dans les tranchées
du siége d'Aire, où il commanda en qualité de lieutenant général de
nostre armée à ce siége; les mêmes actions de valeur ayant aussi esté
pratiquées par son ayeul Charles du Cambout, baron de Pontchâteau, chevalier de nos ordres, gouverneur des ville, et chasteau de Brest, et nostre
lieutenant en Basse-Bretagne:

» Estant d'ailleurs bien informé que le dit marquisat de Coislin, les
baronnies de Pontchasteau et de la Roche-Bernard, et terre de Brignon,
se joignent et sont de très-grande estendue mouvante de nous, pleinement
et unement à cause de nostre comté de Nantes, d'où dépendent ces deux
villes; à l'une desquelles il y a un port de mer, où les plus grands vaisseaux peuvent aborder, des chasteaux et maisons considérables, et dans
lesquelles terres il y a plusieurs fiefs et arrière-fiefs, et grand nombre de
vassaux, foires, marchez ordinaires, et conséquemment capables de porter
le titre de duché et pairie;

» Nous, pour ces causes et autres à ce nous mouvans, de nostre grâce
spéciale, avons créé et érigé, créons et érigeons par ces présentes, signées
de nostre main les dites terres et marquisat de Coislin, baronnies de
Pontchasteau et de la Roche-Bernard et terre de Brignon, leurs appartenances et dépendances, en nom, titre, dignité, prérogative et prééminence
de duché et pairie de France, sous le nom et apellation de duché de
Coislin, et à cet effect, avons uni et incorporé, unissons et incorpo-
rons, etc.[1] »

La promotion des nouveaux ducs était nombreuse; il y en
avait quatorze. Le premier était Henri de Bourbon, fils naturel

---

[1] Voy. le P. Anselme, III, 797, etc.

de Henri IV et de Henriette de Balzac, créé duc de Verneuil ; le
dernier était Armand du Cambout, et l'on remarqua peu de
temps après, lorsque le duc de Verneuil épousa la seconde fille
de Séguier, veuve du duc de Sully, que le chancelier possédait
dans sa famille l'alpha et l'oméga de la promotion. Les principaux parmi les autres récipiendaires étaient MM. d'Estrées, de
Gramont, de Villeroy, de Créquy, de Saint-Aignan et de Noailles.

« Le quinze décembre, dit Bussy, le roi fit quatorze ducs. Il se souve-
noit du temps de sa minorité que le parlement de Paris voulut gouverner
l'État ; et pour empêcher que pareil désordre n'arrivât pas une autre
fois, il vouloit mettre dans ce corps-là des gens qui fussent dans les intérêts de la cour et qui retiendroient les mal intentionnés dans leur
devoir... ¹ »

On trouvera dans le *Journal* d'Olivier d'Ormesson, publié par
M. Chéruel dans la collection des documents inédits sur l'histoire de France, de très-longs détails sur ce lit de justice du
15 décembre ; car le maître des requêtes assistait pour la première fois à pareille fête et n'a pas épargné les descriptions.
Disons seulement, qu'après la lecture des lettres patentes déli-
vrées pour chaque nouveau duc, le chancelier demandait l'avis
« à tous les conseillers de la grand'chambre et des enquêtes,
suivant l'ordre ordinaire, puis aux ducs laïques et aux ducs
pairs ecclésiastiques, sans oster son bonnet, puis aux procé-
dures ostant son bonnet. » Ensuite il montait au Roi, « auprès
duquel se joignoient M. le duc d'Anguien, M. le Prince et M. le
duc d'Orléans, pour donner leur avis », et de retour à sa place
il faisait entrer le récipiendaire, qui se présentait sans épée,
puis Séguier lisait la formule suivante :

« Le Roy, tenant son Parlement, a ordonné et ordonne que vous serez
reçu en la charge et dignité de duc et pair de France, en prestant le serment en tel cas requis et accoustumé. — Levez la main. — Vous jurez et
promettez, dans ses plus importantes affaires et séant au Parlement,
rendre la justice au pauvre comme au riche, tenir les délibérations de la

¹ *Mém.* de Bussy, II, 148.

cour closes et secrètes, et vous comporter comme un digne, vertueux et
magnanime duc et pair de France, officier de la couronne et conseiller en
cour souveraine doit faire, ainsi vous jurez et le promettez. » Le récipiendaire répondait oui, et Séguier répliquait :

« Le roi vous ordonne de prendre vostre espée. » — L'huissier qui la
portait la remettait dans le baudrier, et le nouveau duc prenait rang à sa
place [1]....

Le duché-pairie de Coislin était le quatrième érigé en Bretagne.
Il avait été précédé par ceux de Penthièvre en 1569, de Retz
en 1581, et de Rohan en 1603. Soixante-dix ans plus tard,
ce titre devait s'éteindre dans la personne de l'évêque de Metz,
dernier fils d'Armand du Cambout.

IX. — Les Coislin, de 1663 à 1672.

Nous arrivons à l'une des années les plus fertiles en événements remarquables dans la famille de Coislin.

En 1665, le nouveau duc fut gratifié du justaucorps bleu,
présida la noblesse aux États de Bretagne à Vitré, eut une fille
après avoir déjà donné le jour à cinq garçons, devint mestre de
camp général de la cavalerie légère, etc..., et son frère, l'abbé
de Coislin, était nommé évêque d'Orléans, pendant que leur
oncle commun, l'abbé de Pontchâteau, s'enfonçait dans les solitudes de Port-Royal, après avoir résilié en faveur du nouvel
évêque les bénéfices de presque toutes ses abbayes.

On se demande peut-être quelle pouvait être la faveur insigne
du justaucorps bleu. Écoutons Bussy-Rabutin :

« Le roi, dit-il à l'année 1662 de ses *Mémoires,* me parut si gracieux
en me parlant, que cela m'obligea de lui demander permission de faire
faire une casaque bleue, ce qu'il m'accorda... Mais pour entendre ce
que c'étoit, il faut sçavoir que Sa Majesté avoit fait choix, au commencement de cette année, de soixante personnes qui le pourroient suivre à
tous ses petits voyages de plaisir, sans lui en demander la permission, et

[1] Voy. *Journal* d'Ormesson. II (62-66).

leur avoit ordonné de faire faire chacun une casaque de moire bleue, en broderie d'or et de soie pareille à la sienne [1]. »

Les plus grands seigneurs recherchaient avec ardeur ce privilége, qu'on ne pouvait obtenir que par un brevet spécial ; et l'on pourra se convaincre de l'importance de cette distinction en lisant, dans le *Dictionnaire historique des institutions de l'ancienne France,* par M. Chéruel, le brevet que Louis XIV accorda, en février 1665, au prince de Condé.... Le justaucorps à brevet, dit encore Saint-Simon, fut une autre des innombrables inventions de la cour somptueuse de la jeunesse de Louis XIV :

« Il étoit bleu, doublé de rouge, avec les parements et la veste rouge, brodé d'un dessin magnifique or et un peu d'argent, particulier à ces habits. Il n'y en avoit qu'un petit nombre, dont le roi, sa famille et les princes du sang étoient ; mais ceux-ci, comme le reste des courtisans, n'en avoient qu'à mesure qu'il en vaquoit. Les plus distingués de la cour, par eux-mesmes ou par la faveur, les demandoient au roi, et c'étoit une grâce d'en obtenir. Le secrétaire d'Etat ayant la maison du roi en expédioit un brevet, et nul d'eux n'étoit à portée d'en avoir. Ils furent imaginés par ceux, en très-petit nombre, qui avoient la liberté de suivre le roi à Saint-Germain et à Versailles, sans être nommez [2]. »

Peu de temps après avoir obtenu cette faveur, le duc de Coislin partit avec son frère le chevalier de Coislin pour Vitré, où devait s'ouvrir, le 22 août, la session des Etats de Bretagne. Il y présida la noblesse, avec une commission spéciale analogue à celle de 1661. Le duc de Mazarini, fils du maréchal de la Meilleraye, avait remplacé celui-ci dans ses fonctions de lieutenant général de la province, et Colbert avait envoyé l'un de ses frères, conseiller d'Etat, pour assister aux Etats en qualité de commissaire du roi. M. de La Vieuxville, évêque de Rennes, présidait le clergé, et M. de Lys, sénéchal de la même ville, présidait l'ordre du tiers. Nous ne nous étendrons pas longuement sur les événements de la session de 1665 : nous craignons de nous répéter trop souvent ; et les tenues des Etats de Bretagne pen-

[1] *Mém.* de Bussy. II, 133.
[2] *Mémoires* de Saint-Simon.

dant la première moitié du règne de Louis XIV, se ressemblent
tellement que, lorsqu'on en a raconté une, on a raconté toutes
les autres. Nous dirons seulement que, le 18 août, Colbert vint
demander à l'assemblée 3 millions de don gratuit, que deux
jours après les Etats offrirent un million avec demande de révocation de plusieurs édits, en particulier celui des notaires, et
deux arrêts au sujet des évocations. Enfin, après bien des députations et des pourparlers pendant lesquels on envoya trois fois
les présidents des trois ordres chez le duc de Mazarini, l'accord
se fit, le 14 septembre, sur la somme de 2 200 000 livres. Le duc
de Coislin ne put pas assister à tous ces débats ; le 27 août, il
tomba malade, et le marquis du Bordage fut élu pour présider
la noblesse à sa place ; en même temps, les Etats envoyèrent
une députation,

« Pour aller voir Monseigneur le duc de Coislin et lui témoigner le re-
gret qu'a l'assemblée de son mal. Ont esté députez, sçavoir : de l'Église,
Messieurs l'évesque de Saint-Brieuc, abbé d'Espinoze et de l'Esperon-
nière, chanoine de Rennes ; de la noblesse, Messieurs de Bruslon, de la
Hautière, de Pontbriand ; et du tiers, Monsieur le procureur du roy de
Lannion, syndicq de Vitré et syndicq de Guingamp [1]. »

La maladie du duc de Coislin dura trois semaines, car il ne
reprit la présidence de la noblesse que le 18 septembre et pour
quatre jours seulement, la session ayant terminé ses séances le 22
du même mois ; ce qui n'empêcha point les Etats de lui allouer
60 000 livres de gratification, en même temps qu'ils en vo-
taient 150 000 pour la reine, 50 000 pour le duc de Mazarini,
et 12 000 pour le secrétaire d'Etat de Lyonne.

A la fin de l'année, Coislin, à qui ses premiers succès militaires pendant les campagnes de Flandres, avaient donné
quelque ambition dans la carrière des armes, demanda et obtint la charge de mestre de camp général de la cavalerie
légère, lorsque Louis XIV eût résolu de la retirer à Bussy-Rabutin, enfermé à la Bastille après le scandale de ses écrits sati-

[1] *Procès-verbaux* des Etats de 1665. Séance du 27 août.

riques sur les amours de la cour. Il y a, dans la manière dont
fut traitée cette affaire, certains détails qui pourraient faire
croire que Coislin ait voulu tirer parti du malheur de son ancien général ; et nous devons en dire quelques mots.

« Le roi, dit Bussy, m'envoya M. de Louvois, le samedi 5 décembre, sur
les onze heures du matin, me demander ma démission. Ce ministre me dit
que l'intention de Sa Majesté étoit que le duc de Coislin eût ma charge pour
le prix de deux cent cinquante deux mille livres qu'on lui avoit dit
qu'elle me coûtoit. Je lui répondis qu'elle m'en coûtoit deux cent soixante-
dix, et que la maréchale de Clérembault l'en pourroit assurer. Il me dit
que si je le faisois voir au roi, je recevrois cette somme. Je lui répliquai
que cela me seroit bien facile ; qu'au reste, je prétendois faire une démission entre les mains de Sa Majesté, et que ma femme la lui portât... [1] »
— Quelques jours après, écrit plus loin Bussy, — « ma femme ayant
écrit à la maréchale de Clérambaut, qu'elle la prioit de lui mander si elle
ne savoit pas combien le feu maréchal, son mari, m'avoit vendu sa
charge, et que le roi le vouloit savoir pour me faire rendre mon argent
par le duc de Coislin, elle lui fit cette réponse :

« Pour répondre à ce que vous me demandez, ma dame, je vous dirai
» que la charge de mestre de camp général de la cavalerie a été vendue
» par M. le maréchal de Clérembault à M. de Bussy, avant notre mariage.
» Je sais seulement qu'elle fut vendue quatre-vingt-dix mille écus pour
» l'avoir ouï dire à défunt M. le mareschal. Voilà tout l'éclaircissement que
» vous peut donner sur cela, Madame, votre très-humble, etc. »

» Le 13 décembre, j'envoyai la Neuville, mon écuyer, porter à M. de
Louvois le billet de la maréchale ; il me le renvoya, en me mandant que je
ne laissasse pas de recevoir l'argent que le duc de Coislin me vouloit
donner ; et qu'après avoir témoigné par là au roi l'impatience que j'avois
d'obéir à ses ordres, je serois toujours reçu à demander les dix-huit mille
livres de surplus Je reçus donc deux cent cinquante-deux mille livres, et
dix mille livres pour un présent à ma femme, et j'envoyai ma quittance
au duc de Coislin...

» Ainsi, au bout de huit mois d'une étroite prison, on m'obligea à me
défaire d'une grande charge de guerre à moindre prix qu'elle ne m'avoit
coûté, après l'avoir exercée pendant douze ans !... [2] »

On sait que la charge de mestre de camp général de la cavalerie, créée en 1552 par Henri II, donnait droit au titulaire

---

[1] *Mém.* de Bussy, II, 258.
[2] *Id.* II, 262.

d'avoir à l'armée une garde de cavalerie, commandée par un lieutenant, et une vedette à l'entrée de son logis : il mettait quatre cornettes derrière ses armes. C'était une dignité militaire fort enviée, et le prix d'argent auquel elle est évaluée dans les *Mémoires* de Bussy, montre qu'elle était assimilée aux plus importantes parmi les charges de la cour ; mais nous n'avons pas retrouvé les traces du paiement des dix-huit mille livres de surplus réclamées par le malheureux Bussy : une de ses lettres au roi, en date du 21 décembre 1679, semble indiquer qu'il l'attendait toujours [1]. Louis XIV le taxa-t-il à 252 000 livres de sa propre autorité, et Coislin resta-t-il en dehors de la négociation ? Nous sommes tenté de le croire en nous rapportant au brevet de délicatesse et de chevaleresque probité décerné par Saint-Simon au nouveau dignitaire, qui ne voulut point, dit-il, « profiter de la disgrâce de Bussy-Rabutin pour la fixation du prix » [2]. Mais nous n'avons pas de documents précis à cet égard. Seulement, comme il est bon de mettre toutes les affirmations en présence l'une de l'autre, nous citerons encore un passage du *Journal* d'Olivier d'Ormesson, qui contredit un peu les chiffres précédents. « M. de Bussy, écrivait le maître des requêtes en décembre 1665, a donné sa démission de la charge de maître de camp de la cavalerie légère, et M. le duc de Coislin en a la charge pour 80 000 écus, qui est le prix qu'elle luy a cousté. » C'est trente mille livres de moins que la taxe indiquée par Bussy [3].

Nous n'avons pas de renseignements plus certains sur le motif qui porta le duc de Coislin à résigner, au mois de mars suivant, sa charge de lieutenant du roi dans les quatre évêchés bas-bretons de Saint-Brieuc, Tréguier, Léon et Cornouaille, en faveur de Jean-François du Gouray, marquis de la Coste, filleul et neveu du maréchal de Guébriant. Ce qu'il y a de certain, c'est que les lettres de provision du marquis sont datées du 12 mars

[1] Voy. *Corresp.* de Bussy. édit. Lalanne, V, 609–610.
[2] Saint-Simon. Édit. Hachette, II, 389.
[3] *Journal* d'Ol. d'Ormesson, II, 418.

1666, et que, le même jour, il prêta serment à Saint-Germain. Le prix de cette cession ne nous est pas plus au-
thentiquement connu ; mais il est probable qu'il fut d'environ
cent mille livres, si l'on s'en rapporte à un acte de transfert de
créance passé, le 8 avril, devant l'un des notaires au Châtelet,
et par lequel le duc et la duchesse de Coislin chargeaient le
marquis de la Coste d'acquitter pour eux un constitut de 1 600
livres de rentes, « ou un sort principal de 32 000 liv., à messire
Michel Lucas, sieur de Sarclay, etc..., conseiller du roi ès dicts
conseils .. la dicte somme de 32 000 liv. faisant partie de celle
de 62 000 liv. tournois, que le dict marquis de la Coste doibt
aux dicts seigneur et dame de Coislin pour reste du prix de la
vente que le dict seigneur duc de Coislin luy a faicte de la dicte
charge de lieutenant du roi aux dicts quatre évêchés de la
Basse-Bretagne... [1] »

Pendant toutes ces négociations de charges et d'intérêts, l'abbé
de Coislin, frère d'Armand, recevait ses bulles d'évêque d'Orléans. Le roi l'avait nommé à cet évêché dès le mois de juin
1665, malgré son jeune âge, car il n'avait encore que vingt-huit
ans ; par une faveur spéciale, les bulles lui furent expédiées gratuitement, datées du 28 mars 1666, et le 20 juin de la même année, il était sacré dans la chapelle de l'infirmerie de son abbaye
de Saint-Victor, par l'archevêque de Paris, Hardouin de Péréfixe,
assisté des évêques de Chartres et de Meaux [2]. Comme don de
joyeux avénement, son oncle, Sébastien du Cambout, abbé de
Pontchâteau, qui, depuis une querelle avec sa sœur, la duchesse
d'Epernon, était venu loger chez lui au Cloître-Notre-Dame,
s'était démis en sa faveur, au moment de prendre la règle de
Port-Royal, de l'abbaye de Saint-Gildas-des-Bois, au diocèse de
Nantes ; l'abbé de Coislin se trouvait ainsi l'un des plus riches
bénéficiers de France, en arrivant à l'épiscopat. Abbé de Saint-

---

[1] Pièce citée par M. du Clenziou, *Mém. de la Soc. archéol. et hist. des Côtes-du-
Nord*, t. III, 2ᵉ liv. 1861.

[2] *Gallia christiana.*

Victor-lès-Paris, de Saint-Jean d'Amiens, de Saint-Gildas-des-
Bois, prieur et seigneur d'Argenteuil, de Notre-Dame de Long-
champs, de Long-Pont, de Saint-Pierre d'Abbeville, de Notre-
Dame du Guais, etc., premier aumônier du roi, Pierre de
Coislin n'avait point, très-probablement, les mêmes scrupules
que l'abbé de Pontchâteau, lorsque celui-ci écrivait un peu plus
tard à la duchesse d'Epernon, au sujet de l'évêque d'Orléans:

« Que pourrois-je lui dire qui lui fût utile ? Il paroît bien, par la vie
que je mène, que j'ai une autre idée que lui de l'épiscopat... Je vous
avoue qu'en pensant qu'il a un évêché et six ou sept autres bénéfices, une
charge à la cour, et au reste son train et son équipage, je n'y comprends
rien ; je vois tant de périls pour lui à continuer de vivre comme il a fait
jusqu'à présent, que je ne sais pas si je pourrois m'empêcher de le lui témoigner en le voyant. Tout cela et bien d'autres pensées me font conclure
à ne point le voir... Je me contente à prier Dieu pour lui, et de dire à
Dieu ce que je n'ose lui dire à lui-même... [1] »

On serait tenté de croire, d'après cette lettre, que Pierre de
Coislin faisait un singulier abus de ses bénéfices; mais il ne
faut pas oublier que l'abbé de Pontchâteau était alors plongé
dans toutes les rigueurs de l'ascétisme de Port-Royal : sans cela,
pourrait-on comprendre comment l'évêque d'Orléans passa toujours pour un véritable saint au milieu de la cour ? Ecoutons,
en effet, ce qu'en pensait le monde, qui nous dira franchement
son avis par la bouche de Saint-Simon. Le portrait de l'abbé de
Coislin est complet, au physique comme au moral :

« C'étoit, dit Saint-Simon, un homme de moyenne taille, gros, court,
entassé, le visage rouge et démêlé, le nez fort aquilin, de beaux yeux,
avec un air de candeur, de bénignité, de vertu qui captivoit en le voyant,
et qui touchoit bien davantage en le connoissant... Il avoit passé sa vie
à la cour ; mais sa jeunesse y avoit été si pure qu'elle étoit non-seulement
demeurée sans soupçon, mais que jeunes et vieux n'osoient dire devant
lui une parole trop libre, et cependant le recherchoient tous, en sorte
qu'il a toujours vescu dans la meilleure compagnie de la cour.

» Il étoit riche en abbayes et en prieurés, dont il faisoit de grandes
aumônes et dont il vivoit. De son évêché, qu'il eut fort jeune, il n'en tou-

1 Sainte-Beuve. *Port-Royal*. Appendice, VI, 353.

cha jamais rien, et en mit le revenu en entier, tous les ans, en bonnes œuvres. Il y passoit au moins six mois de l'année, le visitoit soigneusement et faisoit toutes les fonctions épiscopales avec un grand soin et un grand discernement à choisir d'excellents sujets pour le gouvernement et pour l'instruction de son diocèse [1]. Son équipage, ses meubles, sa table sentoient la modestie et la frugalité épiscopales, et quoiqu'il eût toujours grande compagnie à dîner et à souper, et de la distinguée, elle étoit servie de bons vivres, mais sans profusion et sans rien de recherché. Le roi le traita toujours avec une amitié, une distinction et une considération fort marquées; mais il avoit souvent des disputes et quelquefois fortes, sur son départ et sur son retour d'Orléans. Il louoit son assiduité en son diocèse, mais il étoit peiné quand il le quittoit, et encore quand il demeuroit trop longtemps de suite à Orléans. La modestie et la simplicité avec laquelle M. d'Orléans soutint sa nomination, et l'uniformité de sa vie, de sa conduite et de tout ce qu'il faisoit auparavant, qu'il continua également depuis, augmentèrent fort encore l'estime universelle [2]. »

Pierre de Coislin prit possession de son évêché par procuration le 13 septembre 1666, et le 19 octobre de la même année, il fit son entrée solennelle dans Orléans, porté selon la coutume par les quatre barons d'Yèvre-le-Châtel, de Sully, de Cherai et d'Achères. Cette cérémonie, longuement racontée dans six colonnes du *Dictionnaire* de Moréri [3], se terminait par un droit de grâce très-étendu et la délivrance des prisonniers de la ville : 865 d'entre eux durent la liberté au nouvel évêque [4], et le poète Santeuil a célébré cette journée, célèbre dans les fastes d'Orléans, par un petit poème latin assez emphatique où *Cambutiadum clara gens* n'est pas moins prodigué que *Richelius sanguis et Seguierii augusta propago.*

Après huit années d'une paix sans orage, l'année 1667 vit reparaître tout l'appareil des camps et des machines de guerre. Pour appuyer les prétentions de la reine Marie-Thérèse sur le Brabant, par suite de la succession de Philippe IV, et de certain

[1] Saint-Simon n'ajoute point que presque tous manifestaient malheureusement des tendances jansénistes.
[2] Saint-Simon, I, 181.
[3] *Dict.* de Moréri. Édit. 1759, art. Orléans.
[4] *Gallia christiana.*

LISTE DES VICTIMES DE QUIBERON*

Il existe deux listes officielles des victimes de Quiberon : l'une qui est connue sous le nom d'*Etat du général Lemoine*, et l'autre qui figure sur le monument de la Chartreuse.

Diverses autres listes ont été publiées, mais sans caractère officiel. La première le fut par Michel, à Brest, en 1814. Elle n'est que la reproduction, par ordre alphabétique, de l'*Etat général Lemoine*, avec cette différence que les *insurgés chouans* y sont distingués des *émigrés* par un astérisque. M. Villeneuve la Roche-Barnaud a reproduit cette liste, en corrigeant parfois, à la suite de ses *Mémoires sur l'expédition Quiberon*.

Pihan de la Forest en publia une nouvelle à Paris, en 1829 [1] Elle contient beaucoup d'indications précieuses qu'on cher chercherait vainement dans les précédentes ; mais certaines qual' cations y sont souvent hasardées et, lorsque je vois, par exemp l'épithète de *noble* attribuée à Le Cun, l'honnête et vailla chantre de la cathédrale de Tréguier, à Mathurin Le Fra l'énergique paysan de Quédillac, et à bien d'autres, je ne p m'empêcher de sourire en pensant à la surprise que ces cœ si nobles, à coup sûr, mais si sincères, en eussent éprouvée.

M. Théodore Muret a donné, à son tour, sa liste au quatri' volume de ses *Guerres de l'Ouest*. C'est la liste du monument

---

* Voir, dans les livraisons précédentes, les *Débris de Quiberon* et le *Pèlerinage aux champs des martyrs*.

[1] *Notice sur le monument de Quiberon, suivie de la liste authentique des noms inscrits sur le mausolée*, par Pihan de la Forest, imprimeur, rue des Noyers, n° 37, Paris. — 1829.

avec des additions qui, manquant de preuves, manquent d'autorité.

Enfin, M. Rosenzweig, le savant archiviste de la préfecture du Morbihan, a publié, en 1863, une liste qui a le mérite d'avoir été relevée sur les arrêts de condamnation et de reproduire les noms tels qu'ils résultent des signatures des victimes [1]. Malheureusement on sait que les signatures ne sont pas toujours faciles à lire. M. Rosenzweig distingue, en outre, les condamnés sur lesquels les archives possèdent des documents certains, des *tués à l'ennemi* sur lesquels les documents font défaut. Pour ceux-ci, il se borne à suivre la liste de la Chartreuse. Grâce à cette distinction on n'est plus exposé à des recherches inutiles; mais M. Rosenzweig ne connaissait que les pièces du greffe où les noms produits ne sont pas toujours ceux sous lesquels les condamnés étaient connus. De là des confusions et des erreurs, dont quelques-unes, il faut bien le dire, existaient déjà sur le monument.

Ainsi, sur le monument, on a inscrit le nom du noble comte de Sainneville, c'était justice; mais on y a inscrit, en même temps, un *Nicolas-Anne Baudot* qui se trouve sur l'*Etat du général Lemoine* et n'est autre, en réalité, que le comte de Sainneville lui-même (*Nicolas-Anne Baudot de Sainneville*). Les doubles emplois de ce genre sont assez nombreux.

Aucune des différentes listes dont nous venons de parler n'indique d'ailleurs le lieu et le jour de la condamnation, ce qui fait que les points de repère manquent pour la facilité des recherches. Il y avait là une lacune importante à combler. Il y avait, en outre, des éclaircissements de plus d'un genre à donner sur l'*Etat* du général Lemoine, qui a servi de base à toutes les listes, *Etat* à la fois très-incorrect et très-incomplet.

Et d'abord, rédigé dans le courant de nivôse de l'an IV, il ne pouvait contenir évidemment toutes les condamnations

---

[1] *La Chartreuse d'Auray et le monument de Quiberon*, par L. Rosenzweig. Vannes, Cauderan. — 1863.

nier de fond en comble. C'est ce que comprit immédiatement
M. Hersart du Burou, qui, en sa qualité de secrétaire de la Commission de souscription pour la Loire-Inférieure, avait déjà réuni
des documents et fait quelques publications. Ancien élève de
l'École polytechnique et habitué, par suite, à la précision et à
l'exactitude, il était irrité, indigné, c'était le mot, qu'elles fussent si peu respectées sur un monument public; vieux gentilhomme, il souffrait de voir défigurer des noms qui, à ses yeux,
avaient tous, même les plus obscurs, le droit d'être illustres. De
là cette vaste correspondance dont j'ai déjà parlé, correspondance qui ne fut pas sans soucis et que M. Hersart ne poursuivit
pendant vingt ans que par un effet tout spécial, disait-il, de sa
ténacité bas-bretonne.

Le fait est que M. Hersart était pressant, insistant; or il arrive
souvent qu'on n'aime point les exigences. Souvent donc on ne lui
répondait pas ou on lui répondait d'un ton qui n'exprimait nullement la gratitude. Mais, après 1830, ce fut bien pis. On s'imagina, çà et là, que son travail pourrait, fort contre son gré,
aider les révolutionnaires à dresser de nouvelles tables de
proscription, et nombre de bouches demeurèrent closes.
D'autres, il est vrai, ne l'étaient pas; mais elles parlaient quelquefois à l'aventure et plus qu'il n'aurait fallu. Aux renseignements demandés on joignait des faits douteux, des légendes impossibles. M. Hersart se récriait; il faisait toucher au doigt l'erreur, l'impossibilité, et cela ne plaisait pas toujours. Bref, le travail était pénible, difficile, et, lorsque la mort vint l'interrompre, de nombreux matériaux étaient amassés sans doute,
mais l'édifice était encore à construire.

Et même, pour le construire, bien des pièces manquaient.
Abondants sur beaucoup de points, les documents l'étaient peu
sur d'autres; ils faisaient même complétement défaut sur un
grand nombre. Aussi n'aurais-je jamais entrepris d'y mettre la
main, même avec l'aide bienveillante des érudits les plus compétents, si de douloureuses circonstances de famille ne m'avaient

rendu familier, dès l'enfance, tout ce qui tient à Quiberon. Ma
mère avait perdu, dans cette épouvantable catastrophe, son père,
un frère, un cousin germain et un oncle à la mode de Bretagne.
Quoique bien jeune alors, elle s'était trouvée mêlée aux péripéties de ce drame affreux. Elle avait vu et entendu, dans les prisons d'Auray et de Vannes, la plupart des victimes : et, durant
une vie de quatre-vingt-dix ans que Dieu fit, jusqu'au dernier
jour, saine et forte, nous avions trop souvent recueilli ses impressions en famille pour qu'elles ne fussent pas devenues les
nôtres. J'avais donc des données acquises, et ces données m'ou-
vraient la voie pour trouver une partie de celles qui m'étaient
encore nécessaires. Je savais où chercher et comment chercher.
C'est ce qui m'a décidé à ne pas laisser perdre les documents
recueillis par mon infatigable compatriote, heureux d'ailleurs,
je l'avoue, d'apporter à ce qu'on peut appeler *la dernière page
de l'histoire de Quiberon*, le tribut de mes efforts, de mon respect et de mes pieux souvenirs [1].

[1] Malgré toutes mes recherches, je n'ai pu, on le verra, fournir des données précises sur tous les noms; mais l'import nt était d'ouvrir la voie. D'autres la suivront
jusqu'au bout. Pour les dates des condamnations, j'ai pris comme guide le répertoire du greffe. S'il y avait quelque erreur, ce serait son fait et non le mien. Lorsque
les dates m'ont paru douteuses, ou lorsque des noms portés sur l'*Etat* du général
Lemoine ne se trouvaient pas sur le répertoire, j'ai simplement indiqué l'*Etat* comme
pièce authentique et probante.

EUGÈNE DE LA GOURNERIE.

LISTE DE LA CHARTREUSE, AVEC ADDITIONS ET RECTIFICATIONS.

EXPLICATIONS PRÉLIMINAIRES. — Le premier nom est celui qui est inscrit sur le monument. Chaque nom est exactement reproduit. Nous nous sommes permis seulement quelques transpositions pour ceux qui ne sont pas à leur place rigoureusement alphabétique. La syllabe *Aj.* indique les additions ; le signe — les suppressions ; le signe + les condamnations ; *Em.* signifie émigré ; *Ins.*, insurgé.

Nous avons conservé pour les condamnations les dates républicaines, afin de faciliter les recherches dans les archives. Disons seulement que le 9 *thermidor*, date de la première condamnation, indique le 27 *juillet*; — le 14 *thermidor* le 1ᵉʳ *août*; — le 8 *fructidor* le 25 *août*; — le 17 *fructidor* le 3 *septembre*; — le 11 *nivôse de l'an IV* le 1ᵉʳ *janvier* 1796.

Chᵉʳ D'AIGUILLON. (Fait double emploi avec *de Guillon*, qui est écrit *Déguillon* sur l'arrêt. Voir au G.)

D'ALBERT-MIVEL (Charles). *Aj.*, militaire, 25 ans, Saint-Omer, Pas-de-Calais, condamné le 13 thermidor à Vannes. *Em.*

ALLANIC (Alexandre). *Aj.*, étudiant, Loudéac, Côtes-du-Nord + 15 brumaire an IV. Vannes. *Em.*

ALLARY.

L'ALLEMAND (Pierre), domestique du baron de Damas, âgé de 37 ans, Bourgogne + 10 thermidor. Quiberon. *Em.*

ALLIEAUME (Pierre-Louis-Nicolas), horloger, âgé de 19 ans, Gravelines, Nord + 16 thermidor. Quiberon. *Em.*

ALOY (Antoine). *Aj.*, déserteur, âgé de 22 ans, Pas-de-Calais + 15 thermidor. Vannes. *Em.*

ALOY (Louis-Joseph). *Aj.*, déserteur, âgé de 21 ans, Pas-de-Calais + 15 thermidor. Vannes. *Em.*

ALYS (M.-J.). *Lire*, Joachim ALYS, 26 ans, Nord + 15 thermidor. Quiberon. *Em.*

D'AMBOIX (Charles). *Aj.*, sous-lieutenant de la marine, 24 ans, Mas-d'Azil, Ariége + 14 thermidor. Vannes. *Em.*

D'AMBOIX (F.-J.). *Lire*, Pierre-Jean, lieutenant au régiment de Béarn, 29 ans, Mas-d'Azil, Ariége + 14 thermidor. Vannes. *Em.*

AMELIN (Joseph). *Aj.*, soldat, 29 ans, La Bruffière, Vendée + 27 fructidor. Vannes. *Em.* [1]

D'ANGLARS (Charles). *Lire*, Charles-Louis, volontaire en *Béon*, né à Na-

---

[1] Il avait émigré avec son capitaine, M. de Buor.

champs, Charente-Inférieure, le 18 avril 1774 ✝ 9 fructidor. Auray. *Em.* [1].

AMÉRÉ (Marc). *Aj.*, cordonnier, fusilier dans *Béon*, 24 ans 1/2, Pas-de-Calais ✝ 10 thermidor. Quiberon. *Em.*

D'ANTRESSE (J.-B.). *Lire*, Jean-Baptiste-François-Marie PALLET D'AN-TRAIZE, chasseur noble dans la légion de *Damas*, né à Saint-Jean-d'Angély, le 19 septembre 1770 ✝ 28 fructidor. Vannes. *Em.* Voir ci-dessus, t. XXXIV, p. 370.

D'APCHIER (A.-M.). *Aff.*, 24 ans, Ternant, arrondissement d'Issoire, Puy-de-Dôme ✝ 5ᵉ complémentaire an III. Vannes. *Em.*

D'APCHIER (Gilbert). *Aj.*, Ternant, arrondissement d'Issoire, Puy-de-Dôme ✝ 17 fructidor. Auray. *Em.* [2].

D'ARBLADE (J.-L.). *Lire*, Jean-Louis BEUQUET D'ARBLADE, capitaine au régiment d'*Hervilly*, 36 ans ✝ 16 thermidor. Vannes. *Em.*

ARBON (Philippe). *Aj.*, soldat, 34 ans, Saint-Germain des-Bois, Somme ✝ 13 fructidor. Auray. *Em.*

D'ARBOUVILLE (L.-C.-H.). *Aj.*, capitaine au régiment d'*Hervilly*, tué le 16 juillet. *Em.* [3].

LARCHANTEL (R.-V.). *Lire*, GILART DE LARCHANTEL, chanoine de Quimper, 46 ans ✝ 9 thermidor. Auray, exécuté le 10 à Vannes. *Em.* Voir ci-dessus, t. XXXIV, p. 189.

D'ARNAUD. *Aj.*, Louis-Auguste.

ARNOULT (Pierre). *Aj.*, praticien, né le 8 mars 1753, à Calais ✝ 13 fructidor. Auray. *Em.*

ASTIER. (Il existe une famille de ce nom en Provence [4]).

[1] Fils de *Jean-Alexandre*, seigneur de Peychaure, et de *Marie-Louise-Thérèse* Griffon.

[2] Famille d'Auvergne, dont la branche aînée s'est fondue dans La Tour, en 1663, et dont une seconde branche s'est éteinte, en 1753, avec *Clade-Annet* d'Apchier, lieutenant-général et chevalier des ordres. Restait une troisième branche, qui comptait parmi ses membres, avant la Révolution, le comte d'Apchier, officier supérieur aux gendarmes de *Monsieur*, un sous-lieutenant au régiment de Royal-Vaisseaux et autres.

[3] Deux familles d'Arbouville ont marqué dans les armes : les *Chambon* d'Arbouville et les *Loyré* d'Arbouville. Ces derniers ont produit récemment un général de division, grand-croix de la Légion-d'Honneur. Les *Chambon* comptaient, en 1789, deux chevaliers de Malte. Nous remarquons, en outre, un comte d'Arbouville, maréchal-de-camp en 1788. Il nous est impossible de dire à laquelle des deux familles il appartenait; c'est probablement lui qui fut tué à Quiberon.

[4] Le régiment de *Béarn* avait, avant la Révolution, un capitaine du nom d'Astier de *Monnessargue*, et le régiment de *Périgord*, en 1795, un capitaine du nom de Saint-Astier; mais ce dernier ne se trouva pas à Quiberon. Il est devenu, plus tard, lieutenant-général et cordon rouge.

Cte D'ATTILLY. *Lire*, DE BULLION D'ATTILLY, colonel, commandant en second le régiment d'*Hervilly*, tué à l'affaire du 21. *Em.* [1].

AUBIN (J^q-A^{te}.). *Lire*, AUBIN DE BOTCOUARD, lieutenant au régiment de Guyenne, infanterie, 34 ans, Vannes + 15 thermidor. Vannes. *Em.* [2].

AUBRY (Furcy). *Aj.*, 43 ans, Somme + 15 thermidor. Quiberon. *Déserteur.*

D'AUDEBARD (Pierre). *Aj.*, 55 ans, Paris + 16 thermidor. Quiberon. *Em.*

AUDREIN (Mathurin). *Aj.*, laboureur, réfractaire, La Prenessaye, Côtes-du-Nord. *Ins.* N° 707 de l'État du général Lemoîne.

AUFFREY (François). *Aj.*, menuisier, réfractaire, La Prenessaye, Côtes-du-Nord. *Ins.* N° 708 de l'Etat du général Lemoine.

DE SAINT-AULAIRE (M). *Lire*, Marc-Antoine DE BEAUPOIL SAINT-AULAIRE, 32 ans, Jonzac + 18 thermidor. Quiberon. *Em.* [3].

D'AURONT. *Aj.*, Jean-Antoine. Voir DOURROUX.

Cte D'AVARAY. *Lire*, Armand-Louis-Théophile DE BEZIADE, vicomte D'AVA-RAY, chevalier de Malte, major en second au régiment d'*Hervilly*, né à Paris, le 11 décembre 1766 + 16 thermidor. Vannes. *Em.* [4].

AVRIL (René). *Aj.*, domestique, 47 ans, Lamballe + 13 fructidor. Auray. *Em.*

BACHELOT (Michel). *Aj.*, domestique, 36 ans, Maine-et-Loire + 18 thermidor. Quiberon. *Em.*

BACHELOT (Mathurin). *Aj.*, laboureur, né à Cadillac, Côtes-du-Nord, le 4 avril 1748 + 12 thermidor. Auray. *Em.*

DE BAILLY (J.-P.-R.). *Lire*, Jean-Pierre-Raymond LE BAILLIF DE PORTSA-LUDEN, 39 ans, Pont-Croix, Finistère + 13 thermidor. Vannes. *Em.*

BANS (Pierre). *Aj.*, 50 ans, Perpignan + 20 fructidor. Vannes. *Em.*

DE BARASSOL (J.-J.-A.). *Lire*, DE BORRASSOL, capitaine au régiment de Hainaut, plus tard en *Damas*, chevalier de Saint-Louis, né à Toulouse, le 6 juin 1738 + 15 thermidor. Quiberon. *Em.* [5].

[1] Il devait être petit-fils de *Claude-Louis*, et de *Madeleine* de Rosnyvinen.

[2] La famille *Aubin de Botcouard*, de Vannes, se composait de cinq personnes : deux fils, dont l'un fut tué à Newport, l'autre à Vannes, et de trois filles, qui n'ont pas laissé de postérité. La famille est éteinte.

[3] Deux Saint-Aulaire se trouvaient à Quiberon : *Marc-Antoine* et *Jean-Yrieix*, colonel, chevalier de Saint-Louis, fils du baron de la Laminade, et titré, lui-même, *marquis de Saint-Aulaire*. Il se sauva le 21, prit du service en Russie, d'où il ne revint qu'en 1818. Louis XVIII le nomma, par ordonnance du 26 août de cette année, maréchal de camp.

[4] Il était le second fils de *Claude-Antoine* de Beziade, marquis, puis duc d'Avaray, et d'*Angélique-Adélaïde-Sophie* de Mailly de Nesle.

[5] Il était fils de *Guillaume*, seigneur de Neguebedel, et avait un frère qui a continué la filiation.

DE BARAUDIN (Louis). *Aj.*, lieutenant de vaisseau, 35 ans, Rochefort +
12 thermidor. Quiberon. *Em.* Voir ci-devant, t. XXXIV, p. 361.

BARBA (Jean-Joseph). *Aj.*, soldat, 25 ans, Fruges, Pas-de-Calais + 15
thermidor. Vannes. *Em.*

BARBAROUX (François).

BARBUT (J.-M).

DE LA BARRE (François-René'. *Aj.*, né à Nantes, le 16 juillet 1738 +
15 thermidor. Quiberon. *Em.* [1].

BARRÉ (Yves). *Aj.*, chirurgien, 45 ans, Châteauneuf-du-Faou, Finistère +
12 thermidor. Quiberon. *Em.*

BARRET. *Aj.*, Michel.

DE BASQUIÈRES (B.-F.). *Lire*, Louis-François-Henri MORISSON DE LA BAS-
SETIÈRE, né, le 30 novembre 1770, au château de la Bassetière,
près des Sables-d'Olonne, ancien page de Monsieur, volontaire
dans *Loyal-Émigrant* + 17 fructidor. Vannes. *Em.*

DE LA BASSETIÈRE. *Lire*, Calixte-Charles MORISSON DE LA BASSETIÈRE, né
le 23 janvier 1772, frère du précédent, chasseur noble dans le
régiment de *Damas* + 11 thermidor. Auray. *Em.* [2].

BASSOU (François). *Aj.* Perpignan + 9 fructidor. Vannes. *Em.*

— BAUDOT (N.-Anne). *Lire*, Nicolas-Anne BAUDOT, comte, puis marquis
de SAINNEVILLE. (Double emploi, voir *Sainneville*).

DE BAUDRAND (Louis-Charles). *Aj.*, capitaine de vaisseau, 55 ans.
Saint-Vigor (Calvados) + 14 thermidor. Vannes. *Em.*

BAUDUT (Jh). *Lire*, BAUDIOT ou BAUDAL, musicien, 26 ans. Nancy +
12 thermidor. Auray. *Em.*

BAULAVON (Gabriel). *Aj.* Séminariste, professeur, né en janvier 1769,
à Séez (Orne) + 16 thermidor. Vannes. *Em.* [3].

LA BAUME DE PLUVINEL (J.-A.-T.). *Lire*, Joseph-Antoine-Bernard-Marie
DE TERTULLE DE LA BAUME DE PLUVINEL, né à Carpentras, le 29
janvier 1755; lieutenant dans *Hector* + 15 thermidor. Vannes.
Em. [4].

[1] Ancien page, officier de *Royal-Cravate*, cavalerie. Il avait épousé *Marie-Jeanne
Baudouin de la Ville en Bouaye*, dont cinq enfants, deux fils, l'un tué en 1815,
l'autre colonel d'infanterie sous la Restauration. L'un et l'autre ont laissé postérité.

[2] Ils étaient fils de *Jean-Baptiste-Henri-Marie-Joseph*, ancien chevau-léger de la
garde du roi, et de *Henriette* Foucher de Brandois. Deux de leurs frères périrent
dans la Vendée, et deux autres, après avoir pris part aux guerres de l'émigration et
de la chouannerie, ont continué la filiation.

[3] Il était tonsuré et professait la rhétorique au collège de Séez, lorsque éclata la
Révolution. A Quiberon, il servait comme sergent dans *Rohan*. Avant de mourir, il
écrivit à sa mère une lettre admirable de piété, de sentiment et de résignation.

[4] Son acte de baptême désigne ainsi son père : *Joseph-Séraphin*, par testament
surnommé *de Tertulle*, du lieu de la Baume, chevalier, marquis de Pluvinel, etc.;

DE BAUPTE (Louis-Charles-H.). *Aj.* Officier des garde-côtes, volontaire dans *Damas,* né le 15 mars 1741, à Ecrammeville, (Calvados) + 11 thermidor. Auray. *Em.* [1].

DE BAVIÈRE (Ch[er]). *Lire,* CAQUERAY DE BAVIÈRE, s.-lieutenant en d'*Hervilly,* tué ou noyé le 21 juillet. *Em.* [2].

DE BAYARD (Emile) [3].

DE BÉARN (P.-P.). *Lire,* GALARD DE BÉARN [4].

— DE BEAUCORPS (Ch[er]). Double emploi avec le suivant.

DE BEAUCORPS (J.-J.). *Aj.* Ancien officier de cavalerie, vétéran dans *Loyal-Emigrant,* 57 ans. L'Epineuil, près de Saintes + 15 thermidor. Quiberon. *Em.* [5].

DE BEAUDENET.

et sa mère, *Laurence-Antoinette* de Lattier. Il épousa lui-même *Marie-Antoinette* d'Anglancier de Saint-Germain, dont il avait un fils, qui n'a pas laissé de postérité masculine. La famille a été continuée par son frère aîné.

[1] Fils de *François* de Baupte, seigneur de Baumer, garde de la porte du roi, et de *Marie-Gillette-Geneviève* Bauquet. Lui-même avait épousé *Marie-Louise-Victorine* de Baudre, dont il avait un fils et une fille.

[2] Quarante Caqueray, suivant M. de Villeneuve La Roche-Barnaud, se trouvèrent réunis dans l'*Armée des princes,* en 1792. Ils voulaient former une compagnie à eux seuls; mais le comte d'Artois s'y refusa, ne voulant pas exposer une telle famille à être exterminée dans un seul combat. Trois d'entre eux périrent, à Famars, à Menin, en Hollande; quatre à l'armée de Condé, un en Normandie, un autre parmi les chouans, deux à Quiberon (Caqueray de Mezanci et Caqueray de *Barière*), et un dernier à Jersey, de blessures reçues à Quiberon (Caqueray de l'Orme). Voir plus loin *Caqueray.*

[3] La famille du chevalier *sans peur et sans reproche* est depuis longtemps éteinte; mais l'histoire cite d'autres Bayards : *Castel Bayard,* notamment, un des capitaines d'Henri IV; dans le dernier siècle, un capitaine de vaisseau, *Georges* Bayard des Catelais, en Picardie ; un brigadier des gardes-du-corps, en 1789 ; des barons de Bayard en Languedoc, etc.

[4] La généalogie de la famille ne le mentionne pas; mais toutes les branches n'y sont pas comprises, et la victime paraît avoir appartenu à un rameau qui s'était fixé dans l'Angoumois, depuis deux siècles.

[5] Son véritable prénom était *Paul* ; *Jean-Jacques* étaient les prénoms de son père. De son mariage avec N. Raboteau, il avait une fille, mariée à *Casimir* de Montlembert, ancien capitaine d'infanterie.

EUGÈNE DE LA GOURNERIE.

(La suite à la prochaine livraison).

———————

NOTICES ET COMPTES RENDUS

VIE DE M. OLIER, fondateur du séminaire de Saint-Sulpice, par M. Faillon, prêtre de Saint-Sulpice. — Paris, 1873. Poussielgue et Watelier, 3 in-8° de 530 p., 616 p., 658 p., avec 30 planches, portraits, gravures, fac-simile.

La vie de M. Olier par M. Faillon se divise en trois parties, dont chacune forme un volume distinct, et se subdivise elle-même en dix livres.

Le premier volume contient, outre une courte notice sur l'auteur, un avis sur la nouvelle édition, la préface des précédentes, et la première partie de l'ouvrage lui-même, soit la jeunesse de M. Olier, et l'exposé des moyens merveilleux par lesquels Dieu prépara son serviteur à l'accomplissement de l'importante mission pour laquelle il l'avait prédestiné.

Le second volume nous fait connaître ce qu'a été le ministère pastoral de M. Olier à Paris (1642-1652); les fruits immenses de salut réalisés sur la paroisse de Saint-Sulpice, pendant les dix années qu'il en a eu la charge.

Le troisième et dernier volume est consacré à retracer d'abord les origines du séminaire de Saint-Sulpice, modèle et principe de tous les autres séminaires de France, puis les derniers moments de celui qui en fut le fondateur. Il est complété en outre par un triple appendice : le premier a pour objet de faire connaître les rapports de M. Olier avec la vénérable Mère de Matel : le second et le troisième sont consacrés à publier deux documents inédits, savoir : *Un projet pour un séminaire,* rédigé par M. Olier lui-même, et un chapitre de la vie de saint Vincent de Paul par Abelly, négligé par les éditeurs de cet ouvrage.

Cette courte analyse d'un livre aussi étendu que celui de
M. Faillon ne saurait nous donner qu'une faible idée soit de l'intérêt
général qu'il offre au lecteur, soit de la multitude des sujets qui
y sont traités, des questions d'histoire, d'hagiographie et autres,
qui y sont discutées avec un rare talent d'érudit et de théologien.
Aussi je me plais à constater que peu de livres du même genre
offrent autant de renseignements précieux pour l'histoire ecclésiastique de la France au XVIIe siècle. Qui pourrait s'en étonner s'il
considère combien souvent M. Olier s'est trouvé en rapport, pendant
un bon nombre d'années, avec les personnages de cette époque les
plus marquants par leur sainteté, tels que saint Vincent de Paul,
de Bérulle, de Condren, la Mère de Matel, etc., pour ne rien dire
de saint François de Sales, de la Vénérable Agnès de Langeac, et de
beaucoup d'autres? D'ailleurs qui peut ignorer que la fondation des
séminaires de France est l'un des faits principaux de notre histoire
religieuse dans la première moitié du XVIIe siècle, celui qui a eu
et qui devait avoir le plus de retentissement dans l'avenir pour la
réforme des mœurs et le progrès dans la vertu. Or, le saint prêtre
dont M. Faillon nous donne la vie a été spécialement suscité de
Dieu pour donner naissance à cette œuvre et en assurer la stabilité.
Il a fondé personnellement le premier de nos séminaires, celui de
Vaugirard, plus tard transféré à Saint-Sulpice [1], et il a contribué de
son vivant à l'érection de plusieurs autres.

Mais c'en est assez pour faire connaître l'importance générale de
cet ouvrage, et celle du personnage qui en fait l'objet. Je dois dire
maintenant que l'un et l'autre ont des droits spéciaux à intéresser
la Bretagne. Le prieuré de la Trinité de Clisson, au diocèse de
Nantes, fut en effet conféré au jeune Olier dès 1623, c'est-à-dire
à une époque où il touchait à peine à sa quatorzième ou quinzième
année [2]. Vingt ans plus tard (1642) son possesseur l'échangea pour

---

[1] Ce point, révoqué en doute par les biographes de saint Vincent de Paul, est
discuté de nouveau et éclairci avec une grande sagacité. V. T. I, p. 392 et 422.

[2] Vie, etc., t. I, p. 19.

la cure de Saint-Sulpice; échange qui, plus que toute autre circonstance, le mit à même de réaliser la fondation du séminaire de
Saint-Sulpice [1].

M. Olier séjourna, en outre, à diverses reprises dans son prieuré
de Clisson, il y fit des missions et en rebâtit l'église [2]. C'est pendant
son premier séjour à Clisson (1638) qu'il réussit à mettre la réforme
dans un prieuré de femmes assez voisin du sien, celui de la
Regrippière [3].

M. Olier se fit aussi un devoir d'accomplir un double pèlerinage
à deux de nos principaux sanctuaires bretons, savoir : celui de
Sainte-Anne d'Auray et celui de saint Vincent Ferrier, à Vannes [4].

Il entretint aussi des relations suivies avec plusieurs personnes,
qui honorèrent alors la Bretagne par la sainteté de leur vie, comme
la Mère de Bressand, de l'ordre de la Visitation [5]; M. René Leves-
que, fondateur des Prêtres de Saint-Clément de Nantes [6], avec
Pierre Queriolet, dont la conversion fut si merveilleuse [7]; enfin,
surtout, il contribua grandement à la fondation du séminaire de
Nantes, qui fut confié à ses disciples par Mgr de Beauvau, dès 1649.
Il est vrai que les fils d'Olier quittèrent ce séminaire en 1660, faute
de s'entendre avec l'évêque, qui les avait appelés; mais ce fut pour y
rentrer dans les premières années du XVIIIe siècle [8].

Je n'entrerai pas dans plus de détails sur l'intérêt que présente
la *Vie de M. Olier*, au point de vue de notre histoire particulière de
Bretagne; mais je ne puis clore ce rapide compte rendu sans dire
que la quatrième édition de ce livre, celle qui vient d'être livrée au
public, diffère en beaucoup de points de la première et des deux
éditions qui l'ont suivie. Celles-ci n'avaient que deux volumes, la
nouvelle en a trois de bonne dimension. Au lieu d'offrir de simples

---

[1] *Vie de M. Olier*, p. 434 et suiv.
[2] *Ibid.*, p. 71, 210.
[3] *Ibid.*, T. I, p. 250.
[4] *Ibid.*, t. II, p. 602.
[5] *Ibid.*, t. II, p. 216 et 247
[6] *Ibid.*, t. III, p. 205, 367, etc..
[7] *Ibid.*, t. I, p. 250, etc. Il y a là un très-beau portrait de ce saint homme.
[8] *Ibid.*, t. III, p. 266, 322 et suiv.

améliorations, et quelques rectifications, elle a tous les caractères d'un livre refondu et en quelque sorte refait à neuf. Aussi, bien que le plan général et l'ordre dans lequel les matières sont traitées aient été conservés dans la présente vie de M. Olier, il y a tant de chapitres additionnels, tant de nouvelles notes critiques ou biographiques, sans parler de quelques pièces inédites, qu'on peut l'appeler sans exagération un ouvrage nouveau. L'auteur a été amené à faire ces changements à son œuvre, par la découverte de nouveaux documents récemment arrivés à sa connaissance, et principalement par celle des précieux mémoires de la Vénérable Marie Rousseau (14 ou 15 vol.). Ce n'est qu'en 1867 que M. Faillon a fait cette dernière trouvaille : jusque-là ses démarches pour les atteindre avaient été sans résultat. Dieu lui ménagea encore trois ans de vie pour analyser ces manuscrits et en faire entrer toute la substance dans la nouvelle édition de son livre, à laquelle il commençait alors à travailler. Aussi, quand la mort est venue le frapper (25 octobre 1870), la rédaction était achevée, et l'ouvrage pouvait être livré à l'impression. L'auteur avait manifesté le désir que l'édition fût faite avec un soin extrême, ornée de nouvelles planches et de nouveaux portraits. Un de ses confrères s'est chargé pieusement de la mission, d'accomplir ces dernières volontés du mourant, et l'a fait avec un zèle et un dévouement qu'on ne saurait assez louer. Aussi ces trois volumes sont-ils imprimés avec une perfection, j'oserais même dire avec un luxe d'ornementation, qu'on rencontre trop rarement dans les ouvrages du même genre.

Nous avons donc ici l'édition définitive de la vie de M. Olier, et de ce qui vient d'être dit, je me crois en droit de conclure qu'aucune des éditions précédentes ne peut tenir lieu de celle-ci. Cette dernière, au double point de vue de l'érudition et de la piété, a sa place marquée dans toute bibliothèque ecclésiastique et historique de quelque importance.

Dom Fr. PLAINE,
Religieux bénédictin de Liguge.

CHRONIQUE

SOMMAIRE. — L'*Almanach du Sonnet* et les sonnettistes bretons. — Réunion des Sociétés savantes à la Sorbonne. — Le Concours régional de Nantes. — L'Abbé Moigno et M. de Kerjégu. — L'Association bretonne. — Le frère Cyprien et M. Charles Hello. — La décoration de l'église Sainte-Geneviève.

Nous avons reçu dernièrement un petit livre « imprimé à Aix en Provence », qui, sous un titre très-humble : « *Almanach du sonnet pour 1874* », renferme une collection remarquable de petits trésors poétiques, et qui, malgré son origine étrangère à notre province, ménage plus d'une surprise agréable à des lecteurs bretons. Saluons d'abord dans ce recueil de « sonnets inédits, publiés avec le concours de 150 sonnettistes », un heureux essai de décentralisation littéraire : on n'encourage pas assez, dans la presse départementale, les travailleurs de province, savants, érudits, historiens, conteurs ou poètes, qui cherchent à se dégager de l'étreinte parisienne. Honneur donc à M. de Gagnaud, qui nous promet de nous faire assister tous les ans à pareil tournoi ! Honneur aussi aux poètes éminents qui ont bien voulu, par leur patronage et leur collaboration, donner à la nouvelle *Académie du sonnet* un gage de vitalité et d'influence morale ! « En un temps où le mot désunion semble être en France, dit l'éditeur, la devise de tous les partis, ce serait faire œuvre utile, nous a-t-il semblé, que de chercher, pour les esprits généreux, un sol neutre où l'accord fût possible. Or quel rendez-vous plus propice, pour cet essai d'apaisement et de concorde, que celui où nous voici ? La poésie élève l'âme si haut, si près de l'infini et si loin des querelles de la fourmilière humaine, elle exalte si vivement en nous tous les sentiments de dévoûment, d'amour, de vrai patriotisme, qu'il est impossible qu'elle ne nous fasse pas meilleurs et plus disposés à nous rapprocher les uns des autres. » Aussi, de tous les points de la France, et de tous les groupes littéraires, les poètes et les délicats se sont-ils donné rendez-vous dans cette réunion fraternelle. Classiques et romantiques s'y rencontrent en amis, et les *maîtres ciseleurs* y coudoient sans dédain les plus humbles *sonneurs* de sonnets.

Voici trois membres de l'Académie française, dont l'un honore souvent notre Revue de ses vers émus et patriotiques : Joseph Audran, Auguste Barbier et Victor de Laprade [1] ; — voici des rimeurs depuis longtemps favoris des muses : Jules Lacroix, Arsène Houssaye, Prosper Blanchemain ; — voici le doyen des sonnettistes : le général comte de Montesquiou ; — voici la jeune école du Parnasse contemporain : Joséphin Soulary, François Coppée, Sully-Prudhomme, — et voici nos compatriotes : Mme Penquer (*A Victor Hugo*), Émile Péhant (*A Mme Dorval*), C. Robinot-Bertrand (*Un Sculpteur*), Émile Grimaud (*En wagon*), Jeanniard Du Dot, etc., accompagnés de certain jouteur masqué, qui signe des initiales A. des M. un *Sonnet-Almanach* très-original, et que nous soupçonnons fort devoir être parent très-rapproché ou ami intime de l'auteur des *Souvenirs bretons*. — Voici, enfin, entre un poète du patois bourguignon et les illustres provençaux Roumanille et Mistral, un Breton bretonnant, Vincent Coat, ouvrier à la manufacture des tabacs de Morlaix, qui chante, en dialecte de Léon, les plaintes de Jeanne la Boiteuse, duchesse de Bretagne :

> Pelec'h hemcp va c'halloud ? Pelec'h heman va zud ?....

Ouvrez ce petit livre, ami lecteur, et vous ne le fermerez qu'après avoir respiré, fleur à fleur, le parfum de toutes ces pages délicates. Désirez-vous en goûter déjà l'arome pénétrant ? Savourez ce petit poème, plein d'humour et de verve, de M. Joséphin Soulary, de Lyon, l'un des maîtres ciseleurs en l'art du sonnet :

EN PROVINCE

> — Bonjour ! avez-vous lu le *Moniteur ?*
> — La prime
> A monté ?
> — Point.
> — Alors, d'où vient cet air content ?
> — Lisez donc : un critique en vogue et qu'on estime,
> Décerne à notre ville un éloge éclatant.
>
> — Affaire de tissu ?
> — Non, affaire de rime ;
> Le petit *Chose* en lance un recueil qu'on prétend
> Être un chef-d'œuvre.
> — Oh ! là !!!...
> — Comme un mot vous anime !
> Allez-vous prendre feu pour l'heureux débutant ?

---

[1] Nous sommes heureux de rencontrer sous notre plume le nom de M. de Laprade, pour annoncer à ses admirateurs qu'un décret du 10 avril a nommé l'auteur des *Muses d'État* professeur honoraire de la Faculté des Lettres de Lyon. L'empire lui avait enlevé sa chaire. Le décret du 10 avril est un acte de réparation.

— Lui, poète ! allons donc ! vous plaisantez, je pense !
Je ne connais que lui ; c'est mon proche voisin,
La nièce de mon gendre épousa son cousin ;

Même un soir, au café, j'ai payé sa dépense ;
Un bon garçon, d'accord, mais qui n'a pas le sou ;
Lui, du talent ?... Tenez, votre critique est fou.

Voilà comme on juge trop souvent en province, et c'est pour cela que la décentralisation littéraire est bonne. Aussi ne parlerions-nous point d'une œuvre éminemment centralisatrice, qui s'appelle la réunion annuelle des Sociétés savantes des départements à la Sorbonne, si deux de nos compatriotes n'y avaient été couronnés : M. Geslin de Bourgogne, président de la Société d'émulation des Côtes-du-Nord, en recevant la rosette d'officier d'Académie, et M. Massieu, ingénieur des mines, professeur à la faculté des sciences de Rennes, en remportant une médaille d'argent.

Combien nous préférons à ces concours ministériels parisiens, dont nous sommes loin cependant de contester l'utilité, ces congrès dus à l'initiative de quelques hommes dévoués, et se transportant successivement sur un point quelconque du territoire français ou de celui d'une province ! Là est la véritable voie d'encouragement aux études utiles et aux travaux sérieux pour tous ceux que leurs occupations, leur fortune ou leurs devoirs de famille retiennent loin de Paris : les congrès provinciaux sont seuls capables de réveiller dans nos départements l'amour de l'étude, et de réunir dans une confraternité véritable, sous l'influence bienfaisante des sciences et des lettres, des hommes trop souvent divisés par les passions politiques.

C'est, du reste, ce qu'a parfaitement exprimé, et dans un langage plein d'élégance et de noblesse, M. Léon Lavedan, préfet de la Loire-Inférieure, dans un remarquable discours prononcé le 17 de ce mois à la salle Graslin, à l'occasion de la distribution des prix du concours régional, tenu à Nantes, du 11 au 18 mai.

« Messieurs, a-t-il dit, en jetant les yeux sur cet immense auditoire et en voyant réunis dans une même et sympathique pensée tant d'hommes divisés d'ailleurs d'opinions et de tendances, il me semble que ma première parole doit avoir pour objet de remercier et de bénir l'Agriculture des rapprochements heureux qu'elle opère et de la pacification qu'elle produit un instant parmi nous.

» Oui, tandis que des passions ou des malentendus nous séparent en d'autres domaines, l'Agriculture, comme une grande école de sagesse et d'union, nous met tous d'accord devant ses bienfaits. Il n'y a point de partis contre elle ; à son égard tous sont unanimes dans la justice et la reconnaissance. »

Puis, après avoir brillamment retracé tous les progrès de l'agriculture dans notre presqu'île, depuis le voyage d'Arthur Young, en 1788, jusqu'à nos jours, et montré que ce sont là « de véritables richesses créées; non pas une richesse artificielle et trompeuse comme celle qui naît de manipulations financières ou de spéculations hasardées, mais de réels trésors extraits des entrailles de la terre par un persévérant labeur, et ajoutant chaque jour à la fortune publique comme à sa moralité », M. Lavedan termine par un appel à la confiance et à l'union : « Vous venez de voir quels résultats merveilleux peut conduire en agriculture l'association des volontés : essayez de transporter dans le domaine moral cet accord, si puissant dans la sphère des intérêts matériels, et, sans vous laisser émouvoir par des incidents passagers, livrez-vous virilement à cette œuvre de patriotisme sous l'égide d'une épée glorieuse qui vous garantit l'ordre dans l'honneur. »

Le concours régional de Nantes a été l'un des plus brillants dont on a gardé le souvenir depuis une quinzaine d'années : l'exploitation agricole de M. de la Haie-Jousselin, qui a mérité la prime d'honneur, se présentait dans des conditions exceptionnelles de bon aménagement et de sage application des derniers perfectionnements agricoles; le concours des animaux avait réuni la collection la plus complète et la plus remarquable des types nationaux et étrangers; à celui des instruments et des machines les grands constructeurs de Nantes et des environs avaient envoyé les engins les plus parfaits; les fêtes splendides organisées par la municipalité sur le canal de l'Erdre et au Jardin des Plantes, laisseront dans la population nantaise des souvenirs ineffaçables. Enfin, les conférences les plus variées sur des sujets scientifiques ou agricoles ont rassemblé, presque tous les jours de la semaine, un auditoire sympathique et nombreux qui ne se lassait pas d'entendre la parole de vulgarisateurs dévoués, tels que MM. de Lavergne, l'abbé Moigno, Abadie et de Kerjégu. On connaît les heureux résultats produits par les conférences de l'abbé Moigno, prêtre breton, aux idées scientifiques larges et sûres, parmi les ouvriers de Saint-Denis. Aussi n'avons-nous regretté qu'une chose, après l'exposition de son ingénieuse méthode : c'est que l'intrépide travailleur nous ait sitôt quittés et n'ait pas laissé de traces plus durables de son passage parmi nous.

M. de Kerjégu a parlé de l'histoire de l'agriculture en Bretagne, s'est appesanti sur le but éminemment utile et fécond de l'Association bretonne, reconstituée en 1873 à Quimper, avec 500 adhérents. Le xv° congrès de l'Association doit se tenir cette année à Vannes, du 30 août au 5 septembre, et, dans peu de jours, les mémoires du congrès

Quimper seront livrés aux souscripteurs. C'est là une de ces œuvres décentralisatrices appelées, comme nous le disions plus haut, à remuer profondément les entrailles du pays, et à le réveiller de la torpeur dans laquelle l'ont plongé vingt ans de régime dictatorial. Souhaitons de longs jours à l'Association bretonne, et faisons des vœux pour que les travaux et les souscriptions nouvelles affluent au congrès de Vannes, avec les subventions demandées aux conseils généraux de nos cinq départements.

Pendant qu'on prépare les matériaux de ce congrès, d'autres Bretons et Vendéens, travailleurs sur tous les sillons, reçoivent de hautes récompenses de leurs labeurs et de leur dévouement. Le Saint-Père, qui accueillait dernièrement avec tant de bonté le frère Cyprien, supérieur-général des frères de La Mennais, compagnon de voyage à Rome de deux autres Bretons vénérés, les évêques de Vannes et du Cap Haïtien, vient d'adresser un magnifique bref d'encouragement à M. Charles Hello, conseiller à la cour d'appel de Paris, auteur d'une vie de saint Antoine le Grand; — et nous apprenons, au moment de mettre sous presse, que M. le ministre de l'instruction publique, ayant approuvé les grands projets de décoration intérieure de l'église Sainte-Geneviève (Panthéon de Paris), qui lui ont été soumis par M. de Chennevière, directeur des Beaux-Arts, a confié quatre grandes compositions à deux de nos compatriotes : MM. Delaunay et Paul Baudry peindront, le premier, la marche d'Attila vers Paris, et sainte Geneviève prophétisant que la ville ne subira pas l'invasion du Fléau de Dieu; le second, Jeanne d'Arc devant Orléans ou à Reims, et dans sa prison. M. Paul Dubois, l'auteur du tombeau du général de Lamoricière, doit sculpter une Vierge, pour l'un des piliers de la basilique.

Louis de Kerjean.

BIBLIOGRAPHIE BRETONNE ET VENDÉENNE

ANNUAIRE DES CÔTES-DU-NORD 39° année. 1874. In-18, 404 p. — Saint-Brieuc, imp. et lib. Prud'homme.

COURS DE CHIMIE AGRICOLE, professé en 1873, par M. G. Lechartier, à la faculté des sciences de Rennes. In-12, 203 p. — Rennes, imp. Oberthur et fils.

GÉOGRAPHIE DU DÉPARTEMENT DE LA LOIRE-INFÉRIEURE, avec carte coloriée et 20 gravures; par Adolphe Joanne. In-12, 58 p. — Paris, lib. Hachette.. .... » 80 c.

GUIDE DE L'ART CHRÉTIEN. Études d'esthétique et d'iconographie. Tome IV, par le cte de Grimoüard de Saint-Laurent, commandeur de l'ordre de Pie IX. Gr. in-8°, 522 p. — Paris, Didron. Poitiers, Oudin.

HOLL OBERIOU DOUE ROIT MEULODI D'ERHAN (vers); par Ch.-F. Guennou. In-12, 15 p. — Paimpol, imp. et lib. Morin.

LETTRES MISSIVES ORIGINALES DU CHARTRIER DE THOUARS; publiées Paul Marchegay, archiviste honoraire du département de Maine-et-Loi Série du XVe siècle. In-8°, 190 p. — Nantes, imp. Vincent Forest et E Grimaud.

PAYSAN (LE) DE VENDÉE AVANT 1789; par Jérôme Bugeaud. In-1 44 p. — Nantes, imp. Mangin et Giraud.. .... » 15

PETIT MANUEL DU PIEUX PELERIN A NOTRE-DAME-D'ESPÉRANCE, le 7 8 septembre 1873. In-18, 23 p. — Saint-Brieuc, imp. et lib. d'homme... » 4

PETITE GÉOGRAPHIE POUR LE DÉPARTEMENT DE LA VENDÉE, à l'usag l'enseignement primaire, publiée sous la direction d'E. Levasseur, l'Institut; comprenant : 1° Géographie du département, par Ch inspecteur d'Académie; 2° notions premières sur le globe, par Ch. got, professeur d'histoire et de géographie. In-12, 48 p. et vign. — I lib. Delagrave et Cie.

LE MÊME OUVRAGE POUR LE DÉPARTEMENT DU FINISTÈRE. Géogr du département, par C. Gauthier, inspecteur de l'instruction pri in 12, 48 pp.; — et pour celui des CÔTES-DU-NORD, Géographie du tement, par J. Rousselot, inspecteur de l'instruction primaire à Brieuc, in-12, 143 pp.

SOUVENIRS DE BRETAGNE; par le comte Le Mesle du Porzou, de l titut historique de France. In-16, 15 p. — Dax, imp. Campion.

TABLETTES STATISTIQUES, ADMINISTRATIVES ET COMMERCIALES DES Co DU-NORD. Annuaire pour 1874, suivi des adresses de Saint-Brieuc, rues et par professions. In-16, 176 p. — Saint-Brieuc, imp. et Guyon... 1 fi

TARIF ÉLÉMENTAIRE DE TOUS LES OUVRAGES DE LA CONSTRUCTION BATIMENTS; par Léon Ballereau, architecte de la ville de Luçon. Ou à l'usage des propriétaires, des ouvriers, des entrepreneurs, etc... 12, 84 p. — Luçon, imp. Cochard-Tremblay.

LES PUITS FUNÉRAIRES DU BERNARD

PUITS FUNÉRAIRES GALLO-ROMAINS DU BERNARD (VENDÉE), par MM. l'abbé Ferdinand Baudry, correspondant du ministère, officier de l'instruction publique, et Léon Ballereau, inspecteur de la Société française d'Archéologie. — La Roche-sur-Yon, L. Gasté, imprimeur de la Société d'émulation, 1873. Gr. in-8o, avec 411 gravures et 3 cartes.

Ce remarquable ouvrage, dont nous avons annoncé la publication dans une de nos livraisons précédentes, est enfin achevé, et va bientôt devenir l'ornement des bibliothèques, non-seulement des archéologues, mais de tous les gens de goût qui s'intéressent à l'ancienne histoire de nos contrées. — Le style clair et précis de M. l'abbé Baudry, qui laisse de côté la fastueuse érudition pour raconter simplement ses découvertes successives, et les magnifiques dessins dont M. Ballereau accompagne son récit, rendent le livre des *Puits funéraires* accessible à tous les lecteurs : c'est une bonne fortune pour l'archéologie de trouver ainsi d'aimables initiateurs qui sachent en faire valoir tout l'intérêt, et forcer l'attention des lecteurs prévenus qui lui seraient d'avance le plus rebelles.

Ceux qui se préoccupent à tout instant de la découverte des nouveaux faits qui peuvent éclairer l'histoire intime et très-peu connue de nos provinces pendant les quatre premiers siècles de l'ère chrétienne, suivaient déjà, depuis une quinzaine d'années, les beaux travaux du laborieux et infatigable curé du Bernard : les réunions périodiques des Sociétés savantes à la Sorbonne, et la Revue publiée par les soins du comité des sciences historiques, en faisaient con-

naître tous les ans les traits caractéristiques ; mais il manquait encore
une étude d'ensemble, qui résumât et coordonnât l'œuvre tout
entière. M. l'abbé Baudry nous livre cette étude avec un luxe
d'illustrations inconnu jusqu'à ce jour, et nous devons le remercier
ici d'avoir bien voulu nous autoriser à emprunter à son livre
quelques-unes de ses belles gravures, pour rendre plus saisissant
ce résumé de ses découvertes.

« Il fut un temps, dit M. l'abbé Baudry, où les Gaulois vaincus
creusèrent, pour inhumer les corps incinérés de leurs morts, des
fosses profondes en forme de puits. Ce sont ces fosses qui ont fait
l'objet de mes recherches, de 1858 à 1873. » La commune du
Bernard (Vendée), ayant été le point de départ de leur révélation
au public, il appartenait au savant curé de la paroisse de donner
à cette découverte le cachet d'une vérité scientifique ; car il n'est
pas inutile d'ajouter que, depuis les premières fouilles du Bernard,
l'attention de tous les travailleurs français et étrangers, surexcitée
par les succès de l'abbé Baudry, a fait sortir de terre une immense
quantité de ces puits funéraires : tels ceux de Marzabetto dans le
Bolonais, découverts en 1865 par M. Gozzadini ; celui du mont
Beuvray, fouillé par M. Bulliot, de la Société éduenne ; les six
puits de Beaugency, vidés avec soin par M. le comte Dufaur de
Pibrac, etc., etc. On en a rencontré dans les départements de la
Seine, de Seine-et-Marne, de la Sarthe, de l'Orne, des Côtes-du-
Nord, d'Eure-et-Loir, du Cher, du Loiret, des Deux-Sèvres, etc. ;
et, pour ce qui nous touche de plus près, on connaît la note que
M. Parenteau a consacrée aux puits de Rezé dans son *Catalogue du
Musée archéologique de Nantes*. M. Martin croit en avoir trouvé près
de Guérande, et le dernier *Bulletin de la Société archéologique de
la Loire-Inférieure* contient une note intéressante à ce sujet.

Qu'est-ce donc que ces puits, qui, surgissant de tous les points de
la vieille Gaule, viennent offrir aux archéologues impatients un champ
d'exploration aussi vaste que les cavernes à ossements préhistoriques ou les cités lacustres. Nous voudrions reproduire ici le
récit fort intéressant de la première découverte de M. l'abbé Baudry

sur la colline de Troussepoil, désormais célèbre ; mais ce récit
dramatique et plein d'humour dépasserait les limites que nous
devons fixer à cette étude. Qu'on sache donc que l'intrépide curé du
Bernard a fouillé, sur cette fameuse colline, vingt et un puits, dont
on se fera une idée fort exacte en jetant les yeux sur les deux coupes
(fig. 1 et 2, p. 420) que nous reproduisons, et qui offrent les plus
beaux types de ces ouvrages. Le premier (VIIIᵉ puits fouillé) n'a plus,
comme le second (XIIᵉ puits), sa calotte en pierres disposées en
forme de voûte primitive, afin d'assurer l'inviolabilité de la sépulture ; dans un grand nombre des puits retrouvés, cette calotte qui
les recouvrait autrefois, a été emportée pièce à pièce, et à diverses
reprises, par le soc de la charrue : il est à remarquer que des
pierres taillées et posées de champ rayonnaient autour de la fosse, à
une distance de 0ᵐ 70. Après la calotte venait immédiatement le
puits maçonné, par assises à peu près horizontales, sur une profondeur variant, suivant les puits, de 2ᵐ 50 à 4ᵐ, c'est-à-dire, jusqu'au
solide, et reposant ordinairement sur un lit de cailloux rangés en
cercle sur un redan taillé dans le schiste. Toute cette partie était
généralement remplie de terre meuble dans laquelle on ne trouvait
que des tessons et des débris d'ossements ou de poterie.

Au contraire, la section des puits non maçonnée et taillée dans la
roche vive contenait de véritables trésors archéologiques, disposés
dans des cachettes qu'on voit figurées dans les coupes précédentes,
et présentant la forme de petits dolmens. Là se trouvaient des poteries, des poids en terre cuite, des épingles ou agrafes, des anneaux,
des clefs, des bagues, des armes ou outils, souvent en bois de cerf,
des petites meules à moudre le grain, des ossements d'animaux en
grande quantité, des monnaies romaines, etc., etc.; un véritable
mobilier, comme l'appelle originalement M. l'abbé Baudry, qui
conclut ainsi la première partie de son livre, en indiquant la façon
probable dont on procédait aux enfouissements :

« Au moment donné pour recueillir dans un cercueil, une cassolette et le
plus souvent dans une urne (doliolum), les cendres et les esquilles d'os
des corps qu'on venait de brûler sur les bûchers à la surface du sol, un

Fig. 1 et 2.

homme descendait au fond du puits, soit au moyen des cavités pratiquées dans les parois et qu'on a signalées dans plusieurs, soit plutôt par le treuil à bois dont on se servait pour extraire les matériaux, et cela pour coordonner toute chose. Les vases non brisés que je trouve à ces profondeurs, ainsi que les cachettes, ordinairement faites exprès avec trois pierres, ne me laissent aucun doute à cet égard. Il en fut de même pour les vases à anses, échelonnés de bas en haut, et renfermant soit le viatique funèbre, soit des objets symboliques. La chaînette en fer emmanchée dans l'anse, le bout de corde noué au crochet en fer que je rencontre parfois, indiquent le mode dont on usait pour faire arriver sans encombre ces objets précieux à la place que l'organisateur leur avait préparée dans le milieu occupé par les cendres refroidies et mêlées au charbon du bûcher. »

Et M. l'abbé Baudry conclut en fixant pour date à ce mode de sépulture tout l'intervalle de temps écoulé depuis le milieu du IIe siècle jusqu'au dernier quart du IIIe : mode pratiqué non-seulement dans d'immenses puits comme ceux dont on vient de parler, mais aussi dans de petites fosses rondes, dont on rencontre un grand nombre et dont la description forme le second chapitre du livre qui nous occupe.

Quant aux objets sortis des sépultures du Bernard, ils présentent le plus grand intérêt, au point de vue ethnologique. Sans nous arrêter ici à la description des objets appartenant aux règnes végétal ou animal et qui ont permis à M. l'abbé Baudry de reconstituer le genre de nourriture et de culture des habitants gallo-romains de nos contrées, en rectifiant plusieurs erreurs de Ptolémée et de Strabon, examinons les objets appartenant à l'industrie humaine. Les pierres travaillées n'étaient point rares : pierres à aiguiser, meules à bras, mortiers, statuettes mutilées ; mais les objets en terre cuite étaient les plus nombreux : briques, figurines de béliers ou de Vénus, moules à médailles romaines, mais surtout des poteries, « riche moisson de vases appartenant à une époque certaine, celle des Antonins, et dont la pâte, la teinte, le vernis, la capacité ou le galbe, intéressent hautement l'art céramique ».

L'étude et la classification de ces poteries sont l'une des parties les plus remarquables du travail de M. l'abbé Baudry, qui les divise en

quatre catégories : 1° les vases en terre commune, renfermant les
deux types gaulois et romain, et comprenant : l'amphore, l'ampoule,
l'assiette et le plat, le couvercle, la cruche et le cruchon, la cuvette,
le *doliolum*, l'écuelle, la lampe, la passoire, le pichet ou pot à boire,
le pot au feu, l'urne, le vase trépied, etc. Tels cette cruche au
galbe élégant, ornementée de deux bandes de fougères (*fig. 3*), et
ce petit pichet (*fig. 4*) à pâte siliceuse et couverte blanche, dont le

Fig. 3.

type, tout à fait nouveau et fort élégant, possède
des filets concentriques au cou et à la panse, avec
une anse cannelée et un bec artistement trèflé.
Quelques-uns de ces vases au type gaulois
n'avaient pas encore été signalés : ils ont le
galbe lourd, l'anse rugueuse et proéminente,
formant un trou ovoïde caractéristique et diffèrent notablement du vase des tumulus, notablement pour la dessication et la cuisson ; — 2° les
vases sigillés, en terre blanche et en terre rouge.

Fig. 4.

Les premiers ont la pâte très-blanche, très-fine
et très-mince, ayant pour couverte à l'intérieur
et à l'extérieur une forte couche de vernis, avec
ou sans glaçure ; plusieurs échantillons sont
d'une rare pureté de forme et d'un travail fort
soigné, avec des ornements figurant des courants
de plantes et des filets en relief, limités par des
cercles guillochés et exécutés à la *barbotine :* témoin le joli spécimen
représenté *fig. 5.* Les seconds sont plus épais, plus solides et plus
variés. La plupart, incisés et tailladés dans l'épaisseur de leur surface, offrent les modes d'ornementation les plus divers, depuis les
losanges, les cercles, les torsades et les guirlandes de feuillage (voir
fig. 6, à la fin de cet article), jusqu'aux fleurs de fantaisie et aux dessins historiés ; représentant des animaux, des hommes, des héros et
des dieux :

« Ici, c'est un coq et une colombe ; là, un lièvre au gîte ou poursuivi
de près par un chien ; ailleurs, un renard allant gaillardement se faire

prendre à un hameçon perfide ; plus loin, des masques de lions, des masques de femmes et d'hommes, des hommes en pied avec des lions encore sauvages et des panthères apprivoisées (*fig. 7, p. 424*). Les génies y jouent aussi leur rôle ; le génie bachique ailé, qui orne avec grâce l'un de nos gobelets, a son pareil dans le musée britannique. Les demi-dieux et les dieux n'y sont pas oubliés ; le vieux Silène, monté sur un âne, l'écrase de son

Fig. 5.

poids ; le torse de Bacchus se montre au milieu de feuilles de pampre Hercule tient d'une main sa.peau de lion et de l'autre sa massue ; Plutus, aveugle, sortant du temple de la Fortune, s'achemine par le monde, le bâton et la bourse à la main ; un barde gallo-romain touche la lyre d'Apollon et semble lui disputer le prix ; Neptune se soulève du sein des flots, comme pour commander aux poissons et aux monstres marins qui l'entourent ; Vénus est appuyée sur un cippe ; deux fragments d'une coupe nous donnent un premier personnage portant une chlamyde, et un second coiffé du bonnet phrygien, comme Mithra (*fig. 8*), dont le culte avait pénétré en Gaule au III° siècle, et, ce qui lui donne du prix à nos yeux, c'est qu'il est revêtu de notre ancien costume national, savoir : de la braie collante, de la tunique courte à manches courtes, de la saie ou du manteau à franges. »

Fig. 7.

Cette citation suffit pour donner une idée du style attrayant de M. l'abbé Baudry et du véritable intérêt qu'offrent, historiquement, même ses nomenclatures. — Enfin, viennent, en troisième lieu, les vases avec noms de potiers, comprenant vingt-neuf signatures déchiffrées ; puis, en quatrième lieu, les vases avec inscriptions, gravées ordinairement après la cuisson, à l'aide d'un instrument pointu.

L'auteur passe ensuite aux instruments en métal, outils et armes en fer de toute espèce, bagues en bronze et en or, clochettes, fibules, agrafes, épingles et objets de toilette, présentant les types les plus variés et souvent des formes ou des ornements très-gracieux : telle cette cassolette en potin (fig. 9), à anse mobile, ornementée d'une fleur épanouie et de deux feuilles, dont le goulot fermé par une lame en cuivre, était scellée à l'intérieur avec du plomb (hauteur totale, 15 centimètres).

On rencontre même des objets en bois : un baril, des cercueils creusés dans des troncs d'arbres non sciés, des corbeilles, des fuseaux,

Fig. 8.

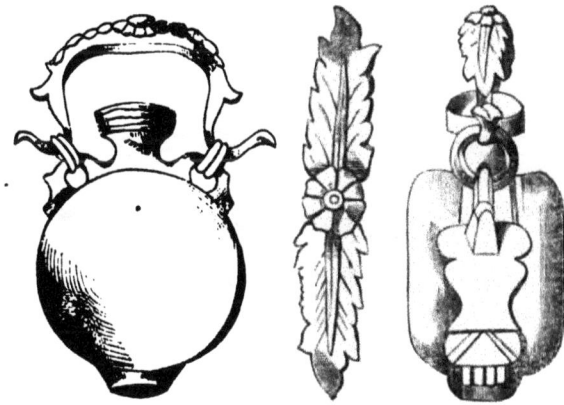

Fig. 9.

moyeux, peignes, quenouilles, etc., etc., voire une statuette en
bois de la Déesse-mère. Enfin, parmi les objets en os travaillé,
signalons des sifflets des morts, et l'on n'aura encore qu'un vague
aperçu de la richesse et de la fécondité de la mine archéologique
découverte par M. l'abbé Baudry.

Nous souhaitons vivement que son beau livre se répande, pour
propager le goût des sérieuses études archéologiques, et justifier,
une fois de plus, cet axiome consolateur, qu'un labeur persévérant
parvient toujours au succès.

L. DE KERPENIC.

Fig. 6.

—

III*

ARMAND DU CAMBOUT

PREMIER DUC DE COISLIN

(1635 - 1702)

————————

X. — Les campagnes du Rhin en 1672 et 1673. — Le duc de Coislin abandonne la carrière des armes.

Au commencement de l'année 1672, un deuil, depuis quelque temps prévu, vint affliger douloureusement les trois frères: le chancelier Séguier s'éteignit à Saint-Germain en Laye, le 28 janvier, à l'âge de quatre-vingt-deux ans; et le roi fut si embarrassé pour remplacer dignement ce ministre intègre et dévoué, qu'il tint lui-même les sceaux pendant plusieurs mois après sa mort. Séguier laissait une grande fortune; mais tous les contemporains, même ceux qui ne lui étaient pas favorables, M⁰ de Sévigné entre autres, sont d'accord pour avouer avec admiration que ses trente-huit ans de ministère ne l'avaient pas enrichi: il mourait avec son propre patrimoine, qui passa presque tout entier (ainsi que, deux ans plus tard, la fortune de la chancelière), entre les mains de ses deux filles: la marquise de Laval, mère des Coislin, et la duchesse de Verneuil ¹. La marquise de Laval devait survivre à tous ses enfants; aussi les premiers

————

* Voir la livraison de mai, pp. 382-395.
¹ Voir notre essai sur le *Chancelier Séguier*.

Coislin ne se trouvèrent jamais à même de jouir de cette fortune
considérable ; mais le crédit du chancelier avait établi les trois
frères dans des situations qui leur permettaient de tenir un
rang fort honorable : l'aîné, duc et lieutenant général, le cadet,
évêque d'Orléans et pourvu de nombreux bénéfices, le troisième,
chevalier de Malte et mestre de camp d'un régiment de l'armée de Turenne, n'avaient pas à se plaindre des rigueurs d'un
sort peu libéral. Armand du Cambout hérita de l'immense bibliothèque de son grand-père, qui contenait des richesses inestimables en manuscrits grecs et orientaux. Cela lui revenait de droit
comme académicien et protecteur de la gent littéraire : il en fit
publier le catalogue quelques années plus tard, et nous aurons
occasion de nous étendre plus largement sur les trésors accu-
mulés par Pierre Séguier, lorsque nous verrons le troisième duc
de Coislin en publier le commentaire avec l'aide du P. de Montfaucon.

A peine le chancelier avait-il rendu le dernier soupir que la
guerre déclarée par Louis XIV à la Hollande, de concert avec
Charles II, roi d'Angleterre, appela aux armes le duc de Coislin
et son frère le chevalier, qui prirent part à ces campagnes fameuses où Turenne et Condé rivalisèrent de génie militaire
pour écraser les ennemis de Louvois: dès le début de la guerre,
le duc de Coislin fut l'un des héros du célèbre passage du Rhin ;
et les *Mémoires* du marquis de la Fare, les *Lettres historiques*
de Pellisson, la *Relation* du comte de Guiche, l'épître de Boileau,
etc....., ont assez parlé de ce coup de main audacieux pour qu'il
ne soit pas nécessaire d'en écrire ici l'histoire détaillée: nous en
détacherons seulement quelques traits principaux.

Parti vers la fin du mois de mai, Louis XIV s'était rendu maître dans la première semaine de juin des places de Rimberg et
de Vesel. Le 11, on se dirigea vers l'Yssel afin de chercher à traverser l'un des bras du Rhin, avec les bateaux qu'on avait ap-
portés de Versailles; mais « le comte de Guiche, amateur de
choses extraordinaires, qui avait vu en Pologne les Tartares

passer des rivières à la nage » [1], et qui surtout voulait faire
une action d'éclat pour regagner une partie de sa faveur perdue,
chercha un gué, s'imagina en avoir trouvé un, et se lança dans
le fleuve avec sa fougue ordinaire.

« La vérité est, dit Pellisson, qu'il y avoit un petit endroit assez bon
et sans beaucoup de péril, c'est-à-dire où les chevaux n'arrivoient à
nager que douze ou quinze pas, mais pour peu qu'on s'écartât à la droite
où le cours de l'eau vous portoit d'ordinaire, il n'y avoit plus de gué
et plus de fond durant plus de soixante pas. Le comte entreprit le
passage, faisant marcher les premiers quatre ou cinq cuirassiers; cinq
ou six gentilshommes à lui, quelques volontaires de qualité suivirent ou
devancèrent, comme M. le duc de Coislin, M. le comte de Saulx, M. de
Vivonne, M. de Guitry, M. de Lavardin, La Salle, etc. [2]. »

« Que vous dirai-je? dit le comte de Guiche dans sa relation, la fine
fleur de la cavalerie y passa en même temps. Tout cela formoit ensemble un gros de quarante chevaux, suivi, sur les talons, par Revel et le
premier escadron des cuirassiers. » M. le prince, sur la rive, observait
le mouvement et « retenoit la bride du cheval de Monsieur le duc son
fils, qui vouloit passer à toutes forces [3].... »

Témoin de cette action téméraire, un escadron de cavalerie
ennemie qui passait sur l'autre rive, se jeta résolùment à l'eau
et vint charger la colonne qui avait déjà franchi plus de la moitié du passage. Il y eut alors un moment de confusion malheureux pendant lequel beaucoup de Français se noyèrent, en particulier le comte de Nogent; mais le roi ayant fait tirer le
canon,

« L'escadron ennemi plia par la queue, et la tête se retira de l'eau sans
fuir, laissant le passage aux nôtres, qui n'étoient au commencement que
douze ou quinze à l'autre bord, et furent en moins de rien douze ou quinze
cents. Ce ne fut pas tout à fait sans périls, ni sans perte.... Le duc de
Coislin et le comte de Saulx furent blessez, qui ne voulurent point se
retirer et reçurent chacun dans la suite une autre blessure.... Quoi qu'il
en soit, il passa dans peu de temps cinq ou six mille chevaux et puis le
reste. Un des prisonniers a rapporté que Wurtz voyant nos escadrons

---

[1] *Mém.* de la Fare, Collect. Michaud, XXXII, 266.
[2] Pellisson. *Lettres historiques,* I, 137, 138.
[3] Relation du comte de Guiche. *Collect.* Michaud, XXXI, 337.

passer à la nage, et les siens hors d'état de les soutenir, avoit dit : « Reti-
» rons-nous, c'est une diablesse de nation à laquelle on ne peut résis-
» ter.... [1] »

Cependant, les princes ayant traversé le Rhin, à la suite de
l'armée, et Guiche ayant rangé ses troupes en bataille sur la rive
droite, on aperçut un gros d'infanterie ennemie qui, n'ayant pu
se retirer assez vite, s'enfermoit entre des haies et des barrières.
« Tous nos volontaires y courent, dit Pellisson, M. le duc et M. de
Longueville, avec cette émulation qu'on sait qui étoit entre eux,
et M. le prince ne pouvant d'abord les retenir, court après pour
tâcher d'en venir à bout. »

> Mais déjà devant eux une chaleur guerrière
> Emporte loin du bord le bouillant Lesdiguière,
> Vivonne, Nantouillet, et Coislin, et Salart;
> Chacun d'eux au péril veut la première part [2].

« M. de Marsillac et quelques autres crient à ce reste d'ennemis qu'on
leur feroit bon quartier. Une partie avoient déjà mis les armes bas, quand
M. de Longueville et ceux qui le suivirent de plus près, croyant avoir
trouvé un chemin pour forcer la barrière, commencèrent à crier : Tue, tue,
sans quartier. Ce peu d'ennemis au désespoir, se ravisent, s'aperçoivent
que les nôtres ne sont que dix ou douze, qui se viennent enferrer eux-
mêmes au milieu d'eux n'ayant que leur épée pour la plupart: car les
pistolets de ceux qui avoient passé à la nage ne pouvoient plus tirer. Ils
font une décharge où M. de Longueville fut tué tout roide. On lui a trouvé
cinq coups de mousquet, M. de Guitry blessé à mort, M. de Beringhen
fort blessé, ayant mis pied à terre pour ouvrir une barrière, M. de Marsillac, M. de Coislin, M. le comte de Saulx, M. de Vivonne blessez,
Brouilly très-blessé, car on ne croit pas qu'il en revienne, le marquis
d'Aubusson tué..., etc... M. le Prince qui s'est exposé autrefois en mille
occasions plus que personne du monde, sans jamais avoir de blessure, y
fut blessé au poignet en un endroit douloureux et fâcheux [3]. »

Le duc de Coislin avait eu la main fracassée d'un coup de
mousquet et sa guérison fut longue et pénible: tous les blessés

---

[1] *Lettres hist.* de Pellisson, I, 141, 142.
[2] Boileau. *Épîtres.*
[3] Pellisson. I, 143, 144.

restèrent quelques jours au camp sous Emmerick, et l'armée, sous le commandement de Turenne, alla de suite mettre le siége devant Arnhem, où Louis XIV la rejoignit bientôt [1].

En 1673, le duc de Coislin fit partie du corps d'armée qui sous les yeux du roi fit capituler Maëstricht, pendant que son frère le chevalier, qui devait se distinguer au combat de Zeinheim [2], sous les ordres du grand-prieur de Vendôme, suivait les opérations de l'armée de Turenne dans les provinces rhénanes; puis, après la prise de Maëstricht, la cour fit en Lorraine et en Alsace un voyage, qu'on trouvera minutieusement décrit dans les lettres de Pellisson; mais ce que ne raconte pas l'historien officiel, ce sont plusieurs anecdotes fort curieuses rapportées par Saint-Simon pour montrer combien le duc de Coislin était d'humeur intraitable sur le chapitre de l'étiquette et de ses prérogatives.

« Le duc de Créqui, qui n'étoit point en année, dit-il, se trouva mal logé en arrivant à Nancy. Il étoit brutal et accoutumé à l'être bien davantage par l'air de faveur et d'autorité où il était à la cour; il s'en alla déloger le duc de Coislin, qui en arrivant un moment après, trouva ses gens sur le pavé, dont il apprit la cause. M. de Créqui étoit son ancien, il ne dit mot; mais de ce pas, il s'en va avec tous ses gens à la maison marquée pour le maréchal de Créqui, lui fait le même trait qu'il venoit d'essuyer de son frère et s'établit; arrive le maréchal de Créqui dont l'impétuosité s'alla jeter sur la maison de Cavois qu'il délogea à son tour, pour lui apprendre à faire ses logements de manière à éviter ces cascades [3]. »

---

[1] « Brouillé est mort, écrivait Pellisson le 25 juin; les autres blessez d'Emmerick sont en bon état, et passent pour être hors de danger. M. le prince surtout est fort bien. Ils le suivent tous à Arnhem, où il va par le Rhin. » — Pellisson. I, 197.

[2] *Gazette de France* de juillet 1674.

[3] Saint-Simon. III, 391. — « Le duc de Coislin, dit-il encore, avait la fantaisie de ne pouvoir souffrir qu'on lui donnât le dernier, plaisanterie qui fait courre après celui qui l'a donné et qui ne passe guère la première jeunesse. M. de Longueville, en ce même lieu de Nancy, où la cour séjourna quelque temps, donna le mot à deux de ses pages qui lui portoient ses flambeaux, et comme chacun se retiroit à pied du coucher du roi, touche le duc de Coislin, lui dit qu'il a le dernier et se met à courir, et le duc de Coislin après. Le devant un peu gagné, M. de Longueville se jette dans une porte, voit passer devant M. de Coislin courant tant qu'il pouvoit et s'en va tranquillement se coucher, tandis que les pages avec leurs flambeaux menèrent

Et Saint-Simon complète ainsi le portrait du duc de Coislin, le plus entêté des Bretons, petit homme sans mine, « mais l'honneur, la vertu, la probité, la valeur et la vérité même », en racontant jusqu'à quel point il poussait l'exagération de la politesse :

« Un jour, un des rhingraves, prisonnier à un combat où il se trouvoit, lui échut : il lui voulut donner son lit. Tous deux se complimentèrent tant et si bien, qu'ils couchèrent tous deux par terre des deux côtés du matelas. Revenu à Paris, le rhingrave qui avoit eu liberté d'y venir, le fut voir. Grands compliments à la reconduite : le rhingrave poussé à bout, sort de la chambre et ferme la porte par dehors à double tour. M. de Coislin n'en fait point à deux fois ; son appartement n'étoit qu'à quelques marches du rez-de-chaussée. Il ouvre la fenêtre, saute dans la cour et se trouve à la portière du rhingrave, qui crut que le diable l'avoit porté là. Il étoit vrai cependant qu'il s'en démit le pouce : Félix, premier chirurgien du roi, le lui remit. Étant guéri, Félix retourna voir comment cela alloit et trouva la guérison parfaite. Comme il sortoit, voilà M. de Coislin à vouloir lui ouvrir la porte, Félix à se confondre et à se défendre. Dans ce conflit, tirant tous deux la porte, le duc quitta prise subitement, et remua sa main ; c'est que son pouce s'étoit redémis ; et il fallut que Félix y travaillât sur le champ. On peut croire qu'il en fit le conte au roi, et qu'on en rit beaucoup [1]. »

Il ne faut pas s'étonner, après cela, si un homme d'un caractère aussi absolu et aussi singulier devait quelquefois s'attirer des répliques un peu vives. Mais comme on le savait bon et du meilleur cœur, cela n'avait pas de suite : « Il y a eu aujourd'hui, écrivait Pellisson, de Nancy le 13 août 1673, quelques paroles entre M. de Coislin et M. de la Salle sur le sujet de messieurs de Pompadour et de Montaterre, mais l'affaire a été accommodée sur le champ. Je n'en ai pas bien su les circonstances.... [2] » Cela ne l'empêchait pas d'être brave, et toujours au premier rang

M. de Coislin aux quatre coins et au milieu de la ville ; tant que n'en pouvant plus, il quitta prise et s'en alla chez lui tout en eau ; ce fut une plaisanterie dont il fallut bien rire, mais qui ne lui plut pas trop... » — *Ibid.* — Tel était le genre de divertissements auxquels se livraient à quarante ans les lieutenants-généraux de la cour de Louis XIV.

[1] Saint-Simon. III, 389.

[2] *Lettres hist.* de Pellisson, I, 195.

dans les actions périlleuses. Au commencement de septembre
1673, il se trouvait à Raon avec la cour, quand on apprit que
M. de Rochefort qui dirigeait le siége de Trèves venait d'être
dangereusement blessé à l'épaule; le roi envoya aussitôt le duc
de la Feuillade à Trèves pour ne pas laisser l'armée sans commandement. « Le duc, dit Pellisson, n'a été suivi que de ses aides
de camp et le roi n'a pas voulu qu'il y allât d'autres volontaires
qui auroient suivi en grand nombre. M. de Coislin y est allé,
pour assister, dit-il, M. de Rochefort, ou sous ce prétexte..... »
Trèves se rendit quelques jours après. La cour passa le reste du
mois de septembre à Nancy et l'on revint à Saint-Germain, pendant que Turenne prenait ses dispositions pour déjouer les projets de Montecuculli, et battre les impériaux. On connaît l'histoire de cette lutte célèbre des deux grands capitaines en 1674
et 1675; et l'on se rappelle la rapide conquête de la Franche-
Comté par le roi, et la mort de Turenne, enseveli au milieu de
ses triomphes.

Ce fut à cette époque que les deux frères abandonnèrent la
carrière des armes.

« Le chevalier de Coislin, écrivait Mme de Sévigné le 4 septembre 1675,
est revenu après la mort de M. de Turenne, disant qu'il ne pouvoit plus
servir après avoir perdu cet homme-là; qu'il étoit malade, que pour le
voir, et pour être avec lui, il avoit fait cette dernière campagne, mais
que ne l'ayant plus, il s'en alloit à Bourbon. Le roi, informé de tous ces
discours, a commencé par donner son régiment, et a dit que, sans la considération de ses frères, il l'auroit fait mettre à la Bastille [1]. » — « C'étoit
un très-honnête homme de tous points, dit à son tour Saint-Simon, et
brave.... fort extraordinaire, fort atrabilaire et fort incommode...; depuis
sa retraite il ne sortoit presque de Versailles, sans jamais voir le roi, et
avec tant d'affectation que je l'ai vu, moi et bien d'autres, se trouver par
hasard sur le passage du roi, gagner à pied d'un autre côté. Il avoit quitté
le service, maltraité par M. de Louvois, ainsi que son frère, à cause de
M. de Turenne, à qui il s'étoit attaché, et qui l'aimoit. Il ne l'avoit de sa
vie pardonné au ministre ni au maître, qui souffroit cette folie par considération pour ses frères [2].... »

[1] Mme de Sévigné. Édition stéréotype Grouvelle. IV, 155-156.
[2] Saint-Simon. I, 428-429.

Nous n'avons pu découvrir la cause précise de l'animosité de
Louvois contre les Coislin: ce qu'il y a de certain, c'est que le
duc lui-même abandonna le service, et Saint-Simon en plusieurs
passages de ses *Mémoires* indique ouvertement que le rival de
Colbert n'y fut pas étranger. Le duc de Coislin fut-il mécontent de ne pas se trouver compris dans la promotion des huit
maréchaux (de Navailles, de Vivonne, de la Feuillade, etc.,) qui
eut lieu peu de jours après la mort de Turenne? Nous pouvons
le supposer, mais nous n'affirmons rien à cet égard.

XI. La jeunesse des deux fils du duc de Coislin.

(1675-1683.)

Ayant abandonné les armes, dès l'âge de quarante ans, pour
ne plus vivre que de la vie de la cour, le duc de Coislin s'occupa
tout d'abord de l'éducation de ses enfants, qui commençaient à
être en âge de recevoir avec fruit les leçons et les conseils des
maîtres les plus renommés de l'époque. Il avait eu cinq fils:
mais deux d'entre eux, Armand-Jérôme, baron de la Roche-
Bernard, et Dominique, chevalier de Malte, étaient morts très-
jeunes; il ne lui en restait plus que trois en 1675; l'aîné, Pierre,
marquis de Coislin, était né vers 1662, et devait succéder plus
tard à son père dans tous ses honneurs académiques et ducaux;
le second, César-Philippe-François, était destiné à l'Église; le
troisième, Henri-Charles, né le 15 septembre 1664, portait la croix
de Malte. Le duc de Coislin mit ses trois jeunes fils en pension
au collége de Navarre, mais pendant qu'ils y achevaient leurs
premières études, il eut la douleur de perdre encore, au mois
de février 1680, celui d'entre eux que l'évêque d'Orléans songeait
déjà à faire nommer premier aumônier en survivance. Henri-
Charles quitta aussitôt la croix de Malte pour le petit collet et
les espérances de son oncle se reportèrent sur lui tout entières:
nous le verrons en effet succéder à l'évêque d'Orléans dans ses

charges de cour, puis devenir évêque de Metz, duc et académicien. La jeune sœur des deux futurs ducs, Henriette-Marie, née
en 1665 et plus tard duchesse de Sully, croissait pendant ce
temps en grâce et en vertu.

En 1681, le marquis de Coislin fit à dix-neuf ans son apprentissage de la vie administrative et politique en allant assister à
Nantes à la tenue des Etats de Bretagne. Hélas! l'activité des
Etats était alors réduite à sa plus simple expression. La révolte
du papier timbré, soulevée en 1675, à la suite du rétablissement
de ce droit fiscal, malgré l'engagement solennel pris par le ministère de le retirer, avait donné lieu à une répression terrible
dont les *Lettres* de Mme de Sévigné offrent à peine une idée.
Pendant plusieurs mois, la Bretagne fut couverte de potences;
la roue s'étala sur les places publiques; un faubourg de Rennes
fut impitoyablement rasé, et l'un des corps d'armée du Rhin
fut envoyé dans la province pour y passer ses quartiers d'hiver
et vivre à discrétion sur les habitants. C'est ainsi que Louis XIV,
sans avoir égard au droit, à la justice, à la parole donnée, avait
prétendu soutenir l'insigne mauvaise foi de ses ministres [1]....
Aussi les Etats, qui, devant cette rigueur implacable, avaient pu
croire leur existence menacée, devinrent-ils tout à coup souples
et dociles: l'exemple des Etats de Normandie récemment supprimés leur apprenait quel peu de cas le « grand roi » faisait
des anciennes libertés provinciales; et c'est ce qui explique la
monotonie de toutes les sessions jusqu'à la fin de son règne;
mais une rage sourde couvait sous la cendre, et l'on put voir,
au XVIIIe siècle, que le souvenir de ses libertés méconnues
ne s'était pas éteint dans la mémoire de l'assemblée bretonne.

En 1681, la session se tint à Nantes, du 19 août au 11 octobre : sous la présidence de l'évêque de Nantes, pour le clergé,
du duc de la Trémouille, pour la noblesse, et de M. Charette de
la Gascherie, pour le tiers. Le duc de Chaulnes, exécuteur des
œuvres royales en 1675, représentait encore le ministère près

---

[1] Voy. Le Cte de Carné. *Les Etats de Bretagne.*

des trois ordres, et sa vue seule suffisait pour effacer toute velléité de résistance : aussi, quand le 19 août, M. de Caumartin vint demander un don gratuit de 2 200 000 livres, cette somme fut-elle immédiatement accordée. Plus de députations quotidiennes pendant quinze jours vers les commissaires ; on baissait la tête en silence. Il y eut bien quelques instances pour obtenir l'expédition de la déclaration de décharge à perpétuité des francs fiefs en faveur des roturiers ; quelques protestations contre certaines évocations, contre certains abus introduits dans l'exécution des édits du tabac et du papier timbré, ou contre les étranges procédés de quelques traitants et officiers de la gabelle [1].... mais elles furent très-timides, et la principale occupation des Etats consista dans l'élaboration des budgets de la province.

Pour ce qui concerne plus spécialement le jeune marquis de Coislin, le 2 septembre, on ordonna l'enregistrement de la démission, faite par le duc son père, de la baronnie de Pontchâteau en sa faveur [2] ; et Pierre de Coislin devint ainsi l'un des présidents-nés de la noblesse : il la présida en effet pendant quelques jours de cette session, lors d'une absence du duc de la Trémouille, et le 9 septembre il fut compris à ce titre dans la liste des gratifications considérables octroyées par les Etats [3]. Enfin, le dernier jour de la session, il fut député en cour, avec l'évêque et le sénéchal de Nantes, pour présenter au roi le cahier des remontrances et soutenir devant le Conseil d'Etat les intérêts de la province.

De retour à Paris, le baron de Ponchâteau épousa, au mois de mai 1683, à l'âge de vingt et un ans, Louise-Marie d'Alègre [4] (avec 500,000 liv. de dot); et trois mois après son mariage, il partit pour

[1] Voy. *Procès-verbaux* des Etats de 1681.

[2] Voir l'acte de démission, à l'étude qui suivra sur Pierre de Coislin.

[3] 120 000 l. au gouverneur; 76 000 l. au lieutenant-général aux 8 évêchés; 22 000 l. au président de l'ordre de l'Eglise; 22 000 l. à celui de la noblesse; 15 000 l. à celui du tiers ; 20 000 l. à M. de Coislin, qui a présidé dans l'ordre de la noblesse; 20 000 l. à M. de Caumartin, etc.

[4] Fille d'Emmanuel, marquis d'Alègre, et de Marie Raimond de Modène.

Vitré, où la nouvelle session des Etats de Bretagne ressembla fort
à celle de 1681. Le 3 août, Caumartin demanda 2 400 000 livres
de don gratuit, qui furent immédiatement accordées ; puis on
examina les contraventions au contrat, on fixa le budget et l'on
arrêta des remontrances, sur le rappel à Rennes du parlement
de Bretagne exilé à Vannes depuis 1675, sur les abus commis par
les traitants, etc., etc. Dans toutes ces affaires, le rôle du jeune
baron fut assez effacé ; mais il garda toujours son rang de premier représentant de la noblesse après le président (le duc de
Rohan pour cette session), et lorsque le 11 août, on décida d'envoyer en cour une députation pour « complimenter le roi sur la
mort de la reine », il fut désigné avec MM. de Vautorte, évêque
de Vannes, et de Queranguen, sénéchal de la même ville, pour
aller porter aux pieds du trône les regrets de l'assemblée, qui
se sépara le 31 [1].

Pendant ce temps, l'abbé de Coislin, frère du baron, poursuivait ses études ecclésiastiques sous la direction de son oncle,
l'évêque d'Orléans :

« Ce prélat, dit Gros de Boze dans l'éloge du futur académicien, se
chargea de l'éducation de son neveu, et s'en chargea de manière à n'en
pas négliger les moindres détails. Aux exercices publics qu'il luy faisoit
faire régulièrement tous les trois mois, sur les différentes parties des
belles-lettres qu'on luy enseignoit, il joignit des conférences particulières
beaucoup plus fréquentes, sur les mœurs, la politesse et les sentiments
qui devoient estre un jour la base la plus solide de sa fortune ou de sa
réputation... Aussi ne fut-il pas obligé d'attendre la fin de ces études
pour le produire à la cour ; il osa l'y mener jeune encore, et il eut tout
lieu de s'en applaudir ; complaisant, empressé, poli sans affectation et
sans bassesse, plus exact que recherché dans ses expressions, son en-
jouement et sa vivacité y conservèrent ces grâces naïves, qui se perdent
souvent par la seule tentation de les embellir. Enfin, il y fut généralement goûté, et il avoit à peine vingt et un ans, quand le roy luy donna
la survivance de la charge de premier aumônier... [2] »

[1] Cette mission ne devait pas avoir de résultats : le 16, « M. de Chaulnes fit dire
aux Estats que le roy les remercie de la députation qu'ils ont ordonnée pour luy
faire compliment de condoléance, mais que des raisons particulières l'engagent à
épargner ce voyage à leurs députés. » (Procès-verbaux mss. de la session).

[2] Hist. et mém. de l'Acad. des Inscriptions, IX, 247-248.

Henri de Coislin était même à cette époque beaucoup plus jeune que ne l'indique Gros de Boze, car ceci ce passait le 3 mars 1682 : Henri-Charles n'avait donc pas encore dix-huit ans ; et le duc, son père, était un homme tellement sensible, que l'évêque d'Orléans, dit Saint-Simon, obtint cette survivance pour l'abbé, « sans avoir jamais laissé apercevoir à son frère qu'il songeât à la demander, dans la crainte que, s'il étoit refusé, il n'en fût trop fortement touché ».

« Vous avez bien sujet de croire que ce ne sont pas des nouvelles qui me réjouissent, écrivait à cette occasion l'austère abbé de Ponchâteau à sa sœur, la duchesse d'Epernon : au contraire, elles m'affligent, parce que je sais ce que c'est que les biens et les charges de l'Eglise, et que ce malheureux me fait pitié. Dieu lui fasse miséricorde, et à moi aussi, qui ai fait un si mauvais usage des biens ecclésiastiques que j'avois autrefois [1] !... »

Le solitaire dut gémir encore bien davantage, lorsque, deux ans plus tard, en 1684, le roi donna de la même façon au neveu du prélat l'abbaye de Saint-Georges de Boscherville, au pays de Caux [2]. Mais les faveurs de la cour, dit Gros de Boze, ne détachèrent pas un instant l'abbé de Coislin des études austères qui devaient l'occuper encore ; il continua son cours de théologie avec la même application, il soutint avec éclat ses thèses de licence, et ce ne fut qu'à titre de capacité qu'on le dispensa d'y garder les intervalles prescrits par les règlements. Mais il ne prit le bonnet de docteur que cinq ans plus tard, années qu'il employa à lire assidûment les Pères grecs et latins, et à s'instruire à fond des maximes de la discipline ecclésiastique. Furetière raconte dans ses *Factums* une anecdote piquante, au sujet de l'une des thèses de licence de l'abbé :

« J'ai appris, dit-il, depuis qu'on m'a empêché d'aller à l'assemblée de l'Académie, que toute la séance du 12 février 1685 fut consommée en une

---

[1] Sainte-Beuve. *Port-Royal.* Appendice, VI, 353.

[2] « On apprit à Chambord la mort de l'abbé de Saint-Luc qui se tua en galopant un cheval qui le jeta à terre ; son abbaye qui vaut 14,000 liv. de rente fut donnée à l'abbé de Coislin. » (Journal de Dangeau, du 4 octobre 1684.)

délibération pour la distribution des jettons, sur ce que M. l'abbé de Coislin ayant porté des thèses à l'Académie, pour inviter ces Messieurs à assister à un acte qu'il faisoit pour les soutenir, la compagnie eut le cœur partagé entre l'amour des jettons et le désir de faire la cour à ce seigneur, parce que cet acte se faisoit un jeudi, jour d'Académie ; enfin, il fut résolu que ceux qui voudroient assister à cette cérémonie ne risqueroient point leurs jettons, parce qu'ils seroient réputés absents, *reipublicæ causa !* [1] »

Pendant que l'abbé de Coislin achevait ces études sérieuses et préparait sa future élection académique, en initiant la compagnie à ses travaux, d'importants événements se passèrent dans sa famille. Le 2 décembre 1688, il y eut une grande promotion de chevaliers de l'ordre, et le duc de Coislin [2], l'évêque d'Orléans, avec leurs trois cousins, MM. d'Armagnac, de Brionne et le chevalier de Lorraine, figurèrent au nombre des élus. Quelques mois plus tard, le 17 avril 1689, le duc maria sa fille, Henriette-Armande, à Maximilien de Béthune de Sully, prince d'Enriche-mont, son neveu à la mode de Bretagne [3].

« Les articles furent signés lundi, écrivait Mme de Sévigné le 9 mars, mais avec protestation, que, si on ne réformait un article dans le contrat, le mariage était rompu. On ne voulut pas s'en retourner sans signer, de peur de faire rire le monde ; on prit ce milieu, qui ne laisse pas d'être plaisant, le jour que toute une famille est assemblée et qu'ordinairement tout est d'accord ; mais M. de Coislin a de grandes ressources pour les difficultés ; cependant, c'est cette fois que le courrier de Rome est parti [4] » (pour obtenir les dispenses).

Ce mariage se préparait depuis près de trois ans, car nous lisons dans le journal de Dangeau, à la date du 22 avril 1686 :

[1] *Factums* de Furetière. Edit. Asselineau, I, 185. — « Le roi sortit l'après dînée à pied, écrit Dangeau le 15 février, et alla se promener dans les jardins avec plaisir, à ce qu'il nous dit, parce qu'il y avoit fort peu de monde ; les courtisans étoient allés à la thèse de M. de Coislin. »

[2] Le duc de Coislin avait vendu en 1684 pour 50,000 écus, sa charge de prévôt de Paris à M. de Bullion : il l'avait eue lui-même, à la mort de Séguier de Saint-Brisson, parent du chancelier. (Voy. le journal de Dangeau du 20 octobre 1684.)

[3] La seconde fille du chancelier Séguier avait épousé en premières noces le duc de Sully, père de celui-ci.

[4] *Lettres* de Mme de Sévigné, IX, 275.

« On croit le mariage de M. d'Enrichemont avec mademoiselle de Coislin sa cousine, qui aura cent mille écus, savoir : cinquante mille écus que Mme la chancelière Séguier lui avait laissés, 50,000 liv. que lui donna Mme de Kergret, mère de la duchesse de Coislin, et 100,000 livres qu'on emprunte et dont les cautions sont Mme de Laval, mère du duc de Coislin, et le chevalier de Coislin, *qui a fait le mariage*. Outre cela, le duc de Coislin lui assure cinquante mille écus après sa mort. La famille du prince d'Enrichemont lui donne 12,000 liv. de rente... »

Mais l'accord ne se fit que trois ans plus tard. Le prince d'Enrichemont eut en dot la terre de Verneuil ; et le 16 avril 1689, le roi lui-même, rapporte Dangeau, voulut signer au contrat [1].

On doit penser que le duc et la duchesse de Coislin, voyant l'avenir de leurs trois enfants assuré, n'avaient plus aucun souci et ne formaient que des rêves tissus d'or et de soie. Le marquis s'était jeté dans les hasards de la vie des camps, et sa brillante conduite à la bataille de Fleurus, en 1690 [2], présageait une carrière militaire qui ne s'arrêterait pas à son grade actuel de mestre de camp d'un simple régiment. L'abbé de Coislin semblait devoir succéder à tous les honneurs de l'évêque d'Orléans, et la nouvelle duchesse de Sully avait une haute situation à la cour. Un chagrin profond attristait cependant le cœur des malheureux parents, qui n'avaient plus l'espoir de se voir renaître en de joyeux petits-fils ; depuis sept ans de mariage, le marquis

---

[1] Enfin, le 27 juin 1690, l'abbé de Ponchâteau mourut dans sa retraite, rue Saint-Antoine, à l'âge de 56 ans. Le duc de Coislin, qui, on se le rappelle, n'était que de deux ans moins âgé que son oncle, voulut lui faire célébrer des obsèques proportionnées au rang de sa famille, et transporter son corps dans sa chapelle de Saint-Sauveur ; mais sur les instances du curé de Saint-Gervais, le roi ordonna de respecter en tout les dernières volontés du défunt. Les funérailles eurent donc lieu sans la moindre pompe à l'église Saint-Gervais, et le duc, dit un mémoire du temps, « se contenta d'y faire assister seulement quinze prêtres plus qu'il n'y auroit eu, n'ordonna qu'une douzaine de flambeaux pour accompagner le convoi, et fit l'honneur de marcher à la tête du deuil avec son cordon bleu, malgré la simplicité et la pauvreté du convoi ». (Sainte-Beuve. *Port-Royal.* Appendice, VI, 339). L'une des sœurs de l'abbé, Marie, duchesse d'Epernon, lui survécut encore pendant quelques mois ; retirée au Val-de-Grâce, elle y mourut le 12 février 1691. La seconde, Marguerite, comtesse d'Harcourt, avait été enterrée en 1674, aux capucines de la rue Saint-Honoré.

[2] *Gazette de France* du 20 juillet 1690. (Ext.)

de Coislin n'avait pas encore d'enfants, et Saint-Simon, dans ses
Mémoires, se livre à ce sujet à d'étranges insinuations; il assure
même que le marquis maltraitait fort sa pauvre femme, et cela
peut expliquer une lettre de Dubreuil à Bussy, en date du
22 avril 1686 : « ..... Il y a bien des femmes qui se veulent séparer : Mme de Fontenille, Mme de Saint-Géran, Mme de Foix, la marquise de Coislin et encore une douzaine d'autres; la plupart
parce qu'elles font trop de dépenses [1] ». Mais, pour cette dernière,
la conduite et l'humeur de son mari étaient des prétextes suffisants; et quand elle mourut, en 1692, on ne voulut point remarier le marquis : en revanche, le duc, son père, fit tous ses
efforts pour engager l'abbé à résigner ses bénéfices et à rentrer
dans le monde; mais celui-ci, « petit homme, court et gros, dit
Saint-Simon, singulier au dernier point, d'une figure comique
et de propos à l'avenant et souvent fort indiscrets, mêlé pourtant
à la meilleure compagnie de la cour, qu'il divertissoit en se
divertissant le premier [2] », refusa catégoriquement de quitter
l'Eglise [3], et trancha la question en recevant les ordres; dès
qu'il fut ordonné prêtre, il ne quitta plus l'évêque d'Orléans, et
pendant plusieurs années, il l'aida dans l'administration de son
diocèse et dans sa charge de premier aumônier; tout nous porte
même à croire qu'il eut une très-large part dans la préparation
et la publication du *Novum Breviarium,* donné vers cette époque
par le pieux évêque.

XII. — Fin de la carrière du duc de Coislin (1693-1702).

Le duc de Coislin se consola de ses mécomptes en allant présider à Vannes la session des Etats de Bretagne, tenue du 1er au
23 octobre 1693. Après avoir accordé un don gratuit de trois
millions, on s'occupa d'examiner les évocations des chapitres et

[1] Corresp. de Bussy, V. 532. — (Voir plus loin notre étude sur Pierre de Coislin).
[2] Saint-Simon, I, 273.
[3] Nous n'insisterons pas sur les motifs que le chroniqueur croit devoir attribuer
à sa détermination.

des communautés, puis le compte des étapes et celui de l'entretien et de la subsistance des dragons ; on vota le bail des devoirs
et le budget général ; on conféra pour le rachat de l'édict des
courtiers, de celui des maisons, et de la taxe des cabaretiers,
etc.; mais il ne se passa, dans tout le cours de cette session, rien
de particulièrement remarquable; nous y voyons seulement que
le 13 octobre Coislin fit voter un fonds de secours pour les
pauvres gentilshommes, et que le 20, l'assemblée lui alloua, en
dehors de la gratification ordinaire de 15 000 livres accordée
aux présidents des États, une somme de 10 000 livres, « suivant
le règlement, attendu qu'il a présidé pour la première fois, et
on le pria de l'accepter pour ne pas porter préjudice aux barons
qui se trouveront après luy dans le même cas.... [1] »

De retour à Versailles après un séjour de quelques semaines
à Saint-Malo, pendant le premier bombardement de cette ville
par les Anglais [2], le duc de Coislin fit désormais sa résidence
habituelle de la ville royale, et passa les neuf dernières années
de sa vie dans le calme et la tranquillité les plus complets.
C'est à peine si on entend parler de lui dans les mémoires de
cette époque [3], et nous en profiterons pour entrer avec Saint-
Simon dans son intérieur, et pour compléter le portrait dont
nous avons déjà ébauché l'esquisse.

C'était, comme tous les membres de sa famille, un « très-
petit homme, sans mine et d'un caractère fort original ; » mais,
comme nous l'avons déjà fait remarquer, « l'honneur, la probité, la valeur et la vertu même, et qui, avec de l'esprit, étoit
un répertoire exact et fidèle avec lequel il y avoit infiniment et
très-curieusement à apprendre ; d'une politesse si excessive

[1] *Procès-verbaux* des États de 1693. — Nous nous expliquons difficilement cette
décision, puisque le duc de Coislin avait déjà présidé la noblesse en 1659.
[2] Voy. journal de Dangeau du 1ᵉʳ décembre 1698.
[3] Le journal de Dangeau nous apprend par exemple qu'il fut nommé commissaire
le 4 mars 1696, avec les ducs d'Estrées et de Charost et les marquis de Beuvron et
de Dangeau pour examiner les comptes de l'ordre du Saint-Esprit, pendant que
M. de Seignelay en était trésorier... — et quelques autres petits détails de ce genre.

qu'elle désoloit, mais qui laissoit place entière à la dignité.... [1] »
Nous avons rapporté l'anecdote amusante du landgrave prisonnier ; en voici une autre aussi caractéristique :

« Nous le rencontrâmes à un retour de Fontainebleau, Madame de
Saint-Simon et moi, dit le chroniqueur, à pied avec *l'abbé* son fils, sur le
pavé de Ponthierry, où son carosse s'étoit rompu ; nous envoyâmes les
prier de monter avec nous. Les messagers ne finissant point, je fus contraint de mettre pied à terre malgré la boue, et de l'aller prier de monter
dans mon carosse. L'abbé rageoit de ses compliments et enfin le détermina. Quand il eut consenti, et qu'il n'y eut plus qu'à gagner mon carosse,
il se mit à capituler, et à protester qu'il n'oteroit point la place à ces demoiselles ; je lui dis que ces demoiselles étoient deux femmes de chambre,
bonnes du reste à attendre que son carosse fût raccommodé, et à venir
dedans : nous eûmes beau faire, *l'abbé* et moi, il lui fallut promettre qu'il
en demeureroit une avec nous. Arrivés au carosse, les femmes de chambre
descendirent, et pendant les compliments, qui ne furent pas courts, je
dis au laquais qui tenoit la portière de la fermer dès que je serois monté,
et d'avertir le cocher de marcher sur le champ. Cela fut fort bien exécuté ; mais à l'instant, voilà M. de Coislin à crier qu'il s'alloit jeter si on
n'arrêtoit pour prendre cette demoiselle, et tout aussitôt à l'exécuter si
étrangement que j'eus peine à me jeter à temps à la ceinture de ses
chausses pour le retenir ; et lui, le visage tout contre le panneau de la
portière en dehors, crioit qu'il se jetteroit, et tiroit contre moi. A cette
folie, je criai d'arrêter ; il se remit à peine, et maintint qu'il se seroit jetté.
La demoiselle femme de chambre fut rappelée, qui, en allant au carosse
rompu, avoit amassé force crotte, qu'elle nous apporta, et qui pensa nous
écraser, l'abbé et moi, dans ce carosse à quatre.... [2] »

L'aventure est assez plaisante, et l'on voit que le duc de
Coislin avait une sorte d'attraction naturelle à sauter par les
fenêtres, pour satisfaire à ses principes rigides ; mais il fallait
que ses prérogatives et sa dignité ne fussent pas en jeu dans ces
circonstances ; car alors il n'hésitait pas à rompre en visière
avec l'imprudent qui osait se mesurer avec lui : témoin le trait
suivant, qui fit grand bruit à la cour, et causa un véritable
scandale. Cela se passait vers 1690 :

[1] Saint-Simon, II, 388-390.
[2] Saint-Simon, II, 389.

« Le second fils de M. de Bouillon, qui par la mort de son aîné fut duc
de Bouillon après son père, et avait en attendant porté le nom de duc
d'Albret, étoit élevé pour l'Eglise et soutenoit une thèse en Sorbonne en
grand apparat. En ce temps-là, les princes du sang alloient aux cérémonies des personnes distinguées. M. Le Prince, M. le Duc, depuis prince de
Condé, et MM. les princes de Conti, les deux frères enfants, étoient à cette
thèse. M. de Coislin y arriva incontinent après, et comme il étoit alors
tout à la queue des ducs, il laissa plusieurs fauteuils entre lui et le coin
aboutissant à celui des prélats. Les princes du sang avoient les leurs hors
du rang, en face de la chaire de celui qui présidoit à la thèse. Arrive
Novion, premier président, avec plusieurs présidents à mortier, qui, com-
plimentant les princes du sang, se glisse au premier fauteuil, joignant le
coin susdit. *M. de Coislin se lève, prend un fauteuil, le plante devant le
premier président et s'assied.* Cela se fit si brusquement qu'il fut plus tôt
exécuté qu'aperçu. Aussitôt, grande rumeur, et *M. de Coislin à serrer le
premier président du derrière de sa chaise, à l'empêcher de remuer, et
se tenant bien ferme dans le sien.* Le cardinal de Bouillon essaya de s'en-
tremettre ; M. de Coislin répondit qu'il étoit où il devoit être, puisque le
premier président oublioit ce qu'il lui devoit, qui, interdit de l'affront et
de la rage de l'essuyer sans pouvoir branler, ne savoit que faire. Les présidents à mortier, bien effarouchés, murmuroient fort entre eux ; enfin le
cardinal de Bouillon d'un côté, et ses frères par le bas bout où ils faisoient les honneurs, allèrent à M. Le Prince le supplier de vouloir bien
faire en sorte de terminer cette scène, qui cependant faisoit taire l'argument. *M. Le Prince alla au duc de Coislin, qui lui fit excuse de ce qu'il
ne se levoit point, mais qui ne vouloit pas désemparer son homme.* M. Le
Prince blâma fort le premier président ainsi en présence, puis proposa
à M. de Coislin de se lever pour laisser au premier président la
liberté de se lever aussi et de sortir. *M. de Coislin résista et ne
menaçoit pas moins que de le tenir là toute la thèse ! Vaincu enfin par les
prières de M. Le Prince et de Bouillon, il consentit à se lever à condition
que M. Le Prince se rendroit garant que le premier président sortiroit à
l'instant et qu'en se levant il n'auroit point quelque autre tour de passe-
passe à en craindre ; ce fut le terme dont il se servit.* Novion balbutiant
en donna sa parole ; le duc dit qu'il la méprisoit trop et lui aussi pour la
recevoir et qu'il vouloit celle de M. Le Prince. Il la donna ; aussitôt M. de
Coislin se lève, range son fauteuil en disant au premier président :
— Allez-vous-en, Monsieur, allez-vous-en ; — qui sortit aussi dans la dernière confusion, et alla regagner son carosse avec les présidents à mortier ; en même temps, M. de Coislin prit sa chaise, la reporta où elle
étoit d'abord et s'y remit.

» M. Le Prince aussitôt lui vint faire compliment, les trois autres princes du sang aussi, et tout ce qu'il y avoit là de plus considérable à leur exemple. J'oubliois que d'abord MM. de Bouillon avoient employé la ruse et fait avertir M. de Coislin qu'on le demandoit à la porte pour quelque chose de pressé, et qu'il répondit, en montrant le premier président derrière lui : — Rien de si pressé que d'apprendre à M. le premier président ce qu'il me doit, et rien ne me fera sortir d'ici, que M. le premier président que voilà derrière moi, n'en sorte le premier. — Le duc de Coislin demeura là encore un argument entier, puis s'en alla chez lui. Les quatre princes du sang l'allèrent voir le jour même, et la plupart de tout ce qui avoit vu ou su son aventure ; en sorte que sa maison fut pleine jusque fort tard.

» Le lendemain, il alla au lever du roi, qui, par des gens revenus de Paris après la thèse, avoit su ce qui s'étoit passé. Dès qu'il vit le duc de Coislin, il lui en parla, et devant toute la cour, le loua de ce qu'il avoit fait, et blâma le premier président en le taxant d'impertinent qui s'oublioit, terme fort éloigné de la mesure des paroles du roi. Son lever fini, il fit le duc entrer dans son cabinet, *et se fit non-seulement raconter, mais figurer la chose ;* cela finit par dire au duc de Coislin qu'il lui feroit justice ; puis manda le premier président, à qui il lava la tête, lui demanda où il avoit pris qu'il pût disputer quoi que ce fût aux ducs, hors de la séance du Parlement ; sur quoi il ne décidoit rien encore, et lui ordonna d'aller chez le duc de Coislin, à Paris, lui demander pardon et le trouver ; non pas aller simplement à sa porte. Il est aisé de comprendre la honte et le désespoir où se sentit Novion d'avoir à faire une démarche aussi humiliante et après ce qui venait de lui arriver ; il fit parler au duc de Coislin par le duc de Gesvres [1] et par d'autres, et fit si bien en vingt-quatre heures que le duc de Coislin, content de son avantage et d'être le maître de faire subir au premier président toute la rigueur du commandement qu'il avoit reçu à son égard, eut la générosité de l'en dispenser, et de se charger encore envers le roi d'avoir fermé sa porte au premier président, qui, sûr de n'être pas reçu, alla chez lui avec moins de répugnance. Le roi loua fort le duc de Coislin de ce procédé, qui fut cause que le premier président n'osa se plaindre....[2] »

Tels étaient les travers d'Armand de Coislin [3], « mais avec tant de bonnes qualités, ajoute Saint-Simon, qu'elles lui conser-

[1] Son cousin. — [2] Saint-Simon, II, 391-392.
[3] Et M. Paul de Musset, grâce à eux, l'a placé dans sa curieuse galerie des originaux du XVIIe siècle. Mais cette étude présente plusieurs erreurs historiques et surtout des anachronismes flagrants : c'est un portrait de fantaisie. M. de Musset tient absolument à ce qu'Armand de Coislin soit né d'un duc et d'une duchesse, et qu'il ait épousé, en 1673, la marquise veuve de Kergoët ! ! !

vèrent toujours une véritable considération et la distinction du
roi ». Aussi Louis XIV, pour ménager la sensibilité excessive de
l'académicien, avait-il accordé aux prières de l'évêque d'Orléans, « de ne jamais le refuser pour Marly, en sorte qu'il ne
demandoit jamais sans y aller. La vérité est qu'il n'en abusoit
pas. Il n'étoit pas fort vieux, mais perdu de goutte, qu'il avoit
quelquefois jusqu'aux yeux, au nez et à la langue, et sa chambre
ne se désemplissoit pas de la meilleure compagnie de la cour et
de la ville, et dès qu'il pouvoit marcher, il alloit à la cour et à
la ville, où il étoit ainsi généralement et considéré et compté ».

En 1695, un honneur insigne vint rechercher l'un des membres
les plus éminents de la famille de Coislin. L'archevêque de
Paris, François de Harlay, venait de mourir de la façon que l'on
connaît, avant d'avoir reçu le chapeau de cardinal qui lui était
destiné : l'évêque d'Orléans, qui avait assisté à la dernière
assemblée du clergé, reçut immédiatement du roi la promesse
de sa nomination d'une manière très-flatteuse, « et d'autant plus
agréablement, dit Saint-Simon, que lui, ni pas un des siens,
n'avoient eu le temps d'y penser [1] ».

Deux ans après, le 27 juillet 1697, le pape Innocent XII le
créa en effet cardinal; mais, dans l'intervalle, une contestation,
suivie d'un échec sensible, lui était survenue au palais avec l'un
des grands dignitaires de la cour, et nous devons en dire quelques mots, parce qu'elle fut la source de la future élévation de
son neveu, l'abbé de Coislin, qui devint, par sa nomination à
l'évêché de Metz, le gage d'une réconciliation complète entre les
deux compétiteurs.

Les sermons du P. Séraphin ayant eu beaucoup de succès à la
chapelle de Versailles en 1696, et le roi ayant fait des reproches
à M. de la Rochefoucauld de ce qu'il ne venait jamais entendre
la parole éloquente et hardie du capucin, le fils de l'auteur des
Maximes répondit qu'il n'était pas de la dignité d'un grand

---

[1] Le journal de Dangeau raconte sa promotion presque dans les mêmes termes
que les mémoires de Saint-Simon.

veneur d'aller demander des places à l'officier qui les distribuait au menu fretin des courtisans. Aussitôt le roi lui donna pour sa charge une place derrière lui, à côté du grand chambellan ; mais il se trouva que l'évêque d'Orléans, au lieu de se mettre au prie-Dieu, comme faisaient autrefois les premiers aumôniers, s'était peu à peu accoutumé à s'asseoir précisément à cette place ; comme on l'aimait beaucoup, on l'avait laissé faire, quoiqu'il n'y eût aucun droit ; et malgré sa possession ancienne, il dut céder au duc de la Rochefoucauld et retourner au prie-Dieu. — *Inde iræ.* — Là-dessus, toute la cour se partagea en deux camps : le comte d'Armagnac, neveu du prélat et grand écuyer, jaloux de la faveur croissante du grand veneur, ameuta tous ses amis et tous les Coislin ; mais le roi ne revenait pas facilement sur ses décisions ; il tâcha inutilement de faire entendre raison à l'évêque dépossédé, qui, fort mécontent, « s'en alla bouder dans son diocèse... » Il fallait cependant que la querelle eût une fin.

« La vacance du riche et magnifique siége de Metz parut au roi, dit Saint-Simon, un moyen d'apaiser M. d'Orléans et de finir la discorde. Il y nomma l'abbé de Coislin, sans que ni lui ni aucun de sa famille eût osé y songer..., et donna à la charge de premier aumônier une place derrière lui à la chapelle, au-dessous de celle de M. de la Rochefoucauld et la joignant. M. de Metz ne fut pas alors en termes de la refuser, comme avoit fait son oncle, à qui elle avoit été offerte. M. d'Orléans, qui alloit être cardinal, et qui par là s'alloit trouver hors d'intérêt pour sa personne, et dans la joie de ce retour du roi, qui plaçoit si grandement à Metz son neveu pour lequel il n'espéroit presque plus rien, se prêta à y consentir et à se réconcilier avec M. de la Rochefoucault. Le roi fut ravi ; et tout se passa de part et d'autre de si bonne grâce que tout fut sincèrement oublié, et qu'ils redevinrent amis comme auparavant[1]. »

Voilà comment l'abbé de Coislin reçut sans y penser, à l'âge de trente-deux ans, l'un des plus beaux évêchés de France. Nommé le 26 mai 1697, il fut sacré à Paris le 22 décembre, dans l'église des Feuillants de la rue Saint-Honoré, par son oncle,

---

[1] *Mémoires* de Saint-Simon, I, 273-274. — Voir aussi le journal de Dangeau.

assisté des évêques de Carcassonne et de Verdun ; puis, après avoir prêté serment entre les mains du roi, il prit possession de son diocèse le 17 février 1698 [1]. Nous verrons, dans une étude spéciale, comment il le gouverna pendant trente-cinq années consécutives et comment la ville de Metz lui dut des établissements considérables qui portent encore son nom.

Cependant, le 8 septembre 1697, l'abbé de Barrière, camérier du pape, arriva de Rome à Versailles avec la barrette du cardinal de Coislin. Le roi la lui donna le lendemain à la messe, et comme il lui demandait, à l'un de ses levers suivants,

« Si on le verroit à cette heure avec des habits d'invention ? — Moi, sire, dit le nouveau cardinal, je me souviendrai toujours que je suis prêtre avant d'être cardinal. Il tint parole ; il ne changea rien à la simplicité de sa maison et de sa table ; il ne porta jamais que des soutanelles de drap ou d'étoffes légères, sans soie, et n'eut de rouge sur lui que sa calotte et le ruban de son chapeau. Le roi, qui s'en doutoit bien, loua fort sa réponse, et encore plus sa conduite, qui le mit de plus en plus en considération.... [2] »

Aussi, lorsqu'au commencement de l'année 1700, Louis XIV eut résolu de frapper un grand coup contre le cardinal de Bouillon, de lui enlever tous ses honneurs et de confisquer tous ses biens, il donna sa charge de grand aumônier au cardinal de Coislin, qui se trouvait alors à Rome, au conclave pour l'élection du pape Clément XI ; et l'évêque de Metz reçut en même temps le brevet de premier aumônier, dont il n'avait encore que la survivance. Avant de quitter Rome, le cardinal de Coislin reçut le chapeau des mains du nouveau pape, avec le titre de l'Eglise de Sainte-Trinité du Mont, sous lequel il devint protecteur de l'ordre des Frères mineurs ; et peu de temps après son retour à Versailles, il prêta serment de sa nouvelle charge, le 4 avril 1701 ; l'évêque de Metz devint, à la même époque, commandeur et aumônier de l'ordre du Saint-Esprit. Le neveu croissait ainsi

[1] *Gallia christiana,* XIII, 805.
[2] Saint-Simon. I, 299.

en honneurs et en dignités, à mesure que l'oncle montait lui-même au faîte des grandeurs de l'Eglise de France.

Ces quelques années marquèrent l'apogée des grandeurs de la famille de Coislin. Le chevalier, « ce cynique qui vécut et mourut tel au milieu de la cour et du monde, n'en voyant que ce qui lui plaisoit », était mort en 1699, au château de Versailles, dans l'appartement du grand aumônier, qui lui avait ouvert un asile et fut débarrassé d'une charge onéreuse, car on n'était jamais à l'abri des sorties d'un original, dont Saint-Simon raconte assez crûment des traits de « fort mauvaise odeur » ; et la meilleure compagnie se réunissait dans les salons du duc et du cardinal, qui avaient su, par l'agrément de leur esprit et l'affabilité de leurs manières, se concilier l'estime et la considération de toute la cour. Malheureusement, Armand du Cambout ne put pas jouir longtemps de la période calme et pleine d'honneurs qui s'écoula pour sa famille après la mort du chevalier. La goutte le minait sourdement, et le 7 septembre 1702, à l'âge de soixante-sept ans et quelques jours, il mourut à Paris, au milieu des larmes et de la désolation de tous les siens. Il fut enterré dans l'église des Récollets de Saint-Denis, et Saint-Simon lui a consacré en trois mots la plus belle et la plus juste des oraisons funèbres, quand il a dit : « Ce fut une perte pour tous les honnêtes gens [1]. » On sait ce qu'on appelait alors un honnête homme.

Le duc de Coislin était doyen de l'Académie française depuis quelques mois, car le vieux Charpentier, élu en 1651, venait de mourir au mois d'avril 1702, après cinquante et un ans d'Académie. Le successeur du duc fut son fils Pierre, dont nous esquisserons bientôt la carrière académique.

RENÉ KERVILER.

[1] *Mémoires* de Saint-Simon, II, 388.

—

LA MARE A LA FIANCÉE

Récit du tailleur.

———————

Un soir d'hiver, à deux lieues et demie de Rennes, sur la route de Nantes, en revenant de visiter la mine d'argent de Pont-Péan, je fus surpris par une pluie torrentielle qui m'obligea à chercher un abri. Comme je venais d'atteindre les premières maisons du village de la Chaussairie, qui se trouve aligné des deux côtés de la grand'-route, je ne tardai pas à apercevoir une branche de buis sur le haut d'une porte. A cette enseigne, je reconnus un cabaret, et m'approchant, je vis écrit sur le mur : A L'ESPÉRANCE, *on boit et on mange*. — J'entrai aussitôt.

A la lueur fumeuse d'une chandelle fétide, j'aperçus quatre buveurs autour d'une table, en train de savourer le *picton* du pays. Près du feu, un petit tailleur, assis sur un escabeau, cousait un vêtement, et deux bambins se roulaient dans les cendres du foyer, en tirant de temps en temps les oreilles et la queue d'un chat maigre, qui s'obstinait à garder sa place. — Ma présence ne sembla déranger personne. Je pris un siége et m'assis près du feu.

A en juger par leur conversation, mes voisins devaient être chaufourniers ; ils se plaignaient amèrement de la modicité des prix de journées et du vilain temps, qui les empêchait souvent de travailler. Dans ce pays, du reste, tout le monde est chaufournier, mineur ou potier. Ce sont les seules industries de la contrée.

Au bout d'un instant, la porte s'ouvrit tout à coup, et un grand gaillard, à figure joviale, parut sur le seuil.

— « Tiens, dit-il, je m'en doutais, les camarades sont là, et je viens trinquer avec eux. » Puis, avisant le petit tailleur, il s'écria : « Est-ce possible? je n'ose en croire mes yeux! Le père Sanglé en chair et en os! D'où s'arrache-t-il ? Je ne l'ai pas vu depuis près de dix ans, et je le reconnais tout de suite. Dame ! ce n'est pas étonnant, au surplus, il m'amusait tant, lorsque j'étais petit, avec ses contes de revenants qui m'empêchaient de dormir. A-t-il dû en apprendre dans ses voyages! Mais, c'est égal, s'il veut m'en raconter un, je choisirai encore, comme autrefois, *la Mare à la fiancée.* »

Le tailleur, que ce flux de paroles fit sourire, leva la tête et dit : — « Moi, grand bavard, je te reconnaissais à la voix. Je n'ai pas besoin de mettre mes lunettes pour cela. Tu ne changeras donc jamais? Le grand Michel sera toujours un braillard et un hâbleur ; mais cependant si la tête est folle, le cœur est bon. »

Ce dialogue échangé, ils se serrèrent cordialement la main et rapprochèrent leurs chaises du feu.

Le tailleur, questionné sur sa longue absence, nous apprit que la manie des voyages s'était emparée de lui, et qu'afin de la satisfaire, il était parti, un beau matin, pour aller apprendre, dans le fond de la Bretagne, les récits qu'on lui avait tant vantés. « Je reviens, ajouta-t-il, bien désenchanté, mes bons amis ; leurs histoires peuvent être plus belles que les nôtres, mais je n'y crois point. D'abord, ils les racontent dans une langue que je n'ai pu comprendre, et ils se refusent à les traduire, parce qu'elles perdraient toutes leurs beautés. Menteries que tout cela ! Si elles étaient vraiment si charmantes, ils pourraient les dire dans toutes les langues, et surtout en français. »

Les heures s'écoulaient ainsi, la pluie tombait toujours, et la conversation de mes deux voisins ne tarissait pas. Le grand Michel

avait parlé de la légende de *la Mare à la fiancée*, et j'étais bien
décidé à ne pas partir avant de l'avoir entendue. Or j'offris un *pichet*
de cidre à la société, — sûr moyen d'être bien accueilli, — et je
priai le tailleur de nous la raconter. Le père Sanglé se fit bien un
peu tirer l'oreille, mais, le grand Michel aidant, nous parvînmes à
le décider.

II

— Ce n'est point un conte que je vais vous faire, commença-t-il,
c'est une histoire véridique que je tiens de mon grand-père, qui
était chantre à l'église de Saint-Erblon, et qui savait lire dans tous
les livres, pieux et autres.

Or donc, longtemps avant que le grand chemin de Rennes à
Nantes fût fait, vivait, à la ferme des Noyers, en Orgères, une *jeunesse* d'une rare beauté, qui croyait en Dieu et secourait son prochain. Ses *gens* [1], qu'elle affectionnait ainsi que tout enfant doit le
faire, comme de juste, l'aimaient au point de ne jamais rien entreprendre sans la consulter. Du reste, faut l'avouer, elle était sage et
entendue pour son âge, car elle comptait à peine dix-sept ans, quand
on lui proposa de *s'établir*.

Fraîche comme la fleur dont elle portait le nom, Rose Landelle
n'était cependant point vaine de sa personne et ne faisait les yeux
doux à aucun, ce qui ne l'empêchait pas d'avoir un grand nombre
d'amoureux. Les galants venaient de plus de dix lieues à la ronde,
tant la réputation de la fillette s'étendait au loin.

Cependant, il y avait un des amoureux qui était plus assidu et
mieux accueilli que les autres. Il était du bourg de Chanteloup et
s'appelait Pierre Sauvage. C'était un brave jeune gars, courageux et
bon chrétien, avec cela doux comme une brebis. De plus, il avait un
bon petit *fait* au soleil, ce qui ne déplaisait pas au père et à la mère
de Rose. Celle-ci ne disait ni oui, ni non, mais ne semblait point
pressée de prendre un maître.

Pierre, cependant, ne désespérait pas de se faire aimer. « Puisqu'on me laisse revenir, pensait-il, et qu'on renvoie les autres, toute
chance de succès n'est pas perdue. » Le malheureux était loin de se

---

[1] *Gens* est employé ici pour parents; le père et la mère presque toujours.

douter de tout ce que lui réservait la Providence, pour l'éprouver, sans nul doute !

Il y avait alors, à Pont-Péan, un grand vaurien, appelé Jean Jumel, qui était contre-maître à la mine et qui gagnait de bon argent. C'était un cadet muscadin, bien façonné et point *innocent* [1]. Il savait tourner un compliment, chanter des chansons, et en inventer même, au besoin. C'était en un mot le *béguin* [2], la coqueluche du canton.

Ce mauvais sujet passait les soirées et presque les nuits entières dans un cabaret mal famé, situé au haut de la côte de Bout-de-Lande, où tous les garnements se donnaient rendez-vous. Ce bouge affreux était tenu par un vieillard du nom de Jérôme.

Certains bruits couraient que de riches colporteurs, entrés pour passer la nuit dans cette auberge, n'en étaient jamais ressortis. Ce qui le fait bien supposer, c'est que l'on a trouvé, en défrichant la prée derrière la maison, un grand nombre de squelettes humains, il n'y a pas beaucoup plus de vingt ans. Mais, comme la police était mal faite dans ce temps-là et que la maréchaussée allait elle-même se divertir dans ce mauvais lieu, on ne songeait point à inquiéter le bonhomme.

Ce dernier était d'ailleurs un maître fripon, un fin voleur, s'en allant la nuit par voies et par chemins. L'on n'osait rien dire, bien qu'on le surprît souvent à serrer le bien d'autrui, parce qu'il était méchant et malicieux, et qu'il avait bientôt jeté des sorts à ceux qui le rencontraient ; à preuve que la maison de Julien Ballard, le cantonnier, qui l'avait menacé de le dénoncer à la justice, fut bouleversée par des rats énormes, restés inconnus jusque-là. Ces animaux rongèrent tout ce qu'il y avait, et si Ballard n'avait décampé au plus vite, c'en était fait de l'homme, il était mangé à son tour.

Et Jacques Tardif donc, qui avait le corps couvert de petites bêtes dévorantes, pour lui avoir jeté des pierres une nuit qu'il le vit dans son courtil à déraciner des pommes de terre. C'est encore un fait certain et avéré qu'il ne put s'en défaire qu'en allant porter deux écus de trois livres au vieux Jérôme, qui dit des paroles aux-

[1] *Innocent* est pris ici dans le sens d'imbécile.
[2] *Béguin* et *coqueluche* sont souvent employés pour caprice.

quelles il ne comprit goutte, et l'envoya, avant le soleil levé, au
bord de la rivière, battre sa chemise pendant une heure avec une
branche d'épine noire. Après cela, ce fut fini, il ne fut plus jamais
inquiété.

Je vous citerais bien d'autres faits du vieux sorcier, si je vous
racontais son histoire ; mais c'est celle de la Rose et non la sienne
qui nous occupe présentement.

Donc, pour en revenir à Jean Jumel, ne s'avisa-t-il pas de dire à
ses camarades de débauches qu'il avait envie d'épouser la belle
Landelle ! Les autres se moquèrent de lui, mais, huit jours après,
ils furent bien penauds, quand ils apprirent que les accordailles
avaient lieu.

Voici ce qui était arrivé : le pas grand'chose s'était rendu à la
ferme des Noyers, beau comme un soleil. Il avait mis, l'astucieux
serpent, son pantalon de futaine et son touron de castorine, qui
faisaient valoir ses avantages physiques, et, dans quelques heures,
avec son air guilleret, il entra plus avant dans le cœur de l'innocente
que le pauvre malheureux Pierre depuis qu'il y venait.

Rose n'écouta ni les avis, ni les conseils de personne, pas même
les remontrances des siens, qui voyaient dans l'avenir de gros
nuages noirs pour leur enfant. Elle était ensorcelée par ce luron,
qui lui promettait monts et merveilles, c'est-à-dire plus de beurre
que de pain, et qui l'endormiait par ses paroles attifées et ses chansons ramageuses. Il fit tant et si bien, que Pierre fut prié de rester
chez lui, et qu'on tua un cochon gras pour célébrer les fiançailles,
où tous les fermiers des environs furent invités. Les personnes rai-
sonnables et sensées la plaignaient entre elles, parce qu'elle était
aimée ; mais les jeunes filles enviaient son sort.

Pierre Sauvage se retira sans plaintes et sans murmures. Il voulut
quitter honnêtement et respectueusement des gens qui l'avaient bien
accueilli chez eux, et surtout ne pas laisser paraître sa peine devant
un rival ; mais il ne fut pas hors de la maison que son pauvre cœur
déborda de larmes. Il marchait au hasard, sans but, sans idée, abîmé
dans sa douleur. Il s'arrêta bientôt, pour jeter un dernier regard sur
cette maison où il ne devait plus rentrer. Oh ! c'en fut trop ! ses

jambes se dérobèrent sous lui, et il se laissa choir sur la bruyère, suffoqué par le chagrin.

Etait-ce possible? Qu'allaient devenir ses beaux rêves, ses riants projets d'avenir, ses douces espérances? Tout son bonheur s'en allait à la fois. C'était sa vie que Jean Jumel était venu lui disputer. Avoir, depuis des années, caressé l'espoir de devenir un jour l'époux de la meilleure fille du pays; être sur le point d'atteindre le but, et voir son bonheur disparaître au souffle d'un mauvais sujet! « O ciel! s'écriait-il, quel destin cruel me poursuit! C'est à devenir fou de douleur, c'est à mourir de dépit! »

Toute la nuitée, il erra dans les champs et les chemins, sans chercher un gîte, bien qu'on fût au mois de novembre et que la glace rompît sous ses pieds. A l'aube, il reprit le chemin de sa demeure et ne reparut plus à la ferme des Noyers, où, pendant ce temps-là, l'on riait et chantait.

III

L'anniversaire du jour de la naissance du Christ était proche, et la Rose et son fiancé avaient décidé qu'ils iraient à Rennes, la veille de Noël, pour acheter leurs atours de mariés, et qu'ils resteraient à la messe de minuit, pour revenir ensuite réveillonner à la ferme.

C'est aussi à cette époque que l'on paie les fermages. Or Pierre Sauvage devait aller, le même jour, porter à son maître le prix du loyer de sa métairie. Son intention n'était point de passer la vesprée à Rennes; mais, comme le marquis de Lalleu était à chasser en forêt, force lui fut d'attendre son retour.

Le marquis ne rentra que fort avant dans la nuit. Comme il aimait son métayer pour son savoir et ses connaissances des choses de la terre, il l'engagea à souper avec ses domestiques et à les accompagner ensuite à la messe.

Pierre accepta; mais le pauvre gars ne supposait point faire la rencontre de son infidèle. L'église, pour fêter cette solennité, était éblouissante de clarté; des lumières innombrables l'éclairaient mieux que n'aurait pu le faire le soleil du bon Dieu. Pierre ne tarda pas à distinguer près de lui la Rose, plus occupée de sa toilette que de ses prières. De temps à autre, elle s'entretenait à demi-voix avec son fiancé. Le malheureux délaissé ne put supporter un pareil spectacle. Toutes ses douleurs passées se ravivèrent; toutes ses peines, tous ses chagrins lui revinrent au cœur, et il se vit obligé de sortir promptement de l'église pour étouffer les sanglots qui l'oppressaient.

Ne voulant pas rester davantage à Rennes, de crainte de la rencontrer, il s'orienta de son mieux dans la nuit noire et ne tarda pas à trouver le chemin de son village.

IV

Il n'avançait pas vite. Comme je l'ai dit plus haut, la grand'route n'était pas faite; il existait seulement un vilain petit chemin creux, rempli de gros cailloux qui le faisaient trébucher à chaque pas. Enfoncé, pour ainsi dire perdu dans ses tristes réflexions, il marchait tout de même, s'arrêtant seulement pour essuyer son front couvert de sueur, malgré que la froidure fût excessive et que la neige commençât à tomber.

Arrivé en face de la ferme de Bréquigny, qui est à une lieue de Rennes, comme vous savez, il entendit chevaucher derrière lui. Bientôt des propos joyeux et des éclats de rire parvinrent distinctement à ses oreilles, et la douce voix de Rosette le tira de sa torpeur. C'étaient, en effet, les fiancés qui revenaient à cheval, accompagnés de leurs parents et de leurs amis.

Pour ne pas être reconnu, Pierre monta rapidement la côte, afin de distancer la cavalcade; mais il réfléchit qu'elle l'aurait promptement rattrapé, et avisant à sa droite, près d'une carrière abandonnée et pleine d'eau, d'énormes roseaux et des broussailles épaisses, il s'y cacha pour se dérober aux yeux des passants.

A peine y fut-il entré, que les voix et les rires se firent entendre de nouveau. Les voix, confuses et vagues d'abord au tournant du chemin, devinrent dans un instant distinctes, claires et faciles à saisir.

Rosette disait, en parlant du cheval qu'elle montait : « Bijou n'avance point ce soir; je crois bien qu'il n'a eu ni à manger ni à boire, depuis ce matin, chez ces voleurs d'aubergistes. Heureusement que nous voici près d'une mare, où il va pouvoir se désaltérer. » Et, tout en caressant la bête de la main et de la parole, elle la dirigea vers la carrière abandonnée.

La lune, qui, à ce moment, se montrait entre deux nuages, éclaira subitement la figure de la jeune fille, et Pierre Sauvage crut remarquer qu'elle l'avait aperçu, car son regard était fixé sur la broussaille où il était blotti. Il voulu s'enfoncer plus avant dans les ronces, mais son pied glissa sur l'herbe glacée, et il tomba lourdement sur le sol. Ce bruit, à deux pas du cheval, effraya l'animal, qui avança subitement et roula dans l'abîme, entraînant sa maîtresse.

Ceci se passa en moins de temps que je n'en ai mis à vous le raconter.

Un homme, déchiré par les épines, se dressa soudain, semblable à un fantôme, et plongea dans la carrière. Il y resta longtemps, laissant dans l'anxiété les malheureux parents de Rose, qui se lamentaient. Il reparut enfin, mais seul! Des cris sortaient de sa poitrine. Mutilé par les pierres, sanglant, affreux, couvert de boue, désespéré, cet homme était effrayant à voir! Trois fois il recommença ses périlleuses recherches, et trois fois reparut seul à la surface de l'eau. Bientôt épuisé, n'en pouvant plus, anéanti, brisé, il resta étendu sur la berge, sans mouvement et sans vie.

Pendant ce temps-là, Jean Jumel s'était contenté d'appeler du secours et d'aller en chercher dans les fermes voisines ; mais tout fut inutile. On ne parvint pas à retrouver le corps de la pauvre Rose, et, chose plus étonnante encore, il n'a jamais été retrouvé depuis.

Lorsque les premiers rayons du jour éclairèrent cette scène, tout était rentré dans le silence. Les parents de la fiancée avaient été emmenés par des amis, et l'homme souillé de boue avait disparu.

A partir de ce moment, l'on ne revit jamais Pierre Sauvage, ni dans le bourg de Chanteloup, ni ailleurs. Que devint-il ? Voilà ce qu'on ignore.

Des voyageurs annuités par les chemins affirment cependant avoir entendu des sanglots près de la mare profonde ; il y en a même qui ont vu un homme en prière sur le bord ; mais personne n'a pu assurer que ce fût Pierre Sauvage.

Depuis ce terrible événement, cette carrière s'appelle *la Mare à la Fiancée*, près de laquelle se dresse une croix qui a été élevée par les gens de la défunte. Pas un chrétien ne passe là désormais sans faire un signe de croix pour le soulagement des âmes du purgatoire. Il en faut encore beaucoup, paraît-il, puisque chaque année la noyée vient prier les fidèles de la délivrer par leurs prières. Cela vous sera affirmé par tous les rouliers et autres qui sont passés devant la *Mare à la Fiancée*, la nuit de Noël. Une forme blanche, qui gémit et soupire, apparaît tous les ans derrière les roseaux.

V

Ce qui prouve, dit en terminant le père Sanglé, qu'on ne doit point aller distrait dans la maison du bon Dieu, pour y rire et causer. D'un autre côté, le doigt de la Providence est bien visible dans tout cela : la sainte Vierge n'a pas voulu que son alouette fût mangée par le chat-huant. Vous comprenez bien qu'elle n'aurait pas permis qu'une jeunesse sage et pieuse devînt la ménagère d'un réprouvé comme Jean Jumel.,

Sa vengeance ne s'est point bornée là : le vaurien reprit bientôt ses habitudes de débauche et recommença à passer ses nuits à Bout-de-Lande. Il en sortait presque toujours ivre, au point qu'un matin, il se trompa de route pour rentrer chez lui. Au lieu de venir de ce côté-ci, il s'en alla du côté de Nantes. La neige était depuis plus de dix jours sur la terre. Les animaux des bois rôdaient jusqu'auprès des maisons. Arrivé sur les landes de Moréans, comme le jour commençait à poindre, il reconnut qu'il s'était trompé de chemin et voulut retourner sur ses pas ; mais il n'était plus temps, l'heure de la justice céleste avait sonné pour lui.

Depuis plus d'une demi-heure, trois grands loups, qui le suivaient pas à pas, se jetèrent sur lui, quand il s'arrêta, et n'en firent qu'une bouchée. Enfin, l'été suivant, la foudre tomba sur la tanière du vieux sorcier, qui fut enseveli sous les décombres.

ADOLPHE ORAIN.

VERTOU

—

A MON AMI CHARLES MARIONNEAU.

—

O Vertou! frais pays, qu'arrose
La Sèvre au cours capricieux,
A te voir quel cœur si morose
Ne sourirait, moins soucieux ?

Bois, rochers, vallons, — quel beau livre
A feuilleter incessamment !
C'est là qu'il ferait bon de vivre,
Dans un fécond recueillement !

Si l'or se pressait en mon coffre,
A qui veut céder son Éden
Je dirais : — « Prenez, je vous offre
» Le prix du toit et du jardin. »

Ou, sur un coteau solitaire,
En face d'un large horizon,
J'achèterais un coin de terre,
Et j'y bâtirais ma maison.

Puis, dès la saison si riante
Qui rend leurs hôtes aux villas,
Je te fuirais, cité bruyante,
Pour voir bourgeonner mes lilas.

Partout, à travers la campagne,
Du printemps suivant les progrès,
Rêveur que la Muse accompagne,
J'admirerais, je chanterais...

Dieu m'a refusé cette joie ;
Ce sort ne m'est point réservé :
Lorsque mon aile se déploie,
Son vol s'élance du pavé.

Mais, à défaut de la retraite
Que se transmettraient mes enfants,
Qu'au rimeur du moins on en prête
Une pour les mois étouffants.

Sol poétique, ô sol que j'aime,
Ouvre-moi tes prés et tes champs :
Je dirai ta grâce suprème ;
Je te fleurirai de mes chants.

                          ÉMILE GRIMAUD.

Nantes, 25 mars 1874.

ÉCOLES CHRÉTIENNES DE BREST

ET DE RECOUVRANCE [1]

Dans un temps où l'instruction populaire est à la fois l'objet de tant d'efforts généreux et le prétexte de tant de déclamations malsaines, on lira, croyons-nous, avec plaisir, les pièces suivantes, qui montrent combien cet intérêt, l'un des plus importants de toute nation chrétienne, a été cher de tout temps à nos évêques de Bretagne, qui eux, par exemple, ne consentirent jamais à séparer l'éducation religieuse de l'instruction.

Est-il besoin d'ajouter que le zèle éclairé de nos vieux prélats trouve dans leurs successeurs d'aujourd'hui de dignes émules et de vigilants continuateurs ?

A. DE LA BORDERIE.

I

Lettre du subdélégué à l'intendant (9 février 1787).

Monseigneur, depuis le 1er octobre dernier, les écoles des frères de Saint-Yon devaient reprendre leur cours : faute de leur avoir pu trouver un local convenable pour leur rétablissement au côté de Recouvrance, elles vaquent encore. Cependant la communauté continue de payer les deux frères destinés à l'instruction des enfants de ce côté de la ville. L'objet de la dépense n'étant point rempli, elle devient par conséquent frustratoire et en pure perte. Cet abus sera prolongé (si vous n'avez la bonté, Monseigneur, d'y mettre

[1] Archives du département d'Ille-et-Vilaine.

ordre) par l'entêtement du sieur Le Guen, premier échevin, à vouloir faire construire une maison expressément pour tenir les écoles et par la difficulté éprouvée de s'en procurer une à louer pour cet effet.

J'ai cru vous devoir ces informations et vous proposer la suppression de la charge de deux frères pour Recouvrance, qui n'est habité que par le peuple. Cette suppression tourneroit à l'avantage de la marine, qui depuis longtemps la désire, même entière, et se plaint que, depuis l'établissement des frères à Brest, les sujets que cette ville lui fournissait sont devenus beaucoup plus rares. Elle en a même témoigné des regrets par rapport à l'excellence et à la supériorité des marins brestois sur ceux des autres départements. Cette classe est véritablement en grande réputation et d'élite, il n'est aucun capitaine qui ne la recherche. Je suis avec respect, Monseigneur, votre très-humble et très-obéissant serviteur : GUESNET. A Brest, le 9 février 1787.

Je viens de vérifier que les frères ont touché d'avance le semestre courant, commencé le 1er octobre 1786.

Leur ordre a maintenu à Brest et y maintient deux de ces religieux pour la reprise des écoles à Recouvrance au premier ordre. Il n'y a aucun reproche à faire aux frères sur l'interruption du service ; c'est une justice que je leur dois.

II

Note du secrétaire de l'intendance (sans date.)

Brest : Il y a en cette ville cinq frères de Saint-Yon, dont deux tiennent l'école du côté de Brest et deux du côté de Recouvrance, et le cinquième s'occupe des soins domestiques. La ville leur fournit le logement et leur paye, en outre, une pension, qui est en temps de paix de 400 fr. pour chacun, et de 500 fr. en temps de guerre. La ville n'a point de maison du côté de Recouvrance, et elle a la plus grande difficulté à en trouver à louer ; il a été ci-devant fait des projets pour la construction d'un bâtiment destiné aux écoles du côté de Recouvrance, mais cette construction étoit estimée 14,112 fr., ce qui a empêché M. l'intendant de l'approuver.

Dans le moment actuel, il ne se tient point d'école à Recouvrance, faute de logement. Voici une lettre du sieur Guesnet, par laquelle il propose de supprimer l'école de Recouvrance ; les raisons qu'il fait valoir pour cette suppression, relativement au défaut de sujets pour la marine, paroissent fort sages ; il y a longtemps qu'elles ont été senties ; elles déterminèrent M. de Bacquencourt, en 1774, à donner un avis défavorable à l'augmentation de pension demandée par les frères des Écoles chrétiennes. On croit que M. l'évêque de Léon s'intéresse à cet établissement.

M. de Bertrand veut-il marquer à la communauté que son intention est que l'école de Recouvrance demeure supprimée, ce qui réduira le nombre des frères à trois, ou bien, comme l'établissement des cinq frères est autorisé par le conseil, veut-il en référer préalablement au ministre ? Peut-être serait-il à propos de consulter le subdélégué.

III

Note autographe de M. de Bertrand, intendant de Bretagne.

Ecrire d'abord à M. l'évêque de Léon, *comme si* j'étais consulté par le ministre sur cette suppression, et lui marquer qu'avant de répondre je suis bien aise de savoir ce qu'il pense des différents motifs qui paraissent solliciter cette suppression.

IV

Lettre de l'intendant à Mᵉ l'évêque de Léon.

Paris, 26 février 1787.

Je crois, Monseigneur, devoir vous prévenir que M. le contrôleur général, instruit de la difficulté que la ville de Brest éprouve à se procurer une maison du côté de Recouvrance pour y établir les écoles chrétiennes et de la dépense trop considérable qu'exigeroit la construction d'un bâtiment pour cet usage, paroît disposé à faire

ordonner la suppression de l'école qui étoit établie du côté de Recouvrance et qui est aujourd'hui suspendue, faute de logement : de
sorte que la maison du côté de Brest se trouveroit réduite à trois
frères, dont deux pour tenir l'école, et le troisième pour vaquer aux
soins domestiques. Outre l'économie qui en résulteroit pour la ville,
le ministre est informé que, le côté de Recouvrance étant principalement habité par le peuple, la suppression proposée tourneroit à
l'avantage de la marine, qui la désire vivement et qui voit avec regret que, depuis l'établissement des frères à Brest, les sujets que
lui fournissoient cette ville et dont elle avoit tout lieu d'être contente sont devenus beaucoup plus rares ; mais avant d'adresser mon
avis à M. de Calonne, je désire, Monseigneur, que vous veuilliez bien
me faire part de votre façon de penser relativement à la suppression
dont il s'agit.

J'ai l'honneur d'être, avec un sincère respect, Monseigneur,
votre, etc.

V

Réponse de M. l'évêque de Léon à l'intendant.

Léon, 12 mars 1787.

Je vous suis bien obligé, Monsieur, de m'avoir fait part des difficultés qui semblent porter à supprimer les écoles chrétiennes à Recouvrance ; elles ne sont pas si considérables puisqu'on m'assure
qu'une somme de 12 000# suffiroit à ces frères pour s'y former un
établissement auquel quelque particulier peut être opposé ; j'en
connois quelques-uns à Brest, qui, imbus des principes répandus
dans certains livres proscrits par la religion et la raison, excluent
de toute instruction certaines classes d'hommes. Mais, Monsieur, le
général des membres de la communauté et les habitants verroient
avec beaucoup de peine supprimer l'école de Recouvrance et il en
résulteroit un très-grand mal. En temps de guerre où rien ne suffit,
dans la disette, on s'en prend à tout ; mais je puis vous assurer que
les écoles n'ont pas mis d'obstacles à l'embarquement de la jeu-

nesse. Pendant la guerre, les écoles étoient désertées pour la mer, la quantité prodigieuse d'enfans qui ont péri pendant la guerre et la quantité de ceux qui sont à Brest dans la misère après avoir pris ce parti, faute de trouver à être actuellement emploiés dans les armements, prouvent que les écoles n'ont point tari la source des mousses ; il faut aujourd'hui de la protection pour être admis en cette qualité, et il y en a plusieurs qui pourroient être emploiés dans la marine de préférence à des étrangers s'ils avoient été instruits. Non-seulement on quittoit l'école des frères pour aller à la mer pendant la guerre, mais on désertoit nos colléges, et il ne paroît pas que la marine de ce moment pense comme elle pouvoit penser pendant la guerre, puisqu'elle multiplie ses maîtres tant qu'elle peut. Je pense donc, Monsieur, que l'œconomie qu'on voudroit faire pour priver de toute instruction les enfans de Recouvrance, sans rendre aucun service à la marine, feroit un grand mal dans cette partie de Brest et exciteroit le murmure de tous les citoiens qui ne sont point imbus de faux principes. Je suis avec respect, Monsieur, votre très-humble et très-obéissant serviteur. † J.-F., év. de Léon.

VI

Note du secrétaire de l'intendant (sans date).

Voici la réponse de M. l'évêque de Léon, relativement au projet de supprimer l'école des frères de Saint-Yon du côté de Recouvrance. On prie M. de Bertrand de vouloir bien faire connoître ses intentions définitives.

VII

Note autographe de l'intendant (sans date).

Dès qu'il ne se tient plus dans ce moment d'école à Recouvrance, il n'y a pas lieu d'en prononcer la suppression, il suffit de laisser les choses dans l'état où elles sont, en faisant paier néanmoins la gratification ordinaire de 400# à chacun des frères employés à l'instruction des enfants.

NOTICES ET COMPTES RENDUS

TOMBEAU DE THÉOPHILE GAUTIER; — ŒUVRES COMPLÈTES D'AGRIPPA D'AUBIGNÉ, 1er volume; — ANTHOLOGIE DES POÈTES FRANÇAIS; — LE LIVRE DES SONNETS, etc.; — Paris, A. Lemerre.

TOMBEAU DE THÉOPHILE GAUTIER. — Quand, au XVIe siècle, mourait quelque poète en renom, ses émules et ses disciples consacraient à sa mémoire des odes, des élégies et autres chants, qui, réunis, s'appelaient un *Tombeau*. Renouant une tradition rompue depuis trois siècles, des amis, connus et inconnus, de Théophile Gautier, des admirateurs, français et étrangers, de son talent, ont eu l'idée de célébrer le premier anniversaire de sa mort en lui élevant un poétique mausolée de ce genre. Dans la composition du monument, il n'entre pas moins de quatre-vingts morceaux divers, de toute forme, de tout rhythme, en langues vivantes et en langues mortes. Ouvrant la marche, dans une pièce d'un souffle encore puissant, M. Victor Hugo embouche sa retentissante trompette, un peu fêlée, et même le chœur. A la suite du maître, presque tout le jeune et même le vieux Parnasse tressent de concert leurs rimes les plus sonores en l'honneur de l'un des chefs de l'art pour l'art. Pendant que, dans un sonnet, qui est une des meilleures pièces du recueil, M. Autran salue en Gautier un CLASSIQUE (ce qui est peut-être un peu risqué), son compatriote Mistral le chante dans l'idiome de *Mireille,* et un poète anglais, M. Swinburne, le célèbre en quatre langues, en vers anglais, français, latins et... grecs! Les stances italiennes de M. L. Gualdo répondent aux strophes allemandes de M. Emmanuel Glaser.

Naturellement, comme toutes les oraisons funèbres du monde, celles-ci portent aux nues les talents (voire les vertus) de l'illustre défunt, au risque de les exagérer. Ce n'est pas ici le lieu d'apprécier l'œuvre de Théophile Gautier, œuvre littérairement des plus remarquables assurément, mais où la morale aurait à faire plus d'une sévère réserve.

Moralement, Gautier ne fut guère qu'un païen, de la secte d'Epicure; chez lui domina presque exclusivement la note matérielle et sensuelle. A ne le juger qu'au point de vue littéraire, ce fut moins un écrivain qu'un artiste : peintre prestigieux, éclatant coloriste, merveilleux ciseleur de phrases, orfèvre et joaillier en prose et en vers, maniant, sous forme de plume, tour à tour et avec la même habileté, le pinceau et le burin, l'ébauchoir du sculpteur et la pointe de l'aquafortiste. Le dictionnaire français n'avait pas de secret pour lui (il passait sa vie, dit-on, à l'étudier), et s'étalait devant lui comme une immense palette, chargée de couleurs, qu'il savait arranger avec un art incomparable. Les mots de la langue lui étaient ce que sont au mosaïste ces petits cubes de toutes nuances, que si savamment il assortit, ou, au tapissier des Gobelins, les milles bobines de laines teintes qu'il marie si harmonieusement sur sa trame.

Habillée par ce coloriste à outrance, la langue française n'était plus cette *gueuse fière* dont parle Voltaire, mais une millionnaire parée de perles et de joyaux, qui n'étaient pas tous de bon aloi, et parmi lesquels se mêlaient bien parfois du clinquant et du *strass*. Théophile Gautier fut un grand artiste de décadence.

Tous ces éloges funèbres, dont plusieurs sont, il faut l'avouer, un peu vides de fond et faibles ou peu clairs de forme, s'inspirant pour la plupart de ce vague paganisme naturaliste et panthéistique cher à certaine école, trop cher au maître lui-même, — n'en sont pas moins, en grande partie, justifiés et forment un ensemble fort curieux.

Recueillant une à une les pièces de cette mosaïque polyglotte et les disposant avec son goût habituel, l'éditeur Lemerre a été l'architecte de ce *Tombeau* idéal, où va dormir la muse du poète, ensevelie et comme embaumée dans son linceul de rimes. Le monument est précédé, j'allais dire surmonté, du buste léonin du maître, habilement gravé à l'eau forte, par Bracquemond.

Le tout compose un livre unique en son espèce, et dont les peu nombreux exemplaires, bientôt écoulés, seront curieusement recherchés des bibliophiles de l'avenir.

— La collection des poètes de la *Pléiade* et de nos classiques, en prose et en vers, du XVIe et du XVIIe siècles, et dont nous avons eu déjà l'occasion de parler ici, — éditée par M. Lemerre, vient de s'enrichir du premier des cinq volumes qui composeront les *Œuvres complètes d'Agrippa d'Aubigné*. Publiées pour la première fois d'après les manuscrits originaux, ces œuvres, dont 1 500 pages sont entièrement inédites, restituent en pied la figure littéraire du fameux chef huguenot.

« Juvénal du XVIe siècle, a dit Sainte-Beuve, âpre, austère, inexorable, hérissé d'hyperboles, étincelant de beautés, esprit vigoureux, rude jusqu'à la grossièreté », A. d'Aubigné aborda tous les genres avec une verve débordante et excessive, avec « fureur », comme il dit lui-même quelque part, écrivant à grands coups de plume, comme il se battait à grands coups d'épée. Le sectaire et ses excès de plume et autres mis à part, on ne peut nier que le célèbre aïeul de Mme de Maintenon ne soit, par son style nerveux, ferme et coloré, l'un des classiques de notre vieille langue du XVIe siècle.

A ce titre, les œuvres du fécond polygraphe méritaient cette belle et curieuse édition, de beaucoup la plus complète qui ait paru, et à laquelle ont indirectement collaboré deux bibliographes bien connus de nos lecteurs pour être particulièrement versés dans les choses du Poitou et de la Vendée, MM. Marchegay et B. Fillon.

Comment toutefois ne pas admirer le courage d'un éditeur qui ne craint pas de hasarder de telles publications par ces temps enfiévrés, où la politique et le journal dévorent la vie? Il est vrai que le siècle où écrivit d'Aubigné ne fut guère moins agité que le nôtre,

où, s'il revenait, le fougueux polémiste trouverait encore tant à ba-
tailler !

ANTHOLOGIE DES POÈTES FRANÇAIS. — Ce livre inaugure une
autre collection publiée par la même librairie et spécialement composée d'ouvrages destinés à l'enseignement classique. Faisant aux
poètes contemporains une part plus large que ceux qui l'ont précédé, ce recueil présente, sous un petit volume, un choix considérable de morceaux classés par ordre chronologique, depuis le
XV° siècle jusqu'au XIX°, ce qui permet de suivre, dans leur évolu-
tion parallèle, la langue et le génie poétique français. Une courte
notice biographique et littéraire précède chaque poète, et il y en a
tout près d'une centaine, depuis Charles d'Orléans jusqu'à M. Coppée,
dont le beau et dramatique petit poème : *La Bénédiction,* clôt dignement ce très-intéressant *spicilegium.*

A cette même collection de livres d'enseignement se rattache une
Grammaire élémentaire, que recommande suffisamment le nom de
son auteur, M. Marty-Lavaux. Le savant philologue, le commentateur
de la *Pléiade,* l'auteur du *Dictionnaire de la langue de Corneille,* ne
pouvait se conformer à la routine suivie par ses prédécesseurs, lesquels, depuis Lhomond, se sont plus ou moins copiés les uns les
autres. Aussi cette nouvelle grammaire offre-t-elle, comparée aux
précédentes, des différences notables, résultant des travaux entrepris
sur notre langue depuis un demi-siècle. Par exemple, le nombre des
espèces de mots se trouve réduit de dix à huit, l'*article* et le *parti-
cipe* étant supprimés et rattachés, l'un à l'*adjectif* et l'autre au *verbe.*
Les conjugaisons sont de même simplifiées, ainsi que la syntaxe.

Lorsque cette grammaire, qu'avait déjà précédée un petit traité
sur l'*Enseignement de notre langue,* sera complétée par la *Grammaire historique* que nous promet le même auteur, les élèves de
nos écoles et même leurs maîtres auront à leur disposition un ensemble pédagogique vraiment digne de l'épithète, et auquel, tôt ou
tard, devront céder la place ces grammaires routinières qui proposent à chaque page, comme autant d'énigmes, des difficultés non
résolues et des exceptions inexpliquées.

Le Livre des Sonnets. — Un bijou littéraire et typographique, qui vient de s'ajouter à un écrin poétique déjà si riche. C'est le recueil de « dix dizains de sonnets choisis » dans la fine fleur du genre, tous plus ou moins *sans défauts* et valant plus ou moins chacun *un long poème,* suivant le mot de Boileau.

Dans un intéressant et spirituel avant-propos, M. Ch. Asselineau nous raconte l'histoire du sonnet. Ce petit poème, à forme fixe, le plus sévère dans ses lois, et le plus charmant — quand il est charmant, — aurait été, suivant Colletet, emprunté par les Italiens à nos troubadours provençaux, et rapporté d'Italie par notre Joachim du Bellay. Aussi le nom du célèbre poète angevin et celui de son émule Ronsard figurent-ils fort justement en tête de cette longue liste d'auteurs, qui commence à la *Pléiade* et finit à M. Soulary, en passant par Desportes, Baïf, Louise Labé, Malherbe, Corneille (4 sonnets), Molière, Lafontaine, Racine, Voltaire, etc., etc. Il va sans dire que n'ont été oubliés ni le fameux sonnet attribué, vraisemblablement à tort, à Desbarreaux, et dont les derniers vers touchent au sublime; ni le *Sonnet chrétien,* moins connu, mais également d'une grande beauté, d'Ogier de Gombauld; ni celui, plus moderne et plus mondain, d'Arvers.

Il est plus d'un de ces petits poèmes, toutefois, que je préférerais ne pas voir dans ce recueil; mais, tel quel, forme et fond, celui-ci mérite l'intérêt du littérateur et du bibliophile, et ne peut manquer de piquer la curiosité de l'un et de l'autre.

— Enfin, à ses traductions des poètes grecs et latins (je les préfère aux pamphlets politiques et historiques du même auteur, trop poète, je veux dire trop passionné pour être impartial); à ses belles éditions de nos classiques du XVI° et du XVII° siècles, et de nos principaux poètes contemporains, — la librairie Lemerre vient d'ajouter, en mêmes caractères et format elzéviriens, une collection nouvelle d'œuvres d'imagination en prose, choisies parmi celles de ce temps que le succès — voire la police correctionnelle — a mises le plus en vogue. Passe encore pour l'*Ensorcelée* de Barbey d'Aurevilly, un drame normand d'un haut relief, où éclatent côte à côte les qualités et les défauts de l'auteur, un *outrancier* de la plume, l'un des tempéraments littéraires les plus en dehors de ce temps-ci. Passe même pour l'*Aristide Froissart* de Léon Gozlan, une amusante ódyssée parisienne, qui sent bien un peu son millésime de 1835, mais qui est restée toujours jeune d'esprit. Mais, à quoi bon exhumer *Madame Bovary* de l'oubli et de la boue dans lesquels, après un tapage passager, elle était si justement retombée?

La répugnante peinture d'une affection morbide, plutôt physique que morale : tel est le thème de ce livre, qui a failli avoir des malheurs en police correctionnelle, et qui méritait d'en avoir (Un livre dangereux et corrupteur n'est-il pas aussi un délit, avec cette circonstance aggravante que le délit littéraire se multiplie par le nombre des lecteurs ?) Entre les personnages, c'est une émulation de laideur morale ; pas une figure qui repose les yeux et l'âme ; pas une fleur au milieu de ces orties. Tout ce monde barbotte à l'envi dans la fange. Et, pour digne couronnement de toutes ces vilenies, le suicide...

Cette littérature romancière et dramatique, qui, actuellement plus que jamais, déshonore nos·lettres françaises, corrompt tant de jeunes cœurs et scandalise à bon droit l'étranger, lequel juge de nos mœurs par nos romans et nos pièces de théâtre ; — toute cette soi-disant littérature tient beaucoup moins de l'art que de la physiologie et de la pathologie. La passion dépravée du laid et du mal, quand ce n'est pas du monstrueux, voilà la muse qui l'inspire. Son principal, souvent son unique talent, c'est l'observation terre à terre du photographe ou du *cliniste* d'hôpital, quand, aux trop réelles infamies, elle n'en ajoute par d'imaginaires.

Et le sens moral et intellectuel, chez certains auteurs de nos jours, est à ce point perverti, que tel des romanciers ou des auteurs dramatiques dont je parle, se décernera, de bonne foi peut-être, le brevet de moraliste, et, dans de retentissantes préfaces, nous vantera ses œuvres comme étant d'autant plus moralisatrices qu'elles sont plus immorales !

Je n'ignore pas que, pour certaine autre école, pour les *Impas-*

sibles, l'ART (quand, avec l'emphase obligée, on a prononcé ce mot, on a tout dit) est supérieur à la morale, ou lui est étranger, si toutefois il y a une morale, ce qui n'est pas bien sûr. Suivant ladite théorie, le tableau de toutes les turpitudes, s'il est présenté avec un certain talent brutal — d'autant plus dangereux —, devient une œuvre irré-préhensible, impeccable. Et cependant, ces mêmes théoriciens de l'art pour l'art, qui estiment salutaire, ou tout au moins indifférent à la santé de l'âme, de traîner, deux ou trois volumes durant, l'ima-gination du lecteur dans le cloaque de toutes les sanies humaines, — que diraient-ils d'un hygiéniste qui prétendrait que respirer, pendant des heures et des jours, les miasmes délétères d'un foyer d'infection, est également indifférent à la santé du corps ? Comment ce qui serait mortel dans un cas, pourrait-il être sain dans l'autre ?

Certes, si une telle école devait nous conduire à quelque chose, ce ne pourrait être à cette « régénération » dont nous parlons tant et à laquelle si peu travaillent, mais bien à une accélération de dé-cadence et de dissolution !

Lucien Dubois.

JOURNAL DE LOUISE D'ERCUEIL, par Mlle M. du Hausselain. — Un vol. in-12. Lille, Lefort ; Nantes, Mazeau et Libaros.

Il y a peu de jours, Mgr Mermillod reprochait aux personnes du monde, même souvent dévouées au bien, un mot qui les rend complices du mal fait trop souvent par la presse. — « Ah ! que c'est ennuyeux un bon livre ! » — Etonnez-vous, après cela, qu'on en fasse tant de mauvais ! Mais, en vérité, est-ce que le *Génie du christianisme* offre moins d'intérêt que *Bug-Jargal* et *Han d'Islande*, ces fantaisies plus ou moins honnêtes du *bon temps* de M. Victor Hugo ? Est-ce que la *Dame aux Camélias* a réellement détrôné *Polyeucte* et *Athalie ?* Et M. About, serait-il donc, avec son *Homme qui a un poil dans la main*, plus captivant, plus entraînant que le cardinal Wiseman avec *Fabiola*, Mme Bourdon avec sa *Vie réelle*, ou notre cher Violeau avec son *Homme de bien*, se « *Récits du foyer*, etc., etc. ? Si vous trouvez de pareils livres ennuyeux, c'est que vous êtes malheureusement ennuyé, blasé, ce qui est une triste chose ; c'est que votre palais est de ceux qui en sont venus à préférer au meilleur vin l'eau-de-vie et l'absinthe.

Non, mille fois non ; parce qu'un livre est bon, il n'est pas pour cela ennuyeux ; s'il l'est, c'est la faute de l'auteur, car, par lui-même, il a l'avantage d'être dans le vrai, ce qui ne peut ennuyer que les gens qui n'y sont pas. Cette condition d'être dans le vrai est donc la première de toutes, dans le vrai par la pensée, par le style, par l'absence de tout effort qui trahisse le désir de briller. Vouloir briller, tel est le grand défaut de notre temps, même parmi ceux qui ont les intentions les meilleures. De là ce style *pailleté* qui est devenu si commun, ces phrases *mouvementées* — le mot vaut la chose, — ces idées *ingénieuses* et qu'on loue comme telles, même à l'Académie, sans prendre garde que l'ingénieux ne se trouve que là où le génie ne se trouve pas.

Tout en signalant ces travers de la littérature actuelle, nous devons dire cependant qu'ils se rencontrent beaucoup moins dans la saine littérature que dans la littérature malsaine.

On est naturellement simple, lorsqu'on est vrai ; on pense moins à soi, lorsqu'on pense beaucoup aux autres. Je n'en veux aujourd'hui pour preuve que les écrits de Mlle du Hausselain, *L'Enfant des Prisons, Louise d'Ercueil*, récits touchants et attachants, parce que, si l'auteur s'y efface toujours, son âme ne s'y efface jamais. La raison n'y est ni verbeuse, ni pédante ; elle se fait aimer, ce qui sera toujours la meilleure manière d'instruire. Ajoutons que la peinture des caractères y est d'une vérité qui saisit. On y sent une grande expérience de la vie, expérience sérieuse sans être chagrine, clairvoyante sans être découragée, parce qu'elle ne sépare point le présent de l'avenir, et que l'avenir, lorsqu'on y pense, embellit tout, même le présent.

On ne saurait donc trop recommander ces modestes œuvres. Elles ne sont pas seulement d'une lecture agréable, elles sont d'une lecture utile. Elles vont d'ailleurs à tous, jeunes et vieux, parce que le cœur est de tous les âges, et que, suivant un mot de saint Augustin, l'esprit y est le fils du cœur, *filius cordis*.

EUGÈNE DE LA GOURNERIE.

LISTE DES VICTIMES DE QUIBERON[*]

DE BEAUDENET. *Aj.*, né à Avallon, vers 1770, mort dans un des premiers
    combats. *Em.* [1].

Mis DE BEAUFORT (DE GOYON). *Lire* Joseph-Marie-Jean-Michel Mis de
    BEAUFORT, capitaine-major en second au régiment d'*Hervilly*, 48
    ans, Paris; + 16 thermidor, Vannes. *Em.* [2].

DE BEAUFORT (Casimir). *Lire* DE GOUYON DE BEAUFORT, sous-lieutenant en
    du Dresnay, 29 ans, Rennes; + 8 fructidor, Vannes. *Em.* [3].

DE BEAUGENDRE (Ch^{er}). *Aj*, Lieutenant en d'*Hervilly*. *Em.*

DE BEAUMETZ (Charles). *Lire*, DU VAL DE BEAUMETZ, lieutenant dans
    Rohan, 19 ans, né à Rouen (Seine-Inférieure); + 5^e complémen-
    taire, an III, Vannes. *Em.*

DE BEAUMONT. Combat du 16.

DE BEAUMONT (J.-P.). *Lire*, Joseph-Pascal DU CHÉROU DE BEAUMONT,
    capitaine du génie, 43 ans, Périgueux; + 15 thermidor,
    Vannes. *Em.*

— DE BEAUPOIL (P.-M.). Double emploi. Voir à l'*A Saint-Aulaire.*

— DE BEAUREGARD. Double emploi. Voir ci-après *de Guerry.*

— DE BEAUREGARD (Ch^{er}). Double emploi. Voir ci-après Ch^{er} *De Guerry.*

BEAUREGARD (F.-A.-M.). *Lire*, DUBOIS DE BEAUREGARD, né le 30 octobre

  [*] Voir la livraison de mai, pp. 396-406.

  [1] Son père, qui mourut en émigration, s'était allié dans la famille *Le Tors de Crécy*,
et avait quatre fils, dont deux seulement ont laissé postérité. Un cousin germain,
M. de Baudenet d'*Annoux*, nom que portait l'aïeul commun, a laissé, de son côté, un
fils et une fille, Mme de Virieu, propriétaire actuel du château d'Annoux, près d'Avallon.

  [2] Suivant M. Pol de Courcy, qui fait autorité, il faut supprimer *Goyon*. La victime
serait un Beaufort de l'Artois.

  [3] Deuxième fils de *Luc-Jean*, capitaine au régiment de *Colonel-général* dragons,
décapité à Paris, le 20 juin 1794, et d'*Aubine-Louise* Gouyon de Launay-Comatz, sa
deuxième femme, dont 17 enfants. La postérité de deux d'entre eux existe encore à
Saint-Malo.

1740, à la Guyondais, près de Ploërmel, lieutenant dans *du Dres-nay*, chevalier de Saint-Louis ; + 15 thermidor, Vannes, *Em.* ¹.

BEAUVAIS (Etienne). *Aj.*, marchand , 44 ans, Bruxelles ; + 9 fructidor, Auray.

DE BEAUVILLIÉ. *Aj.*, 35 ans, Indre ; + 15 thermidor, Vannes. *Em.*

DE BECHILLON (Charles-Sylvain). *Aj.*, Capitaine dans *Picardie*, infanterie, soldat aux vétérans émigrés ; né le 21 septembre 1743, au château de Presecq, près de Poitiers ; + 10 thermidor, Quiberon. *Em.* ².

BEGHIN (P.-E.), ou BEGUIN (Emmanuel), domestique, 20 ans, Nord ; + 15 thermidor, Auray. *Em.*

BELISSON (Louis). *Aj.* Soldat, 22 ans, La Cambe, Calvados ; + 15 thermidor, Vannes. *Em.*

Vᵗᵉ DE BÉLIZAL. *Lire,* André-Marie GOUZILLON , vᵗᵉ DE BÉLIZAL, brigadier des armées navales, chevalier de Saint-Louis, né à Brest, le 12 mai 1741, blessé le 16 juillet, massacré le 21. *Em.* ⁴.

DE BELLEFONDS (J. E.-F.). *Lire,* Jean-François-Florent GIGAULT DE BEL-LEFONDS, lieutenant de vaisseau, né le 22 septembre 1760, à Equeu-dreville, près de Cherbourg ; + 14 thermidor, Vannes. *Em.* ⁴.

DE BELLEGARDE (Jⁿ-Foⁱˢ). *Lire,* VASSAL DE BELLEGARDE, né au château de Bellegarde, près de Bergerac (Dordogne), le 7 novembre 1767 ; + 13 fructidor, Auray. *Em.* ⁵.

¹ Il servait, avant la Révolution, dans les grenadiers royaux de Bretagne. De son mariage avec *Élisabeth-Jeanne* de Lesquelen , sont issus sept enfants, quatre fils et trois filles. Avant de mourir, il écrivit une lettre touchante à sa femme.

² Il était fils de *Jacques-Charles-Louis* et de *Claude-Sylvine-Rosalie* Duris , et avait lui-même épousé, en 1779, *Marie-Hélène* Venault, dont deux fils, qui ont laissé une nombreuse postérité.

³ Son père portait le titre de comte de Kermeno , et s'était allié dans la maison de la Jaille. Lui-même avait épousé *Marie-Hyacinthe-Charlotte* Gogibus de Méni-mande, et avait en deux enfants : un fils qui a continué la filiation, et une fille, Mᵐᵉ de la Noue, dont le petit-fils, *Charles* de la Noue, est mort glorieusement à la bataille du Mans, sur le plateau d'Auvours.

⁴ Il était chevalier de Saint-Louis, et s'était distingué dans l'Inde, sous les ordres du bailly de Suffren. Marié à sa cousine issue de germains, *Françoise-Bernardine-Marine* Gigault, il en avait deux fils, qui n'ont pas laissé de postérité. Lui-même était fils de *Guillaume-Jean-Léonard* Gigault, seigneur de Bellefonds et de Marennes, ancien capitaine, chevalier de Saint-Louis, et de *Thérèse-Françoise* Duprey de Se-nessey, dont cinq fils et cinq filles. Le marquis de Bellefonds, blessé d'un coup de feu au visage (Voir p. 39), était cousin issu de germains et beau-frère de la victime. La famille existe toujours.

⁵ Fils de *Louis*, lieutenant au régiment de Noailles, et de *Marie* de Faubournet de Montferrand.

Bénizet (Henri). *Aj.*, laboureur, 24 ans, Péaule (Morbihan), n° 696 de l'Etat. *Ins.*

Benoit (C.-J). *Aj.*, volontaire, 26 ans, Nord ; + 15 thermidor, Vannes.

De Béon (F^{ois}). *Aj.*, de la Guttère, volontaire dans *Loyal-Émigrant*, 17 ans, Moréal (Gers) ; + 8 fructidor, Vannes. *Em.*

Bérienne (J^q). *Aj.*, meunier, 31 ans, Pluvigner (Morbihan) ; + 17 fructidor, Auray. *Ins.*

De Bermond (Raymond). *Aj.*, 22 ans, Béziers ; + 8 fructidor, Vannes. *Em.*

Bernard (Charles). *Aj.*, menuisier, 40 ans, Neuville (Rhône) ; + 9 fructidor, Vannes. *Em.*

Bernard (Jⁿ-M^{el}). *Aj.*, faiseur de piques, 25 ans, Vannes ; + 8 fructidor, Vannes. *Ins.*

Berney (Jⁿ). *Aj.*, 53 ans, Bergerac (Dordogne) ; + 16 thermidor, Vannes. *Em.*

Berthe (J^h). *Lire*, Joseph-Armand Brethé de la Guignardière, né en 1778, au château de ce nom, commune de Sainte-Florence, (Vendée), volontaire. *Ins.* [1].

Berthelot (Augustin). *Aj.*, étudiant, 25 ans, Angers (Maine-et-Loire) ; + 15 thermidor, Quiberon. *Em.* [2].

Berthelot (J.-M.). *Aj.*, cultivateur, 30 ans, Plaintel (Côtes-du-Nord) ; + 14 thermidor, Auray. *Ins.*

Berthou (H.-J.). *Lire*, Jean-Henri de Berthou de la Violaye, lieutenant de vaisseau, né à Nantes, le 3 septembre 1766 ; + 13 fructidor, Auray. *Em.* (Voir ci-dessus, t. XXXIV, p. 182).

Bertrand (François). *Aj.*, 49 ans, Moselle ; + 8 fructidor, Vannes. *Em.*

Besnard (P.-J.). *Lire*, Lucien-Pierre-Joseph, maître-clerc au parlement de Paris, né à Ligueil (Indre-et-Loire), le 15 avril 1760 ; + 18 thermidor, Quiberon. *Em.* [3].

Bessin (G^{me}). *Aj.*, soldat, 21 ans, Vannes ; + 15 thermidor, Vannes. *Em.*

Bétard (P^{re}). *Aj.*, volontaire dans *Béon*, 25 ans, Gironde ; + 10 thermidor, Quiberon *Em.*

---

[1] Il n'avait pas émigré, mais avait pris part, dans la Vendée, à toute la campagne de 1793. Après le désastre de Savenay, il gagna le Morbihan, et s'y trouvait encore lors de l'expédition de Quiberon, à la suite de laquelle il fut pris et fusillé. Neuf membres de cette famille sont morts victimes de la révolution. *Hortense-Charlotte-Sydaris* Brethé avait épousé, en 1786, le vicomte de Goulaine.

[2] Il était fils de *Joseph* Berthelot, seigneur de la Durandière, conseiller du roi au présidial d'Angers, exécuté révolutionnairement dans cette ville, le 25 février 1794, et frère de *Joseph* Berthelot de la Durandière, officier vendéen, mortellement blessé en repassant la Loire, au commencement de 1794.

[3] Fils de *Charles-Louis*, notaire royal, et de Marguerite Posson.

BIAR (A.). *Lire*, Jacques-Félix-Augustin BIARD, cultivateur, né le 28 février 1772, à Valiquerville (Seine-Inférieure); ✝ 15 thermidor, Vannes. *Em.* (Voir ci-dessus, p. 26).

DE BIBEAU OU LE BIDEAU (Jean-Marie), laboureur, Plouharnel; ✝ 23 thermidor, Quiberon. *Ins.*

DE BIDERAN. (Famille de l'Agénois, qui donna un page au duc d'Orléans, en 1730, et comptait un capitaine au régiment de la Marine en 89.)

BIGOUEN (Jean). *Aj.*, laboureur, 29 ans, Morbihan; ✝ 17 fructidor, Auray. *Ins.*

DE LA BIOCHAIE (S.-M.). *Lire*, Séraphin-Marie COLIN DE LA BIOCHAIE, lieutenant, né à Brest, le 14 août 1770; ✝ 8 fructidor, Vannes. *Em.* [1].

BIOT (Henri). *Aj.*, étudiant, Péaule, Morbihan. Suivant M. Rado du Matz, il faut lire : Henri GUYOT, lieutenant dans la compagnie de Péaule, âgé de 25 ans, fils de *Louis* et de *Françoise* Géferlo. N° 254 de l'Etat.

BIOT (Pierre), étudiant, Péaule, Morbihan. Suivant M. Rado du Matz, il faut lire : Pierre GUYOT, soldat dans la compagnie de Péaule, âgé de 20 ans, frère du précédent. *Ins.* N° 251 de l'Etat.

BLAIZE (Louis). *Aj.*, laboureur, 55 ans, Kervillau, district d'Auray; ✝ 15 fructidor, Auray. *Ins.*

DE BLANCHOIN (Jq). *Lire*, BLANCHOUIN DE VILLECOURTE, garde-du-corps du roi, lieutenant dans *du Dresnay*, né à Fougères, le 3 décembre 1755, mortellement blessé le 16 juillet, mort en rade de Porthsmouth quelques jours après. *Em.* [2].

BLEU (P.-A.-J.). *Aj.*, soldat, 23 ans, Pas-de-Calais; ✝ 15 thermidor, Vannes. *Em.*

BLUHERNE (Joseph). *Aj.*, laboureur, 28 ans, Grandchamp, Morbihan; ✝ 26 nivôse an IV, Vannes. *Ins.*

DE BOCCOSEL (J.-H.). *Lire*, Armand-Jacques-Guillaume GOUYQUET DE BOCOZEL, capitaine au régiment de Béarn, chevalier de Saint-Louis, né le 30 mars 1749, à Quimperlé; ✝ 15 thermidor, Vannes. *Em.* [3].

[1] Il avait été page du roi, puis officier dans les *Gardes françaises*. A Quiberon il servait comme lieutenant dans *du Dresnay*. Son père, *Pierre-Marie-Auguste*, était brigadier des armées navales et chevalier de Saint-Louis. Sa mère se nommait *Marie-Jeanne* du Tertre de Montalais.

[2] Il était fils de *Julien* Blanchouin et de *Anne-Madeleine* Chesnot. Sur cinq enfants, deux seulement ont laissé postérité : M°°° de Mesenge et Le Mercier des Alleux.

[3] Dernier rejeton d'une famille à laquelle appartenait *Roland* Gouyquet, le héros de Guingamp. Il était fils de *Thomas-Marie-Hyacinthe* et de *Marie-Jeanne* Briant. Lui-même avait épousé *Clémence* Le Gouvello de Rosmeno, dont il avait une fille, *Caroline*, qui est morte à l'âge de seize ans. A Quiberon, Armand de Bocozel servait comme capitaine dans *du Dresnay*.

Du Bocquet (A.-J.). *Aj.*, clerc de notaire, volontaire dans *Béon*, né à Laires, Pas-de-Calais, le 12 mai 1765; + 10 thermidor, Quiberon. *Em.*

Bocquet (N^as^). *Aj.*, jardinier, 36 ans, Belleu, Aisne; + 23 fructidor, Vannes. *Em.*

De Boguais (L^te^-H^er^). *Lire,* Boguais de la Boissière, sous-lieutenant au régiment d'*Hervilly,* 18 ans, Angers; + 8 fructidor, Vannes. *Em.* [1].

Boilleteau (J^q^). *Aj.*, domestique du marquis de Goulaine, 35 ans, La Merlatière, Vendée; + 10 thermidor, Quiberon. *Em.*

Boisanger (Th.). *Lire,* Thomas-Charles-Armand-Nicolas Bréart de Boisanger, né le 20 août 1756, au château de Québlain, près de Quimperlé; + 12 thermidor, Auray. *Em.*

Ch^er^ de Boisbaudry. *Aj.*, Antoine-François, capitaine d'artillerie au régiment de Grenoble, lieutenant en *du Dresnay,* né à Rennes, le 21 juillet 1769, tué le 16 juillet. *Em.* [2].

Bois-Duc (Michel), laboureur, 18 ans, Grandchamp, Morbihan; + 6 vendémiaire an IV, Vannes. *Ins.*

De Boisendes (Eudes). *Aj.*, 57 ans, Orne; + 14 thermidor, Vannes. *Em.*

Cte de Boiséon (Forestier). *Lire,* Jacques-Nicolas Le Forestier, comte de Boiséon, officier de marine, 30 ans, Morlaix; + 15 thermidor, Vannes. *Em.* [3].

Mis de Bois-Février. *Lire,* Eugène-Bonne-Louis de Langan, marquis de Bois-Février, né à Mortagne-en-Perche, le 23 octobre 1770, officier au régiment de Béarn, tué le 4 juillet 1795, dans un combat près de Landévant. *Em.* [4].

Du Bois-Frérent (Victor). *Lire,* Jacques-Victor-Hyacinthe-Auguste du Bois-Tesselin, aspirant de la marine, sergent-major dans *Béon,* né à Beauvain, Orne, en 1770; + 11 thermidor, Auray. *Em.* [5].

---

[1] Voir dans *Une commune vendéenne sous la Terreur,* par le comte Théodore de Quatrebarbes, l'histoire tragique et touchante de Mme Boguais de la Boissière et de sa fille, Mme de Fromental.

[2] Il était le troisième fils de *François-Dominique-Joseph,* comte du Boisbaudry, conseiller au Parlement de Bretagne, et d'*Angélique-Perrine* de Marnière de Guer. A Quiberon, il servait comme lieutenant dans *du Dresnay.*

[3] Il était gendre du comte de Soulange, qui fut blessé le 16, et dont il ne voulut jamais se séparer, bien qu'il lui eût été facile de se sauver.

[4] Il était le dernier de son nom. Le nom de Langan a été relevé depuis par MM. Treton de Vaujuas, fils de sa sœur, et neveux, par leur père, d'une autre victime de Quiberon.

[5] Son père était mort, quelques jours auparavant, en Hanovre; un de ses oncles, porte-étendard des mousquetaires noirs, avait succombé aux fatigues de la campagne

DU BOIS-HUE (GUÉHÉNEUC). *Lire*, Anne-Charles-Marie, sergent-major en *du Dresnay*, né en juin 1771, au château d'Evignac, commune de Lanhélin (Ille-et-Vilaine), blessé le 16 juillet; + 8 fructidor, Vannes. *Em.* [1].

DU BOIS TESSELIN (J.-René). *Aj.*, oncle de celui déjà cité, né le 21 novembre 1744, à Joué-du-Bois (Orne), capitaine des grenadiers royaux, volontaire dans *Damas*; + 11 thermidor, Auray. *Em.*

— DE BOISSENDES. Double emploi. Voir *E. de Boisendes*.

— DE LA BOISSIÈRE. Double emploi. Voir *Boguais*.

Cte DE BOISSIEUX. *Aj.*, maréchal de camp en 1788, capitaine au régiment d'*Hervilly*, blessé le 16 juillet, mort le 2 août. *Em.* [2].

LE BOITREUSE (Pre). *Aj.*, laboureur, 20 ans, Ambon (Morbihan); + 8 pluviôse, IV, Vannes. *Ins.*

DE BOMBART (André). *Aj.*, chasseur dans *Loyal-Émigrant*, 48 ans, Aisne; + 15 thermidor, Quiberon. *Em.*

DE BONAFOUS (M.). *Lire*, Maurice-Catherine-Gérard DE BONNEFOUS, sous-lieutenant en d'*Hervilly*, 19 ans, Milhau (Aveyron); + 10 fructidor, Vannes, *Em.* [3].

BONARD (L.-N.). *Aj.*, journalier, 24 ans, Embry, Pas-de-Calais; + 13 fructidor, Auray. *Em.*

BONGE (Eustache). *Aj.*, journalier, volontaire dans *Béon*, 25 ans, Lestrem, Pas-de-Calais; + 10 thermidor, Quiberon. *Em.*

BONGE (Henri). *Aj.*, journalier, volontaire dans *Béon*, 22 ans, Lestrem, Pas-de-Calais; + 10 thermidor, Quiberon. *Em.*

— DE LA BONNELIÈRE. *Lire*, Louis-Marc MARREAU DE LA BONNETIÈRE, blessé le 16 juillet; il est mort quarante-cinq ans après Quiberon. Voir p. 46.

DE BONNEVILLE (Hl.-Jq). *Lire*, LE FAUCONNIER DE LA BONNEVILLE, né à Picauville (Manche), en 1735, capitaine en *du Dresnay*; + 16 thermidor, Vannes. *Em.*

---

de 1792; un autre fut fusillé à Quiberon, comme lui. Un de ses frères avait été tué, le 15 juillet 1793, près de Menin. Son second frère a continué la filiation. — C'est par erreur qu'on a inscrit sur le mausolée *du Bois-Frérent*. Les Dubois de Frévent sont une autre famille.

[1] Il était fils de *Jean-Baptiste-René* et de *Sylvie-Gabrielle-Antoinette* de Bruc. Son frère, *Louis-Pierre*, avait été, à Rennes, la première victime de nos troubles civils.

[2] Il existe plusieurs familles de Boissieux: les Salvaing de Boissieux, du Dauphiné, entre autres, qui sont les plus connus; ils séparent rarement les deux noms; et les Boissieux d'Auvergne, qui n'ont d'autre nom que Boissieux. Ces derniers ont fourni des élèves à l'École militaire en 1741 et 1763.

[3] Il n'avait qu'une sœur. Cette famille paraît éteinte.

LE BRETON. *Aj.*, laboureur, 27 ans, Grandchamp (Morbihan) ; + 26 nivôse an IV, Vannes. *Ins.*

DU BREUIL (André-François). *Aj.*, 55 ans, Brest; + 13 thermidor, Auray. *Em.*

BREVELLEY, OU DE BREVELLEY (Pierre). Sainte-Hélène, canton du Port-Louis (Morbihan). *Em.* N° 248 de l'Etat.

BRICHE (Louis-Joseph). *Aj.*, laboureur, volontaire dans *Béon*, 26 ans (Pas-de-Calais) ; + 10 thermidor, Quiberon. *Em.*

DE BRIE (Jⁿ-Mᵗᵉ-Mⁱᵉ). *Aj.*, lieutenant de vaisseau, sous-lieutenant dans *Hector*, né au château de la Géra, près de Saint-Yrieix (Haute-Vienne), vers 1761 ; + 15 thermidor, Quiberon. *Em.* [1].

BRIEND (Pierre-Marie). *Aj.*, marchand, 28 ans, Auray (Morbihan) ; + 18 thermidor, Quiberon. *Ins.*

Cᵗᵉ DE BRIGES. *Lire*, Joseph-Christophe DE MALBEC DE MONTJOC, comte DE BRIGES, premier écuyer du roi, major en second au régiment des chasseurs de Flandre, puis en d'*Hervilly*, né en 1761 à Paris ; + 16 thermidor, Vannes. *Em.* [2].

— LE BRIS (Gabriel-Hyacinthe). Aide-chirurgien dans *du Dresnay*, né à Lannion, le 8 avril 1770. Il fut sauvé par un chirurgien républicain, nommé Mallet, et n'est mort à Lannion que le 16 juillet 1797 [3].

BRODIER (Cl.-Georges). *Aj.*, domestique du comte de Soulange, né à Chamoy (Aube), le 29 septembre 1761 ; + 14 thermidor, Auray. *Em.* Voir ci dessus, p. 37 [4].

Vᵗᵉ DE BROGLIE. *Lire*, Auguste-Louis-Joseph, comte DE BROGLIE, né le 30 janvier 1765, colonel de chasseurs ; + 15 thermidor, Vannes. *Em.* [5].

---

[1] Fils du comte de Brie et de N. Coustin du Masnadau; il servait comme sous-lieutenant dans *Hector*. Son frère aîné, *Jean-Marguerite*, avait été tué dans les guerres de l'émigration.

[2] Le comte de Briges ne quitta pas le roi pendant toutes les scènes de la Révolution ; il était près de Louis XVI dans la funeste journée du 10 août, et fut enfermé avec lui dans la loge du *Logographe*. Il avait épousé, en 1780, *Rose-Jaqueline* d'Osmond, dont il avait un fils et deux filles.

[3] Il était célibataire et avait trois sœurs, dont une seule a laissé postérité, Mᵐᵉ *Yves* Lebail.

[4] « Il savait par cœur beaucoup de prières, dit M. de La Roche-Barnaud, et était plus instruit que nous des devoirs religieux qu'il nous restait à remplir....., et telle était l'onction, même l'éloquence, qu'il mettait dans ses exhortations, que cet homme, habitué à un humble service, avait dans ses paroles, dans ses regards et dans toute sa personne, quelque chose de surnaturel. »

[5] Il était le fils aîné de *Charles-François*, comte de Broglie, lieutenant-général, que sa défense de Cassel, en 1761, a rendu célèbre et de *Louise-Augustine* de Montmorency-Logny.

BROHAN (Jⁿ). *Aj.*, laboureur, capitaine de la compagnie royaliste de Péaule, 40 ans, Péaule (Morbihan). *Ins.* N° 249 de l'État.

BROSSARD (Charles-Claude). *Lire*, DE BROSSARD, né à Duault (Côtes-du-Nord), le 4 janvier 1733, habitant à Pluvigner (Morbihan), chef de chouans; + 24 nivôse an IV. Vannes. *Ins.* [1].

DE BROSSARD (Louis-Auguste). *Aj.*, DE SAINTE-CROIX, 25 ans; + 13 thermidor, Auray. *Em.*

LA BROUSSE (Jean). *Aj.*, de la réquisition; Loudéac (Côtes-du-Nord). *Ins.*

LA BROUSSE (Pierre-Joseph). *Aj.*, ancien gendarme de la garde du roi, né à Argentac (Corrèze), en 1751; + 15 thermidor, Quiberon. *Em.* [2].

DE BRUMEAU. *Lire*, Thomas BRUMAULT DE BEAUREGARD, garde-du-corps, lieutenant dans *Béon*, né à Poitiers, le 14 mars 1758, mort en prison à Vannes, en novembre 1795. *Em.* [3].

DE BRUSLY (François-Pierre). *Lire*, ERNAULT DES BRUSLYS, garde-du-corps, lieutenant dans *Loyal-Émigrant*, né à Brives-la-Gaillarde en 1751; + 13 thermidor, Auray. *Em.* [4].

DE BRY (Th.) ou DE BRIE. 30 ans (Dordogne); + 10 thermidor, Quiberon. *Em.*

DU BUAT (François). *Aj.*, volontaire dans *Périgord*, 20 ans, Condé (Nord); + 28 fructidor, Vannes. *Em.* Voir t. XXXIV, p. 370.

DE BUISSY (Charles-Maximilien). *Aj.*, volontaire dans *Béon*, né à Douai (Nord) le 23 juin 1761. *Em.* N° 592 de l'État.

DE BUISSY (Louis-François-Bonaventure). *Aj.*, attaché au parc d'artillerie, né à Douai (Nord) le 10 novembre 1775; + 10 thermidor, Quiberon. *Em.* [5].

BULTELLE (J^q). *Aj.*, domestique, 25 ans (Seine-Inférieure); + 12 thermidor, Quiberon. *Em.*

---

[1] De son mariage avec *Françoise* Berthelot, il avait cinq enfants, dont l'aîné mourut émigré au Brésil. Un seul, *Guillaume-Nicolas-Marie*, a laissé postérité.

[2] Il avait trois frères, dont l'un fut massacré à Saint-Domingue, le deuxième assassiné à Bordeaux et le troisième tué à l'armée de Condé.

[3] Il était frère d'*André-Georges*, vicaire général de Luçon, exécuté à Paris, le 27 juillet 1794, et de *Jean*, déporté à Sinnamari et évêque d'Orléans de 1823 à 1839. Cette famille, qui comptait cinq frères, n'est plus aujourd'hui représentée que par les enfants d'une sœur, Mme Parent de Curzon.

[4] Il était frère du général de division des Bruslys, mort en 1809, et de l'abbé des Bruslys, vicaire général de Tulle.

[5] Ces deux frères étaient fils de *Maximilien-Louis*, ancien président au Parlement de Flandre, et de *Claire-Louise-Christine* d'Armand. Ils avaient une sœur mariée à M. Desages du Houx, officier breton du corps de l'artillerie, qui se trouvait, lui aussi, à Quiberon, mais fut assez heureux pour se sauver.

BURNOLLE (Claude-Marie). *Aj.*, écrivain, 17 ans, Vannes; + 8 fructidor, Vannes. *Ins.*

CADART (J^q). *Aj.*, bourrelier, 20 ans (Pas-de-Calais); + 10 thermidor, Quiberon. *Em.*

DE CAFFARELLI. *Aj.*, Philippe, officier dans *Béon,* neveu du commandant du régiment, comte d'Anceau. *Em.* 1.

DE CAMPAROT (François). *Lire,* COMPAROT DE LONGSOLS, né à Troyes, le 13 mars 1772; + 9 fructidor, Auray. *Em.*

CANDOLS (Jⁿ). Combat du 10 2.

DE CANDOU (F.). *Lire,* François CANDOU, matelot, 60 ans, Plouharnel (Morbihan); + 25 thermidor, Auray. *Ins.*

DU CAP DE SAINT-PAUL (M.-A.-J.-B.) ou DU CUP DE SAINT-PAUL. Famille du Languedoc qui comptait, en 1789, un chevalier de Saint-Louis. Combat du 16.

DE CAQUERAY (François). *Aj.*, DE MEZANCI, volontaire en *Loyal-Emigrant,* 30 ans, Blangy (Seine-Inférieure). *Em.* N° 220 de l'Etat 3.

DE CARCARADEC (A^d-Marie-Louis). *Lire,* ROGON DE CARCARADEC, lieutenant de vaisseau, sous lieutenant dans *Hector,* né à Morlaix, le 7 février 1763. *Em.* N° 543 de l'Etat.

DE CARCARADEC (H^{te}-M.-F.-M.). *Lire,* Hyacinthe-Félix-Augustin-Madeleine ROGON DE CARCARADEC, dit de KERSALIOU, lieutenant de vaisseau, chevalier de S.-Louis, lieutenant dans *Hector,* né à Morlaix, le 27 août 1759, blessé le 16 juillet; + 14 thermidor, Vannes. *Em.*

DE CARCARADEC (L^{is}-M^{ie}-Th^{re}). *Lire,* ROGON DE CARCARADEC, capitaine au régiment *Royal-Vaisseaux,* aide-major dans *du Dresnay,* né à Lannion, le 19 octobre 1758, blessé le 16 juillet; + 15 thermidor, Auray. *Em.* 4.

---

1 La famille Caffarelli, établie dans le Languedoc, a produit, depuis quatre-vingts ans, deux lieutenants-généraux, un préfet maritime à Brest, un préfet de l'Aube, plusieurs conseillers d'Etat, un sénateur et un évêque de Saint-Brieuc de 1802 à 1815.

2 Peut-être faudrait-il Candolle, famille très-connue de la Provence.

3 Deux Caqueray de Mezancy servaient dans *Loyal-Emigrant.* L'un fut tué à Menin, en 1794; l'autre périt à Quiberon, en 1795. Voir p. 406.

3 Ces trois victimes avaient un frère aîné, *René-Louis,* mort en 1788, qui s'était marié deux fois: 1° à *Georgette-Louise-Prudence* de La Haye de Plouër, dont il avait un fils et une fille, Mme du Marhallac'h; et 2° à *Jeanne* de Belingant, dont il avait également un fils et une fille, Mme Cillart de la Villeneuve, belle-fille d'une autre victime de Quiberon. Ils étaient tous trois enfants de *Louis-Jean* Rogon, seigneur de Carcaradec, et de *Marie-Catherine-Emilie* du Breil de Rais.

De Carheil (Pierre-Joseph). *Aj.*, volontaire dans *Rohan*, né à Sucé (Loire-Inférieure), le 21 octobre 1770. Tué ou noyé. *Em.* [1].

Carmouche (Lt) *Aj.*, tanneur, 22 ans, Meuse; + 12 thermidor, Auray. *Em.*

De Carneville. *Lire*, Le Fort de Carneville, lieutenant de vaisseau, sergent dans *Hector*. Tué le 7 juillet. *Em.* [2].

Caron (Ane-Jh-Min). *Aj.*, domestique, né à Wandonne (Pas-de-Calais), le 22 octobre 1761 ; + 20 fructidor, Vannes. *Em.*

Carpentier (Jh-F.). *Aj*., 48 ans, Vesquer (Nord); + 15 thermidor, Vannes. *Em.*

De Casal (♠-B.). *Lire*, Jean-Baptiste Tapinois de Casal, garde-du-corps, chevalier de Saint-Louis, 51 ans, Sarlat (Dordogne) ; + 14 thermidor, Vannes. *Em.*

Du Caste (François). *Aj.*, 30 ans (Haute-Garonne) ; + 24 fructidor, Vannes. *Em.*

De Castel. Tué ou noyé le 21 juillet. *Em.*

De Caux. *Aj.*, capitaine de vaisseau, capitaine dans *Hector*, tué le 16 juillet. *Em.*

— De Cazal. Double emploi. Voir Casal.

De Caseaux (Charles-Alfred-François-Maurice). *Lire*, Gauné de Cazau, né au château du Fort (Yonne), le 21 décembre 1773 ; + 9 fructidor, Auray. *Em.* [3].

De Cazaux. Peut-être y a-t-il double emploi ; voir le précédent.

Chable (Jean). *Aj.*, militaire, 60 ans, Saint-Martin d'Iger (Orne); 14 thermidor, Auray [4].

---

[1] Il avait une sœur, *Marie-Louise*, qui épousa un de ses parents, *Jean-Marie* de Carheil de La Guichardais, dont postérité.

[2] Un de ses parents, le comte de Carneville, de Valogne, avait formé dans l'émigration, un régiment de son nom, composé en grande partie de Normands. Devenu ensuite officier-général autrichien, il se fixa en Autriche.

[3] Il était fils de *Charles-François-Delphin-Edme-Bernard*, lieutenant-colonel de cavalerie, et de *Marie-Jeanne-Catherine* de Frouhofer. Sa sœur, Mme de Vathaire, a été attachée à la maison de Mme la duchesse de Berry. La famille *Gauné de Cazau* est éteinte.

[4] Nous devons dire que le jugement du 14 thermidor ordonna sa mise en liberté. Comme plusieurs autres, il aura été condamné plus tard.

Eugène de la Gournerie.

(La suite à la prochaine livraison).

CHRONIQUE

SOMMAIRE. — M. Hamon. — L'*Art chrétien*, de M. Rio. — La statue de
Châteaubriand. — Une exposition à Laval. — Le Portrait de M. de
Laprade, par M. Gustave Marquerie. — Sainte-Anne d'Auray, basilique
mineure. — Le pèlerinage de N.-D. de Bon-Secours et le reliquaire du
B. Charles de Blois. — M. Paul Dubois, de la Loire-Inférieure. — Un
autographe d'Elisa Mercœur. — Comment Monsieur Saint Yves prit
possession du Paradis.

Un peintre bien connu vient de mourir, encore jeune, et la Bretagne
doit le regretter, puisqu'elle le comptait au nombre de ses enfants ; nous
voulons parler de M. Jean-Marie Hamon, né à Plouha (Côtes-du-Nord),
le 5 mai 1821, et décédé dans le Var, à Saint-Raphaël, le 29 mai dernier,
à l'âge de cinquante-trois ans.

Ecolier paresseux et insouciant, dit Vapereau, il ne montra dès l'enfance
de goût et d'aptitude que pour la peinture. Il vint à Paris en 1840 s'y
livrer entièrement ; il eut pour maître Paul Delaroche, et pendant l'absence de celui-ci travailla dans l'atelier de M. Gleyre. Il exposa, en 1848,
un tableau de genre, *le Dessus de porte*, ainsi que *le Tombeau du Christ*,
au musée de Marseille ; en 1849, *Une affiche romaine*, *l'Égalité au sérail*,
et un *Perroquet jasant avec deux jeunes filles*. Il travailla ensuite à la
manufacture de Sèvres et y exécuta plusieurs compositions, entre autres
un coffret en émail qui lui valut une médaille à l'Exposition de Londres,
en 1851, et qui reparut, avec plusieurs *Vases* de lui, à la première Exposition universelle de Paris.

En 1852, M. Hamon quitta la manufacture de Sèvres, et exposa la
Comédie humaine ; ce tableau (qui appartient au musée de Nantes),
représentant, autour du théâtre Guignol, les différents âges de l'humanité,
frappa le public, mais n'obtint du jury aucune distinction. Au salon de
1853, son idylle grecque, *Ma sœur n'y est pas*, acquise par le ministère
de la maison de l'empereur, eut une 3e médaille. Il envoya à l'Exposition
universelle de 1855, avec plusieurs des tableaux précédents, trois toiles
gracieuses qui furent très-remarquées : *l'Amour et son troupeau*, une
seconde idylle dans le genre antique : *Ce n'est pas moi, les Orphelins,
une Gardeuse d'enfants*. Il obtint alors une médaille de 2e classe. Au
salon de 1857, à la suite d'un voyage en Orient, il n'a pas donné moins

d'une dizaine de toiles, toutes du même genre, notamment : *Boutique à quatre sous, Papillon enchaîné, Cantharides esclaves, Dévideuses*, etc.; au salon de 1859 : *l'Amour en visite*; à celui de 1861 : *Vierges de Lesbos, Tutelle, la Volière, l'Escamoteur, la Sœur aînée*; à celui de 1864 : *l'Aurore, l'Imitateur un jour de fiançailles*; à celui de 1866 : *les Muses à Pompéi*; à l'Exposition universelle de 1867 : *la Promenade* et sept autres toiles qui avaient déjà figuré aux salons précédents : une 2e médaille lui fut décernée. M. Hamon a été nommé, en 1855, chevalier de la Légion d'honneur.

Un journal a porté sur ce regrettable artiste un jugement qui n'est que trop fondé : « Depuis une dizaine d'années, Hamon vivait à Rome, où il avait établi *une usine* de ses compositions à succès. A ce commerce, il s'était amassé des rentes. »

Les rentes, c'est bien; mais l'art cultivé pour lui-même, l'art qui ne dégénère pas en mercantilisme, c'est encore mieux.

Puisque nous parlons d'art, je veux signaler à toute l'attention de nos compatriotes le beau livre qu'un Breton, M. Rio, a écrit sur ce grand sujet de l'*Art chrétien*, et dont il vient de paraître une édition complète, commode et moins coûteuse que la première [1].

L'œuvre de M. Rio, écrit le R. P. Toulemont, dans les *Études religieuses*, suffit à l'honneur de sa vie; c'est un monument érigé à la gloire de la vérité chrétienne; ou, pour mieux dire, c'est une démonstration évangélique d'un nouveau genre. Cette démonstration repose d'une part sur ce principe évident, que le beau est inséparable du vrai, puisqu'il en est l'émanation même et le rayonnement, et, d'autre part, sur ce fait, non moins constant, que le christianisme a réalisé un idéal de beauté, un idéal de grandeur naturelle, un idéal ascétique, un idéal héroïque, et par suite un idéal artistique entièrement inconnu de l'antiquité païenne et très-imparfaitement compris par les sectes séparées de la véritable Église. La conclusion, décisive en faveur du christianisme catholique, ressort pleinement du livre de M. Rio, et nous n'avons nullement été surpris en apprenant que cette seule démonstration par l'esthétique a ramené du protestantisme au catholicisme quelques nobles âmes vivement éprises de la sainte passion du beau.

Indépendamment de ces fruits de salut, qui sont assurément les meilleurs et les plus enviables, l'auteur de l'*Art chrétien* a eu le mérite de provoquer un mouvement d'idées vraiment extraordinaire, j'allais dire une révolution dans les esprits. « Personne, dit M. Ch. Lenormant, n'a exercé une plus large et souvent une plus heureuse influence. Il existe toute une bibliothèque d'ouvrages publiés à l'étranger, et particulièrement en

[1] Paris, Bray et Retaux, 4 vol. in-18, 15 fr.

Angleterre, où M. Rio joue le rôle d'*Antesignanus*. » Oui, précurseur, initiateur, chef d'école, ou si l'on veut, pour mieux traduire ce mot et pour mieux exprimer le caractère de l'auteur, *porte-étendard et capitaine*, tout cela M. Rio l'a été dans toute la force des termes ; à lui revient la gloire d'avoir avant aucun autre constaté par les faits cette grande thèse du *progrès artistique par le christianisme*.

Est-il besoin d'ajouter que le plus grand mérite de M. Rio, c'est d'avoir étudié la peinture italienne en chrétien autant qu'en connaisseur ? Voilà ce qui fait avant tout sa grande supériorité sur tous les critiques ou les historiens de l'art qui l'avaient précédé. Voilà ce qui donne à son livre une si haute valeur, non-seulement au point de vue artistique, mais au point de vue de la démonstration évangélique.

Après avoir longuement analysé les quatre volumes de l'*Art chrétien*, l'éminent écrivain conclut ainsi : Sentiment exquis de l'art et de l'idéal chrétien, érudition solide et puisée aux sources, étude singulièrement consciencieuse des œuvres de chaque artiste, avec tous les détails biographiques qui peuvent servir à les mieux comprendre, aperçus historiques de la plus haute valeur, éclairant parfois d'un jour tout nouveau les annales des villes italiennes et la physionomie de certains personnages trop peu connus : rien ne manque à ce livre pour en faire vraiment une œuvre hors ligne ; on aime à sentir dans ces pages un souffle puissant et généreux qui vous domine et vous entraîne ; l'âme de l'auteur est là tout entière avec ses convictions robustes et ses émotions contenues, saintement passionnée pour tout ce qui est vrai, pour tout ce qui est sincère et loyal, s'exaltant jusqu'à l'enthousiasme en présence d'un grand et beau caractère de saint, de citoyen et de guerrier. Pour tout dire, en un mot, la lecture de l'*Art chrétien* ne peut être que bonne, salutaire, fortifiante, intéressante et éminemment instructive.

— Groupons ici quelques faits artistiques et autres.

— Dans sa séance du 16 mai, le conseil municipal de Saint-Malo a voté l'érection d'une statue de bronze à notre illustre compatriote Châteaubriand. Cet hommage au talent du grand écrivain a d'autant plus de prix que c'est à l'aide d'une souscription presque nationale et du concours de la ville et de la famille de Châteaubriand que ce monument sera élevé ; la somme réalisée ainsi s'élève à 2 000 fr.

— Une exposition des beaux-arts, pour les départements de la Mayenne, de Maine-et-Loire, de la Sarthe, de l'Eure, de l'Orne, du Calvados, de la Manche, de la Loire-Inférieure, d'Ille-et-Vilaine, des Côtes-du-Nord, du Morbihan, du Finistère, de la Seine-Inférieure et de la ville de Paris, aura lieu à Laval, du 1er au 15 septembre.

— M. Armand de Pontmartin fait le *Salon* dans l'*Univers illustré*. Or, le numéro du 6 juin renfermait sur le portrait d'un de nos collaborateurs les lignes que voici :

« Le *Victor de Laprade* fait grand honneur à M. Marquerie; il a bien saisi le caractère de cette figure poétique et fière où les souffrances physiques et les douleurs de la patrie ont gravé leur empreinte et où les inspirations les plus hautes, luttent avec les pensées les plus douloureuses. On devine, en regardant l'œuvre de M. Marquerie, qu'il y a du satirique chez cet élégiaque, du frondeur chez ce lyrique, du passionné chez ce moraliste, du réfractaire chez ce monarchiste, de l'indépendant chez ce catholique, et que, de ce mélange ou de ce conflit, résulte un ensemble bien rare de poésie, d'originalité et de vertu. On l'honore, on l'admire, on l'aime, on le plaint, et chacun de ces sentiments est un hommage pour le talent du peintre. »

— Notre Saint-Père le Pape vient d'ériger au rang de Basilique Mineure la nouvelle chapelle que Mgr l'évêque de Vannes a fait bâtir en l'honneur de sainte Anne d'Auray, au lieu du célèbre pèlerinage de ce nom. Sa Sainteté a daigné en même temps élever M. le chanoine Mathurin Guillouzo, chapelain de ladite chapelle, à la dignité de missionnaire apostolique, et lui conférer le titre et le pouvoir de pénitencier de la nouvelle Basilique de Sainte-Anne.

— Mgr l'évêque de Saint-Brieuc vient de convoquer tout son diocèse à un grand pèlerinage au sanctuaire vénéré de N.-D. de Bon-Secours, de Guingamp. Le pèlerinage ouvrira le samedi soir, 4 juillet, et ne se terminera que le lundi, 6 du même mois. Le Saint-Père accorde indulgence plénière à tous ceux qui feront leur visite au sanctuaire, du 4 au 11 du même mois. Sa Grandeur, Mgr David doit aussi se rendre à Grâces, l'un des jours du pèlerinage, pour l'inauguration du nouveau reliquaire du B. Charles de Blois, duc de Bretagne. — Nous espérons revenir dans notre chronique du mois prochain, sur cette double cérémonie religieuse, qui intéresse à un si haut point toute la Bretagne.

— La mort de M. Hamon n'est pas la seule que nous ayons à enregistrer; nous devons mentionner aussi celle de M. Paul Dubois, de l'Institut, né à Rennes, le 2 juin 1793. Après avoir fait ses études dans sa ville natale, M. Dubois était entré à l'École normale, d'où il avait été envoyé, comme professeur d'humanités, à Guérande (Loire-Inférieure). Il occupa successivement les chaires d'éloquence française à la faculté de Besançon et de rhétorique au collège Charlemagne (1820). Quatre ans après, M. Dubois fonda, avec MM. Lachevardiere et Pierre Leroux, le *Globe*, qui fut si hostile à la Restauration, et qui eut pour collaborateurs MM. Duvergier de Hauranne, Armand Carrel, Jouffroy, etc.

En 1830, le gouvernement de juillet s'attacha M. Dubois, en le nommant inspecteur-général des études. L'année suivante, la ville de Nantes l'élut député et lui conserva son mandat jusqu'en 1848; ce qui le fit appeler ordinairement, pour le distinguer de ses nombreux homonymes, Dubois de la Loire-Inférieure. L'auteur de *Robert-Robert* et de *Jean-Paul Chopart*, Desnoyers, si nous ne nous trompons, disait plaisamment : « Dubois *de la Gloire-Inférieure.* »

Notre compatriote remplit de très-hautes fonctions dans l'Université. En 1840, il succédait à M. Cousin comme directeur de l'École normale, poste qui lui fut retiré en 1850. Pendant dix ans, M. Dubois, comme conseiller de l'Instruction publique, eut la haute main sur tout l'enseignement littéraire, comme M. Saint-Marc Girardin sur l'histoire et M. Cousin sur la philosophie.

A part ses articles du *Globe*, M. Dubois a peu écrit.

— Nous profitons du court espace qui nous reste, pour mettre sous les yeux de nos lecteurs deux intéressantes pièces de vers. La première est un autographe d'Élisa Mercœur, que possède un de nos honorables concitoyens, M. Charles Fourcade. Nous le croyons entièrement inédit. C'est une très-touchante requête présentée par la pauvre jeune fille à S. A. R. Madame, duchesse de Berry, lors de son passage à Nantes, le 29 juin 1828 :

> Comme un enfant du ciel qui console la terre,
> Si tu viens parmi nous, si, dans ton noble cœur
> La douce humanité trouve son sanctuaire;
> Si l'orphelin te croit ou sa mère ou sa sœur,
> Daigne, daigne à ma vie accorder un sourire,
> Mon aurore est, hélas! plus sombre que le soir.
> Pauvre fleur, je languis, j'ai besoin d'un zéphyre,
>   J'ai besoin d'un rayon d'espoir.
> Ah! sois le souffle heureux que j'attends pour éclore!
>   Le bonheur, qui m'oublie encore,
> Est fidèle à te suivre et docile à ta voix.
> Dis-lui qu'un seul regard jeté sur ma misère,
> Me rendrait moins obscur mon chemin solitaire,
> Et qu'à mon existence il ôterait son poids.
>   Porte dans mon âme épuisée
>   Quelque rêve consolateur,
> Et pour moi, du matin sois la douce rosée
> Qui baigne, en l'entr'ouvrant, une timide fleur.

L'autre pièce de vers est un spirituel fabliau, composé par notre collaborateur et ami, M. S. Ropartz, qui l'a lu, au banquet des avocats de Rennes, le 26 mai dernier.

COMMENT MONSIEUR SAINT YVES PRIT POSSESSION DU PARADIS.

Saint Yves de Tréguier, patron des avocats,
Passa fort promptement de la vie au trépas,
Et s'élança tout droit au céleste empyrée.
Il trouva, ce jour-là, se pressant à l'entrée,
Deux cents religieux d'un ordre mendiant,
Qu'avait martyrisés un soudan d'Orient.
Cette foule d'élus s'agglomère en désordre:
Saint Yves se souvient qu'il était du tiers-ordre.
Portant le cordon blanc et le mantelet gris,
Et caché dans les rangs, il franchit le parvis,
Sans qu'aucun des portiers, lui demandant son titre,
L'ajourne à comparoir devant le Grand Arbitre.
Dans un coin du saint lieu, tout brillant et tout beau,
Saint Yves à son gré choisit son escabeau,
Et s'assied là. Saint Pierre, au soir de la journée,
Fait dans le Paradis l'ordinaire tournée,
Découvre le Breton, demande son papier;
Notre avocat expert répond sans sourciller:
« *Possideo, quia possideo.* » Saint Pierre,
Tout à fait ignorant en semblable matière,
Donne ordre de partir et de vuider les lieux.
« Si j'y suis condamné, dit Yves, je le veux;
Mais, *nunc possideo.* J'attends donc ici même
Qu'on me cite devant le Magistrat suprême.
Il vous faut pour cela, saint Pierre, un procureur,
Plus un huissier. J'ai dit. » — « Vraiment, sur mon honneur,
Depuis que de ce ciel, je surveille la porte
Je n'ai point vu passer des gens de cette sorte,
Et dans le Paradis, on ne les connait point, »
Reprend saint Pierre. — Il faut que, sur ce grave point,
Pour lequel je confesse, en fait, mon ignorance,
Je consulte à l'instant de Dieu la sapience. »
Le bon Dieu, de saint Pierre entendant l'oraison,
Décide, en souriant: « L'avocat a raison;
Il est bien dans son droit; il faudra, pour qu'il sorte,
Que l'on trouve un huissier. Gardez mieux votre porte,
Saint Pierre, et n'allez pas, en cette occasion,
Méconnaître les droits de la possession. — »
Et depuis ce temps-là, constamment en vedette,
Saint Pierre, à son portail, attend, surveille et guette.
Il attend vainement: en ce Palais d'honneur
Il n'entrera jamais huissier, — ni procureur !

Il ne me reste plus qu'à signer :

Pour copie conforme ,
LOUIS DE KERJEAN.

BIBLIOGRAPHIE BRETONNE ET VENDÉENNE

—

ANNUAIRE HISTORIQUE, STATISTIQUE, ADMINISTRATIF ET COMMERCIAL DE LA VILLE ET DE L'ARRONDISSEMENT DE BREST, contenant une carte routière et administrative de l'arrondissement. 10ᵉ année, 1874. In-16, 482 p. — Brest, imp. et lib. Lefournier.

CHANCELIER (LE) PIERRE SÉGUIER, SECOND PROTECTEUR DE L'ACADÉMIE FRANÇAISE. Études sur sa vie privée, politique et littéraire et sur le groupe académique de ses familiers et commensaux, par René Kerviler, ancien élève de l'École polytechnique. — Paris, libr. académique Didier. Un vol. in-8º, XVI-672 pp... 7 fr. 50

DIALECTE (LE) POITEVIN au XIIIᵉ SIÈCLE; par A. Boucherie, professeur au lycée de Montpellier. In-8º, 426 p. — Angoulême, imp. Nadaud et Cⁱᵉ; Paris, lib. Pedone-Lauriel.

DRUIDE (LE) DU BOCENNO, tragédie, par l'abbé Maximilien-Nicol, professeur au petit séminaire de Sainte-Anne. — In-8º, 84 p. — Vannes, L. Galles.

GUIDE DES TOURISTES ET DES ARCHÉOLOGUES DANS LE MORBIHAN; par le docteur Alfred Fouquet. Nouvelle édition, profondément modifiée. In-18, 204 p. — Vannes, imp. Galles .... 1 fr. 25

ŒUVRES (LES) OUVRIÈRES. Discours prononcé en faveur de l'Union des œuvres ouvrières de France, dans l'église de la Trinité, à Paris, le 1ᵉʳ février 1874; par S. G. Mᵍʳ Fournier, évêque de Nantes. In-8º, 16 p. — Paris, imp. Plon; au bureau central de l'Union.

PETITE GÉOGRAPHIE POUR LE DÉPARTEMENT DE LA VENDÉE, à l'usage de l'enseignement primaire, publiée sous la direction d'E. Levasseur, de l'Institut; comprenant: 1º Géographie du département, par Chanson, inspecteur d'Académie; 2º notions premières sur le globe, par Ch. Périgot, professeur d'histoire et de géographie. In-12, 48 p. et vign. — Paris, lib. Delagrave et Cⁱᵉ.

PETITE GÉOGRAPHIE POUR LE DÉPARTEMENT DES CÔTES-DU-NORD, à l'usage de l'enseignement primaire, composée sous la direction d'E. Levasseur, de l'Institut. Comprenant : 1º Géographie du département, par J. Rousselot, inspecteur de l'instruction primaire à Saint-Brieuc; 2º Notions premières sur le globe, par Ch. Périgot, professeur d'histoire et de géographie. In-12, 143 p. avec vignettes. — Saint-Brieuc, lib. Guyon; Paris, lib. Delagrave et Cⁱᵉ.

POÉSIES DERNIÈRES, par M. Raymond du Doré. — Nantes, impr. Grinsard. In-18. 228 p.

PROMESSES DU CŒUR DE JÉSUS A TOUS CEUX QUI VOUDRONT L'AIMER, extraites de la vie et des œuvres de la B. Marguerite-Marie, par l'abbé A.-J. Rayneau. — Chez l'auteur, aux Epesses (Vendée), à Nantes, chez Mazeau; Libaros; à Saint-Laurent-sur-Sèvre, chez Vᵉ Biton.... 1 fr.

RENNES A TRAVERS LES SIÈCLES, historique en vers, dit par l'auteur, Cardon, de la troupe nantaise. In-4º, 4 p. — Rennes, imp. Oberthur et fils.

———

TABLE GÉNÉRALE DU TOME TRENTE-CINQUIÈME

ANNÉE 1874. — PREMIER SEMESTRE.

—

JANVIER.

Berryer, par M. *Edmond Biré*............................... 5

L'Indifférence, par M. *Ernest Hello*......................... 24

Les débris de Quiberon (suite), par M. *Eugène de la Gournerie*.. 28

Souvenirs des guerres de Vendée. — Le combat de Boismé (1794),
par M. l'abbé *Augereau*............................... 49

La Mouette des grèves, nouvelle bretonne (suite), par M. *E. du
Laurens de la Barre*............................... 57

Notices et comptes rendus. — *La Vendée*, de M. Eugène Loudun,
par M. *A. de Brem.* — *Vie de M. Meslé, curé-doyen de N.-D.
de Rennes*, de M. C. des Prez de la Ville-Tual, par M. *A. de
la Breure.* — *Poèmes ciriques*, de M. Victor de Laprade, nouvelle édition, par M. *Émile Grimaud.* — *Œuvres musicales
religieuses* de M. le comte Fernand de Bouillé, publiées par
Mⁱˡᵉ Schatz. — *Histoire du B. Charles de Blois, duc de Bretagne*, par le R. P. Dom Plaine......................... 68

Chronique, par MM. *Louis de Kerjean* et *Alfred Biré*........... 79

Bibliographie bretonne et vendéenne........ 88

FÉVRIER.

Un portrait de Molière en Bretagne, par M. le baron *de Wismes*.. 89

Mythologie et philologie, par M. *F.-M. Luzel*.................. 101

La Bretagne à l'Académie française. — Armand du Cambout, premier duc de Coislin (1635-1702), par M. *René Kerviler*...... 116

Une rectification à propos des actes de la canonisation de saint Yves,
par *Dom Plaine* 131

Documents inédits. — Catherine de Luxembourg, duchesse de Bretagne (1490), par M. *S. de la Nicollière-Teïjeiro*........... 135

La Mouette des grèves, nouvelle bretonne (suite), par M. *E. du
Laurens de la Barre*............................... 142

Notices et comptes rendus. — *Le Violoneux de la Sapinière*, de
Mᵐᵉ Colomb, par M. *C. Merland*...................... 156

Chronique, par M. *Louis de Kerjean*...................... 162

Bibliographie bretonne et vendéenne....................... 168

MARS.

Pèlerinage aux Champs des Martyrs, par M. *Eugène de la Gour-nerie* 169

Un portrait de Molière en Bretagne (suite), par M. le baron *de Wismes* 193

La Mouette des grèves, nouvelle bretonne (fin), par M. *E. du Lau-rens de la Barre* 203

La Bretagne à l'Académie française. — III. Armand du Cambout, premier duc de Coislin (1635-1702) (suite), par M. *René Kerviler* 215

Notices et comptes rendus. — *M. le marquis de Lescoët*, par M. *A. de la Breure*. — *M. le comte Olivier de Sesmaisons*, par M. *Eugène de la Gournerie* 230

M. Glais-Bizoin au camp de Conlie 238

Bibliographie bretonne et vendéenne 256

AVRIL.

L'instruction primaire dans le comté nantais avant 1789, par M. *Léon Maître* 257

L'abbé Jean-Marie de La Mennais. — Sa naissance et sa première jeunesse, par M. *S. Ropartz* 267

Poésie. — Épître aux docteurs d'outre-Rhin, par M. *Victor de Laprade*, de l'Académie française 278

Pourquoi pas? proverbe, par M. *Alfred de Courcy* 283

La Bretagne à l'Académie française. — III. Armand du Cambout, premier duc de Coislin (1635-1702) (suite), par M. *René Kerviler* 297

Un portrait de Molière en Bretagne (suite), par M. le baron *de Wismes* 312

Notices et comptes rendus. — *Histoire de Lorient*, de M. F. Jégou, par M. *Louis de Kerjean*. — Mme la comtesse de Mornac 326

Chronique. — Allocution de Mgr l'évêque de Saint-Brieuc sur le plateau d'Auvours 330

Bibliographie bretonne et vendéenne 336

MAI.

Souvenirs des guerres de Vendée. — Le camp des Ouilleries, par M. l'abbé *Augereau* 337

L'abbé Jean-Marie de La Mennais (suite), par M. *S. Ropartz* 345

Le chancelier Séguier, par M. *René Kerviler* 355

Un coup de canon, par M. *Th. de Cornulier-Lucinière* 361

Poésie. — Idylle, par M. *N. Mille*.......................... 365

La statue de Jeanne d'Arc, sonnet, par M. *Émile Grimaud*.. 368

L'instruction primaire dans le comté nantais avant 1789 (fin), par M. *Léon Maitre*.... 369

Biographies bretonnes. — Jules Léquier, par M. *Ernest Hello*.... 377

La Bretagne à l'Académie française. — III. Armand du Cambout, premier duc de Coislin (1635-1702) (suite), par M. *René Kerviler*... 382

Liste des victimes de Quiberon, par M. *Eugène de la Gournerie*.. 396

Notice et comptes rendus. — *Vie de M. Olier, fondateur de Saint-Sulpice*, de M. Faillon, par *Dom François Plaine*.......... 407

Chronique, par M. *Louis de Kerjean*....................... 411

Bibliographie bretonne et vendéenne........................ 416

JUIN.

Les puits funéraires du Bernard, par M. *L. de Kerpenic*.......... 417

La Bretagne à l'Académie française. — III. Armand du Cambout, premier duc de Coislin (1635-1702) (fin), par M. *René Kerviler*. 427

Contes et récits populaires des Bretons. La Mare à la fiancée, par M. *Adolphe Orain*........ 450

Poésie. Vertou, par M. *Emile Grimaud*....................... 459

Documents inédits. — Ecoles chrétiennes de Brest et de Recouvrance, document communiqué par M. *A. de la Borderie*..... 461

Notices et comptes rendus. —' *Tombeau de Théophile Gautier ; — Œuvres complètes d'Agrippa d'Aubigné*, 1er vol.; — *Anthologie des poètes français ; — Le Livre des Sonnets*, par M. *Lucien Dubois. — Journal de Louise d'Ercueil*, de Mlle M. du Hausselain, par M. *Eugène de la Gournerie*................... 466

Liste des victimes de Quiberon (suite), par M. *Eugène de la Gournerie*... 474

Chronique, par M. *Louis de Kerjean*....................... 486

Bibliographie bretonne et vendéenne................... 492

TABLE DES ARTICLES

PAR ORDRE DE MATIÈRES.

.

—

RELIGION, MORALE ET PHILOSOPHIE.

L'Indifférence, par M. *Ernest Hello*, 24-27. — Une rectification à propos des actes de la canonisation de saint Yves, par *Dom Plaine*, 131-134. — Allocution de Mgr l'évêque de Saint-Brieuc sur le plateau d'Auvours, 330-335.

HISTOIRE.

ÉTUDES ET DOCUMENTS HISTORIQUES. — Les Débris de Quiberon (suite), par M. *Eugène de la Gournerie*, 28-48. — Catherine de Luxembourg, duchesse de Bretagne (1490), par M. *S. de la Nicollière-Teijeiro*, 135-141. — Pèlerinage aux Champs des Martyrs, par M. *Eugène de la Gournerie*, 169-192. — M. Glais-Bizoin au camp de Conlie, 238-255. — L'Instruction primaire dans le comté nantais avant 1789, par M. *Léon Maître*, 257-266, 369-376. — Liste des victimes de Quiberon, par M. *Eugène de la Gournerie*, 396-406, 474-485. — Les Écoles chrétiennes de Brest et de Recouvrance, document communiqué par M. *A. de la Borderie*, 461-465.

BIOGRAPHIE. — Berryer, par M *Edmond Biré*, 5-23. — Mgr de Léséleuc, 79-83. — Marie-Thérèse de Bourbon, par M. *Louis de Kerjean*, 83-84. — Mgr Baillès, ancien évêque de Luçon, par M. *Alfred Biré*, 84-87. — Armand du Cambout, premier duc de Coislin (1635-1702), par M. *René Kerviler*, 116-130, 215-229, 297-311, 382-395, 427-449. — M. l'abbé Roux-Lavergne, 167. — Le R. P. du Fort, 167. — M. le marquis de Lescoët, par M. *A. de la Breure*, 230-234. — M. le comte Olivier de Sesmaisons, par M. *Eugène de la Gournerie*, 234-237 — L'abbé Jean-Marie de La Mennais, par M. *S. Ropartz*, 267 277, 345-354. — Mme la comtesse de Mornac, 326. — Le chancelier Séguier, par M. *René Kerviler*, 355 360. — Jules Léquier, par M. *Ernest Hello*, 377-381.

ARCHÉOLOGIE. — Les Puits funéraires du Bernard, par M. *L. de Kerpenic*, 417-426.

CRITIQUE HISTORIQUE. — *La Vendée*, de M. Eugène Loudun, par M. *A. de Brem*, 68-72. — *Histoire du B. Charles de Blois, duc de Bretagne*, par Dom Plaine, 78. - *Histoire de Lorient*, de M. F. Jégou, par M. *Louis de Kerjean*, 326-328.

FAITS CONTEMPORAINS. — Chronique, par M. *Louis de Kerjean* : — de janvier, 79-87; — de février, 162-167; — de mai, 411-415; — de juin, 486-491.

LITTÉRATURE.

RÉCITS ET NOUVELLES. — Le Combat de Boismé (1794), par M. *l'abbé Augereau*, 49-57. — La Mouette des grèves (suite et fin), par M. *E. du Laurens de la Barre*, 57-67, 142-155, 203-214. — Pourquoi pas? proverbe, par M. *Alfred de Courcy*, 283-296 — Le Camp des Ouilleries, par M. *l'abbé Augereau*, 337-344. — Un Coup de canon, par M. *Th de Cornulier-Lucinière*, 361-364. — La Mare à la fiancée, par M. *Adolphe Orain*, 450-458.

ÉTUDES LITTÉRAIRES. — Un portrait de Molière en Bretagne, par M. le B^{on} de *Wismes*, 89-100, 193-202, 312-325. — Mythologie et philologie, par M. *F.-M. Luzel*, 101-115.

CRITIQUE LITTÉRAIRE. — *Vie de M. Meslé, curé-doyen de N.-D. de Rennes*, de M. C. des Prez de la Ville-Tual, par M. *A. de la Breure*, 72-74. — *Poèmes civiques*, nouvelle édition, de M. Victor de Laprade, par M. *Émile Grimaud*, 75-77. — *Le Violoneux de la Sapinière*, de Mme Colomb, par M. *C. Merland*, 156-161. — *Vie de M. Olier, fondateur de Saint-Sulpice*, de M. Faillon, par *Dom Plaine*, 407-410. — *Tombeau de Théophile Gautier; Œuvres complètes d'Agrippa d'Aubigné*, 1er vol.; *Anthologie des poètes français; le Livre des sonnets*, par M. *Lucien Dubois*, 461-472. — *Journal de Louise d'Ercueil*, de Mlle M. du Hausselain, par M. *Eugène de la Gournerie*, 472-473.

POÉSIE. — Épître aux docteurs d'outre-Rhin, par M. *Victor de Laprade*, de l'Académie française, 278-282. — Idylle, par M. *N. Mille*, 365-367.— La Statue de Jeanne d'Arc, sonnet, par M. *Émile Grimaud*, 368. — Vertou, par M. *Émile Grimaud*, 459-460.

BEAUX-ARTS.

Œuvres musicales religieuses de M. le comte Fernand de Bouillé, publiées par Mlle *Schatz*, 77-78.

BIBLIOGRAPHIE.

Bibliographie bretonne et vendéenne, 88, 168, 256, 336, 416, 500.

TABLE DES ARTICLES

PAR NOMS D'AUTEURS.

—

AUGEREAU (l'Abbé). — Le Combat de Boismé (1794), 49-57. — Le Camp des Ouilleries, 337-344.

BIRÉ (Alfred). — Mᵍʳ Baillès, ancien évêque de Luçon, 84-87.

BIRÉ (Edmond). — Berryer, 5-23.

DE LA BORDERIE (Arthur). — Écoles chrétiennes de Brest et de Recouvrance, document inédit, 461-465.

DE BREM (Adolphe). — *La Vendée,* nouvelle édition, par M. Eugène Loudun, 68-72.

DE LA BREURE (A.). — M. le marquis de Lescoët, 230-234. — *Vie de M. Meslé, curé-doyen de N.-D. de Rennes,* par M. C. des Prez de la Ville-Tual, 72-74.

DE CORNULIER-LUCINIÈRE (Théodore). — Un Coup de canon, 361-364.

DE COURCY (Alfred). — Pourquoi pas ? proverbe, 283-296.

DUBOIS (Lucien). — *Tombeau de Théophile Gautier; Œuvres complètes d'Agrippa d'Aubigné,* 1ᵉʳ vol.; *Anthologie des poètes français ; Le Livre des Sonnets,* 461-472.

L'ÉVÊQUE DE SAINT-BRIEUC (Mᵍʳ). — Allocution sur le plateau d'Auvours, 330-335.

DE LA GOURNERIE (Eugène). — Les Débris de Quiberon (suite), 28-48. — Pèlerinage aux Champs des Martyrs, 169-192. — Liste des victimes de Quiberon, 396-406, 474-485. — M. le comte Olivier de Sesmaisons, 234-237.—*Journal de Louise d'Ercueil,* par Mˡˡᵉ M. du Hausselain, 472-473.

GRIMAUD (Émile). — *Poèmes civiques,* nouvelle édition, par M. Victor de Laprade, 75-77. — La Statue de Jeanne d'Arc, sonnet, 368. — Vertou, poésie, 459-460.

HELLO (Ernest). — L'Indifférence, 24-47. — Jules Léquier, 377-381.

DE KERJEAN (Louis). — Chronique, de janvier, 79-87; — de février, 162-167; — de mai, 411-415; — de juin, 486-491. — *Histoire de Lorient,* par M. F. Jégou, 326-328.

DE KERPENIC (L.). — Les puits funéraires du Bernard, 417-426.

KERVILER (René). — Armand du Cambout, premier duc de Coislin (1635-1702), 116-130, 215-229, 297-311, 382-395, 427-449. — Le chancelier Séguier, 355-360.

DE LAPRADE (Victor). — Épître aux docteurs d'outre-Rhin, 278-282.

DU LAURENS DE LA BARRE (E.). — La Mouette des grèves (suite et fin), 57-67, 142-165, 203-214.

LUZEL (F.-M.). — Mythologie et philologie, 101-115.

MAITRE (Léon). — L'Instruction primaire à Nantes avant 1789, 257-266, 369-376.

MERLAND (C.). — Le Violoneux de la Sapinière, par Mme Colomb, 156-161.

MILLE (N.). — Idylle, 365-367.

DE LA NICOLLIÈRE-TEIJEIRO (S.). — Catherine de Luxembourg, duchesse de Bretagne (1490), 135-141.

ORAIN (Adolphe). — La Mare à la Fiancée, 450-458.

PLAINE (Dom François).　Une Rectification à propos des actes de la canonisation de saint Yves, 131-134. — Histoire du B. Charles de Blois, duc de Bretagne, 78. — Vie de M. Olier, fondateur de Saint-Sulpice, par M. Faillon, 407-410.

ROPARTZ (Sigismond). — L'abbé Jean-Marie de La Mennais, 267-277, 345-354.

DE WISMES (Bon). — Un Portrait de Molière en Bretagne, 89-100, 193-202, 312-325.

*** M. Glais-Bizoin au camp de Conlie, 238-255.

TABLE ALPHABÉTIQUE DES OUVRAGES

APPRÉCIÉS OU MENTIONNÉS DANS CE VOLUME.

Anthologie des poètes français, 469.

Chancelier (le) Séguier, second protecteur de l'Académie française, par M. René Kerviler, 355-360.

Histoire de Charles de Blois, duc de Bretagne, par Dom François Plaine, 78.

Histoire de Lorient, par M. F. Jégou, 326-328.

Journal de Louisé d'Ercueil, par Mlle M. du Hausselain, 472-473.

Œuvres complètes d'Agrippa d'Aubigné, 1er vol., 468-469.

Œuvres musicales religieuses de M. le Cte Fernand de Bouillé, 77-78.

Poèmes civiques, par M. Victor de Laprade, 75-77.

Puits (les) funéraires du Bernard, par MM. l'abbé Baudry et Léon Ballereau, 417-426.

Tombeau (le) de Théophile Gautier, 466-468.

Vendée (la), par M. Eugène Loudun, 68-72.

Vie de M. Meslé, curé-doyen de N.-D. de Rennes, par M. C. des Prez de la Ville-Tual, 72-74.

Vie de M. Olier, fondateur de Saint-Sulpice, par M. Faillon, 407-410.

Violoneux (le) de la Sapinière, par Mme Colomb, 156-161.

Nantes, imprimerie Vincent Forest et Émile Grimaud, place du Commerce, 4.

REVUE DE BRETAGNE

ET DE VENDÉE

· REVUE
DE BRETAGNE
ET DE VENDÉE

Directeur : **Arthur de la Borderie**
Député d'Ille-et-Vilaine.
Secrétaire de la Rédaction : **Emile Grimaud**

DIX-HUITIÈME ANNÉE

QUATRIÈME SÉRIE. — TOME VI
(TOME XXXVI DE LA COLLECTION)

ANNÉE 1874. — DEUXIÈME SEMESTRE.

NANTES
BUREAUX DE RÉDACTION ET D'ABONNEMENT, PLACE DU COMMERCE, 4.

1874.

Nantes. — Imp. Vincent Forest et Émile Grimaud, place du Commerce, 4.

—

LA NOBLE ET TRÈS-ANCIENNE

CONFRÉRIE MONSEIGNEUR SAINT NICOLAS

DE GUÉRANDE

I

Guérande.

Guérande, avec sa ceinture complète de murailles défendues par des tours et des douves en partie remplies d'eau, conserve extérieurement l'aspect, aussi rare qu'intéressant, d'une ville forte du moyen âge. Derrière une enceinte crénelée et garnie de vestiges de mâchicoulis et de parapets, le vrai touriste trouve encore à se repaître amplement de souvenirs des siècles éloignés. Ici, c'est le château servant d'hôtel de ville ; là, l'église paroissiale Saint-Aubin, jadis église collégiale ; ailleurs, on s'arrête devant la chapelle N.-D. la-Blanche, les restes de l'église Saint-Jean, la porte de Saillé et celle de Vannes ; çà et là, on parcourt des rues étroites et tor-

tueuses, des places aux noms antiques ou bizarres ; on découvre
des habitations claustrales d'anciens seigneurs, des maisons bour-.
geoises ou d'artisans, étroites, sombres, profondes, aux étages sur-
plombants. On remarque les mœurs, les usages, les habitudes et les
costumes des habitants. Enfin, tout à Guérande respire encore un
certain air d'antiquité qui intéresse vivement l'observateur.

Le croirait-on pourtant? En fait d'archives, notre ville forte est
moins favorisée ; le touriste constate avec une amère surprise que
cette vieille cité ducale est dénuée presque complétement de documents intéressant son histoire locale. Archives municipales ; titres
de la collégiale dont la juridiction ecclésiastique, indépendante de
celle de l'évêque de Nantes, s'exerça jusque vers la fin du XVIIe
siècle ; papiers des nombreuses juridictions civiles et criminelles
qui siégèrent à Guérande jusqu'en 1790, cette masse de documents
aurait été détruite, dit-on, durant l'épouvantable conflagration révolutionnaire de 1793. Ce qui est malheureusement certain, c'est que
les documents historiques échappés à la destruction générale
forment une rare exception.

Dans ce nombre, nous devons signaler aux antiquaires, et même
aux simples curieux, un intéressant recueil, en quatre volumes manuscrits, d'actes et de procès-verbaux d'une confrérie qui s'est
intitulée : *La noble et très-ancienne confrérie Monseigneur Saint
Nicolas de Guérande.* Ce cartulaire, écrit sur vélin et dont deux
volumes sont reliés en ais de chêne, commence à l'année 1350 et
finit en 1751, date de la dissolution de la confrérie ; il appartient à
la fabrique de la paroisse Saint-Aubin, église en laquelle cette œuvre
fut fondée. Comme document original authentique existant actuellement à Guérande, c'est le plus ancien qui fournisse d'utiles renseignements sur les mœurs, les institutions, les établissements, et
particulièrement sur les familles aristocratiques et plébéiennes
non-seulement de cette ville, mais encore de la vaste péninsule,
anciennement connue sous le nom de *Terrouer de Guérande,* où la
noble confrérie recruta la plupart de ses membres, sans distinction
d'état ou de condition, que l'on fût artisan, paludier, laboureur,

tailleur, gentilhomme, moine ou chanoine. Or, le territoire de
Guérande comprenait les cinq cantons actuels du Croisic, Guérande,
Herbignac, La Roche-Bernard et Saint-Nazaire, c'est-à-dire qu'il
avait pour limites au sud l'Océan, la Vilaine à l'ouest, la Loire au
levant. Au nord, les limites de la presqu'île guérandaise se perdaient
dans les vastes marais tourbeux nommés *la Grande-Brière,* qui
s'étendent jusqu'aux coteaux de Savenay et de Pontchâteau, marais
qui, pendant les mois d'hiver, se convertissent en un lac immense,
sur lequel voguent les barques des *Briérons.*

Nous devons à l'obligeance de M. l'abbé Plormel, curé actuel de
Guérande, la communication du cartulaire de Saint-Nicolas ; nous
lui en exprimons ici notre gratitude. Cet ecclésiastique distingué, à
qui la ville de Guérande est redevable de la restauration intelligente, correcte et magnifique de la vieille basilique Saint-Aubin,
nous permettra, nous approuvera même, c'est notre espoir, de faire
participer les amateurs d'archéologie à ce que nous avons considéré
comme une bonne fortune, en publiant les statuts extrêmement
intéressants de l'antique confrérie guérandaise, insérés au premier
registre du cartulaire.

En voici le texte, reproduit fidèlement, sauf en ce qui concerne
les innombrables abréviations qui rendent très-pénible la lecture de
ce vélin du XIVᵉ siècle.

II

La Confrérie.

« Cest lestablisement de la confrarie monsʳ Saint Nicholas
laquelle confrarie est establie a estre assemblee par les freres
dicelle a iouer et digner le iour de la translacion du dit saint au
moays de may. Lequel establisement fut acordee de touz les freres
de la dite confrarie. et escript en cest papier an quaier. le lundi
ampres ladite translacion. l'an mil trois cenz cinquante.

» Premierement les freres de ladite confrarie auront luminaire de
cire selond la quantité et lestat des freres. Item devent les freres

de la dite confrarie fere dire vespres devant lautier de saint Nicholas et y estre touz la veille de la dite feste. Et le iour de la dite feste
a matin devent fere chanter une messe a note sur le dit autier et y
estre touz. Et aussi le iour de la dite feste devent faire dire vespres
davent ledit autier et y estre touz. Et es dites solempnites doit estre
ledit luminaire ardent davent ledit autier. Et celui des freres qui
deffaudra a lune des dites hores doit paier et paiera pour chacun
deffaut doze deners tournays ou la value. les quelx seront mis en
une boite que les procurours garderont de laquelle le esleu gardera
la clef. Et seront convertiz au profit de ladite confrarie. Et celuy qui
refusera paier la deffaute sera repute pour pariure et paiera lamande
telle comme le esleu la tanxera. Esquelles solempnites fere devent
estre pour prebtres le chappelain de ladite chappelanie et le cure
de ladite confrarie avesques touz les autres freres. lesquelx chappelain et cure devent manger en ladite confrarie comme les autres
freres et ne paieront riens de escot pour faire lesdites offices.

  *» Item landemain de ladite confrarie devent lesditz freres faire
chanter sur ledit autier une messe de requiem a note pour les def-
functz et y devent estre touz les freres de ladite confrarie et le
luminaire doit estre ardent auxi. Et ampres ladite messe devent
touz les freres de ladite confrarie aler compter o les procurours de
celle annee pour chacun an. Et fere chapittre de lour dite confrarie
comme ils verront que bon lour semblera. Et celx qui deffaudront
de y estre paieront semblables paines comme desus est dit. lesquelles deffautes seront converties comme dit est.

  » Item est asavoir que la meson de ladite chapellanie sise en la
ville de Guerrande pres de la porte Saint Michel qui fut iadis a
monseur Eon de Leon prebtre doit estre subiette et obligee es dits
freres pour metre loz necessitez dedanz en garde pour lour digner.
Et y devent auxi digner audit iour. Et y devent auxi faire loz chapitre
landemain dudit iour en ladite meson toutefois que ils voudront es
ditz iourz une fois lan. par donaison que ledit monseur Eon fit de
ladite meson a ladite confrarie et mist adonques lesdits. freres en
saisine de ladite meson. Et y furent en lan de susdit en la presence

et de lasentement de Dom Pierres Lermiter chapelain de ladite chapelanie qui estoit informe par lettres que il gardoit de ladite donaison.

» Item en ladite frarie devent estre trois procurours par chacun an lesquelx feront apparailler et querront a digner esditz freres le iour de ladite feste et y devent estre touz les freres ensamble au digner et ne sera mande envoiee a nul desditz freres si il nestoit malade ou hors du pays. Et celuy qui deffaudra de y venir si il nest malade ou hors dou pais comme dit est paiera son escot et naura point de mande et sera baille son escuelle es povres pour Dieu et ceulx qui seront malades ou forains paieront leur escot mes ils auront leurs escueles si ils les envoient querre. Et si ils ne les en-voient querre ils n'auront riens et paieront bien lour encouaigne (?). Et celx procurours qui seront lun desditz freres esleront les trois autres procurours qui vendront lautre an ensevant.

» Item celuy qui fera le luminaire de ladite confrarie ledoit faire sanz nul salaire si il est frere de ladite confrarie mes il ne paiera point descot le iour du digner de ladite confrarie. Et il dignera comme les autres.

» Item devent lesdits freres aler touz a cheval par chacun an a matin ampres la messe le iour de ladite feste hors la ville le plus coitement que ils pourront et retourner en la ville o branches de foilles et de flours et faire hystoires danciennes choussez pour esbatement avant aler digner. Et ceulx qui deffaudront de y aler et de y estre paieront semblables paines comme de sus est dit les-quelles seront converties comme dist est.

» Item celuy qui fera les rimmes de listoire aura son escuelle quitte en ladite confrarie.

» Item lesdits freres devent avoir un bieau drap de soye selond lour estat et lour quantite lequel drap et ledit luminaire seront mis sur chacun mort de ladite confrarie le iour de sa sepulture a la costume des autres confraries de la ville de Guerrande. Au quel mort chacun frere vif de ladite confrarie doit faire chanter une messe de requiem et donner 1 dener pour et offrir un dener le iour

de ladite sepulture et estre au service dou dit mort iusques atant
que il soit mis en terre et covert et seront a le veiller le seir davent
iusques a covrefeu. Et li feront dire vigilles de mortz sur le corps
et liront querre. Et le porteront a liglize touz ensamble. Et celx qui
deffaudront paieront chacun de chacune hore. cest a savoir du
veiller. de laler querre. et estre au servise semblables paines
comme desus est dit et seront converties comme dist est. et celx
que voudront aler veiller pourront envoier un clerc qui dira un
psautier sur le corps du mort. et autre ne puet envoier pour luy
mes lenvoient il sera quitte de la paine.

» Item tous les freres de ladite confrarie sont et devent estre par
fay et par serment de se entreaimer se entreporter foy et leaute se
entrefaire bon samblent et signe de cognoissance en touz lieux sanz
panser ne faire lun a lautre mal ennuy ne domage ne estre lun
contre lautre en plest ne autrement o nulle persone quelle quelle
soit saufve seingnorie et lignage. dont nulle alliance ne se fait. Et
ou cas ou ilx auroint afaire lun contre lautre ils devent venir
davent le esleu de ladite confrarie. lequel esleu o deliberacion et
conseil eu ou doze des plussouffisanz de ladite confrarie doit faire
bonne acordance entre eux et lour tenir bon dret. Et si il est en
deffaut de ce ils pourront aler proceder davent lour iuge de lour
querelle lun contre lautre. Et si il y avoit eu riote ne contens entrelx
par quoy il y eust eu trait sanc sur aucun clerc. le esleu ne peust les
absoudre mes il les peut bien mettre a acort et les envoier a lour
iuge pour estre absous. Et se il y avoit aucun advocat ou pledeour
en ladite confrarie il ne doit avoir point de salaire de nul des freres
pour estre en lour conseil contre touz estranges excepte iustice ou
sancs for. a boire dous mesures ou trois du meillour vin.

» Item se entredevent lesdits freres garder et deffandre lun lautre
en touz cas a vivre et a morir contre touz estranges sauve seingnorie et lingnage.

» Item tous ceulx qui voudront entrer en ladite confrarie devent
venir landemain de ladite feste la ou touz les freres seront davent le
esleu et les procurours et les autres freres pour y antrer et y estre

receu et fere le serment et paieront telles antrees comme le esleu et les trois procurours ordreneront et selont lestat des entranz les uns plus les autres mains et parsomet lour antrees paieront les diz antrens dou vin es freres le dit jour 1 ialon a savoir est dou meillour vin et un pain chacun hors descot et se il demeure pour boire sa part diceluy vin et il ly ait plus en lescot que la quantité doudit ialon de vin dantree il palera son escot du sour plus comme un des autres freres.

» Item touz les antrenz en ladité confrarie devent paier et paieront lours antrees en continent es procurours qui seront celle annee que ils y antreront ou autrement ils ne seront point receuz en ladite confrarie et si aucuns des freres morrait et neust paie son antree. le luminaire de la confrarie ne yrait sur luy ne nul des freres ne se melleroit de luy servir comme se il estoit hors de ladite confrarie iusques atant que les amys diceluy mort ayent paie ladite antree pour luy.

» Item nulle fame ne sera james receue en ladite confrarie.

» Item tous celx qui noiseront tant comme lan sera au digner et iusques a tant que ilx soient hors de lostel ouquel il auront digne ne que se melleront lun ou lautre ampres digner paieront 1 ialon du meilleur vin a touz.

» Item lesdits freres devent aveir 1 bedeau en ladite confrarie qui sera frere dicelle lequel fera asavoir a touz les freres quant aucun de lours freres sera mort pour li faire son devoir et aura celuy bedeau les chauces et les soliers du mort ou cinq soulz et la gresse qui demourra ou bref ampres le digner. Et toute la viande pain et relef qui demorra ampres le digner qui aura este achatee pour le digner seront donnez es povres pour Dieu.

» Item celuy bedeau doit avoir son escuelle quitte et doit bailler les noez es freres ampres le digner. Et ausi doit faire asavoir es diz freres toutes les chouses que le esleu li comendera quant cas de necessite y avendra.

» Item les trois procurours qui seront quant ils auront compte paieront en continent ce que ils devront se ils avont plus receu que mis es autres procurours qui de eulx seront esleuz et pourront les trois procurours darrinement esleuz prendre et nôuieer (?) sur icelx procurours qui auront compte et sur touz les freres que riens devront à ladite confrarie dantrees et de deffautes plenement de lour auctorite sanz sergent ne iustice et a ce ont oblige touz les freres touz lours biens par lours serments et si li avoit chatel ou meuble en ladite confrarie il sera mis en la boite quelle les procurours garderont et y aura dous clefs dont le esleu gard...... »

Les statuts de la confrérie sont incomplets ; il résulte d'une note insérée au feuillet troisième, verso, du livre qui les contient, que cet état regrettable est ancien : «.... Messieurs l'abbé, procureurs et freres sestants apercus que le dernier feillet des statuts de ladite confrarie qui debvoit estre le quatrieme du present papier manquoit, ont voulu ledit papier estre millesimé, ce qui a esté faict a mesme heure en leur preschée et de lour consentement. » Cette note est datée du « lundy dixiesme jour de may mil six cents vingt et cinq qui estoit le lendemain de la feste monsieur'Sainct Nicolas.»

La précaution, excellente quoique tardive, de numéroter le registre, ne fut cependant pas suffisante pour en protéger les vénérables feuilles ; depuis 1625, une main peu scrupuleuse en a détaché le 56e feuillet.

III

Saint-Nicolas.

Ecriture gothique, style, expressions, abréviations, tout s'accorde pour démontrer qus les statuts de la confrérie Saint-Nicolas de Guérande datent du quatorzième siècle ; et cependant, il nous semble que l'association révélée par ce document exista bien antérieurement à l'année 1350. On y remarque en effet, que les frères de Saint-Nicolas, au moment de l'arrêté des statuts, possédaient *un autier*, en la collégiale Saint-Aubin ; *une meson sise en la ville de Guerrande, près de la porte Saint-Michel;* et *une chapelanie,* pourvue de son chapelain, *Dom Pierres Lermiter.* Il y est dit, que la maison de la rue Saint-Michel « fut *jadis* à monseur Eon de

Léon, prebtre, lequel mist *adònques* lesdits frères en saisine de la dite meson » ; ces expressions *jadis* et *adonques* paraissent s'appliquer à un fait déjà éloigné, dont les frères de 1350 ne furent peut-être même pas contemporains.

Il nous semble donc, comme nous venons de le dire, que la confrérie Saint-Nicolas de Guérande avait une existence déjà ancienne ; d'où il résulterait que les statuts dateraient d'une réorganisation de l'association et non de sa fondation.

Quoi qu'il en soit, l'opinion que nous venons d'émettre sur l'ancienneté de la confrérie guérandaise n'a rien d'invraisemblable, puisque les statuts constatent l'existence en cette ville de plusieurs autres associations de même nature :

« Item lesdits frères devent avoir un bieau drap de soye.... lequel et ledit luminaire seront mis sur chacun mort de ladite confrarie le jour de sa sepulture *a la costume des autres confraries de la ville de Guerrande....* »

L'institution de la confrérie Saint-Nicolas antérieure à 1350 étant admise, quelle en serait l'origine première ?

Répondre nettement à cette question ne nous paraît pas possible, dans l'état actuel de nos annales historiques. Le nom même d'*Eon de Léon,* le bienfaiteur, le fondateur peut-être de la confrérie, ne jette aucune lumière sur ses commencements, puisque l'on ignore à quelle époque il vécut. On est donc réduit aux conjectures les plus vagues.

Les confréries ou confraternités, en Bretagne, existèrent à une époque très-reculée ; on en trouve la preuve dans les actes du concile de Nantes de 658, où sont signalés, avec une grande véhémence, les abus et les excès qui s'étaient introduits au sein de ces associations religieuses par le moyen des banquets et de certaines réjouissances carnavalesques : *Commessationes et turpes ac inanes lætitiæ* (Dom Morice, pr. t. 1er, col. 215). A la lecture du quinzième canon de ce concile, intitulé *de Quibusdam confraternitatibus,* on serait tenté d'appliquer à notre confrérie guérandaise les anathèmes de l'assemblée des Pères du concile nantais, d'après le titre de ses statuts, portant qu'elle fut instituée *à jouer et à digner*, et mentionnant son principal *esbatement* lors duquel tous les frères, *couverts de foilles et de flours*, concouraient à une fête équestre.

Mais le nom de *saint Nicolas*, patron de la confrérie, rétrécit singulièrement le champ de nos investigations.

En effet, bien que la fondation du prieuré de Saint-Nicolas par Foulques Nerra, à Angers, sur les marches de Bretagne, remonte à l'année 1020, il paraît certain qu'en Bretagne, la dévotion à saint Nicolas fut importée à la suite des croisades.

Saint Nicolas, disent les hagiographes, fut évêque de Myre, en Lycie, au quatrième siècle de notre ère; son culte ne tarda pas à se répandre dans tout l'Orient; mais en Occident il était à peine encore connu, lorsqu'en 1078 ses reliques ayant été transférées à Barri, petit port de l'Italie méridionale, où elles manifestèrent leur présence par d'éclatants miracles, la dévotion à saint Nicolas devint extrêmement populaire dans toute l'Italie. On était alors à la veille de la première croisade (1096), à laquelle participa le comte ou duc de Bretagne, Alain Fergent, à la tête d'un nombreux contingent de sujets de toute classe et de toute condition. Les croisés bretons, témoins sans doute du pieux entraînement des populations italiennes vers le patron des voyageurs, des marins, des naufragés et surtout des pèlerins, importèrent vraisemblablement en leurs foyers la dévotion pour saint Nicolas, à l'intercession duquel ils attribuèrent peut-être le bonheur de leur retour au pays.

Cette croisade d'Alain Fergent fut suivie, durant le cours de deux siècles, de nombreuses entreprises de même nature, auxquelles les Bretons ne firent jamais défaut. L'une de ces saintes démonstrations de l'ardente dévotion des chrétiens d'Occident, se termina, pour les croisés bretons, par une véritable catastrophe. Le 23 octobre 1218, le comte Hervé de Léon, revenant de Palestine à la tête de seize mille croisés, bretons pour la plupart, perdit la vie dans un naufrage, qui engloutit sept de ses vaisseaux, corps et biens. Ce sinistre épouvantable eut lieu en vue de Brindes, port d'Italie voisin de celui de Barri, déjà cité. Les Bretons échappés à ce ter-

rible naufrage, ont pu redoubler de piété envers le grand saint particulièrement invoqué par les marins italiens, et, lui attribuant leur
salut, manifester leur reconnaissance par de pieuses fondations, tant
le malheur développe dans les âmes le sentiment religieux, qui est
naturel à l'homme !

Quoi qu'il en soit, on est d'autant plus fondé à attribuer aux croisades l'importation en Bretagne de la dévotion à saint Nicolas, que
le plus ancien établissement de ce pays placé sous son patronage
est, paraît-il, un prieuré situé sur le territoire d'Avessac, rive gauche
de la Vilaine. « En ce prieuré, disent les auteurs de la nouvelle
édition du dictionnaire d'Ogée (V. Saint-Nicolas de Redon), fut
construite, *lors de la première croisade,* une chapelle dédiée à saint
Nicolas. » Le prieuré et la chapelle ont donné naissance au bourg
de Saint-Nicolas de Redon.

Ici devraient se borner nos recherches sur l'origine d'une dévotion qui paraît se lier aux commencements de la confrérie guérandaise ; mais nos recherches mêmes, en nous découvrant de nouveaux
aperçus, et pour ainsi dire un nouvel horizon, nous engagent à
poursuivre une étude de plus en plus intéressante.

F. Jégou.

(La fin à la prochaine livraison).

UN PORTRAIT DE MOLIÈRE

EN BRETAGNE *

Avec le docteur Gorju, nous fermons la bande des illustres
farceurs, que nous nous étions proposé de présenter à nos lecteurs,
et qui tous figurent sur le tableau de M. de la Pilorgerie, où nos
lecteurs les reconnaîtraient maintenant aisément. — Nous croyons
devoir cependant prolonger encore un moment cet article, et répondre
à une question que plusieurs sans doute se seront faite. Nous avons
souvent, dans le cours de ce petit travail, nommé l'Hôtel de Bourgogne, son théâtre, ses comédiens : — Qu'était-ce, auront-ils pu
se dire, que l'Hôtel de Bourgogne ? Nous allons le leur apprendre
en peu de mots.

Nos rois se sont fait de tout temps un devoir d'offrir une noble
hospitalité, tant aux princes étrangers qui venaient les visiter, qu'à
tous les grands vassaux de la couronne. Mais ces derniers, avaient
si souvent des intérêts à démêler avec leurs suzerains, que cette
hospitalité devenait parfois pour eux une grande gêne, en les forçant,
soit à la payer du sacrifice d'une partie de leurs prétentions, soit à
se montrer ingrats. — De bonne heure donc, la plupart crurent
d'autant plus devoir acheter des hôtels personnels dans la capitale,
qu'en outre des motifs que nous avons signalés, ils se plaisaient
souvent à faire, pour leur simple agrément, d'assez longs séjours

---

* Voir la livraison d'avril, pp. 312-325.

dans cette ville « sans pair », devenue depuis tant de siècles la patrie commune de l'humanité. — Or donc les ducs de Bourgogne, les seuls dont nous ayons à parler ici, eurent d'abord leur hôtel sur la rive gauche, dans le quartier de l'Université, non loin de la haute colline, où depuis s'est élevée Sainte-Geneviève. Vendu aux archevêques de Reims, ceux-ci y fondèrent un collége qui subsistait encore, croyons-nous, au moment de la Révolution.

Les princes bourguignons occupèrent ensuite l'hôtel d'Artois, au quartier Saint-Denis, entre la rue Pavée et la rue Monconseil. Marguerite, héritière des comtes de Flandre et d'Artois, ayant épousé Philippe de France, quatrième fils du roi Jean et tige des derniers ducs de Bourgogne, Philippe et Marguerite firent en 1402 partage de leurs biens à leurs enfants, et Jean de Bourgogne, leur fils aîné, choisit dans sa part l'hôtel d'Artois, qui depuis porta souvent encore le nom d'hôtel d'Artois, mais comme affecté au théâtre, ne s'appela qu'hôtel de Bourgogne. — Venu à la couronne par suite d'héritage ou de confiscation, cet hôtel, qui tombait en ruine, fut vendu en 1543, par ordre de François Ier; la vente s'en fit par lots; il était immense, aucun particulier n'aurait pu l'acquérir tout entier. — En 1548, les Confrères de la Passion, auxquels on attribue l'origine de notre théâtre, y firent construire une vaste salle entourée de loges, et depuis, jusqu'à une époque au moins très-avancée du XVIIIe siècle, cette salle, plusieurs fois changée, modifiée, restaurée, conserva toujours sa destination théâtrale. Des confrères de la Passion, elle passa avec des variations très-diverses tant à plusieurs troupes françaises, qu'à des troupes italiennes; mais cette histoire, très-compliquée, est inutile ici. Nous ne disons pas pour cela qu'elle fût sans intérêt.

Por les détails dans lesquels nous sommes entré, au sujet du tableau de M. de la Pilorgerie, on voit quelle curieuse page de l'histoire de nos mœurs il nous offre : art, littérature, théâtre, peuvent la revendiquer, trouvant chacun à y prendre. Nous croyons savoir que son honorable propriétaire consentirait à la céder. C'est cette année, nous l'avons dit, le deuxième centenaire de Molière ;

c'est là une date de remarque, une date dont on se peut justement
prévaloir ; je le fais pour engager en mon nom, et, j'en suis sûr, au
nom de tous les hommes intelligents de notre ville, pour engager,
dis-je, nos édiles municipaux à faire l'acquisition de- cette œuvre,
rare entre les rares, intéressante entre les intéressantes. De tels
achats honorent les villes, honorent ceux qui les font, honorent
ceux qui les comprennent. — Ils ne sont plus, ils ont laissé à
d'autres leur place sur le théâtre de la vie humaine que leur nom
demeure encore attaché à ces nobles et intelligentes acquisitions.

Que de destinations diverses on peut donner à cette œuvre : le
Musée de Tableaux, le Musée d'Archéologie, la Bibliothèque, la
Ville, le foyer du Théâtre. — On n'a que l'embarras du choix. Mais
que la ville n'oublie pas ce célèbre bas-relief de l'Occasion qui orne
une de ses rues. — Saisir l'occasion ! quel secret, quel art, quelle
science ! C'est à peu près la seule loi du succès en ce monde.

APPENDICE

**Motifs de cet appendice. — Analyse d'un travail de
M. B. Fillon sur les représentations théâtrales de
Molière à Nantes en 1648.**

Depuis la composition de cette étude, et surtout au cours de son
impression, d'intéressants renseignements fournis par MM. Jules de
la Pilorgerie et Gondar m'ont donné à penser, et par eux-mêmes
et par les nouvelles et heureuses recherches dans lesquelles ils
m'ont entraîné, qu'il serait utile et profitable à mes lecteurs soit
d'y faire des intercalations, soit d'y ajouter un complément. Le
premier parti eût été préférable pour la meilleure forme du travail,
le second permettait à la presse de continuer son œuvre, en même
temps que je pouvais donner plus de soins à ce supplément de
recherches, et c'est ce qui m'a déterminé à l'adopter.

Avant de passer aux renseignements fournis par MM. de la Pilorgerie et Gondar, il me paraît qu'il pourra être agréable à plus d'un de connaître, au moins en abrégé, les faits et documents relatifs au séjour de Molière à Nantes, recueillis par MM. de la Nicollière et Benjamin Fillon, et dont nous n'avons dit qu'un mot au commencement de ce travail. La brochure dans laquelle M. Fillon a rendu compte de ses découvertes et de celles du savant archiviste de la municipalité nantaise, n'a été tirée qu'à 150 exemplaires ; c'est assez dire qu'elle est promptement devenue introuvable et qu'elle a pris la valeur d'un manuscrit.

On sait que les troupes d'acteurs italiens affluèrent à Paris sous Mazarin. Une des plus belles et des plus nombreuses arriva sur la fin de 1645 ; c'est celle dont faisaient parti, ainsi que nous l'avons dit, Tiberio Fiurelli (Scaramouche), Domenico Locatelli (Trivelin), le Capitan Spezzafer, les charmantes Brigida Bianchi (Aurelia) et Gabriella Locatelli, — et plusieurs autres étoiles. — Or, peu avant, s'était justement fondée une troupe, pour ainsi dire de bourgeois amateurs, épris avant tout de l'amour de l'art, et qui avaient pris le nom fastueux de l'*Illustre Théâtre* ; Molière, alors tout jeune, s'y était engagé. — Si vaillante fût-elle, la troupe de l'*Illustre Théâtre,* fort mal garnie, d'ailleurs, d'espèces sonnantes, ne pouvait longtemps penser à lutter contre ces Italiens, si bien montés, si maîtres experts dans leur art, et qui réunissaient sur leur scène toutes les séductions, la comédie, la danse, le chant, les brillants décors. Aussi fut-elle bientôt aux abois, en présence de ses représentations abandonnées du public. Il se trouva, heureusement pour elle, que sur ces entrefaites arrivait justement à Paris, pour y faire de nouvelles recrues, Charles Dufresne, directeur d'une troupe jouissant de quelque renommée en province. Il ne pouvait tomber plus à propos pour les acteurs de l'*Illustre Théâtre,* et presque tous, Molière du nombre, s'engagèrent avec lui. Dufresne, dont l'origine peut bien avoir été nantaise, était un honnête homme, et l'association dura longtemps. — Le traité définitif pour l'exploitation théâtrale dut être signé, en 1646, vers Pâques, époque habituelle des engagements.

Quelles furent les premières pérégrinations de la troupe? On l'ignore. Il y a là une lacune de deux ans à combler, car c'est le 19 avril 1648 qu'on retrouve pour la première fois la troupe depuis son départ de Paris. A cette date, elle est à Nantes. Le 23 avril, Molière (*le sieur Morlierre*) vient au bureau de la ville et demande l'*autorisation* de jouer pour la troupe de Dufresne, mais il se trouve que *Monseigneur le mareschal de la Melleraye,* le gouverneur, « est destenu au lyt de malladye corporelle et danger de sa personne », et en pareille occurrence on est obligé de surseoir à l'autorisation demandée. — Cependant, quelques jours après, le maréchal va mieux et la troupe peut commencer ses représentations, au travers desquelles elle assiste même à un baptême, pour ainsi dire de famille, en l'église Saint-Léonard, dont les traces sont encore visibles à l'extrémité de la rue de ce nom. Sur les fonts, on présentait une petite Isabelle, née le 18 mai, de Pierre Réveillon, depuis plusieurs années l'associé de Dufresne, et de Marie Bret, sa femme. Parmi les témoins ne figure pas Molière, mais on y voit, outre Marie Hervé et Madeleine Béjart, sa fille, Du Parc, c'est-à-dire de son nom réel René Berthelot, fils d'un bourgeois de Nantes. Il venait de s'engager dans la troupe, pour qui il fut une excellente recrue, bien que son embonpoint, devenu un peu excessif, lui ait fait donner plus tard le surnom de Gros-René. Disons, en passant, que son portrait, facile à exécuter, puisqu'on en possède des gravures et des dessins, manque, hélas! comme bien d'autres, au Panthéon *in partibus,* à créer, des illustrations nantaises.

Les jeux de paume couverts, communs alors, servaient souvent pour s'installer aux comédiens de passage. Ainsi en fut-il à Nantes pour la troupe de Molière; mais la situation de ce jeu demeure jusqu'ici indécise. M. Fillon doute fort que ce fut celui, aujourd'hui détruit, de la rue Saint-Léonard, malgré l'inscription que M. Verger, un des Nantais les plus zélés pour les souvenirs locaux, y fit placer en 1837. Il conclurait plutôt pour un autre jeu de paume, situé dans la douve, près de la tour du Papegaut, c'est-à-dire non loin de l'extrémité de la motte Saint-André, selon le beau plan en relief des anciennes fortifications de la ville de Nantes, que possède le Musée archéologique départemental. — Qui a raison de M. Verger ou de M. Fillon, c'est un point à chercher.

La troupe de Dufresne dut quitter Nantes vers la fin de mai ou le commencement de juin pour se rendre à Fontenay-le-Comte; mais relativement à cette ville, on ne connaît que la requête de Pierre Robert, procureur, agissant pour Charles Dufresne, à l'effet de contraindre Louis Benesteau, « maistre paulmier de ceste ville de Fontenay-le-Comte », à lui livrer la salle qu'il lui avait promise pour le 15 juin, et ce pour le délai de 21 jours, ladite requête datée du 9 juin. — Rien n'est venu prouver jusqu'ici que Dufresne ait obtenu gain de cause. La marquise de la Boulaye venait d'arriver au château, et le jeu de paume, situé aux pieds de cette féodale demeure, lui était nécessaire pour réunir les gentilshommes turbulents de la province, au moment d'entrer dans le parti de la Fronde. — Le pauvre Dufresne, *le sieur Morlierre* et Gros-René devaient peser bien peu dans la balance auprès de la marquise de la Boulaye, Louise de la Mark, fille du duc de Bouillon.

Tels sont les faits principaux qui ressortent de la brochure de M. Fillon, et qui confirment jusqu'à l'évidence l'intérêt unique pour notre ville de posséder le tableau de M. de la Pilorgerie. Les Molière se comptent dans l'histoire de l'humanité. N'est-il pas curieux de penser qu'un jour le plus grand écrivain, selon Boileau, du plus grand siècle de notre histoire, traversait la cour de notre hôtel de ville, montait son escalier, pénétrait dans ses bureaux; — curieux de penser que qui saurait bien écouter, pourrait presque encore y recueillir l'écho de sa voix. — C'est assurément la plus souveraine qui s'y soit jamais fait entendre.

Depuis sa notice, M. Fillon a encore publié sur Molière un article plein d'intérêt que nous trouvons dans le *Journal de la Charente-Inférieure,* du 22 mai 1873, et dont nous devons la communication à M. le comte Anatole de Bremond d'Ars, toujours d'une érudition si complaisante, quand il peut être utile aux chercheurs. Cet article, toutefois, relatif aux autographes de Molière, à quelques portraits dont nous avons parlé, à sa maladie de 1565, et enfin à des armoiries de fantaisie qu'il aurait prises, ne nous offre rien, n'ayant pas la prétention de faire ici la biographie complète de Molière, qui nous paraisse faire lacune dans notre article ; il nous suffit donc de le signaler, et maintenant nous revenons à notre tableau et aux renseignements que nous ont fournis MM. Gondar et de la Pilorgerie.

———

Détails divers sur le tableau ; noms des seize farceurs, etc.

Depuis notre exposition nantaise de 1872-1873, où cette œuvre si intéressante se présenta d'une manière si inopinée aux yeux des amateurs, M. de la Pilorgerie a confié son tableau à M. Gondar, l'éminent restaurateur du musée de Nantes, et débarrassé d'un malheureux cadre qui en faisait partie, porté à Paris par M. Gondar, comparé sur place à l'œuvre possédée par la Comédie Française, ce tableau, restauré ensuite, reverni et réencadré d'une façon digne du sujet, a repris un aspect tout autre que celui qu'il offrait à l'exposition. — Le vieux cadre enlevé, il s'est trouvé que le tableau de M. de la Pilorgerie était absolument identique à celui de la Comédie-Française : rien n'y manquait, ni les lustres du cintre, ni la banderolle du haut, se détachant des armes de France, et portant l'inscription : « Farceurs français et italiens depuis 60 ans et plus », ni les lumières du premier plan, ni la rampe, ni le nom des acteurs dans le bas du tableau, se rapportant aux lettres de renvois. Ces noms nous étant maintenant tous connus, et d'une manière authentique, au lieu des listes, en général abrégées et plusieurs inexactes que nous en avions trouvées, il nous a semblé à propos de compléter les portraits de tous ces types la plupart si célèbres de la grande comédie ou de la haute bouffonnerie. — Si Scaramouche, pourquoi pas Polichinelle ? Si le Capitan, pourquoi pas le Docteur ?

Mais avant de réparer nos torts envers ces nobles personnages, disons, c'est un détail assez important, que le tableau de M. de la Pilorgerie est daté de 1681 ; il n'est donc postérieur que de onze ans à celui de la Comédie-Française, et M. Gondar, un connaisseur, s'il en fut, le considère comme de la même main. Cette date certaine et précieuse, si elle donne l'aînesse au tableau de la Comédie-Française, constate du moins la presque contemporanéité de cette précieuse reproduction. — Quant au mystère qui règne sur l'origine de cette œuvre et sur son auteur, il devient de plus en plus entier. De signature, ni l'une ni l'autre des deux toiles n'en porte ; par ailleurs, il devient aussi constant que cette composition devait être connue et appréciée des connaisseurs, au moins pour son grand intérêt, puisque onze ans après le tableau des Français, daté de 1670, tableau qui n'est peut-être pas, — nous reparlons de ce point un peu plus loin, — le premier prototype, il en était demandé des copies, et cependant jusqu'ici nous n'en trouvons nulle trace, nulle mention, dans les mémoires du temps, dans les révélations familières et inopinées des lettres, dans les histoires de l'art, ni dans les livres consacrés aux annales du théâtre.

Voici maintenant, dans leur ordre, les noms des personnages représentés sur le tableau, avec la lettre qui correspond à chacun d'eux. L'ordre se prend de gauche à droite, en regardant le tableau : *A.* Molière, *B.* Poisson, *C.* Jodelet, *D.* Turlupin, *E.* le Capitan Matamore, *F.* Gaultier Garguille, *G.* Guillot Gorgu, *H.* Gros-Guillaume, *L.* Arlequin, *M.* le docteur Grazien Balourd, *N.* Polichinelle, *O.* Pantalon, *P.* Briguelle, *Q.* Trivelin, *R.* Scaramouche, *S.* Philippin. — Ils sont donc seize, pas un de plus, pas un de moins, quatre de plus que les grands dieux, lesquels seize, le peintre, d'accord sans doute avec les plus hautes autorités de son temps, a jugé dignes de former ce bataillon sacré, cet illustre aréopage, ce tribunal suprême des véritables lois, moyens et conditions du vrai rire et de la franche gaieté. Pour montrer d'un mot tout leur mérite, toute leur valeur, nous nous bornons à demander s'il en est beaucoup, parmi nos faiseurs de pièces en renom, qui aimassent à passer sous les fourches caudines de leur opinion. Quelle hétacombe, grand Dieu ! et pour une *Mademoiselle Angot*, dont les aimables sourires trouveraient grâce devant eux, pour un

Orphée, dont les mines burlesques parviendraient peut-être à les dérider un moment, pour quelques comédies de franche valeur d'auteurs dont le nom vient à tous, que de pièces patibulaires renvoyées à l'ombre, au silence, à l'oubli dont elles n'auraient jamais dû sortir! Quel four colossal évité à celle-ci! quelle avanie à celle-là! — Quel fin sourire chez Molière! Quels lazzis chez Gros-Guillaume! Quelles savantissimes sentences chez le Docteur! Quels bâillements chez Arlequin! Quels jurons chez le Capitan! Quelle joyeuse chanson entonnée par Gaultier-Garguille! Quelle hilarité chez Polichinelle!

——

POLICHINELLE.

Son grand type; — origine de son nom; — sa patrie; — pourquoi il passe marionnette; — il effraie les Suisses; — Molière lui donne asile; — il marie Romulus à la foire Saint-Germain; le régent va l'admirer; — il devient gentilhomme de la Chambre; — Guignol, de Lyon, usurpe quelques parties de ses États; Polichinelle fait un mot à ce sujet.

Polichinelle, c'est un de mes dédaignés, commençons par ce brillant personnage nos réparations. — Aussi bien il a droit à cet honneur comme tout à fait « premier sujet », ainsi que l'appelle Gouriet. « C'est, ajoute-t-il, un acteur consommé, mais il est redoutable dans sa colère »; ne nous y exposons donc pas. — Quelle vie glorieuse, quelle admirable légende, quelle épopée que celle de ce grand et noble Polichinelle! Sept villes se disputèrent l'honneur d'avoir donné naissance à Homère; — la Grèce et l'Italie revendiquent celui d'avoir produit *il signor* Pulcinella. Il a beaucoup voyagé, presque partout il a été fêté, adulé, reçu à bras ouverts. Craint à la fois et aimé; craint pour son caractère rude, orgueilleux, entier, batailleur; aimé pour son entrain, sa vie débordante, sa spirituelle fanfaronnerie, son courage réel et même ses coups de bâton sur messieurs du guet; il a eu des aventures célèbres et d'incomparables honneurs; un jour, il fit seul, à la lettre, trembler une ville entière ; d'autres fois, il joua, par ordre, devant les cours, et dans quel pompeux appareil il parut devant les princes et les princesses, dans quels rôles dignes d'un tel auditoire, dans celui, entre autres, de grand pontificateur de la cité romaine ! — Sceptique, il l'est ; railleur, c'est indiscutable ; c'est un mauvais sujet, un ivrogne ; il bat, en plus du guet, sa femme et les magistrats ; — si sa méchanceté est souvent burlesque, sa gaieté est parfois terrible ; on ne saurait le respecter ; — mais jamais son nom n'a appelé le mépris, c'est un grand fautif, le crime même ne lui est pas étranger, mais ne lui proposez pas une bassesse, il vous tuerait. Il y a en lui comme un étrange mélange de Don Juan et de Don Quichotte ; — Don Juan inspire soit l'amour, soit la haine ; Don Quichotte, soit le rire, soit les larmes ; mais, marqués, comme Polichinelle, au sceau d'une fatalité dominatrice plus forte que leur volonté, on ne les méprise pas, on ne les dédaigne pas, les petites gens seules sont capables de leur faire des avanies ; — de même Polichinelle. — Le malheur lui-même, cette consécration suprême des grandeurs et des héros, est venu frapper Polichinelle. Plusieurs parties de ses États lui ont été enlevées, et il a su supporter ses infortunes dans la dignité du silence, « sans se plaindre et sans murmurer », comme on disait dans le vieux jeu du Vaudeville ou du Gymnase. — Mais esquissons quelques traits plus précis de cette grande existence.

L'origine de son nom, le lieu de la naissance de Polichinelle sont disputés. Ces choses-là n'arrivent qu'aux hommes illustres. Selon un lettré italien du dernier siècle, l'abbé Galiani, il y avait au XVIIᵉ siècle, dans Acerra, ville de la Campanie heureuse, une troupe de comédiens qui parcourait la province, y gagnant maigre vie. Un jour que ces comédiens assistaient dans la campagne à une vendange, les paysans et eux, réciproquement échauffés par le jus divin de la vigne, se prirent de brocards. Les comédiens pensaient aisément l'emporter sur ces rustres, mais ils trouvèrent à qui parler et furent obligés de s'avouer vaincus ; un nommé *Puccio*, du bourg d'*Aniello*, les écrasa tellement de ses quolibets, qu'ils se virent réduits, honteux, à prendre le parti de la retraite. Mais, chemin

faisant, la réflexion leur était venue, et causant entre eux en plai-
santant des lazzis de Puccio d'Aniello, ils se mirent à penser que
ce spirituel et original paysan serait une excellente recrue pour la
troupe ; Puccio avait le physique de son esprit, la face comique, les
yeux vifs, un nez démesurément long, le teint à la fois rubicond et
hâlé ; en lui conservant son costume de campagne, sa camisole, son
pantalon de toile blanche, on devait nécessairement faire argent
avec lui ; des propositions lui furent de suite faites, Puccio les
accepta, et les comédiens n'eurent qu'à se louer de ses services. —
Le type ayant plu, lorsque Pulcio eut passé l'onde noire, — les
Polichinelles la passent tout comme les grands capitaines, — on
retrouva un Pulcio quelconque, on modifia légèrement son nom, il
devint *Polecenella*, puis *Pulcinella*, et depuis lors Polichinelle ne
disparut un moment que pour reparaître bientôt. La Parque l'em-
portait-elle, comme des monarques on en pouvait dire : Polichinelle
est mort, vive Polichinelle ! Mais comme personnage de chair et
d'os, il vécut si rarement, il fit si rarement retentir ses brillants
sabots sur les planches, il s'est si vite transformé en marionnette,
en marionnette de qualité, il est vrai, — *di qualita*, — que l'on a
eu rarement à verser des larmes sur aucun Polichinelle. Loret, qui
en avait répandu sur la mort de Scaramouche, n'eut point cette
douleur.»

M. Louis Moland, auquel nous avons emprunté de seconde main
les traits principaux du récit de l'abbé Galiani, n'est pas éloigné
d'accepter comme très-probable l'étymologie de Puccio d'Aniello,
tout en la reculant, dit-il, au moins au XVIᵉ siècle, mais il reconnaît
qu'elle est généralement moins admise que celle qui donne Naples
pour patrie à Polichinelle et qui tire son nom de l'italien *Pulcinetto*,
diminutif de *Pulcino*, petit poussin, allusion à cette voix étrange de
coq criard et enroué dans laquelle réside peut-être sa principale
puissance. Cette seconde étymologie nous paraît à nous la plus
vraisemblable, surtout si l'on considère, avec le savant M. Magnin,
que les statuettes diverses, conservées dans quelques cabinets, de
Maccus, le Calabrais jovial et contrefait, nous offrent à bien peu près

le type de Polichinelle, et que ce nom de Maccus paraît justement
avoir signifié dans la langue étrusque un cochet, un jeune coq. —
Il y a plus, M. Magnin croit même pouvoir faire remonter ce type
de la fatuité bruyante, mais noble, jusqu'au théâtre grec et à Aristophane. — Ainsi, nous avions bien raison de le dire, la Grèce et
l'Italie et plusieurs villes de ces poétiques contrées se disputent la
naissance de notre héros. — On le comprend, mais question d'archéologie à part, Naples passe généralement aujourd'hui pour sa
véritable patrie. On peut lui envier cette gloire ; mais l'envie devient
éfaut si on ne la restreint dans de certaines bornes.

Pourquoi, comme acteur, le rôle de Polichinelle a-t-il été si
rarement conservé à la scène, nous ne savons pas au juste. Arlequin, Pierrot, le Docteur, Scaramouche, le Capitan, d'autres encore
ont fait vie durable ; Polichinelle s'est contenté de bonne heure
de devenir marionnette, — est-ce humilité de sa part, est-ce
orgueil ? — Se trouvait-il gêné, écrasé au milieu de ces acteurs
pour de bon, lui type étrange, tenant comme le Satyre, le Centaure,
Silène et certains enchanteurs du royaume des fées, de l'homme et
de l'animal ? Se trouvait-il, au contraire, trop supérieur à l'humanité, et n'avait-il pour elle que dédain et mépris, ce joyeux sceptique, ce terrible railleur, ce rabelaisien compère ? — N'est-il pas
possible aussi qu'avec sa double et formidable bosse, son œil malin,
son grand nez crochu, sa face rubiconde, ses membres robustes, sa
tournure crâne, il n'eût l'air trop terrifiant pour les ignorants, les
humbles et les petits ? — Comme marionnette même, ce type
suprême de la gaieté et de la jovialité s'est quelquefois fait craindre
au premier aspect, — il a inspiré des paniques ; en doute-t-on ?
écoutez ce récit :

C'était sous le grand roi, Jean Brioché (on dit aussi Briochi et on
le croit d'origine italienne), simple arracheur de dents, — et cependant un de ces hommes devant qui on se découvre, car il a fait
couler bien de douces larmes, et la bénédiction des chers petits
enfants lui est assurée à jamais, Jean Brioché avait établi, vers 1650,
aux foires Saint-Germain et Saint-Laurent, un spectacle où, pour la

première fois, les marionnettes étaient prises au sérieux ; chacune
des siennes était un petit chef-d'œuvre, et les pièces qu'on leur
faisait jouer étaient souvent beaucoup plus divertissantes que celles
de maint grand théâtre. Elles avaient

> .... pour premier soutien de leurs scènes bouffones,
> Le suffrage éclatant des enfants et des bonnes.
>
> (*Lemierre.*)

Brioché, cependant, voulut voir du pays, et ne se contentant plus
des grandes foires de Paris, ni des guibrays de la province, il
voulut aller recueillir des applaudissements à l'étranger, et il pensa
qu'un peuple simple et naïf, comme l'était alors le peuple Suisse,
saurait mieux que tout autre se plaire à ses innocents acteurs,

> Tirant leur jeu d'un fil, et leur voix des coulisses.

Mais l'innocence et la simplicité allaient encore au delà de ce
qu'il s'était figuré, elle allait jusqu'à la plus grossière ignorance, à
le superstition et au fétichisme. Il en était du moins ainsi à Soleure,
où, ayant ouvert son théâtre, la figure de Polichinelle, lisons-nous
dans la *Biographie universelle* de Michaud, d'après les *Mémoires de
littérature et d'histoire* de d'Artigny, son attitude, ses gestes, ses
discours surprirent et épouvantèrent tellement les spectateurs, que
le Conseil de la ville, après longue et mûre délibération, conclut
que Brioché était à la tête d'une troupe de diablotins, et que Polichinelle, notamment, était pour le moins Lucifer en personne.
Brioché fut emprisonné, et l'on travailla à son procès, comme magicien. Un peu plus, il eût péri sur un bûcher, au milieu de ses
pauvres marionnettes. — Il eut cette chance, et Soleure et la
Suisse, et notre pauvre humanité, qui compte trop de ces bûchers
sur sa conscience, l'eurent aussi, qu'un capitaine au régiment des
gardes-suisses, nommé Dumont, alors à Soleure pour y faire des
recrues, fut voir dans sa prison ce terrible nécromancien dont on
parlait alors dans toute la ville, et pour le supplice duquel on avait
sans doute déjà retenu des fenêtres. Quel fut l'étonnement de

Dumont en reconnaissant le pauvre Brioché ! Le rassurer, sortir en toute hâte de ce lieu où, en certains temps, plus d'innocents ont passé que de coupables, courir chez le magistrat et lui expliquer les ficelles des marionnettes et la *pratique* de Polichinelle fut pour l'officier l'affaire d'un instant. L'erreur reconnue, Brioché fut élargi, mais il ne donna plus de représentations dans Soleure, on peut le croire, et se hâta de quitter cette ville de malheur. Quand nous disions que Polichinelle avait terrifié toute une ville, on voit si nous avions raison. C'est la plus grande page de son histoire ; mais il a eu d'autres honneurs et d'autres belles journées.

Un jour, Molière se souvint qu'il avait été ingrat envers lui ou du moins oublieux, et il lui donna place dans le premier intermède de son *Malade imaginaire.* Il était bien juste temps pour cette réparation tardive, puisque Molière allait mourir ; il y a gagné que ce noble Polichinelle n'est point pour lui un remords vivant pour ainsi dire devant ses yeux dans les tableaux de la Comédie-Française et de M. de la Pilorgerie. —Rappelons en peu de mots cet intermède.

Polichinelle est en galanterie, et, son luth à la main, il soupire amoureusement sous le balcon de sa belle : « O nuit, chante-t-il à sa manière, qui n'est pas celle de tout le monde, ô chère nuit, porte mes plaintes amoureuses jusque vers mon inflexible. » Mais il est surpris au milieu de ces roucoulements, ou plutôt de ces glousse-ments, par une troupe d'archers qu'il parvient d'abord à intimider en appelant *ses gens :*

> Par la mort !... par le sang !... j'en jetterai par terre !
> Champagne, Poitevin, Picard, Basque, Breton,
> Donnez-moi mon mousqueton.

Cependant les archers s'aperçoivent bientôt que le seigneur Poli-chinelle est seul, et que ce brillant personnel de laquais n'est qu'un tour de son imagination. Ils reviennent alors sur leurs pas et cette fois l'agonisent d'injures :

> Faquin, maraud, pendard, impudent, téméraire,
> Insolent effronté, coquin, filou, voleur.....

On le voit, le vocabulaire est complet, il n'y manque qu'assassin ; aussi ne laissent-ils plus échapper Polichinelle qu'il ne leur ait donné six pistoles pour éviter la prison. Ils lui ont d'abord offert le choix entre les pistoles, trente *croquignoles* ou douze coups de bâton. Polichinelle, quelquefois un peu trop sur son argent, a préféré les croquignoles, mais il veut tricher sur le nombre, et de croquignoles en coups de bâtons, il finit par recevoir les uns et les autres, et par payer en outre les pistoles.

Cette scène, qui éternisera la mémoire de Polichinelle sur le premier théâtre du monde, a été imitée par Molière d'une comédie du célèbre Giordano Bruno, dite *Il Candelaio, le Fabricant de chandelles,* traduite et publiée en français, en 1632, sous le titre de *Boniface et le Pédant ;* mais peu importe ici.

Il est plus intéressant, avant de fausser compagnie à Polichinelle, qui finirait par usurper une place trop importante dans notre petit travail, de le montrer figurant devant la cour du régent, Philippe d'Orléans, et dans un de ses plus grands rôles. — C'était en 1722. Nous avons dit quelques mots des foires Saint-Germain et Saint-Laurent et de leurs représentations théâtrales si longtemps suivies ; leur histoire demanderait un volume ; on la trouve suffisamment détaillée dans la volumineuse *Histoire du Théâtre français,* par les frères Parfait, et abrégée avec esprit dans le charmant ouvrage du vaudevilliste Brazier sur les *Petits Théâtres de la Capitale ;* il suffit à notre sujet de dire ou de rappeler tous les ennuis que la jalousie du Théâtre-Français, de l'Opéra et de la troupe italienne ou pseudo-italienne de l'Hôtel de Bourgogne, causa aux pauvres petits théâtres des foires, et surtout à l'Opéra-Comique en herbe, qui attirait tout Paris, tandis qu'Agamemnon déclamait souvent devant ses seuls *gardes attristés,* que l'Opéra déployait en vain un luxe qui ne remplaçait pas toujours la bonne musique, et qu'Arlequin lançait ses lazzis devant les banquettes. Ces persécutions eurent surtout lieu au XVIIIe siècle. On allait quelquefois jusqu'à envoyer des exempts, des archers, des menuisiers démolir la baraque entière. Or, en 1722, en présence d'une nouvelle interdiction, Le Sage, Fuzellier et d'Orneval, les principaux fournisseurs de l'Opéra-Comique, pour lequel ils avaient préparé de nouvelles pièces, s'avisèrent de louer une loge à la foire Saint-Germain, où ils firent jouer par des marionnettes des pièces de leur composition. On se moqua d'abord d'eux, Piron lança cette épigramme :

> Le Sage et Dorneval ont quitté du haut style
> La beauté,
> Et pour Polichinel ont abandonné Gille,
> La rareté!
> Il ne leur reste plus qu'à montrer par la ville
> La curiosité!

Mais le succès n'en accueillit pas moins nos auteurs et leurs marionnettes. — Ils firent jouer deux pièces : le *Remouleur d'amour* et *Pierrot Romulus,* précédées, selon un usage assez fréquent dans les coutumes théâtrales des foires, d'un prologue : l'*Ombre du Cocher poète.* Polichinelle joue dans ce prologue un rôle assez intéressant, mais nous préférons nous étendre un peu plus sur *Pierrot Romulus,* et nous nous bornons à citer un mot qui peint tout à fait cette nature haute et distinguée, qui tient à distance et n'autorise pas d'inconvenantes familiarités.

Au moment où Polichinelle, tout fatigué et arrivant d'Italie, se présente sur la scène, *le Compère,* il n'a point d'autre nom, s'approche et court pour l'embrasser ; — mais Polichinelle, faisant deux pas en arrière : « Vous êtes bien familier, mon ami! est-ce que nous aurions gardé les cochons ensemble?

LE COMPÈRE. — Je vous demande pardon, Monsieur... Je vous ai cru le Polichinelle de Paris.

POLICHINELLE. — Non, je suis le Polichinelle de Rome.

LE COMPÈRE. — Quoi! vous seriez ce Jean Polichinelle de Rome, oncle et légataire universel de Madame Perrette la Foire?

POLICHINELLE. — Oui, vraiment.

LE COMPÈRE. — Vous venez, sans doute, recueillir sa succession?

POLICHINELLE. — C'est mon dessein. Je viens tenir sa place à Paris.

On voit, par ce court échantillon, que le sens de ces prologues était souvent très-satirique.

Du *Remouleur d'amour* nous ne dirons rien ; — Polichinelle n'y figure pas ; — il occupe, au contraire, un des premiers rôles dans la pièce de *Pierrot Romulus.* — Le sujet est tel : Romulus et ses guerriers ont enlevé les filles des Sabins qui avaient refusé de les épouser. Un grand nombre de mariages se sont alors conclus ; mais Romulus, plus honnête que beaucoup ne le soupçonnent, au moins dans une tragédie de La Motte qu'on jouait alors, et dont la pièce de *Pierrot Romulus* était la parodie, en est encore, au bout d'un an, à filer l'amour parfait près de la belle Hersilie, fille de Tatius, roi des Sabins. On juge si Sabinette, confidente d'Hersilie, se moque de cet amoureux transi ; elle ne conçoit pas qu'il soit *si nigaud* et fasse *des madrigaux.* Enfin la chance veut que Tatius, ne pouvant digérer la honte de sa nation, vient attaquer Rome, se fait prendre, et découvrant la *grande honnêteté* de Romulus et l'amour secret de sa fille pour ce héros, lui accorde sa main. — Et qui les marie alors ? Murena le grand prêtre, Murena qui n'est autre que Polichinelle en personne. — Ce digne *serviteur des dieux* n'y va pas, du reste, avec grand enthousiasme ; il trouve Romulus très-glouton, et sur l'air du *roi de Cocagne,* il chante :

Romulus, très-âpre aux Sacrifices,
        Prend pour lui Moutons et Veaux.
A son croc, des Bœufs et des Génisses
        On voit les meilleurs morceaux ; ·
Il n'est rien que ce Gourmand n'accroche
            Et lon lon la
            De ce train-là,
        Bientôt il faudra
    Revendre mon tourne-broche.

Polichinelle est distingué, mais il est gourmand. C'était, du reste, l'opinion du grand Bonald, que ces deux choses s'allient. — Toutefois, malgré sa mauvaise humeur, il est d'un courage trop prudent pour s'opposer à la volonté formelle de Romulus, et on devine de quel air majestueux et convaincu il invoquera Jupiter, Junon, Vénus,

Lucine, les déesses-mères et tout l'Olympe pour consacrer l'union de son maître et de la vertueuse Hersilie.

Ces trois pièces de Le Sage, d'Orneval et Fuzellier, eurent un énorme succès, et c'est pourquoi le régent ordonna une représentation personnelle pour lui et sa famille ; elle eut lieu à deux heures après minuit.

Nous pourrions montrer encore Polichinelle dans plus d'un rôle, sinon si beau, du moins bien digne de son grand caractère, nous nous bornerons à un. — Nicolas-Médard Audinot, acteur et auteur de la Comédie Italiennê, ayant essuyé un passe-droit au théâtre dont il faisait partie, loua une barraque à la foire Saint-Germain, dans laquelle il fit jouer des comédies et des opéras de sa façon à des marionnettes. Chaque figure imitait un acteur ou une actrice des Italiens, — et quel rôle jouait Polichinelle ? On le devinerait difficilement. — Il représentait, dit M. Brazier, auquel nous empruntons ce récit, le *gentilhomme de la Chambre en exercice,* et il distribuait des faveurs et des grâces avec une dignité grotesque à faire pouffer de rire. — Tout Paris courut l'admirer ; — c'était vers 1765, mais nous ignorons l'année exacte.

Nous arrivons au temps où Polichinelle va subir une avanie, un déboire, une perte d'Etats et être obligé de recourir à toute sa philosophie. — Il y avait à Lyon, sur les dernières années du XVIIIᵉ siècle, — nous empruntons ces détails à l'intéressante introduction du beau volume imprimé à Lyon par Louis Perrin et édité par N. Scheuring, 1865 : le *Théâtre Lyonnais de Guignol,* il y avait, disons-nous, à Lyon, un nommé Laurent Mourguet, qui avait monté un théâtre de marionnettes, dont, selon l'usage, Polichinelle était le héros principal. Mourguet composait lui-même ses pièces, et avait coutume de les soumettre à un vieux canut de ses amis, plein d'esprit et de gaieté, dans le jugement et l'impression duquel il avait pleine confiance. Or, quand il était content, le vieux canut avait coutume de dire : *C'est guignolant ;* c'est-à-dire, en son langage, c'est très-drôle ; et ce mot, dont l'origine pourrait bien être *guigner,* regarder du coin de l'œil, ce mot était demeuré à Mourguet. Dans une ville où le canut, c'est-à-dire l'ouvrier en soie, joue un rôle si considérable et représente le type populaire local dans sa plus vive force, Mourguet ne pouvait manquer de l'introduire dans ses pièces, et à chaque instant le *c'est guignolant* de son vieil ami lui revenait à la bouche. Bientôt ce type du canut devint le favori du peuple lyonnais, on l'appela *Guignol*, et Polichinelle, conservé quelque temps comme une sorte de régisseur qui annonçait la pièce, disparut même tout à fait. — Franchement, cet emploi subalterne n'était plus digne de lui ; c'était presque une insulte, d'ailleurs, une dérision que de lui faire faire la parade pour son heureux rival, pour l'envahisseur d'une partie de ses Etats ; — car, on voudrait en vain se le dissimuler, Lyon n'est point revenu à Polichinelle, et plusieurs villes du Midi l'ont aussi abandonné. — Par exemple, il est encore le Polichinelle de Rome et le Polichinelle de Paris. Mais, à Paris même, par un trait d'ironie du sort pour un orgueil qui fut trop grand peut-être, le domicile, le théâtre, le castelet (*il castelleto*) où Polichinelle brille encore avec sa double bosse, où il bat sa femme, où il tue le commissaire, où il fait entendre sa voix retentissante de coq enroué, s'appelle *un guignol*.

De cet oubli, de cette ingratitude, de cette destitution partielle, Polichinelle, avant de prendre cette noble attitude « de souffrir sans murmurer », ne s'est vengé que par un mot : « Guignol, dit-il, c'est bon pour une ville de *communards ;* moi j'appartiens à la grande Comédie de l'Art, *la Commedia dell'Arte ;* je ne date point de la Révolution, ma naissance se perd dans la nuit des temps, — j'ai frayé avec Romulus, — avec un *Gnafron*, jamais. » Gnafron, c'est, à Lyon, l'ami de Guignol, c'est un type joyeux, mais très-commun, gourmand, ivrogne et d'une honnêteté douteuse ; mais un Lyonnais seul pourrait le bien complétement définir ; — de même pour Guignol.

Polichinelle, adieu ! Non, tu ne pouvais frayer avec un Gnafron ; les marionnettes elles-mêmes ont leur dignité.

B^on DE WISMES.

UNE ENTREVUE

PROVERBE

•

Personnages.

M. DE PRATILY.   RAYMOND, leur fils (20 ans).
Mᵐᵉ DE PRATILY.   LE MARQUIS DE CARMAN.
MARGUERITE, leur fille (18 ans).

La scène se passe à Paris, dans le salon de Mᵐᵉ de Pratily, aux flambeaux.

SCÈNE PREMIÈRE.

M. et Mᵐᵉ DE PRATILY, MARGUERITE, RAYMOND.

M. de Pratily, debout, adossé à la cheminée, tenant un journal. — Mᵐᵉ de Pratily, agitée, allant et venant. — Marguerite et Raymond faisant une partie de dames.

M. DE PRATILY (*regardant la pendule*). — Ce monsieur se fait attendre. Ce que je souhaite le plus est qu'il ne vienne pas du tout. Je vous dis, mes enfants, que nous sommes ridicules.

Mᵐᵉ DE PRATILY. — En quoi, mon ami ? Nous ne sommes pas allés le chercher. Le marquis de Carman nous fait demander de le recevoir. Cela ne se refuse pas à un jeune homme de son nom et de sa situation.

M. DE PRATILY. — C'est précisément à cause de son nom et de sa situation que vos conjectures sont folles. Il passe pour avoir une très-grande fortune.

Mᵐᵉ DE PRATILY. — Excellente raison pour qu'il veuille faire un mariage d'inclination.

M. DE PRATILY. — Quand il aura ·monté nos trois étages et vu notre modeste appartement, il sera bientôt guéri d'un caprice, si c'en est un.

Mᵐᵉ DE PRATILLY. — Quand il aura revu Marguerite, il ne regrettera pas d'avoir monté trois étages et ne s'occupera guère à regarder notre mobilier.

M. DE PRATILY. — Illusion de mère.

RAYMOND (*interrompant sa partie*). — Et confiance de frère. — Examinons froidement les choses : n'est-il pas vrai que Marguerite est la plus jolie et la plus aimable fille de France ?

MARGUERITE. — Mais tais-toi donc, Raymond. Tu vas recommencer tes compliments absurdes! Si je ne deviens pas un petit monstre de sottise et de vanité, ce ne sera pas de ta faute.

RAYMOND. — Je ne me tairai pas ; j'ai le courage de mon opinion. N'est-il pas vrai que tu as eu tous les succès au bal d'avant-hier, le premier où tu sois allée?

MARGUERITE. — Je pense que toutes les jeunes filles ont des succès au bal, puisqu'elles y retournent.

RAYMOND. — Ah! tu penses cela? A preuve, n'est-ce pas, ta cousine, cette bonne Lucie de Barville, qui serait restée clouée sur sa banquette si tu ne m'avais supplié de me dévouer et de lui trouver des danseurs ; et Dieu sait comme j'ai battu les buissons pour elle ! Toute l'école de droit y a passé.

MARGUERITE. — Tu as battu pour moi les mêmes buissons, car j'ai vu défiler tous tes amis. J'ai presque fait avec eux un cours de droit romain. Figure-toi qu'il y en a un qui ne m'a parlé que de son dernier examen.

RAYMOND. — Le sot! je parie qu'il a eu trois boules blanches.

MARGUERITE. — J'ai entendu quelque chose comme cela ; j'avoue que je ne l'écoutais guère.

RAYMOND. — Et qu'as-tu donc écouté, ma chère?

MARGUERITE (*embarrassée*). — Mais..... l'orchestre.....

RAYMOND. — Ah! vraiment, tu prenais un vif intérêt à ces pauvres diables de râcleurs? ils ont dû en être bien flattés. N'as-tu pas écouté aussi un certain jeune homme, que je ne t'ai pas envoyé, celui-là, qui a dansé trois fois avec toi et qui ne paraissait pas te parler de droit romain? J'y vois clair quelquefois, sous mon binocle.

MARGUERITE. — Je t'ai déjà dit que je l'avais trouvé..... assez spirituel.

RAYMOND. — Et tu ne t'es pas informée de son nom?

MARGUERITE. — Je n'ai pas osé.

RAYMOND. — Bien répondu! Eh bien, moi, j'ai osé, et je dis que c'est le marquis de Carman, le même qui dès le lendemain a demandé à être présenté à notre mère, le même que nous attendons ici ce soir; et je dis, ne vous en déplaise, mon père, que les conséquences ne sont pas difficiles à tirer, et je dis que si j'étais le marquis de Carman, je ferais comme lui.

Mme DE PRATILY. — Je suis désolée que ma santé ne m'ait pas permis de me rendre à ce bal. Je saurais tout..... J'avais confié Marguerite à Mme de Barville, qui ne m'a rien rapporté de particulier.

RAYMOND. — Vous êtes naïve, ma mère, de vous imaginer que Mme de Barville, dont la fille est laide et monte en graine, va perdre son temps à vous conter les succès de Marguerite. Si elle ne vous a rien dit d'aigre et de désobligeant sur ma sœur, c'est déjà sublime, et je lui décerne un prix Montyon.

M. DE PRATILY. — Tout cela n'a pas le sens commun. Jamais un jeune homme n'a débuté par une démarche aussi compromettante.

RAYMOND. — Si le procédé n'est pas vulgaire, il n'en est pas plus mauvais pour cela. Vous m'accorderez que M. de Carman ne compromet que lui. Ce n'est pas nous qui pouvons nous en plaindre. Je vous demande un peu à quoi l'avancerait d'aller faire semblant de prier Dieu à l'église, ou se promener aux Tuileries, ou s'exposer à l'Exposition, suivant l'usage antique et solennel. Vous connaîtriez son nez, et voilà tout. Il sait, à n'en pas douter, que la dot n'est pas riche et que les espérances ne sont pas brillantes. Il passe outre, il vient revoir Marguerite chez elle, entourée de sa famille. Il vient se donner à juger lui-même tout entier. C'est crâne, c'est franc, c'est gentilhomme. En une demi-heure, on aura fait plus de chemin qu'en trois semaines d'informations et de rencontres. (*On apporte une lettre à M. de Pratily.*)

M. DE PRATILY. — C'est de M. du Mesnil. (*Lisant*) : « J'avais » espéré jusqu'au dernier moment pouvoir vous amener ce soir » M. de Carman ; ma maudite grippe m'empêche décidément de » sortir.... » (*S'interrompant*). Bon ! voilà ton château de cartes qui croule. (*Continuant*). « Mais mon jeune ami prétend qu'il se passera » de moi et saura se présenter tout seul..... »

RAYMOND. — Ah ! ah ! mon château de cartes se reconstruit de plus belle.

M. DE PRATILY (*continuant*). — « Il suivra donc de près cette » lettre, *et cætera*..... »

RAYMOND (*qui a repris sa partie*). — Un, deux, trois, et tu vas à dame.

Mme DE PRATILY (*agitée*). — Marguerite, arrange donc un peu tes cheveux, tu es toute décoiffée.

MARGUERITE (*se lissant avec les mains*). — C'est fait.

Mme DE PRATILY. — Je t'avais recommandé un peu plus de toi-lette. — Et M. de Pratily qui n'est seulement pas en cravate blanche !

M. DE PRATILY. — Y songez-vous, ma chère ? pour recevoir la visite d'un jeune homme ?

Mme DE PRATILY. — Marguerite, tu n'es pas trop troublée ?

MARGUERITE. — Pas autant que vous, ma mère.

Mme DE PRATILY. — Quand il te parlera, ne va pas être trop timide.

MARGUERITE. — Vous croyez donc qu'il me fera peur ?

Mme DE PRATILY. — Ni trop assurée non plus.

MARGUERITE. — On fera de son mieux.

Mme DE PRATILY. — Il faut de l'assurance, ma chère enfant, mais..... il n'en faut pas trop. Il faut de la timidité aussi ; il n'en faut pas trop. La nuance est difficile.

MARGUERITE (*riant*). — Je crois que la perfection serait de loucher, abaisser un œil et lever l'autre.

Mme DE PRATILY. — Ton calme m'étonne. Pourvu que tu ne fasses pas quelque gaucherie ! Moi, il me semble que je n'oserai rien dire, de crainte de dire une maladresse.

MARGUERITE. — Prenons tous la même résolution, et nous serons certains d'être trouvés très-aimables.

RAYMOND. — Et moi, ma mère, n'avez-vous aucune recommandation à m'adresser ?

Mme DE PRATILY. — Oh ! toi, tu risques de tout gâter par ton étourderie, et je t'aimerais mieux dans ta chambre.

RAYMOND. — Si vous l'ordonnez ! Mais qui fera les frais de la conversation ? car mon père ne paraît pas en disposition d'être très-loquace.

Mme DE PRATILY. — Sois bien prudent, je t'en conjure.

RAYMOND. — Je parlerai du droit romain.

Mme DE PRATILY. — Mais non... Parle de la campagne....

RAYMOND. — Je traiterai la question des engrais.

Mme DE PRATILY. — Mais non... Parle de la chasse....

RAYMOND. — Je raconterai les exploits de Trompillo. — Mais s'il allait n'être pas chasseur ? Trompillo lui-même risquerait de l'intéresser médiocrement.

Mme DE PRATILY. — Parle.... de la Bretagne.

RAYMOND. — Il ne la connaît pas, et vous savez bien qu'il laisse en ruines le vieux château de son nom.

Mme DE PRATILY. — Hélas ! oui, et c'est le seul chagrin qui se mêle pour moi à l'idée de cette alliance. Nous allons rentrer dans notre manoir pour n'en plus sortir, l'éducation de nos enfants étant terminée ; ma pauvre Marguerite n'habitera certainement pas la Bretagne et sera perdue pour nous. (*Elle s'essuie les yeux.*)

M. DE PRATILY (*froissant le journal et éclatant*). — Je vais à mon cercle, et je donne ordre de ne recevoir personne.

Mme DE PRATILY (*se levant*). — Mais, mon ami....

M. DE PRATILY. — J'aurais dû le faire plus tôt. (*Il prend sa canne, s'enfonce son chapeau, et se dirige vers la porte, qui s'ouvre ; on annonce du dehors : M. le marquis de Carman !).*

SCÈNE DEUXIÈME.

LES PRÉCÉDENTS, LE MARQUIS.

(Mise recherchée, grande distinction de manières, apparence d'un homme de trente-deux à trente-cinq ans).

Le Marquis (*sur le pas de la porte*). — Vous sortiez, Monsieur ? J'espère que vous n'ignorez pas que mon retard a une excuse. Je devais prendre M. du Mesnil...

M. de Pratily. — En effet, Monsieur, mais je n'espérais plus avoir l'honneur de vous voir...

Le Marquis. — Si vous préférez m'accorder quelques moments d'entretien demain matin ?....

Raymond (*bas*). — Demain matin.

M. de Pratily (*rentrant*). — Je vous en supplie, Monsieur, je n'ai rien d'important qui m'appelle ailleurs, et je suis tout à votre service.

Raymond (*bas à Marguerite*). — Mauvais début, ma chère. Je le trouve vieilli depuis avant-hier, qu'en dis-tu ?

Marguerite (*bas*). — C'est que tu n'as pas ton lorgnon.

Le Marquis (*saluant Mme de Pratily*). — Je suis un peu hardi, Madame, de me présenter ainsi devant vous sans mon introducteur; si j'en ai pris la permission, c'est que je pars demain soir pour la Bretagne....

Mme de Pratily (*vivement*). — Pour la Bretagne, Monsieur ? Je crois qu'on ne vous y a encore jamais vu.

Le Marquis. — Il est trop vrai, Madame. Mon nom même doit y être bien oublié, ma famille ne résidant plus dans notre province depuis plusieurs générations, et il risquerait d'être tout à fait inconnu sans une vieille ruine de castel....

Mme de Pratily. — Une terre superbe.

Le Marquis (*souriant*) — Peut-être, mais une vieille ruine, peu habitable pour d'autres que des hiboux, à en juger par les récits qu'on m'en a faits.

Mme DE PRATILY. — Vous auriez trouvé ici même des photographies de votre château.... dans l'album de ma fille.

LE MARQUIS. — En vérité ? Ce sera d'autant plus précieux à conserver que je me propose de restaurer la ruine pour aller m'établir au milieu des souvenirs de mes pères.

RAYMOND (*bas*). — Je le trouve rajeuni. Regarde-le bien.

MARGUERITE. — D'un œil seulement.

RAYMOND. — Il a fort bonne mine.

MARGUERITE. — Un peu chauve.

RAYMOND. — Vous ne vous prendrez pas aux cheveux.

Mme DE PRATILY (*s'oubliant*). — Vous ne pouvez pas me causer une plus grande joie que de m'annoncer ce projet et ce sera une joie pour tout le pays. Un site admirable, des bois magnifiques.... et à trois lieues à peine de chez nous. Marguerite, as-tu là ton album ?

MARGUERITE. — Il est dans ma chambre, ma mère.

Mme DE PRATILY. — Cours vite le chercher.

RAYMOND (*bas*). — Et ma mère qui ne devait rien dire ! La voilà lancée. (*Marguerite se lève lentement, allume un bougeoir et sort; le marquis la regarde avec quelque complaisance.*)

SCÈNE TROISIÈME.

LES PRÉCÉDENTS, moins MARGUERITE.

LE MARQUIS. — Mademoiselle votre fille est ravissante, Madame. Je l'avais déjà remarquée au bal ; je ne sais si je ne suis pas encore plus frappé aujourd'hui de la pureté de ses traits.

Mme DE PRATILY (*minaudant*). — Vous êtes trop poli, Monsieur.

LE MARQUIS. — Quel nom avez-vous donné à cette fleur ?

Mme DE PRATILY. — Marguerite.

LE MARQUIS. — Charmant, et digne d'elle.

M. DE PRATILY (*qui est resté debout*). — Je suis fort aise, Monsieur, d'apprendre vos projets. Vous partez déjà pour présider à leur exécution ?

LE MARQUIS (*se levant et se rapprochant de M. de Pratily*). — Mon Dieu ! je vais d'abord étudier les lieux, me rendre compte des difficultés.... de diverses sortes, juger par moi-même de la manière dont je serai accueilli.

M. DE PRATILY. — Je regretterai, Monsieur, de ne pas me trouver à Pratily pour avoir l'honneur de vous recevoir.

LE MARQUIS. — Vous y ferez sans doute un voyage au moment des prochaines élections ?

M. DE PRATILY. — Je n'en ai pas, jusqu'à présent, l'intention.

LE MARQUIS. — On m'a dit que vous décliniez toute candidature, et c'est un grand dommage que des hommes comme vous....

M. DE PRATILY. — Oh ! Monsieur, les hommes comme moi ne sont pas rares, et j'ai peu de mérite à refuser une candidature qui n'a jamais été fort sérieuse. Il n'y a déjà que trop de compétiteurs.

LE MARQUIS (*négligemment*). J'ai reçu quelques lettres.... très-inattendues.... de mon régisseur.... du curé.... d'autres personnes encore qui m'ont fort surpris. On témoigne, et avec insistance, le désir que je me mette sur les rangs. Pensez-vous, Monsieur, que.... si j'étais assez heureux pour pouvoir me présenter sous vos auspices.... j'eusse des chances ?

Mᵐᵉ DE PRATILY. — Certainement, Monsieur, et nous emploierions pour vous toute notre influence.

RAYMOND (*bas*). — Et ma mère qui ne devait oser rien dire !

M. DE PRATILY (*souriant*). — Veuillez me permettre de répondre, ma chère amie. J'ai le regret, Monsieur, de ne pas partager la confiance de ma femme. Notre influence est bien peu de chose, en dehors de notre paroisse, et là même est fort amoindrie. Si vous habitiez vos terres depuis plusieurs années, si vous aviez passé par la mairie, par le conseil général, eh ! sans doute, vous seriez un des candidats les mieux qualifiés, vous auriez autant de chances qu'en peuvent laisser les rivalités des comités et les fantaisies du suffrage universel. Aujourd'hui je n'apercevrais pas ces chances, et l'annonce même de votre projet serait exploitée contre vous comme une manœuvre, dans un pays dont, je dois l'avouer, la jalousie est le péché mignon. — Vous excusez ma franchise, j'espère.....

LE MARQUIS (*déconcerté*). — Comment! Monsieur? c'est sur cette franchise que je comptais. Au surplus, j'attachais fort peu d'importance à une idée qu'avaient essayé de me donner quelques amis....

RAYMOND (*bas*). — Toujours les amis.

LE MARQUIS. — Je vous assure que j'aime bien mieux mon repos que ces agitations électorales....

M. DE PRATILY. — C'est aussi mon sentiment.

LE MARQUIS. — Des démarches pénibles, presque humiliantes.... des calomnies, des inimitiés... J'admire le dévouement des hommes de bien qui les affrontent, et je m'estime heureux d'en être dispensé.

RAYMOND (*bas*). — Hypocrite !

Mme DE PRATILY (*pincée*). — J'aurais été plus encourageante que mon mari, Monsieur, mais il est convenu que les femmes n'y entendent rien, et l'on ne prend pas la peine de les consulter. J'espère au moins que cela ne vous empêchera pas de donner suite.... à vos autres projets.

RAYMOND (*bas*). — Les pieds dans le plat.

LE MARQUIS. — Je l'espère aussi, Madame. Mais un déplacement complet, une construction importante, un tel changement d'habitudes, c'est toujours une bien grave résolution à prendre.... Elle demandera encore à être méditée...

RAYMOND (*bas*). — Farceur ! Il a l'air vieux.

Mme DE PRATILY. — Va donc chercher ta sœur, Raymond. Il ne faut pas tant de temps pour prendre un album. (*Raymond se lève, mais Marguerite rentre au même instant.*)

SCÈNE QUATRIÈME.

LES PRÉCÉDENTS, MARGUERITE.

MARGUERITE (*déployant un album*). — Voici, Monsieur, sous ses trois principaux aspects, ce qui reste du donjon de Carman, véné-

rable séjour des orfraies et des fantômes. On ferait un gros volume
des légendes, toutes plus lugubres les unes que les autres, qui ont
cours à son sujet. Aussi, j'y mourrais de peur.

Mᵐᵉ DE PRATILY (*contrariée*). — Que dis-tu, Marguerite? Tu
plaisantes.

MARGUERITE. — Ma mère, vous étiez encore moins brave que
moi, quand nous sommes allés en partie faire une collation à la
ruine. Vous n'avez jamais voulu y rester une minute après le coucher du soleil, et vous aviez pris un lézard pour un crocodile.

LE MARQUIS (*regardant toujours l'album*). — Une grande originalité de caractère.

Mᵐᵉ DE PRATILY. — Oui, Monsieur, elle est un peu enfant gâtée
peut-être, nous lui laissons dire tout ce qui lui passe par la tête,
elle charme tant notre intérieur.....

LE MARQUIS (*souriant*). — Pardon, Madame, je parlais du caractère de la ruine, je ne me serais pas permis de qualifier celui de
Mademoiselle, — bien qu'un peu d'originalité ne puisse être chez
elle qu'une grâce de plus.

RAYMOND (*bas*). — Je n'y comprends plus rien, il rajeunit.

LE MARQUIS (*déposant l'album et se levant*). — Je vous remercie
beaucoup, Mademoiselle. — Vous paraissiez vous amuser de bon
cœur avant-hier au bal, et je crois que les papillons nocturnes des
salons vous faisaient moins peur que les hiboux de Carman. Prenez
garde, les papillons sont quelquefois plus dangereux.

Mᵐᵉ DE PRATILY. — J'ai su, Monsieur, les aimables attentions
que vous avez eues pour ma fille, et j'en ai été bien touchée.

LE MARQUIS (*étonné*). — Sur mon honneur, je voudrais avoir
mérité ce remerciement, mais j'ai le chagrin de ne pas m'en reconnaître digne.

Mᵐᵉ DE PRATILY. — C'est cependant bien vous qui avez fait
danser plusieurs fois Marguerite?

LE MARQUIS (*riant*). — Moi, Madame? Il y a dix ans que je ne
danse plus..... depuis mon mariage.

MARGUERITE. — Vous êtes marié, Monsieur?

Le marquis. — Et père de cinq enfants, Mademoiselle. (*Il salue à la ronde et sort.*)

SCÈNE CINQUIÈME.

LES PRÉCÉDENTS, moins LE MARQUIS.

Marguerite et Raymond éclatent de rire. Mme de Pratily paraît plongée dans la stupéfaction. M. de Pratily est très-grave. Une pause assez longue.

M. DE PRATILY. — Riez, mes enfants, cela vaut mieux que de pleurer. Je vous le disais : sommes-nous assez ridicules !

RAYMOND. — Permettez, mon père. Riez avec nous, et convenez que la scène est plaisante ! Moi, je ne donnerais pas ma stalle pour cent écus. Ce marquis est plus ridicule que nous. Il est venu chercher ici une veste que vous lui avez taillée, sans ménagement, dans le drap le plus fin. Il ne rit pas, lui, je vous le jure, d'être précipité de son rêve. Sa déconvenue a eu des témoins, et la nôtre n'en a pas.

Mme DE PRATILY (*avec un profond soupir*). — Et que venait donc faire ici ce père de famille ?

RAYMOND. — Vous ne l'avez pas compris, ma mère ? Simple visite électorale. Dès qu'il a vu qu'il s'était mal adressé, il n'a plus songé qu'à s'esquiver. S'il est piqué de la tarentule du candidat, il en verra bien d'autres, — et il n'est pas au bout de ses peines. Je vous réponds qu'il sera prêt à nous faire encore la cour. Du reste, il n'a pas mal joué son rôle, il a été poli, il n'est pas le premier venu, et je voterais volontiers pour lui.

Mme DE PRATILY. — Mais c'est toi, malheureux enfant, qui nous as tous induits en erreur, avec ton histoire de beau danseur si attentif. C'est toi qui as tout inventé.

RAYMOND. — Pardon, ma mère, je n'ai rien inventé. Le beau danseur existe, seulement il est bien clair qu'il y a une méprise. Quand j'ai demandé son nom, on m'a nommé M. de Carman, qui se sera trouvé près du jeune homme. Ma faute n'est pas plus grave que cela.

M. DE PRATILY. — C'est pour ta sœur que ton étourderie a été
très-fâcheuse. On ne joue pas, entends-le bien, avec le cœur ni
avec la réputation d'une jeune fille.

MARGUERITE (*riant encore*). — Mon père, ni mon cœur, ni, j'espère,
ma réputation n'ont été engagés dans cette anecdote. S'il faut tout
vous avouer..... je me suis un peu moquée de Raymond, qui n'avait
fait, depuis le bal, que se moquer de moi à l'occasion de mon danseur attentif. Petite revanche permise.

RAYMOND. — Mais c'est une vraie friponnerie.

MARGUERITE. — Vous vous étonniez de mon calme ; je savais
très-bien, avant l'entrée de M. de Carman, qu'il n'avait rien de
commun avec mon danseur.

RAYMOND. — Ceci est abominable, ma chère. Et savais-tu que
M. de Carman était un respectable père de famille ?

MARGUERITE. — Je l'ignorais, et il ne m'importait guère.

RAYMOND. — Comment ! il ne t'importait guère ? Mais s'il n'avait
pas été marié, nous prenions d'assaut le donjon et le châtelain.
Deux cent mille livres de rente, un des plus beaux noms de Bretagne, des terres magnifiques dans notre voisinage, cela fait oublier
bien des godelureaux de salon ; n'est-il pas vrai, Mademoiselle ? Cela
peut compenser quelques années en trop et quelques cheveux en
moins. Conviens que tu te réservais, que tu avais à ta lyre des cordes
de rechange. Si celle-là avait bien résonné, je crois que tu n'en
serais pas à rire de moi.

Mme DE PRATILY. — Marguerite a eu raison. C'est le devoir d'une
fille de ne négliger aucune chance ; car enfin, vous l'avez vu, l'affaire
a été bien près de réussir, et si ce monsieur n'avait pas eu tant
d'enfants..... (*Éclats de rire de Marguerite et de Raymond. M. de
Pratily lui-même prend part à l'hilarité.*)

Mme DE PRATILY (*continuant*). — Ah ! mon Dieu, je ne sais plus
ce que je dis ! J'ai été si bouleversée que j'en perds la tête.

MARGUERITE. — Remettez-vous de grâce, ma mère, et daignez
oublier ce bon M. de Carman et sa nombreuse famille, en lui permettant de l'augmenter encore. Je n'ai pas eu les habiletés qu'on

me suppose. J'étais profondément convaincue que je n'étais pour rien dans la démarche de cet inconnu. Mais j'ai vu Raymond si enthousiasmé de son idée, si certain de sa découverte, que, ma foi, je me suis amusée à le laisser s'embrouiller.

RAYMOND. — Merci. — Mais j'y pense, petite rusée, tu sais peut-être le vrai nom de ton danseur?

MARGUERITE (*baissant les yeux*). — Je le sais.

RAYMOND. — Qui te l'a dit?

MARGUERITE. — Lui-même.

RAYMOND. — Décidément, tu t'es bien moquée de moi. Et maintenant, peux-tu nous faire connaître ce paladin?

MARGUERITE. — A quoi bon? si je ne dois pas le revoir, c'est inutile. S'il a eu autre chose qu'un caprice fugitif, il faudra bien qu'il se montre. Quand il demandera une entrevue, peut-être m'y verrez-vous plus troublée qu'à celle-ci.

Mᵐᵉ DE PRATILY. — Ma fille n'ira jamais plus au bal sans moi. Il n'y a que les mères pour tout comprendre et tout deviner.

ALFRED DE COURCY.

—

LA RESTAURATION

HISTOIRE DE LA RESTAURATION, par M. H. de l'Epinois. — Un vol. in-18.
Paris, Palmé.

L'histoire de la Restauration est une de celles qui s'imposent tout
d'abord à l'attention des hommes sérieux et des vrais Français.
Elle nous montre l'essai qui fut tenté, pendant quinze années, pour
allier la France moderne, telle que la Révolution l'a faite, avec la
France ancienne, œuvre des siècles et du catholicisme, les tendances
libérales avec la monarchie traditionnelle. Il nous est permis de voir
quelles causes rendirent ces essais inutiles, et par quel concours de
circonstances tout fut remis en question, en juillet 1830, sans que
depuis ce moment le redoutable problème ait été résolu. Pourquoi
faut-il que ces leçons précieuses soient perdues pour beaucoup ?
Pourquoi, parmi nous, parmi les honnêtes gens, en est-il encore, et
en grand nombre, qui ne l'étudient pas avec un esprit libre de tout
préjugé ?

Amis et ennemis, tous ont pris la plume pour défendre ou pour
attaquer ce régime. Les uns se sont proposé de justifier les
hommes de la Restauration ; les autres ont prétendu en justifier la
chute. Depuis quarante ans, ce gouvernement est entré dans le
tombeau, et cependant les passions qu'il excita ne sont pas apaisées ;
elles sont, au contraire, plus vivaces, plus bruyantes que jamais. Il
a cela de particulier, qu'il ne peut rencontrer l'indifférence.

Il faut ou le repousser, ou le soutenir. Ah! c'est que derrière son nom s'agitent les intérêts les plus graves. C'est que pour les uns comme pour les autres, pour les fauteurs comme pour les adversaires, son établissement semble non pas un simple accident, un fait purement transitoire, mais bien l'une des phases les plus importantes de la lutte terrible commencée depuis bientôt un siècle entre les partis qui, sous des appellations diverses, se partagent notre société. Aussi, que d'écrits! que de livres! surtout combien d'attaques violentes! de haineuses déclamations! Cependant, chose singulière, mais bien consolante, à mesure que le temps nous éloigne de ces jours, une lumière nouvelle se lève sur eux et les éclaire. Bien des points sont éclaircis, bien des accusations délaissées, des calomnies rejetées avec dédain. Des réputations ont été détruites ou réduites à leur juste valeur; des faits dénaturés ont été expliqués; des fantômes, créés pour les besoins de la cause par les préjugés ou par la colère, apparaissent dans leur véritable néant. Ceux qui se respectent parmi les adversaires ont fait justice d'accusations calomnieuses, ont réhabilité des mémoires outragées, ri tout haut de ce qui jeta la terreur au fond de bien des âmes. Il n'y a plus maintenant que des brochuriers sans valeur ou des journalistes haineux qui ressassent les vieilles calomnies tant de fois réfutées, qui s'attardent, eux, les amis du progrès, à redire des contes mille fois démentis.

Entre les ouvrages que doit consulter tout homme désireux de s'instruire sur la Restauration, celui de M. Nettement occupe la première place, tant son consciencieux auteur a pris de soins pour mettre sous leur vrai jour les événements et les personnages de cette époque. Malheureusement cette œuvre est trop considérable pour se trouver entre les mains de tous; elle est même trop longue pour être lue par ceux-là précisément qui ont le plus grand besoin d'être instruits. Voici un nouvel ouvrage, court et substantiel, précis et rapide, qui, sans prétendre remplacer celui dont nous parlons, peut cependant en rendre l'absence moins regrettable pour beaucoup de personnes. Cette histoire de la Restauration, par M. Henri de l'Epinois, est la reproduction, avec quelques retouches, de deux articles qui parurent dans les numéros du 1er janvier et du 1er avril 1873 de l'excellente *Revue des questions historiques*. Ce n'est pas, dans sa forme réduite, une sèche énumération de dates et de noms; ce n'est pas, plus ou moins, un manuel du baccalauréat. Non, ce livre est une œuvre sérieuse. C'est un résumé habilement présenté des faits les plus saillants, une indication judicieuse de ce qu'il faut connaître avant tout. Les choses importantes sont mises en évidence, développées même, s'il est nécessaire, tandis qu'une foule d'autres détails qu'on peut trouver facilement dans les écrits plus considérables sont impitoyablement rejetés dans l'ombre. L'auteur ne sacrifie pas au plaisir de raconter, ce qui aurait pour unique effet d'allonger le récit sans éclairer le jugement. Son but est plus élevé; le résultat qu'il a obtenu plus précieux. Avec lui, ceux qui veulent s'instruire ont tout ce qui leur est absolument indispensable, ceux qui veulent résumer à eux-mêmes leurs souvenirs ou leurs lectures ont trouvé le meilleur des guides.

Ramenés sur le trône par la force des choses, appelés par la France affamée de la paix, dans un mouvement instinctif qui étonna l'esprit hostile des étrangers et déjoua les calculs intéressés des politiques, les Bourbons furent accueillis avec un enthousiasme indescriptible, dont ceux qui en furent les témoins ont gardé l'ineffaçable souvenir. Napoléon, en tentant, par ambition, l'entreprise insensée et coupable qu'on appelle les Cent-Jours, ceux qui, trop intéressés au maintien du gouvernement révolutionnaire sous une forme quelconque pour le repousser, ou trop bien façonnés à la servitude pour maintenir leur indépendance, rendirent cette entreprise possible en n'y résistant pas, remirent toutes choses en question. Lorsque Louis XVIII revint de Gand, où il s'était réfugié pendant l'orage, il n'avait plus le même prestige ; les fleurs de lys ne signifiaient plus seulement la réconciliation et l'oubli, elles étaient une menace pour les traîtres et les imprudents.

Alors commença, contre le gouvernement de la Restauration, l'œuvre d'une opposition aussi implacable que peu scrupuleuse dans le choix des moyens. D'abord cachée, agissant dans l'ombre, se révélant parfois par des conspirations dont les chefs restent prudemment à l'écart, tandis que des comparses fanatisés paraissent au grand jour et meurent sur l'échafaud, elle finit par s'affirmer, par user de tous les moyens que la législation met en son pouvoir ; par disputer publiquement aux princes l'affection et l'obéissance. Alors eut lieu l'alliance immorale, sous le nom de libéralisme, des partisans de la république avec ceux de l'homme qui écrasa la république au 18 brumaire ; alors se formèrent les sociétés secrètes; alors, par la voie de la presse, par la diffusion des écrits obscènes et impies, fut tentée la démoralisation des masses. Alors on vit, pour détruire le trône plus facilement, attaquer l'autel qui en était le plus ferme soutien. La convention avait complété Voltaire ; les admirateurs de cette assemblée et les fils de Voltaire unirent leurs efforts pour continuer son œuvre. Le clergé fut en butte à toutes les calomnies. Sous le nom de congrégation, terme vague dont on dénaturait le sens, les affiliés des sociétés secrètes représentèrent une association ténébreuse qui enlaçait la France entière et menaçait de l'étouffer. Ce que les cléricaux sont pour les gens de notre époque, les jésuites le furent pour ceux de ce temps, et sous leur nom on attaqua sans mesure tous ceux qui avaient encore dans le cœur la foi de leurs ancêtres. Alors le beau nom, le nom sacré de liberté fut adopté comme un mot de ralliement, comme une formule capable à la fois d'enthousiasmer les cœurs et de cacher les plus noirs attentats. Ah ! nous n'en doutons pas, au nombre de ceux qui furent séduits par les appels à l'indépendance, qui crurent la liberté sérieusement attaquée, il y en eut beaucoup qui furent trompés, et qui se levèrent de bonne foi contre un gouvernement d'autant plus libéral de sa nature qu'il était essentiellement réparateur. Ceux-là seuls doivent être maudits qui mentirent sciemment, qui, dans le *National* ou le *Constitutionnel*, racontèrent à ceux qui ne pouvaient rien vérifier par eux-mêmes, des contes absurdes qu'ils donnaient comme des vérités ; ceux-là seuls doivent être maudits, qui, de même qu'Armand Carrel au *National*,

et que les rédacteurs du *Globe*, acceptèrent de jouer une comédie
de quinze ans, et eurent plus tard l'audace de s'en vanter. On se
demande pourquoi la Restauration est tombée ; qu'on en lise l'histoire, et on se demandera comment, devant cette opposition systématique et injuste de parti pris, elle a pu subsister pendant
quinze ans.

Sans doute, ce gouvernement fit des fautes. Et quel est donc
l'homme assez orgueilleux pour se croire impeccable ? Quelle est
donc l'institution humaine qui, un jour ou l'autre, n'a pas eu sa
part d'erreurs ? Etait-il possible qu'après vingt-cinq ans de lutte,
il n'y eût pas dans les vainqueurs quelques instants d'illusion triomphale, qu'après avoir été pendant ving-cinq ans courbés, au nom
de la liberté, sous la tyrannie des clubs, de l'échafaud ou du sabre,
ils n'aient pas, en respirant librement pour la première fois, conçu
des rêves qui ne pouvaient se réaliser ? Sans doute il y eut des
hommes qui désirèrent alors un retour en arrière qui était impossible, qui oublièrent un instant qu'entre 1785 et 1815, il s'était
écoulé plusieurs siècles. Mais cette erreur explique-t-elle le déchaî-
nement des haines, l'aigreur des hostilités, l'indignité des calomnies ? Non, mille fois non.

Ce qu'il fallait faire, c'était modérer ces impatiences fébriles,
montrer clairement à ces esprits ardents ce qui était possible et ce
qui ne l'était pas, se rappeler qu'après tout, ceux qui montraient ces
prétentions avaient longtemps souffert, et qu'on pouvait compter sur
leur fidélité, comme on avait vu leur sang couler sous la hache des
bourreaux et sur le champ de bataille. Que les ennemis-nés de ces
hommes ne le comprissent pas, que les héritiers des clubs n'y
entendissent rien, on ne s'en étonne pas ; mais ce qui doit surprendre, ce qui surprendra toujours, c'est que les ministres du roi
très-chrétien ne l'aient pas compris davantage. Ceux qui, les premiers, eurent l'honneur d'être admis dans les conseils de
Louis XVIII, ne virent qu'un danger, le royalisme déclaré, ne con-
nurent qu'un ennemi, la fidélité inaltérable réclamant le droit de se
dévouer à nouveau. Ils ne voulurent pas faire la part des hommes et

des choses, ou ils ne le surent pas. Tout ce qui affirmait hautement son dévouement pour le trône parut suspect, tout ce qui apportait ses souffrances pour garant de son passé fut déclaré hostile.

Il en résulta ce fait vraiment étrange et toujours inexplicable, que, sous le gouvernement du roi, les royalistes les plus déclarés furent nécessairement, fatalement rejetés dans l'opposition. Les élections de 1815 avaient donné une chambre essentiellement royaliste, la Chambre Introuvable. Au lieu de s'en servir, au lieu de lui demander, en la modérant habilement, les éléments essentiels de la restauration, non-seulement du trône, mais surtout de la société, on se plut à la contrister, à l'attaquer, puis on la renvoya brutalement, comme on chasse un serviteur infidèle. Il fallut être conséquent avec soi-même ; il fallut s'appuyer sur les partis, non précisément hostiles, mais peu favorablement disposés, il fallut en un mot faire le jeu de l'opposition. On vit bientôt, par les élections, le résultat de ce système. Le noble et loyal duc de Richelieu, qui l'avait accepté, fut obligé de donner sa démission quand il vit arriver à la Chambre, par les élections annuelles, des hommes dont le nom seul était une insulte et un défi pour le frère de Louis XVI. M. Decaze, qui en était le plus déterminé partisan, dut se retirer à son tour, quand le progrès des idées libérales eut mis le poignard dans les mains de Louvel. Il était trop tard : le mal était fait. Les royalistes, découragés, repoussés systématiquement, n'avaient plus de confiance dans la cour, et on allait les voir, pour faire échec au ministère, s'allier même avec leurs ennemis acharnés. Misérables ceux qui les contraignirent à cette extrémité, qui, au nom de Louis XVIII, arrachèrent aux Vendéens les armes d'honneur que Napoléon leur avait laissées et qui contraignirent Madame, duchesse d'Angoulême, la survivante des martyrs du Temple et la compagne fidèle du comte de Provence en exil, de répondre à un solliciteur : « Surtout ne prononcez pas mon nom, car ce serait le meilleur moyen de faire échouer votre requête. »

M. de Richelieu revient au ministère ; il ne peut s'y maintenir. M. de Villèle, un des hommes les plus honnêtes qui aient passé par

le gouvernement de la France, le remplace; il est lui-même en butte
aux attaques et aux défiances. Pendant qu'il se défend contre la
gauche, il est obligé de se tenir en garde contre la droite. Il a donné
des gages de sa fidélité; mais il se croit obligé de garder quelques
ménagements, on le soupçonne. Il a le malheur de blesser M. de Châteaubriand, et la colère aveugle de l'orgueilleux écrivain crée contre
le gouvernement royal une nouvelle opposition royaliste, terrible,
parce qu'elle fait cause commune avec le libéralisme. A M. de
Villèle succède M. de Martignac. Il ne va pas assez loin pour la
gauche; il s'avance trop pour la droite; la droite et la gauche
unissent leurs efforts et le renversent. Alors vient au pouvoir, pour
la première fois, la droite extrême, dans la personne de M. de Polignac. Que pouvait-elle faire? Depuis quinze ans, journaux de l'opposition et journaux du ministère la décriaient et la calomniaient.
Se maintenir aux affaires était impossible pour elle. Une aversion
immense, irrésistible, accueillit son avènement; en vain Charles X
fit appel à la force pour maintenir sa prérogative et faire respecter son autorité. Le monarque et le ministère furent renversés
ensemble, et l'ère des révolutions, l'ère de la démagogie et du
césarisme, se succédant à des intervalles périodiques, se rouvrit
pour notre patrie, nous réservant au nom tantôt de l'autorité, tantôt
de la liberté, le spectacle des injustices les plus criantes ou des
catastrophes les plus terribles.

Le cœur est navré quand il voit ces choses, quand il voit ce gouvernement, qui était destiné à faire notre salut, conduit à sa ruine
par la déloyauté de ses ennemis, en même temps que par les im-
prudences de ses amis, celles-là encouragées, celles-ci exploitées
par ceux mêmes qui avaient pour premier devoir de réprimer les
unes, de s'allier les autres en les redressant. Et cependant, au milieu
de ces tristesses, la Restauration faisait son œuvre. Malgré les difficultés, malgré les luttes, elle rendait à la France la paix et la prospérité. On lui reprochait d'être revenue dans les fourgons de
l'étranger, et par la seule force de son ascendant, elle éloignait
l'étranger qu'avaient seuls ramené Bonaparte et ses complices. On

l'accusait d'humilier notre dignité nationale, et elle promenait fièrement son vieux drapeau blanc en Espagne, dans la Grèce, en
Algérie, en rajeunissant sa gloire par de nouveaux triomphes.
L'opposition dévoilait à l'ennemi les plans de guerre ; l'Angleterre
prétendait dicter à Charles X ce qu'il devait faire ; malgré l'opposition, malgré l'Angleterre, Charles X continuait son œuvre, et l'esclavage des chrétiens était à jamais supprimé par la prise d'Alger.
On accusait le gouvernement de perdre l'argent de la France, et
jamais les finances ne furent mieux dirigées. Des ministres habiles
et intègres se succédaient et posaient les règles admirables de notre
comptabilité financière ; trois milliards d'arriéré étaient soldés ; les
dettes, celles de l'empire et des Cent-Jours, étaient payées ; aucune
créance n'était refusée ; les indemnités de guerre étaient acquittées ;
l'industrie, le commerce, étaient favorisés ; les services publics
largement rétribués ; trois guerres soutenues, sans que l'impôt
devînt considérable, sans qu'il écrasât les peuples obligés de les
fournir. Le dernier budget de la Restauration, celui de 1831, avait
été arrêté à 950,000,000 ; aujourd'hui, après trois révolutions et
plusieurs coups d'État, nous aurons à payer, en 1875, plus de trois
milliards, et le service seul de la dette exigera 1,250,000, c'est-à-dire
300 millions de plus que le budget total de la Restauration.

Voilà ce qu'on peut lire dans l'ouvrage de M. de l'Épinois. Ce
livre, que j'appellerais non pas l'histoire, mais la philosophie de
l'histoire de la Restauration, donne beaucoup à penser. Ce n'est pas
une attaque, ce n'est pas un plaidoyer, « ce n'est ni un panégyrique,
ni un pamphlet », c'est un exposé impartial, et par là même une
justification éclatante de la Restauration, qui n'a besoin que d'être
connue pour être appréciée, pour être aimée. Voilà pourquoi M. de
l'Épinois a fait en même temps un excellent travail et une œuvre à
la fois très-bonne et très-française. Il promet un autre livre sur le
gouvernement de Juillet ; nous l'attendons avec impatience.

Abbé P. Teulé.

NOTICES ET COMPTES RENDUS

LA MAIN DE VELOURS; — BRETONS ET VENDÉENS, par Mlle Gabrielle d'Ethampes. — Librairie Périsse, rue Saint-Sulpice, 28, et
librairie Saint-Germain-des-Prés, rue de l'Abbaye, 13, Paris.

Mlle d'Ethampes poursuit son œuvre littéraire, qui est, en même
temps et sous tous les rapports, une bonne œuvre. Sa *Main de
velours* rappelle la *Philotée* de saint François de Sales, *égale, douce,
patiente,* et attirant à elle comme un aimant par le simple attrait de
la vertu. Qui n'a connu des âmes douées de ce charme d'autant plus
irrésistible qu'il ne trompe jamais et qu'il survit à la beauté,
à la jeunesse, à tous les autres charmes? Comme opposition,
Mlle d'Ethampes met en scène une belle de jour, s'étudiant à
paraître, à *pêcher à l'hameçon,* comme dirait encore le saint évêque
de Genève, et ne pêchant pas toujours, n'étant amie, épouse, fille,
mère qu'après sa toilette. Qui n'a connu de ces poupées-là? La
mort vient-elle de traverser la maison,

> Vous entrez, le cœur bien triste;
> La veuve dans son boudoir,
> Causant avec sa modiste,
> Ne peut pas vous recevoir.
>
> Mais sa fille Rosemonde
> Vous fait un charmant accueil;
> Le noir va si bien aux blondes,
> Qu'elle a déjà pris le deuil.

Ces vers de Raymond du Doré peignent d'un trait l'*Hélène* de
Mlle d'Ethampes. On sent combien le contraste prête à de riches et
salutaires développements.

L'action a pour cadre les douloureux événements de 1870, qui
mirent si complétement à nu les caractères. On vit alors, mieux que
jamais, chez les femmes comme chez les hommes, où était la force,
le dévouement, le patriotisme, où était l'âme de la France.

Les *Bretons et Vendéens* sont inspirés par un sentiment analogue.
Mlle d'Ethampes nous présente comme modèles nos pères et nos
fils, nos mères et nos femmes. Pourquoi ne le dirions-nous pas ?
Nos récents malheurs nous prouvent du moins que les races des
forts ne sont pas, Dieu merci, éteintes, et que, viennent encore les
épreuves, elles ne failliront ni sur le champ de bataille ni devant
l'échafaud.

Eugène de la Gournerie.

—

POÉSIES DERNIÈRES, par M. Raymond du Doré. — Un vol. in-18.
Nantes, Mazeau et Libaros.

Je viens de citer quelques vers de Raymond du Doré ; je voudrais
bien en citer d'autres. La grande difficulté pour les poètes aujour-
d'hui, c'est d'être lu ; on ne coupe pas leurs livres. Ah! si l'on
coupait celui-ci, il arriverait probablement ce qui m'est arrivé à
moi ; on ne me l'a laissé fermer qu'après le dernier vers, et encore
m'a-t-on dit : *Est-ce tout ?*

Pourquoi cela? parce que la poésie y est toujours de la poésie, ce
qui est rare de notre temps ; qu'aucune fausse note n'y blesse
l'oreille; que le cœur s'y montre toujours, et l'esprit aussi, l'esprit
de nos vieux poètes, vif, alerte, qui s'émeut facilement, mais qui sait
rire.

On se rappelle la jolie ballade de Ronsard :

Mignonne, allons voir si la rose...

Voilà, certes, une entrée passablement gracieuse et imprévue.
Eh bien! M. du Doré a de ces entrées-là, pas toujours aussi gracieuses, mais du moins aussi imprévues.

> Marthe, écoute, je te prie,
> Trois minutes seulement.
> Tout le monde nous marie;
> Eh bien! tout le monde ment.

Un joli galant! direz-vous. Patience.

> T'épouser mettrait mon âme
> En un cas trop hasardeux :
> Dieu ne permet qu'une femme,
> Et dans toi j'en trouve deux.

> Oh! Marthe, l'une m'enchante,
> Quant à l'église, le soir,
> Agenouillée, elle chante
> Entre l'orgue et l'encensoir;

> Marthe, l'autre me désole,
> Quand aux danses du hameau,
> Elle saute, tourne et vole,
> Me plantant là sous l'ormeau.

J'abrège à grand regret :

> Double âme et double visage!
> Marthe, cela me fait peur,
> Et devant le mariage,
> Je fuis à toute vapeur.

> De ne pas t'offrir un gîte,
> Tu m'excuseras, je crois;
> Ma maison est si petite
> Qu'on ne peut y loger trois.

Eh bien! n'est-ce pas là tout simplement ce qu'on appelle une perle, et la *Mignonne* de Ronsard est-elle de plus belle eau ?

Le dernier trait me remet en mémoire une preste et fine réponse de la comtesse de Toulongeon à son beau-frère Bussy-Rabutin, qui réclamait toujours une petite place dans le cœur des dames, sauf à la faire grande, un fois entré. Bussy lui demanda cette petite place, *après son frère*, en un quatrain assez plat. Sa jeune belle-sœur lui répondit :

> Je crains d'avoir le cœur serré;
> Deux n'y sauraient tenir à l'aise.

> Vous-même, sans qu'on vous déplaise,
> Souffrez-vous bien d'être pressé ?

Le marquis de Saint-Aulaire fut reçu à l'Académie pour moins que cela.

J'ai dit qu'il y avait à la fois du cœur et de l'esprit dans les vers de M. du Doré ; j'ajoute du bon esprit, ce qui n'est pas chose commune dans des têtes de poètes ; et ce bon esprit, je le trouve jusque dans les vers de sa jeunesse, car M. du Doré fut poète fort jeune. Longtemps on a pu croire qu'il l'avait oublié ; mais nous ne l'avions pas oublié, nous. J'ai, depuis trente-sept ans, dans ma bibliothèque, un petit volume intitulé *Poésies d'un proscrit*, qu'il ne reniera certainement pas. Le titre, à lui seul, était touchant et engageant ; les vers ne l'étaient pas moins. Exilé à la suite des événements de 1832, pour n'avoir pas voulu *plier la tête*, M. du Doré avait promené, pendant quatre ans, sa tristesse sur les rivages les plus enchanteurs, les plus célèbres, mais où *le bonheur ne l'attendait pas*. Sa voix n'avait rien, d'ailleurs, de l'amertume de celle du Dante; c'était plutôt l'accent de Virgile :

> *Nos patriæ fines et dulcia linquimus arva.*

Que d'âme dans cet adieu !

> L'astre des nuits suit son cours pacifique,
> Son doux rayon, de nulle ombre voilé,
> Vient caresser le front mélancolique
> De l'exilé...
>
> O mon pays ! cette blanche lumière,
> Qui prête aux flots un jour mystérieux,
> Éclaire aussi le vallon solitaire
> De mes aïeux.
>
> O mon pays ! dans sa triste demeure,
> Près du foyer, à genoux maintenant,
> Ma pauvre mère, inconsolable, pleure
> Sur son enfant.

Si le proscrit se laissait quelquefois distraire, c'était moins par les monuments du passé que par quelque image de paix et de bonheur, et deux roitelets bâtissant leur nid sous les lierres du Colysée, le touchaient plus que toutes les grandeurs de Rome.

Proscrit, il aimait aussi à s'arrêter près des tombes des proscrits, près de la pierre du Tasse, à Saint-Onuphre ; près du mausolée des Stuarts, à Saint-Pierre. Une tombe ne parle pas d'ailleurs uniquement de souffrance, elle parle d'avenir.

> O vous qui protégez ces dépouilles mortelles ·
> De vos pieuses mains et de vos blanches ailes,   .
> Anges que Canova fit descendre des cieux,
> Remontez ! les Stuarts ne sont pas en ces lieux.

Parfois, enfin, M. du Doré, qui avait souvent rêvé de douces images, comme tous les poètes, les voyait revenir à lui et ne se sentait pas la force de froncer le sourcil à leur *sourire d'ange*.

> Luiza, pourriez-vous me dire
> Ce qu'en ce moment j'admire,
> Sous le chêne vert assis ?
> Ce n'est pas l'Arno qui roule
> Son onde au bruit des chansons,
> Ni ces bosquets dont la foule ·
> Aime l'ombre et les gazons....
>
> Non, non, ce n'est point Florence
> Avec son peuple joyeux,
> Ni cet horizon immense,
> Ni ces monts voisins des cieux ;
>
> Mais c'est vous, ma bonne fille,
> Aux grands yeux noirs pétillants,
> Vous qui menez, si gentille,
> Votre vieux père à pas lents,
> Vous dont la bouche de rose
> Avec tendresse se pose
> Sur un front à cheveux blancs.

Du Bellay disait que les vers, après avoir été l'*abus* de sa jeunesse, seraient l'*appui* de ses vieux jours, et il ajoutait :

> S'ils furent ma folie, ils seront ma raison.

Eh bien ! voilà ce que M. du Doré ne pourra pas dire. La folie de
sa jeunesse est, en effet, d'un bon goût qui touche à la raison ; aussi
la raison de ses vieux jours conserve-t-elle toute la fraîcheur de la
jeunesse. C'est résumer d'un mot ce que je pense du nouveau
recueil. La veine n'y est pas moins vive que dans le premier, et son
cours est plus limpide encore, ses rives sont plus fleuries. A entendre
le proscrit de 1832,

> La lyre est plus harmonieuse
> Sous les doigts de la douleur;

ne lui en déplaise, il nous prouve aujourd'hui que le bonheur a,
lui aussi, sa muse, et une muse des mieux inspirées. Lisez *Rose et
Chardon ;* lisez cette charmante boutade sur *Nantes,* où l'auteur
me semble jouer le jeu de l'Amour, dans les petits poètes grecs,
lorsqu'il égratigne sa mère, et vous me direz si cette muse heureuse
a vieilli d'un jour, si elle n'a pas gardé toute son espièglerie et toute
sa grâce.

Lisez les vers *A mon pays :*

> Ma Vendée est toujours belle...

ou ceux à l'abbé Mongazon, le défunt maître de notre vieux poète :

> Enfants de Mongazon, dont la lampe est éteinte,
> Venez la rallumer à son pur souvenir !

et vous me direz si son cœur bat moins fort qu'autrefois.

Sans doute des vers de soixante ans ne peuvent pas toujours être
jeunes. On ne voit pas approcher le *Linquenda domus et placens
uxor,* sans réflexions tristes ; alors on écrit *Novissima, Misère des
misères,* c'est-à-dire qu'on est plus poète que jamais.

> Quand, dans la nuit éternelle
> Un homme s'est endormi,
> Ce qui rend sa mort cruelle,
> Affreuse pour un ami,
>
> Oh ! ce n'est point sur sa couche
> Ce froid cadavre étendu,
> Ni cette muette bouche
> Qui naguère eût répondu ;

Mais ce qui fait que l'on pleure
L'ami que Dieu nous donna,
C'est de revoir la demeure
Qu'hier il abandonna.

Hélas ! hélas ! dans l'asile
Où vécut le trépassé,
Tout est riant et tranquille,
Ainsi que par le passé.

Les fenêtres sont ouvertes,
Le soleil brille joyeux;
Autour des persiennes vertes
Court le pampre gracieux.

Un merle en sifflant éveille
Les échos du bois voisin,
Et Jean, la face vermeille,
Siffle en béchant son jardin....

Je ne veux pas aller plus loin, non que ce qui suit n'offre un tableau achevé, mais les Rosemondes, qui pensent à leurs cheveux blonds en prenant le deuil, ne se trouvent, Dieu merci, que dans les maisons gâtées par le luxe, et où les enfants ne savent que jouir et hériter.

Mais je m'oublie. Le soir de M. du Doré est, en définitive, comme celui de la nature, dont les teintes sont plus riches encore et plus chaudes que celles du matin. Ainsi du chant de notre poète. Ah ! s'il nous rappelle les douces harmonies du soir, que ce ne soit pas du moins, comme on nous en menace, le chant du cygne.

EUGÈNE DE LA GOURNERIE.

LA VIE ET LES ŒUVRES

DE

M. JEAN-MARIE DE LA MENNAIS

Nous croyons devoir reproduire la préface que M. Ropartz a placée en tête de cet ouvrage, si plein d'intérêt pour la Bretagne, et qui sera mis en vente sous peu de jours. (Un volume in-8o, 504 pages avec portrait. Paris, Lecoffre : 7 fr. 50.)

Je dois aux lecteurs de ce livre l'exposé sommaire des motifs qui ont déterminé un simple laïque à écrire la vie d'un prêtre et l'histoire de la fondation d'un ordre religieux contemporain.

Aussitôt après la mort de M. de La Mennais, les Frères de l'Instruction chrétienne, pieusement préoccupés de tout ce qui se rattachait à la mémoire de leur fondateur, réunirent ce qu'ils purent des écrits et des notes concernant sa vie et son institut, et prièrent un des prêtres qui avait longtemps vécu à Malestroit, à la Chesnaye, à Saint-Méen, à Ploërmel, de rédiger avec ces notes et ses propres souvenirs le livre désiré par eux. Un meilleur choix ne pouvait être fait : le biographe avait pour lui une science profonde des questions théologiques et philosophiques agitées par les écrits de Féli de La Mennais, et qui s'entremêlaient nécessairement à l'histoire de son frère ; il avait, de plus, une affection filiale et profonde pour celui dont il avait été successivement l'élève, le disciple et l'ami. Mais les notes et les correspondances recueillies par les Frères, si elles présentaient des documents presque suffisants pour faire un tableau

vrai de l'institut dans lequel s'était résumée la seconde moitié de
l'existence active et féconde de M. de La Mennais, n'apprenaient
rien ou presque rien de la moitié de cette vie non moins active et
jamais stérile, qui avait été comme le noviciat du fondateur. Le vénérable ecclésiastique auquel avait été confié le soin d'élever le
pieux monument demandé par les Frères, ne se trouva pas en position de faire les nombreuses démarches, les nombreux voyages
nécessaires pour combler cette lacune, et crut devoir renoncer à la
tâche entreprise.

C'est alors qu'ayant eu occasion d'étudier à mon tour les documents réunis par les Frères, pour écrire un des chapitres de mon
livre sur l'histoire de la ville de Ploërmel, je me sentis pris du désir
de compléter, autant que possible, le faisceau des renseignements
épars en tous les coins de la Bretagne et concernant la vie et les
œuvres de M. de La Mennais. Cette recherche m'apparut comme un
devoir de piété filiale. J'étais, peut-être, de tous les disciples du supérieur des Frères qui n'étaient pas entrés dans le sacerdoce, celui
que les circonstances avaient le plus constamment rapproché du
maître; d'un autre côté, et ma profession et mes goûts personnels
m'avaient toujours porté vers la recherche et la collection des documents historiques de toute nature, et principalement des manuscrits.
Il n'y avait donc point de témérité de ma part à essayer de réunir,
à tout le moins, les pièces justificatives d'un ouvrage que les contemporains seuls pouvaient préparer d'une manière complète.

Mes relations avec M. de La Mennais remontent aux plus lointains
souvenirs de ma première enfance. Orphelin dès le berceau, j'avais
été recueilli par mon grand-père maternel, qui était entré fort avant
dans l'intimité de M. de La Mennais, alors que les fonctions de grand
vicaire de Saint-Brieuc l'appelaient fréquemment à Guingamp, que
mon grand-père habitait. Les premiers Frères de l'Instruction chrétienne m'enseignèrent la lecture et l'écriture, et à la fin de l'année
1832, M. de La Mennais lui-même me faisait prendre place dans sa
voiture et m'amenait, après une étape à la Chesnaye, à sa maison
de Saint-Méen, où il voulut que je restasse après la scission que la

condamnation ecclésiastique de Féli amena entre lui et les mission-
naires de Rennes, directeurs du collége de Saint-Méen. Huit ans
plus tard, j'étais à Paris, où M. de La Mennais m'avait ménagé la
très-précieuse bienveillance de plusieurs des hommes distingués
qui avaient autrefois vécu à la Chesnaye et à Malestroit. Le fondateur des Frères, occupé à cette époque de la création de ses écoles
dans les colonies, venait souvent à Paris. L'affection toute paternelle
qu'il avait eue pour moi dès ma plus petite enfance, et qui se tra-
duisait de sa part par un tutoiement familier dont il usa toujours,
me permit de pénétrer dans les détails les plus intimes de sa vie. Il
passait généralement un temps très-court à Paris, dans un hôtel
garni de la rue de Beaune, où je devais le rejoindre chaque jour
jusqu'à son départ. J'étais investi par son amitié des fonctions de secrétaire, et j'avais pour salaire les conversations et les épanchements
de chaque soirée.

A quelques années de là, mon mariage, dans une campagne toute
voisine de Ploërmel, me donnait l'occasion de revoir M. de La
Mennais toutes les fois que je passais quelques jours dans ma famille,
c'est-à-dire à deux reprises chaque année; par ailleurs, chacun de
ses propres voyages en Basse-Bretagne le ramenait à ma table et
sous mon toit; et pour donner l'exacte mesure de mes rapports avec
lui, je dirai que, l'étant allé visiter dans les derniers mois de sa vie,
alors qu'il ne quittait presque plus son lit, il voulut que je dinasse
dans sa chambre et à côté du lit où il était étendu.

Il m'avait souvent témoigné, dans ses dernières années, le désir
qu'il me devînt possible de passer quelques semaines à Ploërmel,
pour réunir, sous sa dictée, pour ainsi dire, les matériaux d'une
notice sur son institut, qu'il voulait que je pusse publier après sa
mort. Les circonstances ne m'ont jamais permis ce séjour prolongé
à Ploërmel; mais les conversations multipliées du Père et les notes
confiées par les Frères eux-mêmes, m'ont rendu possible l'exécution tardive de ce fidéicommis; et c'est là la véritable origine et la
justification de ce livre.

Ce fut dans le courant de l'année 1868 que s'arrêta chez moi le

ferme dessein de rechercher les documents et surtout la correspondance. Si M. de La Mennais lui-même et les plus anciens des Frères
avaient réuni, comme je l'ai dit, des notes et des renseignements
sur l'institut, la modestie sincère du fondateur ne s'était jamais occupée de sa personne, et ce qu'on savait à Ploërmel et parmi les
amis intimes était le souvenir précieux et incomplet des conversations si pleines d'intérêt que le Père tenait parfois sur un point ou
un autre de son passé. Ces souvenirs se sont groupés et ont pris un
corps dans l'excellente oraison funèbre prononcée à Ploërmel par M.
l'abbé de Léséleuc.

En 1862, avait paru le *Recueil des lettres adressées à Mgr Bruté*
par les deux frères de La Mennais, et surtout par Jean-Marie, et ce
volume avait été toute une révélation. M. de la Gournerie l'avait enrichi d'une notice excellente sur les deux frères.

En 1866, M. Blaize, fils d'une sœur de MM. de La Mennais, fit imprimer deux volumes des œuvres inédites de Féli, composés surtout
de correspondances, parmi lesquelles les lettres écrites à Jean
tiennent la plus large place. Les lettres de Jean à Féli sont malheureusement plus rares. Le contexte des lettres de Féli en suppose un
bien plus grand nombre de Jean. Est-ce une perte accidentelle ou
une destruction volontaire? Les recherches actives et toutes bien-
veillantes de la famille Blaize dans les papiers laissés par Féli n'ont
pu rien m'apprendre à cet égard [1].

Ici, M. Ropartz remercie les personnes qui ont bien voulu mettre des
documents à sa disposition; puis il ajoute :

C'est après toutes ces tentatives fructueuses ou stériles, que j'ai
pu réunir les matériaux, pour la plupart inédits, que j'ai fait entrer

---

[1] Au nombre des documents que m'a gracieusement communiqués M. H. Blaize,
je dois mentionner le très-beau portrait peint en 1827 par Paulin Guérin. Si j'ai
préféré faire reproduire par la gravure la miniature de V. Le Chenetier, en tête de
l'édition in-8° de cet ouvrage, c'est que ce type, beaucoup plus âgé, m'a semblé plus
propre à rappeler le fondateur vraiment populaire des Frères et à nos contemporains
et aux Frères eux-mêmes.

dans le texte même de ce livre. Il est, je le sais d'expérience, une malchance trop vulgaire pour les chercheurs : c'est de laisser, sans le savoir, quelque filon inexploré. Si quelque lecteur possède, côncernant la vie et les œuvres de M. de La Mennais, des documents qui aient échappé à mes recherches, je lui saurais une grande grâce de me les communiquer pour une seconde édition, que la reconnaissance des Bretons et l'intérêt du sujet, sinon le talent de l'écrivain, me permettent d'espérer.

Au moment même où je terminais ce volume, le très-révérend Frère Cyprien, supérieur général de l'institut depuis la mort de M. de La Mennais, était admis en présence de Pie IX. Le Frère Cyprien a raconté d'une manière charmante, dans une circulaire adressée à ses Frères et datée du 5 mai dernier, les impressions de son voyage à Rome [1]. J'y relève ces mots du Pape, relatifs à M. J.-M. de La Mennais; je ne saurais trouver une meilleure épigraphe pour mon livre :

« Ensuite, entretenant le Saint-Père avec effusion de notre vénérable fondateur l'abbé Jean de La Mennais, je dis, en passant, qu'il était le frère du trop célèbre écrivain; mais j'ajoutai incontinent :

« C'étaient, très-saint Père, deux hommes de génie, mais d'un génie bien différent. Si l'un avait le génie de l'écrivain, l'autre avait en outre, au suprême degré, le génie du bien, des œuvres utiles, et par-dessus tout, l'amour de l'Église et du Saint-Siége. »

— « Oui, oui! répondit Pie IX, l'abbé Jean était bon; il était » bien bon. »

» Puis, Sa Sainteté reprit tout à coup, d'un ton significatif:
« Ils n'étaient pas frères! »

S. ROPARTZ.

---

[1] In-4° de 8 pages. Vannes, G. de Lamarzelle.

NOS ARTISTES AU SALON

A ÉMILE GRIMAUD

Mon cher ami,

Je viens un peu tard vous parler du Salon de cette année, fermé depuis quelques semaines déjà, et de la part qu'y ont prise nos artistes bretons et vendéens. Encore devrai-je débuter par une digression.

Comment, en effet, se permettre d'entrer au Palais de l'Industrie sans faire, en passant, une visite à cet autre Salon, bien autrement riche en œuvres excellentes, exposées dans les galeries du Palais-Bourbon au bénéfice des Alsaciens-Lorrains, en même temps qu'au bénéfice, non moins grand, du public et de l'art? Comment, avant d'aller porter nos politesses au présent, ne pas saluer le passé, un passé si glorieux surtout, si magnifiquement représenté? « A tout seigneur tout honneur », dit le proverbe, et ici les « seigneurs » composent toute une cour, seigneurs du pinceau, seigneurs du ciseau, seigneurs dans tous les genres de l'art, depuis Memling et les deux Van Eyck, les grands artistes flamands du XVe siècle, encore si peu connus chez nous (la merveilleuse *Châsse de sainte Ursule*, de l'un, et le non moins merveilleux triptyque, l'*Adoration de l'Agneau mystique*, des autres, que j'admirais, il y a trois ans, la première à l'hôpital de Saint-Jean, à Bruges [1], et le second dans la cathédrale de Gand, auraient suffi pour faire courir tout Paris), jusqu'à Ruysdael, Hobbema et Paul Potter; — depuis notre vieux Clouët jusqu'à nos con-

---

[1] C'était en 1871; nous sortions de la Commune. Sur l'un des derniers feuillets du registre des visiteurs, je lus, écrite en grosses lettres, cette mention pour le moins étrange : *Raoul Rigault, membre de la Commune.* Sans doute quelque mauvais plaisant avait jugé spirituel de se parer du nom du trop fameux assassin, puisqu'il paraît certain que celui-ci a été tué lors de la prise du quartier latin par les troupes de Versailles (quelqu'un m'a affirmé avoir vu son cadavre gisant sur le trottoir de l'une des rues avoisinant la Sorbonne). Quoi qu'il en soit, mon nom, fort heureusement beaucoup plus obscur, dut s'accommoder du peu enviable voisinage de cette sinistre célébrité.

temporains, Delacroix, Delaroche, Decamps, Th. Rousseau et Troyon ; — depuis le « divin Sanzio » jusqu'à Ingres, son fervent disciple.

Impossible d'énumérer seulement toutes ces richesses artistiques accumulées, tous ces tableaux, pour la plupart des chefs-d'œuvre fameux, inscrits dans le Livre d'or de l'Art ; — toutes ces tapisseries, anciennes ou modernes, rivalisant de coloris avec les toiles voisines ; — tous ces émaux, de Limoges et d'ailleurs, d'une fraîcheur à défier les siècles ; — ces bijoux, de tout style, plus riches encore de forme que de matière, et où s'est jouée la fantaisie des plus célèbres orfèvres ; — ces cristaux, ces ivoires sculptés, fouillés, guillochés ; — ces meubles en bois précieux ou en métal, depuis le coffret microscopique jusqu'à cette superbe armoire de Boule, exposée par M. le marquis de Vogüé, tout étincelante de ses incrustations de cuivre ; — ces armes, ou rongées par la rouille, comme cette longue et lourde épée d'un chevalier du XII° siècle, ou bien niellées, damasquinées comme ce sabre d'Abd-el-Kader, remis par l'émir vaincu à son digne rival Lamoricière, vainqueur enfin de son tenace et insaisissable ennemi, après un duel épique de dix années [1] ; — ces manuscrits latins, français, hébreux, persans, etc., ornés des plus riches miniatures ; — ces faïences de toute origine, depuis le *Delft* jusqu'au *Nevers* et au *Vieux-Rouen* ; ces porcelaines européennes et asiatiques, en particulier ces magnifiques vases façon persane, chinoise ou japonaise, de M. Collinot, digne continuateur de l'œuvre du regretté Adalbert de Beaumont, un savant esthéticien et céramiste, dont les produits, tout actuels, rivalisent avec ce que l'art oriental a produit de plus parfait.

Toutes ces œuvres si diverses, offertes, avec un patriotique empressement, à l'œuvre si digne d'intérêt des Alsaciens-Lorrains, par de riches collectionneurs français, ou même étrangers, composent un ensemble à rendre jaloux le Louvre lui-même.

On sait du reste que le succès de cette belle exposition a dépassé l'attente de ses intelligents organisateurs. Grâce à l'accumulation de ces oboles journalières (des oboles dont le total se chiffre par *cinq* ou *six mille* francs par jour), plusieurs autres villages pourront bientôt recevoir, en Algérie, de nouvelles familles de nos frères d'Alsace-Lorraine, ces généreux exilés volontaires, qui ont héroïquement dit adieu à leurs foyers, renoncé à la petite patrie, envahie et souillée, pour rester fidèles à la grande, à la France : éclatante leçon de patriotisme, que nombre de Français feraient bien de méditer, que nous oublions trop au milieu de nos mortelles divisions, lesquelles, si elles persistaient, auraient bientôt fait de notre malheureux pays la Pologne de l'Occident !...

[1] Ce glorieux trophée a été envoyé à l'exposition par M⁻ᵉ de Lamoricière.

Mais secouons ce lugubre cauchemar, *et paulo minora canamus*, je veux dire entrons enfin en matière.

Constatons une fois de plus que les Salons se suivent et se ressemblent, et se valent, ou à peu près, accusant les mêmes tendances, la même moyenne de talents et d'œuvres, plus estimables en général par l'habileté et le métier, que par l'élévation de la pensée. Témoin les deux grands succès du jour : ce pendu réaliste, à la saillante musculature, aux chairs rouges, à la tête vulgaire, que M. Bonnat appelle un *Christ* et qui serait tout au plus l'un des deux larrons ; ces spirituelles anecdotes appelées *Rex tibicen* et l'*Éminence grise*, que M. Gérôme nous conte avec son pinceau si fin, mais un peu sec et *brillanté*, et auxquelles le jury a décerné la médaille d'honneur de la section de peinture, au scandale de certains critiques moroses.

Mais ne nous risquons pas dans les généralités, qui nous mèneraient trop loin ; bornons-nous au chapitre spécial qui doit nous occuper.

Tout d'abord, je rencontre en tête du livret M. Baader, qui, en sa double qualité de Breton et de médaillé, a un droit double aussi à une mention. Si son tableau la *Gloire posthume* n'est peut-être pas sans défauts, il accuse du moins une louable tendance vers l'art sérieux et élevé.

C'est sans doute aussi cette tendance que le jury a voulu récompenser en décernant une deuxième médaille à l'*Offrande* de M. Lecadre, composition gréco-mythologique, estimable d'exécution, si elle est peu neuve par le sujet (des jeunes filles grecques offrant des couronnes à une statue de Minerve).

Un peintre qui n'a plus besoin d'être encouragé dans la pratique de l'art élevé et qui lui reste toujours fidèle, c'est M. Elie Delaunay. Ses deux portraits de M. G. B. et de M. Legouvé, ne sont pas loin d'être des chefs-d'œuvre, et je cherche quelles qualités leur manquent : ressemblance frappante, saisissant relief, à la fois finesse et vigueur de trait, vivante et parlante physionomie, à travers laquelle l'esprit, l'âme, transparaît, — tout se rencontre dans ces deux maîtres morceaux. Un troisième, non inscrit sur le livret, *David vainqueur de Goliath*, est également une toile de haut style, un peu froide peut-être en certaines parties (il est vrai qu'elle paraît inachevée). Elle est vraiment héroïque l'attitude de cet adolescent, à l'air grave et résolu, fièrement campé, sans forfanterie toutefois, tenant d'une main l'épée, grande comme lui, du géant, et de l'autre soulevant sa hure chevelue (cette tête, toutefois, n'est-elle pas encore un peu petite pour cet énorme corps qui gît là et dont elle vient d'être détachée ?), pendant que, à l'arrière-plan, les compagnons d'armes du jeune vainqueur célèbrent son triomphe au bruit des trompettes et des flûtes.

M. de Beaumont nous transporte dans un tout autre monde. Avec lui nous ne sommes pas exposés à rencontrer l'héroïsme, sous aucune forme, mais bien de petits sujets anecdotiques ou épigrammatiques, traités d'ailleurs avec un vrai et spirituel talent, une touche trop grise, mais fine, que l'on regrette de ne pas voir mieux employés.

Bête comme une oie : Sauf votre respect, cela vous représente un troupeau de volatiles de ladite espèce, accourant en jacassant à tue-tête, comme s'ils se disputaient stupidement à qui sera le premier mis à la broche, se pressant autour de ce cuisinier qui, le coutelas passé dans son tablier blanc, se tenant le menton dans une pose méditative, regarde ses victimes et tâte de l'œil la plus grasse. — Le beau sujet à mettre en peinture ! — *Têtes folles !* rieuses jeunes femmes qui s'amusent des grimaces de trois nains : autre sujet non moins digne de l'art de Raphaël et de Poussin...

J'ai regret à constater encore une certaine défaillance dans le poétique et sympathique talent de M. de Curzon. Son *Premier portrait* (légende grecque de l'invention du dessin) n'est que du Bouguereau, du plus maniéré, soufflé et *blaireauté ;* on dirait d'une peinture sur porcelaine. J'aime mieux la *Sérénade dans les Abruzzes,* et le joli paysage intitulé *Souvenir des côtes de Provence,* traités du moins d'un pinceau plus viril.

Faute d'espace, mentionnons, au courant de la plume, le néo-grec M. Picou et ses toiles toujours aussi lustrées, vernissées, et aussi fausses de ton; — les jolies compositions de genre de MM. Leray et Hippolyte Dubois; — le *Korn-boud* de M. Yan'Dargent, le Breton bretonnant du pinceau; — la *Gauloise* et la *Brunehaut* de M. Luminais, l'une tordant sa fauve chevelure, l'autre traînée par son cheval fougueux à travers un âpre paysage : deux toiles brossées avec cette vigueur que l'on connaît; — l'*Hôtel du Lion d'or,* de M. Jules Noël, faisant suite à son *Arrivée de la diligence* du précédent Salon : pimpante et gaie pochade, peinte en grisaille, façon gouache; scène de cuisine d'auberge, au temps du Directoire, où les détails spirituels ne manquent point; — l'*Alerte de francs-tireurs,* de M. Chaillou, douloureux souvenirs d'une guerre maudite; — la *Morue fraîche* et les *Confitures* (deux plats qui ne vont guère ensemble), que nous sert côte à côte M. Jean Even (de Dinan); — la *Chaste Suzanne,* de M. Le Bihan, un prétexte à nu, sujet tiré au millième exemplaire; — le *Jésus au jardin des Oliviers,* de M. Léofanti (de Rennes), d'un sentiment élevé et pieux.

Le livre sérieux : Elles se sont mises à deux pour le lire; encore n'en peuvent-elles venir à bout, tant le livre est sérieux, ou, peut-être, tant elles le sont peu... Les voici qui s'endorment, mollement étendues sur les coussins d'un sofa, pendant que le pauvre vieux livre (un vénérable bouquin, à tranches rouges et relié en veau) s'échappe des mains de l'une des deux belles indolentes. Inutile d'ajouter que, pour se mieux livrer à cette sérieuse occupation, qui si mal leur réussit et de laquelle, on le voit de reste, elles ne sont guère coutumières, nos deux jeunes personnes se sont attifées de leurs plus beaux atours, ainsi qu'il sied à des élégantes qui se fournissent à la maison Toulmouche. Évidemment les livres sérieux n'ont rien de commun avec ces falbalas, et le dernier roman du fardé et musqué M. Arsène Houssaye ferait bien mieux l'affaire de ces demoiselles.

Dans le paysage, nous retrouvons nos deux vieilles et excellentes connaissances, MM. Lansyer et Camille Bernier, qui nous apportent de nouvelles *vues* de la pittoresque nature bretonne, toujours étudiées avec le même sentiment, toujours rendues avec la même vérité en même temps qu'avec la même poésie. Dans les *Brisants du Stang*, le premier n'a pas craint de se mesurer avec l'un des phénomènes les plus terribles de la tempêtueuse mer qui lutte dans un duel éternel contre les falaises granitiques de l'extrémité de la péninsule bretonne : chaos de houles énormes, qui s'élèvent, se creusent, bondissent, s'amoncellent et se brisent contre elles-mêmes et contre les récifs, en hurlant et en projetant au loin une fumée d'écume...

De cette *marine*, si hardie d'intention, sinon parfaite de *rendu* (la perfection ici se fût doublée d'un tour de force; mais tout au moins l'impression y est), rapprochons ces autres *marines*, estimables à divers degrés et signées : de Bellée (un pinceau vigoureux et franc), Le Sénéchal de Kerdréoret, Guillou...

M. Bidau, un paysagiste dans son genre aussi, continue d'étaler devant nos yeux charmés d'appétissants amas de fruits et de fleurs, luttant de fraîcheur et de coloris.

L'amitié qui nous lie tous deux à M. Gustave Marquerie, un artiste dont la modestie égale le talent et qui, Breton de cœur, a désormais conquis, par ses nombreux travaux, droit de cité à Nantes, — me défendra-t-elle de reconnaître, à mon tour, que son *Portrait de M. de Laprade* est excellent, qu'il a su fort heureusement rendre la vivante et noble physionomie du célèbre poète, ces grands et larges traits, ces expressifs yeux noirs, où rayonne l'inspiration lyrique en même temps qu'y pétille la mordante verve du satirique ?

A propos de portraits, vous plairait-il de contempler celui d'un radical? Regardez M. Jobbé-Duval, peint par lui-même : chevelure ébouriffée, *à la malcontent;* regard dur et farouche, front soucieux et sombre, que l'étude des « hauts problèmes de la démocratie » a creusé de rides profondes; moustaches rousses et hérissées : — rien n'y manque, le type est au complet.

Le *Candidat,* de M. Léonce Petit, autre personnage politique, qui parcourt un marché, pêle-mêle avec les bœufs et les porcs, et prodigue les poignées de main aux paysans, que, vienne le succès, il ne daignera pas honorer d'un regard, — est une spirituelle, mais un peu banale caricature, qui figurerait fort bien à la troisième page du *Charivari.*

———

Descendons au rez-de-chaussée, et parcourons rapidement les galeries de la Sculpture, éparpillées dans ces avenues bordées de massifs de verdure et de fleurs, sur lesquels tranche la blancheur des marbres.

Tout d'abord, saluons en passant le patriotique et beau groupe *Gloria victis,* d'Antonin Mercié, l'œuvre maîtresse du Salon, d'un souffle jeune et déjà puissant, d'un élan si noble et si aérien ; — et la statue de Berryer, commandée à M. Barre par la ville de Marseille : du haut de son piédestal, comme d'une tribune, le grand orateur semble encore, tant l'attitude est naturelle et vivante, prononcer une de ces admirables harangues qui transportaient ses adversaires politiques eux-mêmes. (Combien le silence d'un tel homme se fait douloureusement sentir au milieu de l'affreux chaos où si stérilement nous nous débattons ! Par sa haute autorité, son prestige, son patriotisme éclairé, son sens politique aiguisé par une longue expérience, sa profonde connaissance des hommes et des choses de son temps, nul mieux que Berryer n'eût été propre à dissiper les malentendus et les illusions, également funestes, à travailler efficacement à changer la face des choses... Mais hâtons-nous de fermer la parenthèse et de sortir du brûlant terrain de la politique, — l'odieuse, l'écœurante politique ! — pour revenir au calme et tout pacifique domaine de l'art.)

Le *Caïn* de M. Caillé (de Nantes) lui a valu une 2e médaille, fort bien méritée. Assis et comme ramassé sur lui-même, le fratricide entoure de ses deux bras, aux poings crispés, sa tête où flamboie un œil hagard et farouche, comme s'il voulait la défendre contre quelque invisible péril, peut-être contre l'ombre d'Abel qui le poursuit. Le morceau est d'une belle expression, largement taillé et d'un savant modelé.

J'en dirai autant du colossal *Discobole,* de M. Le Bourg, à la puissante musculature, au torse herculéen. Non loin de lui je retrouve, mais en marbre cette fois, cette même *Prêtresse d'Eleusis,* dont j'avais signalé le marbre à l'un des précédents Salons, et qui, élégante de formes et bien équilibrée, souffle toujours, pour y rallumer le feu, dans son pseudo-antique θυμιατήριον, un peu trop semblable à nos modernes encensoirs.

Enfin, à son joli marbre et à son géant de plâtre, le même artiste a joint une faïence polychromée, *le Joyeux devis,* groupe bachique, expressif et vivant, où quatre joyeux compères s'en vont bras dessus bras dessous, devisant et chantant, « dodelinant de la tête et... », cherchez le reste dans Rabelais...

Une autre connaissance de l'une des précédentes années, et revue avec plaisir, c'est le *Mercure,* de M. Ludovic Durand, qui, de plâtre devenu marbre, a si bien gagné à sa transformation, que le jury lui a, cette fois, décerné une 3e médaille.

A part ces morceaux de résistance, je ne vois guère que des bustes exposés par nos autres sculpteurs : MM. Gaston Guitton, Gourdel, Barré, Léofanti, Raffegeaud, de Verteuil, etc.

N'oublions pas les deux jolis médaillons d'enfants, modelés avec une sollicitude toute maternelle par Mme Bourgault-Ducoudray, qui cultive avec un remarquable succès la sculpture, pendant que, de son côté, son mari, le jeune musicien lauréat si connu, se livre corps et âme à son art.

Dans la section *Dessins,* etc., mentionnons les dessins à la plume et aquarelles de MM. de Bellée et Lansyer, déjà nommés; les porcelaines de Mlle Adrien (de Nantes); les émaux de M. A.-P. de Courcy, et de Mmes de Nugent et Marielle de la Chassaigne (de Nantes); de Mlle Corbon (de Lorient); les miniatures de Mlle Blin (de Quimperlé); — enfin les faïences de M. Michel Bouquet, le chef de la tribu, de plus en plus nombreuse, des peintres céramistes de l'un et de l'autre sexe.

L'Architecture ne nous offre guère que le nom de M. Loué (*Projet de monument sépulcral à élever à Luçon*), et celui de M. Bourdais (de Brest), à qui son *Projet d'un palais de justice pour la ville du Havre* a valu une 2e médaille.

Je ne puis mieux terminer encore cette courte et sèche revue du Salon que par le nom sympathique de M. Octave de Rochebrune. J'ai d'autant plus plaisir à le faire que m'incombe la très-agréable tâche de féliciter, dans ce recueil, l'éminent artiste vendéen de la distinction honorifique qu'il vient de recevoir, cette croix de la *Légion* d'honneur que nous lui souhaitions ici-même l'an dernier. La récompense est d'autant plus flatteuse que le ministère des Beaux-Arts, gêné par certaine loi, a dû être fort avare des distinctions de ce genre. La seule croix que la gravure ait reçue dans son lot, a été décernée à M. de Rochebrune, et fort justement.

Comment, sans nous répéter, énumérer les qualités qui frappent encore l'œil le moins exercé dans ces œuvres nouvelles : vues du *Château de Meillant*, de l'*Hôtel de Jacques-Cœur* et du *Château de Chenonceaux*? C'est toujours, chez l'habile aquafortiste, la même sûreté de pointe, le même délié, le même trait précis, ferme et aisé tout ensemble, la même singulière adresse à reproduire, sans confusion, les multiples détails de cette charmante végétation de pierre qui caractérise l'architecture ogivale ou renaissance.

M. de Rochebrune est bien décidément le maître de l'eau-forte architecturale.

Lucien Dubois.

P. S. — Les envois annuels de notre école de Rome viennent d'arriver. La plus importante des toiles exposées est due à notre compatriote, M. Luc-Olivier Merson : *Le Sacrifice à la Patrie,* composition à la fois antique et chrétienne, que dépare plus d'un défaut (certaine Renommée notamment vous choque tout d'abord par une jambe invraisemblable), mais qui, outre plusieurs parties excellentes, témoigne chez le jeune artiste, par l'idée et l'exécution, d'une très-louable tendance à s'élever au-dessus de cet art banal et mercantile trop à la mode de nos jours. Je me hâte d'ajouter que le tableau est inachevé; en retouchant son œuvre, l'auteur ne manquera pas de corriger les fautes de dessin et de coloris, qu'explique et excuse l'improvisation du premier jet.

Autre exposition, ouverte d'hier au Palais de l'Industrie, celle des projets relatifs à la construction de la future basilique du Sacré-Cœur, sur la colline de Montmartre. Parmi les soixante-dix-huit plans envoyés par les architectes français et étrangers, il en est deux, signés : *Douillard frères,* qui, après un rapide et superficiel examen de l'ensemble, m'ont paru particulièrement bien conçus et comme devant être classés à un rang des plus honorables. L. D.

———

— M. Lucien Dubois signale plus haut les bustes dus au ciseau de sculpteurs bretons, figurant au Salon de cette année. Celui de Leperdit, par M. Barré, mérite une mention toute spéciale. Leperdit, dont le souvenir est encore vivace en Bretagne, était maire de Rennes en 93, et sauva plus d'une vie compromise dans la tourmente révolutionnaire. C'était l'époque où Carrier semait la terreur dans cette ville, et Leperdit ne craignit pas de jouer sa tête pour arracher le plus grand nombre de victimes possible au sanguinaire délégué de la Convention. On connaît sa fière réponse au proconsul qui voulait le forcer à lui livrer deux prêtres : — Ils sont sont hors la loi, disait Carrier. — *Ils ne sont pas hors de l'humanité,* répondit le maire. Après la Terreur, Leperdit déposa modestement son écharpe et retourna à son établi de tailleur. En 1808, lors du passage de Napoléon Ier à Rennes, l'ancien maire fit partie d'une députation envoyée à l'empereur, qui le remarqua, prit des informations sur lui et l'honora du surnom de *Tête de fer.* — M. Barré a supérieurement rendu la *tête de fer* de cet homme énergique. Son buste est destiné au Musée de Rennes.

LISTE DES VICTIMES DE QUIBERON[*]

DE CHAMPCLOS (BURLES). *Lire*, Joseph-Henri-Marie BURLE DE CHAMPCLOS, lieutenant de vaisseau, sous-lieutenant dans *Hector*, né à Manosque (Basses-Alpes, le 22 septembre 1766, tué le 16 juillet. *Em.* [1].

DE CHAMPFLOUR. *Aj.*, capitaine dans *Hervilly*. Blessé à mort le 7 juillet *Em.* [2].

DE CHAMPSAVOY. *Lire*, Guy-Firmin GRIGNARD DE CHAMPSAVOY, sous-lieutenant dans *du Dresnay*, né au château de la Muce-Brulon, en Guichen (Ille-et-Vilaine), le 5 septembre 1772; + 8 fructidor Vannes. *Em.* [3].

DE CHANTELLENOT. *Aj.*, DE SÉRÉ, mort dans les combats. Il était de Langres. *Em.*

DE LA CHAPELLE (Exupère). Tué dans les premiers combats.

[*] Voir la livraison de juin, pp. 474-485.

[1] Fils de *Pierre-Jean-Henri* de Burle, seigneur de Champclos, lieutenant de vaisseau, chevalier de Saint-Louis, et de *Marie-Madeleine-Victoire-Rossoline* de Thomas d'Ivène et d'Orves. Il était fils unique, mais avait trois sœurs.

[2] On trouve à Clermont, en Auvergne, une famille de Champflour, qui a produit un évêque de La Rochelle en 1703, archevêque d'Aix en 1729, et un évêque de Mirepoix de 1736 à 1763.

[3] Fils de *Joseph-Marie*, ancien capitaine de dragons, chevalier de Saint-Louis, et de *Renée-Louise* Milon de Bellevue; il avait deux frères et huit sœurs. De cette nombreuse famille, il ne reste aujourd'hui que les descendants de quatre sœurs: MM^{mes} Bouan, Harrington, de Loménie et de La Touche-Limousinière.

DE LA CHAPELLE (Jh-François). *Aj.*, Conflans, près Moutiers (Savoie); + 12 thermidor, Auray.

DE LA CHAPELLE (Pierre-Paul). *Lire,* DU BAC DE LA CHAPELLE, lieutenant-colonel d'infanterie, capitaine en d'*Hervilly*, né à Argentac (Corrèze), en 1750; + 14 thermidor, Vannes. *Em.* [1].

CHAPITEAU (Salomon). *Aj.*, volontaire dans *Périgord*, né le 15 mars 1741, à Minsac (Charente); + 15 thermidor, Quiberon. *Em.* [2].

CHAPON (J.-F.). *Aj.*, journalier, 21 ans, Seine-Inférieure; + 21 thermidor, Auray. *Em.*

DE CHARBONNEAU. *Aj.*, Charles-Marie-Gabriel, ancien lieutenant dans *Hervilly*, chevalier de Saint-Louis, né à la Pilotière, en Vieillevigne (Loire-Inférieure), le 6 juillet 1746, tué au combat du 16 juillet. *Em.* [3].

DE CHARBONNEAU (Henri). *Lire*, Charles-Henri-Joseph, sous-lieutenant dans *Hervilly*, né à la Pilotière, le 18 juin 1772; + 9 fructidor, Vannes. *Em.* (Voir t. XXXIV, p. 363.)

CHARDON (J.-B.). *Aj.*, 22 ans, Argenton (Indre); + 12 thermidor, Auray. *Em.*

CHARLANNE (Jean). *Aj.*, tailleur, 25 ans, Villeneuve (Aveyron); + 16 vendémiaire IV, Vannes. *Em.*

DU CHARMOIS. *Lire,* Louis-Charles LE MAIRE DU CHARMOIS, sous-lieutenant, 36 ans, Villemoutiers (Loiret); + 14 thermidor, Vannes. *Em.*

DE CHASTEIGNIER (P.-F.-A). *Lire,* Eutrope-Alexis DE CHASTEIGNER, brigadier des gardes-du-corps, né au château de Lindois, près de Confolens (Charente), le 1er août 1738, vétéran dans *Loyal-Emigrant;* + 15 thermidor, Quiberon. *Em.*

DE CHASTEIGNER (Jean-Pierre-Alexis). *Aj.*, DE LAGRANGE, lieutenant au régiment de *Damas*, 42 ans, Gard ; no 552 de l'Etat, *Em.*

CHATAIGNE ou CHADAGNE (Jean), domestique, de Cossé (Mayenne); + 16 thermidor, Quiberon. *Em.*

[1] Il était fils de *Jean-Félix* et de *Marie* du Vigier, et avait quatre frères et cinq sœurs. Lui-même avait épousé *Gabrielle* de Ferrière de Sauvebœuf, dont il n'eut qu'une fille, décédée célibataire. Il n'a pas laissé de neveux de son nom.

[2] Il avait épousé N. de Coubé de Lusignan, dont il avait en quatre enfants. Un seul, *Joseph* de Chapiteau, vivait encore il y a quelques années. La famille existe toujours.

[3] Il était fils d'*Alexis-Gabriel*, seigneur de La Pilotière, et de *Anne-Henriette* Fermanteau. La famille est éteinte. La branche de La Pilotière, à laquelle appartenaient les deux victimes de Quiberon, s'est fondue dans Palys et Caqueray.

CHATEL (Louis). *Aj.*, soldat, 26 ans, Guibré (Calvados); + 15 thermidor, Vannes.

DE CHATON (Auguste). Combat du 16 juillet.

DE CHAVOY (R.-G.-M. PAYEN). *Lire*, Raoul-Gustave-Martial-Pierre PAYEN DE CHAVOY, élève de la marine, volontaire dans *Hector*, né à Avranches, le 2 octobre 1772; + 15 thermidor, Auray. *Em.* [1].

DE CHEFFONTAINES (A.-M.-F.). *Lire*, Alexandre-Marie-Fortuné de PENFUN-TENIOU DE CHEFFONTAINE, lieutenant de vaisseau, lieutenant en *du Dresnay*, né à Quimper, le 13 mai 1763; + 15 thermidor, Vannes. *Em.* [2].

DE LA CHENARDIÈRE (N.-J.). *Lire*, Nicolas-Jacques BALLET DE LA CHENAR-DIÈRE, capitaine de dragons, chevalier de Saint-Louis, né à Nantes, le 21 novembre 1739; + 15 thermidor, Quiberon. *Em.* [3].

DE CHENU (Charles-Germain-Gabriel). *Aj.*, capitaine au régiment de Normandie, officier en *Damas*, né à Auxerre (Yonne), le 5 juillet 1755; + onze fructidor, Auray. *Em.* [4].

DU CHESNAY. *Lire*, Pierre-François POULAIN DU CHESNAY, né à Plougue-noal, près de Pléneuf (Côtes-du-Nord), le 5 septembre 1742 + 14 thermidor. Vannes. *Em.*

CHEVÉ (François). *Aj.*, tisserand, 34 ans, Vannes; + 8 fructidor. Vannes. *Ins.*

DE LA CHEVIÈRE (Benjamin-René-Michel). *Aj.*, officier dans Bourbon, infanterie, lieutenant en *du Dresnay*, né, château et commune de Senonnes (Mayenne), vers 1742; + 16 thermidor, Vannes. *Em.* [5].

[1] Fils de *Gabriel-Jean-Baptiste-Victor*, seigneur de Chavoy, et de *Jeanne-Madeleine-Jacqueline* de Verdun. Il avait un frère et deux sœurs, (MM^{es} de Lancesseur et Regnouf de Vains), et était neveu du chevalier de Payen, qui, après s'être dit quelque temps : *Payen de nom et de fait*, se mit sous la direction de l'abbé Carron et devint prêtre. La victime de Quiberon avait refusé de dissimuler son âge pour profiter du sursis.

[2] Il était le quatrième des onze enfants de *François-Hyacinthe-Louis*, marquis de Cheffontaine, officier aux *Gardes françaises*, chevalier de Saint-Louis, et de *Marie-Jeanne* du Coëtlosquet.

[3] Il était fils de *Jacques*, président à la chambre des Comptes, et de *Jeanne* Benoit, famille éteinte.

[4] Il était fils de *Gaspard* de Chenu, capitaine au régiment de *Royal-vaisseaux*, chevalier de Saint-Louis, et de *Germaine* Gilloton. L'un de ses frères fut fusillé à Paris, sous le Directoire (2 juillet 1797). La famille est éteinte. Voir dans le *Récit sommaire* de M. Bertier de Grandry, p. 41, un trait qui honore le chevalier de Chenu.

[5] Il était fils de *Jean-Baptiste-André-René* de La Chevière, seigneur dudit lieu, en Martigné-Ferchaud (Ille-et-Vilaine), et d'*Elisabeth* de La Motte de Senonnes, et lui-même avait épousé *Agathe* de Freslon.

DE LA CHEVIÈRE (Joseph). *Lire*, Joseph-Marie, fils cadet du précédent, sergent-major en *du Dresnay*, né vers 1776, tué au combat du 16 juillet. *Em.*

DE LA CHEVIÈRE (A.). *Lire*, René-Auguste-Toussaint, frère aîné du précédent, né vers 1774, sous-lieutenant dans *du Dresnay;* + 9 fructidor, Vannes. *Em.* [1].

DE LA CHEVIÈRE (Jean-Baptiste-Germain). *Aj.*, oncle des deux derniers et frère de Benjamin-René Michel, né à Martigné-Ferchaud, le 22 février 1749, capitaine au régiment de Lorraine, infanterie, volontaire dans *Damas ;* + 16 thermidor, Vannes. *Em.* [2].

DE CHEVREUX (Jean-Marc). *L'Etat* du général Lemoine dit à tort *de Chevreuse.* Volontaire, 59 ans, Vitrac (Charente) ; + 14 thermidor, Vannes. *Em.* [3].

— CHEVRIER (Joseph). Double emploi et altération du nom de Joseph de La Chevière.

DE CHESEA. *Lire*, DE CHIESA, lieutenant au régiment du Roi, capitaine en *d'Hervilly*, blessé le 16 juillet, mort le 25. *Em.*

CHOLET (J.-B. Baron de). *Aj.*, âgé de 27 ans, Longeau (Meuse) ; + 15 thermidor, Vannes. *Em.*

CHOPE (J.-B.). *Aj.*, domestique, 24 ans, Stenay (Meuse) ; + 20 fructidor Vannes. *Em.*

DE CHRÉTIEN. *Aj.*, ancien officier au régiment d'Isle-de-France, infanterie, tué dans les premiers combats. *Em.*

CHRÉTIEN (J.-M.). *Aj.*, sellier, Vannes (Morbihan). *Ins.* (N° 697 de l'*Etat*).

DE CHRISTON (J.-F.). *Lire*, Louis-François MARCHANT DE CHRISTON, lieutenant au régiment de Flandre, adjudant dans *Rohan*, né à Nuisement (Marne), en 1758 (n° 537 de l'Etat.) *Em.* [4].

[1] Le jugement qui le condamne porte à tort les prénoms de son plus jeune frère *Joseph*, tué le 16 juillet, et non les siens. Peut-être les avait-il pris pour jouir du sursis.

[2] La famille de La Chevière compte ainsi quatre des siens parmi les victimes de Quiberon. Un cinquième, *Louis-Jean-François*, était tué en Espagne. Un sixième, *Benjamin-Pierre*, avait péri sous Nimègue, en 1794. La famille aujourd'hui est éteinte et fondue dans Richard de Beauchamp, La Faucherie du Pin et de Broons de Vauvert.

[3] Il existait réellement en Angoumois une famille de *Chevreuse*, qui a perdu beaucoup des siens pendant la Révolution ; mais, renseignements pris, on n'en voit aucun qui soit mentionné comme ayant pris part à l'expédition de Quiberon. Le *Chevreux* de Quiberon avait pour mère *Rose-Charlotte* de La Rochefoucauld.

[4] Fils de *François-Louis-Marie*, seigneur de Nuisement-aux-Bois, ancien officier d'artillerie, et de *Marie-Catherine* de Boyolt d'Orsonval. Lui-même avait épousé à Epernay, le 29 mars 1781, *Marie-Charlotte* d'Argent, dame de Dammattin-la-Planchette, et il avait un fils et une fille.

De Collombet (J**h**). *Aj.*, âgé de 43 ans, du Puy (Haute-Loire); + 13 thermidor, Auray. *Em.*

De Comblat (François). *Lire,* De La Carrière de Comblat, lieutenant de vaisseau, sous-lieutenant dans *Hector* (Cantal); + 15 thermidor, Vannes. *Em.*

De Compreignac (H**er**). *Lire,* Yrieix Martin de Compreignac, lieutenant au régiment de Foix, puis garde-du-corps, né au château de Compreignac, près de Limoges, en 1767, officier dans *Périgord;* + 11 thermidor, Auray. *Em.* [1].

De Concises (Greslier). *Lire,* Charles-Auguste-Roland Grellier de Concize, major de vaisseau, chevalier de Saint-Louis, capitaine dans *Hector,* né à Chambretaud (Vendée), vers 1746, blessé le 16 juillet; + 15 thermidor. Vannes. *Em.* [2].

De Corday (Ch.). *Lire,* Charles-Jacques-François de Corday d'Armont, volontaire dans *Loyal Emigrant,* chevalier de Saint-Louis le 17 juillet 1795, né au Mesnil-Imbert (Orne), le 21 septembre 1774; + 13 thermidor, Auray. *Em.* [3].

De Corday (Pierre-Jean). Oncle du précédent, officier au régiment de La Fère, infanterie, né au Mesnil-Imbert (Orne), le 19 février 1734; + 14 thermidor, Vannes. *Em.* [4].

Du Cormier. Combat du 21 juillet.

— De Cornulier (René). *Lire,* Arnaud-Désiré-René-Victor de Cornulier de la Caraterie, blessé le 16 juillet. Il n'est décédé à Nantes que le 21 avril 1830. (Voir t. XXXV, p. 43.)

Corvay (Pierre). *Aj.*, laboureur, 40 ans, Auray; + 8 ventôse IV, Vannes. *Ins.*

Costinic (François). *Aj.*, cultivateur, 29 ans, Lille (Nord); + 14 thermidor, Auray. *Em.*

[1] Il était le plus jeune des dix enfants de *François* Martin, seigneur baron de Compreignac, et de *Marie* Blondeau. Sur ces dix enfants, il y avait quatre gardes-du-corps et deux chanoines.

[2] Fils de *Philippe* Grellier, seigneur de Concize, et de *Cécile-Catherine* Demollière. Lui-même avait épousé à Rochefort, le 23 août 1773, *Eléonore* de Chavagnac, dont il avait un fils et une fille. M**me** de Concize et sa fille furent noyées à Nantes pendant la Révolution. Son fils, chef d'escadron, chevalier de Saint-Louis et de la Légion d'honneur, est décédé sans postérité. Le seul représentant de la famille Grellier est aujourd'hui M. Grellier du Fougeroux, ancien représentant de la Vendée.

[3] Il était fils de *Jacques-François* et de *Charlotte-Jaqueline-Marie* de Gaultier, et frère de la célèbre Charlotte Corday. L'un et l'autre étaient arrière-petits-fils de *Françoise* de Farcy, dont la mère, *Marie* Corneille, était la fille aînée de notre grand poète. La branche des Corday d'Armont est aujourd'hui éteinte.

[4] Oncle du précédent. Il était fils de *Jacques-Adrien* de Corday et de *Marie-Renée-Adélaïde* de Belleau. Marié, sans enfant.

De Cotelle (R.-S.). *Lire*, Saturnin-René Cotelle, avocat, volontaire dans *Rohan*, né à Châteaubriant, le 29 novembre 1766; + 15 thermidor, Vannes. *Em.* [1].

De Cotte (A^ne). *Aj.*, 17 ans, Toulon (Var); + 2 fructidor, Vannes. *Em.*

Coupet (Pierre). *Lire*, Coupé, journalier, volontaire dans *Béon*, 23 ans (Nord); + 10 thermidor, Quiberon. *Em.*

Courcy (Paul-Pierre-Augustin). *Lire*, Hellouin de Courcy, ancien officier, cadet en *Rohan*, 52 ans, Pierrefitte (Calvados); + 15 thermidor, Vannes. *Em.* [2].

Courreau (Alexandre). *Aj.*, soldat, 31 ans, Vivarais; + 15 thermidor, Vannes. *Em.*

Ch^er de Cours. *Aj.*, capitaine en d'*Hervilly*, blessé le 21 juillet, mort au mois d'août. *Em.* [3].

De Courteville. *Aj.*, d'Hodicq, 68 ans, Pas-de-Calais; + 12 thermidor, Quiberon. *Em.*

De Coustin (J.-F.). *Lire*, Jean-François Coustin du Masnadau, sous-lieutenant en *du Dresnay*, né vers 1768 à Saint-Bertrand de la Guadeloupe; + 8 fructidor, Vannes. *Em.* (Voir t. XXXIV, p. 59.)

De Saint-Crend (N.-M.). *Lire*, Feugeret de Saint-Crend, ancien lieutenant-colonel de *Royal-Picardie*, chevalier de Saint-Louis, capitaine adjudant-major en d'*Hervilly*, tué le 16 juillet. *Em.* [4].

De Croissanville (T^t). *Lire*, Bailleul de Croissanville, volontaire en *Béon*, 42 ans, Vire (Calvados); + 18 thermidor, Quiberon. *Em.*

De Crommebois (M^in). *Lire*, Mathurin Crouillebois, 34 ans, Mayenne; + 13 fructidor, Auray. *Em.*

De Croutte (N.-H.). *Lire*, Nicolas La Groy de Croutte, étudiant, 21 ans, Le Quesnoy (Nord); + 10 thermidor, Quiberon. *Em.*

Bon de Crouzeilhes. *Lire*, Jean-Baptiste Dombideau de Crouseilhes, major de vaisseau, 46 ans, Pau (Basses-Pyrénées); + 15 thermidor, Vannes. *Em.* [5].

---

[1] Il était fils de noble maître *Pierre-Louis* Cotelle, avocat au Parlement, premier fiscal de la baronnie de Châteaubriant, et de *Anne-Marie* Chérel.

[2] Fils de *Marc-Antoine-Auguste* Hellouin, marquis de Courcy, maréchal de camp, gouverneur de Carentan, en 1754.

[3] Nous trouvons dans la Saintonge un chevalier de Cours (*François*), seigneur de Ponsors, dont le frère aîné était capitaine au régiment de la Sarre, infanterie. Les descendants de celui-ci habitent maintenant Toulouse.

[4] Son unique frère avait été guillotiné le 12 mai 1794.

[5] Fils de *Jean*, baron de Crouseilhes, conseiller au Parlement de Navarre, et de N. de Capdeville. Il avait un frère aîné qui a continué la famille, et un autre frère qui a été évêque de Quimper, de 1805 à 1823.

DE CROZET (J.-B.). *Lire*, DU CROZET DE LA REGNAUDE, officier au régiment de Vexin, quartier maître en *Damas*, né à Riom, le 8 janvier 1761; + 15 thermidor, Quiberon. *Em.* [1].

DE CRUZEL (P.-M.-F.). *Lire*, Pierre MAFFRE DE CRUZEL, garde-du-corps, 45 ans, Verteuil (Aveyron); + 15 thermidor, Quiberon. *Em.*

CUNIER (Charles). *Aj.*, étudiant, volontaire en *Damas*, 22 ans, Valenciennes; + 11 thermidor, Auray. *Em.*

DAGORD (Jacques). *Aj.*, laboureur, 27 ans, Grandchamp (Morbihan); + 29 nivôse, Vannes. *Ins.*

DALLOT (François). Combats du 18 au 21.

B^{on} DE DAMAS. *Lire*, Charles, baron de DAMAS-CORMAILLON, né à Painlèz-Montbard, le 21 mars 1758, colonel au régiment de la Marche, cavalerie, major en d'*Hervilly*, tué le 21 juillet. *Em.* [2].

DE DAMOISEAU (P.-J.). *Lire*, Frédéric-François-Joseph DAMOISEAU DE LA BANDE, capitaine au régiment de Champagne, chevalier de Saint-Louis, volontaire aux vétérans de La Châtre, né en 1748 au château de la Bande, commune de Chaource (Aube); + 15 thermidor, Vannes. *Em.* [3].

DE DANCEAU (J.-C.-T.). *Lire*, Jean-Constantin-Théodore D'ANCEAU ou DE DANCEAU, lieutenant-colonel, commandant le régiment de *Béon*, 54 ans, Toulouse; + 13 thermidor, Auray. *Em*

DANIC (Etienne). *Aj.*, portefaix, 48 ans, Auray; + 28 nivôse IV, Vannes. *Ins.*

DANIEL (François). *Aj.*, laboureur, 24 ans, Noyal-Muzillac (Morbihan); + 24 nivôse IV, Vannes. *Ins.*

DANIEL (J^h), tué ou noyé le 21.

DANIEL (L^t). *Aj.*, 21 ans, Guingamp; + 12 thermidor, Vannes. *Déserteur.*

DANO (Isidore). *Aj.*, laboureur, 28 ans, Vannes; + 8 fructidor, Vannes. *Ins.*

---

[1] Fils de *Jean-Baptiste* du Crozet de Conche, seigneur de la Regnaude, et de *Marie-Gilberte* Pannoy du Deffan. Il avait un frère major aux dragons de La Tour, au service d'Autriche, qui fut pris par trahison et fusillé, en 1793, à Valenciennes.

[2] Fils de *Charles-Jules*, baron de Cormaillon, et de *Jaqueline* du Bois d'Aisy. Lui-même avait épousé, en 1784, *Marie-Gabrielle-Marguerite* de Saarsfield, dont il avait plusieurs fils, notamment le baron de Damas, ministre sous la Restauration et gouverneur du duc de Bordeaux.

[3] Il était fils de *Frédéric*, ancien capitaine d'infanterie, chevalier de Saint-Louis, et de *Agnès* Jolly.

EUGÈNE DE LA GOURNERIE.

(La suite à la prochaine livraison.)

CHRONIQUE .

Sommaire. — Mort de M. Rio. — *Souvenirs d'un écolier en 1815.* — La fête de N.-D. de Guingamp. — L'Association bretonne. — Les pierres de Carnac. — Une inscription phénicienne à Guérande. — MM. Baudry, Delaunay, Barré et Menard.

Il est bien rare que notre chronique n'ait pas à enregistrer la mort de quelqu'un de ces hommes d'élite qui font le plus grand honneur à leur province ; travailleurs de la première ou de la dernière heure, poètes, historiens, savants, artistes, prélats, officiers ou magistrats, qui ont consacré une longue carrière à la poursuite d'une idée féconde, ou qui sont tombés avec honneur sur le champ du travail, avant d'avoir pu récolter la moisson. Ce mois nous a frappés cruellement, en enlevant à l'amitié de ses nombreux disciples et admirateurs un écrivain de talent, l'éminent auteur de l'*Art chrétien,* au moment où il pouvait pousser le cri suprême : *Exegi monumentum !* car l'édition définitive de son beau livre n'est annoncée que depuis quelques mois.

Né à l'île d'Arz, au milieu du golfe du Morbihan, en 1797, Alexis-François Rio, successivement professeur d'humanité au collége de Vannes, où il venait d'achever ses études, de rhétorique au lycée de Tours, et d'histoire au collége Louis-le-Grand, ayant contracté un riche mariage avec l'héritière d'une famille catholique anglaise, consacra les nombreux loisirs que lui créait l'indépendance de sa nouvelle situation aux travaux de l'esprit et à la glorification des grandes manifestations de l'art chrétien. Mais une étude spéciale est nécessaire pour apprécier dignement une œuvre aussi considérable ; nous la lui réservons et ne pouvons ici que nous borner à déplorer, en quelques mots, la perte de ce noble vieillard.

En 1842, M. Rio avait écrit, sous le titre de *la Petite Chouannerie,* l'histoire du collége de Vannes à la fin de l'empire, et la campagne mémorable soutenue par ces écoliers généreux contre les troupes napoléoniennes. Lui-même avait été sous-lieutenant de la compagnie, et il fut décoré par Louis XVIII, le 27 juin 1816, en récompense de sa belle conduite. Nous relisions dernièrement ses brillants exploits dans une autre relation de cette campagne, que vient de rééditer la librairie Plon. *Les Souvenirs d'un écolier de 1815*, écrits par le vénérable M. Bainvel, mort curé de Sèvres, en 1870, pendant l'occupation prussienne, et l'un des vétérans de cette campagne, qu'il dirigea comme capitaine, forment le chapitre épisodique le plus intéressant de la lutte des Cent-Jours, et la vie de M. Bainvel, qui les précède, peut être citée comme des plus propres à relever les courages abattus, par le tableau fidèlement retracé d'une existence toute remplie de sacrifice et de dévouement. « Cette prise d'armes du collège de Vannes, dit avec un légitime orgueil M. Bainvel est un fait peut-être unique dans l'histoire. L'annnée précédente, en 1814, les élèves de l'Ecole polytechnique avaient glorieusement combattu pour la défense de Paris. C'est un titre d'honneur que cette illustre école pourra ajouter à ses fastes. Mais, plus heureuse que les collégiens de Vannes, les élèves de l'Ecole polytechnique, en combattant en 1814, trouvèrent protection et sympathie dans le gouvernement, dans l'armée, dans leur famille et dans toute la population. L'ennemi seul a dû ne pas applaudir à leur pariotique élan... » Les collégiens de Vannes, en 1815, furent moins privilégiés ; mais qu'on relise, dans les *Souvenirs* de l'abbé Bainvel, leurs faits d'armes aux combats de Muzillac et d'Auray, et l'on sera frappé, à quelque parti qu'on appartienne, de leur dévouement chevaleresque et de leur noble conduite. Le dernier survivant des officiers de la compagnie est aujourd'hui M. Le Quellec, juge de paix à Sarzeau.

— Nous eussions voulu rendre compte avec quelque détail des fêtes magnifiques, célébrées les 4, 5 et 6 juillet à Guingamp, à l'occasion du pardon annuel et du grand pèlerinage de Notre-Dame-de-Bon-Secours ; mais la place nous fait malheureusement défaut. Disons seulement que six évêques en relevaient l'éclat ; que les processions de jour et de nuit ont eu lieu avec une pompe extraordinaire, au milieu de l'affluence de plus de vingt mille pèlerins ; que la grand'messe, célébrée en plein air, sur le Vally, et suivie de la bénédiction papale donnée en commun par les six prélats, a présenté le spectacle le plus imposant, et que les allocutions chaleureuses prononcées par Mgr David et par les évêques bretons d'Aire et du Puy, ont laissé dans tous les cœurs émus des traces ineffaçables.

— L'Association bretonne nous prie d'annoncer que son XVIIe congrès se tiendra cette année à Vannes, à la fin du mois d'août. On vient de distribuer le programme des questions qui seront traitées devant les deux sections d'agriculture et d'archéologie, et nous pouvons prédire au congrès un succès éclatant, s'il peut arriver à la solution de tous les problèmes posés. En attendant, M. le ministre de l'instruction publique vient de

prendre une mesure qui lui fait le plus grand honneur. Les pierres drui-
diques de Carnac, ce prodigieux souvenir de l'ancienne Gaule, qui reste
au milieu des merveilles de notre civilisation comme un objet d'étonnement et de rêverie pour la postérité, vont enfin pouvoir échapper aux
actes de vandalisme qui depuis tantôt soixante ans menaçaient leur existence et n'auraient pas tardé sans doute à les faire à jamais disparaître.

M. le ministre a soumis à la signature de M. le maréchal de Mac-Mahon
un décret déclarant leur conservation d'utilité publique et autorisant
l'administration à en ordonner l'expropriation en tant que besoin.

Ce sujet nous rappelle que M. le lieutenant de vaisseau A. Martin a
soumis à l'examen de la Société archéologique de Nantes, dans sa dernière séance, une inscription phénicienne en caractères sidoniens, trouvée
sur une ardoise dans les marais de Guérande : ce qui confirme les probabilités qu'on avait déjà de la présence des Phéniciens dans cette contrée
avant l'ère chrétienne. La Société a voté, dans la même séance, le principe
de fouilles à exécuter pour dégager, dans les mêmes marais, un grand
navire antique, qui, selon toute vraisemblance, s'il n'est pas phénicien,
est tout au moins gaulois.

Mais l'archéologie ne doit pas nous faire oublier l'art moderne :

— M. Baudry, à qui l'administration des Beaux-Arts a confié la plus
grande partie de la décoration du nouvel Opéra, vient de terminer son
œuvre, qui ne se compose de pas de moins trente-trois toiles, dont plusieurs ont plus de douze mètres de longueur. M. Baudry a demandé et
obtenu de l'administration de faire une exposition publique de ces toiles
avant leur placement au nouvel Opéra. Cette exposition aura lieu dans les
grandes salles de l'Ecole des Beaux-Arts et sera ouverte au public du 1er
au 15 août. Par un sentiment délicat, M. Baudry a tenu à ce que la somme
produite par cette exposition soit divisée ainsi : deux tiers au bénéfice de
la Société des artistes, et l'autre tiers au bénéfice de la Société des volontaires d'un an (artistes).

— On pousse très-activement, à Paris, les travaux de décoration de
l'église Saint-François-Xavier, qui sera solennellement consacrée vers la
fin de l'année. Nous pensons faire plaisir à nos lecteurs en leur annonçant
que notre compatriote, M. Delaunay, est chargé de peindre quatre grandes
compositions, les quatre Évangélistes, pour la retombée des voûtes.

— Enfin, nous annoncerons à tous les amis des arts que nous avons
visité, dans l'atelier de notre sculpteur nantais Amédée Menard, une
très-belle ébauche d'une statuette du Frère Philippe, qui, nous l'espérons bien, deviendra populaire.

LOUIS DE KERJEAN.

BIBLIOGRAPHIE BRETONNE ET VENDÉENNE

ANALECTES LITTÉRAIRES ET SCIENTIFIQUES, par J.-F. Daniel. Nouvelles étymologiques. In-8º, 737 p. — Saint-Brieuc, imp. et lit. Prud'homme.

APPARITION DE LA VIERGE A CINQ ENFANTS DE LA PAROISSE DE SAINT-ELLIER, CANTON DE LANDIVY, DÉPARTEMENT DE LA MAYENNE. Poésie bretonne de Jean Le Minous, traduite en français par Vincent Coat. In-12, 12 p. — Morlaix, imp. Haslé.

AUX VRAIS OUVRIERS, LES ENTERREMENTS CIVILS DEVANT LA FAMILLE, LA SOCIÉTÉ CHRÉTIENNE ET LA LOI, par M. In-12, 12 p. — Nantes, imp. Bourgeois.

AVENIR (L') DE DINARD (ILLE-ET-VILAINE). In-8º, 27 p. 2 plans et 2 vues photographiés. — Paris, imp. Goupy.

BRETAGNE ; par Adolphe Joanne, 2e édition, avec carte et 4 plans. In-32, 448 p. — Paris, lib. Hachette.

CARMINA NAUTICA. Lecture à la Société académique de Brest, sur les poèmes latins de Nic. Parthe, Giannetasius, S. J. et autres, par M. A. Guichon de Grandpont, commissaire général de la marine. In-8º, 36 p. — Brest, imp. Lefournier aîné.

ÉGLISE SAINT-FRANÇOIS-XAVIER A VANNES. LÉGENDES DES VERRIÈRES. In-18, 47 p. — Vannes, imp. Galles.

ETUDE CRITIQUE SUR LA GÉOGRAPHIE DE LA PRESQU'ILE ARMORICAINE AU COMMENCEMENT ET A LA FIN DE L'OCCUPATION ROMAINE, avec une carte des voies romaines au Ve siècle, par René Kerviler, ingénieur des Ponts-et-Chaussées, in-8º, 114 p. et 3 cartes. — Saint-Brieuc, imp. libr. lith. de L. Prud'homme, 1874. (Extrait des Mémoires de l'Association bretonne, congrès de Quimper de 1873).

ETUDE HISTORIQUE, STATISTIQUE ET AGRICOLE SUR LE CONCOURS RÉGIONAL AGRICOLE DE L'OUEST, tenu à Saint-Brieuc du 10 au 19 mai 1873, et apprécié au point de vue des cultivateurs bretons ; par J.-L. Bahier, agronome, professeur d'économie rurale à l'école d'agriculture de Saint-Ilan, près Saint-Brieuc. In-8º, 30 p. — Saint-Brieuc, imp. et lib. Prud'homme.. . . . . 0 fr. 30

ETUDE SUR LA LÉGISLATION ÉLECTORALE DE L'ANGLETERRE, par Franck Chauveau, avocat à la Cour d'appel, docteur en droit. In-8º, 32 p. — Paris, Cotillon.

EXPLICATION EUZ AR C'HATEKIS PE ABREJE EUZ AR FREIZ, edit escopti Leon. In-12, 248 p. — Quimper, imp. de Kerangal.

MASSACRES (LES) DE MACHECOUL, et considérations générales sur la guerre de la Vendée ; par Germain Bethuis, ancien juge d'instruction à Nantes. In-4º à 2 col., 16 p. — Nantes, imp. Mangin et Giraud.

NOUVEAUX ÉLÉMENTS DE PHARMACIE ; par A. Andouard, pharmacien, professeur de chimie à l'Ecole de médecine de Nantes. Avec 120 fig. intercalées dans le texte. In-8º, 908 p. — Nantes, imp. Vincent Forest et Emile Grimaud ; Paris, lib. J.-B. Baillière et Cie. . . . . 14 fr.

SOUVENIRS D'UN PÈLERINAGE VENDÉEN A NOTRE-DAME DE LOURDES, le 4 septembre 1872. In-12, 24 p. — Nantes, imp. Bourgeois; lib. Libaros.

—

IV*

PIERRE DU CAMBOUT

SECOND DUC DE COISLIN

(1662 - 1710)

I. — Jeunesse de Pierre. — Réception académique
(1662-1702)

En étudiant la longue carrière d'Armand du Cambout, premier
duc de Coislin, nous avons fait pressentir quelle devait être celle de
ses deux fils ; et, dans notre chapitre IX, en particulier, nous avons
donné quelques détails sur les débuts administratifs de la jeunesse
de l'aîné, Pierre, marquis de Coislin et baron de Ponchâteau. Nous
ne reviendrons point sur ces détails : et nous nous bornerons à les

* Voir : I. Paul Hay du Chastelet, livraison d'août à octobre 1873. — II. Daniel
Hay du Chastelet, livraison de novembre 1873. — III. Armand du Cambout, premier duc de Coislin, livraisons de février à juin 1874.
    Les armoiries des Coislin, qui précèdent cette étude, sont extraites de notre
histoire du *Chancelier Séguier,* pour laquelle elles ont été spécialement gravées.

résumer en peu de mots, en les complétant par quelques documents inédits qui ne pouvaient pas trouver place dans notre première étude. Hélas! autant la carrière d'Armand avait été brillante et honorable, autant celle de Pierre fut indigne de son rang; mais son frère Henri, l'évêque de Metz, devait relever l'honneur de la famille compromis par les mœurs dissolues et le triste caractère de l'un des précurseurs des roués de la régence.

Ce fut aux États de Bretagne tenus à Nantes au mois de septembre 1681, qu'eut lieu la ratification de la cession de la baronnie de Ponchâteau, faite par le duc de Coislin en faveur de Pierre, qui assistait pour la première fois à l'assemblée. Un acte ainsi conçu avait été dressé à Fontainebleau le mois précédent :

« Par-devant les notaires, garde-nottes du roi notre sire à Fontaine-bleau, soussignés, fut présent très-haut et très-puissant seigneur Mgr Armand du Cambout, duc de Coislin, pair de France, comte de Crecy, baron de Ponchâteau et de la Roche-Bernard, demeurant ordinairement à Paris, rue des Deux-Portes, paroisse Saint-Sauveur, étant maintenant audit Fontainebleau, lequel, pour la bonne amitié et affection qu'il a et porte à haut et puissant seigneur messire Pierre du Cambout, marquis de Coislin, son fils aîné, colonel d'un régiment de cavalerie entretenu pour le service du roi, demeurant à Paris, rue de Richelieu, paroisse Saint-Roch, étant de présent audit Fontainebleau, a mondit seigneur duc de Coislin père, vo-lontairement donné, cédé, quitté, transporté et délaissé par ces présentes, du tout à toujours audit seigneur marquis de Coislin, son fils aîné, à ce présent et acceptant, c'est à savoir la terre, seigneurie et baronnie de Ponchâteau, ancienne baronnie de Bretagne, en toutes ses appartenances, circonstances et dépendances, sans en rien excepter ny réserver, pour en jouir par ledit seigneur marquis de Coislin, aux honneurs, droits, préro-gatives et séances dans les États de Bretagne, tout ainsi que ledit seigneur duc de Coislin et ses prédécesseurs en ont joui, se subrogeant à cette fin en son lieu et place, promettant, obligeant, renonçant. — Fait et passé audit Fontainebleau, au château du Louvre, en l'appartement dudit sei-gneur duc, l'an 1681, le 25e jour d'aoust, avant midi, et ont signé. — Ainsi signé : Armand du Cambout, duc de Coislin, Pierre du Cambout, marquis de Coislin, Langlois et Ratault. »

Le 2 septembre, les États de Bretagne furent appelés à délibérer sur cette cession, et le procès-verbal manuscrit consigne ainsi les résultats de leur délibération :

« Les gens des trois États du pays et duché de Bretagne, convoqués et assemblés par autorité du roy en la ville de Nantes, délibérant sur ce qui a été représenté par M. de Coëtlogon, leur procureur général syndic, M. le duc de Coislin a donné la baronnie de Ponchâteau à M. le marquis de Coislin, son fils, lequel est présentement en cette ville, et lui a mis ès-mains ladite donation pour la leur présenter et en faire faire lecture, à ce que mondit sieur marquis de Coislin jouisse de l'effet d'icelle, de laquelle donation qu'il a représentée du 25 août dernier, lecture ayant été faite par le greffier desdits États soussigné, M. de Pontbriand, faisant pour M. de Richelieu, baron de Pont-l'Abbé, a dit s'opposer à ce que la présentation de ladite démission ne lui puisse nuire ny préjudicier à cause de sa dite baronnie de Pont-l'Abbé, et a requis acte de ladite protestation. Lesdits sieurs des États ont ordonné que ladite démission sera enregistrée en leur greffe, ce que fait a été présentement pour en jouir par ledit sieur marquis de Coislin, suivant la volonté dudit seigneur duc son père, et ont donné acte de la protestation du sieur de Pontbriant, audit nom dudit seigneur duc de Richelieu comme baron de ladite baronnie du Pont-l'Abbé ; et incontinent après est entré dans l'assemblée ledit sieur marquis de Coislin, qui a pris place sur le banc de MM. les barons, près et au-dessous de Mgr le duc de la Trémouille, président, dans la présente tenue en l'ordre de la noblesse. — Fait en ladite assemblée, le 2e septembre 1681. — Ainsi signé : G. de Beauveau, év. de Nantes, Charles de la Trémouille et Louis Charette [1]. »

Et non-seulement Pierre de Coislin prit séance, mais, quoiqu'il n'eût encore que dix-sept ans, il présida le surlendemain la noblesse en l'absence du duc de la Trémouille, et fit voter une instance pour rétablir dans sa charge M. de Lys, sénéchal de Rennes ; puis il fit partie de plusieurs commissions, entre autres de celle qui fut appelée à régler le différend soulevé entre « Messeigneurs le marquis de Molac et de Lavardin pour les droits de leurs charges » ; il reçut 20 000 livres de gratification pour sa présidence et fut député en Cour à la fin de la session.

Mais la vie publique était peu faite pour Pierre de Coislin, homme de faible caractère, de mœurs dissolues et de peu de capacité, dont l'auteur des fameux *Portraits de la cour* put dire plus tard :

[1] Les deux pièces qui précédent sont extraites des procès-verbaux manuscrits de la session des États, conservés aux archives du département de la Loire-Inférieure.

« Il ne tient point à lui qu'on n'en dise beaucoup de bien, achetant sa réputation par une complaisance excessive. Il est superficiel et fait en cour la figure d'un bourgeois ; on le souffre sans peine, parce qu'il est bon homme. Sa petitesse d'esprit le met à couvert de toute intrigue : on n'oseroit s'embarquer avec lui, n'étant point capable de conduire une affaire. »

Aussi, lorsqu'il revint assister aux États de Vitré, en 1683, peu après son mariage avec Marie d'Alègre, reconnut-il bientôt que les affaires administratives n'étaient point de sa compétence ; il accepta fort peu de commissions [1] et prit la résolution, qu'il tint fidèlement, de ne plus assister désormais aux assemblées de la province. — Il essaya la carrière des armes et montra quelque intrépidité dans plusieurs affaires ; mais sa mauvaise conduite, qui fit mourir sa femme de chagrin en 1692 (il n'avait pu avoir d'enfants), devint un obstacle sérieux à son avancement, lorsque Louis XIV, quittant ses maîtresses, proscrivit de son palais et de sa cour le vice ou du moins ses apparences. Il quitta donc le service en 1693, et le chevalier de Sully, son cousin, obtint l'agrément du roi pour acheter son régiment de cavalerie. Le journal de Dangeau nous apprend aussi qu'il fut alors question de le remarier :

« Du 6 février 1693. — On commence à parler du mariage de M. le marquis de Coislin avec la fille du duc de Gramont : le duc de Gramont même en a parlé au roi ; mais le duc de Coislin n'a pas encore entendu parler de l'affaire et n'est pas content du procédé de son fils. » — Et plus loin, au 9 février : — « Le duc de Coislin a eu audience du roi, et a parlé fort sagement sur le mariage qu'on veut faire de son fils avec Mademoiselle de Gramont. On croit, quoi qu'il ne soit pas content du procédé qu'on a eu avec lui, que le mariage se fera, d'autant plus que M. le prince entre dans l'affaire. La grande difficulté est sur le duché, qu'on demande qu'il cède à son fils. »

Mais les bruits de cour n'étaient pas au fait des vrais sentiments du duc de Coislin, qui, satisfait d'une première expérience, n'était point disposé à en tenter une seconde, et qui savait que le roi, fort mécontent de son fils, était décidé à ne plus accorder aucune faveur

---

[1] Nous voyons, par exemple, aux Procès-verbaux, qu'il fut député avec l'évêque et le sénéchal de Vannes, pour complimenter le roi sur la mort de la reine.

à Pierre, s'il n'amendait complétement sa conduite. En effet, lorsque mourut en 1699 le chevalier de Coislin, une négociation fort curieuse se passa pour la succession du gouvernement de Gien, valant 2 000 fr. de rente, qu'avait possédé le frère du duc et du cardinal. Cette anecdote, racontée par Dangeau, est caractéristique et montre à la fois le crédit dont jouissait le duc près du roi et la défaveur dans laquelle était tombé son fils :

« Dès que le chevalier fut mort, dit le chroniqueur, la duchesse du Lude demanda au roi le gouvernement de Gien pour le duc de Sully, son neveu et gendre du duc de Coislin. Le roi lui demanda si le cardinal et le duc de Coislin désiroient que le duc de Sully l'eût : elle assura Sa Majesté que c'étoit leur intention, et le roi lui accorda sur l'heure. Peu de temps après, Bontemps apporta au roi une lettre de M. de Coislin qui lui demandoit le gouvernement pour le marquis de Coislin, son fils. Le roi a déclaré qu'il ne le donneroit point au marquis de Coislin, mais aussi qu'il ne le donneroit point au duc de Sully, à moins que MM. le cardinal et duc de Coislin ne le souhaitassent... » — Et plus loin : — « M. le duc de Coislin ayant demandé au roi le gouvernement de Gien, le roi le lui a donné... » — Puis : — « Le roi donna le matin audience à M. le duc de Coislin, à qui le roi a encore refusé le gouvernement de Gien pour le marquis de Coislin, son fils. Ce duc, voyant que toutes ses tentatives là-dessus étoient inutiles, en est revenu à redemander le gouvernement pour le duc de Sully, son gendre, qui est ce que la duchesse du Lude avoit fait dès le jour de la mort du chevalier de Coislin. Le roi le lui a accordé. Ce duc veut que son gendre lui en ait l'obligation, et non pas à la duchesse du Lude. — Le duc de Sully vint le soir, au coucher du roi, pour remercier Sa Majesté. — Son beau-père a exigé de lui qu'il donneroit une partie du gouvernement pour augmenter l'entretien de la duchesse de Sully, etc.... »

Bientôt le duc de Coislin mourut lui-même, et le marquis ne s'était pas encore amendé : aussi n'hérita-t-il ni du justaucorps bleu ni du gouvernement de Crécy, que possédait son père ; il put cependant espérer avoir le second, s'il se corrigeait :

« Le roi, écrivait Dangeau le 24 septembre 1702, a donné à M. de Cayeu le brevet de justaucorps bleu, qu'avoit M. le duc de Coislin. — Le roi a donné à M. le cardinal de Coislin les droits qui lui reviennent des terres du duc de Coislin en Bretagne. Le roi d'ordinaire les donne aux enfants, mais il a mieux aimé en cette occasion-ci les donner au frère, et le cardi-

nal de Coislin sûrement les donnera à son neveu. Le roi n'a point encore
disposé du gouvernement de Crécy, qu'avoit le duc, qui vaut 6 500 fr. de
rente... » — Et plus loin, au 1er octobre : — « M. le cardinal de Coislin
eut le matin audience du roi, dans laquelle il lui demanda avec de grandes
instances le gouvernement de Crécy pour le duc de Coislin, son neveu.
Le roi, qui n'est pas content de la conduite de ce duc, qui jusqu'ici n'a
guère songé à faire sa cour, et qui, d'un autre côté, a grande envie de
faire plaisir au cardinal de Coislin, lui a donné à lui ce gouvernement ; et
si, dans la suite, le duc de Coislin, son neveu, se remet dans le train que
le roi souhaite, ce que ce duc promet fort de faire, le cardinal lui remettra
le gouvernement, avec la permission du roi. »

Tout ce que Pierre de Coislin retira de la succession directe de
son père fut d'hériter de son titre et de venir, le 17 décembre 1702,
prendre séance au parlement en qualité de duc et pair. Mais ce qui
doit attirer davantage l'attention du biographe, c'est que, le même
jour, il se rendit à l'Académie française pour s'asseoir dans le fauteuil du feu duc, mort doyen de la compagnie, après cinquante ans
et trois mois d'exercice.

D'Alembert, écrivant en quelques lignes l'éloge des trois ducs de
Coislin, ajoute, en parlant de cette transmission académique :

« La compagnie est trop éclairée sur ses véritables intérêts pour ne
pas sentir combien il seroit dangereux que les places qu'elle accorde
devinssent une espèce de survivance ou d'héritage ; elle a cru néanmoins
pouvoir sans conséquence déroger en quelques occasions à une si sage
maxime ; et l'exception qu'elle a faite pour MM. de Coislin doit être regardée par eux comme un titre honorable de noblesse académique. Mais,
en général, les sociétés littéraires, qui ne doivent ouvrir leurs portes
qu'aux talens, et aux talens les plus dignes, ne sauroient être trop réservées sur ces sortes d'exceptions, dont la fréquence entraîneroit infailli-
blement la décadence de ces compagnies ; elles ont besoin de motifs
puissants, et surtout approuvés par la voix publique, pour donner aux
enfants les places des pères ; et tous ceux qui composent les Académies
devroient penser sur ce point comme l'un d'entre eux, qu'un confrère
sollicitoit vivement pour son fils ; cette sollicitation ne l'empêcha pas de
donner son suffrage à un concurrent dont les titres lui paraissoient mieux
fondés : — J'ai cru, dit-il, devoir la préférence à celui qui a pour père ses
propres ouvrages [1]. »

[1] D'Alembert. *Eloges*, II, 163-164.

Or, voici le discours de réception de Pierre de Coislin :

« Messieurs, — il faudroit estre long-temps parmi vous pour apprendre à vous parler : ce n'est qu'en vous escoutant qu'on peut devenir capable d'un discours qui soit digne de vostre compagnie.

» L'engagement que j'ay, Messieurs, de vous honorer par tous les sentimens que le sang et la naissance m'ont inspirez, doit vous respondre de la sincérité de ma reconnoissance sur le consentement unanime de vos suffrages, donnez au fils pour remplir la place du père, honneur que vous avez voulu rendre à la mémoire de mon père et qui suffit seul pour son éloge. Il vous avoit esté donné de la main de Monsieur le chancelier Séguier, son ayeul, comme un gage de sa tendresse pour vostre illustre compagnie; vous le receustes avec d'autant plus de joye, qu'il vous faisoit ressouvenir de ce grand cardinal de Richelieu, son oncle.

» Ces noms qui ont fait parler si éloquemment ceux que vous avez admis dans l'Académie françoise, me ferment aujourd'hui la bouche, par la bienséance qui défend de louer ses proches, et me dispensent de la loy que vous vous êtes faite d'orner vos réceptions de leurs louanges. Mais autant je me dois taire sur ces premiers ministres de l'Estat et de la Justice, auxquels vous vous reconnoissez redevables de vostre origine et de vostre élévation, qui eux-mêmes ont receu beaucoup d'esclat par le succez que vous avez donné à leurs desseins et à leurs soins, autant serois-je obligé, si je ne sentois le sujet supérieur à mes forces, de publier le mérite des personnes et l'excellence des ouvrages qui ont ennobli l'Académie françoise, et ont porté sa gloire au point d'estre jugée digne par le plus grand des rois de son auguste protection.

» Quel éloge, Messieurs, peut mieux faire connoistre la prééminence de vostre compagnie, que celuy de mériter d'avoir pour protecteur ce Roy dont les plus grandes couronnes ont recherché l'appuy; ce roy en qui seul sont réunies toutes les qualitez, qui, partagées à diverses testes couronnées, en feroient de grands roys; ce roy qui est le premier mobile des plus importantes affaires, l'objet principal de l'attention de toute l'Europe, l'invincible défenseur des puissances opprimées et des droits attaquez, l'âme de la valeur françoise, l'amour de ses peuples, la force de ses Estats; héros dans ses armées, oracle dans ses conseils, intelligence du gouvernement, spectacle d'admiration à tout l'univers; ce roy qui, par tant de prodiges de puissance et de grandeur, s'estant élevé au-dessus de l'homme, s'est rendu, par les vertus de l'esprit et du cœur, le modelle de l'homme parfait.

» Heureux le siècle où règne un roy si sage et si puissant; heureux l'Estat qu'il gouverne par ses loix; heureux le sujet qui en est regardé

favorablement. Vous connaissez, Messieurs, parfaitement le prix d'un tel
bonheur dont vostre compagnie est honorée et que je voudrois mériter
par tous les sacrifices d'un entier dévouement. Aussi vostre reconnoissance ne peut s'épuiser sur les louanges de vostre auguste protecteur.
C'est icy que l'on sçait dignement parler de Louis-le-Grand, de ce prince
qui fournit à vostre éloquence, par la seule exposition du vray, toutes les
idées du merveilleux.

» Pour moi, Messieurs, peu accoustumé à traiter un si grand sujet, je
me contenteray de venir apprendre de vous comment il en faut parler ; et
vous entendant célébrer son nom par vos éloquens discours, je ne cesseray
de le respecter dans le silence de mon admiration [1]. »

Tel est le seul document qui nous soit resté du style et du mérite
littéraire du second duc de Coislin. A l'exemple de son père, il
protégeait les lettres plus qu'il ne les cultivait, et l'on voit, d'après
ce morceau, que pour s'élever au ton noble et soutenu peu conforme au caractère vif et enjoué de son esprit, il avait un peu trop
recours aux souvenirs du collége de Navarre.

« Monsieur, lui répondit l'abbé de Dangeau directeur de l'Académie,
en entrant dans ce lieu, vous voyez bien que vous n'entrez pas dans une
terre étrangère. Icy tout est plein de vos ayeuls. Petit-neveu de ce grand
cardinal que nous regardons comme nostre fondateur, petit-fils de ce
digne chancelier, nostre second protecteur, fils de Monsieur le duc de
Coislin, notre doyen, ne sembloit-il pas que vous aviez un droit inconte-
table à la place que nous vous avons donnée ? Et les portraits de ces deux
grands hommes qui président à nos conférences, ne nous seroient-ils pas
devenus un reproche perpétuel et toujours présent à nos yeux, si nous
avions pu manquer à un sang illustre, à qui nous devons nostre première
gloire.

» Il est vray que nous en parlons souvent ; mais nous croyons toujours
n'en avoir jamais assez dit … »

Suit un éloge pompeux du cardinal de Richelieu, dont nous détacherons ce tableau de l'esprit et de la situation de l'Académie,
car il fait nettement connaître la pensée contemporaine de l'institution et rend plus explicable l'admission des grands seigneurs au
sein du docte cénacle :

[1] *Recueil des Harangues de l'Acad. fr.*, II, 558-560.

« Il a fondé l'Académie, et c'est à nous à luy en tesmoigner une éternelle reconnoissance. Il a creu que l'union de plusieurs bons esprits devoit former un tout excellent. Nous osons dire qu'il ne s'est pas trompé; icy les uns répandent les richesses d'une mémoire chargée de ce que l'histoire de tous les temps et de toutes les nations a de plus curieux; les autres, ajoustant à la spéculation des anciens les expériences des modernes, nous découvrent les secrets de la nature les plus cachez; celuy-cy nous rapportera ce que les langues ou mortes ou vivantes ont de plus beau, sans oublier les différentes manières dont les différents peuples ont exprimé leurs pensées; celuy-là, joignant l'ordre et l'exactitude des géomètres à la subtilité des philosophes, démeslera avec soin ces différences presque imperceptibles, qui se trouvent souvent entre des mots ou des phrases qui, d'abord, ne semblent signifier que la mesme chose.

» Ainsi chacun de nous s'instruit en travaillant avec les autres; les lumières d'un particulier deviennent bien commun; et ceux qui sont entrez dans la compagnie avec le plus de talents, doivent avouer qu'ils s'y sont encore perfectionnez : et ne pouvons-nous pas dire avec quelque sorte de confiance, que c'est de nos conférences que vient la politesse et la netteté avec laquelle on écrit aujourd'huy.... etc.... »

L'Académie, telle qu'on la comprenait alors, était donc simplement l'union de *plusieurs bons esprits*, produisant une école de bon langage. Dès lors, quoi de plus naturel que tous les éléments qui concourent au travail et à la transformation de la langue s'y trouvassent représentés ? Et si les gens de lettres proprement dits fournissaient la plus grande part de ces éléments, n'était-il pas juste que la cour en réclamât quelques-uns ? On s'est depuis fort longtemps imaginé trop volontiers que l'Académie devait être une sorte de sénat composé seulement des célébrités de la littérature. Il n'en a jamais été ainsi dans la pensée de ses fondateurs, et dès les premiers jours on vit s'asseoir à côté de Conrart, de Voiture et de Chapelain, les Bautru de Serran, les Habert de Montmort, les Abel Servien, les Séguier, ministres ou conseillers d'Etat, n'ayant jusqu'alors rien porté chez l'éditeur.

Enfin, après un éloge du chancelier Séguier, qui « regardoit tous les académiciens comme ses confrères », l'abbé de Dangeau ajoute :

« Pouvoit-il jamais leur donner une marque plus éclatante de son

estime, qu'en leur confiant ce qu'il avoit de plus cher dans sa famille, son
petit-fils de Coislin ; il voulut qu'il y fust élevó dès ses plus tendres
années. Ainsi, nous pouvons nous faire honneur de toutes ses vertus,
valeur, probité, politesse ; vertus où, s'il y avoit quelque chose à reprendre,
c'est qu'il les poussoit trop loin. Quel excès de valeur n'a-t-il fait
paroistre à la guerre, et n'en estoit-il pas blasmé au moins par ceux qui
n'osoient l'imiter ?

» Mais, Monsieur, ce n'est pas la seule mémoire de ces grands hommes
qui nous a portez à vous élire d'un consentement unanime ; nous osons
mesme vous dire que vostre naissance, quelque illustre qu'elle soit depuis
plusieurs siècles, que ce courage que vous avez hérité de vos ancêtres,
que vos alliances avec des maisons souveraines, avec le sang de nos rois,
que les dignitez éminentes qui brillent à nos yeux, celle même dont vous
venez de prendre possession dans le premier parlement du royaume,
eussent été pour nous de faibles motifs, si vos talents naturels, ce discernement juste et délicat avec lequel vous jugez si bien des ouvrages
d'esprit, si vostre amour pour les lettres ne vous avoient donné tout le
mérite académique. »

On sait qu'il ne faut pas toujours prendre à la lettre, surtout à
cette époque, les éloges adressés aux récipiendaires. Nous allons
voir en effet que Pierre de Coislin les méritait fort peu.

RENÉ KERVILER.

(*La fin à la prochaine livraison.*)

LA NOBLE ET TRÈS-ANCIENNE

CONFRÉRIE MONSEIGNEUR SAINT NICOLAS

DE GUÉRANDE *

IV

Les Templiers.

La dévotion à saint Nicolas, comme nous l'avons déjà dit, se pro-
pagea particulièrement parmi les voyageurs, les marins et surtout
les pèlerins. Ainsi s'explique la situation d'un grand nombre de
fondations pieuses, placées sous le vocable du saint évêque. Eglises,
chapelles, couvents, prieurés et hôpitaux dédiés à saint Nicolas
existent, ou ils ont existé, dans les ports ou sur le rivage de la mer,
sur le bord des rivières et des fleuves [1] ou à proximité des anciennes
grandes voies terrestres. On les remarque enfin dans les parages

[1] Une des anciennes corporations de Paris, celle des *Passeurs de rivières*, avait
pour patron saint Nicolas et célébrait sa fête le 9 mai, comme la confrérie de
Guérande.

* Voir la livraison de juillet, pp. 5-15.

tristement célèbres par de nombreux sinistres, et dans les lieux particulièrement fréquentés par les voyageurs et les marins.

Ces observations ont déjà été faites sans doute, mais il ne paraît pas que, jusqu'à ce moment, on ait remarqué que dans nombre de lieux le vocable de *Saint Nicolas* se rencontre avec le nom des *Templiers.* Là où l'histoire, ou simplement la tradition, mentionne les chevaliers du Temple, là existe aussi une église, une chapelle, un prieuré, un hôpital, une tour, une rue, une place, un faubourg, un village, un lieu quelconque enfin portant le nom de ⋅Saint-Nicolas.

Il est facile de vérifier ce fait à Nantes, à Ploërmel, Carantoir, Languidic, Cléguer, Hennebont (Kemmener-heboë), Priziac, villes et paroisses citées dans les chartes de Conan III et Conan IV, relatives aux Templiers.

D'après la tradition, il aurait existé une maison de templiers au bourg de Saint-Nicolas de Redon. La chapelle Saint-Nicolas, de Lannion, fut une dépendance de la commanderie de Brelevenez, ordre de Saint-Jean de Jérusalem ou de Malte, qui succéda, en bien des lieux, aux chevaliers du Temple. En la commune de Ploërdut (Morbihan), un moulin de *Nicol,* sur le Scorff, est situé dans une trève de Crénénan dont l'antique chapelle passe pour avoir appartenu aux templiers ; et, chose digne de remarque, une métairie située dans la même trève, près du Scorff, porte le nom de *Maner ru,* c'est-à-dire *Manoir rouge.* Ce nom, qui rappellerait les *moines rouges,* doit ici se rapporter aux templiers, en raison du voisinage de Crénénan, et non aux chevaliers de Saint-Jean, leurs successeurs. La tradition a presque constamment fait confusion entre les deux ordres militaires, en les appelant indistinctement *Moines rouges,* bien que ce surnom, dont les Bas-Bretons ont fait l'un de leurs plus affreux jurements, n'ait pu convenir aux templiers, dont le vêtement était blanc, et n'aurait dû s'appliquer qu'aux chevaliers de Saint-Jean de Jérusalem, portant un manteau écarlate. Cependant, la distinction entre ces deux ordres de chevalerie monastique par le nom de la couleur de leur vêtement paraît avoir été faite dans le principe. Nous aurons en effet occasion de faire remarquer que les templiers ont été appelés *moines blancs*. Poursuivons.

A Arzon, en la presqu'île de Rhuis, une chapelle Saint-Nicolas, située à l'extrémité d'un promontoire du même nom, témoin de bien des naufrages, marque, dit la tradition, l'emplacement d'un ancien couvent de templiers. Le 9 mai de chaque année, a lieu le *pardon* ou fête patronale de cette chapelle, où les populations maritimes de la presqu'île et des îles voisines viennent en foule vénérer les reliques du grand saint Nicolas ; le 9 mai est la date commémorative de la translation des reliques de saint Nicolas à Barri, en 1078; dans la plupart des diocèses ce jour était férié ; il ne cessa de l'être à Nantes que vers 1680, et à Vannes en 1708.

« Pas un marin ne passe devant le promontoire de Saint-Nicolas, dit M. Amédée de Francheville, sans chanter l'*Ave maris stella,* et sans invoquer saint Nicolas, qui doit le protéger dans le passage dangereux des grands courants (du Morbihan).... » Parmi ces populations bretonnes, l'antique dévotion à saint Nicolas a été conservée dans toute sa ferveur primitive !

Faut-il attribuer uniquement au hasard une telle coïncidence, une association si fréquente de deux noms, saint Nicolas et les Templiers ? Nous ne pouvons l'admettre ; en voici la raison :

L'ordre religieux et militaire des chevaliers du Temple, né dans les premières années du douzième siècle, c'est-à-dire à l'issue de la première croisade, fut institué principalement pour protéger le Saint Sépulcre, *le Temple* de Jérusalem, d'où lui vint son nom ; mais cet ordre eut également pour mission de protéger les pèlerins, non-seulement en Palestine, mais encore le long des voies que ces pieux voyageurs avaient à parcourir. Voilà pourquoi l'on rencontre les vestiges des anciennes *aumôneries* des moines chevaliers dans les ports de mer, au passage des fleuves et des rivières, là où les voyageurs, les pèlerins, les marins, les naufragés avaient plus particulièrement besoin de secours, d'assistance, de protection.

Le lecteur l'a déjà remarqué, les mêmes motifs ont servi pour expliquer la situation des vocables de saint Nicolas. Dès lors, il a compris clairement que la réunion des deux noms, *Saint-Nicolas* et

Templiers, a dû s'effectuer à une même époque et dans un même dessein, c'est-à-dire au double point de vue des besoins spirituels et temporels à dispenser aux voyageurs et aux pèlerins ; le lecteur a donc rejeté, comme complétement inadmissible, l'idée d'un simple effet du hasard ; disons plus, il se trouve amené à reconnaître avec nous qu'il serait, pour ainsi dire, injuste de nè pas attribuer aux chevaliers du Temple, sinon l'introduction, au moins la plus large part dans la diffusion d'une dévotion issue des croisades comme leur propre institution [1].

Quoi de plus naturel, en effet, que de supposer que ces soldats-religieux pratiquèrent une dévotion particulière envers un saint d'origine orientale, comme leur ordre, et qui remplissait dans le ciel une mission identique à celle qu'ils étaient tenus d'accomplir sur la terre, celle de protéger, d'assister, de secourir les voyageurs, les pèlerins, les marins et les naufragés !....

Mais reprenons notre sujet.

Des observations qui précèdent il résulte que la confrérie Saint-Nicolas, de Guérande, ne peut remonter au-delà du douzième siècle.

Quant à fixer, même approximativement, une époque quelconque dans l'intervalle de deux siècles et demi qui sépare la première croisade de la réorganisation de la confrérie en 1350 ; quant à nommer un fondateur, cela ne nous paraît pas possible dans l'état actuel des annales guérandaises.

Peut-être pourrait-on désigner le donateur de la maison située près de la porte Saint-Michel, *Monseur Eon de Léon, prebtre;* mais, nous le répétons, on ignore en quel temps vécut cet ecclésiastique. Serait-il un membre, jusqu'ici oublié des généalogistes, de la nombreuse et puissante maison de Léon dont le chef périt dans le naufrage de Brindes de 1218 ? On ne saurait le dire. Toutefois, on remarquera la qualification de *Monseur,* qui lui est attribuée dans

---

[1] La question de savoir si les Templiers ont battu monnaie étant encore très-controversée, MM. les numismatistes nous permettront de leur demander s'il est impossible d'attribuer à ces puissants chevaliers l'origine des monnaies, ou de parties des monnaies du moyen âge mentionnant ou représentant saint Nicolas monnaies qui ont été frappées dans un grand nombre d'ateliers d'Italie, de la Suisse, de France, de Lorraine et d'Allemagne.

les statuts ; elle semble indiquer un prêtre d'illustre naissance ; car,
à cette époque, les ecclésiastiques d'obscure extraction portaient la
désignation honorifique de *Maistre,* ou *Dom,* comme par exemple
Dom pierres Lermiter, le chapelain de notre confrérie.

Mais, dans l'état d'impossibilité où l'on est de préciser une
époque et d'indiquer un nom, qu'il nous soit permis d'examiner, au
risque de passer pour téméraire, si les Templiers, à qui l'on vient
d'attribuer l'introduction ou la propagation du culte de Saint-Nicolas,
ne seraient pas en outre les fondateurs d'une confrérie dont les
statuts font ressortir le triple caractère d'association religieuse,
militaire et civile.

On connaît le but de l'institution des chevaliers du Temple ; ces
soldats religieux ne pouvant suffire personnellement, en tous lieux,
aux obligations de leur ordre, ne peut-on supposer qu'ils auront eu
recours, principalement dans le sein des grandes agglomérations de
populations, à des associations, à des congrégations religieuses destinées à suppléer à l'insuffisance de leur action près des marins et
des voyageurs ?

Quant à nous, ce procédé nous paraît d'autant plus vraisemblable
que nous doutons que les templiers aient pu opérer autrement, s'il ·
est vrai, comme l'affirme le bénédictin anglais Mathieu Paris, historien du milieu du treizième siècle, que cet ordre fameux possédait
alors *neuf mille maisons.* Si notre supposition est fondée, les chevaliers du Temple ont dû appliquer inévitablement leur système à
Guérande, en raison de sa situation exceptionnelle ; puisque cette
ville, l'une des plus considérables de la Bretagne au moyen âge, se
trouve placée à proximité de l'embouchure de deux fleuves, et de
plusieurs ports sur l'Océan : Mesquer, Piriac, le Croisic et Pouliguen. Remarquons en passant que Saint-Nicolas est particulièrement vénéré au Pouliguen, port de mer le plus rapproché de
Guérande, et que la vieille église de ce lieu est placée sous ce
vocable [1].

----

[1] L'église Saint-Nicolas du Pouliguen date seulement de 1631, mais cet édifice
n'a-t-il pas succédé à une première chapelle placée sous la même invocation, ruinée
peut-être pendant les guerres de religion et de la Ligue ? On peut le supposer. Quoi

Au surplus, il résulte des chartes de Conan III et Conan IV (1141 et 1160), que les templiers ont eu des aumôneries à Guérande et dans le territoire de Guérande. Dom Morice (t. I, col. 583) fait suivre la charte de 1141 de cette note : « Tiré d'un vidimus de la cour de Guerrande sous le duc Jean Ier en 1335 (sic), dans lequel on trouve ensuite plusieurs donations de Conan IV et du duc Pierre Mauclerc. » Les chartes des trois ducs concernaient évidemment les domaines des Templiers situés à Guérande et dans le ressort de Guérande.

En Assérac, cité dans la charte de Conan IV (1160), on voit les ruines du château de Faugaret, chef-lieu de commanderie de Malte ; à Férel, ancienne trève d'Assérac, existe une' chapelle de Notre-Dame du *Bon-Garant*, ou du *Bon-Secours*, ancienne fondation des Templiers.

A Mesquer, l'église paroissiale, *Notre-Dame La Blanche*, doit son origine aux templiers, d'après une tradition qui n'est pas démentie par le caractère architectural de cet édifice, où l'on remarque quelques restes de style roman, ou peut-être mauresque, ce qui est extrêmement rare en Bretagne.

En la même commune, près du petit port de Kercabellec, on remarque, à la pointe de Merquel, quelques vestiges d'un établisse-

qu'il en soit, l'origine du Pouliguen, quoique obscure, est plus ancienne qu'on ne le présume généralement. Le cartulaire de la confrérie Saint-Nicolas en fait mention à la date de 1520 : La saline Melleray, sise *entre Saillé et le Poulleguen*, y est-il écrit. L'importance du Pouliguen date du moment ou l'accroissement du tonnage des navires a fait déchoir le très-ancien port de Saillé, par lequel Guérande paraît avoir communiqué avec la mer jusqu'au XVe siècle. Notre cartulaire en contient la preuve dans un compte de 1432, où on lit : « Item pour une hucge* à mettre ladite cire esquelle en avoint achatée a Nantes vingt cinq solz et pour dous claveures en ladite hucge cinq solz deix deniers. Item pour porter les torches à la barge x deniers monnoie. Item pour poier la barge qui apporta lesdites hucge et torches de Nantes cinq sols. Item pour une charette qui apporta lesdites hucge et torches de Saillé jusques en Guerrande, quatre sols dous deniers.... » *La Barge* vint donc directement de Nantes à Saillé en 1432. On sait que Jeanne de Navarre vint débarquer à Saillé, où le duc Jean IV l'épousa en troisièmes noces le 11 septembre 1386, dans l'église Saint-Clair de ce port de mer. La plupart des seigneurs composant l'escorte de la nouvelle duchesse étaient Guérandais ; ils avaient à leur tête Pierre de Lesnerac.

* *Hurge*, huche, coffre.

ment religieux que la tradition attribue aux Templiers [1]. Près de
ces ruines, il existe encore une très-petite chapelle dédiée à *Notre-
Dame de Pen-Bé*. L'extérieur de ce minuscule oratoire très-ancien
n'a rien de remarquable ; mais à l'intérieur, la forme circulaire de
son chevet, joint à la signification de son nom, éveille vivement
l'attention. On soupçonne que l'on a sous les yeux un échantillon,
peut-être unique, d'une aumônerie primitive des Templiers. *Pen,
bé* sont, en effet, deux mots bretons qui signifient *tête, sépulcre ;*
et l'on sait que les chevaliers du Temple donnaient à leurs constructions la forme circulaire, imitation de la rotonde du Saint-
Sépulcre...

A Guérande, enfin, il y a l'ancien hôpital Saint-Jean, rue de Saillé.
A l'origine, l'hôpital Saint-Jean, la chapelle de Merquel, l'église de
Mesquer, la chapelle Notre-Dame du Bon-Garant et Faugaret ont pu
faire partie des libéralités des ducs de Bretagne en faveur des che-
valiers du Temple. Quoi qu'il en soit, les moines religieux ont
certainement possédé un établissement quelconque à Guérande et à
Assérac, les chartes de 1141 et 1160 en contiennent la preuve.
Maintenant, examinons le rapport qui peut exister entre la confrérie
Saint-Nicolas et ces chevaliers.

Dans le règlement du mois de mai 1350, reproduction vraisemblable d'une règle déjà ancienne, comme nous l'avons vu, il nous
semble découvrir l'empreinte de l'esprit monastique et des mœurs
des Templiers. Ainsi :

Les femmes sont exclues de la confrérie ;

[1] Nous n'avons pu déchiffrer une inscription à peu près fruste, en caractères
gothiques, qui existait sur le seul pan de murailles de l'établissement de Merquel
trouvé debout lors de notre visite en 1872. Un entrepreneur a disposé de la plus
grande partie des matériaux de ces édifices antiques pour construire une chaussée à
l'entrée de la baie de Mesquer ; et personne, paraît-il, n'a protesté contre cet acte de
vandalisme, qui se renouvellera, sans doute, à l'égard des belles ruines de Notre-
Dame du *Mourier*, du bourg de Batz. — Quant à l'église Notre-Dame *la Blanche*
(nom que nous avons lu dans un acte de 1668) du bourg de Mesquer, elle serait
menacée d'une destruction prochaine par l'effet d'un désir immodéré d'une église
neuve, désir, hélas ! très-commun et qu'on ne saurait trop déplorer, puisqu'en
nombre de localités, il a entraîné la ruine prématurée de quantité de vénérables
sanctuaires.

Les hommes ne peuvent y être admis que jusqu'à l'âge de quarante ans; cette condition est souvent rappelée dans le cartulaire;

Les frères de Saint-Nicolas s'engagent les uns envers les autres à
l'accomplissement de certains devoirs religieux; mais ils s'engagent
aussi, et c'est là, selon nous, le caractère principal de l'institution,
« à se garder et deffandre l'un l'autre en tous cas a vivre et a morir
contre touz estranges... »

Le principal *esbatement* des frères, avons-nous dit, consista en
une fête équestre : « Item devent lesdits freres aler tous a cheval
par chacun an a matin ampres la messe le jour de ladite feste hors
la ville le plus coitement que ils pourront et retourner en la ville o
branches de foilles et de flours et faire hystoires danciennes choussez... »; ce qui signifie que les frères de Saint-Nicolas, avant de
s'asseoir au banquet annuel, exécutaient une sorte de tournoi, ou
représentaient un sujet allégorique ou historique quelconque, dans
le genre des fêtes actuelles de certaines villes de Flandre, appelées
Kermesses.

Enfin, chacun connaît la réputation d'intempérance des chevaliers
du Temple : *boire comme un Templier* est encore proverbial. Eh
bien! les traces de ce défaut traditionnel se retrouvent dans les
statuts de 1350 :

« Aucun advocat ou pledeour en ladite confrarie ne doit avoir
point de salaire de nul des freres fors a boire dous mesures ou trois
du meillour vin...

» Ceux qui voudront entrer en ladite confrarie... paieront dou vin
es freres 1 jalon a savoir et dou meillour vin...

» Item touz celx qui noiseront tant comme l'on sera au digner...
ne que se melleront lun ou lautre ampres digner paieront 1 jalon du
meillour vin a touz... »

Il y a là beaucoup de vin, et *dou meillour;* dans les banquets de
la confrérie, on dut largement faire honneur aux excellents produits
de l'*Aunis* [1], des coteaux de Kramaguen et du clos de Saint-Aubin;
et le paludier Loys Macé, du bourg de *Saillé*, frère de Saint-Nicolas,
poursuivi, en 1603, pour avoir commis l'imprudence de déclarer

[1] *Aunis* est le nom du meillour cépage du pays.

publiquement « qu'il n'estoit de la compagnie des yvrognes et vouloit estre rayé... », Loys Macé n'avait peut-être pas complétement diffamé la noble confrérie !

Les motifs que nous venons d'indiquer ne suffiraient pas pour faire attribuer aux Templiers l'institution de la confrérie guérandaise. Mais il existe d'autres faits qui, à notre avis, viennent encore étayer nos présomptions à cet égard.

En Bretagne, on ne cite à notre connaissance que trois villes qui aient possédé, à une époque très-ancienne, des confréries dont les membres se recrutaient dans les trois ordres : clergé, noblesse et tiers-état ; ce sont les villes de Guérande, Nantes et Guingamp. L'origine de la confrérie de *Toussaints*, établie à Nantes, sur les ponts, c'est-à-dire au milieu des mariniers, est attribuée sans preuves à Charles de Blois ; la *Frérie blanche* de Guingamp, dont existent, paraît-il, les statuts, écrits au XVᵉ siècle, remontait également à une antiquité que M. S. Ropartz, le savant historien de Guingamp, n'est pas parvenu à préciser. A défaut de certitude sur l'origine de ces confréries des trois ordres, il est permis de supposer que, si elles ont eu la même organisation, elles ont pu avoir un même fondateur. Ce fondateur, nous l'avons indiqué pour Guérande, serait l'ordre des chevaliers du Temple.

Les éléments nous manquent pour étudier à fond cette intéressante question d'origine. Cependant, voici un exposé rapide des notes que nous avons recueillies çà et là, et qui servent de base à nos suppositions.

L'existence d'un établissement des Templiers à Nantes ne fait aucun doute ; il existait dans le voisinage de l'église Saint-Nicolas. Il est même à peu près certain que l'église primitive Saint-Nicolas de Nantes fut construite sur le domaine des Templiers.

A Guingamp, il n'existe aucun souvenir des moines-chevaliers. Mais on remarquera qu'il y a en cette ville une antique chapelle, une rue, un faubourg du nom de Saint-Nicolas ; que la confrérie blanche était établie en l'église *Notre-Dame du Bon-Secours*, vocable commun avec deux chapelles du Morbihan réputées avoir appartenu aux Templiers, l'une située à Ambon, l'autre à Férel, et

que le nom de *Frérie Blanche* pourrait bien être un indice rappe
lant lès Templiers, dont le vêtement était *blanc*. Cet adjectif, pris au
point de vue que nous indiquons, ne serait pas un exemple unique.
On se souvient de *Notre-Dame la Blanche,* vocable de l'église de
Mesquer, attribuée aux Templiers. En la commune de Saint-Tugdual
(Morbihan), la petite chapelle *Saint-Guen* (blanc) passe pour avoir
appartenu aux Templiers ; elle se trouve dans le voisinage de l'ancienne aumônerie de Templiers de Croisty, située en la même
commune. Dans les Côtes-du-Nord, sur les bords du Blavet, il existe
une commune de *Saint-Guen* sur laquelle on ne connaît peut-être
jusqu'à présent rien de relatif aux Templiers ; mais on y remarque
un village nommé *Castel-ru,* c'est-à-dire *Château-rouge,* nom qui
pourrait se rapporter à nos soldats religieux, si l'on tient compte
de l'observation faite à propos de *Maner-ru,* sur la confusion qui
s'est établie dans la tradition relativement aux deux ordres du
Temple et de Saint-Jean.

Voici d'autres rapprochements ; ils sont moins directement susceptibles d'éclairer l'intéressante question des Templiers à Guingamp, mais quand, à défaut de documents certains, l'on se trouve
réduit à former son jugement sur des probabilités, on ne saurait
négliger les plus faibles moyens de preuves.

A Guérande, il existe un quartier du faubourg Saint-Michel connu
de temps immémorial sous le nom de *Pont-Blanc.* Près de cette
ville, sur la route de Saillé, des groupes d'énormes rochers devenus
en quelque sorte fameux depuis que l'on a cru y découvrir un prétendu monument de l'immonde culte phallique, ces rochers portent
le nom de Kramaguen, nom qui nous paraît une altération du breton
Ker-an-Manach-Guen, signifiant *village* (ou villa) *du moine blanc* [1].
En la commune de Plœmeur, près Lorient, où jusqu'à présent
l'on n'a signalé aucune trace des chevaliers du Temple ou *moines
blancs,* il a existé jusqu'au XVIIᵉ siècle, sur les bords de la petite
rivière du Ter, dans le voisinage ou peut-être dans le village de
Kervenannec, une chapelle de Saint-Nicolas. Ce nom de Kervenan-

---

[1] K(e)ra(n)ma(nach)guen. On sait combien sont fréquentes dans le langage breton
les altérations de ce genre.

nec est le même que Kerguen munuc, ou plus correctement Kerguen manac, cité parmi les villages de Plœmeur existant au XIIe siècle par D. Le Duc, historien de Sainte-Croix de Quimperlé ; Kerguen manac signifie *village blanc du moine*, ou mieux *village du moine blanc.*

Dans l'enceinte de la ville de Guérande, une très-ancienne chapelle qui a servi jadis d'église paroissiale, est dédiée à Notre-Dame *la Blanche.* Nous connaissons l'inscription gothique placée à l'intérieur de cette chapelle, inscription d'origine très-moderne, nous a-t-on assuré, mais exécutée d'après le dictionnaire historique d'Ogée, qui en attribue l'érection au duc de Bretagne Jean IV, en 1348. Mais nous ferons remarquer qu'en 1348, Jean IV, âgé de 6 à 7 ans, sous la tutelle du roi d'Angleterre, n'était ni en âge, ni en position de faire de pieuses fondations, et que l'architecture à la fois romane et gothique de la chapelle dénote une époque antérieure au XIVe siècle. L'inscription doit faire erreur d'un siècle, et le véritable fondateur de Notre-Dame la Blanche pourrait être Jean Ier, dit le Roux, et non Jean IV.

Il serait possible d'attribuer à la chapelle de Guérande l'origine que la tradition accorde à l'église de Mesquer, placée également sous le vocable de Notre-Dame la Blanche. Mais nous devons faire remarquer que la première femme de Jean Le Roux se nommait *Blanche* de Champagne, et que si la construction de la chapelle de Guérande date du règne de ce duc, ainsi que nous le présumons, l'invocation de *Notre-Dame la Blanche* a pu être choisie pour rappeler le nom d'une duchesse célèbre par un grand nombre de pieuses fondations, telles que l'abbaye de Prières, l'abbaye de la Joie d'Hennebont et l'abbaye *Blanche* de Quimperlé.

Quoi qu'il en soit, la valeur de tous ces faits, de toutes ces circonstances étant pesée, en rapprochant, en groupant de telles indications, on possède, il nous semble, un véritable faisceau de présomptions graves, précises et concordantes, pour nous servir du langage du palais, à l'aide desquelles il est possible de conclure, sans être trop téméraire, que Guingamp, où l'on trouve la réunion des vocables de Saint-Nicolas, de Notre-Dame du Bon-Secours et le nom de Frérie Blanche, fut pourvu d'un établissement quelconque des chevaliers du Temple.

On peut conclure en outre que ces mêmes chevaliers organisèrent, instituèrent les antiques associations de Nantes, Guingamp et Guérande, connues sous le nom de confrérie Saint-Nicolas, confrérie Blanche et confrérie de Toussaints, toutes trois exceptionnellement composées de gens des trois états.

Reprenons et terminons notre principal sujet.

En résumé, la confrérie Saint-Nicolas de Güérande fut fondée au XIIe ou au XIIIe siècle par les Templiers. A la suppression violente de cet ordre, suivie de la confiscation de leurs immenses domaines (1312), la confrérie guérandaise subit une interruption jusqu'en 1350. En ce moment, elle fut réorganisée, et les nouveaux frères, s'ils ne copièrent pas strictement la règle primitive, adoptèrent, sans doute, la plupart des us et coutumes de leurs prédécesseurs et s'investirent de la possession de *l'autier* Saint-Nicolas, en la collégiale Saint-Aubin, ainsi que de la maison située près de la porte Saint-Michel, donnée *jadis,* à l'ancienne confrérie, par *Monseur Eon de Léon.*

Telle serait, après sérieux examen, l'origine de *la noble et très-ancienne confrérie Monseigneur saint Nicolas de Guérande.*

Quel sera le sort de cette opinion? Que deviendra notre sentiment relativement à l'origine du culte de saint Nicolas en Bretagne, et plus particulièrement à la participation des chevaliers du Temple à l'institution des confréries des trois ordres de Guérande, Nantes et Guingamp? Nous l'ignorons. Mais si ce qui n'est aujourd'hui qu'une hypothèse devenait une vérité; si l'on parvenait à découvrir qu'en d'autres parties de la France, les chevaliers du Temple, qui avaient pour patrie l'univers chrétien tout entier, agirent partout comme à Guingamp, Nantes et Guérande, en fondant des confréries du même genre, qui pouvaient leur procurer une popularité susceptible de se convertir un jour en redoutables moyens d'action, alors on possèderait peut-être le véritable motif de la tenace politique du roi de France Philippe Le Bel; la raison de l'acharnement haineux et perfide qu'il déploya contre cet ordre de chevalerie si célèbre, dont il entraîna l'entière destruction dans un lugubre drame (1312)!...

V

Les Frères de Saint-Nicolas (1381).

La liste suivante des frères de Saint-Nicolas est extraite du même registre que les statuts de la confrérie.

Le premier nom qui s'offre au lecteur, sur cette liste datée de 1381, est celui de l'illustre connétable *Olivier de Clisson*, le héros du beau poème *Jeanne de Belleville,* dont l'auteur est un enfant de Guérande, M. Emile Péhant, le savant, l'infatigable bibliothécaire de la ville de Nantes.

Non loin du connétable, on remarque un nom tristement célèbre, celui du sinistre Guérandais *Pierre de Lesnerac,* le meurtrier de l'infortuné Charles de Blois !

—

Nomina fratrum confratrie beati Nicholay de Guerrandia scripta in papiro novo anno domini millesimo cccᵐᵒ octuagio primo.

Dominus Oliverius de Clizcon.
Yvo de Lesnerac.
Magister Herveus de Karaloy.
Magister Johannes de Karaloy.
Magister Gauffridus Fabri.
Dominus Guillermus de Trevescar.
Dominus Johannes de Trevareyo.
Petrus de Lesnerac.
Dᵘᵘˢ Alan. de Kyllifili.
Dominus Johannes Moysani.
Dᵘᵘˢ Johannes Lagat.
Dᵘᵘˢ Guillermus Perresy.
Magister Johannes Bourse.
Guillermus Bohelgoeuf p'or de Marrel.
Guillermus Kaerlouan vicarius de Baz.

Magister Guillermus Scriptoris.
Magister Petrus Comitis.
Magister Guillermus Gauffridi.
Johannes de Dreyssec.
Oliverius de Virgulto (ou Nirgulto) (?)
Guillermus du Dreissec.
Johannes du Clez.
Eon de Trevesquar.
Guillermus de Castro.
Radulphus de Kaerveno.
Petrus de Kaerveno.
Thomas de Corollec.
Guillermus Syrebelli.
Silves... (Bour) diec.
Oliverius de Marlen.
Michael Rustiquelli (?)

Dⁿᵘˢ hascoit de Penmuro.
Alanus du Darvy.
Johannes de Quercabuce.
Oliverius Bollay.
Jubinus Regnaldi.
Nicholaus Bochardi.
Alanus Anaut.
Dⁿᵘˢ Oliverius Enaut.
Dⁿᵘˢ henricus Rouxelli.
Dⁿᵘˢ Guillermus Navi alias Cozic.
Dⁿᵘˢ Johannes B' segont.
Dⁿᵘˢ Johannes Le Serec.
Dⁿᵘˢ Petrus Redorti.
Dⁿᵘˢ herveus de K'mennau.
Magister Guillermus de Hamoneta.
Even du Dreisec.
Berthodus du Dreisec.
Petrus Gouere.
Petrus Nicholay.
Guillermus de Labarde.
Guillermus du Dreissec.
Clemens ejus frater.
Johannes de Ponte armor.
Guillermus ejus filius.
Joannes Ysaac.
Petrus Le Gallic.
Johannes Floci Beligorre.
Oliverius Rotaldi Clis.
Petrus de Bousere.
Guillermus de Rocha.
Johannes dé Portu.
Oliverius de Clez.
Johannes Floci clerc.
Johannes Normani.
Johannes Gaudini.
Johannes Segalen.

Oliverius Danou.
Oliverius de Leô Philiberto.
Johannes Bouchart.
Guillermus Kaerloentec.
Matheus Calon.
Reginaldus de Castro.
Radulphus Danisot.
Radulphus Evelot.
Ernaudus Theobaldi.
Ernaudus Scriptoris de Ponte Albo.
Guillermus Multoris.
Dominus Guillermus p'or de Sail-
    leyo.
Johannes Albini.
Johannes Aguet.
Guillermus Floci.
Dⁿᵘˢ Denis marou de Saleyo.
Petrus filius Guillermi Ribolic.
Johannes Coz.
Bertholdus Albini de Prat motat.
Alanus Pictoris.
Dionisius Violari.
Jaquetus Fauet.
Michael Garini.
Henricus Le Leissir.
J.... Le Melenec.
Johannes Arlat.
Johannes de Nauguello.
Johannes Conte.
Petrus de Queneli.
Picoteau prespiter
Johannes Brisegont.
Alanus Le Borgne.
Petrus le Corre filius Guil. Le Corre.
Johannes de Mesuillac.
.... Le Menestrel.

F. JÉGOU.

LA DERNIÈRE LUTTE

—

A M. RAYMOND DU DORÉ

Minuit est loin déjà. Cette ferme isolée,
Par un rare destin, n'a pas été brûlée,
Et même on pourrait voir, si la lune brillait,
Du toit silencieux monter un bleu filet,
Que tourmentent, sitôt qu'il sort de la demeure,
Les rafales du vent, du vent d'hiver qui pleure.

Pourquoi donc, lorsqu'il est si tard, ou si matin,
Du feu dans ce foyer qui ne s'est pas éteint?...
Un coup d'œil au-dedans et nous allons l'apprendre.
La forme du logis est faite pour surprendre,
Car le toit — et chez nous s'en voit-il deux sur cent? —
Au lieu d'un versant double ici n'a qu'un versant.
En haut, point de grenier; la même pièce enferme
Maîtres et mobilier et produits de la ferme.
Sur des étais de pierre et sous l'angle tombant,

Un plancher, où l'on monte avec l'aide d'un banc,
Reçoit dès la moisson et garde des averses
Les grains que l'on tira des récoltes diverses.
La lueur qui s'embrase au foyer est trop loin
Pour que s'éclaire l'ombre amassée en ce coin.
L'autre part de la chambre est en pleine lumière.

Tandis que dans le lit le fermier, la fermière,
Dorment, par les rideaux à plis lourds entourés,
Six hommes, aux habits fangeux et déchirés,
Sur la pierre du feu, le coffre ou quelque chaise,
Sont assis : à leur front la main du sommeil pèse.

II

S'adossant à la table et les deux bras croisés,
De tous ces pauvres gens, de fatigue brisés,
Un seul ouvre les yeux et contemple la flamme.
Sa face est énergique, énergique son âme ;
A le voir se tenir, à le voir regarder,
On sent l'ancien soldat et qui sait commander.

La scène est à la fois étrange et solennelle :
Dehors le vent gémit et bat à grands coups d'aile
La porte, la fenêtre ; on dirait d'un oiseau
Implorant un abri contre le froid ou l'eau.
Dans la chambre des sons se mêlent au silence :
— De l'horloge de bois le fil qui se balance ;
Le flambeau de résine, au coin du feu brûlant, ·
Dont le rougeâtre éclat s'avive en pétillant ;
Et l'ami du foyer, le grillon, qui sans trève
Lance sa note grêle, alors que l'homme rêve.

Insensible à ces bruits du dehors, du dedans,
Le veilleur dont les yeux vont aux tisons ardents,
Laisse errer, sans souci de chaque heure qui passe,
Sa pensée et son cœur dans le temps et l'espace.

III

Ah ! celui qui saurait dérouler en ses vers
Ce tissu merveilleux d'exploits et de revers ;
Peindre tout ce qu'a vu, tout ce qu'a fait cet homme ;
Ainsi qu'Homère en Grèce et que Virgile à Rome,
Il créerait, le poète, un monument si beau,
Que son nom défierait les ombres du tombeau ;
Car en ses chants vivrait la splendide épopée
Qu'avec un vieux fusil, une faux pour épée,
Nos rustiques héros tracent depuis trois ans ;
Car il burinerait la *guerre de géants !*...

Ce tenant du drapeau royal et catholique
Mille jours a lutté contre la République ;
Et mille et mille jours il combattrait ainsi,
Sans que son corps de fer lui demandât merci...
Mais plus de Grande-Armée !... En ta poitrine mâle,
O Vendée, on entend siffler ton dernier râle !...

Et le dur partisan baisse un front anxieux,
Et, bien amers, deux pleurs ont perlé dans ses yeux.

L'horloge en ce moment vibre et frappe quatre heures.

Alors arrive un bruit de voix extérieures,
De pas, de pas nombreux autour de la maison ;
Et le rêveur bondit en criant : — « Trahison !...
Amis, debout ! debout, gens de la Saugrenière !
Les Bleus nous ont traqués comme loups en tanière...
Et pas d'armes, grand Dieu ! pour rompre leur assaut ! »

IV

Hors du lit la fermière éveillée en sursaut
Se jette en toute hâte, et prend le temps à peine
De nouer à sa hanche un court jupon de laine ;
Et jambes, pieds et bras apparaissent tout nus ;

Puis ses cheveux épars, n'étant plus retenus,
Ruissellent sur son cou, son dos et chaque épaule,
Comme fait vers la terre un feuillage de saule.

Le fermier, les dormeurs, viennent de se cacher,
Qui derrière l'armoire et qui sous le plancher
Où s'entassent les grains ; et dans la métairie
Elle et lui restent seuls debout.
      — « Je vous en prie,
Vous en conjure au nom du ciel, monsieur Stofflet,
Avant que l'on ne brise et l'huis et le volet,
Pour préserver vos jours consentez à me suivre :
Que deviendrait l'Anjou si vous cessiez de vivre !... »

Dans un coin du grenier, de tous le plus obscur,
Des étoupes de lin montent le long du mur :
C'est là qu'elle conduit le général, et creuse
Un trou qui le dérobe aux recherches. Heureuse,
Ce devoir accompli, devant l'âtre elle attend.

Le bruit des pas, des voix, devient plus éclatant.
Bientôt à coups de crosse on enfonce la porte,
Et la chambre s'emplit d'une épaisse cohorte.
— « Stofflet se cache ici, femme !
       — Stofflet ? Eh bien !
Puisque vous le croyez, trouvez-le, citoyen. »

De vives questions on la presse, on l'enlace ;
On lui promet de l'or et puis on la menace...
Pas plus qu'un choc des flots n'entame un dur rocher,
De cette âme les Bleus n'ont pu rien arracher.

— « Je sais un moyen sûr de mâter la félonne,
S'écrie un vétéran d'*infernale colonne*,
Un rapide moyen de perquisition:
Grâce à lui, sans parler on fait *la question*.
Ah ! tu ne réponds point !... Pourtant, bonne chrétienne,
Tu t'en vas nous chanter une jolie antienne !...

Donc tu ne veux pas dire où s'est blotti Stofflet?... »

Elle se tait toujours.

Alors vers le soufflet
Ce bandit tend sa main aussi lâche qu'infâme,
Et dans la cheminée il excite la flamme.
D'autres, jetant du bois, hâtant l'embrasement,
S'apprêtent à jouir d'un spectacle charmant.

Elle voit leur dessein, la pauvre créature !
Et, craignant que l'esprit ne cède à la nature,
Pour vaincre le supplice, elle invoque tout bas
La Reine des martyrs, comme avant leurs combats
Priaient ceux qu'aux lions livrait l'amphithéâtre.

Or la flamme ondoyante incendiait tout l'âtre.

Saisissant la fermière, on la traîne au milieu,
Et dans ses membres nus les longs serpents du feu
Plongent leurs dards cuisants... O la torture atroce !
Elle hurle — on dirait une bête féroce —
Se tord, et du brasier, n'y pouvant plus tenir,
Saute... Maint sabre est là qui l'y fait revenir...

— « Stofflet!... ou la mort seule arrête ta souffrance ! »

Et ces hommes sont nés sur ton doux sol, ô France !

Ils amassent toujours autour d'elle le bois,
D'elle qu'ils ont rendue au bûcher par trois fois !

Quelques-uns cependant sont saisis de vergogne :
— « Au bourreau, disent-ils, une telle besogne ! »
Et, voulant couper court à ce hideux débat,
Voici qu'aux plus cruels ils livrent un combat.
Une égale colère envahit les deux groupes.

Mais tout à coup, sortant de sa cache d'étoupes,
Celui pour qui l'hôtesse a brûlé jusqu'aux os :
— « Misérables ! laissez cette femme en repos ! »
Et d'un bond Stofflet tombe au sein de la mêlée,
Profite de l'instant où son cri l'a troublée,
Puis vers la porte ouverte, aussi vite qu'un daim,
Vole... Mais leur stupeur n'est pas longue ; soudain
La martyre, tremblant près de la cheminée,
De ses persécuteurs se voit abandonnée.

Stofflet leur faisant tête, oh ! c'est le sanglier
Qu'une meute hurlante attaque en son hallier.
L'animal, Dieu l'arma pour bien garder sa vie :
Défenses, crocs aigus, que Stofflet vous envie !
Car, lui, qu'oppose-t-il à tant de coups ? Hélas !
Pas même un brin de houx, pas même un coutelas !

C'est qu'il était ici venu sans défiance :
Quel lieu plus ignoré ?... Terrible imprévoyance !
Leurs projets débattus, comme de sûrs voisins,
Ils s'étaient séparés, et du bois de Vezins
Au premier petit jour il reprenait la route...
Les autres l'ont quitté pour le vendre sans doute !...

Et ces pensers gonflaient son cœur, mouillaient ses yeux,
Ses yeux d'où jaillissaient des éclairs furieux,
Tandis que ses deux poings, tels qu'un fléau dans l'aire,
Tels qu'un marteau, frappaient, écrasaient l'adversaire.
Trois sont couchés aux pieds du lutteur haletant,
Qui du seuil par degrés s'approche en combattant.
Ah ! si de la lumière il passe à la nuit sombre,
Indulgente, la nuit va le cuirasser d'ombre ;
La nuit n'est qu'à deux pas, déjà Stofflet l'atteint...
Mais ce suprême espoir de salut, il s'éteint !

— Comment ! les Bleus perdraient une si riche proie !
Et sabres et fusils contre son bras qui broie,
Contre sa tête altière et ses robustes flancs
Sont dardés ; de sa chair ils sortent ruisselants :
Le tronc du chêne ainsi pleure sous la cognée.

Comme il cherche à saisir une lame à poignée
— Et de moins près bientôt les Bleus le serreront —
Un coup fait sur ses yeux tomber la peau du front,
Voile affreux qui l'aveugle avec sa chaude pluie.
Soldats, n'ayez plus peur à présent qu'il s'enfuie ,
Oui, triomphez, poussez des cris retentissants :
Le héros était seul... et vous étiez deux cents !

VI

Contre un drapeau maudit c'est ta lutte dernière,
O rude chef, jaloux de vaincre ou de mourir...
Ils t'entraînent déjà loin de la Saugrenière :
Les tiens à ton secours vont peut-être accourir !

Pareils à ces chasseurs plus inquiets que braves,
Qui, prenant un lion lorsqu'il sommeille en paix,
L'arrachent au désert chargé de mille entraves,
Tes vainqueurs sur tes pas marchent en rangs épais.

Généreux, gardent-ils une attitude austère ?
Non, ce n'est qu'un troupeau cyniquement railleur :
Leurs chansons, leurs hourras, ne veulent plus se taire ;
Qu'importe si leur joie insulte à ton malheur !

Ah ! chrétien, bénis-la, cette implacable haine !
Pour que Dieu te pardonne, ah ! souffre avec douceur,
Et de l'Ame qui vint sauver la race humaine ,
Montre que désormais ton âme est bien la sœur.

Ton serviteur fidèle — ô cœur plein de noblesse! —
N'aurait pu, toi captif, s'échapper sans remord :

Il s'est livré ; son bras assiste ta faiblesse ;
Ami rare , il te suit dans la vie et la mort. [1]

Au calvaire tu vas, les pieds nus, dans.la boue ;
De la croix tes tourments remplacent le fardeau ;
La pourpre qui descend de ta plaie à ta joue,
Sur tes tempes a mis le plus royal bandeau.

L'aube éclot; tu parcours bien des lieux de victoire;
Pour quelques jours Angers t'ouvre un étroit cachot.
Voici la délivrance : on t'emmène au prétoire !
Tu t'y laisses *juger,* muet, mais le front haut.

Né d'humbles artisans aux champs de la Lorraine,
L'Anjou te vit garder les chasses d'un seigneur ;
La guerre a révélé ta valeur souveraine :
Ces trois ans t'ont conquis un éternel honneur.

La Grande-Armée est morte... ô Stofflet, meurs comme elle !...
Tu vas, ferme, aux fusils prêts à tirer sur toi,
Et tu lances deux cris, quand la poudre étincelle :
Le premier pour ton Dieu, le second pour ton Roi !

ÉMILE GRIMAUD.

Envoi.

A vous ces sombres vers, poète que j'envie.
Je chante sans péril nos héros; vous, comme eux,
Vous avez eu l'honneur d'exposer votre vie :
La Vendée eut en vous un de ses derniers preux.

---

[1] Il se nommait Moreau et avait vingt ans à peine.

—

III*

SAINT VINCENT FERRIER

DANS LE DIOCÈSE DE SAINT-BRIEUC

Mon ami et confrère M. l'abbé Chauffier, prosecrétaire de l'évêché de Vannes, archiviste paléographe, s'occupe tout spécialement de la vie de saint Vincent Ferrier. Il a bien voulu me communiquer quelques passages de l'enquête rédigée en 1453, pour la canonisation de ce saint personnage, passages qui concernent particulièrement la partie de la Bretagne dont l'histoire m'intéresse le plus. Cette enquête fut édifiée par Guillaume de La Houlle, recteur de Brehant-Loudéac.

Les témoins entendus sont: Henri du Val, chevalier, seigneur du Val, âgé de 80 ans; frère Geoffroi Bertrand, prieur de Saint-Martin de Josselin, 60 ans; Jeanne, femme de Raoul Ruallen, originaire de Lamballe, 50 ans; Olivier Renacle, originaire de Brehant-Loudéac, 50 ans; Jean Tymoy, originaire de Saint-Brieuc, bourgeois d'Hennebon, 50 ans; Morette, femme de Jean Maydo, orfèvre, originaire de La Chèze, 35 ans; Jean Michart, *pannicisor*, originaire de Brehant-Loudéac, 35 ans; Jean Guéen, seigneur de Cayden; Olivier de Trémereuc, de Lam-

---

* Voir la livraison de novembre 1873, pp. 337-347.

balle; Geoffroi Arnould, de Plémet; Robert Juno, recteur de
Lanrelas.

Je vais donner la traduction des dépositions de Henri Du
Val, et du prieur de Josselin; je résumerai ensuite les détails,
signalés par les autres témoins, qui confirment ou complètent
les dires des deux premiers.

Henri Du Val dépose qu'il accompagna une fois maître Vincent de Saint-Brieuc à Quintin; celui-ci marchait alors à pied,
suivant une petite ânesse qui portait ses livres. L'ânesse tomba
dans un bourbier dont elle ne pouvait ni sortir, ni être retirée;
voyant cet accident, M⁰ Vincent s'écria plusieurs fois: Jésus,
viens en aide! — Mais l'ânesse restait embourbée. Alors quelqu'un de la suite frappe l'animal avec un bâton en disant: Sors
de là, de par le diable! — Et aussitôt l'ânesse fit un effort et
se tira du bourbier. A ce spectacle, M⁰ Vincent invoqua de
nouveau Jésus à haute voix, et, scandalisé par cet abominable
appel au diable, fit ôter ses livres du dos de l'ânesse, la laissa
là, ne voulut plus monter à cheval, et continua pédestrement
son chemin jusqu'à Quintin. Il fit porter ses livres par ceux qui
l'accompagnaient et supporta avec patience et douceur ce
contre-temps.

Le prieur de Josselin assista dix ou douze fois à la messe
et aux prédications de M⁰ Vincent, tant à Lamballe qu'à Saint-
Brieuc. Cela se passait dans l'une et l'autre ville, dans une
chapelle qui était préparée pour lui. Il remarqua que lorsqu'il
sortait de sa chambre pour s'y rendre, et lorsqu'il revenait il
paraissait être très-faible, tellement qu'il fallait que quelqu'un
de sa suite le soutînt pour monter, descendre et marcher dans
la rue; mais pendant qu'il prêchait il était plein d'énergie et
parlait avec force. Lorsqu'il avait cessé de parler, des malades
et des infirmes accouraient en foule, afin que M⁰ Vincent leur
imposât les mains en faisant le signe de la croix, et leur rendît
la santé; le prieur le vit souvent imposer ainsi les mains, et
entendit de nombreux malades qui disaient avoir été guéris.

La foule qui se présentait alors était telle que M° Vincent avait de la peine à se rendre au lieu où il devait prêcher et à revenir à son domicile. Le prieur ajoutait que l'une de ses cousines, Mlle Jeanne de Lesquen, avait été ainsi soulagée de violentes douleurs de tête. M° Vincent était d'une grande humilité dans ses actions et sa démarche, il portait simplement l'habit des Frères Prêcheurs, prêchait avec feu ; son éloquence produisit des fruits que l'on peut encore constater, et qui, sans doute, ne disparaîtront jamais. En effet, secondé par un de ses compagnons, il apprenait aux ignorants l'oraison dominicale, la salutation angélique, le symbole, le signe de la croix, l'invocation du nom de Jésus et la génuflexion à l'audition de ce nom ; il exerça une salutaire influence sur des prêtres en ce qui concerne la célébration de la messe et des cérémonies, sur les religieux à propos de leurs devoirs ; il fit renoncer un grand nombre au vice et au blasphème, et de son vivant il fut universellement vénéré à cause de sa sainteté et du pouvoir qu'il tenait de Dieu de faire des miracles. Aussi, pour profiter de sa parole, un peuple d'auditeurs le suivait, quelques-uns venus de très-loin ; et on peut affirmer que ce pays fut évangélisé par M° Vincent ; le prieur affirme d'ailleurs qu'il a ouï dire qu'il en avait été ainsi dans les autres pays parcourus par lui. Il apprit que Vincent était d'une grande sobriété, qu'il ne dormait pas sur un lit, que pendant la nuit sa chambre était éclairée par une vive clarté, bien qu'il n'y eût ni feu ni lumière. Sur ce dernier fait, le prieur fut appelé à préciser ce qu'il savait, et il répondit qu'il lui avait été affirmé par sa cousine Mlle de Lesquen, et par un de ses serviteurs, dans la maison duquel M° Vincent avait reçu l'hospitalité à Lamballe.

La femme de Raoul Ruallen, fort jeune lorsqu'elle vit saint Vincent à Lamballe et le suivit à Moncontour, confirme ce fait que beaucoup de Bretons, alors, ignoraient les prières : elle rappela que ce fut en l'entendant parler qu'elle apprit le *Pater* et l'*Ave* et qu'elle récita un jour ces prières *en français* devant lui. Avant la venue du saint, beaucoup de vieillards avaient perdu l'habitude des prières, alors, et les apprirent de nouveau. Un jeune clerc, qui accompagnait le missionnaire, semblait chargé de veiller à cette partie de l'éducation religieuse.

Les autres témoins ne font guère que répéter ce que je viens d'exposer : exceptons-en le recteur de Lanrelas, octogénaire, qui nous apprend que saint Vincent vint d'abord prêcher à Rennes, puis passa à Dinan, à Jugon, à Lamballe, à Saint-Brieuc, à Ploërmel et à Redon.

Je rappellerai, en terminant, que dans les notes recueillies par D. Morice dans ses archives de Guémené, et possédées aujourd'hui par mon ami M. L. Courajod, on lit : « 1494, 13 octobre. Isabelle, duchesse de Bretagne, fonde à perpétuité une messe à célébrer dans la cathédrale de Vannes, à l'autel de saint Vincent Ferrier, et lègue pour le salaire de cette messe 2 000 écus d'or. Le vicomte de Rohan donne au chapitre de Vannes, pour réaliser cette libéralité, 163 livres de rente sur sa seigneurie de Plouha et de Plouezec. »

A. DE BARTHÉLEMY.

UN PORTRAIT DE MOLIÈRE

EN BRETAGNE *

PHILIPPIN.

Son costume, son caractère. — Philippin à la cour de Louis XIII. — Philippin dans la *Comédie des Proverbes*. - Philippin dans le Théâtre de Boisrobert.

Nous passons à Philippin, celui des personnages du tableau de M. de la Pilorgerie, qui occupe l'extrémité à droite et sous lequel se trouve la lettre S. Il porte sur ce tableau un masque noir ou brun et un habit d'Arlequin ; immobile, il a la main droite levée à la hauteur du visage, comme un homme qui observe, réfléchit et cherche. — Ce qu'il cherche, ce n'est point assurément comment il pourrait obtenir le prix Monthyon, qui d'ailleurs n'existait point alors, c'est bien plutôt, le malin valet, vrai type de Figaro, un tour de gibecière pour se tirer, lui et son maître, de quelque mauvais pas. De toutes les figures représentées par le tableau des *Farceurs*, celle-ci est la plus oubliée, si oubliée que, nous en convenons, — il se faut savoir humilier, — nous nous sommes quelque temps demandé qui ce pouvait bien être que ce Philippin, s'il était Français, Italien, où il avait vécu, où il avait joué, sur quel théâtre de la vie humaine on l'avait applaudi. Plusieurs de nos amis, des lettrés, des hommes instruits, consultés par nous, n'en savaient pas davantage. Pour se trouver cependant près du grand Polichinelle, près de Guil-

* Voir la livraison de juillet, pp. 16-34.

lot-Gorju, près de Gaultier-Garguille, près de Poisson et de **Molière**,
il fallait que Philippin eût joué à son heure un rôle d'une certaine
importance. On connaît ce charmant roman du capitaine **Maryat** :
Japhet à la recherche d'un père; comme Japhet, je fus à la
recherche et, de même qu'après plus d'un insuccès, Japhet retrouve
son père, je retrouvai Philippin ; — que dis-je Philippin ! — **je**
retrouvai deux, trois, quatre Philippins.

Ce qui prouve, du reste, jusqu'à quel point ce personnage est
tombé dans l'oubli d'où notre petit travail l'aidera peut-être un peu
à sortir, c'est qu'un des auteurs qui ont le mieux étudié notre
ancien théâtre, M. Louis Moland, dans son curieux ouvrage déjà
cité par nous : *Molière et la comédie italienne*, le rencontrant sur
sa route, un peu déguisé, il est vrai, ne le reconnaît pas et ne sait
à qui il a affaire. On sait que la coutume régna longtemps dans
les cours de nos souverains de composer des ballets tout exprès
pour les fêtes royales, ballets dans lesquels, non-seulement les
courtisans et les grandes dames, mais les monarques eux-mêmes,
ainsi que les reines et les princesses, figuraient quelquefois. Rien de
plus galant, on le comprend, que ces sortes de fêtes qui permettaient une grande liberté et dans lesquelles chacun pouvait, l'idée
du ballet choisie, se tailler un costume à sa mode et se faire débiter les vers et les compliments les plus gracieux. Sous Louis XIII,
au moins jusqu'en 1630, le poète à la mode pour ce genre de composition, paraît avoir été un nommé Bordier. En 1621, il fait les vers
du *Ballet d'Apollon*, un peu plus tard, ceux du *Ballet du Hasard*, en
1627 enfin, du moins nous ne connaissons que ceux-là, les vers de
Le Sérieux et le Grotesque, ballet dansé par « le roy a la salle du
Louvre et a l'Hostel de ville ». Bordier s'intitulait : Ayant charge
de la poésie près de Sa Majesté. Or, soit dans un de ces ballets, soit
dans quelque autre, les types adoptés par les courtisans et les bala-
dins dans les entrées furent ceux des « Comédiens italiens ». Ils figurèrent sous les noms de Colas, Pantalon, Stephano, Lelio, Florinde,
Harlequin, Léandre, *maître Philippes*, le Dotour, Lydia, Fiquel, le
Capitan ; et à ce sujet, M. Moland dit : « Quelques-uns des noms que

l'on cite, Colas, maître Philippe, n'ont point une physionomie italienne, et sans doute ces personnages n'avaient appartenu qu'accidentellement à la Comédie de l'art. » M. Moland se trompe ici, croyons-nous ; il est vrai que n'ayant connu, apparemment, ni la *Comédie des Proverbes*, ni les nombreuses pièces de Boisrobert dans lesquelles figure, ainsi que sur le tableau de M. de la Pilorgerie, Philippin ou Filippin, il n'a pu reconnaître dans maître Philippes l'origine évidemment italienne de ce personnage, mais il est difficile de la mettre en doute. Fait singulier toutefois, dans aucune des pièces italiennes en assez grand nombre dont nous avons lu des analyses nous ne trouvons Philippin. C'est à des auteurs français qu'il faut demander son type.

Il s'affirme pour la première fois avec une valeur réelle, car dans le ballet de Bordier son rôle est bien peu significatif, dans la *Comédie des Proverbes* d'Adrien de Montluc, prince de Chabanais, comte de Cramail, né en 1568, mort en 1646, pièce assez oubliée aujourd'hui, mais qui eut dans son temps une vogue prodigieuse et fut souvent réimprimée. C'est un véritable tour de force que cette pièce du petit-fils du terrible maréchal de Montluc. Les dialogues ne s'y font qu'en proverbes ou locutions vulgaires en ayant la valeur, et de ces proverbes et de ces locutions il y en a plus de 2 000, et cependant le sujet, une fable assez intéressante, se suit sans difficulté ! Ce genre de tours de force était alors à la mode. C'est ainsi qu'un auteur, sur le nom duquel on dispute, composa, en 1640, la *Comédie de chansons*, dont le nom seul explique le genre de facture, et qui nous a, — ainsi que l'*Inconstant vaincu*, pastorale en chansons, publiée en 1661, — conservé une quantité de jolis refrains ; c'est ainsi encore qu'un sieur Deroziers-Beaulieu publia, en 1639, un chef-d'œuvre en son genre, la *Tragi-comédie du Galimathias*. Qui ne l'a lue — on la trouve aisément dans l'*Ancien théâtre français* publié par M. P. Jannet, en 1856, — ne saurait se figurer à quel degré de brillant pathos et de classique amphigouri d'alexandrins l'auteur est arrivé.

Mais revenons à la *Comédie des Proverbes* et à Philippin. Voici le sujet de cette comédie : Un vieil avare, le docteur *Thesaurus*, possède, non-seulement comme son nom l'indique, un trésor, mais deux trésors, sa fille *Florinde* et ses écus ; on serait bien embarrassé de dire lequel de ces deux trésors il préfère. Cependant comme il se doit au bonheur de son enfant, il l'accorderait volontiers à un gendre, s'il en trouvait un, bien riche. Or, c'est ce qu'il croit rencontrer dans la demande dont l'honore le *capitaine Fierabras*. Mais Florinde dédaigne Fierabras, elle aime *Lidias*, gentilhomme, qui, cela va sans dire, n'apporte pour dot que son amour. Que faire pour vaincre le refus naturel et prévu de Thesaurus ? Un enlèvement. C'était la mode alors, assez souvent dans la pratique, et perpétuellement dans les comédies et les romans. C'est alors qu'apparaît maître *Philippin*, un drôle de la plus belle espèce. Valet du docteur, chargé de surveiller sa fille pendant que son maître est « aux champs », il s'entend avec celle-ci et trahit son maître. La scène est très-bonne. Quand Lidias arrive au milieu de la nuit avec sa troupe de gens à tout faire, comme on en trouvait si aisément alors, Philippin ouvre toute grande la porte, ce qui permet à Lidias d'enlever Florinde et, pour donner le change, Philippin crie à tue-tête : Aux voleurs ! aux voleurs ! Alaigre, valet de Lidias, lui donne un coup d'épée, Philippin tombe, son sang coule, et Lidias, feignant l'effroi et l'embarras, dit à ses gens de l'enlever. Des voisins ont vu la scène, sans rien empêcher bien entendu, ils ont admiré Philippin, et ils rendent compte à Thesaurus à son retour de la bravoure et du dévouement de ce fidèle serviteur.

Or, qu'était-il arrivé ? Écoutons Philippin lui-même : « J'ay bien fait croire aux voisins que des vessies sont des lanternes, mordiable ! ils croyent maintenant qu'il n'y a plus de Philippin pour un double. Ils sont bien du guet, mort non pas de ma vie ! La vessie pleine de sang a bien joué son jeu quand Alaigre l'a percée au milieu de mon ventre ; mais s'il eust pris Gautier pour Garguille, j'en aurois belle verdasse. »

Cependant le pauvre docteur et *Macée*, sa femme, sont dans la désolation et cherchent, avec *Alizon*, leur servante, en tiers, comment faire pour retrouver leur fille. Fierabras vient naturellement leur offrir le secours de son bras vaillant, c'est le vrai Capitan Matamore. Écoutons-le un moment : « Si je puis un jour tenir ces maraux, d'honneur, je les jetteray cent mille lieues par de là le bout du monde ; j'aneantiray leur maudite engeance jusques à la milliesme generation. Comment ! s'adresser à moy, qui puis d'un seul clin d'œil faire tarir toutes les mers, et qui du vent de ma parole peux reduire les plus hautes montagnes du monde en cendre ! Ne sçavent-ils pas que je porte sur mon front la terreur et la crainte ? »

« *Certissime,* seigneur capitaine, répond Thesaurus à ces gloriasseries, (mais) moins de parole et plus d'effect. »

Fierabras, qui se sent serré de près, engage alors Thesaurus à consulter des Bohémiens abordés depuis peu dans ces parages, « qui ne cèdent en rien à Nostradamus ny a Jean Petit, parisien, en l'art de deviner. »

Tandis que se forment contre eux ces légitimes complots, Lidias et Florinde, accompagnés d'Alaigre et de Philippin, ont couru la campagne en fugitifs pendant trois jours. Il y a là, dans cette vie à l'aventure, sous un ciel quelconque, car on ne sait où se passe au juste cette comédie, quelque chose qui, distance gardée, tient de la manière de Shakespeare dans ses pièces fantaisistes, quelque chose aussi du *Roman comique,* comme encore de ce que l'on verra plus tard dans *Gil Blas.* On ne sait exactement où l'on est, si c'est le jour, si c'est la nuit, tout le monde parle, cause, rit, boit, mange, se couche, dort, sans qu'on sache précisément s'il vit de la vie réelle ou de la vie du songe ; — c'est la vie de Bohême poétisée, par là même elle ne saurait durer ; — la vie de Bohême ne va longtemps qu'aux gueux ; mais accidentellement, vue par le mirage de l'imagination et tenue par des gens de distinction, jeunes, beaux et amoureux, elle a son charme. Le malheur est que parents, magistrats, gendarmes en sont ennemis, et qu'elle ne nourrit pas longtemps ceux qui la mènent. Aussi, venu le troisième jour, après un pauvre dîner tel quel, recueilli par des moyens douteux, et

arrosé « de vin.de Bretigny qui fait dresser les cheveux », harassés
de fatigue, Lidias, Florinde, Alaigre et Philippin s'endorment sur le
bord d'une grande route , sous des arbres, à l'ombre, vers l'heure,
croyons-nous entrevoir, où le soleil descend vers l'horizon. Mais
voici que,,pendant ce temps, des Bohémiens pour de bon, qui offrent
à la fois à l'auteur l'occasion d'accumuler tous les proverbes burlesques, grivois, parfois grossiers, que Lagniet nous a figurés dans sa
Vie des Gueux, et en même temps de trouver pour sa comédie une
jolie scène finale ; des Bohémiens, dis-je, de passage par la même
route, apercevant les manteaux, les chapeaux à plumes et autres vêtements que les dormeurs ont dépouillé, s'en emparent et se
sauvent, mais avec l'attention délicate de laisser à leurs victimes
leurs vieilles nippes à la place de leurs habits.

Réveillés au matin, Lidias et ses compagnons s'aperçoivent qu'on
les a fait « grippe-chenille », mais le premier moment de désolation
passé, l'idée leur vient que les costumes de Bohémiens pourront
justement leur servir à se déguiser et à retourner voir, sans être
reconnus, comment les choses se comportent du côté du docteur
Thesaurus. — Cette transformation aussitôt opérée qu'imaginée, ils
se dirigent vers la ville tout en préparant leurs rôles, toujours causant en proverbes, bien entendu. — Ils ne tardent pas à rencontrer
Fierabras, Thesaurus et Macée, qui ne les reconnaissent pas et les
consultent sur le sort de Florinde. Celle-ci leur répond elle-même :
« Vous recouvrerez vostre fille si elle n'est perdue. Sçachez qu'elle
est saine et entière par la valeur d'un bon gentil-homme qui l'a
dépatrouillée des mains de certains gouinfres qui lui vouloient ravir
son honneur. Ce bon gentil-homme l'a si bien plantée qu'elle reviendra bien tost. » — Puis, peu à peu, à la suite de divers incidents
inutiles à raconter, Lidias parvient, en effet, à persuader à Thesaurus
et à Macée qu'il a, aidé de l'honnête Philippin, sauvé leur fille
d'ennemis terribles, et les bonnes gens, dans leur reconnaissance,
le supplient d'accepter sa main. Lidias n'a garde de refuser, et,
séduit par l'exemple, Philippin épouse Alison. « On dit bien vray,
s'exclame dans sa joie la bonne femme Macée pour conclusion, que
nul ne sçait le futur. *Post tenebras lux, post nebulas Phœbus ;* Dieu

fait tout pour le mieux. » — Quant à Fierabras, « le terrible, le foudroyant » Fierabras, il se console en pensant qu'il va « faire baiser ses pas à cinq cents monarques et se faire adorer par mille
princesses. »

Quel que soit le mérite de cette comédie et la vogue dont elle ait
joui, plusieurs pièces de l'abbé de Bois-Robert, dans lesquelles
nous allons rencontrer Philippin, ne durent pas être sans influence
pour décider l'auteur du tableau des *Farceurs* à introduire dans son
œuvre ce type un peu prolongé, digne émule des Scapin, des Crispin et des Mascarille. — François le Metel de Bois-Robert ou de
Bois-Robert Metel, sur lequel notre ami, M. Charles Livet, inspecteur de l'enseignement professionnel en France, a publié de charmantes pages dans ses *Etudes sur la littérature française à l'époque
de Richelieu et de Mazarin,* François de Bois-Robert, plus vulgai-
rement nommé l'abbé de Bois-Robert, né à Caen, en 1592, mort à
Paris, le 30 mars 1662, fut un des littérateurs sinon les plus remarquables, du moins les plus remarqués et les plus connus sous
les deux grands cardinaux que nous venons de nommer. — Comme
ecclésiastique, l'estime ne lui vint jamais ; c'est lui qui faisait dire
leur *benedicite* aux rares mourants qu'il assistait, et Mᵐᵉ Cornuel
croyait sa chasuble faite, — car on le forçait quelquefois à dire la
messe, — d'une robe de Ninon. — Mais il rachetait, autant que
faire se peut, par l'esprit ce qui manquait à sa considération comme
prêtre et même comme homme. Cette puissance de l'esprit, esprit
toujours gai, plaisant, et fort contre l'ennui et les ennuis, fut sa
puissance à lui près de ces grandes puissances cardinalesques qui
se le léguèrent, le premier au second, comme on se lègue le chien
du logis.

Bois-Robert n'était pas seulement un homme d'esprit, c'était un
homme de cœur et de haute intelligence. Il protégeait tous ses confrères en littérature, la plupart, quel que fût leur talent, pauvres
diables comme lui. Richelieu l'avait surnommé l'*ardent solliciteur
des Muses,* et ce fut sur la proposition de Bois-Robert, on le sait,
que le cardinal créa l'Académie française. — Bien que ce soit surtout cette bonne et intelligente pensée qui ait fait vivre le nom de

Bois-Robert, il n'était pas, il s'en faut, dénué d'un talent souvent très-réel pour les lettres ; ses vers surtout mériteraient souvent d'être plus connus, mais il n'est que trop vrai que quelques grands poètes chez nous ont, à chaque siècle, absorbé toutes les réputations secondaires.

Nous n'avons, du reste, à parler ici de Bois-Robert que par rapport à Philippin, et par conséquent à nous entretenir un moment de son théâtre. Dix-huit pièces au moins, dix-neuf au plus le composent. Jamais, que nous sachions, et le fait est assez singulier, elles n'ont été réunies en un seul corps, en sorte que la collection en est très-rare et très-difficile à former. Une des plus complètes fut celle qui parut à la fameuse vente de Soleinne, il y a quelques années ; elle comprenait les dix-huit pièces dont l'impression est certaine. De ces pièces, les unes sont en vers, les autres en prose ; les unes sont des tragédies, les autres des comédies. Leurs dates se rencontrent environ entre 1633 et 1658. — Quelqu'une d'elles fut-elle jamais jouée, c'est ce que nous ignorons. Si quelques-unes furent représentées dans l'intimité des salons des cardinaux, nous doutons en tous cas très-fort qu'elles l'aient été sur les grands théâtres, au Marais, à l'Hôtel de Bourgogne, au Petit-Bourbon. Les auteurs, en ce cas de représentation, ne manquaient point de marquer cet honneur sur l'intitulé du titre de l'impression, et les pièces de Bois-Robert ne contiennent point de semblables mentions. — Nous pouvons ajouter que le remarquable *Dictionnaire dramatique de Lacombe,* publié en 1776, analyse presque toutes ces pièces de Bois-Robert, mais ne nous dit point sur quel théâtre elles auraient été jouées, contrairement à son usage constant dans le cas où les pièces ont été représentées.

Ces analyses et plusieurs que nous rencontrons dans la notice de M. Livet ou dans le *Journal de lecture,* excellente publication qui dura trop peu de temps, nous montrent Philippin ou Filipin dans quatre comédies au moins de Bois-Robert. C'était évidemment son nom préféré pour les valets d'intrigue, fripons, matois, alertes et gais. Nommons ces pièces, ce sont : *la Jalouse d'elle-même* (1647) ; — *la Comtesse de Penbroc* ou *la Folle gageure* (1651) ; — *les trois*

Orontes (1652); — *la Belle Plaideuse* (1654). — Est ce Philippin qui a porté bonheur à Bois-Robert? Nous ne savons; mais ces pièces sont justement toutes des meilleures de son répertoire. Nous nous .contenterons, pour ne pas trop allonger ce travail, de dire quelques mots de *la Belle Plaideuse*, la plus célèbre de ces pièces, et pour les autres, nous renverrons ceux qui s'y intéresseraient aux sources que nous avons citées, et que l'*Histoire du Théâtre français*, par les frères Parfait et d'autres, pourront compléter.

L'intrigue de la pièce de Bois-Robert est assez bien trouvée, comme la plupart de celles de cet auteur : *Argine,* la belle Plaideuse, mère de Corine, plaide pour une grosse succession ; sa cause est bonne, mais l'argent lui manque pour payer les épices, de tout temps fort considérables, de celle qui se nomme Dame Justice. Les yeux de *Corine,* non moins beaux que ceux de sa mère, viennent heureusement au secours de celle-ci, c'est une valeur quand on sait bien s'en servir. Ils ont touché le cœur d'*Ergaste,* fils du riche usurier *Amidor,* et comme la main de Corine lui est promise s'il parvient à procurer à sa mère Argine la somme dont elle a besoin, il ne ménage point ses démarches pour cette recherche. Des agents d'affaires verreux, et qui ne le connaissent pas pour fils d'Amidor, lui trouvent, non sans peine, un prêteur à gros intérêt, pour la somme en question ; il ne s'agit plus que de mettre en rapport Ergaste et ce prêteur. Or, qu'arrive-t-il? C'est que ce prêteur se trouve être Amidor. Il y a là, on ne peut le contester, une invention de scène fort bien trouvée, aussi Molière l'a-t-il recueillie de Bois-Robert pour son *Avare,* et, malgré quelques excellents traits qui manquent à Bois-Robert, celui-ci ne demeure pas fort inférieur à notre grand comique. Citons quelques passages de cette scène :

ERGASTE.

.........Quoy! c'est là celuy qui fait le prest ?

AMIDOR.

.........Quoy! c'est là ce payeur d'intérest ?
Quoy, c'est donc toy, meschant filou, traisne-potence,
C'est en vain que ton œil esvite ma présence,
Je t'ay veu.

ERGASTE.

Qui doit estre enfin le plus honteux,
Mon père, et qui paraît le plus fort de nous deux ?

FILIPIN.

..........Nous voilà bien chanceux.

AMIDOR.

Desbauché, traistre, infâme, vaurien !
Je me retranche tout pour t'acquérir du bien ;
J'espargne, je ménage, et mon fonds que j'augmente
Tous les ans tout au moins de mille francs de rente,
N'est que pour t'eslever sur ta condition ;
Mais tu secondes mal ma bonne intention.
. . . .

ERGASTE.

A quoy diable me sert une espargne si folle
Si ce qu'on preste ailleurs je sens qu'on me le vole.
. . . .

AMIDOR.

Scélérat, tu répliques encor !
Toi tu seras coffré demain dans Saint-Victor,
Tiens-le pour tout constant, maudit enfant prodigue,
Je rompray ton commerce ainsi que ton intrigue,
Et tu verras dans peu si je me sçay venger
D'un traître de valet qui t'ayde à les forger.

FILIPIN.

Nostre fortune est faite et nous aurons grand'joye
De ces louys tous neufs sortant de la Monnoye.

ERGASTE.

Tay-toi, la raillerie icy n'a plus de lieu.

FILIPIN.

Peste soit l'usurier et le fesse-mathieu.

ERGASTE.

. . . .
C'est sur ton seul esprit que mon espoir se fonde.
Mon pauvre Filipin, ne m'abandonne pas,
Tu sais ma passion, tu vois mon embarras,
Retourne chez Mizon, va revoir le notaire.

FILIPIN.

Suyvez-moi seulement et nous ferons affaire,
Venez agir vous-mesme; enfin tout ira bien;
Mais si je suis pendu, je ne responds de rien.

Si je suis pendu, tout est là, tout est dit, c'est le dernier mot du
caractère de Filipin. — Il est plein d'obligeance, ce maître valet, il
est toujours prêt à rendre service à l'amoureux de la pièce, seulement ce n'est pas seulement *per fas* c'est aussi *per nefas*, et en ce
cas gare la corde! mais en fait de lien, le bon Bois-Robert ne lui
passe en général au cou, en terminant la pièce, que le lien matrimo-
nial, et il est probable que Filipin épousera, à la fin de la *Belle
Plaideuse,* la spirituelle *Nicette,* servante de Corine, charmant type
de soubrette, oublié, il est vrai, mais qui n'a guère, c'est d'autant
plus un devoir de le dire, été dépassé depuis au théâtre. Il faut
l'entendre, on peut lire ce discours dans le travail intelligent de
M. Livet, il faut l'entendre prêcher Ergaste pour qu'il se hâte de
trouver l'argent dont sa maîtresse a besoin; en effet, comme elle le
dit si bien :

C'est l'or seul qui fait vivre et non les mots dorés.

Avons-nous dit, non, je crois, mais est-ce bien utile? que la
belle Plaideuse obtient justice pour son procès, et qu'Ergaste y
gagne à la fois une femme et une dot? — La pièce pouvait-elle finir
autrement ?

Un curieux renseignement, que nous n'avons trouvé qu'un peu
tard, mais cependant encore à temps, nous donne à penser que si
le Philippin de Bois-Robert put peser dans le choix que l'auteur du
tableau dont nous parlons eut à faire parmi les célèbres farceurs,
il dut cependant s'inspirer davantage du Philippin de la *Comédie
des Proverbes.* — Parmi d'assez nombreux portraits de comédiens
français du XVIIe siècle gravés par Rousselet, et dont on trouve le
détail complet au tome Ve de l'*Abecedario* de Mariette, (Dumoulin
1858-59), je vois « *Michau, Boniface, Philippin et Alison,* anciens
comédiens françois de l'hôtel de Bourgogne, représentés sur une

mesme planche gravée sur le dessein de Grégoire Huret. » — Si
l'on se rappelle que nous avons vu Alison figurer avec Philippin
dans la pièce d'Adrien de Montluc, si l'on considère que l'on trouve
le marchand Boniface dans *la Comédie des Comédiens*, du même
temps, (1633), en négligeant Michau qu'on retrouverait sans doute
dans quelque pièce oubliée de cette époque, on est bien porté à
croire que la gravure de Rousselet représente plutôt le Philippin de
la *Comédie des Proverbes* ou de cette époque que celui de Bois-
Robert. — Rousselet, d'ailleurs, a gravé aussi d'après les dessins
de Grégoire Huret, Gautier-Garguille, Gros-Guillaume, Turlupin, le
capitan Matamore (le célèbre Mondory), Jodelet, et même deux
Jodelet, le vrai, le plus célèbre au moins, Julien Geoffrin, alors
qu'il jouait à l'hôtel de Bourgogne, et non encore avec Molière, et
N... Lépy, faisant ce même personnage aussi à l'hôtel de Bourgogne ;
il est difficile de ne pas croire que c'est l'ensemble de cette collection de Rousselet dont se servit surtout le peintre des *Farceurs.*
C'est une étude à faire, pièces en main. Il serait même très-possible,
disons-le à cette occasion, que le capitan Matamore du tableau soit
Mondory le Français, et non l'Italien, le capitan Spezzafer, comme
nous l'avions pensé.

De ces détails, que nous compléterons en parlant de Briguelle,
on peut, si l'on réfléchit en outre que Molière est représenté dans
ce tableau des farceurs encore dans toute la force de l'âge et dans
le rôle d'Arnolphe de l'*Ecole des femmes*, pièce jouée pour la première fois en 1662, on peut, dis-je, venir à se demander si toutes
les probabilités ne sont pas pour que le tableau de la Comédie
Française daté de 1670 ne soit, comme celui de M. de la Pilorgerie
daté de 1681, qu'une copie d'un original jusqu'ici perdu, exécuté
vers 1662 à 1663. — Ainsi s'expliquerait aussi, d'une manière beaucoup plus légitime, ce titre de farceur donné au grand Molière, qui,
avant l'*Ecole des Femmes*, n'avait encore produit que les *Précieuses
ridicules* (1659), *Sganarelle* (1660), et l'*Ecole des Maris* (1661).
L'absence de toute signature sur les deux tableaux vient aussi à
l'appui de cette pensée.

BRIGUELLE.

Son type; — son costume; — sa patrie; — étymologie de son nom; —
ses portraits gravés, etc.

Occupons-nous maintenant un moment de *Briguelle* (on écrit
aussi Briguel, Brigvelles, etc., mais nous suivons l'orthographe du
tableau); nous terminerons par le Docteur, grave personnage, bien
fait pour achever un défilé et avec lequel nous serons en règle avec
nos seize *Farceurs*.

Nous avons dit, dans le cours de ce travail, que Turlupin, le
grand Turlupin avait été le Briguelle de son temps; à ce sujet une
courte explication est nécessaire. — Turlupin était un personnage,
c'était, avons-nous dit, Belleville, et il a été le seul Turlupin,
comme Hugues Guéru a été le seul Gautier-Garguille, Robert
Guérin le seul Gros-Guillaume, et Bertrand Hardouin de Saint-
Jacques le seul Guillot-Gorju. — En France, nous l'avons expliqué,
les types ont été rares, c'est tout le contraire de l'Italie; celle-ci, du
reste, nous parlons de l'Italie moderne, héritière des types des
théâtres romains et étrusques, ceux-ci héritiers des Grecs, et ceux-
ci sans doute ayant beaucoup recueilli de l'antique Hindoustan;
l'Italie nous ayant ainsi presque tout apporté, il restait peu à ajouter.
— Turlupin donc était un personnage, Briguelle est un type. Ce
type est celui d'un *Zanni*, valet le plus souvent, mais non de la
race des Philippin, des Scapin, des Mezzettin, des Arlequin, des
Figaro; c'est le plus traître de tous les valets, il n'est guère de
pièce où il ne mérita la potence ou la roue. « Si Brighelle, dit
M. Moland, (on doit aussi trouver des détails sur Brighelle dans
l'ouvrage de Maurice Sand sur la Comédie italienne), si Brighelle
montre son museau pointu, préparez-vous à le voir ourdir quelque
trame perfide. » Cette notion donnée, et elle suffit pour ce drôle,
il ne faut pas s'étonner, si, contrairement à ce que l'on raconte dans
divers ouvrages que Turlupin était absolument vêtu comme Brighelle, le costume de ces deux farceurs diffère dans le tableau de
M. de la Pilorgerie. — Turlupin y est habillé de jaune, avec des

agréments rouges, son visage est couvert d'un masque noir, sur sa tête est un large chapeau gris; il porte à la ceinture un faux poignard de bois. Briguelle est en blanc, agrémenté de brun, et ne ressemble ni à Turlupin ni à aucun autre personnage du tableau; mais l'explication de cette contradiction entre la tradition et le tableau est parfaitement simple. Le type une fois créé et reçu, les détails du costume variaient sans cesse; parfois même les nécessités des pièces exigeaient un changement presque complet du costume habituel au type. Il n'est guère, d'ailleurs, d'acteur qui voulût garder le costume identique à celui de son prédécesseur dans le rôle. Nous pourrions nous étendre à ce sujet et entrer même dans d'assez curieux détails, mais cela nous mènerait trop loin. Concluons simplement ici qu'il est donc possible que si l'acteur tenant le rôle de Briguelle au temps de Turlupin, a porté à peu près le même costume que ce grand farceur, celui qui le remplaça ait un peu modifié ce costume. Peut-être aussi a-t-on un peu exagéré cette ressemblance entre Briguelle et Turlupin.

Briguelle est, croit-on, Lombard, c'est-à-dire de la même région italienne qu'Arlequin, et même, quoique infiniment plus coquin, très-possiblement son cousin, mais moins gai, par là même de son détestable fond, moins aimable, et surtout moins souple et d'une transformation plus difficile; tandis qu'Arlequin a vécu tout le XVIIIᵉ siècle et reparaît encore de temps à autre, Briguelle n'a guère, croyons-nous, dépassé le XVIIᵉ. — Il ne paraît pas non plus être venu au jour beaucoup avant, nous ne le trouvons dans aucune des pièces assez nombreuses des *Gelosi*, jouées de 1576 à 1611, analysées par M. Moland.

D'où venait son nom? de *briga*, chagrin, ennui, fâcherie, noise? — ou de *brigataccia*, mauvaise compagnie? — Les deux étymologies sont bonnes; des chagrins, des ennuis, des noises, mais c'est là l'unique métier de Briguelle. — Mauvaise compagnie, il l'est au suprême degré, c'est une franche canaille, *canaglia*, *canagliaccia*.

Nous trouvons à l'article Rousselet de l'*Abecedario*, que nous avons déjà cité à propos de Philippin, que Rousselet exécuta, d'après

Le Brun, avec qui il assistait volontiers à la Comédie, divers portraits que Mariette désigne ainsi :

« Briguel, comédien italien, jouant de la guitare d'après Charles Le Brun ;

» Briguelles et Trivelin ; cette planche est égarée ; — Polichinelle et Pantalon. Ces deux pièces, où sont représentés les habillements des premiers comédiens italiens qui vinrent en France, sont du dessin de Charles Le Brun ;

» Paphetin, comédien italien ; il a l'habit de Trivelin et est représenté ici debout, mettant la main à son bonnet, sans aucun nom d'auteur, est de Rousselet, d'après Le Brun, et fort rare. »

Il est comme certain que c'est encore d'après les gravures de Rousselet que l'auteur du tableau aura peint Briguelle ; ajoutons et Polichinelle et Pantalon (qui peut très-bien avoir été le célèbre Turi venu dès 1653).—Quant à Trivelin, toutes les apparences y sont aussi, mais dans ce Trivelin, compagnon de Briguelle dans la seconde gravure indiquée, faut-il voir Domenico Locatelli, qui, comme nous l'avons dit, tint ce rôle à Paris de 1645 à 1671 ? — Faudrait-il y voir ce Paphetin dont nous trouvons le nom pour la première fois ? Il y a là matière à quelques doutes et à recherches plus intimes du sujet pour ceux qui voudront le creuser après nous. Nous ne réclamerons pour honneur que de leur avoir ouvert le sentier.

Ajoutons ici, en guise de note pouvant leur être utile, que dans le catalogue de la 2ᵉ vente de la collection de M. P. D. (?) faite en 1859 par M. Clément, on trouve sous ce titre : *Portraits et costumes d'acteurs et d'actrices,* mention d'assez grand nombre d'intéressants portraits des acteurs italiens et français des XVIIᵉ et XVIIIᵉ siècles. Le rare portrait de Brigvelle et Trivelin par Rousselet s'y rencontre.

Et par la même occasion, nous indiquons aussi aux chercheurs, comme un guide sûr en ces matières assez difficiles, le regrettable bibliothécaire de la marine, M. A. Jal, qui, dans son excellent dictionnaire biographique, consacre des articles fort curieux à plusieurs des personnages dont nous avons parlé.

Bᵒⁿ DE WISMES.

(La fin à la prochaine livraison).

NOTICES ET COMPTES RENDUS

LE LIVRE DORÉ DE L'HOTEL-DE-VILLE DE NANTES, par MM. Alexandre Perthuis et S. de la Nicollière-Teijeiro. — Deuxième volume.

Nous sommes bien en retard avec MM. Perthuis et de la Nicollière, car voilà déjà plusieurs mois que le second volume de leur splendide ouvrage a paru. Le premier avait conduit notre édilité municipale jusqu'en 1790. Celui-ci la conduit jusqu'à nos jours. C'est l'ère nouvelle faisant suite et souvent contraste à l'ère ancienne. Nous pouvons étudier sur pièces le progrès.

Et d'abord nous nous rappelons que nòtre ancienne édilité était élective. Deux ou trois maires avaient été nommés directement, l'un entre autres, par Henri IV, un autre par Louis XIV; mais jamais on ne put mieux dire que l'exception confirmait la règle. La Révolution, bien entendu, maintint le principe. Elle fit plus, elle déclara le peuple souverain et, en vertu de ce dogme, elle reconnut pour électeurs tous les Français âgés de vingt-un ans qui payaient une imposition de trois journées de travail et n'étaient pas serviteurs à gages. Mais, en vérité, si le peuple était souverain, de quel droit imposait-on une restriction quelconque à sa souveraineté, et mettait-on à la porte du palais une partie du peuple ? C'était néanmoins peu de chose encore; mais trois ans s'étaient à peine écoulés, que les urnes faisaient place à un décret signé, non pas, à coup sûr, par Henri IV, non par Louis XIV, encore moins par le peuple souverain, mais par les citoyens Ruelle, Philippeaux et Gilet, décret investissant des fonctions de maire un peintre décorateur qui signait *le sans-culotte* Renard. Voilà ce que devenaient, avec les *Droits de l'homme*, nos vieilles traditions nationales !

Et ne dites pas qu'on ne peut rien conclure du temps de Robespierre, car Robespierre est toujours fort en honneur dans le camp de la Révolution ; de près ou de loin, on le suit toujours. Ainsi, le lendemain des barricades de 1830, c'est une ordonnance du nouveau pouvoir qui nomme maire M. Soubzmain ; le lendemain de la révolution de 1848, c'est un arrêté signé *Maunoury,* qui nomme M. Colombel et lui donne six adjoints, dont quatre sont pris, contrairement à la loi, en dehors du conseil municipal. Et en 1870, qu'avons-nous vu ? Nous avons vu des arrêtés signés *Guépin* dissoudre un conseil général, des conseils municipaux, et les remplacer par des commissions de bon plaisir, en vertu de ce seul droit que flétrissait Juvénal :

> *Sic volo, sic jubeo ; sit pro ratione voluntas.*

Telle a été l'œuvre de la Révolution ! Toujours prompte à proclamer des principes, elle a toujours été plus prompte à les violer ; et nous avons le droit de lui reprocher non-seulement la perte de nos anciennes franchises locales, mais encore les difficultés qu'elle oppose à leur rétablissement par l'invasion de la politique dans l'ancien conseil de famille de la commune. Si nous sommes réduits à la suivre sur son terrain, à qui la faute ?

Je remarque une autre différence entre les temps anciens et les temps nouveaux. Autrefois les membres de notre édilité nantaise étaient habituellement Nantais. Aujourd'hui, on dirait que notre sève est à bout ; car, sur un espace de quatre-vingt-quatre ans, on en compte cinquante pendant lesquels nos maires ont été étrangers, par leur naissance, à Nantes et même à la Bretagne. Je n'en fais assurément pas un reproche à ces magistrats, dont plusieurs très-honorables nous ont rendu de grands services ; mais je constate avec peine que le dévouement à la chose publique semble être en décadence parmi nous, et je salue avec d'autant plus de joie l'administration actuelle, administration toute nantaise, dont le dévouement égale le patriotisme.

Troisième différence. Nous admirions dans le premier volume

toute une suite de médailles non moins remarquables par leur
exécution que par la pensée qui les avait inspirées. Emblèmes
variés, devises où le nom de la patrie revenait sans cesse à côté du
nom de Dieu, tout y parlait à l'esprit un langage senti et élevé.
L'art aussi y trouvait son compte. Aujourd'hui plus d'art, plus de
médailles, ou, lorsqu'on en frappe quelquefois, on n'y reproduit
plus qu'un type banal, une inscription banale. La légende sera *con-*
seil municipal, chambre de commerce, jeton de présence. Adieu
pensée et poésie !

N'y a-t-il donc aucun progrès à signaler dans notre histoire municipale ? Je serais injuste si je le prétendais. La police, je le dis
d'abord, est mieux entendue, mieux faite, ce qui n'empêche pas
toujours les plus honnêtes citoyens d'être rossés et insultés des
heures entières; puis la durée des mairies est plus longue, ce qui
est assurément un bienfait. Mais ce bienfait nous eût-il manqué
sans la Révolution ? Non certes, car Louis XVI en avait déjà pris
l'initiative. « Nous avons reconnu, disait-il, en tête de son
ordonnance de 1786, que l'administration embrasse une très-
grande multitude d'affaires, quelquefois épineuses et souvent négli-
gées ou mal conduites, par l'effet de la *variation inévitable* de système des administrateurs qui, éprouvant des *changements trop*
fréquents, sont forcés de céder leurs places à d'autres avant d'avoir
pu former ou suivre aucun projet de réforme d'utilité publique.
Nous avons donc jugé à propos d'établir un meilleur ordre... » La
durée des mairies était fixée par cette ordonnance à quatre années
et les maires pouvaient être réélus.

L'ouvrage de MM. Perthuis et de la Nicollière a cela de précieux
qu'il est un répertoire exact et sans commentaires de tous les actes
qui touchent à la constitution de notre édilité municipale; à chacun
d'en tirer les conséquences; nous avons indiqué les nôtres. Quant
au domaine des faits, il sortait évidemment du cadre de l'ouvrage.
Nous sera-t-il permis d'en dire un mot? Assurément Nantes a fait
d'immenses progrès depuis le commencement de ce siècle. Les travaux de voirie y ont surtout été remarquables; des rues nouvelles

ont été tracées, beaucoup d'anciennes ont été élargies ; la place
Saint-Pierre répond dignement à la place Royale, et de nombreux
monuments d'utilité publique : l'Hôtel-Dieu, Saint-Jacques, le
palais de Justice, témoignent d'une constante préoccupation des
intérêts de tous. Mais pense-t-on que, dans le dernier siècle, par
exemple, les œuvres municipales aient été moindres? Parcourez
les cours, suivez les quais Brancas et Flesselles, vous ne rencontre-
rez, d'un bout à l'autre, que des palais dessinés par le crayon magistral de Ceineray. L'île Feydeau date de 1730 à 1760, et ses
balcons sculptés nous restent comme un souvenir du temps de
Louis XV. La Bourse, le théâtre, la place Royale, la place Graslin,
le cours Henri IV, marquent de leur côté le règne de Louis XVI ;
et la chambre des comptes, aujourd'hui la préfecture, forme
comme une transition grandiose entre ces deux époques et ces
deux manières. Tel est le passé ! Si le présent l'emporte, c'est uniquement par ses œuvres religieuses, par Saint-Nicolas, Saint-Clément, Notre-Dame, Sainte-Anne, et ces nombreuses chapelles dont
chacune est, à elle seule, un monument. Voilà où est le progrès.
Pour le reste, tâchons de faire mieux que nos pères; mais, jusqu'au
revoir, soyons modestes.

Eugène de la Gournerie.

JEAN-JACQUES ROUSSEAU ET LE SIÈCLE PHILOSOPHE, par M. L.
Moreau. — Paris, Victor Palmé.

Cet ouvrage est à la fois une exhumation et une exécution. Jean-
Jacques Rousseau est mort, au moins comme philosophe. Qui lit
aujourd'hui *Emile* et le *Contrat social?* La plupart ne connaissent
guère plus que ces titres seuls : ce sont d'illustres épitaphes, voilà
tout.

Mais si les livres dorment sous la poussière, les erreurs vivent.
Après d'autres penseurs chrétiens, M. Moreau vient faire justice de
ces prétendus principes, qui, dépouillés des prestiges d'une éloquence mensongère, — pour parler avec La Mennais, — n'offrent

qu'un informe assemblage d'incohérences, d'absurdités et de contradictions [1].

Mais alors, dira-t-on, l'exécution est facile ? — Non pas, car ici
l'erreur est un Protée qui vous fuit sans cesse.

« La seule difficulté qu'on rencontre, dit encore La Mennais, en
combattant les doctrines philosophiques est de les réduire à des
maximes fixes et précises. Quand on y est parvenu, tout est fait ;
elles se réfutent d'elles-mêmes. L'erreur n'est embarrassante que
lorsque, revêtant mille formes diverses, et se dérobant, par sa mobile
inconséquence, à l'esprit qui veut la saisir, elle échappe, à force de
variations, aux prises du raisonnement. C'est le grand art de Rousseau et sa constante méthode [2]. »

Il s'agit d'empoigner et de mettre au pilori ce faux sage, ce men-
teur, ce charlatan philosophe. C'est ce que M. Moreau a fait avec l'autorité et avec l'énergie nécessaires. Il poursuit le rusé fuyard dans le
dédale obscur de son déraisonnement, il éclaire ses voies tor-
tueuses, il montre leurs détours perfides, il atteint le traître ; et dès
qu'il a pu démasquer le visage de celui-ci, justice est faite :

> Son visage essuyé n'a plus rien que d'affreux.

« C'est ce qu'on pourrait dire de Jean-Jacques Rousseau, écrit
Joubert, si l'on dépouillait ses pensées de leur faste, qu'on en
essuyât les couleurs, qu'on en ôtât, pour ainsi dire, la chair et le
sang qui s'y trouvent. »

M. Moreau a réalisé dans son livre cette pensée de Joubert.

Par l'examen sérieux et raisonné des principales œuvres du prétendu philosophe, il prouve à tout homme de bon sens que Rousseau n'est qu'*un raisonneur perpétuellement déraisonnable.* —
« Quand je dis *perpétuellement déraisonnable,* fait-il remarquer ici
avec une juste modération, je ne prétends pas que Rousseau dérai-
sonne à chaque ligne de ses écrits. Je dis seulement qu'il n'est pas
un ouvrage de lui où il n'attaque un principe de raison ou de foi,

---

[1] *Essai sur l'indifférence.* Tome I, page 99.
[2] *Ibidem,* page 102.

où il n'ébranle un dogme social ou religieux, où il ne contredise à une vérité essentielle et où il ne se contredise lui-même. »

M. Moreau soutient avec force et avec éclat ces conclusions, dans la suite de son livre qui est comme un réquisitoire éloquent contre le *pauvre Jean-Jacques*, ce criminel de la libre-pensée, que l'on s'obstine à plaindre à cause de ses malheurs, au risque d'oublier ses méfaits. Et quels méfaits pourtant que le *Contrat social* et les *Confessions*, sans parler du reste? Ne sont-ce pas là de vrais complots contre la société et la morale? Ils ont enveloppé tout un siècle; ils ont causé la mort d'un grand nombre d'âmes : et qui peut en ignorer l'issue effroyable?

« A Rousseau, dirons-nous avec notre auteur, à Rousseau revient sans conteste le misérable honneur d'avoir, sinon trouvé (pour trouver il ne le fut jamais), du moins rigoureusement formulé les maximes démagogiques et antisociales. Aussi, la Révolution, fidèle à la mémoire de son serviteur, lui a dressé des statues et l'a mis au rang de ses grands dieux. Elle a consacré ses ouvrages; ils sont devenus comme les livres canoniques de l'insurrection et du blasphème. Les Spartacus des clubs et de la Commune en ont fait leurs livres d'heures : étranges eucologes, fatigués aussi par la fervente assiduité de leurs lecteurs, mais où des traces affreuses découvrent quelle sorte de *pratique* a suivi la *méditation* ! Ces pages aux marges encrassées de doigts sanglants annoncent que la *foi* n'a pas été sans les œuvres... Quelle foi ! et quelles œuvres ! LA MONARCHIE EST UN GOUVERNEMENT CONTRE NATURE ! parole de l'oracle, que le 10 août traduit à coups de piques et de mousquets ! Le trône succombe, les prisons s'emplissent, le 2 septembre est arrivé ! — et cette société élégante, spirituelle, mais si imprévoyante et si légère, la voilà devenue litière de cadavres, sur laquelle les *ouvriers* de l'atroce Danton, comme des bêtes soûles de carnage, se couchent en attendant quelque pâture nouvelle ! Et c'est bien sous la protection des grands principes du *Contrat social*, LA SOUVERAINETÉ DU PEUPLE ET L'INFAILLIBLE RECTITUDE DE LA VOLONTÉ GÉNÉRALE , qu'une horde de lâches truands s'abreuve de sang à loisir, ayant pris dans l'ivresse du sophisme toutes ses sûretés contre les remords ! »

Ah ! c'est qu'on ne fausse pas, on ne gâte pas en vain l'intelligence
et le cœur de l'homme. On ne déchaîne pas en vain *la bête* ; on ne
brise pas en vain les saintes entraves dont l'âme la tient attachée, de
par le Christ. Toute doctrine porte son fruit comme les deux arbres
mystérieux du paradis terrestre : et c'est un fruit de vie ou de mort.

La doctrine de Rousseau porte un fruit de mort. Sous un certain
jour, ou plutôt dans une certaine ombre, il peut paraître *beau et
d'un aspect délectable*, mais son intérieur n'est que pourriture et
poison mortel.

Joubert, que nous citions plus haut, en a jugé admirablement :
« Une piété irréligieuse, une sévérité corruptrice, un dogmatisme
qui détruit toute autorité : voilà le caractère de la philosophie de
Rousseau [1]. »

« Rousseau est une âme *obscure*, égarée dans les sens et
l'orgueil, dit à son tour M. Moreau. Il ne voit rien des autres ni de
lui-même, qu'à la lueur des passions, courts éclairs dans la nuit
noire. Chez lui, la pensée relève de la sensation ; le jugement de
l'amour-propre, et le principe de tant d'aveugles emportements qui
traînent après eux la raison captive, c'est cet égoïsme étroit, dans
lequel l'homme-animal s'agite, n'ayant que soi pour objet, pour
idéal et pour fin. »

Nous nous souvenons d'avoir vu, dans les caveaux noirs et sonores
du Panthéon, le tombeau païen du philosophe. L'artiste original a
figuré, entre les battants d'une porte entr'ouverte, une main qui
tient un flambeau. Ce monument sombre et bizarre vous inspire une
sorte d'effroi. Il veut être un emblème de gloire consacré au génie,
mais n'est-il pas plutôt l'image de la triste réalité ? Dans toutes ses
œuvres, Rousseau n'est-il pas ce mort qui, du sein de sa corruption
et de ses ténèbres, prétend vous éclairer avec sa torche incen-
diaire ?

Après la lecture attentive du livre de M. Moreau, ce dernier jugement ne nous paraît pas trop rigoureux.

Du reste, le *citoyen de Genève* est bien l'homme de son temps, et

[1] *Pensées*, page 369.

le digne rival du *patriarche de Ferney*. Tous les deux, en se haïs-
sant, travaillaient aux mêmes ruines, de concert avec tous les beaux
esprits de ce siècle à jamais néfaste, que M. Moreau fait entrevoir
en parlant de Jean-Jacques. Les *immortels principes de 89* étaient
en germe dans le *Contrat social*, et le *siècle philosophe* enfanta la
Révolution. L'irréligion fut cause de tout.

Nous devons savoir gré à M. Moreau d'avoir rappelé ces grandes
leçons trop méconnues, d'avoir confondu les sophismes et dévoilé
l'âme ténébreuse et corrompue de celui qu'il nomme à juste titre le
prophète de la révolution. C'est là une œuvre de justice et de vérité
très-digne de l'éminent interprète de saint Augustin.

HIPPOLYTE LE GOUVELLO.

—

LE DRUIDE DU BOCENNO, tragédie, par M. l'abbé Maximilien Nicol. — Vannes,
    L. Galles, imprimeur de l'évêché, 1874, petit in-8°.

Judicaël, le roi pieux et juste, régnait sur la Bretagne, et le christianisme s'y propageait sous sa bienfaisante influence. Les menhirs
s'y couronnaient de pieux symboles, de saintes images, et le sanctuaire de Sainte-Anne d'Auray protégeait déjà la contrée. Mais, dans
la forêt profonde et solitaire du Bocenno, les druides se réunissaient
encore pour célébrer leurs sanglants mystères, et quelques chefs de
tribus, restés païens, y exerçaient une autorité absolue. De ce
nombre était Riwal, prince breton que la foi n'avait pas éclairé et
qui subissait l'influence de Morvran, chef des druides. Morvran était
ambitieux et son but était de réunir à son autorité celle de Riwal.
Le principal obstacle qui se dressait devant lui était Hoël, fils de
Riwal. Il fallait le supprimer, ce qu'il crut facile quand il apprit
qu'Hoël, converti par Méliau, religieux du couvent de Sainte-Anne,
était devenu chrétien. Dans un entretien dont Riwal est le témoin
invisible, il fait insidieusement confesser sa foi au jeune néophyte.
Riwal se montre alors et, dans sa colère de voir la cause de ses
dieux trahie par son fils, le fait saisir ainsi que le moine qui l'a converti. — Au second acte, nous les trouvons dans une sombre caverne,

qui leur sert de prison, étroitement gardés et résignés à subir le
martyre. Morvran fait demander Méliau pour l'interroger et, pendant
ce temps, Riwal vient auprès de son fils pour le ramener à ses dieux
et à lui. Hoël, malgré son amour filial, demeure inébranlable dans
sa foi. Les séductions de Morvran n'ont pas plus d'influence sur Méliau. — Riwal ému d'une paternelle pitié revient encore une fois
solliciter son fils et reconnaît, dans le moine Méliau, un guerrier
qui l'a sauvé d'un assassin, tandis que Morvran prenait la fuite. Cependant la haine du druide l'emporte et Riwal se résigne avec douleur, mais il se résigne, en disant :

> Faut-il donc, ô Morvran, pour plaire à ta vengeance,
> Fouler aux pieds l'amour et la reconnaissance?
> Faut-il, pour apaiser la divine fureur,
> Que j'immole à la fois mon fils et mon sauveur?

Le dernier acte nous ramène dans la forêt devant le dolmen, sur
lequel on a placé un vase plein de sang, que les deux captifs doivent
répandre en sacrifice, s'ils veulent racheter leurs jours. Mais plus
le fatal moment approche, plus Riwal se sent envahi par son amour
paternel, et quand Hoël, amené avec Méliau, brise le vase ensanglanté, confesse sa foi et est entraîné au supplice, Riwal s'écrie :

> Hoël! je veux te suivre et mourir avec toi!

Mais soudain le roi Judicaël paraît; il brise les chaînes des captifs; c'est au tour d'Hoël et de Méliau d'implorer la pitié du prince,
en faveur de leurs bourreaux. Riwal est vaincu par ce dernier trait;
il va céder, il se laisse entraîner par son fils aux pieds du Dieu mort
pour sauver les hommes.

Morvran, resté seul avec ses complices, laisse éclater sa haine et
dévoile imprudemment ses projets ambitieux. Ses derniers soutiens
abandonnent cette âme perverse et, pour se venger, il court incen-
dier le sanctuaire de Sainte-Anne, dont la statue de granit tombe
sur l'impie et l'écrase. Alors, au milieu des Bretons convertis par ce
témoignage de la colère divine, Méliau, saisi de la même ivresse
qui dans *Athalie* animait le grand-prêtre Joad, prédit en beaux vers

la reconstruction de la basilique et les grandeurs catholiques de la
Bretagne :

> Gloire au Seigneur ! il règne et méprise l'impie...
> Le temps passe... Bientôt le grand siècle viendra.
> Un souffle éveillera la semence endormie
> Aux champs du Bocenno sainte Anne apparaîtra.
>
> Écoutez ces clameurs qui montent dans l'espace,
> Ce bruit sourd que le vent porte au seuil du saint lieu :
> Est-ce une mer qui gronde? est-ce un peuple qui passe?
> C'est un monde ébranlé par la grâce de Dieu !
>
> Ils se pressent en foule. Élargissez l'enceinte,
> Rendez le temple auguste aussi grand que vos cœurs;
> Bâtissez un palais digne de votre sainte :
> Son amour maternel sourit à vos labeurs,
>
> Vois-tu, peuple chrétien, ce prêtre à l'âme forte
> Parcourir les hameaux, sublime mendiant?
> Il parle, Dieu l'inspire et la Bretagne apporte
> Sa foi, son or, ses vœux au divin monument.
>
> . . . .
>
> Hélas ! j'entends le bruit des armes ;
> La terre a tressailli d'effroi.
> Encor du sang, encor des larmes !
> Breton, prends ton glaive et ta foi.
>
> L'Église, que l'enfer assiége,
> Parle à son peuple qui frémit :
> Partez ! sainte Anne vous protége ;
> Mourez ! sainte Anne vous bénit.
>
> Je vois ces fiers soldats que leur courage entraîne,
> Plus grands que le malheur et toujours glorieux
> Confier en pleurant leur gloire à notre Reine
> Et jurer de mourir en luttant pour les cieux.
>
> . . . .

Telle est la pièce que M. l'abbé Max. Nicol a fait représenter par
les élèves du petit-séminaire de Sainte-Anne. L'action est bien
conduite, les caractères sont habilement tracés et le drame se
déroule, non sans intérêt, jusqu'à la péripétie finale. On ne peut lui

reprocher qu'un peu de froideur, comme à toutes les pièces dont l'élément féminin est absent ; mais cette exclusion était commandée à la fois par les acteurs qui devaient représenter le drame et par le public qui devait y assister. On a pu juger, par les quelques vers que nous avons cités, combien le style du pieux auteur est noble, élégant, correct, combien la diction est élevée ; trop constamment élevée peut-être, car j'aurais désiré dans les Bretons encore païens une sorte de rudesse et de férocité, qui fît un contraste plus accentué avec cette douceur simple et sublime qu'inspire le christianisme à tous ceux qui en sont profondément pénétrés. On voit que M. Nicol est malhabile à combattre les saintes vérités ; mais il excelle quand il faut les défendre. En résumé, c'est avec un grand plaisir que j'ai lu *le Druide du Bocenno*. Nombre de scènes ont dû provoquer des applaudissements, auxquels je m'associe avec joie, et la légère critique que j'ai faite de certaines parties du drame se résume en définitive dans un éloge pour le caractère et pour la personne du religieux écrivain.

Ajoutons que *le Druide du Bocenno* se vent au profit de l'œuvre de Sainte-Anne, et qu'ainsi l'on gagne à la fois, en l'achetant, une noble distraction pour son esprit, et de bonnes prières pour son âme.

PROSPER BLANCHEMAIN.

LISTE DES VICTIMES DE QUIBERON*

DAVID (Jean). *Aj.*, laboureur, 45 ans, Auray; + 20 nivôse IV, Vannes. *Ins.*

DELCROIX (Antoine-François). *Aj.*, journalier, volontaire dans *Béon*, 20 ans, Pas-de-Calais ; + 10 thermidor, Quiberon. *Em.*

DELEBARRE (Antoine). *Aj.*, tisserand, 27 ans, Nord ; + 12 thermidor, Auray. *Em.*

DELISLES (Paul-Louis). *Lire*, DE L'ISLE DE LA FERTÉ et DE BARSAUVAGE, cadet dans *Rohan*, né à Nantes, le 17 juillet 1774 ; + 9 fructidor, Vannes. *Em.* (Voir t. XXXIV, p. 362).

DELONAY (Jean). *Lire*, DELAUNAY, domestique, 30 ans, d'Amaillet (Calvados) ; + 11 thermidor, Auray. *Em.*

DELORNE (Jh). *Lire*, Joseph LORNE, laboureur, 22 ans, Soumaintrain (Yonne) ; + 13 fructidor, Auray. *Em.*

DESMOTO (Js-Pre). *Lire*, DESMOTE, tourneur, capitaine de chouans, 55 ans, Auray ; + 18 thermidor, Quiberon. *Ins.*

DESSAT (Jean). *Aj.*, soldat, volontaire dans *Béon*, 27 ans, Clermont (Puy-de-Dôme) ; + 11 thermidor, Auray. *Déserteur.*

DETHORT (Emmanuel). *Aj.*, du Verquin (Nord). (No 371 de l'*État*).

DIETRICH (Jh). *Aj.*, tailleur de pierres, volontaire dans *Béon*, 39 ans, (Bas-Rhin) ; + 15 thermidor, Auray. *Em.*

DISERDILLE (Louis). *Aj.*, domestique du chevalier de Chabot, 40 ans, Guéret (Creuse); + 14 thermidor, Auray. *Em.*

DOCO (A.-J.). *Aj.*, charron, né à Gœulzin (Nord), le 25 septembre 1771, servait dans *Béon* ; + 10 thermidor, Quiberon. *Em.*

DORIGNY (C.-M.). *Lire*, DORIGNÉ, étudiant, volontaire dans *Périgord*, 24 ans, Saint-Quentin (Aisne) ; + 11 thermidor, Auray. *Em.*

* Voir la livraison de juillet, pp. 76-84.

DOUDMAN (Thomas). *Lire,* Jean-Nicolas-Thomas DOUDEMENT, cultivateur, né à Valiquerville (Seine-inférieure), le 9 décembre 1764 ; + 14 thermidor, Auray. *Em.* (Voir t. XXXV, p. 36).

DOUROUX (Jean-Antoine). *Aj.,* 57 ans, Dordogne ; + 15 thermidor, Vannes. *Em.* [1].

Ch^{er} DU DRESNAY. *Lire,* Julien-Jean-François, sous-lieutenant en *du Dresnay,* né au château de Kerlaudi, en Plouénan (Finistère), le 2 février 1773, tué le 16 juillet. *Em.* [2].

DROUIN (François). *Aj,* 19 ans, Commercy (Meuse) ; + 29 vendémiaire, IV, Vannes. *Em.*

DUFÉRIO (François). *Aj.,* praticien, 22 ans, Noyon (Oise) ; + 11 thermidor, Auray. *Em.*

DUMAINE (Jean). Combat du 16.

DUPUY (Claude-Dominique). Combat du 16.

DUQUESNE (Alexis). *Aj.,* soldat au 22° régiment, 24 ans, Béthune (Pas-de-Calais) ; + 15 thermidor, Quiberon. *Em.*

DORET (Ch.). *Aj.,* marchand, 60 ans, Côtes-du-Nord ; + 15 ventôse, IV, Vannes.

DURY (Louis). *Aj.,* 20 ans, Deux-Sèvres ; + 9 fructidor, Auray. *Em.*

DUSAULTOIR (Florentin). *Lire,* Florentin-Ignace-Marie DUSSAUTOIR, laboureur, 20 ans, Pas-de-Calais, volontaire en *Damas ;* + 10 thermidor, Quiberon. *Em.* [3].

DUTERTRE (Pierre). *Aj.,* 60 ans, Calvados ; + 13 thermidor, Vannes. *Em.*

DUTERTRY (J^h). *Lire,* Louis-Marie-Joseph DUTERTRE DELMARCQ, garde-du-corps, né à Bimont (Pas-de-Calais), en 1752 ; servait comme enseigne dans *Béon ;* + 11 thermidor, Auray. *Em.* [4].

DUVAL (T.). *Lire,* Tranquille DUVAL, coiffeur, 30 ans, Gacé (Orne) ; + 14 thermidor, Auray. *Em.*

---

[1] N'y aurait-il pas double emploi ? Voir *d'Auront.* Les prénoms sont les mêmes, et d'Auront ne se trouve pas sur l'État du général Lemoine.

[2] Son père, *Louis-Marie-Ambroise-René,* marquis du Dresnay, maréchal de camp, chevalier de Saint-Louis, était colonel du régiment qui portait son nom ; il s'était allié dans la famille du Coëtlosquet, et avait plusieurs enfants. Il avait, en outre, un demi-frère qui s'était allié dans la famille Le Forestier de Kerosven, et qui a également ment laissé postérité.

[3] Il était fils de *Jean-Jacques,* cultivateur, et de *Marie-Jaqueline-Josèphe* Dublaron.

[4] Il était fils d'*Antoine,* chevalier de Saint-Louis, ancien major d'infanterie, et avait épousé N. *Leroy d'Ambreville,* dont il avait deux fils. Son frère, l'abbé Dutertre, ancien officier, chevalier de Saint-Louis, fut, pendant quelque temps, aumônier de *Béon ;* mais il ne se trouva pas à Quiberon.

D'ELBÈQUE (C.-L.). *Aj.*, 21 ans, Nord ; + 12 thermidor, Quiberon *Em.* [1].

ELEC (Nᵉˡ). *Aj.*, laboureur, 35 ans, Locmariaquer (Morbihan) ; + 1ᵉʳ fructidor, Auray. *Ins.*

D'ELQUE. Combat du 16.

ENAMF. (Jᵠ). *Aj.*, laboureur, 26 ans, Grandchamp (Morbihan) ; + 24 nivôse, IV, Vannes. *Ins.*

D'ENNEVAL. *Aj.*, major en second au régiment d'*Hervilly.* *Em.* Combat du 16 [2].

D'ERVAL (J.-J.-M.-H.). *Lire*, Joseph-Jean-Marie Hyacinthe de DERVAL, lieutenant au régiment du roi, lieutenant en *du Dresnay*, né au château de Kergos, en Plomeur, le 11 décembre 1765 ; + 15 thermidor, Vannes. *Em.* [3].

ESLEVEN (Nicolas). *Aj.*, laboureur, 41 ans, Brech (Morbihan); + 15 fructidor, Auray. *Ins.*

Chᵉʳ D'ESPAGNE. *Lire*, Arnaud-Roger-Bernard, comte D'ESPAGNE, né le 9 octobre 1771, premier lieutenant dans *Loyal-Emigrant*, mortellement blessé le 16 juillet. *Em.* [4].

D'ESPIART (François). *Aj*, 36 ans, Lierney (Côte-d'Or) ; + 13 thermidor, Vannes. *Em.* [5].

EVAN (François). Combat du 16. *Ins.*

ÉVRARD (Pierre). *Aj*, 21 ans, Noyelle (Pas-de-Calais); + 13 thermidor, Vannes. *Em.*

---

[1] Le nom de Delbeque est très-connu dans les Flandres.

[2] Serait-il de la famille des Le Roux d'Esneval, vidames de Normandie, qui comptaient parmi leurs aïeules maternelles *Anne* de Dreux, de la maison royale de France? Nous ne pouvons le dire. Cette famille, fondue aujourd'hui dans *Du Val du Manoir*, était représentée, avant la révolution, par *Esprit-Robert-Marie*, marquis de Grimonville, président à mortier au Parlement de Rouen et par son fils, *Esprit-Marie-Robert*, né le 21 mai 1777. Peut-être a-t-on voulu dire *Wamelle d'Enneval*. Mais alors il y aurait double emploi. Voir *Wamelle*.

[3] Il était fils de *Joseph-Marie* de Derval et d'*Angélique* Fleuriot de Langle, et n'avait que des sœurs. La famille n'est plus aujourd'hui représentée que par les descendants de sa sœur, *Pauline-Jeanne,* mariée, en 1800 au chevalier de Bonafos, et qui n'a laissé elle-même qu'une fille, Mᵐᵉ de La Lande de Calan. C'est à cette dernière famille, dont un membre figure aussi parmi les morts de Quiberon, qu'appartient aujourd'hui le château de Kerminaouët en Tregunc, ancienne demeure de la victime.

[4] Famille d'origine espagnole fixée dans le Midi. *Arnaud* d'Espagne était fils de *Henri-Bernard*, marquis d'Espagne, baron de Ramefort, deuxième baronnie de la vicomté de Nebouzan, et de *Claire-Charlotte* de Cebalbi, fille du baron d'Esplas.

[5] Un Espiart de Miexpinot était officier d'artillerie au régiment de Toul.

EZANNO (Pierre). *Aj.*, marin, 24 ans, Erdeven (Morbihan) ; + 17 fructidor, Auray. *Ins.*

EZANOT (Pierre). *Lire*, EZANNO, laboureur, 63 ans, Erdeven (Morbihan); + 16 thermidor, Auray. *Ins.* [1].

FAGET (C^{tin}). *Aj.*, 21 ans (Pas-de-Calais) ; + 13 fructidor, Auray. *Em.*

FALHUN (Guillaume). *Aj.*, jardinier, 24 ans (Finistère); + 15 vendémiaire IV, Vannes. *Ins.*

FALLER (Joachim). *Aj.*, laboureur, 30 ans, Plaudren (Morbihan); + 15 vendémiaire IV, Vannes. *Ins.*

FAURE (Bertrand). *Aj.*, 35 ans, Ille-en-Périgord (Dordogne); + 11 thermidor, Auray. *Em.*

DE FAUVILLE (Antoine). *Aj.*, 37 ans, Surke (Pas-de-Calais); + 13 thermidor, Vannes. *Em.*

FAVAL. *Aj.*, sergent en *du Dresnay*, tué le 16 juillet.

DE FAYDIT (Maurice). *Aj.*, capitaine, 57 ans, Riom (Puy-de-Dôme); + 13 thermidor, Auray. *Em.* [2].

DE FAYMOREAU (J.-M.-J.). *Lire*, Jacques-Marie-Joseph PANOU DE FAYMOREAU, cadet dans *Rohan*, puis sous-lieutenant en *d'Hervilly*, né à Nantes, le 10 mai 1776; + 10 fructidor, Vannes. *Em.* [3].

DE FELETZ (Antoine-Joseph). *Aj.*, sous-lieutenant au régiment de Champagne, sergent-major en *du Dresnay*, né à Gumont, près de Brives-la-Gaillarde, le 6 février 1766, blessé le 16 juillet; + le 10 thermidor, Quiberon. *Em.* [4].

FELIX (Michel). *Lire*, Michel-Félix DE LA JUMELIÈRE, 34 ans, Lizon (Calvados) ; + 13 thermidor, Vannes. *Em.* [5].

DE FÉNELON (A.-F.). *Lire*, André-Emmanuel DE SALIGNAC-FÉNELON, ancien

---

[1] On a raconté qu'ayant échappé à une première fusillade, il fut fusillé de nouveau trois jours après. Sur ce point, toute espèce de documents nous manque.

[2] Trois officiers de ce nom, nés en 1736, 1737 et 1741, servaient dans le régiment de Beaujolais. L'âge de la victime de Quiberon (57 ans en 1795) semble indiquer un frère. Le père de ces officiers était *Jean-François* de Faydit de Terssac, et leur mère, *Isabeau* Souech des Baux. Deux Faydit de Terssac servaient dans le génie.

[3] Il était fils de *Jacques-Louis*, ancien conseiller à la chambre des comptes de Bretagne, et de *Louise-Adrienne* Deurbroucq. Son frère aîné faisait aussi partie de l'expédition, et l'on ne s'explique pas qu'il ait été oublié sur le monument, car il fut très-certainement du nombre des victimes.

[4] Il était fils d'*Etienne* de Feletz et de *Catherine* de Fars, et frère de l'abbé de Feletz, de l'Académie française. La branche de la famille à laquelle il appartenait est éteinte. La branche aînée subsiste.

[5] Un officier de ce nom servait dans l'artillerie, régiment de Strasbourg.

porte-étendard des chevau-légers de la maison du roi, soldat dans les vétérans émigrés, 80 ans, Cellefrouin (Charente) ; + 15 thermidor, Quiberon. *Em.* [1].

DE LA FERAUDIÈRE (Louis-Joseph-Casimir). *Aj.*, 18 ans, Bar-le-Duc ; + 9 fructidor, Auray. *Em.* [2].

FERET (T.-G.). *Lire*, Jacques-Louis-Alexis FERET, volontaire dans *Béon*, né à Cormeilles (Eure), le 6 avril 1774 ; + 8 fructidor, Vannes. *Em.* [3].

Ch'r DE LA FERTÉ-MEUN. (Famille bourguignonne, dont deux membres ont épousé, de nos jours, les dernières représentantes de l'illustre famille Molé.) Combat du 16.

FENARDENT (C.-Yn.). *Lire*, Jean-François-Cyprien FEUARDENT, né à Jobourg, près de Cherbourg, vers 1772 ; + 9 fructidor, Auray. *Em.* [4].

FIOLET (Jh). *Aj.*, tisserand, volontaire dans *Béon*, 21 ans, Avroult (Pas-de-Calais) ; + 10 thermidor, Quiberon. *Em.*

FLAMENT (Mel-Anne). *Aj.*, sergent-major en *du Dresnay*, 21 ans, Quimper ; + 8 fructidor, Vannes. *Em.*

FLAU (Mathurin). *Aj.*, laboureur, 20 ans, Surzur (Morbihan) ; + 26 nivôse, Vannes. *Ins.*

DE FLAYELLE (Jean). *Aj.*, 30 ans, Paris ; + 13 thermidor, Auray. *Em.*

DE FLISELLE (H.-M.). Tué ou noyé le 21.

FLORENTIN (Pierre). *Aj.*, domestique, 22 ans, Villers (Meuse) ; + 8 fructidor, Vannes. *Em.*

FLOURIS (Louis). *Aj.*, laboureur, 23 ans (Morbihan) ; + 29 nivôse IV, Vannes. *Ins.*

DE FLOUY (Jq). Combat du 16.

DE FOLMONT (Antoine). *Lire*, TESTAS DE FOLMONT, capitaine du génie, 46 ans, de Bagat (Lot) ; + 15 thermidor, Vannes. *Em.*

[1] Les Salignac de l'Angoumois et du Limousin, auxquels appartenait ce noble et courageux vétéran, existent encore.

[2] Peut-être était-il fils du lieutenant-colonel de ce nom, au régiment *de la Couronne*, en 1779.

[3] Les prénoms de *Thomas-Godefroi*, sous lesquels il a été condamné, étaient ceux de son plus jeune frère dont ses parents lui avaient envoyé l'acte de baptême pour le rajeunir devant ses juges. C'est de lui qu'on a dit qu'il avait échappé à la fusillade (voir t. XXXIV, p. 362); mais ses parents ne l'ont jamais revu. Il était fils de *Jacques-Louis*, propriétaire et commerçant, et de *Geneviève-Marie* Delamare. Il avait sept frères et trois sœurs.

[4] Fils de *Jacques-François*, capitaine des garde-côtes, et d'*Elisabeth* Le Fort d'Anneville. Il avait cinq sœurs et cinq frères. L'un de ses frères avait été fusillé à Newport, l'année précédente.

FONTAINE (Louis). *Aj.,* maréchal-ferrant, 24 ans (Somme); + 15 thermidor, Quiberon. *Em.*

DE FONTAINES (H^on). *Lire,* Hilarion DES FONTAINES, 64 ans, Saint-Pierre-
Longueville (Eure); + 15 thermidor, Quiberon. *Em.*

DES FORGES (Guy). *Aj.,* volontaire dans *Hector,* 18 ans, Vannes; + 9 fructidor, Auray. *Em.*

DE FOUCAULT (A.-D.). *Lire,* Armand-Daniel dit le chevalier DE FOUCAULT,
lieutenant au régiment de Rouergue, servait dans *Loyal-Emigrant,*
né à Landrecies (Nord), le 14 octobre 1759; + 13 thermidor,
Auray. *Em.* [1].

FOUGERET (Antoine). *Aj.,* meunier, né à Gizeux (Indre-et-Loire) vers
1766; + 13 fructidor, Auray. *Dés.*

DE FOUQUET (François-Paul). *Lire,* DE FOUCHIER DE PONTMOREAU, capitaine
aux *Grenadiers royaux* de Touraine, né au château du Pressoir-
Bachelier, en Mauzé-Thouarsais (Deux-Sèvres), en 1753. Lieutenant dans *Rohan ;* + 13 thermidor, Vannes. *Em.* [2].

DU FOUR (C.-F.). *Aj.,* commis de bureau, 22 ans, Paris; + 24 nivôse, IV.
Vannes. *Em.*

— FOURNIER (P.-A). *Lire,* Pierre-Auguste FOURNIER DE BOISAYRAULT D'OY-
RON, s'échappa du lieu du supplice et n'est mort qu'en 1837. Voir
ci-dessus, t. XXXIV, p. 352.

FOURNIER (J.-M.). *Aj.,* militaire, 49 ans, Montreuil (Meurthe); + 12 thermidor, Auray. *Dés.*

FOUTROYÉ (Jean). *Lire,* DE FONTEROUGER, capitaine d'artillerie, chevalier de Saint-Louis, aide-de-camp du comte de Sombreuil, né au
château de Fonterouger, commune de Gandaille (Lot-et-Garonne),
en 1748; + 15 thermidor, Vannes. *Em.* [3].

DE FRÉVILLE (Jean-Pierre). *Aj.,* né à la Haye-de-Boutot (Eure), vers
1765; + 14 thermidor, Auray. *Em.* [4].

DU FRESNE (R.-B.). *Lire,* René-Barbe BIGNON DU FRESNE, capitaine, che-

---

[1] Il était fils de *Marc-Alexandre-Armand,* lieutenant-colonel du génie, et de *Louise-*
Thérèse Dézérable. Il avait deux frères, dont un seul s'est marié et n'a eu qu'un fils,
tué, en 1813, à Leipsik ; mais un frère de leur père a continué la filiation. Il existe
trois branches de cette famille : à Bourges, à Orléans et à Calais.

[2] Fils unique d'*Augustin-François* et d'*Anne* de Laspaye, il avait épousé, le
4 juillet 1780, *Marie-Adélaïde-Angélique* Le Maignan, dont il avait un fils.

[3] Il s'était marié, en 1780, dans la famille *de Nodigier,* et avait trois fils et
une fille.

[4] Fils de *Pierre-Jacques* et de *Marie-Geneviève* de Fréville de l'Orme.

valier de Saint-Louis, né à Saint-Ouen-le-Brisoult (Orne), en 1728;
+ 10 thermidor, Quiberon. *Em.* [1].

Du FRESNOY (J.-B.). *Aj.*, garde-du-corps et soldat aux vétérans émigrés,
47 ans, Sainte-Marie (Moselle); 15 thermidor, Quiberon. *Em.*

De FROGER (Charles-André). *Lire*, FROGER DE LA CLISSE, né le 21 février
1769, à la Clisse (Charente-Inférieure), volontaire de la marine; +
16 thermidor, Quiberon. *Em.* [2].

De FROGER (Henri). *Lire*, Michel-Henri DE FROGER DE L'EGUILLE, capitaine
de vaisseau, chevalier de Saint-Louis, capitaine dans *Hector*, né à
Rochefort (Charente-Inférieure), vers 1748, blessé le 16 juillet;
+ 15 thermidor, Vannes. *Em.*

Ch[er] DE FROGER (Louis). *Aj.*, dit le chevalier DE L'EGUILLE, capitaine de
vaisseau, aide-major dans *Hector*, né à Rochefort, le 15 août 1750;
+ 15 thermidor, Vannes. *Em.* [3].

FROTTIN (François). *Aj.*, prêtre, vicaire de Saint-Thual, né à Lenen-
Pommerit, en 1761; + 9 thermidor, Auray. *Em.* (Voir t. XXXIV,
p. 188).

GABEAU (Félix). *Aj.*, militaire, Saint-Omer (Pas-de-Calais). *Dés.* (No 95
de l'*Etat*).

Du GAGEC (Joseph-Marie). *Lire*, GLAIS DU GAGE, garde-du-corps d'Artois,
né à Quintin (Côtes-du-Nord), le 21 avril 1762; + 14 thermidor,
Auray. *Em.* [4].

LE GALIDEC (J[q].). *Aj.*, tailleur, 27 ans, Noyal-Muzillac (Morbihan); +
26 nivôse IV, Vannes. *Ins.*

GALLEC (Gilles). *Aj.*, journalier, 20 ans, Surzur (Morbihan); + 24 nivôse
IV, Vannes. *Ins.*

[1] Son frère avait pris alliance dans la famille *Malet de Graville*, et lui-même avait
épousé, en mars 1763, *Marie-Jeanne* Balavoine de la Trulière, dont il avait cinq fils
et une fille.

[2] Fils de *Charles-Alexis* de Froger, seigneur de la Clisse, et d'*Henriette* Chevillard,
d'après son interrogatoire, il avait partagé le dévouement de Gesril du Paspeu. en
allant prévenir un des canots anglais de la capitulation et revenant se constituer
prisonnier.

[3] Le père de ces deux derniers était lieutenant-général des armées navales et commandant de la marine à Rochefort. L'aîné, Henri, avait épousé *Paule* de Pont Des
Granges et avait un fils et deux filles: Mme Dupuy d'Anché et d'Isle de Beauchaine.
Le second avait épousé *Marie-Louise* de Chavagnac, veuve de l'illustre La Clocheterie,
et en avait deux fils, qui n'ont pas laissé de postérité. Le chevalier de l'Eguille
passait pour être un des officiers les plus distingués de la marine.

[4] Fils de *René* Glais, directeur des *Devoirs* de Bretagne, et de *Marie-Ursule* Lucas;
de ce mariage étaient nés sept enfants, dont aucun n'a laissé de postérité.

LA GUARIGUE (J.-S.-M.). *Lire*, Jean-Savinien-Marie DE LA GUARIGUE DE LA
TOURNERIE, ancien élève de la marine, capitaine d'artillerie, né à
Rochefort (Charente-Inférieure), le 15 janvier 1767 ; + 9 fructidor,
Auray. *Em.* [1].

GARNIER (Joseph). *Aj.*, militaire, 30 ans, Dol (Ille-et-Vilaine) ; + 23
nivôse IV, Vannes. *Em.*

GAROT (Pierre). *Aj.*, militaire, 32 ans, Chambeire, Côte-d'Or ; + 13 thermidor, Vannes. *Dés.*

LE GAUCHE (L.-Henri). Indiqué comme fusillé par M. Rosenzweig.

GAUTHIER (Jn). *Lire*, Julien-Pierre, prêtre, curé de Treffendel (Ille-et-
Vilaine), secrétaire de Mgr de Hercé, évêque de Dol, né vers 1766 ;
+ 9 thermidor, Auray. Fusillé, avec son évêque, à Vannes, le
10. *Em.*

GAUTIER (Jn). *Aj.*, domestique de Mgr de Hercé, évêque de Dol, né à
Epiniac (Ille-et-Vilaine), vers 1755 ; + 18 thermidor, Vannes. *Em.*

GEGU (Louis). *Aj.*, domestique, 41 ans, Nantes ; + 12 thermidor,
Auray. *Em.*

— GENHAUT (Ch.). Colonel en second de *Damas*, âgé de 36 ans, né à
Nyon, en Suisse ; + 15 thermidor, Quiberon. Voir *Rouault* [2].

DE GENOT (Edme). *Aj.*, Lieutenant au régiment de *Rohan*, 35 ans, Nolay
(Côte-d'Or) ; + 15 thermidor, Quiberon. *Em.* [3].

DE GENOUILLÉ (P.-A.). *Lire*, Pierre-Abel SAVATTE DE GENOUILLÉ, volontaire dans *Loyal-Emigrant*, né à Poitiers, le 21 décembre 1776 ;
+ 8 fructidor, Vannes. *Em.* (Voir t. XXXIV, p. 359).

DE GENOUILLÉ cadet (L.-H.-A.). *Lire*, Louis-Marie-Ange SAVATTE DE
GENOUILLÉ, volontaire dans *Loyal-Emigrant*, né à Poitiers, le
10 janvier 1774 ; + 8 fructidor, Vannes. *Em.* [4].

---

[1] Son père était capitaine de vaisseau, chevalier de Saint-Louis. Sa mère se nommait *Suzanne-Anne* Sarry de la Chaume. Lui-même avait épousé, en 1789, *Marie-
Suzanne-Hippolyte* de Cumont, dont il n'eut qu'une fille, Mme Loquet de Blossac. La
famille de La Guarigue, originaire du Béarn, est aujourd'hui éteinte en Saintonge. On
voit, à la chartreuse d'Auray, une fort belle chasuble faite par Mme de Blossac, avec
des morceaux de soieries de toutes couleurs ayant appartenu aux victimes.

[2] *Genhaut* est le nom sous lequel a été condamné le comte de Rouault de Ga-
mache. La qualification de *colonel en second de Damas* ne peut laisser, sur ce point,
aucun doute.

[3] Il était de la même fusillade que M. d'Oyron, et voulut, lui aussi, se sauver ;
mais il fut moins heureux : s'étant jeté à la mer, il fut atteint par une décharge,
comme le comte de Rieux et le jeune de Penvern.

[4] C'est à tort, comme on le voit, qu'il a été inscrit sur le monument avec l'indication de *cadet*.

DE SAINT-GEORGES (F.-M.). *Lire*, marquis DE SAINT-GEORGES. Premiers combats [1].

GERARD (Jⁿ). *Aj.*, prêtre, né à Montauban (Ille-et-Vilaine), le 27 août 1765 attaché à Mᵍʳ de Hercé, évêque de Dol; ✝ 9 thermidor, Auray. Fusillé le 10 à Vannes. *Em.*

GERCIOQUE (Mⁱⁿ). *Aj.*, laboureur, 20 ans, Ambon (Morbihan); ✝ 8 pluviôse, IV, Vannes. *Ins.*

DE GÉRUPRÉ (Antoine-Jean-Louis). *Lire*, PAILLOT DE GRANDPRÉ, gendarme de la garde du roi, 35 ans, Caen (Calvados); ✝ 13 thermidor Auray. *Em.*

GESRIL DU PASPEU (Joseph-Anne). *Lire*, Joseph-François-Anne, officier de marine, sous-lieutenant dans *Hector*, né à Saint-Malo, le 23 février 1767, ✝ 10 fructidor, Vannes. *Em.* [2].

GIBRAL (J.-B.). Combat du 21.

GILET (Pierre). *Aj.*, laboureur, 22 ans, Arzal (Morbihan); ✝ 8 pluviôse IV, Vannes. *Ins.*

DE GIMEL père (Jᵍ). *Aj.*, ancien garde-du-corps, volontaire au régiment de *Périgord*, 67 ans, Calviat (Dordogne); ✝ 15 thermidor, Auray. *Em.* [3].

DE GIMEL fils aîné. *Lire*, Jean-Paul-Timoléon, volontaire en *Périgord*, tué le 21 juillet. *Em.*

DE GIMEL fils cadet. *Lire*, Charles, garde-du-corps, volontaire dans *Périgord*. Combat du 21. *Em.*

GIRAUD (Alexis). *Aj.*, militaire, 45 ans, Nîmes (Gard); ✝ 25 thermidor, Vannes. *Déserteur.*

GONDIER (Jᵍ). *Aj.*, volontaire dans *Béon*, né à Verneuil (Nièvre), le 24 novembre 1766; ✝ 13 thermidor, Vannes. *Em.* [4].

---

[1] Nous n'avons pu découvrir le premier nom de cette victime; il y avait des *Saint-Georges* dans les régiments de Champagne, de Limousin, et un marquis de Saint-Georges dans Champagne, cavalerie.

[2] Fils de *Joseph-François-Marie* Gesril, seigneur du Paspeu, et d'*Anne-Marie-Thérèse* Jolif; il avait trois sœurs: Mᵐᵉˢ *Colas de la Baronnais*, Le Roy de la Trochardais et *Le Metaër de la Ravillais.* Les deux dernières seules ont laissé des enfants; la famille Gesril se trouve éteinte et fondue dans Le Metaër et, par Le Roy, dans Boisguéhéneuc et du Raquet.

[3] *Jacques* de Gimel avait épousé, en 1754, *Suzanne* de Saint-Viance, dont il avait cinq enfants, entre lesquels les deux suivants. Un de ses fils fut, sous la Restauration, chapelain de S. A. R. *Monsieur*.

[4] Il était fils de *Jean* Gondier et de *Jeanne* Gondier des Aubus, et avait un frère et quatre sœurs. Son frère n'a laissé qu'une fille.

DE GOULAINE (Henri). *Lire*, Pierre-Marie-Henri, baron DE GOULAINE, ancien page de Louis XVI, officier au régiment d'Anjou, lieutenant dans *Rohan*, né à Nantes, le 1er juillet 1758; + 15 thermidor, Quiberon. *Em.*

Marquis DE GOULAINE. *Lire*, Anne-Marie-Charles-Samuel, marquis DE GOULAINE, frère aîné du précédent, ancien page, officier au régiment du roi, né à Nantes, le 30 septembre 1751 ; + 14 thermidor, Auray. *Em.* [1].

GOURDET (Julien). *Aj.*, tailleur, 26 ans, Noyal-Muzillac (Morbihan); + 26 nivôse IV, Vannes. *Ins.*

DE GOURIN. Combat du 16. *Em.*

GOUROT (J.-Pierre). *Lire*, GOURAUD ou GOURREAU, prêtre, né à Saint-Georges-de-Montaigu (Vendée), en 1739, curé de Saint-André, canton de Mareuil; + 9 thermidor, Auray ; fusillé le lendemain à Vannes. *Em.*

GOUY (Augustin) ou CONY. *Lire*, CONY, volontaire dans *Béon*, né à Goeulzin (Nord), le 10 mars 1774 ; + 10 thermidor, Quiberon. *Em.* [2].

GOYER (Ch-Nas). *Lire*, Charles-Nicolas GOHIER DU GAST, âgé de 28 ans, né à Saint-Jean, près de Vire, ajourné le 11 thermidor; ne se trouve pas sur l'Etat du général Lemoine. Porté comme fusillé par M. Rosenzweig.

DE GRANDCHAMP (Antoine-Gabriel). *Lire*, COTHEREAU DE GRANDCHAMP, volontaire en *Béon*, 18 ans, Availles (Haute-Vienne); + 3 fructidor, Auray. *Em.* [3].

— LA GRANGE. Les registres du greffe portent Jean-Alexis LA GRANGE-CHATAIGNAIE, âgé de 42 ans, de Genolhac (Gard) ; + 15 thermidor, Quiberon. *Em.* Voir CHASTEIGNER.

LA GRANGE (Pierre). *Aj.*, militaire, 19 ans (Dordogne) ; + 12 thermidor, Auray. *Dés.*

---

[1] Ils étaient fils de *Charles-Jacques*, seigneur de Laudonnière, et de *Marie-Renée-Françoise* du Bois de la Feronnière. Leur frère *François*, dit le vicomte de Goulaine, mort à Berg-op-Zoom, en 1793, a continué la filiation.

[2] Fils d'*Antoine* Cony, cultivateur, et de *Jeanne-Rose* Branque. Il partit avec plusieurs de ses parents et amis de Goeulzin pour aller servir dans *Béon*.

[3] Fils de *Paschal* de Grandchamp, seigneur de la Tour d'Oiré, en Touraine, et de *Julie* Jouslin. Famille éteinte.

EUGÈNE DE LA GOURNERIE.

(La suite à la prochaine livraison.)

CHRONIQUE

SOMMAIRE. — Une rectification au sujet de M. Rio. — M. Louis Galles. — Les prix de vertu; les époux Besnard et Mlle Prudhomme. — Un tableau de M. Marquerie. — Le projet d'église au Sacré-Cœur, de MM. Douillard frères. — La statue de Châteaubriand.

Ouvrons cette chronique par une rectification. Notre excellent collaborateur, M. F. Jégou, l'auteur de l'*Histoire de la fondation de Lorient* et de la *Confrérie Mgr saint Nicolas de Guérande*, a bien voulu nous adresser, il y a quelques jours, une note intéressante, tirée de sa remarquable collection de documents historiques originaux concernant notre province, et en particulier les annales morbihannaises. Un passage de cette note nous permet de rectifier une erreur commise dans notre dernière livraison sur la foi du dictionnaire de Vapereau, et sera d'un grand secours aux biographes qui feront plus tard des recherches sur la vie et les œuvres de l'éminent auteur de l'*Art chrétien*. M. Jégou possède un double de l'acte de naissance du savant Morbihannais, et il en résulte que M. Rio, qui reçut les prénoms de *François-Alexis*, est né non pas à l'île d'Ars, comme nous l'avons indiqué, mais au Port-Louis, alors appelé Port-Liberté, le deux prairial an cinq (25 mai 1797), de Marc Rio, marchand, natif de Landaul, et de Marie-Anne Dréan, de l'île d'Ars, domiciliés au Port-Louis. La mère seule de M. Rio était donc de l'île d'Ars, et c'est ce qui a sans doute causé l'erreur du dictionnaire de Vapereau, que nous avons bénévolement endossée. On sait, du reste, qu'ayant aimé d'un amour de prédilection cette île du golfe morbihannais, qu'il regardait comme son pays natal, l'ancien lieutenant de la compagnie du collége de Vannes a voulu y être inhumé. Ses restes mortels y ont été transportés le vendredi 24 juillet dernier.

Quelques jours après, un autre de ses compatriotes, travailleur infatigable, artiste, érudit, intrépide archéologue et l'un des membres les plus actifs de la Société polymathique du Morbihan, descendait à son

tour dans la tombe; mais, hélas! bien prématurément : car M. Louis
Galles, chef de l'une de ces anciennes et respectables familles d'imprimeurs dont s'honore la Bretagne, est mort à la suite d'une longue et
douloureuse maladie, à l'âge de quarante-sept ans. Tous ceux qui ont suivi
les travaux remarquables accomplis dans le domaine de l'archéologie
mégalithique par la vaillante Société de Vannes, savent quelle part
M. Louis Galles a prise depuis une vingtaine d'années à toutes les
fouilles, devenues classiques, qui ont rendu le musée de la Tour Clisson
célèbre dans toute l'Europe. Il travaillait à une histoire générale des fiefs
et des seigneuries du Morbihan au moyen âge, ouvrage considérable, pour
lequel il n'avait épargné aucune fatigue ni aucune recherche, si pénibles
qu'elles fussent, dans les vieux cartons de nos archives départementales.
Cette histoire reste malheureusement inachevée, et les fragments que
M. Galles en avait déjà publiés feront ressentir plus vivement encore la
perte de cet homme de bien et de ce savant modeste, qui fut pour tous
ses collègues le plus affectueux et le plus dévoué des amis.

— La séance publique annuelle de l'Académie française, tenue le jeudi
13 août, au palais de l'Institut, est venue nous apporter quelque consolation à la vive douleur que nous causent depuis quelque temps les pertes
réitérées qui frappent sans relâche notre province et transforment nos
chroniques mensuelles en véritables nécrologes. Trois prix Montyon de
deux mille francs ont été décernés par l'Académie; tous les trois appartiennent à l'Ouest, et deux d'entre eux à la Bretagne : ce qui prouve que
les provinces où l'esprit religieux s'est le mieux conservé, sont aussi
celles où s'épanouissent le plus volontiers les semences des héroïques
vertus. Mais laissons la parole à l'éloquent rapporteur des prix, M. Cuvil-
lier-Fleury, qui a si bien su faire valoir le généreux dévouement de nos
compatriotes couronnés :

Qui était moins connu et qui désirait moins l'être que ces *époux Besnard*, sur
lesquels la ville de Rennes tout entière, ses autorités en tête, semble appeler
l'attention de l'Académie française ? Marie-Joseph Besnard est le chef d'un modeste
atelier de serrurerie, dont le produit suffisait à peine aux besoins de son ménage.
Ces humbles ressources, il a voulu les partager avec de plus pauvres que lui. « Trésor de charité, disait le roi Stanislas, seul trésor qui s'augmente par le partage. »
Le gain de la semaine, Besnard le distribue tous les dimanches aux malades, aux
orphelins, aux infirmes, aux prisonniers, à tous ceux qui souffrent, tantôt les uns,
tantôt les autres. Sa femme est associée depuis trente ans à cette œuvre de bienfaisance, patiente, assidue, vigilante, sans trace d'étalage, sans recherche d'émotion,
toujours prête pour le bien avec le calme des bonnes consciences et le sourire du
sacrifice.

Un jour, M⁰⁰ Besnard sortait pour la première fois de chez elle après une longue
maladie. Elle rencontre, à quelques pas de sa demeure, quatre enfants à peu près

abandonnés par leurs parents, le corps couvert d'une lèpre hideuse, et dans un état de saleté accumulée tellement dégoûtant que l'aumône elle-même s'éloignait d'eux avec une sorte d'horreur. M⁰ᵉ Besnard les attire chez elle, les adopte, se livre à une série de soins aussi rebutants que nécessaires, bravant la contagion qu'elle avait ainsi logée sous son toit. L'œuvre de salut dura plusieurs semaines. Pendant ce temps-là, et pour suffire à l'établissement de sa famille agrandie, Besnard élargissait la maison. Où trouvait-il de l'argent pour une telle œuvre? Demandez à Dieu. Il se faisait pauvre, se privait de tout. « Que je suis heureuse, écrit une femme du pays, sauvée elle-même et par les mêmes mains d'une situation désastreuse, que je suis heureuse que ma misère ait pu servir de témoignage, devant les autorités de notre ville, aux bienfaits cachés de M⁰ᵉ Besnard ! quelle douceur dans son accueil ! quelle délicatesse dans sa prévoyance ! Combien de fois ne m'a-t-elle pas donné le premier morceau de sa table !... »

Un autre jour, M⁰ᵉ Besnard s'arrête dans la rue. Elle avait vu passer une pauvre fille, errante, à peine vêtue. Elle lui couvre les épaules avec son camail et prend soin de la faire conduire au Refuge de Saint-Cyr, où sa jeunesse et son honneur seront en sûreté. Combien de jeunes indigentes n'a-t-elle pas ainsi sauvées du dernier malheur ? Dans cette sainte tâche du rachat des âmes menacées ou possédées par une corruption précoce, son zèle ne s'arrêtait devant aucun dégoût, aucun opprobre. Bossuet nous parle quelque part de la passion du grand apôtre saint Paul pour ce qu'il appelle « les glorieuses bassesses du christianisme. » La charité chrétienne a aussi les siennes. Elle arrive, sous les traits de M⁰ᵉ Besnard, jusqu'au seuil de ces infâmes repaires que le plus grossier libertinage a seul l'audace de franchir. Elle passe outre. Elle monte les degrés sordides..... « Qu'on me procure, nous écrit l'abbé Verdy, aumônier du couvent de la Visitation, vingt femmes comme M⁰ᵉ Besnard, et je me charge de transformer la classe ouvrière de Rennes !... »

Mais voici que la guerre éclate. La vaillante femme apprend que le camp de Conlie regorge de malades et de mourants. Elle y court. Elle se voue au service des ambulances. Son âge semblait lui interdire une telle épreuve, et ses forces en apparence n'y pouvaient suffire,

Mais dans un faible corps s'allume un grand courage,

a dit le poète; et le courage l'a soutenue jusqu'au bout. Son mari, resté à Rennes, soignait les soldats atteints de la petite vérole noire, ensevelissant les cadavres; toujours debout, comme en faction, à toute heure de la nuit, au premier cri d'un agonisant, au premier appel de la mort.

Je suis bien forcé d'abréger tous ces témoignages qui ont si grandement édifié l'Académie française sur les mérites des époux Besnard. Il est un mot qui se reproduit sans cesse dans les pièces que j'avais sous les yeux : « Ils s'oublient eux-mêmes ! » C'est le secret de cette pauvreté, tournée en richesse. Oui, Messieurs l'oubli de soi-même, la calme insouciance du lendemain, la foi dans la Providence *que cela regarde* (c'est le mot sublime de ces insouciants de la charité); accepter de Dieu toute œuvre de périlleuse assistance comme une bonne aubaine qu'il nous envoie, sans songer aux risques, sans faire le compte de ses ressources ; aller de l'avant dans le bien, le cœur haut, *sursum corda*, l'allure modeste ; — il y a là, non pas seulement un exemple édifiant, mais un beau spectacle, et je ne sais quel attrait esthétique où se complaisait sans doute, quand il nous faisait les légataires de sa charité, l'heureuse prévoyance de M. de Montyon.

L'Académie accorde aux époux Besnard le premier prix Montyon, qui est de deux mille francs.

Un prix de pareille somme est accordé à Mlle *Emilie Prudhomme*, sur la foi d'une lettre touchante, couverte des signatures les plus honorables : députés, conseillers, magistrats, membres du clergé de la ville de Nantes. Emilie Prudhomme a cinquante-huit-ans. Sa vie se résume dans une œuvre unique; mais cette œuvre dure depuis près d'un demi-siècle. Toute jeune encore et orpheline, Mlle Prudhomme est adoptée par un honnête ouvrier, sans fortune comme elle, et qui bientôt après se trouve frappé par un affreux malheur. Un cancer avait atteint son visage et le dévorait. Pour arrêter le progrès du mal, pour soutenir non-seulement le courage du patient, mais celui de sa femme, Emilie était seule. Elle n'a jamais reculé d'un pas, d'une heure, soit devant l'horrible dégoût du traitement qu'il fallait appliquer au malade, soit devant le péril de la contagion.

Un jour elle est atteinte à son tour. Après quelques semaines d'une cure énergique et hâtive, elle revient à son poste, où elle est encore, « portant sur son visage, dit l'auteur de la lettre que nous avons citée, une cicatrice aussi glorieuse que celle du champ de bataille. » Demandons-nous seulement comment Emilie Prudhomme suffisait aux charges de son obscure et inépuisable bienfaisance. Elle gagnait, comme dévideuse dans une filature de coton, savez-vous combien, Messieurs ? Un franc vingt centimes par jour. Un de ses parents, voulant l'arracher plus tard aux angoisses d'une pareille épreuve, lui offre chez lui un asile contre la misère. Elle refuse. Le vieil ouvrier qui l'a autrefois recueillie a plus que jamais besoin d'elle. Elle lui restera. La mort seule aura raison de sa reconnaissance obstinée.

— Vous avez tous, chers lecteurs, lu et relu cette fin de poème, si émue et si chrétienne, que le chantre de *Pernette* a intitulé *Les Noces* :

Les hauteurs s'éclairaient aux approches du soir;
Sur la couche de fleurs prête à le recevoir,
Colorant ses rideaux de neige en rose tendre,
Le soleil amoureux s'apprêtait à descendre.
A l'orient, jamais si profond et si pur,
L'infini grand ouvert n'avait lui dans l'azur...
Et, sous les noirs sapins formant le sanctuaire,
Commença devant Dieu la noce mortuaire...
Un sanglot éclatant répondit pour Pernette.
A genoux, près du lit, tombant pâle et muette,
Elle saisit la main que tendait le mourant,
De sa lèvre à son sein, la baisant, la serrant,
La baignant de ses pleurs, et, du geste et de l'âme,
Lui faisant mille fois cet aveu qu'il réclame,
Disant par tout son être un oui silencieux
Étouffé dans sa voix, mais résonnant aux cieux.

Pardonnez au chroniqueur, s'il s'abandonne au charme de ces beaux vers : c'est qu'il vient d'assister à la scène elle-même, fidèlement retracée par un pinceau ami, avec ce double sentiment de poésie et de foi, dont le parfum s'exhale si pénétrant du beau poème de M. de Laprade... Au milieu du panneau central de la grande salle de lecture construite récemment pour le Cercle catholique de Nantes, le président de cette association fortunée vient de placer une toile magistrale, de M. Gustave Marquerie, représentant les derniers moments de Pierre. Tous ceux qui ont visité l'exposition du Salon dernier ont été frappés de la vérité et de l'expression toute poétique que M. Marquerie a su apporter dans le portrait de M. de Laprade. Autant le peintre nous a présenté la physionomie vivante du poète, autant il a déployé ces qualités si éminemment artistiques dans la représentation de son œuvre. Voyez, se détachant sur un ciel tout illuminé des splendeurs du soleil couchant, ce groupe harmonieux aux demi-teintes crépusculaires, que domine la silhouette calme et grave du prêtre, dominé lui-même par la croix. On comprend tout de suite qu'il va allier le ciel avec la terre ; et quelle bonté majestueuse dans ses traits ! quelle noblesse dans son attitude ! Il étend ses mains pour bénir, et l'on voit sur le visage de Pierre, déjà frappé des atteintes de la mort, que cette bénédiction porte ses fruits ; il est impossible de rendre plus heureusement que ne l'a fait M. Marquerie, cette double expression du bonheur pressenti de la félicité céleste et de la douleur de quitter l'amante dévouée au doigt de laquelle le blessé pose d'une main mourante l'anneau des fiançailles.

Allez admirer ce tableau, ami lecteur ; vous en rapporterez une impression pénétrante, trait caractéristique d'une œuvre saine, élevée et toute chrétienne. Mais ce sujet nous entraînerait beaucoup trop volontiers au delà des limites que nous devons nous imposer ; de Nantes transportons-nous à Paris.

— Le jury constitué pour décerner le prix du concours des projets destinés à la construction d'une église au Sacré-Cœur, sur la butte Montmartre, a prononcé définitivement son arrêt, et l'heureux vainqueur est M. Abadie, qui a présenté un projet de basilique dans le style du XIe siècle, d'un aspect sévère et vraiment religieux ; œuvre de savante et patiente reconstitution archéologique, dont les perspectives présentent un ensemble imposant et harmonieux. Nous ne discuterons pas ici les mérites relatifs des soixante-dix-huit concurrents qui ont répondu avec empressement à l'appel de Mgr le cardinal archevêque de Paris ; mais nous devons une mention très-honorable au projet de deux artistes nantais, MM. Douillard frères, architectes vraiment religieux, remarque un critique, qui connaissent les églises autrement que par ouï-dire, ne les ont

pas seulement pratiquées dans les traités d'architecture et savent quelles
en sont les conditions normales et essentielles. Nous avouons franchement
que, malgré l'autorité de la décision du jury, qui ne leur a accordé que
le *quatrième prix* (rang dont ils doivent être; du reste, très-justement
fiers, car sur les 78 projets présentés, on en comptait au moins une
douzaine de très-remarquables), nous eussions mis leur étude en balance
fort indécise avec le projet couronné. Et d'abord, rappelons le programme
de ce concours, qui prouve une fois de plus combien le catholicisme est
favorable au développement des études artistiques.

Le terrain destiné à recevoir l'église du Sacré-Cœur sur les buttes
Montmartre a 90 mètres de long sur 50 de large. Les projets doivent
comprendre une crypte, communiquant à la fois avec le dehors et avec
l'église supérieure. Celle-ci doit être surmontée d'une ou de plusieurs
parties hautes, visibles de loin ou d'un accès facile. Elle contiendra, outre
la grande nef, des bas-côtés tournant autour du sanctuaire et des tribunes
au-dessus des bas-côtés. Il faut que le chœur et le sanctuaire soient assez
vastes pour se prêter à de grandes cérémonies publiques. Une statue du
Sacré-Cœur sera placée extérieurement d'une manière très-apparente.
Les bâtiments destinés aux sacristies et à l'habitation du clergé seront
situés en dehors de l'église et réunis à elle par une galerie couverte, qui
ne doit pas se confondre avec le bâtiment principal. La crypte et l'église
supérieure seront conçues de manière à ce qu'on y puisse installer au
moins une vingtaine de chapelles, dont une grande à la Vierge.

Enfin les projets doivent comprendre un plan d'ensemble, c'est-à-dire
de l'église avec ses dépendances, ses abords et ses accès. Le devis total
de l'église, non compris les accès, ni la décoration et l'ameublement, ne
doit pas dépasser sept millions.

« Or, — dit admirablement M. Victor Fournel, et nous partageons en tout point son
avis, — MM. Douillard ont envoyé deux projets, tous deux dans le style roman, dégagé de tout mélange hybride et bâtard, dont l'un est des plus remarquables, et dont
l'autre est excellent. On peut hardiment le mettre au premier rang, et je ne vois
guère que M. Abadie qui pourrait lui disputer la palme. Encore le plan de M. Abadie
ressemble-t-il plutôt à la restitution d'un ancien édifice, et n'a-t-il pas l'originalité
de conception que MM. Douillard ont su unir à la rigoureuse pureté du style.

» On ne saurait rien voir de mieux entendu pour les besoins du culte et pour le
déploiement des vastes cérémonies catholiques que l'intérieur de ce vaste édifice,
rien de plus imposant que l'apparence extérieure. La juste proportion, l'harmonie
parfaite, la grandeur sans effort, l'heureuse appropriation de toutes les parties au
but, la richesse pleine de goût de la décoration, les vastes dimensions du dôme
dont la base quadrangulaire, ornée de statues, ressemble à une seconde église super-
posée sur la première, tout, sauf quelques détails un peu lourds, et qu'il serait bien
facile de rectifier, est de nature à satisfaire les juges les plus difficiles.

» On a lieu de s'étonner que le nom de MM. Douillard ne figure point parmi les concurrents placés hors ligne par le jury. Peut-être est-ce parce que les dépenses du monument dépasseraient trop évidemment le chiffre maximum fixé pour le devis. Mais il en est bien peu qui se soient renfermés dans ce chiffre de sept millions, pourtant assez large, à ce qu'il semble. La plupart s'y sont conformés sur le papier sans doute pour ne pas effaroucher le jury et ne point s'exclure *à priori* du concours ; mais ce sont là des devis fallacieux et fictifs, que dément la vue de leurs projets, surtout quand on réfléchit que les travaux préparatoires et les fondations de l'édifice absorbent déjà plusieurs millions à eux seuls. Peut-être MM. Douillard frères sont-ils du petit nombre de ceux qui ont eu la franchise d'écrire les vrais chiffres sur leurs devis, et il serait fâcheux qu'on les eût punis de leur sincérité. »

On sait qu'une des conditions du concours était que le projet définitif exécuté à la suite du classement, pourrait ne pas reproduire exactement le projet couronné, et qu'on aurait la faculté d'emprunter, pour le transformer, des dispositions et des détails aux projets placés à la suite. Formons le vœu que les défauts reconnus dans l'étude de M. Abadie, soient corrigés à l'aide de celles de MM. Douillard.

— Bonne nouvelle pour les amis du grand art sculptural : la commission nommée par le conseil municipal de Saint-Malo pour s'occuper de l'exécution de la statue de Châteaubriand, a choisi M. Millet, artiste de talent, qui s'est acquis une juste célébrité par des œuvres d'une importance capitale. C'est lui qui a exécuté cette colossale statue de Vercingétorix placée à l'exposition de 1867 dans la grande salle du Palais de l'Industrie, et inaugurée depuis à Alesia, là même où le dernier des Gaulois brisa son épée. Il est l'auteur du groupe principal qui couronne le faîte du nouvel Opéra, du tombeau de Murger, de la statue de Louvois, de l'un des chefs-d'œuvre de sculpture moderne conservés au musée du Luxembourg, l'Ariane, etc., etc.

M. Millet s'est mis immédiatement en rapport avec le maire de Saint-Malo et les membres de la commission ; il a visité la ville, et il est d'avis que la statue de Châteaubriand doit être élevée sur la place qui porte son nom et à quelques pas de la maison où il est né. L'inauguration du monument est fixée au 4 juillet 1875, vingt-septième anniversaire de la mort de l'auteur du *Génie du christianisme.*

— L'ouverture de l'exposition que nous avions annoncée dans notre dernière livraison, de l'œuvre décorative de M. Paul Baudry pour le foyer du nouvel Opéra, a été remise au 20 de ce mois. Il y aura là plus d'une surprise pour les admirateurs du talent du maître vendéen.

LOUIS DE KERJEAN.

BIBLIOGRAPHIE BRETONNE ET VENDÉENNE

A TRISTELLANI CARMINA MACARONICA. Vindictæ adversus Julium Simonem carmina latina prohibentem. Epistolium ad Radicales. Francportus heca-tombe. In-8º, 23 p. — Brest, imp. Roger père.

BULLETIN DES ACTES DU COMICE AGRICOLE CENTRAL DU DÉPARTEMENT DE LA LOIRE-INFÉRIEURE, 1re année. Nº 1, 1er trimestre, avril 1874. In-8º, 16 p. — Nantes, imp. Grinsard. Prix de l'abonnement, par an... 1 fr.

DOCUMENTS SUR L'ILE DE BOUIN (VENDÉE), précédés d'une notice histo-rique, par MM. Luneau, ancien dépulé, et Édouard Gallet, membre de plusieurs sociétés savantes. In-8º, 608 p. et 2 cartes. — Nantes, impr. Vincent Forest et Emile Grimaud.

GUIRLANDE (LA) DE ROSES. Recueil de pièces de poésie admises au con-cours littéraire ouvert à Saint-Malo, au mois d'août 1873, par Henri Goron, directeur de la *Chronique des bains de mer*. In-12, 52 p. — Saint-Malo, imp. Renault.

HEURE NATIONALE (prose et vers); par Pitre M. In-8º, 402 p. — Nantes, imp. Etiembre et Plédran.

KIMIADOU AN DEN IAOUANK A VREIZ, o partial gard mobilizet, er blavez 1870, en amzer a vrezel (vers); par Charles Sinquin. In-8º, 6 p. — Quim-perlé, imp. Sinquin.

MANUEL DE LA CONGRÉGATION DE RENNES. In-32, 151 p. — Rennes, imp. Gatel et Cie.

ŒUVRES D'AUGUSTE BRIZEUX. *Les Bretons, Marie, Telen Arvor, Furnez Breiz*. 2 vol. petit in-12, 540 p. et port. — Paris, lib. Lemerre. Chaque volume... 5 fr.

PATER (LE), petit poème vendéen, par Emile Grimaud. In-8º, 12 p. — Paris, lib. Douniol.
(Extrait du *Correspondant*).

PÈLERINAGE (LE) A NOTRE-DAME D'ESPÉRANCE. Relations et documents. In-18, 108 p. — Saint-Brieuc, imp. et lib. Prud'homme.

PETIT MANUEL DE LA CONFÉRENCE DE L'ÉCOLE SAINT-CHARLES. In 32, 96 p. — Saint-Brieuc, imp. Prud'homme.

PREMIER (LE) ENSEIGNEMENT DES SCIENCES PAR LA FAMILLE. Discours prononcé par le R. P. Guillemet, le 27 juillet 1874, à la distribution des prix de l'école Saint-Charles, de Saint-Brieuc. In-8º, 18 pp. — Saint-Brieuc, imp. Prud'homme.

QUINZE JOURS EN BRETAGNE. Notes de voyage; par Charles Guignard (l'Amphion). In-8º, 36 p. — Chaumont, imp. vᵉ Miot-Dadant.

SIMPLES NOTIONS SUR L'ACHAT ET L'EMPLOI DES ENGRAIS COMMERCIAUX. Exposé élémentaire des faits qu'il importe aux cultivateurs de ne pas ignorer, utilité des laboratoires de chimie agricole; par Adolphe Bobierre, directeur de l'Ecole supérieure des sicences de Nantes. 2e édition, revue et augmentée, avec planches coloriées et figures intercalées dans le texte. In-18 jésus, 157 p. Paris, lib. G. Masson.

L'ABBÉ JEAN-MARIE DE LA MENNAIS

La Vie et les Œuvres de Jean-Marie Robert de La Mennais, prêtre, fondateur de l'institut des Frères de l'Instruction chrétienne, d'après sa correspondance et autres documents, en majeure partie inédits, par M. S. Ropartz [1].

Ouvrage sérieusement étudié, comme tout ce que publie M. Ropartz, et écrit avec un sentiment profond de piété filiale. M. Ropartz eut, en effet, au collège de Saint-Méen, M. de La Mennais pour premier maître, et ces relations de l'enfance, lorsqu'elles ont inspiré d'un côté l'affection, de l'autre le respect, sont de celles qui survivent à tout. Ce fut donc une heureuse pensée, de la part des *Frères de l'Instruction chrétienne,* de confier à l'ancien élève de Saint-Méen, resté homme de foi et devenu homme de lettres, tous les papiers de leur *père,* afin qu'il pût éclairer, d'un jour complet, sa vie et ses œuvres.

Nulle mission, à coup sûr, ne pouvait être plus douce pour M. Ropartz. Aussi n'a-t-il épargné ni soin ni peine pour que son livre répondît à l'attente de cette grande famille religieuse dont les membres dépassent aujourd'hui le chiffre de mille et les élèves celui de 70,000. Quelle plus belle épitaphe pourrait-on inscrire sur une tombe ! Mille jeunes gens recrutés, comme les apôtres, parmi les travailleurs, et renonçant à la famille, cette suprême jouissance de ceux qui en ont peu, pour se faire les hommes de peine de la civilisation, les pionniers de l'intelligence, et 70,000 enfants se succédant dans leurs écoles, 70,000 appelés constamment à la double lumière de la science et de la foi, de la science qui éclaire sans fortifier et de la

---

[1] Un vol in-8° de XI-491 pages. Lecoffre et fils, éditeurs, rue Bonaparte, 90.

foi qui soutient autant qu'elle éclaire. Que l'abbé Jean de La
Mennais fût un homme de génie, personne n'en doutera après
avoir lu ses écrits et étudié son œuvre. D'où lui venait cependant
son génie? D'un esprit éminemment distingué, sans doute, mais
surtout des règles qu'il avait imposées à cet esprit : *Zèle de feu,*
volonté de fer et *humilité* à toute épreuve.

« Ce ne sera pas le nombre qui fera la force de votre congrégation, disait-il à ses religieux, mais l'humilité », et, comme
pour graver plus profondément cette pensée dans leur esprit, il
écrivait en tête de leurs statuts : Dieu *seul.* Tel est le secret de la
force des saints. La sainteté crée parfois le génie ; le génie s'associe souvent à la sainteté, mais il ne la produit jamais.

L'histoire des deux frères de La Mennais en est une grande
preuve. Nous avons raconté cette histoire, il y a douze ans [1], et
elle est trop connue pour que nous y revenions aujourd'hui.
Qu'on nous permette seulement d'éclairer, avec M. Ropartz, un
point mal vu jusqu'à présent. Je veux parler de la part que prit
l'abbé Jean à l'entrée de son frère dans le sacerdoce. On s'est
demandé si l'abbé Féli de La Mennais, incrédule jusqu'à vingt-
deux ans, au point de n'avoir fait sa première communion qu'à
cet âge, puis converti *par entraînement,* suivant le mot de M. Ropartz, avait eu jamais une vocation sérieuse. Assurément, si l'on
juge de ses sentiments par ses livres ascétiques, la *Journée du*
Chrétien, l'*Imitation,* le *Guide du premier âge,* sa vocation ne
pouvait être douteuse. L'amour divin y parle, en effet, suivant le
mot d'un bon juge, *une langue qui n'a pu être apprise que dans la*
méditation et aux pieds de Jésus Christ [2]. Et cependant l'abbé Jean
n'avait pas été sans inquiétude. « Féli, écrivait-il le 10 août 1815,
a commencé une retraite à la fin de laquelle M. Carron lui a
promis de le décider sur le parti qu'il doit prendre. Je prie le
bon Dieu de tout mon cœur de les éclairer l'un et l'autre ; *mais*
je suis enchanté de n'être pour rien dans cette décision-là [3]. »

[1] Introduction aux *Lettres inédites de J.-M. et F. de La Mennais à Mgr Brute.*
[2] L'abbé de Salinis. *Mémorial catholique,* t. IV, p. 270.
[3] Lettre inédite que nous devons à M. Ropartz, p. 204.

Ainsi l'homme qui connaissait le mieux l'ardent écrivain, le frère qui recommandait à ses amis d'être discrets avec son frère, tant son imagination était vive, était le premier à hésiter devant cette imagination. Plus tard, il est vrai, lorsque Féli fut sous-diacre, c'est-à-dire lorsqu'il eut pris des engagements irrévocables, l'abbé Jean se départit de sa réserve. Du moment, en effet, que son frère ne pouvait plus reculer, il ne pouvait lui-même l'engager qu'à avancer. Ses liens ne devaient pas être plus étroits et sa force devait être plus grande. Qui connaissait mieux que les deux La Mennais ce passage de l'*Imitation : «* Lorsque le prêtre célèbre, il honore Dieu, il réjouit les anges, il édifie l'Eglise, il procure des secours aux vivants et *se rend lui-même participant de tous les biens* [1]. »

Ainsi s'explique cette phrase que j'avais citée, phrase écrite par l'abbé Jean au moment où son frère venait de recevoir la prêtrise, à l'âge de trente-quatre ans, et après sept ans d'ordres mineurs : « *Il lui en a singulièrement coûté pour prendre sa dernière résolution. M. Carron d'un côté, moi de l'autre, nous l'avons entraîné*, mais sa pauvre âme est encore ébranlée du coup [2]. »

Le nouveau prêtre chercha-t-il du moins à se remettre de l'ébranlement par les consolations et la force que l'on est sûr de trouver dans la prière et surtout dans l'oblation journalière du saint Sacrifice ? Tout d'abord, je n'en doute pas, mais pas longtemps. « Nous avons souvent entendu plusieurs de ses amis intimes, dit un éminent historien, exprimer le regret que le pape Léon XII lui eût accordé la dispense de réciter le bréviaire..... S'il s'affranchissait du bréviaire, y suppléait-il, du moins, par l'oblation du sacrifice eucharistique ? Dans les

---

[1] L. IV, ch. v.

[2] *Lettre à l'abbé Bruté*, du 8 juin 1816. — J'avais fait suivre cette phrase d'un mot irréfléchi, comme tous les cris de douleur : *fatale erreur des intentions les plus saintes !* Ce mot m'a été reproché par des ecclésiastiques d'un haut mérite. Il me convenait peu, en effet, je l'avoue, de taxer d'*erreur* un jugement porté par des hommes tels que l'abbé Carron et aussi, semblait-il, par l'abbé Jean. Mon excuse sera la ressemblance assez grande qu'offrent les traits d'un intrus et ceux d'un traître.

temps ordinaires, il célébrait la messe rarement.... Ah! qu'un prêtre qui ne récite pas son bréviaire et qui ne dit pas la messe est en péril! [1] »

Les services qu'il rendait d'ailleurs à l'Église étaient signalés. Sous la savante et pieuse inspiration de son frère, il avait porté de rudes coups au gallicanisme, tout-puissant alors; il n'en porta pas de moins rudes à l'incrédulité, qui avait repris ses allures triomphantes. Aussi lorsqu'il alla à Rome, au mois de juin 1824, ses admirateurs — et j'étais du nombre — s'atten-daient-ils à le voir revenir cardinal. « J'ai lieu de croire, écri-vait l'abbé Jean, le 12 septembre, que le pape a offert à mon frère le chapeau de cardinal, et j'ai aussi tout lieu d'espérer qu'il le refusera. »

Le chapeau cependant fut-il réellement offert? On peut en douter. S'il l'eût été, la comtesse Louise de Senft, une des amies les plus dévoués de l'illustre écrivain, lui eût-elle écrit, deux ans après (15 novembre 1826): « A bon entendeur salut: la comtesse R... raconte que le bruit d'une certaine nomination au cardina-lat (CERTAIN CARDINALISHIP) s'étant répandu dans Rome, quel-qu'un osa y faire allusion dans un entretien avec le Saint-Père, *qui n'a donné aucune réponse quelconque.* Il fut ensuite question de la promotion d'une autre personne qui avait, par avance, acheté son costume. — Il fera bien de vendre sa pourpre, dit alors le pape, car les teignes pourraient bien s'y mettre. — *Je puise beaucoup d'espérance dans ces renseignements,* et j'ai voulu me hâter de vous conter tout cela moi-même [2]. »

Ainsi, toute l'espérance était fondée sur ce que le Pape n'avait

<hr/>

[1] *La Vie et les Œuvres de M⁰ʳ Gerbet,* par Mⁱʳ de Ladoue, évêque de Nevers, t. I, p. 250. Nous sera-t-il permis d'ajouter que la négligence à porter le costume ecclé-siastique, l'habitude de se revêtir, à la campagne, d'une *redingote grise et d'un cha-peau de paille jaune,* comme les disciples de La Mennais nous le représentent, dissimulent par trop le prêtre aux yeux de ceux qui tiennent à le reconnaître tou-jours, pour toujours le respecter.

[2] *Correspondance de La Mennais,* publiée par Forgues, t. Iⁱʳ, p. XLVIII. — L'ensemble de la lettre est en français, mais le passage que je cite est en anglais, comme s'il s'agissait d'un grand mystère.

dit ni oui ni non, tandis que pour un autre il avait fait une réponse qui équivalait à un non formel. Si ce n'était pas espérer contre l'espérance, c'était tout au moins se contenter de peu.

D'après une autre lettre, je le sais, il aurait été question pour l'abbé de La Mennais de se fixer à Rome, *quelques années* avant 1832 ; mais rien n'indique assurément que ce fût comme cardinal. Voici d'ailleurs la phrase : — « Oh ! combien je me félicite, mandait-il de Rome à la comtesse de Senft, du parti que j'ai pris, il y a quelques années, de me fixer ailleurs, et que vous m'avez tant reproché. J'aurais traîné dans ce désert moral une vie inutile, me consumant d'ennui et de chagrin. Ce n'était pas là ma place. J'ai besoin d'air, de mouvement, de foi, d'amour, de tout ce qu'on cherche vainement au milieu de ces vieilles ruines, sur lesquelles rampent, comme d'immondes reptiles, dans l'ombre et dans le silence, les plus viles passions humaines [1]. »

Remarquez bien que cette lettre est antérieure à la rupture ; elle porte la date du 10 février 1832, c'est-à-dire du moment où La Mennais arrivait à Rome, prêt à *désavouer*, disait-il, la moindre pensée qui pourrait s'éloigner de celles de l'auguste pontife qu'il appelait son *père*. A peine est-il arrivé, et déjà il lui tarde de *sortir de ce grand tombeau, où l'on ne trouve plus que des vers et des ossements* [2].

Chose singulière ! dès 1824, et malgré sa ferveur d'alors, La Mennais n'aspirait, en arrivant à Rome, qu'à quitter Rome. On ne citerait peut-être pas un pèlerin qui, en mettant le pied dans la ville sainte et en priant sur les tombeaux des Apôtres, n'ait éprouvé de ces émotions, que saint Paul appelle *inénarrables,* mais qui se font jour du moins par quelques élans du cœur. Eh bien ! j'ai vainement cherché de ces élans dans les lettres de La Mennais. Écrivant, le 15 juillet 1824, à Mme de Lucinière, qui aurait été si émue à sa place, il se borne à lui dire : « J'ai vu deux fois le Saint-Père qui m'a reçu avec une extrême bonté... C'est un bon et digne pape et un homme de grand mérite. *Je*

[1] Collection Forgues, t. II, p. 231.
[2] *Idem.*

ne vous dirai rien de Rome; ce sera le sujet de nos conversations à mon retour. Nous avons une chaleur étouffante... Je vous
avertis que la cuisine italienne est détestable pour nous autres
Français. J'ai envie de retrouver un bon bouillon, un bon bouilli
et un bon rôti... Voilà un propos bien édifiant dans la capitale
du monde chrétien... [1] » Et c'est tout !

Quelques-uns de ses biographes ont raconté que son portrait
était, avec le crucifix, le seul ornement du cabinet de Léon XII.
Le seul ! c'est peut-être beaucoup dire [2]. Comment, d'ailleurs, ce
portrait y était-il venu ? Était-ce le pape qui l'avait désiré, qui
l'avait demandé ? Un des amis romains de La Mennais va nous
répondre : « Lundi de la semaine prochaine, lui écrivait-il, je
serai aux pieds du Saint-Père. Je lui offrirai votre portrait
lithographique, que j'ai fait encadrer dans une *cornice* d'une très-
grande beauté. Avant de le lui présenter, je l'ai fait interroger ;
et il a eu la bonté de me faire entendre que *Sa Sainteté acceptera
volontiers le portrait de M. de La Mennais, mais qu'elle désire que
le Père...* (probablement le P. Orioli ou le P. Ventura) *le lui
présente en personne.* Qu'il me tarde, mon très-cher ami et frère,
que ce portrait soit exposé dans la chambre d'audience du Souverain-Pontife ! J'espère, par ce seul trait de la bienveillance souveraine envers vous, que les courtisans au moins apprendront à
vous estimer davantage, et je me flatte que votre modestie voudra bien me pardonner cette sainte *coterie romaine,* en faveur des
conséquences salutaires qui peuvent en résulter pour la vérité [3]. »

Mais, franchement, si Léon XII s'était expliqué à haute voix
sur La Mennais, s'il lui eût surtout offert la pourpre, est-ce qu'il
eût été besoin de ce petit artifice pour manifester la bienveillance
du souverain et protéger la *vérité ?* La bienveillance du souverain
était d'ailleurs incontestable. Léon XII s'informait des nouvelles
du hardi champion de la papauté et recommandait à ses corres-

[1] Collection Forgues, t. I", p. 114.

[2] N'y avait-il pas aussi une statuette de la Vierge ? Elle s'y trouvait du moins sous
Grégoire XVI.

[3] Lettre du 8 juin 1827. Collection Forgues, t. I, p. xLVI.

pondants de le lui dire. *Assurez-le, ajoutait-il, de toute mon affection.* On aurait voulu plus. Mais Rome est à la fois prudente et clairvoyante [1]. Et comment ne l'eût-elle pas été lorsqu'un simple rhéteur, tel que Villemain, entrevoyait déjà comme un reflet du *Contrat social* dans les œuvres de l'éloquent controversiste ! Après avoir signalé en lui, pour la forme oratoire et même pour *quelques opinions hardies*, un disciple de Rousseau beaucoup plus que des Pères, il ajoutait : — « On sent que l'éloquent apôtre de l'*autorité* a été l'assidu lecteur du *Contrat social* et que cet ardent esprit pourrait passer encore d'un extrême à l'autre [2]. »

Nous savons ce que fut le nouvel extrême. M. Ropartz nous donne les dernières lettres de La Mennais à son frère qu'il ne voyait plus. Celui-ci, malade, menacé de mort, lui écrivait qu'il avait bien pensé à lui, *aux portes de l'éternité.* — « J'ai senti le besoin de te le dire, ajoutait-il, que mon amitié pour toi... est plus vive que jamais et que mon cœur est plein du désir que nous soyons un jour réunis dans le ciel, comme nous l'avons été si longtemps et si heureusement sur la terre par la même foi. Je t'embrasse cordialement. »

La réponse du malheureux est affectueuse dans la forme; l'impression toutefois en est navrante. Il dit en finissant que, si sa santé n'était des plus mauvaises, il irait certainement voir son frère, mais *sans rappeler le passé*, ajoute-t-il, *qu'il faut laisser désormais complétement dans l'oubli.* Ne croit-on pas sentir, en lisant cette phrase, le froid d'un glaive ?

---

[1] Je pourrais en citer comme preuve la lettre très-remarquable que M. Crétineau-Joly donne, dans son second volume de l'*Église romaine devant la Révolution*, p. 339, comme ayant été écrite le 30 août 1824, par M*r* Bernetti, gouverneur de Rome, depuis cardinal, au duc de Laval, ambassadeur de France près du Saint-Siège. Mais les mots qui y sont prêtés au pape sur l'abbé de La Mennais, dans lequel il croit apercevoir de loin un *apostat*, un *damné*, sont tellement graves, qu'on voudrait être sûr de leur complète exactitude. Le cardinal Bernetti était un homme d'État des plus distingués ; il mérita la confiance de trois papes ; mais les Romains l'appelaient *un Vesuvio* (un Vésuve), et il ne faut peut-être pas prendre ses explosions à la lettre. Dans tous les cas, il aurait écrit après coup qu'il n'aurait pas écrit plus juste.

[2] *Tableau de la littérature au XVIII* siècle.* Leçon XXV, *in fine*, 1827.

La Mennais disait qu'il trouvait dans ses nouvelles convictions *plus de paix et de bonheur qu'il n'en goûta jamais en aucun temps de sa vie* [1]. Pourquoi donc éviter alors toute explication, toute discussion avec ses anciens amis, comme s'il était bourrelé de remords ou tout au moins d'incertitudes ? « La confusion n'a pu le confondre, suivant le mot du Prophète, et il n'a pas su rougir. Il a dit : La paix! la paix! et il n'y avait point de paix [2]. »

Je demande pardon à M. Ropartz de cette longue digression ; mais je tenais à préciser les traits de l'homme en qui l'on a vu le génie de la famille, avant de considérer celui qui en est et qui en restera la gloire. *Ils n'étaient pas frères*, a dit Pie IX. Rien, en effet, de moins semblable dans ce qui imprime un cachet définitif à la vie, et cependant on trouve chez eux, au physique comme au moral, plus qu'un air de famille. Au physique, la ressemblance est frappante ; mais sur les lèvres de l'un règne un sourire qui exprime à la fois l'esprit et la bonté ; on reconnaît un de ces hommes dont parle saint Paul, que l'espoir réjouit, que la tribulation n'abat jamais et que soutient la prière [3]. Chez l'autre, lorsque la polémique ne fait pas jaillir l'éclair de ses yeux, ce qui domine dans sa physionomie c'est une sombre tristesse. Au moral vous retrouvez chez les deux frères beaucoup des mêmes dons, le même amour de l'étude, des talents divers mais toujours éminents, enfin, pendant longtemps une intime et touchante fraternité de conviction, de volonté, d'espérance ; mais l'un est humble et l'autre ne l'est pas. « L'homme humble, dit le pieux auteur de l'*Imitation*, jouit d'une paix inaltérable ; la colère et l'envie troublent le cœur du superbe [4]. »

Voilà pourquoi Dieu a *résisté* à l'un et a comblé l'autre de ses grâces [5]. Celui-ci ne voyait que *Dieu seul;* celui-là voyait Dieu

---

[1] Lettre au P. Ventura, 8 novembre 1847.

[2] *Jérémie*, VI, 14 et 15.

[3] *Spe gaudentes, in tribulatione patientes, orationi instantes.* — Ad Rom. XII, 12.

[4] L. I, c. VII. — *Jugis pax cum humili ; in corde autem superbi zelus et indignatio frequens.*

[5] *Quia Deus superbis resistit, humilibus autem dat gratiam.* — I. Petr., V. 5.

et un autre que Dieu ; et bientôt il ne vit que cet autre. Il n'en
faut pas plus pour faire du talent un rien et de la puissance du
génie une radicale impuissance.

Et maintenant , en face de cette décadence qui se poursuivra
sans s'arrêter pendant vingt ans, suivons, dans l'excellent ouvrage
de M. Ropartz, le développement continu de ces œuvres que peut
seul enfanter le génie de la foi. M. Ropartz peint en quelques
mots l'abbé Jean, *homme de foi et d'action* que le cours de sa vie
nous montre toujours *égal, toujours décidé, ferme, expansif et
gai dans sa fermeté, adroit et expectant au besoin,* parce qu'il se
souvient sans cesse que *Dieu a pour lui l'éternité,* mais en même
temps , jugeant du premier coup d'œil et jugeant bien ; *avant
qu'on eût le temps de discuter si une chose était faisable, il l'avait
faite* [1]. Le portrait est vivant et il est comme le résumé de tout
le livre.

Assurément les écrits du saint prêtre sont loin d'avoir l'éloquence de ceux de son frère, cette éloquence d'indignation dont
l'*Imitation* parle, *in corde superbi indignatio frequens* [2], mais ils
ont l'éloquence du cœur, le trait gai et fin d'un esprit vif et d'une
bonne conscience. Il n'est pas une lettre de l'abbé Jean où l'on
ne trouve ce sourire de la paix qui est propre aux *hommes de
bonne volonté.* Parle-t-il de la vie? « Que la vie serait pénible,
dira-t-il, si on n'en touchait pour ainsi dire le terme de sa
main ! Encore un moment, *adhuc modicum!* Une mauvaise nuit
est bientôt passée ; et, quand on pense que le premier rayon de
l'aurore, prolongé dans des espaces sans borne, éclaire l'immense horizon de l'éternité, qu'après l'agitation d'un court
sommeil, on se réveillera au milieu de ce beau ciel où tout est
paix, sécurité, lumière et amour, et cela sans fin, sans terme,
sans affaiblissement, sans interruption, sans mélange, on s'étonne
de se trouver si sensible aux contradictions et à toutes les
misères du temps. Voilà ce que je me dis quelquefois, et si, au
même moment, quelque chose vient blesser mon âme, adieu les

[1] Pp. 77 et 276.
[2] L. I. C. vii.

réflexions, et je suis près de pleurer comme un enfant. L'homme
est fait de façon à ce qu'on peut s'attendre à tout de sa part,
hormis à ce qui est un peu raisonnable ¹. »

Que de vérités! et que de charme dans leur expression!

Un départ, une inquiétude, un regret, lui rappellent qu'avant
tout il faut adorer, avec une soumission pleine d'amour, les
impénétrables desseins de la Providence et jeter toutes nos sol-
licitudes dans son sein, puis il ajoutera: « Quand il tonnait,
M. de Saint-Martin, dit-on, laissait tonner; c'était assurément
un brave homme; mais je ne suis point de ceux qui admirent
cette rare intrépidité et je n'aime que le *fiat* de résignation du
chrétien ². » Le mot est toujours heureux, la pensée est toujours
sereine.

Vicaire général et administrateur d'un grand diocèse, il aura,
en même temps, le style sobre, ferme, mais paternel, qui convient à l'autorité; il discutera avec une sûreté d'érudition
et une vigueur de logique qui mettront au pied du mur,
comme on dit, tantôt un vieux prêtre constitutionnel, tantôt
un important ministre. Ce ministre, M. Lainé, un de ces
modérés de la Restauration qu'on nous vante sans cesse, avait
entrepris de faire signer comme article de foi, par les professeurs des séminaires, la déclaration de 1682, abandonnée
dès 1693 par Louis XIV. L'abbé de La Mennais demandait
à M. Lainé si c'était sur la liberté des opinions religieuses
garanties par la charte qu'il s'appuyait pour commander
en matière de foi et de conscience; il lui faisait remarquer
que, si les articles de 1682 étaient lois, le concordat de 1801
pourrait bien être nul et la vente des biens ecclésiastiques aussi.
Le ministre continuait-il de se faire théologien et revenait-il à
la charge, invoquant Louis XIV et les *droits de la couronne*,
l'abbé de La Mennais lui opposait aussitôt Louis XIV lui-même,
écrivant à son ambassadeur près du Saint-Siége qu'il *n'oblige
personne* à soutenir, contre sa propre opinion, les propositions

¹ P. 250.
² P. 251.

du clergé de France. Jamais discussion ne prouva mieux, d'un
côté l'ignorance et la tyrannie du libéralisme, de l'autre la fermeté et la dignité de la vraie science et de la vraie foi.

Mais M. Lainé, le *libéral* M. Lainé, n'était pas au bout de ses
prouesses. Un officier de marine se tue à Saint-Brieuc avec pré-
méditation et ostentation, tout au moins de la part de sa famille.
Le clergé lui refuse les dernières prières, et voilà aussitôt le
ministre qui menace le curé, qui menace un vicaire. Ce vicaire,
auquel on objectait les lois de l'État, s'était permis de dire qu'il
ne se croyait pas soumis à ces lois, si elles étaient contraires à
son devoir. C'était, mot pour mot, ce que les premiers chrétiens
répondaient aux proconsuls. Mais M. Lainé, se faisant proconsul
à son tour, écrivait : « L'auteur d'un semblable propos doit souhaiter que de justes réprimandes lui épargnent des *poursuites
beaucoup plus graves* [1]. » Ceci s'écrivait en l'an de grâce 1818,
Louis XVIII régnant et messieurs les libéraux gouvernant au
nom de la liberté.

On pense bien quelle dut être la réponse de l'abbé de La
Mennais. Le ministre ne trouva pour répliquer que cette naïveté,
digne de prendre place dans l'histoire : — « Les ministres d'un
Dieu de miséricorde doivent ignorer les causes de la mort qu'ils
ne sont pas chargés de constater [2]. »

M. Ropartz cite deux mandements de l'abbé Jean, à l'époque
où il était vicaire général de Saint-Brieuc : l'un sur la *Délivrance
du Souverain-Pontife*, en 1814 ; il est de la plus haute éloquence ;
le second, sur la mort de M⁰ʳ Caffarelli où la fidélité de ce prélat
au siége de Pierre, lorsqu'on cherchait à *opprimer* l'Église *avec
sagesse*, est noblement célébré.

Ce serait toutefois méconnaître le génie de l'abbé Jean que de
considérer surtout en lui l'écrivain ; ce qui fut sa force et sa
gloire, ce fut son talent d'administrateur, de fondateur, de missionnaire par lui-même et par les familles religieuses qu'il sut
créer et développer. A peine revêtu du sacerdoce, au sortir de la

[1] P. 245.
[2] P. 249.

Révolution, lorsque la religion et la science ne sont plus que des souvenirs, nous le voyons à la fois vicaire et professeur, reconstituant une paroisse et aidant à fonder un collége. A trente-trois ans, il devient vicaire général, il administre, il prêche, il veille à tout et il est partout. Le séminaire de Tréguier est créé; les instituts des *Filles de la Providence* et des *Frères de l'Instruction chrétienne* sont provoqués, formés par lui et se dévouent à l'instruction des pauvres.

Admirable histoire que M. Ropartz nous trace d'une main ferme, sans emphase et sans négligence, d'un style qui a du relief, mais nulle prétention, et toujours la gravité de l'histoire. Quand on voit ce qu'a pu faire cet homme animé de l'esprit de foi et qu'on songe que les hommes de cette trempe ont été plus nombreux peut-être dans notre siècle que dans aucun des siècles précédents, depuis le XIII°; quand on compte les institutions religieuses créées ou renouvelées, les monuments construits, les sommes consacrées aux œuvres de Dieu et qui dépassent de beaucoup celles que, dans le même temps, y aient jamais consacrées nos pères; quand on considère que la France, malgré ses erreurs, malgré ses désastres, est encore le plus ferme appui des saines doctrines, on se dit, en dépit des plus tristes présages, qu'un grand avenir lui est encore réservé. Sera-ce demain? sera-ce après-demain? Si nous ne consultions que les probabilités humaines, nous dirions : Non. Notre pays est agité comme l'Océan, et l'on ne jette pas l'ancre en pleine mer. Serions-nous même plus près du rivage, l'ancre ne tient que sur un fond solide, et c'est ce fond qui nous manque; mais il se refera. Tant d'âmes généreuses ne sont pas à l'œuvre en vain, et la France redeviendra encore ce qu'elle fut dans ses meilleurs jours : l'épée de Dieu [1].

EUGÈNE DE LA GOURNERIE.

[1] Ces lignes étaient écrites lorsque j'ai lu dans l'*Univers* l'admirable discours prononcé par mon vieil ami, le R. P. d'Alzon, à la distribution des prix du collége de l'Assomption de Nîmes. Les mêmes idées y sont développées et exprimées avec toute l'éloquence d'un beau talent et d'une forte conviction.

M. DE BEAUCHESNE [*]

Au mois de janvier dernier, les journaux annonçaient que M. de Beauchesne posait sa candidature à l'un des fauteuils alors vacants à l'Académie française. Quelques jours plus tard, et avant l'élection, les mêmes journaux annonçaient que M. de Beauchesne venait de mourir. Pour n'avoir pas été académicien, M. de Beauchesne n'en sera pas moins immortel, car il a fait un livre qui ne périra pas : l'*Histoire de Louis XVII.*

Alcide-Hyacinthe du Bois de Beauchesne est né le 31 mars 1804 à Lorient, où devait naître deux ans plus tard, le 12 septembre 1806, celui qui devait être le chantre de *Marie.* Par une singulière bizarrerie du sort, les deux jeunes Bretons qui devaient illustrer tous les deux leur terre natale et tous les deux lui rester si invariablement fidèles, ont fait leurs études dans une ville flamande, au collége de Douai. Brizeux un jour voulut revoir le *vieux collége,* et il le chanta dans ses vers :

> ......Un jour je voulus voir
> Les toits du vieux collége, et la cour, le parloir
> Où, jeune et haletant sous ce ciel de fumée,
> Je vins, enfant breton, de ma lande embaumée [2].

[*] *Souvenirs poétiques,* 1830. — *Louis XVII, sa vie, son agonie, sa mort,* 1852. — *Vie de Madame Élisabeth,* 1869. — *Le Livre des jeunes mères,* 1860; Paris, chez Plon, libraire-éditeur.

[2] *Les Ternaires.*

M. de Beauchesne ne paraît point avoir éprouvé le désir de
revoir les murs du collége où s'étaient écoulées quelques-unes
de ses jeunes années. Lorsqu'il évoque les souvenirs de son
enfance, c'est toujours la Bretagne, la Bretagne seule qui lui
apparaît :

> Bretagne, ma Bretagne, oh ! toujours dans mes rêves,
> J'aborde à tes rochers, je m'abats sur tes grèves,
>   Je m'égare dans tes forêts ;
> Et toujours je reviens, comme les hirondelles,
> Tremper avec amour le bout de mes deux ailes
>   Dans la vapeur de tes marais.
>
> Je vois d'ici l'étang qu'on passait à la nage :
> Moins grand que mes amis, n'ayant pas à mon âge
>   Le soupçon même du danger,
> Je m'élançais... Un cri, finissant par un rire,
> Accueillait le marmot qui ne savait pas lire
>   Et qui déjà savait nager.....
>
> Hélas ! où sont déjà les amis du village ?
> L'un jeté sur les mers, l'autre éteint avant l'âge,
>   Grand nombre tombés pour leurs rois !
> A peine, depuis l'heure où j'ai fui mes bruyères,
> Noël dix fois revint, et dans les cimetières,
>   Combien on a planté de croix [1] !

Nous verrons tout à l'heure que la destinée conduisit et retint
M. de Beauchesne à Paris pendant sa vie presque tout entière ;
mais jamais Paris ne lui fit oublier la terre natale. Breton il était
né ; Breton il resta toujours. Charles Nodier a dit quelque part :
« C'est en province qu'il faut être enfant, qu'il faut être adolescent, qu'il faut goûter les sentiments d'une âme qui commence
à se révéler et à se connaître. Ce n'est pas à Paris qu'on éprou-
vera jamais ces émotions incompréhensibles que réveillent au
fond du cœur le son d'une certaine cloche, l'aspect d'un arbre,
d'un buisson, le jeu d'un rayon de soleil sur la ferblanterie d'un
petit toit solitaire. Ces doux mystères du souvenir n'appar-

[1] *Le Livre des jeunes mères*; LXIV, *Mon enfance.*

tiennent qu'au village. J'entendais l'autre jour une femme de beaucoup d'esprit se plaindre amèrement de n'avoir point de patrie : « Hélas ! ajouta-t-elle en soupirant, je suis née sur la paroisse Saint-Roch ! »

De même, M. de Beauchesne, dans une pièce intitulée *Paris :*

> De ton clocher natal prends toujours la défense.
> Heureux qui dans les champs a coulé son enfance,
> Et n'a pas consulté pour ses premiers liens
> Le Boulevard de Gand et des Italiens !
> Paris, dont le grand nom dans l'univers résonne,
> Est le pays de tous, le pays de personne ;
> C'est une auberge où l'homme est pressé d'accourir,
> Mais il n'y doit pas naître, encor moins y mourir.
> La province du moins nous fait une patrie.
> On est de la Lorraine où Jeanne fut nourrie,
> On est du Dauphiné d'où s'élança Bayard,
> De l'Auvergne où Pascal, de la Flandre où Jean-Bart
> D'un siècle merveilleux accroissaient les merveilles ;
> On est du vieux Rouen comme le vieux Corneille,
> De Brest aux flots amers, de Lille aux champs fleuris :
> On n'est de nulle part quand on est de Paris [1].

Donc, M. de Beauchesne était de Bretagne ; il en était plus que personne, car il comptait parmi ses ancêtres le vaillant qui, dans le combat des Trente, jeta ce grand cri : « Beaumanoir, bois ton sang ! » Mais, ici encore, laissons parler le noble poète :

> Mes enfants, vous savez que la grâce divine
> Dans un berceau modeste a mis notre origine.
> Nous fûmes en tout temps fidèles et discrets :
> A l'appel de nos ducs, de nos rois, toujours prêts,
> Nous donnions notre sang ; puis, la terre trempée
> Et le combat fini, nous ôtions notre épée,
> Et de notre manoir, sans bruit et sans orgueil,
> Et sans rien demander, nous repassions le seuil,
> N'ayant jamais connu l'intérêt qui découvre
> Le chemin de Paris et la porte du Louvre.

[1] *Le Livre des jeunes mères ;* LXXVIII, *Paris.*

Aïeul de nos aïeux, héros bardé de fer,
Geoffroy du Bois, seigneur d'Elvas et de Scaër,
Est la seule figure éclatante et guerrière
Qui, dans notre passé, rayonne grande et fière.
On sait que, vigoureux et de cœur et de bras,
Il ne connaissait point d'obstacle et d'embarras,
Et qu'étonné de voir, dans le combat des Trente,
Un preux que terrassait une soif dévorante,
Il passa près de lui, superbe et frémissant,
Et lui jeta ces mots : « Beaumanoir, bois ton sang ! [1] »

Le descendant de Geoffroy du Bois n'était point destiné à
porter l'épée ; il lui fut donné cependant, par son indomptable
fidélité au sang des vieux rois, de montrer que lui aussi était de
la race des preux. En 1825, nous le trouvons à Paris, chef de
cabinet au département des Beaux-Arts ; deux ans après, il devint
gentilhomme ordinaire de la chambre du roi. C'est à cette époque
que se rapporte l'anecdote suivante, citée par M. Jules Janin au
tome VI de son *Histoire de la littérature dramatique* :

« M. de Beauchesne, qui a vécu à la cour de S. M. le roi
» Charles X, me racontait, un jour, qu'à la mort de Talma,
» quelqu'un disait au roi : Sire, il y aurait peut-être une cer-
» taine justice à déposer sur le cercueil de ce grand artiste la
» croix de la Légion d'honneur. — Je serais tout à fait de votre
» avis, reprit le roi, si Talma n'avait pas fermé sa porte à l'ar-
» chevêque de Paris. Je ne dois pas oublier que je suis le roi
» Très-Chrétien [2]. »

Mais la cour n'absorbait point le jeune Breton, qui avait rapporté de ses landes natales la fleur de poésie. Aussi bien la poésie
était partout autour de lui, en ces heureuses années qui furent
le printemps du XIX° siècle, à cette heure, hélas ! si vite envolée,
où les lettres environnaient d'un éclat incomparable le trône du
petit-fils de Louis XIV. M. de Beauchesne faisait partie de ce
premier *cénacle* qui devança de quelques années celui que

---

[1] *Le Livre des jeunes Mères*, L. XX, *Mon Album*.
[2] *Histoire de la littérature dramatique*, VI, 272.

M. Sainte-Beuve a chanté [1]; Victor Hugo, qui depuis..., mais alors il était royaliste, comme M. de Beauchesne, était le chef de ce premier cénacle, comme il devait être celui du second. Autour de lui se rangeaient Alexandre Soumet, Alexandre Guiraud, Alfred de Vigny, Pichald, l'auteur de *Léonidas,* Jules de Rességuier, Jules Le Fèvre, Emile et Antony Deschamps. Les réunions avaient lieu le plus souvent chez le père des deux Deschamps. De cette société, dont tous les membres sont morts aujourd'hui, — car le Victor Hugo des *Odes et Ballades* est mort lui aussi et depuis longtemps, — Antony Deschamps nous a laissé une aimable et touchante peinture :

> C'était là mon bon temps, c'était mon âge d'or,
> Où, pour se faire aimer, Pichald vivait encor,
> Cygne du paradis, qui traversa le monde,
> Sans s'abattre un moment sur cette fange immonde.
> Soumet, Alfred, Victor, Parseval, vous enfin
> Qui, dans ces jours heureux, vous teniez par la main,
> Rappelez-vous comment, au fauteuil de mon père,
> Vous veniez le matin, sur les pas de mon frère,
> Du feu de poésie échauffer ses vieux ans,
> Et sous les fleurs de mai cacher ses cheveux blancs [2].

Tous ces jeunes hommes étaient romantiques, mais dans cette mesure où le *romantisme* était une réforme sage, intelligente, nécessaire; ce n'est que plus tard, et avec le second cénacle, — celui de *Joseph Delorme,* — que le romantisme est devenu une révolution, un 91 et bientôt un 93 littéraire. M. de Beauchesne s'en est tenu à 89. Il publiait de loin en loin, dans la *Muse française,* qui servait d'organe à ce groupe choisi, des pièces de vers d'un tour ingénieux et fin, d'un sentiment gracieux et pur. Réunies en volume, elles parurent au lendemain même de la Révolution de 1830, sous le titre de *Souvenirs poétiques.* Emporté par l'orage comme une feuille d'automne, le pauvre petit volume

[1] Voy. *Poésies de Joseph Delorme.*
[2] Antony Deschamps, *Dernières paroles,* XIX.

attira cependant l'attention des amis obstinés des lettres et reçut
de Charles Nodier cet éloge : « C'est le livre d'un partisan des
» classiques entraîné par une sensibilité ardente, et d'un ami
» des romantiques retenu par un goût pur. On sent, en le lisant,
» qu'il a vu le monde et fréquenté la solitude. » — Ce jugement
est resté vrai ; on lit encore avec plaisir les *Souvenirs poétiques ;*
ils n'auraient pas suffi cependant à sauver de l'oubli le nom de
M. de Beauchesne. On y sent trop l'influence de l'auteur des
Odes et Ballades. L'originalité fait défaut, et aussi le souffle,
l'inspiration personnelle. Dans ces poèmes, écrits avant 1830,
M. de Beauchesne n'est encore qu'un homme du monde, un
homme d'esprit qui fait des vers par goût et par plaisir ; la passion qui fait les poètes est absente. Cette passion, la Révolution
de 1830 la lui donna. Chose singulière, dans les poésies composées sous la Restauration, M. de Beauchesne se montre beaucoup
moins royaliste que M. Victor Hugo par exemple ; il ne chante
pas les Bourbons, il ne crie pas : *Vive le Roi !* il se contente d'aimer les princes et de les servir, sans faire étalage de ses sentiments de fidélité. — Mais voici que ces princes sont renversés :
M. Hugo choisit ce moment pour chanter la Révolution ; M. de
Beauchesne le choisit pour célébrer bien haut la royauté pros-
crite, le vieux roi exilé. C'est alors qu'entraîné par la passion
royaliste, par la douleur et l'indignation, il est vraiment poète.
Il adjure Châteaubriand de ne pas répondre aux invitations
malsaines du chantre de *Frétillon ;* il convie Lamartine à rester
sur les hauteurs et à ne pas descendre dans la rue ; il supplie
Victor Hugo de ne pas déserter la cause qui lui a dicté de si
beaux vers ; il lui écrit au lendemain de la première représentation du *Roi s'amuse :*

> Oh ! que tu m'as trompé, jeune homme au cœur de flamme,
> Étoile qui si tôt touches à ton déclin,
> Chanteur qui dans les plis de la vieille oriflamme,
>   Berçais le royal orphelin !

Ainsi donc plus d'amour, plus de ces chants fidèles,
Que ta sublime enfance a prodigués à Dieu ;
Séraphin, les méchants t'ont coupé les deux ailes,
Au ciel ils te font dire adieu.

Moi dont le cœur bondit quand le monde te loue,
Je pleure en te voyant tacher ton blanc cimier,
Et souffleter la France et traîner dans la boue
Le manteau de François premier.

Les différentes pièces composées par M. de Beauchesne, de
1830 à 1834, ont été publiées par lui dans la seconde et la troisième édition de ses *Souvenirs poétiques;* elles compteront parmi
les meilleures et les plus nobles inspirations de la poésie au
XIX⁰ siècle. Dans son *Histoire de la littérature sous le gouvernement de Juillet* [1], M. Alfred Nettement a pu, en toute justice,
signaler la pièce de M. de Beauchesne intitulée *l'Horoscope,*
comme étant digne, pour la forme et le fond, de soutenir la
comparaison avec les plus beaux vers de Lamartine et de Victor
Hugo. Voici quelques-unes des strophes de cette pièce, que nous
voudrions pouvoir citer tout entière :

Ah ! ce n'est point ainsi qu'un empire se fonde,
Qu'aux murs de Saint-Denis on gagne son tombeau !
Il faut, pour commander au monde,
Une voix plus sonore, il faut un nom plus beau !
Il faut que d'un grand coup la terre soit frappée ;
Qu'un homme, tourmenté d'un glorieux courroux,
Se dise : « J'ai vingt ans, le monde est fait pour nous »,
Et qu'il parte en tirant l'épée ;

Qu'au pied du Saint-Bernard son cheval caracole
Pour franchir d'un seul bond tout l'empire romain ;
Qu'il plante sur l'arche d'Arcole
Le drapeau qui du monde apprendra le chemin ;
Qu'il rende d'un regard les hommes intrépides,
Qu'il montre à ses soldats dont la force est à bout,
Pour juger leur valeur, trente siècles debout
Sur les hauteurs des Pyramides ;

[1] Tome II, page 86.

> Que cet homme, aperçu de l'un à l'autre pôle,
> Porte à son front sacré quelque signe de Dieu,
>   Et, comme Atlas, sur son épaule,
> Mette un monde vieilli dont se rouille l'essieu ;
> Que la foule ébahie à son aspect s'écarte ;
> Qu'il porte dans sa main le glaive flamboyant ;
> Qu'il courbe le Midi, le Nord et l'Orient,
>   Et qu'il s'appelle Bonaparte.

La France comptait un poëte de plus. Mais soudain sa voix
éclatante et pure cessa de se faire entendre. C'était le moment
où M. Alfred de Vigny rentrait dans sa *Tour d'ivoire*; M. de
Beauchesne rentra dans le manoir gothique qu'il avait fait
élever auprès du Madrid du bois de Boulogne et qui inspira ces
jolis vers à M. Emile Deschamps :

>   Vous qui passez sur le chemin,
> Quel est donc ce manoir, aux tourelles gothiques,
>   Aux murs de lierre et de jasmin ;
> Antithèse adorable au siècle des boutiques ?
>   Par ses trois porches blasonnés,
> Par tous ses vitraux peints et par sa moindre fresque,
>   Il crie à nos cœurs étonnés :
> « Amour et poésie et foi chevaleresque ! »
> Inutile séjour, qui n'est que saint et beau ;
> Noble terrain perdu, pierres improductives,
>   Comme un temple ou comme un tombeau !
> Des grands âges lointains magiques perspectives !
> Tout honneur, nul profit. C'est bien ! — Et l'on prétend
> Qu'un homme d'aujourd'hui (mais qui pourrait y croire !)
> A bâti ce castel enchanté ! Quelle histoire !
> — Cet homme, c'est Beauchesne... — Ah ! vous m'en dites tant !

II

Vingt ans s'écoulèrent, vingt ans pendant lesquels M. de Beauchesne se renferma dans le silence le plus absolu et se résigna à
l'oubli. Ces vingt années avaient-elles donc été perdues ? Avaient-
elles été vouées à l'oisiveté et au découragement ? La réponse à

cette question se trouve dans l'ouvrage publié par M. de Beauchesne en 1852 : *Louis XVII, sa Vie, son Agonie, sa Mort ; Captivité de la Famille royale au Temple.*

Pendant vingt ans, M. de Beauchesne avait, suivant ses propres
expressions, remué les décombres de la tour du Temple pour y
découvrir quelques·débris de souffrances inconnues, pour y
ramasser quelques parcelles d'infortunes ignorées. Pendant vingt
ans, il avait vécu dans cette tour, il en avait parcouru les esca-
liers, les chambres, tous les recoins ; il avait écouté tous les soupirs, tous les sanglots ; il avait lu sur les murs les tortures
écrites, les pardons laissés pour adieux ; il s'était mis en relation avec les personnes encore vivantes qui, de 1792 à 1793,
avaient franchi les portes du Temple ; il avait particulièrement
connu Lasne et Gomin, les deux derniers gardiens de la tour,
entre les bras desquels Louis XVII est mort. A cette étude
vivante, poursuivie chez les témoins de ces scènes tragiques,
s'était ajoutée l'étude des documents, patiemment poursuivie
aux archives nationales, aux archives, aujourd'hui détruites, de
l'Hôtel-de-Ville et de la préfecture de police.

Ce qu'est le livre composé avec un si persévérant labeur et
une passion si sincère, la France et le monde le savent : le .
Louis XVII de M. de Beauchesne a pris place dès les premiers
jours parmi ces œuvres en si petit nombre auxquelles les contemporains peuvent promettre, sans être trop téméraires, les
suffrages et la consécration de la postérité.

Quel sujet en effet, plus pathétique, plus fait pour remuer les
âmes, plus rempli de grandeur et de larmes ? Les siècles passe-
ront, la France périra peut-être ; tant que vivra l'humanité, le
souvenir de la captivité de la famille royale au Temple, le souvenir de Louis XVI, de Marie-Antoinette, de Louis XVII sera
impérissable. Eh bien ! c'est cette histoire, c'est ce sujet incomparable que M. de Beauchesne a fait sien. Nul n'y pourra plus
toucher après lui, car il a épuisé tout ce que cette histoire, tout
ce que ce sujet renferme de douleurs, d'angoisses, de terreur, de

poésie et de larmes. Pour que l'histoire de Louis XVII fût écrite d'une façon définitive, il était essentiel que l'auteur ne négligeât aucun document, ne reculât devant aucune recherche, qu'il se livrât en un mot à un travail de bénédictin. M. de Beauchesne l'a fait, et voilà pourquoi ces deux volumes lui ont pris vingt années de sa vie. Mais cela ne suffisait pas ; il fallait ici que le bénédictin fût doublé d'un poète, afin que le récit fût à la hauteur de ces terribles événements, les plus tragiques que l'histoire ait enregistrés dans ses annales. Un bénédictin doublé d'un poète : voilà ce qu'a été M. de Beauchesne, et voilà ce qui fait de son livre une œuvre sans modèles, sans précédents, un livre unique et immortel.

J'ai dit qu'il n'était plus permis maintenant de toucher à cette histoire de la captivité de la famille royale au Temple, l'auteur de *Louis XVII* n'ayant plus rien laissé à dire à ceux qui viendraient après lui. C'est ce qu'a parfaitement compris le dernier historien de la Terreur, cet homme de talent et de cœur, le plus homme de bien qui ait écrit sur la Révolution, M. Mortimer-Ternaux : « Nous renvoyons, dit M. Mortimer-Ternaux au tome V de son *Histoire de la Terreur*, page 232, nous renvoyons pour tous les détails de la captivité de Louis XVI, à l'ouvrage si éminemment intéressant de M. de Beauchesne, *Louis XVII, sa Vie, son Agonie, sa Mort*. Que pourrions-nous ajouter à ce récit si véridique et si navrant ? »

M. Louis Blanc, dont l'ouvrage est un plaidoyer très-long et très-étudié en faveur des bourreaux de 1793, a essayé de réagir contre l'effet produit par le livre de M. de Beauchesne. Au tome XII de son *Histoire de la Révolution*, il a écrit sous ce titre : *les Mystères du Temple*, un chapitre rempli de ces petites finesses et de ces habiletés de mauvais aloi qui lui sont familières. Il a consacré à Louis XVII une cinquantaine de pages : Vous voyez bien, semble-t-il dire, que je n'ai pas peur d'aborder ce sujet. Or, il se trouve que, dans ces cinquante pages, il ne dit rien des horreurs dont la tour du Temple a été le théâtre ; elles sont entièrement consacrées à répandre des doutes sur la mort de Louis XVII, à présenter sous le jour le plus favorable les différentes versions tour à tour mises en avant par les aventuriers qui ont successivement joué le rôle de *faux Dauphin;* il réédite, avec un talent d'ailleurs incontestable, les arguments présentés par M. Jules Favre dans sa plaidoirie de 1851, en faveur des héritiers de Naûndorff. Qu'un avocat, habitué à perdre tous ses procès, et dont on connaît d'ailleurs la compétence toute particulière sur la question de faux en matière d'actes d'état civil, n'ait pas craint de s'inscrire en faux contre l'acte de décès dressé le 12 juin 1795, la chose se peut encore concevoir. Mais que dire d'un historien qui ne rougit pas de descendre à une pareille besogne?

Aussi bien, il nous tarde de laisser là et M. Louis Blanc et son compère, M. Jules Favre; il nous tarde de céder la parole à un meilleur juge, à l'un de nos plus éloquents écrivains, à Mᵍʳ Dupanloup. Il a publié dans le *Correspondant,* sur le livre de M. de Beauchesne, des pages admirables, auxquelles nous sommes heureux de pouvoir emprunter ces lignes :

« Ce livre, j'en conseille la lecture aussi hautement et aussi fortement que je le puis.

» Je voudrais qu'il eût sa place dans tout foyer honnête, dans toute famille sérieuse et chrétienne.

» Je voudrais que tout père le fît lire à son fils, arrivé à l'âge où se forment les idées sur les hommes et sur les choses; je voudrais que toute mère le fît lire à sa fille.

» Je vous étonnerai peut-être, mon ami; mais ce livre est, à mes yeux, d'une telle élévation morale et religieuse; la profondeur de l'action de Dieu, l'admiration de la vertu, l'horreur des vices, les leçons pour toutes les classes de la société, riches ou pauvres, y sont telles, que, pour moi, je n'ai pas craint d'y faire, pendant un an, ma lecture spirituelle : cette lecture tranquille et reposée que je fais chaque jour pour me recueillir dans la lumière de Dieu, et retremper mon âme fatiguée par le travail. J'ai lu ce livre, et après l'avoir lu, j'ai recommencé à le lire, et je conseille sans hésiter aux personnes pieuses d'en faire autant; elles trouveront là non pas des attendrissements fades ou de molles leçons, mais le haut et grave enseignement des grands événements, des grandes vertus et des grands malheurs.

» Je dois dire que, pour moi, jamais vie de saint ou de sainte ne m'aura plus saisi, plus éclairé et plus fortifié. Mon admiration pour ces âmes incomparables, et mon attendrissement pour ces immenses infortunes, éclataient parfois malgré moi par des cris dans le silence de ma lecture...

» Qui que ce soit donc qui lira ce livre, s'il n'impose pas silence à son âme, il sera subjugué par l'attendrissement et l'admiration. Les opinions politiques n'y feront rien. Les grandeurs qui sont là révélées n'appar-tiennent pas à une cause politique, elles appartiennent à l'humanité ; et il suffit d'avoir un cœur d'homme dans la poitrine pour donner toutes ses larmes à ces infortunes, comme tout son respect à ces grandes âmes.

» Je voudrais donc que ce livre fût lu, sans acception de partis, par tout le monde.

» Je voudrais le voir particulièrement entre les mains des jeunes gens; je voudrais qu'on le leur donnât, à la fin de leur éducation, comme sou-venir des leçons reçues, comme grande étude historique, à leur entrée dans la vie, et haut enseignement pour toute leur carrière.

» Je voudrais faire lire ce livre aux ouvriers même et au peuple, et j'en désirerais une édition populaire. Le peuple a l'esprit et le cœur bons, quand on ne l'a pas égaré. Je ne connais pas de livre mieux fait pour aider les générations nouvelles à exercer une critique salutaire sur les faits et les principes de cette révolution qui dure encore, et pour provo-quer en même temps, sur des crimes abominables, ce jugement sain de la conscience qui sort si naturellement de l'âme populaire laissée à elle-même et livrée à ses bons et naturels instincts.

» Voilà, mon cher ami, ma pensée sur ce livre. »

Que pourrions-nous ajouter à un tel éloge, sorti d'une telle plume ?

Le 10 mai 1794, Mᵐᵉ Elisabeth comparaissait devant le tribunal révolutionnaire. Quel est votre nom ? lui demanda le président, le citoyen Dumas. Elle répondit : « Je me nomme Elisabeth-Marie de France, sœur de Louis XVI, tante de Louis XVII, votre roi. »

Cette angélique figure de Mᵐᵉ Elisabeth, M. de Beauchesne nous l'a rendue dans un beau livre, digne pendant de son His-toire de Louis XVII. Il a retracé cette vie si sainte, si touchante et si pure, avec une suavité de pinceau, une délicatesse de touche admirables, avec un style élevé, noble et ému, en harmonie avec le sujet. Est-ce à dire que la *Vie de Madame Elisabeth* soit à la hauteur de la vie de *Louis XVII ?* Nous ne le pensons pas. La vie de *Louis XVII* est un chef-d'œuvre, et à l'écrivain qui a 'fait un chef-d'œuvre il est bien rarement donné d'en faire un second. M. de Beauchesne avait, d'ailleurs, à lutter ici contre une difficulté dont il était à peu près impossible qu'il triomphât. Pour retracer la vie de la sœur de Louis XVI, il avait à reproduire les mêmes scènes, les mêmes douleurs, les mêmes tristesses qu'il avait déjà peintes dans son *Louis XVII,* et la perfection même de son premier tableau, si complet, si achevé, condamnait inévitablement le second à n'en être que le reflet un peu affaibli. La *Vie de Madame Elisabeth* n'en reste pas moins une œuvre de premier ordre, digne de l'auteur, digne du modèle incomparable dont il a retracé les vertus et les malheurs.

Encore bien que d'une valeur inégale, ces deux ouvrages — *Louis XVII* et *Madame Élisabeth* — sont, sans conteste, les deux plus beaux livres que l'histoire de la révolution ait encore inspirés : indissolublement lié à ces deux noms qui ne périront pas, le nom de M. de Beauchesne est assuré de ne pas mourir.

III

« Il n'a pas d'enfants ! » Ce cri de William Shakespeare nous revient malgré nous, quand nous lisons les froids récits de M. Thiers et de M. Louis Blanc. Comme on sent bien, au contraire, à chaque page de la *Vie de Louis XVII,* que l'auteur a des enfants, et que sous l'historien il y a un père. M. de Beauchesne avait des enfants; ils jouaient autour de lui, ils grandissaient, pendant que s'élevait peu à peu, sous sa main savante et pieuse, le monument qu'il élevait au fils de Louis XVI. De temps en temps, il s'arrachait à son terrible labeur, il sortait de cette tour du Temple où il s'était volontairemnet enfermé, il revenait s'asseoir au foyer de la famille, et de doux vers coulaient de sa plume ou plutôt de son cœur. Ces pièces, écloses sous le regard des enfants et sous leur balsamique influence, n'étaient pas destinées à voir le jour. Il s'est trouvé pourtant qu'elles formaient un livre, et lorsqu'elles ont paru, en 1860, à la sollicitation et sur le conseil de quelques amis, elles ont mérité le suffrage de l'Académie et le suffrage plus précieux des jeunes mères.

Ecoutez ces strophes *au Petit enfant :*

> O pauvre petit être
> Qui dans le cœur fait naître
> L'amour et la pitié !
> O créature frêle,
> Ange qui n'a plus d'aile
> Et pas encor de pied !
>
> Petite tête aimée,
> Petit corps de pygmée
> Mesurable au compas,
> Petite voix chérie
> Qui gazouille, qui crie
> Et qui ne parle pas !....
>
> Vois, le temps nous emporte !....
> Quand ta main sera forte,
> Mes bras seront tremblants ;
> Et tes cheveux à peine
> Imiteront l'ébène,
> Que les miens seront blancs....
>
> Mon fils, mon diadème,
> Combien à ton baptême,
> J'ai prié pour tes jours !
> Combien à chaque aurore
> Pour toi je prie encore,
> Mon enfant, mes amours !
>
> En pleurant je te nomme....
> Mais pour être honnête homme,
> (Ecoute bien ce vœu !)
> Le Seigneur t'a fait naître ;

<blockquote>
Si tu ne dois pas l'être,
Retourne vite à Dieu [1] !
</blockquote>

Ainsi s'ouvre le poème. Les pièces qui suivent, *l'Ange gardien*, *la Première entrevue*, *Babil*, *Voyage*, *Souffrance*, *Actions de grâces*, sont pleines de charme, de simplicité, de fraîcheur et de poésie. Il faudrait tout citer ; je ne le puis : l'espace me manque. Quelques vers seulement :

<blockquote>
Le babil des enfants souvent n'explique rien,
Mais s'il dit quelque chose, oh ! comme il le dit bien !
Et que de grâces l'accompagnent !
Primitif idiome, étranger à tout art ;
Billets de loterie, arrivés au hasard,
Il en est quelques-uns qui gagnent.
</blockquote>

<blockquote>
Et dans le coffret d'or où je garde enfermés
Les lettres, les joyaux, les riens les plus aimés
Que notre cœur jaloux butine,
Ma mémoire a placé ces petits mots charmants
Que nous avons un jour, comme des diamants,
Cueillis à ta lèvre enfantine.
</blockquote>

Le livre continue ainsi; véritable poème de l'enfance, qui soutient sans désavantage la comparaison avec l'admirable volume de M. Victor Hugo, publié sous ce titre : *Les Enfants*. Certes, le vers de M. de Beauchesne n'a pas le souffle puissant qui circule à travers les *Feuilles d'automne*, il n'a pas cet éclat souverain, ces grands coups d'aile où l'aigle se révèle, cette majesté du cygne qui s'avance sur les eaux du lac enchanté. Mais le *Livre des jeunes Mères* a ce grand mérite d'être une œuvre suivie, complète, qui a un commencement, un milieu et une fin. Il prend l'enfant dans son berceau, le dirige dans ses premiers pas, le suit dans ses jeux et l'accompagne à sa première communion. C'est sur les douces et fortes images de cette grande fête de l'enfance que se ferme le poème. Dans le livre de M. de Beauchesne, il n'y a pas seulement une unité qui fait

---

[1] *Le Livre des jeunes mères*, page 1.

défaut au recueil que M. Hugo a tiré de l'ensemble de ses
œuvres; il y a aussi plus de variétés : la note est moins éclatante, mais ce n'est pas toujours la même note.

Si les lettrés ne peuvent se défendre de donner la préférence
aux vers de M. Victor Hugo, ceux de M. de Beauchesne auront
pour eux toutes les mères : des deux poètes, lequel a la meilleure part?

J'ajouterai qu'on n'est point exposé à rencontrer dans le *Livre
des jeunes Mères*, imprégné d'un bout à l'autre du sentiment
chrétien, des vers blasphématoires, comme ceux qui déparent
Les Enfants de l'auteur du *Roi s'amuse* :

> Un autre croit en Dieu. Je ne crois qu'en ton âme.
> Mon bonheur, ma richesse, et mon *culte,* et ma loi,
> Mon univers, c'est toi, toujours toi, rien que toi ¹!

C'est que M. de Beauchesne, précisément parce qu'il croit en
Dieu, croit en l'âme de son enfant. C'est son âme surtout qu'il
aime. Triboulet, — ou plutôt M. Hugo, qui parle ici par la
bouche de Triboulet, — *adore* surtout le corps de son enfant et
n'a de son âme qu'un médiocre souci. Aussi bien, on sait maintenant quel terrible et misérable épilogue est venu couronner
le recueil de M. Victor Hugo. Le 18 mars 1871, alors que la
Commune, triomphante, prenait possession du pavé de Paris,
un enterrement civil traversait les rues de la capitale. Au lieu
de la croix, le drapeau rouge ombrageait le cercueil. Au lieu des
prières de l'Église, les hurlements de *la Marseillaise*. Le père
suivait, et la foule criait : *Vive Victor Hugo!* et, rentré dans son
foyer désert, le poète écrivait ces vers en l'honneur de la révolution nouvelle qui venait d'inscrire dans les annales de la
France sa date à jamais maudite :

> O peuple! ô majesté de l'immense douceur!
> Paris, cité soleil......................
> O ville, vous avez ce comble de grandeur

¹ Triboulet, dans *le Roi s'amuse* ; vers reproduits dans *les Enfants.*

De faire attention à la douleur d'un homme...
Ce peuple est un héros, et ce peuple est un juste.
Il fait bien plus que vaincre; il aime. — O ville auguste !...
Cet homme qui suivait le cercueil de son fils
T'admirait, toi qui, prête à tous les fiers défis,
Infortunée, as fait l'humanité prospère ;
Sombre, il se sentait fils en même temps que père :
Père en pensant à lui, fils en pensant à toi [1] !

Je le répète, ces vers étaient écrits le 18 mars 1871 !

Voilà à quel degré d'aberration est descendu M. Victor Hugo, devenu républicain, lui qui, royaliste, avait écrit l'ode *à Louis XVII*.

———

Ces derniers mots nous ramènent à M. de Beauchesne. Il est temps de conclure.

Le poète qui a composé le *Livre des jeunes Mères*, l'historien qui a écrit la *Vie de Louis XVII* restera une des gloires les plus pures de la littérature française. Il a inscrit son nom dans les annales de la patrie bretonne, à la place la plus éclatante, entre les noms immortels de Brizeux et de Châteaubriand.

EDMOND BIRÉ.

[1] *L'Année terrible*, p. 214.

IV*

PIERRE DU CAMBOUT

SECOND DUC DE COISLIN

(1662 - 1710)

II. — Caractère de Pierre de Coislin. — Mort du cardinal.

En opposition aux compliments de l'abbé de Dangeau, laissons Saint-Simon nous présenter le portrait du récipiendaire :

« C'étoit, dit-il, un homme de beaucoup d'esprit, extraordinaire au dernier point, et qui se divertissoit à le paraître encore plus qu'il ne l'étoit en effet, plaisant ou sérieux, sans rechercher à l'être, toujours salé, fort amusant, méchant aussi et dangereux, qui méprisoit la guerre, qu'il avoit quittée il y avoit longtemps, et la cour, où il n'alloit presque jamais, par conséquent mal avec le roi, dont il ne se mettoit guère en peine, fors du grand monde, qu'il cherchoit moins qu'il n'en étoit recherché, et de la meilleure compagnie. Il se piquoit de ne jamais saluer personne le premier, et le disoit si plaisamment qu'on ne pouvoit qu'en rire. Quand le roi eut achevé Trianon, comme il est aujourd'hui, tout le monde s'empressa de l'aller voir. Roquelaure demanda au duc de Coislin ce que lui en sembloit; il lui dit qu'il ne lui en sembloit rien, parce qu'il ne l'avoit pas vu. — Je sais bien pourquoi, lui répondit Roquelaure, c'est que Trianon ne t'est pas venu voir le premier [1]. »

---

* Voir la livraison d'août, pp. 89-98.
[1] Saint-Simon, V. 187, 188.

Buffon a dit, et l'on répète souvent après lui, cette fameuse proposition devenue proverbe : — Le style, c'est l'homme. — Qui
reconnaîtrait, dans l'auteur du discours de réception à l'Académie
française, un rival de Roquelaure ? Tout nous porte à croire cependant que Saint-Simon n'a pas chargé les traits de son ami, car nous
retrouvons le duc de Coislin dans toutes les sociétés rieuses ou
légères de cette époque, et pour n'en citer qu'une, bien connue, il
nous suffit de nommer la petite cour de la duchesse du Maine, au
château de Sceaux. On sait que la petite-fille du grand Condé, l'une
des princesses les plus spirituelles de son temps, vint résider vers
1700 dans cette gracieuse habitation, embellie par la famille Colbert. Coislin s'y rencontrait et faisait assaut d'esprit avec les ducs
de La Force et de Nevers, le comte d'Harcourt son cousin, et le
marquis de Saint-Aulaire ; avec Mlle d'Enghien, les duchesses
de La Ferté, de La Feuillade et de Rohan, les marquises de
Mirepoix et d'Antin, Mlles de Moras et de Launay ;.... avec les plus
spirituels des académiciens, ses confrères, Malézieu, l'abbé Genest,
Destouches, La Motte, Fontenelle, le jeune Voltaire ; les présidents
Hénault et de Mesmes... On pourra lire, dans la curieuse monographie qu'a faite M. Arthur Dinaux de cette brillante et joyeuse compagnie, les tournois galants des *chevaliers de l'Ordre de la Mouche
à miel* et tous les détails des *divertissements de Sceaux* [1], fêtes littéraires dans lesquelles l'esprit avait la première part. Coislin était
l'un des plus assidus de la cour de la duchesse, et la gaieté s'étant
envolée depuis déjà longtemps des appartements du grand roi, il
préférait beaucoup le séjour de Sceaux à celui de Versailles.

Coislin s'était, du reste, en quelque sorte inféodé dans la famille
du prince de Condé : il était devenu le plus intime ami de M. le
duc ; et Saint-Simon remarque que c'était le seul homme qui fût
parvenu à subjuguer ce prince apoplectique : « il ne lui passoit rien
et lui lâchoit quelquefois des bordées effroyables, sans que M. le
duc osât souffler ». Comment ne pas tout pardonner à un gai compagnon ? Malheureusement le duc de Coislin ne faisait pas toujours

[1] Voy. A. Dinaux, *Sociétés badines, littéraires et chantantes*, II, 84, etc.

un excellent usage de sa tournure d'esprit : il lui arrivait quelquefois de sacrifier des intérêts majeurs à un bon mot, à l'envie de
faire rire, ou bien au plaisir de mettre les gens dans l'embarras.
Saint-Simon rapporte un trait de ce genre que notre impartialité
nous oblige à citer pour compléter cette physionomie originale et
la présenter sous tous ses aspects. Il faut avouer que cela est fort
léger de la part d'un duc et pair, magistrat aussi bien que grand
officier de la couronne :

« La fantaisie lui prit un jour, au duc de Sully, son beau-frère, et à
M. de Foix, d'aller au Parlement, et ils me pressèrent tant d'y aller avec
eux que je ne pus le refuser, et c'est l'unique fois que j'y aie été sans
nécessité. M. de Foix qui étoit paresseux et qui passoit les nuits en compagnie, n'y vint point, de sorte que je m'y trouvai assis entre les deux
beaux-frères.

» Le Nain; doyen alors du Parlement, et un des plus estimés pour sa
probité, son exactitude et ses lumières, rapporta un procès considérable où il y avoit pour quarante mille francs de dépens qu'il conclut à
compenser; les premiers avis furent conformes à celui du rapporteur.
C'étoit à huis-clos, à la petite audience; ainsi nous entendions tout parce
qu'on opinoit de sa place sans se lever. Le Meusnier, vieux conseiller,
clerc aussi fort habile, mais de réputation plus que louche, ouvrit l'avis
de faire payer les dépens. Plusieurs le suivirent, et d'autres non, car
pour le fond du jugement, il fut tout d'une voix de l'avis du rapporteur.
Voilà le duc de Coislin qui se met à rire et à me dire qu'il faut faire un
partage, et que cela sera plaisant de voir la Grand'Chambre s'aller faire
départager à une chambre des enquêtes. Je crus qu'il plaisantoit, mais
comme je le vis attentif à suivre et à compter les voix de part et d'autre,
et à me presser de partager, c'est-à-dire de prendre l'opinion la moins
nombreuse, je lui demandai s'il n'avoit point de honte de vouloir coûter
quarante mille livres à des gens pour se divertir; qu'ignorants comme
nous l'étions, il falloit aller à l'avis le plus doux, surtout avec la garantie
d'un homme exact, éclairé et intègre comme étoit Le Nain, qui avoit bien
examiné l'affaire. Il se moqua de moi et dit toujours que cela seroit plaisant et qu'il ne le manqueroit pas. De pitié pour ces parties, dont nous
ne connoissions aucune, je m'assurai du duc de Sully, qui blâma son
beau-frère, et qui convint avec moi qu'il seroit pour compenser les
dépens. Nous opinâmes les derniers, et tous trois tînmes parole. Le duc
de Coislin, qui par son calcul savoit qu'il partageroit en prenant l'avis
de Le Meusnier, en fut. Je me rangeai après à celui de Le Nain, et après
moi le duc de Sully. Le premier président Harlay, qui avoit compté aussi

et qui vit le partage, se met à regarder les présidents à mortier, à leur
dire qu'il y a partage, puis à remontrer à la compagnie l'indécence de
cet inconvénient dans un tribunal comme la Grand'Chambre ; qu'il falloit tâcher de se réunir à son opinion ; que la sienne étoit de compenser
les dépens, et qu'il alloit reprendre les voix. Pendant qu'on opinoit, le
duc de Coislin crevoit de rire, et moi de l'exhorter à se contenter du plaisir qu'il s'étoit donné, et de ne pas pousser l'affaire à bout. Jamais il n'y
voulut entendre, bien résolu de changer d'avis ou non, suivant que cela
serviroit au partage. Il fut encore de l'avis de Le Meusnier, le duc de Sully
et moi de celuy du rapporteur, le premier président aussi, et encore partage.

» Voilà le premier président fort fâché, qui harangua près d'un quart
d'heure, qui tâcha de piquer d'honneur Messieurs, d'éviter la honte de
s'aller faire départager aux enquêtes, qui dit qu'il va reprendre pour la
troisième fois les avis, et que pour abréger, parce que les raisons sont
suffisamment entendues, il suffira que chacun opine qu'il est de l'avis du
rapporteur ou de Le Meusnier. Le diable voulut que le partage subsistât,
quoique plusieurs conseillers eussent changé d'avis, suivant qu'ils comp-
toient jusqu'à eux pour éviter le partage, et toujours M. de Coislin pour
payer les dépens. Le malheur fut qu'avec une voix de plus pour Le Meusnier, il n'y avoit plus partage. Harlay, qui l'avoit bien compté et qui regardoit noir le duc de Coislin, dont la seule voix fit en dernier lieu ce
désordre, exposa le cas à la compagnie, tâcha de toucher en faveur des
parties perdantes, à qui une seule voix coûteroit un partage injurieux
pour la compagnie, ou quarante mille livres de plus. Il eut beau dire,
personne ne répondit à ses semonces réitérées, tellement que, comme il
vit qu'il falloit enfin prononcer, il préféra l'honneur prétendu de la
grand'chambre à la bourse de ces pauvres parties ; dit que, pour éviter le
partage, il revenoit à l'avis de Le Meusnier, et prononça l'arrêt avec la
condamnation aux dépens. Je parollai le duc de Coislin tant que je pus,
qui étoit ravi et mouroit de rire [1]. »

Ce trait peint l'homme : caustique, sans cœur, espiègle jusque
dans les choses les plus sérieuses, fort différent de son père, type
achevé de l'honneur chevaleresque. Ajoutez à cela que, veuf d'une
charmante femme qu'il avait rendu fort malheureuse, il se ruinait
« avec une comédienne qui le gouverna jusqu'à la mort », et l'on
aura une triste mais complète idée de l'ami intime de M. le duc. Au
reste, les excès de sa vie dissipée ne lui portèrent pas bonheur, car

[1] Saint-Simon. V. 188, 189.

il fut enlevé prématurément à ses compagnons de joie et mourut à
l'âge de quarante-six ans, après avoir vu presque tous les siens le
précéder de quelques années dans la tombe.

Sa mère, Madeline de Halgouët, duchesse de Coislin, mourut la
première, le 9 septembre 1705 [1], retirée dans une de ses terres, où
elle vivait loin du tourbillon du monde. C'était une sainte et digne
femme, dont le plus bel éloge est le silence de la chronique de
Saint-Simon ; il décrit si minutieusement les travers de tous les
Coislin, qu'il n'eût pas épargné la duchesse, si elle lui avait donné
prise : « C'étoit, dit-il, une femme de mérite et de vertu » [2] : trois
mots qui valent mieux qu'une pompeuse oraison funèbre.

Cinq mois après, le 5 février 1706, le cardinal de Coislin rendait
le dernier soupir à Versailles, n'ayant pas encore atteint sa soixante-
dixième année. On attribua sa mort au chagrin que lui causa le
scandale occasionné, vers la fin de 1705, par une calomnie infâme
qui atteignait directement l'honneur de son neveu, l'évêque de Metz ;
et comme elle intéresse vivement la biographie de ce dernier, nous
devons en rapporter fidèlement les détails :

« Jamais aventure si éclatante ni si ridicule, dit Saint-Simon. Un enfant
de chœur, qu'on dit après être chanoine de Metz, fils d'un chevau-léger
de la garde, sortit fuyant et pleurant de l'appartement de M. de Metz, où
il étoit seul pendant que ses domestiques dinoient, et s'alla plaindre à sa
mère d'avoir été fouetté cruellement par M. de Metz ; de ce fouet indiscret
et, s'il fut vrai, fort peu du métier d'un évêque, des gens charitables voulurent faire entendre pis, et le chapitre de la cathédrale à s'émouvoir et
à instrumenter. Le chevau-léger accourut en poste à Versailles, où il se
jetta aux pieds du roi avec un placet, demandant justice et réparation. La
maréchale de Rochefort [3] m'envoya chercher partout, m'apprit l'aventure
et me pria de prévenir Chamillart, qui avoit Metz dans son département,
et de ne rien oublier pour servir efficacement M. de Metz dans une affaire
si cruelle que ses ennemis lui suscitoient, et qui intéressoit l'honneur de
toute sa famille. Je m'en acquittai sur-le-champ, et Chamillart, naturellement obligeant, s'y porta le mieux du monde. Il se fit donc ordonner par
le roi d'écrire à l'intendant de Metz d'assoupir cette affaire et de faire en

---

[1] V. *Gazette de France* du 12 septembre.

[2] Saint-Simon. III. 182.

[3] Demi-sœur du cardinal et du premier duc de Coislin ; fille du deuxième lit
de Marie Séguier.

sorte qu'il n'en fût plus parlé. Mais le cardinal de Coislin, averti à Orléans de ce fracas, qui étoit l'honneur, la piété et la pureté même, accourut dans l'instant qu'il l'apprit et supplia le roi, pour lui et pour son neveu, que l'affaire fût éclaircie, qu'on punît ceux qui méritoient de l'être ; que si c'étoit son neveu, il perdît son évêché et sa charge dont il étoit indigne ; mais qu'il étoit juste aussi, s'il étoit innocent, que la réparation de la calomnie fût publique et proportionnée à la méchanceté qu'on lui avoit voulu faire. L'affaire dura depuis Noël, que le cardinal de Coislin arriva, jusqu'au 18 janvier, que le roi ordonna que le chevau-léger avec toute sa famille, iroit demander pardon en public, à M. de Metz, chez lui, dans l'évêché, et que les registres du chapitre de la cathédrale seroient visités, et tout ce qui pouvoit y avoir été mis et qui pouvoit blesser M. de Metz, entièrement tiré et ôté ; tellement que ce vacarme, épouvantable d'abord, s'en alla bientôt en fumée... »

« La suite de la vie de M. de Metz, ajoute Saint-Simon, a magnifiquement démenti ou l'impudence ou le guet-apens dont son oncle et lui pensèrent mourir de douleur, et dont la santé du premier ne s'est jamais bien rétablie... [1] »

Le cardinal, dont le cœur avait été « flétri » par cette triste affaire, mourut en effet pendant la nuit du 4 au 5 février 1706, après une maladie de quelques jours, en voulant signer son testament, qu'il venait de dicter [2].

« C'étoit un assez petit homme, dit Saint-Simon, fort gras, qui ressembloit assez à un curé de village et dont l'habit ne promettoit pas mieux même depuis qu'il fut cardinal [3]. On a vu en différents endroits la pureté de mœurs et de vertu qu'il avoit inviolablement conservée depuis son enfance..... Son amour pour la résidence, sa continuelle sollicitude pastorale et ses grandes aumônes dans son diocèse, dont il étoit sans cesse occupé. Il y fit, entre autres, une action qui mérite de ne pas être oubliée.

» Lorsqu'après la révocation de (l'Edit) de Nantes, on mit en tête au roi de convertir les huguenots à force de dragons et de tourments, on en envoya un régiment à Orléans pour y être répandu dans le diocèse. M. d'Orléans, dès qu'il fut arrivé, en fit mettre tous les chevaux dans ses écuries, manda les officiers et leur dit qu'il ne vouloit pas qu'ils eussent d'autre table que la sienne ; qu'il les prioit qu'aucun dragon ne sortît de

---

[1] Saint-Simon. III. 217, 218.
[2] *Journal* de Dangeau, du 5 février.
[3] Le musée archéologique de Nantes possède un portrait du cardinal de Coislin légué par M. Bizeul. Le curé de village a la physionomie d'un fort aimable prélat. On a,

la ville, qu'aucun ne fît le moindre désordre et que, s'ils n'avoient pas
assez de subsistance, il se chargeoit de la leur fournir; surtout qu'ils ne
dissent pas un mot aux huguenots, et qu'ils ne logeassent chez pas un
d'eux. Il vouloit être obéi, et il le fut. Le séjour lui dura un mois et lui
coûta bon, au bout duquel il fît en sorte que ce régiment sortît de son
diocèse et qu'on n'y renvoyât plus de dragons. Cette conduite, pleine de
charité, si opposée à celle de presque tous les autres diocèses et des voisins de celui d'Orléans, gagna presque autant de huguenots que la barbarie
qu'ils souffroient ailleurs. Ceux qui se convertirent le voulurent et l'exé-
cutèrent de bonne foi, sans contrainte et sans espérance. Ils furent
préalablement bien instruits et rien ne fut précipité, et aucun d'eux ne
retourna à l'erreur. Outre la charité, la dépense et le crédit sur cette
troupe, il falloit aussi du courage pour blâmer, quoique en silence, tout ce
qui se passoit alors et que le roi affectionnoit si fort par une conduite si
opposée. La même bénédiction qui le suivit s'étendit encore jusqu'à empêcher le mauvais gré et pis qui en devoit naturellement résulter [1].

Ailleurs, Saint-Simon parle ainsi de la présence d'esprit du cardinal :

« Son aventure du *nycticorax in domicilio* a été trop sue pour l'oublier.
Le roi, qui avoit ouï chanter le psaume où est ce passage, et dont le mot
un peu barbare l'avoit frappé, ne savoit point de latin, et en demanda
l'explication à M. d'Orléans à son dîner. Il rêva un peu, puis lui dit que
c'étoit le nom propre d'un roi d'Israël qui vivoit fort en solitude; chacun
baissa les yeux et on se contint, tant la vertu a quelquefois de force; mais
on ne laissa pas d'en rire, et le roi n'en sut pas davantage [2].

» On sut de ses valets de chambre, après sa mort, ajoute le chroniqueur qui raconte encore d'autres traits du pieux évêque, qu'il se macé-
roit habituellement par des instruments de pénitence, et qu'il se relevoit
toutes les nuits et passoit à genoux une heure en oraison. Il reçut les
sacrements avec une grande piété et mourut comme il avoit vécu... Toute
la cour s'affligea de sa mort; le roi plus que personne, qui fit son éloge.
Il manda le curé de Versailles, lui ordonna d'accompagner le corps jusque

de lui, du reste, un fort grand nombre de portraits gravés. Nous en connaissons au
moins six en costume d'abbé, gravés par : Huret, 1665, in-fol.; — Chateau; —
M. Lasne, 1656, in-fol.; — Magd. Masson; — Nanteuil, 1658, in-fol.; — et Lenfant,
1661, d'après Nanteuil, in-fol. — Trois en costume d'évêque, gravés par : Nanteuil,
1666, in-fol.; — M. Pittau, d'après Lefebvre, 1670, in-fol.; — et Larmessin. — Enfin
trois en costume de cardinal, gravés par Rossi, à Rome, 1697, in-4°.; — Et. Gantrel,
1699, in-fol.; — et Sarrabat, d'après Rigaud, 1700, in-fol. à la manière noire.
[1] *Mémoires* de Saint-Simon. III. 240, 241.
[2] Notes de Saint-Simon au *Journal* de Dangeau, V, 256.

dans Orléans, et voulut qu'à Versailles et sur la route on lui rendît tous les honneurs possibles. Celui de l'accompagnement du curé n'avoit jamais été fait à personne.... [1] »

L'appréciation du noble chroniqueur de la cour au sujet d'un prince de l'Eglise, ne donnerait pas une idée complète du caractère du cardinal de Coislin, si nous n'ajoutions que Fénelon le regardait comme un prélat vertueux et régulier, mais qui, par défaut d'instruction, donnait trop de confiance aux disciples de Jansénius. Telle est en effet la traduction sommaire d'un passage du mémoire latin que l'archevêque de Cambrai adressait au pape Clément XI en 1705 : « *Mitiùs quidem et cautiùs sese gerit D. cardinalis de Coislin, magnus Franciæ eleemosynarius, vir beneficus, pacificus, pius, dignus denique qui à cunctis ametur; sed, deficiente doctrinâ, totam diocæsis administrationem solis doctoribus jansenistis, quos admiratur hactenus permisit* [2]. »

Le cardinal de Coislin fut enterré solennellement le 18 février dans la cathédrale d'Orléans, du côté de l'évangile ; trois oraisons funèbres, prononcées dans le cours du mois de mars, célébrèrent ses hautes vertus, puis le chapitre reconnaissant lui consacra une longue épitaphe latine, ainsi rapportée par la *Gallia christiana :*

Hic jacet
Eminentissimus D. D. Petrus du Cambout de Coislin
S. R. E. titulo S.S. Trinitatis in monte Pincio
Presbyter cardinalis ,
Episcopus Aurelianensis,
Antiquissimâ apud Armoricos nobilitate illustris,
Animi æquabilitate, candore, modestiâ, affabilitate, benignitate ,
Morum integritate illustrior ;
Ecclesiis sibi commissis pios prudentesque rectores
Populis erudiendis sanæ præcones doctrinæ,
Clericis informandis, ac proprio etiam sumptu alendis
Præpositos idoneos, pastoralis sollicitudinis diligentes vicarios
Socios sibi, et cooperarios semper adjunxit.

---

[1] *Mémoires* de Saint-Simon, III, 241.
[2] Œuvres de Fénelon, XII, 603.

Ecclesiasticœ pacis amantissimus
Turbas composuit, concordiam favit.
Paternâ incensus caritate dispersis dedit pauperibus
Amplum his excipiendis, hospitium hâc urbe extrui curavit.
Inatam honesto loco natis inopiœ verecundiam
Liberali comitate sublevavit.
Omnibus denique prodesse studuit, nemini nocere.
Ob hœc merita Ludovico Magno,
Cujus gratiam et favorem sibi ab infantia conciliavit,
Summè carus,
Cunctis Gallorum proceribus, quos nativa urbanitate sibi devinxit,
Gratissimus;
Summorum Pontificum amorem
Totius Cardinalium Collegii, nobilium Romanorum,
Ipsiusque plebis studia et vota in se convertit.
Bonis omnibus sui desiderium relinquens
Obiit nonis februarii anno Domini MDCCVI, œtatis LXX.
Episcopatus XL, cardinalatus IX [1].

Les fidèles se portèrent bientôt en foule à son tombeau, car on le
vénérait comme un saint. Malheureusement les envieux de son
ancienne faveur suscitèrent un orage devant ce cercueil à peine
fermé ; l'évêque de Metz prit la défense de son oncle, et nous ne
tarderons pas à signaler les déboires que lui valut son zèle pieux.

Enfin la vieille marquise de Laval, fille du chancelier Séguier, qui
avait survécu à tous les enfants de son premier mariage, s'éteignit
au mois d'aoû 1710, à l'âge de quatre-vingt-douze ans [2]. C'est à
elle que Beauchâteau, le petit prodige, avait jadis adressé cette épigramme :

> Que l'on admire en vous de rares qualités !
> Les grâces, les vertus et toutes les beautés
> A l'envi vous font voir en tout incomparable ;
> Et je pourrois ici dire fort à propos,
> Que ce qu'on trouve en vous de moins considérable,
> C'est d'être fille, femme et mère de héros.

---

[1] *Gallia christiana*, VIII, 1497.

[2] Et non pas à 88 ans, âge indiqué par Saint-Simon, et que nous avons mala-
droitement rapporté dans notre *Histoire du chancelier Séguier.*

« Elle avoit beaucoup d'esprit, et méchante », dit Saint-Simon,
qui raconte plus haut qu'apprenant la mort de la duchesse de Verneuil, décédée en 1704 à quatre-vingt-deux ans, elle dit « qu'elle
avoit toujours bien cru que sa sœur mourroit jeune, par tous les
remèdes qu'elle faisoit ». Sous ce rapport, son petit-fils, le second
duc de Coislin, pouvait présenter son vivant portrait; mais il ne put
jouir de la fortune considérable amassée depuis longtemps par l'héritière du chancelier, car il mourut lui-même deux mois avant elle [1],
le 7 mai 1710, après une longue maladie [2]. Son ami, M. le duc,
l'avait précédé de quelques semaines dans la tombe, et, frappé dans
son carrosse d'une attaque d'apoplexie épileptique en sortant de
l'hôtel de Coislin, il avait expiré dans d'atroces convulsions dès
son arrivée à l'hôtel de Condé.

Nous ne ferons pas ici l'oraison funèbre du second duc de Coislin;
ce que nous en avons dit dans le cours de cette notice, suffit largement pour le peindre. Comme son père, il avait beaucoup d'esprit,
mais, au contraire de son père, il le jeta sans vergogne à tous les
vents de la malice et de la dissipation : aussi fut-il surtout regretté
par cette génération de courtisans hypocrites et sans foi qui n'attendait que la mort du vieux roi, pour se précipiter tête baissée dans
tous les désordres de la régence, et préparer de loin l'épouvantable
réaction de 1793.

---

[1] « M. l'évêque de Metz, petit-fils de Mme de Laval, écrivait Dangeau le 19 août
1710, en héritera de 55,000 livres de rentes qui lui sont substituées. Mme la duchesse
de Sully, sa petite-fille, héritera de peu de chose, et Madame la maréchale de Rochefort, sa fille unique du second lit, n'en aura quasi rien : tout le bien que Mme de
Laval avoit eu du chancelier Séguier, son père, étant substitué aux enfants de son
premier mariage avec le grand-père de M. de Metz et de Mme de Sully. »

[2] « Il a fait son testament en faveur des enfants de Mme de Blanzac, sa cousine
germaine, dit le *Journal* de Dangeau : mais on prétend que ce testament ne sauroit
nuire à M. de Metz, son frère unique, parce que les terres sont substituées. »
(*Journal* du 7 mai.) — Et l'on apprend par les lettres de la marquise d'Huxelles,
qu'il légua 4 000 # de pension viagère, 10 000 # d'argent comptant et sa maison
de Saint-Germain à Mlle Duclos, la fameuse comédienne. « Mais le P. Saillard y a
fait ajouter que ce seroit à condition qu'elle quitteroit la comédie. Il n'a tenu qu'à
elle de l'épouser. » (Lettre citée par M. Feuillet de Conches).

Nous devons cependant citer en l'honneur de sa mémoire, ce passage du discours de l'abbé de Choisy, répondant à la harangue de réception de l'évêque de Metz à l'Académie, lorsqu'il remplaça son frère : « En vous voyant, nous nous imaginons que nous le possédons encore. Nous croirons le voir assister à nos exercices, s'en faire un plaisir et même un devoir, déposer sa dignité, ne chercher pas même à se distinguer par la justesse de son discernement, qui lui montroit toujours le vrai, et lui faisoit démêler les questions les plus embarrassées, attentif seulement à l'emporter par l'envie de faire plaisir, par la douceur de la société, et par cette aimable politesse qui vous est héréditaire. Enfin, Monsieur, tant que nous vous verrons, nous croirons n'avoir rien perdu [1]. »

Ce témoignage est très-flatteur pour le second duc de Coislin ; mais nous avons dit ce qu'il faut penser de ces éloges académiques. En ce qui nous concerne, nous déclarons ne professer aucune estime pour Pierre de Coislin, et nous avons hâte d'aborder la carrière, plus digne de l'attention d'un biographe, de son frère l'évêque de Metz, qui recueillit la succession de ses honneurs académiques et ducaux.

---

[1] *Recueil des Harangues de l'Académie*, édit. 1724, t. III.

RENÉ KERVILER.

—

LE GRAND MICHA ET LE CAMP DU CORMIER

A l'époque de la Révolution, mon grand-père maternel habitait le village du Cormier, dans la paroisse de Chavagnes-en-Paillers. Il prit part à l'insurrection, se battit bravement, passa la Loire avec la Grande-Armée et ne reparut plus. Ma grand'mère, encore fort jeune, restait veuve, avec cinq enfants, dont l'aîné était âgé de neuf ans.

Dans la maison contiguë à la sienne demeuraient trois frères, ses cousins. L'un d'eux joua un rôle fort actif, sinon très-important, dans la guerre, et il acquit une certaine influence sur les hommes de son voisinage. Il se nommait Michel Piveteau, mais dans le patois du pays on l'appelait communément *le grand Michâ*, et cette dénomination prit tellement faveur, qu'elle est passée à sa famille, bien qu'il ne se soit jamais marié.

Michel Piveteau n'avait reçu que l'éducation commune aux paysans de la Vendée; mais il avait naturellement de la noblesse et de l'élévation dans le caractère; sa conduite était irréprochable, et, s'il mettait son honneur à combattre les Bleus, son plus grand plaisir était de secourir les faibles.

Il était de haute taille, d'une force remarquable et portait toujours de grandes guêtres de cuir qui lui montaient jusqu'au genou. Il avait des jambes comme un échassier et courait comme un lièvre; mais il était beaucoup moins peureux: il affectait même une certaine crânerie pleine d'entrain qui s'alliait fort bien avec le ton élevé de sa voix et la tournure de son langage tout à la fois sarcastique et jovial.

Quand il se dressait sur ses hautes jambes, avec sa veste brune, son chapeau à large bord et son fusil sur l'épaule, il n'avait pas précisément la mine d'un soldat, mais sa physionomie franche, ses yeux grand ouverts et son air provocateur lui ôtaient toute ressemblance avec un brigand, sans lui donner l'aspect du premier venu.

Les Bleus l'avaient vu si souvent fuir devant eux ou courir sur leurs talons, qu'ils avaient fini par le reconnaître ; mais comme ils ne voulaient pas se déshonorer en employant le patois de leurs ennemis, au lieu de l'appeler *le grand Michâ*, comme tout le monde, ils disaient : *le grand gueux de Piveteau*. Il recevait fort gaiement ce titre de noblesse qu'ils prétendaient lui donner ; cependant sa reconnaissance n'alla jamais jusqu'à leur épargner un coup de sabre ou un coup de fusil.

Il faisait partie de ces Vendéens qu'on eût pu appeler des guerriers nomades; ils étaient à la disposition de quiconque avait besoin d'hommes, et, comme on en manquait un peu partout, ils se trouvaient presque toujours sur les chemins ou sur les champs de bataille.

Au moment dont je veux parler, il était à l'armée de Charette, vers la Basse-Vendée. Mais là comme ailleurs il ne pouvait être bien longtemps sans revoir sa petite maison. Les armées vendéennes n'eurent jamais rien qui pût ressembler, même de loin, à une intendance organisée. Les soldats étaient obligés de se fournir de vêtements, de linge et fréquemment de vivres. C'est ce qui explique l'état précaire et la composition toujours transitoire des armées. Les soldats qui étaient plusieurs semaines absents de leurs domiciles se trouvaient exposés aux plus dures privations.

Donc, *le grand Michâ* revenait au Cormier.

En traversant la paroisse de Chavagnes, il rencontra ma grand' mère et ses cinq enfants chez un de leurs parents communs.

— « Que fais-tu ici, lui dit-il. Tu prends donc bien du plaisir à promener ce petit monde-là ? Tu sais pourtant que les poules ne mènent guère leurs poulets au soleil quand elles voient les pies sur les maisons. »

— « Tu parles bien à ton aise ! répondit ma grand'mère ; mais si tu étais à ma place tu ferais comme moi, car les Bleus sont au Cormier. »

— « Comment ! les Bleus sont au Cormier ! pas possible ! »

— « C'est si bien possible qu'ils y sont campés depuis huit jours, et que leur camp s'étend jusqu'à la Chardière. »

— « Tu parles sérieusement ? »

— « Très-sérieusement, et, si tu ne veux pas me croire, tu peux t'en assurer toi-même : seulement je t'engage à ne pas voir de trop près, car tu pourrais bien y laisser ta tête. »

— « Ça, c'est autre chose !... Il faudra voir un peu... Heureusement que Charette n'est pas mort, et *le grand Michâ* non plus ! »

En disant ces mots, ses yeux étaient fixés sur le *tenaillet,* garni de larges pains encore tout frais. Il en prit un de la main gauche, en sépara un fort segment avec son sabre, et il s'éloigna, en attaquant son morceau de pain de toute la vigueur de ses dents.

Il s'en retourna vers Charette, auquel il exposa le malheur de son village, et il lui représenta que ce serait une bonne occasion de battre les Bleus une fois de plus. Il s'offrait à servir de guide, et promettait de conduire l'armée de manière à couper du premier coup les républicains en deux.

Mais Charette avait beaucoup à faire ; il répondit qu'il ne pouvait entreprendre cette expédition sans déranger tous ses plans et compromettre le succès général de la guerre.

Michel Piveteau avait prévu cette éventualité ; aussi avait-il mis une deuxième corde à son arc. Il se contenta de demander à Charette une douzaine d'hommes à son choix, avec le secours desquels il espérait jouer quelque bon tour aux républicains. Charette les lui accorda de bonne grâce, et, dès qu'il les eut trouvés, il se remit en route avec eux.

Chemin faisant, il exposa son plan et convint avec ses hommes
des détails de l'exécution.

En arrivant dans la paroisse de Chavagnes, ils se séparèrent
et se répandirent dans toutes les directions. Ils convoquèrent
pour le soir les hommes qu'ils rencontrèrent, valides ou non, et
même des femmes et des enfants. Comme il s'agissait d'un intérêt
commun et que les Bleus n'étaient guère à craindre la nuit, on
ne se fit pas beaucoup prier, et, à l'heure dite, tout le monde se
trouva au rendez-vous.

Michel Piveteau partagea cette armée d'un nouveau genre en
plusieurs groupes, plaça à la tête de chacun un homme intelligent, assigna les postes et donna des instructions très-précises.
Pour lui, avec ses douze hommes, il se réserva naturellement le
poste d'honneur, qui était aussi celui du péril. A la nuit close,
on se mit en marche dans un profond silence, et bientôt chacun
fut en place.

Le village du Cormier est situé au sommet d'un coteau
abrupt; au bas, coule un petit ruisseau, près duquel on trouve
beaucoup d'arbres et de buissons.

Les républicains, dont rien ne troublait la sécurité, allumaient
chaque soir des feux de bivouac en avant des maisons et, de la
vallée, on pouvait les apercevoir à la lumière de la flamme.

Michel Piveteau et ses hommes s'avancèrent jusqu'au bord du
ruisseau et, se masquant derrière les arbres, ils se mirent à tirer
sur les Bleus qu'ils virent à portée de fusil. Ceux-ci se sauvèrent
aussitôt vers le village, et les assaillants prêtèrent l'oreille un
instant. Ils entendirent des bruits confus et ils comprirent qu'il
se faisait un grand mouvement dans le camp républicain.

— « Les enfants, dit *le grand Michâ*, notre affaire va bien ;
prenons courage ! »

Et, d'une voix à percer la nue, il se met à crier :

— « Vive le Roi ! Vive le général Charette ! »

Ces cris sont répétés près de lui, de différents côtés, et par
derrière à une grande distance. Pendant que ses hommes remontent le ruisseau en tirant des coups de fusil sur le village, il

simule des mouvements d'extrême avant-garde et donne des
ordres de sa voix la plus retentissante. Les autres groupes
criaient de leur côté, et tous ces bruits, grossis par les échos de
la vallée, firent croire aux Bleus qu'ils allaient avoir sur les bras
toute l'armée de Charette.

Le stratagème n'était pas tout à fait impénétrable, et la prudence exigeait qu'on fît au moins une reconnaissance pour juger
de l'importance et de la direction de l'attaque. Mais les républicains en Vendée n'eurent jamais tout leur sang-froid. Ils avaient
vu si souvent surgir des armées là où ils s'attendaient à ne rencontrer que des buissons, qu'ils craignaient toujours d'être surpris. Aussi les Bleus du Cormier plièrent bagage, dès qu'ils se
crurent attaqués, et ils se retirèrent dans la direction de Saint-
Fulgent et de Chantonnay. Comme on le pense bien, leur retraite
ne fut pas inquiétée, et, s'ils y perdirent un peu d'honneur, ils
eurent du moins l'avantage de sauver tout le reste.

Je dois dire pourtant, à leur décharge, que j'ignore absolument l'importance de leurs forces. Il est bien possible qu'ils
n'eussent pas un campement établi selon les règles de la guerre,
mais qu'ils se fussent contentés d'occuper les maisons du Cormier et les autres situées à quelque distance de la grand'route,
en y comprenant celles de la Chardière. Dans cette hypothèse,
leur situation eût été difficile à défendre, car les divers détachements eussent été coupés sans aucun effort.

Quoi qu'il en soit, *le grand Michâ* s'aperçut bien vite qu'il avait
complétement réussi dans son entreprise. Il suivit les traces des
républicains jusqu'à Saint-Fulgent, et, quand il vit que tout avait
disparu, il retourna au Cormier, où il rappela les habitants.
Ceux-ci eurent la satisfaction de voir que les Bleus avaient dérogé
à leurs habitudes et que les maisons n'avaient subi que des
dégâts faciles à réparer.

L'abbé L. Augereau.

M. GUÉPIN

PRÉFET DE LA LOIRE-INFÉRIEURE

Lorsqu'on reçut en province la nouvelle de la révolution du 4 septembre, beaucoup de départements se demandèrent avec anxiété : Qui allons-nous avoir pour préfet ? La Loire-Inférieure n'éprouva pas ces incertitudes, et chacun se dit aussitôt : Nous allons avoir M. Guépin.

M. le docteur Guépin était en effet tout désigné. Ce n'était pas un républicain de la veille, mais de l'avant-veille, je veux dire d'avant Février 1848. En 1848, il avait déjà été commissaire extraordinaire, il était lié depuis longtemps et très-intimement avec tous les coryphées anciens et modernes de la démocratie et de la république. Sous l'Empire, il avait publié des articles de journaux et des livres où il confessait sa foi ouvertement, entre autres, un traité de *Philosophie positive*, où les idées socialistes et même les doctrines matérialistes se trouvent amalgamées avec certaines aspirations généreuses. M. Guépin était donc, à Nantes, dans la plus grande ville de Bretagne, ce qu'on pourrait appeler le patriarche et le grand-prêtre de la démocratie avancée.

Et pourtant, malgré la couleur tranchée de ses opinions, malgré ses liaisons intimes et anciennes avec les chefs de la république triomphante, son avénement inspirait au parti de l'ordre une répulsion mêlée d'un autre sentiment assez difficile à définir, qu'il est nécessaire d'indiquer. Ce n'était assurément ni de la sympathie ni de la confiance ; mais, à raison de son caractère personnel et aussi du milieu très-conservateur dans lequel il avait à opérer, on le croyait en général incapable de faire beaucoup de mal et de prêter volontairement les mains au désordre matériel, aux violences contre les personnes ou les propriétés. Confiance purement relative, qui a été à peu près justifiée.

Il n'en est que plus curieux et plus instructif de rechercher, de découvrir, chez un démocrate modéré jusqu'à un certain point dans ses actes, mais de convictions ardentes et intimement lié de cœur et d'esprit avec les hommes qui gouvernaient à ce moment la France, de rechercher, dis-je, les idées, les sentiments dont s'inspiraient dans leurs actes, dans leur administration, dans toute leur vie publique, les républicains — même les plus honnêtes — auxquels l'effondrement politique du 4 septembre avait livré les destinées du pays.

C'est ce que nous essaierons de faire à l'aide de documents peu connus pour la plupart, mais d'une authenticité incontestable.

Voici d'abord le pittoresque tableau de la situation de Nantes et de la Loire-Inférieure, tracé le 5 septembre 1870, par M. Guépin, et expédié dans la matinée au ministre de l'Intérieur :

« *Guépin de Nantes à Intérieur, Paris.*

» Petites agitations. — Drapeau rouge placé, provocateur » coffré. — Idem tricolore enlevé, provocateur coffré. — » Statue Billault difficultés, conflit. J'ai parlé aux uns paternel- » lement, aux autres sévèrement.

» Grandes agitations à Saint-Nazaire. — Ordres expédiés, » réexpédiés, proclamation.

« Neuf heures et demie, je crois au calme. »

Le lendemain (6 septembre), il n'est plus aussi sûr de son fait, il écrit au ministre :

« Saint-Nazaire s'est calmé cette nuit.... Il y a cependant des
» inconciliables. Petites menaces de jacquerie napoléonienne :
» tentative d'incendie de forêt près Machecoul; calomnies,
» prêtres et nobles accusés d'être Prussiens. »

Néanmoins il ajoute dans cette dépêche :

« Douceur paternelle et fermeté inflexible vaincront obsta-
» cles. »

Le 8 septembre, il rend bon compte de ses efforts multipliés pour « vaincre obstacles » :

« Cassé et remplacé (écrit-il) maire de M***, aubergiste,
» maire à poigne. — Ecrit aux habitants des campagnes, en-
» verrai cette proclamation. — Ecrit aux juges de paix, demande
» concours. — Ecrit aux agents-voyers. — A tous je dis :
» Union, conciliation, action, dévouement! — Conciliation et
» révision marchent très-bien. »

Trois jours après, il semble que tout cela ne marche plus aussi bien, car il télégraphie, le 14 septembre, au ministre de l'intérieur, à Paris :

« Dans la Loire-Inférieure, dans le Morbihan surtout, deux
» ennemis à redouter, les Prussiens et le napoléonisme, qui veut
» faire terreur dans Loire-Inférieure et qui fait terreur dans le
» Morbihan. »

Ne nous étonnons point de voir M. Guépin, quoique préfet de la Loire-Inférieure, renseigner le ministre de l'intérieur sur l'état du Morbihan. Il était originaire de ce dernier départe-ment et il ne cessa jamais de lui prodiguer son ardente sollicitude. Quant aux Prussiens mentionnés dans cette dépêche, inutile de dire qu'ils n'y figurent absolument que comme décor, puisque, Dieu merci, ils n'ont jamais paru en

Bretagne, — à moins que sous ce nom le préfet n'entende désigner telle ou telle catégorie de citoyens suspecte à ses yeux de
sympathie pour l'ennemi (comme on l'avait fait si odieusement
dans certaines provinces aux derniers jours de l'empire) — et
cette interprétation est peut-être la vraie, car deux autres dépêches, du même au même, et à peu près du même temps, formu-
lent des accusations de trahison. L'une porte :

« Trahison emploie inertie : mobiles à Ploërmel et ailleurs
» sans képis, personne n'écoute leurs réclamations. On veut
» mort de république par paix honteuse et mort des républi-
» cains ! Masse bien disposée partout ; partout meneurs réaction-
» naires, vraie pourriture ! Il faut action habile, mais énergique
» et incessante. (8 septembre). »

Et l'autre dit :

« Difficultés augmentent. Réaction napoléonienne s'organise.
» Grande ma défiance : avant-hier, dans ronde de nuit, j'étais
» seul [1], vu d'abord fusée bleue, puis jeu de lumières. — Dire à
» Marine : Directeur d'Indret partout dénoncé, fait couper et
» enclouer des canons encore bons ; très-suspect aux ateliers.
» (10 septembre). »

On voit qu'ici l'accusation de trahison se formule dans des faits
précis, se fixe sur une personne désignée — et, est-il besoin
de le dire ? cette accusation si grave, qui pouvait en de tels
moments être si périlleuse pour l'homme qu'elle visait, est absolument gratuite.

II

Le 15 septembre, M. Guépin, reprenant la tutelle du Morbihan, signale de nouveau au ministre de l'intérieur l'horrible
situation de ce département, dont le préfet, depuis le 4 septembre, n'avait pas encore été remplacé :

[1] Le 13 septembre, M. Guépin écrit au ministre : « Toutes les deux nuits, je fais
» seul patrouille à Nantes *pour moi-même.* »

« Un Morbihannais arrivé : L'empereur, dit-il, fait encore
» terreur au Morbihan. Verrai le préfet du Morbihan demain,
» le féliciterai, lui dirai les faits et son devoir de donner dé-
» mission. »

Ce pauvre Morbihan recélait d'ailleurs bien des traîtres,
jusque dans la famille du préfet de Nantes, qui se croyait en
conscience obligé de les dénoncer à M. Gambetta :

« Ma nièce, Mᵐᵉ ***, très-ardente napoléonienne, est l'instru-
» ment que la préfecture de Vannes emploie pour m'empêcher
» de connaître les faits criminels du Morbihan et de faire chan-
» ger l'indigne préfet et les indignes sous-préfets du Morbihan.
» J'ai fait mon devoir, conscience en paix. (15 septembre). »

Et quels étaient ces *faits criminels* du Morbihan ? M. Guépin
nous l'apprend dans une autre dépêche à même destination et
à peu près de même date (du 8 septembre) :

« Suis né Morbihannais ; j'ai au Morbihan parents, amis de
» toutes opinions; voici la situation. Morbihan *trop calme;* furie
» plébiscitaire remplacée par inertie préfectorale et sous-pré-
» fectorale; villes et campagnes en masse bien disposées, mais
» *abandonnées à elles-mêmes.* Mettez direction dans main ferme. »

Le crime des indignes préfets et sous-préfets, c'était donc de
ne pas faire d'agitation républicaine et de trop bien maintenir
le calme dans leur département. Crime étrange, qui en d'autres
temps aurait passé pour vertu.

Du reste, dans son zèle inquiet pour la république, le préfet
de la Loire-Inférieure ne cesse de lui découvrir de nouveaux
ennemis. Jusqu'ici, il n'a dénoncé que les napoléoniens ; mais
le 24 septembre, rendant compte par dépêche au gouvernement
de Tours de la session extraordinaire de son conseil général, il
dit :

« Affaires d'argent, tout le monde a bien été. Affaires poli-
» tiques, napoléoniens ont été plus coulants que légitimistes. —

» Ce matin, manifeste de Chambord ; le public n'y a pas fait
» attention. »

Le 29 septembre :

« Les paysans n'ont qu'un tiers de récolte, leurs prêtres les
» travaillent, ainsi que les légitimistes. »

Le 30 du même mois :

« Avoir l'œil sur réaction clérico-légitimiste, voilà l'idée du
» jour. Vendredi ou samedi, aurez manifeste de Henri V. »

Et, dans les premiers jours du mois suivant, il télégraphie
encore à Tours (à M. Laurier, délégué de l'intérieur) :

« Agitation légitimiste incroyable ; ils voudraient que la dé-
» mocratie fît des folies ! Rosetti, ancien ministre de Valachie,
» vous le dira avec détails. (1ᵉʳ octobre).

» ... Un seul ennemi dangereux, les clérico-légitimistes. Ils
» proposent à candidature les députés de 48-49, qui ont tué la
» république de 48. »

Dessein effroyable assurément. Le préfet, cependant, peu de
temps après, crut reconnaître que ses craintes avaient fait fausse
route, car, le 13 octobre, il télégraphiait à Tours à M. Gambetta :

« Donné semonce très-raide à un curé..... Manifeste Henri V
» peu de succès. — Napoléoniens coulés, deux tiers se rallient.
» — Orléanistes seuls puissants. »

M. Guépin a donc successivement redouté, dénoncé comme
menaçants et conjurés contre la république, d'abord les bona-
partistes, ensuite les légitimistes, enfin les orléanistes ; mais il a
toujours vu au-dessus de sa tête, comme une épée de Damoclès,
l'un ou l'autre des partis monarchiques. Ç'a été là constamment
sa grande préoccupation.

III

Dans une telle situation d'esprit, l'idée de faire des élections, pour donner au pays le moyen légal d'exprimer sa volonté et d'intervenir lui-même dans la direction de ses destinées, cette idée ne devait guère sourire à M. Guépin ; en effet, il y a toujours été opposé, même aux élections municipales. Le 17 septembre, avant que les communications fussent rompues avec Paris, il demandait au ministre de l'intérieur

« Explications sur les élections municipales fixées au 25 sep-
» tembre, considérées comme matériellement impossibles et
» dangereuses pour le salut de la république : c'est livrer la
» France à la coalition orléano-légitimiste. Réfléchissez ! »

A plus forte raison repoussait-il l'élection d'une Assemblée nationale ou constituante. Vers la fin de septembre, quand l'idée de cette élection, d'abord annoncée par le Gouvernement de la défense nationale, semblait écartée, il télégraphiait à la Délégation de Tours (à MM. Laurier et Glais-Bizoin) :

« Légitimistes demandent à être accrédités à Tours pour
» réclamer Constituante : *de ma part nulle envie.* Les meilleurs
» sont adversaires dangereux. »

Et la Délégation de Tours semblant incliner à convoquer de nouveau les électeurs (comme elle le fit en effet le 2 octobre pour le 16), il tâchait de l'en détourner comme suit :

« Ne pressez pas élections ; *scrutin de liste dangereux.* (1er oc-
» tobre). »

Quand Gambetta vient à Tours porter le décret qui les interdit, il jubile :

« Occupons-nous de la défense nationale (écrit-il, le 9 octobre,
» à la Délégation). *Les ennemis de la République voudraient ici*

» *élections ; n'en voulons pas.* Avons confiance dans gouverne-
» ment ; qu'il soit ferme, le soutiendrons. Sommes heureux de
» l'arrivée de Gambetta. Je reste préfet s'il n'y a pas d'élections. »

Car il est bon de noter que ce grand ennemi des élections
n'en avait pas moins déjà deux fois donné et repris sa démission
de préfet pour se porter candidat, comme on le voit par cette
dépêche par lui adressée, le 30 septembre, au ministère de l'intérieur, à Tours :

« Le 20, ai adressé démission : prêt à être candidat, prêt à
» rester préfet, selon besoins du pays. Vous envoie par ami
» seconde démission. Ferai ce que jugerez le plus utile. »

On ne saurait être plus accommodant. D'autant que M. Guépin
devait faire un sacrifice en se résignant à entrer à l'Assemblée
nationale ; il n'était nullement réconcilié avec les élections.

Le 23 octobre, quand M. Thiers revint de sa mission diplomatique, encouragé par les puissances neutres à traiter d'un
armistice pendant lequel la France élirait une assemblée, cette
idée des élections, de nouveau débattue à Tours, fut de nouveau combattue par M. Guépin, qui, spontanément ou consulté par le ministre de l'intérieur, lui écrivit sans détour :

« Les républicains sont inquiets. L'intervention des puissances
» étrangères est une menace directe à l'existence de la répu-
» blique. Ils apprécient de même manière l'idée d'une Consti-
» tuante, avant que l'ennemi ait quitté le sol de la France. »

Cette fois, il fut enfin débarrassé de ce souci, — au moins
jusqu'au dénoûment de la guerre.

IV

Les continuelles alarmes causées au préfet de Nantes par les
prétendues menées des monarchistes et par les périls imaginaires de la République, ne lui laissaient pas trop le temps de

songer à la défense nationale. M. Guépin portait là encore les
mêmes préjugés, qui le poussèrent plus d'une fois à entraver
d'une étrange façon les efforts patriotiques tentés pour organiser
la résistance.

Quiconque n'avait pas le bonheur d'être républicain était
indigne, à ses yeux, de défendre la France, indigne du moins de
prendre une part quelconque, même très-secondaire, à la direction de la défense.

Ainsi, les préfets de la Manche et de l'Ille-et-Vilaine (MM. Le-
noël et A. Blaize) cherchaient le moyen d'unir dans une action
combinée les forces des départements de l'Ouest. Treize de ces
départements, représentés à Rennes, le 16 septembre 1870, par
leurs préfets et leurs hommes les plus marquants, avaient établi
entre eux, sous le nom de *ligue de l'Ouest*, une alliance ou, pour
mieux dire, une entente purement patriotique, nullement politique, destinée à procurer le meilleur emploi possible des
efforts et des ressources communes. M. Guépin parut à cette
réunion. Il eut le plaisir d'y voir des républicains pur sang,
entre autres les deux préfets promoteurs de la ligue. Parmi
eux, toutefois, s'étaient glissés, comme la nielle dans le blé,
quelques personnages suspects, par exemple MM. Daru et Carré-
Kérisouët, membre de l'opposition libérale dans la dernière
Chambre de l'empire, mais peu connus par leur républica-
nisme. Cela suffit à effaroucher M. Guépin ; il flaira là quelque
complot monarchique et s'empressa de dénoncer le péril aux
triumvirs de Tours :

« Ne vous laissez pas circonvenir (écrivait-il le 28 septembre
» à M. Glais-Bizoin), ne vous laissez pas circonvenir par la ligue
» de l'Ouest. *Cette ligue est fort peu républicaine.* Elle va vous
» demander la nomination d'un commissaire muni de pleins
» pouvoirs civils et militaires pour treize départements. Ce serait
» folie de l'accorder. »

On ne l'accorda pas, on n'accorda rien, la ligue de l'Ouest avorta.

Pourtant, nos gouvernants de Tours étaient loin de partager, en cette matière, les idées du préfet de Nantes. Ils reconnaissaient sans peine à tous leurs adversaires politiques le droit de se faire tuer pour le pays.... et pour la république; ils mettaient même une bonne grâce particulière à leur en faciliter les moyens. Aux républicains on réservait les postes de confiance, préfectures, sous-préfectures, judicatures et autres; aux réactionnaires, aux royalistes, on abandonnait les avantpostes et les champs de bataille. De cette façon on n'excluait personne, on acceptait le concours de tous les partis.

Quand M. de Charette et M. Cathelineau demandèrent à lever des volontaires et à les mener devant l'ennemi, MM. Crémieux, Glais-Bizoin, plus tard M. Gambetta, les encouragèrent, leur fournirent tous les moyens de satisfaire leur patriotisme. M. Guépin, plus ferme sur les principes, n'eut point de ces lâches complaisances et combattit opiniâtrément — entre autres — la formation du corps Cathelineau. Outre les pièces publiées alors par les journaux, voici quelques extraits de dépêches que le préfet de Nantes adressait au Gouvernement de Tours, et qui montrent à quel point la passion politique l'aveuglait:

Le 28 septembre, il écrivait à M. Crémieux:

« Demandez à l'amiral L*** ce que pèse moralité de Catheli-
» neau. Ne connaissez pas l'Ouest, mon vieil ami. Sa réintégra-
» tion, dont on parle, peut nous conduire à guerre civile. Voyez
» Glais-Bizoin avant d'en terminer. »

Le gouvernement de Tours persistant à autoriser la levée des volontaires Cathelineau, M. Guépin persistait à l'empêcher dans son département et croyait justifier cette étrange rébellion par cet argument non moins étrange:

« Nantes, 30 septembre 1870. — *Préfet à Gouvernement,
Tours.*

» Longue séance avec Cathelineau.

» De X'‘‘, ancien garibaldien, avait demandé au général
» (commandant à Nantes) à faire bataillon de chemises rouges.
» — Refus.

» Ai répondu à Cathelineau : Il n'y a pas ici deux poids et
» deux mesures; ce qui a été refusé à de X'‘‘, écrivain
» habile, homme aimé à Nantes, est refusé à Cathelineau.

» Ecrirai le reste si vous voulez. »

Le Gouvernement répondit que si M. de X'‘‘ voulait lever
un corps de volontaires, ce n'était pas au général commandant
à Nantes, mais au ministre de la guerre qu'il devait demander
l'autorisation, laquelle ne lui serait pas plus refusée qu'à Cathelineau ; en attendant, M. Cathelineau ayant cette autorisation devait en user, et le préfet de Nantes cesser d'y mettre
obstacle.

M. Guépin fut réduit à obéir et à se réjouir — républicaine-
ment — des difficultés que rencontrait, en dehors de son
action officielle, la formation du corps Cathelineau. Le 13 octobre, il écrivait au ministre :

« Jusqu'à présent, Cathelineau sans succès. — Un frère de
» Cathelineau intendant d'Henri V. »

Voilà le secret de cette patriotique opposition.

JACQUES DEVANNES.

(La fin à la prochaine livraison).

LISTE DES VICTIMES DE QUIBERON[*]

DE GRANVAL. *Lire*, Guillaume BAUQUET DE GRANDVAL, ancien capitaine de dragons, chevalier de Saint-Louis, lieutenant en *du Dresnay*, né à Méautis (Manche), le 26 juillet 1742; + 14 thermidor, Vannes. *Em.* [1].

DE GRAS (Dominique). *Lire*, Dominique GRAS, domestique, 23 ans, né à Bourg-Saint-Andéol (Ardèche); + 11 thermidor, Auray. *Em.* [2].

Marquis DE GRAVE. *Aj.*, colonel, capitaine en d'*Hervilly*, tué le 21 juillet. *Em.* [3].

GRELA (Joseph). *Aj.*, marin, 24 ans, Riantec (Morbihan); + 18 thermidor, Vannes. *Ins.*

GRENIER (Nicaise-Valentin). *Aj.*, domestique du comte Archambaud de Périgord, 31 ans, Ourville (Seine-Inférieure); + 10 thermidor, Quiberon. *Em.*

[*] Voir la livraison d'août, pp. 151-160.

[1] Son père, *Gédéon-François-Joseph*, seigneur de la Grandvalière, avait épousé *Marie-Anne* Poisson d'Auville. Lui-même s'était marié au Mans avec *Agnès-Louise-Françoise* Samson de Lorchère, dont il n'avait qu'une fille, morte, en 1830, sans alliance. La famille existe toujours. Son chef est aujourd'hui le marquis Stanislas de Grandval.

[2] L'inscription du monument semble concerner le baron de Gras, ancien major des chasseurs à cheval de Champagne, aide-de-camp du comte de Puisaye, blessé le 16 juillet. Ce serait une erreur. Le baron de Gras fut de ceux qui purent se sauver le 21. La victime de ce nom est ainsi indiquée dans le texte de l'arrêt :— « Dominique Gras, fils de feu *Camille* et de feue *Flamande*, domestique du citoyen Desser, sous-lieutenant au ci-devant régiment de cuirassiers... »

[3] Famille du Languedoc, qui comptait parmi ses membres un lieutenant-général, commandeur de l'ordre de Saint-Louis.

DE GRIMONVILLE (Ch.). *Lire*, DE GRIMOUVILLE, de la Haye (Manche); ✝ 13 thermidor, Auray. *Em.* [1].

DE GROZON (J.). *Lire*, Just-Anne-Ignace-François SARRET DE GROZON, lieutenant de vaisseau à 22 ans, lieutenant dans *Hector*, né à Arbois (Jura), le 6 février 1764; ✝ 12 thermidor, Quiberon. *Em.* [2]

GRUE (L.-J.-M.), ou DE LA GRUE. Combat du 16.

DU GUEGAN (L.-J.). *Aj.*, 22 ans, Berric (Morbihan). Etat du général Le-moine, nº 250. *Em.*

GUÉGUÉ (J.-B.). *Lire*, Jean-Baptiste-René GAIGNET, prêtre, vicaire de Doix (Vendée), né au Gué-de-Velluire, arrondissement de Fontenay, le 6 janvier 1764; ✝ 9 thermidor, Auray, fusillé le lendemain à Vannes. *Em.* [3].

GUENEDEVAL (Jean). *Aj.*; laboureur, 23 ans, Plérin (Morbihan); ✝ 1er fructidor, Auray. *Ins.*

DE GUERGELIN (René-Marie). *Lire*, LE BOUTOUILLIC DE GUERGELIN, sous-lieutenant au régiment de Languedoc, infanterie, volontaire dans *Périgord*, 32 ans, Hennebont (Morbihan); ✝ 18 thermidor, Qui-beron. *Em.*

DE GUERROUX (J.-F.). *Lire*, Jean-Louis DE GUEROUST, Nogent-le-Rotrou, 38 ans; ✝ 13 thermidor, Auray. *Em.*

— DE GUERRY. A supprimer, se confond avec les suivants :

DE GUERRY (Ch.). *Lire*, Louis-Benjamin DE GUERRY DE BEAUREGARD, officier de marine, adjudant dans *Hector*, né à Dompierre-sur-Yon (Vendée), le 11 février 1768; ✝ 15 thermidor, Auray. *Em.* [4].

GUERRY (Gert). *Lire*, Gilbert-Alexis-Marie DE GUERRY DE BEAUREGARD, che-

---

[1] Famille éteinte à laquelle appartenait l'abbé de Grimouville, chanoine de Cou-tances, nommé évêque de Saint-Malo en 1817, mais dont la nomination n'eut pas d'effet par suite de l'inexécution du concordat.

[2] L'un des plus énergiques et des plus brillants officiers de notre marine. Il était fils de *Just-Denis*, capitaine de cavalerie, chevalier de Saint-Louis, et de *Louise* Bar-berot, et avait trois frères et six sœurs. Deux seulement des sœurs se sont mariées : Mme de Moréal et de Deservillers, et un seul des frères a laissé postérité. Il avait épousé *Louise-Marie-Caroline* Domet de Mont et en a eu un fils.

[3] Fils de *François* Gaignet, boulanger, et de *Marie-Françoise* Bichon, lesquels avaient quatre fils et deux filles. On a imprimé qu'étant prisonnier, il avait été re-connu par un de ses frères qui servait dans l'armée républicaine. C'est une erreur. Aucun des Gaignet n'a figuré dans les armées de la République.

[4] Il fut condamné sous le prénom de *Charles* et la qualité de *chevalier de Malte*, qui appartenaient à un de ses frères, son aîné de six ans. Sans doute, il avait pris ce nom et ce titre pour profiter de la loi de 1790, qui considérait les chevaliers de Malte comme des étrangers.

valier de Malte, aide-major dans *Hector*, né à Dompierre-sur-Yon (Vendée), le 16 mars 1764; + 12 fructidor, Auray. *Em.* [1].

GUERRY (Michel). *Aj.*, laboureur, 25 ans, Arzal (Morbihan); + 30 pluviôse IV. *Ins.*

DU GUET (François). Porté comme fusillé par M. Rosenzweig.

DE GUICHETEAU (Jean-Dominique). *Aj.*, avocat, volontaire en *Damas*, 28 ans, Bréal (Ille-et-Vilaine); + 11 thermidor, Auray. *Em.*

DE GUICHEN (DU BOUEXIC). Ne se trouve ni sur l'Etat du général Lemoine ni sur le répertoire du greffe; porté néanmoins comme fusillé, sur d'autres listes [2].

— GUIGAN (Jean). Double emploi. Voir Jean GUÉGAN.

GUILLAS (G.). *Aj.*, laboureur, 29 ans, Landevant (Morbihan); + 9 fructidor, Auray. *Ins.*

GUILLEMAIN (Henri). *Aj.*, de la réquisition; Saint-Gravé (Morbihan). Etat du général Lemoine, n° 711. *Ins.*

GUILLEROT (Jh). *Aj.*, meunier, 21 ans, Vannes; +8 fructidor, Vannes. *Ins.*

GUILLEROUX (Jean). *Aj.*, tailleur, 21 ans, Morbihan; + 29 nivôse IV, Vannes. *Ins.*

---

[1] Dans le répertoire du greffe, *Gilbert* se trouve porté deux fois : une première avec la date du 12 fructidor pour la condamnation et la seconde avec la date du 9.

Gilbert et *Louis* étaient fils de *Jacques-Charles* Guerry de Beauregard, et de *Marie-Osmane* du Chaffault, lesquels avaient eu cinq fils et deux filles. L'un des frères des victimes épousa une sœur des trois La Rochejaquelein; un autre, une nièce des deux Royrand, de Quiberon.

[2] Nous regrettons de n'avoir pu obtenir, ni de l'Ille-et-Vilaine ni du Morbihan, aucun renseignement précis sur cette victime. Ce qui est certain, c'est que l'amiral du Bouëxic de Guichen était mort en 1790, ne laissant qu'une fille, *Françoise-Félicité*, mariée, le 20 mai 1780, à *Toussaint-Joseph* de Lauzanne, capitaine de cavalerie. Le frère ainé de l'amiral, *Luc-Claude*, n'avait également laissé qu'une fille qui, par son mariage, avait porté la seigneurie de Guichen aux Talhouët-Boisorhant; mais la branche de la famille du Bouëxic, dont les Guichen étaient un rameau, avait tenu à honneur de relever un nom devenu illustre. Cette branche comprenait les du Bouëxic de la Bottellerais, dont le chef était cousin germain de l'amiral, et les du Bouëxic de la Driennays. Nous avons vu qu'un de ces derniers faisait partie de l'expédition, mais fut assez heureux pour se sauver des prisons de Vannes; il ne peut dès lors être question de lui. Nous supposons que le Guichen du monument doit être un du Bouëxic de la Bottellerais. Deux la Bottellerais figurent sur l'*Annuaire de la marine* de 1781, comme lieutenants de vaisseau. Le nom de Guichen était porté, sous la Restauration, par un chef d'escadron aux lanciers de la garde, et il l'est encore aujourd'hui par plusieurs membres de la famille du Bouëxic, qui continuent d'habiter les châteaux de la Bottellerais en Pipriac, et de la Driennays, en Saint-Malo de Phily.

— DE GUILLON (J^h). Garde-du-corps, 40 ans, Astaffort (Lot-et-Garonne);
14 thermidor, Vannes. *Em.* (Voir d'*Aiguillon*).

GUIMVEZT (L.-L.). *Aj.*, laboureur, Tréguier ; ╈ 13 thermidor, Auray. *Ins.*

GUINGUENÉ (François). *Lire,* GINGUENÉ, capitaine au régiment de Picardie, officier en *Rohan,* né à Langouet (Ille-et-Vilaine), le 12 juin
1752; ╈ 16 thermidor, Quiberon. *Em.* [1].

DE GUIQUERNEAU (A.-C.). *Lire,* Anne-Claude LE BIHANNIC DE GUIQUERNEAU,
lieutenant de vaisseau, chevalier de Saint-Louis, sous-lieutenant
dans *Hector,* né au château de Tromenec en Landéda (Finistère),
le 28 juin 1750; ╈ 16 thermidor, Quiberon. *Em.* [2].

DE GUYOMARAIS (J^h). *Lire,* Joseph-François DE LA MOTTE DE LA GUYOMA-
RAIS, sous-lieutenant dans *Hector,* né à Lamballe, le 10 février
1764; ╈ 16 thermidor, Quiberon. *Em.* [3].

DU HAFFONT. (J.-M.-G.). *Aj.*, capitaine d'infanterie, chevalier de Saint-
Louis, aide-major dans *Rohan,* né à Quimper, le 8 décembre 1745;
╈ 15 thermidor, Quiberon. *Em.* [4].

D'HAISE (Louis-François). *Aj.*, capitaine-major en *Loyal-Emigrant,*
commandant le régiment à Quiberon, chevalier de Saint-Louis,
45 ans, le Havre (Seine-Inférieure) ; ╈ 13 thermidor, Auray. *Em.*

HAMON (J^h). *Aj.*, laboureur, domestique de M. de la Monneraye, né à
Guingamp, le 22 mars 1769. *Em.* (N° 298 de l'*Etat*).

DE HARSCOUET (Casimir-Julien-Mathieu). *Aj.*, officier au régiment de la

---

[1] Il était fils de *Elie* Ginguené de Rictraon et de *Jeanne* Agnosse. Lui-même avait
épousé *Marie-Eugénie* de Talhouet-Brignac, dont il n'avait qu'une fille, mariée depuis
à M. Charles Le Fer. *François* Ginguené n'avait pas de frère.

[2] Il était fils d'*Yves-Alexis,* major des garde-côtes, chevalier de Saint-Louis, et de
Marie-Gabrielle de Kertangui du Trévoux. De ce mariage étaient issus 22 enfants,
dont neuf survécurent à leurs père et mère. Lui-même avait épousé *Julie* Guézennec
de Kervisien, dont il avait un fils qui mourut en bas âge. Un de ses frères avait été
tué par un boulet, à Newport, en 1794. Un autre, Le Bihannic de Tromenec, était
sous-lieutenant dans *Hector,* mais ne fut pas de l'expédition de Quiberon. C'est le
seul qui ait laissé postérité. Marié deux fois, il eut trois fils de son second mariage
avec *Marie-Anne-Jacquette* Huon de Kermadec. Un seul toutefois de ces trois fils,
Charles-Edouard-Marie, marié en 1828 à *Amélie-Marie-Prudence* de Blois de la Ca-
lande, a continué la filiation.

[3] Frère de celui qui paya de sa vie et de la vie de sa femme sa généreuse hospitalité pour la Rouërie.

[4] Son père, *François-Guillaume,* chevalier du Haffont de Kerescant, avait épousé
Anne-Thérèse-Thomase de Robien, dont il avait eu trois fils et une fille. L'un de ses
fils périt à Quiberon ; un autre à l'armée de Condé.

Sarre, volontaire dans *Rohan*, né à Plouha (Côtes-du-Nord), le 16 décembre 1737 ; + 15 thermidor, Quiberon. *Em.* [1].

DE LA HAYE MONTBAULT (G^{el}). *Lire,* Charles-Gabriel DE LA HAYE-MONTBAULT, chevalier de Malte, l'un des otages du roi Louis XVI et de la reine Marie-Antoinette, né en 1757, au château de la Dubrie, commune de Beaulieu-sous-Bressuire ; + 18 thermidor, Quiberon. *Em.* [2].

HEBERT (Alexis). *Aj.,* gantier, 19 ans, Caen (Calvados) ; + 9 fructidor, Auray. *Em.*

HELIN (F^d). *Aj.,* cordonnier, volontaire dans *Béon,* 25 ans, Marolles (Nord) ; + 10 thermidor, Quiberon. *Em.*

LE HELLEC (F^{le} LE CHAUFF). *Lire,* Fidèle-Hyacinthe-Julien LE CHAUFF DE LÉHÉLEC, lieutenant de vaisseau, sous-lieutenant dans *Hector,* né à Messac (Ille-et-Vilaine), le 26 décembre 1765 ; + 17 fructidor, Vannes. *Em.* [3].

HÉMERY (G.). *Aj.,* domestique, Montfort (Ille-et-Vilaine). *Em.* (N° 564 de l'*Etat*).

HENRIOT (Yves). *Aj.,* laboureur, 20 ans, Grandchamp (Morbihan) ; + 26 nivôse IV. Vannes. *Ins.*

DE L'HÉRONDEL (A.-M. HUE). *Lire,* André-Marie HUE DE LERONDEL, lieutenant de vaisseau, chevalier de Saint-Louis, lieutenant dans *Hector ;* né à Benouville (Calvados) le 27 juillet 1730 ; + 14 thermidor, Vannes. *Em.* [4].

---

[1] Il était fils de *François-Mathias,* comte Harscouët, et de *Marie-Marguerite* Rolland, et avait épousé *Bonne-Marguerite* de Boisdavid, dont postérité.

[2] Il était fils de *Gabriel,* baron de Bourneau, et de *Radegonde* de la Haye-Montbault, et avait épousé lui-même *Agathe* de la Haye-Montbault, sa cousine, dont il avait un fils qui mourut jeune. Dans une lettre qu'il écrivit avant d'être fusillé, on lit : « S'il vous est possible de voir mon fils, qui doit avoir à présent onze ans, dites-lui... d'être fidèlement attaché à sa patrie et de pardonner les malheurs de son père... Embrassez ce cher fils, ma mère, ma belle-mère, mes deux belles-sœurs ; dites-leur que mes derniers vœux sont pour ma famille, que mon seul regret est de ne pas les embrasser avant de mourir, mais que je meurs sans reproche et avec toutes les consolations de la religion.... »

[3] Fils de *Jean-Hyacinthe* Le Chauff et de *Pélagie-Madeleine-Vincente-Pauline* Picaud de La Pommeraie, dont la mère était *Madeleine* de Becdelièvre, sœur de l'évêque de Nîmes de ce nom. De neuf enfants issus de ce mariage, deux seulement ont laissé postérité : Mme de Lambert de Boisjan et Mme Apuril. La famille Le Chauff s'est continuée par d'autres branches.

[4] Fils de *Hervé,* seigneur de Navarre, et de *Marie-Anne* Jamot de Montcarel, il avait un frère et une sœur mariée au comte de Beauvoir du Roscol. Ayant voulu en-

DE HERCÉ (Urbain). *Lire*, Urbain-René DE HERCÉ, évêque de Dol, né à Mayenne, le 6 février 1726; + 9 thermidor, Auray. (Voir ci-dessus, t. XXXIV, p. 188.)

DE HERCÉ, (François). *Aj.*, grand vicaire de Dol, né à Mayenne, le 8 mai 1733; + 9 thermidor, Auray. (Voir t. XXXIV, p. 189.)

HERVET (Louis). *Aj.*, domestique, 34 ans, Lantivy (Côtes-du-Nord); + 16 thermidor, Quiberon. *Em.*

Cᵗᵉ D'HERVILLY. *Lire*, Louis-Charles, comte d'HERVILLY, maréchal de camp, né à Paris, en 1755, blessé mortellement le 16 juillet, mort de ses blessures le 14 novembre suivant. (Voir t. XXXV, p. 188) ¹.

DE LA HEUSE (P.-A.). *Lire*, Pierre-André-Wulfrand LANGLOIS DE LA HEUSE, prêtre, 42 ans, Neville (Seine-Inférieure); + 9 fructidor, Auray. *Em.*

HOCHENAC (Augustin). *Aj.*, maçon, 22 ans, Castres (Tarn); + 15 thermidor, Quiberon. *Em.*

HOCHIN (François). *Aj.*, Laboureur, 22 ans, Pas-de-Calais; 12 thermidor, Auray. *Em.*

HORHANT (Alexandre). *Aj.*, domestique, 20 ans, Kervignac (Morbihan); + 26 nivôse IV, Vannes.

HOUIX (Jean). *Aj*, laboureur, 20 ans, Morbihan; + 26 nivôse IV.

DE HOULIER (J.-B.). *Lire*, Jean-Baptiste HOULIER, conscrit, né le 9 mars 1769, à Thiembronne (Pas de-Calais); + 14 thermidor, Auray. *Em.* ².

Chᵉʳ DE LA HOUSSAYE (Vᵗᵉ). *Lire*, Augustin Jean-Marie LE VICOMTE, dit le *chevalier* DE LA HOUSSAYE, ancien officier des mousquetaires, capitaine en *du Dresnay,* né à Sévignac (Côtes-du-Nord), le 19 janvier 1742; + 14 thermidor, Vannes. *Em.* ³.

Vᵗᵉ DE LA HOUSSAYE (Jean-Baptiste). *Lire*, Jean-Baptiste-Marie LE VICOMTE DE LA HOUSSAYE, né à Rennes, le 26 janvier 1776, sous-lieutenant

voyer à cette sœur une lettre et sa montre, le soldat auquel il s'adressa refusa de se charger de ces objets, dans la crainte de se compromettre, et se borna à faire savoir à Mᵐᵉ de Beauvoir les choses telles qu'elles s'étaient passées.

¹ Le nom d'*Hervilly* était représenté dans l'armée, sous la Restauration, par un capitaine au 9ᵉ cuirassiers. (*Eloi* d'Hervilly). Sans doute il devait être parent de la victime. Aucun membre de la famille n'assista toutefois à l'inauguration du monument de Quiberon.

² Fils de *Pierre-François,* simple journalier, et de *Marie-Françoise* Taleux. On ne s'explique pas pourquoi on a mis un *de* à son nom. Ce jeune homme avait d'ailleurs la noblesse des sentiments. « Sa mémoire vit encore parmi nous, écrivait le curé de Thiembronne ; il était digne de mourir pour une si belle cause. »

³ Il était frère du président de la Houssaye et fils de *Jean-François* Le Vicomte et de *Marie-Louise* Ferri de la Villéblane. Lui-même avait épousé *Marie* Gratien, de Guingamp, dont il n'avait pas d'enfants.

dans *du Dresnay*, blessé mortellement le 16 juillet; + 12 thermidor, Quiberon. *Em.* [1].

Huby (Pierre). *Aj.*, tisserand, conscrit de la réquisition, 20 ans, Trevé (Côtes du Nord). *Ins.* État du général Lemoine, n° 701.

Huchet (François). *Lire*, Huchette, tisserand, 24 ans (Pas-de-Calais); + 10 thermidor, Quiberon. *Em.*

D'Hudebert. *Aj.*, Jacques-François, officier d'infanterie, 37 ans, Dammartin (Seine-et-Marne); + 16 thermidor, Vannes. *Em.* [2].

Hugon (C.-L.). *Lire*, Claude Hugon, 26 ans, Uzerche (Corrèze; + 12 thermidor, Quiberon. *Em.* [3].

Imbert (Joseph), âgé de 35 ans, Lauzerte (Tarn-et-Garonne); + 16 thermidor, Vannes. *Em*

Imbert de Thoumouard (Th.), garde-du-corps, 60 ans, Port-Sainte-Marie (Lot-et-Garonne); + 15 thermidor, Quiberon. *Em.*

Jacob (Jean-Baptiste). *Aj.*, combat du 6 juillet.

Jacques (Louis). *Aj.*, parfumeur, 28 ans, Lunéville (Moselle); + 13 thermidor, Vannes. *Déserteur.*

De Jallays (Auguste). *Lire*, Louis-Auguste, distingué dans sa famille par le surnom de La Tirandrie, né à Saint-Philbert-du-Pont Charrault (Vendée), le 22 mars 1753, capitaine de cavalerie, volontaire dans *Béon;* + 13 thermidor, Vannes. *Em.*

De Jallays (Louis). *Lire*, Cyr-Louis, distingué par le surnom de La Gaudinière, ancien gendarme de la garde, volontaire dans *Béon,* né à Saint-Philbert-du-Pont-Charrault (Vendée), le 26 août 1760; + 13 thermidor, Vannes. *Em.*

De Jallays (Pierre). *Lire*, Pierre-Benjamin, ancien gendarme de la garde, volontaire en *Béon,* né à Saint-Philbert, etc., le 12 novembre 1747, mort en combattant.

De Jallays (Victor). *Lire*, Victor-Félix, ancien gendarme de la garde, volontaire dans *Béon,* né à Fontenay-le-Comte, le 5 juin 1767; + 13 thermidor, Vannes. *Em.* [4].

[1] Neveu du précédent; il était fils du président de la Houssaye et de *Gabrielle-Marie-Anne* de la Rivière-Beauchesne.

[2] Fils d'*André-Charles-Alexandre,* seigneur de Blancbuisson, et de *Jeanne-Mélanie* d'Azemar; il avait plusieurs frères et sœurs.

[3] La généalogie des Hugon, en Limousin, se trouve dans d'Hozier. Elle s'arrête à 1722.

[4] Les quatre Jallays étaient frères. Leur père se nommait *Pierre-Benjamin* et leur mère *Marie-Renée* Payneau. Ils avaient été seize enfants. Ils étaient encore quatorze au moment de la Révolution, neuf frères et cinq sœurs. Un des frères était prêtre; les huit autres s'illustrèrent dans la légion de *Béon* par leurs faits d'armes. Cinq se trouvèrent à Quiberon. De ces cinq, un seul, *Jean-Pierre,* parvint à se sauver, le

JAMIN (Jean). *Aj.*, combat du 16.

JAVEL père. *Lire*, Antoine-Louis JAVEL, chirurgien, 42 ans, Moidieu (Isère); + 10 thermidor, Quiberon. *Em.*

JAVEL (Alexis) fils. *Aj.*, chirurgien, 18 ans 1/2, Lyon, (Rhône); + 10 thermidor, Quiberon. *Em.*

Vte DU JAY (Frédéric-Joseph). *Aj.*, officier dans *Loyal-Emigrant*, blessé le 16 juillet, 25 ans, Rozoy-le-Grand (Aisne); + 13 thermidor, Auray. *Em.*

JEANNO (François). *Aj.*, cordonnier, 21 ans, Marzan (Morbihan); + 26 nivôse IV, Vannes *Ins.*

JEANNO (Joseph). *Aj.*, laboureur, 22 ans, Penhouet (Morbihan); 29 nivôse IV, Vannes. *Ins.*

JEANNOT (Antoine). *Aj.*, laboureur, 28 ans, Bignan (Morbihan); + 5 fructidor, Auray. *Ins.*

JEHANNO (Julien). *Aj.*, volontaire de la 61e demi-brigade, Landévant (Morbihan). No 698 de l'Etat.

JEHANNOT (Ch.). *Lire*, JÉHANNO ou GÉANNO [1], apothicaire, né à Vannes, en 4 avril 1778; + 8 fructidor, Vannes.

JEHOQUET (L.-M.-F.). *Lire*, JOCQUET, procureur à Saint-Pol-de-Léon, 41 ans; + 15 thermidor, Vannes. *Em.* [2].

JÉRÔME (Claude-Nicolas). *Aj.*, propriétaire, né à Reims, en mai 1749, domicilié à Nostang (Morbihan); + 18 thermidor, Quiberon. *Ins.* [3].

JOUANGAY (Vincent). *Aj.*, perruquier, 39 ans, Vannes; + 8 fructidor; Vannes. *Ins.*

JOUBERT (Jacques). *Lire*, Jacques-Victor JOUSBERT DE LA COUR-GORONIÈRE, né le 17 avril 1762, à la Chapelle-Hermier (Vendée); + 13 thermidor, Vannes. *Em.* [4].

---

21 juillet, dans le trajet de Quiberon à Auray. Il se rendit dans la Vendée, où il mourut quelques mois après, criblé de blessures. Un sixième, *Philippe,* avait été tué en Flandre, le 19 août 1793. Deux seuls ont été mariés, mais n'ont pas laissé d'enfants. Quatre sœurs étaient religieuses. Une seule était mariée, Mme de Carrel, qui n'a pas laissé de postérité. Cette famille remontait à Simon Jallaya, conseiller au présidial de Poitiers, en 1559.

[1] L'acte de baptême de la victime porte *Jéhanno*; mais celui de son frère aîné, qui a été longtemps proviseur du collége de Vannes, porte *Géanno.*

[2] Il avait quatre frères et sœurs, tous restés célibataires.

[3] *Claude-Nicolas* Jérôme avait épousé à Kervignac, le 8 janvier 1778, *Jeanne-Thérèse* Gardie de la Chapelle, dont postérité.

[4] Il avait épousé, en 1789, *Eulalie* de Rorthays de Girondor, dont il n'avait pas d'enfant, et qui avait disparu à Savenay. M. et Mme de Rorthays avaient également péri à la suite de l'armée vendéenne. M. de Jousbert avait six sœurs, dont aucune n'a laissé de postérité.

JÓUENNE (Jean-François). *Aj.*, officier de marine, sergent dans *Hector*, 34 ans, Sottevast (Manche); + 19 thermidor, Quiberon. *Em.* [1].

JOUVAIN (Jⁿ). *Aj.*, 19 ans, Yvrande (Orne); + 20 fructidor, Vannes. *Em.*

JOYEUX (Jʰ). *Aj.*, frappé dans les premiers combats.

DE SAINT-JUST. *Aj.*, combat du 6 juillet.

DE KERANDRAON (J.-H.). *Lire*, Joseph-Marie CABON DE KERANDRAON, ancien capitaine au régiment du Berry, 51 ans, Lesneven (Finistère); + 13 thermidor, Vannes. *Em.* [2].

DE KERAVEL (KERRET). *Lire*, Georges-Yves Marie-Anselme DE KERRET DE KERAVEL, lieutenant de vaisseau, Morlaix, 33 ans, blessé le 16 juillet, + 11 thermidor, Auray. *Em.* [3].

KERBELET (Mathurin). *Aj.*, marin, 20 ans, Landévant (Morbihan); + 15 thermidor, Quiberon. *Déserteur.*

DE KERDANIEL (Rémy). *Lire*, Rémy-Vincent-Marie LE MÉTAYER DE LA GARDE, de la famille des LE MÉTAYER DE KERDANIEL, né à l'Ile-aux-Moines (Morbihan), le 3 juillet 1775, officier chouan; + 18 thermidor, Quiberon. *Ins.* [4].

DE KÉRÉBARS (Jean-Nicolas-Auguste). *Lire.*, PRIGENT DE QUERÉBARS, major de vaisseau, capitaine en *du Dresnay*, chevalier de Saint-Louis, né à Rennes vers 1748; + 15 thermidor, Vannes. *Em.* [5].

EUGÈNE DE LA GOURNERIE.

(La suite à la prochaine livraison.)

[1] Il devait être fils de *Jean-René* de Jouenne, seigneur d'Esgrigny, capitaine au régiment *Commissaire-Général*, cavalerie, et d'*Anne-Marie* Le Febvre. Un autre membre de la même famille, l'abbé d'Esgrigny, faisait partie de l'expédition comme agent de Louis XVIII près de Puisaye, avec lequel il eut de vives altercations. L'abbé d'Esgrigny quitta Quiberon pour aller dans la Vendée.

[2] Il était fils de *Clet* Cabon de Keraudraon et de *Marie-Madeleine* Henry-Kergoff. Lui-même avait épousé, en premières noces, *Marie-Josèphe* Gourio, dont il avait un fils, et, en secondes noces, *Anne* Le Livec, dont il avait une fille qui épousa plus tard M. de Mauduit de Plassamen.

[3] Dernier représentant de la branche de Keravel, qui était la branche aînée de la famille Kerret. Elle s'est fondue dans les Querret de Franche-Comté, et, par eux, dans Labbé du Bousquet et Nielly.

[4] Rameau des Le Métayer de Kerdaniel, qui seuls existent aujourd'hui. La victime de Quiberon avait pour père *Marie-Louis* Le Métayer, seigneur de La Garde, et pour mère *Geneviève-Gabrielle-Anne* Coban. On dit que sa mère s'attacha à le suivre jusqu'au lieu du supplice.

[5] Son père, *Jean-Claude* Prigent, seigneur de Quérébars, avait épousé *Thérèse-Jeanne* du Clos de La Moinnerie, dont il avait eu deux fils : la victime, un capitaine d'infanterie qui servait à l'armée de Condé, et trois filles : Mᵐᵉˢ Salaûn de Keromnés, d'Herbaut et Kermerc'hou de Kerautem.

CHRONIQUE

I

Voyage de M. le maréchal de Mac-Mahon en Bretagne.

Parti de Paris le dimanche 16 août, à huit heures du soir, M. le maréchal-président est arrivé au Mans à minuit ; puis, après deux arrêts d'un jour, l'un dans cette ville, l'autre à Laval, il a fait, le 18, sa première entrée solennelle dans une cité bretonne, en franchissant au bruit des salves d'artillerie les portes de Saint-Malo.

Le voyage de M. le maréchal de Mac-Mahon a duré neuf jours en Bretagne, et l'illustre soldat s'est arrêté successivement, le 19 à Rennes, le 20 à Saint-Brieuc, le 21 à Brest, le 22 à Quimper, le 23 à Lorient et à Sainte-Anne, le 24 à Vannes, le 25 à Saint-Nazaire et le 26 à Nantes, d'où il est reparti à neuf heures du soir pour Paris, en faisant une station d'un jour à Angers.

Il ne peut entrer dans notre plan de faire ici l'historique complet de ce voyage que tous les journaux de la province et de la capitale ont raconté dans ses plus minutieux détails ; ni surtout d'en apprécier l'importance, l'opportunité ou les conséquences au point de vue politique. Nous recueillons simplement quelques détails et quelques documents pour l'histoire future de notre province au XIXᵉ siècle.

Présentons d'abord l'illustre voyageur, parti sans faste, accompagné seulement de deux aides de camp, le général Gresley et le colonel de Broye, et rejoint sur différents points du trajet par les ministres de la marine, du commerce et des travaux publics : « Les populations, écrivait pendant le voyage le correspondant du *Journal de Paris*, s'empressent sur le passage du président ; les municipalités s'ingénient à lui faire les

honneurs des villes qu'il traverse : on le reçoit partout comme un chef
d'Etat estimé et aimé. Cependant, M. le maréchal de Mac-Mahon n'est
ni un souverain dont le faste attire les curieux et les solliciteurs, ni un
tribun dont la vue enflamme les passions populaires. C'est un honnête
homme, aussi modeste que brave, qui a accepté, par patriotisme, la
mission de veiller à l'ordre public dans un pays troublé par l'invasion et
la révolution, et qui remplit son devoir sans fracas. Il ne cherche pas à
sortir des limites de son pouvoir, ni à se créer, en flattant la popularité,
une situation autre que celle que la loi lui a faite. Soldat il était, soldat
il est. Elevé à cette école de la consigne, qui fait les armées et les sociétés puissantes, il n'a pas été enivré par la haute fortune où son caractère l'a fait monter. Il met sa grandeur à rester dans la légalité. Il veut
rendre la paix et la prospérité à son pays, sans augmenter sa puissance
personnelle. M. le maréchal de Mac-Mahon offre un grand enseignement à ses concitoyens. Aujourd'hui que chacun aspire à tout avec une
âpreté inouïe, il est beau de voir un homme qui n'aurait qu'à tendre la
main pour s'emparer de tous les pouvoirs, montrer que lui, chef de
l'Etat, est le serviteur le plus respectueux de la loi. »

C'est, en effet, ce caractère de loyauté, de désintéressement et de
dévouement complet à la chose publique, que les populations bretonnes
se sont empressées d'acclamer en recevant avec sympathie et saluant
avec respect le vaillant soldat qu'on a appelé le Bayard moderne. Un
grand nombre de discours de bienvenue ont été prononcés dans les différentes villes qui ont eu l'honneur d'offrir l'hospitalité au chef de
l'Etat. Nous ne pourrions les reproduire tous dans cette rapide chronique, quoiqu'ils forment un chapitre assez intéressant de notre histoire provinciale ; mais nous craindrions de répéter trop souvent les
mêmes idées avec les mêmes expressions, et plusieurs de ces morceaux,
qui ont fait du bruit, présentent un caractère beaucoup trop politique.
Nous nous bornerons donc à grouper ici les plus remarquables de ces
discours, spécialement au point de vue littéraire, et nous en choisirons
émanant de la plupart des corps constitués, afin de bien accentuer la
note générale des sentiments bretons envers le héros de Magenta et
de Reischoffen ; le clergé, la magistrature, les municipalités, le commerce, les lettres et les sciences vont successivement affirmer devant
nous l'expression de leur respectueux dévouement. Suivons l'ordre chronologique.

Voici d'abord le texte du compliment adressé au maréchal par
Mgr l'archevêque de Rennes. Nous l'empruntons au *Journal officiel* :

Monsieur le maréchal, j'ai l'honneur de vous présenter les respectueux hommages
de mon chapitre et de MM. les curés de ma ville métropolitaine. C'est avec empressement que nous venons saluer votre entrée sur cette noble terre de Bretagne, dont
les enfants ont encore si bien conservé le respect de l'autorité, parce qu'ils sont
toujours restés fidèles aux traditions chrétiennes de leurs aïeux.

Le plus loyal concours du clergé breton vous est acquis, Monsieur le Président,
dans la sphère de son ministère de conciliation et de paix, pour vous faciliter l'accomplissement de la belle mais difficile mission que votre patriotisme seul vous a
fait accepter : celle de rendre à notre chère patrie le calme et la prospérité.

Plusieurs journaux ont fait ressortir, avec éloge, la parfaite convenance
et l'élévation de pensées que respire la brève allocution adressée par
Mgr l'archevêque de Rennes. La haute situation du prélat, dit l'un
d'entre eux, et son caractère personnel donnaient aux paroles qu'il a
prononcées une importance toute particulière.

La même élévation de pensées, le même souffle évangélique, se
retrouvent dans le discours prononcé, sur le seuil de sa cathédrale, par
Mgr David, évêque de Saint-Brieuc, entouré de *six cents prêtres,* accourus de tous les points du diocèse :

Monsieur le maréchal, plus on est élevé par le caractère, les fonctions, l'autorité,
plus on sent la faiblesse de l'homme et le besoin de Dieu, et jamais l'homme n'est
si grand que lorsqu'il s'agenouille devant Dieu. C'est la pensée qui vous amène
dans le temple saint où six cents prêtres réunis à leur évêque sont heureux de vous
recevoir.

S'il est un pays où vous êtes sûr, Monsieur le président, d'être accueilli par le
respect et la sympathie universelle, c'est dans notre Bretagne, si éminemment patriotique, qui a conservé le culte de l'autorité, sur cette vieille terre de foi et d'honneur, qui, mieux qu'aucune autre, sait apprécier l'héroïsme simple et modeste dont
on peut tout attendre, parce qu'il a montré qu'il est prêt à tout donner à la patrie,
même son sang.

Après ses immenses malheurs, en face de ses divisions, la France a besoin de
repos et de silence pour se recueillir et se reconstituer dans l'ordre ; le septennat,
qui lui promet et lui donnera ce repos nécessaire, a été l'inspiration du patriotisme
le plus élevé, de ce patriotisme qui oublie, pour un temps au moins, toutes les opinions, tous les intérêts, même les plus respectables, pour ne voir avant tout que
l'intérêt de la France. Le septennat ne pouvait être confié à des mains plus sûres et
plus valeureuses que les vôtres, Monsieur le président. Votre nom est écrit aux
pages les plus brillantes de nos fastes militaires, et aux heures sombres, l'histoire
dira que notre honneur est resté debout, malgré les revers, tant que vous êtes resté
debout vous-même sur nos champs de bataille. Déjà le pays s'aperçoit que la plus
habile et la plus féconde politique n'est pas celle qui parle le mieux, mais celle qui
s'inspire d'une pensée toujours droite et chrétienne, d'une intention toujours loyale,

d'un dévouement sans limites. Le clergé breton, avec sa sagesse héréditaire, prie chaque jour pour que Dieu vous conserve à la France et maintienne vos forces à la hauteur de vos devoirs et des besoins du pays.

Nous reproduirons aussi les allocutions du maire de Saint-Brieuc, M. Piedevache, et du vice-président du tribunal de cette ville, M. Gardin du Boisdulier, qui toutes les deux méritent une distinction particulière :

Monsieur le maréchal, a dit M. Piedevache, soyez le bienvenu dans notre ville ! L'honneur de vous y avoir salué le premier restera dans mes meilleurs souvenirs, et le conseil municipal tout entier est heureux de recevoir l'illustre maréchal président de la République ! Vous représentez pour nous l'ordre, la paix, la haute et incontestable honnêteté, et nous pensons tous, en Bretagne, que la liberté ne peut vivre qu'à l'abri d'un pouvoir ferme, en dehors ou plutôt au-dessus des compétitions de partis.

Lorsque, nos troupes, sous votre commandement, entrèrent dans la tour Malakoff, sans souci des dangers, sous les projectiles de l'ennemi, vous dites ces fières paroles : « J'y suis..., j'y resterai ! » Aujourd'hui, vous êtes dans un poste qui, lui aussi, a ses périls ; vous y représentez pour la France le salut et l'honneur. Empruntant à mon tour vos expressions, je vous dirai au nom de tous mes concitoyens : « Vous y êtes..., restez-y ! » La patrie est derrière vous.

M. du Boisdulier a été aussi heureusement inspiré en rappelant le dévouement patriotique d'un juge de cette ville, M. Miorcec de Kerdanet, héritier d'un nom célèbre dans les fastes archéologiques de notre province :

Monsieur le maréchal-président, au mois de septembre 1870, un des membres du tribunal civil de l'arrondissement de Saint-Brieuc partit comme volontaire pour la défense de la patrie. Le 29 novembre, il trouva une mort glorieuse à la bataille de l'Hay. Ce que fit alors un collègue regretté contre les ennemis du dehors, chacun de nous, au besoin, saurait le faire contre les ennemis du dedans. C'est assez vous dire, Monsieur le maréchal-président, que vous pouvez compter sur le tribunal de Saint-Brieuc pour vous seconder, autant qu'il dépend de lui, dans l'accomplissement de la tâche difficile que vous avez si généreusement entreprise. Nous saluons le président de la république, nous saluons l'illustre soldat de Magenta et de Reischoffen.

A Brest, cent quinze maires et cent quarante adjoints ont été présentés au maréchal, et la harangue la plus remarquée a été celle du président du tribunal de commerce :

Monsieur le président, j'ai l'honneur de vous présenter les membres du tribunal de commerce de Brest et de vous souhaiter en leur nom la bienvenue.

Il y a six mois, par les mémorables paroles que vous avez prononcées lors de votre visite au tribunal de commerce de la Seine, vous avez rendu au commerce la confiance qui est indispensable au développement des affaires. Les préoccupations qui existaient alors ont aujourd'hui disparu devant l'assurance que vous avez donnée que vous sauriez faire respecter l'ordre de choses régulièrement établi.

Vos actes ont confirmé vos promesses, et si les partis qui agitaient le pays n'ont pas complétement abandonné leurs aspirations, ils ont compris qu'ils n'avaient aucune chance de succès quand le pouvoir est dans des mains aussi fermes et aussi loyales que les vôtres. La récolte de 1874 contribuera beaucoup à ramener parmi les classes ouvrières le bien-être dont elles ont été privées l'an dernier par la cherté des vivres; elle donnera aux transactions un nouvel aliment, et, en augmentant considérablement le chiffre de nos exportations, elle permettra de faire rentrer en France une partie du capital qui nous a été enlevé à la suite de nos désastres.

Grâce à ces bienfaits, dont nous devons remercier la Providence, nous pouvons nous livrer sans préoccupations à nos travaux et espérer que sous votre sage gouvernement la France ne tardera pas à reconquérir la place qui lui appartient parmi les autres nations.

A Quimper, où s'étaient aussi donné rendez-vous un grand nombre de maires en costume breton, Mgr Nouvel, entouré de son chapitre et de son clergé, adressa au président la courte allocution suivante :

Monsieur le maréchal, je suis heureux de vous recevoir au seuil de notre vieille basilique, car je connais votre dévouement au Souverain-Pontife et aux intérêts sacrés de la religion. Le clergé de la catholique Bretagne associe toujours dans sa prière l'Église et la France. Leurs douleurs, comme le triomphe qu'il espère, sont, à ses yeux, inséparables. Aussi, il demande à Dieu la réalisation des désirs de votre noble cœur, et il vous accueille avec bonheur, lorsque vous venez vous unir à ses supplications, inspirées par la foi la plus vive et par le plus pur patriotisme.

Nous remarquons une belle harangue de M. de Carné, de l'Académie française, président du conseil général du Finistère :

Monsieur le président, le conseil général du Finistère s'est constamment interdit toute ingérence dans les questions politiques, et ce n'est pas en présence de l'homme dont l'honneur est de demeurer, au milieu de nos tristes désaccords, la personnification scrupuleuse de la loi, qu'il pourrait songer à se départir de cette réserve.

Mais ses membres connaissent trop bien les sentiments des populations pressées autour de vous pour n'être pas autorisés à vous dire qu'elles ont accueilli avec joie votre visite à la Bretagne comme une récompense de leur dévouement patriotique en ces jours de malheur où leur sang s'est mêlé au vôtre.

Elles gardent religieusement le dépôt de ces fortes vertus par lesquelles les peuples éprouves se relèvent.

Etrangères dans leur existence laborieuse aux agitations des partis, elles se reposent avec confiance sur le pouvoir tutélaire dont l'exercice complet mettra la France, recueillie devant l'avenir, en mesure de disposer librement d'elle-même.

Le dimanche 23 août, M. le maréchal-président se rendit au sanctuaire de Sainte-Anne, pour y entendre la messe, et fut reçu à la porte de l'église par Mgr Bécel, évêque de Vannes, qui s'était empressé de venir, à quelques pas de sa ville épiscopale, accueillir le représentant de la nation :

Monsieur le maréchal, lui dit-il, vous avez bien voulu me réserver l'honneur de vous rendre, demain, à la cathédrale de Vannes, les hommages qui vous sont dus. Je m'en félicite et vous en remercie. L'excellente population de ma ville épiscopale sera profondément édifiée du noble exemple que vous nous donnez dès aujourd'hui : nous nous sommes réjouis d'apprendre que vous aviez résolu de venir implorer la protection de notre auguste patronne.

Votre passage à Sainte-Anne vous vaudra les bénédictions de Dieu et un surcroît de respectueuse sympathie dans notre pays.

Entrez donc avec confiance, Monsieur le maréchal, dans cette basilique. Ne trouvez-vous pas qu'elle témoigne éloquemment de notre foi et de notre amour ? Ce beau monument, élevé en huit années par la charité publique, proclame le crédit de la mère et la piété des enfants; vous comprendrez mieux que jamais pourquoi cette province a mérité, j'ose le croire, votre admiration en payant comme vous, avec générosité, de son sang, sa dette à la patrie. Un grand nombre de vos compagnons d'armes, dans la bonne fortune, hélas ! et dans la mauvaise, se sont agenouillés ici avant d'affronter la mort sur les champs de bataille. Si, en combattant sous vos ordres, ils ont eu constamment le courage du devoir et l'héroïsme du sacrifice, c'est que leur religion enflammait leur patriotisme : ils demeuraient convaincus que, à défaut de lauriers terrestres, ils cueilleraient au ciel la palme du martyre.

Dieu nous préserve, Monsieur le maréchal, d'épreuves aussi douloureuses, de châtiments aussi terribles ! Commandée par des chefs tels que vous, notre vaillante armée retrouverait sans doute le chemin de la victoire : vous avez reçu personnellement, sans l'ambitionner, une mission plus difficile et non moins généreuse ; puissiez-vous la mener à bonne fin, avec le dévouement, la sagesse, la dignité, l'énergie, le désintéressement qui vous distinguent ! C'est la grâce que je me propose de solliciter ce matin à l'autel, en votre présence, par l'intercession de celle que les générations bretonnes vénèrent depuis plus de douze siècles dans ce sanctuaire béni.

A Lorient, après deux discours fort bien pensés des présidents du tribunal civil et du tribunal de commerce, et au retour de la grande revue des troupes des armées de terre et de mer, passée au polygone, M. le maréchal-président, à sa rentrée en ville, se rendit à l'église paroissiale, suivi des autorités civiles et militaires, et M. le curé-archiprêtre lui adressa cette allocution remarquable :

Monsieur le président, le clergé de Lorient apprécie, comme il le doit, l'honneur de vous offrir ses hommages au seuil de cette église, à votre passage sur le sol breton.

Elle vous accueille avec joie, notre vieille Armorique, dont votre vie est l'expression, la fidèle image. La Bretagne est la terre de l'héroïsme, de la loyauté et de l'honneur. Monsieur le maréchal, qui ne vous reconnaît à ces nobles traits ! Quels rapports, aussi, entre votre pays d'origine et le nôtre ! La Bretagne est sœur d e l'Irlande par la foi, par l'énergie du caractère, par l'esprit de dévouement. De toute manière, vous êtes donc ici chez vous.

Mais, bien au-dessus des choses humaines, au-dessus des grandeurs et des illustrations de ce monde, plane, à une hauteur incommensurable, la suprême majesté, l'infinie puissance de Dieu.

Vous venez, Monsieur le président, implorer son secours ; tous ensemble, nous allons le prier de bénir vos généreux efforts, de relever la France de ses cruelles humiliations, de lui faire reprendre, sous vos auspices, le cours de ses glorieuses et immortelles destinées.

A Vannes, nouvelle allocution de Mgr Bécel, et nombreux discours, parmi lesquels on doit distinguer celui de M. Aché, ancien médecin militaire et maire de la ville :

Soyez le bienvenu parmi nous, Monsieur le maréchal ; les habitants de Vannes sont fiers de l'honneur que vous faites à leur vieille cité et heureux de vous voir invinciblement attaché à ces grands principes d'ordre et de paix sociale qui ont été mis pour sept ans sous la protection de votre vaillante épée. Ils sont reconnaissants de l'abnégation que vous avez mise à accepter cette patriotique mission dans des circonstances si difficiles. Nous avons confiance que vous la remplirez jusqu'au bout. — Vannes n'oubliera pas, Monsieur le maréchal, que c'est sous votre gouvernement qu'un grand établissement militaire lui a été accordé. — Votre souvenir restera attaché à cette création d'une école d'artillerie, qui est destinée à devenir le point de départ d'une ère de prospérité pour notre ville. — J'ai eu l'honneur de vous connaître au début de votre carrière. Après de longues années, je vous retrouve chargé de veiller aux destinées de la France. — Je suis heureux, après avoir été témoin de la haute estime que votre caractère inspirait déjà à l'armée, d'être appelé par mes fonctions à vous saluer aujourd'hui, dans une situation qui témoigne que cette haute estime de l'armée est devenue celle de la France tout entière. — Encore une fois, Monsieur le maréchal, soyez le bienvenu..

A Saint-Nazaire, la Chambre de commerce de Nantes attendait M. le maréchal-président, avec un pyroscaphe qu'elle avait frété pour remonter la Loire. M. Gilée, président de la Chambre, a fait les honneurs de son bateau en s'exprimant en ces termes :

Monsieur le président, la Chambre de commerce de Nantes a voulu venir vous souhaiter la bienvenue dès votre entrée dans le département, et vous offrir ses respectueux hommages, en même temps que l'expression de sa reconnaissance pour la ferme protection qu'assure votre pouvoir aux grands intérêts qu'elle représente.

Vous avez voulu voir de près ses intérêts commerciaux et maritimes, qui se rattachent d'une manière si étroite à la prospérité de l'État. Nous serions heureux de vous en entretenir et, avant tout, de vous montrer cette Loire, qui a fait si longtemps la prospérité de notre région et qui doit rester le principal instrument de sa richesse.

Nous espérons, Monsieur le président, que vous voudrez bien accepter, pour vous rendre à Nantes, le paquebot que nous avons l'honneur de mettre à votre disposition.

Ce serait pour vous la manière la meilleure de voir le grand fleuve, qui est l'artère vitale de ce pays, et, pour nous, une occasion précieuse d'exposer à votre patriotique sollicitude les besoins et les vœux de populations profondément dévouées à la cause de l'ordre et du travail.

Enfin, nous signalerons tout d'abord, à Nantes, l'allocution de bienvenue adressée au chef de l'État par M. le contre-amiral de Cornulier-Lucinière, maire de la ville :

Monsieur le président, je suis heureux que mes fonctions de maire me donnent la bonne fortune d'avoir à vous offrir les compliments de bienvenue que vous adresse la ville de Nantes.

Vous savez, Monsieur le maréchal, que cette cité bretonne, profondément dévouée à l'ordre, est un centre d'œuvres de bienfaisance. Elle a montré récemment sa générosité dans nos malheurs : nulle ville n'a plus promptement et complétement équipé des soldats, offert plus largement son concours financier; enfin, aucune n'a dépassé sa sollicitude pieuse pour les blessés.

Adonnée a l'étude, aux arts, à l'industrie et au commerce, elle est également sympathique à la gloire; aussi se prépare-t-elle à recevoir dignement l'homme de guerre illustre qui devient son hôte.

Puis le discours prononcé sur le seuil de la cathédrale par Mgr Fournier :

Monsieur le maréchal, c'est pour moi un grand honneur de recevoir, à la porte de cette cathédrale, l'homme éminent que sa loyauté, son amour de l'ordre, la fermeté de son caractère et les nécessités de la patrie ont placé à la tête de la France. Signe de paix et gage de salut, vous avez été accueilli avec la confiance de tous, et cette confiance, vous ne l'avez pas démentie. L'Europe vous respecte, les méchants vous redoutent, et notre France, après ses agitations, espère par vous le calme et le repos. Il ne tiendra pas à votre sage fermeté et aux nobles inspirations de votre cœur, que tous les éléments de sa prospérité ne lui soient rendus!

Pendant que, placé à la barre du gouvernail, vous guiderez, avec les grands corps de l'État, le vaisseau social à travers les écueils, nous, ministres de Dieu, clergé de notre catholique France, nous prierons le Dieu des empires d'éclairer vos conseils et de soutenir tous les courages. Nous ferons plus : nous contribuerons, pour notre large part, au bien-être de la patrie, par le puissant appui de cette religion qui, par ses préceptes, ses vertus, ses influences, est la base nécessaire de toute société, ou plutôt qui en est l'âme.

Je puis exprimer hardiment ces pensées en présence d'un homme dont les croyances et la vie honorable furent un constant hommage à cette religion qu'il respecta toujours, et que, dans sa sagesse d'homme d'État, il proclame hautement comme indispensable à la sécurité des peuples.

Monsieur le maréchal, je ne vous connais pas de plus beau titre à notre profond respect et à notre pleine confiance.

Ce clergé breton qui vous entoure, laborieux, vertueux et dévoué, peut compter au nombre des enfants les plus utiles de la France. Éducateur du peuple, ami des classes ouvrières — sans en être le flatteur, — partout et toujours son action répand, avec ses exemples, les grandes vérités, l'amour du devoir, le courage civil et les plus nobles dévouements. Mêlé à la société, il est le lien qui en unit tous les degrés par la bienveillance et les bienfaits; et si le faible et le souffrant le connaissent davantage, c'est que, plus nombreux, plus délaissés, ils ont plus grand besoin de son aide.

En protégeant cette religion qui vient de Dieu même, votre gouvernement assurera au pays les plus féconds éléments de bonheur et de vertus, de solide puissance et de grandeur.

Monsieur le maréchal, cette cathédrale, dont vous franchissez le seuil, vous frappe sans doute par ses vastes proportions et ses voûtes élevées, mais elle est imparfaite et tronquée; et, dans l'état présent, elle peut à peine suffire aux stricts besoins du culte. Il vous est réservé de combler les vœux de cette catholique contrée et de laisser une trace impérissable de votre passage, en achevant, par une concession facile et sollicitée depuis longtemps, des travaux que les gouvernements successifs ont à peine entretenus et plus souvent interrompus depuis 1836. Cet oubli ou cette impuissance, gravement funestes au Trésor, seront, — et j'ose le demander en ce grand jour au nom de la cité entière, — réparés par votre décisive influence. Nantes vous devra le prompt achèvement de son plus remarquable monument.

Et alors, il nous sera possible d'abriter sous nos voûtes, dans la chapelle qui leur est destinée, les restes de votre vaillant et digne frère d'armes, de l'illustre Nantais La Moricière, dont le tombeau terminé attend le lieu qui doit le recevoir.

Ce souvenir vous émeut, maréchal! Il ne nous touche pas moins. Grâce à vous, nous aurons côte à côte les deux magnifiques tombeaux du brave capitaine de Constantine, du gonfalonier de l'Église, et de nos derniers ducs de Bretagne.

Encore un mot, maréchal, pour vous exprimer nos vœux. Que la puissance de Dieu vous accompagne! Que sa sagesse dirige vos pas! Que par vous la France soit prospère et reprenne ses hautes destinées! Que le poids d'une autorité que vous n'avez point cherchée soit allégé par le loyal concours de tous les honnêtes gens!

Que le bonheur et les joies domestiques soient pour vous et pour votre noble compagne la compensation des soucis du pouvoir!

Qu'enfin, la religion trouve toujours en vous, qu'elle compte au nombre de ses enfants, la protection et l'appui auxquels elle a droit!

Enfin, nous terminerons par ce poétique compliment adressé par M. le sous-intendant Galles, président de la Société archéologique de la Loire-Inférieure; nous assistions à la présentation et nous ne craignons pas d'affirmer que de toutes les allocutions du voyage, celle-ci a été une des plus goûtées par le héros de Malakoff:

Monsieur le maréchal, nous passons nos loisirs à rechercher dans nos vieux monuments les traces des hauts faits des illustres Bretons, les Beaumanoir, les Clisson, les Du Guesclin; et nous sentons tressaillir leur ombre, lorsque votre glorieuse épée vient frôler leurs tombeaux.

— Et la morale de tout cela? demandera-t-on. — Nous n'avons ni la mission ni le loisir d'exposer ici les conséquences politiques du voyage de M. le maréchal-président ; mais nous croyons qu'au point de vue des grands intérêts de plusieurs de nos départements, ce voyage sera fécond en résultats considérables : ne doit-il pas amener la solution prochaine des grandes questions qui sont agitées autour de l'achèvement des bassins à flot de Saint-Malo et de Saint-Nazaire, et de l'amélioration de la navigation de la basse-Loire ?

II

ASSOCIATION BRETONNE

XVIIe Congrès tenu à Vannes du 30 août au 6 septembre.

L'Association Bretonne a tenu à Vannes la session de son XVIIe Congrès, du dimanche 30 août au dimanche 6 septembre dernier.

Après le Congrès de Quimper, tenu l'année dernière à la même époque, tout faisait espérer que l'œuvre si éminemment utile de la réorganisation de la Société prendrait chaque année une nouvelle extension. Ces espérances n'ont pas été déçues : l'Association compte aujourd'hui plus de six cents adhérents, et si tous n'ont pu se rendre au Congrès de Vannes, tous y étaient présents de cœur. Le comité de direction avait choisi cette année l'antique cité des Vénètes pour siége de la session, afin de réunir le plus de membres possible. Placée au centre de la Bretagne, et d'un accès facile à cause des voies ferrées qui y convergent dans toutes les directions, cette ville paraissait plus que toute autre appelée à donner un nouvel élan à une œuvre renaissante. De plus, c'est dans ses murs que l'Association avait pris naissance en 1843 ; dix ans après elle y avait reçu la plus généreuse hospitalité. Les Vannetais ne se sont point départis de leurs sympathiques traditions. Les séances se sont tenues dans les salles du Palais de Justice, gracieusement offertes au Congrès par les magistrats, et l'empressement du public aux réunions solennelles a montré combien tous appréciaient les efforts de l'Association pour se dégager de l'étreinte de la centralisation parisienne.

La séance d'ouverture eut lieu le dimanche soir, 30 août, à 7 heures, sous la présidence de M. Rieffel, assisté de M. de Kerjégu, de M. de

Champagny et de M. le Préfet du Morbihan, et fut presque uniquement consacrée à l'élection des bureaux pour les deux sections d'agriculture et d'archéologie.

Les résultats du scrutin furent les suivants :

Président général du Congrès, M. le comte de la Monneraye, député.

— Puis, pour la *section d'agriculture :*

Président, M. de la Monneraye.

Vice-présidents, MM. du Bouëtiez de Kerorguen, de Lorgeril, de Kerdavid, Marin de Kerjégu.

Secrétaires, MM. Trochu, Arnoult, de la Morvonnais, d'Estampes.

— Et pour la *section d'archéologie :*

Président, M. Audren de Kerdrel, député.

Vice-présidents, MM. de la Borderie, docteur Fouquet, Caradec, Pincson du Sel.

Secrétaires, MM. l'abbé Chauffier, Guyot-Jomard, Alban de Virel, Audran.

On procéda ensuite à la nomination des commissions pour les jurys chargés d'apprécier les divers instruments exposés, et les essais de ces instruments; puis l'on s'inscrivit pour les excursions qui devaient avoir lieu le vendredi et le samedi sur le navire de l'Etat l'*Euménide,* que M. le Ministre de la marine avait bienveillamment mis à la disposition du Congrès.

Le lundi 31 août, à 8 heures du matin, le congrès fut inauguré religieusement dans la cathédrale de Vannes, par l'évêque du diocèse, Mgr Bécel, qui avait tenu à célébrer lui-même la messe du Saint-Esprit, et qui, après le chant du *Veni Creator,* adressa aux nombreux assistants cette chaleureuse allocution :

MESSIEURS,

Notre ville n'a point oublié qu'elle servit de berceau à votre œuvre. Elle se félicite et s'empresse de vous offrir de nouveau l'hospitalité, après toutes les vicissitudes qui ont tourmenté et menacé votre existence. Il n'a dépendu ni d'elle ni de vous que vos travaux ne fussent couronnés d'un succès mieux proportionné à vos généreux efforts et au noble but où vous tendez. Lors même que l'avenir vous réserverait des contradictions égales à celles du passé, je vous crierais encore, avec un des vôtres : « Pas de découragement ! »

Le double objet de votre fraternelle association mérite l'application intelligente et soutenue dont je vous sais capables, et l'assistance maternelle que l'Église se plaît à vous accorder.

Mon humble suffrage n'a d'autre valeur que celle qu'il emprunte au saint ministère que je viens remplir ici, ce matin, heureux de répondre à votre pieux appel.

Vous avez pris le bon moyen d'obtenir, tôt ou tard, le résultat que vous ambitionnez. Pour mener à bonne fin toutes ses entreprises, l'homme a besoin de l'aide de Dieu. Il doit se considérer comme un instrument inutile entre ses mains toutes-puissantes. S'il se dérobe à l'impulsion secourable et féconde de son Créateur, il montre sa faiblesse et s'agite, en pure perte, à ses risques et périls. Hélas! ce qui se passe chez nous depuis trop longtemps témoigne surabondamment de notre dépendance native et de notre impuissance personnelle. Nous avons besoin d'un appui surhumain, d'une direction efficace. Vous l'avez compris, Messieurs: soyez-en bénis! Puisse votre exemple être suivi, toujours et partout! Puisse Celui qui fait croître et mûrir les fruits, qui possède tous les secrets et tous les trésors de la nature, exaucer vos vœux! Implorons ensemble cette grâce. Elle ne nous sera point refusée.

Au sortir de la cathédrale, le congrès sépara ses travaux, suivant l'usage, et les membres de la section d'agriculture se mirent immédiatement à l'œuvre. Nous n'entrerons pas ici dans le détail des discussions intéressantes qui eurent lieu dans cette section pendant ses quatre jours de travail: nous nous contenterons de dire que les questions les plus vitales concernant les progrès de l'agriculture et de l'industrie sur notre sol, y ont été traitées avec talent par les orateurs les plus autorisés. Quand on saura que MM. de Kerjégu et de Keranflec'h ont parlé sur les assolements, — M. Ameline, sur l'enseignement agricole, — M. de Lamarzelle sur les vignobles du Morbihan, — M. de Lahitolle sur la plantation des arbres à cidre et l'amélioration de sa fabrication, — M. Peyron sur le reboisement, — M. Le Blanc sur l'ostréiculture, — MM. de Chateauvieux et de la Morvonnais sur les espèces bovine et chevaline, — M. Morio sur les engrais chimiques, etc., etc., on pourra se convaincre de l'intérêt toujours croissant de ces laborieuses séances. Une exposition de produits agricoles dans les salles du collége communal, une exhibition d'animaux et d'instruments aratoires sur la promenade de *la Rabine*, des expériences de défoncement faites par M. Lefloc'h au Minimur, excitaient la curiosité de nos compatriotes et donnaient un formel démenti à ceux qui nous accusent encore de routine.

Le lundi, à une heure de l'après-midi, la section d'archéologie tint sa première séance sous la présidence de M. de Kerdrel. L'honorable et savant député remercia d'abord ses collègues en archéologie « de l'honneur qu'ils lui avaient bien voulu faire en le mettant à leur tête, ou plutôt en le rendant à son élément. Distrait de ses anciennes études pendant plusieurs années, il considère comme un véritable bonheur de s'y livrer de nouveau en compagnie de confrères si aimables et si studieux. Peut-être se sont-ils fait illusion sur sa capacité, mais ils peuvent être assurés qu'ils trouveront en lui le bon confrère, le bon ami, le bon Breton. » Ces trois qualités, M. de Kerdrel les possède au suprême degré : impossible de rencontrer président plus sympathique, et, malgré sa modestie, plus compétent. Cette séance fut surtout consacrée à la fixation de l'ordre des travaux pendant la session, et l'on décida que l'on suivrait, à très-peu près, selon le programme, l'ordre chronologique.

Le soir, à huit heures, la salle des Assises était remplie d'un nombreux auditoire, accouru pour jouir du spectacle de la véritable séance générale d'ouverture. M. Rieffel, directeur de l'Association, occupait le fauteuil de la présidence entre M. de Kerjégu et M. le préfet du Morbihan, et lut un remarquable discours dans lequel il retraça tout l'historique des progrès agricoles accomplis en Bretagne depuis la fondation de l'Association en 1843. Ce discours du vénérable fondateur de l'œuvre, qui prolonge et prolongera longtemps encore parmi nous, il faut l'espérer, sa vieillesse honorée, fut accueilli par les marques les plus unanimes d'une sympathique approbation ; il fut suivi d'une allocution de M. le préfet du Morbihan promettant à l'œuvre commencée le plus bienveillant patronage. « Elle est en effet de celles, dit M. de Rorthays, dont tout gouvernement honnête doit à la fois respecter l'indépendance et favoriser l'expansion, de celles dont tout administrateur consciencieux doit désirer le succès : car elle est singulièrement faite pour faciliter la tâche des hommes qui ont à porter le poids des hautes responsabilités dans la difficile entreprise de la réorganisation sociale. » Puis M. de Kerjégu, prenant la parole, fit un éloquent éloge du regretté M. de Sesmaisons. En entendant louer les vertus de cet homme éminent qui, pendant sept ans, présida l'Association, on ne pouvait s'empêcher de remarquer combien le noble défunt avait trouvé dans son panégyriste un digne successeur, et nous ne saurions trop féliciter l'orateur d'avoir proclamé bien haut de grandes vérités morales et sociales, appuyant surtout sur la responsabilité qui incombe devant Dieu et devant la société à tout riche propriétaire de développer le talent qui lui a été confié : ces sentiments ne peuvent qu'exciter nos compatriotes à sortir de cette torpeur dans laquelle nous les voyons trop souvent plongés. — Des rapports de MM. de Blois, de Champagny et de Pontbriant terminèrent cette intéressante séance.

Mais revenons aux archéologues. Le mardi, après une communication de M. l'abbé Piéderrière sur la bataille de Bailon, dont il proposerait de fixer l'emplacement au village de Belon près l'ancien doyenné de Péaule, on aborde la recherche des plus anciens monuments laissés sur notre sol par nos ancêtres; on constate des débris préhistoriques en quelques points du Finistère et du Morbihan, à la Ganterie près Saint-Malo, au mont Dol; on discute fort savamment au sujet des grottes creusées dans le roc, signalées à Tréhuinec, près Vannes, et à Keruzoret, en Plouvorn; et de brillantes dissertations s'engagent sur les monuments mégalithiques, sur les dolmens et leur destination. Les déductions scientifiques les plus exactes ne permettent plus d'y voir autre chose que des monuments funéraires.

Le soir la séance générale fut très-brillante et honorée d'un grand concours des dames de la ville. Elle était présidée par M. de Kerdrel et l'on remarquait au bureau Mgr Bécel, le Préfet du Morbihan et le président du Tribunal. M. de Kerdrel rappelle avec humour que l'étude de l'histoire contemporaine et locale est entre toutes la plus négligée. Nous savons ce que faisaient les Mèdes et les Perses, mais nous ignorons ce qu'étaient nos pères. De même nous allons souvent bien loin visiter des collections, curieuses, il est vrai, et nous laissons à notre porte, complètement inconnus, d'inestimables trésors. C'est ainsi que le musée de la tour du Connétable à Vannes, dont celui de Saint-Germain-en-Laye se vante de posséder les copies, renferme des richesses presque aussi inappréciées qu'inappréciables. Et les artistes sont parfois méconnus comme les arts. Mais M. de Kerdrel, qui ne veut pas commettre cette faute, désigne du doigt à l'assistance la vitrine où est exposée la belle croix de Lannion, et il fait ressortir avec beaucoup d'à-propos les qualités de cette œuvre, dans laquelle M. Désury, de Saint-Brieuc, actuellement fixé à Vannes, a allié d'une façon remarquable les ressources de l'art et les plus saines traditions archéologiques de la Bretagne.

Puis M. l'abbé Chauffier, secrétaire de Mgr Bécel, lut un très-remarquable travail sur un coffret trouvé dans la cathédrale de Vannes et qui remonte à 1150. « Nous n'aurions jamais cru qu'on pût dire tant de choses intéressantes, dit le correspondant de l'*Indépendance bretonne*, à propos d'un coffret, mais nous ne sommes pas un archéologue comme M. l'abbé Chauffier, ancien élève de l'école des Chartes. » Il est certain que cette dissertation peut passer pour un modèle [1]; M. de

---

[1] Nous apprenons qu'elle doit être prochainement publiée, avec des planches chromolithographiées, dans la *Revue de l'Art Chrétien*.

Kerdrel a félicité l'auteur de cette savante étude, et a adressé à Mgr
l'évêque de Vannes ses plus sincères compliments de compter dans son
diocèse un érudit de ce talent.

M. de Kerdrel lut ensuite, — et il lit aussi bien qu'il parle, — un
conte de M. Luzel, où il est question d'un crapaud fort extraordinaire.
L'auteur entre, à ce sujet, dans des considérations très-curieuses sur
l'ancienneté des contes et les points de rapprochement que l'on peut
faire en comparant ces compositions chez les peuples les plus anciens.

Le mercredi, 2 septembre, la section d'archéologie consacra sa
séance ordinaire à l'étude des époques gauloise et gallo-romaine dans
notre pays. On a signalé des puits funéraires à Guérande, à Vannes, à
Blain, au Drennec (Finistère), et les curieuses découvertes de l'abbé Baudry en Vendée se retrouvent sur presque tous les points de notre territoire. M. de Kerdrel rappelle à ce sujet qu'un archéologue anglais en
avait signalé, il y a plus de vingt ans, dans la Grande-Bretagne, et M. de
Blois les trouve indiqués et décrits dans les auteurs anciens. — Puis on
s'occupe des camps à enceinte vitrifiée. M. Kerviler assure qu'à la suite
des expériences faites à l'enceinte de Péran, près Saint-Brieuc, par
M. l'ingénieur Mazelier, il n'y a plus à douter qu'il n'y ait là un fait
intentionnel, un véritable mode de construction : il signale un fragment
de muraille vitrifiée à la pointe de Lanros sur la rivière de Quimper ;
M. de Cussé en indique un autre près de Saint-Servan, sur un promontoire de la Rance. — Puis on passe aux oppida gaulois ou gallo-romains.
M. le docteur Fouquet en décrit sur la côte de Rhuys ; M. Kerviler parle
de celui de la pointe de Penchâteau, mais il demande qu'on réserve
expressément la question de savoir si ceux du Morbihan ont été assiégés
par César, car il a cru démontrer dans son mémoire publié par le congrès
de Quimper, que le grand conquérant n'a pas passé la Vilaine, et il offre
de soutenir cette thèse contre ceux qui placent la défaite des Venètes
devant le golfe du Morbihan : mais la discussion s'arrête faute de con-
tradicteur. M. de Blois définit d'une façon très-précise le sens du mot
oppidum ; et l'on termine la séance, après avoir réparti dans les cinq
départements de la Bretagne un travail de statistique monumentale pour
ces époques de notre histoire, par la lecture d'un mémoire très-bien
exposé de M. Le Men sur la borne milliaire de Maël-Carhaix. Il en résulte
catégoriquement qu'il faut désormais placer *Vorgium* à Carhaix et non
plus à Concarneau. C'est là un point considérable acquis à notre géographie armoricaine et nous exprimons le vœu que M. Le Men qui, l'année

dernière, par la lecture de la borne de Kerscao découvrait la situation définitive de *Vorganium* à l'Aber-Vrac'h, nous apporte ainsi tous les ans une nouvelle borne milliaire, monument historique incontestable, qui donne la solution successive de toutes les questions si controversées de notre ancienne géographie.

Le soir, lecture d'un conte original de M. du Laurens de la Barre, *Le géant Rocbras* ; puis M. S. Ropartz, dont nous connaissons tous le talent oratoire et l'érudition historique si étendue en ce qui concerne nos annales bretonnes, a tenu pendant une heure l'assemblée sous le charme de sa parole, en lui communiquant le résumé d'une étude pleine d'animation, assaisonnée d'anecdotes curieuses et toutes inédites, à propos de l'*Exil du Parlement de Bretagne* à Vannes, en 1675, lors de la *révolte du papier timbré*. C'est là un des chapitres les plus curieux de l'histoire, encore à faire, du Parlement de Bretagne, et nous espérons bien que, devant le succès de son étude, M. Ropartz n'hésitera pas à nous donner cette histoire : nul mieux que lui n'est capable de la mener à bien.

Enfin, toute la salle a écouté avec émotion et applaudi chaleureusement une pièce de vers lue par M. l'abbé Nicol, professeur au Petit-Séminaire de Sainte-Anne, dont le talent poétique est bien connu dans le diocèse de Vannes. Le sujet de ce petit poème est la rencontre de saint Gildas et du barde Taliésin, pleurant sur les ruines de la Bretagne insulaire, ravagée par les Saxons, au VIe siècle. La lyre du poète y fait vibrer en accents inspirés le sentiment patriotique et la foi chrétienne.

Nous arrivons au dernier jour d'études en séances. Le jeudi, après de longues visites aux musées de la Tour du Connétable et de M. de Limur, la section d'archéologie a entendu un important mémoire de M. le docteur Halléguen sur les Corisopites et les Curiosolites, question qui est aujourd'hui l'une des plus controversées de notre ancienne géographie, avec celle de la position des Diablintes. MM. Le Men, de Blois, Kerviler, ont traité le problème; un récent mémoire de M. Longnon l'agite de son côté, et quatre systèmes sont aujourd'hui en présence sur cette question délicate qui ne pourrait être définitivement résolue que par la découverte de quelque monument historique très-précis. M. de Blois distingue nettement les Corisopites et les Curiosolites ; M. Le Men les confond en les plaçant à Quimper ; M. Halléguen ne les confond que pendant l'époque romaine en les plaçant à Corseul, et prétend que le mot Corisopites serait un nom simplement topographique né au IXe siècle à Quimper. MM. Lon-

gnon et Kerviler séparent les deux peuplades, mais, voulant placer les
Diablintes en Armorique, ils sont obligés d'admettre la destruction de
la cité curiosolite par les barbares vers le IVᵉ siècle, sous peine de trouver une lacune dans la notice des dignités de l'empire, lacune qu'admet
M. de Blois.

> ..... *Certant et adhuc sub judice lis est.*

La discussion étant close, M. Kerviler a exposé un projet de bibliographie bretonne, ou mieux d'une *bibliothèque historique de la Bretagne*,
qui serait du plus grand secours à tous les travailleurs, s'il pouvait se
réaliser : c'est un travail de longue haleine qui demandera plusieurs
années de patientes recherches à notre ami et collaborateur; recherches
singulièrement diminuées par les beaux travaux bibliographiques de l'un
de nos compatriotes les plus érudits, M. Émile Péhant.

Le soir, dans une brillante causerie, appuyée sur un grand nombre de
documents historiques originaux, et pour la plupart encore inconnus,
M. de la Borderie a retracé le règne si mouvementé de la duchesse Anne,
ses différends avec le maréchal de Rieux, les compétitions des nombreux
prétendants à l'honneur de sa main, le triste état de la Bretagne à cette
époque, le mariage de la duchesse avec Charles VIII et la grandeur
d'âme de cette jeune princesse, qui sut sacrifier ses goûts personnels à
l'intérêt de sa patrie, donnant, dès l'âge le plus tendre, à ses sujets, un
exemple de noble désintéressement qui a porté ses fruits. — Puis,
M. Bernard, substitut, a lu un rapport sur la visite au magnifique musée
de la Tour-Clisson, concluant sagement qu'au sujet de la destination de
tous ces objets il ne faut pas se trop hâter de transformer les hypothèses
en réalités; enfin, M. de Kerdrel, président, a clos la séance en remerciant
le public, l'évêque, le préfet, les autorités, de leur bienveillant concours
et en adressant un chaleureux appel aux jeunes gens auxquels il a très-
finement expliqué la différence qu'il faut faire entre les antiquaires et
les archéologues.

Dans l'après-midi, une séance solennelle avait eu lieu pour la distribution des prix du concours agricole, et M. de la Monneraye y avait prononcé un discours très-applaudi, dont voici les principaux fragments; ils
résument toute l'histoire et l'esprit de l'Association :

> « Messieurs,

> » Il y a plus de trente ans révolus, des associations libres prirent, dans notre pays,
l'intelligente et patriotique initiative de réunions et de concours agricoles régionaux.

> » Pour ne parler que de l'Association bretonne, elle fut fondée en 1843, dans

notre cité de Vannes, par des hommes de dévouement et de cœur, et nous avons encore, au moment où je parle, l'honneur et la joie de voir au milieu de nous l'un de ses premiers fondateurs. C'est l'honorable et savant directeur de la ferme-école régionale de Grand-Jouan, M. Jules Rieffel, envers lequel je dois tout d'abord acquitter la dette de notre reconnaissance.

» Cette pensée si heureuse et si féconde ne devait pas tarder à s'emparer des esprits et à donner un but d'intérêt général à des dévouements et à des activités s'exerçant jusque-là dans l'isolement et dans l'ombre.

» Durant les années comprises entre 1843 et 1858, l'Association Bretonne tint ses assises, chaque année et tour à tour, dans chacun des cinq départements de la Bretagne. Avec quel succès toujours croissant, avec quel bénéfice pour le pays! j'invoque ici, pour répondre, le témoignage de ceux qui ont pris part à ses enquêtes, à ses travaux, et je suis heureux d'en voir encore un certain nombre parmi nous. Cette grande et brave armée des cultivateurs bretons allait avoir désormais ses représentants et ses chefs, les avocats de sa cause, les défenseurs dévoués de tous ses intérêts.

» Quelles bonnes et utiles relations s'étaient établies! quelles discussions instructives et courtoises! quelle ardeur en même temps et quelle sympathique union, sans arrière-pensée, dans le désir du bien général! Nous nous en souvenons. Mais bientôt l'Association Bretonne allait se voir tout à coup arrêtée dans sa marche.

» Un pouvoir ombrageux, inquiet des suites que pouvait entraîner avec elle cette première atteinte portée à la centralisation, jaloux, nous l'avons cru, de garder pour lui seul tous les moyens d'influence, vint imposer un terme aux réunions et aux travaux de la libre Association Bretonne. Il la remplaça, il est vrai, peu de temps après, par les concours régionaux officiels. C'était une erreur et une faute.

» Les deux institutions pouvaient vivre ensemble, et de leur double action ne pouvait manquer de résulter un progrès plus rapide et des profits de toutes sortes pour notre agriculture.

» L'institution officielle aurait ses avantages sans doute, mais pourrait-elle jamais remplacer ces excellentes réunions de l'Association Bretonne où propriétaires et cultivateurs, hommes de toutes les situations et de tous les départements bretons, mêlés ensemble, dans les relations les plus cordiales et les plus intimes, agitaient, durant plusieurs jours, les questions de théorie et de pratique agricoles, de science et d'expérience, d'étude des faits ainsi que des progrès nécessités par notre état social ?

» L'Association Bretonne cessa d'exister à partir de l'année 1858 et jusqu'à l'année 1872.

» En 1873, après des jours néfastes et des désastres immenses, un certain nombre d'hommes de dévouement se rencontrèrent dans la commune pensée de la faire revivre et de lui rendre l'avenir.

» Quand donc aurait pu se faire sentir un besoin plus impérieux de rapprochement et d'union, de dévouement et d'activité qu'alors que d'incomparables malheurs étaient venus nous frapper ?

» Pauvre France qui avait tant souffert ! il fallait panser ses blessures et unir tous les efforts pour relever sa fortune.

» Un premier rendez-vous fut indiqué dans la ville de Quimper. Cette tentative,

sans obtenir encore un plein succès, fit concevoir du moins les meilleures espérances.
A l'issue de la session de 1873, un sentiment unanime désigna la ville de Vannes
pour le lieu de réunion du plus prochain concours. L'Association Bretonne allait
venir se retremper et chercher de nouvelles forces auprès de son premier berceau.

» Il est permis, à l'heure actuelle, Messieurs, de dire que cette inspiration fut
bonne et que l'accueil fait au Congrès par l'hospitalière cité de Vannes a confirmé
notre espérance.

» Je remplis un devoir qui m'est particulièrement doux en offrant à ses habitants
l'expression de la gratitude de tous les membres de l'Association.

» Le Congrès, selon sa coutume, s'est partagé en deux sections pour procéder à
ses travaux.

» La première section s'est occupée d'agriculture; et des discussions sérieuses
autant que pleines de profit, brillantes, non moins que courtoises et sympathiques,
ont rempli ces dernières journées.

» La deuxième section s'était donné pour tâche l'étude de notre histoire et des
monuments de notre pays. Le nombreux auditoire qui se pressait à ses séances du
soir est la meilleure preuve du vif intérêt qu'elle a su éveiller et entretenir jusqu'à
la fin.

» Étudier ainsi le passé pour profiter de son expérience et de ses leçons; étudier
également le présent pour bien connaître ses légitimes besoins, tant moraux que
matériels, et nous dévouer, dans toute la mesure de nos forces, à l'œuvre de leur
satisfaction, n'est-ce pas préparer l'avenir?

» Travail, union, concorde, nous avons retrouvé nos anciennes traditions. Nous
sommes de nouveau en possession du meilleur et du seul remède à cet état (pardonnez-moi une expression aventurée) de pulvérisation sociale, d'isolement des intérêts, qui finirait à la longue par ruiner l'abnégation et développer indéfiniment la
personnalité et l'égoïsme.

» Dans notre Congrès, au contraire, le cœur vibre et s'échauffe sous l'influence des
idées élevées, des sentiments chrétiens et patriotiques, et chacun se sent animé du
désir de bien faire.

» N'est-ce pas, dites-le-moi, dans des réunions comme celles-ci que l'esprit public
doit grandir ou renaître? Et le progrès agricole, s'il est déjà, au point de vue
des intérêts individuels, un si précieux avantage, n'est-il pas devenu, pour la
France, une loi de salut social?

» Il faut augmenter la production; il faut lutter contre le renchérissement incessant des objets les plus nécessaires à la vie : le pain et la viande. Pour atteindre ce
résultat, l'Association est devenue, je n'exagère rien, d'une nécessité impérieuse.
Elle sera seule capable, elle aura seule la force de déterminer sans retard les progrès nécessaires. Il faut mettre en commun tous les fruits de l'expérience, unir tous
les efforts, prodiguer tous les bons conseils et les encouragements. Il le faut sans
retard.

» Pensez donc, Messieurs, combien nous serions heureux si, à ce pauvre pays
écrasé sous le poids des impôts par le malheur des temps, nous pouvions fournir
bientôt le moyen d'augmenter sa richesse ! Ce moyen, il est là !

» Le voilà ! c'est le progrès agricole.

» ... A l'œuvre tous ! unissons nos efforts : patronage, conseils, aides de toutes sortes, encouragements, distinctions honorifiques, sollicitons ou mettons en œuvre tous les moyens; adressons-nous à tous les mobiles honorables, qui se confondront ainsi dans le plus beau de tous les mobiles, l'amour de notre France.

» Le Congrès de l'Association Bretonne vous offre, Messieurs, dans ce but, un centre de réunion et d'action.

» Un de nos honorables collègues, aussi distingué par le cœur que par l'esprit, pourquoi ne le nommerais-je pas? M. de Kerjégu, le directeur de cette Association, nous demandait instamment, il y a deux jours, de faire tous et chacun le vœu de procurer à l'Association Bretonne, d'ici au prochain Congrès, 10 nouvelles adhésions.

» Nous les obtiendrons, Messieurs, vous voudrez tous vous associer à cette œuvre de patriotisme et de salut social.

» Notre Congrès, chaque année, sera une réunion de famille. La petite famille est la première, mais non la seule à mériter ce nom. Ne forment-ils pas encore une famille, ces hommes auxquels Dieu a donné un commun berceau, des souvenirs communs d'enfance et de jeunesse, les mêmes intérêts sociaux et auxquels, en même temps, il a imposé, d'une manière plus étroite, le dévouement et l'assistance réciproques, de communs et plus proches devoirs?

» ... J'ai fini et retardé trop longtemps peut-être le moment où nos agriculteurs vont venir recevoir les récompenses qu'ils ont méritées et puiser dans vos encouragements la volonté de les mériter mieux encore dans l'avenir.

» Quant à nous, mes chers collègues de l'Association, nous dirons,en nous séparant : Rien n'est fait, tant qu'il reste quelque chose à faire. »

Le vendredi et le samedi, 4 et 5 septembre, des excursions archéologiques fort intéressantes ont eu lieu aux monuments si nombreux du golfe du Morbihan et de ses alentours ; grâce à l'*Euménide,* on a pu admirer tous ces débris d'un autre âge, Gavr'innis, Tumiac, Locmariaker, Carnac, Rhuys....., menhirs, tumuli, dolmens, témoins des hauts faits de nos aïeux.

Le dimanche, fête de saint Vincent, une magnifique procession parcourait la ville de Vannes : sept paroisses voisines étaient venues se joindre à celles de la cité qu'évangélisa l'apôtre, et l'on remarquait, à côté de deux vaisseaux portés par des marins, un grand drapeau hollandais déployé par les gars de Plougoumelen et pris jadis sur l'ennemi par leurs ancêtres. — De brillantes illuminations, un feu d'artifice, devaient avoir lieu, le soir, dans le parc de la préfecture : le mauvais temps retarda cette fête jusqu'au lundi.

Et maintenant, à l'année prochaine, à... Guingamp (?)

LOUIS DE KERJEAN.

MÉLANGES

— C'est le 18 septembre 1860 qu'avait lieu la bataille de Castelfidardo. Suivant une pieuse tradition en honneur chez ceux qui ont appartenu au régiment des zouaves pontificaux, le général de Charette a réuni cette année au château de la Contrie (Loire-Inférieure), quelques-uns des survivants de cette glorieuse mêlée, qui restera un titre d'honneur pour les catholiques et pour la France. Un service funèbre a été célébré en l'église de Couffé, village où est situé le château de la famille de Charette. Après l'absoute donnée par Mgr Daniel, aumônier en chef du régiment, un déjeuner servi sous une tente a réuni les zouaves présents à cet anniversaire. Au dessert, le général a prononcé le discours suivant:

Messieurs, il y a quelques années à peine, — il me semble que c'était hier ! — quelques jeunes gens, n'écoutant que la voix de leur conscience et celle d'un chef illustre, venaient se grouper autour du Roi-Pontife pour le défendre contre la Révolution, qui voulait, comme elle le veut encore aujourd'hui, anéantir et son pouvoir spirituel et son pouvoir temporel! Quelques mois après, ils versaient leur sang pour ce grand principe qui, seul, peut sauver le monde.

Tel a été le berceau de ce régiment, et c'est pour célébrer ce glorieux anniversaire que nous sommes réunis aujourd'hui.

Bien des événements se sont passés depuis. Notre légende est courte, souvent sanglante, mais toujours glorieuse. Hélas! Messieurs, de ceux qui assistaient à cette bataille, chefs et soldats, beaucoup sont morts! ne les oublions pas!

Messieurs, honorer les morts, se rappeler un anniversaire est non-seulement la meilleure preuve que l'on vit du passé, mais encore qu'on a foi dans l'avenir.

La position actuelle est triste — personne ne peut le nier. On me dit qu'il y a des gens parmi nous qui désespèrent! Je ne puis le croire. Désespérer, nous, zouaves, jamais! Notre Pontife et Roi n'est-il pas la preuve vivante de la foi et de l'espérance?

Lorsqu'on a le bonheur comme nous d'avoir des principes et des convictions, et qu'on est bien déterminé à ne faire aucune concession, on est toujours sûr de faire son devoir, dans les temps même les plus difficiles.

Affirmer sa foi, Messieurs, est peut-être le plus grand acte patriotique qu'il soit donné à un homme de faire.

Nous avons eu le bonheur de faire notre devoir et à l'étranger et en France; — d'autres l'ont fait et tout aussi bien que nous. — Et savez-vous pourquoi nous avons marqué dans cette dernière guerre? — C'est que nous représentions une idée, que nous représentions un principe.

Merci d'être venus, merci de tout cœur; — et permettez-moi d'adresser en votre nom nos hommages à cette vaillante femme (Mme Kanzler) qui a l'honneur de partager avec notre général les souffrances de notre malheureux et saint Pontife.

Dites-lui, Madame, quand vous le reverrez, qu'il peut toujours compter sur la partie française de son régiment des zouaves, et demandez-lui sa bénédiction, afin que pas un de nous ne faillisse à son devoir, à son honneur, et comme chrétien et comme Français. — (Union).

— Nos lecteurs n'ont pas oublié le magnifique portrait de M. le comte de Chambord par notre éminent artiste M. F. Gaillard. Depuis longtemps le monde catholique attendait de M. Gaillard le portrait du Très-Saint Père, comme pendant à celui de M. le comte de Chambord en 1872.

M. Gaillard s'est rendu à Rome; Pie IX a bien voulu poser deux fois devant le pieux artiste; de plus, il a été admis à assister à plusieurs des audiences publiques données par le Saint-Père, de manière à pouvoir saisir la physionomie de Sa Sainteté dans son cabinet comme dans les solennités. Cette belle œuvre vient de paraître ; elle démontre, une fois de plus, que le sentiment religieux est seul capable de féconder le talent et de le faire servir à la manifestation du beau et du vrai.

Tout chrétien et amateur d'art se réjouira de pouvoir contempler les traits admirables du Saint-Père, et de voir, en considérant la physionomie si émouvante de cet illustre Pontife, toutes les élévations de sa grande âme.

Les conditions de la souscription sont les mêmes que celles pour le portrait de M. le comte de Chambord:

1° Épreuve artiste sur colombier, 100 fr.; 2° Épreuve avant la lettre sur jésus, 50 fr.; 3° Épreuve avec la lettre sur jésus, 15 fr.

— La longueur de la chronique ne nous laisse pas assez de place pour examiner aujourd'hui les peintures décoratives que notre compatriote, désormais illustre, M. Paul Baudry, vient de terminer pour le foyer du nouvel Opéra. Nous reparlerons, le mois prochain, de cet immense travail, à propos duquel un critique autorisé a pu dire : « M. Baudry a établi sa gloire d'une manière impérissable. »

— Le 28 août dernier, mourait au Mans, de la rupture d'un anévrisme, M. le baron Alfred du Fougerais, né en 1804, et qui représenta la Vendée à l'Assemblée législative de 1849. Il avait été l'un des propriétaires et des rédacteurs de la *Quotidienne*, puis, sous la monarchie de Juillet, rédacteur en chef de la *Mode*. Célèbre comme avocat royaliste, il resta toute sa vie fidèle au principe traditionnel.

— Le R. P. Louis Marquet, de la résidence de Nantes, vient de donner un *Manuel abrégé* [1] du *Grand recueil de cantiques* qu'il avait précédemment publié et que le R. P. de Ponlevoy, provincial, avait ainsi apprécié : — « Il me tardait de vous remercier et de vous féliciter. Certes, vous avez fait là un grand travail, et vous avez fait aussi une belle œuvre et une bonne action : *grande opus, bonum opus !* — Vous avez défié la peine et emporté la tâche. »

— Nous recommandons tout particulièrement à nos lecteurs la charmante édition petit in-12 des *Œuvres d'Auguste Brizeux*, qu'édite en ce moment M. A. Lemerre (Paris, passage Choiseul), et qui figure à notre *Bulletin bibliographique* du mois dernier.

---

[1] *Manuel abrégé du Grand Recueil de cantiques* du R. P. Louis Marquet, approprié par l'auteur aux maisons d'éducation de jeunes filles et aux associations d'enfants de Marie. Édition classique, honorée de l'approbation et de la recommandation spéciale de plus de trente prélats : cardinaux, archevêques et évêques. (430 cantiques. — Prix : 3 francs.) — Les airs, en grande partie nouveaux, forment un volume à part, qui paraîtra dans le courant de décembre. — Prix : 3 fr. — A Paris, chez Poussielgue frères, 27, rue Cassette. Dépôt chez l'auteur, Nantes, rue Dugommier, 13.

BIBLIOGRAPHIE BRETONNE ET VENDÉENNE

ARMÉE (L') DE BRETAGNE; par un volontaire. Le 4 septembre 1870. M. de Kératry général en chef. La division Gougeard à l'armée de la Loire. Le camp de Conlie et la ligne de l'Ouest. Réponse à M. de la Borderie. In-8°, 96 p. — Rennes, imp. Bession; Paris, lib. Le Chevalier........ 1 fr.

CHANÇON AR PIDER C'HOMPLIMANT, COMPOSET EN ENOR DA DRUGARES AR VAGESTE ETERNEL, etc., par Pierre Trevarin. In-8°, 11 p. — Quimperlé, imp. Clairet.

ÉTUDE SUR LA RÉORGANISATION DU MUSÉUM D'HISTOIRE NATURELLE DE NANTES; par M. Édouard Dufour, directeur. In-8°, 16 p. — Nantes, imp. Vᵉ Mellinet.
(Extrait des *Annales de la Société académique de Nantes*).

FÉLIX ROUSSELOT, notice biographique. In-18, 163 p. — Nantes, imp. Vincent Forest et Émile Grimaud.

GÉNÉALOGIE ET ANNALES DE LA MAISON DONDEL DE SILLÉ, où l'on voit l'origine et la fondation de la ville de Lorient (Bretagne); par J.-M.-R. Lecoq-Kerneven. — Rennes, imp. Leroy fils.

HISTOAR AR YAOUANQUIS PE CHANSON NEVES COMPOSET GANT AN DEN YAOUANC D'EUS A-BARRES BAMALAC VAR SUJET HE VESTRES ER BLOAVES 1873, ALLAIN AR GUIFFANT. In-8°, 24 p. — Quimperlé, imp. Clairet.

MANUEL DES PÈLERINS DE LA VILLE ET DU DIOCÈSE DE NANTES A NOTRE-DAME DE LOURDES. In-18, 36 p. — Nantes, imp. Grinsard; lib. Mazeau. » 40

NOTICE NÉCROLOGIQUE SUR LE DOCTEUR CHAILLOU; par le docteur Just Lucas-Championnière. In-8°, 7 p. — Paris, imp. Lahure.

NOTRE ARMÉE NATIONALE. Son organisation militaire et administrative en tous temps; par le docteur Judée. In-16, 36 p. — Rennes, imp. Bazouge fils; Paris, lib. Le Chevalier................................. » 50

ODYSSÉE DE LA BÉCASSE EN GAULE. Les cabournes, les bourniers et les bournigals; par Fortuné Parenteau, conservateur du Musée archéologique de Nantes. In-8°, 8 p. et pl. — Nantes, imp. Vincent Forest et Émile Grimaud.

PÈLERINAGE (LE) DE SAINTE-ANNE-D'AURAY. Suivi d'une notice historique sur les environs; par le P. Arthur Morin, de la Compagnie de Jésus. In-18, 287 p. grav. — Vannes, imp. et lib. Galles.

TÉLÉGRAPHIE SOUS-MARINE. Renseignements sur le cable transatlantique français de Brest à Saint-Pierre (Amérique); par G. Miriel, ex-employé des lignes télégraphiques, professeur de dessin à Brest. Son itinéraire, sa construction, description des appareils relatifs à la transmission des signaux, exposé des communications. In-8°, 12 p. et pl. — Brest, imp. Gadreau.

ZOUAVES (LES) PONTIFICAUX, OU VOLONTAIRES DE L'OUEST. Poème dramatique et lyrique; par l'abbé Champré, professeur à l'institution Notre-Dame, à Guingamp. In-8°, 87 p. — Guingamp, imp. Le Goffic.

LA BRETAGNE AU XIᴱ SIÈCLE

SA RÉORGANISATION POLITIQUE ET RELIGIEUSE

Le XIᵉ et le XIIᵉ siècle, en Bretagne, sont avant tout une ère de *reconstruction*. Les ravages des Normands avaient fait table rase dans la société comme sur le sol. L'occupation prolongée du pays par ces pirates, la fuite et la dispersion au loin des classes supérieures de la nation avaient forcément amené la rupture et puis l'oubli des rapports de patronage et de dépendance, la ruine ou le bouleversement de toutes les institutions anciennes. La royauté suprême, les comtés, les machtyernats avaient disparu, comme les monastères et les églises. Pour rétablir une Bretagne, il la fallait reconstruire pièce à pièce.

Alain Barbe-Torte, par ses victoires, avait dès 938 chassé les Normands, nettoyé le sol breton, relevé la clef de voûte de l'édifice : la royauté. Mais la monarchie bretonne de 938, — ou, pour l'appeler de son vrai nom, le duché de Bretagne, — rentra justement dans les limites d'où elle ne sortira plus et que lui avait tracées le glaive de Nominoë. Des territoires concédés en bénéfice par Charles-le-Chauve, — Maine, Coutances, Avranches, — elle ne garda rien ; elle conserva fidèlement les conquêtes du vainqueur de Ballon, Rennes, Nantes, et au delà de la Loire le pays de Retz, définitivement uni par Barbe-Torte au diocèse et au comté nantais.

Les grands comtés se relevèrent aussi bientôt, à peu près dans leurs anciennes limites. Dès le Xᵉ siècle ou le commencement du XIᵉ, on revoit non-seulement ceux de Rennes et de Nantes, mais encore le Broërech ou comté de Vannes, la Cornouaille, le Poher, le Léon, la Domnonée, et le Poutrécoët, désormais appelé *Porhoët :* s'il y eut quelque changement dans le territoire et l'importance hiérarchique de ces circonscriptions politiques, on le dira tout à l'heure.

Ce qui ne se releva pas, ce qui resta enfoui sans retour dans les limbes du passé, c'est l'institution du *plou* [1] et du *machtyernat.* La paroisse ecclésiastique se reforma assez promptement ; souvent même (autant qu'on en peut juger) elle reprit les limites de l'antique *plou ;* mais en tant que société civile et politique, ayant un chef propre, une magistrature héréditaire et patriarcale, une autonomie si vive, si accentuée, le *plou* antique disparut, — non toutefois sans léguer à la paroisse quelque trace de sa forte institution.

L'ordre social, il est vrai, se reforma sur la base du patronage, mais la base du patronage changea. Jusqu'aux invasions normandes le *plou* avait continué la tribu émigrée, fondée sur le continent, au sortir des barques, par chaque nouvel essaim d'exilés bretons ; le machtyern représentait le chef primitif de cette tribu ; son autorité avait pour base la permanence du lien établi dès l'origine entre la tribu et la famille de son chef. Mais par suite de l'invasion normande, la tribu se trouva dissoute ; il fallut donc forcément reconstituer le patronage sur un autre principe. On n'avait pas le choix, on prit celui de la *recommandation,* convention privée et libre à son origine, par laquelle un homme, se sentant faible au milieu d'une société troublée, se mettait avec ses biens sous la protection et la dépendance d'un plus puissant, ou bien acceptait cette protection et cette dépendance comme condition mise à la jouissance de certains biens et de certains avantages à lui concédés.

---

[1] *Plou* ou *ploué* en breton, et en latin *plebs,* en Bretagne, du VIᵉ au Xᵉ siècle, c'est à la fois la paroisse ecclésiastique et la tribu ; le *machtyern* (en latin *princeps plebis*) est le chef héréditaire, civil et politique, du *plou.*

Ce genre de convention existait déjà au IX° siècle ; les biens ou avantages concédés constituaient alors un *bénéfice*, mais la concession et le lien qui en naissait étaient tout au plus viagers. Après l'invasion normande, le lien et la concession furent héréditaires ; la concession, faite en terres presque toujours, s'appela un *fief;* celui qui la faisait devint le *seigneur* ou *suzerain* du concessionnaire, et celui-ci l'*homme* ou *vassal* du concédant ; le lien existant entre eux se nomma le *vasselage.*

Rien n'obligeait à borner les fiefs par l'étendue des paroisses, la plupart du temps on n'en tint compte ; tantôt on les fit plus vastes et tantôt moins; parfois même la création du fief précéda le rétablissement de la paroisse.

Comme il ne restait pas trace de l'autorité ni de la juridiction du machtyern, le vassal n'eut plus de devoirs qu'envers son seigneur. « *En Bretagne,* disent nos vieux jurisconsultes, *qui a le fief a la justice* » ; en d'autres termes, tout vassal doit suivre la cour, c'està-dire le tribunal de son seigneur; il lui doit de plus la fidélité, l'assistance et le service militaire, — car en Bretagne comme ailleurs, du X° au XIII° siècle, les seigneurs avaient le droit de guerre privée.

Sans insister davantage, sans entrer dans le détail des obligations particulières qui variaient à l'infini, nous avons voulu marquer nettement la différence essentielle existant entre les institutions bretonnes *avant* et ces mêmes institutions *après* l'invasion normande. Avant, c'est la *tribu,* où tous les devoirs et tous les droits sont réputés tirer leur principe du sang et de la naissance. Après, c'est le *fief,* au contraire, où toutes les obligations naissent d'un contrat, d'un bienfait, transmis héréditairement, mais sous des conditions définies dont l'inexécution rend le bienfait caduc. Ici, c'est le régime patriarcal plus ou moins modifié; là, le système politique de la féodalité territoriale.

Essayons d'esquisser à grands traits le plan de la construction féodale élevée en Bretagne après l'invasion normande, aux Xe et XIe siècles, achevée ou modifiée au XIIe, et qui fut l'œuvre de nos ducs de pure race bretonne, issus des vieux comtes de Nantes, de Rennes et de Cornouaille.

Beaucoup d'historiens ne veulent voir dans le régime féodal, et surtout dans la division des fiefs, que caprice et confusion. C'est une erreur : sans doute il n'y eut point un plan préfix, arrêté d'avance, tracé sur la carte, décrété et appliqué en bloc, comme plus tard la division de la France en départements par l'Assemblée Constituante. Mais aussi le hasard fut loin de tout faire ; il y eut certains principes, certaines idées générales de politique, de stratégie ou de convenance dont on ne se départit guère, et qui mirent dans cet apparent désordre plus d'ordre réel qu'on ne pense.

En ce qui touche la Bretagne, la première nécessité était de fortifier la frontière ; il fallait pour cela de grands et puissants fiefs, capables d'opposer partout aux agresseurs une solide barrière. Aussi voyez le comté de Nantes : le territoire situé au Sud de la Loire, entre ce fleuve, la mer et la frontière poitevine, est compris presque entièrement sous une seule seigneurie, la vaste baronnie de *Rais* ou *Retz*, avec ses châteaux de Machecoul, du Collet, de Prigni, de Princé, de Pornic, et qui embrassait encore, au XVIe siècle, plus de quarante paroisses. A l'Est, et en tirant vers l'Anjou, deux autres fiefs moins étendus, mais fortement constitués, — *la Benaste* et *Clisson,* — complétaient la défense de la frontière. Pour mieux établir d'ailleurs la sûreté de cette limite, les comtes de Nantes et de Poitou, par suite d'un accord qui remonte très-proba-blement à Barbe-Torte, avaient soumis les paroisses qui la bordent de l'une et de l'autre part à un régime mixte, fort ingénieux, — trop long à décrire ici, — qui en faisait réellement un territoire neutre. C'était ce qu'on appelait les Marches de Bretagne et Poitou, lesquelles se trouvaient comprises, d'une part, sous les seigneuries poitevines de Tiffauges et de la Garnache ; de l'autre, sous les seigneuries bretonnes de la Benaste et de Retz, ces deux dernières réunies bientôt dans les mêmes mains, par l'extinction des seigneurs de la Benaste [1].

Mais du côté de l'Anjou, entre la baronnie de Clisson et le cours de la Loire, une circonstance spéciale s'opposa à la constitution d'un grand fief : c'était l'existence d'un vaste domaine ecclésiastique dépendant de l'abbaye de *Vertou*, dont l'origine remontait à la fin du VIe siècle. Les moines de Vertou, comme tous les autres, avaient fui devant les Normands ; mais dans l'exil, ils surent conserver leurs titres, et quand ils les présentèrent après l'invasion, le comte de Nantes leur rendit leur territoire. On se borna donc, de ce côté, à ériger deux ou trois châtellenies de moyenne importance, sorte de forts détachés, confiés à des bras vaillants, à des races énergiques, les seigneurs du *Pallet*, de *Goulaine*, du *Loroux-Bottereau* : mais ce fut toujours le point faible de la frontière, la brèche qui donna aux comtes d'Anjou, pour envahir le Nantais, une facilité dont ils usèrent fréquemment.

Il en alla autrement au Nord de la Loire. Là fut formée, dès avant la fin du Xe siècle, la grande baronnie d'*Ancenis*, s'étendant depuis ce fleuve jusqu'à la frontière du comté de Rennes, et depuis la limite d'Anjou jusqu'à l'Erdre.

La frontière rennaise commençait alors à la baronnie de *Châteaubriant*, qui relevait du comté de Rennes, bien qu'elle fût au spirituel dans le diocèse de Nantes. Cette seigneurie, quoique riche et puissante, était singulièrement constituée ; elle ne formait point un fief compact, comme Retz et Ancenis, mais une agrégation de châtellenies, jointes entre elles par leur union aux mains des mêmes

---

[1] La Benaste fut aussi pendant quelque temps possédée par les sires de Clisson.

seigneurs, mais qui territorialement ne se touchaient guère que par leurs extrémités. C'était d'abord la baronnie proprement dite de Châteaubriant, puis au Nord (dans le comté de Rennes) les châtellenies de *Teillai*, *Piré*, *Cornuz* [1], et au Sud (dans le comté de Nantes) *Vioreau*, dont le château était en Joué.

A la paroisse de Villepôt, quatre lieues au Nord de la ville de Châteaubriant, commençait la baronnie de *Vitré*, le fief le plus important de toute la Haute-Bretagne, qui de là montant pendant une quinzaine de lieues, s'étendait dans plus de quatre-vingts paroisses et ne finissait qu'à Javené, une lieue au Sud de Fougères. Mais dans le corps de la baronnie de Vitré la politique prévoyante des comtes de Rennes avait enclavé, comme une sorte de contre-poids, un fief d'étendue moyenne, relevant d'eux immédiatement, composé de huit paroisses, qui s'appelait la baronnie de *la Guerche* [2]. Vitré avait pour mission spéciale de tenir en bride Laval, seigneurie immense, dressée comme une menace par les comtes du Maine sur la frontière de Bretagne. Au milieu du XIIIe siècle, les deux fiefs rivaux — Laval et Vitré — s'unirent par mariage, et la frontière depuis lors n'en fut que mieux gardée.

Au Nord de la baronnie de Vitré, la limite bretonne était couverte par la baronnie de *Fougères*, un peu moins étendue, mais qui embrassait encore une cinquantaine de paroisses.

Enfin, sur le bas cours du Couësnon et jusqu'à la mer, le *régaire* ou seigneurie temporelle *des évêques de Dol*, — presque aussi vaste dans le principe que la baronnie de Fougères, — achevait de fermer notre frontière. Mais quoi ! un clerc, un évêque, débonnaire de profession et pacifique par état, pour défendre et tenir close, à la barbe des ducs de Normandie, cette porte de la Bretagne,

---

[1] Le château de Teillai était sis en la paroisse d'Ercé-en-la-Mée ; ne pas confondre avec Teillé, paroisse du comté de Nantes sous la baronnie d'Ancenis. On appelait assez souvent ces trois châtellenies *Châteaubriant à Teillai*, *Châteaubriant à Piré*, *Châteaubriant à Cornuz* ; le château du Châtellier était le chef-lieu de cette dernière.

[2] Pour plus de détails sur la baronnie de Vitré, voir *Revue de Bretagne et de Vendée*, 2e série, t. VIII, p. 446-447.

incessamment assaillie et trop facile à forcer? Évidemment un clerc
n'y pouvait suffire ; lui-même le comprit, et dès les premières années du XI° siècle, Junguené, archevêque de Dol, détacha de son
régaire un territoire important, presque la moitié du tout (quinze à
vingt paroisses), s'étendant jusqu'au Couësnon ; il y fit bâtir un fort
château, puis donna ce fief à un rude guerrier, son frère, appelé
Riwallon, avec mission de défendre d'une part les droits temporels
du siége de Dol et de l'autre la frontière bretonne. Telle fut l'origine
de la baronnie de *Combour*.

Ainsi, avec un développement de plus de soixante lieues, la limite
bretonne était gardée par neuf ou dix seigneuries seulement, toutes
fort importantes. On ne peut donc douter que les comtes de Rennes
et de Nantes, chargés d'organiser sur cette ligne la défense du pays,
n'avaient vu, et avec raison, dans la force des fiefs-frontières le
meilleur rempart à opposer aux attaques du dehors.

II

SUITE DES FIEFS-FRONTIÈRES.

Ils prirent encore une autre précaution. Les pays de Nantes et de
Rennes n'avaient été réunis à la Bretagne qu'en 850 ; il y avait
lieu de craindre que l'esprit de patriotisme, le sentiment national breton, ne fût pas aussi développé, aussi énergique et aussi
vif dans la population indigène de ces contrées que dans celle des
régions plus occidentales de notre péninsule. Pour parer à ce danger, les comtes de Nantes et de Rennes eurent soin de mettre à la
tête des fiefs-frontières, et en général de tous les fiefs importants
de ces deux comtés, des hommes de pur sang breton, qu'on fit venir
de Basse-Bretagne et qui, s'établissant là avec leur famille, avec
une suite nombreuse de clients et de vassaux, achevèrent d'incul-
quer à ce pays, non la langue, mais les usages, les mœurs, les lois,
et surtout l'amour vivace de la patrie bretonne : il n'y eut, depuis
lors, à cet égard, aucune distinction à faire entre la Basse-Bretagne
et la Haute.

Le fait que nous signalons peut, en plus d'un cas, se prouver directement par l'histoire, entre autres, par celle (que nous avons racontée ailleurs) des origines de la baronnie de Vitré [1] ; il se prouve, surtout, très-bien par les noms des premiers seigneurs de ces grands fiefs et de leurs principaux vassaux. Sans doute, dès cette époque, les races se sont trop mêlées pour qu'on puisse toujours et absolument conclure du caractère d'un nom à la nationalité de celui qui le porte ; mais quand nous trouvons, au XIe siècle, sur certains points du pays *gallo*, une prédominance considérable des noms bretons sur les noms d'origine germanique, il faut bien conclure que là prédomine aussi la race bretonne. Impossible de voir un pur hasard dans cette abondance de noms bretons aux premières générations de toutes nos dynasties féodales.

La tige des barons de Retz (en 958) est un *Gestin*, son fils ou petit-fils un *Harscoët*, et les fils de celui-ci *Gestin* encore, *Aldroën*, *Urvoi*, *Alain*. Ancenis, fondé dès 981 par le comte de Nantes Guérech, eut d'abord pour seigneur le fils de ce comte, *Alain* ; un peu plus tard un *Alfrid* — nom aussi breton que germain [2], — époux d'*Orguen* et père de *Guéthenoc*. A Châteaubriant, le plus ancien baron se nomme *Tihern* et vivait au commencement du XIe siècle, sa femme *Inoguen*, ses fils *Brien* (qui bâtit le château), *Téher*, etc. Que dites-vous de *Manguinoë*, premier seigneur de la Guerche (de 990 à 1037), fils d'une *Guënargant*, et petit-fils d'un *Loscoran* qui s'était enfui en Bourgogne au temps de l'invasion normande ? Et de *Riwallon*, baron de Vitré avant 1008, qui eut pour femme une autre *Guënargant*, pour fils *Driscann* ou *Triscan* ? A Fougères, dès 990, nous avons *Méen* ou *Main*, neveu d'un archevêque de Dol du même nom et aïeul d'un troisième *Main*, aussi baron de Fougères, d'une *Inoguen* qui épousa Triscan de Vitré, etc. On a déjà dit que Combour (fief créé de 1015 à 1030

[1] Voir *Revue de Bretagne et de Vendée*, 2e série, t. VIII, p. 434-436.
[2] On le trouve très-fréquemment en pays breton, dans les chartes carlovingiennes de l'abbaye de Redon ; la forme première est *Albrit*, où le radical *brit* (breton) est incontestable, et qui devient successivement, par corruption, *Alvrit*, *Alfrit* et *Alfrid*.

environ) eut pour premier seigneur *Riwallon*, frère de l'archevêque
Jungonoë, d'un *Salomon*, d'une *Inoguen*, etc. Par exemple, la châtellenie de Clisson, qui s'étendait en Poitou et paraît avoir été créée
pour une famille de cette province, ne nous offre, à ses commencements, que des Baudri, des Gaudin, des Gai et des Géraud, tous
noms parfaitement germains. Mais le premier seigneur connu de la
Benaste a un nom breton pur sang, *Jarnigon*.

Si des seigneurs nous descendions aux vassaux, ce serait encore
mieux ; qu'on nous passe un seul exemple. La fondation du prieuré
de Béré, près Châteaubriant, faite avant l'an 1050 par le baron
Brient, eut pour témoins, après ce seigneur et sa famille, *Hervé* et
Guiténoc, fils de *Tudual ; Main*, fils de *Primaël ; Teuhairé*, fils de
Merihen ; Alfred, fils de *Caradoc; Eudon* fils d'*Hervé*. (D. Morice,
Preuves, I, 401.) Un autre acte du XI° siècle nous fait connaître les
noms des principaux habitants de la paroisse de Juigné, sous cette
même baronnie de Châteaubriant ; ce sont, entre autres, *Brient,
Hervé, Guenno, Judicaël, Morguethen, Riwallon, Gleu, Catwallon,
Goudalen, Erneu, Guéthenoc, Kenmarhuc*. (Cartulaire de Redon,
p. 235-236.) Ne se croirait-on pas en pleine Bretagne bretonnante ?
Or, Juigné touche immédiatement l'Anjou, et est plus proche de
Pouancé que de Châteaubriant.

III

FIEFS DU COMTÉ DE NANTES.

Les autres fiefs les plus anciens du comté de Nantes étaient, sur
la rive gauche de la Loire, trois petites seigneuries enclavées dans
la baronnie de Retz, mais qui toutes trois remontent à la première
moitié du XI° siècle, savoir *le Pellerin* (mentionné en 1050), *Frossai*
ou *le Migron* (1009-1038), et *Sainte-Opportune* ou *Saint-Père-en-
Retz* (avant 1050) ; — sur l'autre rive de la Loire, le *régaire épiscopal de Nantes* et la *vicomté de Donge* (1038), qui dominait en ce
temps-là toute la basse Loire, de Cordemais à Saint-Nazaire.

En remontant la côte, c'était la châtellenie de *Guérande*, domaine
propre du comte de Nantes, qui n'embrassait que sept ou huit

paroisses, mais riche par ses salines ; — puis la baronnie de *la Roche-Bernard*, bordant le cours de la Vilaine depuis son embouchure jusqu'à Fégréac et qui, en l'an 1026, en était déjà au moins à son second seigneur.

Au Sud de cette baronnie, celle de *Pontchâteau,* non moins antique (certainement antérieure à 1038), et qui peut-être dans le principe embrassait la châtellenie de *Plessé* ou *Fresnai*, dont on trouve toutefois un seigneur particulier mentionné dès l'an 1062 (*Inisanus de Ploissiaco*, D. Morice, *Pr.* I, 419).

En 1108, l'importante châtellenie de *Blain* était encore domaine propre du duc Alain Fergent, qui en faisait à ce moment construire le château, sans doute pour la constituer en fief au profit d'un de ses chevaliers, souvent cité dans nos chartes, de 1110 environ à 1133, sous le nom de Guégon de Blain ; mais en faisant cette inféodation, le duc retint dans son domaine la belle forêt du *Gâvre.*

Notons encore deux fiefs d'importance moindre, relevant, comme les précédents, du comte de Nantes, et dont l'origine remonte certainement au XIe siècle : *Nort* et *Sion*, cités tous deux dans nos actes vers 1070.

Montrelais, enclavé dans l'angle sud-est de la baronnie d'Ancenis, révèle son existence vers 1120.

Quant aux autres fiefs un peu importants du comté de Nantes, — *Héric, Saffré, Nozai, Issé, Derval, Fougerai,* etc. — ils existaient peut-être dès ce temps, mais les documents historiques connus n'en font pas mention avant la fin du XIIe ou le commencement du XIIIe siècle.

Enfin, le domaine proche du comte comprenait dès l'origine, outre la forêt du Gâvre et la châtellenie de Guérande, la plus grande partie de la ville de Nantes et, au Sud de la Loire, la forêt nantaise ou forêt de *Touffou.*

Dans les fiefs nantais qu'on vient de décrire, comme dans les fiefs-frontières, partout les noms bretons prédominent. A Nort, les plus anciens seigneurs sont un *Jacut,* un *Riwallon,* un *Glédenn;* à Sion, *Cawallon;* à Blain, *Guégon;* à Plessé, *Inisan;* à Pontchâteau, *Jarnogon;* à Saint-Père-en-Retz, *Cawallon, Harscoët;* à Frossai,

Drowaloë, Riwallon, Hélogon; à Donge et au Pellerin, *Rodald.* On a voulu, à tort, voir dans ce dernier nom l'indice d'une origine scandinave ; il était depuis longtemps adopté par les Bretons, car un des fils d'Alain-le-Grand s'appelait *Rudalt :* comment hésiter, d'ailleurs, quand nous trouvons dans la famille seigneuriale, tout auprès de ce nom, au Pellerin, ceux de *Jarnogon, Judicaël, Inoguen, Orvande, Orvale,* — et à Donge, *Harscoël, Beli,* etc.? La Roche-Bernard ne fait pas même exception, malgré le nom germanique de son premier baron ; car la lignée de ce Bernard nous offre, dès les premières générations, des *Riwallon,* des *Conan,* des *Guihénoc,* des *Judicaël.*

Terminons par une remarque qui a son importance. Tout en créant de grands fiefs, afin d'assurer plus efficacement la défense de la frontière, du cours de la Loire et du littoral, les comtes de Nantes eurent soin de séparer ces grosses seigneuries ou par des domaines qu'ils se réservèrent, ou par des fiefs plus modestes relevant d'eux immédiatement, et dont les possesseurs, menacés par leurs puissants voisins, ne pouvaient manquer de rechercher la protection du comte et d'être pour lui, au besoin, des alliés fidèles contre ses grands vassaux. Ainsi, entre Retz et Clisson, il y avait la Benaste ; entre Vertou et Retz, le domaine de Touffou, et dans le corps même de la baronnie de Retz, trois fiefs directs du comte, Saint-Père ou Sainte-Opportune, Frossai ou Migron, et le Pellerin [1]; — à l'Est de la baronnie d'Ancenis, Montrelais, et à l'Ouest, entre Ancenis, Vioreau et le régaire de Nantes, la seigneurie de Nort; — le domaine du Gâvre entre Blain, Plessé, Pontchâteau ; — entre Donge et la Roche-Bernard, celui de Guérande. Ce système de contrepoids est trop régulièrement appliqué pour qu'on n'y doive pas reconnaître l'un des principes suivis par nos comtes et ducs bretons dans l'organisation féodale de leur pays.

[1] Deux de ces fiefs, le Pellerin et Saint-Père-en-Retz, devinrent plus tard domaines ducaux.

ARTHUR DE LA BORDERIE.

(*La suite à la prochaine livraison.*)

M. GUÉPIN

PRÉFET DE LA LOIRE-INFÉRIEURE *

V

Chose étrange, M. Guépin, qui voulait refuser aux Vendéens le droit de verser leur sang pour la patrie, avait rêvé, lui, de susciter en Bretagne, contre les Prussiens, « une chouannerie républicaine »; il y revient sans cesse dans ses dépêches :

« (Du 8 septembre). — On demande des fusils pour faire aux » Prussiens *guerre de Vendée, guerre de chouans.* »

« (13 septembre). — Opinion générale que Prussiens vont » venir dans vallée de la Loire se ravitailler. — Ordonnez » fédération et *chouannerie républicaine.* — Sauvons patrie et » république. — Bien mal servis dans l'Ouest. »

« (15 septembre). — Tout l'Ouest se prépare à guerre sainte. » Nantes va bien. — Campagnes commencent, — se préparent » à *chouannerie républicaine...* — Je prépare pour l'Ouest *beau-* » *coup de choses très-bien*, mais pas encore tout. »

« (19 septembre). — Nombreux indices [de la part des Prus- » siens] de volonté d'atteindre Bordeaux par Napoléon, Nantes,

* Voir la livraison de septembre, pp. 214-224.

» Angers, Le Mans. Faut nuée de tirailleurs, c'est-à-dire *chouan-*
» *nerie républicaine.* »

Il semble, par une autre dépêche où il explique un peu plus
ses vues, qu'il eût été prêt à prendre lui-même la direction de
cette campagne :

« (25 septembre). — Guerre de l'Ouest toute nouvelle : pas
» de batailles, incessantes rencontres. — *Parlez, suis prêt.* —
» Pas de général dans l'Ouest, mais deux ou trois officiers du
» génie, chargés de diriger, d'organiser défense de série de pe-
» tites fortifications. »

Ne serait-ce pas pour commencer cette « série de petites fortifications » qu'on éleva, à quatre lieues de Nantes, les retranchements de la Seilleraie?... Ce qui est certain, c'est qu'on
creusa là de grands fossés, on entassa beaucoup de terres,
on bouleversa beaucoup de champs et de prés, on dépensa
en travaux, en indemnités (bien tard payées) plusieurs centaines de mille francs : le tout sans utilité et en pure perte,
sans autre résultat que de procurer au département de la Loire-
Inférieure — bien qu'il soit toujours resté à plus de 25 lieues
des lignes prussiennes — les douceurs de l'*état de guerre* et du
droit de réquisition directe sur les personnes et les choses à la
convenance de l'autorité.

Quant à la *chouannerie républicaine,* M. Guépin oubliait que
la chouannerie et la Vendée de 93 avaient eu pour mobile la foi
religieuse. Pour faire une chouannerie républicaine, il eût fallu
dans le cœur des populations la foi républicaine. Il n'y en eut
point.

Que si l'honorable préfet voulait parler d'une chouannerie
non pas républicaine mais purement patriotique contre les
Prussiens, peut-être la direction de cette entreprise aux mains
de M. Guépin et de son parti n'eût-elle pas été bien propre à en
assurer la réussite. En tout cas, au lieu d'armer et d'organiser
sur place les hommes valides de nos campagnes, — condition

indispensable d'une chouannerie quelconque, — on les envoya
pourrir à Conlie.

VI

A défaut de chouannerie républicaine, le préfet de la Loire-
Inférieure institua, sur un théâtre de Nantes, de prétendues
« conférences démocratiques et militaires [1], » transformées tout
aussitôt en un club, qui resta jusqu'à la fin de la guerre un foyer
d'agitation démagogique.

Ce club se signala, le 30 octobre, lors de la nouvelle de la
capitulation de Metz, par l'envoi à Tours de quatre délégués,
qui allèrent presser M. Gambetta de décréter la levée en
masse.

M. Guépin s'ingénia aussi à créer un corps assez original,
dont il parle ainsi dans une dépêche du 7 octobre au ministre de l'intérieur à Tours :

« J'ai trouvé obstacle dans la bureaucratie maritime ; j'aurai
» malgré elle sapeurs et *canotiers, vraie compagnie de mari-*
» *niers.* »

La bureaucratie maritime n'avait-elle pas mauvaise grâce à
méconnaître l'utilité d'une compagnie de mariniers et de canotiers, pour combattre les Prussiens en terre ferme ?

Rendons d'ailleurs à César ce qui est à César, et à la Délégation de Tours le mérite de cette invention curieuse, car dans
une proclamation datée du 28 septembre et affichée sur les murs
de Nantes, M. Guépin annonçait comme suit cette grande nouvelle :

« Le gouvernement qui siège à Tours pense que Nantes est
» toujours la tête de la Bretagne. — Faites, m'écrit-il, un 6ᵉ
» bataillon de mobiles, un bataillon modèle, avec une compa-

---

[1] « Demain, j'installe comité de défense ; demain, à la Renaissance, conférences
» démocratiques et militaires qui dureront un mois. » — (Préfet à Intérieur,
8 septembre 1870.)

» gnie d'éclaireurs ou francs-tireurs et *une compagnie de*
» *sapeurs mariniers.* — Je vais m'entendre avec le maire de
» Nantes pour offrir à la défense nationale *un petit corps modèle.*
» — On s'inscrit dès aujourd'hui à la préfecture. »

Je ne sais si l'on s'inscrivit beaucoup ; mais la bureaucratie
maritime s'obstina, et le « petit corps modèle », cette ingénieuse
compagnie de canotiers, resta sur le papier. Grand dommage.

Une autre idée, moins originale mais plus étonnante, fut
celle du préfet et du maire de Nantes qui, de leur autorité
propre, après en avoir ensemble mûrement délibéré, sans
prendre la peine d'en référer à la Délégation de Tours, s'avisèrent un beau matin (le 26 septembre) de mobiliser, suivant
des règles par eux imaginées, la garde nationale nantaise, alors
qu'il n'était encore question que vaguement de cette mesure
pour les autres gardes nationales de France. — Par dépêche
adressée à MM. Laurier et Glais-Bizoin, le préfet se hâte d'annoncer ce beau coup :

« Garde nationale nantaise mobilisée *sur papier.* Emotion
» grave sans plainte. (27 septembre). »

Il ne semble même pas se douter que c'est là un acte illégal,
d'un énorme arbitraire ; loin de là, « il signalait » le même jour
« cette excellente mesure aux sous-préfets du département » et
« la recommandait à leur imitation. » — Voici d'ailleurs le texte
de ce décret municipal, qui était accompagné de l'approbation
du préfet :

« De l'avis de M. le préfet, après nous être concerté avec le
» comité départemental de la défense nationale,
» Et en avoir délibéré avec MM. les adjoints :
» Art. 1ᵉʳ. — La garde nationale de Nantes est mobilisée.
» Art. 2. — Les citoyens qui la composent sont appelés au
» service actif dans l'ordre suivant :
» 1° Les hommes de 21 ans à 40 ans, non mariés ou veufs sans
» enfants.

» 2° Les hommes compris dans la même limite d'âge mariés
» ou veufs avec enfants.

» 3° Tous les hommes de 40 à 60 ans. Cette dernière classe
» de gardes nationaux formera la réserve.

L'art. 3 — appelle tous les résidants.

Art. 5. — Election des chefs par les compagnies mobilisées.

» Art. 6. — Dès qu'un bataillon aura été formé, il sera mis à
» la disposition du gouvernement pour être employé à la défense
» nationale.

» L'exécution de cet arrêté est confié au patriotisme de tous
les bons citoyens.

» En mairie, le 26 septembre 1870. »

Il est vrai que trois jours après (le 29 septembre), le Gouvernement de Tours décrétait par toute la France la mobilisation
des gardes nationales ; mais cette circonstance ne détruit point
l'illégalité de la mobilisation préventive de Nantes, d'autant que
les règles prescrites pour l'exécution différaient essentiellement.

VII

Dans la Loire-Inférieure, comme partout, le 4 septembre
amena à sa suite un grand nombre de destitutions.

Dans l'administration que l'on pourrait appeler politique
(préfets, sous-préfets, etc.) elles étaient à peu près inévitables.
Mais du moins eût-il fallu que les successeurs des fonctionnaires
révoqués fussent bien choisis, capables du poste où on les
plaçait et non uniquement réduits, pour tout mérite administratif, à se targuer de la couleur de leurs opinions républicaines.

Nous ne parlerons pas de tous les sous-préfets de M. Guépin,
mais seulement du plus célèbre, le chanteur Bataille. Croit-
on que la nature de son talent et de ses occupations antérieures l'eût bien préparé à des fonctions qui, à les remplir
consciencieusement durant cette terrible période, offraient bien

des difficultés et bien des fatigues? Voici, dans une dépêche de M. Guépin à M. Gambetta, le procès-verbal de la nomination de M. Bataille :

« *Préfet à Intérieur, Paris.* — J'ai demandé au sous-préfet
» d'Ancenis adhésion à la République ; a répondu d'une ma-
» nière très-évasive. — Demande d'une réponse nette ; pas de
» réponse. — Avais près de moi notre ami Bataille, professeur
» au Conservatoire de Paris ; l'ai prié d'aller provisoirement
» à Ancenis ; accepte. — Veuillez ratifier cette nomination.
» (13 septembre). »

Il y aurait sans doute à signaler bien des destitutions peu justifiées ; mais nous ne voulons pas entrer dans les questions de personnes.

Notons seulement, pour un motif spécial, la destitution du commissaire central de police. Voici comme M. Guépin l'annonce à M. Gambetta, par dépêche du 11 septembre :

« Je viens de révoquer Piétri II, commissaire central de
» Nantes, ai besoin de remplaçant. J'ai donné ordre de quitter
» Loire-Inférieure dans les 48 heures ; évité ainsi conflit très-
» grave entre lui et population. »

Cette crainte d'un conflit hypothétique ou plutôt, d'après les témoignages les plus graves, parfaitement chimérique, cette crainte n'est alléguée que pour couvrir un acte absolument arbitraire. On pouvait destituer un fonctionnaire ; mais le bannir administrativement de la Loire-Inférieure ou de toute autre partie du territoire français, c'était violer outrageusement le droit et la liberté individuelle.

VIII

Après ce mot sur les destitutions prononcées par M. Guépin, venons aux nominations qu'il a faites ou procurées. Nous ne voudrions pas trop insister sur le spectacle peu ragoûtant, que chaque révolution nous ramène, et qu'on a si justement nommé la curée. Il y a pourtant là quelques traits à noter.

D'abord, c'est bien entendu, M. Guépin ne nomme et ne recommande que des purs, des républicains de la veille et du meilleur teint.

Voici, par exemple, certaine dépêche où l'honorable préfet, demandant une justice de paix pour un de ses protégés, dit de son candidat : Nommez-le, car c'est un « avocat, esprit ferme, libéral et distingué.» Mais, au moment d'expédier ce télégramme, il se ravise et se corrige ; il efface *libéral* et y substitue *républicain de vieille date.*

Libéral, voilà un beau titre ! les monarchistes le méritent autant que personne. Mais *républicain de vieille date,* cela lève la paille, et le candidat est sûr du succès.

Un autre n'est pas seulement républicain, il est buchésien :

« Un buchésien, actuellement chez moi, nommé B***, en 1848 » secrétaire du commissaire de la république, serait très-bien » sous-préfet à Pontivy, Morbihan. (12 septembre). »

Un buchésien d'avant 48, ancien secrétaire d'un commissaire de la république, que voulez-vous de mieux ? C'est là un républicain de derrière les fagots.

M. Guépin, dans l'opposition, avait sans doute plus d'une fois crié contre la plaie du népotisme. Au pouvoir, il ne s'en préserva pas. Il y a surtout deux frères, dont l'un était son allié, tous deux ses parents, dont il ne cesse pas de vanter le mérite et de demander la nomination à des fonctions administratives. — Le 8 septembre, il écrit à Paris :

« Mettez direction (du Morbihan) dans main ferme. — Préfet » actuel inerte depuis République. — A situation délicate, » homme de tact. — Si vous avez un homme, envoyez-le de » suite. — Si l'homme vous manque, je déciderai mon *allié* à » occuper provisoirement la préfecture, ou à se faire le conseil » d'un nouveau préfet. — Il est né dans le Morbihan, avocat,

» docteur en droit, d'une famille d'ardents patriotes, mon parent
» avant son mariage. — Si vous voulez de lui pendant période
» du danger, acceptera temporairement. — Préférait être guide
» d'un préfet nouveau. — Au besoin , lui écrire à Nantes chez
» moi. Voici nom : J. X*** de X***, avocat.

» Vous faut-il un homme très-énergique, distingué, bon à
» l'administration, bon à la guerre , ardent patriote, très-répu-
» blicain ? Le voici : A. X*** de X***, propriétaire, en ce moment
» chez préfet de Nantes. — 44 ans, désirant servir république,
» mais seulement pendant danger. »

(9 septembre). — « Faites nommer J. X*** de X***, avocat,
» docteur en droit, préfet temporaire à Vannes. — Désiré par
» Morbihan, — actuellement chez moi. »

(12 septembre). — « J'ai expédié hier soir à *** l'un des X***
» de X***, pour remplacer le sous-préfet qui m'avait donné sa
» démission. J'ai donc nommé A. X*** de X*** sous-préfet pro-
» visoire. — Il est républicain de vieille date, fin, adroit, éner-
» gique , ayant ce qu'il faut pour le pays qu'il connaît. »

L'actif préfet de la Loire-Inférieure ne se bornait pas à solliciter, à faire des nominations dans l'ordre administratif, il en pro-
voquait aussi dans l'ordre judiciaire, et cela d'une façon si impérieuse, que le ministre de la justice crut avoir affaire à un
magistrat, autorisé à parler de la sorte par la nature même de
ses fonctions. M. Guépin, le 12 septembre, dut lui écrire pour le
détromper :

« Cher ministre, je mets fin au quiproquo. — Suis préfet,
» n'ai pu consulter procureur-général. — Mais ai pris avis des
» avocats les plus estimés du barreau. — Lettre vous arrivera
» ce soir, en écrirai une autre. — Place vacante, je vous demande
» X*** et pour lui l'instruction. — Je recommande Y***, avocat
» éminent et très-digne, et Z*** pour la place vacante de subs-
» titut. Tous choix parfaits. »

Achevons cette série par la pièce suivante, adressée au délégué de l'intérieur et au ministre de la justice, à Tours, et qui, dans la littérature des pétitions, demandes et recommandations, nous semble révéler un genre nouveau et offrir un caractère original :

« (24 septembre 1870). — Je vous prie et vous supplie de
» nommer M. de X***, actuellement journaliste à Nantes [1], à
» une sous-préfecture dans le Midi. — Il a un grand talent
» d'écrivain. — Il a été *chaud,* mais sa tête se calme. — Il est de-
» venu orateur populaire. — C'est un ancien volontaire garibal-
» dien ; il est né en *** (M. le comte de X***). — Vous pourriez,
» mieux encore, le mettre dans une ville menacée par les
» Prussiens. — Ici il est un embarras, ailleurs il sera une
» grande utilité. »

IX

Voici le bouquet.

Vous souvient-il d'un bruit fort étrange, sorti, on ne sait d'où, propagé on ne sait par qui, mais répandu partout en Bretagne, aux mois d'octobre et de novembre 1870 ? Le comte de Chambord, disait-on, était dans notre province, tenant avec ses partisans de mystérieux conciliabules, allant d'un château à l'autre, toujours de nuit, dans un carrosse fantastique à ressorts capitonnés, roues garnies de molleton, chevaux ferrés de caoutchouc.

Une dose fort ordinaire de lumières et de bon sens suffisait pour faire mépriser ce conte comme une fable absurde et ridicule. M. Guépin le prit au sérieux et en fit l'objet d'une communication spéciale à son gouvernement :

« Nantes, 11 octobre 1870. — *Préfet à Intérieur, Tours.*

» Suis sur traces de voitures mystérieuses n'allant que de
» nuit. — L'on dit poudres, l'on dit armes, l'on dit conspira-

[1] Journaliste radical extrêmement avancé.

» teurs, l'on dit Henri V. — Connais parcours. — Sous pieds
» des chevaux caoutchouc.

» Préfet Guépin. »

Le même jour, dans une autre dépêche, le même préfet
écrivait :

« Sur flotte, on prépare *nomination du prince de Joinville.* »

La République était attaquée par terre et par mer. M. Guépin
ne pouvait saisir la flotte; il pouvait capturer les voitures mystérieuses, les chevaux en caoutchouc, et, le 14, il écrivait de
nouveau au ministre :

« Comte de Chambord est, dit-on, près Nantes. — *Il a pour*
» *itinéraire d'aller chez une personne dont j'ai l'adresse.* — En-
» voyez ordres. »

Telles étaient les préoccupations de l'un des plus honnêtes et
des plus intelligents préfets de la Défense nationale !... Cela se
passe de tout commentaire.

Quant à la conclusion qui ressort des faits que nous avons rap-
pelés, des documents que nous avons cités dans cette étude, le
lecteur l'a formulée d'avance. C'est que chez les républicains,
même les plus honnêtes, qui ont servi le gouvernement du
4 septembre et sont restés avec lui en communion d'idées et
de sentiments, le souci de la forme républicaine, des intérêts du
parti républicain, a constamment dominé le souci de la France,
de sa destinée et de sa délivrance.

Jacques Devannes.

—

PROVIDENCE

————

A Mlle MADELEINE DE BELCASTEL.

————

L'homme, bipède étrange, inventeur de lunettes,
Qui, le tube à la main, jusqu'au sein des planètes
Lit tout les beaux secrets dont vous vous étonnez,
Trop souvent ne voit pas jusqu'au bout de son nez.
C'est toujours le Garo chanté par Lafontaine,
Pauvre niais qui veut pendre aux rameaux du chêne
La gourde monstrueuse aux flancs appesantis
Et poser au sommet l'autruche et ses petits.
Comparés aux projets dont sa cervelle abonde,
Les ouvrages de Dieu, roi fainéant du monde,
Que sont-ils ?... rien qui vaille... et tout marcherait mieux,
Si lui, Garo, portait le sceptre dans les cieux :
Comme il saurait mettre ordre à tant d'abus énormes !
Les Thersites affreux, les Esopes difformes
Deviendraient aussi beaux que l'ami d'Adrien.
Des autels pour Garo !... Dès lors tout ira bien !...

Qui n'a rêvé parfois ainsi ?... Notre ignorance
Voit toujours l'injustice où paraît la souffrance.
Chez nous, quand le succès ne suit pas le désir,

Murmurer contre Dieu devient un sot plaisir :
L'insecte révolté du haut d'un brin de chaume,
Croit ébranler le ciel avec ses cris d'atome,
En niant que quelqu'un veille de là sur nous.
Garo, guéris ton nez et va planter tes choux !....

Quand la vertu gémit, quand le vice prospère,
Rappelle-toi toujours qu'il est au ciel un père.
Quoiqu'il soit invisible, en lui mets ton espoir :
Crois, prie, aime, il te voit et se fera bien voir.

Aimer quoi ?... Prier qui ?... Notre tâche est si rude
Par ce temps de naufrage et d'âpre inquiétude !
La pierre de l'écueil blesserait nos genoux.
Pour nous nuits sans sommeil, jours sans soleils pour nous !
Prier qui ?... Dieu !... Je veux croire à sa Providence ;
Mais par quel frein sait-elle arrêter l'impudence ?
Regardez ce fripon vieillir sur son trésor :
A cent ans, il pourra l'accumuler encor,
Sans que la maladie aille entr'ouvrir sa porte,
Et qu'en un corbillard le diable enfin l'emporte !
La bourse le verra toujours, carnet en main,
Voler plus que Cartouche au bord du grand chemin,
Et, grâce à cent exploits dignes de cent potences,
Encaisser, fin courant, primes et différences....
Prier ?... Mais à quoi bon ? Aurons-nous sous les yeux
Moins de lâches coquins, moins de fous furieux,
Moins de cœurs avilis et de plats caractères ?
Disparaîtront-ils donc, ces Tartuffes austères,
Que l'envie et l'orgueil rongent de leur prurit,
Que le mal fait sourire et que le bien aigrit,
Qui disent, l'œil en flamme et l'écume à la bouche :
« Ah ! l'intérêt du peuple est tout ce qui me touche ! »

Ils disent ; ils sont crus et, pour eux, des niais
L'innombrable troupeau forme un cortége épais.

Il crie : « O quels héros ! quels grands esprits ! quels sages ! »
Et des journaux leurs traits vont enlaidir les pages !
Pourtant ils sont connus... on les a pris dix fois
Les mains dans le gousset du bon peuple aux abois :
Mais en France, où l'esprit partout foisonne et brille,
Plus le peuple est pillé, plus il veut qu'on le pille !

Quand tout devrait changer, que Dieu change-t-il ?... Rien !
Le bien est-il le mal ?... Le mal est-il le bien ?
Qu'en savons-nous ?... Du moins, pour prix de son mérite,
Que le juste triomphe au lieu de l'hypocrite,
Que le lâche au héros ne soit pas préféré !
Quand l'honneur est maudit et le vice sacré,
La raison, s'égarant au milieu des ténèbres,
Comme un oiseau de nuit pousse des cris funèbres ;
Elle demande un guide et si nul ne répond,
Son pied glisse et trébuche au bord d'un puits sans fond...

Voilà ce que l'on dit... Combien de fois moi-même,
Écoutant de mon cœur l'anxiété suprême,
Ai-je voulu sonder, d'un regard scrutateur,
Des volontés du ciel l'immense profondeur !
Le doute s'exhalait de mon âme inquiète.
— « Que tu me fais pitié, pauvre fou de poète !
» Assez de tels propos !... Pygmée, allons, tais-toi,
» La faiblesse est le doute et la force est la foi !
» Laisse aux Pyrrhons du club, du tripot, de l'école,
» De ce doute impotent le hargneux monopole.
» Nous, servons notre Dieu... qu'eux servent le hasard ! »

Ainsi parlait mon père, un noble et bon vieillard,
Dont les malheurs, l'exil, l'expérience et l'âge,
D'un parfait gentilhomme avaient fait un vrai sage.
Ses récits, ses conseils, semés de sel gaulois,
Instruisaient, pénétraient et charmaient à la fois.
Ce qu'il savait bien faire, il savait bien le dire,
Et la conviction naissait de son sourire.

« Te souviens-tu, dit-il, combien, tes sœurs et toi,
» Vous aimiez, tout enfants, vous serrer près de moi,
» Pour m'entendre conter quelque amusante histoire
» D'effroyables géants, de nains couverts de gloire,
» D'enfants qui s'égaraient dans les grands bois, la nuit,
» Et trouvaient une fée en un obscur réduit,
» Où bientôt sa baguette entassait les merveilles ?...
» Oh ! comme vous étiez tout yeux et tout oreilles !
» Eh bien ! je veux encor te raconter, ce soir,
» Non ces contes d'enfants perdus dans le bois noir,
» Mais bien ce qu'un docteur [1] a dit d'un vieil ermite.
» Tu pourras contre Dieu te récrier ensuite ! »

— Un ermite vivait, loin des grands et des cours,
Loin des femmes aussi, partant loin des amours,
Au bas d'une montagne, au bord d'un lac limpide.
L'histoire ne dit point où fut sa Thébaïde,
Mais bien qu'il était bon, sage, plein de candeur,
Que toutes les vertus se partageaient son cœur,
Qu'il se désaltérait au cristal d'une eau pure
Et que, seuls, quelques fruits formaient sa nourriture.
Depuis ses cheveux blonds jusqu'à ses cheveux blancs,
Ainsi passaient pour lui les jours, les mois, les ans.
La méditation, l'étude, la prière,
Un bonheur calme et doux charmaient sa vie entière,
Et semblaient entourer le temps d'un réseau d'or.
-L'innocence et la paix, quel aimable trésor !
Tout ce que peut rêver avare ou sybarite,
Peut-il valoir ces biens que possédait l'ermite ?

Cependant, certain jour, son bonheur fut troublé :
A quelque paysan notre homme avait parlé.
Il en venait parfois jusqu'en ce lieu sauvage,
Dans les cas importants pour consulter le sage :

---

[1] C'est au docteur Thomas Parnell qu'est emprunté le canevas de ce conte, originaire, je crois, de l'Orient.

Des pas humains ployaient les herbes du gazon
Plus souvent que dans l'île où vivait Robinson.
Ce qu'on lui raconta, je ne pourrais le dire ;
Mais le voilà rêveur, son cœur est au martyre ;
Le doute... un doute affreux... comme un voleur de nuit
Au sein de sa pensée, hélas ! s'est introduit.
Se peut-il donc que Dieu, l'éternelle justice,
Délaisse la vertu qu'écrase en paix le vice ?
Le triomphe du mal serait-il donc permis,
Et Dieu protége-t-il surtout ses ennemis ?
Le charme merveilleux de cette paix sereine
Se rompt... L'anxiété dont sa pauvre âme est pleine
Renverse du bonheur le palais enchanté
Naïvement construit par la simplicité.
Il veut en retrouver l'admirable ordonnance,
Le reconstruire encor... Mais en vain !... Plus il pense,
Plus son doute s'accroît et son trouble avec lui,
Joint au regret profond du calme qui l'a fui !
Ainsi, quand un beau fleuve en sa nappe azurée
Reflète les splendeurs dont sa rive est parée,
Tant que d'un cours égal il coule vers les mers,
Les coteaux, les rochers, les arbres, les prés verts,
Semblent dormir au fond de ce miroir liquide,
Qu'aucun choc n'interrompt, qu'aucun souffle ne ride :
Mais qu'un rocher s'oppose au cours majestueux,
Tous ces objets divers vont se mêler entre eux,
Et les flots, agités, comme le cœur du sage,
Ne reproduisent plus qu'une confuse image
Qui s'accourcit, s'accroît, tremble, fuit, disparaît,
Et dont l'œil ne saisit ni l'ombre ni le trait.

Pour éclaircir le doute augmenté par l'étude
Et chasser de son cœur l'ardente inquiétude,
Il voulut voir le monde et juger par ses yeux :
« Je le connaîtrai plus et j'en penserai mieux,

S'écriait-il... Qu'ici ce paysan, ce livre,
Disent quelle est là-bas la manière de vivre ;
Allons, pauvre ignorant, me voilà bien instruit!...
S'il ne le goûte pas, qui peut connaître un fruit?
Goûtons-le donc, partons... » Il ignorait l'adage :
« Rarement on devient plus saint quand on voyage ! »

Il prend, un beau matin, le bourdon, le chapeau,
Qu'un jour certain passant lui laissa pour cadeau,
Et, comme un pèlerin allant à Compostelle,
Il part, accompagné d'un seul ami fidèle,
Son chien, qui gambadait gaîment autour de lui,
Comme si de son maître il eût connu l'ennui
Et voulu dissiper, par ses bonds, ses caresses,
De ce cœur inquiet les étranges tristesses...

Bien vaste était la plaine et bien profonds les bois
Que notre homme et son chien, pour la seconde fois,
Traversèrent, avant d'atteindre la limite
Où commençait ce monde inconnu de l'ermite.

Du soleil de midi les chaleureux rayons
Mûrissaient le froment sur les jaunes sillons,
Quand l'ermite atteignit la route fréquentée,
De hêtres et d'ormeaux des deux côtés plantée.
Un jeune homme y passait le bourdon à la main :
« Si, dit-il, nous suivons tous deux même chemin,
» Permettez que je marche auprès de vous, mon père... »
L'offre ne déplut point à notre solitaire :
L'aspect du compagnon donné par le hasard
N'avait rien qui ne fût agréable au regard :
De longs cheveux dorés flottaient sur son épaule,
Le corps était bien pris, flexible comme un saule,
Ses yeux étaient d'azur, son sourire amical,
Son teint frais, son visage aimable et virginal,
Sa conversation instructive et profonde :

Si tous les compagnons qu'on trouve dans le monde,
Disait mon voyageur, sont comme celui-ci,
Je rentrerai chez moi le cœur gai, Dieu merci !

Tous deux ainsi marchaient, le jeune homme et le sage,
Ne se ressentant point des ennuis du voyage,
L'un aimant déjà l'autre ; égaux par la candeur,
Par l'âge différents, rapprochés par le cœur !
Ainsi le vieil ormeau s'unit au jeune lierre.

Oubliant le soleil, le temps et la poussière,
Ils causèrent tous deux, jusqu'au déclin du jour,
De l'homme aux vains désirs, de Dieu, de son amour...
Cependant la nuit vint : des étoiles sans nombre,
Comme autant de rubis semés dans l'azur sombre,
Perçant l'obscurité, dirigèrent leurs pas
Vers un vaste château qu'ils avaient vu là-bas,
Noyé dans une mer de mouvante verdure,
Élever vers le ciel sa bleuâtre toiture.
Une longue avenue aux arbres de cent ans
Où mille oiseaux dormaient sous les rameaux flottants,
Les conduit jusqu'auprès de la noble demeure.
La porte généreuse est ouverte à toute heure...
Un châtelain, brillant d'or et de majesté,
Là se voue avec faste à l'hospitalité,
Et veut dans son accueil montrer son opulence.
Vingt laquais galonnés, fière et servile engeance,
Se pressent aux côtés de nos deux voyageurs,
Enlevant la poussière, essuyant les sueurs,
De l'ermite surpris nettoyant les sandales.
Ils les guident bientôt, en traversant dix salles,
Vers le seigneur du lieu, qui, de sa noble main,
Offre à nos deux amis non le sel et le pain,
Comme nos bons aïeux dans leurs simples usages,
Mais un de ces repas qui font gémir les sages,
Quoique les pèlerins aiment assez à voir

De ces bons repas-là quand arrive le soir
Et que, tout saint qu'on soit, rarement on s'irrite
De trouver bon accueil, bon dîner et bon gîte.
Quel repas et quels vins ! Notre ermite jamais
N'avait ni souhaité, ni goûté de tels mets...
Je doute, sans vouloir pourtant lui faire injure,
Qu'il regrettât ce soir ses noix et son eau pure !...
Regretta-t-il aussi, plongé dans l'édredon,
Son lit si natûrel de mousse et de gazon,
Sur lequel il trouvait un sommeil si facile ?
Non... je dois l'avouer, il dormit fort tranquille,
Même il dormit longtemps, comme un voyageur dort,
Quand il a le cœur pur, sans crainte et sans remord.

Il n'est si doux sommeil qui trop tôt ne finisse.
Un zéphyr matinal sur l'eau du lac se glisse,
Caresse le parterre et des naissantes fleurs
Mêle aux premiers rayons les célestes senteurs,
Éveille les oiseaux sous leurs toits d'aubépines,
Et l'ermite empressé de réciter matines...
A Dieu, qui donnait plus quand on demandait moins,
Rendre grâces, pour lui fut le premier des soins,
Dès que l'aurore vint de sa rose lumière
Sous les rideaux de soie effleurer sa paupière.
Puis il voulut partir, mais un nouveau festin,
Comme au soir, attendait nos amis ce matin :
Les plats les plus exquis, le vin le plus limpide,
Ornaient et parfumaient une table splendide.
Le châtelain parut plus magnifique encor ;
Il se fit apporter sa grande coupe d'or,
De Cellini lui-même incomparable ouvrage,
Pour boire aux pèlerins, à leur heureux voyage,
D'un crû dont le nom seul fait bondir les gourmands.
Après force saluts, force remerciments,
Vint l'instant des adieux.. le jeune homme et l'ermite

Partirent, je le crois, charmés de leur visite ;
Mais en fut-il ainsi de notre châtelain ?
On peut bien en douter... car, d'une adroite main,
Le jeune voyageur à la mine pieuse
Sut loger dans son sac la coupe précieuse...

Si le touriste, errant au milieu des pampas,
Pour la première fois aperçoit à deux pas,
Se chauffant au soleil, un serpent à sonnette,
Il tressaille... mais moins que notre anachorète,
Lorsque, longtemps après le moment du départ,
La coupe merveilleuse étonna son regard...
Le voilà qui frissonne et s'agite et murmure :
— « Avec cet aigrefin la route n'est pas sûre,
» Grand Dieu !... quelle impudence et quelle avidité !
» Qu'il récompense bien ton hospitalité,
» O généreux mortel dont la porte est ouverte ,
» Comme à qui te bénit, à qui trame ta perte !
» Et moi, dois-je rester avec un tel voleur ?... »

Ainsi le bon vieillard se parlait en son cœur :
Il veut abandonner son compagnon de route,
Il veut, mais n'ose point... quelque charme sans doute
Sur ses décisions agissait malgré lui,
Car, libre, assurément le digne homme aurait fui !
Il lui fallut rester, tout surpris de lui-même,
Sans s'indigner trop haut, sans crier anathème !
Mais vous devinez bien ce qu'il pensait tout bas,
Quand il marchait, hochant la tête à chaque pas.

Le soleil, qui, d'abord poursuivant sa carrière,
Remplissait l'air d'amour, de joie et de lumière,
Vit son front éclipsé par ces nuages lourds
Qui, s'étendant au loin précédés de bruits sourds,
D'averses et de grêle infaillible présage,
Invitent les passants à fuir devant l'orage.

Notre couple, effrayé par ce bruit, ce ciel noir,
Veut chercher un abri dans le prochain manoir.
Il se montrait de loin sur une âpre colline,
Dominant la forêt et la lande voisine.
Haut était l'édifice et solide la tour,
Dont la vue attristait le pays d'alentour
Et semblait assombrir par son air morne et rude
D'un terrain sans épis l'austère solitude.
La buse et l'épervier, ces deux tyrans des airs,
Défendaient aux oiseaux d'égayer ces déserts.

Là, vivait presque seul un avare intraitable :
Si la vertu souvent rend la fortune aimable,
Certes il méprisait ce moyen précieux ;
Il était acre et sec, pédant et soucieux,
S'inquiétant si peu d'autrui, de sa misère,
Qu'on l'eût vu refuser une aumône à son père...

A peine approchaient-ils des portes du château,
Que la tempête éclate et le ciel fond en eau.
Le nuage pesant qu'un rouge éclair sillonne
Vomit vingt fois la grêle et vingt fois le ciel tonne.
En vain nos voyageurs ébranlent à grands coups
La porte aux gonds rouillés, aux solides verroux ;
Qu'importe ?... Nul ne vient secourir leur détresse,
Car aux yeux d'Harpagon pitié n'est que faiblesse...
Pourtant l'orage gronde avec tant de fureur
Que la crainte trouvant le chemin de ce cœur
Froid autant qu'égoïste et dur autant qu'avide,
En adoucit enfin l'austérité rigide.
Il entr'ouvre sa porte et, d'un air malséant,
Permet de son logis l'entrée en maugréant,
Laisse approcher d'un feu languissant, pâle et frêle,
Nos voyageurs tremblants et meurtris par la grêle.
Puis, plus large aujourd'hui qu'il n'a jamais été,

Mon ladre, en son excès de générosité,
Offre à nos affamés un peu de porc bien maigre,
Un peu de pain bien sec, un peu de vin bien aigre !
Et, fier d'avoir sur eux prodigué ses bienfaits,
Les conduit à la porte et dit : — « Allez en paix !
» Puisse Dieu vous guider... bonsoir et bon voyage ! »
Aussitôt qu'il a vu cesser un peu l'orage.

L'ermite méditait avec étonnement
Sur la pauvre richesse et l'âcre dénûment,
Et les penchants grossiers du misérable avare...
(Le fait, nouveau pour lui, n'est cependant point rare !)
Mais voyez tout à coup comme il ouvre les yeux :
Qu'est-ce donc ? Le jeune homme, à l'instant des adieux,
Offre la coupe d'or de l'hôte magnifique
Au sinistre porteur de face judaïque...
— « Ah ! je comprends !.., dit-il, ce jeune-homme est un fou !
» Voler au généreux ce qu'il donne au grigou,
» Si ce n'est pas un trait de démence complète,
» Je n'ai jamais été qu'un sot anachorète !
» Pour ce méchant dîner la coupe d'or... quel troc !
» Et quel rôle, mon Dieu, joue ici notre escroc ! »
D'horreur et de pitié son âme était remplie...
Il exécrait le vol, mais plaignait la folie.

Mais l'orage s'éloigne et gronde à l'horizon :
Le lumineux azur de la belle saison
Reparaît... le soleil sort vainqueur d'un nuage
Et change en gouttes d'or les larmes du feuillage.
Nos amis cependant marchaient silencieux ;
Le jeune a trop baissé dans l'estime du vieux,
Pour qu'ils puissent encor discourir sans contrainte :
Où l'affection meurt, la politesse est feinte.

Bientôt le jour baissa : l'approche de la nuit
Vint les forcer encor de chercher un réduit

Où l'on pùt d'un long jour réparer la fatigue.
Le château de l'avare ou celui du prodigue,
Ce soir-là , ne dut point s'offrir à leur regard,
Mais ce fut un logis charmant à tout égard ,
Entouré de gazons bordés d'une eau limpide.
Le pâtre de céans qui leur servait de guide,
En hâtant auprès d'eux les pas de ses troupeaux,
Leur faisait de son maître admirer les travaux :
— « Voyez, leur disait-il, ce que peut un tel sage ;
» Il répand le bonheur sur tout le voisinage,
» Son exemple est un but, ses conseils sont des lois ;
» La haine et la colère expirent à sa voix ;
» Dans tous les cœurs, respect, estime et sympathie ,
» Naissent de ses bienfaits et de sa modestie ;
» Moins il se montre fier, plus on sent qu'il est fort.
» Dieu pour combler nos vœux sourit à tout effort
» De notre bienfaiteur qui l'écoute et qui l'aime...
» Digne ermite, entrez donc et jugez par vous-même. »

Le pâtre disait vrai ; car là nos deux amis
Trouvèrent mieux encor qu'il ne l'avait promis :
Non le luxe insolent qu'un vain orgueil étale ,
Mais la réception charmante et cordiale,
Où la grâce s'unit à la simplicité,
L'aimable prévenance à l'aimable gaîté.
Là, ne se trouvait point la cuisine savante,
Presque toujours fatale au gourmet qui la vante ,
Mais ces plats excellents que donnent, chaque jour,
Le verger, le jardin , l'étang, la basse-cour.

Le dîner fut joyeux, bienfaisant fut le somme...
Puis l'ermite pria pour cet excellent homme :
— « Mon Dieu , dit-il , daignez augmenter le bonheur
» Qui reviendra de droit à ce noble et grand cœur,
» Comme à ce bel enfant, joie, orgueil de son père !

» Hier, il jouait si bien dans les bras de sa mère,
» Souriant, gazouillant et gai comme un oiseau ! »
Il priait... Mais, grand Dieu ! soudain vers le berceau
Sur la pointe des pieds notre voleur s'avance,
Sa main saisit l'enfant et l'étouffe en silence !...
Le berceau si riant n'est plus qu'un froid cercueil...
Quand vous l'entr'ouvrirez, pauvres parents, quel deuil !

Seul l'ermite a tout vu... Que faire ? Il est sans armes,
Il veut crier... sa voix s'étouffe dans les larmes.
Plein d'indignation, de honte et de douleur,
En fuyant la maison que frappe la malheur,
Il compte du brigand éviter la poursuite,
Mais en vain... car tel est le trouble qui l'agite,
Que ses membres raidis ne le soutiennent pas ;
Il chancelle... son pied trébuche à chaque pas.

Dirai-je quel effroi s'empare de son âme,
Quand il voit accourir le meurtrier, l'infâme,
Qui, sans s'inquiéter si le vieillard l'a fui,
Vient, calme et souriant, marcher auprès de lui?...

Sur un ruisseau gonflé par le dernier orage,
Des serviteurs actifs préparaient un passage.
Le maître du château, de l'un à l'autre bord,
Avait dit de jeter le tronc d'un chêne mort,
Pour épargner les pas des compagnons de route ;
Il ignorait le prix de ses bienfaits, sans doute !...
L'intendant, le premier, veut montrer le chemin,
Le jeune homme le suit ; il lui donne la main :
Et l'ermite aussitôt prévoit un nouveau crime,
Le traître avait choisi sa seconde victime ,
Car, d'un bras vigoureux, au plus fort du torrent,
Notre intendant poussé tombe dans le courant ;
Il coule et reparaît pour toujours disparaître,
Rejeté sans pitié par le talon du traître.

Cette fois, c'en est trop, une sainte fureur
Transporte le vieillard : il pousse un cri d'horreur,
Et, le bâton levé, fond sur le misérable...
— « Tiens, lâche meurtrier, dit-il, monstre exécrable,
» Qui m'as pris pour témoin de tes forfaits !... » Soudain
Le bâton impuissant s'échappe de sa main,
Et ses yeux sont frappés par un spectacle étrange :
L'assassin n'est plus là, devant lui... c'est un ange,
Au regard tendre et pur, au long glaive de feu !...

— « Je suis le messager des volontés de Dieu !
Ami, votre vertu vous obtient de connaître,
Dans ce qui vous surprend, ce que veut notre maître.
Au vaniteux j'ai dû ravir la coupe d'or,
Pour que son orgueil souffre en perdant ce trésor,
Qu'il laisse de côté tout ce grand étalage
Et trouve de ses biens un plus utile usage...
L'avare obtint ce don de si grande valeur,
Prix de quelques reliefs offerts à contre-cœur,
Afin de lui prouver que, malgré ce qu'il pense,
Toute bonne action reçoit sa récompense,
Et d'éveiller ainsi sa générosité.
Quant à l'homme de bien dont l'hospitalité
Vous semble avoir été pour lui non moins funeste
Que si dans sa maison j'avais porté la peste,
Sachez comprendre mieux les suprêmes desseins
De celui qui voit tout et tient tout dans ses mains.
Si le fils eût vécu, vous eussiez vu le père
Trop oublier le ciel pour songer à la terre,
Et bientôt devenir, de grand, de généreux,
Serré d'abord, puis froid envers les malheureux,
Puis sourd et ne cherchant qu'à doubler la richesse
De ce fils corrompu par excès de tendresse...
Lui-même l'a déjà reconnu dans son cœur :
C'est pour le rendre heureux que l'atteint le malheur.

Dieu pour calmer son deuil, apaiser sa souffrance,
Lui montre, écrit au ciel, ce doux mot : ESPÉRANCE !..,
Mais des dons qu'un tel cœur distribuera si bien
Les malheureux plus tard n'auraient plus touché rien,
Si ce traître intendant eût conservé la vie.
Poussé par le démon du vol et de l'envie,
De son maître il se fit lâchement le flatteur,
Pour mieux prendre son or en captant sa faveur;
Par lui l'honnêteté fut trop souvent blâmée,
Le mal dissimulé, la vertu diffamée.
Il eût, par des propos semés adroitement,
De cet homme parfait faussé le jugement,
Durci le cœur si tendre, égaré la justice,
Et par lui la bonté pouvait devenir vice.
Riche et pauvre à la fois gagnent tout à sa mort...
Bénissez donc, ami, Dieu juste autant que fort ! »

Il dit, et disparut dans des flots de lumière.

L'ermite à deux genoux tomba dans la poussière...
Puis vers sa solitude il retourna joyeux,
Car il ne doutait plus du Dieu qu'il aimait mieux.

Vte HIPPOLYTE DE LORGERIL.

Lorgeril, 23 août 1874.

—

V[*]

HENRI-CHARLES DU CAMBOUT

ÉVÊQUE DE METZ

TROISIÈME ET DERNIER DUC DE COISLIN

(1664-1732)

I. — Difficultés pour la succession du duché de Coislin.
(1710-1711).

Dans le cours de nos précédentes études sur le père et sur le frère aîné d'Henri-Charles du Cambout, nous avons longuement esquissé les débuts de la carrière ecclésiastique de leur successeur, et nous savons déjà, sans qu'il soit besoin d'insister de nouveau sur ces détails, que, né le 15 septembre 1664 et d'abord destiné à l'ordre de Malte, Henri-Charles prit le petit collet à la mort du second des fils d'Armand de Coislin, fit d'excellentes études sous la direction de son oncle l'évêque d'Orléans, prit le bonnet de docteur en Sorbonne, devint abbé de Saint-Georges de Boscherville au pays

[*] Voir la livraison de septembre, pp. 198-208.

de Caux', premier aumônier du roi, chevalier de l'ordre, et fut nommé à l'évêché de Metz presque en même temps que son oncle au cardinalat. En terminant notre esquisse de la triste existence de Pierre de Coislin, nous avons dit comment la vieille marquise de Laval, fille du chancelier Séguier, laissa 55 000 livres de rente à son petit-fils ; et comment l'évêque de Metz et la duchesse de Sully, sa sœur, restèrent, en 1710, les seuls représentants de la branche aînée de la famille du Cambout. Ils lui redonnèrent l'éclat et l'estime que leur frère avait failli lui faire perdre.

Le premier soin de l'évêque de Metz fut de revêtir le manteau ducal, qui lui revenait de droit d'après les lettres patentes d'érection du duché de Coislin, mais des difficultés imprévues se présentèrent qui mirent quelque temps en péril ses justes prétentions à cet honneur. Louis XIV lui-même se rangea de l'avis des opposants, et pour comprendre cette disgrâce momentanée qui vint frapper l'évêque de Metz après les faveurs sans nombre que la main royale avait répandues sur sa famille, il nous faut remonter d'environ deux ans en arrière.

Le roi, dit Saint-Simon, après avoir fort aimé le cardinal de Coislin, et eu pour lui jusqu'à sa mort une estime déclarée qui alloit, et très-justement, jusqu'à la vénération, se laissa depuis aller au P. Tellier, qui, pour fourrager à son plaisir le diocèse d'Orléans, de concert en cela avec Saint-Sulpice, persuada au roi que ce cardinal était janséniste, et qu'il avoit mis en place dans son diocèse tous gens qu'il en falloit chasser. C'étoient des hommes du premier mérite en tout genre et connus et goûtés comme tels, et qui étoient fort attachés au cardinal. Ils furent chassés, et quelques-uns exilés. Tout le diocèse cria. Cela aigrit les persécuteurs, qui avoient Fleuriau, évêque d'Orléans, à leur tête. Ils firent ôter la tombe du cardinal, parce qu'on étoit accoutumé d'y aller prier, et on empêcha avec violence ce pieux usage qui avoit commencé dès sa mort et qui n'étoit qu'une suite de la constante réputation de toute sa vie. M. de Metz, qui avoit protégé tant qu'il avoit pu ces ecclésiastiques chassés et exilés, perdit toute patience à l'enlèvement de la tombe de son oncle, surtout après en avoir fortement et inutilement parlé au roi. Il s'échappa en propos qui furent rapportés et envenimés par ceux qu'ils regardoient le plus et qui mirent le roi de part dans leur querelle et dans leur ressentiment [1].

[1] Saint-Simon, V. 191.

Nous ne discuterons pas ici la convenance de la mesure prise à
l'égard des docteurs intronisés par le cardinal dans son diocèse : il
est malheureusement trop certain qu'on pouvait les accuser avec
raison de professer les doctrines jansénistes, et les éloges ou la
désapprobation du noble duc sont fort suspects en pareille matière,
car il ne cache pas, en maint passage de ses mémoires, sa prédilection pour les dissidents. Saint-Simon était janséniste et très-
porté à exagérer le semblant d'arbitraire des mesures parfois rigoureuses prises par l'autorité ecclésiastique contre les fauteurs de la
nouvelle hérésie. Quoi qu'il en soit, il est certain que l'enlèvement
de la tombe du cardinal de Coislin, était peu fait pour bien disposer
l'esprit de son neveu en faveur de la politique religieuse de la cour ;
mais on connaît le caractère absolu de Louis XIV : une pareille
opposition, malgré ses apparences de légitimité, suffisait pour l'ai-
grir vivement contre son auteur. Or l'évêque de Metz ne sut pas
garder de mesure, et, peu de temps après ces événements, il lui
arriva de critiquer amèrement une œuvre royale. C'était au moment
où l'on commençait à découvrir tout à fait la nouvelle chapelle de
Versailles, qui était achevée. Le duc de la Rocheguyon, le duc de
Villeroy, M. de Castries, Fornaro le Sicilien et l'évêque de Metz
allèrent un jour visiter ensemble le nouveau monument :

Aigri des affaires d'Orléans et frappé de la quantité, de la magnificence
et de l'éclat de l'or, de la peinture et des sculptures, M. de Metz ne put
s'empêcher de dire que le roi feroit bien mieux et une œuvre bien plus
agréable à Dieu, de payer ses troupes qui mouroient de faim, que d'en-
tasser tant de choses superbes, aux dépens du sang de ses peuples qui
périssoient de misère sous le poids des impôts, et il alloit paraphraser
encore cette morale sans M. de Castries, aussi considéré qu'il étoit imprudent, qui le retint et lui fit peur de Fornaro ; mais il en avoit bien assez
dit, et dès le soir même le roi le sut mot pour mot... Les lettres que
M. de Metz écrivit à ses amis, étant à Metz, ne furent pas plus discrètes.
Depuis le fatal secret trouvé par M. de Louvois, pour violer la foi publique
et celle des lettres, le roi en vit toujours les extraits et c'étoient de nouveaux sujets de colère, qui le piquoient d'autant plus, que retenu par la
nature des voies qui l'informoient, il ne vouloit pas le montrer [1]....

[1] Saint-Simon, V. 191, 192.

Les choses étaient en cet état lorsque mourut le duc Pierre de Coislin.

C'étoit, dit Saint-Simon, dans le temps du mariage de M. de Vendôme, pendant que le roi étoit à Marly, où j'étois ce voyage. On y apprit cette mort entre midi et une heure. La dignité passoit de plein droit à M. de Metz, son frère unique, et cela fit la conversation.

Le comte de Rancy qui, sans avoir le sens commun, mais beaucoup de brutalité, d'assiduité et de bassesse, étoit de tout à la cour de Monseigneur,.... point trop mal avec le roi,.... étoit aussi avec un air de bonhommie et sans façon avec tout le monde,.... le plus envieux de tous les hommes, et en dessous le plus sottement glorieux. Il se trouva choqué que M. de Metz devînt duc et pair. Il alla chez Monseigneur, à qui il dit que l'évêque de Metz seroit plaisant à voir en épée et en bouquet de plumes ; et comme il avoit affaire à un aussi habile homme que lui, il l'infatua par ces sottises-là que M. de Metz, étant prêtre et évêque, ne pouvoit être duc et pair ; comme si pour l'être, il falloit porter une épée et un bouquet de plumes, et qu'il n'y eût pas des évêques pairs, séant au Parlement avec un habit qui leur est particulier. De là, il alla à la fin du dîner de M⁵ʳ et de Mᵐᵉ la duchesse de Bourgogne, avec les mêmes propos, qui ne les persuadèrent pas si facilement. M⁵ʳ le duc de Bourgogne se moqua de lui et de ses fades et malignes plaisanteries, et voulut bien démontrer, ce qui fut court et aisé, que M. de Metz pouvoit et devoit recueillir la dignité de son frère, puisqu'il en héritoit de droit, qu'il étoit fils de celui pour qui l'érection avoit été faite, et qu'il n'étoit mort au monde par aucun crime ni par aucun vœu religieux. Les envieux et les ignorants dont les cours sont pleines, il s'en trouva en nombre qui firent chorus avec le comte de Rancy, sans que pas un pût alléguer quoi que ce fût, que ce ridicule inepte d'épée et de bouquet de plumes qui à peine auroit pu surprendre les petits enfants.

M. de Metz n'étoit point mal avec le comte de Rancy, et il n'y avoit pas eu d'occasions entre eux ; mais il avoit aussi *sa portion de cadet d'extraordinaire*, n'étoit pas bon, n'étoit pas aimé de tout le monde, et sa fortune ecclésiastique avoit révolté contre lui beaucoup de gens de cet état, quoique la plupart hors de portée d'un siége tel que Metz et d'une charge comme la sienne. Toute la journée se passa dans cette dispute dans les compagnies et dans le salon ; mais le soir l'étonnement fut général quand on apprit que le roi y faisoit de la difficulté, que Monseigneur l'avoit fort appuyée dans le cabinet après le souper, et que M⁵ʳ le duc de Bourgogne avoit aussi solidement qu'inutilement plaidé pour M. de Metz. Le lendemain, il eut défense du roi, par Ponchartrain, de prendre ni titre, ni marque, ni rang, ni honneurs de duc jusqu'à ce que le roi se fût rendu compte de son affaire. M. de Metz eut beau presser du moins que quelqu'un en fût chargé, il n'en put venir à bout; et las d'attendre dans un état aussi triste, il fit ôter ses armes de sa vaisselle, de ses carrosses, et de partout où elles étoient, parce qu'il n'osoit porter le manteau ducal, et qu'il ne vouloit pas s'en abstenir; et de dépit il s'en alla brusquement dans son diocèse. Il n'avoit garde d'obtenir que quelqu'un fût chargé de son affaire pour en rendre compte au roi, encore moins d'être entendu lui-même. Le roi, quoique peu instruit, savoit très-bien qu'il n'y avoit nulle difficulté, et qu'il étoit duc et pair de plein droit à l'instant de la mort de son frère; mais il étoit outré contre M. de Metz, il l'étoit de façon à ne pas le montrer, et il fut ravi de cette sottise du comte de Rancy et du bruit qu'elle fit dans un peuple ignorant et jaloux de tout. Il la saisit, et ne pouvant faire pis à M. de Metz, il le châtia cruellement de la sorte, sous prétexte de ne rien précipiter, et d'un éclaircissement qu'il n'avoit garde de prendre, mais dont il pouvoit faire durer le prétexte tant qu'il lui plairoit, et par conséquent le désespoir de M. de Metz, qui en tomba malade, et à qui réellement et de fait, la tête en pensa tourner et en fut fort près [1]......

Il paraît cependant, malgré l'assertion du chroniqueur, que l'évêque de Metz ne resta pas sans essayer quelque tentative de persuasion près du roi. Gros de Boze l'affirme positivement dans son éloge :

On avoit insinué à Louis XIV, dit-il, qu'il étoit également contre l'esprit de l'Eglise et contre l'esprit du Gouvernement, qu'un ecclésiastique, prêtre, évêque, succédât à la dignité de pair laïque. L'exemple du cardinal de Richelieu et celuy du cardinal Mazarin, qui d'ailleurs avoient esté faits ducs, et ne l'estoient pas devenus par succession, furent citez comme des exceptions qui devoient d'autant moins tirer à conséquence, qu'on sçavoit en même temps qu'ils avoient esté souverainement maîtres des grâces les plus singulières. Enfin, comme la question ne s'estoit pas encore présentée, on cherchoit à la rendre aussi épineuse qu'elle estoit nouvelle. M. de Metz se garda bien de la compromettre par des mémoires, qui n'auroient peut estre servi qu'à en attirer d'autres; il porta directement au Roy les lettres d'érection du duché de Coislin en faveur de son père et de ses descendants mâles, nez en légitime mariage, et se contenta de luy représenter que si les ecclésiastiques en devoient estre exclus, leur exclusion se trouveroit escrite dans les lettres de Coislin, ou dans celles de quelque autre duché, au lieu qu'il n'en estoit fait mention nulle

[1] Saint-Simon, V. 189-190. — Sauf ce dernier détail, qui nous parait fort exagéré, le journal de Dangeau est complétement d'accord avec les *Mémoires* de Saint-Simon.

part; et que plus les cardinaux de Richelieu et Mazarin avoient esté
maîtres des grâces, moins ils auroient manqué à faire spécialement déroger à une loy, qui, si elle eût existé, pouvoit, dans la suite des temps, faire
déclarer vicieux le plus beau titre de leur maison [1].

Ce raisonnement était fort juste, mais Louis XIV gardait rancune
à l'évêque de son opposition récente, et surtout de ses critiques à
l'occasion de la chapelle de Versailles.

Aussi se plut-il pendant près d'une année complète, dit encore Saint-
Simon, à se venger cruellement de M. de Metz, en suspendant son état
sans en vouloir ouïr parler, et à se moquer de lui après. Quand il crut
enfin que cela ne se pouvoit soutenir davantage sans une iniquité trop
déclarée, il fit dire un matin par Ponchartrain à M. de Metz qu'il n'avoit
pas besoin d'éclaircissements sur son affaire; qu'il n'avoit jamais douté
qu'il ne fût duc et pair de plein droit par la mort de son frère; qu'il
avoit eu des raisons pour en user comme il avoit fait; mais qu'il trouvoit bon maintenant qu'il prît le titre, les marques, le rang et les honneurs de duc et pair; et qu'il lui permettoit aussi de se faire recevoir au
Parlement en cette qualité quand il le voudroit. Il étoit lors à Versailles
et moi aussi. A l'instant il me manda, parce qu'il me savoit grand gré de
la manière dont j'avois pris sa défense. Une heure après, il fut remercier
le roi, mais il n'en put tirer quoi que ce fût sur les raisons qu'il avoit eues.
Il fut reçu honnêtement, et ce fût tout. Aussitôt, il prit tout ce qu'il
auroit dû prendre dès l'instant de la mort de son frère, et se disposa à
se faire recevoir au Parlement [2].

Henri de Coislin n'avait cependant pas épuisé tous les déboires
au sujet de la vérification de sa haute dignité, et les interminables
péripéties de cette délicate affaire nous présentent un des traits les
plus caractéristiques des mœurs toutes superficielles de la cour à la
cour. Les difficultés d'étiquette ou de préséance y causaient souvent
plus d'émoi que des incidents diplomatiques ou des changements de
ministres : aussi préférons-nous laisser la parole en ces circonstances au noble chroniqueur, si expert en pareil sujet : tout commentaire, à son récit, à ses explications ou à ses réflexions particulières, serait superflu. Ce fut seulement le 11 mars 1711, c'est-à-dire

[1] Mém. de l'Académie des Belles-Lettres, IX, 249, 250.
[2] Saint-Simon, V, 192.

environ après un an d'attente, que l'évêque de Metz put venir
prendre place au Parlement :

> Mais il y trouva, dit encore Saint-Simon, un hoquet auquel il n'avoit
> pas lieu de s'attendre. Son habit fut contesté par les magistrats, et même
> par des ducs, dont beaucoup ne savent rien et ne veulent rien apprendre,
> qui prétendirent qu'il ne pouvoit paroître qu'en rochet et camail, parce
> qu'il estoit pair par soi et non par son siége. Cette difficulté étoit d'autant
> plus absurde que pair ecclésiastique n'est qu'un nom et n'est pas une
> chose, puisque, quant à la dignité, il n'y a différence quelconque entre
> les ecclésiastiques et les laïques, et que l'habit des uns et des autres, par
> conséquent, ne peut être que le même pour tous, suivant la profession
> ecclésiastique ou laïque. Ainsi, après quelques disputes et quelques jours
> de délai, la raison à la fin l'emporta, et M. de Metz fut reçu en habit de
> pair ecclésiastique, et il n'en a point porté d'autre.
> Il signa aussi d'abord — le duc de Coislin, évêque de Metz. — Bientôt
> après, il supprima — évêque de Metz, — et ne signa plus que — le duc
> de Coislin. — Les évêques s'en scandalisèrent, il s'en moqua; mais le
> bruit qu'ils en firent l'engagea à ajouter — évêque de Metz, — quand il
> écriroit à des évêques. Ce qu'il ne faisoit en aucune lettre, et souvent
> même il le supprima en leur écrivant et les y accoutuma. Je ne sais pour-
> quoi il ne se fit pas appeler — le duc de Coislin. — Les évêques d'Es-
> pagne n'y manquent pas quand il arrive qu'il deviennent grands par
> héritage, et il n'y en a point par siége..... Je pense que, se sentant mal
> avec le roi, il n'osa le hasarder ni, étant le premier exemple d'un évêque
> devenu duc par succession, la nouveauté d'en porter le nom [1].....

Nous continuerons donc à l'appeler, comme ses contemporains,
l'évêque de Metz, ou M. de Metz.

II. — Réception académique (1710.)

Six mois avant son entrée au Parlement comme duc et pair, une
consolation fort précieuse était survenue à l'évêque de Metz au
milieu de sa disgrâce : dans la réunion du 10 septembre 1710,
l'Académie française, par un vote unanime, l'élut pour succéder à
son frère, et le 25 du même mois, il vint en séance prononcer son
discours de réception. Cette harangue, très-purement écrite et bien
supérieure à celle de son frère, prouve que l'évêque de Metz savait,
en véritable lettré, arrondir, polir, harmoniser ses périodes, et qu'il

[1] Saint-Simon, V. 192.

n'était pas indigne de l'honneur de figurer dans un corps exclusivement littéraire. Elle est trop longue pour que nous la citions en
entier ; mais on nous saura gré d'en reproduire les principaux passages. Malgré son mérite réel, Henri de Coislin ne s'était pas fait
illusion sur son élection académique ; il savait qu'on avait surtout
recherché en lui l'héritier des deux illustres protecteurs de la compagnie ; il le rappela en termes délicats dans son exorde :

Messieurs,

En m'accordant cette place à laquelle je n'aurois osé prétendre de moi-
même, ne craignez-vous point qu'on puisse vous accuser d'avoir trop
écouté les grands noms qui vous parlent en ma faveur ? Ne vous repro-
chera-t-on pas que vous avez voulu me faire un mérite de celui de mes
ancêtres, et que vous avez considéré comme un devoir à leur égard, ce
qui n'étoit qu'un excès d'indulgence pour moi ?

Oui, Messieurs, il est vrai; vous m'avez appelé par des suffrages préve-
nants, vous m'avez choisi, vous avez été au-delà de mes espérances. Par
une justice nouvelle dans l'empire des lettres, vous récompensez en
moi des mérites qui n'existent plus, vous aimez à rendre un durable tribut
de gloire à ceux qui ont contribué à l'établissement de cet illustre corps,
vous honorez leurs vertus dans leurs descendants.

Mais en justifiant ainsi votre choix, je ne prétends pas en diminuer le
prix dans mon cœur ; ce qui vous a paru une espèce de justice me devient
une grâce plus sensible et plus touchante. Je reçois avec plus de reconnaissance ces biens qui me sont conservés, que s'ils étoient ma propre
acquisition. Quel regret d'être privé d'une possession si chère ! Quel
plaisir de s'y voir établi !

Grâces à vos bontés, j'occupe une place dans cette assemblée où réside
l'esprit d'Armand, mon grand-oncle, de ce cardinal qui, sous le plus juste
des rois, médita votre institution, régla vos statuts, dirigea vos exercices,
fonda ce travail où l'éloquence et la poésie doivent couronner à jamais les
sages, les savants et les héros; projet digne d'un tel ministre; moins pour
sa propre gloire que pour celle de son roi et de sa patrie; moins pour le
règne sous lequel il a vécu que pour tous les règnes à venir.

Vous me pardonnerez une complaisance, peut-être trop flatteuse, à la
vue de ces objets qui m'environnent, bien qu'à la rigueur je trouve de
quoi m'humilier par le peu de ressemblance que j'ai avec eux; je dois
cependant me glorifier d'une filiation qui m'attire vos faveurs et qui les
autorise envers le public [1].

[1] *Harangues de l'Académie*, édition de 1714, t. III.

Puis, après un long éloge du chancelier son bisaïeul, et du premier duc de Coislin, son père, l'évêque de Metz arrive au point obligé, à l'éloge du Roi. Il est assez curieux de voir comment il s'exécute au moment même de sa disgrâce :

> ... Mais voici le moment où je dois rendre un éternel hommage à l'auguste Protecteur qui préside dans ce lieu sacré. Comblé de ses bienfaits, attaché sans cesse auprès d'un si grand Maître, j'ai toujours offert à mon esprit les plus parfaites idées de gloire, de grandeur, de religion, de bonté, de sagesse et de piété; mais où mon zèle prendra-t-il des traits et des couleurs qui puissent les représenter ?
>
> O vous, Richelieu! ô vous, Séguier! dont je vois les images auprès de ce grand Roi; vous qui avez ouvert cette carrière immortelle où ces vertus doivent être à jamais célébrées, quand votre présence anime ici mon courage, que ne m'inspirez-vous aussi votre génie? Serai-je réduit à de simples vœux, et peut-on en faire pour lui qui ne soient en même temps pour tous ses sujets. Oui, joignons nos vœux, joignons nos souhaits à ceux des peuples, demandons pour lui qu'il puisse jouir en paix du fruit de ses héroïques travaux, et pour nous, Messieurs, que nous puissions les admirer et les décrire avec plus de tranquillité.
>
> Dans ces jours calmes et sereins qu'on doit attendre de la justice du Ciel, j'espère m'instruire par votre exemple et par vos leçons à célébrer des louanges dont je ne puis aujourd'hui m'acquitter. Si la loi de mes devoirs me fait souvent éloigner de vous, d'autres devoirs m'en rapprocheront, en m'appelant auprès du Roi. Je ne perdrai aucune occasion de resserrer ces premiers liens d'amitié et de reconnaissance ; et si vous aimez toujours en moi les auteurs de votre institution, je veux toujours honorer en vous ceux qui m'ont conservé un bien préférable à tous les autres, et qui n'est point sujet à la révolution des temps.

Comme on a pu le remarquer, le style de cette harangue est d'une ampleur, d'une harmonie et d'une pureté qui font le plus grand honneur à la manière oratoire de l'évêque de Metz. Des trois ducs académiciens, c'est lui qui réunissait au point de vue positif le plus de titres littéraires : tous les trois étaient des gens d'esprit, mais il y avait de plus en l'évêque de Metz l'étoffe d'un orateur. L'abbé de Choisy, qui lui répondit comme directeur, appuya avec intention sur cette qualité remarquable ; et s'il célébra de toutes les forces de son enthousiasme les illustres ancêtres du récipiendaire, il n'oublia point ce côté brillant de son mérite personnel :.

Monsieur, lui dit-il, lorsque l'Académie françoise vous a donné la place
que vous venez occuper aujourd'hui, elle n'a pas cru vous faire un présent, c'est une dette qu'elle a payée à ces grands hommes que nous regardons comme nos Fondateurs, dont les images toujours présentes à nos
yeux raniment sans cesse notre reconnaissance, Richelieu, Séguier, noms
capables seuls d'éterniser dans la mémoire des hommes une Maison qui
ne le seroit pas d'ailleurs par la gloire des armes et par les dignités de
l'Eglise ; ces grands personnages à jamais illustres dans l'empire des
Lettres vous ont transmis avec leur sang le titre d'académicien, comme
un lien de famille qu'on n'oseroit refuser à une postérité digne d'eux.

Mais, Monsieur, quand, pour entrer parmi nous, vous n'auriez pas eu le
titre de succession , celui d'élection vous auroit également ouvert toutes
nos portes. C'est le mérite, c'est l'éloquence qui donne les places de
l'Académie ; et ce que nous venons d'entendre, composé avec tant de justesse, prononcé avec tant de grâce, justifie assez notre choix. Vos qualités
personnelles ont enlevé tous nos suffrages. Le Roi, en vous comblant de
ses dons, nous a prescrit notre devoir et nous a presque forcés en vous
accordant son estime, à vous prodiguer la nôtre. Il vous a prévenu dès
votre enfance par ses bienfaits, il vous a donné près de sa personne sacrée
un emploi qui ne respire que la charité et la religion ; il vous a fait porter
cette marque d'honneur qui donne un nouveau relief à la plus haute
noblesse ; il vous a mis dans une des plus grandes places de l'ordre hiérarchique, et nous osons souhaiter de revoir bientôt en vous ces grandes
dignités si familières dans votre maison, où plus d'une fois la même personne a possédé en même temps tous les honneurs de l'Etat ; mais vous
savez tout allier, et le plaisir de voir , de servir le plus grand prince du
monde, ne vous fera jamais oublier les besoins de votre diocèse ; obligation de la résidence épiscopale qui nous fera excuser vos absences aux
dépens de nos intérêts.

Ne craignez pas que je m'étende davantage sur une matière si abondante. Apprendrai-je au public, qui en est assez instruit, l'usage que vous
savez faire des richesses et les nouveaux effets de votre libéralité ? Vertu
qui dans le temps présent a bien de la peine à se soutenir et à ne pas
passer pour un vice.

Mais quand à vanter ces grandes qualités, vous auriez ajouté tous les
titres qu'ont mérités vos ancêtres, j'ose avancer, et je suis en place pour
le dire, que le titre d'académicien semble donner un nouveau lustre à
tous les autres, et que le désir que vous avez montré d'être notre confrère
vous honore en nous honorant. Ce désir est dans votre sang, celui que
nous regrettons l'avoit toujours eu au fond de son cœur. Il ne falloit pas
moins que vous pour remplacer un autre vous-même.

III. — Munificence éclairée de l'évêque de Metz.

L'abbé de Choisy, dans la réponse précédente, insiste particulièrement sur les libéralités et le cœur généreux de l'évêque de Metz. Cet éloge n'est pas exagéré. Dernier héritier d'une fortune immense que lui léguait l'avarice de sa grand'mère, Coislin la partagea tout entière entre les pauvres, les gens de lettres et les besoins de toute nature de son diocèse, sans oublier l'embellissement de la ville de Metz et de ses environs. Tous ses biographes et ses panégyriques n'ont pu retenir leur admiration devant sa généreuse munificence.

Le public, dit Gros de Boze, a été ébloui de l'usage qu'il a fait des biens de la fortune, et il nous sera permis de passer légèrement sur ce dernier article, qui déjà porté au-delà de toutes les bornes de la vraisemblance, nous ne disons pas dans les oraisons funèbres et les discours académiques dont il a été l'objet, mais jusque dans les conversations familières, doit cependant toujours rester au-dessous de l'exacte vérité, par l'extrême attention qu'avoit M. l'évêque de Metz à cacher toutes les espèces de libéralités qui ne se déceloient pas nécessairement elle-mêmes, tels que les séminaires qu'il a bâtis et dotés, les hôpitaux qu'il a fondés ou enrichis, les temples et les monastères qu'il a édifiés ou rétablis; telles sont encore ces casernes superbes qui, entreprises pour la tranquillité des citoyens et la commodité des soldats, ne semblent élevées que pour l'ornement de la ville; et ce qu'on sera peut-être surpris de nous voir mettre au rang de ses pieuses et éclatantes libéralités, le château même et les jardins de Frescati, dont il ne conçut le dessein qu'à la vue des misères où l'affreuse disette de l'année 1709 avait plongé une multitude innombrable d'ouvriers. Ce qui, dans son principe, estoit une œuvre de charité, devenoit aisément entre ses mains une œuvre de magnificence; et la destination qu'il en faisoit dès lors aux évêques de Metz, ses successeurs, luy paraissoit seule exiger un air de grandeur qui répondît à la dignité d'un siége aussi respectable [1].....

Le ton du panégyrique pourrait faire craindre que l'académicien de Boze n'ait dans ces détails sacrifié la vérité au ton emphatique

---

[1] V. *Mémoires de l'Académie des Belles-Lettres*, IX, 252, 253. Le magnifique château de Frescati devint, en effet, par son testament, la propriété des évêques de Metz. Hélas! c'est là que le prince de Prusse a établi sa résidence pendant le dernier siége!

d'un pompeux éloge ; mais il n'en est rien, et M. Weiss, précisant les faits dans la courte notice qu'il a consacrée à l'évêque de Metz, pour la *Biographie universelle*, dit que ce prélat, doué de la même charité que son oncle, établit à Metz une maison de refuge pour les personnes du sexe tombées dans quelque désordre ; ajouta aux bâtiments l'hôpital de Bon-Secours, fondé pour les femmes indigentes, et ceux de la doctrine chrétienne, où les enfants recevraient l'instruction nécessaire ; institua un séminaire pour des ecclésiastiques, tant Français qu'Allemands, et fit construire un corps de caserne pour soulager les bourgeois du logement à demeure des militaires, qui n'est pas sans danger pour les mœurs.

Nous ajouterons, d'après le supplément de Moréri, que, non content de bâtir un séminaire, le libéral évêque y fonda un nombre considérable de bourses gratuites ; et qu'après avoir fait élever, en 1709, de magnifiques casernes qui lui coûtèrent 50 000 écus, il y en construisit d'autres, en 1728, qui lui coûtèrent la même somme..... Ces monuments portent encore aujourd'hui le nom de *Quartier Coislin*.

Une si noble manière de dépenser les trésors d'une immense fortune, inspira les poètes de l'époque, et nous trouvons dans le *Mercure* d'octobre 1732, une ode entière consacrée à la mémoire de ces libéralités. Retouchée, après sa publication, cette ode, que nous ne donnons point comme un modèle d'inspiration lyrique, mais comme un témoignage de la reconnaissance du peuple messin, fut imprimée à part avec le plus grand luxe, et nous lisons les strophes suivantes dans un des rares exemplaires qui en aient été conservés :

> . . . .
> Coislin, l'ornement de cet âge,
> Ce fut pour nous un grand bonheur
> Quand des monarques le plus sage
> Te choisit pour notre Pasteur ;
> N'est-ce pas par ta vigilance
> Que le flambeau de la science
> Éclaire aujourd'hui le clergé ?
> Ne sçait-on pas qu'à tes écoles,

Nourri des divines paroles,
Dans peu de temps il fut changé ?

Tendre père pour tes oüailles,
O quel flus et reflus de soins
Sans cesse agite tes entrailles,
Pour mettre ordre à tous nos besoins !
Déjà de la fille volage
Le scandaleux libertinage
Est expié dans un saint lieu.

. . . .

Bientôt en faveur du malade
Denué de soulagement
Ta charité se persuade
De faire un vaste logement.
Là, par ta sage prévoyance,
Il reçoit avec abondance
Les secours les plus précieux.

. . . .

Des biens ton cœur ne sçait l'usage
Que par le généreux partage
Qu'il en accorde aux malheureux;
Combien languiroient dans les chaînes,
Qui sont délivrés de leurs peines
Par tes dons répandus [1] sur eux.

Icy je vois un séminaire,
Fondé pour le clerc indigent;
Là, des temples tombés par terre,
Relevés par ton zèle ardent.
Tel que, dans sa vaste carrière
Le soleil porte sa lumière
Aux différentes nations;
Telles tes bontés secourables
S'étendent sur les misérables
De toutes les conditions.

Des doux effets de ta largesse
Quels sont ces nouveaux monuments !
Qui n'est transporté d'allégresse
A l'aspect de ces bâtiments [2]!

[1] A la naissance de Monseigneur le Dauphin, il a payé les dettes d'un grand nombre de prisonniers, qui ont été mis en liberté. *(Note du poète.)*

[2] Il a fait construire deux grands corps de cazernes qui forment, avec leurs pavillons, une place magnifique. *(Note du poète).*

C'est peu d'embellir notre ville;
Le soldat y trouve un asile
Qu'on a vainement combattu [1].
Arraché de notre demeure,
Du sexe fragile à toute heure
Il n'assiége plus la vertu.

Mais de quelle affreuse misère,
L'humble artisan est délivré!
Il est maître de son salaire,
Du soldat jadis dévoré [2];
Tranquille, à couvert des insultes,
De cet hôte, ami des tumultes,
Plus cruels pour lui que la mort,
Il bénit l'ange tutélaire
Dont l'assistance salutaire
A mis fin à son triste sort [3].

. . . .

L'évêque de Metz ne bornait pas ses libéralités à son diocèse :
les paroisses relevant du duché de Coislin, situé, on se le rappelle,
dans l'arrondissement actuel de Saint-Nazaire, entre Savenay et
Pontchâteau, en avaient leur large part; et M. Léon Maitre, le savant
archiviste de la Loire-Inférieure, nous apprenait récemment, dans
son étude sur la situation scolaire du pays nantais avant 1789, qu'il
légua 400 livres de rente aux écoles de Campbon. Il protégeait les
arts et faisait bâtir aussi dans nos contrées : c'est à lui qu'on doit le
magnifique escalier du château de Carheil, où nous ne sachions pas
qu'il soit jamais venu pendant son épiscopat; on dit même, et cela
s'est transmis par tradition chez les propriétaires successifs du château, qu'ayant obtenu l'agrément royal pour choisir les bois de la
charpente dans la forêt du Gâvre, voisine de Coislin, il apprit un
jour que le roi s'était plaint de ce qu'on eût un peu abusé de sa
permission : pour couper court à tout propos malveillant, il aurait
fait bâtir à ses frais les quartiers de cavalerie de Metz; et l'on ra-

[1] Il y a eu beaucoup d'opposition à l'établissement des cazernes. (*Note du poète*).
[2] Avant qu'il y eût des cazernes, on fournissoit aux soldats le logement, le lit, le
bois, la chandelle et toutes les ustancilles de ménage. (*Id.*)
[3] Ode à Monseigneur de Coislin, évêque de Metz, duc et pair de France. — A
Metz, chez Jean Antoine, imprimeur et marchand libraire, au coin de la place
d'Armes, in-4°, 1733.

conte aux touristes qui visitent Carheil que les casernes de Metz
furent offertes au roi par le dernier duc de Coislin en échange de la
charpente du château.

Mais ce qui nous touche le plus dans l'étude biographique d'un
académicien, c'est l'immense service que l'évêque de Metz rendit
aux lettres en faisant publier, avec d'excellents commentaires, le
catalogue des inappréciables manuscrits entassés dans la bibliothèque du chancelier Séguier.

Nous avons raconté dans l'*Histoire du chancelier* avec quels soins,
quelle persévérance et quelle sollicitude, Pierre Séguier avait réussi,
pendant le cours de ses quarante années de ministère, à former la
plus riche et la plus nombreuse bibliothèque particulière qui eût
existé jusque là. Après sa mort, elle fut d'abord conservée avec une
sorte de respect, qui, en la rendant presque inaccessible, l'avait
presque fait oublier. Le premier duc de Coislin en avait cependant
fait publier un premier catalogue latin vers 1690. L'évêque de Metz,
quand il eut hérité de tous ces trésors de science, de littérature et
d'érudition, songea de suite à les mettre en ordre et à les rendre
utiles au public.

Les manuscrits de toutes langues et de toutes sciences, tirés pour la
plupart du fond de l'Orient, étoient, dit Gros de Boze, au nombre de quatre
mille, et avant que de les pouvoir communiquer aux personnes qui seroient
à portée de s'en servir, il falloit au moins en avoir un bon catalogue. Ce
fut par là qu'il commença ; mais, persuadé que les manuscrits grecs qui
faisoient la collection la plus précieuse et la plus intéressante de ce grand
recueil demandoient d'autres soins, et déterminé à ne rien épargner, soit
pour le travail, soit pour les frais de l'impression, il engagea un savant de
premier ordre (Dom Bernard de Montfaucon), déjà connu par diverses
éditions des Pères, plus célèbre encore par un ouvrage immense sur l'origine et les progrès de la littérature grecque, à publier la notice de ces
manuscrits et à y marquer, suivant les règles de la paléographie, l'âge de
chacun, à les confirmer par des échantillons gravés du caractère singulier
dans lequel ils étoient quelquefois écrits, à en faire imprimer les pièces
ou les fragments qui pourroient former des différences plus ou moins
essentielles et à pousser l'exactitude au point d'avertir des moindres lacunes, afin que ceux qui se proposeroient de donner une nouvelle édition
de quelque ancien auteur grec fussent aussi sûrement guidés par cette
notice qu'ils auroient pu l'être par les manuscrits originaux qu'elle repré-
sentoit. Le fécond et laborieux académicien, sur qui il s'étoit reposé de

l'exécution de ce projet, le remplit avec un empressement qui donna
bientôt en ce genre à la bibliothèque de Coislin ou de Séguier, car elle
porte et mérite également les deux noms, le même avantage que la seule
bibliothèque impériale avoit reçu des commentaires de Lambécius [1].

Le Père de Montfaucon publia son commentaire en 1715, sous
ce titre :

*Bibliotheca Coisliniana, olim Segueriana; sive manuscriptorum
omnium græcorum quæ in ea continentur accurata descriptio, ubi
operum singulorum notitia datur, ætas cujusque manuscripti indi-
catur, vetustiorum specimina exhibentur, aliaque multa annotan-
tur quæ ad paleographiam græcam pertinent. Acccdunt anecdota
bene multa ex eâdem bibliothecâ desumpta, cum interpretatione
latinâ, studio et opera D. Bernardi de Montfaucon, presbyteri et
monachi benedictini è congregatione S. Mauri (Parisiis, apud Lud.
Guerin et Car. Robustel. 1715. In-f°).*

Ce volume est très-recherché. Quarante-deux opuscules grecs,
jusqu'alors inédits, y sont insérés avec une traduction latine.

. Indépendamment de cette grande collection de manuscrits qu'il
avait toujours laissée à Paris, comme au centre de la littérature,
Henry de Coislin avait encore à Metz, ajoute de Boze, une bibliothèque de dix à douze mille volumes, une autre dans son château
de Frescati, et elles n'y restoient pas oisives.

Ils les exerçoit par lui-même, autant et plus qu'aucun de ceux à qui
il y donnoit une libre entrée, et si ce n'étoit pas toujours par ce que
nous appelons des ouvrages, des travaux particuliers, c'étoit au moins
par ses lectures suivies et réglées qui sont les véritables compositions des
personnes d'un certain estat. On sçait encore qu'il avoit mis dans chacun
de ses séminaires un fonds de livres convenables; que d'ailleurs il en
envoyoit tous les ans à divers curez de campagne, et qu'enfin, il en avoit
dans sa principale bibliothèque un bon nombre de doubles ou de triples,
pour estre plus facilement prêtés aux ecclésiastiques du diocèse, ou aux
sçavants de la province, qui pouvoient en avoir besoin [2].

Ce sont bien là les traits d'un véritable Mécène.

RENÉ KERVILER.

---

[1] *Mém. de l'Académie des Belles-Lettres*, IX, 250, 251. — [2] *Ibid.* 252.

(*La fin à la prochaine livraison.*)

UN PORTRAIT DE MOLIÈRE

EN BRETAGNE *

LE DOCTEUR GRAZIAN BALOURD.

Son costume, son type; — sa dégénérescence au XVIIIᵉ siècle; — sa
patrie; — ses divers baptêmes. — Scène plaisante avec Arlequin. —
La comédie d'*Il Candelaio de Giordano Bruno.* — *Gratiano Forbisone*
dans *la Cuccia*, et dans *Il Ritratto.* — La famille du Docteur. — Baloardo frappé par Turi; — le même, de 1680 à 1697, dans *Arlequin
empereur dans la lune,* dans *le Banqueroutier,* etc. — Echantillon de sa
science. — Epigramme de Millevoye. — Le docteur dans les emblèmes
de Georgette de Montenay. — Adieux au lecteur.

Nous terminons par *le Docteur Grazian Balourd;* il se présente
à nous, sur le tableau de M. de la Pilorgerie, tout habillé de noir,
avec une fraise blanche, portant un faux nez et un vrai poignard. Le
second me semble bien méchant pour un docteur, on peut y voir
trop aisément une allusion ; le premier est quelquefois utile, il
remplace plus d'une fois le poignard dans la comédie humaine.

C'est un fort beau type que celui du Docteur, un des mieux trouvés de la Comédie italienne, où il figure tant dans la Comédie soutenue, c'est-à-dire régulière, écrite, *la commedia sostenuta,* que dans
la comédie improvisée, *la commedia dell'Arte.* C'est un type vrai,
gai, plaisant, flexible, d'une honnêteté relative pour un pareil
théâtre; et ce sont toutes ces qualités qui, lui ayant donné naissance
de bonne heure, l'ont perpétué jusqu'à nos jours. — Qui n'a entendu
ce chef-d'œuvre de Donizetti, *Don Pasquale?* qui ne connaît le
docteur Malatesta ? — Le docteur Malatesta n'est plus, il est vrai,

---

* Voir la livraison d'août, pp. 125-139.

ce que fut le docteur de la Comédie italienne des XVI° et XVII° siècles, c'est-à-dire un savant ridicule, un pédant, assaisonnant à tort et à travers tous ses discours de citations latines et de maximes aristotéliciennes ; il ne dit plus *perhercle !* il ne s'exprime plus dans le dialogue de Bologne. — Ce n'est plus comme les docteurs du théâtre français au dernier siècle, qu'un très-bénévole docteur, un homme doux et rangé, un père noble, qui sagement oublie de se servir de son latin dans la conversation courante ; mais enfin le nom est demeuré, ainsi que l'ombre du type, et c'est déjà quelque chose.

M. Magnin, dans ses *Origines du Théâtre,* croit retrouver dans le vieux *Pappus,* de la Campanie, compagnon de Maccus-Polichinelle, aussi bien le type du Docteur que celui de Pantalon. C'est là, quoique bien ancienne, une généalogie qui n'a rien que de très-probable, mais les degrés intermédiaires paraissent, en tous cas, avoir bien disparu jusqu'au *Docteur Bolonais,* le grand, le vrai, l'illustre Docteur de la Comédie italienne. — Quelle cité plus que cette savante Bologne était plus digne de la remettre en lumière ? Florence, peut-être, ou Padoue, et quelques autres villes encore auraient pu lutter pour cet honneur. On ne saurait se faire une idée de l'ardeur de science qui animait presque toutes les villes d'Italie au XV° siècle ; c'est l'époque où l'on voyait des savants, faute d'argent, comme Philotié, jouer leur barbe et la perdre dans des paris sur la valeur d'une syllabe grecque. — Avons-nous des docteurs de cette taille, de ce sérieux aujourd'hui ?

Ce nom, le Docteur, *il Dottore,* est si caractéristique que souvent, surtout au dernier siècle, où le type s'amoindrit, le personnage remplissant ce rôle n'en portait pas d'autre. Mais souvent aussi, on l'individualisait davantage en ajoutant à ce titre de docteur un nom et un surnom particuliers. — Il semblerait peut-être qu'avec cette latitude, ce nom et surnom particuliers eussent pu beaucoup varier, mais ce serait mal se rendre compte du caractère de la Comédie italienne, chez qui l'intrigue, bien supérieure à l'esprit du détail et du dialogue, se diversifie à l'infini, tout en tournant toujours un peu dans le même cercle d'enlèvements, de déguisements, de quipro-

quos et de reconnaissances, mais qui tient à très-peu varier ses
types, même dans leurs noms, et à en jouer comme un teneur de
marionnettes joue de ses bonshommes de bois. Si donc nous y
ajoutons *il dottore Siciliano*, que nous trouvons dans une pièce
jouée vers 1600, par Francesco Andreini, acteur célèbre de la
troupe des *Gelosi*, dont nous avons déjà parlé, nous ne rencontrons
que deux noms et surnoms portés par le Docteur : ceux de *Gratiano
Forbisone* et de *Gratiano Baloardo*. La première appellation est en
usage à peu près constamment depuis le dernier quart du XVI⁰
siècle, où le rôle était tenu par Lucco Burchiella, qui le joua à la
salle du Petit-Bourbon, en face Saint-Germain-l'Auxerrois, et à
Blois, pendant les États, jusqu'à la moitié du XVII⁰ siècle, où le
nom de *Gratiano*, Gratien, se maintient, comme c'était juste pour
un si aimable personnage, mais où le surnom de Forbisone qui le
complétait fait place à celui de *Baloardo*, Balourd, infirmité que le
ciel ne condamne pas et qui n'est pas inalliable avec la grâce toute
bonne du savant Docteur.

Un mot sur les deux surnoms peut être à propos. Les diction-
naires italiens nous donnent *Forbicia* (du latin *Forfex*), ciseaux,
forbicioni, de gros ciseaux, et ils nous donnent aussi *forbici*, opiniâtre, entêté. — *Il dottore Forbisone* signifiait-il le docteur entêté,
ou le docteur aux grands ciseaux, comme nous dirions, par exemple,
le docteur au bistouri ou à la lancette, nous ne savons; un Italien de
race le jugerait mieux que nous ; chacune de ces désignations peut
s'appliquer à un docteur. — Quant au surnom de *Baloardo*, dont le
sens est moins discutable, nous surprendrons certainement plus
d'un de nos lecteurs en lui apprenant que le mot de balourd est
d'origine relativement très-récente dans notre langue. C'est ainsi
que Richelet, dans son dictionnaire, édition de Genève, 1693, qui
est une des premières, ne contient ni le mot de balourd, ni celui de
balourdise. — Furetière, dans la première édition du sien, publiée
en 1690, nous donne ceci seulement : « Balourde, adj. et subst. M.
et F., qui est stupide et grossier; ce mot vient de l'italien *Balordo*,
qui signifie la même chose. » — Ainsi, balourdise n'était même pas
encore employé, et balourd était encore peu reçu, bien qu'on eût

déjà employé ce vocable sur le tableau de Molière et des Farceurs.

— Il est même assez apparent que c'est du Docteur que le riche et si utile adjectif passa dans la langue française.

Et puisque nous grammatisons un instant, ajoutons même que cette traduction dans notre langue fut si tardive, et le sens véritable du mot si souvent ignoré de nos compatriotes, assez rétifs, on le sait, aux langues étrangères, qu'on traduisit plusieurs fois ce nom par *Baloard* et *Balouard,* et il existe même dans le curieux recueil de l'*Arlequiniana,* publié en 1694, et plusieurs fois réimprimé depuis, une scène très-amusante entre le Docteur et Arlequin, où ce dernier joue sur la terminaison de ce nom. — Quelques lignes seulement de cette scène :

ARLEQUIN *au Docteur.*

... Monsieur, sachez que je cherche un certain bro... deur... do... reur... trai... teur, traiteur en lard, justement. Ne connaîtriez-vous point, Monsieur, un traiteur en lard ?

LE DOCTEUR.

Non : j'en connais plusieurs, des traiteurs, mais ce ne sont pas des traiteurs en lard.

ARLEQUIN.

C'est un homme qui a étudié, un homme très-savant, qui sait lire et écrire.

LE DOCTEUR.

Un traiteur savant ! n'est-ce pas plutôt un docteur que vous demandez?

ARLEQUIN.

Vous l'avez dit. C'est un docteur en lard que je cherche : n'en connaissez-vous point quelqu'un, Monsieur ?

LE DOCTEUR.

Je connais tous les docteurs de la ville : mais je n'en connais point de ce nom-là.

ARLEQUIN.

Il faut pourtant qu'il y en ait un.

LE DOCTEUR.

Docteur en lard? vous voulez peut-être dire docteur Balouard ?

ARLEQUIN.

Vous y êtes, docteur Balouard : oui, ma foi, c'est tout droit celui que je demande. Je savais bien qu'il y avait du lard.

LE DOCTEUR.

Balouard, du lard. Et que lui voulez-vous, Monsieur ? C'est moi.

ABLEQUIN.

C'est vous, Monsieur le docteur Balouard ?

LE DOCTEUR.

Oui, Monsieur, pour vous rendre service.

Le nom, la patrie, le caractère du Docteur donnés, esquissons quelques traits de sa biographie, et montrons-le dans quelques-uns de ses rôles principaux. — A l'origine, ce noble personnage ne s'appelle point précisément le Docteur; l'Arioste et Giordano Bruno ne veulent point profaner ce nom; pour eux ce n'est que le Pédant. Arioste, dans l'une de ses cinq comédies *les Supposés*, nomme ce pédant *Cléandre*, c'est vers le commencement du XVIe siècle, et l'on pourrait déjà y étudier ce type dans les traductions qui en furent faites, en 1545, par Jacques Bourgeois, ou 1552 par J.-P. de Mesmes; mais ces volumes sont très-rares et nous ne les avons pas eus à notre disposition. — Giordano Bruno, ce libre penseur, né à Nole, en Campanie, qui périt brûlé à Rome, en 1600, nomme lui son pédant *Mamfurio,* dans sa pièce d'*il Candelaio, le Fabricant de Chandelles,* et dans cette pièce, dont nous avons déjà parlé au sujet de Polichinelle, il écrase ce pauvre Mamfurio avec une sorte de rage et de passion. — On sent que dans la pièce de Giordano, qui va devenir spinosiste et hégélien, spinosiste avant Spinosa, hégélien avant Hégel, cette chape de plomb de la maxime aristotélicienne a trop longtemps pesé, et qu'il veut s'en venger sur les instituteurs pédantesques auxquels il ne croit plus. C'est lui auquel Giordano fait recevoir les coups d'étrivières, que Molière transportera plus tard à Polichinelle, ainsi que nous l'avons dit. — Il a beau en appeler aux astres et à Jupiter.... per Jovem, par altitonantem, *vos sidera testor !*... il faut qu'il soit fouetté.

Mais quand le pédant passe docteur, quand *Mamfurio* devient *Forbisone,* je ne sais quel respect attaché à ce titre retient les auteurs, et, si le docteur est fouetté, ce n'est que des verges de la satire, et d'un rire quelque peu railleur, mais non méchant; — ce bon Docteur !

Sous le nom de *Gratiano Forbisone*, où il figure dans la plupart des pièces de la *Commedia dell'arte*, publiées à Venise en 1611 par Flaminio Scala, chef des *Gelosi*, mais pièces toutes ou presque toutes ayant été jouées en France, nous le trouvons dans quelques scènes assez bonnes données ou analysées par M. Moland ; — l'ouverture de *la Chasse*, par exemple, *la Caccia*, est quelque chose de charmant. — A l'aube du jour, Pantalon est à sa fenêtre et sonne du cor pour donner le signal aux autres chasseurs. Gratiano, à sa fenêtre, lui répond par une fanfare, à laquelle d'autres se joignent bientôt de divers côtés. A peine Pantalon et le Docteur se sont-ils retirés pour aller revêtir leurs costumes de chasse, qu'Isabelle, fille de Pantalon, Flaminia, fille ou femme du Docteur, paraissent aux mêmes fenêtres et implorent le soleil pour hâter sa venue et l'arrivée, Isabelle d'Oratio, Flaminia de Flavio. Cependant les chasseurs, y compris le Docteur, paraissent bientôt, vêtus d'habits ridicules, traversent vivement la scène et s'éloignent en renouvelant leurs bruyantes fanfares, tandis que Flavio et Oratio accourent près de leurs belles *inamoratæ*, — toujours l'éternel sujet de la double chasse.

Nous regrettons, ne connaissant que cette scène, de ne pouvoir affirmer que Flaminia serait plutôt fille que femme du Docteur. Ce pauvre savant n'est pas toujours très-heureux en ménage, mais qui peut tout avoir ? C'est ainsi que, dans une autre pièce plus célèbre que *la Chasse*, *le Portrait*, *il Ritratto*, *Flaminia*, cette fois, bien certainement, la femme de Gratiano ne s'en est pas moins enamourée de Flavio, tandis qu'Isabelle, la femme de Pantalon, brûle d'une flamme défendue pour le brillant Oratio. — On serait naturellement tenté de plaindre au moins le Docteur, mais lui-même, hélas ! le scélérat, le libertin, courtise, ainsi que son ami Pantalon, la coquette comédienne Vittoria ; il se laisse même persuader, ce pauvre naïf, que Vittoria est amoureuse de lui, et il lui envoie des aiguières et des bassins d'argent.

Qu'elle soit sa fille ou sa femme, notons toutefois que *Flaminia* accompagne presque toujours le docteur dans toutes les pièces où il paraît. Son fils se nomme presque toujours *Flavio* ou *Cinthio*, sa fille Ricciolina, et c'est le plus souvent Arlequin qui veut bien lui servir de valet, avec la condition, par exemple, de pouvoir lui jouer plus d'un tour. Ce sont là du moins les conditions les plus habituelles de la maison du Docteur en France jusqu'au milieu du XVIIe siècle ; plus tard ces noms varient un peu davantage.

Le premier acteur de renom que nous rencontrons comme docteur *Gratiano Boloardo* est *Constantin Lolli*, de Bologne, comme le personnage qu'il représentait, et que nous avons déjà montré en 1654, un an après son arrivée en France, attaqué sur le Pont-Neuf par son camarade Turi jouant le rôle de Pantalon. Turi, du reste, s'il donna en cette occasion un coup traître, n'était point l'attaquant ; — *Boloardo*, nous dit Loret,

> Boloardo, comédien,
> Lequel, encor qu'Italien,
> N'est qu'un auteur mélancolique,
> L'autre-jour en place publique
> Vivement attaquer osa
> Le Pantalon Bisognoza
> Qui pour repousser l'incartade,
> Mit soudain la main à l'espade.

Cette expression d'auteur mélancolique s'applique à Lolli au sujet de la faiblesse qu'il avait de vouloir composer des comédies dans lesquelles il brillait moins que comme acteur ; — l'une d'elles est intitulée *le Gentilhomme campagnard*. — Lolli jouait encore en 1662. C'était alors, nous croyons l'avoir dit, à l'hôtel de Bourgogne, où la troupe italienne alternait avec la troupe française depuis 1660 qu'elle avait quitté l'hôtel du Petit-Bourbon en face le Louvre. — Il est donc difficile d'admettre qu'un autre Lolli ait pu servir de prototype pour le Docteur dans le tableau de la Comédie française.

En 1675, *Giovanni Gherardi*, de son nom de guerre *Floutin*, jouait le Docteur, — et la chance voulut pour lui qu'il pût le représenter dans d'excellents rôles. — En 1668, en effet, pour la première fois, les Italiens avaient commencé à introduire du fran-

çais dans leurs pièces ; d'abord des chansons y parurent, puis des
scènes entières, et bientôt, à la grande joie du public, l'italien tout
entier disparut chassé par le français. — Voici ensuite qu'en 1680,
la troupe française de l'Hôtel de Bourgogne est réunie à celle de la
rue Guénégaud pour former peu après, comme nous l'avons vu, la
véritable origine de la Comédie française. — Et voici encore que,
maîtres alors exclusifs de la salle de l'Hôtel de Bourgogne, qu'ils
garderont jusqu'en 1697 et reprendront à leur retour, en 1716, pour
ne plus la quitter jusqu'à la Révolution, les Italiens ont la bonne
fortune de rencontrer une série d'excellents auteurs : Noland de
Fatouville, Regnard, Dufresny, Palaprat, Lenoble, Boisfranc, Mongin,
Delosme de Monchesnay, qui leur font des pièces excellentes, où
l'intrigue italienne se mêle à l'excellent supplément de l'esprit gaulois et de la gaieté française ; — car l'Italien, ainsi que l'observe
Stendhal dans des réflexions pleines de finesse (voir ses lettres sur
Hayon), que nous regrettons de ne pouvoir donner ici, l'Italien est
sensible et passionné, il est rarement gai. .

Nous n'aurions ici que l'embarras du choix pour montrer le docteur Balouard. On le verrait, par exemple, soit dans *Arlequin-Esope*
de Boursault (pièce représentée en janvier 1690), où, difforme
comme le célèbre fabuliste, il veut épouser sa charmante fille
Colombine, que la célèbre courtisane Rodope, venue à résipiscence,
aide à rompre cette union ; — soit dans *Arlequin empereur dans la
lune,* par Fatouville, où il est tout surpris d'apprendre que l'empereur de ce pays a demandé des nouvelles de Monsieur le docteur
Grazian Balouard et d'Isabelle, sa fille, le docteur Balouard, « un
homme de mérite qui a étudié, qui sait la rhétorique, la philosophie,
l'orthographe », et non moins étonné, d'après les renseignements
authentiques — rapportés par Arlequin, que tout se passe dans
notre satellite absolument « comme ici » ; ce sont dans ce pays-là
par exemple les femmes « qui manient tout l'argent et qui font
toute la dépense, les maris n'ont d'autre soin que de faire payer les
revenus et réparer les maisons » ; — « tout comme ici », dit
Colombine ; — soit encore dans le *Banqueroutier de Fatouville*

(joué en 1697), où la comédie des entreprises et des actionnaires des Robert Macaire et des Bertrand, telle que nous l'avons vue trop souvent jouée de nos jours, est déjà créée tout d'une pièce, sans qu'il y manque rien. On peut en lire quelques excellentes scènes citées par M. Moland. — Une idée seulement du sujet : le banquier Persillet commence à être mal dans ses affaires ; il lui faudrait un petit million ou douze cent mille livres pour tenter de se relever, mais à qui les emprunter ? — Heureusement que le notaire la Ressource (Arlequin) s'est trouvé là tout à point, et c'est sous ses auspices que le Docteur, Pierrot et Scaramouche, vêtus de manteaux noirs qui leur traînent jusqu'à terre et portant de grands crêpes à leurs chapeaux, viennent supplier Persillet de daigner accepter leur argent en leur en faisant l'intérêt « au denier de vingt-cinq ». — Rien de comique et de bien saisi comme les feintes résistances du vieux renard Persillet. — Quant à l'intérêt, il le leur ferait aussi bien au denier trente si on le lui demandait ; pour ce qu'il compte leur en verser, la différence serait nulle pour lui. — L'argent reçu, il s'enquiert d'Arlequin pourquoi « ces messieurs-là sont en grand deuil ». — « C'est, lui répond le drôle, qu'ils portent leur argent en terre ».

Que de charmantes scènes ainsi perdues dans nos vieux et trop oubliés répertoires !

Un seul fragment de scène encore, et nous prenons presque congé du Docteur. — M. Moland nous dit que chacun de ses mots est une « délicieuse ânerie ». Ce point de vue ne nous paraît pas tout à fait exact. — Le Docteur est un pédant, il est souvent, c'est le comique du rôle, lourd, emphatique, fatigant de citations, mais sa science est incontestable. — S'en trouverait-il, par exemple, parmi nos meilleurs lettrés actuels de l'Université, beaucoup pour juger comme lui d'un trait une partie des principaux poètes, orateurs et littérateurs ? « Vous demandez, dit-il à Arlequin, vous demandez au docteur Balouard, qui sait tout, s'il sait quelque chose ! — Quant à l'éloquence, Démosthènes n'est pas plus vigoureux que moi, Cicéron n'est pas plus persuadant, Socrate n'est pas plus agréable, Démétrius n'est pas plus doux, Platon n'est pas plus abondant, Quintilien n'est pas plus instructif; quand je fais des vers, je suis mystérieux comme Homère, élevé comme Virgile, délicat comme Anacréon, furieux comme l'Arioste, moral comme Horace, magnifique en paroles comme Stace, naïf comme Orphée, naturel comme Aristophane, tragique comme Sénèque, poli comme Térence, charmant comme Sophocle, piquant comme Martial, aisé comme Ovide, badin comme Catulle, amoureux comme Properce, passionné comme Tibulle. »

Il sait encore, le docteur Balouard, qui sait tout, « que Tacite est un politique décisif; que Tite-Live est diffus et judicieux ; Thucydide sec, Quinte-Curce poli et sincère, Salluste majestueux, Xénophon simple et naturel, Polype moral; Diodore savant, Hérodote fabuleux, Denis d'Halicarnasse profond, Appian plagiaire, Dion Cassius sans discernement, Procope peu exact, Arrian copiste, Agathias peu fidèle. »

Assurément, il n'y a pas beaucoup d'ânes qui en sachent autant; mais on peut s'être rempli de toutes ces choses, et mériter du moins l'épithète qui termine une presque excellente, quoique assez peu connue, épigramme de Millevoye :

> Je sais l'hébreu, le latin et le grec;
> Je sais l'arabe et la langue d'usbek;
> Je sais l'algèbre ainsi que feu Delambre ;
> Je sais le droit comme la double chambre.
> Physicien, je sais, et mot pour mot,
> Que tels effets viennent de telles causes.
> — Homme érudit, qui savez tant de choses,
> Sachez de plus que vous êtes un sot !

On pourrait ajouter un bavard, et il m'y faut, quant à moi, songer, pour ne demeurer qu'un causeur. J'en demeure donc à peu près là, et supprime l'histoire du Docteur au Théâtre français, son histoire sur la scène de l'Hôtel de Bourgogne au XVIIIe siècle, et son histoire sur les théâtres des Foires Saint-Germain et Saint-Laurent. — Cette dernière surtout aurait pu nous fournir le sujet de bien charmants et bien amusants chapitres; nous en avions préparé les matériaux, ils nous ont plu à recueillir, ils nous ont instruit, peut-être un jour nous serviront-ils, mais à l'épigramme de Millevoye, à laquelle il nous faut songer, ne fût-ce que pour chercher où diable la nécessité de la rime avait fait découvrir, à l'aimable auteur de *la Chute des feuilles, la langue d'usbek ;* nous avons encore à joindre comme second avertissement celle de la « Docte, Éloquente et Noble Damoiselle Georgette de Montenay, de la maison de la grande reine de Navarre, Jeanne d'Albret, mère de notre roy Henry », en son livre d'Armoiries, contenant... cent emblèmes chrétiens.

> Pour avoir leu longuement l'escriture,
> L'homme souvent en vain se glorifie, .
> Car science enfle ; et qui n'a que lecture,
> N'a pour cela l'esprit qui vivifie...

Au-dessus de ces vers dont « l'esprit qui vivifie » est meilleur que le moule, se voit admirablement gravé, par notre illustre maître lorrain Pierre Woeiriot, un gros, très-gros docteur ; sur son chef est un bonnet, — se figure-t-on un docteur sans bonnet ? — à sa ceinture sont suspendus stylet, encrier, tous les ustensiles de son grimoire, et des deux mains il tient ouvert un énorme volume. Au-dessus, dans le champ de la gravure, on lit : SCIENTIA INFLAT. — On le voit, ce type du Docteur, s'il fut, on n'en saurait disconvenir, recueilli sur notre théâtre de la scène italienne, était du moins à l'avance bien connu et bien jugé dans notre pays : *Scientia inflat.*

C'est un mot terrible, et qu'il faut toujours avoir devant les yeux pour, quand on traite pour ainsi dire avec le public, et qu'il daigne vous lire et vous écouter, ne pas abuser de sa complaisance, et lui demander même, comme nous le faisons en achevant cette étude, excuse, si nous l'avons retenu trop longtemps.

Le Bᵒⁿ DE WISMES.

NOTICES ET COMPTES RENDUS

HAGIOGRAPHIE DU DIOCÈSE D'AMIENS, par M. l'abbé Corblet, histo-
riographe de ce diocèse, directeur de la *Revue de l'Art chrétien*,
etc., etc. — Paris, Dumoulin ; Amiens, Provost-Allo, 1868-1874; 5
in-8º de 630 p., 600, 592, 710, 350. — Prix : 36 fr.

Entre tous les travaux hagiographiques récemment publiés en
France, il n'en est point, si je ne me trompe, qui, pour l'étendue
et le sérieux des recherches, tant dans les sources manuscrites que
dans les livres imprimés, puisse soutenir le parallèle avec l'*Hagiographie du diocèse d'Amiens*. Cet ouvrage est un véritable monument
d'érudition, élevé à la gloire d'un de nos plus beaux diocèses de
France. M. l'abbé Corblet, le savant directeur de la *Revue de l'Art
chrétien*, bien que déjà connu avantageusement par beaucoup d'écrits
hagiographiques, archéologiques, etc., n'a pas cependant employé
moins de douze années à recueillir les matériaux d'un travail de
cette importance, à en coordonner les parties [1]; mais il sera toujours
vrai qu'on n'élève pas un monument en un jour et sans dépenses.

Le plan adopté par l'auteur diffère notablement de celui que l'on
suit presque toujours dans des écrits de cette nature. Ainsi, le côté
biographique n'absorbe plus ici comme d'habitude les neuf dixièmes
de l'ouvrage. Il n'en occupe guère que la moitié. L'autre partie est
consacrée à la gloire posthume des personnages dont a parlé l'auteur : miracles, culte, images, reliques, etc., etc. C'est une innovation
que je me garderai de blâmer. De la sorte, il est vrai, l'ouvrage
de M. l'abbé Corblet perd un peu du caractère de livre de piété et
d'édification pour rentrer dans la classe des livres de science et
d'érudition ; mais l'auteur, il nous le déclare lui-même, ne s'est
pas proposé un autre but [2].

[1] Introduction, p. XXI.
[2] Introduction, p. LIII.

Quelques lecteurs seront peut-être moins conciliants, relativement à une seconde innovation, qu'ils remarqueront dans l'*Hagiographie du diocèse d'Amiens*.

Je veux parler de l'*ordre alphabétique*, suivi par M. Corblet, pour le classement de ses articles.

Cette méthode sent trop le dictionnaire. Jusqu'à présent on avait suivi l'ordre plus liturgique du calendrier, ou l'ordre plus historique des siècles et des années. C'est là d'ailleurs un léger défaut, qui n'enlève rien au mérite incontestable du livre, dont je rends compte. Je croirai avoir suffisamment fait connaître ce mérite, si je présente au lecteur une courte analyse, volume par volume, de l'ouvrage lui-même. Et d'abord, il comprend deux parties bien distinctes.

Première partie : Hagiographie proprement dite des Saints revendiqués par le diocèse d'Amiens, comme lui appartenant à raison de leur naissance, de leur vie ou de leur mort.

Seconde partie : Notice sur un grand nombre d'autres Saints, qui, sans appartenir aux mêmes titres à ce diocèse, y ont cependant été honorés d'un culte religieux.

La première partie réclame à elle seule, comme il était juste, les trois premiers volumes dans leur entier, plus une partie notable du quatrième. Elle se trouve à son tour subdivisée de la manière suivante :

Le tome I (A-E, p. 1-620) renferme vingt-trois articles. Plusieurs d'entre eux, ceux des saints Adelard, Alcuin, Anschaire, et des saintes Austreberte et Colette, sont très-détaillés, et ne manquent pas d'importance, même au point de vue simplement historique.

Le tome second (F et G, p. 1-600) ne se compose que de dix-neuf articles, mais celui de saint Firmin, apôtre d'Amiens (p. 31-189) est enrichi d'une dissertation en bonne forme, sur l'apostolicité des églises des Gaules.

Les principaux articles du tome troisième (H-N, p. 1-592), sont consacrés à saint Honoré, à saint Josse, prince breton, à saint Paschase Radbert et à saint Salve.

Le nombre total des articles contenus dans ce volume s'élève à
trente et un.

Enfin, les cent quatorze premières pages du tome quatrième ont
pour objet de faire connaître la vie sainte et la gloire posthume de
saint Vaast et de quatre autres saints, qui n'avaient pu trouver place
dans le volume précédent. C'est ainsi que se trouve complétée la
première partie de l'ouvrage du savant chanoine d'Amiens.

La seconde partie, à laquelle notre auteur donne le titre modeste
d'Appendice (p. 124-696), renferme, comme je viens de le dire, un
grand nombre de notices, toujours par ordre alphabétique, sur tous
les saints qui, sans appartenir, à proprement parler, au diocèse
d'Amiens, y ont cependant été l'objet d'un culte religieux, plus ou
moins étendu.

Dans cette seconde partie, le côté biographique est, à bon droit,
laissé de côté; mais, en revanche, les renseignements liturgiques et
iconographiques sont abondants et puisés aux sources les plus variées, ce qui dénote en notre auteur une lecture immense. J'indique
principalement comme offrant un véritable intérêt, pour quiconque
s'occupe d'études liturgiques ou iconographiques, les articles de
saint Étienne, p. 246 ; de saint Jacques le Majeur, p. 325 ; de saint
Jean-Baptiste, p. 329-354 ; de sainte Julienne de Liége, détails sur
les hommages rendus au Saint-Sacrement dans le diocèse d'Amiens,
p. 375; la sainte Vierge, ses pèlerinages, confréries, etc., p. 439;
saint Martin, p. 501 ; saint Pierre, p. 561 ; saint Thomas de Cantorbéry, p. 623 ; saint Vincent de Paul, etc., etc., p. 665.

Un cinquième et dernier volume ne tardera pas à paraître et
renfermera les tables de tout l'ouvrage.

Mais les lecteurs de la *Revue de Bretagne* ne me pardonneraient
pas de terminer ce compte rendu bien imparfait sans leur faire connaître les noms des saints bretons, qui figurent dans l'importante
collection de M. l'abbé Corblet.

En voici la liste : 1° Saint Josse, ermite en Ponthieu (t. 3, p. 83-
141). Il y a des choses intéressantes et neuves, surtout en ce qui
touche le culte de cet admirable saint. Les hagiographes futurs de

la Bretagne auront beaucoup à y puiser ; — 2° saint Arnor, t. 4,
p. 158 ; — 3° saint Conocain, évêque de Quimper, t. 4, p. 218 ; —
4° saint Corentin, évêque de Quimper, p. 220 ; — 5° saint Ethbin,
moine de Taurac (Dol), p. 244 ; — 6° saint Gudwal, évêque de
Saint-Malo, p. 309 ; — 7° saint Guingalois ou Walois, abbé de Lande-
vennech, p. 688 ; — 8° saint Hervé, exorciste. Est-ce le nôtre ?
p. 314 ; — 9° saint Ingenoc, abbé de Bergnes-le-Vinoc, p. 323 ; —
10° saint Malo, évêque, p. 426 ; — 11° saint Méen, abbé, p. 331 ; —
12° saint Samson, évêque de Dol, p. 603 ; — 13° saint Vincent
Ferrier, p. 663 ; — 14° saint Vinoc, abbé, p. 692.

Il serait inutile d'ajouter que quelques erreurs ont échappé çà et
là à l'attention de M. l'abbé Corblet. Il est impossible qu'il en arrive
autrement dans un ouvrage d'aussi longue haleine. L'auteur lui-
même en a relevé un certain nombre (t. 4, p. 697 et suiv.). On
pourrait en glaner quelques autres après lui. Je signalerai seulement
celle où il voit deux personnages différents dans le maréchal de
Cossé-Brissac (un Cossé et un Brissac) [1].

En résumé, l'ouvrage dont M. l'abbé Corblet vient d'enrichir notre
littérature est du plus haut intérêt au point de vue de l'érudition, et
nul hagiographe français ne pourra se dispenser à l'avenir de le
consulter et de lui faire de nombreux emprunts.

D. Fr. Plaine, bénédictin de Ligugé.

[1] T. 3, p. 81. On peut voir dans le P. Anselme (t. V, p. 320 et suiv.) que Cossé
est le premier nom de cette famille; Brissac est venu s'y adjoindre postérieurement
comme second titre nobiliaire et n'en a jamais été distrait depuis.

CHRONIQUE

I

Monseigneur l'Evêque de Nantes aux tombeaux des saints Apôtres.

Monseigneur l'Évêque de Nantes vient de faire, du 20 septembre au 21 octobre, sa visite aux tombeaux des Saints Apôtres, dans des conditions à la fois si remarquables, si honorables pour lui et pour la Bretagne, si intéressantes à tous égards, que nous ne saurions mieux faire que de donner place ici aux lettres que, pendant le séjour de Sa Grandeur à Rome, M. l'abbé Durassier, son secrétaire-général, et M. l'abbé Fournier, secrétaire de l'Évêché, ont adressées à MM. les vicaires-généraux et que la *Semaine religieuse de Nantes* a eu la bonne fortune de publier immédiatement.

L. DE K.

« I. — Nous voici enfin arrivés à la Terre promise. Monseigneur a fait son entrée dans la Ville Éternelle, portant dans sa pensée et dans son cœur le diocèse de Nantes, et invitant ses heureux compagnons de voyage à saluer du fond de l'âme, et en union avec lui, le roc sur lequel est bâtie la sainte Église : *Petra autem erat Christus.* Avec quelle joie nous nous sommes acquittés de ce devoir !

» Nous nous sommes rendus à Saint-Pierre. La première pensée de notre vénérable et pieux Évêque a été d'aller s'agenouiller devant l'autel de la Confession. J'avais le bonheur d'être près de lui en cet instant solennel ; je fus saisi de l'émotion la plus profonde en l'entendant réciter, avec l'accent de sa foi si ardente, le *Credo* catholique. Je suivais, de la voix et du cœur, chacune des paroles qui tombaient des lèvres de notre Pasteur bien-aimé. L'Église de Nantes était bien là, renouvelant encore l'affirmation de ses sublimes croyances, répétant le Symbole immortel qu'elle chantait dimanche dernier, avec tant d'ardeur, sous les voûtes de notre Cathédrale.

» Monseigneur est d'une santé parfaite. Quel délicieux voyage nous avons fait ! Que de merveilles à voir et à raconter !

» Sa Sainteté nous fait dire qu'elle recevra notre Évêque dès demain. M. l'abbé Durassier vous écrira après notre audience au Vatican. »

« II. — *Rome, 25 septembre.* — Nous sortons du Vatican. Dès ce soir, à
6 heures 1/2, à l'heure où il donne ses audiences de faveur et les plus
intimes, le Souverain-Pontife a reçu Monseigneur, et nous ensuite. L'audience accordée à Sa Grandeur a duré ving-cinq minutes. Nous suivions,
impatients et joyeux, dans la grande salle des réceptions, les mouvements
de la pendule, dont la lenteur retardait notre bonheur en prolongeant
celui de notre Évêque. Pie IX a comblé le bien-aimé Prélat des témoignages de sa paternelle tendresse. Vous devinez avec quels élans du cœur
Monseigneur a répondu à de si hautes et si douces prévenances, lui qui, à
toutes les heures de sa vie, s'est montré le défenseur intrépide des prérogatives du Successeur infaillible de saint Pierre. Son grand amour, son
profond et filial dévouement à Pie IX, augmentaient encore la vivacité des
sentiments de son âme. Vous le verrez bientôt, et vous l'entendrez parler
de cette audience.

» Vers sept heures, le Pape a sonné, et nous sommes entrés, chargés
du Denier de Saint-Pierre, du *Compte rendu diocésain*, des volumes et
des adresses que diverses personnes offraient au Souverain-Pontife. Un
instant après, nous étions aux pieds du Vicaire de Jésus-Christ, baisant
tendrement la main qu'il nous présentait avec une radieuse bonté.

» Qui pourrait dire la douce et profonde émotion dont mon âme débor-
dait en ce moment! Quelle joie de contempler la sereine et ravissante
figure de Pie IX! d'entendre sa douce voix! Pourtant, je ne sais quelle
tristesse se mêlait à cette joie indicible: je pensais à l'Allemagne, à la
Suisse, au Brésil, à l'Espagne, même à la France, mais surtout à l'Italie,
dont les hideux séides souillent de leur présence la Ville Éternelle, à tous
les persécuteurs officiels ou obscurs de l'Église et de son Chef. Puis la
personne auguste de Pie IX disparaissait à mes regards : je ne voyais
plus que le Pontife suprême, le Successeur de Pierre, tout resplendissant
des rayons de l'infaillible et divine lumière dont le Saint-Esprit le pénètre,
protégé et guidé par les saints Apôtres ; et mon cœur chantait, avec tous
les splendides monuments de Rome, avec notre catholique diocèse, avec
l'Église entière: *Tu es Petrus !... Credo in Unam, Sanctam, Catholicam
et Apostolicam Ecclesiam!*

» Je priai sans retard le Souverain-Pontife de daigner agréer les hommages de piété filiale et de dévouement que tant de personnes m'avaient
demandé de déposer à ses pieds ; je sollicitai pour ma famille, mes amis,
les œuvres dont je m'occupe, la bénédiction apostolique. M. l'abbé Fournier adressa la même prière au Pape, qui nous bénit avec tendresse ; et,
sur son invitation, nous nous relevâmes.

» Je présentai alors à Monseigneur, qui la remit à Sa Sainteté, la riche
offrande du diocèse de Nantes. Pie IX sourit, remercia et appela la bénédiction du ciel sur tous les généreux donateurs. La bourse élégante qui

Monseigneur notre Evêque, à tout son clergé, au diocèse de Nantes et à toutes les âmes pieuses et dévouées à Pie IX qu'il possède en si grand nombre.

» Lorsque l'audience fut terminée, un des Prélats de la cour s'avança vers Monseigneur et l'invita à accompagner le Souverain-Pontife dans sa promenade ; il m'adressa gracieusement l'invitation de me joindre à mon évêque ; je vous assure que je ne me le suis pas fait dire deux fois.

» Le cardinal Martinelli prit place à la droite du Saint-Père, Monseigneur marchait à sa gauche : nos trois députés, le baron Visconti, quelques nobles romains, plusieurs prélats et votre serviteur, aussi fier qu'heureux, formaient le cortége.

» Le Pape était gai, souriant; il traversa les galeries, montant et descendant sans peine et sans appui, disant une parole bienveillante à l'un et à l'autre ; puis, arrivé à la limite de l'une des galeries de l'incomparable bibliothèque du Vatican, il prit un siége et invita son escorte à s'asseoir. Alors la conversation s'engagea, et devint bientôt animée. Chacun y prenait part, avec une aisance toute familière, tant est grande et encourageante la ravissante bonté de Pie IX.

« Très-Saint-Père, dit Monseigneur de Nantes, vous avez sous les yeux » une petite partie de votre grande armée. Les uns combattent avec » l'épée ; les autres, comme ces braves députés, luttent par la parole ; » d'autres vous servent dans de hautes positions sociales ; tous ont pour » votre personne vénérée le même cœur vaillant et dévoué. »

» Puis, s'adressant au baron Visconti, homme d'un esprit si charmant, âme si dévouée à Pie IX et à l'Eglise, Sa Grandeur ajouta : « Je vous » estime bien heureux, M. le baron, d'avoir souvent le bonheur dont nous » jouissons aujourd'hui. » — « Et moi, reprit le baron, j'estime aussi le » Pape vraiment heureux d'avoir en ce moment près de lui un Prélat qui » sait si bien manier la parole et dire les choses les plus aimables. »

« Fort bien! dit Pie IX, fort bien! Dans cette petite partie de ma » grande armée, comme vous dites, Monseigneur, je ne vois que de braves » officiers ! »

» Le temps s'écoulait trop vite; l'heure avançait. Le Souverain-Pontife se leva, la promenade toucha bientôt à sa fin, nous reçûmes une gracieuse bénédiction, et nous nous retirâmes, ravis de l'incomparable bonté, de la radieuse sérénité, et, qu'on le sache bien, de l'étonnante santé du chef de l'Eglise. »

———

On écrit du Vatican, le 8 octobre, au *Journal de Florence :*

« Mardi dernier, le Saint-Père a décoré Mgr Fournier du titre de Comte romain, et le même jour, il l'a élevé à la dignité d'Assistant au trône pontifical.

» Hier, Mgr Fournier a été reçu de nouveau en audience particulière par le Saint-Père. C'était l'audience de congé de Sa Grandeur, et Pie IX a voulu montrer encore une fois son affection toute paternelle à Mgr Fournier. Le Saint-Père a adressé à Sa Grandeur plusieurs questions sur les fervents chrétiens du diocèse de Nantes, sur leur activité pour faire le bien et sur leur ingénieuse industrie dans l'accomplissement des bonnes œuvres. S'adressant ensuite à Monseigneur, le Saint-Père lui dit du ton le plus aimable : « Il paraît que l'on aime beaucoup le Pape dans le diocèse de Nantes. » — Oui, Saint-Père, dit Monseigneur; on pourrait même dire que mes diocésains ont un véritable culte pour Votre Sainteté. » Le cœur de Pie IX fut sensiblement touché d'un si grand esprit de foi, et ne put s'empêcher d'exprimer à Sa Grandeur toute son admiration pour le dévouement de la Bretagne envers le Saint-Siége et le Vicaire de Jésus-Christ.

» Monseigneur allait demander la bénédiction apostolique pour se retirer lorsque le Saint-Père lui dit avec le ton le plus paternel : « Mais je crois ne vous avoir donné aucun souvenir? — Non, Saint-Père, dit Monseigneur, je n'ai pas encore eu le bonheur de recevoir un souvenir de Votre main. » Le Saint-Père ouvrant aussitôt un tiroir de sa commode, y prit un magnifique médaillon en or qu'il donna comme souvenir à Monseigneur. Le médaillon représente d'un côté l'effigie de Pie IX, et de l'autre côté l'intérieur de la basilique de Santa-Maria in Trastevere, avec les nouvelles réparations achevées dans ces derniers temps.

» Confus d'une si grande bienveillance du Souverain-Pontife, Monseigneur en exprima toute sa reconnaissance : après quoi il demanda, avec toute la ferveur de sa foi de Breton et surtout avec tout le cœur d'un évêque zélé qui ne désire rien tant que le salut des âmes confiées à sa sollicitude pastorale, la faveur de la bénédiction apostolique pour lui, pour son clergé si dévoué à la Chaire de Pierre et pour tous les fidèles de son diocèse, si affectionnés et si pleins de sollicitude pour Rome et pour le Vicaire de Jésus-Christ.

» Ce fut avec la plus grande expansion que le Saint-Père accorda la bénédiction qui lui était demandée; puis Monseigneur se retira, fortifié encore par cette bénédiction apostolique qu'il va répandre sur toutes ses ouailles, afin de ranimer de plus en plus leur ferveur dans la foi catholique, leur zèle pour la gloire de Dieu et leur amour pour le bien-aimé Pontife. »

Le mardi, 21 octobre, Mgr Fournier est rentré à Nantes, au milieu des démonstrations les plus touchantes de la joie de ses diocésains.

II

Les Peintures décoratives de Paul Baudry.

Paul Baudry! voilà plus d'un mois que toute la presse parisienne parle de ses peintures du nouvel Opéra; voilà plus d'un mois que dans le monde des arts il n'est question que du gigantesque et splendide travail de notre premier peintre, né Vendéen, mais bien Français par le cœur et par le talent.

Pour les lecteurs de la *Revue*, le nom de Paul Baudry est depuis long-temps populaire, car des premiers nous avons salué ce nom, alors que se levait l'aurore brillante de sa carrière; dès l'apparition de ce tableau de la *Mort de Vitellius*, qu'il peignit à dix-neuf ans, et qui valut au jeune artiste, à l'unanimité des suffrages du public et du jury, le second grand prix de Rome.

Tout aussi bien que d'autres, nous pourrions ici faire la biographie de notre peintre, depuis son enfance, ses débuts à l'école des Beaux-Arts, son séjour à l'Académie de France, et ses travaux à dater de son retour de Rome jusqu'à sa nomination de membre de l'Institut; mais ce n'est pas l'heure, Dieu merci, d'étudier la vie de l'homme et de l'artiste. Disons seulement que maintes légendes, reproduites par divers journaux, sont de pures fantaisies; donnons un démenti formel à l'anecdote de l'em-prunt de la pièce de cent sous, et parlons des peintures décoratives du nouvel Opéra.

Peintures décoratives exécutées pour le foyer de l'Opéra, tel est le titre d'une notice explicative de l'œuvre de Paul Baudry, notice avec portrait, rédigée par M. About et qui se vend au profit de l'Associa-tion des artistes [1].

Le choix d'un tel rédacteur ne doit pas nous surprendre, car l'intimité du peintre et de l'homme de lettres date de leur toute jeunesse, alors qu'ils étaient pensionnaires des écoles de Rome et d'Athènes et qu'ils se rencontrèrent à Pompéi, dans un cabaret, fermé depuis dix-huit cents ans, pour cause d'éruption [2].

Du reste, comme l'artiste, il était de rigueur d'être nourri des tra-ditions antiques pour décrire avec soin l'ensemble et les détails des peintures de l'Opéra, et nous oserons même dire que, pour bien com-prendre le sens complet de l'œuvre colossale de notre peintre, le visi-teur de son exposition doit être doublé d'un érudit; sans cela comment se reconnaître dans cette immense mêlée de tous les dieux et demi-dieux de l'Olympe, auxquels il faut ajouter le rendez-vous général de

[1] Paris, rue de Bondy, 63.
[2] *Salon de* 1867, par M. About.

tous les plus gracieux génies, de tout ce qui divinise la Poésie, la Danse et la Musique.

Le livret de M. About, interprète fidèle de la pensée du peintre, sert donc de fil conducteur dans ce long et difficile examen. Aussi transcrirons-nous l'introduction de ce livret :

« Le programme offert au décorateur embrasse tous les arts, depuis leur origine jusqu'à nos jours. Tous sont de son domaine; mais il ne doit point oublier qu'il habite un théâtre, et spécialement un théâtre de musique.

» Son esprit s'élève d'abord vers les sources divines de l'art; il va droit au Parnasse, et, dans une vaste composition, il réunit autour d'Apollon les Grâces, les Muses et jusqu'aux demi-dieux de la Musique moderne.

» Pour compléter l'expression de sa pensée, il oppose au Parnasse une autre toile d'égale grandeur où les poètes de l'antiquité se groupent autour d'Homère, avec les peintres et les sculpteurs qu'ils ont inspirés, les types héroïques qu'ils ont immortalisés, et les hommes primitifs qu'ils ont civilisés.

» La Musique plane sur tout l'ensemble de la décoration. Dans le plafond central, où l'on a symbolisé l'union de la *Mélodie* et de l'*Harmonie*, entre la *Poésie* et la *Gloire*, l'idée dramatique apparaît dans deux plafonds secondaires, dont l'un figure la *Tragédie* et l'autre la *Comédie*.

» La conception du peintre se développe et se précise dans dix grandes compositions, qui tournent autour des voussures et qui expriment les caractères et les effets de la Musique et de la Danse. — La Musique triomphe de la Douleur; elle calme la folie dans le tableau de *David charmant Saül*. Elle a raison de la mort elle-même, dans le drame d'*Orphée et d'Eurydice*. L'art naïf des bergers vit dans une scène inspirée des idylles de Théocrite et des églogues de Virgile. Dans l'*Assaut*, la Musique guerrière conduit les hommes à la victoire. Le *Rêve de sainte Cécile* représente l'art sacré, qui a forcé depuis un certain temps les portes du théâtre. Ce sujet s'imposait à l'artiste ; mais, condamné, pour ainsi dire, à peindre une sainte chrétienne dans un lieu profane, il a pensé qu'il serait de bon goût de lui fermer les yeux. Un esprit élevé, grave et quelque peu mélancolique, ne pouvait guère interpréter la Danse à la pleine satisfaction des abonnés de l'orchestre. Le peintre a représenté la *Danse virile des Corybantes* et des *Curètes* autour du berceau de Jupiter; la *Danse échevelée des Ménades* autour du cadavre d'Orphée, et la *Danse* fatale, meurtrière, impie, de *Salomé* devant Hérode. Le triomphe de la Beauté, but suprême et dernière fin de tous les arts, est figuré par le *Jugement de Pâris*. Enfin, la supériorité de l'art idéal sur le réalisme grossier éclate dans l'antique symbole d'*Apollon vainqueur de Marsyas.*

» Les intervalles de ces compositions sont occupés par huit grandes figures détachées, dont chacune représente une Muse. Les filles de Jupiter et de Mnémosyne sont là chez elles; elles nous font les honneurs de la maison. Le peintre ne pouvait en placer plus de huit; il a éliminé Polymnie, la plus philosophe de toutes.

» Il lui restait à remplir dix médaillons au-dessus des portes; il y a mis dix groupes d'enfants, de stature héroïque, qui représentent la musique instrumentale des peuples anciens et modernes. Cette série débute par le sistre de Pharaon pour finir au clairon de nos soldats. »

Cette description sommaire donne suffisamment l'idée de toute la décoration, et nous nous en tiendrons là, car les bornes de cette chronique ne nous permettent pas une analyse de trente-trois toiles, ou de cinq cents mètres carrés de peinture qui composent l'ensemble de l'œuvre. Il en sera de même de notre compte rendu, qui ne peut qu'embrasser le caractère général de ce gigantesque travail. Ce travail, le plus important qu'ait jamais fait peintre français, nous l'avons vu naître, il y a bientôt dix ans, alors que s'ébauchaient les premières toiles, dans l'ancien atelier de Gros, cour du Retiro; et déjà, comme les quelques amis du peintre qui avaient la bonne fortune de voir établir le point de départ de cette œuvre colossale, nous ne mîmes jamais en doute le grand succès qu'elle obtiendrait. Ce succès même a dépassé tout ce que nous en attendions; car, si quelques-uns portent l'artiste aux nues, d'autres aiguisent à son adresse les dards les plus aigus de leur critique; mais tous sont obligés de convenir qu'ils ont devant eux les productions d'un peintre de haute lignée. « Je ne vois aucun artiste, dans l'école contemporaine, qui aurait pu produire une œuvre pareille, nous écrivait un habile confrère de Baudry, et, chose inappréciable, notre ancien camarade est resté personnel, tout en s'inspirant des plus grands maîtres de la Renaissance. »

Ah! l'originalité, prise dans le sens le plus heureux de ce mot, n'est-ce pas le don du ciel par excellence, le don que doivent surtout envier le poète et l'artiste? Mais sur ce point Paul Baudry n'a rien à désirer: ses premiers tableaux se firent remarquer par un éclat tout particulier et par une justesse de ton d'une fine et brillante harmonie. Ses qualités natives grandirent, particulièrement en Italie, lorsqu'il eut étudié les chefs-d'œuvre de Venise, de Parme et de Rome; et, sans tomber dans une servile imitation, tout en restant bien lui, nous retrouvons dans sa grande œuvre de l'Opéra les influences de Paul Véronèse et du Corrége, comme l'ordonnance et la mise en scène de la composition rappellent les grandes traditions de Raphaël et de Michel-Ange. Certes, il n'est permis qu'aux hommes forts d'interpréter d'une façon si remarquable les vieux maîtres et de marcher de si près sur leurs traces. Aussi n'est-ce pas sans un grand étonnement que nous avons lu, dans l'*Univers* du 24 septembre, l'article de M. Louis Veuillot, sur les *Peintures pour l'Opéra*, article où le spirituel écrivain fait un usage malheureux de son esprit, pour juger l'œuvre magistrale de notre artiste. Comment, quand tout le monde convient que les décorations du foyer du nouvel Opéra composent un travail des plus importants de l'art français, M. Louis Veuillot vient traiter tant de mérite avec un dédain superbe !... « Nous voulions dire un mot de ces peintures, écrit-il, le temps nous manque, et ce n'est pas beaucoup la peine de le regretter ou de le prendre. »

Travaillez donc dix ans, les dix plus belles années de votre vie, faites acte du plus rare désintéressement pour accomplir une œuvre dont l'amour-propre national doit être fier à bon droit, et l'on viendra publier que ce labeur immense ne vaut pas seulement la peine qu'on s'en occupe !... En vérité, n'a-t on pas le droit de demander si l'auteur de telles paroles ne jalouse pas le bruit qui se fait autour du nom de l'artiste ou ne recherche pas l'attention du public par l'étrangeté de son jugement ? Aussi, il nous est doux de rappeler ici les paroles de Sainte-Beuve à Gustave Planche : « Tout peut se dire, toutes les opinions sincères ont le droit de sortir et » de s'exprimer, mais le ton de ce critique est d'une fatuité vraiment » ineffable. » Ah ! combien est préférable l'appréciation de M. Claudius Lavergne, qui traite les questions d'art dans le *même* journal, et qui célèbre le succès de l'œuvre de Paul Baudry, en des termes qui nous paraissent une réplique heureuse au rédacteur en chef de l'*Univers*: « L'ensemble de ce travail est digne d'appréciations élogieuses, même de » la part de ceux qui n'ont pas d'encens pour les Muses et ne doivent » aucun sacrifice aux dieux du Parnasse. » (*Univers*, 2 octobre 1874).

Ce dernier mot nous ramène au sujet le plus important de la composition : « C'est une des plus brillantes toiles de l'œuvre immense de Paul Baudry, me disait un fin connaisseur, et qui se soutient, même dans le voisinage du Parnasse de Raphaël. » — Puis, viennent les plafonds, qui *plafonnent*, et cette difficulté, vaincue avec succès, n'est pas commune de nos jours, car Ingres lui-même l'a plus d'une fois éludée. Mais, ici, comme tout se meut et s'élance dans un vigoureux mouvement ascensionnel, et de quelle audace ne fallait-il pas être doué pour oser attaquer de pareils groupes ! Hommes et chevaux, Dieux et génies, tout fuit, se mêle et se perd dans les nues, comme la pensée dans l'infini.

Parmi ces grandes pages de l'histoire de la Musique et de la Danse, nous citerons, comme obtenant la presque unanimité des louanges des amateurs et des artistes, la *Musique champêtre*, composition d'un charme tout virgilien ; *la Musique guerrière*, pleine de fougue et d'entraînement, et la *Musique sacrée*, personnifiée par le rêve de sainte Cécile, qui se distingue, parmi toutes ces toiles d'un mérite si soutenu, comme la plus suave de toutes les peintures du jeune maître.

Dédaignant les mièvreries du pinceau, les délicatesses de la touche, qui font surtout le succès de certains peintres à la mode, Paul Baudry comprend et pratique la peinture avec toute l'ampleur des fresques les plus monumentales de la Renaissance. La décoration du foyer de l'Opéra, où s'étale le nu sans éveiller les sens, n'est pas simplement une ornementation pompeuse, mais, mieux encore, l'œuvre d'un penseur et d'un érudit, qui place sous les yeux de la foule et d'une manière parlante toute l'histoire mythologique de l'art musical. Parmi ces grandes pages qui, en remontant à la fable, nous ramènent avec charme aux souvenirs de notre enfance, à ces premières impressions ineffables; parmi ces compositions d'un ordre si varié et d'un mérite si soutenu, se détache, comme la plus suave, *le Rêve de sainte Cécile.* Et cependant, encore ici, M. Louis Veuillot, qui a fait à notre peintre les honneurs d'un *premier-Paris,* se révolte et crie à l'anathème; il oppose à la sainte Cécile du peintre l'ouvrage de Dom Guéranger, abbé de Solesmes, et dont il fait, en passant, une petite réclame de librairie pour la maison Didot. Eh quoi! dit M. Veuillot, mettre sainte Cécile au rang des musiciens d'opéra, ou comme compositeur, ou comme exécutant! Puis, se complaisant dans une dissertation théologique, M. Veuillot nous prouve que sainte Cécile a été donnée pour patronne aux musiciens parce qu'elle avait dédaigné l'art de la musique.

Voilà, ce nous semble, un raisonnement qui pourra nous égayer à notre tour. Oui, M Claudius Lavergne a eu raison de défendre les droits de l'art et d'apaiser « les scrupules de ceux qui blâment l'auteur d'avoir puisé dans la Bible et dans l'Évangile ce que la mythologie ne pouvait lui donner. » Cependant il blâme aussi l'artiste d'avoir introduit sainte Cécile à l'Opéra, quand nous avons d'autres exemples de ces libertés d'artistes. Peut-on oublier que bon nombre d'ouvrages des plus grands maîtres placés dans la décoration des églises, présentent des sujets qui, religieusement parlant, n'ont que faire en ces lieux, et dont la présence devrait scandaliser des personnes qui auraient plus que M. Veuillot le droit de se formaliser. Pour n'en citer qu'un exemple, prenons Saint-Pierre, de Rome. Au mausolée de Paul III, placé derrière l'autel majeur de la basilique, cette célèbre figure d'une vertu cardinale, drapée après coup, doit surprendre bien autrement que la sainte Cécile à l'Opéra. Et les Sybilles qui accompagnent les prophètes dans la décoration des voûtes de la chapelle Sixtine! et, enfin, le vieux nautonier *Caron,* qui apparaît au premier plan de la célèbre fresque du jugement dernier, ne fournissent-ils pas des précédents qui autorisaient le jeune maître à placer la patronne de nos sociétés philharmoniques dans l'ensemble de la décoration du nouvel Opéra? Formulons une proposition : Y a-t-il plus d'inconvenance à placer

. des sujets religieux à l'Opéra que des sujets profanes dans les églises ? Et
nous dirons à notre tour : Il ne suffit pas de parler peinture avec une certaine apparence d'autorité, il faut d'abord la comprendre. Nous nous associons donc sans crainte aux nombreux éloges qui ont été faits sur le *Rêve
de sainte Cécile,* où notre Paul Baudry se montre d'une supériorité hors
ligne.

Dans les médaillons, qui contiennent des groupes d'adolescents tenant
des instruments familiers aux pays qu'ils personnifient, il s'en trouve
plusieurs d'un sentiment tout corrégien. Enfin, les Muses ne sont pas des
figures banales, de ces sortes de pastiches des statues antiques, comme on
les reproduit ordinairement ; ce sont de belles et puissantes personnalités,
prises sur nature, agencées dans des attitudes pleines de caractère, vêtues
de draperies pleines de noble élégance. Ces Muses vous rendent la profonde impression des grandes figures de la Sixtine de Michel-Ange.

L'œuvre entière est traitée largement. La couleur en est fraîche,
blonde, harmonieuse comme la fresque, et rappelle le coloris si brillant
du Véronèse. Quelques bleus détonent par-ci, par-là; mais nous croyons
que l'auteur les a voulus ; et d'ailleurs, nous nous souvenons de ces bleus
qui, dans certaines œuvres des vieux maîtres, se sont conservés avec
toute leur fraîcheur primitive et ne sont pas d'inutiles accents.

L'exécution de ce travail immense est décorative, c'est-à-dire, simple,
large, à grands plans ; ce qui n'est pas compris par tout le monde, même
par certains publicistes qui se mêlent de parler d'art, raisonnent sur de
prétendues incorrections de dessin, sur des dissonnances de tons, et prétendent, avec une suffisance merveilleuse, que « toute cette belle représentation ne produira qu'une heure d'amusement. » Pour se prononcer
sur une œuvre aussi magistrale, des connaissances techniques sont
indispensables. Ces peintures ne sont pas à la portée de tous les passants
du quai Voltaire, et nous oserons dire que ce n'est point précisément
pour la foule ni pour le premier venu que Paul Baudry a fait son exposition, mais pour les vrais appréciateurs. Et, du reste, l'on ne pourra se
prononcer, sur l'effet définitif et voulu de ces décorations, que lorsqu'elles
seront mises au lieu et place pour lesquels elles ont été faites. A ce
moment-là, le coloris, d'une part, les audacieux raccourcis, de l'autre,
seront plus ou moins justifiés ; mais, à cette heure, ce qui reste bien
acquis, bien indiscutable, c'est que la France possède une œuvre que
l'Europe doit nous envier et que, dans la phalange de nos hommes
illustres, nous comptons un artiste de plus.   X. Y. Z.

BIBLIOGRAPHIE BRETONNE ET VENDÉENNE

CAMPAGNE (LA), LA PÊCHE ET LES BAINS, ou stances aux dames; par un habitant. In-16, 62 p. — Saint-Malo, imp. Renault............. **1 fr.**

CORPORATION (LA) DES APOTHICAIRES DE NANTES, AVANT ET APRÈS LA RÉVOLUTION, par M. Louis Prevel, architecte. In-8°, 134 p. — Nantes, imp. Vᵉ Mellinet.
    (Extrait des *Annales de la Société académique de Nantes*).

FAMILLE (LA) DES GRIBOUILLE, OU LE PAYSAN VENGÉ. Comédie en trois actes, composée pour un cercle catholique d'ouvriers, par l'abbé du Tressay. In-12, 72 p. — Luçon, imp. Bideaux.

HEURE (L') DU RÊVE. — *Tableaux et pensées. Les Fées. Récits. La Curée.* — Poésies, par Eugène Orieux. In-18 jésus, 260 p. — Nantes, imp. Vincent Forest et Emile Grimaud; Morel et Douillard frères, lib.; Paris, Aug. Aubry, rue Séguier, 18......................... **3 fr.**

LIBRES (LES) LIBRES-PENSEURS DE L'ÉCOLE MATÉRIALISTE; par M. Eugène Lambert. In-8°, 8 p. — Nantes, imp. vᵉ Mellinet.
    (Extrait des *Annales de la Société académique de Nantes*.)

MARY-ELLEN. Souvenir des bains de mer de Saint-Malo; par O. Pradère. In-18 jésus, 214 p. — Brest, imp. Lefournier aîné; Paris, libr. Mallet. Prix.. **2 fr.**

NOUVEAU RECUEIL DE CANTIQUES, A L'USAGE DES REUNIONS DES SAINTES FAMILLES DE NANTES. Petit in-12, 47 p. — Nantes, imp. Vincent Forest et Emile Grimaud.

OBSERVATIONS SUR L'OPUSCULE INTITULÉ : *Paimpol et ses environs;* par un instituteur du canton de Paimpol. In-16, 16 p. — Tréguier, imp. Le Flem.

ŒILLET (L') ROSE. Comédie en un acte et en vers; par Mᵐᵉ Auguste Penquer. In-8°, 38 p. — Brest, imp. Lefournier aîné; Paris, librairie Lemerre... **1 fr.**

PETITS DRAMES VENDÉENS. *Poèmes et sonnets;* par Emile Grimaud. In-18 jésus, 180 p. — Nantes, impr. Vincent Forest et Emile Grimaud; Paris, Alphonse Lemerre, éditeur, passage Choiseul, 27........ **3 fr.**

SCULPTURES LAPIDAIRES ET SIGNES GRAVÉS DES DOLMENS DANS LE MORBIHAN; par M. le docteur de Closmadeuc, président de la Société polymathique du Morbihan. In-8°, 80 p. et 17 pl. — Vannes, imp. de Lamarzelle.

TOURISTE ET PÈLERIN. Chartres, Auray, le Morbihan, Lourdes, la Garde, la Salette, les Pyrénées, les Alpes, Paray-le-Monial; par Gabriel de Beugny d'Hagerue. In-12, 196 p. — Lille et Paris, lib. Lefort.

TRAITÉ D'ARITHMÉTIQUE THÉORIQUE ET PRATIQUE, contenant toutes les opérations ordinaires du calcul, le système métrique, les fractions, etc...., enrichi de 2,500 exercices. 4ᵉ édition, revue par un professeur de l'Université. In-12, 312 p. — Nantes, imp. Vincent Forest et Emile Grimaud.

DERNIÈRES EXPÉDITIONS AU POLE NORD*

L'homme et la nature. — Expédition de Hayes. — Par où aborder le pôle? — Projets anglais, allemand et français. — Les dernières tentatives. — Le pôle, sa flore et son climat à l'époque paléontologique.

Le douloureux problème de la destinée de Franklin et de ses équipages était résolu ; le passage du nord-ouest était enfin trouvé, après trois siècles de tentatives ; la carte des régions boréales s'était enrichie de nombreuses découvertes.

Tout cela ne pouvait suffire à l'insatiable curiosité humaine. Un problème résolu en fait surgir dix autres. Un mystère dévoilé fait place à un mystère nouveau qui réclame, à son tour, sa solution.

Et il en sera ainsi jusqu'à la fin. Dans la noble soif qui le sollicite invinciblement vers l'inconnu, l'homme ne se repose d'une recherche qu'en en poursuivant une nouvelle. Condamné à conquérir les vérités une à une, inquiet et jamais satisfait, il élargit sans cesse le champ de ses conquêtes, qui sans cesse s'étend plus large devant lui. Il peinera, il suera à la tâche, il mourra ; loin d'être ralentie, son ardeur ne fait que s'en accroître. Il sent d'instinct que le livre de la création lui a été livré pour qu'il le déchiffre lettre par lettre.

* L'article que l'on va lire est un chapitre inédit de l'édition nouvelle du *Pôle et l'Equateur*, de notre excellent collaborateur M. Lucien Dubois, édition que prépare M. Lecoffre et qui paraîtra sous peu de jours. La première (1863) ne se composait que d'un volume; celle-ci — considérablement augmentée, et mise au courant des plus récentes découvertes — en aura deux, et nous ne saurions trop les recommander à nos lecteurs, car c'est un « livre, comme nous l'avons dit à sa première apparition, animé partout du souffle élevé d'une science profondément chrétienne. » Nous l'examinerons, du reste, avec tout le soin qu'il mérite. (*Note de la Rédaction.*)

Punition ou récompense, cette tâche est la sienne, et, depuis tant de siècles qu'il y travaille, elle est loin d'être achevée ! Le sera-t-elle jamais ? Parviendra-t-il à soulever le dernier voile ? Et quand il aura, s'il y parvient jamais, découvert et catalogué tous les faits du monde physique, ne restera-t-il pas encore l'insoluble problème du *comment* et du *pourquoi*, devant lequel sa raison devra toujours s'incliner, et dont l'Auteur de toutes choses s'est réservé le secret ?...

Pour nous borner à cet atome cosmique que l'homme habite, les deux extrémités et le milieu lui sont encore inconnus, également protégés contre ses audaces par l'excès contraire de leurs climats. Chose singulière ! la carte du globe terrestre est, dans l'état actuel de nos connaissances, beaucoup moins complète que celle que les astronomes ont pu dresser de la lune, ou du moins de la face qu'elle nous montre. Les quatre-vingt-dix mille lieues qui nous séparent de notre satellite, l'œil les franchit en un instant, explorant sans difficulté, grâce au télescope, montagnes et vallées, d'un pôle à l'autre ; tandis que les quelques degrés de latitude qui s'étendent du *Cap Indépendance* au pôle terrestre, ne seront peut-être jamais franchis.

Depuis la mémorable expédition de Kane, plusieurs tentatives ont été faites, sur divers points, pour pénétrer dans la problématique Mer libre, mais toujours en vain.

La plus remarquable de ces entreprises a été celle du docteur américain Hayes, ancien compagnon de Kane et son ami, qui, dans l'espérance de compléter les découvertes accomplies sous la direction de son compatriote, n'a pas craint d'affronter de nouveau les fatigues et les périls dont il avait pris si largement sa part en 1853.

Le 16 juillet 1868, le schooner *United-States*, de 133 tonneaux, monté par quatorze hommes d'équipage, sortait du port de Boston. Le 12 août suivant, on atteignait Uppernavick, où l'on embarquait six Esquimaux et un équipage de chiens. Après quoi, les vaillants argonautes polaires s'enfonçaient hardiment dans les profondeurs de la mer de Baffin, puis du détroit de Smith. S'ils ne devaient pas plus que leurs devanciers conquérir l'insaisissable Toison-d'Or arctique, ils allaient du moins ajouter à leurs découvertes et appuyer d'arguments nouveaux l'existence contestée d'une mer libre.

Nous ne raconterons pas en détail cette expédition, qui, suivant la voie déjà frayée par l'*Advance*, en 1853, vit se reproduire à peu près les mêmes émouvantes péripéties : lutte contre les courants contraires, rencontre de *packs* flottants, d'*ice-bergs* monstrueux, dont quelques-uns longs et larges de 1,200 mètres, hauts de 300 pieds au-dessus de l'eau...

On hiverna par 78° 17' environ, dans un havre que Hayes appela *Port Foulke*, et que le vaillant petit navire n'atteignit pas sans risquer plus d'une fois de sombrer.

La rencontre de nombreux troupeaux de daims dans les ravins de l'intérieur dénoterait, au sein de ces régions désolées, plus de ressources qu'on ne le supposerait pour l'entretien de la vie animale. Un observatoire fut établi pour étudier l'amplitude des oscillations du pendule, ainsi que les déclinaisons et inclinaisons magnétiques. On explora sur une étendue de 70 milles et à une altitude de 1,500 mètres, une immense *mer de glace* qui paraît confiner, vers le nord, au *Glacier de Humboldt,* et dont l'accroissement fut reconnu n'être pas moindre de *trente mètres* par jour !

Toutefois, le but principal de l'expédition était autre : pousser les explorations aussi loin que possible vers le nord. Le 16 mars 1861, Hayes part en traîneau. Au prix de difficultés et de fatigues excessives, il franchit, à travers les blocs raboteux des glaces amoncelées, cette succession de détroits appelés *Détroit de Smith, Bassin de Kane* et *Canal Kennedy*. Puis, longeant la *Terre de Grinnell,* qui fait face à la côte groënlandaise, il s'élève jusqu'en vue d'un cap lointain qui, là-bas, vers le pôle, domine de sa tête chenue le paysage désolé. Ce promontoire, jusque-là la borne la plus reculée du monde connu, reçut le nom de *Cap de l'Union.* Sa latitude est estimée par Hayes de 82° 30'. C'était la plus septentrionale qui eût été encore observée.

De même que Kane, Hayes dut, à son vif regret, rétrograder sans avoir pu franchir les sept degrés et demi qui le séparaient du pôle.

Le 3 juin, il ralliait son navire, après une course de 1,600 milles, accomplie avec le plus admirable courage. Forcé, vu l'état d'épuisement, tant de son équipage que de ses ressources, de remettre à la voile pour les Etats-Unis ; il s'en revint avec l'espérance, non réalisée jusqu'ici, qu'une troisième tentative lui permettrait enfin de se confier aux flots mystérieux de cette Mer libre, dont l'existence lui paraissait plus certaine que jamais.

Après l'expédition, en partie infructueuse, du docteur Hayes, la question du pôle nord sommeilla pendant quelques années. En 1865, le capitaine Sherard Osborne la réveille, dans une communication faite à la Société géographique de Londres.

Dans une chaleureuse harangue, le vaillant marin, l'un des héros de la navigation polaire, rappelle que, de 1818 à 1854, l'Angleterre n'a perdu que deux vaisseaux et leurs équipages, dans quarante-deux expéditions successives par mer ; que 40,000 milles ont été, en outre, parcourus à pied, par terre, à la recherche de Franklin, sans accident grave ; qu'au prix de ces pertes, assurément douloureuses, mais relativement faibles, des résultats de premier ordre ont été obtenus : carte des régions arctiques créée ; découverte du pôle magnétique nord, point central autour duquel tourne l'aiguille aimantée sur une moitié de notre hémisphère ; constatation de la loi présidant aux cours des deux grands fleuves qui sillonnent en sens contraires l'Atlantique nord, le *Gulf-Stream* et l'*Ice-Stream*, le courant chaud équatorial et le courant froid polaire ; sans parler d'une foule d'autres observations de toute nature.

Reste à découvrir le pôle lui-même, à s'élever au sommet de cette échelle des latitudes, dont sept degrés restent encore à franchir ; à explorer enfin ce pourtour du dôme arctique encore en blanc sur nos cartes, et dont l'étendue n'est pas évaluée par Osborne à moins de 1,131,000 milles carrés.

Mais comment aborder ce point extrême? Par quel côté monter à l'assaut de cette forteresse polaire, jusqu'ici inaccessible?

Deux routes, suivant le capitaine anglais, s'ouvrent devant l'assaillant : celle du Spitzberg et celle du Groënland. L'une et l'autre ont leurs avantages et leurs inconvénients. Si le Spitzberg offre, à l'est et à l'ouest de son archipel, un vaste chemin vers le pôle, ce chemin est obstrué de formidables banquises; en outre, le cap Hakluyt, pointe extrême de la grande île du groupe, est à 600 milles environ du pôle, et il ne paraît pas exister plus au nord aucune terre pouvant servir de station d'hivernage ou d'approvisionnement.

La voie du détroit de Smith, suivie par Kane et Hayes, me paraît, concluait le capitaine Osborne, devoir être préférée, les terres s'élevant, de ce côté, à plus de 100 milles plus près du pôle que le Spitzberg.

Cette communication fut l'objet d'un débat aussi animé qu'intéressant, auquel prirent part tous les vétérans de la navigation arctique. L'ardent Mac-Clintock s'offrit sur le champ pour commander l'expédition qui serait envoyée. Elle ne devait pas partir, la prudente réserve de l'Amirauté s'étant jusqu'ici refusée à la réalisation du projet.

Toutefois, la voie des mers du Spitzberg, combattue par Osborne, allait trouver un ardent champion dans M. Augustus Petermann.

Le savant géographe de Gotha objecte tout d'abord le plus grand éloignement du canal de Smith (de Londres au pôle la distance est, par cette voie, de 4,000 milles nautiques, tandis que, par le Spitzberg, elle n'est que de 2,400). Outre cet avantage, le chemin des mers du Spitzberg est beaucoup plus large, plus accessible aux navires; quelques navigateurs se sont élevés par là jusqu'à 500 milles du pôle. Tous les ans, le 80e parallèle est libre de glace dans ces parages, tandis que les vaisseaux de Kane et de Hayes ont pu à peine dépasser le 78e [1].

---

[1] Le négociant russe Charoston, qui a passé au Spitzberg *trente-neuf* hivers et y a séjourné quinze années consécutives, déclare que la côte reste libre de glaces pendant quatre et cinq mois chaque année, et qu'il a pu, quatre fois sur six, faire le tour de l'archipel.

Le canal de Smith n'en resta pas moins la voie préférée des navigateurs anglais en même temps que des Américains. Il y eut dès lors la route *anglaise* et la route *allemande*.

Une troisième route allait être proposée, la route *française*, par le grand Océan et le détroit de Behring; voie nouvelle, la moins explorée et celle peut-être qui offre le plus de chances de succès.

Qui ne connaît le nom de l'auteur de ce troisième projet? Qui n'a entendu M. Gustave Lambert, son ardent et infatigable propagateur, le développer avec la chaleureuse et persuasive conviction d'un apôtre? — La collecte du missionnaire de la science avait été abondante; le *Boréal* attendait dans le port du Havre le complément des ressources nécessaires et la formation de son équipage, se préparant à doubler les deux Amériques et à remonter jusqu'à la mer de Behring, pour essayer, à son tour, de forcer l'entrée, si obstinément fermée, du pôle, — quand tout à coup éclata la funeste guerre de 1870. Gustave Lambert n'hésite pas un instant : l'ancien élève de l'École polytechnique s'engage comme simple soldat... A la dernière bataille sous Paris, une balle prussienne faisait un martyr du patriotisme de celui qui aurait pu être le *découvreur* du pôle...

Espérons, pour l'honneur de notre pays, que le projet n'est pas mort avec son auteur, et que quelque vaillant marin français prendra à cœur de le faire revivre et d'en poursuivre la réalisation.

La tentative mérite d'autant plus d'être encouragée que certains faits sont venus apporter de sérieux arguments en faveur de la possibilité de sa réussite.

Dans le cours de l'été de 1867, le 14 août, un baleinier américain, le capitaine Long, que la pêche avait attiré jusque dans ces hauts parages, découvrit, au nord-ouest du détroit de Behring, par 70° 46' de latitude et 178° 30' de longitude est, une grande terre, qui lui parut de loin couverte de végétation, et qu'il croit habitée [1]. Le temps était clair et beau, de nombreux troupeaux de morses et de phoques s'ébattaient sur les glaces brisées du rivage, où s'aper-

---

[1] On conjecture que cette terre n'est autre que l'île aperçue déjà en 1843 par le *Herald* et le *Plover*, et qui figure sur nos cartes sous le nom de ces deux bâtiments.

cevait aussi beaucoup de bois flotté, charrié là, sans doute, par le courant polaire, qui l'avait emprunté aux grands fleuves sibériens, lesquels l'avaient eux-mêmes apporté de l'intérieur de l'Asie.

Du cap Nord au cap Chelagskoï, le capitaine Long trouva presque partout la mer libre de glaces. A 40 milles au nord de ce dernier promontoire, le plus septentrional des deux, on n'apercevait, du haut du grand mât du *Nile*, aucune glace à l'horizon. Le hardi baleinier se trouvait à peu près dans les mêmes parages où quarante-six ans auparavant, en 1821, l'officier russe Wrangell, s'aventurant sur les glaces qui ceignent la côte sibérienne, vit se dérouler devant lui une vaste étendue d'eau, déjà libre au mois de mars [1]. Wrangell cherchait une terre, dont les naturels du littoral avaient depuis longtemps signalé l'existence. Cette terre, vainement cherchée par le voyageur russe, est vraisemblablement celle que le baleinier américain devait découvrir près d'un demi-siècle plus tard. Aussi, le capitaine Long a-t-il fort justement appelé la nouvelle île *Terre de Wrangell.*

Jusqu'où s'étend cette île vers le nord ? Quelle en est l'étendue ? Cette mer libre, vue par Wrangell et Long, offrirait-elle, vers le pôle, une voie plus ouverte, moins encombrée que celles de l'est, vainement essayées jusqu'ici ? Malgré son désir d'éclaircir ces questions, le commandant du *Nile* dut renoncer à pénétrer plus loin et regagner le Pacifique, son navire n'étant ni aménagé ni approvisionné en vue d'une aussi longue et chanceuse navigation.

Un fait curieux, plus d'une fois observé, permet de regretter que le capitaine Long n'ait pu poursuivre son intéressante campagne.

Des baleines, harponnées dans notre mer du Nord, ont été capturées peu après aux environs du détroit de Behring, portant encore au flanc le harpon poinçonné à sa date et au nom de son propriétaire, suivant l'usage des baleiniers. Or, on sait que les baleines ne

[1] Cette mer libre, vue par Wrangell, est restée célèbre sous le nom de *Polynia* ou mieux *Polyna*, mot russe qui signifie ouverture, trou dans la glace. (V. *Année géographique*, 1868, par M. de Vivien Saint-Martin.)

peuvent rester sous l'eau plus d'un quart d'heure à une demi-heure sans venir respirer à la surface. Comment ces cétacés pourraient-ils dès lors contourner toute l'Asie septentrionale sous une voûte glacée continue ? Leur si rapide traversée de nos mers européennes dans la mer polaire de Behring, n'est-elle pas une preuve évidente d'une libre communication des unes à l'autre ? De même, nous l'avons vu plus haut, la présence dans les parages de Behring de baleines harponnées dans la mer de Baffin, avait fait pressentir l'existence du passage américain du nord-ouest. Trouver le passage asiatique du nord-est, tel est le nouveau problème.

Problème nouveau, avons-nous dit, très-vieux en réalité, puisqu'il ne date pas de moins de deux cents ans !

Dès la fin du XVIᵉ siècle, en effet, pendant que les Anglais Chancellor, Frobisher, Davis, cherchaient le chemin des Indes par le nord de l'Amérique, les Hollandais entreprirent de le trouver par le nord de l'Asie. En 1594, 1595 et 1596, trois expéditions furent successivement envoyées dans cette direction, sous la conduite du pilote Barentz. La dernière est restée célèbre. Après avoir découvert l'île *Bearen* ou *des Ours,* vu le Spitzberg (*Montagnes aiguës*), dont le pourtour fut entièrement doublé jusqu'au 80ᵉ parallèle nord, puis prolongé, plus au sud, la côte occidentale de la Nouvelle-Zemble, — Barentz dut abandonner son vaisseau, pris dans les glaces, à l'extrémité nord de la plus grand île de ce groupe. Après un hiver des plus rudes, les Hollandais, au prix de fatigues inouïes et à l'aide d'une chaloupe et d'un canot, parvinrent à sortir de leur prison polaire. Le 26 octobre 1597, seulement, ils revoyaient les rives de la Meuse [1].

Et voici que, deux cent soixante-quatorze ans plus tard, en 1871, un patron norwégien, Elling Carlsen, explorant les parages à peu près inconnus de la mer de Kara, retrouve, sur la côte nord de la Nouvelle-Zemble, la cabane qui abrita Barentz et ses compagnons

---

[1] V. la curieuse et naïvement émouvante relation de Gérard van Veer, l'un des compagnons de Barentz, rééditée dans la collection des *Voyageurs anciens et modernes,* par M. Charton.

pendant ce cruel hiver, ainsi que les divers objets qu'ils y avaient
laissés : l'horloge qui leur avait sonné tant de tristes heures, les
livres qui les avaient distraits, jusqu'à la flûte dont les sons avaient
bercé leurs mélancoliques rêveries... Il semblait que les habitants
de cette hutte, que les propriétaires de ces objets, les eussent abandonnés la veille, si surprenante en était la conservation !

Plusieurs autres tentatives, tant allemandes que suédoises, ont
été faites dans cette même voie des mers nord-asiatiques, pendant
ces dernières années. Si aucune n'a réussi à franchir l'obstacle derrière lequel se dérobe le grand inconnu, la somme de nos connaissances s'est du moins augmentée de quelques renseignements nouveaux.

Au moment même où nous écrivons ces lignes (juin 1873), il n'y
a pas, en cours d'exécution, moins de quatre expéditions polaires,
dont le monde savant attend l'issue impatiemment, et non sans
quelque anxiété.

Le plus original de ces essais est assurément celui de M. Octave
Pavy [1]. Ami et collaborateur de G. Lambert, c'est la voie du détroit
de Behring, indiquée par ce dernier, qu'il a choisie. Mais ce n'est
pas sur un navire de bois et de fer qu'il compte tenter d'aborder
le pôle. Son *Boréal*, à lui, sera un appareil d'un tout autre genre :
ce sera un système de vastes radeaux en caoutchouc, susceptibles,
au besoin, de glisser sur les banquises aussi bien que de flotter sur
les eaux. Parti de San-Francisco, de Californie, pendant l'été de
1872, M. Pavy a dû se rendre à Yokohama, puis gagner le port
sibérien de Pétropavlosk, pour de là remonter vers le nord au cap
Yakan, où il compte s'adjoindre huit hommes éprouvés. Cent
rennes et cinquante chiens d'attelage compléteront son équipage,
en même temps que ses approvisionnements de vivres. Prenant la
Terre de Wrangell comme base d'opérations, il s'enfoncera résolûment au sein des solitudes inconnues du pôle, avec l'espoir de
les contourner et de s'en revenir par le *détroit* groënlandais *de
Smith* !....

[1] M. Pavy est né à la Nouvelle-Orléans, de parents français.

A l'inverse de ce projet, c'est ce même détroit qui a été choisi comme point de départ pour gagner le pôle, par l'expédition américaine du *Polaris*. Le capitaine Hall, son commandant, s'était d'avance aguerri aux intempéries de ces régions par une existence de plusieurs années chez les Esquimaux. Parti de New-York, le 26 juin 1871, largement approvisionné, pourvu de traîneaux et de barques destinées à naviguer sur la mer libre, le *Polaris* tenta d'abord de s'engager dans le *Jones-Sound*, détroit encore inexploré, au nord-ouest de la mer de Baffin ; puis, remettant le cap au nord, reprit, par le détroit de Smith, la route frayée par Kane et Hayes.. Qu'est-il advenu, depuis lors, des vaillants voyageurs ?

Deux années presque entières s'écoulent sans nouvelles.

Le 30 avril dernier, en vue de la *Baie Robert*, de Terre-Neuve, un navire fait la rencontre d'une étrange épave : c'était un glaçon, sur lequel se pressaient dix-neuf hommes, femmes et enfants, hâves, exténués, dont neuf Esquimaux et dix Américains. Parmi ces derniers se trouvait Tyson, le second du *Polaris*. Les naufragés racontèrent que, le 15 octobre 1872, par 72° 35' de latitude, un violent mouvement des glaces les avait brusquement séparés du *Polaris* et du reste de l'équipage. Le glaçon qui les emportait mesurait d'abord huit kilomètres de pourtour, puis, progressivement diminué par des chocs successifs, s'était réduit à dix-huit mètres de diamètre. Ils avaient dû l'abandonner et s'embarquer sur un autre plus spacieux. Pendant *six mois et demi*, passant de glaçon en glaçon, tantôt immobilisés dans la banquise, tantôt charriés vers le sud par l'*ice-stream* (courant des glaces), mangeant la chair et buvant l'huile des phoques, ils avaient ainsi franchi plus de 20° de latitude, accomplissant la plus extraordinaire navigation, qu'un romancier n'aurait pas osé rêver !

Au dire de ces malheureux, Hall serait mort dès le 8 novembre 1871, mais après avoir atteint, avec son navire, dans une audacieuse poussée vers le pôle, la latitude de 82° 16', la plus haute à laquelle on se soit jamais élevé par mer. Au delà des terres et des glaces auxquelles on était venu si loin se heurter, s'ouvrait un espace de mer libre, de 80 à 90 milles. Puis le *Polaris*, rétrogradant, était* venu hiverner, par 81°38', dans une baie à laquelle fut donné son nom. C'est là encore qu'il a dû passer le dernier hiver. Qu'est-il devenu depuis le 15 octobre, et, avec lui, le reste de son équipage? On le saura bientôt sans doute, une expédition se préparant aux États-Unis pour leur porter secours.

Non moins vives sont les inquiétudes dont est l'objet la nouvelle expédition suédoise, conduite par le savant Nordenskjold, un intrépide explorateur, qui en est à son sixième voyage aux régions boréales. Enserrés dans les glaces, au nord du Spitzberg, le *Polhem* et le *Gladam* ont dû hiverner dans ces dangereuses conditions. Le présent été leur permettra-t-il de se dégager de la banquise? Les capricieux hasards de la prochaine débâcle leur ouvriront-ils une route libre vers le pôle?

Pendant que les deux navires suédois luttaient inégalement contre les puissances de la nature, un autre bâtiment, leur rival, en butte aux mêmes intempéries, se voyait aussi, presque dès le début, arrêté dans sa marche. C'était le *Tegetthoff*, steamer autrichien, de 220 tonneaux, armé aux frais d'une souscription publique. Partie le 13 juin 1872, de Bremer-Haven, sous le commandement de MM. Payer et Weyprecht, l'expédition emportait pour trois ans de vivres. Le projet était de doubler l'Europe et l'Asie septentrionales, depuis la Norwége jusqu'au détroit de Behring, d'explorer enfin cette mer de Sibérie qu'aucun navire n'a encore sillonnée. Les dernières nouvelles nous annonçaient que le *Tegetthoff*, éprouvé par le mauvais temps et arrêté par les glaces, avait, après avoir touché à la Nouvelle-Zemble, gagné le golfe de Petchora, où sans doute l'hiver l'a retenu.

On le voit, ces quatre expéditions attaquent le pôle à la fois, comme dans un assaut simultané, par toutes les voies jusqu'ici proposées. Quel en sera le résultat? Seront-elles plus heureuses que tant d'autres qui les ont précédées? L'une d'elles, tout au moins atteindra-t-elle enfin le sommet du dôme polaire, l'extrémité de l'axe terrestre, ce point mystérieux et immobile, où convergent tous les méridiens, et dont la connaissance, objet de vœux si ardents, de si persévérants efforts, nous réserve la solution de si intéressants problèmes de géodésie, de météorologie, de magnétisme, d'électricité, de zoologie, etc. [1] ?

Quoi qu'il doive arriver de ces tentatives nouvelles, la question est mûre ; il est plus que jamais permis d'espérer qu'elle sera résolue tôt ou tard. On ne peut plus douter que l'accès du pôle ne soit possible. Savoir choisir la route et le moment : tout le problème est là désormais.

Ces mêmes régions polaires ont été, dans ces derniers temps, le champ de découvertes d'une toute autre nature, découvertes rétrospectives, il est vrai, mais qui éclairent l'histoire de notre globe d'une lumière inattendue. Nous ne pouvons clore ce chapitre sans en dire quelques mots.

Ces terres arctiques, aujourd'hui royaume désolé des frimas et de la stérilité, ont joui autrefois d'un doux climat et se sont vues couvertes de forêts. Véritables Pompéis végétales, ensevelies sous la neige et la glace, et comme frappées d'une subite catastrophe, ces antiques forêts viennent de surgir de nouveau du sol qui les porta et sous lequel elles dormaient depuis tant de siècles! Les vastes archipels semés au sein de l'immense méditerranée boréale, et aujourd'hui dépourvus de toute végétation arborescente, présentent partout des amas de troncs fossiles, portant encore l'empreinte de leurs feuilles, de leurs fleurs et de leurs fruits. A Altanekerdluck, notamment, par 70° de latitude, dans la presqu'île groënlandaise de Noursoak, dominée par un énorme glacier, on a mis à découvert toute une nécropole végétale, dont les débris, analysés par le savant professeur Heer, de Zurich, ont été reconnus appartenir aux espèces sequoias, peuplier, chêne, magnolia, plaqueminier, houx, noyer, etc. Au Spitzberg, autres arbres fossiles d'essences diverses : cyprès, platanes, tilleuls, pins, thuyas, [2] etc. L'Islande voyait en même temps croître sur son sol, aujourd'hui glacé, le tulipier, l'érable, le bouleau, l'orme, la vigne.

[1] Voir, dans l'*Appendice*, à la fin du volume, le dénoûment de ces diverses expéditions.

[2] On sait que l'ambre jaune n'est autre que la résine fossile du thuya, arbre qui, à l'époque tertiaire, croissait sur le littoral de la Baltique, côte à côte avec le cannelier, le camphrier, le laurier, etc.

Ce curieux *dossier* polaire, dépouillé par M. Heer, au prix de dix années d'études, lui a permis de reconnaître que cette végétation arctique remontait à l'époque miocène (période moyenne de l'âge tertiaire), et que le pourtour des régions boréales présentait, alors comme aujourd'hui, une flore analogue sous tous les méridiens. De ce dernier fait le savant Suisse tire, fort justement, la preuve de l'immutabilité du pôle et du non-déplacement de l'axe terrestre depuis l'âge tertiaire.

C'est ainsi que la science donne la main à la science, et qu'une feuille, une fleur, choses si éphémères, viennent, après tant de milliers d'années, de siècles peut-être, nous apprendre l'histoire astronomique de notre globe!

La température moyenne du Spitzberg, à cette époque, devait être d'environ 8° au-dessus de 0, tandis qu'elle est actuellement de 8° au-dessous, suivant M. Martins, soit une différence de 16°. Celle du Groënland, sous le 70° parallèle, devait s'élever à 9° et même à 12° centigrades. Il faut aujourd'hui descendre de vingt à trente degrés plus au sud, jusque vers la Floride, pour retrouver un climat analogue et les mêmes essences végétales.

A cette même époque miocène, notre Europe centrale et méridionale jouissait du climat de Madère et des Canaries. Le palmier remontait alors jusqu'en Bohême et en Belgique. La flore fossile de la période précédente, dite *éocène,* nous le montre s'élevant plus haut encore, dans l'Allemagne du nord et en Angleterre.

M. Heer a pu étudier des végétaux trouvés à Koma, dans le golfe grœnlandais d'Omenak, et remontant à l'époque dite *de la craie,* encore plus lointaine dans la série des âges géologiques. En les comparant à leurs contemporains de la Saxe, de la Bohême et de la Moravie (palmiers, fougères arborescentes, cycadées), il a constaté l'identité des uns et des autres, ce qui prouverait que la température moyenne était alors la même sous des latitudes respectivement si distantes, et probablement dans l'hémisphère entier [1].

[1] V. deux intéressants articles de M. G. de Saporta, *Revue des Deux-Mondes,* des 15 mars 1868 et 1er juillet 1870.

Fait singulier : pendant que la zone polaire nous révèle cette puissance de végétation paléontologique, la zone intertropicale ne nous offre nulle trace de vie dans ces âges reculés.

La vie, ainsi que le pensait Buffon, aurait-elle commencé par les pôles ? Les gisements houillers, débris fossiles de la flore primitive, que la prévoyante nature semble avoir emmagasinés dans les entrailles de la terre pour servir d'aliment aux futures inventions de l'homme, — ne descendent guère vers le sud au delà du 40e parallèle, tandis qu'ils remontent au nord jusqu'au 76e et peut-être au delà. Ainsi en est-il également des dépôts tourbeux. Le plus ancien des organismes connus, le premier-né de la famille animale, l'infusoire appelé *eozon canadense* (parce qu'il fut trouvé d'abord dans les couches géologiques du sol canadien), ne s'est jusqu'ici rencontré, tant en Amérique qu'en Europe, qu'aux environs du 50e parallèle. Comme si c'était là la zone de la vie primitive, d'où celle-ci se serait répandue sur le reste du globe...

Ce fut sans doute le refroidissement par lequel se caractérisa la fin de l'époque tertiaire et que les géologues ont appelé *Période glaciaire*, sans pouvoir d'ailleurs en expliquer les causes, — qui, en abaissant la température de notre hémisphère, et par suite du globe entier, détruisit au pôle cette exubérante végétation et fit descendre la flore arctique à plus de 20° vers le sud, en même temps qu'il refoulait jusque sous nos latitudes la faune de ces mêmes régions (mammouth, bœuf musqué, renne, etc.), dont on retrouve, de nos jours, les ossements fossiles dans nos cavernes et nos tourbières.

C'est ainsi, conclurons-nous avec M. de Saporta que, climatériquement comme géologiquement, la terre a été jeune, puis adolescente, puis a traversé l'âge de la maturité. L'homme n'est venu que sur le tard, à une époque de refroidissement, de vieillesse commençante, de déchéance physique du globe. Climats, couches terrestres, êtres organisés, ont ainsi leurs évolutions parallèles, suivant un développement harmonieux, dont visible est l'unité.

LUCIEN DUBOIS.

—

LA BRETAGNE AU XIᴱ SIÈCLE

SA RÉORGANISATION POLITIQUE ET RELIGIEUSE[*]

IV

FIEFS DU COMTÉ DE RENNES

Le système qui consistait à séparer entre eux les grands fiefs par des domaines directs du suzerain ou par des fiefs plus modestes relevant de lui immédiatement, et dont les possesseurs, menacés par leurs puissants voisins, étaient pour lui des alliés tout prêts contre ses grands vassaux, — ce système se retrouve observé dans le comté de Rennes, quoique les grandes seigneuries y fussent peut être plus nombreuses que dans celui de Nantes.

En décrivant la frontière, on a déjà mentionné celles de Châteaubriant, de la Guerche, de Vitré, de Fougères, de Combour, ainsi que le régaire de Dol. — A l'ouest de la châtellenie de Teillai, membre de la baronnie de Châteaubriant, on rencontrait la seigneurie de *Bain,* qui se montre (dans nos actes imprimés) en 1127, mais devait remonter à la fin du siècle précédent.

Un peu au-dessus, la baronnie de *Châteaugiron,* créée dès le commencement du XIᵉ siècle, s'allongeait du sud au nord sur une douzaine de paroisses (de Saunières jusqu'à Noyal-sur-Vilaine).

[*] Voir la livraison d'octobre, pp. 257-267.

Plus haut, à une assez petite distance, la vaste forêt *Rennaise*, réservée au comte, — et d'où se forma plus tard le domaine ducal de *Saint-Aubin-du-Cormier*, — venait se loger comme un coin entre les deux baronnies de Vitré et de Fougères.

Au nord de cette forêt, au sud-ouest du territoire de Fougères, la grande châtellenie d'*Aubigné* existait sans doute dès le XIe siècle, mais les actes connus jusqu'à présent ne la citent que vers 1120. Elle bornait aussi, du côté sud, la baronnie de Combour, et touchait vers l'ouest à une seigneurie de moyenne étendue, fort ancienne, celle de *Hédé*, qui finit au XIIIe siècle par devenir domaine ducal.

Dans l'ouest de Hédé, la châtellenie de *Tinténiac* fut donnée, en 1032, par le duc Alain III, à l'abbaye de Saint-Georges de Rennes. Les nonnes, bien avisées, tout en y gardant de beaux droits fort lucratifs, rétrocédèrent la plus grande partie de ce fief à une rude race militaire, qui porta haut ce nom breton de Tinténiac, et se bâtit pour résidence, en la paroisse des Iffs, un joli château-fort appelé Montmuran, où notre grand Du Guesclin fut armé chevalier.

L'immense *vicomté de Dinan*, dont les seigneurs figurent dans nos actes avant 1020, commençait immédiatement à l'ouest de la châtellenie de Tinténiac et s'étendait, en montant au nord, sur plus de 50 paroisses : de ce nombre une douzaine, groupées autour du château de Bécherel, étaient sur la rive droite de la Rance; mais tout le reste de la vicomté se trouvait sur l'autre bord, enfermé entre cette rivière, la mer et la limite du Penthièvre [1]. Vers la fin du XIIe siècle, la partie méridionale, soit environ un tiers de cette vicomté, en fut détachée pour former un fief distinct sous le nom de seigneurie de *Bécherel* ; l'autre partie, qui garda exclusivement le nom de vicomté de Dinan, devint au siècle suivant (1265) domaine ducal.

Enfin, vis-à-vis cette vicomté, sur la rive droite de la Rance, entre ce fleuve, la mer, le régaire de Dol et la châtellenie de Bécherel,

[1] Sur le comté de Penthièvre, voir ci-dessous le § IX de cette étude.

s'étendait un grand fief, dominant sur plus de 25 paroisses,
connu au moins depuis le XIVe siècle sous le nom de *Châteauneuf,*
dont le nom primitif est douteux. Ce qui semble sûr, c'est que
cette seigneurie devait être dans le principe le *gage* ou domaine
héréditaire d'un officier féodal, appelé au XIe siècle *vicaire du Pou-
Aleth* ou *pays d'Aleth* [1], parce qu'il était dans ce pays le lieutenant
du comte de Rennes, sans doute avec la mission spéciale de veiller
à la défense de la côte.

V

SUITE DU COMTÉ DE RENNES. — LE POUTRÉCOET

On a parlé jusqu'ici du comté de Rennes proprement dit. Depuis
l'invasion normande, ou au moins depuis la fin du Xe siècle, le pays
appelé Poutrécoët ou *Porhoët* devint une dépendance de ce comté;
c'est le lieu d'indiquer quelle fut son organisation féodale.

Ce pays, grande région centrale, la plus boisée, la moins peuplée
et en général la plus stérile de toute la péninsule, s'étendait de l'est
à l'ouest sur une longueur de 25 à 30 lieues depuis Guichen et
Montfort jusqu'aux environs de Rostrenen, et du nord au sud sur
une largeur d'une douzaine de lieues (vers l'ouest) entre Corlai et
Camors, et même d'une quinzaine (vers l'est) de Miniac-sous-
Bécherel à Saint-Ganton. (Voir notre *Annuaire histor. de Bretagne,*
1861, p. 154-159).

En 89, au moment de la Révolution, le territoire répondant au
Poutrécoët ne renfermait pas moins de 230 paroisses ou trèves, qui
presque toutes sont aujourd'hui des communes; à la fin du Xe siècle
il en était autrement. Pourtant il faut distinguer : la partie orientale
de cette région avait eu, dès le VIe siècle, des habitants et des monastères, entre autres, Saint-Méen, Penpont; au IXe, le Cartulaire
de Redon nous y montre un certain nombre de *plous,* les rois de

[1] « *Guigon vicarius de Poëlet* », dans D. Morice, *Preuves de l'hist. de Bret.,* I. 455,
Poëlet ou *Pou-Aleth,* en latin *Pagus Alethensis,* pays d'Aleth. Cf. *Ibid.,* 491 et 497.

Bretagne, Erispoë, Salomon, y ont des résidences à Gaël, à Talensac,
à Plélan, à Campel, etc. Mais passé Ploërmel, dans toute la partie
occidentale, c'est le désert qui dominait, et depuis l'invasion normande plus que jamais.

Dans la partie orientale, moins étendue que l'autre, le comte de
Rennes tailla trois belles seigneuries, *Gaël* au nord, *Lohéac* au sud-
est, *Malestroit* au sud-ouest, et entre les trois il se réserva un
domaine important dont le chef-lieu était *Ploërmel*.

Quant à la partie occidentale, il n'y avait point là à ménager le
terrain, on était trop heureux de trouver quelqu'un pour prendre
charge de gouverner, de défendre, de défricher et repeupler cette
solitude. Aussi n'en fit-on qu'un fief, décoré exclusivement du titre
de *comté* ou *vicomté de Porhoët* (on trouve l'un et l'autre), — fief
immense, où s'épanouirent plus tard 140 paroisses, et dès avant l'an
1008 concédé à un certain Guéthenoc, premier comte ou *vicomte*
de Porhoët, qui habitait en la paroisse de Guillier une méchante
bicoque, le *Château-Thro,* d'où il sortit pour aller, un peu au sud,
se bâtir au bord de l'Oust une résidence plus convenable, achevée
par son fils, et du nom de ce fils appelée *Châtel-Josselin,* aujour-
d'hui la curieuse ville de Josselin.

Cent ans plus tard, le comté de Porhoët fut lui-même scindé en
deux. Vers l'an 1120, Geoffroi, arrière-petit-fils et quatrième successeur de Guéthenoc, voulant donner apanage à son frère Alain, lui
céda toute la partie du Porhoët située à l'ouest de la rivière d'Oust,
moins une douzaine de paroisses au sud de Josselin, qu'il se réserva
ainsi que toute la partie située à l'est de l'Oust, entre cette rivière
et les seigneuries de Gaël, Ploërmel, Malestroit. Alain résida d'abord
quelque temps sur le Blavet, à Castel-Noëc (aujourd'hui Castennec
en Bieuzi), dans les ruines d'une vieille forteresse romaine ; puis il
remonta au Nord et vint, lui aussi, construire sur l'Oust sa nouvelle capitale, le château de Rohan, qui donna son nom au fief
entier, célèbre dans notre histoire sous le titre de *vicomté de
Rohan,* tandis que celui de comté de Porhoët resta exclusivement
attaché à la portion que s'était réservée Geoffroi. Cette portion

était moins étendue, d'un quart au moins [1], que l'apanage d'Alain, mais elle était plus fertile et plus peuplée ; c'est sous le gouvernement des Rohan que la région quasi-déserte située au delà de l'Oust, s'est pour la première fois couverte de cultures et d'habitants.

Les Rohan taillèrent eux-mêmes dans leur vicomté plusieurs fiefs considérables, un entre autres fort important, vers l'angle sud-ouest, appelé d'abord, du nom de son premier possesseur, *Quémenet-Guégan*, c'est-à-dire *Fief de Guégan*, puis *Guémené-Guingan*, et devenu enfin au XVI° siècle la principauté de Guémené.

Quant aux trois grandes seigneuries créées par nos ducs dans la partie est du Poutrécoët primitif, *Lohéac* paraît avant 1008, *Gaël* vers le milieu du XI° siècle, *Malestroit* seulement en 1119, mais doit remonter néanmoins au siècle précédent. La baronnie de Lohéac embrassait dans l'origine, très-probablement, deux châtellenies, qui plus tard s'en séparèrent, *Bréal* et *Maure*. La baronnie de Gaël très-certainement, dans sa constitution primitive, englobait d'un seul tenant tout le territoire partagé plus tard entre les seigneuries distinctes de *Gaël*, de *Montauban*, de *Montfort* et de *Brécilien* : le château de Montfort, fondé en l'an 1091, et qui bientôt s'entoura d'une petite ville, devint depuis lors le chef-lieu de ce vaste fief.

Maintenant, est-il besoin d'insister pour prouver que les comtes de Rennes suivirent, dans l'organisation féodale de leur comté, le système de contre-poids que nous avons observé déjà dans celui de Nantes ? Ne voit-on pas la médiocre seigneurie de Bain interposée entre les deux baronnies de Châteaubriant et de Lohéac ? l'immense baronnie de Vitré gardée à vue, d'un côté par la petite baronnie de la Guerche, de l'autre par le domaine ducal de la forêt Rennaise, posté là merveilleusement pour surveiller en même temps la baronnie de Fougères ? les moyennes châtellenies de Hédé et de Tinténiac

---

[1] Un *Mémoire du vicomte de Rohan*, rédigé en 1479, attribue à cette époque à la vicomté de Rohan 112 paroisses ou trèves, et 52 au comté de Porhoët; les calculs que nous avons faits sur les aveux déposés à Nantes et sur les autres titres anciens donnent pour résultat deux chiffres un peu différents, soit 59 pour Porhoët, et 81 seulement pour Rohan.

se glissant, pour les séparer, entre Aubigné et Combour, d'une part, et de l'autre entre Bécherel et Montfort? le fief du vicaire de Pou-Aleth, lieutenant officiel du comte, faisant face tout à la fois à la vicomté de Dinan et au régaire de Dol? enfin, ce domaine de Ploërmel, vaillante sentinelle, chargée d'abord de contenir, de sé-parer les trois baronnies de Gaël, de Malestroit et de Lohéac, puis de plonger un œil vigilant dans les sombres profondeurs du Porhoët? Là, par exemple, dans cet énorme comté de Porhoët, le système de contre-poids n'avait pu être appliqué; on en a dit la raison : personne ne se souciait de cette maigre terre, du moins pour n'en avoir qu'un lopin. Guéthenoc l'avait prise, mais tout entière, pour y être seul, libre et roi.

Quant au caractère des noms de personnes dans les vieilles dy-nasties féodales du comté de Rennes, nous n'y reviendrons pas, — la presque totalité des fiefs dont on a parlé en dernier lieu étant situés sur une terre déjà bretonne avant le IXe siècle, et notre but ne pouvant être — ici du moins — de descendre aux singularités lo-cales.

VI

Fiefs du comté de Vannes

Le comté de Vannes ou Broërech s'étendait de l'est à l'ouest, entre la Vilaine et l'Ellé, du sud au nord, entre la mer et la limite du Poutrécoët. Le roi Alain-le-Grand l'avait possédé pendant trente ans, de 877 à 907; Alain Barbe-Torte, petit-fils et héritier d'Alain-le-Grand, en avait repris possession après l'invasion normande; mais la postérité de Barbe-Torte ne sut pas le garder. Conan le Tort s'en empara en 990, et depuis lors il resta aux comtes de Rennes, ducs de Bretagne.

On y rencontre, dès le XIe siècle, sept grandes circonscriptions féodales qui le couvrent presque tout entier, et qui sont (de l'est à l'ouest) : Redon, Rieux, Muzillac, le régaire de Vannes, l'Argoël et Rochefort, Aurai, Nostang, le Quémenet-Héboi.

Le fief abbatial de Redon remontait au IXe siècle, à Nominoë,

Erispoë, Salomon, et comprenait quatre paroisses du confluent de la
Vilaine et de l'Oust.

De l'autre côté de l'Oust commençait la baronnie de Rieux, qu'on
trouve dans les actes dès 1021 et qui dominait, en montant du sud
au nord, sur une quinzaine de paroisses.

Elle était séparée de l'immense seigneurie de l'Argoët par un ruisseau, mince affluent de la Vilaine, limite commune des paroisses de
Béganne et de Péaule ; et depuis ce point, l'Argoët se développait,
sur une douzaine de lieues de longueur, jusqu'à la rivière d'Aurai,
comprenant une trentaine de paroisses, dont plusieurs énormes. Le
fameux château d'Elven était le chef-lieu de cette seigneurie, citée
dans l'histoire, comme Rieux, dès 1021, mais partagée, vers la fin
du XIIᵉ siècle ou le commencement du XIIIᵉ (1180 à 1220), en deux
fiefs distincts, dont le plus considérable, situé vers l'ouest, garda à
la fois Elven et le nom de l'Argoët, pendant que l'autre, formé de
dix ou onze paroisses du comté de l'est, prenait pour chef-lieu le
château de Rochefort et en adoptait le nom.

Un fait assez curieux, c'est que cette vaste seigneurie de l'Argoët
(en y comprenant Rochefort), malgré son long développement, ne
touchait la mer que par un point, à son angle sud-ouest, vers Baden
et Aradon. Tout le reste du littoral depuis la Vilaine était occupé,
d'abord par la châtellenie de Muzillac (mentionnée en 1089), puis
par le régaire épiscopal de Vannes (comprenant Theix, Surzur, la
Trinité), par l'île ou presqu'île de *Ruis*, domaine ducal, et enfin par
le domaine ducal de *Vannes*, (comprenant Vannes et Séné).

Entre la rivière d'Aurai et la lagune d'Etel, s'étendait la châtellenie
d'*Aurai*, embrassant la presqu'île de Quiberon et une vingtaine de
paroisses : à la fin du Xᵉ siècle, elle formait un fief possédé par un
chevalier appelé Riwallon, moins toutefois la ville d'Aurai, réservée
au duc ; mais Riwallon, contraint de quitter le pays de Vannes, remit
ce fief au duc Geoffroi Iᵉʳ (avant 1008), et reçut en échange la baronnie de Vitré [1]. La châtellenie d'Aurai devint donc domaine ducal
dès le commencement du XIᵉ siècle.

[1] Voir *Revue de Bretagne et de Vendée,* 1ʳᵉ série, t. XVIII, p. 434-436.

Celle de *Nostang* semble aussi l'avoir été de bonne heure ; comprise entre la lagune d'Etel et la rive gauche du Blavet, elle finit par devenir au XIII⁰ siècle, à la suite de diverses acquisitions, une châtellenie ducale ayant pour chef-lieu la ville neuve d'Hennebont. Au XI⁰, la première pierre de cette ville n'était pas même taillée ; pourtant le nom existait, mais s'appliquait uniquement à ce qu'on appelle aujourd'hui le *vieil Hennebont*, sur l'autre bord du Blavet (sur la rive droite), et cet Hennébont primitif était le chef-lieu d'un vaste fief, dit *Quémenet-Heboë* ou *Guémené-Héboi* (le Fief-d'Héboi), remplissant l'espace compris du Blavet à l'Ellé et contenant vingt-cinq paroisses, avec l'île de Groix : fief des plus anciens, puisque l'histoire le mentionne avant 1008, mais qui, dans le courant du XIII⁰ siècle, se disloqua en trois châtellenies, encore assez belles d'ailleurs : le *Pontcallec* au nord-est, contre la limite de Guémené-Guingan et de la vicomté de Rohan ; — les *Fiefs-de-Léon* au sud-est, comprenant entre autres le havre de Blavet, aujourd'hui rade de Lorient, — et la *Roche-Moisan* à l'ouest, le long de l'Ellé.

VII

Fiefs du comté de Cornouaille

On a peu de renseignements sur l'origine des fiefs de Cornouaille, les documents relatifs à ce pays, aux XI⁰ et XII⁰ siècle, étant fort rares. On se bornera à indiquer sommairement les principales seigneuries de ce comté, celles que leur importance et leur caractère indiquent comme remontant à une haute antiquité.

Sur le littoral, en partant de Quimper, c'est d'abord la baronnie du *Pont-l'Abbé*, occupant la presqu'île du Cap-Caval, de l'embouchure de l'Odet à la baie d'Audierne ; — puis la baronnie de *Pontcroix*, dominant toute la pointe du Cap-Sizun ; — entre ces deux baronnies, un fief important, dit le *Quémenet*, bizarrement découpé, partant de Quimper et de la rivière d'Odet, pour jeter de là un long bras vers l'ouest jusqu'à la rivière d'Audierne et se relever d'un autre côté vers le nord, jusqu'au pied de la montagne de Locronan.

Dans le triangle compris entre cette montagne, celle du Ménéhom et le fond de la baie de Douarnenez, l'antique forêt de Névet entièrement rasée était devenue un joli fief appelé au XIe siècle *Porz-Coët* ou *Porzoed,* et ensuite *Porzai.* La presqu'île de *Crozon* formait une autre seigneurie, mentionnée dans notre histoire avant 1050. Quant au fief abbatial de *Landevenec,* qui fermait cette presqu'île du côté de l'est, on doit en rapporter l'origine au roi Grallon-Mur, fondateur de l'abbaye, c'est-à-dire à la fin du Ve siècle et aux premiers temps des émigrations bretonnes.

Au nord-est de Landevenec, entre la rivière d'Aulne et celle de l'Hôpital-Camfrout, s'étendait sur une quinzaine de paroisses la *vicomté du Fou* ou du *Faou,* dont on trouve les seigneurs dès 1031. Sur l'autre bord de la rivière de Camfrout et jusqu'à l'Elorn, c'était la châtellenie de *Daoulas,* forte de neuf ou dix paroisses, et qui dès le milieu du XIIe siècle (certainement avant 1180), sans doute par suite d'un mariage, se trouvait appartenir à la maison de Léon, ainsi que les seigneuries de Crozon, de Porzai et du Quémenet.

Tels furent les principaux fiefs du littoral. Dans l'intérieur deux seulement méritent d'être notés : la *vicomté de Gourin* et le *comté de Poher.* Ce dernier remontait, on le sait, à Comorre et au commencement du VIe siècle, mais il avait eu depuis lors bien des vicissitudes. La ruine de Comorre dut tout au moins le priver du bassin de l'Elorn rendu au Léon, et le réduire à celui de l'Aulne. Il est même bien probable qu'il perdit dès lors sa région occidentale descendant jusqu'à la mer, et fut désormais exclusivement confiné dans l'intérieur des terres. Toutefois ses possesseurs, sous le titre de *comtes* et de *princes,* font encore grande figure dans notre histoire aux IXe et Xe siècles (notamment en 844, 871, 892, 913). Alain Barbe-Torte, qui était fils d'un comte de Poher, le reprit en 938 et le légua à ses premiers successeurs, qui le perdirent en 990 et le virent alors, comme le comté de Vannes, passer dans la maison de Rennes. L'héritière de cette maison, Havoise, le fit par une alliance rentrer, en 1064, aux mains des comtes de Cornouaille, devenus à cette date même ducs de Bretagne, et qui pendant quelques années au moins le tinrent directement (voir **D. Morice**, *Preuves*, I, 431). Mais ils ne tardèrent point à le donner en fief à quelqu'un de leurs chevaliers, et dès le commencement du XIIe siècle (1105 à 1108) nous voyons un seigneur appelé **Tangui**, s'intitulant *vicomte de Poher*, fonder dans sa résidence, à Carhaix, et tout près de son château, un prieuré dépendant de l'abbaye de Redon (*Ibid.* 514-515).

Le Poher, quoique réduit au rang de vicomté, était encore un grand fief, comprenant tout ce qui a formé plus tard la châtellenie ou juridiction de Carhaix et les petits domaines ducaux du Huelgoët, de Landélau et de Châteauneuf-du-Fou, soit 40 à 50 paroisses et trèves. Il était borné au nord par le comté de Guingamp et la châtellenie de Morlaix, au sud par la vicomté de Gourin (allant de la Trinité-Langonnet jusqu'à Leuhan), à l'ouest par la vicomté du Fou et la châtellenie ducale de *Châteaulin* (s'étendant des bords de l'Aulne au versant méridional des montagnes Noires), et vers orient par une ligne passant à l'est des paroisses de Maël-Pestivien, Kergrist-Moëlou, Rostrenen. Il ne renfermait donc plus — et depuis longtemps sans doute — cette pointe orientale du diocèse de Cornouaille formant le bassin du haut Blavet, presque également partagée depuis le commencement du XIe siècle entre le comté de Porhoët (ou la vicomté de Rohan) au sud, et le comté de Goëllo au nord. — Les successeurs de ce Tangui, vicomte de Poher, ne sont pas connus [1]; et un siècle après (en 1206), le Poher était rentré dans le domaine ducal pour n'en plus sortir (D. Morice, *Pr.*, I, 807).

Du Poher relevaient deux fiefs importants, la châtellenie de *Callac* et la baronnie de *Rostrenen*, à laquelle une tradition fabuleuse — qui du moins prouvait l'ancienneté de cette seigneurie — donnait pour premier baron un connétable de Charlemagne.

Pour la vicomté de Gourin, c'était un triangle irrégulier, comprenant neuf ou dix paroisses et trèves, dont la pointe était marquée

---

[1] La *Biographie bretonne* (article Poher) en indique quelques-uns; mais c'est qu'elle a confondu, à la suite de D. Morice, les vicomtes de Poher et ceux de Gourin.

au sud par Lanvénégen (trève de Guiscrif), dont la base tournée au nord s'appuyait sur la chaîne des montagnes Noires (de Leuhan à la Trinité), et dont le côté est bordait constamment le cours de l'Ellé. Ses seigneurs figurent, aux XIᵉ et XIIᵉ siècles, dans les chartes de l'abbaye de Quimperlé ; mais ils ont eu le malheur d'être jusqu'ici presque toujours confondus avec leurs voisins, les vicomtes de Poher. La vicomté de Gourin finit par devenir domaine ducal ; je la trouve pour la dernière fois nommée en 1294.

VIII

COMTÉ DE LÉON

Le comté de Léon proprement dit avait la même étendue que l'évêché de ce nom. On y rattacha dès le XIᵉ siècle un territoire assez vaste, compris sous le diocèse de Tréguier, entre le Douron et la rivière de Morlaix, et renfermant environ une vingtaine de paroisses : c'était la châtellenie de *Morlaix et Lanmeur.*

Le Léon lui-même se subdivisait en quatre autres châtellenies, — *Lesneven, Saint Renan, Daoudour* et *Landerneau,* — les deux premières occupant les côtes, les deux autres l'intérieur du pays. Lesneven allait de l'embouchure de la rivière de Penzé à celle de l'Aber-Benoît ; Saint-Renan, de l'Aber-Benoît à l'Elorn. Daoudour ou le pays des Deux-Eaux (*daou,* deux, *dour,* eau), compris entre le Quéfleut et le haut cours de l'Elorn, touchait à la mer par son extrémité nord, formant la pointe qui sépare l'embouchure de la Penzé et la rivière de Morlaix. Landerneau, enfermée entre les trois autres, avait Daoudour à l'est, Lesneven au nord, Saint-Renan à l'ouest, au sud l'Elorn et la limite de Cornouaille.

Mais ces quatre châtellenies n'étaient pas des fiefs ; ce n'était, comme celle de Morlaix, que des subdivisions du comté de Léon. Le seul fief important à signaler dans ce comté avant 1180 est le *régaire* de l'évêque, comprenant la ville épiscopale de Saint-Pol, une dizaine de paroisses groupées autour de cette ville, les îles de Batz et d'Ouessant, et des pièces plus ou moins considérables semées dans une trentaine d'autres paroisses.

En 1179, se produisit dans le comté de Léon une crise ayant tous les caractères d'une véritable dislocation. La Bretagne était alors au plus fort de sa lutte contre les Anglais de Henri II et de Geoffroi Plantagenet ; le comte de Léon Guiomar IV, patriote déterminé, vaincu déjà deux fois par le roi d'Angleterre, venait de se soulever une troisième ; une troisième, il succomba. Chassé de toutes ses places, dépouillé de tous ses domaines, on ne lui laissa pour vivre que le revenu de deux paroisses, et encore par pure charité chrétienne, parce qu'il avait fait vœu d'aller à Jérusalem. Avant de s'expatrier il mourut (27 septembre 1179), et Geoffroi Plantagenet, qui se disait duc de Bretagne sous le nom de Geoffroi II, pour apaiser quelque peu les haines, eut la bonne inspiration de rendre aux fils de Guiomar IV l'héritage de leur père.

Toutefois, ce duc commença par prendre la châtellenie de Morlaix-Lanmeur, qui resta depuis lors domaine ducal ; puis, pour briser dans sa base cette force de la résistance léonaise qui s'était si énergiquement dressée contre l'invasion étrangère, il scinda en deux le comté de Léon, ne laissant à l'aîné, Guiomar V, que les deux châtellenies de Lesneven et de Saint-Renan, et attribuant au second, Hervé, non-seulement Daoudour et Landerneau, mais encore un fief enlevé à Saint-Renan dit vicomté de *Coatméal,* et en outre tous les domaines de la maison de Léon en Cornouaille, c'est-à-dire les seigneuries de Daoulas, de Crozon, de Porzai et du Quémenet. Hervé et ses successeurs prirent depuis lors le titre de *vicomtes de Léon.*

Pendant que la branche aînée, humiliée et appauvrie, maigrissait à vue d'œil et s'abîmait tristement, cent ans plus tard, dans une ruine définitive, cette fortunée branche cadette, grasse et bien nourrie, continua de prospérer à loisir jusqu'en 1363, époque où sa dernière héritière versa son riche héritage dans la richissime maison de Rohan.

IX

COMTÉS DE PENTHIÈVRE ET DE TRÉGUIER

Après les comtés de Nantes, de Rennes, de Vannes, de Cornouaille et de Léon, la dernière des grandes circonscriptions féodales de la Bretagne, au XIe siècle, était le vaste apanage de la Maison de Penthièvre, dont il reste à indiquer l'origine, l'importance, les limites et les subdivisions.

La couronne ducale de Bretagne, retirée en 938 des griffes des Normands par Alain Barbe-Torte, n'était pas restée longtemps dans la descendance de ce prince. En 990, Conan le Tors, comte de Rennes, l'enleva à la maison de Nantes pour la fixer dans la sienne. Il ne la porta que deux ans et la transmit à son fils, le duc Geoffroy Ier, qui mourut en 1008, en laissant deux fils tout jeunes, Alain et Eudon, sous la tutelle de leur mère, Havoise de Normandie. Tant que vécut Havoise, c'est-à-dire jusqu'en l'année 1034, les deux princes donnèrent l'exemple d'une touchante concorde et régnèrent en commun sur les Bretons, comme on le voit par les actes où ils s'intitulent *Alanus* et *Eudo, Britannorum monarchi* (D. Morice, *Preuves*, I, 381). En 1034, Eudon réclama sa part de l'héritage paternel; Alain, qui était l'aîné, lui donna sans lésiner toute la Domnonée, c'est-à-dire le territoire des quatre diocèses de Dol, d'Aleth (ou Saint-Malo), de Saint-Brieuc et de Tréguier, ne gardant sur cet immense apanage que la suzeraineté et le domaine direct des principales villes, comme Dol et Aleth. Eudon, insatiable, s'insurgea contre cette réserve, entra en campagne, prit d'abord Dol et Aleth, finit par être vaincu, et paya les frais de la guerre.

Son partage primitif fut diminué, à l'est, des diocèses d'Aleth et de Dol, qui furent rattachés depuis lors au comté de Rennes; à l'ouest, d'une partie du diocèse de Tréguier, comprise entre le

Douron et la rivière de Morlaix, et qui, sous le nom de châtellenie de Morlaix, Lanmeur, fut annexée au comté de Léon. Le reste de la Domnonée, après cette récision, formait encore un vaste apanage, subdivisé depuis lors en deux grandes circonscriptions, le comté de *Penthièvre* et le comté de *Tréguier*.

Le Penthièvre comprenait toute la partie du diocèse de Saint-Brieuc où se parle aujourd'hui et se parlait dès lors la langue française, de l'Arguenon au Gouët. Il embrassait quatre belles châtellenies, — *Lamballe, Jugon, Montcontour, Cesson,* — et tenait sous sa mouvance la seigneurie temporelle ou *régaire* de l'évêque de Saint-Brieuc. La ville de Lamballe semble avoir été dès ce temps la capitale du Penthièvre.

Le comté de Tréguier comprenait toute la partie bretonnante du diocèse de Saint-Brieuc, formant la seigneurie de *Goëllo* [1], et tout le diocèse de Tréguier jusqu'au Douron. Il était composé, outre le Goëllo, des châtellenies de *Lannion* et de *Minibriac,* et tenait sous sa mouvance, le *régaire* épiscopal *de Tréguier,* et la grande châtellenie de *Guingamp,* laquelle ne tarda guère à entrer, par un mariage, dans le domaine immédiat du comte de Tréguier. Guingamp devint alors le vrai chef-lieu de ce comté, car la ville de Tréguier était à l'évêque.

. Tel fut l'immense apanage constitué, vers 1035, à la branche puînée des comtes de Rennes et ducs de Bretagne, laquelle prit depuis lors, dans notre histoire, le nom de *Maison de Penthièvre.*

Mais il est bon de remarquer que cet apanage, au lieu de rester uni en une seule main, se trouva presque toujours divisé, par suite de partages, entre les divers membres de cette famille : d'un côté le comté de Penthièvre, de l'autre celui de Tréguier, lui-même

[1] Le Goëllo, tel qu'il fut constitué à cette époque dans le partage d'Eudon, comprenait, outre la partie bretonnante de l'évêché de Saint-Brieuc, un canton étendu de la haute Cornouaille ; car la baronnie de *Quintin,* extraite de Goëllo et donnée en apanage, au XIII° siècle, à un puîné de cette maison, renfermait 28 paroisses et trèves, dont 10 seulement du diocèse de Saint-Brieuc et les 18 autres de celui de Cornouaille.

d'ordinaire subdivisé entre deux possesseurs, dont l'un tenait le comté de Goëllo avec la châtellenie de Lannion, l'autre le comté de Guingamp et la seigneurie de Minibriac.

X

L'ASSISE AU COMTE GEFFROI

On voit, par ce qui précède, que les puînés prenaient alors dans l'héritage paternel une part presque égale à celle de leurs aînés. Cela ressort aussi des partages de Léon, de Porhoët, de l'Argoët, dont nous avons parlé, et encore de ceux de Retz, de Gaël-Monfort, etc. Une telle pratique menait tout droit à l'émiettement, c'est-à-dire à la démolition des grands fiefs. Pour y parer, le duc Geoffroi II, d'accord avec l'assemblée des évêques et des seigneurs de Bretagne, rendit, en 1185, une ordonnance pour interdire désormais le démembrement des *baronnies* et ordonner que les puînés fussent à l'avenir partagés en biens meubles ou en terre à viage. C'est cette ordonnance, très-célèbre dans notre histoire sous le nom d'*Assise au comte Geoffroi,* qui a fixé définitivement l'état de la féodalité bretonne.

Il ne faut pas croire, d'ailleurs, qu'il n'y eût alors en Bretagne que neuf *baronnies.* Tout fief de quelque importance, tenu immédiatement du duc de Bretagne, donnait à son possesseur le droit et le devoir de siéger auprès du duc en sa cour et en son parlement, pour l'assister de ses conseils et l'aider à rendre la justice. Qui avait ce droit était *baron du duc* ou *baron de Bretagne,* et sa terre une *baronnie.* Les barons du duc avaient eux-mêmes leurs propres barons, c'est-à-dire leurs vassaux immédiats formant leur tribunal et leur conseil. Ce n'est que plus tard, au milieu du XV° siècle, qu'ayant perdu le vrai sens de ce mot, on réduisit très-abusivement à neuf le nombre des barons de Bretagne, pour faire pendant à nos neuf évêques.

A une époque où la guerre était chose fort commune, le roi de
Gaël eut à se défendre de l'invasion des Frisons et soutint un combat
près de l'endroit appelé aujourd'hui le Gué-de-Plélan. Dans ce
combat, il perdit la couronne qu'il avait sur la tête, et qui était
d'une valeur considérable par la quantité et la grosseur des diamants dont elle était ornée. Il remporta néanmoins la victoire, et
ne s'aperçut de la disparition de sa couronne qu'une fois de retour
dans son château.

Hoël, malgré ses succès, eut un véritable chagrin de l'accident
qui venait de lui arriver. Il tenait d'autant plus à cette couronne,
qu'il l'avait reçue de ses pères. Aussi dit-il à ses trois fils qui l'entouraient [1] :   .

— « Partez, enfants, en toute hâte, pour aller à la recherche de
l'objet perdu. Celui d'entre vous qui sera assez heureux pour le
découvrir et me l'apporter, celui-là sera désigné par moi pour me
succéder dans le royaume de Domnonée. »

Les trois jeunes garçons partirent aussitôt. Mais, lorsqu'ils furent
seuls dans les bois, les deux aînés se séparèrent du plus jeune et
s'entretinrent longtemps ensemble. — « Judicaël, disaient-ils, a
toujours eu plus de chance que nous dans tout ce qu'il a entrepris.
Il est, en outre, le préféré de notre père, qui ne l'envoie que dans
l'espoir que son esprit subtil lui fera découvrir ce que nous cher-
cherons en vain. Laissons-le s'égarer au milieu de ces bois où, la
nuit, les loups le mangeront peut-être, et courons vite au lieu du
combat. »

Ils mirent immédiatement leur projet à exécution et abandonnèrent le pauvre enfant.

Lorsque celui-ci se vit seul, il appela ses frères aussi longtemps
que ses forces le lui permirent; mais bientôt, épuisé par la fatigue,
il se laissa choir au pied d'un arbre et fondit en larmes. Heureusement que saint Méen l'avait entendu et qu'il vint aussitôt près de

---

[1] Dans cette légende, que nous avons recueillie sur les lieux mêmes, il n'est question que de trois fils : Jossé, Winoc et Judicaël. Cependant, Hoël III en eut un
quatrième, appelé Hoël comme lui, qui, au moment de notre récit, n'était peut-être
pas né, ou était encore trop jeune pour y figurer.

lui s'informer du sujet de ses peines. Judicaël raconta au vénérable ermite le but de son voyage et l'abandon dont il venait d'être l'objet.

— « Console-toi, mon fils, lui dit le saint ; Dieu m'a placé sur tes pas pour te secourir. Je vais non-seulement t'indiquer ton chemin, mais encore te donner les moyens de retrouver la couronne de ton père. »

Il lui fit don d'une branche de coudrier et reprit : — « Lorsque tu seras embarrassé pour continuer ta route, tu mettras cette baguette à tes pieds, et le petit bout se tournera toujours du côté vers lequel tu dois te diriger. Enfin, tu trouveras une énorme pierre près de laquelle est étendu le cadavre d'un guerrier qui tient encore entre les mains la couronne qu'il a voulu ravir au roi Hoël III. »

Après avoir remercié l'ermite avec une vive effusion, l'enfant prit la baguette et se dirigea vers le Gué-de-Plélan, où il parvint sans difficulté, grâce à son talisman.

Arrivé à l'endroit qui fut choisi plus tard par un autre roi breton, Salomon, pour y fixer sa résidence et où l'on voit encore aujourd'hui les vestiges de son château, Judicaël se trouva au milieu d'un véritable champ de carnage. Les guerriers, pour la plupart encore revêtus de leurs armures, jonchaient le sol de leurs corps et imprégnaient la terre de leur sang. L'enfant frissonna de la tête aux pieds, en présence de ce triste spectacle, nouveau pour lui; et dans une fervente prière, il demanda à Dieu de faire cesser ces guerres impies qui faisaient s'entre-tuer les hommes de la sorte.

Un peu remis de son émotion, le jeune Hoël se rappela le but de sa présence en ces lieux et plaça la branche de coudrier à ses pieds. Le petit bout de la baguette se tourna aussitôt vers un bloc énorme de quartz situé à une assez grande distance. Pour aller jusque-là, l'enfant fut obligé de prendre toutes les précautions possibles pour ne pas trébucher au milieu des cadavres. Il y arriva cependant et put bientôt confirmer la véracité des paroles du saint.

Un guerrier d'une immense stature, couché sur le dos, le corps traversé d'un javelot, tenait entre les mains la précieuse couronne. Judicaël s'en empara bien vite et s'empressa de quitter ces lieux qui le remplissaient d'horreur et d'effroi. Heureux, néanmoins, d'avoir retrouvé la couronne des rois de Domnonée, il oublia promptement l'impression pénible qu'il avait ressentie au milieu des morts, et ne songea plus qu'à la joie qu'il allait causer à son père.

Dans sa précipitation à s'emparer de la couronne, l'enfant avait laissé près de la grosse pierre la baguette du saint, et il s'en aperçut malheureusement trop tard pour retourner sur ses pas, d'autant plus que la nuit commençait à étendre ses voiles sur la terre. Après s'être orienté de son mieux, il marcha aussi longtemps que le jour le lui permit ; mais, lorsque les ténèbres l'eurent entouré complétement, il s'abrita sous une touffe de bruyère, pour y prendre le repos dont il avait si grand besoin, après une journée remplie de fatigues et d'émotions.

D'une nature extatique, Judicaël — tout en faisant sa prière, sans se préoccuper des dangers qu'il courait à pareille heure dans des bois peuplés de bêtes féroces — écoutait avec plaisir les derniers bruits de la nature et contemplait la voûte céleste qui scintillait de tous ses feux. Enfin, la fatigue ferma ses paupières ; il s'endormit en bénissant Dieu. Son sommeil ne fut interrompu par aucun événement fâcheux.

Le lendemain matin, les oiseaux le réveillèrent en chantant sur sa tête leurs joyeuses chansons. Il secoua, comme eux, les perles de rosée dont il était inondé, et chercha ensuite, frais et dispos, les sentiers qui devaient le ramener à Gaël.

Il erra longtemps à l'aventure à travers les méandres des bois et parvint enfin à retrouver le chemin qu'il avait parcouru la veille. Tout à coup, il entendit des pas derrière lui, puis des voix, qu'il reconnut bientôt pour être celles de ses frères, qui ne tardèrent pas en effet à le rejoindre.

Ceux-ci, en le retrouvant vivant, et possesseur de l'objet qu'ils avaient inutilement cherché, en éprouvèrent une vive jalousie. Une pensée criminelle leur traversa le cerveau. Ils se consultèrent du regard, et, voyant que la même idée leur était venue à tous les deux, ils se précipitèrent sur le pauvre enfant, et lui portèrent de si violents coups de bâton à la tête, qu'ils le tuèrent sur le champ, avant qu'il eût le temps de proférer une parole.

Lorsque les assassins eurent ainsi consommé leur crime, ils creusèrent une fosse au pied d'un chêne, pour y cacher le corps de leur frère, qu'ils recouvrirent de terre et de gazon. Josse et Winoc — tels étaient leurs noms — s'emparèrent ensuite de la couronne et la rapportèrent au roi breton, qui, n'apercevant pas Judicaël, leur demanda ce qu'ils en avaient fait.

— Nous ne l'avons pas vu, répondirent-ils ; en nous quittant, il nous a laissés pour aller seul de son côté, supposant sans doute être plus heureux que nous.

Cette réponse ne satisfit pas le roi, qui ordonna immédiatement à tous ses serviteurs de parcourir le pays pour retrouver son fils. Toutes les recherches n'aboutirent à rien, et l'on supposa qu'il avait été la proie des loups. Hoël ne se consola pas de la perte de cet enfant, et, souvent, en voyant l'air gêné et embarrassé de ses deux autres fils, des doutes affreux lui vinrent à l'esprit.

Cinq années s'écoulèrent, et le temps n'apporta aucun soulagement à la douleur du malheureux père.

Au retour d'un voyage à travers son royaume, le roi en passant près de l'endroit où le crime avait été commis, aperçut un petit pâtre qui, en soufflant dans un os, disait :

> « Mes frères m'ont tué
> Et se sont emparés
> De la couronne de mon père ;
> Voilà bientôt cinq ans
> Qu'un beau jour de printemps
> Ils me couchèrent dans la terre. »

Hoël, étonné de ces paroles, s'approcha du berger et lui demanda ce qu'il disait ainsi :

— Je n'en sais rien, répondit l'enfant ; j'ai trouvé cet os, et en soufflant dedans je fais sortir ce que vous venez d'entendre.

— Où l'as-tu trouvé ?

— Ici, au pied de ce chêne. — Et il désigna un petit monticule
de terre qui ressemblait à une tombe.

Le roi, ayant fait enlever par ses hommes les mottes de gazon qui
formaient cette exubérance du sol, ne tarda pas à découvrir le cadavre de son fils chéri. Une exclamation de surprise, et en même
temps d'admiration, s'échappa de toutes les bouches, lorsqu'on vit
le corps, après cinq ans, complétement intact et presque aussi frais
que s'il venait d'être enterré. Un bras encore meurtri avait été brisé
par les coups, un os en était sorti, avait sans doute percé la terre,
et c'était cet os qui était entre les mains du pâtre.

Le père prit son enfant dans ses bras, le pressa sur son sein et
envoya immédiatement chercher saint Méen. L'ermite s'empressa
d'accourir, en apprenant cette nouvelle. Aussitôt qu'il eut vu le
miracle, il se jeta la face contre terre, pria Dieu avec ferveur, puis
se releva, la figure souriante, s'approcha du mort, replaça l'os du
bras et oignit tout le corps d'un onguent qu'il avait sur lui. Bientôt
les chairs se colorèrent, le sang parut circuler, les yeux s'ouvrirent,
les membres s'agitèrent et l'enfant revint à la vie.

Ce miracle se répandit promptement dans tout le royaume de
Domnonée, et le nom de Judicaël fut dans toutes les bouches. Le
roi des bois fit arrêter et enfermer Josse et Winoc, voulant les faire
juger et punir comme ils le méritaient ; mais Judicaël obtint leur
grâce et leur pardonna.

Il n'eut point à regretter cette noble action, car les deux frères se
repentirent et firent bientôt oublier par leur belle conduite et leurs
vertus le crime dont ils s'étaient rendus coupables. Enfin saint Judicaël, à la mort de son père, lui succéda sur le trône.

—

La légende que nous avons essayé de raconter se termine ici ;
mais nous voulons cependant dire deux mots du règne du prince
breton dont le nom est toujours en très-grande vénération dans le
pays.

Quelque temps après l'avénement au trône de saint Judicaël,
le roi de France Dagobert lui déclara la guerre, et envoya ses sol-

dats en Armorique, d'où ils furent repoussés et chassés jusqu'aux portes du Mans. Là, une nouvelle armée, conduite par le comte de Chartres, vint à leur secours, et une seconde rencontre eut lieu entre le Mans et Laval.

Les Bretons, ayant à leur tête Budic, comte de Cornouaille, dressèrent une embuscade au milieu d'un chemin creux, dans lequel les Français s'avancèrent, furent cernés et battus. Le duc de Chartres fut même fait prisonnier et amené à Judicaël. Ce dernier rentra dans son royaume, et fit ainsi voir à Dagobert qu'il n'était pas ambitieux et n'avait fait que se défendre.

Cet acte inspira au roi de France le désir de faire la connaissance du prince breton, et il depêcha près de lui, à cet effet, saint Eloi, évêque de Noyon, qui fut reçu en Bretagne avec tous les honneurs imaginables.

Saint Eloi, émerveillé de la piété et des nobles qualités de Judicaël, l'engagea à venir voir Dagobert à Clichy, près Paris, lui promettant de le mettre en relation avec un grand nombre de saints personnages. Le voyage fut décidé et le départ s'effectua très-promptement.

Dagobert accueillit Judicaël avec toutes sortes d'amitiés et ils se firent réciproquement de riches présents, en signe d'une paix inviolable.

Ainsi que saint Eloi le lui avait promis, il rencontra à la cour du roi de France, saint Ouen, archevêque de Rouen, et d'autres religieux, qui l'édifièrent tellement par leur piété, qu'aussitôt son retour en Bretagne, il se démit de sa dignité royale et se retira dans le monastère de Saint-Baptiste de Gaël, où il est décédé.

Dieu a témoigné sa sainteté par plusieurs grands miracles qui se sont accomplis à son sépulcre.

ADOLPHE ORAIN.

HENRI-CHARLES DU CAMBOUT

ÉVÊQUE DE METZ

TROISIÈME ET DERNIER DUC DE COISLIN

(1664-1732) *

IV

L'Evêque de Metz dans son diocèse. — La Bulle Unigenitus.

En même temps qu'il cultivait et protégeait ainsi les lettres, Henry de Coislin ne négligeait point les besoins de son diocèse. Imitant l'exemple de son oncle le cardinal, il avait fixé sa résidence à Metz, malgré sa charge de premier aumônier, qui l'obligeait de venir de temps en temps passer plusieurs mois à la cour. Le *Journal* de Dangeau, qui tient un compte si minutieux de tous les petits événements de Versailles, parle en effet fort peu du duc de Coislin. Nous apprenons, par exemple, qu'au mois d'avril 1711, époque de la mort de Monseigneur, M. de Metz, premier aumônier, accompagna le corps, de Meudon à Saint-Denis, et sans aucun apparat, avec M. de Dreux, grand-maître des cérémonies — qu'il officia, le 18 avril 1712, au service du Dauphin et de la Dauphine à Saint-Denis, (M. d'Alet prononça l'oraison funèbre) et le 21 du même mois, « pour l'anniversaire de Monseigneur mort l'année passée »..... Nous y apprenons encore que le 2 janvier 1716 :

Les chevaliers de l'ordre du Saint-Esprit qui devoient tous les ans nommer des commissaires pour examiner si l'on ne donnoit point quelque atteinte à leurs priviléges, avoient négligé depuis assez longtemps de s'assembler, et ils ont résolu de réparer leur négligence ; et pour cela ils ont nommé trois commissaires, l'un d'Eglise et deux d'épée, comme il

* Voir la livraison d'octobre, pp. 293-308.

est porté dans les statuts, qui s'assembleront dès dimanche, chez M. de Torcy, chancelier de l'ordre. Ces trois commissaires sont l'évêque de Metz, le maréchal de Tessé et le marquis d'Effiat.....

Telles sont les rares mentions que Dangeau fasse de Henri de Coislin pendant un intervalle de plusieurs années : il fallait des circonstances exceptionnelles pour le voir paraître solennellement dans ses fonctions de premier aumônier; et si nous n'avions déjà le témoignage explicite de plusieurs contemporains, on pourrait inférer purement et simplement de ce silence de Dangeau, que l'évêque de Metz passait la plus grande partie de l'année dans son diocèse. Or, on sait qu'à cette époque, la plupart des évêques habitaient plus souvent Versailles ou Paris que le siége de leur évêché. Cette résolution d'une pratique à peu près constante de la résidence, honore donc Henri de Coislin, qui, plus qu'aucun autre, avait un excellent motif pour rester près du roi. Du reste, le diocèse de Metz passait pour un des plus difficiles à gouverner. Coislin le visita dans toutes ses parties, et trouva, en effet, un grand nombre d'abus que le temps avait en quelque sorte consacrés, et que ses prédécesseurs avaient inutilement entrepris de réformer. Leur exemple ne le découragea point; il l'entreprit à son tour, dit Gros de Boze, et il y réussit : « Les esprits les moins disposés à reconnaître le caractère de l'autorité, eurent honte de résister à la voix d'un pasteur, qui les aimoit », et qui donnait à ses diocésains tant de preuves de dévouement par ses libéralités et sa munificence.

Dès l'année 1699, il avait publié un recueil de *Statuts synodaux*, pour asseoir bien nettement, parmi son clergé, les bases de la discipline ecclésiastique ; en 1713, il fit imprimer un *Rituel*, fort volume in-4°, rempli d'instructions utiles, et qui fut très-applaudi. Malheureusement, le mandement qu'il donna peu de temps après au sujet de la fameuse bulle *Unigenitus*, n'était pas aussi conforme à la doctrine orthodoxe : cet opuscule fit du bruit, et ses tendances jansénistes lui attirèrent des censures de la cour de Rome.

Ce n'est pas ici le lieu de raconter l'histoire de l'ardente polémique soulevée par la bulle *Unigenitus* et par la *Constitution*. —

On sait que dans l'assemblée des évêques tenue en 1713-1714, une Commission de six membres fut nommée pour examiner les moyens de faire accepter cette fameuse constitution qui contenait la condamnation de cent et une propositions extraites du livre du P. Quesnel. — Une quantité prodigieuse d'écrits fut lancée pour et contre : les évêques se divisèrent en plusieurs partis ; huit prirent la résolution de s'adresser directement au Pape, six furent exilés.— Enfin, après bien des difficultés, la Constitution fut enregistrée au Parlement, et des lettres patentes du Roi en ordonnèrent l'acceptation, en même temps qu'une instruction pastorale de l'assemblée des évêques était envoyée à tous les prélats de France. La constitution fut publiée dans 112 diocèses, mais avec bien des différences dans l'acceptation, accusées par les mandements particuliers qui la précédaient. Le mandement de l'évêque de Metz fut un de ceux qui causèrent scandale, et sans entrer dans la polémique engagée, nous en donnerons seulement le préambule et la péroraison pour mettre nettement en relief le style du prélat académicien, tout en faisant connaître sa conduite dans cette affaire délicate. Nous n'avons pas besoin de développer les raisons qui nous engageraient d'ailleurs à ne rien reproduire de ses distinctions sur les propositions condamnées ; une seule suffit, c'est que le mandement fut frappé des censures pontificales ; les deux morceaux qui vont suivre n'entrent point dans le vif de la question si vivement controversée à cette époque :

« Henry-Charles du Cambout, évêque de Metz, et prince du Saint-Empire, duc de Coislin, pair de France, baron des anciennes baronnies de Pontchâteau et de la Rochebernard, pair et président-né des États de Bretagne, premier baron de Champagne, comte du Crécy et autres lieux, premier aumônier du Roi, Commandeur de l'ordre du Saint-Esprit, aux fidèles de notre diocèse, salut et bénédiction, en Notre-Seigneur.

» L'obligation que l'Ecriture impose aux Evêques et le droit qu'elle leur attribue de garder le dépôt de la foi, exigeant de leur sollicitude pastorale, qu'ils veillent non-seulement à conserver dans le cœur des fidèles les vérités révélées et à préserver leur esprit de la contagion des erreurs condamnées, mais encore à écarter de leur troupeau tout ce qui peut altérer l'intégrité du dogme catholique, corrompre la pureté de la morale chrétienne ou affaiblir la force de la discipline ecclésiastique : depuis que par la miséricorde de Dieu, nous avons été appelé à une portion de l'Episcopat, que le corps des Evêques possède en son entier indivisiblement, nous avons donné notre principale attention à ces différents devoirs. Mais nous nous sentons obligé d'animer de nouveau notre zèle, au sujet de la Constitution de N. S. P. le Pape Clément IX, du 8 septembre 1713, contre un livre intitulé : *Le Nouveau Testament en français, avec des réflexions morales, etc.*

» En effet, nous n'avons pu voir sans une extrême douleur, l'abus que des esprits malintentionnés ou prévenus ont fait de cette Constitution, depuis qu'on l'a répandue dans notre diocèse. Les uns, ennemis secrets ou déclarés de la religion, ont osé blasphémer contre le chef de l'Eglise, et avancer témérairement qu'il avait condamné des vérités fondamentales de la foi, et s'était déclaré en faveur des sentiments les plus relâchés. *Les autres, sous les apparences d'un dévouement sans bornes aux décisions du Saint-Père, se sont donné la liberté d'interpréter à leur gré sa censure, dont ils se sont fait comme un bouclier pour soutenir la nouveauté de leurs systèmes sur l'économie de la grâce, et pour autoriser la corruption de leur morale,* qui a toujours pour eux un attrait invincible, nonobstant le décri universel où elle est tombée, et les foudres de l'Eglise dont elle a été si souvent et si solennellement frappée. D'autres enfin, alarmés au premier coup d'œil des propositions censurées, ont cru y trouver la vérité à la place de l'erreur, et l'erreur élevée sur les ruines de la vérité. A peine se sont-ils rassurés à la vue de l'accord de tous les premiers pasteurs, à ne publier la Bulle *qu'après avoir mis le sacré dépôt en sûreté, par une ample exposition des mauvais sens dans lesquels seuls les propositions ont été censurées.*

» Pour remédier à tant d'abus, arrêter le progrès des préventions et des mauvaises intentions qui en sont la source, et entrer dans les vues des prélats de France; après avoir souvent imploré les lumières de l'Esprit-Saint, et recommandé cette affaire si importante aux prières des personnes de la plus éminente piété, nous avons jugé nécessaire de vous donner les instructions suivantes, qui doivent vous servir de guide pour entrer dans l'intelligence et l'esprit de la Constitution, comme elles sont les garants de la pureté de notre foi, dans l'acceptation que nous en voulons faire.

» I. — En censurant les propositions qui concernent la prédestination et la faiblesse de l'homme depuis sa chute, Notre Saint-Père n'a condamné que les sens hérétiques de Luther, de Calvin et des cinq fameuses propositions de Jansénius, comme il est aisé de l'inférer du texte même de sa Bulle ; et à Dieu ne plaise que vous puissiez jamais penser que ce saint Pontife ait voulu proscrire le système de la grâce efficace par elle-même,

et de la prédestination gratuite que ses prédécesseurs ont toujours
approuvée dans les ouvrages de saint Augustin et de saint Thomas, qui ne
cesseront jamais d'être regardés comme les oracles des théologiens catholiques sur les matières de la grâce. Concevons donc, N. T. C. F., une
juste horreur de toute doctrine qui détruit la liberté de l'homme et qui
lui ôte le pouvoir de faire le mal quand il vit sous l'impression de la grâce
même la plus efficace, ou lui refuse la puissance de fuir le péché quand il
est asservi sous le joug de la concupiscence dominante..... etc, etc....[1] »

Après avoir examiné, en treize articles fort longs et d'après ses
sentiments personnels, les principales propositions censurées,
l'évêque de Metz conclut ainsi :

« ..... Voilà, N. T. C. F., des explications si précises, si conformes à
la saine doctrine et à l'esprit de N. T. S. P. le Pape, qu'elles nous font
espérer qu'en les lisant avec une intention droite et une humble docilité
aux oracles de l'Ecriture et de la tradition, qui sont les sources où nous
les avons puisées, vous tirerez de la publication de la Bulle tout le fruit
dont nous conjurons le Père des lumières de l'accompagner.

» A ces causes, après avoir lu avec toute l'application qui convient, la
dite constitution en forme de bulle de N. S. P. le Pape Clément XI, en date
du 8 septembre 1713, qui commence Unigenitus Dei Filius; et après
avoir tiré de son contenu les réflexions que l'importance de l'affaire et les
besoins de l'Église demandaient, et en avoir conféré avec plusieurs théologiens, dont la science et les sentiments orthodoxes nous sont parfaitement connus; tout considéré et le saint nom de Dieu invoqué, nous avons
condamné et nous condamnons avec N. S. P. le Pape le livre intitulé : Le
Nouveau Testament en français, avec des Réflexions sur chaque verset,
etc., à Paris, 1699; autrement : Abrégé de la morale de l'Évangile, des
Actes des Apôtres, des Épîtres de saint Paul, des Épîtres canoniques et
de l'Apocalypse; ou Pensées chrétiennes sur le texte des Livres sacrés, etc.,
Paris, 1693 et 1694, comme contenant des propositions très-dangereuses,
et surtout tendantes à renouveler l'hérésie des cinq fameuses Propositions
du livre de Jansénius. Nous recevons et acceptons la dite constitution
avec respect et avec la soumission que les saints canons prescrivent.
Vous ordonnons de vous y conformer, suivant les explications contenues
dans notre présente instruction pastorale, lesquelles vous devez regarder
comme un fidèle témoignage des véritables intentions du Saint-Père,
puisqu'elles sont prises dans la parole de Dieu, dans les décisions des
Conciles et dans les enseignements des docteurs de l'Église. Défendons à

_____

[1] Hist. du livre des réflexions morales et de la Constitution. — Amst., 1726.
4 vol. in-4°.

toute personne, de quelque qualité et condition qu'elle soit, de donner à
la dite constitution des interprétations contraires, soit pour condamner
des sentiments enseignés dans les écoles catholiques, soit pour autoriser
les monstrueuses subtilités de la morale corrompue, qui n'a que trop de
partisans, soit enfin pour calomnier l'Église romaine, la mère de toutes
les Églises.

» Condamnons pareillement les cent et une propositions qui sont extraites
du dit livre, avec les mêmes qualifications dont elles ont été respectivement frappées par le Pape. Défendons sous peine d'excommunication, qui
sera encourue par ce seul fait, de les lire ou les retenir, ordonnons à tous
ceux qui en ont un ou plusieurs exemplaires de les rapporter à notre
secrétariat pour y être supprimé..., etc., etc.

» Nous nous élèverons surtout avec toute la force et toute l'autorité
que Dieu nous a mises en main pour éloigner tout ce qui pourrait renouveler l'hérésie du jansénisme, dont notre diocèse a été heureusement
préservé jusqu'aujourd'hui, et pour étouffer les contestations qui auraient
dû être terminées par les constitutions des souverains pontifes, reçues et
acceptées de toute l'Église. — Donné à Metz, en notre palais épiscopal,
le vingtième jour de juin mil sept cent quatorze. »

D'après ces citations, on pourrait croire que le mandement de
l'évêque de Metz était irréprochable ; mais nous avons laissé de
côté, pour les raisons que nous avons exposées plus haut, l'explication détaillée du sens dans lequel il fallait entendre la condamnation
de chaque proposition. Ce fut cette explication qui suscita le scandale.

Le zèle des évêques qui voulaient qu'on regardât la constitution
comme une règle de foi, dans son sens rigoureux, s'étendit en effet
jusqu'aux diocèses de ceux mêmes de leurs confrères qui avaient
accepté la constitution, mais qui l'avaient fait par des mandements
restreignant beaucoup trop à leur gré cette acceptation. Ils s'éle-
vèrent principalement contre le mandement de M⁅ʳ l'évêque de
Metz [1], qu'ils firent condamner à Rome et en France, et celui de
l'archevêque d'Ambrun, oubliant celui de l'évêque de Sisteron, qui,
bien que semblable à celui de M. de Metz, fut épargné, probablement

[1] M. de Coislin, lit-on dans la correspondance de Fénelon (IV. 504), n'acceptait la
constitution dans son mandement que relativement au *sens qu'il lui plaisait de don-*
ner aux propositions condamnées.

parce qu'il ne vint pas alors à leur connaissance, ou parce qu'ils voulurent bien le négliger.

Lorsque le mandement du duc de Coislin parut à Paris, où il s'en distribua un grand nombre d'exemplaires, les deux partis, remarque un chroniqueur contemporain, en furent également surpris. On y réunissait deux choses qui paraissaient incompatibles, la condamnation et l'acceptation de la bulle, c'est-à-dire que le corps du mandement présentait un exposé de doctrine aussi opposé à celle de la bulle qu'il était conforme à celle du livre et des propositions censurées ; et on ne laissait pas dans la conclusion d'accepter la bulle et de condamner le livre des propositions. Ce tempérament employé sans doute pour concilier les partisans et les adversaires de ce décret, ne plut ni aux uns ni aux autres ; mais les premiers furent les plus mécontents ; ils ne purent se persuader que l'acceptation qu'on y paraissait faire de la constitution fût sérieuse, lorsqu'on en rejetait en même temps la doctrine ; ni que la condamnation du livre et des propositions qu'on paraissait adopter fût sincère, lorsqu'on enseignait la même chose que ce qui était enseigné dans le livre et exprimé dans les propositions. Un de leurs principaux docteurs déclara dans une grande compagnie « que le mandement de Metz était la satire la plus violente qui eût encore paru contre la constitution » [2]. Les jésuites, qui étaient personnellement choqués des traits avec lesquels on les dépeignait au commencement du mandement [3], n'en avaient pas une autre idée ; aussi ne s'étonnera-t-on pas des observations d'un docteur janséniste qui le fit réimprimer en Hollande, précédé d'un avertissement où il disait :

« C'est en vain que Mgr de Metz s'est flatté d'apaiser les Jésuites ou de leur donner le change, en leur sacrifiant l'auteur et le livre des *Réflexions morales*, que ce prélat condamne avec les cent une propositions, quoique tout le corps de son mandement le dût conduire à une conclusion contraire. C'est en vain que ce même prélat, pour ménager ces pères ou pour les leurrer, leur présente un fantôme du jansénisme qu'il accable des plus rigoureuses censures. C'est en vain que, pour faire passer la liberté qu'il prend de donner à la bulle un bon sens qu'elle n'a point,

[1] *Histoire du livre des Réflexions morales. Loc. cit.*

[2] Voir les passages soulignés ci-dessus en italique.

il suppose au livre des réflexions de très-mauvais sens qu'il n'a point non plus, et dont l'auteur a toujours été très-éloigné. Enfin, c'est inutilement qu'il accepte la bulle, et qu'il en ordonne la publication dans tout son diocèse. Ce n'est plus cette constitution que les Jésuites ont tant sollicitée ; ce n'est plus cet objet de leurs vœux et de leur complaisance ; ils n'en reconnaissent aucun trait qui ne soit défiguré ; ils ne voient plus la doctrine de leur Molina élevée sur les débris de l'école de saint Thomas ; ils ne trouvent plus les relâchements de leurs casuistes autorisés ; la discipline de la pénitence affaiblie ; le droit des évêques ouvertement violé ; les libertés de l'Eglise de France foulées aux pieds [1]. Ils redemandent leur bulle dans son état naturel, et veulent qu'on anéantisse ce commentaire infidèle, qui la représente tout autre qu'elle n'est. »

C'est ce qu'ils obtinrent bientôt après, et ce qu'ils firent ordonner par le roi même, en l'engageant à rendre, dans son conseil d'Etat, un arrêt du 5 juillet 1714, où Sa Majesté ordonne : *Que le mandement et instructions pastorales du dit sieur évêque de Metz demeureront supprimés, révoqués et annulés, comme faits au préjudice de lettres patentes de S. M., contraires à l'acceptation de la Bulle faite par l'assemblée du clergé de France, et tendant à affaiblir ou à rendre inutile la condamnation, tant des erreurs contenues dans les cent une propositions, que du livre qui les renferme.* Et l'on remarquait, parmi les motifs de la suppression du mandement : « Qu'il étoit injurieux à Sa Sainteté et aux prélats de la dernière assemblée du clergé ; qu'il introduisoit une forme nouvelle d'accepter les constitutions des papes, et qu'il avoit formellement contrevenu aux lettres patentes du 14 février 1714, par lesquelles il étoit porté que la bulle seroit reçue d'une manière uniforme dans toute l'étendue du royaume, suivant les résolutions qui avoient été prises à ce sujet par l'assemblée. »

Or, aucun de ces motifs ne paraissait fondé aux yeux du parti adverse, ainsi que le fait voir en détail l'auteur de l'avertissement déjà cité. Bien loin que ce mandement fût injurieux à Sa Sainteté, on pouvait dire, au contraire, selon lui, que Mgr de Metz avait poussé jusqu'à l'excès le respect pour le pape, par le parti qu'il

[1] Nous n'avons pas besoin de faire remarquer l'exagération de ce langage fort peu orthodoxe.

avait pris de cacher tous les défauts de sa bulle, et d'y donner en
l'acceptant le tour le plus spécieux et le plus capable de la faire
respecter : qu'il avait eu la même attention à ménager les prélats,
dont il ne disait pas un seul mot qui pût les choquer, et à ne point
s'éloigner des résolutions de l'assemblée : « Il a jugé comme elle,
dit cet auteur, que la bulle avait un très-grand besoin d'être expli-
quée. Il a usé du droit que l'assemblée lui laisse et qu'elle ne pouvait lui ôter, de faire un mandement explicatif de la bulle, comme
les prélats de l'assemblée en ont fait un. Il est vrai qu'il a fait mieux
qu'eux ; mais il ne se déclare point contre eux, et on ne peut pas
dire qu'il leur soit contraire. On ne peut pas dire non plus qu'il ait
contrevenu aux résolutions de l'assemblée, ni par conséquent aux
lettres patentes qui sont relatives à ces résolutions. » Il ne pouvait
donc y avoir d'autres motifs véritables du traitement ignominieux
fait à un évêque de la distinction de Mgr de Metz, dit le chroniqueur
du parti, sinon qu'il avait usé des droits de l'épiscopat d'une
manière qui humiliait les Jésuites, et qu'il avait pris des mesures
plus justes que celles des quarante prélats, pour maintenir la
liberté de l'Eglise gallicane [1].

[1] Voici du reste l'exposition succincte des vrais principes sur la matière : — « Je
conviens avec vous, Monseigneur, écrivait M. de Bissy, évêque de Meaux, à Fénelon,
le 6 septembre 1714, qu'une instruction exempte d'erreurs ne suffit point dans la
conjoncture présente, si elle ne renferme pas une exclusion claire et formelle de tous
les subterfuges du parti. Nous avons fait cet été un bon usage de ce principe, et c'est
cependant une des raisons qui nous ont fait passer pour gens trop difficultueux. —
Je conviens aussi avec vous qu'une réception de la bulle relative à une excellente
explication introduiroit une nouvelle forme dont les conséquences seroient très-pré-
judiciables à la vérité et pourroient saper le fondement de toute suprême autorité.
C'est là un des grands principes sur lequel nous avons bâti tout notre travail; et
comme nous avons toujours cru voir quelques relations dans le projet de mandement
que nous avons examiné, quoiqu'elles soient beaucoup moins sensibles que celles du
mandement de M. de Metz, c'est là une des raisons qui nous a fait dire que nous ne
pouvions approuver cet ouvrage. » — (*Corr. de Fénelon*, IV, 503-504.)
   Et le P. Daubenton écrivait à la même époque à l'illustre archevêque de Cambrai :
— « J'oubliois, Monseigneur, de vous dire que je ne vois pas que l'on puisse répliquer au syllogisme sur lequel roule votre mandement. Selon les opposans, le Pape
est infaillible lorsqu'il parle *ex cathedra,* et que ses décrets sont suivis du consentement d'une partie de l'Église. Or, dans la conjoncture présente, le Pape a parlé *ex
cathedra,* sur des matières dogmatiques, et plus de cent évêques de France ont

Les promoteurs de la constitution ne l'entendirent point ainsi, comme il était facile de le supposer ; et, non contents d'avoir fait supprimer en France ce mandement, ils le dénoncèrent en même temps à Rome, où ils obtinrent de l'Inquisition un décret semblable à ceux qu'ils avaient déjà fait rendre contre les mandements des évêques opposants. Ce décret, daté du 22 août 1714, fut affiché à Rome le 27 du même mois. *Le mandement y est condamné, comme étant scandaleux, présomptueux, téméraire, injurieux au Saint-Siége apostolique, et induisant au schisme et à l'erreur.* — Coislin garda le silence, et, plus soumis que la plupart des opposants à la constitution, courba la tête devant le décret qui le frappait [1]. L'auteur du *Renversement des libertés de l'Église gallicane* développa deux ans après tous les abus qu'il trouvait dans ce décret et prit soin de réparer aux yeux du parti la négligence qu'on avait mise à s'y opposer. Mais il est constant que l'évêque de Metz n'eut aucune part à cette élucubration [2], et ce n'est que beaucoup plus tard, vers la fin de sa carrière, qu'il revint dans un mandement, sinon au jansénisme, qu'il désavouait formellement en paroles, du moins à un gallicanisme beaucoup trop avancé.

V. — Fin de la carrière de l'évêque de Metz.

Ce que nous avons rapporté jusqu'ici des actes officiels du troisième duc de Coislin a déjà permis au lecteur de se faire une idée assez nette de sa physionomie morale. Gros de Boze complète ainsi son portrait :

« Né grand et magnifique, Henri de Coislin n'en étoit ni moins simple

acquiescé à sa décision, sans compter ceux de Flandre, de l'Italie, etc. Tout le reste de l'Église s'y est soumis, au moins tacitement. La conclusion est aisée à tirer et ne peut être niée... » — *Ibid.*

[1] Il garda cependant rancune aux Jésuites, si l'on en croit Dangeau, qui écrivait le 22 novembre 1715 : « Le P. Le Tellier et le P. Doucin ont ordre de se retirer de Paris (Louis XIV était mort depuis peu). — On croit qu'il y en aura encore quelques autres qui auront le même ordre; on a ôté à plusieurs de leur compagnie le pouvoir de confesser, et aucun de ceux à qui on a laissé la permission n'a le pouvoir d'aller confesser dans les couvents. M. l'évêque de Metz a interdit tous les Jésuites de son diocèse, et on croit que M. de Verdun les a interdits aussi dans le sien. »

[2] Voy. *Hist.* citée *de la Constitution.* Amst. 1726. 4 vol. in-4°.

ni moins accessible. Somptueux, libéral, prodigue même dans les occasions où il s'agissoit de soutenir l'honneur de sa place ou celuy de sa nation, il étoit sobre, économe et réglé dans sa dépense ordinaire, qui eût été moindre encore si un dévouement marqué pour tout ce qui avoit quelque rapport au service du roy ne l'avoit engagé à recevoir personnellement à sa table les principaux officiers de ses troupes. Il les connaissoit presque toutes par une longue habitude, et quand il en devoit venir qui n'avoient pas encore passé à Metz, ou qu'il n'avoit pas vues ailleurs, il s'informoit si exactement de tout ce qui les composoit, qu'à leur arrivée, les officiers, surpris et charmez de trouver dans son accueil des distinctions personnelles, luy vouoient d'abord un sincère attachement et n'hésitoient point à luy demander des conseils sur leur propre estat. Il eût été luy-même un militaire vertueux, autant par son zèle pour la patrie que par l'activité de son tempérament et par son inflexible probité.

» Sa conversation étoit vive et brillante. Il donnoit un ton propre et particulier à tout ce qu'il disoit, soit qu'il traitât un sujet de morale ou de politique, soit qu'il débitât simplement une nouvelle du temps, ou qu'il contât une histoire de l'ancienne cour ; et comme il n'ennuyoit point, il n'aimoit pas non plus à estre ennuyé : les malheureux avoient seuls le privilége, lors même qu'il avoit soulagé leur misère, de le surcharger encore de longs et inutiles détails.... [1] »

Nous ajouterons à cela qu'il était de taille très-petite, comme tous les Coislin, très-laid,.comme la plupart d'entre eux, et qu'il avait la répartie vive et son franc-parler, même devant les hauts personnages. On raconte qu'un jour, Louis XV, encore enfant, ayant rencontré le prélat dans les galeries de Versailles, s'écria, frappé de sa figure peu séduisante : — Ah ! mon Dieu, qu'il est laid ! — Voilà un petit garçon bien mal appris ! dit aussitôt Coislin, en se retournant vers le maréchal de Villeroy, gouverneur du prince. Le fait est que si l'on en juge par le portrait de l'évêque de Metz, qu'on peut aller voir au musée de Versailles, sa laideur pouvait expliquer l'exclamation naïve de l'enfant-roi.

Comme son père, le premier duc de Coislin, dont nous avons raconté une aventure originale avec le président de Novion, et comme son oncle le cardinal, dont on se rappelle la dispute au

[1] *Mém. de l'Académie des Belles-Lettres.* IX, 253.

sujet de sa place à la chapelle du roi, il était aussi très-soucieux des prérogatives attachées à sa charge :

« M. l'évêque de Metz, écrit Dangeau le 8 mars 1716, a pris depuis quelques jours un carreau à la messe du roi, étant à genoux en sa place de premier aumônier. Les cardinaux, qui étoient à cette messe, s'en plaignirent, soutenant qu'il n'y avoit que les princes du sang et eux qui eussent le droit d'avoir des carreaux sous les yeux du roi ; que les ducs n'ont ce droit que derrière le roi, quand il ne les voit point. M. de Metz a repris encore aujourd'hui à la messe un carreau, et le cardinal de Polignac y étoit et a représenté à M. le duc d'Orléans que c'étoit contre l'ordre. — Du 14 mars. M. l'évêque de Metz ne prend plus de carreau devant le roi. »

Saint-Simon, dans ses notes au *Journal* de Dangeau, se livre à ce sujet à une longue dissertation, de laquelle il résulte que Coislin, étant duc et pair, voulut reprendre un ancien droit que Louis XIV avait interverti en 1688 en faveur de ses fils naturels. Villeroy et le régent étaient pour lui : mais l'évêque de Fréjus, Fleury, qui prit fait et cause pour les cardinaux, finit par l'emporter contre le premier aumônier. Ce sont là les miettes de l'histoire, et l'on se prend à sourire devant ces détails puérils d'étiquette ; mais ces petites querelles devenaient alors de grands événements, et l'on ne peut les passer sous silence dans la biographie d'un personnage de la cour. Deux ans plus tard, une rivalité analogue faillit amener un orage, et l'inépuisable *Journal* de Dangeau nous apprend que le Jeudi-Saint, 14 avril 1718,

« A la grand'messe, il y eut une dispute entre le cardinal de Polignac et l'évêque de Metz, à qui présenteroit l'Évangile au roi. On croit que cela sera jugé en faveur de M. de Metz, comme premier aumônier et évêque ; mais comme M. le duc d'Orléans n'étoit point à la messe pour décider cette affaire, le roi voulut qu'on ne lui présentât point l'Évangile ce jour-là pour empêcher la dispute dans l'église [1]. »

[1] On trouve à ce sujet une lettre curieuse dans la correspondance inédite de la marquise de la Cour de Balleroy, sœur de M⁰ʳ de Caumartin, évêque de Vannes, puis de Blois. Son mari lui écrivait : « ... M. de Metz et le cardinal de Polignac se jetèrent tous deux dessus l'Évangile, comme voulant le prendre de force. M. le maréchal de Villeroy, voyant cela, leur dit : Messieurs, le roi ne veut pas baiser le livre aujourd'hui ; et cela termina une scène qui alloit devenir fort ridicule. » — *Bibl. Mazarine, mss.,* n° 2791; 7/120.

Un rival de Boileau aurait pu transformer d'aussi graves disputes en un poème héroï-comique digne du *Lutrin ;* mais ne rions pas trop de ces apparentes puérilités. Au fond de tout cela se retrouve un principe trop oublié de nos jours, et qui constitue l'un des premiers éléments de conservation des sociétés : la hiérarchie.

L'évêque de Metz perdit, en 1721, sa sœur, la duchesse de Sully, veuve sans enfants, qui mourut à cinquante-six ans, victime d'une fausse modestie qui ne lui permit pas de laisser panser un abcès par le chirurgien. Ç'était, dit Saint-Simon, « la meilleure femme du monde et qui serait morte de faim sans son frère » [1].

Quelques années après, en 1726, Coislin fut élu membre honoraire de l'Académie des Inscriptions et Belles-Lettres.

« Cette Académie, écrivait un peu plus tard son secrétaire perpétuel, usa du droit qu'elle avoit de se charger de la plus grande partie de la reconnoissance que la république des Lettres devoit à M. l'évêque de Metz. Elle le nomma à une place d'académicien honoraire, et le roy, en approuvant notre choix, eut la bonté d'ajouter qu'il estoit à souhaiter qu'il pût se trouver aussi souvent à nos assemblées, qu'il y seroit utile par son goût et par ses talents.

» Plus nous en étions convaincus nous-mêmes, ajoute Gros de Boze, et plus le temps que nous en avons joui nous a paru court : le séjour qu'il faisoit à Metz ne nous laissoit l'espérance de le voir à l'Académie que dans le petit intervalle de ses voyages ; et cette espérance n'a jamais esté trompée qu'avec celle du public, lorsque sa dernière maladie l'ayant amené à Paris, il y vécut dans une retraite qui annonçoit le triste événement qui l'a suivie.... [2] »

« On commença à soupçonner quelque altération dans sa santé, dès qu'on ne luy vit plus le même feu et la même gayeté. Insensiblement, il eut moins de monde à la ville et à la campagne, il se retrancha tous les exercices de plaisir ou d'amusement, et une vie si différente de celle qu'il avoit menée jusque-là luy échauffa et luy corrompit le sang. Il ne s'en aperçut que par une petite douleur qu'il ressentit au bout du pouce de la main droite ; il l'irrita, en voulant la sonder avec une plume ; il fallut appeler les chirurgiens, qui, jugeant le mal sérieux, ouvrirent plus méthodiquement le pouce malade, et luy firent tomber les deux phalanges. Sa dernière ressource fut de venir à Paris, où il ne trouva pas plus de

---

[1] Saint-Simon, XI, 378.
[2] *Mém. de l'Acad. des Belles-Lettres,* IX, 251.

soulagement et où ses forces diminuant de jour en jour, il mourut dans un épuisement total le 28 novembre 1732, âgé de soixante-huit ans accomplis [1]. »

Quelques mois auparavant, il avait écrit au cardinal de Fleury, au sujet des affaires ecclésiastiques, assez tendues vers cette époque, une lettre qui fut répandue dans le public, et qui montre à quel point il était sûr de son clergé, après trente-quatre ans de paternelle administration : « J'ai reçu la lettre que Votre Excellence m'a fait l'honneur de m'écrire. La paix est, Dieu merci ! dans mon diocèse ; mais s'il arrivoit par malheur quelque trouble, j'ose vous assurer que je suis plus en état d'y mettre ordre que Messeigneurs les évêques de la cour ; ainsi, trouvez bon que je ne fasse point de part à Votre Excellence de ce qui s'y passera....[2] »

Malheureusement, il n'était aussi sûr de son clergé qu'au point de vue gallican, pour ne pas dire janséniste, et l'impartialité nous fait un devoir de rapporter, d'après le recueil des *Nouvelles ecclésiastiques,* quelques faits qui montrent l'attachement que l'évêque de Metz conserva toujours pour ces doctrines : les souffrances de ses dernières maladies aigrirent peut-être ses dispositions, mais il est trop certain qu'il se laissa aller, vers cette époque, à des paroles et à des actes regrettables. Dans un mandement du 30 juin 1730, Henri de Coislin, après avoir déclaré que les quatre fameux articles de 1682 « contiennent une doctrine fondée évidemment sur l'Ecriture et la tradition, et qu'on ne peut combattre sans ébranler les fondements de la hiérarchie, l'autorité de l'Eglise universelle, etc...», ce qui revenait tout simplement à déclarer que hors de France, et surtout à Rome, on n'entendait rien à l'Ecriture et à la tradition, il trace en ces termes le portrait des Jésuites, sans les nommer : « Des esprits téméraires que l'amour de la nouveauté ou l'envie de se distinguer portent tous les jours à avancer des opinions singulières et à les déguiser par des subtilités capables d'altérer l'intégrité du dogme, de corrompre la pureté de la morale, d'énerver la vigueur de la discipline...» Après cette déclaration, renouvelée de celle du

---

[1] *Mém. de l'Acad. des Belles-Lettres.* IX, 254.
[2] *Journal* de Barbier, II, 189.

mandement de 1714, les jésuites de Metz n'osèrent plus faire soutenir de thèses dans leur collége.

Les *Nouvelles ecclésiastiques*, qui donnent ces détails dans un
article du 4 août 1730, nous apprennent encore[1] que l'année suivante, le célèbre Jean-Joseph Languet, alors évêque de Soissons,
et plus tard archevêque de Sens*, de l'Académie française[2], etc..,
revenant d'Allemagne et séjournant à Metz, se mit à prêcher la soumission aux doctrines de Rome dans les communautés de la ville :
Coislin lui fit signifier qu'il eût à sortir promptement de son diocèse ; aussi quelques années après, Languet refusa-t-il un dimissoire
pour un sujet qui voulait être ordonné à Metz, en alléguant des raisons qui n'étaient guère à l'honneur de l'évêque diocésain[3].

On comprendra sans peine, après cela, comment l'organe du parti
put faire de l'évêque de Metz l'éloge qui va suivre, vers la fin de
l'année 1733 : « Tout le monde sait la perte qu'on a fait dans ce
diocèse par la mort de Mgr l'évêque, Henri-Charles du Cambout de
Coislin. Cette perte est un gain pour les Jésuites... Personne n'ignore
ce qui le rendoit odieux à ces RR. PP. Il ne leur estoit point
asservi, il ne les employoit point, il étoit attaché à la saine doctrine
(janséniste), et il avoit reçu la bulle comme ne la recevant pas.....;
enfin il n'inquiétoit personne. C'étoit être bien noir aux yeux de la
société. Le jour de la Conception de la sainte Vierge, ces Pères ont
fait dans la ville une procession solennelle, que le prélat leur avoit
interdite depuis dix-huit ans...[4] » Faut-il ajouter encore que Henri
de Coislin avait choisi pour vicaire général un janséniste notoire,
Joseph Séron, et qu'il le fit chanoine, chancelier et official de
Metz ?...

Cet attachement à la doctrine hétérodoxe, triste héritage de
famille, car son grand-oncle, le fameux abbé de Pontchâteau, avait

---

[1] Nous devons l'indication de tous ces articles à l'obligeance du R. P. Le Lasseur
dont l'érudition en ces matières est bien connue.

[2] Il était aussi abbé de Coëtmalouen, au diocèse de Quimper, et par là il appartient à la Bretagne. Il est l'auteur de la première vie de la bienheureuse Marie
Alacoque.

[3] *Nouvelles ecclésiastiques*, année 1731, p. 227.

[4] *Ibid.*, année 1733.

été l'un des ardents disciples de Port-Royal, èt le cardinal de Coislin avait placé beaucoup trop de docteurs jansénistes dans le diocèse d'Orléans et près de son neveu, lors de son éducation, est le seul reproche que nous ayons à faire à la mémoire du dernier duc de Coislin. La lutte fut très-ardente au XVIIIe siècle, cela est vrai, mais l'ardeur de la lutte ne peut excuser le retour à la bataille, ou du moins aux escarmouches, après une condamnation éclatante.

Le testament de l'évêque de Metz fut très-admiré par ses contemporains.

« Sans avoir jamais paru craindre le moment fatal de sa mort, dit G. de Boze, il en avoit prévenu, et pour ainsi dire illustré les suites, par des arrangements qui ne respirent que prudence et sagesse, religion et grandeur d'âme. Il n'a laissé aucune sorte de services sans une récompense proportionnée à la manière dont il sçavoit les sentir ; il a splendidement pourvu à l'entretien et à l'augmentation des pieux établissements qu'il avoit faits dans son diocèse ; il a voulu que le château de Frescati, avec toutes ses dépendances et ses embellissements passât à ses successeurs à l'évêché de Metz, comme le seul lieu de plaisance dont ils pouvoient jouir avec quelque dignité sans abandonner le soin et presque la vue de leur église ; il a légué la collection entière de ses manuscrits à l'abbaye de Saint-Germain-des-Prés, où il l'avoit placée depuis longtemps, comme dans un des plus commodes et des plus sûrs dépôts de la république des Lettres. Enfin, loin d'exercer aucune de ces préférences si naturelles entre ses héritiers collatéraux, il leur a laissé, dans l'ordre commun des successions, tous les biens dont il étoit le plus maître de disposer.... [1] »

Le duché de Coislin s'éteignit dans sa personne, et les terres qui en dépendaient passèrent aux princes de Lambesc, de la maison de Lorraine-Harcourt, ses cousins au huitième degré ; peu après, Louis-Charles de Lorraine, comte de Brionne, vendit la baronnie de la Roche-Bernard à M. de Boisgelin, celle de Pontchâteau à M. de Menou, et le marquisat de Coislin aux descendants de la branche cadette du Cambout. C'est ainsi que les Cambout de Carheil et de Beçay devinrent marquis de Coislin et le sont encore aujourd'hui. On connaît la brillante conduite du dernier marquis pendant la guerre désastreuse de 1870 [2].

[1] *Mém. de l'Académie des Belles-Lettres*, IX, 254.
[2] Il est mort sans enfants en 1873.

Lorsque la Révolution supprima les abbayes, la *Bibliotheca Coisliniana, olim Seguieriana*, fut réunie à la Bibliothèque nationale ; un violent incendie brûla en 1794 une grande partie des livres imprimés de cette collection ; mais tous les manuscrits furent sauvés, et l'on peut les admirer encore au fonds Saint-Germain.

L'Académie française avait successivement élu les trois ducs de Coislin, comme les images vivantes de ses deux premiers protecteurs, au milieu de ses réunions. Après la mort de l'évêque de Metz, il ne restait plus aucun représentant de cette double origine ; et seul, le duc de Richelieu, élu depuis quelques années, pouvait rappeler aux académiciens la mémoire du cardinal : les du Cambout de Carheil, nouveaux marquis de Coislin, et descendants, comme les premiers, de Louise du Plessis-Richelieu, avaient depuis beaucoup trop longtemps laissé tomber dans l'oubli leur illustre parenté, et presque tous, assistant avec la plus grande régularité aux États de Bretagne, avaient passé leur vie dans les régiments de dragons spéciaux de cette province. L'Académie ne les connaissait pas : on ne songea donc plus à continuer la succession, et l'évêque de Vence, Surian, orateur doux et tranquille, fut choisi pour remplacer l'évêque de Metz. Le duc de Saint-Aignan, déjà de l'Académie française, lui succéda dans le titre d'honoraire à l'Académie des Belles-Lettres.

Surian, dans son discours de réception, prononça un magnifique éloge de son prédécesseur, et nous ne pouvons mieux clore cette étude qu'en détachant quelques fragments de ce morceau remarquable :

« Ce fut surtout par le cœur et par les sentiments les plus nobles et les plus généreux, dit Surian, que nous parut si grand l'illustre prélat à qui je succède. Au nom seul de M. l'évêque de Metz, se réveille ici dans tous les esprits l'idée de la charité la plus vive, la plus tendre, la plus inépuisable.

» Je laisse à une bouche plus éloquente que la mienne à relever avec éclat cet accord si rare et si beau qu'on admirait en lui, des qualités en apparence opposées, de la grandeur et de l'affabilité, de la noblesse des sentiments et de la politesse des mœurs, de la magnificence et de la simplicité, de l'attention à soutenir son rang et de l'exactitude à rendre ce qu'il devoit aux autres, de la fermeté et de la condescendance, de la sévérité et de la douceur, de l'activité et de la patience. En lui tour à tour ces vertus avoient au besoin leurs fonctions propres. Il les avoit dans son cœur, et selon l'occasion, chacune venoit à sa place. Que j'aimerois à mettre ici dans un beau jour sa sollicitude pastorale, son application infatigable à remplir les devoirs sacrés de l'épiscopat! Il ne fut pas un repos pour lui, il fut un travail, une charge. Rigide observateur de l'ordre public et de la discipline ecclésiastique, il réforma des abus sans nombre, qui étoient devenus des loix ; et par son exemple, mieux encore que par ses règlements, il renouvela dans la piété son clergé et son peuple.

» Mais comme, dans un tableau, la figure principale arrête davantage nos yeux, à la vue de ce grand prélat, je suis plus frappé de la charité, sa vertu propre.... — (Suit un long et pompeux détail de toutes ses libéralités). — Atteint d'un mal qui menace sa vie, il redouble ses aumônes. Afin de rendre sa charité immortelle, il laisse aux pauvres, par son testament, des fonds incroyables ; il se console par cette pensée que toujours il assistera ; il aime à soulager jusqu'aux besoins qui ne sont pas encore. Sa charité se hâte et s'étend à mesure qu'elle va se perdre dans les miséricordes de Dieu, comme un fleuve qui coule plus rapidement et s'élargit davantage, près d'entrer dans l'Océan immense, pour ne faire qu'un avec lui. Heureux ce digne pasteur, d'être en mourant sous le sceau de la charité de Dieu!....[1] »

Répondant à l'évêque de Vence, Danchet, directeur de l'Académie, s'attacha, dans un panégyrique d'un style fort élevé, à considérer surtout, dans Henri du Cambout, l'*homme de lettres* et le *citoyen*.

« ..... Né, dit-il, avec les avantages d'un esprit vif, d'une pénétration prompte, d'un jugement exquis et d'une mémoire sûre, il joignit dès l'enfance à ces heureux dons de la nature des secours d'éducation plus heureux encore. A l'étude des sciences, il joignit ce qui en relève le prix, l'art de bien dire ; personne ne connoissoit mieux le génie et la délicatesse de notre langue, personne ne la parloit et ne l'écrivoit avec plus de pureté et de précision. Eh! faut-il en être étonné ? Presque au sortir du berceau, il avoit été en quelque sorte académicien : Armand du Cambout, son père, premier duc de Coislin, vécut assez longtemps dans l'Académie pour en devenir le doyen ; sa maison n'étoit-elle pas le rendez-vous de tout ce que la France avoit alors de rares génies, d'auteurs admirez par les talens et respectez par les mœurs? Poètes, orateurs, historiens, tous y étoient reçus

---

[1] *Recueil des pièces d'éloquence et de poésie*, etc...., *de l'Académie française.* T. XXXI, 10-17.

avec les distinctions dues aux différents mérites. C'étoient les
instituteurs des petits-fils de Séguier; chacun se faisoit un plaisir de
mer ces dignes élèves, qui, sur les traces de leurs ancêtres, devoient à
tour soutenir l'empire des lettres. C'est dans ce commerce, supérieu
toutes les leçons, que M. de Metz avoit puisé ce langage qui donne de
force aux pensées, ce goût fin qui décide des ouvrages d'esprit, cet
naturel et enjoué qui fait le charme de la société.

» Attaché à la cour, et par sa naissance et par la charge de premier
aumônier, il y porta jeune encore ces manières polies que les autres
s'efforcent d'y acquérir; il n'eut qu'à se présenter pour se faire applaudir.
La corruption y respecta son cœur : ennemi déclaré de la flatterie, si
partisan de la vérité, si quelquefois il la parait de fleurs, ce n'étoit que
pour la rendre plus aimable et pour lui donner plus de crédit en des lieu
où trop souvent elle est regardée comme étrangère. Jamais peut-être
courtisan n'eut-il avec son maître des entretiens plus libres et en même
temps plus respectueux.....

» Associé à nos travaux, combien de fois nous fit-il sentir la solidité de
son esprit et l'étendue de ses connoissances. Il nous aimoit. L'un de ses
plus chers plaisirs étoit de converser avec nous, et si les devoirs qui
l'appeloient auprès de son roi ou parmi ses diocésains ont jamais pu lui
coûter des regrets, c'est en pensant qu'ils l'arrachoient à la douceur de
nos exercices.

» Voilà, Monsieur, une légère ébauche de l'homme de lettres; mais de
quels traits peindrai-je le citoyen ?

» A considérer ce nom par la juste idée que les Grecs et les Romains y
avoient attachée, il renferme seul le plus parfait éloge des héros qu'Athènes
et Rome ont le plus exaltez. La définition du vrai citoyen étoit, selon eux,
de mettre la grandeur dans la vertu, de ne reconnoître d'autre gloire que
celle de la patrie, et de ne trouver de bonheur que dans la félicité publique. Si ce nom peut encore, chez les François, conserver toute sa force,
qui, jamais, dans toutes ses acceptions, l'a mieux méritée que M. de
Metz ?..... »

Et Danchet, dans le spectacle éclatant de la munificence éclairée
du dernier duc de Coislin, trouve en effet un vaste champ pour
développer sa thèse. Qu'ajouterions-nous à ces magnifiques éloges,
sinon qu'ils étaient mérités ? Espérons que devant Dieu, comme
devant l'histoire, l'inépuisable charité de l'évêque de Metz a couvert
les écarts de doctrine. *Transiit benefaciendo.*

Un duché ne peut pas s'éteindre avec plus de majesté.

RENÉ KERVILER.

—

SOUVENIR D'ENFANCE

Que c'est bon d'être jeune et de croquer des pommes !

Nous étions une fois quatre petits bonshommes,
Joyeux, insouciants, un peu démons et fous
Comme on l'est à cet âge, où vivre, c'est si doux !
(O de nos premiers ans souvenir délectable !)
Nous étions de même âge et de taille semblable,
Et, semblables aussi par les goûts, nous avions
Mêmes affinités, mêmes répulsions.
Comme un essaim d'oiseaux qu'un même attrait rassemble,
Et toujours et partout on nous voyait ensemble.
De s'enquérir de nous il n'était pas besoin :
Quand l'un apparaissait, les autres n'étaient loin ;
Point revêches d'ailleurs à la loi journalière,
Et ne faisant jamais l'école buissonnière...

Jamais n'est pas exact... Une fois seulement
La règle eut un accroc ; je vais dire comment :

C'était aux premiers jours de la saison d'automne ;
Le soleil avait mis sa plus riche couronne
Et dardait ses rayons dans un ciel tout d'azur ;
Les oiseaux gazouillaient, l'air était chaud et pur.
Les fleurs, séchant leur robe humide de rosée,
Emplissaient de parfums l'atmosphère embrasée
Où montait, par surcroît, d'un vallon suburbain

La balsamique odeur qu'exhale le regain.
Sous ce charme puissant de la nature en fête,
Sans beaucoup réfléchir à notre coup de tête,
Chacun séparément, nous avions projeté
De nous donner de l'air et de la liberté,
Jaloux que nous étions du papillon qui vole,
Lui qu'on ne vit jamais envoyer à l'école!

Tout proche de la ville, au pied de ses remparts,
Ombreuse, gazonnée et riante aux regards,
S'ouvrait la promenade aujourd'hui mutilée,
Qu'on appelle toujours du nom de *Belle Allée* :
C'était l'habituel rendez-vous de nos jeux,
Et ce fut aussi là qu'en ce jour hasardeux
Notre petite troupe, en toute chose unie,
Sans l'avoir comploté, se trouva réunie.
Reconnaissance faite et les premiers moments
Donnés, comme d'usage, à nos épanchements,
Tels que des passereaux à l'aile vagabonde,
Qui s'en vont voletant, furetant à la ronde,
Nous voilà galopant dans tous les alentours,
Nous poursuivant l'un l'autre et faisant mille tours,
Heureux du seul plaisir, fort prisé des ingambes,
De s'exercer les nerfs et de jouer des jambes.

Tout en courant ainsi d'un pas vif et léger,
Nous arrivâmes près d'un immense verger
Où des arbres nombreux, comme autant de corbeilles,
Étalaient le trésor de leurs pommes vermeilles ;
Débordant sur le mur, ces fruits appétissants
Semblaient vraiment s'offrir d'eux-mêmes aux passants...
Aussi chacun de nous, à cet aspect qui tente,
Interrompit soudain sa course haletante,
Et tous, émerveillés de cet heureux hasard,
Nous étions là, béants, dévorant du regard

Ces produits savoureux d'une féconde sève...
C'est de ce regard-là que notre grand'mère Ève
Dut contempler jadis le pommier de malheur
Où s'était embusqué le serpent suborneur.
Comme elle curieux, gourmands aussi comme elle,
Nous ne pouvions, devant une aubaine si belle,
Rester ainsi longtemps en contemplation,
Et l'extase bientôt fit place à l'action.
Avec un peu d'effort et des mains et des hanches,
Nous touchâmes bien vite aux plus prochaines branches,
Et de là nous hissant sur la crête du mur,
Poste tout à la fois plus commode et plus sûr,
Déjà nous étendions une main criminelle,
Quand... ô justice innée! ô morale éternelle!
Au moment de cueillir ces fruits si désirés,
Un scrupule saisit nos esprits timorés...
Un vol!... Le mot était effrayant! — car, en somme,
Encor qu'il ne s'agît ici que d'une pomme,
C'était du bien d'autrui, toujours compromettant...
Mais quoi! le bien d'autrui parfois est si tentant!
Dites, qu'eussiez-vous fait, lecteur, à notre place?
Moi, je crois volontiers que, de fort bonne grâce,
Vous eussiez, succombant à la tentation,
Et mettant de côté toute hésitation,
Détaché bravement la pomme de sa tige...

C'est justement ainsi que prit fin le litige.

Je vous laisse à penser de quelles belles dents
Et de quel appétit nous mordions là-dedans!
Je ne jurerais pas, cette pomme croquée,
Qu'une autre n'eût suivi, mêmement escroquée,
Tant est vif notre attrait pour le fruit défendu,
Et tant sur cette pente on est tôt descendu,
Si soudain une voix qui n'avait rien de tendre

A quelques pas de là ne se fût fait entendre,
Proférant contre nous d'horribles juremments
Auxquels venaient s'unir de rauques aboîments...
C'étaient le chien d'un garde et le garde en personne :
L'aventure, on le voit, ne devenait pas bonne;
Dans nos prévisions nous n'avions pas noté
Ces farouches gardiens de la propriété...
Mais qu'avions-nous prévu dans notre ardeur extrême?
La fugue du matin, notre délit lui-même,
Tout avait été fait d'un accord spontané...
Nous n'avions rien prévu, n'ayant rien raisonné.
Bref, du grand jugement la trompette éclatante
Ne nous eût pas frappés de plus grande épouvante...
A descendre du mur nous ne fûmes pas longs;
Gourmandés par le garde, et le chien aux talons,
Prenant, comme l'on dit, la poudre d'escampette,
Vous nous eussiez vus fuir sans tambour ni trompette,
Éperdus, haletants, effarés, ahuris,
Comme un troupeau de daims par la meute surpris.

Un de nous (qui ce fut, je crois devoir le taire
Et laisser ce détail dans l'ombre du mystère),
A qui l'ardent molosse avait d'un de ses crocs
Fait à certain endroit de très-graves accrocs,
En rentrant au logis reçut d'une main ferme
Une correction dont lui cuit l'épiderme,
Juste à l'endroit précis où déjà, sans pitié,
Le dogue de sa dent avait trop appuyé.

Tel fut le dénoûment tragique et lamentable
De cette histoire simple autant que véritable.
O mes amis! malgré ces légers contre-temps,
Convenez avec moi que c'était le beau temps,
Et surtout avouons, à cet âge où nous sommes,
Que c'est bon d'être jeune et de croquer des pommes!

N. MILLE.

NOTICES ET COMPTES RENDUS

La Fête de Madeleine, poème, par M. C. Robinot-Bertrand. — Paris, Alphonse Lemerre, 1874, grand in-18 jésus.

Je viens de lire un petit poème humoristique et charmant : *La Fête de Madeleine.*

C'est l'histoire d'un ouvrier-poète, un menuisier, comme Me Adam Billault, de Nevers. Jean est l'époux d'une femme aimée et charmante, qui porte le doux nom de Madeleine. Or, pour la fête de Madeleine, ils sont partis, par un beau dimanche :

> Ce qu'ils voulaient, c'était la paix qui réconforte,
> La volupté d'errer sous l'ombrage profond,
> De marcher dans l'air vif et d'y baigner leur front,
> De s'asseoir près des eaux sous le pâle feuillage,
> De se donner la main tout le long du rivage,
> Et de se souvenir, recueillis, au milieu
> Des grands prés, dans le calme immuable de Dieu.

Mais au déclin du jour un orage se prépare. Nos deux époux se réfugient dans une auberge, dont

> Le maître n'était pas un inconnu pour eux.
> Pensif, il se tenait au bord du chemin creux.
> Une serviette au bras et ceint d'une serviette,
> Il guettait la pratique, et sa face inquiète
> Interrogeait le ciel, qui se faisait plus noir.

Ils s'attablent, seuls encore, tandis que l'orage éclate et gronde, et que l'aubergiste, ne voyant pas venir d'autres clients, se désespère, puis vient, pour se consoler, boire avec Jean

> Un vieux flacon poudreux ignoré du client.
> Aussitôt de trinquer; et Jean se sentait l'âme
> Heureuse de l'accueil qu'on faisait à sa femme :
> Pour plaire à l'aubergiste au front chargé d'ennui,
> Lui, ne buvant jamais, il buvait comme lui.

« Ne bois pas tant ! » disait sa femme. L'aubergiste
Disait : « Buvons ! buvons ! » et devenait plus triste.
A la bouteille bue une autre succéda,
Et l'aubergiste en vint à bout, et Jean l'aida.

Cependant l'orage s'apaise et la foule arrive dans la maison hospitalière, mouillée, affamée, grondant, tempêtant. Parmi cette foule,

Et, faisant siffler l'air du bout d'une cravache,
Superbe et se donnant des poses de bravache,
Gigantesque, d'habits verdâtres accoutré,
Un inconnu, déjà par un groupe entouré,
Paraît, l'épée au flanc, les yeux pleins d'un feu sombre,
Le teint noir, le cou nu, sur un front chargé d'ombre
Une toque en velours, où, d'un air menaçant,
Une plume tremblait, rouge comme du sang....

Vous dirai-je quelle influence l'homme à la plume rouge et sa
compagne Zenarazoa eurent sur le bonheur de l'infortuné Jean,
qui ne chante plus ses gais refrains, bien que Madeleine lui ait
pardonné ? Non, certes ! Je vous ai fait connaître, par quelques
citations, le charme et la variété qui animent les scènes de ce
gracieux petit poème. Mon seul but est de vous inspirer le désir de
le lire dans son entier. C'est à peine l'affaire d'une heure ; mais ce
n'est pas une chose à dédaigner qu'une heure d'agréable délassement littéraire. Vous m'en saurez sans doute quelque gré ; mais
vous remercierez surtout l'aimable auteur de ces tableaux de genre
disposés avec tant d'esprit, si fins de touche et si frais de couleur.
C'est une suite de compositions de Meissonier dessinées et peintes
en vers faciles et élégants.

M. Ch. Robinot-Bertrand, qui nous donne ce nouveau présent, est
loin d'être un inconnu dans le monde des lettres. Breton et poète,
il a toujours été le chantre inspiré de son cher pays et de cette belle
Loire où se reflètent ses horizons. C'est à lui que nous devons déjà
la Légende rustique, un poème pur et touchant, ainsi que le recueil
de poésies intitulé Au Bord du fleuve, une guirlande champêtre, qui
ne perdra jamais son parfum. La Fête de Madeleine est un bouquet
nouveau qu'il ajoute à sa moisson fleurie.

PROSPER BLANCHEMAIN.

LISTE DES VICTIMES DE QUIBERON*

DE KEREVER. *Lire*, Jean-François GUILLOTOU DE KEREVER, ancien capitaine au régiment de Provence, lieutenant dans *Hector*, chevalier de Saint-Louis, né le 10 janvier 1731, tué le 6 juillet. *Em.* [1].

Mis DE KERGARIOU. *Lire*, Pierre-Joseph, marquis DE KERGARIOU DE COETILLIO, chef de division des armées navales, chevalier de Saint-Louis, membre de l'association de Cincinnatus, gouverneur de Lannion, major en *du Dresnay*, tué le 16 juillet. *Em.* [2].

Cte DE KERGARIOU-LOCMARIA. *Aj.*, Théobald-René, capitaine de vaisseau, chevalier de Saint-Louis, né le 17 septembre 1739, à Ploubezre (Côtes-du-Nord); + 15 thermidor, Vannes. *Em.* [3].

Cte DE KERGUERN. *Aj.*, Yves-Joseph, capitaine de vaisseau, chevalier de Saint-Louis, capitaine dans *Hector*, tué le 16 juillet. *Em.* [4].

* Voir la livraison de septembre, pp. 225-233.

[1] Il était fils de *François-Joseph*, seigneur de Kerever et de *Thérèse-Françoise* de Kergroas de Kermorvan, et avait épousé, en 1763, *Thérèse* Gourcun de Keromnès, dont trois fils qui se sont alliés dans les maisons de Cillart de la Villeneuve, Kersauson de Vieuxchâtel et Le Lay de Kermabain. — M. de Kerever avait de brillants services et plus de 60 ans lorsqu'il émigra en 1792. Il fut aussitôt nommé chef de section dans l'une des compagnies de gentilshommes bretons qui se formaient à Wittlich, et une lettre du comte de Provence, depuis Louis XVIII, témoigne du zèle dont il fit preuve dans la *conduite de cette valeureuse troupe.*

[2] Il avait épousé *Louise-Julie-Charlotte-Marie* de Moëlieu, dont il avait un fils qui se maria d'abord dans la famille de la Roche-Macé, puis, devenu veuf, dans la famille de Lauzanne, et deux filles: *Henriette,* qui épousa le comte de Las Cases, *et Eulalie* le chevalier *Jean-Marie* Hersart. Coëtillio appartient toujours à ses descendants.

[3] Il avait épousé *Marie-Josephe-Michelle-Marguerite* de Trédern, dont il avait un fils et une fille. Voir t. XXXIV, p. 74.

[4] Il avait épousé *Marie-Rosalie-Yves* de Kerguelen, fille du contre-amiral et célèbre navigateur de ce nom. Un de ses frères avait été tué dans la guerre d'Amérique; deux autres furent tués à Sainte-Lucie. Un quatrième dirigeait les études à l'école d'artillerie de Metz, et mourut pendant la tenue des derniers Etats de Bretagne. Lui-même était un marin des plus distingués; son fils marcha rapidement sur ses traces et fit preuve dans plusieurs combats d'une audacieuse bravoure, mais il mourut à 25 ans, aux Antilles. Le nom de Kerguern est encore aujourd'hui dignement représenté dans la marine.

DE KERLEREC (G⁰ˡ-J⁰). *Lire*, Joseph BILLOUARD DE KERLEREC, **enseigne de**
vaisseau, sous-lieutenant dans *Hector,* né à Morlaix, en janvier
1770 ; + 13 fructidor, Auray. *Em.* [1].

DE KERLOURY (J.-M.-M.). *Lire*, René-Marie-Magdelin ROLLAND DE KER-
LOURY, chanoine de Tréguier (voir t. XXXV, p. 41) ; + 12 thermidor, Quiberon. *Em.*

DE KERMOISAN (R.-G.-M.). *Lire*, Roland-Gabriel-Marie, chevalier DE KER-
MOYSAN, élève de la marine, volontaire dans *Loyal-Emigrant,* né
à Rennes en 1776 ; + 8 fructidor, Vannes. *Em.* [2].

DE KERNESCOP (C.-J.-E.-M.). *Lire*, Charlemagne-Joseph-Mathurin-Fran-
çois DE COURSON DE KERNESCOP, cadet dans *Rohan,* né à Moncontour (Côtes-du-Nord), le 22 avril 1769 ; + 15 thermidor, Quiberon.
Em. [3].

KEROIDER (J.-F.). *Aj.,* perruquier, 17 ans, Auray ; + 23 nivôse IV
Vannes. *Ins.*

DE KEROUARS. *Lire*, Claude-François-Louis DE KEROUARTZ, sous-lieutenant
au régiment de Beauce, chevalier de Malte, sous-lieutenant
dans *Hector,* né à Morlaix, le 22 mai 1771, tué le 16 juillet.
Em. [4].

DE KERUHÉ (CRAMEZEL Jacques-Marie). *Lire*, CRAMEZEL DE KERHUÉ, lieu-

---

[1] On lui a donné sur le monument les prénoms de *Gabriel-Julien*, qui étaient
ceux de son frère cadet, tué l'année précédente à Newport, et qu'il avait pris, sans
doute, pour avoir droit au sursis. Voir, sur sa famille, t. XXXIV, p. 373.

[2] Fils de *Roland-René*, seigneur de Cromartin, lieutenant de vaisseau, chevalier
de Saint-Louis, et d'*Angélique* Pitouays de Kervégan ; il avait un frère aîné, mort
chevalier de Saint-Louis, décoré de la médaille d'or de *Marie-Thérèse*, lequel a continué la filiation, et deux sœurs : Mᵐᵉˢ de Courson de Lanvolon et Berthauld de la
Pissonnière.

[3] Il était le huitième fils de *Jean-François* de Courson, seigneur de Kernescop,
et de *Jeanne* de la Villéon. L'un de ses frères, *Alexandre-Jacques-François* de Courson
de la Villevalio, a été, sous la Restauration, colonel du 5ᵉ régiment de la garde.
Deux autres Courson périrent à Quiberon : Courson de la Villehélio, que nous trouverons au V, et Courson de la Belle-Issue, condamné le 12 thermidor, à Auray, mais
qui ne figure pas sur le monument.

[4] Il était le quatrième fils de *François-Jacques*, seigneur de Lomenven, conseiller
au Parlement de Bretagne, et de *Jeanne-Louise-Charlotte-Toussaint* de Kérouartz, sa
cousine. A Quiberon, il était sous-lieutenant dans la compagnie que commandait son
oncle, *Alexandre-Mathurin-Auguste* de Kerouartz, capitaine de vaisseau. Ce dernier
blessé le 16, rejoignit la flotte anglaise et mourut de ses blessures à Gosport. C'est
à tort qu'il ne figure pas sur le monument.

tenant de vaisseau, capitaine en *du Dresnay*, né à Guérande vers 1741 ; + 15 thermidor, Vannes. *Em.* ¹.

DE KERUIGEREL (Olivier). *Lire*, Pierre-Olivier DARGENT DE KERBIGUET, né à Pont-Croix (Finistère), fusillé le 8 nivôse an IV, sur la route d'Hennebont au Port-Louis. *Em.* ².

DE KERVASDOUÉ (Ch.-Marie). *Lire*, DE KERGUISIAU DE KERVASDOUÉ, capitaine au 4ᵉ régiment de chasseurs à cheval, chevalier de Saint-Louis en 1794, né à Lesneven, le 30 décembre 1749 ; + 16 thermidor, Vannes. *Em.* ³.

DE KERVENOAEL (B.-M.). *Lire*, Bernard-Marie JOUAN DE KERVENOAEL, lieutenant des canonniers garde-côtes, sergent dans *du Dresnay*, né à Roscoff (Finistère), en 1763, blessé le 16 juillet ; + 12 thermidor, Quiberon. *Em.* ⁴.

LAFÉTEUR (Philippe). *Aj*, domestique de M. de Scelles, chirurgien-major en chef. 30 ans, Coutances (Manche) ; + 15 brumaire IV, Vannes.

DE LAGE DE VOLUDE (Henri). *Lire*. Jean-Henri, chevalier de Malte, lieutenant de vaisseau, sous-lieutenant dans *du Dresnay*, né le 10 avril

---

¹ Il avait fait le tour du monde avec M. de Bougainville. Le contrôle du régiment *du Dresnay* le porte comme blessé le 16 juillet. Il avait épousé, en 1786, N. de Combles, dont il avait un fils, né à Jersey à la fin de 1794, qui épousa dans la suite *Julie* de Courson de Kernescop, nièce de la victime de ce nom.

² L'Etat du général Lemoine porte *Olivier Dargent de Keruigerel*, de Pont-Croix. Le tableau de Brest et le monument ne portent que *Ol. de Keruigerel*. Il est évident qu'il s'agit de *Pierre-Olivier Dargent de Kerbiguet*, qui était réellement de Pont-Croix, fit partie de l'expédition de Quiberon, se sauva le 21, fut repris quelque temps après et fusillé près d'Hennebont. Le supplice de M. Dargent et la fermeté dont il fit preuve, laissèrent à Hennebont de longs souvenirs. Quant au nom de Keruigerel, il est complétement inconnu à Pont-Croix. Dargent de Kerbiguet était célibataire et n'avait qu'une sœur, *Jeanne-Olive*, mariée depuis à M. Jouan de Kernoter, dont elle n'a laissé qu'une fille aveugle.

³ Après avoir émigré, il était rentré en France, se trouvait à Lyon lors du siége et y reçut d'horribles blessures. Passé ensuite dans la Vendée, il devint colonel de cava_ lerie dans l'armée de Charette. Lors de l'expédition de Quiberon, il commandait un corps de chouans de la division de Lantivy. Il avait épousé *Louise-Claude* Le Barbier de Lescoët, dont il avait deux fils et deux filles.

⁴ Fils de *Michel-François*, seigneur de Kervenoaël, et d'*Elisabeth* Le Guillou de Keranroy. Son frère, *Jacques-Gabriel*, marié à *Marie-Josèphe* Hervé du Penboat, fille du sénéchal de Léon, décapité à Brest en 1794, a continue la filiation. *Bernard-Marie* adressa à son frère, avant de mourir, une lettre qui rappelle, par son calme, celle qu'un de ses grands oncles, Jouan de Pennanech, capitaine au régiment de Maulévrier, écrivait à sa famille, après avoir reçu une balle à la tête au siége de Namur (août 1695), et au moment où le chirurgien du roi se disposait à le trépaner.

1767, au château de Coëtillio (Côtes-du-Nord), blessé le 16 juillet; + 12 thermidor, Quiberon. *Em.* (Voir, t. XXXIV, p. 374)[1].

LAHERGNE (François). *Aj.*, jardinier, 17 ans, Vannes; + 8 fructidor, Vannes. *Ins.*

LAINÉ (M⁰¹). *Aj.*, tapissier, sergent dans *Rohan*, né à Alençon, en 1769; + 9 fructidor, Vannes. *Em.*

LAIRET (François). *Aj.*, domestique du comte de Puisaye, 41 ans, Moulluçon (Allier); + 10 thermidor, Quiberon. *Em.*

DE LAITRE (Louis-Florentin). *Aj.*, volontaire dans *Salm*, 24 ans 1/2, Argentan (Orne); + 10 thermidor, Quiberon. *Em.*

DE LALANDE (Adrien), verrier, 25 ans, Beauvoir (Seine-Inférieure); + 15 thermidor, Quiberon. *Em.*

Ch⁰ʳ DE LA LANDECASLAN. *Lire*, Pierre, chevalier DE LA LANDE DE CALAN, lieutenant, né à Plélo (Côtes-du-Nord), vers 1761, blessé le 16 juillet, achevé par les républicains. *Em.*

DE LA LANDELLE (René). *Lire*, René-Vincent-Marie DE LA LANDELLE DE ROSCANVEC, sous-lieutenant en d'*Hervilly*, né à Vannes, le 4 juillet 1765; + 9 thermidor, Auray; exécuté le 10 à Vannes. *Em.* [2].

DE LAMBERTERIE (Pierre). *Aj.*, ancien capitaine au régiment *Royal*, infanterie, soldat aux vétérans émigrés, 53 ans, La Chapelle-Montmorean (Dordogne); + 15 thermidor, Quiberon. *Em.* [3].

DE LAMBRUNIÈRE (François). *Lire*, François-Claude REGNIER DE LAMBRUNIÈRE, volontaire, né à Poitiers, le 15 novembre 1766; + 20 thermidor, Auray. *Em.* [4].

[1] Il appartenait à une famille poitevine dont une branche s'était établie en Saintonge, au commencement du XVIIᵉ siècle, et s'y était alliée aux Montaigne, La Rochefoucauld, d'Amblimont, etc. La mère de la victime était Kergariou. Voir, t. XXXIV, p. 374. Les de Lâge de Volude n'étaient plus représentés, après la Révolution, que par Mesdames Sumter et comtesse d'Isle, nièces de la victime.

[2] Voir sur sa famille, t. XXXIV, p. 188. Son oncle, *Anne-René-Augustin*, capitaine de vaisseau, avait épousé, à Brest, le 18 avril 1764, *Jeanne-Suzanne-Armande* de Coëtnempren de Kersaint, dont il avait un fils, sous-lieutenant au régiment de Touraine, qui échappa aux massacres de Quiberon et a continué la famille.

[3] Lemoine et Pihan disent *Lambertye*; mais l'arrêt de mort porte *Lambertry*, ce qui revient certainement à *Lamberterie*, car la Chapelle-Montmoreau, où naquit la victime, était une seigneurie appartenant aux Lamberterie depuis plusieurs siècles. Ils en portaient même le nom au temps de Brantôme, qui parle d'eux comme de ses *voisins*. La famille est aujourd'hui représentée par le baron *Arnault-Pierre* de Lamberterie, marié à *Anne-Thérèse-Adeline* de Boislinard, dont postérité, et par ses deux frères alliés dans les maisons de Serre de la Roque et de Saint-Pardoux, dont plusieurs enfants.

[4] Il avait un frère, marié à *Marie-Elisabeth-Chantal* Frottier de la Messelière, et qui n'en a eu qu'une fille. Les Regnier de Lambrunière étaient de la même famille que Regnier de la Planche, le célèbre historien protestant.

DE LAMOIGNON (Ch.). *Lire*, Marie-Charles-Guillaume, capitaine dans *Périgord*, né à Paris, le 31 janvier 1767; + 15 thermidor, Quiberon. *Em.* [1].

LAMOUR (François). *Lire*, François-Gaëtan LAMOUR DE LANJÉGU, né à Rennes, le 5 mai 1756; + 12 thermidor, Auray. *Em.* [2].

LAMY (François). *Aj.*, domestique de M. de Balleroy, 28 ans, Sarreguemines; + 10 thermidor, Quiberon. *Em.*

LANCIENS (Jean). *Aj.*, laboureur, 27 ans, Berric (Morbihan); + 6 ventôse IV, Vannes. *Ins.*

LANDREIN (Jean). *Aj.*, laboureur, 20 ans, Plescop (Morbihan); + 26 nivôse IV, Vannes. *Ins.*

LANDREIN (Yves). *Aj.*, laboureur, 22 ans, Plescop (Morbihan); + 26 nivôse IV, Vannes. *Ins.*

LANFERNAT. *Lire*, L'ENFERNAT, combat du 20 juillet [3].

DE LANGLE (Louis-Vincent-Marie). *Aj.*, lieutenant d'artillerie, né à Hennebont (Morbihan), en 1768; + 13 thermidor, Vannes. *Em.* Voir t. XXXV, p. 183.

DE LANJAMET (Alexandre-Jean-Julien). *Lire*, DE VAUCOULEURS, comte DE LANJAMET, officier au régiment du roi, sous-lieutenant en *du Dresnay*, né au château de Pacé (Sarthe), en 1772; + 8 fructidor, Vannes. *Em.* Voir t. XXXIV, p. 359.

DE LANOUE (César-Guillaume). *Lire*, César-Marie-Guillaume DE LA NOUE, sous-lieutenant dans *du Dresnay*, né à Quintin, le 17 août 1769; + 8 fructidor, Vannes. *Em.*

DE LANTIVY (Paul). *Lire*, Paul DE LANTIVY-KERVÉNO, commandant une division de l'armée royale du Morbihan, blessé le 16 juillet; + 16 thermidor, Auray. Voir t. XXXIV, p. 348.

DE LANTIVY (René-Joseph). *Lire*, DE LANTIVY-TRÉDION, élève de la marine, fourrier dans *Béon*, né à Ploërmel, le 12 juin 1778; + 8 fructidor, Vannes. *Em.* Voir ci-devant, t. XXXIV, p. 360.

---

[1] Il était fils de *Chrestien-François*, marquis de Baville, ancien garde-des-sceaux, et de *Marie-Elisabeth* Berryer, fille de *Nicolas-René* Berryer, secrétaire d'Etat et garde-des-sceaux.

[2] La date du 12 thermidor se rapporte à sa condamnation; mais nous avons dit que M. de Lanjégu s'échappa de la prison d'Auray. Repris, quelque temps après, par des *contre-chouans*, il fut conduit, suivant les uns à Lorient, suivant d'autres à Vannes, et fusillé sur la Rabine. Il était fils de *Mathurin*, seigneur de Lanjégu, et de *Charlotte* Bellemare de Cherançay, et avait épousé, en 1786, *Etiennette* Lemercier, dont il avait un fils qui, de son mariage avec *Adélaïde* Le Bastard de Villeneuve, n'a eu que deux filles.

[3] Famille de Champagne, qui a pour devise : *Qui fait bien, l'enfer n'a.*

De Lanzéon (François-Charles-Marie). *Lire*, Le Gualès de Lanzéon, sous-lieutenant au régiment d'Austrasie, puis en *du Dresnay*, né à Morlaix, en 1763, blessé le 16 juillet; + 12 thermidor, Quiberon. *Em.* Voir t. XXXV, p. 190. [1].

Larcher (Louis-Joseph). *Aj.*, cadet dans *Périgord*, 34 ans, Lille (Nord); + 15 thermidor, Quiberon. *Em.*

De Largentaye (René). *Lire*, René-Marie-Constant-Michel de Lesquen de Largentaye, lieutenant au régiment de Penthièvre, infanterie, sous-lieutenant en *du Dresnay*, né à Lamballe, le 29 septembre 1758; combat du 21. *Em.* [2].

— Du Larges. Double emploi. Voir les suivants.

Du Largès (Pierre-François Marie). *Lire*, du Largez, sergent dans du Dresnay, né à Louargat (Côtes-du-Nord), le 26 juillet 1745; + 15 thermidor, Vannes. *Em.*

Du Largez (Louis Gabriel). *Aj.*, prêtre, recteur de Plemeur-Bodou, aumônier de *du Dresnay*, né à Louargat (Côtes-du-Nord), le 14 janvier 1748; + 12 thermidor, Quiberon. *Em.* [3].

De Laseinie (Pierre). *Lire*, du Garreau de la Seinie, chevalier de Malte, volontaire en *Dumas*, 16 ans, Saint Yrieix (Corrèze); + 9 fructidor, Auray. *Em.*

De Laseinie (Théodore). *Lire*, du Garreau de la Seinie, volontaire en

---

[1] Fils d'*Alain-Louis* Le Gualès, seigneur de Lanzéon, capitaine des canonniers-garde-côtes de la compagnie de Laumeur, au combat de Saint-Cast (1758), et de *Marie-Jeanne* Guillotou de Kerduff; marié lui-même, en 1790, à *Céleste-Hyacinthe* Le Gentil de Rosmorduc, il n'en avait pas d'enfant. Un autre Le Gualès, d'une branche différente, servant dans *Rohan*, mais se trouvait au dépôt, en Angleterre, au mois de juillet 1795. Il devint, sous la Restauration, adjudant de place à Brest et chevalier de Saint-Louis. De son mariage avec *Ambroisine* d'Arnaud, il n'a pas laissé de postérité, mais la famille a été continuée par ses trois frères, mariés dans les maisons Le Dourguy de Roscerf, de K·rautem du Cours et Gouyon de Vaurouault.

[2] Fils de *Constance-René-François* de Lesquen, comte de Largentaye, et de *Reine-Pauline* Le Noir de Carlan. Il avait sept sœurs, dont une seule, Mme Rioust de l'Argentaye, a laissé des enfants. Mgr de Lesquen, évêque de Rennes, était son cousin-germain.

[3] Les deux du Largez avaient pour père *Joseph-Jean-Marie* et pour mère *Marie* Kerentef de Kerbalaneg, et ils étaient les seuls enfants de ce mariage. *Pierre-François-Marie*, l'aîné, avait épousé *Anne-Adélaïde* Pic de la Mirandole, dont il avait un fils et une fille. Son fils n'a eu que des filles. On avait proposé à l'abbé du Largez des moyens d'évasion; mais il répondit : « Ce serait une lâcheté de quitter mes compagnons d'infortune, aujourd'hui surtout qu'ils ont besoin de mon ministère. Je les conduirai à la mort et saurai mourir avec eux. » Et en effet, il marcha à la mort avec les blessés de son régiment : Dé Lâge de Volude, Le Gualès, Kervenoaël, etc., en leur récitant les prières des agonisants.

Damas, 17 ans, Saint-Yrieix (Corrèze) ; 9 fructidor, Auray. *Em.* [1].

LAUDU (Jean). *Lire,* LENDU, domestique, né à Quessoy (Côtes-du-Nord), le 26 février 1769; + 12 thermidor, Quiberon. *Em.*

C[er] DE LA LAURENCIE. *Aj ,* François, commandeur de l'ordre de Malte, chef de division des armées navales, né au château de Villeneuve-la-Comtesse (Charente-Inférieure), le 15 août 1735, mortellement blessé le 16 juillet. *Em.* [2].

DU LAURENT (Florentin). *Lire,* Florentin-Germain DU LAURENS DE LA BARRE, chasseur noble en *Damas,* né à Quimper, le 7 juillet 1773; + 8 fructidor, Vannes. *Em.*

DU LAURENT (Fidèle). *Lire,* Jean-Hervé-Fidèle DU LAURENS DE LA BARRE, chasseur noble en *Damas,* né à Quimper, le 10 décembre 1776; + 8 fructidor, Vannes. *Em.* Voir sur leur famille t. XXXIV, p. 359.

LAVENNE. *Aj.,* Combat du 21 juillet.

LEBAIL (Julien). *Aj.,* laboureur, 20 ans, Musillac (Morbihan); + 26 nivôse IV, Vannes *Ins.*

LEBEAU (Sébastien). *Aj.,* laboureur, Noyal-Musillac (Morbihan); + 23 nivôse IV, Vannes. *Ins.*

LEBIAN (Louis) ou LE BIAN, laboureur, 53 ans, Brech (Morbihan); + 17 fructidor, Auray. *Ins.*

LEBLANC (Joseph). *Aj.,* 29 ans, Haut-Volet (Suisse); + 13 thermidor, Vannes.

LEBOUCHER (Louis Etienne). *Lire,* Louis-Etienne-Ambroise LE BOUCHER, marquis DE MARTIGNY, officier au régiment de Boulonnais, né à Saint-Maurice sur-l'Averon, dans le Gatinais-Orléanais, le 16 mai 1757; + 16 thermidor, Vannes. *Em.* Voir ci-dessus t. XXXIV, p. 196. [3].

LEBRETON (Guillaume-René). *Lire,* LE BRETON, capitaine au régiment de

---

[1] Un frère de ces deux victimes, le comte du Garreau de la Seinie, était, sous la Restauration, chef de bataillon au 6e régiment d'infanterie de la garde. Il avait épousé la fille de l'amiral Blanquet du Chayla, dont il n'a pas laissé d'enfants. L'arrêt donne pour mère aux deux condamnés *Valérie* de Neuvy.

[2] Il était le second fils de *Charles-Henri,* capitaine au régiment d'Aubusson, cavalerie, et de *Marie-Anne* de la Laurencie, sa cousine, et frère de *Charles-Eutrope,* évêque de Nantes. Un autre de ses frères, *Jean-Henri,* était, comme lui, commandeur de l'ordre de Malte. On raconte de la victime de Quiberon que, portée dans une ferme, avec ses deux jambes brisées par un boulet, elle s'y fit mettre dans un tonneau de farine et y attendit la mort, le pistolet au poing, pour le cas où se présenterait l'ennemi.

[3] Cette famille existe toujours, et est aujourd'hui encore représentée dans l'armée.

CHRONIQUE

SOMMAIRE. — M. de Kerdanet. — L'abbé Michaud. — L'amiral Dalmas de Lapérouse. — Une lettre du comte de Chambord à l'abbé du Fougerais. — MM. Plihon et Jugelet. — Libéralité de M. Paul Baudry. — Sainte Cécile et l'Opéra. — Adresse à M. Émile Péhant. — Ses *Sonnets*. — M. Louis Prevel et la *Corporation des apothicaires nantais*.

Après avoir célébré la fête universelle de ses héros et de ses saints, l'Église se recueille et consacre la première semaine du mois de novembre à rappeler le souvenir de tous ses enfants morts, à prier pour leur délivrance et pour leur repos éternel. Recueillons-nous aussi, et donnons un dernier adieu à la mémoire des Vendéens et des Bretons descendus depuis peu dans la tombe, en laissant à leurs compatriotes de généreux exemples, le fruit d'œuvres utiles ou des noms vénérés.

Le mercredi 30 septembre, une foule nombreuse et recueillie conduisait à sa dernière demeure M. Daniel-Louis-Olivier-Marie Miorcec de Kerdanet, ancien avocat et docteur en droit, décédé à l'âge de quatre-vingt-deux ans, à Lesneven ; et le bâtonnier des avocats de Brest payait, sur le bord de sa tombe, un juste tribut de regrets à l'homme de bien que le pays et le barreau venaient de perdre. — Peu d'hommes ont contribué par leurs recherches et leurs travaux à faire connaître autant que lui notre province, et l'on peut dire que les écrivains qui ont écrit sur la Bretagne, tant au point de vue historique qu'archéologique, se sont tous plus ou moins inspirés des études de M. de Kerdanet. Les monuments, les légendes et les anciennes chartes bretonnes n'avaient pas de secrets pour lui, et le penchant qui dès sa jeunesse l'entraînait vers ce genre de travaux, était chez lui un goût de famille. Après de brillants succès au collége de Saint-Pol-de-Léon, il avait fait son droit à Rennes ; et là, en contact avec les Carré, les Toullier et autres jurisconsultes célèbres, il acquit bientôt une science profonde, et put se livrer tout entier à son goût pour l'étude. Sa première œuvre, longue et difficile, fut de débrouiller e chaos dans lequel se trouvaient à Rennes les richesses inappréciables provenant des archives de notre province. Au bout de quelque temps d'un véritable labeur de bénédictin, le classement de la Bibliothèque était terminé et son catalogue, énorme in-folio, publié.

Ces travaux le mirent à même de connaître à fond l'histoire de la Bretagne et l'origine de ses principales familles; aussi peut-on dire que les énonciations de ses divers ouvrages sont officielles, ayant été puisées à la source. Les matériaux qu'il amassa lui donnèrent l'idée de les condenser en un volume, et c'est ainsi que, le premier, il adopta la forme bibliographique dans ses *Notices chonologiques sur les écrivains et artistes de la Bretagne* (1818), et qu'il enrichit de notes critiques la *Vie des Saints de la Bretagne* (1846). Indépendamment de ces ouvrages de fonds, M. de Kerdanet à publié diverses notices, telles que celle du Folgoët, la *Vie d'Argentré*, etc., et de nombreux mémoires dans le *Lycée armoricain*, et les bulletins de la première Association bretonne.

Maire de la ville de Lesneven, démissionnaire en 1830, il ne voulut rien accepter du gouvernement de juillet, ni de celui de décembre, et se retira dans son intérieur pour se consacrer uniquement à son goût pour l'étude et vivre de la vie de famille. Là encore, il a bien rempli sa tâche, et, si le dévouement est chose commune sur la terre d'Armorique, peu de familles peuvent inscrire le nom de deux enfants, l'un, victime du devoir et de l'honneur militaires, et l'autre, magistrat devenu soldat, holocauste volontaire à la patrie agonisante. Aussi, la perte de ses deux fils, qui promettaient de porter haut et de perpétuer l'honneur de sa famille, jointe à la perte antérieure de sa digne compagne, (Mlle Karuel de Mérey), ont-elles abreuvé d'amertume les dernières années de M. de Kerdanet et mis fin à une vie qui, à ses derniers moments, a été consolée par les secours de la religion, qu'il avait constamment respectée et pratiquée.

Le mois suivant, la mort enlevait aux habitants des Sables-d'Olonne un vénérable prêtre, M. l'abbé Michaud, né à Fontenay en 1806, élève de Saint-Sulpice, puis professeur au grand-séminaire de Luçon, et nommé curé des Sables en 1845, après avoir évangélisé pendant six ans l'île de Noirmoutier. Toutes les lettres que nous avons reçues de cette partie de la Vendée sont unanimes pour nous dire dans quelle désolation la mort de l'abbé Michaud a laissé la ville dont il fut durant près de trente ans le pasteur aimé et toujours écouté. « Il n'avait pas un ennemi, nous mande-t-on, tous le pleurent comme un père. » C'est subitement, immédiatement après la messe du Saint-Esprit, dite par lui chez les Frères, que M. le curé des Sables a expiré, encore revêtu des ornements sacerdotaux. Quatre-vingts prêtres assistaient à sa sépulture, et la vaste église des Sables était trop petite pour contenir la multitude émue et désolée qui assistait à cette imposante cérémonie.

M. l'abbé Michaud laisse plusieurs ouvrages fort estimés, entre autres : un *Mois de Marie*, des *Méditations à l'usage des jeunes personnes,* une *Vie de saint Philbert.* Dans ses écrits, comme dans ses sermons et dans toute sa vie, on reconnaît, dit un de ses biographes, l'admirateur, l'imitateur de Fénelon. C'est par l'onction, la douceur, l'élégance de style que brillent ses livres et ses discours. Un jour, il demandait à un de ses confrères comment il comprenait le prédicateur : « Moi, dit-il, je le comprends comme un père de famille qui parle à ses enfants. » C'était, en effet, la bonté qui dominait dans ses sentiments : et ses sentiments s'exprimaient dans un langage élevé, orné et facile.

Après le prêtre, soldat de la milice de Jésus-Christ, voici un capitaine au nom glorieux, soldat des milices de la terre, M. le contre-amiral Léon-Pierre-Émile Dalmas de Lapérouse, frappé à Paris d'une attaque d'apoplexie foudroyante, à l'âge de soixante-neuf ans. — Né à Brest le 18 août 1805, il fut nommé aspirant, en 1820, à sa sortie de l'École de marine d'Angoulême, et conquit successivement le grade d'enseigne en 1825, et celui de lieutenant de vaisseau à la suite de l'expédition d'Alger. Ce fut avec cette dernière qualité qu'il fit, à bord de la *Vénus* et sous les ordres de M. Dupetit-Thouars, une campagne autour du monde restée célèbre. Nommé capitaine de corvette le 23 décembre 1840, il commanda en second la *Gloire,* dans la Plata, et en premier la *Naïade,* aux Antilles. L'année 1848 lui apporta les épaulettes de capitaine de vaisseau. Depuis, il a rempli les fonctions de major de la marine à Brest et à Cherbourg, et commandé successivement la *Psyché,* l'*Andromède,* la *Sérieuse* et la *Guerrière.* Il reçut, le 12 août 1860, le grade de commandeur de la Légion d'honneur et fut nommé contre-amiral quatre ans après [1].

Nous avons parlé, dans notre livraison du mois de septembre, de la mort de M. le baron Alfred du Fougerais, ancien député de la Vendée. M. l'abbé Henri du Fougerais, chanoine honoraire de Rennes et de Luçon, ayant annoncé ce regrettable événement à M. le comte de Chambord, a reçu du prince ce précieux témoignage de sympathie :

Frohsdorff, 30 septembre 1874.

Je n'ai pu me défendre d'une vive émotion, Monsieur l'abbé, en lisant la lettre si touchante que vous m'adressez pour me faire part, au nom de tous les membres de

---

[1] Le général de cavalerie Théobald Dalmas de Lapérouse est le frère de l'amiral. — Le nom de Lapérouse est assez répandu en France ; mais on n'ignore pas qu'il n'y a que deux familles, les Dalmas et les Barthez de Lapérouse, qui se rattachent à l'illustre Galaup de Lapérouse. Le grand navigateur étant mort sans enfants, les fils de ses deux sœurs furent autorisés, par une ordonnance royale de 1815, à porter le nom que leur oncle avait rendu si célèbre.

votre famille, de la mort de votre oncle, le baron Alfred du Fougerais. Les dernières paroles de son testament [1], que je vous remercie de m'avoir transcrites dans leur noble simplicité, suffiraient à elles seules pour illustrer la mémoire d'un chrétien et d'un royaliste. On y trouve, à un degré bien rare, l'accent de la foi, de la conviction et de la fidélité. Vieux serviteur du droit et de l'Église, il a révélé dans ces lignes admirables toute l'ardeur de son âme et résumé d'une façon saisissante toutes les luttes de sa vie.

Un coup foudroyant l'a enlevé à votre tendresse ; mais nous pouvons espérer qu'il était prêt à paraître devant Dieu, et cette pensée sera pour tous ceux qui l'ont aimé en ce monde une grande consolation.

Interprète de ses plus chères volontés auprès de moi, je vous charge, de mon côté, de transmettre à votre courageuse tante l'assurance de ma douloureuse sympathie. Ma femme sera très-heureuse de s'associer à la prière qu'elle lui demande pour celui qui n'est plus.

Croyez, Monsieur l'abbé, à toute ma gratitude et à mes sentiments les plus sincères.

HENRI.

Moins connus sont les noms de MM. Plihon et Jugelet, dont nous devons cependant conserver la mémoire, car ils ont emporté les unanimes regrets de tous leurs concitoyens. M. Plihon, qui vient de mourir à Nantes professeur d'anglais au lycée de la ville, était peut-être le dernier survivant de la bataille de Trafalgar. Engagé comme mousse sur le vaisseau *le Berwick,* il fut fait prisonnier avec le reste de l'équipage, et demeura en Angleterre jusqu'à la Restauration de 1814. Un prélat anglais, l'archevêque de Cantorbéry, croyons-nous, s'intéressa à lui, lui fit donner une bonne éducation et le mit en état d'enseigner la langue anglaise. A son retour en France, il se fixa à Nantes, où il a rempli, pendant plus de trente années et jusqu'à l'âge de soixante-douze ans, les fonctions de professeur.

Presque au même moment, M. Jugelet, peintre de marine, succombait à Rouen, aux suites d'une longue et douloureuse maladie. Né à Brest, le 28 août 1805, Auguste-Jean-Marie Jugelet fut élève de Gudin, exposa, pour la première fois, à Paris, en 1826, et fut nommé chevalier de la Légion d'honneur le 4 mai 1847. Il est auteur de plusieurs tableaux très-remarquables, et l'un des plus connus représente un événement déjà

[1] Voici ces paroles : « Je meurs dans la foi de ma première communion, dans le sein de l'Église catholique, apostolique et romaine ; je meurs fidèle au bon droit, à la légitimité, à celui qui seul la représente et dont j'ai toujours défendu la cause. Je remets en toute humilité mon âme à Dieu et j'implore sa clémence la plus miséricordieuse. *Parce, Domine.* »

ancien : la rupture du pont, près d'Eu, au moment du passage de la famille d'Orléans. Jugelet était non-seulement un homme de talent et un travailleur opiniâtre, mais encore un véritable artiste, au cœur généreux, dont la charité fut toujours empressée à soulager l'infortune Sa mort sera vivement sentie par tous ses obligés et par tous les amis des arts, principalement à Dieppe, où depuis 1840 son atelier était très-fréquenté.

Pour ne pas sortir de l'art et des artistes, signalons un trait de libéralité qui fait honneur au grand peintre dont notre savant collaborateur X. Y. Z. décrivait dernièrement les vastes compositions décoratives : un envoi de deux mille francs va être fait incessamment à la ville de la Roche-sur-Yon, pour être versés au bureau de bienfaisance, par les soins de M. le baron Taylor, président de la commission des beaux-arts; et cette somme est due à la générosité de M. Paul Baudry, chez qui les qualités du cœur sont au niveau du talent, et qui n'a point oublié ses compatriotes. Lorsqu'il consentit à l'exposition de ses peintures du nouvel Opéra, en faveur de la société des artistes, il réserva au profit de la ville de la Roche-sur-Yon une somme de mille francs par vingt mille sur le produit de cette exposition. La recette a atteint le chiffre énorme de quarante mille francs, et tout entière elle sera dépensée en œuvres de bienfaisance : ainsi voilà un homme dont le revenu n'atteint pas six mille francs, qui en partage quarante mille entre ses confrères et les pauvres! Quel plus noble emploi des richesses dues aux talents que Dieu nous a départis! Et de pareils exemples de généreuse munificence ne sont-ils pas à proclamer hautement par le temps de hideux mercantilisme où nous voyons tomber de nos jours les lettres et les arts?

Nos lecteurs ont sans doute deviné un artiste sous le masque décoré de lettres algébriques qui cachait, dans notre dernière livraison, le fin appréciateur de l'œuvre de Paul Baudry. L'indépendance étant l'une des conditions les plus favorables au critique d'art, nous ne nous sommes permis aucune observation au sujet de sa manière de voir en si délicate matière, mais l'impartialité nous impose l'obligation de mettre en présence les opinions controversées, surtout quand elles se présentent avec la courtoisie spirituelle qu'on aimera à reconnaître dans cette lettre de l'un de nos meilleurs amis :

. Plus je relis l'article de M. X. Y. Z., nous écrit-il, et plus je regrette qu'il n'ait pas décrit lui-même l'œuvre magistrale de Baudry avec le goût et la verve que nous lui connaissons, au lieu de laisser la plume si longtemps à l'auteur du *Nez d'un notaire*. Je suis d'ailleurs de ceux qui trouvent peu convenables les sujets religieux à l'Opéra et très-inconvenants les sujets profanes dans les églises. Seulement, je ne considère pas comme profanes tous les sujets que M. X. Y. Z. qualifie ainsi. De quel droit, par exemple, irais-je mettre les sibylles à la porte de l'église, puisqu'elles sont admises dans nos hymnes : *Teste David cum sibylla ?* Dieu les a fait quelquefois parler comme Balaam, et nous avons tous lu dans Virgile cet oracle que Raphaël a inscrit sur une banderole au-dessus de ses Sibylles, dans l'église de Sainte-Marie-de-la-Paix, à Rome : *Jam redit et virgo...* Quant à la statue de la Justice par Guillaume Della Porta, elle était certainement inconvenante par sa complète nudité : aussi les papes l'ont-ils fait légèrement vêtir par Le Bernin. Je dirai la même chose de bien des *Madeleines,* dont le costume rappelle beaucoup plus la honte que le repentir. Elles devraient toutes être exclues du lieu saint, fussent-elles du Carrache. Mais, par contre, je demande grâce, avec Claudius Lavergne, pour cette perle de sainte Cécile, dont la place ne peut être dans le palais des *cocottes.* Elle y serait *perdue* de toute façon, matériellement par les émanations du gaz, et moralement par la mauvaise compagnie. Dans nos musées, du moins, elle ne serait pas enfumée, et, en la voyant entre les Vierges de Raphaël, on s'apercevrait mieux qu'elle est de la famille..., »

On parle souvent de décentralisation littéraire, et l'on ne cite guère d'efforts sérieux dans ce sens : Paris continue à absorber toutes les forces vives de la province L'Association bretonne a fort heureusement inauguré chez nous le mouvement décentralisateur ; et voici une démarche, due à l'initiative toute privée d'un groupe de littérateurs nantais, parmi lesquels nous comptons presque tous nos amis, qui prouve que la bonne semence n'est pas restée sans fruit. Puissent les heureuses inspirations de ce genre se propager dans toutes nos provinces. — Donc, vers la fin du mois dernier, une députation composée de MM. Edmond Biré, Robinot-Bertrand, Émile Grimaud, Joseph Rousse, Léon Bureau, René Kerviler, le comte de Saint-Jean et Louis Petit, s'est rendue à la Bibliothèque, et a remis cette adresse à M. Émile Péhant :

« Monsieur, vous venez d'achever votre *Catalogue de la Bibliothèque publique de Nantes,* après plus de vingt-cinq années d'un incessant, d'un effrayant labeur : *In tenui labor,* comme le dit si bien l'épigraphe par vous inscrite en tête de cette œuvre monumentale, que vont nous envier toutes les grandes bibliothèques, et qui a déjà provoqué les éloges des meilleurs juges. L'homme de France, et même d'Europe, le plus compétent en bibliographie, M. Gustave Brunet, n'a-t-il pas déclaré qu'il avait manié des milliers de catalogues, mais que pas un ne surpassait celui de la Bibliothèque de Nantes ?...

» Nous nous réjouissons, Monsieur, de vous voir libre de ce travail absorbant, parce que vos loisirs sont désormais à vous, et que — nous en avons le ferme espoir — vous vous plairez à les consacrer à la continuation de cet autre vaste monument, dont vous avez, avec tant de vigueur, jeté les premières assises. Votre *Chanson de geste* ne peut pas demeurer interrompue : *Jeanne de Belleville* et *Jeanne la Flamme* ne sauraient être le dernier mot de votre vaillante muse.

» En attendant avec confiance qu'elle nous donne bientôt de nouvelles pages à savourer, nous nous associons, pour offrir un trop faible, mais bien cordial témoignage de sympathie au Bibliothécaire nantais, dont nous avons, pour la plupart, si souvent mis à l'épreuve la complaisance inépuisable; et surtout au Poète, qui a si généreusement entrepris de célébrer l'héroïque passé de la Bretagne.

» En publiant *Jeanne la Flamme*, vous aviez, Monsieur, fait appel à vos compatriotes, pour la réimpression du volume qui, dès 1835, révélait votre nom aux lettrés et aux gens de goût. Notre groupe — qui serait autrement nombreux si nous n'avions formé dans le secret cette conjuration amicale — notre groupe vient aujourd'hui répondre à votre appel : il vous sera très-reconnaissant de lui laisser l'honneur de faire revivre vos *Sonnets*, persuadé, du reste, qu'en corrigeant les épreuves de ces beaux vers, vous sentirez leur source, peut-être tarie un moment, se rouvrir et couler avec une plénitude et une force rejeunies.

» Tel est, Monsieur, le plus ardent désir de ceux qui sont et aiment à se dire vos sincères et dévoués amis. »   *(Suivent trente-cinq signatures).*

M. de Laprade, de l'Académie française, a bien voulu se joindre aux signataires et promettre une préface pour le recueil des *Sonnets*. Nous attendons, avec une vive impatience, l'apparition de ce charmant volume, qui sera goûté de tous les bibliophiles et pour lequel les souscriptions sont ouvertes dès aujourd'hui au bureau de la *Revue* (3 fr. 50). Il couronnera dignement la riche série de poésies délicates écloses cette année sous le ciel nantais : *La Fête de Madeleine*, de M. Robinot-Bertrand, l'*Heure du rêve*, de M. Eugène Orieux, les *Petits Drames vendéens*, de M. Emile Grimaud, *Salomon et la reine de Saba*, de M. le comte de Saint-Jean....

Pour n'avoir point le même parfum poétique, la récente étude d'un savant nantais sur la *Corporation des Apothicaires de Nantes, avant et après la Révolution*, n'en a pas moins une saveur historique toute particulière. M. Louis Prevel est un architecte de grand talent, et l'on pourrait lui objecter, dit-il modestement dans son introduction, que, n'étant pas un adepte de la science « d'apothicairerie », il s'occupe de ce qui n'est point de sa compétence. « Ce serait vrai, ajoute-t-il, si nous entrions dans le fond de cette science ; mais là n'est pas notre but, quoique, comme fils de pharmacien, nous puissions mieux qu'un autre être renseigné sur plusieurs points importants de cet art. Nous n'avons, en effet, l'intention de ne faire connaître cette corporation, que par les documents que renferment ses archives, si curieuses et si peu connues jusqu'à ce jour, même de beaucoup de membres de cette société. » Et, dans quatre chapitres, nourris de documents fort précieux, de lettres patentes inédites, de statuts, de requêtes et de moyens de défense, le tout judicieusement disposé dans un cadre riche en ornements originaux, M. Prevel nous expose successivement quel était l'exercice ancien et la profession des apothicaires, leurs fonctions, leurs boutiques et leurs remèdes ; — quelle fut, depuis l'origine, l'histoire de la docte corporation des apothicaires avec ses priviléges, ses règlements et ses charges ;

— puis comment le collége de pharmacie succéda pendant la Révolution à l'ancien corps de métier ; — enfin, comment le jardin des apothicaires, concédé à la corporation par Louis XIV, en 1688, pour y établir un jardin des plantes et des laboratoires, vient d'être enlevé à la Société de pharmacie, à la suite d'un procès avec la Ville de Nantes.

Tout cela est mêlé de détails piquants et de révélations curieuses : on y apprend que les membres de la corporation promettaient « de supporter tout ce qui leur sera possible pour l'honneur, la gloire, l'ornement et la majesté de la médecine ; — de n'enseigner point aux idiots et ingrats les secrets d'icelle ; — de ne donner aucuns médicaments purgatifs aux malades affligés de quelque maladie aiguë, que, premièrement, il n'ait pris conseil de quelque docte médecin. » Et, si quelquefois les pratiques et les fonctions des membres de la confrérie sont de nature à provoquer le sourire, en revanche leur dévouement à la chose publique pendant les épidémies provoque l'admiration. « D'après ce que nous avons dit de la pratique de la pharmacie avant la Révolution, dit M. Prevel à la fin de son premier chapitre, les pharmaciens modernes n'ont vraiment rien à regretter de l'ancien temps ; mais leurs devoirs les obligent à ne pas rougir de leurs anciens maîtres, pas plus que la chirurgie française ne doit rougir d'avoir pris naissance dans l'humble boutique des barbiers. Toute science, du reste, a des origines modestes, et maintenant, presque rendue à son apogée, elle doit se trouver fière et peut continuer bravement sa route dans les sentiers encore obscurs de. l'avenir, et sans honte pour son origine, si petite qu'elle soit. »

Avec les travaux de M. de la Nicollière sur les chirurgiens barbiers, et de M. Léon Maître sur l'exercice de la médecine dans les hôpitaux de Nantes, nous possédons à présent, grâce à M. Louis Prevel, l'historique complet de « cette trinité scientifique adonnée au soulagement de l'humanité. » La brochure de l'historien de Tiffauges sera lue avec le plus grand intérêt, non-seulement par les successeurs « des maîtres dans l'art d'apothicairerie », mais aussi par tous ceux qui s'intéressent à l'histoire de nos vieilles institutions et qui professent cette doctrine, trop peu répandue, que d'excellentes monographies locales, comme celle de M. Prevel, sont les meilleurs matériaux pour une bonne histoire générale de la France, que nous n'avons pas encore.

LOUIS DE KERJEAN.

BIBLIOGRAPHIE BRETONNE ET VENDÉENNE

A PROPOS DE LA CIRCONCISION, causerie; par le docteur Letenneur. In-8º, 48 p. — Nantes, impr. Vᵉ Mellinet.
(Extrait du *Journal de médecine de l'Ouest.*)

ANNUAIRE DU DÉPARTEMENT DU FINISTÈRE, POUR L'ANNÉE 1874. Publié sous les auspices du Conseil général et du préfet du département, avec le concours des chefs de service. In-12, 346 p. — Brest, imp. et lib. Gadreau... 2 fr.

CATALOGUE MÉTHODIQUE DE LA BIBLIOTHÈQUE PUBLIQUE DE LA VILLE DE NANTES; par Émile Péhant, conservateur de cette bibliothèque. 6ᵉ volume. *Histoire* (suite et fin) *Polygraphie. Toure les acquisitions.* In-8º, 692 p. —- Nantes, imp. Vincent Forest et Émile Grimaud.

DOCTEUR (LE) A. GUÉPIN, notes et souvenirs; par P. Gallery des Granges. Précédés d'une lettre de Louis Blanc. In-8º, 73 p. — Nantes, imp. Plédran; Paris, lib. Le Chevalier........................... 60 c.

FONDATEURS (LES) DE LORIENT. Réponse à M. Lecoq-Kerneven, auteur de *Généalogie et Annales de la maison Dondel de Sillé*, etc , par Fr. Jégou, auteur de l'*Histoire de la fondation de Lorient.* Broch. in-8º, 48 p. — Nantes, impr. Vincent Forest et Émile Grimaud.

ITINÉRAIRE DESCRIPTIF ET HISTORIQUE DU VOYAGEUR DANS LE MONT-SAINT-MICHEL; par E. Lehéricher. 7ᵉ édition entièrement refondue et augmentée de l'histoire de l'état actuel du Mont-Saint-Michel et d'un guide spécial dans le Mont-Saint-Michel. In-12, 142 p. — Rennes, imp. Oberthur.

PETITE GÉOGRAPHIE POUR LE DÉPARTEMENT DU MORBIHAN, à l'usage de l'enseignement primaire, publié sous la direction de Levasseur, de l'Institut, comprenant : 1º Géographie du département, par Guyot-Jomard, de la Société polymathique du Morbihan; 2º notions premières sur le globe, par Périgot In-12, 48 p. — Paris, lib Delagrave.

SAINT JOSAPHAT, ARCHEVÊQUE DE POLOTSK, MARTYR DE L'UNITÉ CATHOLIQUE, ET L'ÉGLISE GRECQUE-UNIE EN POLOGNE, par le R. P. Dom Alph. Guépin, religieux bénédictin de la Congrégation de France. — 2 vol. in-8º Poitiers, Oudin; Paris, Palmé.

SALOMON ET LA REINE DE SABA, légende orientale, par le Cᵗᵉ de Saint-Jean. — In-12, 36 p. Nantes, lib. Libaros................. 1 fr.

UN PORTRAIT DE MOLIÈRE EN BRETAGNE, par le Bᵒⁿ de Wismes. In-8º, 82 p. Nantes, imp. Vincent Forest et Émile Grimaud.
(Extrait de la *Revue de Bretagne et de Vendée.*)

VIE (LA), LES MIRACLES ET LES ÉMINENTES VERTUS DE SAINT BRIEUC, PREMIER ÉVÊQUE DE L'ÉVESCHÉ APPELÉ DE SON NOM, SAINT-BRIEUC. Ensemble, la translation des reliques dudit saint Brieuc. Plus quelques remarques et observations nécessaires pour l'intelligence d'aucunes difficultez qui se trouvent dans cet œuvre : par L. G. de la Devison, chanoine en l'église cathédrale de Saint-Brieuc. In-18, 298 p. Phot. — Saint-Brieuc, imp. Prud'homme.
(Réimpression de l'édition de 1627.)

LE GÉNÉRAL DE LA MORICIÈRE

LE GÉNÉRAL DE LA MORICIÈRE. *Sa vie militaire, politique et religieuse ;* par E. Keller, député du Haut-Rhin. — Deux volumes in-8°. Paris, Dumaine, 30, rue et passage Dauphine, et Poussielgue, 27; rue Cassette.

Neuf ans se sont déjà écoulés depuis que nous adressions ici à La Moricière nos hommages et nos adieux. Près d'une tombe si tôt ouverte, nos paroles furent surtout émues ; mais La Moricière avait droit à mieux que cela. Général aussi intelligent que hardi, administrateur d'une activité et d'une initiative sans égales, chrétien dévoué, il avait droit au calme jugement de l'histoire, et c'est ce jugement que nous donne M. Keller, jugement sérieux, définitif, où le chrétien est apprécié par un homme de foi et le brave par un homme de cœur.

Un tel livre ne s'analyse pas, il doit être lu. Nous nous permettrons seulement de prendre çà et là quelques traits où le héros se peint de lui-même. Citons d'abord cette lettre, écrite à l'époque où La Moricière venait d'avoir pour répétiteur, dans une école préparatoire, Auguste Comte, l'un des *positivistes,* c'est-à-dire des athées les plus aventureux, les plus absolus : « Josi (c'était son jeune frère), Josi se croit le premier moutardier du pape, parce qu'il a lu la philosophie ; il se croit, Dieu me pardonne, esprit-fort, et m'engage à lire *l'Origine des cultes* de Dupuis. Eh ! qu'est-ce qui n'a pas lu cet ouvrage parmi ceux qui s'occupent de ce qui se passe dans le monde moral ? Mais, sans savoir l'astronomie, peut-on, de bonne foi, dire qu'on a compris Dupuis ? Et Josi pourrait-il seulement me démontrer que la terre tourne, ou m'expliquer les phases

de la lune ? *O tempora ! ó mores !* Les pirons veulent mener les
oies au champ ! Le taupin veut en montrer à l'ancien ! Il n'y a
plus de hiérarchie dans la société, et, si je n'avais foi dans l'avenir,
je prophétiserais la fin du monde [1]. »

Remarquez bien que c'est un *polytechnicien* qui écrit ainsi, un
esprit hardi, chercheur, mais sérieux, qui ne se laissait plus dominer par la foi, il est vrai, mais qui restait fidèle au bon sens, ce
précurseur certain de la foi pour qui l'écoute.

Josi désirait entrer, comme son aîné, à l'École polytechnique,
mais le monde, les bals, l'équitation, lui souriaient autant que l'étude.
Son frère en gémissait : il lui reprochait de travailler en *amateur* et
l'engageait plaisamment à méditer l'*Épître de saint Paul aux
Galates, du* xvie *dimanche après la Pentecôte,* laquelle commence
par ces mots : *Nolite esse amatores* [2].

En vérité, trouverait-on beaucoup d'étudiants si forts sur les épîtres
de saint Paul et si précis dans l'indication des prières du dimanche ?

Plus tard, il écrira au sujet des *replâtrages,* plus ou moins ingénieux, par lesquels on s'efforça, après 1830, de recouvrir, suivant
son mot, *les brèches de ce malheureux édifice constitutionnel, qui
s'écroule de toutes parts avant d'être achevé* : « La société n'a pas de
grandes espérances à fonder sur cet abri, bâti sur un terrain mouvant.
En un mot, je crois qu'il est aussi impossible d'organiser la société
sans une *croyance commune,* sans un lien moral existant *réellement*
entre ses membres, qu'il serait impossible de faire une pâte avec
les grains de sable de la mer. *Lisez donc M. de Maistre* [3]. »

Un capitaine de zouaves qui, à vingt-quatre ans, et malgré la vie
la plus occupée, sait lire M. de Maistre, peut se tromper parfois dans
l'application des idées du grand écrivain, mais ne se trompera pas
toujours.

Séduit d'abord par la théorie saint-simonienne dans laquelle il
crut trouver le *lien moral* qu'il sentait indispensable à toute société,
il la rejeta dès qu'il l'eut vue à l'œuvre, et refusa carrément de lui

[1] P. 17.
[2] P. 19.
[3] P. 42.

venir en aide, même lorsqu'elle se présenta sous la forme modeste d'entreprise agricole, parce qu'il avait promptement reconnu son impuissance et son néant. Et, au même moment, il se mettait à la tête de souscriptions pour des églises, il accueillait les Jésuites, il favorisait l'établissement des congrégations, parce qu'il trouvait là ce lien social que n'avaient pu lui fournir de prétentieuses théories.

Le dévouement lui était d'ailleurs aussi sympathique que les spéculations des faiseurs en tout genre le touchaient peu. « Jésuite ou non, disait-il au Père Pascalin, que m'importe ! Vous êtes un brave, nous nous entendrons toujours. Allez en avant ; si l'on vous entrave, je serai derrière vous pour vous épauler. »

Les entraves n'eussent certainement pas manqué au pieux Jésuite, qui ne demandait cependant qu'une place pour lui au bivouac et à l'hôpital, et place pour Dieu dans quelque ruine, décorée du nom d'église. Mais La Moricière y mit bon ordre en brusquant l'exécution. Le Père Pascalin désirait une église. — Cherchez dans toute la ville d'Oran, lui dit le général. — Le Père cherche et ne trouve qu'une mosquée délabrée. — Une mosquée ! s'écrie La Moricière, mais les Arabes vont hurler !... Mais le gouverneur ne le permettra jamais ! — Puis, après quelques moments de silence : — Quelle somme vous faudrait-il pour mettre cette mosquée en état de pouvoir y dire la messe ? — Donnez-moi deux cents francs, général, et je me charge du reste.

Le lendemain, La Moricière partait pour Alger, où il était appelé à remplacer provisoirement le gouverneur, et, au lieu de 200 francs, en envoyait 2,000, avec affectation de la mosquée de la porte Saint-André au culte catholique. Le ministre de la guerre se plaignit, quelques députés se plaignirent, mais l'œuvre était faite : la mosquée avait été consacrée solennellement et le signe de la Rédemption avait repris possession d'une ville autrefois chrétienne, mais où toute foi avait disparu avec toute civilisation.

La Moricière fit plus. Il établit des curés à Mascara, à Tlemcen, à Mostaganem, et prit en main, près du gouvernement, la cause et les intérêts des sœurs de la Sainte-Trinité, congrégation hospita-

lière et institutrice qui avait rendu, disait-il, d'immenses services à
la ville d'Oran.

Tel fut La Moricière à l'époque même où la foi sommeillait encore au fond de son cœur. Ame sérieuse et droite, il ne louvoyait
jamais et se faisait honneur de *tenir à quelque chose, dans un
temps où personne,* disait-il, *ne tient à rien* [1]. Capitaine, général,
toujours on retrouve en lui le même homme. Lorsqu'on compte les
grades qu'il parcourut en si peu de temps, capitaine à 24 ans, lieutenant-général à 36, on est tenté de croire que s'il fit si rapidement son chemin, c'est que la bienveillance de ses chefs fut égale
à l'éclat de ses services. Malheureusement, dans ce pauvre monde,
l'éclat des services offusque souvent plus qu'il n'éclaire, et cela fut
vrai surtout pour La Moricière, qui ne se bornait pas à bien servir
par l'épée, mais qui entendait aussi servir par ses idées, par ses
connaissances, lesquelles étaient souvent fort étrangères à ses chefs.

A peine débarqué sur la terre d'Afrique, il apprend l'arabe,
devient l'ami des Arabes et conçoit aussitôt la pensée de profiter
de leurs qualités pour nous en faire des auxiliaires, tout en nous
tenant en garde contre leurs défauts. Cette pensée était loin d'être
celle des gouverneurs qu'on envoyait en Afrique, vieilles culottes
de peau qui ne connaissaient que le sabre et la terreur pour dominer une population dont ils ne soupçonnaient ni la tenacité ni la
fierté. De là une divergence complète de vues entre le jeune officier,
qui s'était fait l'homme du pays et qui voyait autre chose dans la
conquête que des épaulettes à gagner, et les vieux sabreurs, qui
avaient trop souvent devant les yeux le bâton de maréchal. Le capitaine, bien qu'il eût de nombreux échelons à franchir, ne cessait de
crier : La paix ! la paix ! et le général, qui touchait au faîte, répondait invariablement : La guerre ! la guerre ! La Moricière insistait-il :
— « Vous êtes militaire, lui disait-on, votre métier est de vous
battre. Quand on vous en donne l'occasion, vous devez être content. »

Pour quelques vols on faisait donc des razzias, on commettait des

[1] P. 207.

massacres. La Moricière s'en indignait et son indignation peu contenue n'était point un mystère. Puis, par une contradiction étrange,
on maintenait l'esclavage au profit de ces mêmes Arabes qu'on trai-
tait si durement. Un jeune nègre esclave s'échappe et vient s'engager parmi les zouaves. Son maître le réclame; on lui répond que,
réfugié sous le drapeau français, son esclave est devenu libre, parce
que l'usage n'est pas en France de vendre ou d'acheter un homme
comme un mouton. Mais le gouverneur, ayant appris cette réponse,
s'en effraie, et dépêche des gendarmes pour s'emparer de l'esclave.
Le commandant des zouaves résiste, on lui envoie pour le contraindre un aide de camp; pendant ce temps-là, l'esclave se sauve. « Le
soir, raconte La Moricière, il revint au cantonnement, quand il eut
appris que ceux qui le cherchaient étaient partis. Il nous demanda
si les Français ne voulaient pas le protéger, si lui n'était pas Français depuis que nous avions pris Alger. Il pleurait à chaudes larmes
et, nous montrant la frégate *la Victoire* qui était en rade, il nous
disait : — Si je savais qu'on me reçût à bord pour m'en aller en
France, je me jetterais à la nage pour me sauver. — Il sait, lui qui
est né à Tombouctou, que la France est une terre de liberté. C'était
une scène déchirante pour nous, car les militaires, hommes de
sang et de carnage, ont souvent le cœur plus sensible que les indus-
triels d'aujourd'hui, hommes de paix et d'argent. »

Que devint cependant le pauvre nègre? La lettre de La Moricière,
écrite à l'instant même et sous le coup des incertitudes, ne nous
apprend qu'une chose, c'est que les zouaves étaient décidés à gagner
du temps. Le gouverneur allait partir et peut-être son successeur
serait-il plus Français.

Ce gouverneur, si étranger à nos plus vieilles maximes, se nommait Berthezène. C'était ce même général qui, après avoir sollicité
l'honneur de servir sous le drapeau blanc, osait dire à des soldats
qui venaient de vaincre sous ses plis glorieux : « Pendant quinze ans
les trois couleurs furent, pour la France, l'emblème de la puissance
et de la gloire ; pendant quinze ans, elles rendirent notre patrie
reine du monde. Avec ce drapeau, disparut notre splendeur ; avec

lui s'éclipsèrent la gloire et la puissance; *la France elle-même sembla s'effacer du rang des nations.* »

Alger, Dieu merci, est toujours à nous ; mais où donc étaient dès lors et où donc sont aujourd'hui les conquêtes du drapeau tricolore ?

Tel était l'homme. Le duc de Rovigo, qui lui succéda, avait par devers lui de tristes souvenirs ; colonel de gendarmerie, il avait présidé au meurtre du duc d'Enghien ; général, Napoléon n'avait cru pouvoir mieux utiliser ses talents qu'en le nommant ministre de la police. Avec lui, les razzias recommencèrent ; Blidah fut pillé et deux caïds, venus à Alger avec des sauf-conduits, y furent décapités au mépris du droit des gens. On eût dit que le parti était pris d'amener un soulèvement général. « Il n'y a que la suffisance de certaines gens, s'écriait La Moricière, qui puisse égaler leur insuffisance ! »

Au duc de Rovigo succéda le général Drouet d'Erlon ; c'était un grand nom de l'empire et La Moricière se laissa aller à l'espérance; mais l'illusion dura peu. « Le pauvre bonhomme, écrivait-il, est incapable de travail, et, s'il a du génie, son flambeau est éteint. L'empereur a pressé ces hommes si fort, qu'il en a tiré tout ce qu'il y avait. L'âme qui faisait mouvoir la machine où ils avaient fonctionné a disparu... Ce sont de grands rouages, mais le moteur s'est retiré et la vie les abandonne [1]. »

Le général d'Erlon, lui aussi, ne comprenait guère que le sabre, comme moyen de civilisation, tandis que La Moricière ne cessait de dire : « Qu'on le sache bien, *on n'extermine pas un vieux peuple,* vivant comme celui que nous avons à combattre. Il nous forcera à abandonner le pays si nous ne lui offrons pas des conditions qu'il puisse accepter.

» Du reste, ajoutait-il, on peut contester mes idées; mais j'ai une position unique vis-à-vis des Arabes. Les marabouts et les gens influents me connaissent tous et ont confiance en moi, parce que je

[1] P. 122.

ne les ai jamais trompés. Ils viennent tous me voir à mon camp, me
tiennent au courant de ce qui se passe jusque dans les tribus les
plus éloignées, et je puis parfaitement aller au milieu d'eux, là où
d'autres seraient très-mal reçus. Nul ne l'ignore à Alger [1]. »

Et c'est justement parce qu'on le savait bien qu'on n'osait pas
renvoyer en France ce subordonné incommode, dont l'action était si
puissante et pouvait être, à l'occasion, si utile. Mais on le tenait
à l'écart et il s'y tenait lui-même très-volontiers. En voyant d'ailleurs
les abus grandir, malgré la probité du gouverneur, mais grâce à
sa faiblesse, en voyant le vol et la dilapidation se promener dans les
rues, *tête levée*, entrer même dans les salons, y être *accueillis*,
fêtés, il s'éloignait instinctivement. — C'est hideux! disait-il, et il
se réfugiait dans son camp, au milieu des zouaves, dont il avait fait
l'élite de l'armée.

« Quant aux Arabes, ils continuent à venir me voir, écrivait-il,
comme si j'étais encore pour quelque chose dans tout ce qui se fait.
Je devise avec eux des nouvelles des tribus. En prenant le café, en
fumant la pipe, j'apprends par eux *tout ce que l'on voudrait me cacher*. Ils viennent me montrer les lettres que leur écrit le gouverneur et jusqu'à leurs réponses pour me demander si je les trouve
bonnes. Je suis donc au vrai point de vue pour juger les sottises que
l'on fait, et Dieu sait qu'on en fait à la toise [2]. »

Parmi ces sottises, on peut compter une expédition contre les
Hadjoutes, avec incendie, destruction des douars, toutes choses qui
répugnaient souverainement à La Moricière. Il y prit part, d'ailleurs
comme soldat, de la manière la plus brillante. — « Avec lui et avec
ses zouaves, disait le général Rapatel dans son rapport, on peut
aller partout. »

Honoré d'un tel témoignage, La Moricière crut devoir se présenter chez le gouverneur, afin de ne pas paraître vouloir faire de
l'opposition envers et contre tout. Mais à peine est-il entré, que le
comte d'Erlon l'interpelle au milieu d'un cercle de généraux : —

[1] P. 121. — [2] P. 132.

« Quoi que vous en disiez, fit-il, nous avons encore bien des moyens d'amener les Arabes à composition. Si une expédition ne suffit pas, j'en ferai deux, trois, et nous verrons qui se lassera le plus tôt. — Ce n'est pas tout de faire la guerre, répondit le jeune chef de bataillon; on ne doit la faire que pour avoir la paix... Si, pour un acte de brigandage commis aux environs de Nantes (le général venait de commander en Vendée et en Bretagne), vous alliez brûler cinq à six villages, vous soulèveriez toute la population. Les haines s'envenimeraient par des actes de barbarie aussi criants, et le trouble ne ferait qu'augmenter. Voilà précisément ce que nous venons d'aller faire dans la Metidja. »

Le général d'Erlon conclut brusquement que si les moyens employés ne suffisaient pas, il en emploierait d'autres, « comme un médecin, écrivait plaisamment La Moricière, qui, incapable de juger la maladie, couperait bras et jambes à son malade pour voir si, par hasard, il ne guérirait pas par ces procédés-là [1]. »

J'insiste sur ces faits, parce qu'ils sont peu connus et qu'ils peignent un caractère, c'est-à-dire la chose la plus rare par le temps qui court. Mais aussi avec un tel caractère, on n'avance qu'en dépit des oppositions et du mauvais vouloir, tantôt des chefs, tantôt des bureaux, et chaque grade doit être acheté par une action d'éclat.

La Moricière ne faillit pas plus à cette nécessité qu'à toutes les autres. Simple capitaine, il eut des traits d'énergie qui rappellent nos vieux chevaliers ou les héros d'Homère. Avec cinquante zouaves, il obtient la soumission de milliers d'Arabes, parce que, ne pouvant les éviter, il a marché droit à eux, au lieu de les attendre, et leur en a imposé par son audace. Une autre fois, il s'aventure sans escorte, chez les Hadjoutes, à huit lieues d'Alger, afin de bien prouver au gouverneur que lorsqu'on est connu pour sa bonne foi, on peut compter sur la bonne foi. Seul, il attaque, un jour, trois Arabes, qui s'acharnaient sur un officier, le jeune Bro, que son peloton avait abandonné et qui, blessé aux deux jambes, se défen-

[1] P. 127.

dait à peine. La Moricière enfonce son sabre sous l'aisselle d'un des assaillants, puis, saisissant le jeune homme par le collet, en trois bonds de son cheval, il le rejette à vingt pas. Revenant ensuite sur les Arabes et aidé cette fois par deux braves, il les met en fuite. Quelques jours après, un tableau représentant cette lutte héroïque était offert à sa mère.

Comme chef, il sait unir, ce qui arrive rarement, le coup d'œil à l'entrain, la patience à la *furie française*, et pas une expédition n'a lieu qu'il ne soit mis à l'ordre du jour. Aussi avançait-il bon gré mal gré, et le général Bugeaud, qu'impatientait son franc-parler et qui ne voyait pas sans jalousie la paix et l'ordre dont jouissait avec lui la province d'Oran, ne pouvait s'empêcher néanmoins de détourner le ministre d'envoyer un lieutenant-général dans cette province, parce qu'il n'en trouverait point de taille à commander au maréchal de camp La Moricière.

J'ai entendu reprocher à M. Keller de s'être trop appesanti sur les campagnes d'Afrique et d'avoir un premier volume trop gros par rapport au second : il m'est impossible de partager cet avis. C'est surtout en Afrique qu'on voit à l'œuvre toutes les qualités diverses du général, comme militaire, administrateur, économiste ; c'est là, en outre, et à Paris, qu'il lui fut donné de vaincre. Plus tard, il ne sera pas moins grand par l'esprit, il le sera plus encore par le cœur ; mais les difficultés l'accablent, et, avant de raconter ses revers, il était juste de n'oublier aucun de ses succès. Le reproche que je ferais plutôt à M. Keller, ce serait de n'avoir pas donné plus de développement à la seconde partie, d'avoir un deuxième volume trop mince à côté du premier. Était-il possible de faire autrement? Nous n'oserions le dire, car M. Keller a certainement pénétré jusqu'au fond de son sujet. Ses citations sont nombreuses et bien choisies ; mais enfin, quelques traits de plus ne nuiraient pas. On sait qu'un coup de pinceau ajoute quelquefois beaucoup à toute une physionomie.

Nous aurions voulu, en outre, plus de détails sur les manifestations du sentiment public qui suivirent la mort du général. M. Keller

nous dit bien que les évêques les plus illustres le louèrent à
l'envi, mais aucun n'est cité, et cependant nous eussions été heureux d'entendre un écho de ces grandes voix : l'éloquent évêque
d'Orléans, racontant les victoires de son héros, sur les autres
et sur lui-même ; l'illustre successeur de saint Hilaire, faisant surtout admirer en lui le triomphe de la foi ; l'évêque d'Angers, parlant de ce diocésain bien-aimé avec l'accent d'un père ; le futur
évêque de Nantes, rappelant les journées de juin et le courage
de son contemporain, de son compatriote, avec l'émotion d'un ami
et l'autorité d'un ancien collègue[1]. Nous regrettons enfin que M.
Keller n'ait rien dit de la souscription patriotique qui atteignit, en
quelques jours, un chiffre si élevé, ni du monument, presque achevé
aujourd'hui, qui va en consacrer le souvenir. Mais à côté de ces
lacunes, que de charmantes ou touchantes pages sur la vie privée
du général, sur son exil, sur son retour à Dieu ! Quelle vive appréciation des difficultés de sa campagne romaine, et de l'activité, de
l'énergie, avec lesquelles il sut triompher, non pas de toutes, —
c'était impossible, — mais d'un grand nombre !

Je n'entrerai point, pour mon compte, dans ces détails ; je m'y
éterniserais ; c'est dans l'ouvrage de M. Keller qu'il faut les lire. On
y entendra souvent encore La Moricière dissertant, non plus de
guerre, mais de philosophie et de religion, avec cette *furie* de bon
sens qui lui était si naturelle. Chacun de ses mots porte coup,
chacun semble un emporte-pièce. Les commentaires de M. Keller
ont aussi leur prix. Quelle pensée vraie sur la situation de notre
pays, tant en 1850 qu'en 1874 ! La réconciliation était à faire bien
moins entre tel et tel prince qu'*entre Dieu et la France... aucune
combinaison politique ne saurait la remplacer.*

Suivez ensuite cette vie, si active jusque-là, repliée aujourd'hui
sur elle-même ; elle trouve dans son inaction, sa retraite, ses
épreuves, une force qu'elle ne se connaissait pas auparavant. Jus-

---

[1] M. l'abbé Fournier, alors curé de Saint-Nicolas, de Nantes, et ancien représentant, dans l'église du Louroux-Béconnais, au service anniversaire.

qu'en 1852, La Moricière put dire : *Agir, c'est vivre;* après 1852, il sentit que, si le bras est quelquefois oisif, la pensée peut ne pas l'être, et que penser, que croire surtout, c'est encore vivre, vivre même plus que jamais ! Dieu lui avait été prodigue de ses dons, et, comme il fut toujours du nombre des hommes de bonne volonté, il lui accorda ce qui est le complément naturel, mais trop rare, de l'homme fort : *mulierem fortem quis inveniet!* [1] et ses qualités natives acquirent alors ce je ne sais quoi d'achevé qui résiste aux épreuves, trouve une nouvelle grandeur dans le dévouement et le sacrifice, et marque d'un sceau indélébile toute une vie.

Et maintenant que pouvons-nous dire, sinon répéter douloureusement avec M. Keller : *La Moricière, où es-tu?* L'Église souffre, la France s'affaisse, les grands hommes, les grands généraux, les grands citoyens deviennent de plus en plus rares, la révolution nous menace de nouvelles ruines ; *La Moricière, où es-tu?* — « Avant de finir, du moins, il nous a tracé la voie ; il a couronné l'œuvre de toute sa vie, et atteint dans toute sa plénitude la vérité qu'il n'avait cessé de poursuivre avec une infatigable ardeur. Toujours à l'avant-garde de son siècle, il est monté à l'assaut de la Révolution et il est mort sur la brèche ouverte par lui à ceux qui le suivront. Il a attaqué dans ses derniers retranchements l'islamisme moderne, en mettant l'épée conquise sur Abd-el-Kader et la gloire de Constantine au service du Vicaire de Jésus-Christ. Son exemple nous montre que c'est à Rome qu'on peut réellement guérir les plaies de la société moderne et celles de l'ancien régime, résoudre les problèmes qui pèsent sur notre temps, retremper les caractères, en un mot, servir à la fois l'Eglise et la France ! [2] »

EUGÈNE DE LA GOURNERIE.

---

[1] *Prov.* XXXI, 10.
[2] T. II, p. 368.

A TRAVERS LES LIVRES D'ÉTRENNES

HISTOIRE DE FRANCE RACONTÉE A MES PETITS-ENFANTS, tome IV, par M. Guizot; — LES COMÈTES, par M. A. Guillemin. un vol. gr. in-8º, illustré; — LE TOUR DU MONDE, année 1873. 2 vol. illustrés; — LE JOURNAL DE LA JEUNESSE, année 1873, 2 vol. illustrés; — DICTIONNAIRE DES ANTIQUITÉS GRECQUES ET ROMAINES, fascicules II et III; — LES ABÎMES DE LA MER, par Wyville Thomson, un vol. gr. in-8º, illustré; — LA TERRE DE SERVITUDE, par Stanley, un vol. gr. in-8º. illustré; — LA TERRE ET LE RÉCIT BIBLIQUE DE LA CRÉATION, par M. B. Pozzy, un vol. gr. in-8º illustré; — LES MERVEILLES DE L'AMOUR MATERNEL CHEZ LES ANIMAUX, par E. Menault; LES FOSSILES, par G. Tissandier; LES MERVEILLES DU DÉVOUEMENT, par Michel Masson; LE FER, par M. Jules Garnier, 4 vol. in-18, illustrés; — chez Hachette.

HISTOIRE DE FRANCE. — On pouvait craindre que la mort de l'illustre historien ne fût venue interrompre ce beau travail commencé à l'âge de plus de 80 ans et poursuivi avec toute la plénitude d'un talent que le temps n'avait fait que mûrir. Il n'en est rien heureusement, et non-seulement nous sommes en possession du IVᵉ volume, mais on nous annonce déjà, pour l'année prochaine, la publication du Vᵉ et dernier.

La fin du tome précédent nous avait laissés à la mort d'Henri IV, ce grand roi que M. Guizot avait dignement loué, sans lui trop montrer rancune de sa conversion au catholicisme. Le présent volume n'embrasse rien moins que le règne de Louis XIII, ou mieux, de Richelieu, et tout le long et glorieux règne de Louis XIV, de ce Roi-Soleil, qui se leva dans l'orage de la Fronde et se coucha, découronné d'une partie de ses rayons, mais imposant encore dans son mélancolique déclin, après avoir fourni la plus longue et la plus éclatante carrière au firmament de notre histoire.

C'est toujours, chez M. Guizot, la même élévation et largeur de

vues, la même sereine impartialité. Tout au plus pourrions-nous
faire quelques réserves au sujet de certains jugements qui sentent,
et assez naturellement, il faut le reconnaître, le descendant des
huguenots de la Rochelle et des *Camisards* des Cévennes, notamment dans le chapitre : *Louis XIV et la Religion.* L'homme d'État
et le lettré, chez lui également éminents, sont à l'aise pour apprécier, l'un la politique d'un Richelieu, d'un Mazarin, d'un Louis XVI,
l'administration d'un Colbert et d'un Louvois; l'autre, ce magnifique épanouissement de génies et de chefs-d'œuvre dans tous les
genres de littérature, d'art et de science, dont l'histoire n'offre
peut-être pas un autre exemple aussi complet, et qui forment au
front de la France une immortelle auréole.

Le souvenir de cette grandeur, hélas ! passée, de notre pays,
alors prépotent en Europe, nous apparaît dans nos humiliations
présentes, comme une consolation, comme un remords aussi...

— LE TOUR DU MONDE, ANNÉE 1873. — Ce serait nous répéter
que de faire ici l'éloge de ce recueil, de plus en plus populaire en
France et que les nations étrangères traduisent en leurs langues. On
sait que cette publication, désormais célèbre, est exclusivement composée de relations originales des voyageurs contemporains, et que les
nombreuses gravures et cartes dont elle est illustrée (dans ces deux
volumes de l'année 1873, on ne compte pas moins de 500 figures
et de 10 cartes ou plans), sont copiés le plus souvent aussi sur les
croquis des explorateurs, ou, à leur défaut, sur des documents tout
aussi authentiques.

Si le *Tour du monde* n'a pas la haute autorité scientifique des
Mitteilungen d'Augustus Petermann, il est, par contre, un bien plus
efficace agent de vulgarisation que son célèbre rival de Gotha, peu
connu en dehors du monde savant et d'ailleurs rédigé sur un tout
autre plan.

Cette année encore, justifiant son titre, le *Tour du monde* nous
promène : de l'*Inde des rajahs*, avec M. Rousselet [1], au pôle nord,

---

[1] Ce voyage vient d'être tiré à part, en un splendide volume, superbement
illustré.

avec la *Germania* et Julius Payer , l'un des futurs chefs de l'expédition autrichienne du *Tegettoff;* — de *Washington à San-Francisco,* avec M. Simonnin, notre spirituel collègue à la Société de géographie; — du *Paraguay,* avec M. Forgues ; — *Au cœur de l'Afrique,*
dans le pays des *Niam-Niam* anthropophages et des nains *Akka,*
avec le docteur Schweinfurth ; — du *Japon* à l'*Amazone* et au
Madeira , pour nous ramener en Europe, en Transylvanie, à la
suite de M. Élisée Reclus, et enfin, avec M. A. Joanne, l'auteur bien
connu des *Guides,* à Menton et à Bordighera, lieux aimés du soleil,
que baigne la Méditerranée de ses flots bleus...

— JOURNAL DE LA JEUNESSE. — Agée de deux années à peine,
cette publication a déjà conquis , et fort justement, tout un jeune
public. Remarquablement appropriée à son but , qui est d'instruire
en amusant et d'unir, suivant le précepte, l'agréable à l'utile , ce
recueil hebdomadaire se distingue par une grande variété de sujets
récréatifs ou instructifs : contes, nouvelles, biographies , voyages
et aventures, sciences et industrie, géographie , astronomie , géologie, botanique, etc. L'année 1873, que nous avons sous les yeux,
nous paraît encore en progrès sur la précédente. Les nombreux articles, si variés, qui composent ces deux volumes, et qu'*illustrent*
plus de *mille* gravures, sont signés pour la plupart de noms aimés
de la jeunesse et de l'enfance, et tout d'abord de ceux de Mmes
Colomb, Z. Fleuriot, etc... Inutile d'ajouter qu'un soin scrupuleux a
présidé au choix de ces articles, et que tous sont irréprochables au
point de vue de la moralité.

— DICTIONNAIRE DES ANTIQUITÉS GRECQUES ET ROMAINES, 2e et 3^e
fascicules. — Bien que ce grand ouvrage, dont nous annonçâmes ici
l'apparition l'an dernier, n'en soit encore qu'à son 3e fascicule, il est
déjà permis de prévoir que l'érudition française inaugure là un monument auquel la science étrangère, même la superbe et dédai-
gneuse science prussienne, n'aura rien à opposer de supérieur , ni
même peut-être d'égal. L'honneur en reviendra à l'éditeur, qui n'a
pas craint d'entreprendre une telle œuvre, aussi bien qu'à la pha-

lange d'érudits en tout genre aux lumières desquels il a fait
appel.

Parmi les plus intéressants des nombreux articles, la plupart illustrés, contenus dans les deux derniers fascicules, signalons les
mots: *Apollo, Amuletum, Ara, Annulus, Aquæ, As*, etc., objets
chacun d'une notice détaillée. Remarquons surtout au mot : *Alpha-
betum*, le long et savant travail de M. François Lenormant, sur l'histoire de l'alphabet et sur ses origines, vraisemblablement égyptiennes,
les Phéniciens, ses premiers inventeurs, ayant, par un trait de génie, transformé, en les généralisant, les hiéroglyphes idéographi-
ques en signes phonétiques. Ceux-ci auraient successivement passé,
avec quelques variantes, dans l'hébreu, frère du phénicien, dans les
divers dialectes archaïques grecs et latins, et généralement dans
toutes les langues à alphabet, y compris le sanscrit, tous les alpha-
bets proprement dits se rattachant de près ou de loin à l'invention
des Phéniciens et procédant de la même source. Les tableaux com-
paratifs dont M. Lenormant appuie son opinion, partagée d'ailleurs
par d'éminents philologues, notamment par M. de Rougé, la rendent
vraisemblable.

Ce grand *Dictionnaire* archéologique promet d'être le digne pendant du *Dictionnaire* philologique de M. Littré, ce monumental répertoire, indispensable à quiconque tient à connaître notre langue
dans son présent et dans son passé ; ouvrage vraiment admirable,
inoffensif d'ailleurs quant aux doctrines philosophiques ou religieuses en dépit du nom de son auteur, et sur le mérite duquel nous
n'avons plus à insister, après la longue et probante étude que nous
lui avons consacrée dans cette Revue.

— LES COMÈTES. — Parmi ces millions et milliards d'astres divers,
planètes, étoiles prétendues fixes, qui gravitent en constellations,
nébuleuses ou voies lactées, autour d'un centre inconnu à travers
l'infini de l'éther, — les comètes ont toujours eu le privilége de
frapper le plus vivement les regards et l'attention des hommes, tant
à cause de leur soudaine apparition que pour l'étrangeté de leurs

formes. Ces vagabonds météores, ces irréguliers de la grande armée
sidérale, émergeant tout à coup de l'espace et s'y replongeant soudain, après l'avoir illuminé quelques nuits de leurs queues flam-
boyantes, étaient bien faits pour émouvoir des esprits simples et
ignorants. Aussi on sait quelle mystérieuse et fatidique influence
l'imagination populaire leur attribua dans tous les temps, sans excepter tout à fait le nôtre.

Jusqu'à Newton, les comètes ne furent guère considérées que
comme de passagers météores, quelque chose comme d'immenses
feux follets célestes, brillant et disparaissant sans règle ni loi. Ce
n'est que depuis deux cents ans que les comètes sont décidément
rattachées à la famille des astres.

Toutefois, si la science moderne a dissipé les superstitieuses rêveries du passé, elle n'est point encore parvenue à expliquer complétement la constitution intime des comètes, la nature physique et
chimique de leur lumière, les causes de leur aspect anormal. Irrégulières dans leur marche, évoluant tout aussi bien d'orient en
occident que d'occident en orient ; obéissant tout ensemble à l'attraction newtonienne de la masse du soleil, et à la répulsion née de
la chaleur de cet astre ; emportées à travers un orbite parabolique
ou souvent même hyperbolique ; présentant presque toutes une
apparence nébuleuse et une couleur variant du rouge vif au bleu ;
soumises à de rapides changements dans leur noyau, leurs appendices et leur atmosphère ; tantôt amassées en un seul corps, plus ou
moins irrégulier, tantôt se couronnant d'une lumineuse auréole, ou
déployant devant ou derrière elles une ou plusieurs queues, qui
s'étalent en éventail et mesurent en longueur jusqu'à soixante millions de lieues et davantage, sur une largeur proportionnelle ; —
les comètes, par tous ces caractères, se différencient nettement des
planètes, tout en paraissant briller, comme celles-ci, d'une lumière
empruntée, en partie du moins, au soleil, ainsi que l'ont démontré
les récentes expériences spectroscopiques du P. Secchi et d'autres
savants astronomes.

C'est le carbone, pur ou combiné, qui paraît constituer l'élément chimique des comètes. La diaphanéité des appendices cométaires, véritables nuages lumineux, est telle, que la lumière des étoiles même d'un faible éclat apparaît au travers. Si peu dense est la matière ou mieux la vapeur, qui les forme, que Herschell a pu évaluer à quelques livres, ou même quelques *onces,* le poids total de la queue d'une grande comète ! Toutefois, la science ignore encore si le noyau proprement dit est opaque ou diaphane ; sa densité est vraisemblablement beaucoup plus considérable.

On voit combien est peu fondée la croyance populaire de l'influence exercée sur la température des saisons par les comètes, la lumière et par suite la chaleur, que la plupart nous envoient, étant estimées beaucoup plus faibles que celles de la lune. Il en est de même du prétendu danger que ferait courir à la terre la rencontre de la queue d'une comète (et cette rencontre paraît avoir eu lieu plus d'une fois, notamment en 1861). « La moindre toile d'araignée, a dit M. Faye, opposerait peut-être plus d'obstacle à une balle de fusil. » L'action du noyau sur notre planète, s'il venait à passer dans son voisinage, serait plus sensible, il est vrai. Toutefois on estime qu'elle ne ferait guère que déterminer une marée anormale dans notre atmosphère et nos océans.

Nous ne parlons pas de l'influence, encore beaucoup plus chimérique, attribuée aux comètes sur le monde moral et sur les événements de l'histoire.

Ajoutons que, sur plusieurs centaines de comètes observées depuis les temps historiques, sans parler des comètes télescopiques, inconnues à l'antiquité et au moyen âge, c'est à peine si l'astronomie a pu calculer l'orbite de quelques-unes et en prédire le retour, tant est excentrique l'ellipse que décrivent presque tous ces météores à travers l'infini.

Nous ne pouvons que mentionner ici quelques-unes des nombreuses autres questions se rattachant à ce curieux et encore mystérieux sujet : celles, par exemple, de savoir si les étoiles filantes ne seraient pas, et cela semble probable, des débris d'appendices cométaires, abandonnés dans l'espace ; et si ces astres errants sont habitables, comme l'ont supposé Fontenelle, Lambert, etc.: hypothèse infiniment moins probable qne la précédente, étant donnée l'énorme différence qui doit se produire dans la température des comètes à leur périhélie et à leur aphélie.

Tous ces problèmes et bien d'autres encore sont abordés et discutés dans le savant ouvrage de M. Guillemin, dont ce qui précède n'est en grande partie que l'analyse. L'infatigable vulgarisateur à qui nous devions déjà les deux beaux livres : *Le Ciel* et les *Applications de la physique*, nous trace ici toute une monographie, à la fois astrologique et astronomique, des comètes, nous exposant tour à tour les faits, certains ou légendaires, que l'histoire du passé nous en rapporte, et les données les plus nouvelles de la science contemporaine. De belles planches, tirées en noir ou en couleur, ajoutent encore à l'intérêt de cet ouvrage.

— LA TERRE DE SERVITUDE. — Nous rendions compte, ici-même, l'année dernière, de l'étonnant voyage accompli par un simple journaliste à la recherche de Livingstone. Nous racontions comment M. Stanley retrouva sur les bords du lac Tanganyika, à Oujiji, le grand voyageur, qui, quelques mois plus tard, succombait à ses longues fatigues, avant d'avoir eu la suprême consolation et la gloire de résoudre enfin le séculaire problème des sources du Nil. Au moment où nous écrivons ces lignes, l'intrépide journaliste américain se prépare à retourner, toujours aux frais du seul journal le *New-York Herald*, dans la région des grands lacs de l'Afrique centrale, pour recueillir la succession de Livingstone et poursuivre le cours, interrompu par la mort, de ses explorations. En attendant, M. Stanley, des reliefs de sa première relation, a composé un autre récit, romanesque et fictif celui-là, sur ces contrées africaines où la nature est si magnifique et l'homme si barbare, et que l'auteur si justement flétrit en les appelant : *la Terre de servitude*. C'est ici surtout, en effet, que fleurit toujours l'affreux commerce des esclaves, avec la complicité, plus ou moins avouée, des autorités musulmanes. Si les personnages de ce récit sont imaginaires, la peinture des mœurs de ces peuples et de la nature africaine, si belle mais si redoutable aux Européens, est tracée *de visu* par un témoin qui faillit plus d'une fois être la victime de la barbarie des uns et de l'insalubrité de l'autre.

— LES ABIMES DE LA MER. — Depuis tant de siècles que l'homme en parcourt la surface, le fond des mers lui était hier encore à peu près inconnu. Il y a quelques années à peine qu'on a enfin essayé, par des moyens pratiques et efficaces, de pénétrer au sein de ce mystérieux royaume du silence et de la nuit.

La pose du câble télégraphique entre l'Europe et l'Amérique, dut être précédée d'une étude du sol sous-marin destiné à recevoir ce merveilleux instrument de communication, qui, en supprimant un Océan, allait permettre aux deux mondes de converser dans un dialogue instantané. De nombreux sondages opérés dans la traversée de l'Irlande à Terre-Neuve, révélèrent l'existence d'un vaste plateau, dit *télégraphique*. De ces premières observations et de celles opérées depuis, il est permis de conclure que le fond de l'Atlantique, et sans doute aussi des autres océans, reproduit à peu près les accidents de la surface de la terre, avec ses plaines, ses vallées, ses montagnes, les profondeurs des plus basses vallées marines paraissant égaler l'altitude des hautes montagnes terrestres, ainsi que l'avait *à priori* conjecturé Laplace. Les îles représentent les sommets des montagnes sous-marines, et les continents ne sont autres que des îles plus vastes, des plateaux, baignant leurs pieds dans l'Océan, trois fois plus étendu qu'eux tous dans leur ensemble, et qui les enserre de toutes parts.

Jeter la sonde dans les abîmes de la mer et en calculer les profondeurs, c'était déjà un résultat capital, bien que si tardif; mais il en restait un autre à atteindre, plus intéressant encore. Comment se répartit la vie dans les zones superposées des eaux océaniennes, et jusqu'où descend-elle? S'arrête-t-elle à quelques centaines de mètres, comme on le croyait jusqu'alors, ou s'enfonce-t-elle aux plus basses profondeurs, bravant l'énorme pression des eaux, évaluée au poids d'une atmosphère par couche de dix mètres environ?

La drague est venue compléter l'œuvre de la sonde et répondre à ces questions. Et sa réponse a été telle, qu'elle a provoqué un cri d'admiration d'un bout à l'autre du monde savant. Presque partout, par des profondeurs de 3 000, 4 000, et même 5 000 mètres, la drague a révélé une vie souvent exubérante! Des espèces animales inconnues, d'autres appartenant aux âges paléontologiques et que l'on croyait éteintes depuis des milliers de siècles, ont surgi, la plupart munies d'yeux et parées de brillantes couleurs, de ces ténébreux abîmes, où elles supportaient sans fléchir une pression de 4 à 500 atmosphères, tandis que l'homme ne peut dépasser celle de *cinq* seulement sans danger de mort! Que de mystères nouveaux pour notre pauvre vaine science! Bien plus, il est aujourd'hui démontré que ces chétifs animalcules, ces exilés de la création, dont les ancêtres édifièrent jadis en partie la terre, continuent leur rôle providentiel de constructeurs de mondes et préparent, au fond des mers, les continents de l'avenir!...

C'est tout un chapitre nouveau et inattendu à ajouter à la zoologie et à la géologie, en même temps qu'au livre, déjà si riche, des merveilles de la création.

La découverte des faits que nous venons de résumer trop brièvement, est due, en grande partie, aux trois campagnes d'explorations accomplies, pendant les étés de 1868, 1869 et 1870, par les deux navires anglais le *Lightning* (l'*Éclair*) et le *Porcupine* (le *Porc-Épic*), dans les parages de l'Écosse, de l'Irlande, des îles Feræ et Shetland, le golfe de Gascogne et la Méditerranée.

Dans le livre dont nous avons transcrit ci-dessus le titre, M. Wyville Thomson nous raconte, jour par jour, les incidents et les résultats de ces expéditions, dont il a été le chef scientifique, concurremment avec deux autres savants anglais, MM. Carpenter et Gwin Jeffreys. C'est assez dire quel haut intérêt présente cette relation, qu'accompagnent huit cartes, toutes constellées de chiffres indiquant les sondages et les dragages effectués, et de nombreuses gravures figurant les animaux, la plupart si étranges de formes, ramenés par la drague. Nous ne mentionnons que pour mémoire les autres objets d'études, pourtant si intéressants aussi, tels que la température comparative des eaux de la mer aux diverses profondeurs, la direction des courants, froids ou chauds, juxtaposés ou superposés, etc.

La plus haute profondeur atteinte par la drague dans le cours de ces explorations, a été de 2,435 brasses anglaises (4,450 mètres). C'était le 22 juillet 1869, à 7° au large de nos côtes de Bretagne. Après un voyage qui ne dura pas moins de sept heures, et un traînage de plus de sept milles marins, la drague remonta de cet abîme, où disparaîtrait le Mont-Blanc presque entier, ramenant 75 kilog. d'un limon tout fourmillant d'animaux divers : mollusques, crustacés, échinodermes, éponges, et protozoaires, tels que globigérines, obulines, etc. — Ce sont ces derniers êtres élémentaires que M. Darwin prétend donner pour ancêtres à toute la série animale, l'homme compris, dans son fameux roman scientifique, le nouvel Evangile de certaine école, système qui, basé sur l'hypothèse de la variabilité indéfinie des espèces, formellement contredite par tous les faits observés, — ne s'en proclame pas moins hautement la méthode expérimentale par excellence...

Ajoutons que les résultats, déjà si intéressants, des explorations sous-marines dont nous parlons, viennent d'être complétés et dépassés. En 1873, un autre navire anglais, le *Challenger*, qui, depuis deux années, poursuit un voyage scientifique de circumnavigation, sur lequel la science fonde les plus belles espérances, déjà en partie réalisées, a jeté la sonde et la drague jusqu'à l'énorme profondeur de 7,137 mètres, dans les parages de la mer des Antilles, sans que d'ailleurs la drague ait cette fois ramené aucun organisme vivant [1].

L'infatigable Wyville Thomson, qui dirige encore cette nouvelle expédition, ne manquera pas de nous en donner aussi plus tard la relation. Elle présentera d'autant plus d'intérêt qu'elle ne comprendra rien moins que l'ensemble des océans.

[1] Voir, pour plus de détails, dans notre ouvrage *Le Pôle et l'Équateur*, nouvelle édition, une étude sur les courants de l'Océan, ses profondeurs et la vie qui l'anime, ainsi que le résumé de l'exploration, par le *Challenger*, de l'Atlantique et des mers australes, en 1873-1874.

— LA TERRE ET LE RÉCIT BIBLIQUE DE LA CRÉATION. — Voici un livre de science qui, chose quasi étrange en ce temps-ci, non-seulement n'attaque pas la Bible, mais encore entreprend de la défendre.

Doublement bien armé pour aborder ce grand sujet, philologue en même temps que géologue, l'auteur, M. Pozzy, ouvre simultanément ces deux grands livres qui nous racontent, chacun en sa langue, les origines de notre planète : la Bible et la terre elle-même. Feuilletant les pages de l'une et les couches de l'autre, il les compare et leur demande si décidément leur désaccord est aussi grave que certains le prétendent. Après un examen approfondi, le linguiste-géologue en arrive à conclure que la contradiction prétendue n'existe sur aucun des points importants, et que ceux-ci, au contraire, présentent une remarquable conformité dans le livre de la nature et dans le récit mosaïque. Si les raisons apportées par M. Pozzy pour établir la concordance des deux grands documents cosmogoniques, ne lui appartiennent pas toutes en propre, il a su du moins fortifier cette thèse d'arguments nouveaux, empruntés surtout à l'interprétation du texte hébreu de la Bible.

Dans un appendice, M. Pozzy, tout en se maintenant sur le seul terrain de l'histoire naturelle et de l'anthropologie, démontre, à son tour, l'unité de l'espèce humaine, unité à la fois physiologique, anatomique, psychologique et morale.

Toutefois, en présence des faits nouveaux, qui se sont produits dans ces dernières années, l'auteur est conduit à reculer l'époque de l'apparition de l'homme jusqu'à l'âge quaternaire et peut-être même au delà : question non encore résolue peut-être avec une suffisante évidence, et qui d'ailleurs intéresse moins qu'on ne pourrait le croire, la Bible, laquelle, répéterons-nous avec M. Pozzy, n'a d'autres chronologies que celles, fort diverses (on n'en compte pas moins de *cent quarante !*) que lui attribuent ses commentateurs.

Le grand problème de nos origines est abordé largement et franchement dans l'ouvrage dont nous nous occupons. La discussion de M. Pozzy est toujours claire, logique, sincère, exempte de parti

pris ; c'est au nom de l'observation même que l'auteur réfute ces
hypothèses si légèrement échafaudées sur des faits fort incertains
pour la plupart. Par exemple, l'authenticité, admise par M. Pozzy
lui-même, de cette fameuse *mâchoire du Moulin-Quignon*, dont la
découverte par M. Boucher de Perthes a si profondément ému le
monde savant, ne serait rien moins que certaine, cet ossement
paraissant provenir d'ún ancien cimetière où furent enterrées les
victimes de la célèbre *Peste noire* qui ravagea l'Europe en 1346. De
même, les nombreux silex trouvés par le même M. Boucher de
Perthes, dans les sables du problématique *diluvium* de la Somme,
auraient été, la plupart, sinon tous, taillés par les ouvriers mêmes
employés dans ses fouilles par le trop crédule savant, et pécuniaire-
ment intéressés à en multiplier les exemplaires [1].

De même encore, les ossements humains trouvés dans les cavernes des Cévennes et du Périgord, paraîtraient provenir, en partie
du moins, des *Camisards* qui se réfugièrent dans ces grottes lors des
dragonnades ordonnées par Louvois contre les protestants, après
la révocation de l'édit de Nantes.

Reconnaissons-le toutefois : les partisans de la haute antiquité
relative de notre espèce, peuvent invoquer, à l'appui de leur
thèse, un certain nombre de faits qui semblent mieux établis,
autant que nous permet d'en juger l'état actuel de nos connaissances, encore si peu avancées sur cette grande question de
l'archéologie humaine.

— *La Bibliothèque des Merveilles* vient de s'enrichir de quatre
ouvrages nouveaux, qui ne seront pas les moins intéressants de
cette instructive collection.

LE DÉVOUEMENT, une *Morale en actions* nouvelle, où M. Michel
Masson propose à notre admiration et à notre imitation des actes de
dévouement choisis dans les diverses catégories sociales.

L'AMOUR MATERNEL CHEZ LES ANIMAUX, — plus admirable
encore que le dévouement humain, parce qu'il est bien autre-

---

[1] V. un article de M. Ch. Louandre, dans la *Revue des Deux-Mondes* du
15 juillet 1873.

ment malaisé à expliquer ; instinct véritablement merveilleux, que M. Ernest Menault étudie chez les différentes espèces animales, depuis la fourmi jusqu'à la baleine : vivantes énigmes, qui se dressent en foule devant notre raison impuissante, et auxquelles certains philosophes et physiologistes ont donné deux solutions opposées, les uns ne voyant dans les animaux que des automates admirablement machinés, les autres les regardant comme des ébauches de l'homme lui-même, voire ses cousins germains...

LES FOSSILES. — Petit traité de géologie, dans lequel M. G. Tissandier nous raconte, avec son habituelle clarté, les évolutions de notre globe, à l'aide de ces débris de la flore et de la faune primitives, que l'antiquité elle-même connut et interrogea curieusement, mais en vain, sur le grand problème qu'elle soupçonnait vaguement.

LE FER. — Dans ce résumé de métallurgie ou, plus spécialement, de *sidérurgie*, notre collègue, M. Jules Garnier, nous expose, avec sa haute compétence d'ingénieur, l'histoire passée et présente de ce métal, le plus utile et aussi le plus abondamment répandu par la prévoyante nature, ses transformations et manipulations, ses emplois si multiples, qui en font pour la civilisation le plus précieux de ses instruments matériels. Au courant de sa savante nomenclature des espèces si variées de minerais, M. J. Garnier n'oublie pas de mentionner les riches gisements jadis exploités par les anciens et tout récemment redécouverts par lui, sur le territoire de Segré, à la frontière de notre département de la Loire-Inférieure.

———

HISTOIRE DE SAINT LOUIS, par Jean, sire de Joinville, un vol. gr. in-8°, illustré ; — DES ARTS AU MOYEN AGE ET A L'EPOQUE DE LA RENAISSANCE, par Paul Lacroix, un vol. gr. in-8°, illustré ; — chez Firmin Didot.

La librairie Didot est la digne rivale de la librairie Hachette, pour l'importance et la beauté des publications, surtout à cette époque de l'année. Ces deux grandes maisons se partagent, pour la plus grande part, ce plaisant et gai royaume des étrennes, si aimé des petits et des grands enfants ; l'une se vouant plus spécialement à la littérature et à l'art, l'autre à la vulgarisation de la science, toutes deux rendant au public d'éminents services, dont il convient de les remercier.

HISTOIRE DE SAINT LOUIS. — On peut dire que notre siècle a découvert le moyen âge. Depuis la Renaissance jusqu'au grand mouvement historique et poétique de la Restauration, le moyen âge fut en profond discrédit, ou dans un oubli plus insultant encore, quand il n'était pas l'objet d'une haine aussi furieuse qu'ignorante. Aujour-d'hui, ce n'est plus guère que dans les petits pamphlets à cinq sous de la *Bibliothèque démocratique*, et dans les colonnes du *Siècle*, du *Rappel* ou de toute autre feuille ou livre de même littérature, de même science et conscience ; ce n'est plus que dans les publica-tions de ces sectaires, — soi-disant patriotes, qui répudient la plus large et la plus glorieuse portion de la patrie, et qui ont fait de la haine du passé et de toute tradition le premier dogme de leur symbole politique, — qu'on se permet encore d'appeler « un abîme de ténèbres et de barbarie » cette longue période de notre histoire qui commence à Charlemagne et finit à François Ier. Sans parler de ses institutions sociales, mieux étudiées et mieux comprises, lors-que nos érudits exhumèrent de la poussière des bibliothèques cette Pompéi historique, ce fut avec une sorte de stupéfaction et de ra-vissement qu'ils découvrirent que cette prétendue barbarie recou-vrait un puissant mouvement intellectuel. C'était toute une pléiade de poètes, la plupart inconnus, de chroniqueurs, d'artistes, qui surgissait des ombres du passé et venait enrichir notre trésor litté-raire, déjà si riche. Et telle était l'abondance des œuvres remises en lumière, que le savant Victor Le Clerc et, après lui, M. Littré, juge peu suspect, n'ont pas craint de comparer notre XIIIe siècle, celui de saint Louis et de Joinville, au grand siècle de Louis XIV lui-même, pour l'éclat et l'universel rayonnement !

Si l'antiquité grecque et latine a eu au XVIe siècle sa Renaissance, le moyen âge, notre antiquité à nous, aura eu la sienne au XIXe.

La librairie Didot aura puissamment contribué à cette renais-sance littéraire du moyen âge. Cette célèbre maison a entrepris de publier, sous la direction d'érudits tels que MM. Natalis de Wailly

et Léon Gautier, toute une collection des œuvres principales de
cette époque, en prose et en vers : Chroniques, chansons de geste,
mystères, etc., d'après lés textes originaux, avec traduction, notes
et glossaire, lorsque la langue des auteurs a trop vieilli.

La belle édition de l'*Histoire de saint Louis*, par le sire de Juin-
ville, dont nous avons surtout à parler ici, nous offre le type de
cette nouvelle série de publications, qu'elle inaugure dignement.   '

Dans une étude préliminaire sur les éditions précédentes de ce
célèbre ouvrage et sur les différentes versions qui nous en restent,
M. Natalis de Wailly nous montre toute la scrupuleuse et sûre
érudition qu'il a apportée dans sa tâche de critique éditeur. C'est en
confrontant les deux manuscrits que possède la Bibliothèque nationale, avec un troisième récemment retrouvé, que M. de Wailly a
pu reconstituer, aussi fidèlement que possible, la version originale
et la débarrasser de l'alliage que les précédents copistes ou éditeurs y avaient introduit, sous prétexe de la rajeunir. Le texte de
Joinville nous est ainsi rendu tel, ou à peu près, qu'il sortit des
mains du bon sénéchal de Champagne, ou de celles de son secrétaire, il y a 565 ans. Une traduction, littérale et claire, en regard ;
des *Éclaircissements*, sur la sigillographie, la numismatique, la
topographie de la France, l'histoire du costume, à l'époque de
saint Louis, un *glossaire* détaillé de la langue d'alors, — complètent cette édition, de beaucoup supérieure à toutes celles publiées jusqu'à ce jour, et destinée sans doute à rester définitive.

Voilà pour la part, et on voit si elle est considérable, qui revient
à l'éditeur et au philologue dans ce beau livre. Celle de l'artiste
n'est guère moindre, car cet ouvrage parle aussi éloquemment aux
yeux qu'à. l'esprit. On a · voulu rien moins que présenter au
public du XIXᵉ siècle un *Joinville illustré* comme il aurait pu l'être
au XIIIᵉ. Et on y a pleinement réussi, au moyen de toutes ces
chromolithographies, miniatures, lettres ornées, figures diverses,
empruntées aux manuscrits de l'époque, y compris celui du *Confes-*.
seur de la reine Marguerite, la propre femme de saint Louis. Deux
belles cartes, l'une de la France en 1259, indiquant les limites du

domaine royal et des grands fiefs d'alors; l'autre figurant la Palestine et le nord de l'Afrique, théâtre des croisades du saint roi, — achèvent de compléter ce bel ensemble, en ajoutant à l'art la science topographique, et de faire revivre à nos yeux ce lointain XIIIᵉ siècle, si brillant et si viril, si bien fait pour nous servir de modèle en tant de points, en dépit des systématiques détracteurs du passé.

Pour ce qui est du fond du livre lui-même, qui ne connaît, sinon en totalité, par fragments du moins, ce chef-d'œuvre, sans le savoir, ce récit si vivant dans sa familiarité, si charmant dans sa naïve bonhomie, si ingénu et ingénieux dans son gracieux laisser-aller, rappelant à la fois Amyot et Homère; franc et allant droit au but « comme les piliers et les nervures de la nef de Reims, comme les verrières et les ogives de la Sainte-Chapelle », suivant la pittoresque comparaison de M. Vitet.

« Les choses que j'ai oralement vues et ouïes ont été écrites l'an de grâce 1309, au mois d'octobre », nous dit naïvement Joinville.

On sait que ce fut à la demande de Jeanne de Navarre, femme de Philippe le Bel, que le vieux sénéchal (il n'avait pas moins de quatre-vingt-cinq ans) écrivit ou dicta son livre. Il le dédia, dans une lettre dont nous avons ici le curieux fac-simile, au roi Louis le Hutin, arrière-petit-fils de saint Louis.

Avec quelle fidélité et quel charme le vieil historien nous trace, au courant de ses souvenirs, le portrait de son cher et saint héros, de son royal ami, dans ses actes tant privés que publics, dans ses entretiens si sages et si sensés, parfois piquants aussi, dans sa vie de famille aussi bien que sur le champ de bataille! De cette peinture faite d'après nature par un témoin oculaire, ressort avec un singulier relief cette belle et grande figure de saint Louis, admirée de Voltaire lui-même, de ce modèle des rois et des chevaliers, homme d'état, législateur, « aumosnier et prudhomme », bon et charitable à tous, rendant sévère justice au petit peuple, dans son palais ou sous l'immortel chêne de Vincennes, — pour tout dire en un seul mot : un saint.

Ce beau livre va donner un nouveau lustre à cette pure renommée, en la rendant plus populaire encore.

— LES ARTS AU MOYEN AGE ET A L'ÉPOQUE DE LA RENAISSANCE. —
Le chiffre de cinq éditions auquel, malgré son prix élevé, est arrivé
ce livre en quelques années, en dit plus long sur son mérite que
tous les éloges que nous en pourrions faire. La réputation d'érudit
que s'est acquise son auteur, M. Paul Lacroix, le célèbre *Bibliophile,* est depuis longtemps et solidement assise. Quant à ce qui est
de l'ouvrage lui-même, il nous suffira, pour en montrer le haut
intérêt artistique et de curiosité, d'indiquer sommairement, le défaut
d'espace ne nous permettant pas d'insister, les matières diverses
qui y sont successivement traitées.

C'est tout d'abord l'Architecture, byzantine, féodale, gothique,
couvrant l'Europe et surtout la France, de ces basiliques, cathé-
drales, abbayes, palais, monuments civils, châteaux forts, remparts de villes, de tous ces superbes édifices qui, par leur
masse, leur beauté, leur solidité, la nouveauté de leurs formes,
jusque là sans modèles, étonnent notre civilisation si fière pourtant
de ses engins nouveaux, de son industrie, et témoignent d'une
singulière puissance créatrice de conception et d'exécution, d'un
goût si raffiné, d'une si surprenante habileté de main-d'œuvre,
dans ces temps que nous appelons barbares. Puis viennent : la
Sculpture, qui orne ces édifices de statues, de bas-reliefs, de dip-
tyques, en pierre, en marbre, en bois, en ivoire ; la Peinture, qui
s'essaie d'abord dans la mosaïque, les émaux, les vitraux, les
fresques, et ces ravissantes miniatures dont elle historie et enlumine
les manuscrits, en attendant qu'elle arrive à sa plus haute perfection avec les Giotto, les Cimabue, les Fra Angelico, les Raphaël.
De même, la Gravure, sur bois et sur métal, en burinant des
médailles et des nielles, en taillant des cartes à jouer, préludait à
la prochaine invention de l'imprimerie.

Ameublement civil et religieux ; — Orfèvrerie, déjà si habile dans
ses procédés naïfs ; — Céramique, tour à tour gallo-romaine, arabe,
italienne, avant d'être régénérée par un ouvrier de génie, Bernard
Palissy ; — Horlogerie, qui remplace, enfin, la clepsydre antique,
le gnomon et le sablier, par un ingénieux mécanisme à poids et à

échappement, inventé par le moine Gerbert (pape Sylvestre II) et
mesurant le temps avec plus de précision ; — Tapisserie au métier
et à l'aiguille, cette autre peinture, en fils d'or, d'argent, de laine,
de lin ou de soie, vieille comme la civilisation elle-même, connue
des Hébreux, des Egyptiens, des Grecs, des Orientaux surtout, re-
trouvée par nos religieux et religieuses, nos châtelaines, nos
princesses elle-mêmes (par exemple, la reine Mathilde, femme de
Guillaume le Conquérant, à laquelle est attribuée la fameuse *Tapisserie de Bayeux*, longue de près de 212 pieds sur 19 pouces de
haut, et représentant la conquête de l'Angleterre par les Normands;)
enfin pratiquée, dès les IXᵉ et Xᵉ siècles, par nos ouvriers tisseurs
de Poitiers, de Saumur, puis d'Arras, d'où le nom d'*Arrazi* donné
encore aujourd'hui par les Italiens aux tapis précieux ; — Armure-
rie, parvenue à un si haut degré de perfection, à cette époque chevaleresque, où l'on se battait corps à corps et non point à dix kilomètres de distance, comme on fait aujourd'hui ; — Instruments de
musique, sellerie, carrosserie, etc.: — Aucun côté de ce sujet complexe, l'*Art*, n'est, on le voit, oublié par M. Paul Lacroix. Son savant livre embrasse jusqu'à douze siècles, du IVᵉ à la seconde moitié du XVIᵉ, c'est-à-dire cette période de notre histoire la moins
connue, mais non la moins curieuse et la moins féconde. Il ne s'a-
gissait, pour nos pères, de rien moins que de redécouvrir tous les
arts de la civilisation, submergés par l'invasion des Barbares. M.
Paul Lacroix nous fait assister à ce long et laborieux enfantement
dont nous avons recueilli les fruits, en oubliant trop souvent, ingrats
héritiers que nous sommes, les efforts de nos devanciers, quand
nous ne tombons pas dans la triste manie de les calomnier.

Chacun de ces arts divers a ici son histoire, racontée non-seulement par la plume, mais aussi par le burin, dans ces 419 gravures
et chromolithographies, qui, scrupuleusement copiées sur les monuments, dessinés, peints, sculptés ou imprimés, de chaque siècle,
donnent à ce livre une si haute valeur archéologique.

Est-il besoin d'ajouter que le savant auteur reconnaît hautement
et proclame que cette magnifique floraison artistique du moyen âge

et de la Renaissance s'épanouit au souffle de la foi religieuse, la puissante inspiratrice des arts ?

Cette année, M. P. Lacroix, continuant ses intéressantes études sur cette partie anecdotique et pittoresque de notre histoire, nous a donné un autre magnifique volume sur les *Institutions et coutumes du XVIII° siècle,* ce siècle frivole et sombre, qui a légué au nôtre comme héritage ce chaos où nous nous débattons et où nous sommes menacés de périr.

Lorsqu'il aura fait de notre grand XVII° siècle, et plus que tout autre il en vaut la peine, l'objet d'une semblable monographie, aussi bien étudiée, l'érudit bibliophile aura achevé de tracer le tableau de la société française, depuis ses origines jusqu'à la Révo-lution, dans ces côtés intimes et familiers, qui, trop négligés par les historiens préoccupés surtout de politique et de batailles, offrent la plus fidèle et vivante image d'un siècle, d'un peuple.

Grâce aux vulgarisateurs de l'école de M. P. Lacroix, ces notions, qui étaient jusqu'ici le privilége presque exclusif des érudits et des savants, tendent de plus en plus à se populariser et feront bientôt partie intégrante de toute éducation un peu complète.

LUCIEN DUBOIS.

—

LES SPECTRES LUMINEUX

—

FRAGMENTS

•

Le plaisir de mon cœur souriait sur ma bouche.
Je me trouvais si bien dans cette molle couche,
Après mes dures nuits sur de hideux grabats !

J'attendais le sommeil ; le sommeil ne vint pas,
Et des flots de tristesse engloutirent ma joie.
C'est que, sur les chemins où l'orgueil me fourvoie,
Je repassais ma vie et ses longues douleurs ;
Et malgré moi mes yeux se remplirent de pleurs.
Oui ! bien qu'un blond duvet couvre encor seul mes joues,
J'ai, nouvel Ixion, tourné sur bien des roues ;
Oui ! les maux de ce monde et les maux des enfers,
Excepté le remords, je les ai tous soufferts.

Ah ! que m'importerait cette lente agonie,
Si je sentais en moi palpiter le génie ?
On peut au Golgotha, calme et serein, monter,
Quand on sait qu'on est Dieu, qu'on doit ressusciter !
Mais, moi, si le présent me prodigue l'insulte,
L'avenir voudra-t-il me venger par son culte ?
Non ! à peine au tombeau serai-je enseveli,
Les plis de mon linceul seront ceux de l'oubli.....

Ma douleur s'aigrissait de plus en plus ; la fièvre
Faisait battre ma tempe et grelotter ma lèvre.
La plume réchauffait en vain mes reins glacés
Et rendait leur vigueur à mes jarrets lassés ;
En comptant tous les maux qui me barraient la route,
Mon esprit se tordait sous les serres d'un doute :
Devais-je me tuer ? devais-je vivre encor ?

Ce problème irritait mon âme, et son essor
L'emportait tour à tour de l'une à l'autre idée ;
Mais tour à tour par l'une ou l'autre intimidée,
Qu'elle sondât le gouffre ou rasât les sommets,
Elle volait toujours sans se poser jamais,
Pâle, désespérée et n'ayant plus d'haleine.
Tel l'oiseau que le vent a chassé de la plaine
Dans un ravin profond où se débat son vol,
N'ose appuyer son pied sur aucun point du sol,
Épouvanté de voir, au torrent de l'abîme,
Aux buissons des versants, aux gazons de la cime,
Partout! de longs serpents, gueule ouverte, œil sanglant,
Qui, dressés sur leur queue, attendent, en sifflant.

Ah ! la vie et la mort sont donc toutes deux pleines
— Pourquoi le sais-je, hélas ! — d'inévitables peines?
Sous les ronces en fleur qui bordent les sentiers,
Elles semblent souvent dormir des jours entiers ;
Mais quand la faim les prend, les vipères cruelles,
L'âme qui veut les fuir déploie en vain ses ailes :
Elle tourne en spirale au-dessus d'yeux ardents,
Et finit par tomber sans force entre des dents.

Donc qu'importe où souffrir, puisqu'il faut que je souffre ?
A force de plonger ma vue au double gouffre,
Le vertige à la fin bouleversa mes sens.
Des feux devant mes yeux tournaient dans tous les sens ;
J'avais beau les fermer, les funèbres lumières

De sanglantes rougeurs traversaient mes paupières ;
Mes oreilles tintaient d'un bruit confus de voix,
Disant d'étranges mots et parlant à la fois.

Effrayé comme Job, lorsque devant sa face
Passait un des Esprits dont est peuplé l'espace,
Je sentais des frissons courir par tout mon corps.
Je me cachai le front sous mes draps... Vains efforts !
Toujours de pareils bruits remplissaient mes oreilles,
Toujours mes yeux voyaient des lumières pareilles.

J'appelai ma raison à grands cris ; mais, hélas !
La démence à sa place apparut ! Alors, las
De lutter sans succès, mais non pas sans fatigues,
Contre ces visions, dont mes nuits sont prodigues,
Je rejetai mes draps en arrière, et mon œil
Se rouvrit, plein d'effroi, mais plein aussi d'orgueil,
Prêt à braver enfin tous ces enfants de l'ombre,
Quelle que fût leur forme et quel que fût leur nombre.
Ainsi Manfred mourant défia les Esprits.

Un spectacle infernal frappa mes yeux surpris :
Tout autour de mon lit se pressaient des fantômes,
Plus nombreux qu'on ne voit tourbillonner d'atomes
Dans un lieu sombre où glisse un rayon de soleil.
Je crus que je m'étais laissé prendre au sommeil
Et que le cauchemar me tendait seul ce piége :
— « Mon Dieu, quel rêve affreux pèse sur moi ! » criai-je.
Une voix répondit — et très-distinctement ! —
« Non, ce n'est pas un rêve ». Oh ! je ne sais comment
Je ne devins pas fou, tant j'avais d'épouvante !

Les spectres, — d'une forme incessamment mouvante
Comme le flot des mers sous le souffle du vent, —
D'aspect et de grandeur changeaient à tout moment.
Revêtus d'un manteau de flottante fumée

Où brillait mainte étoile éteinte et rallumée,
Ils m'offraient les contours incertains et confus
De l'ombre qui s'agite au pied d'arbres touffus,
Quand le soleil, perçant le vert réseau des branches,
Fait pleuvoir sur le sol de larges taches blanches.
Mon regard obscurci soudain se dessilla :
D'une immense clarté l'humble chambre brilla,
Comme si les soleils des voûtes infinies
Y dardaient le faisceau de leurs flammes unies.
Quoique inégalement sombres ou lumineux,
Les Esprits ressortaient sur ce fond merveilleux,
Aussi clairs qu'on distingue, au sein d'une fournaise,
Du charbon qui pâlit la pourpre de la braise.

Les plus près de ma couche avaient pour vêtements
Des éclairs qu'enviraient les plus purs diamants,
Et leurs fronts glorieux portaient des auréoles
Dont l'éclat s'éteindrait dans mes froides paroles.
Quels trésors de splendeur se réserve donc Dieu,
Pour qu'à sa créature il prodigue un tel feu ?
Mes yeux n'auraient jamais supporté tant de flamme :
Aussi j'avais compris que je voyais par l'âme.
D'autres esprits lançaient d'éblouissants rayons,
Mais leurs corps radieux se tachaient de sillons,
Comme un ciel d'or, rayé, le soir, de bandes sombres.
Ceux du troisième cercle, à moitié noyés d'ombres,
Ressemblaient au soleil, quand son disque, qui luit,
S'échancre sous les pas de l'astre de la nuit.
Derrière eux scintillaient d'humbles lueurs d'étoiles,
Et l'ombre élargissant de plus en plus ses voiles,
Les fantômes du fond brillaient à peine encor
Comme dans un foyer des étincelles d'or.
Tous ces cercles pressés tournoyaient en silence
Dans ma chambre sans murs, qui paraissait immense.

Ce partage inégal de nuit et de splendeur
De mon âme fiévreuse aiguillonnait l'ardeur,
Quand soudain un Esprit se pencha sur ma couche,
Souriant doucement des yeux et de la bouche.
En le voyant si bon, je cessai de trembler
Et ne respirai plus, pour l'écouter parler.

— « Tu désires, dit-il, apprendre qui nous sommes ?
Nous sommes les Esprits de ceux à qui les hommes
Accordent de la gloire et refusent du pain :
Tous poëtes tués de notre propre main !
Nous avons vu d'en haut ton désir salutaire :
C'est bien de t'arracher aux dédains de la terre.
Viens donc, et vers le ciel nous t'escorterons tous :
Tout poëte qui souffre est un frère pour nous,
Et c'est pour les autels de l'Essence infinie
Que tu dois réserver l'encens de ton génie.
Si la main du hasard te jetait un peu d'or,
Peut-être aurais-tu droit de vouloir vivre encor :
Tu n'aurais pas besoin de travestir ta muse ;
Mais la bourse du riche, ouverte à qui l'amuse,
Se ferme à qui lui parle et du bon et du beau ;
Aussi la faim déjà te creuse ton tombeau.
Frère, préviens-la donc, car elle déshonore. »

Le spectre eut un soupir... puis d'un ton plus sonore
Et levant ses deux bras qu'il croisait sur son sein :
— « L'orgueil chez le poëte est respectable et sain.
Il détourne son pied des routes criminelles,
Élève sa pensée aux beautés éternelles,
Élargit ses désirs, épure ses amours,
Et le rend, sinon grand, du moins noble toujours.
Oui ! l'homme qui se croit de la race de l'ange,
Ne traverse jamais ni le sang, ni la fange,
Même pour parvenir à la gloire, et ses pas
Ne touchent qu'aux sommets des choses d'ici-bas.

Avant donc que la faim, entremetteuse infâme,
T'ait contraint, maigre et pâle, à vendre à tous ton âme,
Monte sur ton bûcher, phénix harmonieux ;
De tes cendres bientôt tu renaîtras aux cieux,
Immortel désormais sous ta blonde auréole. »

Je voulais l'interrompre ; il prévint ma parole :
— « Mon nom ? tu le connais, car j'ai vu ta pâleur
Et tes larmes répondre au cri de ma douleur,
Le soir qu'un grand poëte, exhumant ma mémoire,
Sur mon front pâlissant sut rallumer ma gloire....
Ah ! malgré les éclats de la puissante voix,
L'égoïsme a repris, plus âpre qu'autrefois.
La muse sent toujours quelque pied qui la foule.
Qu'elle n'appelle pas à l'aide, car la foule
Viendrait la voir pleurer, mais non la secourir...
Ne sois pas un jouet, frère, et sache mourir. »

Quand Chatterton se tut, toutes les autres âmes
Tournoyèrent plus vite, en jetant plus de flammes ;
Elles applaudissaient, et chacune, en passant,
Me criait : « Meurs, poëte ! assez de pleurs ! du sang ! »

Comme les nautoniers que les blondes Sirènes
Fascinaient de leurs chants aux douceurs souveraines,
Je buvais les poisons de l'enivrant discours
Et cherchais vers la mort les chemins les plus courts,
Lorsqu'un second Esprit vers ma couche s'élance ;
La foule autour de lui s'incline et fait silence.
— « Je suis Gilbert, dit-il, — à ce nom vénéré,
Je courbai par respect mon front et je pleurai —
Je suis Gilbert ; je viens te sauver de toi-même.
Prends garde au désespoir ; c'est le pire blasphème :
Il jette à Dieu, non plus par des mots mais des faits,
Ce dilemme outrageux : « Impuissant ou mauvais ! »
Et d'ailleurs, pourquoi donc désespérer si jeune ?

Pour quelques nuits de froid, pour quelques jours de jeûne ?
Enfant, tu ne sais pas ce que c'est que souffrir :
La misère est un mal bien facile à guérir.
Avec la maladie et l'amour offensée,
Les seuls maux qui soient vrais sont ceux de la pensée ;
Mais ils veulent toujours des victimes de choix :
Sur son roc, Prométhée, ou le Christ sur sa croix.....

» Pour moi, j'ai supporté jusqu'au bout ma torture,
Sans maudire jamais ni Dieu ni la nature...
Oh ! ne me parle pas d'un jour d'oubli fatal :
La raison avait fui de mon lit d'hôpital.
Enfant, suis mon exemple, et, pour quitter la vie,
N'écoute pas la faim, mais attends la folie ;
Ou plutôt laisse Dieu disposer de ton sort,
Et, s'il te faut mourir, tu mourras sans remord.

» Ah ! j'ai lu dans ton cœur ! C'est une fausse honte
Qui t'ouvre sur la mort une porte trop prompte :
Jamais par le malheur un homme n'est souillé.
Quand il pleut à torrents, le voyageur mouillé
Croit que chaque passant qu'il croise sur la route,
Rit de ses vêtements d'où l'eau du ciel dégoutte ;
Mais la pluie a cessé, des pans d'azur ont lui,
Un gai soleil éclate... et toute tache a fui !
Tel un jeune poëte, au fond de la misère,
Par les dettes rongé comme par un ulcère,
Tremble que chaque voix ne lui jette un affront ;
Mais à peine la gloire a brillé sur son front,
Tout ce qu'il a souffert, fût-ce l'ignominie,
S'efface ou s'ennoblit aux rayons du génie,
Comme la goutte d'eau, sous un soleil brûlant,
S'évapore ou se change en prisme étincelant.
Moi-même, j'ai vidé, quand j'étais de ce monde,
La coupe de l'outrage et bu sa lie immonde ;

Et pourtant, même aux yeux de ce siècle de fer,
L'hôpital n'a pas pu déshonorer Gilbert !

» Va donc, va devant toi ! que ton mâle courage
Se raille de la foudre et chante sous l'orage ;
Tu verras tôt ou tard l'horizon s'éclaircir,
Et la gloire répondre à ton jeune désir.

» Heureux, trois fois heureux, celui qui, calme et ferme,
Dans le cirque où le Sort ici-bas vous enferme,
Attaque avec fierté le lion rugissant
Ou tout autre malheur altéré de son sang !
Dans leur gueule son poing brisera leur mâchoire,
Et, relevant son front qu'embellit sa victoire,
Il verra, plein d'orgueil, tous les jeunes Romains
Sourire à son courage et lui battre des mains.
Mais le gladiateur qui, se laissant abattre,
Fuit autour de l'arène, en place de combattre,
Les tigres l'ont atteint et vont le dévorer.

» O poëte, le temps que tu perds à pleurer
Te suffirait pour fondre, et polir hors du moule,
Une œuvre qui valût les regards de la foule ;
Tandis que si tu meurs aujourd'hui, dès demain
Ton nom sera rayé du souvenir humain.
Quand un torrent descend du sommet des montagnes,
On ne sait s'il ira, perdu dans les campagnes,
Pauvre ruisseau sans nom que tarit un été,
Faire douter les yeux qu'il ait jamais été ;
Ou bien, fleuve imposant, aux magnifiques ondes,
Larges de plus en plus, de plus en plus profondes,
Enrichir l'Océan d'un éternel tribut.
Le poëte est ainsi ; nul œil, à son début,
Ne peut voir clairement ce qu'un jour il doit être :
Peut-être Campistron, mais Racine peut-être !
Si tu meurs, te voilà simple ruisseau toujours.
Travaille donc ; qui sait où peut aller ton cours ?

» C'est un crime, d'ailleurs, que la fatale envie
Qui te pousse, si jeune ! à sortir de la vie :
Quand tu creuses ta fosse et te mets au linceul,
Es-tu bien sûr, au moins, de t'y coucher tout seul ?
Le couteau que tu tiens, ne doit-il de sa lame,
Au travers de ton cœur, percer aucune autre âme ?
Vois, car si quelqu'un t'aime, il ne t'est pas permis,
Enfant, de disposer des pleurs de tes amis.....

» Pourtant, je te le dis, si ta main insensée
Au suicide aveugle un jour était poussée,
Dieu, qui t'a vu pleurer, ne te damnerait pas.
Au pauvre enfant prodigue il ouvrirait ses bras ;
Mais toi, voyant, d'en haut, ton œuvre interrompue,
Tu sentirais ta joie à jamais corrompue.
Ton orgueil de poëte en souffrirait d'ailleurs :
Nous sommes revêtus d'inégales splendeurs ;
Suivant que notre nom chez vous brille ou s'efface,
Ainsi s'éclaire au ciel ou pâlit notre face.
Or toi, qui sur tes jours portes un bras si prompt,
Quel diadème as-tu préparé pour ton front ?
L'oubli te couvre encor de ses voiles funèbres :
Que gagnerais-tu donc à changer de ténèbres ?
Laisse ta vie en fleur mûrir avec le temps :
La mort n'a pas le droit d'effeuiller tes vingt ans ! »

Gilbert alors se tut, et les spectres poussèrent
De tels cris, qu'à mon front mes cheveux se dressèrent ;
Et je ne distinguais, au fond de leurs clameurs,
Que ces horribles mots : « Lâche ! lâche ! meurs ! meurs ! »
Puis tout à coup la nuit baissa son rideau sombre :
Les clartés et les voix, tout fut noyé par l'ombre,
Et je me trouvai seul, haletant et glacé...
Mais mon désir coupable expirait, terrassé.

EMILE PÉHANT.

Romans, nuit du 12 mars 1837.

NOËL DU FAIL

NOUVELLE ÉDITION DE SES ŒUVRES ET DOCUMENTS INÉDITS

Notre vieux conteur breton, Noël du Fail, revient à la mode. Je dis *revient*, car au moment où ses œuvres parurent, elles eurent toutes de nombreuses éditions. Je ne parle pas seulement de son recueil d'arrêts, le plus ancien que nous ayons en Bretagne, et qui, publié en 1579, fut réédité deux fois avec additions et commentaires, en 1654 et 1715. Je parle surtout de ses œuvres dites facétieuses qui se composent de trois petits livres :

1° *Propos rustiques de maistre Léon Ladulfi, Champenois*, imprimés pour la première fois à Lyon, par Jean de Tournes, en 1547;

2° *Baliverneries ou Contes nouveaux d'Eutrapel, autrement dit Léon Ladulfi*, Paris, imprimé par Pierre Trepperel, 1548 ;

3° *Les Contes et discours d'Eutrapel*, par le feu seigneur de la Herissaye, gentilhomme breton. A Rennes, pour Noël Glamet de Quimper-Corentin, 1585.

Léon Ladulfi n'est que l'anagramme de *Noël du Fail* ou *du Faill*, car les documents contemporains admettent indifféremment cette double orthographe. *Le seigneur de la Herissaye*, c'est le même Noël du Fail, car — à défaut d'autres preuves — on trouve, au verso du titre de son recueil d'arrêts [1], trois distiques latins à la

---

[1] Le titre exact de ce recueil est : *Memoires recueillis et extraicts des plus notables et solennels Arrests du Parlement de Bretagne*. A Rennes, de l'imprimerie de Ju-

louange de l'auteur, adressés *Ad dominum Natalem du Falium, virum nobilem et clarum,* dominum de la Herissaye, *ac in Senatu Britannicæ Celticæ consiliarium.*

On ne connaît que trois éditions anciennes des *Baliverneries* (en 1548 et 1549) ; mais le Manuel de Brunet en indique huit des *Propos rustiques,* de 1547 à 1576, et huit aussi des *Contes d'Eutrapel,* de 1585 à 1603.

Les *Contes d'Eutrapel* et les *Propos rustiques* furent réimprimés en France, sans nom de lieu, en 1732 ; et les *Baliverneries,* à Chiswick, en Angleterre, en 1815.

Ces trois petits livres reparurent en 1842, réunis en un volume in-18 anglais, faisant partie de la *Bibliothèque d'élite,* de Ch. Gosselin, avec une introduction et des notes de J.-Marie Guichard. Une partie des exemplaires de cette édition (peut-être un nouveau tirage fait sur des clichés) portent la date de 1856 et l'indication de Charpentier, éditeur, au lieu de Gosselin ; mais, sauf le titre, rien de changé.

En cette année 1874, M. Paul Daffis vient de publier, dans la *Bibliothèque elzévirienne* dont il est propriétaire, une nouvelle édition de ces trois ouvrages, sous le titre d'*Œuvres facétieuses de Noël du Fail,* et par les soins de M. Assézat. Enfin la *Librairie des Bibliophiles* nous en promet une autre, qui sortira sous quelques mois des excellentes presses de l'éditeur breton, M. Jouaust, et sera confiée à M. Hippeau, professeur à la Faculté des Lettres de Caen [1].

Du Fail mérite ce succès. Malgré les mots crus et les plaisanteries trop grasses dont il émaille son style et que son temps admettait si le nôtre les repousse ; malgré une douzaine de pages scabreuses qu'on voudrait ôter de ses œuvres, on aurait tort de le confondre avec les écrivains facétieux de la même époque et de voir simple-

lien Du Clos, imprimeur du Roy, 1579. — Le plus souvent, en effet, du Fail ne donne pas le texte des arrêts, mais une analyse très-nette, parfois accompagnée d'un précis des plaidoiries produites par les parties.

[1] Voir *Librairie des Bibliophiles, Circulaire n° I. Octobre 1874, p. 5 :* « L'impression des *Contes d'Eutrapel,* confiée à M. Hippeau, est assez avancée pour que nous puissions donner les deux volumes avant le printemps prochain. »

ment en lui un conteur grivois, un bouffon, un plaisantin qui ne
cherche qu'à rire et à faire rire ses lecteurs, en leur narrant d'un
style débridé les histoires les plus drôles qu'il peut apprendre ou
imaginer.

Du Fail est avant tout un observateur, un peintre de mœurs
du premier mérite. Il ne procède pas par formules générales et
par abstractions plus ou moins vagues, comme les moralistes de
profession; conteur excellent, vraiment artiste, tout chez lui tourne
au conte ou au tableau. Sans chercher à idéaliser, sans voiler le laid
ou le trivial, il peint, il conte ce qu'il voit, avec un art singulier de
mettre en relief les traits curieux, plaisants, originaux, caractéristiques, du monde où il nous introduit.

Il est de l'école hollandaise : il peint la vie de tous les jours, les
mœurs populaires, tout au plus les mœurs moyennes, ce qu'il a vu
et ce qu'il connaît parfaitement, les milieux qu'il a hantés, la vie
qu'il a vécue. Il a été étudiant : il nous montre les professeurs dans
leur chaire, les écoliers dans leurs tripots, leurs tavernes, leurs
expéditions aux vignes de Vauvert, leurs gais pèlerinages à Saint-
Jean d'Amiens. — Il a été trente ans magistrat : il nous donne une
pleine galerie de scènes et de figures de l'ordre judiciaire, depuis le
chancelier jusqu'au bourreau. — Né, élevé à la campagne, il y a
toujours passé une grande part de son temps : il nous peint sous
toutes ses faces la vie rurale du XVI⁰ siècle, la vie réelle des paysans
et des petits gentilshommes. Ce ne sont point là fantaisies et
contes en l'air : il nomme les lieux, les hommes, les choses, il est
possible, aujourd'hui encore, de retrouver tout cela à Rennes et
autour de Rennes. Ses œuvres, par ce côté, sont de vrais mémoires ; elles ont pour la Bretagne une valeur historique des
plus pittoresques, j'en conviens, mais aussi des plus réelles et des
plus sérieuses que l'on n'a pas jusqu'ici appréciée suffisamment.

La vérité de cette thèse sortirait avec éclat d'une étude approfon-
die de l'œuvre de du Fail, et cette étude donnerait lieu d'examiner
la valeur de la nouvelle édition de la *Bibliothèque elzévirienne*.
Cependant tel n'est pas mon but. Je renvoie ce travail au moment
où paraîtra l'édition de la *Librairie des Bibliophiles*, qui permettra

d'apprécier le mérite comparatif des travaux consacrés à notre conteur breton par M. Hippeau et par M. Assézat.

Je me bornerai aujourd'hui à dire un mot de l'édition de ce dernier et à publier quelques pièces inédites concernant un point intéressant de la biographie de du Fail.

II

On doit louer sans réserve, chez M. Assézat, le soin qu'il a mis à reproduire exactement le texte des plus anciennes éditions ; exactitude parfois excessive, qui respecte jusqu'aux fautes d'impression, surtout dans les noms propres ; mais c'est là un bon défaut. Dans le choix qu'il a fait entre les quelques variantes des anciennes éditions, on pourrait n'être pas toujours d'accord avec lui. J'aurais préféré, par exemple, lui voir prendre pour type du texte des *Propos rustiques* l'édition de 1549, qui reproduit la première, celle de 1547, dont l'éditeur n'a pu avoir d'exemplaire, plutôt que celle de 1548, qui n'a pas été donnée par l'auteur et s'allonge de deux chapitres (chap. XIV et XV) dont l'authenticité me semble très-douteuse. Mais cela est secondaire, l'éditeur donnant le moyen de rétablir le texte de 1549.

L'introduction de M. Assézat n'est pas sans mérite : pour la biographie de du Fail, elle contient l'essentiel ; je crois cependant que, sans sortir des sources imprimées et des œuvres de l'auteur, on pouvait creuser ce filon davantage, arriver à une physionomie plus vivante et plus complète du vieil écrivain breton.

Au point de vue littéraire, l'éditeur apprécie sainement du Fail — « du Fail si artiste, » — et il a bien raison de donner la préférence aux *Propos rustiques*, que M. Guichard mettait, à tort, après les autres ouvrages du vieux conteur : « C'est un livre à part que
» celui-là, dans toute la littérature du XVIe siècle, et du Fail y a
» dépensé une extraordinaire habileté de metteur en scène. On n'a
» pas depuis rencontré un meilleur style descriptif que le sien. Ses
» petits tableaux sont achevés, et dès les premières paroles que
» prononce un de ses personnages, il se dessine aux yeux avec un

» relief parfait. Pour nous, cette première œuvre est un chef-
» d'œuvre. » (Édit. 1874, t. I, introd. p. xx-xxi).

Nous adhérons de tout point à ce jugement de M. Assézat. Nous
n'en pouvons dire autant de ses appréciations sur les idées de réforme qu'il attribue à du Fail dans l'ordre ecclésiastique et l'ordre
judiciaire. Nous reconnaissons toute la gravité du langage de notre
auteur sur ces matières, nous croyons que l'éditeur l'a mal compris
ou en tire des conclusions exagérées. C'est un point à traiter dans une
étude complète sur du Fail, quand paraîtra l'édition de M. Hippeau.

Les notes du nouvel éditeur sont nombreuses, satisfaisantes et
souvent intéressantes par leur érudition bibliographique, insuffi-
santes au double point de vue de la philologie et de l'histoire générales, et nulles pour l'histoire locale. Ce qui n'a rien de bien
étonnant, puisque l'éditeur n'est point Breton, et n'est même pas
venu (lui-même l'avoue) prendre langue en Bretagne. Dans ces
conditions, il est bien difficile de comprendre du Fail; il y a tout un
côté qui échappe, et non le moins important, celui par lequel ses
récits et ses tableaux se rattachent à la réalité, et en s'y enracinant
changent de genre : au lieu d'œuvres d'imagination, ce sont des
portraits, des vues d'après nature, de l'histoire vivante.

L'éditeur a eu aussi çà et là quelques distractions un peu fortes.
— Au chapitre IX· des *Contes d'Eutrapel*, du Fail parle de « Marillac, évêque de *Rennes* », sur quoi M. Assézat fait cette note :

« Charles de Marillac fut évêque de *Vannes* avant d'être arche-
» vêque de Vienne. C'est sans doute *comme évêque suffragant de l'ar-*
» *chevéché de Rennes* que du Fail lui donne le titre d'évêque de
» Rennes [1]. »

Le docte éditeur oublie que l'archevêché de Rennes date de
1859; au temps de du Fail, Vannes et Rennes relevaient de l'archevêché de Tours. Seulement, s'il y a eu un Marillac évêque de Vannes
(du 20 octobre 1550 au 24 mars 1557), celui-ci eut un frère appelé
Bertrand, évêque de Rennes du 26 octobre 1566 au 29 mai 1573,
et c'est de ce dernier que parle du Fail.

[1] *Du Fail*, édit. 1874, t. I, p. 318.

Au chapitre XI des *Contes d'Eutrapel*, notre auteur se plaint qu'en « l'an *mil cinq cens cinquante et un*, la porte de la justice » devint « *vénale* et si ouverte qu'ayant de l'argent, on passoit partout. » Et M. Assézat inscrit en note cette remarque :

« François I⁰ʳ, en effet, suivant l'exemple de Louis XII et l'ou-
» trant, fit à cette époque, par la vente des charges, les fonds les
» plus nécessaires pour soutenir ses guerres d'Italie. Il est singu-
» lier que ce soient le *Père du peuple* et le *Père des lettres* qui
» aient donné ce mauvais exemple, contre lequel s'élève avec rai-
» son notre auteur [1]. »

Le *Père des lettres* pourrait répondre, en parodiant l'agneau de la fable :

      Comment l'aurais-je fait si j'étais *trépassé* ?

En 1551, François I⁰ʳ était mort depuis quatre ans (le 31 mars 1547).

Dans un autre conte, du Fail parle d'un apothicaire d'Angers qui, dès qu'il avait vendu « pour un double d'huile ou de raisin,
» menoit un bruit comme s'il eust vendu autant de drogues en gros
» que les Pihier de couetils à Melesse. » Et en note l'éditeur met :
« Le couëtil était une mesure que je ne connais pas [2]. »

C'est ici encore, assurément, une simple distraction. L'ingénieux éditeur sait aussi bien que moi que le « *couëtil* » ou *coutil* est une toile légère de fil de chanvre ou de lin, destinée dans le principe à envelopper les lits de plumes, dits *coutes* ou *couëtes*, et de là le nom de cette étoffe, qui de nos jours s'emploie à bien d'autres usages.

Voici maintenant quelques exemples des inconvénients qu'entraîne, en pareille matière, l'ignorance des choses locales.

---

[1] Id. — *Ibid.*, t. II, p. 24. — A la p. 241 du t. I, note 1, M. Assézat dit que du Fail, dans le passage correspondant à cette note, a voulu parler du roi de France François II. Du Fail a, au contraire, entendu désigner François I⁰ʳ, qu'il appelle partout, comme ici, « le grand roy François » ; et , pour s'en convaincre, il suffit de lire un passage presque identique de la préface de son recueil d'*Arrêts*, préface reproduite par M. Assézat au t. II de son édition, où ce passage occupe les dernières lignes de la p. 381 et les premières de la p. 382.

[2] Id. *Ibid.*, II, 179.

Au chapitre II des *Propos rustiques*, il est question de « la cour de Bobita. » L'éditeur déclare sans hésitation que « la cour de Bobita est un mythe [1]. » Erreur. *Bobita* est une vieille forme de *Bobital;* Bobital est aujourd'hui une commune du département des Côtes-du-Nord, canton et arrondissement de Dinan. C'était jadis le chef-lieu d'un doyenné du diocèse de Dol, comprenant (si je ne me trompe) les paroisses enclavées en l'évêché de Saint-Malo; à ce doyenné était annexée originairement une petite officialité foraine, juridiction microscopique, dont du Fail se moque ici et ailleurs encore [2], comme il poursuit de ses railleries les « vieux auditoires d'archidiaconés, » de « prieurés caducs et déserts » [3], etc.

Plus loin, l'un des personnages des *Propos rustiques*, Perrot Claquedent, un gourmand fieffé, s'écrie à table : « Oh ! le bon bœuf ! Je » crois qu'il soit de *carhes* [4]. » Pour expliquer ce dernier mot, l'éditeur est réduit à mettre en note, sans plus, un point d'interrogation. Quoique toutes les éditions aient eu le tort d'imprimer ce nom sans majuscule et sans accent, tout Breton y retrouve de suite *Carhès*, forme ancienne de Carhaix, aujourd'hui chef-lieu de canton du département du Finistère, arrondissement de Châteaulin. Rien de plus connu en Bretagne que Carhaix, ses chevaux et ses bœufs.

Dans un des *Contes d'Eutrapel*, il est question de « la vallée de Concreux, près Nantes », et M. Assézat de dire : « Je ne trouve dans aucun dictionnaire géographique l'indication de cette vallée [5]. » Concreux, Conquereux, et, dans l'orthographe actuelle, Conquereuil, n'appartient pas plus que Bobita à la géographie imaginaire, c'est aujourd'hui une commune du canton de Guémené-Penfao, arrondissement de Saint-Nazaire, département de la Loire-Inférieure, et par conséquent, comme dit du Fail, peu éloignée de Nantes.

[1] Du Fail, édit. 1874, t. I, 17.
[2] Id. *Ibid.*, t. II, p. 21.
[3] Id. *Ibid*, t. I, p. 216.
[4] Id. *Ibid.*, t. I, p. 108.
[5] Id. *Ibid.*, t. II, p. 134.

Bornons-nous à ces exemples, et venons aux pièces inédites dont nous publions le texte.

III

Résumons brièvement les notions dès à présent acquises à la biographie de du Fail.

On ignore l'année précise de sa naissance, mais on en peut indiquer l'époque approximative, à l'aide des six vers latins adressés à notre auteur par l'un de ses amis en tête son recueil d'*Arrêts*, édition de 1579, et dont voici une traduction exacte, allégée de quelques épithètes emphatiques :

« Noël, l'ornement de Rennes (*Rhedonæ decus altum*), la gloire » du Parlement de Bretagne (*Senatus Armorici*) et l'honneur de la » province ;

» Toi qui, *dans ta jeunesse*, écrivis avec tant d'art ces *Propos* » *rustiques*, première source de ta belle réputation ;

» Tu recueilles aujourd'hui les arrêts de notre grand Parlement : » plus haute est l'œuvre, plus haute aussi sera la gloire [1]. »

Ainsi, quand il écrivit les *Propos rustiques*, du Fail était jeune, ce qui implique qu'il n'avait pas plus de vingt-cinq à trente ans ; l'ouvrage étant de 1547, l'auteur avait dû naître vers 1520.

Ces vers indiquent également le lieu de sa naissance : pourquoi l'appellerait-on « l'honneur ou l'ornement de Rennes » s'il n'y était né ou dans son proche voisinage ? Il dut naître, en effet, à trois lieues de cette ville, en la paroisse de Saint-Érblon et la maison de Château-Létard, que sa famille habitait depuis le XIVe siècle : vieux manoir noble, perché, dans un site très-pittoresque, sur un coteau abrupt qui encaisse la rivière de Seiche et domine toute sa vallée [2].

---

[1] Natalis, Rhedonæ decus altum, ingensque Senatus
  Et magna Armorici gloria lausque soli ;
Tam bene qui juvenis scripsisti Rustica Verba,
  Unde tibi tantus surgere cœpit honos ;
Seria dum scribis magni decreta Senatus,
  Majus ut istud opus, gloria major erit.

[2] Ce manoir vient d'être rebâti, avec un goût parfait, dans le meilleur style du XVe siècle, par son propriétaire actuel, M. J. des Bouillons.

Comme il n'était pas l'aîné, il fut, de bonne heure probablement, destiné à la robe ; de bonne heure il quitta le nid paternel pour courir les écoles et les universités, Angers, Poitiers, Paris, Bourges, poussa jusqu'à Toulouse, Lyon, Avignon, fit une pointe en Italie et même, comme volontaire, une campagne contre les Impériaux ; il y a lieu de croire qu'il était à la journée de Cerisoles (14 avril 1544) [1].

Quatre ans plus tard, il avait fini ses caravanes : dans la préface des *Baliverneries,* qui est de 1548, on voit qu'il « était attaché à une grave et solide profession », qu'il voulait « se rendre parfait jurisconsulte » et se proposait dès lors « d'atteindre un but d'assez longue main prétendu [2], » c'est-à-dire évidemment de devenir magistrat. Il était donc revenu en Bretagne et devait faire partie du barreau de Rennes, car à Rennes seulement et par cette voie il pouvait espérer d'atteindre son but.

Il y arriva cinq ans après. En 1552, le roi Henri II avait institué en France un nouvel ordre de tribunaux, dits siéges présidiaux. Quatre de ces siéges furent érigés en Bretagne : Rennes, Nantes, Vannes et Quimper. Dès 1553, le roi pourvut Noël du Fail d'un office de conseiller au présidial de Rennes. C'était, après le Parlement (institué en 1554) la plus importante juridiction de Bretagne.

Du Fail resta dix-huit ans dans ces fonctions, qu'il quitta en 1571 pour venir occuper au Parlement un siége de conseiller. En 1576, sur le bruit que l'on allait procéder à la réformation de la Coûtume de Bretagne (qui n'eut lieu qu'en 1580), notre auteur publia un premier recueil de la jurisprudence du Parlement, qu'il appelle lui-même, en 1578, « un petit eschantillon et tablette d'arrests, que je donnai à M. le prince de Guémené » (à qui est adressée la préface) lequel « fut tant bien receu, ajoute du Fail, que l'imprimeur fut contraint de le réimprimer encore une fois après la première édition, et s'y remettoit de rechef pour la troi-

---

[1] Voir les détails si précis qu'il donne sur cette bataille aux chap. XI et XV des *Contes d'Eutrapel,* édit. 1874, t. II, pp. 11 et 190.

[2] *Œuvres* de du Fail, édit. 1874, I, 141, 142.

sième, sinon que je luy ay donné la copie tout entière [1]. » Cette
copie *entière*, c'est le recueil définitif imprimé en 1579, triple de
celui de 1576 et divisé en trois livres, tandis que le premier *échantillon* n'en avait qu'un. On a vu, par les vers latins traduits plus
haut, quel fut le succès de cet ouvrage.

Enfin, d'après les trois biographes les plus récents de Noël du
Fail, — M. Guichard, M. Levot (dans sa *Biographie bretonne*) et
M. Assézat, — l'auteur des *Contes d'Eutrapel*, serait mort en 1558.
Nous reviendrons tout à l'heure sur ce point, à propos de la
seconde des pièces inédites que nous publions ci-dessous.

IV

La première de ces pièces est ce que nous appellerions aujour-
d'hui la nomination de Noël du Fail au Parlement de Bretagne ;
dans la langue du temps, ce sont les lettres de provision de l'office
de Conseiller, données en faveur de Noël du Fail par le roi Charles
IX. Elles sont du 14 octobre 1571.

Il y eut pour leur enregistrement quelque difficulté. Par l'édit de
sa création, du mois de mars 1554, le Parlement de Rennes se
composait, outre les présidents, de 32 conseillers, dont moitié
devaient être originaires de Bretagne et moitié de toute autre
province ; il y avait donc 16 offices de conseillers bretons ou *originaires*, 16 offices de conseillers français ou *non-originaires*. Les
frais de voyage et de déplacement auxquels ces derniers étaient
sujets leur avaient fait attribuer des gages plus élevés, soit 800
livres par an (environ 8,000 fr. de nos jours), pendant que les
originaires n'avaient que 600 livres. D'après l'édit de création, les
offices des conseillers non-originaires ne pouvaient être possédés
par des Bretons, et réciproquement. Du Fail, par un privilége
spécial, fut admis à tenir l'office résigné en sa faveur par Me Jean
Turpin, conseiller français, avec tous les droits dont le résignant

[1] *Mémoires des plus notables arrêts du Parlement de Bretagne*, 1579 ; épître dé-
dicatoire du second livre adressée « à Nosseigneurs des trois États de ce pays de
Bretagne. »

avait joui, y compris les 800 livres de gages : bénéfice très-appréciable, puisque le nouveau titulaire avait, quoique Breton, 200 livres de plus que les autres conseillers de sa nation. Aussi s'était-on donné la peine d'insérer dans les lettres de provision une clause spéciale, pour déroger sur ce point à l'édit de création.

Un semblable privilége pouvait exciter quelques jalousies et soulever, en droit, quelques difficultés, qui se firent jour lorsque du Fail présenta ses lettres à la Cour, le 6 février 1572. On lit à cette date dans les *Registres secrets* du Parlement :

« Les gens du Roy ont dit avoir veu les lettres de provision obtenues par maistre Nouail du Fail, par lesquelles il est pourveu et dispensé de tenir un estat de conseiller françoys en icelle par la résignation de Mᵉ Jean Turpin : sur lesquelles lettres, et pour les causes par eulx verbalement deduictes, ont dict estre requis de faire remonstrances au Roy. Sur ce, leur a esté enjoinct par la Court bailler leurs conclusions par escrit, pour sur le tout estre délibéré. »

Cette opposition n'eut pas de suite ; huit jours après, la Cour procéda aux informations sur « la capacité, bonne vye et mœurs dudit Noël du Fail », prescrites, selon l'usage, par les lettres-patentes avant de le mettre en possession de son office. Les *Registres secrets* portent, sous la date du 14 février 1572 :

« Au rapport de Mᵉ Françoys Petau, conseiller, ont esté veues les lettres d'estat et office de conseiller en la Court obtenues par Mᵉ Noël du Fail, pourveu dudict office par la résignation de Mᵉ Jean Turpin, les conclusions du procureur-général du Roy sur les dictes lettres, et le faict mis en délibération. Et après que maistre Robert du Hardaz, Jean de Langle et Christofle Tituau, conseillers de la dicte Court, ont dict congnoistre ledict du Fail de bonne vie, meurs et conversation, a esté arresté que loy sera baillée audict du Fail ; et faict entrer en la dicte Court, est advenu fortuitement, à l'ouverture du livre, la loy première *De formulis et impetrationibus actionum sublatis.* »

Ce témoignage, spontanément rendu aux « bonne vie et mœurs » de Noël du Fail par trois anciens conseillers, est une distinction qu'on retrouve rarement dans les registres du Parlement, qui, presque toujours, en pareil cas, ordonne une enquète spéciale. Distinction d'autant plus honorable que, parmi les trois patrons de du Fail, figure l'un des magistrats les plus savants et les plus considérés de Bretagne, M⁰ Jean de Langle, auteur d'un docte in-folio écrit en latin, vrai ragoût de science juridique et d'érudition classique, intitulé *Otium semestre*, qui excita — au moins en Bretagne — un véritable enthousiasme.

Quant à l'examen que la Cour devait faire subir au récipiendaire pour s'assurer de sa capacité, il portait d'habitude sur le Code (où figure la loi *De formulis*), sur le Digeste, et sur la *pratique*, c'est-à-dire la procédure. Ce n'était point une vaine formalité; on trouve à cette époque plus d'un exemple de candidats ajournés, quelques-uns jusqu'à un an. Il n'en fut pas de même de du Fail; les *Registres secrets* portent, sous la date du 21 février 1572 :

« M⁰ Noueil du Fail, pourveu de l'estat et office de conseiller en la Court par la résignation de M⁰ Jean Turpin, entré en icelle a respondu sur la loy première *De formulis et impetrationibus actionum sublatis*, sur les Digestes et praticque; et après qu'il a esté délibéré sur sa suffizance, a esté arresté, les chambres assemblées, qu'il sera receu à l'exercice dudict estat et office. Et, faict entrer en ladicte Court, a faict le serment en tel cas requis et accoustumé. »

Les lettres de provision de Noël du Fail portent qu'il devait, comme son prédécesseur, faire partie « de la séance d'aougst, septembre et octobre. » Il est peut-être bon de rappeler à ce propos que, suivant l'édit de sa création, le Parlement de Bretagne se partageait, moitié par moitié, en deux escouades, qui faisaient le service à tour de rôle, chacune pendant un semestre.

Le premier semestre commençait le 2 février; les audiences de la Cour et des chambres se tenaient régulièrement pendant les trois mois de février, mars et avril; en mai, juin et juillet, il n'y avait qu'une chambre de vacation. — Le second semestre commençait sa séance le 2 août, la continuait pendant ce mois et les deux suivants, et avait sa vacation en novembre, décembre et janvier. Chaque conseiller avait donc au moins, par an, six mois de loisir.

V

Dans l'avant-dernier chapitre des *Contes d'Eutrapel,* — véritable
dissertation théologique « contre les athées et ceux qui vivent sans
Dieu », — en parlant du temps marqué par le prophète Daniel
pour la venue du Messie, du Fail dit : « Ce temps, qui estoit
490 ans, est en ce jour, 1585, passé plus de trois fois [1]. » D'autre
part, la première édition de ce même ouvrage, datée de 1585, porte
sur le titre, comme toutes les éditions subséquentes : « *Contes et
discours d'Eutrapel,* par le FEU seigneur de la Herissaye, gentilhomme breton. » Ainsi du Fail écrivait ou révisait l'avant-dernier
chapitre de son livre en 1585, et sur le titre de ce livre, publié en
1585, on le disait mort. D'après cela, pas de doute possible : la date
de sa mort est certainement 1585.

Raisonnement excellent, conclusion fausse.

Les Livres d'enregistrement du Parlement de Bretagne renferment
les lettres de provision de l'office de conseiller pour Mᵉ Isaac Loysel,
sieur de Brie, pourvu par la résignation de Noël du Fail : d'après
ces lettres, Noël du Fail ne résigna son office que le 12 avril 1586 [2].

Il y a plus : dans le même registre, on trouve un peu plus loin [3]
le texte des lettres-patentes du roi Henri III, accordant à Noël du
Fail, après sa résignation, le privilége de l'honorariat, en reconnaissance des « agréables, notables, laborieux et longs services » faits
par lui au prince régnant et à ses prédécesseurs, tant dans les fonctions de conseiller au Parlement et au Présidial « qu'en diverses
» charges et commissions où il a esté employé et dont il s'est si
» fidellement acquitté qu'il en est demeuré digne de singulière
» recommandation. » — Ces lettres, encore inédites et que nous
publions ci-dessous *in extenso,* sont datées du 6 juin 1586 !

Elles conféraient à du Fail, malgré sa résignation, « toutes fois et
» quantes que bon luy semblera, l'entrée, séance, voix et opinion

---

[1] *Œuvres facét. de du Fail,* édit. 1874, II, 328.

[2] Livres d'enregistrement ou Registres du Parlement de Bretagne (différents des
Registres secrets), vol. VIII¹, f. 200, vᵒ.

[3] Mêmes Registres, vol. VIII, p. 236, rᵒ.

» délibérative en la court du Parlement », tant aux audiences publiques qu'en chambre du conseil, et aussi le droit de « soy nommer
» et intituler, sa vie durant, conseiller en nostre Court, et comme
» tel, jouir et user des mêmes honneurs et autres prééminences et
» privilléges, tout ainsi qu'il faisoit durant l'exercice de son estat,
» sans toutefois qu'il puisse prétendre aucuns gages, droicts ny
» espices. » — Le Parlement, qui avait la prétention de régler les
conditions de l'honorariat, vit là une entreprise sur ses droits et
refusa d'enregistrer ces lettres-patentes. Et comme du Fail insistait,
il rendit, le 20 octobre 1586, l'arrêt suivant en forme de règlement
général, dont les *Registres secrets* nous donnent le texte à cette
date :

« La Court, toutes les chambres assemblées, a arresté que à l'advenir
aulcun des conseillers d'icelle, après qu'il aura résigné son office, ne
pourra avoir entrée ny voix délibérative en ladicte Court ny jouir d'aulcun
previllège appartenant audict office de conseiller, *pour quelques lettres
qu'il puisse obtenir,* à ceste fin qu'il n'ait premièrement faict le service
en icelle en sondict office de conseiller *le temps de vingt ans pour le
moings.* »

Cette décision, sans nommer du Fail, l'excluait complètement de
l'honorariat, comme n'ayant siégé que quinze ans à peine en la
Cour. Il ne se tint pas pour battu, et le 25 janvier 1587, il obtint du
roi de nouvelles lettres-patentes, infirmant l'arrêt du Parlement et
ordonnant que les lettres du 6 juin 1586, données en sa faveur, sortiraient leur plein et entier effet. Ces nouvelles lettres furent présentées à la Cour pendant la séance de février, comme on le voit par
les *Registres secrets,* où, sous la date du 24 avril 1587, on lit :

« Au rapport de Me Zacarye Croc, conseiller, ont esté veues certaines
lettres-patentes obtenues par Me Nouel du Fail, données à Paris le 25me
de janvyer dernier, par lesquelles, et pour les causes y contenues, l'entrée
de la Court luy est permise *néantmoins l'arrest d'icelle du 20me jour
d'octobre dernier,* donné sur précédentes lettres aussy obtenues par
ledict du Fail. Et le faict mis en délibération, ladicte Court a arresté que
ledict du Fail se pourvoyra en la séance d'aoust. »

On retardait ainsi le plus possible les effets du privilége conféré
et confirmé à du Fail. Le semestre d'août se montra aussi grincheux

que celui de février, et ce fut le dernier jour de sa séance,
quand il ne pouvait plus reculer, c'est-à-dire le 31 octobre 1587,
qu'il donna l'ordre d'enregistrer les lettres d'honorariat de Noël
du Fail ; encore n'inséra-t-on pas cette décision aux *Registres secrets,* mais force fut de la mentionner, avec sa date, aux *Livres
d'enregistrement* et au bas de la pièce enregistrée, comme on
le pourra voir ci-dessous au pied des lettres du 6 juin 1586.

Ainsi, du Fail vivait encore certainement le 31 octobre 1587.
A ce jour, il avait déjà paru trois éditions au moins des *Contes d'Eutrapel,* toutes trois portant sur le titre : *par le* FEU *seigneur de la
Herissaye ;* et, ce qui est plus étrange, toutes trois publiées à
Rennes, dans la ville où ce prétendu mort était connu de tous et
soutenait, en ce moment même, contre le Parlement une lutte qui
ne pouvait manquer d'attirer sur lui plus que jamais l'attention publique.

C'est là, si nous ne nous trompons, un cas bibliographique fort
étrange et fort rare.

C'est aussi une énigme biographique : quel mobile poussa du Fail
à une feinte qui ne pouvait tromper personne ? Est-ce une simple
fantaisie de son esprit plaisant ? Serait-ce, au contraire, une allusion, plus ou moins philosophique, à sa sortie de la magistrature
(résolue apparemment dès 1585), et à sa retraite absolue dans la
solitude, comme il l'avait rêvée et décrite au dernier chapitre
d'*Eutrapel ?* Tout cela est possible. Alors il aurait donné un bel
exemple des contradictions du cœur humain, puisque, tout en se
disant mort au frontispice de ses livres, il revendiquait opiniâtrément sa place dans le monde des vivants et même dans celui du
Parlement.

En somme, je pose le problème, je n'entends pas le résoudre.

VI

Enfin, cet original de du Fail, quand mourut-il ?

Je ne désespère point de pouvoir répondre à cette question ; je ne
saurais le faire en ce moment avec certitude.

Ce que je puis dire, c'est qu'on trouvera plus loin des lettres-patentes du roi Henri III, du 24 août 1588, enregistrées le 29 octobre suivant, qui autorisent René du Rouveray, écuyer, fils de Jean du Rouveray et de Françoise du Fail, dame de Château-Létard, à prendre, lui et ses hoirs, les nom et armes de *du Fail*, ladite maison étant « tombée, faute d'enfants masles, aux mains de damoiselle » Françoise du Fail par le décès de son frère Anthoine du Fail. »

Pas un mot de Noël du Fail dans ces lettres. Cependant, le défaut d'héritiers mâles du nom et de la maison y étant nettement articulé, il serait logique de croire que Noël n'était plus et avait précédé dans la tombe cet Antoine, nommé comme dernier mâle de la race. Mais après avoir vu notre auteur survivre deux ans à une édition de son livre où il se proclame défunt, on ne peut mettre trop de réserve dans ses affirmations.

Quoi qu'il en soit, on lira, croyons-nous, avec intérêt ces lettres de 1588, qui donnent sur la famille du Fail, sur son origine et sa situation dans la province, beaucoup de renseignements inconnus et inédits [1].

ARTHUR DE LA BORDERIE.

VII

Documents inédits.

Lettres de provision de l'office de Conseiller au Parlement de Bretagne pour Noël du Fail [2].

(1571.)

CHARLES, par la grâce de Dieu roy de France, à tous ceulx qui ces présentes lettres verront salut. Sçavoir faisons que nous, à plain confians

---

[1] Je me reprocherais de clore cet article sans publier les obligations que j'ai envers l'excellent greffier en chef de la Cour de Rennes, qui m'a gracieusement communiqué les Registres du Parlement de Bretagne, — et envers M. l'archiviste d'Ille-et-Vilaine, qui a pris la peine de transcrire pour moi dans ces registres les pièces inédites que l'on va lire, et de me prêter son aide en toutes mes recherches. — Je saisis cette occasion de signaler au public breton le beau travail de M. Quesnet sur le fonds de l'Intendance de Bretagne, dans son *Inventaire sommaire des archives du département d'Ille-et-Vilaine*. C'est une mine de renseignements curieux concernant l'agriculture, l'industrie, le commerce et la population en Bretagne aux deux derniers siècles.

[2] Archives du Parlement de Bretagne.—Livres d'enregistrement, vol. V, f° 336, v°.

des sens, suffisance, loiaulté, preudhommie, expérience, science ou faict
de judicature, et bonne dilligence de nostre cher et bien amé Mᵉ Noël
du Faill, natif et originaire du païs de Bretaigne, naguères conseiller et
juge magistrat en nostre Siége Présidial de Rennes, à icelluy, pour ces
causes et aultres considérations à ce nous mouvans, avons donné et oc-
troié, donnons et octroions par ces présentes l'estat et office de Conseiller
en nostre court de Parlement audit païs de Bretaigne, du nombre des af-
fectez aux François non originaires, que naguères soulloit tenir et exercer nostre amé et féal Jean Turpin, dernier paisible possesseur d'icellui,
vacant à présent par la pure et simple résignation qu'il en a en ce jour
d'huy faict en nos mains, au profilt dudict du Faill (sic), par son procureur suffisamment fondé de lettres de procuration quant à ce, cy attachées soubz nostre contreseel, pour icellui office avoir, tenir et doresna-
vant exercer et en jouir et user par ledict du Faill, aux honneurs, auctoritez, prerogatives, prééminences, franchises, libertez, privillaiges, exemptions, gaiges, droictz, profiltz et esmolumens qui y appartiennent et dont
avoit accoustumé de jouir et user icelluy Turpin résignant, encores que
ledict office, qui est affecté à ung non originaire dudict païs, suivant noz
ordonnances, mesme par l'édict de la création et institution de nostredict
Parlement faict en l'an mil cinq cent cinquante-trois [1], deust estre tenu
par ung François, pour servir le temps ordonné aux conseillers de semblable qualité seulement : dont nous avons dispensé et dispensons ledict
du Fail (sic), originaire dudict païs de Bretaigne, en dérogeant expressément pour ce regard aux ordonnances et edictz sur ce faictz, à la dérogatoire de la dérogatoire contenue audict edict de la création et institution
dudict Parlement : contre laquelle distinction, et pour oster la différence
desdictz offices de conseillers originaires et non originaires, les gens
de nostredit Parlement auroient longtemps advisé de faire remonstrances.
— Si donnons en mandement à noz amez et féaulx les gens de nostredicte court de Parlement de Bretaigne que, après que leur sera apparu
de la capacité, suffisance, bonne vye et meurs dudict Mᵉ Noël du Feil
(sic) et de luy prins et receu le serment en tel cas requis et acoustumé,
icelluy reçoivent, mectent et instituent de par nous en possession et
saesine dudict estat et office de Conseiller en nostredicte court de Parlement, non originaire dudict païs, de la séance d'aougst, septembre et octobre, et icelluy ensemble des honneurs, auctoritez, prerogatives, premi-
nences, previllaiges, libertez, droictz, gaiges et esmolumens dessusdictz le
facent, souffrent et laissent jouir et user pleinement et paisiblement, et à
luy obéir et entendre de tous ceulx et ainsi qu'il appartiendra ès choses tou-
chans et coucernans ledict estat et office. — Mandons en oultre à noz amez et

---

[1] En mars 1553, avant Pâques, c'est-à-dire, dans le nouveau style, mars 1554.

féaulx les Tresorier de France et General de noz finances estably en Bretaigne que, par celluy qui sera commis au paiement des gaiges et droictz
des officiers de nostredicte Court, ilz facent paier, bailler et delivrer do-
resnavant, par chacun an, audict Noël du Fail les gaiges apartenant audict
estat de Conseiller, qui sont de huict cens livres tournois , aux termes et
en la manière acoustumée ; lesquelz gaiges et droictz et tout ce que paié,
baillé et delivré aura esté audict du Fail pour les susdictes causes nous
voulons, en rapportant le vidimus de ces presentes pour une fois avec les
quictances ou cedules du *debentur* dudict du Fail sur ce suffisantes seulement, estre rasez et allouez ès comptes, et rabatuz de la recepte et assignation de celluy qui en aura faict le paiement, par noz amez et féaulx
les gens de noz Comptes dudict païs de Bretaigne, ausquels nous mandons ainsi le faire sans difficulté, dérogeant pour ce regard à tous edictz
et ordonnances cy davant faictz au contraire touchant les reiglemens et
distinctions des Présidens et Conseillers de ladicte Court et à la dérogatoire des clauses dérogatoires contenues, comme dict est, en iceulx : lesquelz nous ne voulons et n'entendons avoir lieu pour le regard dudict du
Fail. Car tel est nostre plaisir. — En tesmoing de quoy nous avons faict
mectre notre seel à cesdictes presentes. Donné à Bloys, le quatorziesme
jour d'Octobre, l'an de grâce 1571 et de nostre reigne le unziesme. —
Ainsi signé : Par le Roy, Fizes, *et seellées de cyre jaulne à double queue.*
(Et au registre, immédiatement après, est écrit :)
*Maistre Nouël du Faill a esté receu à l'estat et office de Conseiller en
la Court, et a faict et presté le serment en tel cas requis et acoustumé.
Faict en Parlement, à Rennes, le vingt ungniesme de febvrier 1572.*

———

*Lettres de provision de Conseiller honoraire au Parlement de Bretagne
pour Noël du Fail [1].*
(1586)

Henry, par la grâce de Dieu roy de France et de Pologne, à noz amez
et féaulx conseillers, les gens tenans nostre court de Parlement de Bretaigne salut. Sçavoir faisons que nous, ayant esgard et considération aux
agréables, notables, laborieulx et longs services, que nostre amé et féal
conseiller en nostre dicte Court, Mᵉ *Noël du Faill,* a faictz aux feuz roys
noz predecesseurs et à nous par espace de trente-quatre ans, tant audict
estat que en l'estat de juge magistrat en nostre siége Présidial de Rennes,
qu'en diverses charges et commissions où il a esté employé, dont il s'est si
fidellement acquicté qu'il en est demeuré digne de singulière recomman-

[1] Archives du Parlement de Bretagne. Livres d'enregistrement, vol. VIII, f. 236, rᵒ.

dation, à icellui, pour ces causes, et affin qu'il luy demeure quelque marque
de la satisfaction que nous avons desdictz services, avons permis et acordé,
permettons, acordons et octroyons de nostre grâce spéciale, plaine puissance et auctorité royal, par ces presentes voulons et nous plaist que,
nonobstant la résignation qu'il a faicte en noz mains de sondict estat en
faveur de Mᵉ Ysaac Loysel [1], il puisse et luy soit loisible, toutes fois et
quantes que bon luy semblera, avoir l'entrée, séance, voix et oppinion
délibérative en nostre dicte court de Parlement, tant de journées de plai-
doyries que de conseil [2], sellon son ordre et reception, aussy soy nommer
et instituer [3], sa vye durant, Conseiller en nostre Court, et comme tel jouir
et user des mesmes honneurs et autres prééminences et privilleiges, tout
ainsy qu'il faisoit durant l'exercice de sondict estat, sans toutesfois qu'il
puisse prétendre aucuns gaiges, droictz ny espices. — Si voulons et vous
mandons que de noz presens permission, vouloir et intention et de tout
le contenu cy dessus vous faictes, souffrez et laissez ledict Mᵉ Noël du
Faill jouir et user plainement et paisiblement, sellond et ainsy que dessus
est dict, cessans et faisans cesser tous troubles et empeschemens quelzconques, nonobstant comme dessus et quelzconques autres edictz, ordonnances, restrinctions, mandemens, deffences et lettres à ce contraires,
ausquelles nous avons, pour ce regard et sans y préjudicier en autres
choses, dérogé et dérogeons par cesdictes présentes, ensemble aux dérogatoires des dérogatoires cy contenues. — Donné à Paris le sixiesme jour
de juin, l'an de grâce 1586 et de nostre règne le treiziesme. — *Signé :*
Pour le Roy, BRULART; *et seellées sur simple queue du grand seau en cire
jaulne.*

*Registrées suyvant l'arrest de la court de ce jour. Faict en Parlement,
le 31ᵉ jour d'octobre 1587.*

——— ·

*Lettres-patentes autorisant René du Rouveray et ses successeurs à
prendre les nom et armes de du Fail* [4].

(1588)

HENRY, par la grâce de Dieu roy de France et de Pologne, à tous pré-
sens et advenir salut. Nostre cher et bien amé René du Rouveray,

[1] Les lettres de provision d'Isaac Loysel, sieur de Brie, transcrites au Registre
VIIIᵉ du Parlement de Bretagne, f. 200 vᵒ, sont du 12 avril 1586 et mentionnent la
résignation de Noël du Fail comme étant du même jour.

[2] Tant aux audiences publiques, où avaient lieu les plaidoiries, qu'aux délibérations en la chambre du conseil.

[3] Au lieu de « *instituer* », que porte le Registre, il faut lire, je pense, « intituler »

[4] Archives du Parlement de Bretagne. Livres d'enregistrement, vol. VIII, f. 262 vᵒ.

escuier, sieur de Champaigné, nous a faict exposer comme de tout temps
et ancienneté ses prédécesseurs, sieurs de la terre et maison du Chasteau-Letart, située en la paroisse de Sainct-Erblon, evesché de Rennes [1],
s'extendant en plusieurs autres paroisses, l'une des anciennes maisons de
ce pays, se seroient toujours nommez, inscriptz et intitulez en surnom *du
Fail*. Desquels seroient issuz plusieurs chevaliers, capitaines et gouverneurs de places, tant soubz le surnom de Chasteau-Letart, qu'ils ont porté
plus de quatre cents ans, que cestuy du Fail, depuix entré en ladicte
maison au moyen de l'héritière d'icelle [2] mariée à M° Allain du Fail,
chevalier, capitaine de Jugon, deux cents ans sont ou environ, lors des
guerres de noz prédécesseurs audict pays : ledict Allain issu de l'ancienne
maison et famille du Fail, premier partage de la seigneurie de Chasteau-
giron, située en la paroisse de Domloup [3]. Et se seroient sesdicts ances-
tres de temps en autre successivement emploiés au service, tant aux
guerres de noz prédécesseurs que de nous, comme il se peult vérifier par
les chronicques de Bretaigne et autres vieilles lettres et monumens, et est
uncores de ce jour ledit exposant homme d'armes de cinquante lances de
nos ordonnances sous la charge du seigner de Malicorne. Quel surnom
de Fail (*sic*) auroit esté tousjours continué en ladicte maison de Chasteau-
Lestart (*sic*) jusques à ce qu'elle seroit tumbée, par faulte d'enfans masles,
entre les mains de damoiselle Françoise du Fail, sa mère, par le decebs de
son frère [4] Anthoine du Fail, escuyer, aussy en son vivant homme d'armes
de la compaignie du feu sieur d'Acigné ; de laquelle du Fail et de Jean du
Rouveray, escuyer, sieur de la Ménardaye, seroit issu ledit exposant,
lequel à présent désireroit prendre ledit surnom du Fail et armoiries
de Chasteau-Letard, qui sont ung escartellé d'argent et de sable [5], et
changer ledit surnom du Rouveray, encores qu'il soit noble et ancien, et
d'huy en avant luy et ses enfans et successeurs porter le nom et armes du
Fail, comme ses prédécesseurs ont fait par le passé, et à ce faire le recep-
voir sans que, par telle mutation de surnom et armes, il puisse estre
dérogé et préjudicié, tant pour luy que ses hoirs et successeurs, à ses
droictz, lettres, contractz, adveus et enseignemens, ny aux droictz d'autres

[1] Saint-Erblon est aujourd'hui une commune du canton (sud-ouest) et de l'arrondissement de Rennes (Ille-et-Vilaine).

[2] C'est-à-dire, de l'héritière de la maison de Château-Létard.

[3] Domloup, commune du canton de Châteaugiron, arrondissement de Rennes,
(Ille-et-Vilaine). — En cette paroisse, il y avait en effet une maison et terre noble
appelée le Fail, qui aurait été, d'après ces lettres-patentes, un ancien partage de la
baronnie de Châteaugiron, et qui, au XV° et XVI° siècles, appartenait à la famille
Giffart.

[4] Du frère de Françoise du Fail, appelé Antoine du Fail.

[5] Aux 1 et 4 d'argent, aux 2 et 3 de sable.

personnes quelzconques qui pourroient avoir négocié ou contracté avec luy:
humblement nous requérant sur ce luy vouloir pourveoir de remède convenanable. — Pour ce est-il que nous, aians ce que dessus considéré et que la
mutation des surnoms et armoiries, solennellement faicte par nostre permission et nostre aucthorité, ne peult ni doibt préjudicier à aulcun, voulans en cest endroict audit exposant snbvenir, mesme en faveur des bons
et agréables services que luy et ses prédécesseurs ont faict à nous et aux
nostres, avons au jour d'huy, de nostre grâce spéciale et auctorité royale,
permis et octroyé, permettons et octroyons, voulons et nous plaist par les
présentes que d'icy en avant ledit exposant, ses enfans, héritiers, successeurs et postérité se puissent et leur soit loisible intituler, inscripre, nommer et appeler en leurdit surnom dudict surnom et tiltre DU FAIL et
prendre et porter les armes, tant par leurs signatures, seaulx et cachetz
que aultrement, et qu'ils escripvent endroict soy, seignent, passent, seellent
et se facent intituler du nom et armes du Faill, ausquelz et chacun, de
noz autorité et grâce comme dessus, nous avons mis et changé ledit surnom et armes du Rouveray, sans qu'il préjudicie aucunement ausdictes
lettres, contractz et enseignemens dudict exposant, portant le nom dudict
du Rouveray; ains voulons et ordonnons que toutes lettres et contractz
passez soubz ledict nom demeurent en leurs forces et vertus. — Sy donnons en mandement par ces mesmes présentes à nos amez et féaulx conseillers, les gens tenans nostre court de Parlement à Rennes, et à tous
nos autres justiciers et officiers qu'il appartiendra de ceste présente mutation de surnom et changement d'armes et de tout le contenu cy dessus
faire, laisser et souffrir ledict exposant, sesdict enfans et successeurs
jouir et user plainement et paisiblement, et icelle faire lire, publier et
enregistrer en nostre dicte Court ou ailleurs où il appartiendra, sans luy
faire, mettre ou donner, ne souffrir luy estre faict aulcun ennuy, destourbier on empeschement au contraire, ains, sy faict, mis ou donné luy estoit
ou avoit esté, le mettre à plaine et entière délivrance et au premier estat
deu. Car tel est nostre plaisir. — En tesmoingn de quoy nous avons faict
mettre nostre seel à cesdictes présentes. — Donné à Rennes, le vingtquatriesme jour d'aougst, l'an de grâce 1588 et de nostre règne le quinziesme. — *Ainsin signé sur le reply :* Par le Roy, à la relation du Conseil,
LEBEL. *Et seellées de cire jaulne à double queue.*

*Enregistrées, sur ce ouy et le requérant le procureur-général du Roy,
pour en jouir l'impétrant bien et deubment, suyvant l'arrest de la Court
de ce jour. Faict en Parlement, le 29º jour d'octobre 1588.*

LISTE DES VICTIMES DE QUIBERON[*]

De Lombard (L.-A.-J.). *Aj.*, capitaine de vaisseau, capitaine dans *Hector*, 60 ans, Bordeaux; + 13 thermidor, Vannes. *Em.*

De Loriac (J.-P.). *Lire*, Jean-Philippe de La Roche de Loriac, garde-du-corps, soldat aux vétérans émigrés, 50 ans, Brain (Gers); + 15 thermidor, Quiberon. *Em.*

De Lostende (O.-B[in]). *Lire*, Othon-Benjamin Benoit de Lostende, lieutenant au régiment de *Rohan*, 40 ans, Limoges (Haute-Vienne); + 15 thermidor, Quiberon. *Em.* [1].

Louzt (Georges). *Aj.*, de La Romanerie, 21 ans, Angers; + 9 fructidor, Auray. *Em.*

Loyer (J[n]). *Aj*, laboureur, 22 ans, Plescop (Morbihan); + 29 nivôse IV, Vannes. *Ins.*

Loyer (Louis). *Aj.*, laboureur, 25 ans, Plescop (Morbihan); + 29 nivôse IV, Vannes. *Ins.*

Luard. Combat du 16 juillet [2].

Lubert (J[n]). *Aj.*, laboureur, 29 ans, Noyal-Muzillac (Morbihan); + 26 nivôse IV, Vannes. *Ins.*

De Saint-Luc (A.). *Lire*, Ange-Marie-Louis-René-Joseph Conen de Saint-Luc, officier aux dragons de *Deux-Ponts*, volontaire dans *Rohan*, né à Rennes le 23 juillet 1767; + 13 thermidor, Vannes. *Em.* [3].

[*] Voir la livraison de novembre, pp. 399-407.

[1] Cette famille était représentée, sous la Restauration, par un chef d'escadron d'état-major, aide-de-camp du général Guilleminot.

[2] Serait-ce Le Gras du Luart? Nous n'avons aucune donnée sur ce point.

[3] Il était le fils aîné de *Gilles-René*, président à mortier au Parlement de Bretagne, et de *Marie-Françoise* du Bot, guillotinés l'un et l'autre à Paris, avec leur fille aînée, religieuse de la Retraite, en juillet 1794. La postérité a été continuée par son frère *Athanase-Marie-François de Sales*, député et préfet sous la Restauration, marié en 1804 à *Jeanne-Rose* de Plœuc. La victime avait, en outre, trois sœurs, Mmes de Silguy, de Lantivy-Kerveno et Le Saulx de Toulencoat. La vie de sa sœur aînée, qui mourut sur l'échafaud révolutionnaire, a été écrite par l'abbé Carron.

LULBIN (J⁰). *Aj.*, cordonnier, 22 ans, Saint-Gonéry (Morbihan); + 8 fructidor, Vannes. *Ins.*

DE LUSIGNAN (L.). *Lire*, Louis COUHÉ DE LUSIGNAN, ancien lieutenant aux chasseurs des Vosges, chevalier de Saint-Louis, vétéran dans *Loyal-Emigrant*, né le 7 novembre 1737 à Saint-Savin (Vienne); + 15 thermidor, Vannes. *Em.* [1].

DE LUSTRAC (Jean-Joseph). *Aj.*, capitaine au régiment d'Agenois, chevalier de Saint-Louis, soldat aux vétérans émigrés, né le 29 novembre 1733 à Lias (Gers); + 15 thermidor, Quiberon. *Em.* [2].

DU LYS. *Aj.*, officier d'artillerie, chargé de la conduite des munitions, noyé le 21 juillet en cherchant à s'embarquer [3].

MADEC (Jean-Marie). *Aj.*, Baden (Morbihan). *Réfractaire.* N⁰ 702 de l'État.

MADEC (Pierre). *Aj.*, laboureur, 36 ans, Auray; + 8 pluviôse IV, Vannes. *Ins.*

DE LA MADELEINE (F.-D.). *Lire*, François-Dominique CASTIN DE GUÉRIN DE LA MAGDELEINE, chanoine et grand-vicaire de Saintes, né aux Touches-de-Périgny (Charente-Inférieure) vers 1743; + 9 thermidor, Auray, exécuté le 10 à Vannes. *Em.* [4].

DE MADRE (Louis). *Aj.*, tué ou noyé le 21 juillet.

MAGRO (J⁰). *Aj.*, domestique, 44 ans, Thionville (Moselle); + 20 fructidor, Vannes. *Em.*

MAHÉ (J⁹). *Aj.*, laboureur, 21 ans, Ambon (Morbihan); + 24 nivôse, Vannes. *Ins.*

LE MAIGNAND, tué ou noyé le 21 juillet.

MAILHAUD (François). *Aj.*, 20 ans, Saint-Guillaume, près de Loudéac (Côtes-du-Nord). *Réfractaire.* N⁰ 710 de l'État.

[1] Son père, *François* de Couhé de Lusignan, avait épousé *Marie-Marguerite* de Drac et lui-même *Marie* de Scourions de Boisménard, dont il n'avait pas d'enfant. Ayant prié un officier de l'escorte, lorsqu'il allait à la mort, de faire parvenir sa croix de Saint-Louis à son neveu, il n'obtint qu'un refus.

[2] Fils de *Clément*, baron de Lias, et de *Géralde* Claverie. Il avait un frère aîné garde-du-corps, qui a continué la famille.

[3] Il était marié à la Martinique, où il avait deux filles. La postérité de son frère s'est fondue dans Gouyon de Beaucorps.

[4] Il était fils de *Maurice* Castin de Guérin de la Magdelaine et de N. de Lescours, nièce de Mᵍʳ de La Rochefoucault, évêque de Saintes, qui fut massacré aux Carmes, le 2 septembre. L'abbé de la Magdelaine jouissait d'une haute considération. Il se reprochait son émigration, qui l'éloignait de tant de malheureux sans pasteur, et saisit avec empressement l'occasion de revenir en France. Plus tard, il ne voulut pas se sauver, bien qu'on lui en offrît les moyens. Voir la *Biographie saintongeoise*, par P. Rainguet, et les *Martyrs de la Foi*, par l'abbé Aime Guillon.

DE MAILLET (Jean-Baptiste-Bernardin). *Aj.*, 36 ans, Friardel (Calvados); + 13 thermidor, Auray. *Em.*

DE MAINARD (Joseph-Antoine). *Aj.*, lieutenant au régiment du roi, 31 ans, La Rochelle ; + 14 fructidor, Auray. *Em.* [1].

DE MALHERBE (Guillaume). *Aj.*, militaire, 35 ans, Briquebec (Manche); + 19 thermidor, Quiberon. *Em.*

MALHERBE (François). *Aj.*, domestique du comte de Sainneville, 36 ans, Soulangy (Calvados); + 13 fructidor, Auray. *Em.* [2].

DE MANNES (Antoine). *Aj.*, 35 ans, Québec (Canada) ; + 29 vendémiaire IV, Vannes. *Em.*

DES MANNY (Paul). *Lire,* DE MANNY, chevau-léger de la garde du roi, officier dans *Béon*, né à Charmant (Charente), le 17 octobre 1762 ; + 13 thermidor, Vannes. *Em.* [3].

DE MANOITE (Antoine). *Aj.*, né au Blanc (Indre). *Em.* (N° 475 de l'État).

— DES MARAIS. — Voir THIBAULT. Double emploi.

DES MARAIS. *Aj.*, combat du 21.

MARCHÉ (Jn). *Aj.*, 26 ans, Archon (Aisne) ; + 13 thermidor, Auray. *Déserteur.*

DE MARÉCHAL. *Aj.*, combat du 10 juillet.

MARET (Félix). *Aj.*, domestique, 23 ans (Nord) ; + 12 thermidor, Auray. *Em.*

DE MAREUIL. *Aj.*, dernier combat.

MARINE (Michel). *Aj.*, laboureur, 30 ans, Pluvigner (Morbihan); + 17 fructidor, Auray. *Ins.*

MARIOTTE (Nicolas). *Aj.*, volontaire dans *Béon*, 32 ans, Nancy (Meurthe); + 10 thermidor, Quiberon. *Em.*

MARTIN (Antoine). *Aj.*, soldat, 48 ans, Lodève (Hérault); + 19 fructidor, Vannes. *Em.* [4].

---

[1] Fils de *Pierre-Cosme* de Mainard, seigneur de Saint-Michel, capitaine au régiment de Touraine, et de *Julie-Marie* de Mazière. Son frère aîné a continué la filiation.

[2] Nous avons raconté, t. XXXIV, p. 94, d'après M. Nettement, que cet humble domestique s'était fait l'apôtre des prisonniers. Il put sans doute leur donner l'exemple, mais nous nous sommes assuré que ce qu'on raconte de son apostolat doit s'appliquer à Brodier.

[3] Il était fils de *Joseph* de Manny et de *Marie* du Souchet de Lacoudre. Son frère aîné servait avec lui dans *Béon*. Il parvint à se sauver et fut nommé maréchal de camp en 1815.

[4] Il y avait à Clermont-Lodève un *Antoine* Martin, sr de la Laurèze, fils de Pierre Martin, secrétaire du roi. Il avait épousé *Marie-Élisabeth* de Salase. Serait-ce lui ? serait-ce un des siens ?

MARTIN (François). *Aj.*, étudiant, 25 ans, Tarascon (Ariége); ✝ 13 fructidor, Auray. *Em.*

MARTIN (Joseph). *Aj.*, volontaire en *Damas,* 23 ans, Lodève (Hérault); ✝ 11 thermidor, Auray. *Em.*

MARY (Joseph). *Aj.*, 28 ans (Yonne); ✝ 15 thermidor, Vannes. *Em.*

— DU MASNADAU (Jᵈ-François). Double emploi. — Voir COUSTIN.

DE MASQUILIER (Louis). 35 ans, Mons (Jemmappes); ✝ 13 fructidor, Auray. *Em.*

Cᵉʳ DE MASSON. *Lire,* René MASSON dit *le chevalier* DE MASSON, vétéran dans *Loyal-Émigrant,* né à Saint-Denis-la-Chevasse (Vendée) vers 1746 ; ✝ 14 thermidor, Vannes. *Em.* [1].

DE MAUBERT (Joseph-Alexandre). *Lire,* BOUHIER DE MAUBERT, capitaine de canonniers garde-côtes, lieutenant dans *Hector,* né à Noirmoutiers le 20 novembre 1744 ; ✝ 15 thermidor, Quiberon. *Em.* [2].

MAUBERT (Mathurin). *Aj.*, maréchal, 42 ans, Pluvigner (Morbihan); ✝ 24 thermidor, Auray. *Ins.*

MAURICE (Nicolas-Mathurin). *Aj.*, domestique de M. de la Houssaye, 25 ans, Guingamp; ✝ 12 thermidor, Quiberon. *Em.*

MAUROY (Jean-Marie) ou MONROUARD, sergent de grenadiers en du *Dresnay,* 49 ans, Gibles (Saône-et-Loire); ✝ 15 thermidor, Vannes. *Em.*

— DE MAURVILLE (Michel-Félix). Double emploi. — Voir Hippolyte MOURVILLE.

DE MAUVISSE (A.). *Lire,* DE MAUVISE, lieutenant de vaisseau, né au Blanc (Indre), le 4 septembre 1768; ✝ 12 thermidor, Quiberon. *Em.* [3].

DU MEILLET. *Aj.*, combat du 16.

DE MELESSE (PICQUET). *Lire,* Antoine-Louis PICQUET DE MELESSE, né le

---

[1] L'un de ses frères et son cousin-germain, M. Masson de la Famoire, avaient émigré avec lui et ont péri comme lui dans les guerres de l'émigration. La famille aujourd'hui est éteinte.

[2] Son père, *Luc* Bouhier de la Davière, major des canonniers garde-côtes, et sa mère, *Louise* Barré, avaient eu quatre fils et quatre filles. La famille aujourd'hui est éteinte. On raconte qu'après la catastrophe de Quiberon le général Josnet, qui était de Machecoul, voulut se faire reconnaitre par M. de Maubert, peut-être pour lui être utile. — « J'ai bien connu quelqu'un de votre nom, lui répondit le vieil officier, mais il est impossible qu'il se trouve parmi les défenseurs de la République. »

[3] Famille poitevine qui compte aujourd'hui encore de nombreux représentants; mais la branche de Villiers s'est éteinte dans la personne de la victime.

27 février 1761, lieutenant de vaisseau, blessé le 16 juillet, mort de ses blessures le 21 ou le 22. *Em.* [1].

Du MELLENGER (Louis-A[in]). *Aj.*, officier au régiment de Conti, 37 ans, Alençon (Orne); + 12 thermidor, Auray. *Em.* [2].

De MELLOT (Césaire). *Lire*, Césaire-Victor-Alphonse VAS DE MELLO DE LA MÉTÉRIE, volontaire dans *Béon*, né au Poiré (Vendée) le 27 août 1771; + 15 thermidor, Quiberon. *Em.* (Voir t. xxxv, p. 191) [3].

B[on] DE MENOU (René-Marie), major de vaisseau, capitaine dans *Hector*, né à Nantes le 12 septembre 1754, tué le 16 juillet. *Em.* [4].

De MÉOUX (LE MOUTON) (J.). *Lire*, LE MOUTON DE NÉHOU, lieutenant du génie, 22 ans, Paris; + 15 thermidor, Vannes. *Em.*

De MÉRICOURT (LE ROY) (F.-M.). *Aj.*, soldat aux vétérans émigrés, 64 ans, Boulogne (Pas de-Calais); + 15 thermidor, Quiberon. *Em.*

De MERVÉ (FONTAINES) ou DE FONTAINE-MERVÉ, blessé le 16 juillet et mort de ses blessures [5].

[1] De la famille de l'illustre La Motte-Piquet. Son père était prévôt-général de la maréchaussée en Bretagne.

[2] L'arrêt porte René *Dumellenguy*, mais le contrôle du régiment de Conti porte *du Mellenger*.

[3] Après la mort de Césaire, la famille Vas de Mello ne fut plus représentée que par une cousine, *Marie-Victoire-Catherine* Vas de Mello, mariée vers 1780 à *Pierre-Remy-Joseph* de Récourt, officier d'infanterie, dont un fils, *Théodore* de Récourt.

[4] Il était le troisième fils de *Louis-Joseph* comte de Menou, baron de Pontchâteau, lieutenant du roi, pour la ville et le château de Nantes, et de *Bonne-Émilie* Cochon de Maurepas. Son père et l'un de ses frères, colonel, chevalier de Saint-Louis, furent du nombre des cent-trente-deux Nantais que Carrier envoya à Paris, en novembre 1793, comme *anti-montagnards, enragés fanatiques, muscadins, égoïstes*, etc., pour être jugés par la Convention. L'un et l'autre moururent, dans les cachots de la Force, d'épuisement et de souffrances. La branche des barons de Pontchâteau a été continuée par *Louis-Henri-Amédée*, vicomte de Menou, neveu de la victime, marié à *Marie-Angélique-Juliette* Le Clerc de Vezins, et par son fils aîné, *Louis*, comte de Menou, marié à *Berthe* Hay des Nétumières. Deux autres branches tiennent de près à la victime : la branche de *Boussay*, dont le chef, *François*, marquis de Menou, épousa, après la Révolution, l'une des petites-filles du dernier maréchal, duc de Broglie; il descendait d'un oncle du combattant de Quiberon; et la branche du *Mée*, dont le représentant actuel a épousé une petite-nièce de la victime.

[5] Nous trouvons, sur l'*Annuaire de la marine* de 1781, un chevalier de Mervé lieutenant de vaisseau de la promotion de 1778. C'était, sans doute, la victime. La famille de Fontaine-Mervé habite les environs de Dinan. Elle comptait un maréchal-des-logis des gardes-du-corps, compagnie de Luxembourg, sous la Restauration.

EUGÈNE DE LA GOURNERIE.

(La suite à la prochaine livraison.)

NOTICES ET COMPTES RENDUS

LE R. P. ARMAND DE PONLEVOY,

de la Compagnie de Jésus.

L'Église de France et la Compagnie de Jésus viennent de faire une grande perte dans la personne du R. P. Armand-Marie de Ponlevoy, de la Compagnie de Jésus, auteur de la *Vie du P. de Ravignan*, et de plusieurs autres écrits remarquables.

Ce pieux et déjà illustre enfant de saint Ignace appartenait à la Bretagne par sa naissance. Il était né à Vitré, le 25 septembre 1812, d'une famille noble et justement considérée. Après avoir fait ses premières études et ses humanités dans sa ville natale, il vint à Rennes et y passa cinq années au Séminaire, occupé à l'étude de la philosophie et de la théologie. C'est pendant ce temps qu'il reçut successivement, des mains de Mgr de Lesquen, la tonsure (1831), les ordres mineurs (1832) et le sous-diaconat (1834); quant au diaconat et au sacerdoce, il ne les reçut qu'en 1838 à Saint-Acheul. C'est assez dire que dans l'intervalle entre ces deux dernières dates, il fit son entrée dans l'Institut de saint Ignace (mai 1834), et prononça ses premiers vœux (septembre 1836). De 1840 à 1845, le jeune religieux enseigna la grammaire et les lettres au célèbre collége de Brugelette, où il fut en même temps chargé de la direction spirituelle des élèves. Son talent particulier semblait le désigner pour être le directeur de ses frères, et le conseil de tous ceux qui avaient besoin d'être éclairés et guidés dans les voies de Dieu. Ses supérieurs l'avaient compris de bonne heure; aussi l'appelèrent-ils, dès 1846 ou 1847, à Paris, pour exercer le saint ministère, surtout auprès des jeunes gens, dont il sut toujours mériter l'estime et gagner la confiance, grâce à ses rares qualités d'esprit et de cœur.

Cinq ans après (1851), il devenait supérieur de la maison de la rue de Sèvres. Ce poste important dans lequel il succédait à l'illustre P. de Ravignan, lui convenait si bien, qu'il l'occupa pendant douze ou treize années consécutives à la satisfaction générale. Il ne le quitta même en 1864 que pour s'élever encore plus haut et devenir provincial de son ordre pendant neuf autres années (novembre 1864-août 1873). On sait avec quel éclat il remplit cette charge difficile, et comment il sut mériter la considération et la confiance de tout ce que la capitale avait alors de plus noble et de plus distingué.

Au mois d'août 1873, le P. de Ponlevoy fut déchargé du provincialat, mais ce fut pour être mis aussitôt à la tête de la maison et du nombreux noviciat d'Angers. Cette nouvelle fonction acheva d'épuiser une santé déjà considérablement affaiblie par le travail et la mortification. Aussi ce digne disciple de saint Ignace n'est rentré à Paris au mois d'octobre dernier que pour s'étendre sur un lit de douleur. Ses souffrances et son agonie devaient s'y prolonger pendant six semaines et plus. Enfin il a rendu sa belle âme à Dieu le vendredi 27 novembre de la présente année, entouré de ses frères en religion, qui l'aimaient comme un père, et le vénéraient comme un saint.

Voici la liste des principaux écrits du P. de Pontlevoy.

1° *Notice biographique sur Mme la Comtesse de Saisse*, Paris, 1850, in-8° ;

2° *Vie du P. Xavier de Ravignan*, Paris, 1860, deux vol. in-8°. Ce livre a fait la réputation littéraire de l'auteur. Il a été traduit en allemand et en anglais ;

3° *Retraite spirituelle sur le courage* (sans nom d'auteur), Paris, 1867 ;

4° *A la Mémoire religieuse de M. Berryer*, Paris, 1868, in-18. Élégante reproduction d'un article publié d'abord dans les *Études religieuses*.

5° *Actes de la captivité et de la mort des PP. Olivaint, Ducoudray*, etc., Paris, 1871, in-12. Ce livre, arrivé déjà à sa dixième édition, a été traduit en six langues (allemand, anglais, flamand, hollandais, italien et espagnol).

Plusieurs sermons du vénéré P. de Pontlevoy ont été aussi reproduits par certains recueils (par exemple, par l'*Enseignement catholique*), mais d'une manière assez imparfaite. Il faut espérer que ses
frères en religion se feront un devoir de publier la collection complète de tous ces sermons dans leur texte original, aussi bien que
la correspondance intime du sage directeur, qui doit révéler dans
toute sa vérité la ravissante physionomie de cette belle et grande
âme.

On parle aussi d'un *commentaire* étendu des *Exercices spirituels*
de saint Ignace, auquel l'auteur de la *Vie du P. de Ravignan* travaillait depuis longtemps avec ardeur et amour, et que la mort
laisse inachevé. Il est à désirer que cet écrit ne tarde pas non plus
à venir fournir un nouvel aliment à la piété.

Cette énumération, bien qu'incomplète, des travaux de notre religieux breton, nous permet d'assurer que le regretté P. de Ponlevoy mérite d'occuper une place d'honneur à côté des PP. Huby,
Tournemine et des cent autres écrivains ascétiques que la Bretagne
a fournis à la Compagnie de Jésus, et par elle à la sainte Église.

DOM FRANÇOIS PLAINE.

———

SALOMON ET LA REINE DE SABA, par le comte de Saint-Jean. — Nantes,
    Libaros, éditeur, grand in-18 de 35 pages.

L'auteur de ce poème n'est un inconnu ni pour le monde littéraire, ni pour nos lecteurs. Six ouvrages, où s'affirme la puissance
de son talent, ont déjà consacré sa réputation; et la *Légende orientale*, qu'il publie aujourd'hui, n'est qu'un fleuron de plus ajouté à
sa couronne poétique. C'est dans la Bible et spécialement dans les
livres des *Rois*, de *la Sagesse* et des *Psaumes,* que le poète a puisé
ses inspirations, n'empruntant que peu de chose aux traditions
musulmanes, qui font surtout de Salomon un magicien, un enchanteur tout-puissant, à qui les forces occultes de la nature sont
asservies.

Au début du poème, nous voyons Salomon construire le temple
du vrai Dieu :

> Dieu d'Israël, prête l'oreille
> Au roi qui te glorifia,
> Et de ses mains vois la merveille
> Sur le sommet du Moria.

> Les villes comme les campagnes,
> Pour bâtir ce temple bénit,
> Des flancs déchirés des montagnes
> Ont tiré ces blocs de granit.
> Je n'ai pas mesuré l'espace,
> Dieu puissant, Dieu fort, Dieu vainqueur !
> Et cependant, j'ai fait ta place
> · Moins grande ici que dans mon cœur.

Le poème est ainsi écrit, d'un style ample, majestueux, tout empreint de ce parfum biblique, où respire vivante la majesté des jours d'autrefois; il est entièrement en vers de huit syllabes, à rimes croisées qui, dans une œuvre de plus longue haleine, auraient une certaine monotonie, mais qui n'y atteignent pas, eu égard aux bornes où le récit est renfermé. Au milieu de ces magnificences, arrive la reine de Saba.

Elle vient auprès de lui chercher la science et passe sept fois dix jours à l'entretenir des plus graves sujets. Mais, au moment où elle allait le quitter, le grand roi, épris d'amour pour elle, lui offre sa science, sa sagesse, son trône, ses villes....

> Je donnerais toutes ces choses,
> Pour un de ces baisers de feu
> Que retiennent tes lèvres roses...
> Qui d'un mortel feraient un Dieu !...
> Dis, enivrante souveraine,
> Pourquoi détournes-tu les yeux ?

Et la reine lui répond :

> Ne vas-tu me laisser qu'un homme
> A la place du Dieu rêvé ?
> · Non, dans mon Arabie Heureuse,
> Je veux porter ton souvenir,
> Comme une eau pure et merveilleuse,
> Qu'aucun souffle n'a pu ternir.

Et, malgré les supplications du monarque, elle s'éloigne, remportant son cœur. Il y a, dans cet épisode qui clôt le livre, je ne sais quoi de tendre et de voilé, de contenu et de profondément amoureux tout ensemble, que le cœur d'un homme peut comprendre, mais que j'aurais cru jusqu'ici une femme seule capable de sentir et d'exprimer. M. le comte de Saint-Jean joint à la virilité du style une délicatesse de pensée toute féminine, et je l'en félicite.

PROSPER BLANCHEMAIN.

CHRONIQUE

Nécrologie. — M. A. de Blois. — M. Phelippes-Beaulieux. — La Société archéologique de la Loire-Inférieure. — Séance publique annuelle de la Société académique de Nantes. — Discours de M. le docteur Le Houx. — Rapports de MM. Merland et Malherbe. — Les prix décernés. — L'enseignement de l'histoire à Nantes et M. Carissan. — Mgr Colet, archevêque de Tours.

La mort impitoyable continue son œuvre et moissonne jeunes et vieux : hier le R. P. de Ponlevoy, dont un savant religieux retrace, dans les pages précédentes, la carrière laborieuse et les vertus ; aujourd'hui MM. Aymar de Blois et Phelippes-Beaulieux.

Ancien bâtonnier des avocats de Quimper, député du Finistère à l'Assemblée législative, et président de la Société archéologique de ce département, M. Aymar de Blois, dont on cherche vainement le nom dans le *Dictionnaire des Contemporains*, malgré les éminents services qu'il a rendus à notre pays, aussi bien dans l'ordre politique qu'au point de vue des études historiques, était une intelligence d'élite, un esprit cultivé, un homme bon et aimable, qui comptait un grand nombre d'amis, même parmi ses contradicteurs. Issu d'une vieille maison de Champagne, dont une branche, fixée en Bretagne depuis deux siècles, a donné à l'armée et à la marine des officiers généraux distingués et compte trente-huit chevaliers de Saint-Louis, il embrassa la carrière du barreau, fut attaché au cabinet de M. de Peyronnet, puis, nommé substitut au tribunal de Quimper en 1827, il donna sa démission en 1830, et prit part, avec MM. Berryer, de Vastimesnil et Belleval, aux procès politiques du temps notamment dans l'affaire de la rue des Prouvaires. Elu député à l'Assemblée législative par 50,000 voix, il vota toujours avec la droite, et fut arrêté le 2 décembre, pour avoir rappelé à son devoir un officier général, membre de l'Assemblée, qui faisait cortége au prince-président. Il ne sortit du Mont-Valérien que pour protester dans les journaux du temps contre la violence faite à la représentation nationale, et, resté à l'écart sous le régime impérial, il reprit ses études archéologiques. L'un des premiers fondateurs de l'*Association bretonne*, dont il fut, pendant quinze ans, l'un des plus vaillants soutiens par sa parole et par ses travaux, il avait activement contribué à sa résurrection en 1872, et, d'une voix unanime, on lui avait décerné la présidence de la section d'archéologie. Ses études sur les voies ro-

maines du Finistère , sur le château du Taureau, sur Quimper et Quimperlé, renferment des richesses d'érudition; tous ses discours aux Congrès
bretons sont empreints du plus vif amour du pays , et nos lecteurs
se rappellent l'intéressant mémoire qu'il a publié jadis dans notre
Revue, sur *les Cités du pays des Occismiens.* On rencontre une foule
d'articles et de notes intéressantes, dues à son infatigable érudition,
dans la nouvelle édition du *Dictionnaire historique et géographique de la
Bretagne,* dans la *Biographie bretonne,* dans l'ouvrage du baron de
Wismes, *le Maine et l'Anjou.* L'estime et la sympathie générale s'atta-
chaient au caractère bienveillant, aux précieuses qualités de ce travailleur
opiniâtre. Voilà pourquoi sa brusque disparition (il est mort subitement ,
de la rupture d'un anévrisme, à la gare de Quimper, où il venait déposer
une lettre), sera douloureusement ressentie par tous ceux qui tiennent
en haute estime l'alliance de la loyauté inébranlable du caractère et de
l'amour désintéressé de l'étude.

M. Phelippes-Beaulieux, secrétaire-général de la Société Archéologique de Nantes, n'a pu, comme M. de Blois, poursuivre jusqu'à une
verte vieillesse le cours de ses travaux artistiques et littéraires : une
fluxion de poitrine vient de l'enlever à ses nombreux amis, dans la force
de l'âge et du talent. C'était un bibliophile émérite, dont la profonde
érudition égalait le goût délicat; et, s'il possédait des éditions non moins
précieuses par leur rareté que par leur luxe typographique, ce n'était
point pour le vain plaisir d'en admirer seulement les fines vignettes ou
les brillantes reliures : il en savourait « la moelle » à loisir, et ses travaux sur l'anthologie grecque, sur les vieux trouvères et sur les poètes
du XVIᵉ siècle, sont là pour attester la sûreté de son jugement et la
variété de ses connaissances dans toutes les branches de l'histoire littéraire.
Possédant tous les secrets de l'eau-forte et du burin, il gravait de charmants *ex-libris* pour ses amis, et, s'il aborda plus d'une fois de trop
vastes compositions, c'est avec un désintéressement dont il faut lui tenir
un grand compte. Il est bon d'offrir aux jeunes générations l'exemple de
loisirs aussi noblement occupés, malgré les occasions de dissipation
qu'offre trop fréquemment une brillante position de fortune.

Ce malheureux événement se produisait au moment où la Société archéologique renouvelait son bureau, qui s'est trouvé ainsi constitué pour
les deux années qui vont suivre : *Président,* M. Charles Marionneau ,
Vice-Président, M. Villers ; *Secrétaire général,* M. Léon Maitre ; *Trésorier,* M. Petit; *Archiviste,* M. Prével fils.

La Société académique a, de son côté, procédé à de nouvelles élections,
et le dimanche 29 novembre, elle a tenu sa séance publique annuelle,
sous la présidence de M. le docteur Le Houx, dans la grande salle du
cercle des Beaux-Arts, qui avait peine à contenir la réunion élégante et

choisie qu'attirent toujours ces solennités. — Les trois discours et rapports d'usage ont été prononcés au milieu de la plus sympathique attention, et l'on a beaucoup remarqué que l'auditoire a vivement applaudi tous les passages de ces morceaux oratoires dans lesquels la pensée s'est élevée vers Dieu, ou qui ont affirmé les grands principes religieux et sociaux, et les bienfaits de la civilisation chrétienne.

Le discours de M. le docteur Le Houx sur « la tradition ou les traditions » est une œuvre fort remarquable · il nous est impossible ici de l'analyser longuement; mais nous en citerons quelques fragments propres à mettre en relief les idées principales de cette brillante conférence. La tradition, selon le savant docteur, « c'est l'expérience, c'est le faisceau plus ou moins bien lié de mœurs, de sentiments, de doctrines, de coutumes et de croyances, livrées au présent par le passé »; et le but de son travail est de rechercher si « ce legs mérite notre reconnaissance et nos respects, ou bien si le culte de la tradition, comme on l'a appelé, n'est, au contraire, qu'une superstition digne de pitié, la marque d'une insigne faiblesse de l'esprit humain et une entrave à son développement, ainsi qu'aux progrès de l'humanité elle-même. »

La solution se devine d'avance; mais nous ne résistons pas au plaisir de citer ce passage éloquent, où, arrivant aux traditions qui existent en dehors du domaine religieux, l'orateur aborde une question capitale :

Mais comment concilier le respect de la tradition et l'amour du progrès? Ne faut-il pas sacrifier de toute nécessité l'un à l'autre? Tel n'est pas notre sentiment et il nous parait reposer sur une juste appréciation de la nature des choses. Nul, nous aimons à le penser, ne saurait être tenté de confondre l'esprit de tradition avec l'esprit de routine. La tradition et la routine ne sont pas plus synonymes que le progrès et la mutation ne le sont eux-mêmes. Évidemment tout changement n'est pas un progrès; et, pour mériter ce nom, il doit réaliser une amélioration, soit en substituant le bien au mal, soit en faisant succéder le mieux au bien lui-même.... Non, jamais on ne nous persuadera qu'une des conditions du progrès d'un peuple soit de lui enseigner à vouer au passé une haine aussi injuste qu'impie et de lui désapprendre le respect et l'amour des aïeux pour les remplacer par l'outrage et l'affront. La patrie n'est-elle plus une mère, et le précepte du Décalogue qui ordonne d'honorer sa mère afin d'avoir de longs jours, ne lui est-il donc pas applicable? Oh ! malheur aux nations qui, loin d'obéir à ces nobles instincts du cœur, méconnaissent ce devoir sacré et ne craignent pas de se montrer filles ingrates et dénaturées....

Ah ! c'est surtout au lendemain de catastrophes inouïes et de crimes plus effroyables encore, au souvenir de ces jours néfastes et si pleins d'angoisses que nous avons traversés, qu'il est utile, qu'il est nécessaire pour un pays, de se retremper aux sources de sa vie, d'évoquer ses anciennes mœurs, ses anciennes croyances, ses antiques traditions nationales. Fils respectueux et confiants, interrogeons pieusement le passé de la France, notre vieille patrie, non pas pour le faire revivre tel

quel dans une copie servile et nous attarder dans des anachronismes puérils, mais pour lui demander et y puiser le secret de cette force qui, tant de fois depuis quatorze cents ans, l'a préservée de la ruine ou sauvée d'une décadence imminente.

Brisons avant tout, et sans plus de retard, avec ce préjugé funeste qui, parquant notre patriotisme dans une France née d'hier, faisait dire jadis à Voltaire que nous n'existions que depuis six-vingts ans, que tout commençait à Louis XIV, et persuade aujourd'hui aux nouvelles générations, auxquelles on l'a dit et répété à satiété, que la France date seulement de la révolution de la fin du siècle dernier. Elles en sont si bien convaincues, ajoute M. de Ribbe, qu'elles ne recherchent plus dans le passé ce qu'il leur serait si utile de connaître : la philosophie morale et pratique de notre histoire. Non, Messieurs, la France remonte à des origines plus hautes et plus lointaines : elle date du Christ adoré par Clovis, mais en dépit de ce vieux millésime, vous n'avez point à craindre la caducité pour notre mère bien-aimée, car elle porte toujours en elle, depuis cette époque mémorable, l'idée qui la fera éternellement jeune et la rendra immortelle, aussi longtemps qu'elle lui restera fidèle : l'idée chrétienne, demeurée obstinément la tradition française par excellence.

M. Julien Merland, secrétaire-général de la société, prit la parole après M. le docteur Le Houx, et dans un long rapport, très-précis et très-bien étudié, passa en revue tous les travaux de la société académique pendant l'année 1873-1874.

Puis, M. le docteur Malherbe, secrétaire-adjoint, se leva pour rendre compte, au nom de la commission des prix, des concours de l'année 1874. Les récompenses n'ont pas été nombreuses et nous entendions plusieurs personnes, en sortant de la séance, exprimer le regret que la Société académique se fût montrée aussi parcimonieuse. Après les brillants éloges décernés par M. le rapporteur aux quatre lauréats, on s'attendait à de plus solides témoignages de satisfaction, et la meilleure manière, pour la Société, d'attirer à elle à l'avenir des travaux aussi remarquables que ceux qui ont été couronnés cette fois, serait de leur décerner de plus riches couronnes. Quoi qu'il en soit, voici le bilan des récompenses :

A M. René Pocard-Kerviler, ingénieur des ponts et chaussées, notre collaborateur et ami, une *médaille de bronze* pour son *Étude sur la géographie armoricaine, au commencement et à la fin de l'occupation romaine,* étude publiée dans les mémoires de l'Association bretonne pour 1873 (congrès de Quimper), et dont le tirage à part est aujourd'hui complètement épuisé.

A M. Achille Millien, une *mention honorable* pour sa pièce de vers *la Perquisition.*

A M. Emile Vial, une *mention honorable* pour son traité de *la Chimie des sucres.*

A M. Robert Oheix, avocat à Savenay, une *mention honorable* pour son étude sur un moine breton du IXe siècle, saint Convoyon, qui fonda, sous le règne de Louis le Débonnaire, le célèbre monastère de Redon.

L'intermède musical habituel avait été composé de morceaux fort heureusement choisis, et nous avons remarqué principalement le soin tout spécial avec lequel a été interprété le *scherzo* d'une fantaisie de notre compositeur nantais, M. Albert Bourgault-Ducoudray. On a écouté avec le plus grand plaisir cette œuvre d'un grand effet, où, sous le plus léger accompagnement des violons, un motif d'une rare distinction est redit successivement par le cor et le violoncelle, puis repris en *tutti* par tous les instruments.

Voici la composition du bureau de la Société académique pour l'année 1875 : MM. Lambert, *président ;* — Dr Lefeuvre, *vice-président ;* — Dr Albert Malherbe, *secrétaire-général ;* — Maitre, *secrétaire-adjoint ;* — Doucin, *trésorier ;* — Delamare, *bibliothécaire ;* — Prével fils, *bibliothécaire-adjoint.*

La séance solennelle de la Société académique nous en rappelle une autre, la séance de rentrée de l'École de médecine et de l'École supérieure des lettres, des sciences et des arts, qui a eu lieu le mois dernier. Un savant professeur d'histoire, M. Carissan, a prononcé dans cette solennité un très-intéressant discours sur l'*Enseignement de l'histoire à Nantes depuis le siècle dernier,* et nous en détacherons cette page sur un de nos compatriotes, le regretté J.-M. Le Huérou :

Plus de dix ans s'écoulèrent encore avant que la province ne fût dotée, comme Paris, de l'enseignement officiel de l'histoire ; Nantes en fut pourvue avant Rennes, mais seulement en décembre 1831. Il fut inauguré parmi nous par un maître, dont le rare talent, la science profonde, l'existence mélancolique et voilée, la fin prématurée et sinistre, attachent aux débuts de notre chaire d'histoire un intérêt particulier et douloureux. Julien-Marie Le Huérou fut trois ans professeur d'histoire à Nantes, de la fin de 1831 à la fin de 1834, et il y traça les premières esquisses de ces ouvrages éminents qui auraient dû lui assurer une gloire plus éclatante, les *Institutions mérovingiennes* et les *Institutions carlovingiennes,* publiées dix ans plus tard. Le Huérou n'était pas seulement un érudit de premier ordre, un feudiste pénétrant, c'était aussi un penseur original et un vigoureux écrivain. Ses vues sur le rôle complexe de l'Église, des institutions romaines, de la royauté et des coutumes germaniques dans la vie politique et sociale de la Gaule mérovingienne, ses analyses et ses théories sur les vraies origines de la féodalité, qu'il place dans les institutions domestiques et non pas seulement militaires des Germains d'avant l'invasion, nous révèlent en lui un génie puissant auquel il n'a manqué que le temps pour se placer à la tête des historiens de l'école philosophique. Il contredit et rectifie Montesquieu et Guizot, l'un sur la persistance de la société romaine après la conquête, l'autre sur le vrai caractère du vasselage germanique, et il prouve qu'il en a le droit. Les vains et faux systèmes de Boulainvilliers et de Mably sont facilement renversés par lui, mais il a la bonne foi de rendre justice à celui de l'abbé Dubos, qui seul avait su découvrir la route de la vérité. Le Huérou est assez fort dans sa simplicité pour être impartial et pour juger avec compétence tous ses devanciers. Dans la mine obscure de nos origines, il a su trouver le filon, l'éclairer et le suivre. La vérité scientifique et la vérité religieuse lui sont également précieuses. « Vous savez, lui écrit en 1840 le conseiller de l'Université Rendu, vous savez si j'estime l'enseignement de l'histoire, ce premier instrument de vie ou de mort que la Providence a déposé entre nos mains. Vous enseignez l'histoire et vous êtes chrétien. Je me félicite de votre belle mission et je m'associe à vos succès par tous mes désirs et toutes mes espérances. »

— Au moment où paraissait notre dernière livraison, un courrier apportait au palais épiscopal de Luçon un décret nommant Mgr Colet archevêque de Tours et une lettre du nonce qui, faisant violence à la modestie du prélat et à son cœur si attaché à la Vendée, rendait tout refus désormais impossible. Mgr Colet avait refusé déjà les archevêchés d'Auch, de Sens et de Reims: il en aurait fait tout autant de celui de Tours, si son dévouement filial au Saint-Père ne lui avait fait cette fois un devoir d'accepter. La Vendée ne peut qu'applaudir à un choix si flatteur, tout en le regrettant profondément. Né à Gérardmer, dans les Vosges, en 1806, et bientôt vicaire-général de Dijon, l'évêque de Luçon se mit résolûment au travail dès le jour de son entrée dans sa cathédrale, en 1861, et mena dans son diocèse, dit un biographe en situation de le bien connaître, la vie laborieuse et mortifiée qu'il avait adoptée dès sa jeunesse :

Il maintint la discipline sans multiplier les ordonnances; il prévint le mal pour n'avoir pas à le punir; il éteignit les dettes diocésaines sans imposer aux fidèles de nouvelles charges. Sous sa prévoyante administration, les séminaires furent florissants, et, si la guerre de 1870 enleva de nombreuses vocations, les études demeurèrent fortes. Grâce à ses soins, l'institution Richelieu, fondée par Mgr Baillès, ouverte par Mgr Delamare, jeta ses racines et porta ses fruits, fruits de science, fruits de réconciliation et de paix entre les différentes classes de la société. Les Frères de Saint-Gabriel, les religieuses des Sacrés-Cœurs virent leurs institutions s'affermir et leurs œuvres prospérer par les sages avis du pieux évêque, tandis que les autres congrégations recevaient des marques non équivoques de sa sollicitude. Mgr Colet est un de ces hommes rares qui gagnent à être connus. Il quitte la Vendée au moment où la Vendée, plus à même de le connaître, s'attachait le plus à lui. De toutes parts nous arrivent des renseignements qui nous disent combien il est regretté. Des hommes éloignés des idées chrétiennes lui rendent eux-mêmes justice.

Le siége de saint Martin sera dignement occupé par un prélat aussi vertueux et aussi vénéré de tous ses collègues dans l'épiscopat.

LOUIS DE KERJEAN.

ERRATUM. — M. René Kerviler nous prie de signaler dans son dernier article sur le troisième duc de Coislin une erreur, dont il doit la constatation à l'érudition obligeante de M. Eugène de la Gournerie. A la note 2 de la page 389 il ne faut point lire que le dernier marquis de Coislin est mort sans enfants, mais *sans fils*. Le nom de Coislin s'est éteint avec lui, car il n'a laissé que deux filles, Mmes la comtesse de Valon d'Ambrugeac et la marquise Ponte de Nieul.

BIBLIOGRAPHIE BRETONNE ET VENDÉENNE

ANNALES DE LA SOCIÉTÉ ACADÉMIQUE DE NANTES ET DU DÉPARTEMENT DE LA LOIRE-INFÉRIEURE, 1874. 1er semestre. Vol. 4 de la 5e série. In 8°, 325 p. — Nantes, imp. Ve Mellinet. 5 fr. par an pour Nantes, 7 fr. hors Nantes.

COURS DE DICTÉES SUR LES RÈGLES ET LES DIFFICULTÉS DE LA LANGUE FRANÇAISE ; par Mme Lèbe-Gigun, directrice honoraire des études de la maison nationale de Saint-Denis. In-12, 358 p. — Nantes, imp. Vincent Forest et Emile Grimaud; Paris, lib. Lecoffre.

FAMILLE (LA) MONVAL, par Lucien Darville. Un vol. in-18 jésus, 258 p.. — Paris, Lecoffre... 2. »

FILLE (LA) DE CARILÈS, par Mme Colomb. Un vol. in-8° raisin, illustré de 101 gravures sur bois. — Paris, Hachette. Broché, 5 fr. — cartonné, 8 fr.

NORMANDIE (LA), LE PERCHE, LA BRETAGNE. Notes et souvenirs. In-18 jésus, 113 p. — Orléans, imp. Jacob.

NOTICE BIOGRAPHIQUE SUR L'ABBÉ THOREAU, CHANOINE HONORAIRE DE L'ÉGLISE CATHÉDRALE DE NANTES ET CURÉ DE LA PAROISSE DU PETIT-AUVERNÉ. In-18, 63 p. — Châteaubriant, imp. et lib. Drouard.

PARROSIAN ROMEN LATIN HA BREZONEK, a zo ebarz oferernou ha gousperou ar zuliou hag ar goueliou, ha re ann boll zent a bere ann ofiz a bell beza great d'ar zul; ann ofiz hanter-noz, etc. In-32, 116 p. — Rennes, imp. Vatar.

POLE (LE) ET L'ÉQUATEUR. Etudes sur les dernières explorations du globe, par Lucien Dubois Nouvelle édition, mise au courant des plus récentes découvertes. Un vol. in-18 jésus, XII-302 p , avec une carte. — Paris, Lecoffre... 2. »

RECHERCHES SUR L'EMPLOI DES CHRONOMÈTRES A LA MER; par Aved de Magnac, lieutenant de vaisseau. In-8°, 92 p. — Brest, imp. Lefournier aîné; Paris, lib. Gauthier-Villars.

REVUE AGRICOLE des fumiers, varecks, maerl, noir animal, guano, cendre de varech, engrais chimique, maladie de la pomme de terre ; par Ad. Mineur. In-12, 52 p. — Tréguier, imp. et lib. Le Flem.

STATUTS ET RÈGLEMENTS DU DIOCÈSE DE NANTES. In-12, 217 p. — Nantes, imp. Ve Mellinet.

TABLE GÉNÉRALE DU TOME TRENTE-SIXIÈME

ANNÉE 1874. — DEUXIÈME SEMESTRE.

—

JUILLET.

Annales guérandaises. — La noble et très-ancienne confrérie Monseigneur saint Nicolas de Guérande, par M. *F. Jégou* 5

Un portrait de Molière en Bretagne (suite), par M. le baron *de Wismes* 15

Une entrevue, proverbe, par M. *Alfred de Courcy* 36

Études historiques. — La Restauration, par M. l'abbé *P. Teulé* ... 48

Notices et comptes rendu. — *La Main de velours ; Bretons et Vendéens,* de Mlle Gabrielle d'Éthampes; *Dernières poésies,* de M. Raymond du Doré, par M. *Eugène de la Gournerie* 56

La vie et les œuvres de M. Jean-Marie de La Mennais, par M. *S. Ropartz* 63

Nos artistes au Salon, par M. *Lucien Dubois* 68

Liste des victimes de Quiberon (suite), par M. *Eugène de la Gournerie* 76

Chronique, par M. *Louis de Kerjean* 85

Bibliographie bretonne et vendéenne 88

AOUT.

La Bretagne à l'Académie française. — IV. Pierre du Cambout, second duc de Coislin (1662-1710), par M. *René Kerviler* 89

Annales guérandaises. — La noble et très ancienne confrérie Monseigneur Saint Nicolas de Guérande (fin), par M. *F. Jégou* 99

Petits poèmes vendéens. — La dernière lutte, par M. *Émile Grimaud* 113

Mélanges historiques et archéologiques. — III. Saint Vincent Ferrier dans le diocèse de Saint-Brieuc, par M. *A. de Barthélemy* 121

Un portrait de Molière en Bretagne (suite), par M. le baron *de Wismes* 125

Notices et comptes rendus. — *Le Livre doré de l'Hôtel-de-Ville de Nantes*, deuxième volume, de MM. A. Perthuis et S. de la Nicollière-Teijeiro, par M. *Eugène de la Gournerie*. — *Jean-Jacques Rousseau et le siècle philosophe*, de M. L. Moreau, par M. *Hippolyte Le Gouvello*. — *Le Druide du Bocenno*, tragédie, de M. l'abbé Max. Nicol, par M. *Prosper Blanchemain*....... 140

Liste des victimes de Quiberon (suite), par M. *Eugène de la Gournerie*... 151

Chronique, par M. *Louis de Kerjean*................ 161
Bibliographie bretonne et vendéenne......................... 168

SEPTEMBRE.

L'abbé Jean-Marie de La Mennais, par M. *Eugène de la Gournerie*. 169

Poètes et historiens bretons. — M. de Beauchesne, par M. *Edmond Biré*... 181

La Bretagne à l'Académie française. — IV. Pierre du Cambout, second duc de Coislin (1662-1710) (suite), par M. *René Kerviler*... 198

Souvenirs des guerres de Vendée. — Le grand Michà et le camp du Cormier, par M. l'abbé *L. Augereau*.................... 209

Profils contemporains. — M. Guépin, préfet de la Loire-Inférieure, par M. *Jacques Devannes*............................... 214

Liste des victimes de Quiberon (suite), par M. *Eugène de la Gournerie*... 225

Chronique. — I. Le voyage du maréchal de Mac-Mahon en Bretagne. — II. Le congrès de l'Association bretonne, par M. *Louis de Kerjean*................................... 234

Bibliographie bretonne et vendéenne......................... 256

OCTOBRE.

Etudes historiques. — La Bretagne au XIe siècle. Sa réorganisation politique et religieuse, par M. *Arthur de la Borderie*....... 257

Profils contemporains. — M. Guépin, préfet de la Loire-Inférieure (fin), par M. *Jacques Devannes*............................ 268

Poésie. — Providence, par M. le Vte *Hippolyte de Lorgeril*........ 278

La Bretagne à l'Académie française. — V. Henri-Charles du Cambout, évêque de Metz, troisième et dernier duc de Coislin (1664-1732), par M. *René Kerviler*...................... 293

Notices et comptes rendus. — *Hagiographie du diocèse d'Amiens*, de M. l'abbé Corblet, par Dom *Fr. Plaine*.. 309

Chronique... 324

Bibliographie bretonne et vendéenne....................... . 336

NOVEMBRE.

Les dernières expéditions au pôle Nord, par M. *Lucien Dubois*.... 337

Études historiques. — La Bretagne au XIe siècle. Sa réorganisation politique et religieuse (suite), par M. *Arthur de la Borderie*.. 351

Contes et récits populaires des Bretons. — La couronne du roi Hoël III, par M. *Adolphe Orain*......................... 367

La Bretagne à l'Académie française. — V. Henri-Charles du Cambout, évêque de Metz, troisième et dernier duc de Coislin (1664-1732), (fin), par M. *René Kerviler*.................. 374

Poésie. — Souvenir d'enfance, par M. *N. Mille*................. 393

Notices et comptes rendus. — *La fête de Madeleine*, de M. Ch. Robinot-Bertrand, par M. *Prosper Blanchemain*............. 397

Liste des victimes de Quiberon (suite), par M. *Eugène de la Gournerie*....................... 399

Chronique, par M. *Louis de Kerjean*......................... 408

Bibliographie bretonne et vendéenne....................... 416

DÉCEMBRE.

Le général de la Moricière, par M. *Eugène de la Gournerie*....... 417

A travers les livres d'étrennes, par M. *Lucien Dubois*.......... 428

Poésie. — Les spectres lumineux, par M. *Émile Péhant*.......... 447

Noël du Fail. — Nouvelle édition de ses œuvres et documents inédits, par M. *Arthur de la Borderie*.................... 456

Liste des victimes de Quiberon (suite), par M. *Eugène de la Gournerie*.. 477

Notices et comptes rendus. — Le R. P. Armand de Ponlevoy, de la Compagnie de Jésus, par *Dom François Plaine*. — *Salomon et la reine de Saba*, de M. le Cte de Saint-Jean, par M. *Prosper Blanchemain*... 482

Chronique, par M. Louis de Kerjean......................... 486

Bibliographie bretonne et vendéenne 492

TABLE DES ARTICLES

PAR ORDRE DE MATIÈRES.

—

HISTOIRE.

ÉTUDES ET DOCUMENTS HISTORIQUES. — La noble et très-ancienne confrérie Monseigneur Saint-Nicolas de Guérande, par M. *F. Jégou*, 5-15, 99-112. — La Restauration, par M. l'abbé *P. Teulé*, 48-55. — Liste des victimes de Quiberon (suite), par M. *Eugène de la Gournerie*, 76-84, 151-160, 225-233, 399-407, 477-485. — Saint Vincent Ferrier dans le diocèse de Saint Brieuc, par M. *Anatole de Barthélemy*, 121-124. — La Bretagne au XIe siècle. Sa réorganisation politique et religieuse, par M. *Arthur de la Borderie*, 257-267, 351-366.

BIOGRAPHIE — L'abbé Jean-Marie de La Mennais, par M. *S. Ropartz*, 63-67. — M. Rio, 85-86, 161 ; Pierre du Cambout, second duc de Coislin (1662-1710), 89-98, 198-208 ; Henri-Charles du Cambout, évêque de Metz, troisième et dernier duc de Coislin (1664-1732), par M. *René Kerviler*, 293-308, 374-392. — M. Louis Galles, 161-162. — M. Guépin, préfet de la Loire-Inférieure, par M. *Jacques Devannes*, 214-224, 268-277. — M. le baron Alfred du Fougerais, 285. – M. de Kerdanet, 408-409. — M. l'abbé Michaud, 409-410. — L'amiral Dalmas de Lapérouse, 410. — M. Plihon, 411. — M. Jugelet, 411-412. — Le R. P. Armand de Ponlevoy, de la Compagnie de Jésus, par *Dom François Plaine*, 482 484.

ARCHÉOLOGIE. -– Une inscription phénicienne à Guérande, 87.

CRITIQUE HISTORIQUE. — *Le Livre doré de l'Hôtel-de-Ville de Nantes*, 2e volume, de MM. A. Perthuis et S. de la Nicollière-Teijeiro, par M. *Eugène de la Gournerie*, 140-143. — *Hagiographie du diocèse d'Amiens*, de M. l'abbé Corblet, par *Dom Fr. Plaine*, 309-323.

FAITS CONTEMPORAINS. — Le voyage du maréchal de Mac-Mahon en Bretagne, 234-243. — Le Congrès de l'Association bretonne à Vannes, 243-253. — Chronique, par M. *Louis de Kerjean :* — de juillet, 85-87 ; — d'août, 160 167 ; — de septembre, 234-235 ; — d'octobre, 324 ; — de novembre, 408 ; — de décembre, 486-491.

LITTÉRATURE.

RÉCITS ET NOUVELLES. — Une Entrevue, proverbe, par M. *Alfred de Courcy*, 35-47. — Le grand Michâ et le camp du Cormier, souvenir des guerres de Vendée, par M. l'abbé *Augereau*, 209-213. — Les dernières expéditions au pôle Nord, par M. *Lucien Dubois*, 337-350. — La couronne du roi Hoël III, par M. *Adolphe Orain*, 367-373.

ÉTUDES LITTÉRAIRES. — Un portrait de Molière en Bretagne (suite et fin), par M. le Bᵒⁿ *de Wismes*, 16-34, 125-139, 309-319. — L'abbé Jean-Marie de La Mennais, par M. *Eugène de la Gournerie*, 169-180. — M. de Beauchesne, par M. *Edmond Biré*, 181-197. — Noël du Fail. Nouvelle édition de ses œuvres et documents inédits, par M. *Arthur de la Borderie*, 456-476.

CRITIQUE LITTÉRAIRE. — *La Main de velours ; Bretons et Vendéens*, de Mˡˡᵉ Gabrielle d'Ethampes ; *Poésies dernières*, de M. Raymond du Doré, par M. *Eugène de la Gournerie*, 56-62. — *Jean-Jacques Rousseau et le siècle philosophe*, de M. L. Moreau, par M. *Hippolyte le Gouvello*, 143-147. — *Le Druide du Bocenno*, tragédie de M. l'abbé Max. Nicol, 147-150; — *La Fête de Madeleine*, de M. Ch. Robinot-Bertrand, 397-398 ; *Salomon et la reine de Saba*, de M. le Cᵗᵉ de Saint Jean, par M. *Prosper Blanchemain*, 484-485. — *Le général de la Moricière*, de M. E. Keller, par M. *Eugène de la Gournerie*, 417-427. — *Les Livres d'étrennes pour 1875*, 426-446, par M. *Lucien Dubois*.

POÉSIE. — La dernière lutte, petit poème vendéen, par M. *Émile Grimaud*, 113-120. — Providence, par M. le Vᵗᵉ *Hippolyte de Lorgeril*, 278-292. — Souvenir d'enfance, par M. *N. Mille*, 393-396. — Les Spectres lumineux, par M. *Émile Péhant*, 447-455.

BEAUX-ARTS.

Nos artistes au Salon, par M. *Lucien Dubois*, 68-75. — *Les peintures décoratives de Paul Baudry*, 330-335.

BIBLIOGRAPHIE.

Bibliographie bretonne et vendéenne, 88, 168, 256, 336, 416, 492.

———

TABLE DES ARTICLES

PAR NOMS D'AUTEURS.

—

AUGEREAU (Abbé). — Le grand Michâ et le camp du Cormier, souvenir des guerres de Vendée, 209-213.

DE BARTHÉLEMY (Anatole). — Saint Vincent Ferrier dans le diocèse de Saint-Brieuc, 121-124,

BIRÉ (Edmond). — M. de Beauchesne, 181-197.

BLANCHEMAIN (Prosper). — *Le Druide du Bocenno,* tragédie, par M. l'abbé Max. Nicol, 147-150. — *La Fête de Madeleine,* par M. Ch. Robinot-Bertrand, 397-398. — *Salomon et la reine de Saba,* de M. le Cte de Saint-Jean, 484-485.

DE LA BORDERIE (Arthur). — La Bretagne au XIe siècle. Sa réorganisation politique et religieuse, 257-277, 351-366. — Noël du Fail. Nouvelle édition de ses ouvrages et documents inédits, 456-476.

DE COURCY (Alfred). — Une Entrevue, proverbe, 35-47.

DEVANNES (Jacques). — M. Guépin, préfet de la Loire-Inférieure, 214-224, 268-277.

DUBOIS (Lucien). — Les dernières expéditions au pôle Nord, 337-350. — Nos artistes au Salon, 68-75. — A travers les livres d'étrennes, 428-446.

DE LA GOURNERIE (Eugène). — Liste des victimes de Quiberon (suite), 76-84, 151-160, 225-233, 399-407, 477-485. — *Le Livre doré de l'Hôtel-de-Ville de Nantes,* 2e volume, par MM. A. Perthuis et S. de la Nicollière-Teijeiro, 140-143. — L'abbé Jean-Marie de La Mennais, 169-180. — *La Main de velours ; Bretons et Vendéens,* par Mlle Gabrielle d'Ethampes, 56-57. — *Poésies dernières,* par M. Raymond du Doré, 57-62. — *Le général de la Moricière,* par M. E. Keller, 417-427.

LE GOUVELLO (Hippolyte). — *Jean-Jacques Rousseau et le siècle philosophe,* par M. L. Moreau, 143-147.

GRIMAUD (Emile). — La dernière Lutte, petit poème vendéen, 113-120.

DE KERJEAN (Louis). — Chronique, de juillet, 85-87 ; — d'août, 160-167, — de septembre, 234-235 ; — d'octobre, 324-325 ; — de novembre, 408-415 ; — de décembre, 486-491.

KERVILER (René). — Pierre du Cambout, second duc de Coislin (1662-1710), 89-98, 198-208. Henri-Charles du Cambout, évêque de Metz, troisième et dernier duc de Coislin (1664-1732), 293-308, 374-392.

DE LORGERIL (Vte Hippolyte). — Providence, poésie, 278-292.

MILLE (N.). — Souvenir d'enfance, poésie, 393-396.

ORAIN (Adolphe). — La Couronne du roi Hoël III, 367-373.

PÉHANT (Emile). — Les Spectres lumineux, poésie, 447-455.

PLAINE (Dom-François). — *Hagiographie du diocèse d'Amiens*, par M. l'abbé Corblet, 309-323. — Le R. P. Armand de Ponlevoy, de la Compagnie de Jésus, 482-484.

ROPARTZ (S.). — L'abbé Jean-Marie de La Mennais, 63-67.

TEULÉ (Abbé P.). — La Restauration, 48-55.

DE WISMES (Bon). — Un portrait de Molière en Bretagne (suite et fin), 16-34, 125-139, 309-319.

Lightning Source UK Ltd.
Milton Keynes UK
UKHW020732160119
335572UK00007B/213/P